NICKELS
MCHUGH
MCHUGH

경영학의 이해

understanding
Business

13th Edition

William G. Nickels · James M. McHugh · Susan M. McHugh 지음

권구혁 · 박광태 · 박주영 · 장정주 · 최우석 · 최진남 · 홍광헌 옮김

경영학의 이해

초판인쇄 2022년 12월 9일
제1판3쇄 2026년 2월 6일

지은이 William G. Nickels, James M. McHugh, Susan M. McHugh
옮긴이 권구혁, 박광태, 박주영, 장정주, 최우석, 최진남, 홍광헌

펴낸이 김승기, 김민정
펴낸곳 (주)생능 / **주소** 경기도 파주시 광인사길 143
출판사 등록일 2014년 1월 8일 / **신고번호** 제406-2014-000003호
대표전화 (031)955-0761 / **팩스** (031)955-0768
홈페이지 www.booksr.co.kr

책임편집 이종무 / **편집** 신성민, 최동진 / **디자인** 유준범, 노유안
마케팅 최복락, 김민수, 심수경, 차종필, 백수정, 송성환, 최태웅, 명하나
인쇄 (주)성광인쇄 / **제본** 일진제책사

ISBN 979-11-86689-47-9 93320
정가 34,000원

understanding Business

THIRTEENTH EDITION

William G. Nickels
University of Maryland
James M. McHugh
St. Louis Community College at Forest Park
Susan M. McHugh
Applied Learning Systems

Understanding Business 13th Edition

3 4 5 6 7 8 9 10 LP 20 26

Original: Understanding Business 13th Edition. © 2022
By William G. Nickels, James McHugh, Susan McHugh
ISBN 978-1-26-089485-1

This authorized Korean translation edition is published by Life & Power Press in arrangement with McGraw-Hill Education Korea, Ltd. This edition is authorized for sale in the Republic of Korea.

This book is exclusively distributed by Life & Power Press.

When ordering this title, please use ISBN 979-11-86689-47-9

Printed in Korea

저자 소개

빌 니켈스(Bill Nickels)는 메릴랜드 대학 칼리지 팍 캠퍼스(University of Maryland, College Park)의 경영학 명예교수이다. 그는 경영학개론, 마케팅, 판매촉진론을 포함하여 학부 및 대학원 경영학 과목을 30년 넘게 강의한 경험을 갖고 있다. 그는 캠퍼스에서 4번이나 우수강의상을 수상했으며, 여러 번 우수강의상 후보에 오르기도 했다. 그는 웨스턴 리저브 대학(Western Reserve University)에서 MBA, 오하이오 주립대학(The Ohio State University)에서 박사학위를 취득하였다. 그는 경영학 저널에 많은 논문을 수록했을 뿐만 아니라 마케팅 커뮤니케이션 교재와 두 권의 마케팅원론을 집필하였다. 그는 파워 커뮤니케이션, 마케팅, 비영리 마케팅, 스트레스 및 삶 관리(stress and life management)와 같은 주제에 대해 비즈니스맨들을 대상으로 많은 세미나를 하였다. 그의 아들인 조엘(Joel)은 플로리다주에 있는 마이애미 대학(University of Miami)의 영문과 교수이다.

짐 맥휴지(Jim McHugh)는 린덴우드 대학(Lindenwood University)에서 MBA를 취득하였고 교육, 비즈니스와 정부에서의 폭넓은 경험을 가지고 있다. 세인트루이스 커뮤니티 칼리지 포리스트 팍 캠퍼스(St. Louis Community College Forest Park)의 경영경제학부장으로서 경영 교과과정 개발을 조정하고 주도하였다. 거의 30년 동안 매 학기 경영학개론의 여러 섹션(section)들을 강의하는 외에도 학부와 대학원에서 마케팅과 경영 분야의 강의를 하고 있다. 짐은 비즈니스 세미나를 개최하고 중소기업 및 대기업에 컨설팅하기를 좋아한다. 짐은 공공서비스 분야에서도 활발하게 활동하고 있으며, 세인트루이스 카운티 경영진의 자문의장(chief of staff to the St. Louis county Executive)을 맡고 있다.

수잔 맥휴지(Susan McHugh)는 성인학습(adult learning)과 교과개발에 있어 폭넓은 강의와 경험을 가진 학습 전문가(learning specialist)이다. 그녀는 미주리 대학(University of Missouri)에서 교육학 석사 학위를 받았고 성인학습이론에 특화된 교육행정에서의 박사과정을 수료하였다. 전문적인 교과과정 개발자로서 그녀는 여러 교과과정 프로젝트와 교육자 훈련프로그램을 주도해 왔다. 그녀는 훈련과 종업원 개발에 대한 컨설턴트로서 공공 및 사기업 분야에서 일해 왔다. 짐과 수잔이 책자 발간 프로젝트에 참여한 것을 소중히 여기는 동안에 그들의 가장 큰 업적은 그들의 세 자녀에 대한 상호협력이다. 캐시(Casey)는 워싱턴 대학(Washington University)에서 겸임교수로서 가족의 강의 전통을 이어오고 있다. 몰리(Molly)와 마이클(Michael)은 이 교재에 대한 여러 보충 교재 개발에 기여함으로써 가족의 책자 발간 전통을 계속해오고 있다.

역자 서문

본 서의 역자들은 《Understanding Business》의 체계적인 구성과 참신한 자료가 한국의 경영학 입문서로 활용하는 데 최적이라는 의견을 모아 지난 2008년부터 함께 팀을 이루어 작업을 시작했다. 처음에는 이렇게 오랫동안 같이 작업을 하게 될 것이라고는 생각하지 못했으나, 독자들의 성원에 힘입어 15년째 한 팀이 되어 작업을 계속 해오고 있다. 각 대학에 흩어져 있는 역자들이 이렇게 오랫동안 단합하여 한 마음 한 뜻으로 여러 차례의 개정판을 거치며 작업을 지속해 올 수 있었던 힘은 각 분야의 훌륭한 교수님들과 정기적으로 일을 할 수 있다는 기쁨 외에도 《경영학의 이해》가 독자들에게 유익하다는 믿음이 있었기 때문이다.

이 책은 경영학 입문서임에도 불구하고 각 전공 분야별로 상당한 깊이의 전문지식을 제공하고 있으면서 동시에 이해하기 쉽게 잘 쓰여 있고, 또한 책 전반에 걸쳐 일관된 흐름과 통일된 접근을 하고 있다. 이번에 13판을 번역하면서도 어떻게 하면 이렇게 깊이가 있으면서도 경영학 전반을 한 책에 아우를 수가 있는지에 대해 역자들 모두 감탄을 했다. 역자들은 오랜 세월 동안 같이 번역하면서 어떻게 하면 더 좋은 책을 만들 수 있을 것인가에 대하여 끊임없는 토론을 하고, 원문에 충실하면서도 좀 더 매끄러운 번역을 하기 위해 많은 논의를 하였다. 그럼에도 불구하고 번역 작업이 가지는 한계가 곳곳에 나타날 수 있다. 이러한 부족함은 역서의 태생적 한계 때문이라고 독자들께서 너그러이 이해해 주시기를 두려운 마음으로 희망한다.

저자 서문에서도 언급되어 있듯이 이 책이 만들어진 과정 자체가 하나의 제품개발 과정이다. 이 책을 쓰기 전 표적 그룹들과 미팅을 하고 이를 통해 이들의 필요를 명확히 이해하였으며, 매 교정 작업마다 또 다른 그룹들로부터 피드백을 받음으로써 이 책이 계속 보완되어 나간 것이다. 이러한 이유로 13판이 나올 정도로 이 책은 미국뿐만 아니라 전 세계에서 가장 널리 이용되고 있는 경영학의 입문서로 자리매김하고 있다. 우리나라에서도 지난 2009년에 8판이 나온 이래로 많은 독자들의 사랑을 받아 경영학 분야의 베스트셀러로 자리 잡았다.

이 책은 판이 바뀔 때마다 대부분의 자료를 최신 자료로 대체하고 있으며, 미국과 전 세계의 다양한 규모의 산업, 즉 서비스업과 제조업 그리고 영리와 비영리 기관들에 대한 많은 예들을 보여주고 있다. 역자들은 이러한 원서의 취지는 최대한 살리면서도 우리의 환경과 맞지 않는 외국의 사례는 한국 사례들로 대체하여 우리나라 독자들의 이해를 돕도록 노력하였다. 독자들은 이를 통해 최신의 비즈니스 관행과 비즈니스에 영향을 미치는 여러 가지를 알게 될 것이다. 번역한 모든 장은 공통 포맷을 따르고 있다. 즉, 프로파일, 학습목표, 회사 이름 맞히기, 윤리적 의사결정, 시험 준비, 변화에 적응하기, 소셜미디어를 통한 연결, 우리의 경계를 넘어, 요약하기, 주요용어 정리, 사고력 문제, 원리의 적용, 직업기술의 개발, 진로 탐색, 비니오 사례로 구성되어 있다. 역자의 전공 분야별로 분담하여 번역하고 교정하는 과정은 역자들에게도 힘들었지만 보람된 시간이었다고 생각된다.

역자 서문

역자 별로 번역 작업을 분담을 하면서도 전체의 일관성을 유지하기 위해 최진남 교수가 독자의 입장에서 윤독 작업을 하였다. 윤독 작업 이후에도 남아 있는 미비한 점들은 추후 계속해서 역자들이 보완해 나길 깃이다. 오렌 기간에 걸친 번역 작업을 인내심으로 지켜보아 준 생능출판사의 김승기 대표님과 관련 직원 분들께 감사드린다. 또한 본 역서가 나오기까지 역자들과 함께 고민한 역자들 소속 대학교의 대학원생들에게도 감사드린다.

2022년 11월 역자들 씀

프롤로그

이 책을 사용하게 될 대학생들을 위한 조언*

* 다음 내용은 올바른 대학생활을 위한 학부생들을 위한 조언이므로 이미 대학을 졸업한 사람이라면 내용을 읽지 않고 건너뛰어도 무방합니다.

이 책을 이용하는 강의를 통해 여러분의 진로 준비하기

이 강의를 수강하기로 한 여러분은 대학 교육의 가치를 이미 알고 있을 것이다. 미국의 경우, 학사 학위 소지자들은 평균적으로 약 4만 6천 달러의 연봉을 받는 반면, 고졸 학력자들은 평균적으로 3만 달러에 못 미치는 연봉을 받는 것으로 나온다. 학사 학위 소지자들이 고졸 학력자들보다 50퍼센트 이상의 연봉을 더 받는다는 것이다. 30년 동안의 직장생활 기간을 통틀어 생각하면, 학사 학위자들은 고졸 학력자들보다 약 50만 달러의 급여를 더 받을 수 있는 것이다. 즉, 대학 교육을 받은 만큼 여러분은 인생에서 더 많은 기회를 얻을 수 있다. 하지만 이러한 통계 수치들이 반드시 고졸 학력자들은 양질의 직업을 가질 수 없다는 것을 의미하는 것은 아니다. 이는 단지 고학력자일수록 높은 급여를 받을 가능성이 높다는 것을 의미할 뿐이다.

대학 교육은 높은 급여를 받는 것 이상의 가치를 가진다. 대학 교육을 통해 여러분은 비판적인 사고를 기르고, 여러분의 생각을 타인과 교류할 수 있는 능력을 기를 수 있다. 또한 기술을 활용할 줄 아는 능력을 기르고, 여러분 스스로가 다원화되고 경쟁적인 사회에서 적응하며 성장할 수 있나.

오늘날의 학사 학위 소지자들은 일생을 살아가면서 7~8가지 정도의 다양한 직업들을 경험하게 될 것이라고 전문가들은 말한다. 많은 복학생들은 자신들의 진로를 바꾸기도 하고, 인생 계획을 통틀어 바꾸기도 한다. 여러분도 어느 날 진로를 바꾸고 싶은 마음이 들 수도 있다. 이는 장기적인 행복과 성공을 추구하기 위한 과정으로 볼 수 있다. 여러분의 강점과 능력을 새로운 기회를 위해 활용할 줄 아는 융통성을 갖출 필요가 있다는 의미이기도 하다. 학습은 평생의 과제이다. 여러분은 더 우수한 능력을 갖추고, 경쟁력 있는 인재로 살아남기 위해서 여러분 스스로를 끊임없이 개발하여 발전시켜 나갈 필요가 있다.

만약 여러분이 전형적인 대학생이라면, 여러분이 진정으로 원하는 직업에 대한 명확한 목표가 아직 제대로 세워져 있지 않을 수도 있다. 오늘날과 같이 빠르게 변화하는 고용시장에서 이는 그다지 큰 문제가 되는 것은 아니다. 오늘날의 유망한 직업이 미래에는 존재하지 않을 수도 있으며, 미래의 유망한 직업을 갖기 위해 미리 준비할 수 있는 완전한 방법은 없다. 그보다 여러분은 대학 교육을 지속해 나가면서 기술력과 인터넷 활용 능력과 소통 능력을 기르며, 직업을 찾는 동안 융통성 있고 장래를 고려하는 생각을 가져야 한다.

전문가처럼 행동하는 법을 익히자

올바른 예절을 갖추는 것은 어디에서나 중요하다. 세상이 갈수록 경쟁적으로 변하는 만큼, 승리는 조금이라도 더 앞서는 팀이나 개인에게 주어진다. 좋은 인상을 주는 사람은 채용될 것이고, 승진할 것이며, 계약을 성사시킬 수 있을 것이다. 일반적으로 경쟁력을 갖춘 사람들은 올바른 예절과 전문성을 두루 갖추고 있으며, 좋은 예절과 전문성을 갖추는 것은 그리 어려운 일만은 아니다.

훌륭한 이력서나 멋진 정장이 면접에서의 바람직하지 않은 태도나 언어적 행동을 감싸줄 수는 없다. 무엇을 부탁할 때는 공손한 태도와 감사함을 표하자. 정시에 도착하고, 다른 사람을 배려하며 문을 열어주고, 손윗사람이 들어올 때는 자리에서 일어서자. 또한, 예의 바른 어조를 사용하자. 식사 예절이나 공식 행사에서의 에티켓을 배우기 위해 관련 수업을 듣거나 책을 읽을 수도 있다. 언제나 정직하고, 신뢰를 주며, 윤리적인 태도를 갖추는 것 역시 중요하다.

모든 예절이 명시되어 있는 것은 아니다. 하지만 성공한 사업가들은 경험을 통해 예절을 배운다. 여러분이 대학 생활 동안 예절을 따른다면, 향후 경력 생활에서도 성공을 이끄는 예절을 갖출 수 있을 것이다. 다음은 기본적인 예절 사항들이다.

1. 좋은 첫 인상을 남기자. 속담에서 말하듯이, 좋은 첫 인상을 남길 수 있는 기회는 두 번 다시 오지 않는다. 그러므로 여러분의 복장 상태와 외모는 중요하다. 성공한 사람들의 모습을 관찰하며 좋은 첫 인상을 남기는 법을 익혀보자. 성공한 사람들은 무엇을 입었으며, 어떻게 행동하였는가?
2. 단정한 차림새에 신경 쓰자. 외모의 중요성을 간과하지 말아야 한다. 상황에 적절하고 깔끔한 복장을 입고, 간단한 장신구를 착용하자. 셔츠, 코걸이, 문신 등을 드러내는 것이 비즈니스 현장에 적합하지 않음은 상식적인 일이며, 요일을 가리지 않고 일관되게 단정한 차림새를 유지하는 것도 중요하다.

많은 조직들은 복장 규정에 비즈니스 캐주얼을 허용하였지만, 몇몇 조직들은 여전히 정장 착용을 고수하고 있다. 따라서 해당 조직의 복장 규정을 확인하고, 그 규정에 부합하는 올바른 복장을 착용하자. 캐주얼 복장이라고 해서 완전히 자율적인 복장을 허용하는 것은 아니다. 구겨진 복장, 끌리는 셔츠 자락, 실내 모자 착용은 허용되지 않는다. 여성의 경우, 비즈니스 캐주얼은 깔끔한 치마와 슬랙스(청바지 제외), 면 셔츠, 스웨터, 재킷 그리고 낮은 굽의 신발 등을 포함한다. 남성의 경우, 카키색의 바지, 옷깃이 있는 셔츠, 스웨터, 재킷, 그리고 캐주얼 로퍼와 끈 있는 신발을 포함한다.

3. 시간을 잘 지키자. 여러분이 수업이나 직장에 정해진 시간에 도착하지 않는다면, 이는 선생님이나 상사에게 좋지 못한 인상을 줄 뿐만 아니라, 동료들에게 방해가 될 수도 있다. 기업 문화에 유의하자. 다른 사람들보다 일찍 출근함으로써 좋은 인상을 줄 수 있다. 좋은 일 습관을 가지고, 업무 평가를 좋게 받기 위해서 직장에 일찍 출근하고 늦게 퇴근하는 태도를 보이자.
4. 배려하는 태도를 가지자. 다른 사람이 이야기할 때는 주의 깊게 듣자. 예를 들어, 수업 시간 동안 휴대폰을 사용하거나, 신문을 읽거나, 음식물을 섭취해서는 안 된다. 다른 사람이 이야기를 할 때는 방해해서는 안 된다. 여러분의 순서를 기다리는 것이 좋다. 비속한 용어 사용은 지양하자. 또한, 바른 자세로 앉으며, 적절한 몸짓 언어를 사용하자. 바른 자세는 교수님과 상사에게 좋은 인상을 줄 뿐만 아니라 여러분이 업무에 집중할 수 있게 해준다.
5. 이메일 에티켓을 지키자. 대면하는 의사소통의 기본적인 예절은 이메일을 주고 받는 예절에도 적용된다. 이메일 시작 부분에는 여러분 자신을 먼저 소개하도록 하자. 그리고 여러분이 수신자의 이름과 이메일 주소를 어떠한 경로로 알게 되었는지 언급하자. 명확하면서 간결하게 내용을 작성하고, 맞춤법을 지키면서 축약어 사용은 지양하는 것이 좋다.
6. 휴대폰 예절을 지키자. 수업 시간에 휴대폰을 사용하는 것은 예절에서 어긋난다. 중요한 연락을 기다리지 않는 한, 수업 시간이나 회의 중에는 휴대폰 전원을 끄도록 하자. 만약 중요한 연락을 기다리는 상황이라면, 사전에 양해를 구하는 것이 좋다. 휴대폰은 진동모드로 설정해 두고, 문에서 가까운 복도 쪽 좌석에 앉도록 하자. 중요한 연락이 오면, 연락을 받기 전에 해당 장소에서 나오도록 하자. 후에 교수님이나 상사에게 양해를 다시 한번 더 구하고 상황을 설명하도록 하자.
7. 바람직한 소셜 미디어 활동을 하자. 여러분의 페이스북이나 다른 소셜 미디어 페이지에 게시글을 올리기 전에 주의하자. 여러분의 근황을 친구들과 공유하는 것은 재미있을지 몰라도, 여러분의 상사나 미래의 상사는 여러분이 파티를 즐기는 것과 같은 사적인 근황의 모습을 달가워하지는 않을 것이다. 여러분이 해당 사진들을 삭제하더라도 그것이 소셜 미디어 페이지에서 사라지지 않는다는 것을 명심해두자. 만약 다른 이용자가 해당 사진들을 저장해뒀다면, 그 사진들은 향후 고용자에게 노출될 가능성을 여전히 가지고 있다. 여러분의 소셜 미디어 프라이버시 설정을 주기적으로 업데이트하자. 여러분 직장 동료들의 그룹을 따로 설정하여, 그

들이 여러분의 페이지에서 볼 수 있는 권한에 일부 제한을 두는 것도 한 방법이 될 수 있다. 일부 직장 동료들은 여러분과 페이스북 친구가 되는 것을 꺼릴 수 있다는 것 또한 명심해두자. 어색함을 피하기 위해서 여러분의 직장 인사들이 여러분의 계정을 먼저 찾을 때까지 기다리자. 근무 시간 동안의 소셜 미디어 사용에 대한 근무 규정을 미리 확인해두자. 근무 규정에 따라, 근무 시간 동안 개인적인 목적을 위한 소셜 미디어 활동을 하는 것은 지양하게 하더라도, 근무 관련 정보를 교류하기 위해서 활동하는 것은 장려할 수도 있다. 소셜 미디어 계정은 실시간 감독될 수 있다는 것에 주의하자.

8. 미리 준비를 해두자. 회의에 관한 자료를 읽지 않거나, 안건에 대해 논의할 바를 준비하지 않고 회의에 참석하는 사업가는 없다. 학생의 경우 전문가처럼 행동하는 것이란, 수업 전에 읽기 자료를 정독하고, 과제를 제출하며, 수업 시간에 질문을 하며, 다룬 내용을 학우들과 논의하는 것을 말한다.

교통법규가 사람들이 안전하게 운전할 수 있게 해주는 것처럼, 비즈니스 에티켓 역시 사람들이 경영 활동을 적절하게 영위할 수 있도록 해준다. 비즈니스 에티켓을 지킴으로써 여러분의 경쟁력을 갖추자. 만약 여러분의 직업이 잦은 해외 출장을 요한다면, 여러분은 방문하는 국가의 비즈니스 에티켓을 숙지해야 한다. 국가마다 관습은 다르다. 손님을 맞이하는 법, 식사 예절, 선물 예절, 명함을 주고받는 법과 같은 비즈니스 예절 역시 국가별로 다르다. 일본에서는 악수를 하는 대신에 묵례를 주고받으며 인사를 한다. 일부 아랍 국가에서는 신발의 밑창이 보이게 앉는 것은 실례를 범하는 일이다. 그러나 정직성, 윤리성, 그리고 신뢰성은 어느 국가에서나 공통적으로 중요하다.

여러분의 진실성에 대한 명성은 여러분 스스로를 자랑스럽게 만들고, 여러분의 기업을 성공으로 이끄는 데 기여할 것이다. 비윤리적인 행동은 여러분의 명성을 해칠 수 있다. 따라서 행동으로 옮기기 전에 신중히 생각해보자. 확신이 서지 않는다면 행동으로 옮기지 마라. 성공에 있어서 윤리는 매우 중요하기 때문이다.

대학교에서 최선을 다하기

여러분이 대학 졸업 이후에 성공하기 위해서 갖추어야 할 기량은 현재의 대학 공부에 있어서도 갖추어야 할 기량이다. 여러분이 당장 발휘할 수 있는 조직생활과 시간관리 능력은 직업, 가족 그리고 취미를 더 의미 있게 만들어준다. 다음은 공부 방법, 시험 응시, 시간 관리에 대한 요령이다.

공부 방법 요령

대학 공부를 마치 사업하는 것으로 생각해보자. 여러분이 대학교에 다니는 동안 다른 직업을 갖고 있더라도, 여러분이 학교에 다니는 것은 여러분 스스로를 발전시키기 위해서일 것이다. 따라서 여러분이 졸업하기 전 그리고 희망하는 직업을 가지기 전에 공부는 여러분의 사업과 다름이 없다. 모든 사업가가 그렇듯이 여러분도 성공을 목표로 할 것이다. 그렇다면 다음의 전략을 따르자.

1. 수업에 참여하자. 특별한 날 혹은 다른 바쁜 일정이 있을 때 수업에 결석할 유인을 가질 수 있다. 그러나 수업에 꾸준히 출석하는 것만큼 학교생활에서 중요한 일은 없다. 가능한 한 교수님과 가까운 자리에 착석하자. 이는 여러분이 수업 시간에 집중하는 데 도움이 될 것이다.
2. 수업 시간에 경청하자. 수업에 출석하더라도 그 시간 동안 잠에 빠져든다면 출석은 의미가 없다. 교수님과 눈을 마주치고 교수님의 말씀을 머릿속으로 그려보자. 여러분의 사전 지식과 경험을 총동원할 수 있다. 새로운 지식을 과거 지식과 연계함으로써 이해를 도울 수 있다.
3. 수업 내용을 필기하자. 여러분의 공책이나 컴퓨터 워드에서 가운데에 줄을 긋자. 한쪽에는 중요한 개념을 쓰고, 다른 한쪽에는 예시나 자세한 설명을 쓴다. 축약형이나 기호를 사용하고, 충분한 빈칸을 두면 필기의 가독성을 높일 수 있다. 수업 시간 후에 필기한 내용을 검토함으로써 배운 것을 다시 한번 익히자. 다시 읽고 쓰는 것은 배운 것을 오래 기억할 수 있게 해준다. 여러분이 좋아하는 노래 가사를 반복하여 외우듯이 수업 시간에 배운 개념들을 반복하여 익히자.
4. 공부하기 좋은 장소를 찾자. 조명이 좋고 조용한 공간을 찾아보자. 일부 학생들은 클래식이나 가사가 없는 음악을 들음으로써 집중하기도 한다. 여러분이 공부하는 장소에 펜, 연필, 계산기, 파일, 종이 등과 같은 공부 도구들을 충분히 마련해둠으로써 공부에 집중할 수 있도록 하자.
5. 전략을 통해 교재를 효과적으로 공부하자. 훑어보기, 질문하기, 읽기, 암송하기, 복습하기(SQ3R: Survey, Question, Read, Recite, Review) 과정의 전략을 활용할 수 있다.
   a. 교재의 이번 장에서 배우는 내용들을 먼저 훑어보자. 이는 목차, 학습목표, 머리말, 사진 등을 살펴보는 것을 말한다. 각 장의 마지막에 있는 요약은 각 장에서 배운 내용들을 잘 정리해두었다. 내용을 미리 훑어봄으로써 간략히 이해하고, 배울 내용에 집중할 수 있다.
   b. 머리말을 의문문으로 만듦으로써, 질문을 작성해보자. 예를 들어, 현재 부분의 머리말을 의문문으로 바꿈으로써 '효과적으로 공부하기 위해 어떠한 공부 요령들이 있을까?'라고 작성해볼 수 있다. 각 장에서 나온 질문들을 읽음으로써, 여러분이 읽은 내용들을 상기시킬 수 있다.
   c. 질문 단계에서 만든 질문에 답할 수 있도록 교재를 꼼꼼히 읽어보자. 본문뿐만 아니라 보조자료들도 꼼꼼히 읽어야 한다. 보조자료가 예시가 되고, 본문에서 다룬 개념을 이해하는 데 도움을 주기 때문이다. '보조자료에서 다룬 내용이 시험에 나올 것인가?' 하고 의문을 가질 수도 있다. 교수님이 보조자료를 그대로 시험에 출제하지 않더라도, 보조자료는 흥미로운 것을 다루며, 개념을 이해하는 데 도움이 되기 때문에 읽을 만한 가치가 있다.
   d. 스스로나 스터디그룹에서 질문에 대한 답을 암송하자. 내 것으로 만든 답을 나의 언어로 표현하여 개념을 명확히 이해했는지 확인할 수 있다. 연구에 따르

면, 말하는 것은 보는 것, 듣는 것, 읽는 것보다 효과적인 공부 방법이라고 한다. 스터디그룹에서 자주 사용되는 이 방법은, 업무 현장에서 팀 활동을 하는 데 도움이 되는 연습이기도 하다.

e. 정보를 다시 읽음으로써 복습하자. 각 장의 마무리 요약은 수업 대화 형식처럼, 질문과 대답 형식으로 이루어져 있다. 이 요약들은 학습목표와도 긴밀하게 연관되어 있어, 요약을 복습함으로써 여러분이 학습목표를 충분히 달성했는지를 확인할 수 있다.

6. 쪽지 카드를 사용하자. 경영 현장에서 사용되는 언어를 알면, 수업을 더 수월히 이해할 수 있을 것이다. 교재에서 다루는 주요 용어들 중에서 생소한 단어들을 쪽지 카드에 작성하여, 쉬는 시간이나 자율 시간에 복습하자.
7. 가능하다면 기출문제를 살펴보자. 여러분의 교수님이 기출문제를 제공해주지 않는다면, 교수님으로부터 얼마나 많은 객관식 혹은 주관식이 출제되는지 등과 같은 시험에 나올 문제 형식에 대해 질문하자. 여러분의 교수님 수업을 이전에 수강한 학생들에게 시험에 출제되는 형식을 물어볼 수 있고, 수업 시간에 강조한 내용을 물어볼 수도 있다. 하지만 비합법적으로 획득한 기출문제를 살펴보는 것은 윤리적이지 못한 행동이다.
8. 가능한 한 많은 감각을 사용하여 공부하자. 주로 청각에 의존해 학습하는 학생이라면, 필기나 질문에 대한 대답을 녹음해보자. 아침에 옷을 갈아입는 동안 녹음한 것을 들어보자. 여러분은 소리 내어 읽거나 공부함으로써 효과적으로 공부할 수 있다. 만약 여러분이 주로 시각에 의존해 학습하는 학생이라면, 사진, 차트, 색깔, 그래프 등을 활용하여 공부해보자. 여러분의 교수님은 수업에서 배우는 개념을 다루는 다양한 비디오 자료들을 가지고 있을 것이다. 만약 여러분이 무엇인가를 직접 경험함으로써, 즉 주로 운동감각에 의존해 학습하는 학생이라면, 이 교재의 각 장의 끝 부분에 있는 실전 훈련 연습을 직접 함으로써 효과적으로 공부할 수 있을 것이다.

시험 응시 요령

가끔 학생들은 다음과 같이 말한다. "나는 공부를 하여 내용을 숙지하였지만, 객관식(혹은 주관식) 시험에 약할 뿐이다." 다른 일부 학생들은 상대적으로 수월히 시험에 응시한다. 다음은 시험 응시 요령이다.

1. 충분한 수면을 취하고 식사를 하자. 전날 시험공부로 인해서 밤을 새워 비몽사몽한 상태로 시험에 응시하는 것보다 충분한 수면을 통해 맑은 정신으로 시험에 응시하는 것이 좋다. 만약 꾸준히 공부해 왔다면, 전날 밤을 새워야 할 필요가 없다. 충분한 영양 섭취를 통해 뇌 활성을 자극하는 것도 중요하다.
2. 시험에 필요한 것을 모두 챙기자. 가끔 여러분은 2개의 연필, 지우개, 계산기가 필요할 수도 있다. 사전에 대비하자.
3. 긴장을 풀자. 시험을 보기 전 집에서 깊고 느린 호흡을 하자. 여러분이 시험을 보고 있는 모습을 떠올리며, 긴장을 풀고 자신감을 가지자. 각 장의 요약을 다시 한

번 복습하자. 교실에 일찍 도착하여 진정하는 시간을 갖자. 만약 여러분이 시험시간 동안 긴장이 된다면, 잠시 풀던 것을 멈추고 깊은숨을 쉬자. 시험지를 뒷면으로 돌려 여러분이 기억하는 정보를 적어보자. 여러분이 알고 있는 것을 시험 문제에 적용할 수 있을 때도 있다.

4. 시험 지시 사항을 꼼꼼히 읽어보자. 여러분은 그 어느 것도 놓치지 싶지 않고, 금지된 행동을 제재받고 싶지 않을 것이다.
5. 객관식 문항의 보기를 모두 읽어보자. 객관식 문항에서 답이 될만한 여러 개의 보기들이 있다 하더라도, 가장 적절한 보기를 골라야 한다. 보기를 모두 읽고 가장 적절한 것을 고르자. 만약, 여러분이 한 개의 보기만을 수월히 가려낼 수 있다면 그것은 정답일 확률이 높다. 만약, 정답에 확신이 없다면, 가장 옳지 않은 보기부터 지워나가자. 보기를 줄여나감으로써 정답에 가까워질 수 있다.
6. 모든 문항에 답을 하자. 여러분의 교수님이 오답에 대한 감점을 미응답에 대한 감점보다 더 크게 주지 않는 이상, 모든 문항에 답을 하는 것이 유리하다. 모르는 문항을 뛰어넘는 것은 무심코 답안 작성을 밀리게 할 수 있다. 답안을 밀려 씀으로써 밀린 답들은 모두 오답 처리를 받을 수 있다.
7. True/False 문항은 꼼꼼히 읽자. 진술의 모든 부분은 맞거나 틀려야만 한다. 절대, 항상과 같은 절대적 표현은 유의하자. 보통 절대적 표현은 틀릴 경우가 많다.
8. 주관식 답안을 작성하기 전에 생각을 정리하자. 여러분이 답안에 작성할 내용의 순서를 미리 생각해보자. 올바른 문법과 구두법을 지켜 완전한 문장으로 작성하자. 여러분의 답안을 충분히 설명하자.
9. 시험지를 다시 한번 검토하자. 여러분이 모든 문항에 답을 했는지, 인적사항을 기입했는지, 지시사항을 따랐는지를 확인하자.

시간 관리 요령

여러분이 배울 수 있는 가장 중요한 관리 기술은 시간을 관리하는 방법이다. 시간을 관리하는 법은 많이 연습할수록 좋다. 다음은 학생들이 따르기 어려워하는 시간을 관리하는 요령이다.

1. 주간 목표를 작성하자. 현실적인 목표를 설정하는 것이 중요하다. 목표를 달성하기 위한 단계들도 함께 작성하자. 목표를 달성했을 때는 스스로를 보상하자.
2. 'to do' 리스트를 작성하자. 해야 할 일을 작성하지 않으면 잊어버리기 쉽다. 해야 할 일이 생길 때마다 리스트에 작성해두자. 여러분이 해야 할 일을 기억해둬야 하는 수고를 줄일 수 있다.
3. 일과표를 작성하자. 구입한 일일 플래너나 전자 플래너 혹은 여러분이 직접 만든 플래너를 사용할 수 있다. 페이지 윗면에 날짜와 요일을 적는다. 기상 시간과 취침 시간을 왼쪽 아래에 적는다. 선을 그어 행과 열을 만들고, 여러분이 계획한 활동들을 시간대별로 적는다. 여러분이 공부에 쓸 수 있는 많은 시간적 여유를 발견하고 놀라게 될 수도 있다.
4. 내일 할 일을 전날 계획하자. 미리 계획함으로써, 다음 날 아침에 빠르고, 적은 스

트레스로 하루를 시작하게 될 것이다.

5. 주간, 월간 계획표를 작성하자. 달력을 이용하여 다가오는 활동과 과제를 적어두자. 학업뿐만 아니라 다양한 사회 활동도 포함하여, 학업과 재미 사이의 균형을 이룰 수 있도록 하자.
6. 일을 분산하자. 보고서 작성 제출 기한이나 시험 준비 기한 마지막 주까지 일을 미루지 말자. 하루에 적은 분량의 보고서를 작성하더라도, 2주가량 꾸준히 작성해 나간다면 20페이지의 보고서를 수월히 완성할 수 있다. 하루, 이틀 만에 20페이지 분량의 보고서를 몰아 쓰는 것은 매우 어려운 일이다.
7. 공부 시간을 지키자. 매일 꾸준히 공부하자. 쉬는 시간에는 플래시 카드로 배운 내용을 복습하고 다음 과제를 읽어보자. 공부 시간을 지키는 습관을 들이자.
8. 재미를 즐길 시간을 가지자. 여러분이 매일 재미있는 일을 즐기면, 삶이 더욱 풍성해질 것이다. 학업과 재미를 병행하면서 균형을 이룰 수 있도록 하자.

"시간이 금이다"라는 말이 있다. 일부 사람들은 시간이 돈보다 더 가치 있다고 말하기도 한다. 만약 여러분의 은행 계좌 잔액이 줄어들었다면, 더 많은 보수를 주는 직업을 찾음으로써, 부업을 함으로써, 혹은 재산을 되팜으로써 잔액을 채워 넣을 수 있다. 하지만 여러분의 시간은 한정되어 있고, 그 이상의 더 많은 시간을 가질 수는 없다. 따라서 여러분은 되돌릴 수 없는 시간을 효율적으로 관리하는 방법을 배워야만 한다.

강의진도표(제안)

아래 경영학의 연관도표와 함께 강의진도표를 제안합니다. 제안한 강의진도표를 활용하여 강의할 수도 있고, 제안한 강의진도표의 장을 책의 순서대로 강의할 수도 있습니다.

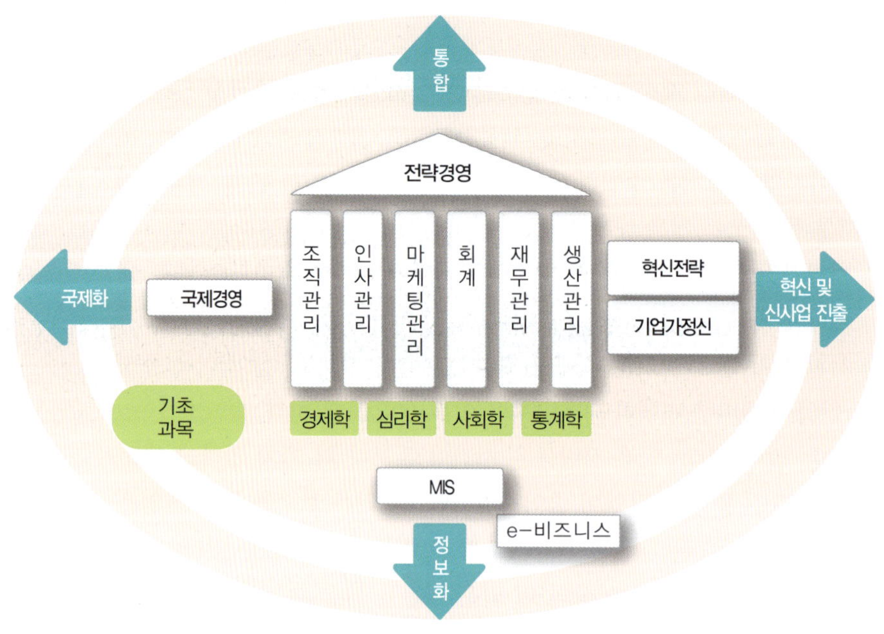

주	강의 제목	강의 내용 및 목표	주	강의 제목	강의 내용 및 목표
1	강좌 및 강의 일정 소개		9	빠르게 변화하는 비즈니스 환경에서의 리스크에 대한 대응과 수익창출(1장)	- 수익과 리스크 - 기업가 정신 - 비즈니스 환경 변화
2	사업 소유구조 형태의 선택(5장)	- 사업 소유구조의 종류 - 회사의 장점과 단점 - 프랜차이즈의 장점과 단점 비교 - 사업 소유구조의 선택	10	윤리적 행동과 사회적 책임(4장)	- 기업 윤리규범 세우기 - 기업의 사회적 책임 - 국제윤리와 사회적 책임
3	기업가 정신과 중소기업 창업(6장)	- 창업에 필요한 자질 - 중소기업 창업 - 중소기업 창업 후 경영	11	마케팅: 구매자의 구매 활동 돕기(12장)	- 마케팅이란 무엇인가? - 마케팅 믹스 - 마케팅 환경의 이해 - 소비자시장과 기업 간 시장
4	관리와 리더십(7장)	- 관리의 네 가지 기능 - 계획과 의사결정 - 리더십 유형	12	회계와 재무정보의 이해(16장)	- 회계정보의 역할 - 회계의 분야 - 주요 재무제표의 이해
5	오늘날 시장 환경에 대응하는 조직의 구성(8장)	- 변화하는 조직 - 조직모델들 - 기업 간 상호작용 관리	13	재무관리(17장)	- 재무관리자의 역할과 책임 - 재무 계획의 중요성과 과정 - 자본조달의 원천과 방법
6	직원 동기부여(10장)	- 직원 동기부여 - 동기부여의 중요성 - 동기부여 이론 - 개인화된 동기부여	14	생산 및 오퍼레이션스 관리(9장)	- 생산에서 오퍼레이션스 관리로 - 생산공정 - 오퍼레이션스 관리 계획
7	인적자원 관리: 최우수 직원 발굴과 유지(11장)	- 인적자원 기획 - 직원 선발 - 직원 성과 평가 및 보상	15	글로벌 시장에서의 비즈니스(3장)	- 다른 국가와 무역을 하는 이유 - 글로벌 시장으로 가기 위한 전략 - 글로벌 무역에 영향을 미치는 요인
8	중간시험		16	기말시험	

요약 차례

차례

PART 1

비즈니스 트렌드: 다양한 글로벌 환경에서의 비즈니스 육성

CHAPTER 1

빠르게 변화하는 비지니스 환경에서의 리스크에 대한 대응과 수익창출

CHAPTER 2

경제학이 비즈니스에 미치는 영향 이해하기

CHAPTER 3

글로벌 시장에서의 비즈니스

차례

PART 4

인적자원관리: 품질 좋은 제품과 서비스 생산을 위한 직원 동기부여

CHAPTER 10

직원 동기부여

CHAPTER 11

인적자원 관리: 최우수 직원 발굴과 유지

PART 5

마케팅: 고객 중심 마케팅 계획의 개발과 실행

CHAPTER 12

마케팅: 구매자의 구매활동 돕기

차 례

CHAPTER 15

효과적인 촉진기법의 사용

PART 6

재무 자원 관리

CHAPTER 16

회계와 재무정보의 이해

차례

PART 1

비즈니스 트렌드: 다양한 글로벌 환경에서의 비즈니스 육성

1 빠르게 변화하는 비지니스 환경에서의 리스크에 대한 대응과 수익창출

학 습 목 표  이 장을 학습한 후에 다음 질문에 답할 수 있어야 한다.

1-1 이익과 리스크 간의 관계 및 비즈니스와 비영리단체가 생활수준과 삶의 질을 향상시키는 방법을 설명할 수 있다.

1-2 기업가정신 및 기타 생산 요소가 부의 창출에 어떻게 기여하는지 설명할 수 있다.

1-3 경제적 환경과 세금이 비즈니스에 미치는 영향을 분석할 수 있다.

1-4 기술이 비즈니스에 미치는 영향을 설명할 수 있다.

1-5 기업들이 경쟁에 대응하고, 경쟁에서 이길 수 있는 방법을 설명할 수 있다.

1-6 비즈니스에 영향을 미치는 사회적 변화를 분석할 수 있다.

1-7 전쟁과 테러를 포함한 글로벌 도전에 대응하기 위해서 기업들이 해야 할 일을 찾을 수 있다.

1-8 현재에도 반복되고 있는 과거의 트렌드(trends)에 대해 검토할 수 있고, 그러한 트렌드가 미래의 대학 졸업생들에게 어떤 의미가 있는지를 설명할 수 있다.

워커 앤 컴퍼니 창업자, 트리스탄 워커에 대해 알아보자

기업가인 트리스탄 워커(Tristan Walker)가 일상생활에서 가장 불편한 부분 중 하나는 그의 거칠고 곱슬곱슬한 수염에 맞는 면도기를 찾는 것이었다. 워커는 "저는 면도를 제대로 할 수 없었습니다. 왜 곱슬모를 위한 제대로 된 제품이 없을까요?"라고 말하였다. 알맞은 면도기를 찾지 못한 것 외에도 워커는 기업들이 시장을 구성하는 여러 소비자들의 다양한 요구를 무시하고 있다는 사실을 믿을 수 없었다. 그가 말하길, "유색인종은 다른 누구보다 이 물건에 더 많은 돈을 씁니다. 따라서 '누구보다 먼저 그런 것들을 존중하고, 이 아름다운 공동체와 문화를 기념하는 장기적 관점을 만들겠다'고 생각했습니다." 그 장기적 비전은 워커 앤 컴퍼니(Walker & Company)라는 라이프스타일 브랜드로서 흑인 남성에게 고품질의 퍼스널 케어 제품을 제공하는 데 전념하는 것이 되었다. 처음 회사를 설립했을 때 워커는 자신의 회사를 "유색인종을 위한 프록터 앤 갬블(Procter & Gamble)"로 만들고 싶다고 말했다. 그리고 수년간 견고한 매출을 발생시키며 성장한 끝에 2018년 워커 앤 컴퍼니는 프록터 앤 갬블의 관심을 끌 만큼 충분히 커졌다. 프록터 앤 갬블이 수백만 달러에 브랜드를 인수했지만, 워커는 회사에 남아 그가 창업한 회사가 임무를 계속할 수 있도록 노력하고 있다. 워커는 "우리는 이 기업과 그 목표가 150년 후에도 여전히 유지되기를 바랍니다"라고 말했다.

물론 이렇게 높은 목표를 가진 기업을 만드는 것은 결코 쉬운 일이 아니다. 그의 비전을 실현하기 위해 워커는 전문지식과 인맥, 그리고 많은 노력과 의지가 필요했다. 워커는 동기부여를 받으며 항상 열심히 일했지만, 회사를 성장시키기 위한 좋은 비즈니스 커넥션을 형성하는 것은 쉬운 일이 아니었다. 그가 말하길, "저는 뉴욕 퀸즈의 자메이카 지역 출신으로 태어나 정부의 복지수당을 받으며 자랐습니다. 그리고 그때의 가난함에서 벗어난 삶을 살고 싶다는 목표가 오늘의 저를 있게 했습니다." 공부뿐만 아니라 스포츠에도 뛰어났던 워커를 보며 농구 코치가 엘리트 기숙학교에 지원해볼 것을 권유했고, 워커는 코치의 조언을 받아들여 명문 고등학교인 하치키스 스쿨(Hotchkiss School)에 지원하여 전액 장학금을 받으며 공부하였나. 덕분에 스토니부룩 대학교(Stony Brook University)에도 입학하여 경제학 학사학위를 취득할 수 있었다.

워커의 투지와 흠잡을 데 없는 학력 덕분에 그는 대학 졸업 후 월스트리트에서 일하게 되었다. 그러나 이내 정신없이 바쁜 금융업계에 피로감을 느끼고는 뉴욕주에서 멀리 벗어나 경영대학원에 가야겠다고 마음을 먹는다. 그 무렵 그는 샌프란시스코 베이 지역의 유명한 기술 허브인 실리콘밸리에 대해 처음 알게 되었고, 실리콘밸리가 제공하는 풍부한 기술 관련 자원을 활용하기 위해 인근 스탠퍼드 대학에 지원하였다. 워커는 "스탠퍼드에 왔을 때 저는 24살이었습니다. 이곳의 제 동갑내기들은 수백만 달러를 벌었을 뿐만 아니라 세상을 근본적으로 바꾸고 있었습니다. 저는 왜 이런 곳이 있는지 전혀 몰랐을까요?"라고 말했다. 2008년 대학원 졸업 후 워커는 새로 출범한 위치 기반 검색 회사 포스퀘어(Foursquare)에 합류했다. 워커는 사업 개발 책임자로서 첫 달에 1,000달러밖에 받지 못했지만, 점차 다른 브랜드들과의 파트너십을 통해 회사를 확장하는 데 중요한 역할을 했다.

워커는 2012년 포스퀘어를 떠나 유명 벤처 캐피털인 안드레센-호로위츠(Andreessen-Horowitz)의 '상주 기업가'로 합류했다. 그 기회는 워커가 자신의 브랜드를 개발하고 회사를 시작하는 데 필요한 자원을 제공했다. 베벨(Bevel)이라는 면도 브랜드가 그의 핵심 비즈니스였다. 여러 겹의 면도날을 사용하는 다른 주요 면도기 브랜드들과 달리 베벨은 요철을 방지하는 단일 면도날 시스템을 고수했다. 워커 앤 컴퍼니는 이어 폼(Form)이라는 헤어 케어 제품 라인을 판매하기 시작했다. 처음에는 사원 부족으로 제품 홍보에 어려움을 겪었으나 이제는 그의 회사가 프록터 앤 갬블의 일부가 되었기 때문에 대기업의 수십억 달러 마케팅 예산을 활용할 수 있게 되었다. 또한, 워커 앤 컴퍼니는 P&G의 20억 달러 연구 개발 예산을 활용할 수 있어 다가오는 미래를 위해 계속해서 혁신할 수 있게 되었다.

비즈니스 환경은 계속해서 변화하며, 이 변화를 따르다 보면 기회도 오기 마련이다. 이 장과 이 교과서는 독자들에게 역동적인 비즈니스의 세계를 소개하고, 또 이와 같은 환경에서 성공적인 사업체를 운영하는 사람들을 소개한다. 트리스탄 워커와 같은 기업가는 그가 속한 지역 사회를 위해 봉사하고 공헌하였으며, 동시에 자신의 삶도 풍요롭게 만들었다. 이것이 바로 비즈니스의 근본이라 할 수 있다.

출처: Jason Del Rey, "Procter & Gamble Has Acquired the Startup Aiming to Build the Procter & Gamble for People of Color," Vox, vox.com, December 12, 2018; J.J. McCorvey, "Tristan Walker Announces Acquisition by Procter & Gamble, Will Remain as CEO and Move Company to Atlanta," Fast Company, fastcompany.com, December 12, 2018; David Gelles, "Tristan Walker on the Roman Empire and Selling a Start-Up to Procter & Gamble," The New York Times, December 12, 2018; J.J. McCorvey, "Atlanta's Black Tech Founders Are Changing Entrepreneurship in America. Can They Avoid Silicon Valley's Mistakes?," Fast Company, fastcompany.com, August 5, 2019; Derek Hambrick, "Tristan Walker on the Cutting Edge of Disruption," Emory Business, emorybusiness.com, August 13, 2019; "Tristan Walker on Building Walker & Company Brands," National Retail Federation Foundation, nrffoundation.org, accessed January 2020. Billboard, August 13, 2013.

Let's talk business!
bit.ly/LetsTalkBusiness1

이 회사는 신원 도용 및 사기로부터 소비자를 보호하는 책임을 지고 있지만, 자체 해킹을 당했다. 데이터 유출로 1억 4,700만 명의 개인 정보가 노출되었다. 이 회사의 이름은 무엇인가? (이 장 안에서 답을 찾으라.)

학습목표 1-1 이익과 리스크 간의 관계 및 비즈니스와 비영리단체가 생활수준과 삶의 질을 향상시키는 방법을 설명할 수 있다.

비즈니스
이익을 창출하면서 제품과 서비스를 제공하려고 노력하는 활동

상품
컴퓨터, 음식, 의류, 자동차, 설비 등과 같은 유형의 생산품

서비스
교육, 의료, 보험, 여가, 관광 등 눈에 보이지 않는—당연히 손으로 잡을 수도 없는—생산품

기업가
비즈니스를 시작하고 이를 지속해 나가기 위해 시간과 돈에 대한 리스크를 감당하는 사람

비즈니스와 부의 축적

비즈니스의 성공은 시장의 변화에 지속적으로 적응하는 데 달려 있다. **비즈니스(business)**란 이익을 창출하면서 상품과 서비스를 제공하려고 노력하는 활동을 말한다. 이익을 창출하기 위해서는 지역사회가 필요로 하는 상품, 직업, 서비스 등을 제공하게 된다. 여기서 **상품(goods)**이란 컴퓨터, 음식, 의류, 자동차, 설비 등과 같이 유형의 생산품을 말한다. **서비스(services)**는 교육, 의료, 보험, 여가, 여행, 관광 등 눈에 보이지 않는–당연히 손으로 잡을 수도 없는–생산품을 말한다. 고객들의 요구와 필요에 따라 알맞은 상품과 서비스를 개발했을 때는, 고객들이 선호하는 미디어로–블로그, 트위터, 페이스북, TV 광고 등–접근할 수 있어야 한다.

애런 크라우스(Aaron Krause)는 자동차 차체 상점에서 자신의 폴리머 폼 제품을 구입하는 구매자를 찾을 수 없었을 때 '폐기'라는 라벨이 붙은 상자에 넣고 잊어버렸다. 몇 년 후, 크라우스는 테라스 가구를 청소하기 위해 자신의 오래된 발명품을 파헤쳤고 그것은 놀랍게도 그의 라운지 의자와 더러운 접시에 잘 적용됐다. 그는 거품을 웃는 얼굴로 재디자인하여 스크럽 대디(Scrub Daddy)라고 이름 짓고 ABC 방송국의 쇼 샤크 탱크(Shark Tank)에 가져갔다. 스크럽 대디는 현재까지 해당 방송에 등장한 가장 성공적인 제품이다. 크라우스는 사업을 시작할 때 어떤 위험과 보상에 직면했을까?

한편, 고객이 원하는 것을 제공하여 시장의 요구를 성공적으로 채워줌으로써 얻을 수 있는 결과 중 하나는 돈을–때로는 아주 많이–벌 수 있다는 것이다. 물론, 부의 창출이 첫 번째 목표가 될 필요는 없다. 월마트(Wal–Mart)의 샘 월튼(Sam Walton)도 최초에는 아칸소(Arkansas) 주에 단 하나의 가게를 여는 것으로 사업을 시작했으나, 나중에 미국에서 가장 부유한 부자 중 한 사람이 되었다.[1]

미국에는 2,210만 명 이상의 백만장자들이 있다.[2] 여러분이 자신만의 비즈니스를 시작한다면, 언젠가는 그들 중 한 명이 될 수 있을 것이다. **기업가(entrepreneur)**는 비즈니스를 시작하고 이를 지속해 나가기 위해 시간과 돈에 대한 리스크를 감당

하는 사람이다.

수익, 이익 및 손실

수익(revenue)은 일정 기간 동안 제품과 서비스를 판매함으로써 비즈니스가 얻게 되는 화폐의 총량을 의미한다. **이익**(profit)은 하나의 비즈니스가 사용한 비용들 이상으로 벌어들인 돈을 의미한다. **손실**(loss)은 비즈니스에서 발생하는 비용이 수익보다 많을 때 발생한다. 만약 시간이 흐를수록 손실이 증가한다면, 곧 비즈니스를 중단하거나 직원을 해고해야만 할 것이다. 실제로 미국에서는 매해 175,000개 이상의 업체들이 문을 닫는다.[3)]

위와 같이, 비즈니스 환경은 끊임없이 변화하고 있다. 기존에는 큰 기회라 여겼던 사업들이 경제 환경이 변화함에 따라 막대한 손실을 가져올 수도 있을 것이다. 이와 같이 비즈니스를 시작한다는 것은 큰 위험을 동반할 수도 있다. 그러나 이러한 커다란 위험이 막대한 이익을 가져오는 경우도 많다. 이와 관련된 개념은 바로 다음에서 설명하기로 한다.

수익
일정 기간 동안 제품과 서비스를 판매함으로써 비즈니스가 얻게 되는 화폐의 총량

이익
하나의 비즈니스가 사용한 비용들 이상으로 벌어들인 돈

손실
비즈니스에서 발생하는 비용이 수익보다 많을 때 발생하는 것

리스크를 이익과 연결하기

리스크(risk)라는 것은 수익성이 확실하지 않은 비즈니스에서 발생하는 시간과 돈의 상실을 기업가가 감당하게 될 가능성을 말한다. 이익은 하나의 비즈니스가 임금이나 다른 비용들 이상으로 벌어들인 돈의 양이라는 점을 기억하라. 예를 들어, 여러분이 여름에 핫도그를 파는 비즈니스를 시작하려고 한다면, 카트에 대한 렌트비, 재료비, 여러분이 자리를 비웠을 때 핫도그를 판매할 누군가에 대한 임금 등을 지불해야 한다. 여러분과 다른 직원에 대한 임금, 재료 구입을 위한 비용, 카트에 대한 렌트비, 세금 등을 모두 지불하고 난 후에 남게 되는 돈이 바로 이익이 되는 것이다.

이익은 월급과 다른 비용들에 지불한 것 이상으로 하나의 비즈니스에서 벌어들인 총액이라는 점을 기억하라. 발생한 이익은 두 번째 카트를 빌리거나, 구입하는 데 사용될 수 있으며, 수년 후엔 수십 대의 카트와 수십 명의 직원을 보유하게 해줄 수도 있다.

기업이 벌어들이는 이익은 제각기 다르다. 일반적으로 가장 많은 위험을 부담하는 기업이 가장 많은 이익을 벌어들일 가능성이 크다. 예를 들어, 새로운 종류의 자동차를 개발하는 것에는 큰 위험이 수반된다. 또한, 교외와 비교해 시내에서 비즈니스를 하는 것은 높은 보험료와 임대료 때문에 일반적으로 더 큰 위험이 수반된다. 그러나 이러한 높은 위험 때문에 이익을 얻을 기회는 더 커질 수도 있다.

리스크
수익성이 확실하지 않은 비즈니스에서 발생하는 시간과 돈의 상실을 기업가가 감당하게 될 가능성

생활수준과 삶의 질

월마트(Walmart)의 샘 월튼(Sam Walton), 마이크로소프트(Microsoft)의 빌 게이츠(Bill Gates), 아마존(Amazon)의 제프 베이조스(Jeff Bezos), 그리고 스팽스(Spanx)의 사라 블레이클리(Sara Blakely)와 같은 기업가들은 성공적인 비즈니스로 자신들만 부유

그림 1.1 비즈니스의 이해관계자들

기업의 다양한 이해관계자들의 요구사항들이 때로는 서로 상충된다. 만약 직원들에게 더 많은 임금을 주면 주주들의 이익은 줄어들 것이다. 이러한 요구사항들의 균형 상태를 유지하게 하는 것이 경영자의 중요한 역할이다.

출처: John Mackey and Raj Sisodia, Conscious Capitalism (Boston, MA: Harvard Business Review Press, 2013)

해진 것이 아니라, 다른 사람들을 위한 일자리도 만들어냈다. 월마트는 사기업으로서는 현재 미국에서 가장 큰 고용주이며, 아마존이 그 뒤를 따른다.[4]

회사와 직원들은 정부나 지역사회가 병원, 학교, 도서관, 운동장 및 다른 시설들을 설립하는 데 사용할 수 있는 세금을 납부한다. 또한 세금은 주변 환경을 깨끗하게 유지시키고 어려운 사람들을 도와주며, 경찰서와 소방서를 유지하는 데 사용되기도 한다. 그러므로 비즈니스가 만들어내는 부와 납부하는 세금은 지역사회에 속한 모든 사람들에게 혜택을 주게 되는 것이다. 한 국가 내의 비즈니스들은 그 국가(나아가 세계)에 속한 모두의 생활수준과 삶의 질 향상에 기여하는 경제 시스템의 일부분이 된다. 최근의 세계적 경제 회복과 성장이 여러분이 속한 나라의 생활수준과 삶의 질에 어떠한 영향을 미쳤는지 생각해보기 바란다.

생활수준
사람들이 자신이 보유한 돈을 가지고 살 수 있는 제품과 서비스의 양

생활수준(standard of living)이라는 용어는 사람들이 자신이 보유한 돈을 가지고 살 수 있는 제품과 서비스의 양을 의미한다.

종종 한 국가의 상품 가격이 다른 국가에 비해 비싼 것은 높은 세금과 정부의 엄격한 규제 때문인 경우가 많다. 그러므로 적절한 수준의 세금과 규제를 통해 나라를 부유하게 만들 수 있다.[8] 이와 관련된 이슈는 2장에서 보다 자세히 다루게 될 것이다. 여기에서는 한 국가가 영위하는 삶의 질은 비즈니스가 창출하는 부와 밀접한 관련성이 있다는 것만 이해하면 된다.

삶의 질
정치적 자유, 쾌적한 자연환경, 교육, 의료서비스, 안전과 같이 즐거움과 만족을 가져다 줄 수 있는 모든 것들에서 나타나는 사회의 일반적인 행복수준

삶의 질(quality of life)은 정치적 자유, 쾌적한 자연환경, 교육, 의료서비스, 안전과 같이 즐거움과 만족을 가져다 줄 수 있는 모든 것들에서 나타나는 사회의 일반적인 행복수준을 의미한다. 이는 물건을 소유하는 것 이상의 즐거운 삶을 말한다. 높은 삶의 질을

유지하기 위해서는 기업, 비영리단체, 정부기관이 함께 노력해야 한다. 다만 잊지 말아야 할 것은 삶의 질이 단순히 돈을 버는 것보다 훨씬 중요하다는 것이다.

다양한 비즈니스 이해관계자들에 대한 대응

이해관계자(stakeholders)는 기업의 활동이나 정책에 의해서 이익 또는 손실을 입게 되는 모든 사람들로서 기업이 관심을 가지고 살펴야 할 사람들을 의미한다. 고객, 직원, 주주, 공급자, 소매업자, 은행, 지역사회, 미디어, 환경주의자, 경쟁자, 연합, 비평가, 정부관계자들이 여기에 포함된다(그림 1.1 참조).[5]

이해관계자
기업의 활동이나 정책에 의해서 이익 또는 손실을 입게 되는 모든 사람들로서 기업이 관심을 가지고 살펴야 할 사람들

21세기 조직들이 직면하게 될 가장 중대한 도전은 모든 이해관계자들의 요구를 인지하고 대응하는 것일 것이다. 이익을 창출해야 하는 기업의 요구는 충분한 임금을 받으려는 직원들의 요구 또는 환경을 보호하려는 요구와 균형을 이루어야 한다.[6] 한편 미디어를 무시한다면 각종 미디어 매체들은 매출에 영향을 미치는 부정적인 기사를 통해 여러분의 비즈니스를 공격할 것이다. 또한 지역사회의 이익과 일치하지 않는다면 여러분의 비즈니스가 확장되는 데 어려움을 겪게 될 것이다.

경쟁력을 유지하기 위해 기업은 아웃소싱이 필요할 수 있다. **아웃소싱(outsourcing)**은 기업의 일부 혹은 모든 기능(많은 경우 다른 나라에 소재한)을 다른 기업이 담당하도록 계약을 체결하는 것을 의미한다. 최근 미국은 아웃소싱으로 많은 일자리가 해외의 경쟁 업체에 넘어가 어려움에 처해 있다. 아웃소싱에 관해서는 3장에서 보다 자세히 다루기로 한다.

아웃소싱
기업의 일부 혹은 모든 기능(많은 경우 다른 나라에 소재한)을 다른 기업이 담당하도록 계약을 체결하는 것

아웃소싱의 반대는 인소싱(insourcing)이라고 할 수 있다. 많은 기업들이 디자인과 생산 시설을 미국에 설립하고 있다. 현대자동차(Hyundai)는 디자인 작업은 캘리포니아(California)주에서, 엔지니어링 작업은 미시간(Michigan)주의 디트로이트(Detroit)에서 하고, 앨라배마(Alabama)주의 몽고메리(Montgomery)에서 생산하고 있다.[7] 일본의 혼다(Honda) 역시 지난 40년간 미국에서 자동차를 생산해 왔으며, 2016년에는 12번째 미국 제조 공장을 열었다.[8] 일부 정보기술(IT) 회사는 의사 결정 과정에서 시간을 절약하여 비용을 절약할 수 있기 때문에 일자리를 미국으로 다시 가져오기 시작했다.[9] 이러한 인소싱은 새로운 일자리를 많이 만들어내고 있으며, 아웃소싱을 통해 사라지는 일자리의 수를 상쇄하고 있다.

아웃소싱을 하는 것이 법적으로는 문제가 없지만, 과연 모든 이해관계자들을 위한 최선의 방법일까? 기업 경영자들은 모든 요소들을 바탕으로 의사결정을 해야만 한다. 모든 이해관계자들을 만족시키는 것은 쉽지 않으며, 항상 일부 이해관계자들을 만족시키지 못하는 경우가 발생하게 된다.

비영리단체에서의 경영원리 적용

이해관계자들을 만족시키고자 하는 노력에도 불구하고 비즈니스는 지역사회가 필요로 하는 모든 것을 제공할 수는 없다. 공립학교, 시민단체, 자선단체(구세군 등) 등과 같은 비영리단체 역시 사회적 번영을 위해 많은 기여를 하고 있다. **비영리단체(nonprofit organization)**는 소유주나 조직구성원들이 사적인 목적으로 이익을 창출하지 않는 조직

비영리단체
소유주나 조직구성원들이 사적인 목적으로 이익을 창출하지 않는 조직

비영리법인의 목적은 이익 지향적이 아니고 사회적이며 교육적이다. 예를 들어, 적십자는 매년 자연재해 또는 인재를 당한 3천만 명의 사람들을 돕고 있다. 그런데 왜 좋은 경영의 원리가 비즈니스와 비영리법인에 똑같이 적용되는가?

을 말한다. 비영리단체들도 때로는 재무적 이익을 얻기 위해 노력하지만, 그러한 이익은 사적인 목적보다 정해진 사회적 또는 교육적 목적을 위해 사용된다.

여러분이 가지고 있는 다양한 관심사로 인하여 여러분은 앞으로 비영리단체에서 일하게 될지도 모른다. 비영리단체라 하더라도 경영은 반드시 필요하다. 비영리단체를 시작하거나 경영하기 위해서는 정보시스템관리, 리더십, 마케팅, 재무관리와 같은 경영학 기술을 배워야 할 필요가 있다. 그러므로 이 책에서 배우게 될 지식이나 기술들은 비영리단체를 포함한 어떤 조직에도 매우 유용할 것이다. 다음 절에서 기업가정신에 대해 더 자세히 살펴보기로 한다.

시험 준비

- 수익(revenue)과 이익(profit)의 차이는 무엇인가?
- 생활수준과 삶의 질의 차이는 무엇인가?
- 리스크는 무엇이며, 이익과 어떻게 연결되는가?
- 기업의 이해관계자, 아웃소싱(outsourcing) 및 인소싱(insourcing)이라는 용어는 무엇을 의미하는가?

학습목표 1-2 기업가정신 및 기타 생산 요소가 부의 창출에 어떻게 기여하는지 설명할 수 있다.

부의 창출을 위한 기업가의 중요성

비즈니스에서 성공하는 데는 두 가지 방법이 있다. 첫 번째 방법은 대기업에서 한 단계씩 승진하며 올라가는 것이다. 이처럼 이미 만들어진 타인의 조직에서 일하는 것의 장점은 다른 사람이 기업가로서의 리스크를 떠맡는 대신 여러분은 유급휴가나 의료보험과 같은 혜택을 받는다는 것이다. 이 방법은 좋은 선택이며, 대부분의 사람들이 이 방법을 선택한다.

리스크가 크지만 훨씬 흥미진진한 다른 방법은 본인 스스로 기업가가 되는 것이다. 미국의 국가인 '성조기(The Star Spangled Banner)'에서 미국은 '자유의 땅과 용감한 사람들의 고향'이라고 말하고 있다. 자유롭다는 것에는 자신만의 비즈니스를 시작하고 이로부터 이익을 얻는 자유도 포함된다. 그러나 성공의 자유 이면에는 실패의 자유도 있으며, 매년 수많은 작은 기업들이 실패를 경험하고 있다. 그러므로 사업을 시작하기 위해서는 용기가 필요하다. 게다가 기업가로서 당신은 유급휴가나 보육, 회사 차량 이용, 의료보험과 같은 혜택을 받지 못하기 때문에 이를 스스로 해결해야 한다. 그렇지만 의사결정의 자유, 기회 및 부의 창출 등은 기업가로서 여러분이 얻을 수 있는 장점이다. 여러분은 기업가로서의 도전을 하기에 앞서서 이미 성공한 사람들에 대해 공부하면서 그 성공 과정을 배울 필요가 있다. 이를 위해 성공한 사람과 직접 이야기를 나눌 수 있고, 이 책의 6장에 나와 있는 그들의 이야기를 읽을 수 있으며, 다른 책이나 잡지(예: Entrepreneur, Fast Company, and Inc.) 그리고 인터넷(예: Small Business Admistration at sba.gov)을 참고할 수도 있을 것이다.

부를 창출하기 위해 국가는 천연자원뿐만 아니라 더욱 많은 것을 필요로 한다. 다시 말해, 숲이나 노동력, 연료, 수로 등의 자원뿐만 아니라 기업가의 노력과 함께 제품 및 서비스를 생산할 수 있는 기술과 지식이 필요하다. 정부가 기업가정신과 지식의 전파를 위해 할 수 있는 일은 무엇일까?

다섯 가지 생산 요소

여러분은 왜 국가마다 부의 차이가 발생하는지 궁금해한 적이 있는가? 경제학자들은 오랜 시간 동안 부의 창출이라는 주제에 대해 연구해 왔다. 그들은 부에 영향을 미치는 것처럼 보이는 다음과 같은 5가지 **생산요소(factors of production)**를 밝히는 것으로 연구를 시작하였다(생산요소에 대한 자세한 설명은 그림 1.2를 참조).

생산요소
부 창출에 이용되는 자원들(토지, 노동, 자본, 기업가정신, 지식)

1. 토지(또는 천연자원들) – 집, 자동차, 다른 상품을 생산하기 위해 사용되는 땅이나 천연자원을 말한다.
2. 노동(직원) – 사람들은 항상 제품과 서비스를 생산하는 데 중요한 자원이다. 그러나 많은 사람들이 현재는 기술에 의해 대체되고 있다.
3. 자본 – 기계, 도구, 건물 등 상품의 생산에 사용되는 모든 것들을 의미한다. 자본에는 돈이 포함되지 않을 수도 있다. 즉, 자본은 돈으로 생각할 수 있지만, 돈은 생산요소들을 구입하기 위해 사용되는 것으로 그 자체가 생산요소는 아니다.
4. 기업가정신 – 기업가들이 자원들을 사용하여 비즈니스를 시작하는 도전이 없다면 모든 자원들은 아무런 가치를 지니지 못한다.
5. 지식 – 정보기술은 기업에 혁신을 가져다 주고, 사람들이 요구하는 것들을 빠르게 결정하게 하고 적합한 제품과 서비스 제공을 가능하게 한다.

전통적으로 경영/경제 서적들은 4가지 생산요소인 토지, 노동, 자본, 기업가정신만을 강조하였다. 그러나 최근 경영학의 석학인 피터 드러커(Peter Drucker)는 경제에서 가장 중요한 생산요소는 현재에도 미래에도 항상 지식이라고 말했다.[10]

그림 1.2 **생산요소**

가난한 국가와 부유한 국가의 생산요소를 비교한다면 어떠한 차이점을 발견할 수 있을까? 몇몇 가난한 국가들은 광대한 토지와 풍부한 천연자원을 가지고 있다. 예를 들어, 러시아는 방대한 영토와 목재, 석유 등 풍부한 천연자원을 가지고 있지만, (아직은) 부유한 국가로 분류되지 않는다. 그러므로 토지는 부의 창출을 위한 핵심적 요소는 아니라고 할 수 있다.

멕시코와 같은 대부분의 가난한 국가들은 많은 노동력을 보유하고 있으므로, 노동 역시 부의 핵심 요소는 아니다. 노동자들은 사회에 기여하기 위해서 일을 찾아야 하기 때문에, 자신들에게 일자리를 제공해줄 기업가가 필요하다. 또한, 기계나 도구와 같은 자본은 점점 국경에 관계없이 이용할 수 있게 되어 부의 창출에 중요한 요소가 될 수 없다. 특히, 자본은 그것을 사용하는 기업가 없이는 생산적일 수 없다.

이를 종합해볼 때 오늘날 부유한 국가를 만드는 것은 기업가정신과 지식의 효율적인 사용이라는 두 요소의 결합이라고 할 수 있다.[20] 기업가들은 자신이 습득한 것(즉, 지식)을 자신의 비즈니스를 성장시키고 부를 증진시키기 위해 사용한다.

이를 위해서는 경제 및 정치의 자유 또한 중요할 것이다. 비즈니스 환경들은 기업가정신을 촉진하거나 방해하는데, 이러한 점이 미국 내의 주(states) 간 또는 도시(cities) 간 부의 격차를 설명하는 데 도움을 줄 수 있을 것이다. 지금부터는 무엇이 비즈니스 환경을 이루고, 어떻게 성장과 일자리 창출을 촉진하는 비즈니스 환경을 만들어낼 수 있는지에 대해서 살펴보자.

시험 준비

- 이미 만들어져 있는 타인의 조직을 위해서 일하는 장점은 무엇인가?
- 기업가가 된다면 잃게 되는 것과 얻게 되는 것은 무엇인가?
- 생산요소 5가지는 무엇인가? 어떤 요소가 부의 창출에 핵심적인가?

비즈니스 환경

비즈니스 환경(business environment)은 비즈니스의 발전을 도와주거나 방해하는 환경적 요소들로 구성된다. 그림 1.3은 비즈니스 환경의 5가지 요소들을 보여주고 있다.

비즈니스 환경
비즈니스의 발전을 도와주거나 방해하는 환경적 요소

1. 경제적 · 법적 환경
2. 기술직 환경
3. 경쟁적 환경
4. 사회적 환경
5. 글로벌 비즈니스 환경

부와 직업을 창출하는 기업은 좋은 환경에서 성장한다. 따라서 바람직한 비즈니스 환경을 만드는 것이 좋은 학교, 깨끗한 물과 공기, 좋은 의료서비스, 낮은 범죄율을 포함하는 모든 종류의 사회적 이익에 기초가 된다. 비즈니스는 통상적으로 환경을 통제하지는 못하지만, 환경을 주의 깊게 감시하고 환경의 변화에 적응할 수 있도록 준비할 필요가 있다.

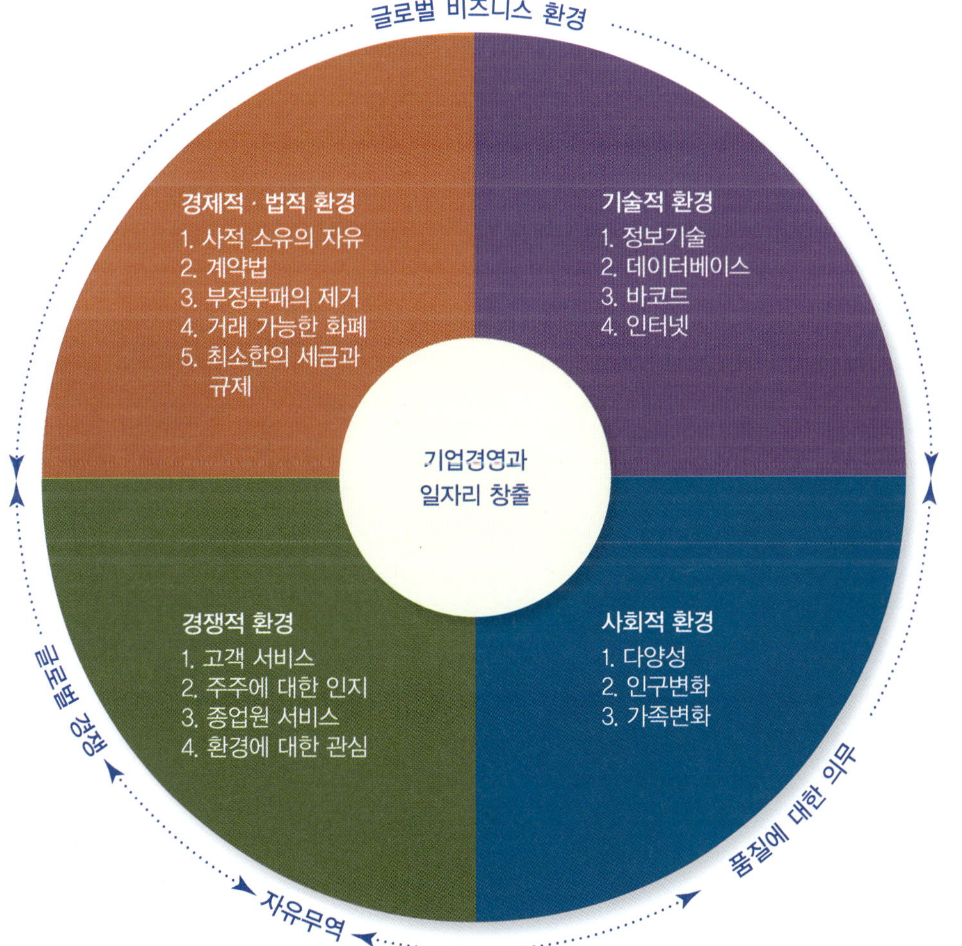

그림 1.3 오늘날 빠르게 변화하는 비즈니스 환경

학습목표 1-3 경제적 환경과 세금이 비즈니스에 미치는 영향을 분석할 수 있다.

경제적 · 법적 환경

사람들은 자신이 잃게 되는 리스크가 지나치게 크지 않다면, 기꺼이 비즈니스를 시작하려고 할 것이다. 경제시스템과 비즈니스에 대해 정부가 얼마가 긍정적이고 부정적인 역할을 하는가는 이러한 리스크 수준에 큰 영향을 미친다. 예를 들어, 정부는 지출을 최소화하고 세금과 규제를 최소한의 수준으로 유지하며, 기업에 우호적인 정책들을 유지할 수 있다. 최근 선거에서 가장 큰 논점은 증세 여부 및 정부의 지출감소 방안이다.

정부가 기업가정신을 조성할 수 있는 또 하나의 능동적인 방법은 기업의 사적 소유를 허락하는 것이다. 일부 국가들에서는 정부가 대부분의 기업들을 소유하고 있어 개인들이 열심히 일하고 이익창출에 기여하게 하는 인센티브가 거의 없다. 그러나 이런 정부들조차도 최근에는 더 많은 부를 창출하기 위해서 정부가 소유한 기업들을 개인들에게 팔고 있다. 이미 발전하고 있는 국가의 정부가 할 수 있는 최선의 행동 중 하나도 시장에 대한 간섭을 최소화하는 것이다.

정부는 기업가들이 계약을 체결할 수 있도록 하는 법을 통과시킴으로써 기업가정신에 대한 리스크를 줄일 수 있다. 예를 들어, 미국의 '통일상법전(the Uniform Commercial Code)'은 기업 간 상호신뢰를 위한 계약과 보증에 대한 사항들을 담고 있다. 아직까지 이러한 법을 갖추지 못한 국가에서 비즈니스를 시작하면 리스크는 훨씬 더 크다.

또한 정부는 세계시장에서 거래 가능한 화폐를 발행할 수 있다. 즉, 여러분은 다른 나라의 화폐와 교환 가능한 이러한 화폐를 사용하여 세계 어디에서나 제품과 서비스를 사고팔 수 있다. 예를 들어, 중국의 위안화가 미국의 달러와 교환 가능하기 때문에 코카콜

일부 국가에서는 기업을 시작하는 것이 매우 어렵다. 예를 들어, 인도에서 기업을 시작하기 위한 허가를 받으려면 소모적인 관료주의적 과정을 견뎌내야 한다. 그럼에도 불구하고 이러한 어려움을 견디고 시작한 기업들은 부와 일자리 창출이란 중요한 역할을 할 수 있다. 이 사리(sari) 가게가 작은 예 중 하나이다. 당신은 10억 명이 넘게 살고 있는 이 나라가 조금 더 자유로워진다면 생길 수 있는 부와 기회들을 생각할 수 있는가?

라(Coca-Cola)나 디즈니(Disney)가 중국에서 사업을 할 수가 있는 것이다.

마지막으로, 정부는 비즈니스 환경과 정부 내 조직에서의 부패를 최소화하여 도움을 줄 수 있다. 많은 가난한 나라의 경우 정부가 너무 부패했기 때문에 비즈니스를 하기가 매우 어렵다. 이러한 나라에서는 공장을 짓거나 상점을 열기 위해 허가를 받는 일이 매우 어려우며, 관료들에게 뇌물을 주어야 허가가 떨어지는 경우도 허다하다. 또한, 사업가들의 부패도 만연하여, 부노닉한 사업가들은 경쟁자를 위협하여 불법적으로 경쟁을 줄이는 경우도 있다.

미국 내에는 부정부패를 금지하기 위한 많은 법들이 마련되어 있다. 그러나 여전히 일부 기업들의 부패와 불법적인 행동들은 비즈니스 커뮤니티와 경제 전체에 악영향을 미치고 있다. 언론은 기업과 관련된 스캔들을 열심히 보도하고 있다. 윤리는 기업의 성공과 경제 전체에 매우 중요하기 때문에 이 책의 대부분의 장에서 다룰 것이며, 특히 4장에서는 집중적으로 다룰 것이다.

여러 국가의 정부가 협력하여 기업가정신이 번성할 수 있는 환경을 조성할 수 있다. 예를 들어, 2015년에 국제연합은 향후 15년 동안 빈곤을 종식시키고 불우한 사람들의 삶을 개선하기 위한 구체적인 목표를 나열하는 지속 가능한 개발 목표(SDGs)를 채택했다. 궁극적인 목표는 개발도상국의 근본적인 문제를 해결하기 위해 정부, 기업 및 비영리 단체와 협력하여 번영을 향해 나아가는 것이다.

학습목표 1-4 기술이 비즈니스에 미치는 영향을 설명할 수 있다.

기술적 환경

선사시대부터 인간은 자신의 일을 더 쉽게 하기 위한 도구를 만들고자 하는 욕구가 있었다. 하지만 지금까지 컴퓨터와 네트워크, 스마트폰 그리고 인터넷과 같은 정보기술(IT)만큼 광범위하고 지속적으로 경영에 영향을 준 기술적 변화는 없었다.

IT는 사람들이 의사소통하는 방식을 완전히 변화시켰다. 광고업자들과 사업가들은 이러한 새로운 의사소통 도구들을 이용해 공급자와 소비자들에게 다가가는 방법을 고안하였다. 정치가들 또한 이러한 인터넷과 소셜네트워크의 힘을 이용해왔다.[11] 이와 같이 IT는 오늘날 비즈니스를 이끄는 주요한 원동력이 되고 있기 때문에 이 책에서 지속적으로 그 영향에 대해 언급할 것이다.

기술은 어떻게 직원과 여러분에게 이익을 주는가 **기술**(technology)은 전화기나 컴퓨터에서부터, 모바일 기기, 영상의학 장비, 로봇, 인터넷, 소셜 미디어뿐만 아니라 비즈니스 과정을 보다 효과적이고 효율적이며 생산적으로 만들어주는 다양한 소프트웨어와 앱까지 모든 것을 의미한다.[12] 효과(effectiveness)란 바라던 결과를 생산해내는 것을 의미하고, 효율(efficiency)은 최소한의 자원을 투입하여 재화나 서비스를 생산해내는 것을 의미한다. '변화에 적응하기' 글상자에서는 일부 기업이 낭비를 발생시키지 않을 정도로 효과적이고 효율적이 되기 위해 어떻게 노력하는지 설명한다.

생산성(productivity)이란 주어진 생산요소를 투입하여 생산해낸 결과물의 양을 의미

기술
전화기나 복사기에서부터 컴퓨터, 모바일 기기, 영상의학 장비뿐만 아니라 비즈니스 과정을 보다 효과적이고 효율적이며 생산적으로 만들어주는 다양한 소프트웨어와 앱까지 모든 것

생산성
주어진 생산요소를 투입하여 생산해낸 결과물의 양

변화에 적응하기 순환 경제를 통한 지속 가능성 창출

전 세계 사람들이 쓰레기를 많이 만든다는 것은 부정할 수 없는 사실이다. 매년 5,200만 톤 이상의 식품이 매립되고 나머지 1,000만 톤은 농장에서 수확되지조차 않은 채 버려진다. 의류 생산에 사용되는 재료 중 새 의류로 재활용되는 비중은 1퍼센트도 되지 않는다. 대다수의 플라스틱도 재활용되지 않으며, 대부분이 쓰레기장이나 소각장에 버려진다. 자원을 낭비하는 것 외에도 세계의 쓰레기는 환경을 오염시키고 온실가스 배출을 증가시킨다.

세계적인 규모의 문제를 해결하기 위해 일부 기업가들은 순환 경제의 성공을 확신하며 기업을 설립했다. 순환 경제는 제품을 매립지에 버리지 않고 재사용, 재배포, 개조 및 재활용함으로서 제품의 가치가 순환되도록 유지하는 것을 말한다. 순환 경제는 모든 재료가 재활용되거나 재사용되기 때문에 폐기물을 발생시키지 않는 것을 목표로 한다. 예를 들어, 시카고에 본사를 둔 버블리 다이나믹스(Bubbly Dynamics)라는 기업은 비어 있는 공장 건물들을 개조하여 지속 가능한 비즈니스 인큐베이터로 전환한다. 더 플랜트(The Plant)라고 불리는 시설에서는 실내 농장에 빗물로 물을 대고, 태양 전지판에서 생산된 전력을 사용하여 20개 이상의 기업이 불필요한 쓰레기를 발생시키지 않고 성장할 수 있도록 돕는다. 더 플랜트의 가장 큰 세입자는 양조장인데, 한 달에 약 9톤의 퇴비를 생산하여 시설의 농부들에게 충분한 비료를 제공하고 있다.

다른 순환 경제 기반 기업으로는 뉴욕 브루클린에 위치한 스타트업인 어스 엔젤(Earth Angel)이 있다. 이 회사는 영화 및 TV 제작에서 생성된 폐기물을 재활용한다. 자선단체에 매트리스와 헌 옷을 기증하고 독립 극장과 영화 제작자에게 영상물 제작에 사용되었던 배경판 등을 재분배하고 있다. 어스 엔젤 및 버블리 다이나믹스와 같은 사회적 기업들은 다른 기업들도 가까운 장래에 이와 유사한 지속 가능한 비즈니스 관행을 따르고 채택하기를 바란다. 이는 환경에 도움이 될 뿐만 아니라 비즈니스에도 도움이 될 수 있다.

출처: Anne Kadet, "The 'Circular Economy' Rolls into New York City," The Wall Street Journal, June 18, 2019; Eduardo Garcia, "Where's the Waste? A' Circular' Food Economy Could Combat Climate Change,"The New York Times, September 21, 2019; Anne Field, "Building a Circular Economy: A Society Where 'There's No Concept of Waste,'" Forbes, forbes.com, October 31, 2019; "What Is a Circular Economy?," Ellen Arthur Foundation, ellenarthurfoundation.org, accessed January 2020.

한다(예를 들어, 시간당 작업량). 여러분이 특정 시간 내에 더 많은 생산을 해낼수록 기업에서 여러분의 가치는 더욱 높아질 것이다. 오늘날 이 생산성과 관련된 문제로는 노동자들이 생산성이 점점 더 높아짐에 따라 필요한 인력이 적어지고, 이것은 결국 높은 실업률로 이어지게 된다는 점이다.[13]

기술은 모든 산업에 종사하는 사람들에게 영향을 미친다. 예를 들어, 한 농부는 자신의 컴퓨터를 통해 어떤 작물이 잘 자랐는지를 보여주는 적외선 위성사진을 확인하면서 올해와 지난 해의 수확량 데이터를 비교한다. 그는 곡물가격을 확인하고, 뉴에그토크(newAgTalk.com)라는 웹 사이트를 통해 전 세계의 농부들과 대화한다. 그는 또한 온라인 농작물 거래소인 엑스에스에그닷컴(XSAg.com)을 통해 화학비료를 주문한다. 하이테크 장비는 글렌에게 어떻게 그리고 어디에 비료를 뿌리고 씨앗을 심을지를 알려주며, 면적별 수확량을 체크하고 높은 이익을 유지할 수 있도록 도와준다.[14] 물론 더 많은 기술은 종종 더 적은 수의 작업자를 의미한다. 그렇다면 그것은 농부들에게 좋은 것인가, 나쁜 것인가?

전자상거래
온라인을 통해 물건을 사고파는 것

전자상거래의 성장 **전자상거래**(e-commerce)는 온라인을 통해 물건을 사고파는 것을 말한다. 전자상거래에는 두 가지 주요한 형태가 있다. 하나는 기업과 소비자 간의 거래(B2C; Business-to-Consumer)이고, 다른 하나는 기업 간 거래(B2B; Business-to-Business)이다. 개인 소비자들 시장에서 아마존(Amazon.com)과 같은 소매업자들에게 인터넷이 중요해진 것처럼, IBM이 지역 은행에 컨설팅 서비스를 제공해주는 것과 같이 기업 간에 서비스나 제품을 거래하는 시장에서 인터넷은 더욱 중요해졌다.

전자상거래가 매우 중요해졌기 때문에 앞으로 여러 장에 걸쳐서 이에 대해 논의할 것이다.

디즈니 월드에서는 방문객들이 이상적인 휴가 경험을 할 수 있도록 고안된 마이매직플러스(MyMagic+)를 도입하였다. 이 프로그램의 주요 요소로는 매직밴드(MagicBand)가 있는데, 이것은 고객들이 온라인으로 MyDisneyExperience.com을 통해 선택한 모든 옵션들을 한꺼번에 그리고 수월하게 연결하게 해준다. 매직밴드는 RF 기술을 이용하여 공원 티켓, 호텔룸 키, 패스트패스플러스(FastPass+) 예약제에 대한 접근, 디즈니의 포토패스(Disney's PhotoPass) 등을 가능하게 해주었다. 또한, 디즈니 호텔(Disneyhotel) 방문객은 밴드를 통해 호텔 계정으로 음식과 상품을 구입할 수 있다.

고객들에 효과적으로 반응하기 위한 기술의 활용 이 책의 주요 주제 중 하나는 고객의 요구와 필요에 가장 잘 대응하는 기업이 성공한다는 것이다. 이를 위해 전통적인 소매업자들도 기술을 이용할 수 있다. 예를 들어, 소매상들은 제품의 바코드를 통해 고객이 무엇을 사는지, 어떤 크기와 색상, 가격을 선택하는지를 파악할 수 있다. 체크 아웃 카운터의 스캐너를 통해 가격뿐만 아니라 이 같은 정보를 파악할 수 있으며, 이를 전자 보관 파일인 **데이터베이스(database)**에 저장하게 된다.

데이터베이스는 소매상들이 지역주민들이 원하는 제품만을 골라 보유할 수 있도록 해준다. 기업들은 주기적으로 데이터베이스 정보를 교환하기 때문에 많은 소매상들은 여러분이 어디서 무엇을 사는지를 알고 있다. 따라서 기업들은 여러분이 과거에 구입한 내역에 대한 정보를 토대로 여러분이 원할 수도 있는 상품 정보가 담긴 카탈로그나 DM(Direct Mail) 광고를 보낼 수 있다. 이 밖에도 기업들이 고객의 요구에 대응하기 위해 정보기술을 사용하는 다양한 방법들이 있는데, 이에 대해서는 이 책에서 지속적으로 논의할 것이다.

그러나 불행하게도 고객들에 대한 개인정보의 수집은 개인정보 도용이라는 문제를 불러올 수 있다. **개인정보 도용(identity theft)**은 주민등록번호나 신용카드 정보 등과 같은 개인의 사적인 정보를 불법적으로 수집하는 것을 말한다. 예를 들어, 2017년에 신원 도용 및 사기로부터 소비자를 보호하는 책임을 맡은 조사 기관 중 하나인 이퀴팩스(Equifax)가 해킹을 당했다. 데이터 유출로 1억 4,700만 명의 개인 정보가 노출되었다. 이퀴팩스는 개인정보 유출 피해자들을 돕기 위해 최대 4,250억 달러를 지급하기로 합의했다.[15)]

데이터베이스
정보가 축적되어 있는 전자 보관 파일

개인정보 도용
주민등록번호나 신용카드 정보 등과 같은 개인의 사적인 정보를 불법적으로 수집하는 것

전문가들은 한 계정의 암호가 도용된 경우 해커가 나머지 계정에도 액세스할 수 없도록 계정마다 새 암호를 생성할 것을 권장한다. 또한, 암호 관리자에 저장하고 가능한 경우 추가로 보안 이중 인증(two-factor authentication)을 활성화할 것을 권장한다.[16)] 연방거래위원회(Federal Trade Commission)는 한 해 동안 수백만 명의 미국인이 개인정보 도용의 피해를 입는 것으로 추정하고 있다. 사이버 보안은 정부, 기업 및 소비자의 주요 관심사가 될 것이다.[17)]

많은 사람들이 기술이 어떻게 그들의 전화나 이메일 대화의 사생활을 침해하거나 심지어 가게, 카지노, 유람선, 그리고 다른 공공장소에서 사용되는 안면 인식 기술을 통해 그들의 움직임을 추적하는 데 사용할 수 있는지에 대해 우려하고 있다.[18)]

학습목표 1-5 기업들이 경쟁에 대응하고, 경쟁에서 이길 수 있는 방법을 설명할 수 있다.

경쟁적 환경

기업 간 경쟁이 오늘날처럼 치열했던 적은 없었다. 몇몇 기업들은 품질에 초점을 맞춰 경쟁우위를 확보했다. 많은 기업들의 목표는 무결점(zero defects)－제품 생산의 완벽함－을 실현하는 것이다. 하지만 단순히 고품질의 제품을 만드는 것만으로는 글로벌 시장에서의 경쟁력을 확보하는 데 충분하지 않다. 오늘날 기업들은 경쟁력 있는 가격에 고품질의 제품과 뛰어난 서비스를 함께 제공해야만 한다.

높은 고객 기대에 따른 경쟁 오늘날 고객들은 낮은 가격에 좋은 품질의 제품을 원할 뿐만 아니라, 훌륭한 서비스도 함께 제공받기를 원한다. 세계의 모든 제조 및 서비스 조직들은 직원들에게 고객은 왕이라는 점을 강조하고 있다는 것을 부각시켜야 한다. 비즈니스는 과거의 관리 지향에서 고객 지향으로 변하고 있다. 따라서 성공적인 조직이 되기 위해서는 고객의 욕구(wants) 및 요구(needs)를 더욱 유의해서 듣고, 기업의 제품, 정책 및 실무를 이에 맞추어 변화시켜야 할 것이다. 이에 관해서는 13장에서 더욱 상세히 논의할 것이다.

권한위임
최일선의 직원들에게 고객의 요구에 신속하게 대응할 수 있도록 책임감, 권한, 자유, 교육, 설비 등을 제공해 주는 것

구조조정과 권한위임을 통한 경쟁 기업이 고객의 요구를 파악하기 위해서는 고객과의 접점에서 활동하는 직원들－점원, 호텔의 접수처 직원, 판매원 등－에게 고객의 요구에 신속하게 대응할 수 있고, 기본적으로 좋은 서비스와 제품을 제공할 수 있는 결정을 스스로 내릴 수 있도록 책임감, 권한, 자유, 교육, 설비 등을 제공해 주어야 한다. 이것은 **권한위임**(empowerment)이라고 하는 것으로, 이에 대해서는 지속적으로 다룰 것이다.

많은 기업들에서 관리자들이 권위를 기꺼이 양보하고 직원들이 더 많은 책임감을 갖도록 하기 위해 조직을 구조조정하는 것은 때때로 몇 년의 시간이 걸린다. 그러한 조직의 변화에 대해서는 8장에서 다룰 것이다.

학습목표 1-6 비즈니스에 영향을 미치는 사회적 변화를 분석할 수 있다.

사회적 환경

인구통계학
인구의 수, 밀도, 연령, 인종, 성별, 소득 등의 특징 등에 관한 통계적 연구분석

인구통계학(demography)은 인구의 수, 밀도, 연령, 인종, 성별, 소득 등의 특징 등에 관한 통계적 연구 분야를 말한다. 이 책에서 우리는 비즈니스와 직업 선택에 가장 큰 영향을 미치는 특정 인구통계학적 흐름에 주목할 것이다. 미국 인구의 변화는 향후 사람들의 생활, 주거, 소비, 여가 등에 큰 영향을 미칠 것이다. 게다가 엄청난 인구 이동은 몇몇 기업에는 새로운 기회가 되겠지만, 어떤 기업에는 매우 불리한 환경이 될 것이다. 예를 들어, 과거보다 현저히 많은 수의 퇴직자는 모든 종류의 상품과 서비스에 새로운 시장을 창출하게 만들 것이다.

다양성 관리 다양성은 사회적 소수자들과 여성들을 채용하고 유지하는 것 이상의 의

미를 가지게 되었다. 다양성을 확보하기 위한 노력에는 노인, 장애인, 동성애자, 무신론자, 외향적인 사람, 내향적인 사람, 기혼자, 독신자, 독실한 신자들에 대한 사항이 포함되어 있다. 또한, 전 세계의 근로자들과 문화에 대한 신중한 접근이 필요하다.[19] 다양성 관리에는 포용과 소속감을 촉진하는 직장을 만드는 것이 포함된다. 포용(inclusion)은 목소리를 내는 것이며, 소속감(belonging)은 자신을 공동체의 구성원으로 느끼는 것이다.[20] 합법적 · 불법적 이민자들은 많은 도시에 큰 영향을 미쳐 왔고, 정부가 이민정책개혁을 논의하는 동안에도 계속해서 그러할 것이다.[21] 사업체, 학교, 병원이 특히 많은 영향을 받고 있다.[22] 몇몇 지방 정부는 이민자들이 늘어남에 따라 표지, 책자, 서류 형식 등을 다양한 언어로 제공하고 있다. 여러분이 살고 있는 도시는 이미 그러한 변화를 겪고 있는가? 그런 변화에 대하여 어떠한 효과가 나타났는가?

미국은 엄청난 인종적 다양성을 자랑한다. 회사 내 직원들의 연령대도 매우 다양해져서 관리자들이 나이에 따라 직원들을 관리하는 데 적응해야 한다. 당신보다 나이가 훨씬 어리거나 많은 사람과 일할 때 힘든 점은 무엇인가?

고령인구의 증가 75세 이상의 사람들은 현재 미국 사회에서 가장 부유한 집단이다.[23] 그들은 외식, 운송, 엔터테인먼트, 교육, 숙박 등과 같은 분야에서 수익성 높은 시장을 만들어내고 있다. 2030년까지 65세 이상 인구의 비율은 전체 인구의 20%를 넘을 것으로 예상되며, 이 비율이 2050년까지 두 배 이상 증가할 것으로 보인다.[24]

이러한 인구통계학적인 변화가 여러분과 기업에는 어떤 의미가 있는가? 중년층과 고령층이 필요로 하는 제품과 서비스(의약품, 재택간호, 생명보조기구, 성인간호, 재택의료, 레크리에이션 등)를 생각해 본다면, 21세기에 여러분은 그러한 분야에서 성공적인 비즈니스 기회를 발견할 수 있을 것이다. 컴퓨터 및 콘솔게임과 온라인 서비스도 빼놓을 수 없다. 이와 같이 향후 고령 인구의 요구에 부합하는 비즈니스는 매우 뛰어난 성장을 보일 것이다.

2020년에는 전 세계 사람들이 제도화된 인종차별과 경찰 폭력에 반대하는 시위에 동참했다. 이 운동은 비즈니스를 포함한 삶의 많은 영역에서 인종적 편견에 다시 초점을 맞췄다. 기업은 다양하고 포용적인 직장을 만들기 위해 무엇을 할 수 있을까?

반면에 퇴직한 사람들은 경제적인 부가 감소될 것이다. 이는 오늘날 사회보장 문제를 주요한 쟁점이 되게 하였다.[25] 원천징수제도(이 말은 곧 현재의 직원들이 현재의 퇴직자들을 지원하고 있음을 의미한다)가 시작된 1940년에는 42명의 직원이 1명의 퇴직자를 부양했다. 1960년대에는 5명의 직원이 1명의 퇴직자를 부양했으며, 오늘날 베이비붐 세대(1946년에서 1964년 사이에 태어난 세대)가 은퇴하면서 3명 미만의 직원이 1명의 퇴직자를 부양하고 있으며, 숫자는 2036년까지 2.2로 줄어들 것으로 예상된다.[26] 또한, 정부는 사회보장계정에 돈을 적립하는 대신, 누적된 사회보장 자금을 지속적으로 사용해왔다.

머지않아 사회보장에 들어오는 돈보다 나가는 돈이 더 많아질 것이다. 정부는 이러한 부족분을 보충하기 위한 대책을 강구해야 할 것이다. 즉, 세금을 올리거나 연금수령 나이를 올림으로써 사회보장 혜택을 줄이거나, 그밖에 복지나 의료와 같은 기타 사회보장

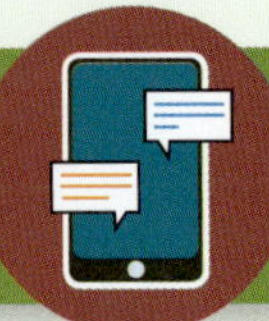

소셜 미디어를 통한 연결

Z세대와의 온라인 소통을 통한 수익성 과제

인터넷은 Z세대를 위해 항상 존재해 왔다. 결과적으로 기술에 정통한 Z세대는 소셜 미디어, 특히 인스타그램(Instagram), 유튜브(YouTube) 및 틱톡(TikTok)과 같은 플랫폼에서 많은 시간을 보낸다. 온라인으로 젊은이들에게 다가가는 것이 기업에는 어려운 일이 될 수 있지만, 그렇게 함으로써 얻을 수 있는 잠재적 보상은 인구 통계학적 그룹의 규모를 감안할 때 너무 중요한 부분이다. 소셜 미디어는 이 그룹의 향후 구매 결정에서 중요한 역할을 하지만, 일부 사람들이 생각하는 방식으로 소셜 미디어를 사용하지 않을 수도 있다.

예를 들어, Z세대가 모든 쇼핑을 온라인으로 한다고 가정하는 것이 논리적으로 보일 수 있지만, 연구에 따르면 Z세대는 오프라인 매장과 쇼핑몰 경험을 좋아한다. 쇼핑을 하는 동안 그들은 소셜 미디어에서 더 좋은 할인 가격을 찾기 위해 끊임없이 스마트폰을 사용한다.

페이스북 소유의 인스타그램은 많은 인플루언서가 선택하는 소셜 네트워크인 만큼 브랜딩에 있어 매우 강력한 영향력이 있다. 전문가들은 플랫폼이 10억 명 이상의 활동 사용자를 보유하고 있기 때문에 이러한 방식을 유지할 것으로 예상한다. 실제로 인스타그램과 유튜브 같은 소셜 네트워크가 경쟁할 수 없을 정도로 커져 기술 개발자들은 새로운 앱을 만들려는 시도를 거의 중단했다. 대신 오늘날의 많은 소셜 미디어 신생 기업들은 주요 플랫폼에서 사용할 수 있는 도구를 만드는 데 중점을 두고 있다. 예를 들어, 존 바넷(John Barnett)은 사용자가 소셜 미디어에서 시각적 '스토리'를 만드는 데 도움이 되는 앱인 크로마 스토리즈(Chroma Stories)라는 자신의 회사를 설립하기 전에 스냅챗(Snapchat)과 인스타그램에서 개발자로 일했다. 바넷은 "우리는 사람들이 페이스북(Facebook), 인스타그램, 스냅챗, 왓츠앱(WhatsApp), 핀터레스트(Pinterest), 트위터(Tweeter) 등 어떤 플랫폼에 있던 무엇인가 만들어낼 수 있도록 돕는 데 중점을 두고 있습니다"라고 말했다. Z세대 구성원과 마찬가지로 현대 기업도 젊은 소비자에게 어필하려면 다재다능해야 한다.

출처: Craig Giammona and Tiffany Kary, "What Gen Z Wants," Bloomberg Businessweek, April 29, 2019; Jordyn Holman, Tiffany Kary, and Kim Bhasin, "A New Crop of Mall Rats," Bloomberg Businessweek, April 29, 2019; Katherine Bindley, "Catching Gen Z Requires a Big Fish: Instagram," The Wall Street Journal, September 28, 2019; Kathryn Lundstrom, "How to Reach Gen Z in 2020—Beyond Authenticity," Adweek, adweek.com, January 2, 2020.

최근 편부모 가정이 점점 늘어가고 있는데, 이들은 직장에서의 일과 가정에서의 자녀 양육을 동시에 하는 데 어려움을 겪고 있다. 이러한 어려움에 처한 우수한 직원들을 돕기 위해 경영자들이 할 수 있는 일은 무엇일까?

지출을 줄이고 전 세계 시장에서 돈을 빌리는 등의 방안이 필요할 것이다. 다시 말해, 미래에 고령인구에게 연금을 지급하기 위해서는 현재 노동인구로부터 엄청난 돈을 끌어와야 하는 것이다. 오늘날 언론에서 사회보장과 관련하여 무엇을 해야 하는지에 대한 많은 논의가 있는 것도 바로 이 때문이다.

편부모 가정의 증가 편부모일 경우 풀타임으로 근무하면서 가정을 꾸려나가기는 매우 어렵다. 따라서 편부모 가정의 빠른 증가 역시 비즈니스에 많은 영향을 미치고 있다. 1950년에는 7퍼센트의 부모만이 편부모였지만, 오늘날 미국 어린이의 3분의 1이 편부모와 함께 살고 있다.[27] 복지법(Welfare rules)은 편부모가 가족과 함께 시간을 보낼 수 있도록 일정의 수혜기간 후에 업무에 복귀하도록 의무화하고 있다. 편부모의 존재는 기업들이 육아간호 휴가와 근무시간 자유 선택제와 같은 프로그램을 만들도록 영향을 미쳤다. 이러한 프로그램들과 관련된 더 자세한 사항들은 11장에서 다루어질 것이다.

Z세대의 경제적 영향력의 부상 Z세대(1990년대 중반 이후에 태어난 사람들)는 곧 세계에서 가장 큰 소비자 그룹이 될 것이며, 미국에서만 1,430억 달러의 소비력을 차지하게 될 것이다. 이 인구 통계집단의 광범위한 취향에 맞는 제품과 서비스를 설계하는 것은 많은 기업의 성공에 매우 중요하다. 이러한 소비자에게 도달하기 위해 마케터는 다양한 도구를 사용하여 관심을 끌고 참여를 유도해야 한다. '소셜 미디어를 통한 연결' 글상자에서는 소수의 회사가 Z세대와 연결하기 위해 소셜 미디어를 사용하는 방법을 설명한다.

학습목표 1-7 전쟁과 테러를 포함한 글로벌 도전에 대응하기 위해서 기업들이 해야 할 일을 찾을 수 있다.

글로벌 환경

그림 1.3을 통해 살펴보았던 것처럼 다른 모든 환경에 영향을 미치는 글로벌 비즈니스 환경은 매우 중요하다. 최근 들어 전 세계적으로 경쟁이 점차 심화되고 있고, 국가들 사이의 자유무역 협정이 증가하고 있는, 두 가지 중요한 환경변화가 나타나고 있다.[29]

국가 간 거래 또는 세계화(globalization)가 활성화될 수 있었던 요인은 효율적인 유통시스템(14장에서 자세히 다룰 것이다)과 인터넷과 같은 커뮤니케이션 도구의 발전이다. 세계화는 전 세계에 걸쳐 삶의 기준을 향상시켰다. 중국과 인도는 미국의 주요한 경쟁자로 성장하였으며, 월마트 매장이나 미국의 대부분의 소매상에서 볼 수 있는 수많은 '중국산(Made in China)' 상표의 수에 놀라지 않을 수 없을 것이다. 컴퓨터 관련 도움을 받기 위한 전화를 하는 경우 여러분은 마치 미국에 있는 누군가와 통화하는 듯하나, 실제로는 인도에 있는 사람과 통화하게 될 가능성이 높다. 국제적인 무역거래에는 효용과 비용이 함께 존재한다. 국제무역의 중요성에 대해서는 3장과 '우리의 경계를 넘어' 글상자를 통해서 더 많이 알 수 있을 것이다. 이 장의 '우리의 경계를 넘어' 글상자에서는 코카콜라가 글로벌 시장의 요구 사항을 충족시키기 위해 현지 맞춤형 제품을 출시한 일화에 대해 설명한다.

전쟁과 테러 미국은 전쟁과 테러리즘과 관련하여 수십억 달러를 지출하였다.[28] 이로 인해 몇몇 기업들–총알, 탱크, 군복을 생산하는 기업들을 포함하여—은 막대한 이익을 거두었다. 하지만 다른 기업들은 참전으로 인해 직원을 잃었으며, 전쟁으로 인해 성장률이 감소하는 피해를 입었다. 더 많은 전쟁과 테러에 대한 위협은 더욱 많은 금액을 첩보전과 군사 분야에 지출하게 하고, 그러한 지출은 많은 논쟁을 불러일으킨다. 세계 각국의 불안이 가중되면서 불확실성이 커지고 있다. 일부 사람들은 이러한 불확실성을 비즈니스에서 가장 큰 위험으로 간주한다. 군사정책의 변화가 경제에 어떤 영향을 미칠지 알 수 없는 요인이 많은 때 계획을 세우는 것은 어렵다.[29]

글로벌 변화가 가져올 영향 비즈니스의 무대가 전 세계로 확대되면서, 제조 및 서비스업 모든 분야에서 새로운 일자리가 창출될 것이다. 국제적인 교역은 또한 국제적인 경쟁을 의미한다. 따라서 미래의 시장을 준비하는 사람만이 성공할 수 있을 것이다. 급속한 변화는 끊임없는 학습을 필요로 한다. 만약 여러분이 스스로 준비를 잘해 나간다면 미래에 원하는 일자리를 얻을 수 있다는 낙관적인 견해를 가질 충분한 이유가 있다.

기후변화
지구의 기온이 시간이 지남에 따라 올라가거나 또는 내려가는 현상

그리닝
에너지를 절감하고 환경에 유해성이 적은 제품을 생산하려는 경향

생태환경 기후변화는 전 세계 비즈니스 공동체에서 가장 주목을 받는 이슈 중 하나이다. **기후변화(climate change)**란 지구의 기온이 시간이 지남에 따라 올라가거나 또는 내려가는 현상을 말한다. 지구 온난화의 위험성에 대해 여전히 납득하지 못하는 사람들도 있다.[30] 제너럴 일렉트릭(General Electric), 코카콜라(Coca-Cola), 쉘(Shell), 네슬레(Nestlé), 존슨앤존슨(Johnson & Johnson), 브리티시 항공(British Airways), 상하이 일렉트릭(Shanghai Electric) 등 세계적인 기업들이 기후변화가 만연함을 지적하고 있다. 에너지를 절감하고 환경에 유해성이 적은 제품을 생산하려는 경향을 **그리닝(greening)**이라고 부른다.

시험 준비

- 정부가 기업가정신을 형성할 수 있는 4가지 방법은 무엇인가?
- 효과(effectiveness), 효율(efficiency), 생산성(productivity)의 차이는 무엇인가?
- 권한위임(empowerment)은 무엇인가?
- 오늘날 경제에 영향을 미치는 주요 이슈들은 무엇인가?

학습목표 1-8 현재에도 반복되고 있는 과거의 트렌드(trends)에 대해 검토할 수 있고, 그러한 트렌드가 미래의 대학 졸업생들에게 어떤 의미가 있는지를 설명할 수 있다.

미국 비즈니스의 발전

미국 기업들의 생산성이 과거에 비해서 많이 향상되었기 때문에 제품을 생산할 때 이전에 비해서 적은 인원이 필요하다.[30] 국제적 경쟁과 기술의 발전으로 숙련된 노동자가 설 자리가 줄어든다면, 우리는 높은 실업률과 낮은 소득에 대해 걱정해야 하는가? 여러분이 졸업했을 때 얻을 수 있는 일자리는 어디에 있을 것인가? 이러한 중요한 질문이 우리 모두로 하여금 미국 경제의 현주소와 미래에 대해 고찰하도록 만든다.

농업 및 제조업에서의 진보

미국은 1800년대 이래 큰 경제 발전을 이루었다. 농업은 미국은 물론 전 세계에 식량을 공급하면서 그러한 발전을 이끌어왔다. 사이러스 맥코믹(Cyrus McCormick)이 1834년에 발명한 수확기계나 엘리 휘트니(Eli Whitney)가 개발한 조면기(목화씨를 빼내는 기

우리의 경계를 넘어

코카콜라의 글로벌 제품, 탄산음료 이상으로 확대

한 세기 이상 동안 코카콜라의 엄청난 브랜드 파워는 코카콜라의 대표적인 청량음료에 집중되어 왔다. 그러나 이 기업의 이름은 기업의 거대한 제품군에 포함된 유일한 음료와는 거리가 멀다. 사실, 코카콜라는 전 세계 시장의 다양한 요구에 부응하는 수백 개의 음료 브랜드를 소유하고 있다. 코카콜라는 세심하게 현지 입맛을 연구하고 기호를 음료에 접목시켜 다양한 글로벌 소비자들에게 어필하고 있다.

그러한 음료 중 하나는 마자 청키(Mazza Chunky)이고, 망고 덩어리가 포함된 인도의 과일 주스이다. 코카콜라 연구원들은 많은 인도인이 망고 과육을 즉석에서 갈아 마시는 것을 좋아한다는 것을 접하고 이 제품을 구상했다. 현지 트렌드를 주시하는 것은 중국의 참깨와 호두 음료와 브라질의 유장 쉐이크와 같은 상품의 개발로 이어졌다. 세계 시장에서 좋은 성과를 보여주는 몇몇 음료들이 결국 미국 소비자들에게도 소개되었다. 예를 들어, 2019년에 코카콜라는 '코카콜라 에너지'라는 상품을 독일, 영국, 스페인을 포함한 많은 국가에 출시했다. 이 음료가 매우 성공적이어서 코카콜라는 1년도 안 되어 미국 시장에도 출시를 결정했다.

글로벌 제품 및 서비스를 지속적으로 확장하면서 신속하게 신제품을 출시하는 것이 코카콜라의 최우선 과제가 되었다. 과거에는 신제품 출시 전 음료를 개발하는 데 적어도 1년이 필요했다면, 요즘에는 4개월 안에 작업을 마칠 수 있다. 신제품 개발에 많은 자원을 투자함으로써, 코카콜라는 성장이 확실히 보장된 세계적인 청량음료 제국을 건설해 왔다.

출처: Eric Bellman and Jennifer Maloney, "Coca-Cola Launched 500 Drinks Last Year. Most Taste Nothing Like Coke," The Wall Street Journal, August 23, 2018; Jasmine Wu, "Coca- Cola to Launch Coke-Branded Energy Drink in US, in a Bid for More Growth," CNBC, cnbc.com, October 1, 2019; Coca-Cola Company, coca-colacompany.com, accessed January 2020.

계)와 같은 현대화된 장비는 농업을 더욱 발전시켰다. 전체 인구의 약 33퍼센트였던 농업 인구의 비율이 오늘날에는 1퍼센트일 정도로 현대의 농작물 재배 산업은 기술 발전을 통해 상당히 높은 효율을 보여주고 있다. 그러나 평균 농장 면적은 과거 150에이커에서 오늘날에는 430에이커로 증가했다.[31)]

농업은 여전히 미국의 주요한 산업으로, 변한 것은 단지 수백만 개의 영세한 농장들이 거대한 규모의 농장이나 작지만 전문화된 농장으로 대체되었다는 것이다. 지난 한 세기 동안 농부들이 감소했다는 것은 부정적인 신호가 아니다. 그것은 미국 농업 종사자들이 세계에서 가장 생산적이라는 징표이다.

19세기와 20세기에 농장에서 직업을 잃은 대부분의 농부들은 공장으로 향했다. 농업 분야와 유사하게 제조업 분야에서도 기술의 발전으로 생산성이 향상되었고, 그 결과 많은 일자리가 사라졌다.

하지만 생산성과 효율의 증가를 통해 사회적인 부를 만들고 다른 분야에서의 일자리를 창출해낼 수 있다면 사회 전체적인 의미에서의 손실은 줄어들 것이다. 지난 50년 동안 실제로 이러한 상황이 발생했다. 제조업에 종사하던 많은 사람들이 서비스업에서 일자리를 찾았다. 오늘날 일자리를 찾을 수 없는 대부분의 사람들에게도 현재 존재하거나 미래에 존재할 직업을 위한, 예를 들어 풍력 발전 단지 조성이나 전기 자동차 생산 등을 위한 재훈련과 교육이 필요하다. 제조업 분야와 생산에 대한 자세한 내용은 9장에서 다룰 것이다.

서비스업에서의 진보

농업은 미국에서 가장 크고, 중요한 산업 중 하나이다. 기술의 사용은 생산성을 높이고 농부들이 더 효율적으로 일할 수 있도록 하였으며, 이는 거대한 농장의 발전으로 이어졌다. 이는 우리가 더욱 저렴하게 음식을 구입할 수 있다는 것을 의미하지만, 한편으로 소규모 농장의 수가 지속적으로 감소했음을 의미한다. 새로운 기술은 소규모 농장의 경쟁력을 높일 수 있을 것인가?

과거에 미국에서 가장 성장이 빠른 산업은 철강, 철도, 기계 등과 같은 상품을 제조해내는 분야였다. 하지만 오늘날 미국에서 가장 성장이 빠른 기업들은 법률, 건강, 통신, 엔터테인먼트, 금융 등과 같은 서비스를 제공하고 있다.

서비스업은 미국 경제의 85퍼센트 이상을 차지하고 있다. 1980년대 중반 이후 서비스업은 미국 내의 신규 일자리의 대부분을 창출해냈다.[32] 지금 서비스 분야의 성장률은 낮아졌지만, 여전히 성장의 가장 큰 영역을 차지하고 있다. 여러분이 경력을 쌓아가면서 서비스업에서 일하게 될 가능성은 매우 높다. 그림 1.4는 서비스 산업의 다양한 직업들을 보여준다. 여러분이 미래에 가질 만한 직업이 있는지 찾아보라. 노드스트롬 랙(Nordstrom Rack)과 같은 소매점도 서비스업의 한 분야이다. 새로운 소매점들은 대학 졸업자들에게 많은 수의 관리직을 제공할 수 있다.

또한 제조업보다 서비스업에 높은 연봉을 제공하는 일자리가 더 많다는 것도 좋은 점이 될 수 있다. 높은 연봉을 제공하는 서비스 부문의 일자리는 의료, 회계, 재무, 엔터테인먼트, 통신, 건축, 법률, 소프트웨어 공학 분야 등에서 찾을 수 있다.[33] 다른 대부분의 산업이 저성장에 머물고 있는 데 반해 몇몇 서비스 분야는 급속히 성장해 나갈 전망이다. 대학졸업자들은 평소에 융통성을 발휘하여 새로운 직업이 어느 분야에서 나타나고 있는지를 찾아내는 노력을 기울이다가 적절한 때가 되면 그러한 분야로 이동하는 전략을 세워야 할 것이다.

정보화 시대에서의 진보

앞에서 언급한 서비스업 분야의 성장에도 불구하고 기존의 서비스업 위주의 시대가 저물고 새로운 시대가 시작되고 있는 것으로 보인다. 우리는 지금 농업, 제조업, 서비스업 등 경제의 전 분야를 변화시킬 것으로 예상되는 정보를 기반으로 한 글로벌 기술 혁명의 한 가운데에 있다. 정보화 시대에 기업 가치의 상당 부분은 지적 자본에 기반한다. 지적 자본에는 새로운 제품을 만들고, 새로운 고객을 유치하고, 수익을 높이는 데 사용할 수 있는 직원 지식과 기술이 포함된다.[34]

기술 및 과학 분야와 같은 분야의 지적 전문 지식에 의해 생성된 새롭거나 향상된 제품 및 서비스는 경제 전체의 혁신을 장려한다. 예를 들어, 연구 개발에 참여하는 대학과 회사는 보다 전통적인 분야의 근로자에게 전달할 수 있는 새로운 소프트웨어와 검색 엔진을 개발할 수 있다. 의사는 새로운 기술을 사용하여 로봇 보조 수술과 같은 개선된 치료법을 제공할 수 있다. 농부는 새로운 소프트웨어 응용 프로그램을 사용하여 농작물을 관리할 수 있다. 학교는 학생들에게 디지털 학습 보조 도구와 온라인 과정을 제공할 수 있다.[35]

그림 1.4 서비스 부문이란?

서비스 분야에 대한 많은 논의가 있었지만, 실제로 각 서비스 분야가 무엇을 포함하는지에 대한 토론은 많지 않았다. 여기 정부에 의해 분류되는 대표적인 서비스 분야들이 있다.

서비스 분야	서비스 분야의 비즈니스 예시들						
오락 및 레크리에이션 서비스	놀이공원	아이스 스케이트장	볼링장	당구장	식물원	인포테인먼트	박람회
	경기장	서커스	골프장	심포니 오케스트라	레스토랑	축제	비디오 대여
비즈니스 서비스	컬렉션 에이전시	관리 서비스	장비 대여	쓰레기 수거	컴퓨터 프로그래밍	해충 박멸 서비스	연구개발
	창문 청소	세금 보고	웹 디자인	광고사진	회계	상업미술	광고대행사
	홍보	컨설팅	탐정 사무소	인테리어 디자인	속기 서비스	직업소개소	
법률 서비스	변호사	법률 보조원	공증인				
교육 서비스	학교	도서관	온라인 스쿨	컴퓨터 스쿨			
건강 서비스	척추 지압사	육아 서비스	치과의사	내과의사	의료 연구실	치과 기공소	
영화 산업	제작	배급	영화관	드라이브인 극장			
사회복지 서비스	직업교육	노인 돌봄	가족 서비스	보육			
자동차 수리 서비스와 차고	변속기 수리	타이어 교체	배기장치 매장	트럭 대여	자동차 대여	페인트 매장	주차장
	세차						
금융 서비스	은행	부동산 매매중개	투자 회사 (중개인)	보험			
개인 서비스	사진관	신발 수선	세금 보고	세탁	장례식장	린넨 제품	
	뷰티숍	보육	헬스장	기저귀 서비스	카펫 청소		
숙박 서비스	호텔, 하숙집, 그 외 숙박시설들	스포츠외 휴양 캠프	단기 체류객을 위한 이동주택 주차구역과 야영지				
문화 기관	비영리 박물관	미술관	식물원과 동물원				
회원 조직	시민단체	비즈니스 협회					
기타 조직	통신	건축	공학	유틸리티 (전기, 가스, 수도)	잔디 관리	자판기	배달
	설문	정화조 청소	라디오와 TV	연마	소파 천 갈이	시계	용접

비즈니스에서 여러분의 미래

여러분이 비즈니스의 세계에서 하게 될 역할에 대해 생각해 보는 것은 무척 흥미로운 일이 될 것이다. 우리는 지금 농업, 제조업, 서비스업 등 경제의 전 분야를 변화시킬 것으로 예상되는 정보를 기반으로 한 글로벌 기술 혁명의 한 가운데에 있다. 여러분이 그러한 혁명 속에서 어떠한 일들을 해나갈지에 대해 생각해보는 것은 무척 흥미로운 일이 될 것이다. 여러분은 리더가 될 수도 있다. 즉, 변화를 이끌고 세계적 품질 표준에 기반을 둔 전 세계적인 경쟁의 도전을 받아들이는 사람이 될 수도 있다. 이 책은 여러분이 비즈니스에서뿐만 아니라 정부기관과 비영리조직에서도 그러한 리더십을 발휘할 수 있도록 만드는 다양한 개념들을 소개할 것이다. 미래의 비즈니스는 전 세계적으로 정부나 사회적 리더들과의 협력 없이 홀로 번영해 나갈 수 없다.

시험 준비

- 사람들이 농업에서 제조업으로, 제조업에서 서비스업으로 이동하게 만드는 주요한 요인은 무엇인가?
- 오늘날의 대학생들이 맞이하게 될 미래는 어떠한 모습일까?

요약하기

학습목표 1-1 이익과 리스크 간의 관계 및 비즈니스와 비영리단체가 생활수준과 삶의 질을 향상시키는 방법을 설명할 수 있다.

- **비즈니스의 이익(profit)과 리스크 사이에 어떠한 관련이 있는가?**
  이익은 급료와 기타 비용의 크기 이상으로 기업이 벌어들이는 돈이다. 경영자는 리스크를 감수하여 이익을 얻는다. 리스크란 경영자가 시간과 돈을 이익이 확실히 보장되지 않은 기업 활동에 투자하는 것이다. 손실은 기업으로부터 발생하는 비용이, 기업이 벌어들이는 수익(revenue)을 초과할 때 발생한다.
- **기업을 구성하는 이해관계자는 누구이며, 어떠한 이해관계자가 기업에 가장 중요한가?**
  기업의 이해관계자는 소비자, 직원, 주주, 공급자, 중개인, 은행, 미디어, 지역사회, 환경운동가, 정부기관 등을 포함한다. 경영자의 목표는 이해관계자들의 다양한 요구를 절충하여 이익을 창출하는 것이다.

학습목표 1-2 기업가정신 및 기타 생산 요소가 부의 창출에 어떻게 기여하는지 설명할 수 있다.

- **기업가정신의 장점과 단점은 무엇인가?**
  남을 위해 일한다는 것은 유급휴가 및 의료보험과 같은 혜택을 받는다는 의미이다. 기업가가 된다면 이러한 혜택을 포기하고 더 많은 리스크를 부담하게 된다. 하지만 기업가들은 스스로 의사결정을 할 수 있는 자유와 더 많은 기회 및 부를 축적할 수 있는 가능성을 얻게 된다.
- **생산의 5가지 요소는 무엇인가?**
  생산의 5가지 요소는 토지, 노동, 자본, 기업가정신, 지식이다. 이 중 기업가정신과 지식이 가장 중요한 요소이다. 기업가란 시간과 돈에 대한 위험을 부담하여 사업을 시작하고 운영하는 사람들을 말한다. 오늘날 부유한 나라들을 부유하게 만든 원동력은 기업가정신과 지식의 효율적 사용의 결합이라고 할 수 있다.

학습목표 1-3 경제적 환경과 세금이 비즈니스에 미치는 영향을 분석할 수 있다.

- **개발도상국들의 정부는 기업을 설립하는 데 발생하는 위험을 감소시켜 기업가들을 돕기 위해 어떠한 일을 하는가?**
  정부는 기업의 사유화를 허용하고, 경영자가 법적 구속력이 있는 계약서를 작성할 수 있도록 하는 법안을 제정하고, 세계 시장에서 거래 가능한 통화제도를 구축하고, 기업과 정부의 부패를 줄이도록 하며, 세금과 규제를 최소화하는 일을 할 수 있다. 기업의 입장에서 낮은 세금은 낮은 위험과 높은 성장을 의미하며, 동시에 정부와 직원에게 높은 부를 가져다줄 수 있다.

학습목표 1-4 기술이 비즈니스에 미치는 영향을 설명할 수 있다.

- **기술이 어떠한 방식으로 직원, 기업, 소비자에게 이익이 되는가?**
  기술은 직원이 더 효율적이고, 효과적이며, 생산적일 수 있도록 도와준다. 효과성

(effectiveness)의 의미는 바라던 결과를 생산하는 것이다. 효율성(efficiency)의 의미는 최소한의 자원을 이용하여 일을 능률적으로 하는 것이다. 생산성(productivity)은 주어진 투입(예를 들어, 사용 시간) 하에서 생산된 산출량의 정도를 의미한다.

학습목표 1-5 기업들이 경쟁에 대응하고, 경쟁에서 이길 수 있는 방법을 설명할 수 있다.

- **기업이 경쟁에 대응하고, 여기에서 이기기 위한 방법은 무엇인가?**
  보통의 기업은 모든 면에서 결점이 없는 고품질의 상품을 만드는 데 초점을 두어 경쟁 우위를 달성한다. 기업은 소비자의 기대를 넘어서기 위한 목표를 세운다. 권한위임은 보통 일선 직원에게 많은 훈련과 책임, 권위를 부여하는 것을 의미한다.

학습목표 1-6 비즈니스에 영향을 미치는 사회적 변화를 분석할 수 있다.

- **사회적인 변화는 기업에 어떠한 영향을 미치는가?**
  다양성(diversity)은 사회적 소수자들과 여성들을 채용하고 유지하는 것 이상의 의미를 가지게 되었다. 다양성을 확보하기 위한 노력에는 노인, 장애인, 동성애자, 무신론자, 외향적인 사람, 내향적인 사람, 기혼자, 독신자, 독실한 신자들에 대한 사항이 포함되어 있다. 또한 전 세계의 근로자들과 문화에 대한 신중한 접근이 필요하다. 한편, 미래에 고령인구에게 연금을 지급하기 위해서는 현재 노동인구로부터 엄청난 돈을 끌어와야 한다. 오늘날 언론에서 사회보장과 관련하여 많은 논의가 있는 것도 바로 이 때문이다.

학습목표 1-7 전쟁과 테러를 포함한 글로벌 도전에 대응하기 위해서 기업들이 해야 할 일을 찾을 수 있다.

- **어떠한 나라가 거대한 도전의 기회를 창출하고 있는가?**
  중국과 인도가 주요한 경쟁자이다.
- **미래의 전쟁과 테러가 가져다줄 영향은 무엇인가?**
  방위업체와 같은 일련의 비즈니스들이 번영할 것이다. 관광 관련 산업은 침체될 것이다. 후진국의 경제 상황을 개선시키는 일은 세계적인 긴장을 최소화하는 하나의 방법이 될 수 있다.

학습목표 1-8 현재에도 반복되고 있는 과거의 트렌드(trends)에 대해 검토할 수 있고, 그러한 트렌드가 미래의 대학 졸업생들에게 어떤 의미가 있는지를 설명할 수 있다.

- **미국의 경제발전의 역사는 어떠하며, 미래에 대해서 어떠한 점을 시사하고 있는가?**
  농업기술의 발전에 따라 농업 부문에서 해고된 근로자들은 제조업으로 이동하였다. 기술의 발전으로 인한 제조업 생산성의 증대와 외국과의 경쟁 심화는 미국의 서비스 산업을 발전시켰다. 그리고 이러한 서비스 시대 또한 마감되고 정보기술의 세계적 혁명에 기반을 두고 경제의 전 분야를 변화시킬 것으로 예상되는 새로운 시대가 시작되고 있다. 이러한 새로운 시대에서 장기적으로 성공하기 위해서는 새로운 성장 기회에 대비할 수 있도록 유연성과 지속적인 교육이 필요할 것이나.
- **서비스 분야에서 대학 졸업생들이 가질 수 있는 직업의 기회는 무엇인가?**
  서비스 분야를 보여주고 있는 그림 1.4를 확인해보자. 미래의 성장속도가 빠른 기업들을 보여주고 있다.

주요 용어 정리

개인정보 도용(identity theft)
권한위임(empowerment)
그리닝(greening)
기술(technology)
기업가(entrepreneur)
기후변화(climate change)
데이터베이스(database)
리스크(risk)
비영리단체(nonprofit organization)
비즈니스(business)
비즈니스 환경(business environment)
삶의 질(quality of life)
상품(goods)
생산성(productivity)
생산요소(factors of production)
생활수준(standard of living)
서비스(services)
손실(loss)
수익(revenue)
아웃소싱(outsourcing)
이익(profit)
이해관계자(stakeholders)
인구통계학(demography)
전자상거래(e-commerce)

사고력 문제

여러분이 레스토랑을 시작한다고 생각하고 다음의 질문에 답하라.

1. 여러분이 운영하는 레스토랑의 이해관계자는 누구인가?
2. 일자리를 창출하고 세금을 내는 것 외에 여러분이 해당 지역사회에 기여할 수 있는 일에는 무엇이 있는가?
3. 여러분은 어떻게 공급자와의 긴밀한 관계를 유지할 수 있는가? 또한 여러분의 직원과는 어떻게 친밀한 관계를 유지할 수 있는가?
4. 가능한 많은 이익을 달성하려는 목표와 직원에게 실질적으로 높은 임금을 지급해야 하는 바람 사이에 갈등이 발생할 수 있다고 생각하는가?
5. 이 장에서 제기된 환경적인 요인들 중 어떤 요인들이 여러분의 레스토랑에 가장 큰 영향을 미칠 것으로 생각하는가? 그리고 어떻게 영향을 미치는가?

원리의 적용

목적

오늘날 비즈니스 환경에서 일어나는 변화들을 살펴보고, 이러한 변화들이 비즈니스에 미친 영향에 대해 학습한다.

연습

1. National Taxpayer Union(전국납세자연합) 홈페이지(www.ntu.org)의 "Who Pays Income Taxes?(누가 소득세를 내는가?)" 섹션을 방문하여 각 집단별 조세부담률을 살펴보자. 소득상위 1퍼센트 계층이 부담하는 세금의 비율은 적절한가? 소득상위 5퍼센트 계층은 어떠한가? 소득하위 50퍼센트 계층의 세금부담률은 적절한가? 이러한 조세부담률이 성공적인 기업가가 되고자 하는 동기에는 어떠한 영향을 미치는가?
2. 미국 통계국(The Census Bureau) 홈페이지(www.census.gov)를 방문하여 미국에서 시간에 따른 인구자료를 살펴보자. 이 홈페이지에서 미국 각 도시 및 마을들의 인구를 살펴볼 수도 있다. 인구 이외에 입수 가능한 자료가 무엇인지에 대해서도 살펴보라. 이 홈페이지로부터 수집할 수 있는 자료들 중 사업가들에게 일반적으로 가장 중요한 트렌드(trends)는 무엇인가?
3. 구글 웹페이지에서 '비즈니스 블로그(business blogs)'를 검색한 후, 여러분의 흥미를 끄

는 블로그 중 하나를 방문해보자. 방문한 블로그의 스폰서는 누구인지, 글쓴이들은 누구인지, 기타 어떠한 흥미로운 내용들이 있는지 간략히 묘사해보고, 이러한 것들이 경영학의 기초를 배우는 데 도움이 될 수 있는지 토론하라.

직업기술의 개발

핵심: ● 팀 ★ 분석 ▲ 의사소통 ◘ 기술

●▲★ 1. 수업시간에 기후변화의 원인에 대해 투표하여 그 원인을 결정하라. 기후변화의 원인이 인간에게 있다고 생각하는 학생들과 기후순환 또는 태양의 흑점 등과 같은 인간 이외의 다른 요인들에 있다고 생각하는 학생들의 수를 비교하라. 기후변화의 원인에 대한 답변과는 상관없이, 인간이 환경에 미치는 영향을 최소화하기 위해 학생들이 할 수 있는 일들에 대해 논의하라. 또한 환경에 미치는 영향을 최소화하려는 노력의 부작용에 대해서도 생각해보라.

◘★ 2. 자신이 아웃소싱과 관련된 다양한 이슈를 해결해야 하는 기업가라고 가정해보자. 여러분의 지역에서 얼마나 많은 수의 직업이 아웃소싱으로 인해서 없어졌는가? 여러분의 지역에서 일자리를 창출하는 외국 기업이 존재하는가? 원하는 자료를 찾기 위해 온라인을 이용할 수 있다.

★ 3. 선진국에 있는 사람들이 높은 생활수준을 보인다는 증거는 무엇인가? 그러한 높은 생활수준이 그들의 삶의 질에 부정적인 영향을 끼칠 수도 있다는 증거는 무엇인가? 미국의 모든 인구가 높은 생활수준을 즐기고 있는가? 만약 아니라면, 이것이 어떻게 삶의 질에 영향을 미치는가?

●◘▲★ 4. Yelp를 참조하여 근처에 있는 서비스업체 다섯 곳을 열거해 보라. 사회적인 트렌드가 어떠한 방식으로 각 업체에 영향을 미쳤는지에 대해서 부정적인 영향과 긍정적인 영향을 모두 포함하여 서술해보라. 교수의 지도에 따라 팀원 혹은 반 전체에 발표할 수 있도록 준비해보자.

●◘▲ 5. 4~5명의 학생으로 팀을 구성하여 기술과 전자상거래의 진보에 대해서 토의해보자. 얼마나 많은 학생들이 온라인으로 제품과 서비스를 구매하는가? 그들의 경험은 무엇인가? 다른 하이테크 장비를 사용하고 있다면 어떠한 것들이 있는가? (예를 들어, 스마트폰, 테블릿, 노트북 등) 이러한 장비가 없는 삶, 학교, 직장이 어떤 모습일지 토론해보자.

진로 탐색

각 장의 끝에 해당 장의 개념을 다루는 잠재적인 직업의 간략한 목록이 제공된다. 이 첫 번째 장은 다양한 비즈니스 분야에 대한 개요이므로 이 분야에서 가장 많은 일자리가 있는 몇 가지 직업인 서비스업을 식별할 것이다. 미국의 노동 통계청 홈페이지(bls.gov)에 있는 직업전망서(Occupational Outlook Handbook)에서 이 분야에서 수행하는 작업, 필요한 기술, 급여 및 기회 전망에 대해 알아보자.

- **숙박 관리자** – 휴가나 출장을 온 고객이 호텔, 모텔 또는 기타 유형의 시설에서 즐거운 경험을 하고 비즈니스가 효율적이고 수익성 있게 운영되도록 한다.
- **회의 및 이벤트 기획자** – 회의 장소, 교통수단 및 기타 세부 사항 준비를 포함하여 이벤트 및 전문 회의의 모든 측면을 조정한다.

- **인테리어 디자이너** – 건물에 유용하고 세련된 인테리어를 만들기 위해 색상, 가구 및 기타 재료를 선택하고 지정한다.
- **네트워크 및 컴퓨터 시스템 관리자** – 컴퓨터 네트워크의 일상적인 운영을 담당한다.

비디오 사례

사람들의 쇼핑 커뮤니티 구축

기업가가 되기 위한 영감과 끈기가 있다면 서비스 산업은 큰 가능성을 제공한다. 서비스업은 현재 미국에서 가장 큰 성장 분야이다. 훌륭한 아이디어와 노력으로 큰 성공을 거둘 수 있다. 2007년 매니시 찬드라(Manish Chandra)는 환경적 지속가능성과 기술의 발전으로 패션 산업이 새로운 제품을 판매하는 전통적 방식 위주에서 깨끗하게 입은 헌 옷을 교환하는 서비스를 제공하는 방향으로 전환될 수 있다는 것을 깨달았다. 그는 미국 전역의 사람들이 종종 "더 이상 입지 않는 옷은 어떻게 해야 될까?"와 같은 질문을 하며 산다는 것을 알았다. 찬드라는 매일 3,800만 개의 제품이 올라오며, 6천만 명의 사용자를 자랑하는 소셜 커머스 플랫폼인 포쉬마크(Poshmark)를 개발하여 창업하였다.

다른 성공적인 기업가들과 마찬가지로 찬드라는 미국의 비즈니스 환경 덕분에 포쉬마크를 시작하고 빠르게 확장할 수 있었다. 기업이 성공하기 위해서는 미국 경제의 5대 핵심 비즈니스 환경인 사회적 환경, 기술 환경, 경제 및 법률 환경, 경쟁 환경 그리고 글로벌 환경에 영향을 미치는 요소를 탐색해야 한다. 또한, 기업은 이러한 환경을 제어할 수는 없더라도 사업에 영향을 미치는 주요 환경의 변화에 신속하게 적응해야 한다.

예를 들어, 미국의 사회 환경 변화는 포쉬마크가 2010년 출시된 이후 상당한 영향을 미쳤다. 커뮤니티 중심 조직을 구축하는 것은 온라인 소매업의 핵심적인 변화였으며, MZ세대 소비자의 영향력 증대와 가치의 변화는 포쉬마크의 비즈니스 모델과 완벽하게 맞아떨어졌다. 모바일 기술의 등장은 시장에서 기업의 기회를 크게 확장시켰고, 순환 경제의 성장 또한 큰 이점을 제공했다. 순환 경제는 제품을 버리기보다 재사용과 재활용을 장려한다. 이러한 사회적 관점의 변화는 포쉬마크가 패스트패션에서 벗어나 지속 가능한 소비방식으로 나아가는 운동의 선두에 서는 데 도움을 주었다.

기술 환경, 특히 모바일 기술의 확대는 포쉬마크의 성공에 크게 기여했다. 기술의 엄청난 성장 없이 포쉬마크는 실현 가능하지 않았을 것이다. 찬드라는 2010년에 출시된 아이폰4를 포쉬마크 성장의 전환점으로 보고 있다. 아이폰4는 훌륭한 성능의 카메라가 탑재되어 출시되었는데, 이는 포쉬마크의 사업 계획에 있어 사용 편의성과 생존 가능성을 확상시켜 주었다. 사용자들은 이제 제품의 사진을 실시간으로 찍어서 올리고 다른 사람들에게 판매할 수 있다. 포쉬마크가 개발한 활기찬 모바일 플랫폼은 고객이 즉시 결제할 수 있도록 했다. 또한, 회사가 제공하는 포장 지원은 의류 품목의 배송을 간소화했다.

미국의 경제적 · 법적 환경은 포쉬마크와 같은 기업에 매우 우호적이다. 정부는 안정적인 통화와 계약을 강제하고 규제를 최소한으로 유지하며, 기업을 방해하는 관료적 장애물을 피하는 법체계를 제공함으로써 기업의 사유를 지원한다. 미국의 운송과 유통은 상품의 선적을 쉽고 효율적으로 만든다. 하지만 포쉬마크와 같은 기업들은 그들의 산업에 적용되는 모든 법과 규정을 반드시 따라야 한다.

포쉬마크가 처음 시장에 진출했을 때는 경쟁이 제한적이었지만, 지금은 다른 상황이다. 트레드업(ThredUP), 엣시(Etsy), 리얼리얼(RealReal)과 같은 경쟁업체들과 치열한 자리싸움을 벌이며, 포쉬마크는 그들이 '포셔(poshers)' 커뮤니티를 위한 매일의 도전에 직면해 있다는 것을 알고 있다. 이것이 포쉬마크가 100% 온라인 운영제에서 벗어나 현실 세계에서 입지를 다지기 위해 노력하는 이유이다. 포쉬마크는 '포쉬 파티(Posh Parties)'와 같은 많은 실제 커뮤니티 프로그램을 주최하고 있는데, 이 프로그램은 포셔들이 그들의 경험을 교환하고 동료 판매자들에게 마케팅 팁을 제공할 수 있도록 한다. 또한, 이틀간 열리는 '포시 페스트(Posh Fest)'는 매년 그 규모가 커지고 있으며, 항상 매진되고 있다. 비록 포쉬마크가 장수하며 사랑받고 있지만, 여전히 6천만 명의 사용자들의 행복과 충성심을 유지하기 위해 항상 노력해야 한다.

오늘날 비즈니스에서 모든 기업은 글로벌 사업 환경을 고려할 필요가 있다. 아직까지 포쉬마크는 미국과 캐나다를 넘어 사업을 확장시키기 위한 큰 노력을 기울이지 않았다. 그런데도 포쉬마크의 간편한 운영방식과 앱 개방성은 미래의 글로벌 확장을 충분히 가능케 한다. 통신과 인터넷의 발전이 포쉬마크가 해외에 진출하는 것을 가능하게 했다.

포쉬마크는 창립 이후 수년간 패션 산업에 엄청난 영향을 미쳤고 수익성 또한 매우 좋았다. 앞으로의 성장을 위해 포쉬마크는 앱을 통해서 뿐만 아니라 오프라인 행사를 통해 사람들을 연결시키는 데 전념해야 한다. 비즈니스 환경의 도전에 대응하며, 쇼핑객의 사용자 경험을 개선함으로써 포쉬마크는 장기적으로 미국 비즈니스계의 일원으로 남고자 한다.

다시 생각해보기

1. 포쉬마크의 지속적인 성공과 안정을 이루는 데 가장 중요한 다섯 가지 환경 요인은 무엇인가?
2. 아이폰4는 포쉬마크가 온라인 시장에서 사업 모델을 확장하는 데 어떠한 도움이 되었는가?
3. '포쉬 파티'와 '포쉬 페스트'는 포쉬마크가 사업을 확장하고 고객의 충성도를 높이는 데 어떠한 도움이 되었는가?

참조

1. forbes.com, accessed January 2020.
2. "Global Wealth 2019," Boston Consulting Group, bcg.com, accessed January 2020.
3. U.S. Bureau of Labor Statistics, bls.gov, accessed January 2020.
4. Nick Routley, "Walmart Nation," visualcapitalist.com, January 24, 2019.
5. Terin Miller, "What Is a Stakeholder and Why Is It Important for Business?," thestreet.com, February 10, 2019; Mona Mortazavi, "2 Key Tools for Stakeholder Analysis," pmworld360.com, accessed January 2020.
6. Michelle Chapman, "Top US CEOs Rethink the Meaning of Shareholder Value," August 20, 2019; Brian O'Connell, "A New Era in Corporate Responsibility," Society for Human Resource Management, shrm.org, January 4, 2020.
7. Hyundai, hyundai.com, accessed January 2020.
8. Honda, honda.com, accessed January 2020.
9. Ayan Pramanik, "Insourcing Threat Looms Large over IT Services Providers," economictimes.indiatimes.com, May 9, 2019; Jared Council, "Target and Lowe's Tech Execs Credit Talent, Culture for Insourcing Success," wsj.com, January 13, 2020.

10. Drucker Institute, drucker.institute, accessed January 2020.
11. John Harris, "Elections Used to Bring Us Solutions," theguardian.com, November 4, 2019; "Tech Platforms, on the Hook to Clean Up Political Advertising, Take Different Approaches," marketplace.org, January 2, 2020.
12. Peter High, "Lessons from the Man Who Is Revolutionizing the Grocery Business," January 14, 2019; Morris Panner, "How Mobile Medical Services Are Improving Health Care," January 16, 2019.
13. Robert D. Atkinson, "Higher Productivity Is Good for Workers," July 25, 2019; Eduardo Porter, "Tech Is Splitting the U.S. Work Force in Two," nytimes.com, February 4, 2019; Carl Benedikt Frey, "The High Cost of Impeding Automation," October 25, 2019.
14. Norman Mayersohn, "How High Tech Is Transforming One of the Oldest Jobs: Farming," nytimes.com, September 6, 2019; "Agriculture Technology," National Institute of Food and Agriculture, nifa.usda.gov, accessed January 2020.
15. Alvaro Puig, "Equifax Data Breach Settlement: What You Should Know," Federal Trade Commission, consumer.ftc.gov, July 22, 2019; Kathleen Howley, "Equifax Victims: You're Not Getting Your $125," housingwire.com, January 2, 2020.
16. Thorin Klosowski, "The Best Two-Factor Authentication App," thewirecutter.com, October 25, 2019; Ed Bott, "The 6 Life-Changing Tech Habits You Need This Year," zdnet.com, January 1, 2020.
17. Joyce M. Rosenberg, "No Target Proves Too Small for Cybercriminals," September 8, 2019; "Indian Researcher Finds Starbucks API Key Exposed Online," ciso.com, January 2, 2020.
18. Nicole Martin, "The Major Concerns around Facial Recognition Technology," forbes.com, September 25, 2019; Associated Press, "School District's Facial Recognition Raises Privacy Concern," nytimes.com, January 3, 2020.
19. Sandy Cross and Porter Braswell, "A Data-Driven Approach to Hiring More Diverse Talent," hbr.org, December 10, 2019.
20. Jena McGregor, "First There Was 'Diversity.' Then 'Inclusion.' Now H.R. Wants Everyone to Feel Like They 'Belong,' washingtonpost.com, December 30, 2019.
21. Janet Adamy and Paul Overberg, "Immigration's Impact on Nation Grows," April 18, 2019; Sol Trujillo, "Latino Workers Save America from Stagnation," September 26, 2019.
22. Dieter Holger, "The Business Case for More Diversity," October 28, 2019; "Immigration Impact," American Immigration Council, americanimmigrationcouncil.org, accessed January 2020.
23. Dayana Yochim, "What's Your Net Worth, and How Do You Compare to Others?," marketwatch.com, January 29, 2019; Federal Reserve, federalreserve.gov, accessed January 2020.
24. U.S. Census Bureau, census.gov, accessed January 2020.

25. Kate Davidson, "Red Ink Seen for Social Security by 2020," April 23, 2020.
26. "Fast Facts & Figures about Social Security," Social Security Administration, ssa.gov, accessed January 2020.
27. "National Single Parent Day: One-Parent Families Are on the Rise in the US," theguardian.com, March 21, 2019.
28. "National Defense Budget Estimates for FY 2020," Office of the Undersecretary of Defense (Comptroller), comptroller.defense.gov, accessed January 2020.
29. "The Effects of Uncertainty on Economic Outcomes," The Federal Reserve Bank of St. Louis, stlouisfed.org, July 9, 2019; Will England, Taylor Telford, and Thomas Heath, "Oil Prices Spike, Dow Dives after U.S. Airstrike Kills Top Iranian Military Leader," washingtonpost.com, January 3, 2020.
30. Amy Remeikis, "Rupert Murdoch Says 'No Climate Change Deniers Around'-but His Writers Prove Him Wrong," December 14, 2019; Spencer Bokat-Lindell, "So You Want to Convince a Climate Change Skeptic," nytimes.com, January 2, 2020.
31. U.S. Department of Agriculture, "Farms and Land in Farms," nass.usda.gov, accessed January 2020.
32. "The Growing Importance of the Services Sector," The Federal Reserve Bank of Kansas City, kansascityfed.org, accessed January 2020.
33. Euny Hong, "25 Highest Paid Occupations in the U.S. for 2019," investopedia.com, November 19, 2019; Quentin Fottrell, "Here Is the No. 1 Highest Paid, Fastest-Growing Job in Every U.S. State," marketwatch.com, January 1, 2020.
34. James Chen, "Intellectual Capital," investopedia.com, April 29, 2019.
35. Will Kenton, "Knowledge Economy," investopedia.com, April 14, 2019.

2 경제학이 비즈니스에 미치는 영향 이해하기

학 습 목 표  이 장을 학습한 후에 다음 질문에 답할 수 있어야 한다.

2-1 경제학의 원리에 대해 설명할 수 있다.

2-2 자본주의의 의미와 자유시장의 작동원리를 설명할 수 있다.

2-3 사회주의와 공산주의의 차이를 비교할 수 있다.

2-4 경제체제의 혼합화 경향을 분석할 수 있다.

2-5 국내총생산(GDP), 생산성, 경기순환 등의 주요 경제지표에 대해 설명할 수 있다.

2-6 재정정책과 통화정책을 비교하고 경제에 미치는 영향을 설명할 수 있다.

경제학자 마리아나 마주카토에 대해 알아보자

지난 수십 년 동안, 많은 주요 경제 사상가들은 비즈니스 세계에 대한 정부의 영향력을 줄이기 위해 노력했다. 그러나 경제학자 마리아나 마주카토(Mariana Mazzucato)에 따르면, 국가는 모든 종류의 혁신과 발전에 결정적인 역할을 해왔다. 항공학과 공학 분야의 획기적인 발전에서 인터넷과 같은 세계를 바꾸는 기술에 이르기까지, 정부 자금과 연구는 많은 민간 기업에 필수적인 지원을 제공해 왔다. 마주카토는 "들여다볼수록 국가적 투자가 어디에나 있었다는 것을 깨달을 수 있다"고 말했다.

그녀의 임무는 정부의 경제적 역할을 시장 실패의 규제자와 해결자에서 시장 성장의 혁신자와 주도자로 바꾸는 것이다. 마주카토는 민간과 공공의 힘을 합쳐 기후 변화, 소득 불평등, 해양 오염과 같은 큰 이슈들에 맞서고 싶어 한다. 그녀는 세계 경제에 대한 그녀의 해박한 지식을 바탕으로 정부의 경제적 역학 개혁을 위해 미국과 유럽의 정치인들과 긴밀히 협력하고 있다. 비록 마주카토는 자본주의에 전념하고 있지만, 그녀는 현재의 제도가 모든 이해관계자의 잠재력을 최대화하기에 충분하지 않다고 주장한다. 마주카토는 "역사는 혁신이 거대한 집단 노력의 결과"라고 말했다. "그리고 만약 우리가 세계의 가장 큰 문제들을 해결하고 싶다면, 우리는 그것을 더 잘 이해해야 합니다"라고 덧붙였다.

마주카토는 이탈리아인 부모님 사이에서 로마에서 태어나 뉴저지주에서 자랐다. 마주카토의 핵물리학자 아버지는 마주카토가 어린 나이에 세상을 회의적으로 바라보는 법을 가르쳤다. 마주카토는 "비판적인 시선은 아버지가 TV 시청 중 욕을 하는 것을 보며 나에게 가장 먼저 주입된 것이었다"고 말했다. 그녀의 호기심 강한 성격은 학창 시절에 큰 도움이 되었다. 프린스턴 고등학교(Princeton High School)를 졸업한 후, 그녀는 터프츠 대학교(Tufts University)에서 역사학과 국제관계학 학위를 받았다. 그 후 그녀는 뉴욕에 있는 New School for Social Research로 옮겨 경제학 석사와 박사 학위를 취득했다. 정규 교육과정을 마친 후, 마주카토는 뉴욕 대학교(New York University), 런던 경영대학원(London Business School), 그리고 에든버러 대학교(University of Edinburgh)와 같은 권위 있는 기관에서 가르쳤다. 교직 업무와 더불어 그녀는 정부 연구와 민간 부문의 혁신 사이의 관계를 연구한 기사와 책을 출간했다. 마주카토는 국가기관이 문제를 해결하고 위험을 감수하는 '임무 지향적' 조직으로 구조화되어 진정한 혁신의 엔진이 될 수 있도록 해야 한다고 주장한다.

그녀는 이 전략의 대표적인 예로 아폴로 우주 프로그램을 꼽는다. 유인 우주선을 달에 착륙시키기 위해 NASA는 로켓 과학뿐만 아니라 전자공학, 의학, 영양학과 같은 과목들을 연구하는 300개 이상의 프로그램을 만들었다. 정부 기관과 민간 기업 간의 이러한 협력은 동결 건조 식품에서 집적 회로 기술에 이르기까지 1,800개 이상의 분사 제품을 탄생시켰다. 마주카토는 또 다른 예로 아이폰을 민간단체와 국가단체 간의 협력의 또 다른 경이로움으로 묘사한다. 미 국방성이 마이크로프로세서와 LCD 디스플레이를 개발하면서 델라웨어 대학의 연구진들이 터치스크린을 개발했다. 마주카토는 "스티브 잡스는 자신이 구상하고 마케팅한 선견지명이 있는 제품들로 인해 당연히 천재라고 불렸지만, 이 이야기는 애플 성공의 기원에 대한 신화를 만들어낸다"고 말했다. "컴퓨터와 인터넷 혁명에 대한 엄청난 양의 공공 투자가 없었다면, 그러한 기여들은 새로운 장난감의 발명만을 이끌었을 것입니다."

마주카토의 통찰력은 전 세계의 혁신과 번영을 증가하고자 하는 세계 지도자들에게 점점 더 가치가 높아지고 있다. 영국 의회 의원뿐만 아니라 미국 대통령 후보들에게 조언을 해주는 것과 함께, 그녀는 지구의 가장 시급한 문제들에 맞서기 위해 유럽연합(EU)과 함께 일하고 있다. "변화를 불러일으키는 것이 제가 원하는 것입니다"라고 마주카토는 말했다.

이 장에서 알게 될 것처럼, 경제학은 경제 시스템이 전 세계 국가들의 안녕과 번영에 미칠 수 있는 직접적인 영향에 관한 것이다. 여러분은 다른 경제 시스템의 강점과 약점, 그리고 무엇이 특정 나라들은 부유하거나 가난하게 만드는지에 대해 배울 것이다. 특히, 미국이 의존하고 있는 자유시장제도와 향후 미국이 직면할 수 있는 도전에 대해 다룰 것이다. 이 챕터가 끝날 때쯤, 여러분은 경제학과 사업 성공의 관계에 대해 잘 알고 있어야 한다.

출처: Eshe Nelson, "One of the World's Most Influential Economists Is on a Mission to Save Capitalism from Itself," Quartz, quartz.com, July 22, 2019; João Medeiros, "This Economist Has a Plan to Fix Capitalism. It's Time We All Listened," Wired UK, wired.co.uk, October 8, 2019; Kate Lederer, "Meet the Leftish Economist with a New Story about Capitalism," The New York Times, November 26, 2019; marianamazzucato.com, accessed January 2020.

Let's talk business!
bit.ly/LetsTalkBusiness2

미국 GDP의 성장은 국가 노동력의 생산성에 영향을 받을 수 있고 미국 주요 기업의 불황에도 영향을 받을 수 있다. 이 회사가 737 MAX 여객기의 생산을 중단해야 했을 때 737을 운항하는 공급업체 및 항공사는 성장에 심각한 영향을 받았다. 이 회사의 이름은 무엇인가? (이 장 안에서 답을 찾으라.)

학습목표 2-1 경제학의 원리에 대해 설명할 수 있다.

경제환경은 비즈니스에 어떻게 영향을 주는가?

멕시코나 다른 개발도상국가와는 다르게 미국이라는 국가는 상당히 부유하다. 왜 그럴까? 한국은 상당히 부유한 반면, 왜 북한은 경제적인 어려움을 겪고 많은 사람이 기아에 허덕이는가? 이런 질문들이 바로 이 장에서 답하고자 하는 경제 관련 주제들이다. 이 장에서 우리는 전 세계의 다양한 경제시스템에 대해 살펴보고, 개별 경제시스템이 어떻게 비즈니스의 성장을 촉진(혹은 방해)하는지와 어떤 방식으로 부를 창조하고, 삶의 질을 더 높일 수 있는지에 대해서도 살펴볼 것이다.

미국이 과거에 성공할 수 있었던 가장 중요한 이유는 바로 자유롭게 운영되는 경제와 사회적인 분위기 때문이었다고 할 수 있다. 사람들은 어디서든지 사업을 시작할 수 있었고, 폐업도 자유로웠다. 성공에 대한 보상이 엄청났고, 창업이나 폐업이 자유로웠기 때문에 사람들은 성공을 위해서 도전하고 최선을 다했다.[1]

그러나 이런 미국도 경제적 혹은 정치적 시스템이 변하면 기업 역시 크게 영향을 받을 것이다. 예를 들어, 정부 개입의 증감은 규제 준수 비용으로 경제적 효과가 있을 것이다. 일부 전문가들은 규제가 적을수록 기업에 더 좋다고 생각하지만, 다른 사람들은 더 많은 규정이 필요하다고 생각한다. 정부 규제의 최적 수준은 끊임없는 논쟁의 주제이다.[2]

글로벌 경제와 정치의 변화 역시 미국의 비즈니스에 영향을 준다. 예를 들어, 캐터필러(Caterpillar)와 같은 미국 주요 산업 회사의 수익은 세계 시장, 특히 중국에 크게 의존

경제적 차이가 놀랍다. 대한민국의 서울에서는 사업이 호황을 누리고 있다(오른쪽 사진). 그러나 공산주의 국가인 북한은 왼쪽 사진처럼 잘 살지 못한다. 여러분은 이 이웃한 두 나라 경제가 드라마틱한 차이를 보이는 이유가 무엇이라고 생각하는가?

한다. 실제로 캐터필러 수익의 59퍼센트가 미국 이외의 지역에서 발생한다.[3] 비즈니스를 이해하기 위해서는 반드시 그 근본이 되는 경제와 정치시스템을 이해할 필요가 있다.[4] 이것은 특히 직업을 찾아야 하는 대학졸업생들에게는 더욱 더 해당된다.

경제학은 무엇인가?

경제학(economics)은 제품이나 서비스를 생산하기 위해서 자원을 어떻게 투입할 것인지를 선택하는 과정과 개인이나 집단에 그 결과물을 어떻게 배분할지에 대해 연구하는 학문이다. 경제학은 크게 거시경제학과 미시경제학으로 나뉜다. **거시경제학**(macroeconomics)은 국가의 경제를 전체적으로 바라보는 것이고, **미시경제학**(microeconomics)은 시장에서 특정 제품 또는 서비스에 대한 사람이나 조직의 행동에 대해 살펴보는 것이다. 거시경제학에서 거론되는 주제의 예로는 "미국이 국가 부채를 줄이기 위해서는 무엇을 해야 하는가?" 등이 있다.[5] 이 장에서 살펴볼 거시경제학의 주제는 국내총생산(GDP), 실업률, 물가 등이다. 최근 들어, 거시경제적인 정책과 과연 이것이 효과적인지에 대한 질문이 거론되었다.[6] 미시경제학에서 거론되는 주제의 예로는 "기름 가격이 상승할 때 왜 사람들은 소형차를 구입하는가?" 등이 있다. 이 질문들은 비교적 답하기 쉬워 보인다.

경제학
제품이나 서비스를 생산하기 위해서 자원을 어떻게 투입할 것인지를 선택하는 과정과 개인이나 집단에 그 결과물을 어떻게 배분할지에 대해 연구하는 학문

거시경제학
국가 전체 차원에서 바라보는 경제학 분야

미시경제학
특정 시장에서 사람이나 조직의 행동을 바라보는 경제학 분야

몇몇 경제학자들은 경제학을 희소자원(scare resources)의 분배에 관한 학문으로 정의한다. 그들은 대체로 정부에 의해 사람들에게 신중히 분배될 필요가 있다고 이야기한다. 충분히 많은 자원이라는 것은 없기 때문에 단지 자원을 나누어주는 것만으로 현 세계의 평화와 풍요를 보장할 수 없다. 따라서 자원개발이 필요한데, **자원개발**(resource development)이라는 것은 어떻게 자원을 증가시키고(예를 들어, 오일과 가스 셰일 또는 타르샌드로부터의 석유 추출), 그 자원을 더 잘 사용하는 조건을 찾아내는 것이다(예를 들어, 자원 재활용 및 보존).[7]

자원개발
어떻게 자원을 증가시키고 그 자원을 더 잘 사용하는 조건을 찾아내는 것

기업은 가용자원(available resources)을 증가시킬 수 있는 제품을 발명하여 경제시스템에 기여한다. 예를 들어, 기업은 자동차용 천연가스와 같은 새로운 에너지 자원을 발견할 수 있고, 수경재배와 같이 식량을 늘릴 수 있는 새로운 방법을 만들 수도 있으며, 나노기술과 움직이는 3D와 시간이라는 4차원노 너해진 4D 기술 같은 새로운 생산기술을 발명할 수도 있다. 또한 근해양식 혹은 원해 가두리 양식으로 물고기를 양식하는 등의 방법으로 모든 사람들에게 더 많은 음식을 제공하고 고용을 늘리는 역할을 한다. 실제로 많은 사람들은 양식업이 세계 어류 개체 수를 고갈시키는 남획을 막을 수 있는 유일한 방법이라고 믿는다.[8]

제품과 서비스를 생산하는 새로운 방식은 경제에 자원을 추가하고 더 많은 고용을 창출한다. 예를 들어, 양식장은 새로운 바다양식 기법과 해양생물의 배양 방식을 통해 식량과 고용을 동시에 창출하였다. 이러한 형태의 새로운 해양산업의 예는 어떠한 것들이 더 있을까?

부유한 경제를 만드는 비결

왕과 몇몇 부유한 지주들이 부를 독점하고 있고 대다수의 사람들은 소작농인 세계를 상상해보라. 농민들은 대개 자식들이 많기 때문에 곧 인구가 늘어나 식량과 자원이 부족하게 될 것이라고 생각할 수 있다. 경제학자인 토머스 맬서스

변화에 적응하기 세계 인구 급증에서 급감으로

유엔(UN)에 따르면, 세계 인구는 2050년까지 거의 100억 명으로 증가할 것이라고 한다. 이 다가오는 20억 명 이상의 인구 증가는 자원에 큰 영향을 미칠 것이고, 많은 나라에서 상당한 생활 방식의 변화를 초래할 수 있다. 세계는 향후 수십 년 동안 인구 증가가 가져올 결과와 씨름해야 할 것이지만, 그 이후에는 큰 문제가 되지 않을 수도 있다.

유엔의 전문가들은 세계 인구가 21세기 말까지 109억 명으로 정점을 찍을 것이라고 추정한다. 이전의 예측과 달리, 연구원들은 더 이상 세계의 인구가 계속 끝없이 증가할 것이라고 기대하지 않는다. 대신, 전 세계적으로 출생률이 감소하는 것은 지구상의 인구 수가 2100년까지 안정되어야 한다는 것을 시사한다. 예를 들어, 세계 출산율은 1990년 여성 1인당 3.2명에서 2015년 2.5명으로 떨어졌다. 유엔은 2050년까지 그 수가 감소 없이 세대를 교체할 수 있도록 보장하는 데 필요한 비율에 턱걸이인 2.2명으로 떨어질 것이라고 예상한다. 분석가들은 점점 더 도시화되어 가는 세계 인구가 출산율 하락에 부분적으로 책임이 있다고 주장한다. 현재 전 세계의 55%가 도시에 살고 있기 때문에, 사람들은 네다섯 명의 자녀를 둔 대가족보다는 두어 명의 자녀를 가질 가능성이 더 높다.

결과적으로 다가오는 미래에는 노년층이 전체 인구 중 큰 비중을 차지하게 될 것으로 보인다. 이로써 고령화된 노동력을 대체할 젊은 사람들이 부족할 경우 미래에 경제적 어려움으로 이어질 수 있다. 유엔은 이민이 기성세대를 대신할 수 있는 새로운 노동자들을 끌어들이기 위해 많은 나라에 매우 중요해질 수 있다고 말한다.

출처: Darrell Bricker and John Ibbitson, "Forget Overpopulation. The World Could Soon Face a Population Bust," Los Angeles Times, February 24, 2019; Rick Gladstone, "The Globe Is Going Gray Fast, U.N. Says in New Forecast," The New York Times, June 17, 2019; "Demographic Density: What Will the World Be Like in 2050?," The Wall Street Journal, wsj.com, accessed January 2020.

(Thomas Robert Malthus)는 1700년대 후반과 1800년대 초반에 이러한 주장을 폈으며, 이는 토머스 칼라일(Thomas Carlyle)이 경제학을 '우울한 학문(dismal science)'이라고 부르게 되는 계기가 되었다.[7)]

그러나 최근 통계학자들은 세계 인구가 예상보다 훨씬 느리게 증가하고 있다고 말한다. 사실, 21세기 말에는 인구가 전혀 증가하지 않을 것으로 예측된다.[8)] 일본, 독일, 이탈리아, 러시아, 미국과 같은 몇몇 산업 국가들은 오히려 인구 증가 속도가 너무 느려서 젊은 노동 인구보다 부양해야 할 노인 인구가 더 많아지는 문제를 겪고 있다고 지적하였다.[9)] 그러나 인도, 남아프리카와 같은 개발도상국가에서는 인구가 비교적 빠른 속도로 증가하고 있어, 빈곤과 불안 문제가 더 커질 수도 있다.[10)] '변화에 적응하기' 글상자에서 향후 25년 동안 예상되는 상당한 전 세계 인구 이동에 대해 설명한다. 이처럼, 인구 성장과 경제 사이의 관계를 연구하는 것은 거시경제학의 영역이다.

한편, 몇몇 거시경제학자들은 많은 인구, 특히 교육을 받은 인구가 유용한 자원이 될 수도 있다고 믿는다. "어떤 사람에게 물고기를 주면 하루를 배부르게 할 수 있지만, 그에게 낚시하는 법을 가르쳐주면 평생 먹고 살게 할 수 있다"는 격언을 들어본 적이 있을 것이다. 여기에 나음과 같은 말을 추가할 수도 있을 것이다. "양식장을 운영하는 방법을 가르쳐주면, 그는 아마도 평생 그 마을을 먹여 살릴 수 있을 것이다." 경제 개발의 비밀이 바로 이 문장에 숨어 있다. 기업을 경영하는 사람들은 지역사회에 일자리를 제공하고, 자기 자신뿐만 아니라 직원들과 지역사회에 경제적 성장을 가져다준다고 할 수 있다.

거시경제학자들은 어떤 국가는 부유하게 만들고 어떤 국가는 가난하게 만드는 요소가 무엇인지 밝히고, 모든 국가의 사람들을 부유하게 만들 수 있는 프로그램이나 정책을 만드는 데 관심이 있다. 이런 경제학자들의 관심을 이해하기 위해서는 애덤 스미스에 대해 살펴볼 필요가 있다.

애덤 스미스와 부의 창출

스코틀랜드의 경제학자인 애덤 스미스(Adam Smith)는 제한된 자원을 경쟁하는 개인이나 그룹에 어떻게 분배해야 하느냐를 고민한 것이 아니라, 더 많은 자원을 생산해서 모든 사람이 더 부유해질 수 있는 방법에 대해 관심을 가졌다. 1776년 애덤 스미스는 《국부론(The Wealth of Nations)》이라는 책을 출간하여, 국가 부의 원천과 본질에 대해 언급하였다.

애덤 스미스는 경제의 생존을 위해 자유가 그 무엇보다도 중요하다고 믿었다. 특히, 땅이나 재산을 소유할 수 있는 자유와 땅을 경작하거나 사업을 통해 이익을 얻을 수 있는 자유가 필수라고 이야기하였다. 보상이 있는 경우에 사람들은 더 열심히 오랫동안 일하기 때문이다.[11] 이런 노력의 결과로 필요한 음식과 유용한 제품들이 나오고, 이로 인해 경제는 더 풍성해진다고 하였다. 스미스의 생각은 이후에 경제적 상황은 시간이 지날수록 나빠질 것이라는 맬서스와 같은 경제학자들에 의해 도전을 받았다. 그러나 현대 경제학의 아버지가 된 것은 맬서스가 아니라 바로 애덤 스미스였다.

비즈니스는 공동체에 어떻게 이익을 가져다 주는가?

애덤 스미스의 이론에 따르면 기업가가 의도적으로 다른 사람을 도우려고 노력할 필요는 없다. 그들은 자신의 부와 성공을 위해 열심히 노력하기만 하면 된다. 사람들이 자신

애덤 스미스의 이론에 따르면 시장경제의 기업가들은 자신이 벌어들인 노동의 대가를 소유할 수 있다는 것을 알기 때문에 열심히 일할 동기가 있다. 이 그림에 나온 가게의 소유주와 같이 기업가들이 번창할 때, 그들은 더 많은 고용을 창출하고 성장함으로써 지역경제와 나아가 더 큰 규모의 경제를 성장시키는 데 간접적으로 도움을 줄 수 있다. 여러분이 자신의 사업을 시작한다면 그 동기는 무엇일까?

보이지 않는 손
개인들이 자기 자신의 사적 이익을 추구하는 것이 모두에게 사회적 · 경제적 이익을 준다는 의미로, 시장의 가격에 의해 수요와 공급이 자율적으로 조절될 수 있다는 것을 설명하기 위해 애덤 스미스가 사용한 용어

의 상황을 개선하려고 노력하면 할수록 그 노력은 필요한 상품, 서비스 및 아이디어를 생산하여 경제성장과 번영을 돕는 '**보이지 않는 손**(invisible hand)'으로 작용을 하게 된다는 것이 그의 논리이다. 즉, 보이지 않는 손이란 자기 자신을 위한 이익이 모두를 위한 사회적 및 경제적 이익으로 변화하는 과정을 말한다.

어떻게 자신의 이득을 위해 제품과 서비스와 부를 생산하는 것이 다른 사람을 위한 것이 될 수 있을까? 특정 지역에서 농부가 부유해질 수 있는 유일한 길은 다른 사람에게 농작물을 파는 것이다. 더 부유해지기 위해서 농부는 더 많은 식량을 생산해야 하고 노동자를 더 고용해야 한다. 이런 노력의 결실로 그 지역 사람들은 더 많은 음식을 얻을 수 있고, 어떤 사람들은 농장에서 일자리를 얻을 수 있게 된다. 이와 같은 논리는 미국이나 다른 자유시장체제 국가에서의 경제 성장을 이해하는 데 중요하기 때문에 이 과정을 명확히 이해할 필요가 있다. 이런 현상은 농작물뿐 아니라 옷, 집, 아이폰과 같은 제품들에도 똑같이 적용된다.

애덤 스미스는 사람들이 부유해질수록 공동체에서 소외된 약자들을 돕고자 하는 성향을 가지게 된다고 이야기하였으나 항상 그런 것은 아니었다. 사실 오늘날 미국의 빈곤율은 꽤 높으며, 빈부격차도 매우 심한 편이다.[12] 이 '불평등'은 오늘날 많은 정치적, 종교적, 사회적 리더들에게 큰 걱정거리 중 하나이다.[13] 많은 기업가들은 사회적 문제에 점점 더 관심을 기울이며, 자신이 번 재산의 사회 환원에 대해 더 많이 고민하고 있다. 억만장자 빌 게이츠와 워렌 버핏이 시작한 자선 사업인 기빙 플레지(The Giving Pledge)는 세계에서 가장 부유한 개인과 가족들이 빈곤, 건강 문제 및 교육과 관련된 문제를 지원하기 위해 재산의 대부분을 기부하도록 권장한다.[14] 그러나 경제적 측면에서의 문제는 여전히 남아 있고 이에 대한 질문은 이것일 것이다. 미국 그리고 전 세계의 빈곤과 실업률을 줄이기 위해서는 무엇을 할 수 있으며 무엇을 해야 할까?

1장에서 언급한 것처럼 사업자들에게 윤리적인 것과 관대함은 매우 중요하다. 비윤리적인 행동은 경제시스템 전체를 위협할 수 있다. '윤리적 의사결정' 글상자에서는 부패가 어떤 영향을 가져오는지에 대해 다룬다.

시험 준비

- 거시경제학과 미시경제학의 차이점은 무엇인가?
- 낚시하는 것을 가르치는 것보다 경제에 더 도움이 되는 가르침은 무엇인가?
- 애덤 스미스가 이야기하는 '보이지 않는 손'이 의미하는 것은 무엇인가? 어떻게 '보이지 않는 손'이 국가의 부를 창출하는가?

학습목표 2-2 자본주의의 의미와 자유시장의 작동원리를 설명할 수 있다.

자유시장 자본주의에 대한 이해

애덤 스미스가 이야기한 자유시장 원리를 바탕으로 미국, 유럽, 일본, 캐나다 등 많은 국가의 기업가들이 이전보다 더욱 놀라운 경제적 부를 창출해내기 시작하였다. 이들은 농장과 공장에 사람들을 고용하였고, 그 국가는 경제적인 풍요를 누리게 되었으며, 경영

자들은 곧 사회에서 가장 부유한 자들이 되었다.

하지만 부의 불균형은 그대로 유지되거나 오히려 심화되었다. 많은 기업가들은 큰 집과 좋은 차를 소유하고 있는 반면, 대부분의 노동자들은 소박한 삶을 영위하였다. 그럼에도 불구하고, 노동자들에게는 항상 더 풍요로운 미래에 대한 약속이 있었다. 실제로 부를 얻는 방법 중의 하나는 성공적인 자기 사업을 시작하는 것이었다. 물론, 이 일이 쉽지는 않다. 예나 지금이나 사업을 시작하려면 돈을 모아야 하고, 그 기업이 성장하기 위해서 엄청나게 많은 일을 해야 한다. 그러나 기회는 항상 누구에게나 열려 있는 것 또한 사실이다.

세계 여러 국가의 부를 창출하게 한 경제시스템이 바로 **자본주의(capitalism)**이다. 자본주의 하에서는 토지, 공장, 철도, 상점 등 생산과 분배의 요소들이 개인에 의해 소유된다. 자본의 요소들은 이익을 위해 운용되고, 정부 관료들이 아닌 기업가들이 생산량, 제품가격, 임금 등을 결정한다. 기업가들은 또한 제품을 직접 만들지, 아니면 다른 국가에서 만들지를 결정한다. 그러나 순수한 자본주의 국가는 없다. 종종 정부는 최저임금, 농산물 가격, 부실기업 원조 등의 문제에 개입한다. 자본주의는 미국 경제시스템의 토대이고, 영국, 호주, 캐나다 등 여러 선진국들이 가지고 있는 경제시스템이다.

자본주의
생산과 분배에 관련된 결정이 이익을 추구하는 개인에 의해 이루어지는 경제시스템

자본주의는 모든 경제시스템이 가지고 있는 것과 같이 허점이 있다.[15] 예를 들어, 수입 불균형은 오늘날 많은 이들이 거론하는 주요 문제 중 하나이다.[16] 하지만 홀푸즈(Whole Foods)의 CEO 존 맥케이(John Mackey)는 '의식적 자본주의', 즉 모든 주요 이해관계자들을 생각하는 자본주의가 세계에서 제일 훌륭한 시스템이라고 믿는다. 세일즈포스(Salesforce)의 CEO인 마크 베니오프(Marc Benioff)는 동정적 자본주의라는 용어에 동의하며 사용한다. 그는 기업뿐만 아니라 고객에서 환경 운동가에 이르기까지 이해관계자가 자본주의의 혜택을 공유해야 한다고 믿는다.[17]

몇 개의 국가는 자본주의의 장점을 알아차리고 국가 자본주의 시스템을 제정하였다. **국가 자본주의(State capitalism)**란 자유시장과 정부규제의 조합을 말한다. 예를 들어, 중국 같은 경우 공산주의 체제에 의해 통제되고 있음에도 국가 자본주의–더 많은 자유시장과 정부규제의 완화–를 통해 지난 몇 년간 급속한 성장을 이루어냈다.[18] 우리는 공산주의 체제를 공부할 때 중국 시스템에 대해 더 자세히 알아보기로 한다.

국가 자본주의
자유시장과 정부규제의 조합

자본주의의 기초

자유시장 자본주의 체제에서 사람들은 아래의 4가지 기본적인 권리를 갖는다.

1. 사유재산에 대한 권리 – 자본주의에서 가장 기본이 되는 권리이다. 개인에게 땅이나 빌딩, 기계, 발명품 등의 재산을 매매하고 사용할 수 있는 권리가 있다는 것을 의미한다. 자녀와 후손에 대한 상속도 가능하다. 만약 농부가 땅을 소유할 수 없고, 자신이 번 돈을 소유할 수 없다면 그들이 그렇게 열심히 일하겠는가?
2. 사업체의 소유와 이익에 대한 권리 – 이익이라는 것은 수익에서 비용(임금, 재료비, 세금)을 뺀 것을 말한다(1장 참조). 이익은 기업 소유주에게 매우 중요한 인센티브가 된다.
3. 경쟁의 자유에 대한 권리 – 정부가 만든 일정한 가이드라인 안에서 개인은 새로운

제품이나 서비스를 촉진하고 판매함으로써 다른 개인이나 기업체와 경쟁할 수 있는 자유를 가지고 있다.

4. 선택의 자유에 대한 권리 – 사람들은 자신이 원하는 일을 할 수 있고, 자신의 진로를 택할 자유가 있다. 선택의 자유에는 거주 선택의 자유, 구매와 판매의 자유도 포함된다.

이런 자유와 권리가 주는 장점 중 하나는 사람들로 하여금 이전보다 더 큰 위험을 감수하고 끊임없이 도전하게 만든다는 것이다. 루즈벨트(Franklin D. Roosevelt) 대통령은 이 밖에도 4가지 추가적인 자유가 필수적이라고 믿었다. 그것은 표현의 자유, 종교의 자유, 욕구의 자유, 공포로부터의 자유이다. 이런 자유와 권리가 경제적으로 어떤 이득을 주는지 살펴보는 것은 중요하다. 이제 실제로 어떻게 자유시장이 작동하는지 살펴보도록 하자. 자유시장에서 고객의 역할은 무엇인가? 비즈니스를 할 경우 고객의 필요와 요구를 어떻게 파악할 수 있는가? 이러한 질문들을 포함한 다양한 질문들에 대한 답이 이후에 이루어질 것이다.

자유시장은 어떻게 작동하는가?

자유시장(free-market)은 무엇을 생산하고 얼마만큼 생산할지가 시장에서 결정되는 경제체제라고 할 수 있다. 다시 말해서, 소비자와 생산자가 제품과 서비스의 가격을 협상한다는 것이다. 소비자들은 생산자들에게 무엇을 얼마나 어떤 색상으로 생산해야 할지 등에 대한 신호를 보낸다. 이 신호는 소비자가 특정 제품이나 서비스를 소비하는 것을 통해서 이루어진다.

만약에 모든 소비자가 특정 야구팀의 로고가 있는 T셔츠를 선호한다고 하면, 생산자와 판매자들은 그 T셔츠의 가격을 인상할 것이다. 소비자들이 이전보다 더 높은 가격을

수년간의 계획과 저축 끝에 제시카 더글러스(왼쪽)는 재배 공간이 넉넉한 건물을 구입해 '꽃과 잡초(Flowers and Weeds)'라는 사업을 시작했다. 사유재산을 소유하고 사업을 영위할 수 있는 권리와 그 이익을 유지하는 것은 자유시장 자본주의라고 불리는 경제체제에 존재하는 두 가지 기본권이다. 이러한 권리 중 하나가 다른 권리 없이 실행 가능할까?

지불할 것을 알기 때문이다. 또한 의류산업 종사자들은 T셔츠를 더 많이 만들면 돈을 벌게 될 것이라는 것을 알게 된다. 따라서 이들은 셔츠를 더 많이 만들어내기 위해 공장 직원들에게 연장근로에 대한 인센티브를 주면서까지 생산을 늘린다. 나아가, T셔츠를 만드는 회사의 수가 증가하게 될 것이다. 얼마나 T셔츠를 만들 것인가는 우리가 얼마나 많이 그 제품을 매장이나 온라인에서 구입하거나 요청하느냐에 달려 있다. 가격과 생산량은 우리가 구매하는 T셔츠의 양이 변함에 따라 지속적으로 변할 것이다.

이런 현상은 거의 모든 제품에서 비슷한 양상으로 나타난다. 이때 가격이라는 것이 생산자들에게 얼마나 많은 제품을 생산해야 할지를 말해준다. 만약에 누군가가 특정 제품이나 서비스를 원하는데 그것을 얻기 어렵다면 가격은 누군가가 그 제품을 생산하거나, 중고품을 팔거나, 대용품을 만들 때까지 계속 올라갈 것이다. 그렇기 때문에 미국에서는 장기간 물건이 부족한 상황은 거의 발생하지 않는다.

가격은 어떻게 결정되는가?

자유시장경제에서 가격은 판매자가 결정하지 않는다. 가격은 시장에서 판매자와 소비자의 협상에 의해 결정된다. 판매자는 50달러에 T셔츠를 팔고자 하지만, 그 가격에 옷을 사려는 사람은 매우 적을 것이다. 만약에 판매자가 낮은 가격을 제시하면, 수요는 증가할 것이다. 파는 자와 사는 자 모두를 만족시키는 가격이 어떻게 결정될까? 답은 미시경제학에서 이야기하는 수요와 공급의 법칙에 있다. 두 개념에 대해서는 다음 절에서 살펴볼 것이다.

공급의 경제적 개념

공급(supply)은 생산자가 특정 시점에 특정 가격에 팔려고 하는 제품의 양을 말한다. 일반적으로 제공하려는 양은 가격이 오를수록 증가할 것이다. 높은 가격으로 돈을 더 벌

공급
생산자가 특정 시점에 특정 가격에 팔려고 하는 제품의 양

수요의 경제적 개념은 주어진 가격에 사람들이 기꺼이 구매하려는 재화와 서비스의 양을 측정한 것이다. 다른 모든 것이 같다면, 가격이 낮을수록 수요는 더 높아질 것이다. 여러분은 저가격/소량 딜이 아니었다면 블랙프라이데이에 이렇게 많은 고객이 몰려들었을 것이라고 생각하는가?

수 있기 때문이다.

경제학자들은 가격과 공급량 사이의 관계를 그래프로 나타내었다. 그림 2.1은 T셔츠에 대한 간단한 공급곡선이다. 셔츠에 대한 가격은 그래프의 세로축을 통해 알 수 있고, 가격에 따른 셔츠의 공급량은 가로축을 통해 알 수 있다. 제시된 곡선의 개별 점들은 서로 다른 가격에 얼마의 양을 공급할지를 보여준다. 예를 들어서, 셔츠의 가격이 5달러일 때 셔츠 공급자는 5벌의 셔츠만을 공급할 것이다. 그러나 50달러의 가격에서는 50벌의 셔츠를 공급하려고 할 것이다. 공급곡선은 가격과 공급량 사이의 관계를 보여준다. 모든 조건이 똑같으면, 가격이 높을수록 판매자는 더 많이 공급할 것이다.

수요의 경제적 개념

수요
소비자가 특정 시점에 특정 가격에 사려고 하는 제품의 양

수요(demand)는 소비자가 특정 시점에 특정 가격에 사려고 하는 제품의 양을 말한다. 일반적으로 수요량이라는 것은 가격이 내릴수록 증가한다. 공급곡선과 마찬가지로, 가격과 수요량을 그래프로 나타낼 수 있다. 그림 2.2는 T셔츠에 대한 간단한 수요곡선을 나타낸 것이다. 그래프의 각 점들은 특정 가격에 발생하는 수요량을 나타낸다. 예를 들어서, 45달러의 가격에서 수요량은 5벌뿐이지만, 5달러의 가격에서는 수요량이 35벌로 증가한다. 모든 조건이 똑같으면, 가격이 낮을수록 수요량은 증가할 것이다.

균형점 혹은 시장가격

시장가격
공급과 수요에 의해 결정되는 가격

그림 2.1과 2.2를 통해 수요량과 공급량을 정하는 기준이 되는 것이 가격이라는 것을 알게 되었다. 두 그래프를 한 면에 표시할 경우, 공급곡선과 수요곡선은 한 점에서 만나게 되는데, 바로 그 점에서 수요량과 공급량은 같아진다. 그림 2.3은 그 균형점을 보여준다. 가격이 15달러일 때, T셔츠의 수요량과 공급량은 25벌로 일치한다. 이 균형점

그림 2.1 공급곡선
공급곡선은 우상향 곡선이다. 티셔츠의 가격이 오를수록 판매자들은 공급을 늘릴 것이다.

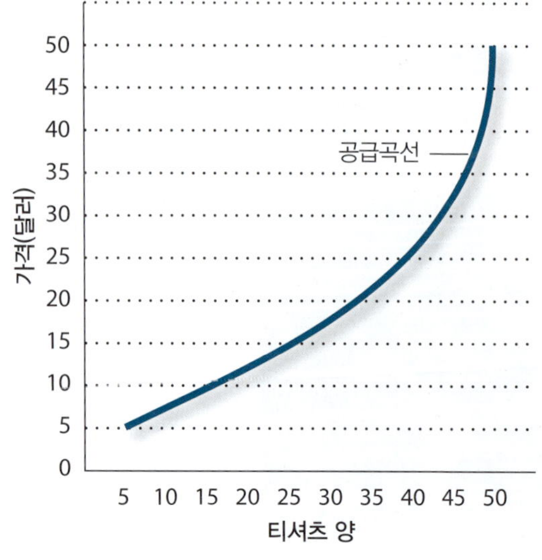

그림 2.2 수요곡선
아래 그림은 다양한 가격에 따라 티셔츠의 수요가 어떻게 되는지 보여주고 있다. 수요곡선은 우하향 곡선이다. 가격이 낮을수록 수요량은 증가할 것이다.

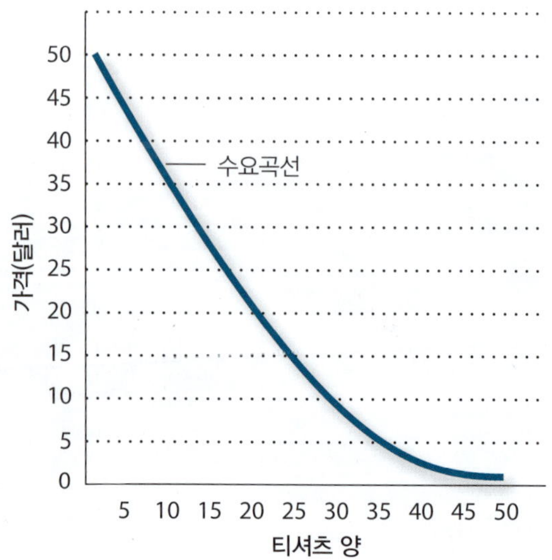

(equilibrium point)을 균형가격(equilibrium price)이라고 할 수 있고, 장기적으로 볼 때 이 가격이 시장가격이 될 것이다. 즉, **시장가격**(market price)은 수요와 공급에 의해 결정된다고 할 수 있다. 바꾸어 말하면, 시장이 움직이는 방향은 가격에 의해 결정된다고 할 수 있다.

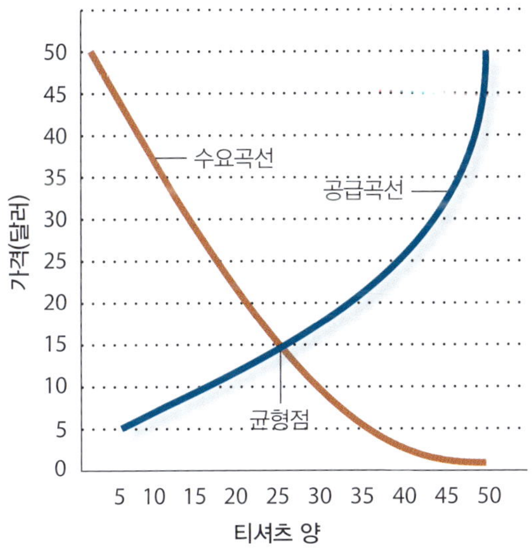

그림 2.3 **균형점**
수요량과 공급량이 만나는 지점을 균형점이라고 한다. 수요곡선과 공급곡선을 한 좌표에 놓게 되면 두 곡선이 만나는 지점이 생긴다. 장기적으로 시장가격은 이 균형점이 된다.

시장경제를 지지하는 사람들은 수요와 공급이 가격을 결정하기 때문에 정부의 개입은 불필요하다고 이야기한다. 예를 들어, 공급량이 수요량을 초과한 경우, 판매자들은 가격을 낮추고자 하는 신호를 받게 된다. 공급량이 수요량을 따라가지 못하는 공급 부족 상황이 되면, 판매자는 가격을 올리고자 하는 신호를 받게 된다. 결국에는 정부가 시장에 어떠한 개입도 하지 않는다면 공급은 다시 균형을 찾게 될 것이다.

'윤리적 의사결정' 글상자에서는 가격 책정이 통제할 수 없는 경우와 이에 대해 어떻게 해야 하는지에 대한 흥미로운 질문을 제기한다. 자유시장이 없는 국가에서는 기업이 가격을 통해 무엇을 얼마만큼 생산할지에 대한 메커니즘이 없기 때문에 늘 부족과 과잉 공급이 일어나게 된다. 이런 국가에서는 정부가 무엇을 얼마만큼 생산할지를 결정하게 되는데, 가격정보 없이 정부가 적정 생산량을 산출하는 것은 불가능하다. 자유시장경제일 경우에도 정부가 보조금 제도 등으로 시장에 개입을 하게 되면 결국 시장에 과잉공급이나 부족 현상이 발생하게 된다. 자유시장에서의 경쟁은 다르다. 경쟁 개념에 대해서는 다음 절에서 살펴볼 것이다.

자유시장에서의 경쟁

경제학자들은 대부분 자유시장에서 경쟁의 양상을 (1) 완전경쟁, (2) 독점적 경쟁, (3) 과점, (4) 독점 등 4가지로 분류하고 있다.

완전경쟁(perfect competition)은 시장에 충분히 많은 판매자들이 존재하고, 제품의 가격을 조절할 만큼 충분히 큰 판매자가 없을 때 존재한다. 완전경쟁 상황에서 판매자는 거의 동일한 제품을 생산한다. 예를 들어, 사과, 옥수수, 감자 등 농산품 시장은 일반적으로 완전경쟁시장으로 본다. 그러나 현실에서 진정한 완전경쟁의 예는 존재하지 않는다는 것을 알아야 한다. 오늘날 정부의 보조금 지급이나 농장 수의 급격한 감소는 농업조차 완전경쟁의 예로 볼 수 없다는 것을 보여준다.

완전경쟁
시장에 충분히 많은 판매자들이 존재하고, 제품의 가격을 조절할 만큼 충분히 큰 판매자가 없는 시장 상황

독점적 경쟁(monopolistic competition)은 많은 판매자들이 매우 비슷한 제품을 생산하지만, 소비자에 의해 그 차이가 판단되는 시장이다. 핫도그, 청량음료, 컴퓨터, T셔츠 등이 좋은 예이다. 이런 시장에서 제품 차별화는 성공의 가장 중요한 요소이다. 즉, 유사한 제품이 판매되는 독점적 경쟁 시장에서 판매자는 광고, 브랜드, 포장 등의 방법을 통해서 자사의 제품이 다른 경쟁자들의 제품과 다르다는 것을 소비자에게 확신시키려 노력한다. 햄버거 가게 같은 곳에서 벌어지는 가격 전쟁은 패스트푸드 산업이 독점적 경쟁의 예라는 것을 보여준다.

독점적 경쟁
많은 판매자들이 매우 비슷한 제품을 생산하지만, 소비자들이 다르게 인식하는 경쟁 형태

과점
몇몇 판매상들이 시장을 장악하고 있는 경쟁 형태

과점(oligopoly)은 몇몇 판매상들이 시장을 장악하고 있는 경우를 말한다. 과점시장의 예로는 담배, 가솔린, 자동차, 알루미늄, 항공기 산업 등이 있다. 이런 시장에 몇몇 판매자들만이 경쟁하는 이유는 초기 투자에 막대한 비용이 들어가기 때문이다. 항공기 제조공장 건설에 얼마나 많은 자금이 필요한지 생각해보라. 과점에서 제품 가격은 서로 매우 유사하다. 그 이유는 단순한데, 가격경쟁은 서로의 수익을 감소시키기 때문이다. 한 기업이 가격을 낮추면 다른 기업도 가격을 낮출 수밖에 없다. 따라서 과점시장에서는 가격차별화보다는 제품차별화가 일반적으로 중요한 성공요소이다. 예를 들어, 대부분의 시리얼 가격은 음료수의 경우와 같이 서로 비슷하다. 따라서 광고는 가장 중요한 요소이다. 광고를 통해 소비자에게 무엇인가 다른 느낌을 전달할 수 있기 때문이다.

독점
하나의 판매자가 제품 또는 서비스 전체의 공급량이나 가격을 조절하는 경쟁 형태

독점(monopoly)은 하나의 판매자가 제품 또는 서비스 전체의 공급량이나 가격을 조절하는 경우를 말한다. 미국에서는 법적으로 독점이 금지되어 있다. 미국의 법은 공공재적 성격이 강한 천연가스나 물, 전기 등에 대해서만 독점을 허용한다. 독점이 허용되지만 소비자 이익의 보호를 위해 이런 기업의 가격 정책은 일반적으로 공공기관의 감독을 받는다. 최근에는 공공성이 강한 분야도 점차 독점보다는 경쟁을 유도하는 방향으로 바뀌고 있다. 이런 지역의 소비자들은 공급자를 선택하게 되고, 관련 기업 사이의 경쟁을 유도하여 가격 하락이라는 이익을 얻는다. 예를 들어, 미국의 공공기관인 플로리다 공공서비스위원회(Florida Public Service Commission)는 플로리다 지역에 전기를 비롯한 공공서비스(utility service)를 독점적으로 공급하는 플로리다 전력사(Florida Power and Light)를 감독하고 있다. 독점에 관한 법이 개정되면서 다양한 기업이 시장에 진입할 수 있게 되었고, 소비자들은 여러 공공 공급자들 중에서 원하는 기업을 선택할 수 있는 권리를 갖게 되었다. 이러한 규제완화 정책의 목적은 공공기업들 사이의 경쟁을 증가시켜 소비자들에게 저렴한 가격에 좋은 서비스를 제공하기 위해서이다.

자유시장이 가진 장점과 한계

자유시장이 가지고 있는 장점은 참여 기업끼리의 경쟁을 허용한다는 것이다. 기업은 고객들에게 높은 품질의 제품을 저렴한 가격에 좋은 서비스와 함께 제공해야만 한다. 그렇지 않으면 더 좋은 제품, 더 저렴한 가격, 더 좋은 서비스를 제공하는 기업에 사업 기회를 잃게 될 것이다. 정부의 서비스도 이와 유사한 유인책을 가지고 있을까?

이런 경쟁과 보상에 기초한 자유시장은 현재의 선진국들이 경험하는 것처럼 부를 창출하기 위한 매우 중요한 요소이다. 어떤 사람들은 자유시장체제가 경제적 기적이라고 말하기도 한다. 자유시장체제는 다른 어떤 경제체제보다 가난한 사람들이 빈곤을 탈출하기 위해 일할 기회를 더 많이 제공해준다. 자본주의 또한 비즈니스가 더 효율적으로 운영될 것을 요구하며, 가격과 품질에서의 경쟁력을 갖출 것을 요구한다. 당신은 미국이 자본주의에 대해 더 강조하고 있다고 느끼는가? 아니면 반대로 약화시키고 있다고 생각하는가? 이유는?

자유시장체제는 미국에 부를 가져다주고 세계 안정에 도움을 주었음에도 불구하고 불평등을 심화시킨다는 문제를 안고 있다. 기업가나 경영자는 노동자에 비해서 더 많은 부를 축적하고 있다.[19] 반면 노인, 장애인, 환자들은 사업을 시작하거나 운영하는 데 어

윤리적 의사결정

소비자에게 나쁜 약?

당신의 회사는 대형 제약회사로 다른 제약회사를 인수하면서 레리보폼(Relivoform)이라는 약을 취득했다. 인수한 회사는 시장의 선도적인 약품 공급업체였으며, 레리보폼은 단연 가장 수익성이 높은 제품이었다. 이 약은 간암 치료에 중요한 화학 요법 약물로 치료당 비용이 300달러이며, 많은 환자가 암의 확산을 통제하기 위해 이에 의존하고 있다.

현재 당신의 회사는 연구 및 테스트에 수백만 달러의 비용을 들여 개발 중인 다수의 신약을 보유하고 있고, FDA가 신약을 승인하고 시장에 출시할 수 있기까지는 몇 년이 걸릴 수 있다. 재정위원회는 신약 개발 비용을 완화하기 위해 레리보폼의 가격을 치료당 3,000달러로 인상할 것을 권고했다. 당신의 회사가 현재 약품의 유통을 통제하고 있기 때문에 (일반 약품일지라도) 경쟁업체가 시장에 즉각적인 영향을 미칠 수 없을 가능성이 높아 보인다. 레리보폼의 가격이 10배나 오를 수 있다는 소문이 돌자 대중들을 환자의 필요보다 이익을 우선시한다고 비난하며 분노했다. 당신은 위원회의 권고에 따라 가격을 인상하겠는가? 다른 대안은 무엇인가? 각각의 선택에 대한 결과는 무엇인가?

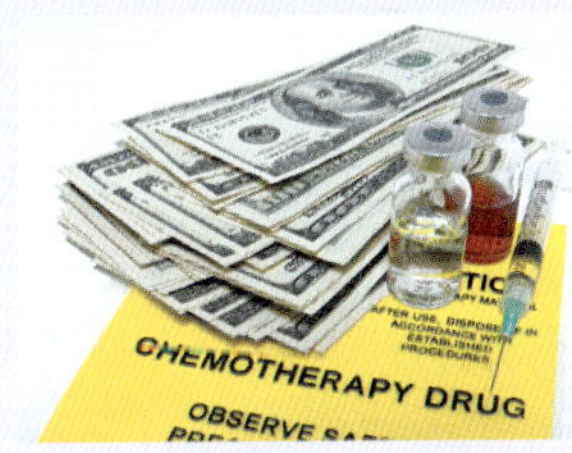

려움이 있고, 어떤 사람은 그러한 재능이나 목표를 갖지 못한 경우도 있다. 이런 불평등을 해소하기 위해 사회는 어떻게 해야 할까?

안타깝게도, 자유시장의 가장 큰 위험은 기업가가 탐욕적이 되는 것이다. 은행, 정유회사, 회계법인, 통신사, 보험회사 및 제약회사 등에서 저질러진 형사범죄들은 이러한 위험이 광범위하다는 것을 보여준다. 어떤 기업가들은 자신의 제품에 대해서 거짓을 말하거나, 주주들에게 주식의 가치에 대해 거짓을 말한다. 이런 모든 것들은 단지 경영자 자신의 욕심만을 위한 행동들이다.

기업의 주주들이 보호를 받고, 일할 수 없는 사람들이 기본적인 보호를 받기 위해서는 정부의 법과 규제가 필요하다. 자본주의의 단점을 극복하기 위해서 몇몇 국가는 사회주의라는 경제시스템을 받아들이기도 하였다. 사회주의 역시 장단점이 있는데, 시험 준비 문제를 푼 후에 그 장단점에 대해 살펴볼 것이다.

시험 준비

- 자유시장 자본주의에서 사람들이 지녀야 할 네 가지 기본 권리는 무엇인가?
- 사업가들은 무엇을 얼마나 생산할지 어떻게 결정하는가?
- 가격은 어떻게 결정되는가?
- 네 가지 경쟁의 형태와 각각의 예는 무엇인가?

학습목표 2-3 사회주의와 공산주의의 차이를 비교할 수 있다.

사회주의에 대한 이해

사회주의(socialism)는 정부가 모든 기업은 아니더라도 철강, 광산, 전력 등 주요 산업에 속하는 기업을 소유하여 이익이 모든 사람에게 똑같이 분배되는 경제시스템을 기본 전제로 한다. 기업가들은 종종 작은 기업을 소유하거나 경영한다. 하지만 개인은 엄청난

사회주의
정부가 기업을 소유하여 이익이 모든 사람에게 똑같이 분배되는 경제시스템을 기본 전제로 함

사회주의는 몇몇 국가에서 크게 성공하였는데, 이 사진은 덴마크의 현대적이고 깨끗한 공공 교통 시스템을 보여주고 있다. 그리스에서는 과잉 지출이 부채 위기를 초래하여 정부가 긴축 정책을 시행하여야만 했고, 많은 그리스인들은 이에 반대하였다. 사회주의 국가들의 성장 둔화를 가져올 수 있는 다른 요인은 무엇인가?

세금을 사회보장프로그램을 위해 지불해야 한다. 최근 미국의 소득세 상한선은 39.6퍼센트이다. 그러나 사회주의 국가에서는 상한선이 75퍼센트 가까이 된다.[20] 미국에 사는 사람들은 대략 0~10퍼센트 사이의 거래세를 내지만, 사회주의 국가는 15~20퍼센트 이상의 부가가치세를 부과한다.[21] 사회주의 지지자들도 자본주의의 가장 중요한 이점을 부의 창출이라고 이야기하지만, 부의 분배가 자본주의보다 더 공평하게 이루어져야 한다고 주장한다. 그들은 정부가 이와 같은 분배를 수행해야 하고 환경 보호 및 빈곤층 구제 등에 훨씬 더 적극적으로 개입해야 한다고 믿는다. 여러분은 이와 같은 증거가 오늘날 미국에서도 발견되고 있다고 생각하는가?

사회주의의 장점

사회주의가 가진 가장 중요한 장점은 사회적 평등이다. 이상적인 상황일 경우 정부는 부유한 사람들로부터 세금을 걷어 이를 다양한 정부 프로그램을 통해 가난한 사람들에게 재분배함으로써 사회적 평등을 달성한다. 무상 교육(대학 수준까지도), 무상 의료보험, 무상 육아 프로그램 등은 사회주의 정부가 세금을 사용해서 주는 혜택이라고 할 수 있다. 사회주의 국가의 노동자들은 자본주의 국가의 노동자들보다 더 많은 휴가 일수를 갖는다. 그들은 또한 주당 노동시간이 더 적고, 관대한 병가 허용 등 더 많은 직원 복지를 누린다.

사회주의의 단점

두뇌유출
뛰어난 인재를 다른 국가에 빼앗기는 현상

사회주의는 자본주의보다 더 많은 평등을 보장해준다. 하지만 이것은 기업가들의 사업 의욕을 저하시키게 된다. 예를 들어, 사회주의자인 프랑수아 올랑드(Francois Hollande)가 프랑스 대통령이 되었을 때 최고 세율은 75%에 달했고, 많은 시민들이 70% 이상을 납부했다. 이것은 많은 혁신가, 창조적인 사상가, 의사, 변호사, 사업주, 그리고 많은 돈을 번 사람들이 프랑스를 떠나게 만들었다. 이와 같이 훌륭하고 재능 있는 사람들이 빠져나가는 현상을 **두뇌유출**(brain drain)이라고 한다.

사회주의를 이해하기 위해 하나의 실험을 예로 들어보자. 첫 시험이 끝난 후에 90점 이상을 맞은 사람들은 자신의 점수를 70점 이하의 사람들에게 나누어주어서 평균 80점대를 만들려고 한다. 첫 시험에서 90점을 넘은 학생들은 이런 결과에 대해 어떤 태도를 보일까? 그들은 나눠줄 점수를 위해서 더 열심히 공부할까? 그렇다면 70점을 맞은 학생은 어떨까? 만약 열심히 일하는 것과 상관없이 똑같은 보상이 주어진다면 열심히 일할까? 우리는 그렇지 않다는 것을 안다.

사회주의는 종종 적은 수의 발명과 낮은 수준의 혁신을 이루는데, 이것은 새로운 아이디어를 가진 사람이 자본주의 시스템에서처럼 보상을 받지 못하기 때문이다. 공산주의는 사회주의보다 집약된 형태라고 볼 수 있다. 공산주의에 대해 자세히 살펴보도록 하자.

공산주의의 이해

공산주의(communism)는 경제적이면서 정치적인 제도이다. 공산주의에서는 정부가 거의 모든 경제적인 의사결정을 하고, 거의 모든 생산 요소를 소유한다. 공산주의는 사회주의보다 사람들을 더욱 강제하는 특징을 가지고 있다. 예를 들어, 몇몇 공산주의 국가들은 국민들이 특정 종교를 갖거나 직장을 옮기거나 이사하는 것조차 제약을 한다.

1990년대부터 시작해서 러시아는 공산주의에서 실행 가능한 시장경제로 주요한 변화를 이루었다. 하지만 여전히 비즈니스를 지원하기 위한 법률이 미흡하고, 많은 상품들이 암시장에서 거래되고 있다. 이 '그림자 경제'의 규모는 러시아 GDP의 20%를 차지한다. 왜 암시장은 경제성장에 해가 되는가?

공산주의
정부가 거의 모든 경제적인 의사결정과 주요 생산요소를 소유하고 있는 경제적·정치적 시스템

공산주의의 문제점 중 하나는 정부가 무엇을 생산할지 알 수 있는 수단이 없다는 점인데, 이는 가격이 자유시장경제에서처럼 수요와 공급을 반영하고 있지 않기 때문이다. 이 경우 정부는 추측에만 의존하게 된다. 따라서 식료품, 의료를 포함한 많은 종류의 물자 부족 현상이 발생한다. 또 다른 문제는 정부가 거의 모든 수익을 가져가기 때문에 기업가들의 의욕을 높일 수 없다는 점이다. 이러한 이유 때문에 경제체제로서의 공산주의는 점차 사라지고 있는 추세이다.

북한과 쿠바와 같은 공산주의 국가들은 현재 심각한 경제침체를 겪고 있다. 북한에 사는 사람들은 식량 부족이 흔한 현상으로 지속적인 경제적 어려움을 겪고 있다.[22] 쿠바에서는 다른 국가에서 쉽게 구할 수 있는 물품조차 구하기 힘들고, 늘 정부를 두려워하고 있다.[23]

그러므로 경제적 형태의 공산주의는 서서히 사라지고 있으며, 오늘날 중국, 북한, 베트남, 라오스, 쿠바만이 공산주의를 유지하고 있다.

학습목표 2-4 경제체제의 혼합화 경향을 분석할 수 있다.

혼합경제(Mixed Economy)로 가는 추세

세계의 여러 국가들은 자본주의를 따르는 국가와 사회주의나 공산주의를 따르는 국가로 나누어져 왔다. 이 두 가지 경제체제를 비교해보면 다음과 같다.

자유시장경제
시장이 무슨 제품이나 서비스를 생산할지, 누가 얼마나 생산할지, 어떻게 경제가 성장할지를 결정하는 경제시스템

계획경제
정부가 주로 무슨 제품이나 서비스를 생산할지, 누가 얼마나 생산할지, 어떻게 경제를 성장시킬지를 결정하는 경제시스템

1. **자유시장경제**(free-market economies)는 시장이 무슨 제품이나 서비스를 생산할지, 누가 얼마만큼 생산할지, 어떻게 경제가 성장할지를 결정하는 경우이다. 자본주의는 이런 경제시스템을 기술하기 위한 용어이다.
2. **계획경제**(command economies)는 정부가 주로 무슨 제품이나 서비스를 생산할지, 누가 얼마만큼 생산할지, 어떻게 경제를 성장시킬지를 결정하는 경우이다. 사회주의와 공산주의는 이런 경제시스템을 나타내기 위한 용어이다.

비록 세계의 모든 국가들이 어떤 형태로든 두 가지 경제체제를 조합한 경제구조를 가지고 있지만, 자유시장경제도 계획경제도 최적의 경제시스템은 아니다. 자유시장경제는 가난한 사람, 나이 든 사람, 장애인들의 필요에 충분히 대응하지 못하고 있다. 또한 사람들은 자유시장에서의 기업이 환경을 보호할 것이라고 믿지 못한다. 따라서 미국과 같은 자유시장의 유권자들은 복지, 실업수당 지급과 같은 사회보장 프로그램이나 공기와 물의 청결과 관련된 환경보호법을 잘 해결할 사람에게 표를 주고 있다. 최근 새로 제정되거나 고려되고 있는 보다 강화된 사회보장 정책에는 무엇이 있는가?

사회주의와 공산주의는 경제를 발전시키지 못하고 일자리나 부를 충분히 창출해내지 못하고 있다. 그 결과 공산주의 정부는 점차 사라지고 있고, 일부 사회주의 정부는 사회보장 프로그램을 줄이고 기업이나 노동자들의 세금을 줄여주고 있다. 이런 정책들은 기업이 더욱 성장하고 더 많은 이익을 낼 수 있도록 돕는다.

최근에는 미국과 같은 자본주의 국가가 사회주의 쪽으로 가고 사회주의 국가가 자본주의 국가로 가는 경향을 보이고 있다. 사회주의 정책의 예에는 정부 주도 은행 합병, 의료보장에서의 정부 개입 증가 등이 있고, 자본주의 정책의 예에는 사유기업의 증가 및 감세 등이 있다. 이렇듯 모든 국가는 두 가지 경제체제의 요소들을 일정 부분 동시에 가지고 있다. 따라서 세계의 경제체제는 장기적으로 자본주의와 사회주의의 혼합 형태가 될 전망이다. 이러한 경향은 인터넷의 발달로 더욱 쉬워진 세계시장의 개방 때문에 가속화될 것이다. 즉, 전 세계적으로 혼합경제체제가 도래할 것이라 예상된다. 이와 관련해서는 '우리의 경계를 넘어' 글상자를 참고하길 바란다.

혼합경제
자원의 배분이 시장에 의해 일어나지만 일정 부분 정부의 개입이 일어나는 경제시스템

혼합경제(mixed economies)라는 것은 자원의 배분이 시장에 의해 일어나지만, 일정 부분 정부의 개입이 이루어지는 경우이다. 대부분의 국가들이 혼합경제라는 용어를 사용하지는 않는다. 만약에 자원의 배분이 주로 시장에 의해 결정된다고 하면 이런 국가들은 여전히 자본주의 국가라고 부른다. 만약에 자원의 주요 배분 방법이 정부에 의한 것이라고 하면 그 국가는 사회주의 국가라고 부른다. 그림 2.4는 이런 다양한 경제시스템들을 비교하고 있다.

다른 여러 국가들처럼, 미국도 혼합경제의 형태를 띠고 있다. 미국 정부는 미국의 가장 큰 고용주이다. 다시 말해, 공공분야(정부)의 근로자들은 미국 내 다른 주요 기업(예: 월마트(Walmart), 제너럴 일렉트릭(General Electric))의 근로자보다 많다.[24] 여러분은 향후 정부의 역할이 더 확대될 것이라고 생각하는가, 아니면 축소될 것이라고 생각하는가?

시험 준비

- 사회주의가 등장하게 된 배경은 무엇인가?
- 사회주의의 장점과 단점은 무엇인가?
- 현재 어느 국가가 아직도 공산주의를 채택하고 있는가?
- 혼합경제의 특징은 무엇인가?

학습목표 2-5 국내총생산(GDP), 생산성, 경기순환 등의 주요 경제지표에 대해 설명할 수 있다.

미국 경제시스템의 이해

이 절에서는 미국 정부와 비즈니스 리더들이 직면한 경제 이슈를 이해하기 위해 필요한 용어나 개념에 대해 설명하고자 한다.

주요 경제지표

세 가지 중요한 경제지표는 (1) 국내총생산(GDP), (2) 실업률, (3) 물가지수이다. 추가적으로 중요한 지표는 생산성의 증감이다. 만약 경제 관련 책이나 신문을 읽는다면 이상과 같은 지표들이 실제로 자주 사용되고 있다는 것을 알게 될 것이다. 이 지표들에 대해 더 자세히 설명하기로 한다.

국내총생산 1장에서 간략하게 논의한 **국내총생산(GDP: Gross Domestic Product)**은 일 년간 한 국가에서 생산된 제품과 서비스의 최종 가치의 합이다. 생산 주체가 국내기업이든 외국기업이든 생산 지역이 같은 국가의 범위 안에 있으면 해당 국가의 국내총생산에 포함된다. 예를 들어, 오하이오에 있는 혼다 자동차 공장의 생산가치는 미국의 국내총생산에 포함된다. 마찬가지로, 포드가 미국 기업이라고 할지라도 멕시코에서 포드가 생산한 자동차는 멕시코의 국내총생산에 포함된다. 국가들이 이 데이터에 의존하지만, 데이터의 정확도에 대한 것은 (적어도 단기적으로는) 의심스럽다.

국내총생산(GDP)
일 년간 한 국가에서 생산된 제품과 서비스의 최종 가치의 합

주목할 것은, 한 국가의 경제에 대한 대부분의 논의는 국내총생산(GDP)에 기초해서 이루어진다는 것이다. 만약 GDP 성장세가 둔화되거나 감소하면 기업은 여러 부정적 효과를 느낄 수 있다. GDP의 성장과 가장 관련이 높은 것은 해당 국가의 노동생산성, 즉 주어진 투입량 대비 생산량이다. GDP는 또한 미국 주요 기업의 운명에 의해서도 영향을 받을 수 있다. 예를 들어, 보잉(Boeing)이 737 MAX 여객기의 생산을 중단해야 했을 때, 부품을 납품하는 수많은 공급사들도 심각한 경제적 타격을 받았다. 사우스웨스트(Southwest)와 같은 항공사들도 항공기 운행이 중단되며 매출 손실을 입었다. 이러한 손실은 GDP에 부정적인 영향을 미친다.[25]

하지만 미국의 경제활동 수준은 실제로 국내총생산지표가 보여주는 것보다는 훨씬 크다고 할 수 있는데, 이것은 이 지표가 불법 마약 판매, 비공식 거래, 불법 도박과 같은

그림 2.4 **주요 경제시스템 비교**

	자유시장 미국	사회주의 스웨덴	공산주의 북한	혼합경제 독일
사회 · 경제적 목표	• 토지나 기업의 개인 소유 자유와 행복 추구 • 자유 거래 • 경제성장을 위해 자유와 경제적 동기의 강조	• 주요 기업의 공공 소유 • 몇몇 작은 규모의 기업은 개인 소유 • 정부가 교육, 건강관리, 공공서비스, 광업, 교통, 미디어 등을 통제 • 매우 높은 세금 • 평등 강조	• 모든 기업의 공공 소유 • 정부가 교육과 건강관리를 직접 운영 • 기업 소유, 이직, 주택 거래, 정부에 대한 비판 등에 대한 자유 제한 • 평등 강조	• 정부의 규제 아래 토지나 기업의 개인 소유 • 쇼핑몰과 같은 몇몇 기관에 대한 정부의 감독 • 국가방위와 복지를 위한 높은 세금 • 자유와 평등의 조화를 강조
일하는 동기	• 기업의 소유주가 일을 효율적이고 열심히 하는 것에 대한 높은 인센티브 • 노동자들은 생산성에 따른 보상	• 자본가는 소유 기업을 통한 인센티브 • 정부가 공공기관의 임금과 인센티브를 조절	좋은 품질과 서비스를 생산하기 위해 열심히 일해도 상당히 적은 인센티브	• 인센티브는 자유시장과 비슷 • 정부 소유의 기업은 낮은 인센티브
시장에 대한 통제	국가 간 혹은 국내거래에 대한 완전한 자유시장에 대해 정부의 개입이 없음	몇몇 시장은 정부의 의해 관리되고, 몇몇 시장은 자유국가 간 거래도 국가 간 차이를 보이고, 여러 자유무역 협정이 존재함	불법 거래를 제외한 모든 시장이 정부에 의해 완전 통제	국가 간 혹은 국내 거래에 대해 정부는 약간의 통제(무역보호주의)
시장의 선택	• 다양한 제품과 서비스가 존재 • 수요와 공급이 시장을 조절하기 때문에 공급 부족이나 과다 공급이 장기간 발생하지 않음	• 시장의 다양성은 국가마다 차이를 보임 • 정부가 시장에 얼마나 관여하느냐에 따라 달라짐	제품에 대한 선택권이 거의 없음	자유시장과 유사하지만, 보조금 지급과 같은 정부의 시장 개입에 의해서 공급 부족이나 과잉 공급이 발생할 수 있음
사회적 자유도	언론, 출판, 집회, 종교, 직업, 이주, 선거의 자유	• 혼합경제와 유사 • 정부는 직업의 선택, 해외 이주, 대학 진학 등에 대해 제약을 주기도 함	정부에 대한 저항, 종교 활동, 이주, 이직 등에 대해 매우 제한적 자유가 존재	• 집회와 언론에 대한 약간의 제약이 존재 • 교회와 정치의 분리가 학교의 종교행사를 제약

*미국은 자본주의에 기반을 둔 혼합경제체제임

지하경제 활동을 포함하지 않기 때문이다.[26] 미국의 높은 국내총생산은 미국인들이 높은 생활수준을 누리는 이유가 된다.

비록 미국이 GDP 데이터에 의존하지만, 그 데이터의 정확성은 (적어도 단기적으로는) 의심해 볼만하다. 2014년 봄을 기점으로 미국 상무부 경제분석국(Bureau of Economic Analysis at the Commerce Department)에서는 총생산량(GO: Gross Output)을 발표하기 시작했다. 총생산량이란 모든 생산단계의 총 판매량의 합계를 의미한다. 총생산량이란 국내총생산의 거의 두 배 크기로 경기 사이클을 더 잘 보여주는 지표로 여겨지고 있으며, 경제성장 이론과도 더욱 맥락을 같이 한다.[27] 총생산량은 소비자들의 소비지출이 번영의 원인이 아니라 효과임을 보여준다.

실업률
지난 4주 내에 직장을 구하려 했지만 고용이 되지 않은 자로서 최소 16세 이상의 시민의 수

실업률 **실업률**(unemployment rate)이라는 것은 지난 4주 내에 직장을 구하려 했지만 고용이 되지 않은 자로서 최소 16세 이상의 시민 수이다. 실업률은 2013년 7%를 웃돌았으며, 2020년 초에는 3.5% 아래로 감소했다. COVID-19 전염병으로 인해 2020년

그림 2.5 **미국의 실업률(1989~2020)**

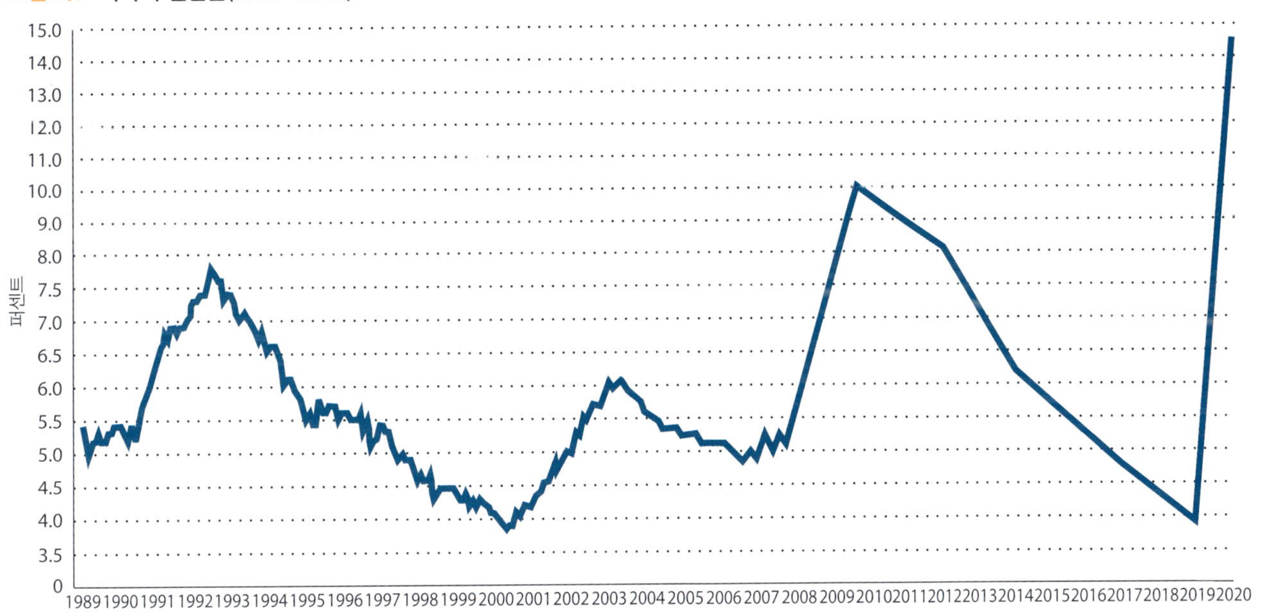

중반에는 실업률이 14.7퍼센트로 급격히 증가했다(그림 2.5 참조).[28] 대부분의 경제학자들은 4~5퍼센트의 비율을 기능적 완전고용으로 간주한다. 그러나 몇몇의 사람들은 표준 실업 통계가 오랫동안 직장을 찾지 못한 사람들이나 단순히 직장 찾는 것을 포기해버린 사람들의 고통을 정확히 측정하지 못한다고 믿는다. 이러한 이유로 그들은 실질 실업률이 실업률에 대한 더 정확한 이해를 제공한다고 믿는다. 실질실업률은 기준실업률에 포함된 실업률에 불완전취업, 취업포기, 소외계층(최근 1년 이내 구직활동을 한 사람)을 더한 것이다. 실질실업률은 일반적으로 표준율의 두 배이다.[29] 또 어떤 사람들은 정부의 보조금이 더 높은 실업률을 가져온다고 믿는다.[26] 당신은 이것에 동의하는가?

실업은 마찰적 실업, 구조적 실업, 경기적 실업, 계절적 실업의 네 가지로 나뉜다(그림 2.6). 미국은 경기침체나(이 장의 뒷부분에서 정의되어 있다) 산업의 변화 또는 순환적인 요인으로 실업자가 된 사람들을 보호하고자 노력한다. 어떤 유형의 실업이 경제에 가장 심각한 영향을 미치는 것으로 보이는가?

인플레이션과 물가지수 물가지수는 인플레이션(inflation), 디스인플레이션(disinflation), 디플레이션(deflation), 스태그플레이션(stagflation)의 정도를 측정하여 경제가 얼마나 건강한지를 측정할 수 있게 해준다. **인플레이션(inflation)**은 시간에 따른 제품이나 서비스 가격의 전반적 상승을 말한다. 공식적인 인플레이션의 정의는 '상품이나 재화의 비중을 초과하는 가용통화 및 신용의 증가 때문에 초래되는 지속적인 소비자 물가수준의 상승 또는 지속적인 화폐의 구매력 하락'이다.[30] 따라서 인플레이션은 '너무 많은 화폐가 너무 적은 상품을 좇는 현상'으로 묘사되기도 한다. 앞서 논의한 수요, 공급의 법칙을 상기한다면 인플레이션의 원리에 대해 보다 이해가 쉬울 것이다. 급격한 인플레이션은 경제를 매우 암울하게 만드는데, 만약 인플레이션이 일 년에 7퍼센트라고 한다면, 전체 상품의 가격은 10년 안에 평균 두 배가 된다는 것을 의미한다. '우리의 경계

인플레이션
제품이나 서비스 가격이 상승하는 현상

그림 2.6 **실업의 유형 4가지**

마찰적 실업(Frictional unemployment)

마찰적 실업은 자신이 하는 일이나 근로 여건에 대한 불만족으로 직장을 그만두고 새로운 직업을 찾는 경우이다. 마찰적 실업은 노동시장에 처음 진입하는 학교 졸업자들을 비롯해서, 육아문제와 같이 상당 기간 개인적 사정으로 일을 못하다가 다시 직업을 찾는 경우도 포함된다. 마찰적 실업은 늘 존재할 수밖에 없는데, 그것은 새롭게 노동시장에 진입하거나 새로운 직장을 찾는 데 시간이 걸리기 때문이다.

구조적 실업(Structural unemployment)

구조적 실업은 노동의 질적인 차이나 직능의 차이 때문에 발생하는 실업으로, 구직자의 기술이나 지역이 직장과 맞지 않을 때 발생한다.

경기적 실업(Cyclical unemployment)

경기적 실업은 경기가 나빠지거나 침체기에 빠질 때 발생하는 실업으로, 가장 심각한 실업의 형태라고 할 수 있다.

계절적 실업(Seasonal unemployment)

계절적 실업은 농작물 재배와 같이 매년 노동의 수요가 변화하는 경우에 발생한다.

를 넘어' 글상자에는 걷잡을 수 없을 정도로 통제 불능이 되어버린 인플레이션의 몇 가지 예를 보여준다.

디스인플레이션
제품이나 서비스 가격의 증가가 느려지는 현상(인플레이션 비율의 감소)

디플레이션
물가가 실제로 하락하는 현상

스태그플레이션
경제가 침체되고 있는데 가격이 오르는 상황

디스인플레이션(disinflation)은 물가의 상승이 느려지는 것을 말한다. 다시 말해, 인플레이션의 비율이 감소하는 것을 말한다. 미국은 1990년대에 디스인플레이션을 경험했다. 반면, **디플레이션**(deflation)은 물가가 감소하는 경우를 말한다. 디플레이션은 사람들이 소비할 수 있는 수준 이상으로 상품이 생산되는 경우에 발생한다. 따라서 인플레이션과는 반대로 '너무 적은 화폐가 너무 많은 상품을 쫓는 현상'으로 묘사될 수 있다. 가격 하락은 좋게 들릴지 모르지만, 경제 상황이 악화되고 있다는 표시이다.[31] **스태그플레이션**(stagflation)은 경제가 침체되고 있는데 가격이 오르는 경우를 말한다.[32] 몇몇 경제학자들은 가까운 미래에 미국이 스태그플레이션을 경험할 수도 있다고 우려하고 있다.

소비자물가지수(CPI)
인플레이션이나 디플레이션의 크기를 측정하는 월간 통계치

코어인플레이션
식료품과 에너지 가격을 차감한 소비자물가지수

소비자물가지수(CPI; Consumer Price Index)는 인플레이션 또는 디플레이션의 추세를 측정하는 월간지표들로 구성된다. 정부는 소비자물가지수 산정을 위해 주택 가격, 식료품, 의류, 의약품 등 상품과 서비스의 가격이 상승 또는 하락하는지를 계산한다.[33] 하지만 오늘날 정부는 **코어인플레이션**(core inflation)이라는 것에 더 의존한다. 이는 소비자물가지수에서 식료품과 에너지 가격을 차감하여 계산된다. 최근 식료품과 에너지 가격은 급격히 상승해왔기 때문에 코어인플레이션지수는 일반적으로 소비자물가지수보다 낮다. 이 지표 중 소비자물가지수는 임금, 임대료, 세금, 정부의 재정지출, 이자율 등을 결정하는 근거가 되기 때문에 매우 중요한 경제지표이다.

생산자물가지수(PPI)
도매가격을 측정하는 지표

도매가격을 측정하는 **생산자물가지수**(PPI; Producer Price Index)는 경제의 상품 생산 부문에 있는 모든 산업의 가격 변화를 추적한다.[34] 이를 비롯해서 주택가격 · 소매판

우리의 경계를 넘어 현금 더미의 가치가 없어질 수 있는 방법

음식이나 세면도구와 같은 일상용품의 가격이 19일마다 두 배로 오른다면 어떻게 반응하겠나? 상상조차 하기 힘들겠지만, 실제로 2018년 말 베네수엘라에서 극심한 초인플레이션으로 인해 일어난 일이다.

초인플레이션은 재화와 서비스의 가격이 한 달에 50퍼센트씩 상승하는 경우로 종종 한 국가의 정부가 초과 지출에 대한 지불을 위해 더 많은 돈을 발행할 때 시작된다. 베네수엘라의 물가상승률은 2014년 64퍼센트에서 2016년 481퍼센트로 상승했다. 그리고 2018년 국제통화기금(IMF)은 베네수엘라의 연간 물가상승률이 무려 137만 퍼센트나 급증했다고 추정했다. 베네수엘라의 통화인 볼리바르(Bolivar)의 가치는 너무 낮아서 상품과 서비스를 지불하기 위해 무게로 계산하여 현금을 지불하게 되었다. 그 결과 최근 몇 년간 300만 명이 넘는 베네수엘라 사람들이 기본적인 생필품조차 살 수 없는 상황에 나라를 떠났다.

베네수엘라는 초인플레이션의 피해를 입은 최초의 국가가 아니다. 독일의 초인플레이션이 전형적인 예로 1차 세계대전 이후 물가가 사흘마다 두 배씩 올랐다. 독일 사람들이 빵 한 덩이를 사기 위해 현금으로 가득 찬 수레를 밀고 있는 사진이 흔했다. 짐바브웨 또한 2004년부터 2009년까지 초인플레이션을 겪었다. 짐바브웨 경제는 하루 98퍼센트의 인플레이션에 직면했고 물가는 24시간마다 두 배로 뛰었다. 미국에서는 이와 같은 일이 발생하지 않도록 하기 위해 연방준비제도(the Federal Reserve)는 통화 공급을 유지하고 인플레이션이 통제될 수 있도록 금리를 신중하게 설정한다.

출처: Siobhán O'Grady, Chris Alcantara, and Armand Emamdjomeh, "Venezuela's Crisis in 5 Charts," The Washington Post, washingtonpost. com, January 26, 2019; "Venezuela: All You Need to Know about the Crisis in Nine Charts," BBC, bbc.com, February 4, 2019; Virginia López Glass, "Nothing Can Prepare You for Life with Hyperinflation," The New York Times, February 12, 2019.

매 · 개인소득변화 등의 지표가 존재하는데, 비즈니스 관련 서적이나 경제 관련 방송 및 인터넷 등을 통해서 추가 정보를 얻을 수 있다.

미국에서의 생산성

생산성이 증가한다는 것은 노동자들이 같은 기간에 이전보다 더 많은 제품이나 서비스를 생산한다는 것을 의미한다. 일반적으로 기계나 장비의 향상을 통해서 이런 생산성은 증가한다. 미국에서의 생산성은 컴퓨터와 기타 기술의 발전이 생산을 더 빠르고 쉽게 만들면서 지속적으로 상승해왔다. 생산성이 높을수록 비용이 낮아지고 가격이 낮아지기 때문에 기업가들은 생산성 향상을 주요한 경영목표로 삼고 있다. 하지만 컴퓨터와 로봇을 통한 높은 생산성은 높은 실업률을 유발할 수도 있음을 기억해야 한다. 최근까지 자동화는 주로 공장 및 사무직에 영향을 미쳤지만, 오늘날 인공지능의 사용이 증가함에 따라 고도로 숙련된 사무직 근로자도 이러한 영향에 취약하게 될 것이다.[35)]

현재 미국 경제는 서비스 중심이므로 생산성이 매우 중요하다. 왜냐하면 서비스 기업은 직원 중심이기 때문이다. 하지만 해외 기업과의 경쟁을 통해서 생산성이 상당히 높아진 제조업에 비해, 서비스 분야에서의 생산성은 노동자(예를 들어, 교사, 점원, 변호사,

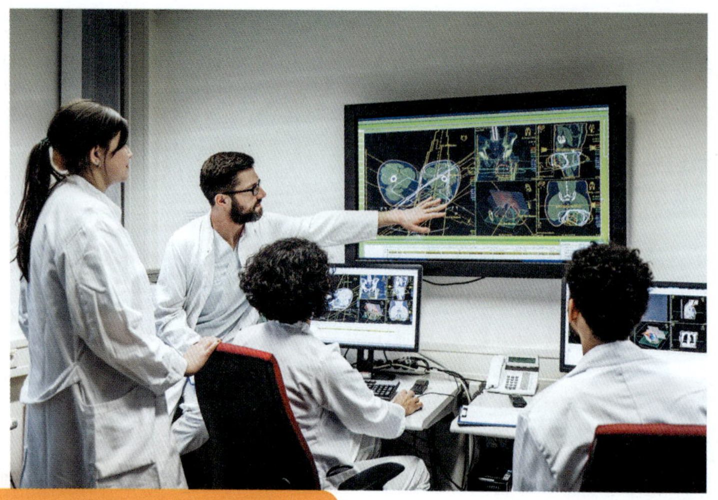

서비스 산업의 생산성을 측정하는 것은 어렵다. 하이테크 의료 스캐닝 장비 등과 같은 신기술은 서비스를 받는 사람의 수를 증가시키지는 않지만, 서비스의 질을 크게 향상시킬 수 있기 때문이다. 예를 들어, 의사들은 새로운 스캐닝 장비를 통해 분석의 질을 크게 향상시킬 수 있지만, 하루에 보는 환자 수를 증가시키는 것은 불가능할 수도 있다. 이와 같은 서비스의 질적 향상을 측정할 수 있는 생산성지표는 없을까?

이발사와 같은 서비스 제공자)를 지원하는 기술들이 부족하기 때문에 그 발전 속도가 느린 편이다. 하지만 인공지능의 사용이 예측대로 증가하면 서비스 분야에서의 생산성 또한 변화할 수 있다.

서비스 분야에서의 생산성

서비스 산업이 가지고 있는 문제점 중 하나는 새로운 기술의 도입이 서비스의 질을 높일 수는 있으나 근로자들의 생산성을 높이는 것은 아니라는 점이다. 예를 들어, 대학에는 수많은 컴퓨터들이 설치되어 있다. 그 컴퓨터가 교육의 질을 높일 수는 있지만, 반드시 교수의 생산성을 높여주는 것은 아니다. 비슷한 예로, 병원에 CAT 스캐너, PET 스캐너 및 MRI 스캐너 등이 도입되었을 때, 이러한 장비들은 환자의 치료에는 도움이 되지만 의사가 진료할 수 있는 환자의 수를 직접적으로 증가시키지는 않는다. 바꾸어 말해, 최근 서비스 산업에서의 생산성 측정은 새로운 기술에 의해서 야기되는 질적인 향상 부분을 반영하지 못하고 있다.

따라서 미국을 포함한 제반 국가들은 서비스 산업에서 생산의 양과 질을 모두 포함하는 새로운 생산성지표를 개발할 필요가 있다. 한편, 최근 몇 년간 생산성의 증가에도 불구하고 세계 경제는 호황과 불황을 반복하고 있는데, 이에 대해서는 바로 다음에서 설명하기로 한다.

경기순환

경기순환
시간이 흐름에 따라 경제가 주기적으로 상승과 하락을 반복하는 것

경기순환(business cycles)은 시간이 흐름에 따라 경제가 주기적으로 상승과 하락을 반복하는 것을 말한다. 경제학자들은 경기순환이 계절적인 것에서부터 매 48년에서 60년마다 일어나는 순환 등 다양하다고 말한다.

경제학자 조셉 슘페터(Joseph Schumpeter)는 네 가지 경기순환의 양상을 호황(boom), 침체(recession), 불황(depression), 회복(recovery)으로 정의하였다.

침체
국내총생산이 연속적으로 2분기 이상 감소

불황
심각한 침체

1. 호황은 경기가 매우 좋은 상황을 말한다.
2. **침체**(recession)라는 것은 국내총생산이 연속적으로 2분기 이상 감소할 때를 말한다. 이 시기에 물가는 떨어지고, 사람들은 제품 구매를 늦추고, 많은 기업들이 도산한다. 침체는 경제적으로 좋지 않은 결과를 만드는데, 높은 실업률, 높은 사업 실패율, 전체적인 삶의 질 감소를 가져온다.
3. **불황**(depression)은 일반적으로 디플레이션을 동반한 심각한 경기침체를 말한다. 불황은 매우 드물게 나타나는데, 20세기에 단 한 번의 불황기(1930년대)가 있었을 뿐이다.
4. 회복(recovery)은 경제가 안정화되고 성장하기 시작할 때를 말한다. 회복은 결국 경제를 호황으로 이끈다. 경기순환의 새로운 시작을 의미한다.

경제학자들의 목표 중 하나는 경제의 상승과 하락을 예견하는 것이다. 하지만 이것은 매우 어려운 일이다. 경기순환은 사실에 근거해 밝혀지지만, 이러한 사실들은 이론에 의해서만 설명이 가능하기 때문이다. 따라서 확실한 예측이란 불가능하다고 할 수 있다. 그러나 한 가지 분명한 것은 시간이 지남에 따라 경제는 이전과 마찬가지로 상승과 하락을 반복할 것이라는 점이다.

경제의 급격한 변화는 기업 활동에 심각한 어려움을 가져올 수 있으므로 정부는 늘 이런 변화를 최소화하려고 노력한다. 정부는 재정정책과 통화정책을 사용해서 경제가 너무 느리거나 빠르게 변화하지 않도록 조절한다.

학습목표 2–6 재정정책과 통화정책을 비교하고 경제에 미치는 영향을 설명할 수 있다.

재정정책을 통한 경제 안정화

재정정책(fiscal policy)이란 정부가 경제를 안정시키기 위해 세금이나 정부지출을 줄

재정정책
정부가 경제를 안정시키기 위해 세금이나 정부지출을 줄이거나 늘리는 방법을 사용하는 것

그림 2.7 **국가부채**

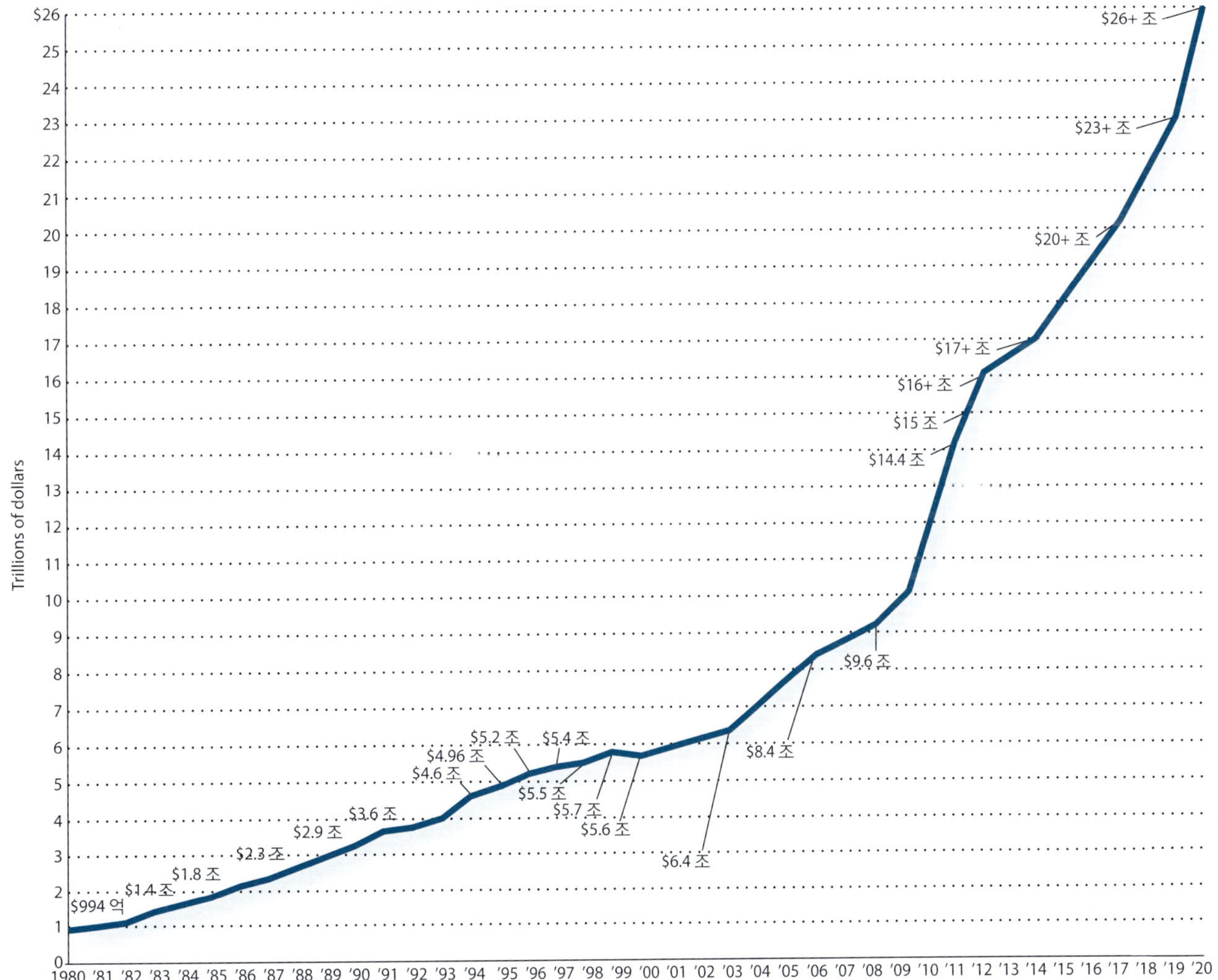

2008년에 시작된 경제위기는 월스트리트의 종사자들과 일반 시민들에게 심한 고통을 안겨주었다. 이에 대한 정부의 대처는 얼마나 효과적이었는가?

이거나 늘리는 방법을 사용하는 것을 말한다. 정부가 재정 정책을 사용할 때 존 메이너드 케인즈(John Maynard Keynes)의 기본 경제 이론을 따른다.[37] 케인즈 학파 경제이론(Keynesian economic theory)은 정부가 지출을 늘리고 세금을 줄이는 정책이 경기 침체기의 경기를 부양할 수 있다는 이론이다.[38] 첫 번째 재정정책 수단은 조세(taxation)이다. 이론적으로 높은 세금은 경제성장을 늦추는 역할을 한다. 개인의 돈이 정부로 가기 때문이다. 높은 세금은 기업의 이익과 노력에 대한 보상을 감소시키기 때문에, 특히 중소기업가의 투자를 위축시키는 역할을 한다. 반대로 낮은 세금은 이론적으로 경제를 부양한다. 미국의 최고소득 계층의 경우, 수수료나 매출세 등 모든 세금을 계산하면 50퍼센트를 초과할 수도 있다. 이 정도의 세금이 적절하다고 할 수 있을까? 혹은 과하다고 할 수 있을까? 그 이유는 무엇인가?

두 번째 재정정책은 정부의 지출과 관련된 것이다. 정부는 예산을 고속도로 건설, 사회보장제도, 교육, 도로 및 전력 등 사회간접자본, 국방 등 다양한 분야에 사용한다. 그러나 그러한 지출은 국가 적자를 증가시킬 수 있다.[39] 재정적자는 국가가 특정기간에 걷은 세금보다 더 많은 지출을 하는 경우에 발생한다.[40] 미국의 재정적자는 2016년에 거의 6,000억 달러였고 2018년에는 8,000억 달러 이상, 2020년에는 1조 1,000억 달러로 급증했다.[41] 경제학자들은 이러한 재정적자 증가는 최근의 세금 인하로 인해 들어오는 돈이 줄어들고 베이비붐 세대의 은퇴와 건강관리비용이 늘어났기 때문인 것으로 보고 있다.[42] 재정적자는 국가의 부채를 증가시킨다. 국가부채(national debt)는 정부 적자의 누적 합이다. 최근에 국가부채는 (그림 2.7)에서 보는 것처럼 약 26조 달러까지 증가했다.[43] 세수가 지출보다 많은 경우를 '재정흑자(national surplus)'라고 부르는데, 이 현상이 빠른 시일 내 일어날 것 같지는 않다.

적자를 줄이는 방법은 정부의 지출을 줄이는 것이다. 많은 대통령과 의회는 작은 정부를 약속한다. 그것은 적은 정부 지출을 말한다. 그러나 약속한 작은 정부가 흔하지 않은 것이 현실이다. 사회보장 프로그램이 매년 증가함에 따라 재정적자는 계속되고, 이에 따라 국가부채는 지속적으로 증가한다. 어떤 사람들은 이런 정부의 지출이 경제를 성장시킬 것이라고 믿는다. 하지만 어떤 사람들은 이런 지출이 소비자나 기업가로부터 나오기 때문에 성장을 늦출 것이라고 말한다. 여러분은 어떻게 생각하는가?

통화정책을 통한 경제성장

여러분은 누가 돈을 찍어내는지 생각해본 적이 있는가? 위에서 보았다시피, 미국에서 돈을 찍어내는 곳은 연방준비은행(Federal Reserve Bank)이다. 연방준비은행은 반사설조직(semiprivate organization)이라고 할 수 있다. 정부의 직접적 명령을 받지는 않지만, 미국 대통령에 의해 지명된 사람들로 구성된다. 연방준비은행에 대해서는 19장에서 자세히 설명할 것이다. 이 장의 목표는 통화정책에 대해 간단히 소개하고, 연방준비은행의 역할에 대해 알아보는 것이다.

통화정책
연방준비은행을 통한 통화의 공급과 이자율 관리

통화정책(monetary policy)은 연방준비은행이 통화의 공급이나 이자율을 관리하는 것을 말한다. 연방준비은행의 가장 중요한 역할은 이자율을 낮추고 올리는 일이다. 경제가 활황기인 경우 연방준비제도이사회는 이자율을 높여서 돈을 빌리는 비용을 증가시킨다. 이에 따라 기업인들은 돈을 덜 빌리게 되고 고용과 신규투자를 줄임으로써 지출이 줄어들고 경제성장의 속도는 늦춰지게 된다. 반대의 경우에는 이자율을 낮추는데, 이 경우 기업인들은 더 많은 돈을 빌리고 경제는 성장하게 된다. 이처럼, 이자율의 조정은 경제성장의 속도를 조절하는 데 도움을 준다. 연방준비은행의 또 다른 역할은 통화량을 조절하는 것이다. 통화량을 증가시키면 기업은 더 많은 돈의 사용이 가능해지고 경제는 더 빨리 성장한다. 경제성장을 늦추고 인플레이션을 막기 위해 연방준비은행은 통화량을 줄인다.

요약하면, 미국 경제를 조절하는 방법에는 크게 재정정책(세금과 정부지출)과 통화정책(연방준비은행에 의한 이자율과 통화량 조절)이 있다. 경제정책의 목표는 경제가 지속적으로 성장해서 더 많은 사람이 경제적으로 풍요해지고, 삶의 질이 향상되도록 하는 것이다.

시험 준비

- 세 가지 경제지표를 나열하고, 각각의 지표를 통해서 미국의 경제 상황을 분석해보자.
- 경기침체와 불황의 차이는 무엇인가?
- 정부는 재정정책을 통해서 경제를 어떻게 관리했는가?
- 통화정책의 의미는 무엇인가? 또한 어떤 조직이 이런 통화정책을 이끄는가?

요약하기

학습목표 2-1 경제학의 원리에 대해 설명할 수 있다.

- **경제학이란 무엇인가?**

  경제학은 제품이나 서비스를 생산하기 위해서 자원을 어떻게 투입할 것인지를 선택하는 과정과 개인이나 집단에 그 결과물을 어떻게 배분할지에 대해 연구하는 학문이다.

- **경제학의 두 분야는 무엇인가?**

  경제학은 크게 거시경제학과 미시경제학으로 나뉜다. 거시경제학(macroeconomics)은 국가의 경제를 전체적으로 바라보는 것이고, 미시경제학(microeconomics)은 시장에서 특정 제품 또는 서비스에 대한 사람이나 조직의 행동에 대해 살펴보는 것이다. 미시경제학에서 거론되는 주제의 예로는 '유가가 상승할 때 왜 사람들은 소형차를 구입하는가?' 등이 있다.

- **충분한 자원을 어떻게 보장할 수 있는가?**

  자원개발을 통해서 가능하다. 자원개발(resource development)은 자원을 증가시키는 방법과 그 자원을 더 잘 사용하는 조건을 찾아내는 것이다.

- **자본주의는 어떻게 경제성장을 위한 환경을 조성하는가?**

  자본주의에서 기업가는 다른 사람을 도우려고 의도적으로 노력하는 경우는 드물다. 그들은 대부분 자신의 부와 성장을 위해 일한다. 사람들이 자신의 상황을 개선하려고 노력하면 할수록 그 노력은 필요한 상품, 서비스 및 아이디어를 생산하여 경제성장과 번영을 돕는 '보이지 않는 손(invisible hand)'으로 작용을 하게 된다.

학습목표 2-2 자본주의의 의미와 자유시장의 작동원리를 설명할 수 있다.

- **자본주의란 무엇인가?**

  자본주의는 생산이나 분배의 수단이 개인에 의해 소유되고, 이익을 위해 작동하는 경제 시스템이다.

- **자본주의 하에서 무엇을 생산할지를 결정하는 것은 누구인가?**

  자본주의 국가에서 무엇을 생산하고, 얼마나 많은 임금을 주고, 얼마에 물건과 서비스를 팔지 등을 결정하는 것은 기업가이다. 기업가들은 또한 특정 상품의 국내생산, 수입, 위탁생산 여부 등을 결정한다.

- **국가 자본주의란 무엇인가?**

  국가 자본주의란 더 자유로운 시장과 어느 정도의 정부 개입의 조합을 의미한다.

- **자본주의에서 사람들은 무슨 권리를 가지고 있는가?**

  네 가지 기본적인 권리를 가지고 있다. (1) 사유재산에 대한 권리, (2) 사업체의 소유와 세금 지급 후의 이익에 대한 권리, (3) 경쟁의 자유에 대한 권리, (4) 선택의 자유에 대한 권리이다. 루즈벨트 대통령은 이 밖에도 몇 가지 추가적인 자유가 필수라고 믿었는데, 표현의 자유, 종교의 자유, 욕구의 자유, 공포로부터의 자유이다.

- **자유시장은 어떻게 작동하는가?**

자유시장은 무엇을 생산하고, 얼마만큼 생산할 지가 시장에서 결정되는 경제체제이다. 다시 말해서, 소비자와 생산자가 제품과 서비스의 가격을 협상하는 것을 말한다. 소비자들은 생산자들에게 무엇을 얼마나 생산해야 할지에 대한 신호를 보낸다. 소비자의 수요가 증가하면 가격은 올라가고, 가격이 올라가면 더 많은 생산자가 제품을 생산한다. 따라서 가격은 자유시장이 작동하는 메커니즘의 역할을 한다.

학습목표 2-3 사회주의와 공산주의의 차이를 비교할 수 있다.

- **사회주의란 무엇인가?**
  사회주의는 특정 형태의 기업들이 정부의 소유가 되어야 한다는 것을 기본 전제로 하는 경제체제이다.
- **사회주의의 장단점은 무엇인가?**
  사회주의는 사회적 평등을 추구한다. 자본주의 국가의 노동자에 비해 사회주의 국가의 노동자는 무상 교육과 무상 의료보험 등의 혜택뿐만 아니라, 더 많은 휴가와 자유시간을 누린다. 하지만 이런 사회주의의 가장 큰 문제점은 기업가들이 창업을 하거나 더 열심히 일하게 할 보상이 매우 적다는 것이다. 그렇기 때문에 사회주의 국가는 자본주의 국가에 비해 높은 실업률과 낮은 성장률을 보이는 경향이 있다.
- **사회주의는 공산주의와 어떻게 다른가?**
  공산주의에서 정부는 거의 모든 경제적인 의사결정을 하고 거의 모든 생산요소를 소유하고 있다. 공산주의는 사회주의에 비해 종교의 자유 등 개인의 자유가 더욱 제한적이다.

학습목표 2-4 경제체제의 혼합화 경향을 분석할 수 있다.

- **혼합경제란 무엇인가?**
  혼합경제는 자본주의와 사회주의 체제를 혼합한 경제체제를 말한다. 예를 들어, 비즈니스의 개인 소유가 허용되지만, 소득의 평등한 분배를 위해 매우 높은 수준의 세율을 유지한다.
- **혼합경제에 속하는 국가는 어디인가?**
  대부분의 선진 국가처럼 미국은 혼합경제이다.
- **혼합경제의 좋은 점은 무엇인가?**
  혼합경제는 자유시장의 부의 창출과 사회주의의 사회적 평등과 환경의 고려 등의 장점을 동시에 가지고 있다.

학습목표 2-5 국내총생산(GDP), 생산성, 경기순환 등의 주요 경제지표에 대해 설명할 수 있다.

- **경제시스템을 설명하기 위해 사용되는 주요 경제지표에는 어떤 것들이 있는가?**
  국내총생산(GDP)은 일 년간 한 국가 내에서 생산된 제품과 서비스의 최종 가치의 합이다. 실업률은 지난 4주 내에 직장을 구하려 했지만, 고용이 되지 않은 사람으로서 최소 16세 이상의 시민을 말한다. 소비자물가지수(CPI)는 소비자들이 사는 대략 400개 정도의 제품이나 서비스 가격의 변화를 측정한다.
- **총 생산량이란 무엇인가?**

총 생산량(GO)이란 모든 생산 단계에서의 총 생산량을 측정한 값이다.

- **경기순환의 네 가지 단계는 무엇인가?**

호황기의 비즈니스들은 매우 좋은 상태이다. 침체는 국내총생산이 연속적으로 2분기 이상 감소할 때를 말한다. 이때에 물가는 하락하고, 사람들은 상품 구매를 늦추고, 많은 기업들이 도산한다. 불황은 침체가 심각한 경우를 말한다. 회복은 경제가 안정화되고 성장하기 시작할 때를 말한다.

학습목표 2-6 재정정책과 통화정책을 비교하고 경제에 미치는 영향을 설명할 수 있다.

- **재정정책이란 무엇인가?**

재정정책은 경제를 안정화시키기 위해 세금이나 정부지출을 조절하는 방법을 사용하는 것을 말한다.

- **통화정책은 왜 중요한가?**

통화정책은 통화의 공급이나 이자율을 관리하는 것을 말한다. 실업률이 너무 높으면 연방준비은행은 통화량을 증가시키고 이자율을 낮추게 되는데, 이는 경기를 부양시켜서 소비와 고용이 증가할 수 있도록 해준다.

주요 용어 정리

거시경제학(macroeconomics)
경기순환(business cycles)
경제학(economics)
계획경제(command economies)
공급(supply)
공산주의(communism)
과점(oligopoly)
국가부채(national debt)
국가 자본주의(State capitalism)
국내총생산(GDP: Gross Domestic Product)
독점(monopoly)
독점적 경쟁(monopolistic competition)
두뇌 유출(brain drain)
디스인플레이션(disinflation)
디플레이션(deflation)
미시경제학(microeconomics)
보이지 않는 손(invisible hand)
불황(depression)
사회주의(socialism)
생산자물가지수(PPI, producer price index)
소비자물가지수(CPI, consumer price index)
수요(demand)
스태그플레이션(stagflation)
시장가격(market price)
실업률(unemployment rate)
완전경쟁(perfect competition)
인플레이션(inflation)
자본주의(capitalism)
자원개발(resource development)
자유시장경제(free-market economies)
재정정책(fiscal policy)
총생산량(GO: Gross Output)
침체(recession)
케인즈 학파의 경제이론(Keynesian economic theory)
코어인플레이션(core inflation)
통화정책(monetary policy)
혼합경제(mixed economies)

사고력 문제

2002년 미국 법원은 학부모에게 자금을 지원해주고 사립이나 공립학교를 선택할 수 있는 바우처(voucher) 프로그램의 실시를 승인했다. 이 제도의 시행은 학교 간의 경쟁을 유발하기 위한 조치였다. 기업 조직처럼 학교도 자신들이 제공하는 서비스(학교 수업)의 질을 향상시키도록 요구받은 것이다. 예상대로 된다면, 공립과 사립학교 모두 서비스의 향상을 가져오고 모든 학생들에게 이익이 돌아갈 것이다.

1. 경쟁과 같은 경제원리가 사립조직과 공립조직 모두에게 적용될 수 있을까?
2. 경쟁(민영기업들과의 경쟁 포함)을 유발해서 공적 부분에서 얻을 수 있는 또 다른 이익에는 어떤 것이 있을까?
3. 많은 사람들은 기업가들이 친사회적이지 않다고 말한다. 어떤 학생은 누군가를 돕기 원하기 때문에 일반 기업 대신에 공공 분야로 진출하길 원한다고 말한다. 하지만 기업가들은 자신들이 비영리기업보다도 더 많이 다른 사람을 돕는다고 말한다. 왜냐하면 이들은 기부하는 대신 사람들에게 직업을 제공하기 때문이다. 게다가 비영리기업의 분배활동도 모두 기업가들이 창출한 부를 바탕으로 하고 있다.
   a. 좀 더 중립적인 의견, 즉 기업가나 비영리기업에서 일하는 사람 모두가 사회에 기여하고 있고, 사람들을 돕기 위해서는 서로 더 긴밀하게 일할 필요가 있다는 주장에 대해 논하라.
   b. 애덤 스미스(Adam Smith)의 개념들을 참조하여 위의 주장을 설명하라.

원리의 적용

목적

비즈니스 의사결정에 중요한 경제 정보의 출처에 익숙해지기

연습

여러분의 직장 상사가 회사의 향후 2년간 매출 예측치를 준비하는 데 여러분에게 도움을 요청했다고 가정하자. 그 직장 상사는 GDP, 미국 제조업 및 일리노이주 제조업 추세가 이러한 예측을 하는 데 크게 도움이 될 것이라 생각하여, 여러분에게 다음과 같은 사항을 요청하였다.

1. 경제분석국(Bureau of Economic Analysis) 홈페이지(www.bea.gov)에서 GDP 자료를 찾아 최근 4년간 수치를 비교하라. 이러한 수치를 기반으로 향후 2년간의 GDP 추세를 예측하라.
2. 노동통계국(Bureau of Labor Statistics) 홈페이지(www.bls.gov)에서 제조업(manufacturing industry) 관련 정보를 검색하라. 최근 4년간 제조업의 고용 경향은 어떠한가? 전년도 대비 증감률은 얼마인가?
3. 노동통계국(Bureau of Labor Statistics) 홈페이지(www.bls.gov)의 검색(Search) 기능을 이용하여 일리노이주 고용 경향을 검색하라. 다른 유용한 정보가 있는지 홈페이지를 추가로 살펴보라. 지난 4년간 일리노이주의 제조업 분야 고용 경향을 점선으로 표시하라. 이러한 고용 경향에 영향을 미칠 수 있는 경제적 변화에는 어떠한 것들이 있는지 논의하라.
4. 여러분이 지금까지 수집한 정보를 바탕으로 회사의 향후 2년간 매출에 어떠한 변화가 일어날지 기술하라.

직업기술의 개발

핵심: ● 팀 ★ 분석 ▲ 의사소통 ◘ 기술

●▲★ 1. 팀별로 자본주의 사회에서 사는 장점 리스트를 만든다. 그리고 단점도 리스트를 만들고, 그런 단점을 어떻게 줄일 수 있는지 생각해본다. 왜 사회주의에 있는 가난한 사람들은 자본주의를 거부하고 사회주의에 머물러 있기를 원하는지 그 이유에 대해 적어본다.

2. 수요와 공급 법칙을 최근의 석유시장을 통해서 설명해본다. 온라인에서 최근 몇 년간의 기름 가격 차트를 찾아보라. 최근 유가가 크게 변동하는 이유는 무엇인가? 중국과 인도의 사람들이 자동차를 더 많이 구입하게 된다면 유가에는 어떠한 영향을 미치겠는가? 대부분의 미국 소비자들이 전기자동차를 운전하게 된다면 유가에는 어떠한 영향을 미치겠는가?
3. 이 실습은 사회주의에 대한 이해를 높이고자 하는 목적을 가지고 있다. 세 그룹으로 나눈 후, 각각의 그룹은 사회주의에서 서로 다른 역할을 갖는다. 한 그룹은 기업가가 되고, 다른 그룹은 노동자가 되고, 나머지 그룹은 정부 지도자가 된다. 각자의 그룹이 가지고 있는 입장에서 감세정책의 장단점을 이야기한다. 그리고 그룹별로 한 사람씩 앞으로 나가 세금과 관련된 이슈에 대해서 논의한다.
4. 선을 하나 긋고, 한쪽 끝에 자유시장 자본주의라고 쓰고, 그 반대쪽에 계획경제라고 쓴다. 그리고 미국은 현재 어디에 위치하고 있는지 적어본다. 왜 그 지점에 표시를 했는지 설명한다. 다른 국가에서 온 학생은 자신의 국가에서의 경험을 이야기할 수 있을 것이다.
5. 작은 그룹으로 나누고, 다음의 상황이 사람들의 구매행동과 미국과 미국 경제에 대한 태도에 어떠한 영향을 미치는지 논하라. 이라크와 아프가니스탄 전쟁, 국토 안보에 대한 지출 증가, 은행 등 특정 산업에 대한 정부의 개입, 인터넷의 성장 등

진로 탐색

만약 당신이 경제학을 전공하는 데 관심이 있다면 졸업 후 고려해야 할 몇 가지 직업이 있다. 미국 노동 통계청 홈페이지에 있는 직업전망서(Occupational Outlook Handbook)에서 이 분야에서 수행된 작업, 필요한 기술, 급여 및 기회 전망에 대해 알아보아라.

- **경제학자** – 데이터 수집 및 분석, 동향 조사, 경제 문제 평가를 통해 자원, 상품 및 서비스의 생산 및 분배를 연구한다.
- **통계학자** – 유용한 정보를 제공하기 위해 수치 데이터를 수집, 구성, 해석 및 요약하기 위해 수학적 또는 통계적 이론과 방법을 적용한다.
- **마케팅 조사 분석가** – 시장 상황을 연구하고 기업이 사람들이 원하는 제품, 구매 대상 및 가격을 이해하도록 돕는다.
- **보험계리사** – 위험과 불확실성의 재정적 비용을 분석하고 수학, 통계 및 재정 이론을 사용하여 사건이 발생할 위험을 평가한다.

비디오 사례

Kiva: 가난한 기업가들에게 기회 주기

경제는 전 세계의 사람과 기업에 영향을 미친다. 자유롭게 사업을 시작하고 소유할 수 있는지에 대한 여부, 사업을 시작하기 위한 자금 조달 방법, 정부가 당신의 사업을 지원하거나 간섭하는 방법은 해당 국가에 존재하는 경제시스템 유형에 따라 다르다. 미국과 같은 자본주의 국가에서 개인은 자유롭게 자신의 회사를 시작하고 정부의 제한된 개입을 받는다. 반면에 북한과 같은 공산주의 국가에서는 정부가 기업을 소유하거나 기업 운영에 강력한 영향력을 행사한다.

전 세계적으로 소규모 비즈니스는 종종 지역 경제를 주도하지만, 전 세계 수십억 명의 사람

들이 하루에 2달러 혹은 그보다 적게 벌고 있다. 실제로 10억 명의 사람들은 하루에 1달러 미만을 번다. 따라서 개발도상국의 야심 찬 기업가들이 사업을 시작하고 성장시키는 데 어려움을 겪는 것은 당연한 일이다. 이러한 국가에서는 100달러에서 200달러의 대출이 사업을 시작하는 데 큰 차이를 만들 수 있다. 하지만 이러한 적은 양의 자본을 예비 창업자가 얻는 것은 종종 불가능하다. 이런 상황에서 키바(Kiva)와 같은 단체의 소액 대출(microloans)이 창업자들을 도울 수 있다.

키바는 2005년에 설립된 단체로 개발도상국의 신진 기업가들이 사업에 투자할 수 있도록 대출을 제공한다. 이러한 투자는 종종 지역사회의 성장과 고용으로 이어지며, 소유주가 스스로 적당한 규모로 성장하도록 돕는다. 대출은 소액이며, 무보증소액창업대출(microcredit) 또는 소액금융(microfinancing)이라고 한다. 키바는 웹 사이트 방문자가 전 세계 80개국 사람들의 사진과 프로필을 검색할 수 있는 크라우드 펀딩(crownd funding) 방식의 소액금융을 사용한다. 마음에 드는 사업체와 기업가를 찾으면 25달러 이상을 사업체에 빌려줄 수 있다. 차용자들은 그 돈을 갚아야 하고, 그것이 상환되면 대여자들은 키바의 시스템에서 그 돈을 인출하거나 또 다른 기업인에게 빌려줄 수 있다. 사업이 성공하면 기업가는 더 많은 돈을 빌릴 수 있고 비즈니스를 계속 성장시킬 수 있다.

키바는 매주 수천 건의 대출 요청을 크라우드 펀딩하여 80개국 이상에서 100만 명이 넘는 사람들을 도우며, 그들의 삶을 더 나은 방향으로 바꿀 기회를 제공한다. 이 비디오는 그러한 사람 중 일부를 강조하지만, 주로 자유와 약간의 돈이 어떻게 사람들의 삶과 그들 나라의 삶의 질에 큰 차이를 만들 수 있는지를 보여준다.

키바는 특정 국가에서 돈을 빌려주기 전에 몇 가지 요소를 신중하게 고려한다. 먼저 정부가 기업이 돈을 받아 다른 나라의 대출 기관에 상환할 수 있도록 허용하는지 확인한다. 그런 다음 해당 국가에서 이미 운영 중인 소액 금융기관의 수를 살펴본다. 시장이 너무 붐비거나 포화 상태인 것 같으면 키바는 관여하지 않는다. 마지막으로, 키바는 지역사회를 알고 합법적인 차용인을 식별하고 대출을 분배할 수 있는 현장 파트너(지역 비영리 기관, 비정부 기업)로 이루어진 네트워크를 찾는다. 키바는 기부보다 대출이 빈곤 극복에 더 나은 접근 방식이라고 굳게 믿으며, 기업가를 지원하고 지역 사람들을 고용함으로써 기업과 경제 성장을 돕는다.

키바는 부는 자유에서 나온다고 강조한 애덤 스미스(Adam Smith)가 세운 원칙을 사명으로 따른다. 사람들이 이윤을 극대화하려고 할 때, 그들은 일하는 데 도움을 줄 다른 사람들을 고용해야 한다. 이것은 다른 사람들에게 일자리를 제공하고, 사업가에게는 부를 제공한다. 그리고 '보이지 않는 손'처럼 지역사회 전체가 이윤을 얻고자 하는 기업가의 열망에서 이익을 얻게 된다.

키바는 소액 대출을 통해 기업가, 자유, 기회 및 약간의 돈이 경제성장과 번영에 얼마나 중요한지 보여준다. 당신이 이 비디오를 본 후 전 세계의 가난한 사람들을 돕는 일에 참여해주기를 기대해본다. 키바와 같은 기관에 시간과 돈을 투자하여 동참할 수 있다. 당신은 평화봉사단(Peace Corps)이나 덜 발달한 국가들을 돕기 위해 고안된 다른 단체들에 가입할 수 있다. 소액창업대출이 전 세계의 경제 문제를 단독으로 해결하지는 못하겠지만, 좋은 시작이 될 것이다.

다시 생각해보기

1. 많은 사람이 자본주의가 기업가에게 성공할 수 있는 최고의 기회를 제공한다고 믿는 이

유를 토론하여라.

2. 개발도상국 사람들은 왜 빈곤에서 벗어나는 데 어려움을 겪는가?
3. 미국의 기업가가 키바의 소액 대출이 필요한 이유는 무엇인가?

참조

1. Choe Sang-Hun, "North Korea's State-Run Economy Falters under Sanctions, Testing Elite Loyalty," April 18, 2019; Elliot Waldman, "Do Dire Economic Conditions in North Korea Threaten Kim's Legacy?," July 2, 2019; Michael O'Hanlon, "Why America Should Strike an Interim Deal with North Korea," Brookings Institution, brookings.edu, January 2, 2020.
2. Karen Appold, "Top 6 Challenges Healthcare Executives Will Face in 2020," managedhealthcareexecutive.com, January 4, 2020.
3. Caterpillar, caterpillar.com, accessed January 2020.
4. Mark Hendrickson, "2020: The Centenary of the Most Important Breakthrough in the History of Economics," theepochtimes.com, January 2, 2020.
5. Chad Pergram, "How the Growing National Debt Seems to Be Fading from Concern in DC," foxnews.com, January 3, 2020.
6. Abigail Curtis and Brent Schanding, "For the Maine Coast, 2019 Was the Year of the Fish," bangordailynews.com, January 1, 2020.
7. Joseph Epstein, "Economics Is Dismal, but Is It Science?," September 4, 2019.
8. Anthony Cilluffo and Neil G. Ruiz, "World's Population Is Projected to Nearly Stop Growing by the End of the Century," Pew Research Center, pewresearch.org, June 17, 2019; William H. Frey, "The 2010s May Have Seen the Slowest Population Growth in U.S. History," Brookings Institution, brookings.edu, January 2, 2020.
9. Dudley L. Poston Jr., "Three Ways the U.S. Will Change in the 2020s," intellectualtakeout.org, January 2, 2020.
10. cia.gov, accessed January 2020.
11. Vernon Smith, "Adam Smith's Refreshing Idea of Justice," July 9, 2019; Grant Freeland, "Keep Your New Year's Resolutions by Using Behavioral Economics," forbes.com, January 6, 2020.
12. AnnaMaria Andriotis, Ken Brown, and Shane Shifflett, "Record Debt Swamps Middle-Class Families," August 3, 2019; Jeanna Smialek, "The Business of Equality," March 25, 2019; "Americans Increasingly Concerned about Gap between Rich and Poor," fox13now.com, January 9, 2020.
13. Justin Lahart, "Income Inequality Holds Back U.S. Economy," September 11, 2019; Phil Gramm and John F. Early, "The Truth about Income Inequality," November 4, 2019.
14. The Giving Pledge, givingpledge.org, accessed January 2020.
15. Randall Lane, "Reimagining Capitalism," March 31, 2019.
16. Juliana Menasce Horowitz, Ruth Igielnik, and Rakesh Kocchar, "Trends in

Income and Wealth Inequality," Pew Research Center, pewsocialtrends.org, January 9, 2020.

17. Courtney Seiter, "5 Work Culture Trends We're Looking Out for in 2020," Buffer, open.buffer.com, January 13, 2020.
18. Jeremy Page, "The Birth of State Capitalism," June 1–2, 2019; James Pethokoukis, "America Dreams of Chinese State Capitalism," American Enterprise Institute, aei.org, January 12, 2020.
19. Michael Pettis, "Inequality's Endgame," April 22, 2019; Darren Walker, "Saving Capitalism," fastcompany.com, November 2019; Gerard Baker, "To Fix Capitalism, We May Need More Capitalism," May 4–5, 2019; "Can Capitalism Be Fixed by Making Companies More Just?," hbr.org, January 7, 2020.
20. Amy Fontinelle, "Which Countries Have High Taxes on High Incomes?," investopedia.com, January 18, 2020.
21. Janelle Cammenga, "State and Local Sales Tax Rates, 2020," Tax Foundation, taxfoundation.org, January 15, 2020.
22. Benjamin Katzeff Silberstein, "The North Korean Economy in 2019," 38north.org, January 16, 2020.
23. Marc Frank and Nelson Acosta, "Cuban Economy Still Afloat Despite U.S. Sanctions," Reuters, reuters.com, December 20, 2019; Jessica Donati, "U.S. Adds New Restrictions on Cuba Travel," wsj.com, January 10, 2020.
24. U.S. Department of Labor, dol.gov, accessed January 2020.
25. "Marketwatch," January 24, 2020.
26. Jo Craven McGinty, "The Wages of Sin Would Give Boost to GDP," December 7–8, 2019; Gillian Tett, "Should America's GDP Data Include Drug Dealing?," ft.com, January 8, 2020.
27. "Real Gross Output of General Government," Federal Reserve Bank of St. Louis, fred.stlouisfed.org, accessed January 2020.
28. "Monthly Unemployment Rate in the United States from December 2018 to December 2019," Statista, tatista.com, accessed January 2020.
29. Kimberly Amadeo, "Real Unemployment Rate with Calculations," investopedia.com, January 10, 2020; Kimberly Amadeo, "Current US Unemployment Rate Statistics and News," thebalance.com, January 10, 2020.
30. Donald Rapp, (New York: Springer, 2014).
31. Adam Hayes, "Why Is Deflation Bad for the Economy?," October 28, 2019; Jim Chappelow, "Deflation," investopedia.com, August 29, 2019; Elaine Godfrey, "Progressives Warn of a Great Deflation," theatlantic.com, January 18, 2020.
32. Jim Chappelow, "What Is Stagflation?," investopedia.com, May 21, 2019; Paul R. LaMonica, "The Fed's Worst Nightmare Could Be around the Corner," cnn.com, September 30, 2019.
33. U.S. Bureau of Labor Statistics, bls.gov, accessed January 2020; "Fed's Preferred Measure of Inflation Isn't Giving the Complete Picture," September

30, 2019; David Harrison, "U.S. Economists Shift to Big Data," May 1, 2019; U.S. Bureau of Labor Statistics, bls.gov, accessed January 2020.

34. Christina Majaski, "What Is the Producer Price Index (PPI)?" September 24, 2019; "U.S. Producer Prices Post Biggest Drop in over Two Years," January 15, 2019; U.S. Bureau of Labor Statistics, bls.gov, accessed January 2020.
35. "The Effect of AI across the US and How to Adjust," industryweek.com, January 25, 2019; "Robots Stole Blue Collar Jobs, Now AI Is Coming for White Collar Workers," voxnews.com, January 2, 2020.
36. Cristina Lindblad and David Rocks, "Why Are Economists So Bad at Predicting Recessions?," April 1, 2020.
37. Madsen Pirie, "The Legacy of John Maynard Keynes," Adam Smith Institute, adamsmith.org, June 5, 2019.
38. Will Kenton, "Keynesian Economics," investopedia.com, accessed January 2020.
39. Shawn Tully, "America's Disastrous New Normal: A Booming Economy and Soaring Deficits," January 5, 2019; Jim Tankersley, "Budget Deficit Topped $1 Trillion in 2019," nytimes.com, January 13, 2020.
40. "Deficit vs. Debt: What's the Difference?," Peter G. Peterson Foundation, pgpf.org, accessed January 2020.
41. Kimberly Amadeo, "Current US Federal Budget Deficit," thebalance.com, January 10, 2020.
42. Jim Tankersley and Emily Cochrane, "Budget Deficit on Path to Surpass $1 Trillion under Trump," nytimes.com, August 21, 2019; Ben Ritz, "2019 Was Officially Trump's First Trillion-Dollar Deficit," forbes.com, January 13, 2019.
43. Lydia DePillis, "US National Debt Rises $2 Trillion under Trump," January 4, 2019; Jeffry Bartash, "U.S. on Track to Add $12 Trillion to National Debt by 2029 Unless Washington Changes Course," January 28, 2019; Troy Adkins, "What the National Debt Means to You," investopedia.com, accessed January 2020; "U.S. Debt Clock," usdebtclock.org, accessed January 2020.

3

글로벌 시장에서의 비즈니스

학 습 목 표  이 장을 학습한 후에 다음 질문에 답할 수 있어야 한다.

3-1 글로벌 시장이 중요한 이유와 경쟁 우위의 역할 그리고 글로벌 무역에 존재하는 절대적 우위에 대해 설명할 수 있다.

3-2 수입과 수출의 중요성과 글로벌 비즈니스에서 통용되는 핵심 개념들을 설명할 수 있다.

3-3 글로벌 시장에 진출하기 위해 사용되는 전략들과 다국적 기업의 역할을 설명할 수 있다.

3-4 글로벌 시장에서 일어나는 거래 활동에 영향을 미치는 역학 관계에 대해 설명할 수 있다.

3-5 보호무역의 장점과 단점에 대해 설명할 수 있다.

3-6 변화하고 있는 글로벌 시장과 역외 아웃소싱에 대해 설명할 수 있다.

애플의 CEO, 팀 쿡에 대하여 알아보자

아이폰과 아이패드와 같은 획기적인 제품을 생산한 애플(Apple)은 세계 역사상 가장 성공적인 회사 중 하나이다. 하지만 스마트폰과 태블릿으로 수백억 달러를 벌기 몇 년 전, 애플은 점점 더 경쟁이 치열해지는 기술 섹터의 압력으로 거의 사업을 접는 상황에 이르렀다. 팀 쿡(Tim Cook)과 같은 글로벌 마인드를 가진 경영자의 노력 덕분에 애플은 다시 오늘날 우리 모두가 알고 있는 거대 기업으로 성장할 수 있었다.

팀 쿡의 성공을 향한 여정은 앨라배마(Alabama)주의 로버츠데일(Robertsdale)이라는 작은 마을에서 시작되었다. 그곳에서 그의 어머니는 약국에서, 아버지는 조선소의 현장감독으로 일했다고 한다. 쿡은 일을 할 수 있는 나이가 되자마자 두 형제와 함께 일자리를 얻었다. 그는 신문을 배달하고, 식당에서 일했으며, 어머니를 도와 약국 일도 했다. 쿡은 공부 역시 열심히 했다. 뛰어난 학생이었던 그는 고등학교를 2등으로 졸업했으며, 반 친구들로부터 가장 공부를 잘 하는 학생으로 뽑혔다. 쿡은 오번 대학교(Auburn University)에서 공학 학사학위를 받았으며, 듀크 대학교(Duke University)의 푸쿠아 경영대학원(Fuqua School of Business)에서 학업을 계속했을뿐만 아니라 상위 10%로 졸업했다.

MBA를 취득한 후, 쿡은 IBM에 입사하여 컴퓨터 기술 분야에서 경력을 쌓기 시작했다. 그는 몇 년간 승진을 거쳐, 결국 북아메리카와 남아메리카 지역에서 개인용 컴퓨터 제조와 유통을 관리하는 북미 지역 책임자(North American fulfillment director)가 되었다. 쿡은 그로부터 12년 후, IBM을 떠나 한 컴퓨터 소매업체 최고운영책임자(COO)가 되었다가 주요 컴퓨터 제조업체인 컴팩(Compaq)으로 자리를 옮겼다. 새로운 직책을 맡은 직후, 애플의 공동 창업자이자 CEO였던 스티브 잡스(Steve Jobs)가 쿡에게 연락해 일자리를 제의했다. 지금은 이것이 이상하게 보일지 모르지만, 두 회사 중 하나를 선택하는 것은 1998년 당시에는 어려운 결정이었다. 그도 그럴 것이 애플은 수년간 이익을 내지 못하고 있었고, 분석가들은 컴팩이 곧 기술 분야의 주요 강자가 될 것이라고 예측하고 있었다. (HP가 2002년에 컴팩을 250억 달러에 인수했다.) 하지만 쿡은 잡스와 직접 이야기를 나눈 후에 애플 행을 결정했다. 쿡은 스티브와의 첫 인터뷰가 시작된 지 5분도 채 지나지 않아 우려와 논리를 무시하고 애플에 합류하고 싶었다고 말했다.

그는 확실히 그의 일에 적성이 있었다. 전 세계 사업부의 수석 부사장이 된 직후, 쿡은 전 세계 애플 공장과 유통 센터를 폐쇄하기 시작했다. 그는 이러한 값비싼 시설을 비용이 적게 들고 회사 공급망의 효율성을 높이는 계약 제조업체로 교체했다. 실제로 많은 전문가들은 쿡의 공급망 효율화가 아이팟(iPod)이나 아이폰(iPhone)의 혁신적인 디자인만큼이나 애플에 중요했다고 말한다. 2007년에 그는 COO로 승진하여 전 세계 영업과 운영을 담당하였다. 2011년 잡스가 사망한 후 쿡은 최고경영자(CEO)로 취임했다.

애플은 쿡의 리더십 아래에서 크게 성장했다. 2015년 애플워치(Apple Watch) 출시와 함께, 그는 또한 비츠 일렉트로닉스(Beats Electronics)를 30억 달러에 인수하는 것을 주관하기도 했다. 2018년 애플은 1조 달러의 가치를 인정받은 미국 최초의 상장사가 되었다. 그런데도 쿡은 장기적으로 애플을 계속 업계의 선두로 유지시키기 위해 노력하면서 많은 도전에 직면할 것이다. 아마도 가장 중요한 것은 이 회사가 중국과 인도와 같은 세계시장에서 소비자들에게 더 큰 영향을 미칠 필요가 있다는 것이다. 하지만 과거에 어떤 징조가 있었더라도 쿡은 그 일을 감당해야 한다.

팀 쿡은 성공할 의지와 결의가 있다면 자신이 누구인지, 어디 출신인지가 중요하지 않다는 것을 입증한 성공적인 글로벌 비즈니스맨의 예이다. 그는 문화적×경제적 차이를 이해하고 있고, 애플을 글로벌 변화에 성공적으로 적응시키는 방법을 알고 있다. 이 장은 팀 쿡과 같은 경영자들이 글로벌 비즈니스의 역동적인 환경을 다루면서 매일 직면하는 기회와 도전에 대해 설명한다.

출처: Michael Finch II, "Tim Cook—Apple CEO and Robertsdale's Favorite Son—Still Finds Time to Return to His Baldwin County Roots," AL.com, February 24, 2014; Evan Niu and Dylan Lewis, "Inside Apple and Tim Cook's Operational Brilliance," The Motley Fool, themotleyfool.com, June 2, 2016; Matt Weinberger, "The Rise of Apple CEO Tim Cook, the Most Powerful Business Leader in the World," Business Insider, businessinsider.com, August 24, 2016; Jack Nicas, "5 Reasons You Wouldn't Want to Be in Tim Cook's Shoes Right Now," The New York Times, January 4, 2019; Elizabeth Gurdus, "Tim Cook Teases New Apple Services to Come in 2019," CNBC, cnbc.com, January 8, 2019; Lisa Eadicicco, "Apple CEO Tim Cook's Best Advice for College Graduates in 2019," Business Insider, businessinsider.com, June 22, 2019; "Don't Be Surprised to See Investors Start Musing on a Potential Eventual Successor to Apple CEO Tim Cook," MacDaily News, macdailynews.com, January 3, 2020.

Let's talk business!
bit.ly/LetsTalkBusiness3

미국 GDP의 성장은 국가 노동력의 생산성에 영향을 받을 수 있고 미국 주요 기업의 불황에도 영향을 받을 수 있다. 이 회사가 737 MAX 여객기의 생산을 중단해야 했을 때 737을 운항하는 공급업체 및 항공사는 성장에 심각한 영향을 받았다. 이 회사의 이름은 무엇인가? (이 장 안에서 답을 찾으라.)

학습목표 3-1 글로벌 시장이 중요한 이유와 경쟁 우위의 역할 그리고 글로벌 무역에 존재하는 절대적 우위에 대해 설명할 수 있다.

다이나믹(Dynamic) 글로벌 시장

여러분은 파리, 런던, 리우데자네이루(Rio de Janeiro), 도쿄와 같은 낯선 도시를 여행하는 것을 꿈꿔본 적이 있는가? 오늘날 전 세계를 대상으로 사업을 하는 기업의 대다수가 직원들이 해외 경험을 가지는 것이 중요하다고 믿고 있다. 그 이유는 분명하다. 미국은 3억 2,700만 명을 대상으로 하는 시장이지만, 195개국으로 이루어진 글로벌 시장은 77억 인구를 대상으로 한다.[1] 이러한 글로벌 시장은 매우 거대하다(대륙별로 인구통계를 보여주는 그림 3.1의 세계지도를 참조하라.)

오늘날 미국의 소비자들은 캐나다와 멕시코 그리고 중국에서 수천억 달러어치의 상

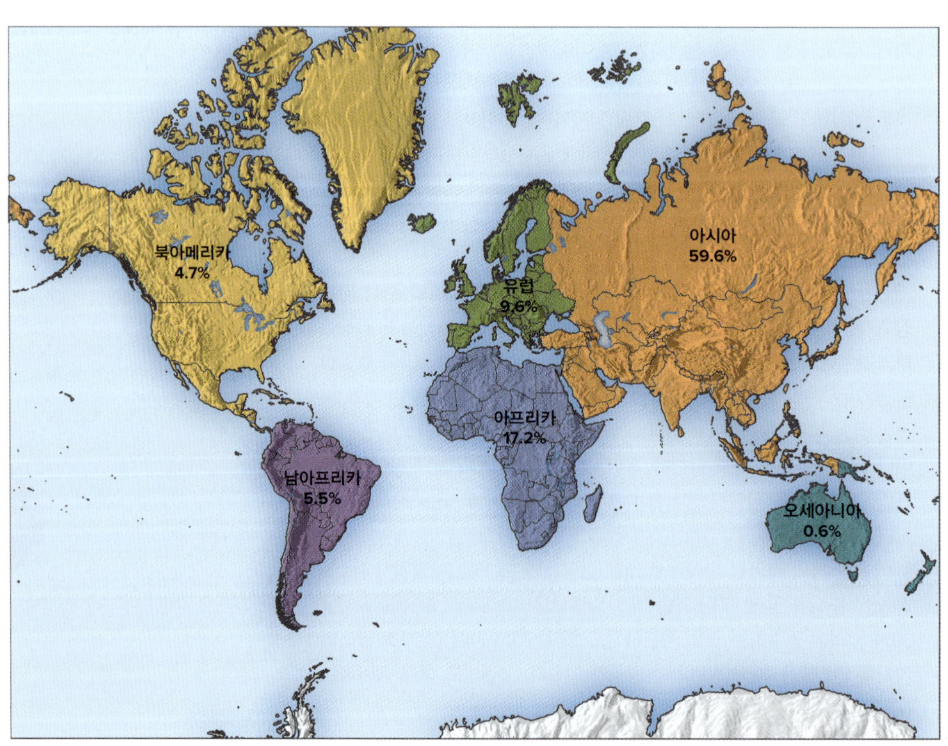

그림 3.1 대륙별 세계 인구

이 지도에서 보이는 것처럼, 세계 인구의 59.64%가 아시아에 거주하고 있는 반면에, 북미 지역에는 오직 4.73%가 거주하고 있다.

출처: "Continent and Region Populations 2020," World Population Review, worldpopulationreview.com, accessed February 2020

미식축구가 전 세계에서 주로 일컫는 '축구'는 아니지만, 미국 외에서도 많은 관중들을 끌어 들이고 있다. 런던의 웸블리 경기장(Wembley Stadium)은 2007년부터 NFL(미국 프로 미식축구 연맹)의 인터내셔널 시리즈의 홈구장으로 사용되었고 최근 그 계약을 10년 더 연장하기로 했다. 미국의 스포츠 프랜차이즈들이 해외에서 인기를 얻기 위해 극복해야 할 문화적 요소에는 어떤 것들이 있을까?

품을 구매한다.[2] 코스트코(Costco)는 상하이에 첫 매장을 열었고 교통을 차단할 필요가 있을 정도로 많은 중국인 쇼핑객들의 환영을 받았다.[3] 월마트(Walmart)와 펩시코(PepsiCo)는 남아프리카에서 사업을 구축하고 확장했다.[4] 메이저리그 야구(Major League Baseball)는 189개국에서 17개 언어로 방송된다.[5] NBA(National Basketball Association)와 NFL(National Football League)은 2019년에 런던과 멕시코에서 정규 시즌 게임을 진행하였다.[6]

NBC는 2022년까지 미국에서 영국의 바클레이 프리미어 축구 리그(Barclays Premier Soccer League)를 중계하기 위해 10억 달러를 지불했다.[7] 미국의 영화배우 로버트 다우니 주니어(Robert Downey Jr.), 톰 행크스(Tom Hanks) 및 메릴 스트립(Meryl Streep)은 전 세계 영화관으로부터 관객을 끌어들인다.

세계시장은 매우 거대하기 때문에 국제교역에서 각 나라의 언어를 이해하는 것은 매우 중요하다. **수입(importing)**은 다른 국가에서 물건을 사오는 것을 말하고, **수출(exporting)**은 다른 국가에 물건을 파는 것을 말한다. 당신이 예상했듯이, 수출국 사이의 경쟁은 매우 치열하다. 미국은 세계 최대의 수입국이며, 중국 다음으로 세계에서 두 번째로 큰 수출국이다.

수입
다른 국가에서 물건을 사오는 것

수출
다른 국가에 물건을 판매하는 것

그림 3.2 **자유무역에 대한 찬반 의견**

이 장의 목적은 글로벌 무역 및 그와 관련된 도전들에 대해 여러분이 더욱더 친숙해지도록 하는 것이다. 글로벌 무역에 대한 교육은 국제시장에서의 경쟁이 치열할수록 중요성을 더해갈 것이다.

왜 다른 국가와 무역을 할까?

아무리 기술적으로 뛰어난 국가라도 국민이 원하는 것을 스스로 다 생산할 수는 없다. 비록 자급자족이 가능한 국가가 있다고 해도 다른 국가는 그렇지 않으므로, 자급자족이 가능한 국가와 무역을 시도할 것이다. 어떤 국가들(예를 들면, 베네수엘라나 콩고민주공화국)은 천연자원이 풍부한 반면 기술적 지식은 다소 부족하고, 또 어떤 국가들(예를 들면, 일본이나 스위스)은 고도로 발달된 기술을 가지고 있으나 천연자원이 부족하다. 글로벌 무역은 각 나라가 가장 잘 생산할 수 있는 것을 생산하고, 다른 나라에서 생산된 필요 물품들을 자신들의 생산품과 교환함으로써 상호 이익을 얻는다.

자유무역
정치적, 경제적 장벽 없이 제품과 서비스를 다른 나라와 거래하는 것

이러한 프로세스를 '자유무역'이라고 한다. **자유무역(free trade)**은 제품과 서비스의 국가 간 이동을 말하며, 정치적, 경제적 장벽이 없는 상태를 전제로 한다. 하지만 이러한 정의는 종종 논란의 대상이 되기도 한다.[8] 그림 3.2는 이에 대한 찬반 의견을 보여준다.

비교우위론과 절대우위론

비교우위론
어떤 한 국가가 가장 효과적이고 효율적으로 생산할 수 있는 상품을 판매하고 다른 국가가 자국보다 더 효과적이고 효율적으로 생산할 수 있는 상품을 구매해야 한다는 이론

국가 간 교역은 단순히 제품과 서비스가 거래되는 것 이상의 의미를 가지고 있다. 국가 간 교역은 예술, 스포츠, 문화적 이벤트, 진보된 의술, 토지 대여, 노동력 등의 교환을 포함한다. 19세기 영국의 경제학자 데이비드 리카르도(David Ricardo)가 제시한 비교우위론은 자유로운 경제적 교환에 대한 이유를 설명한다.[9] **비교우위론(comparative** advantage theory)은 어떤 국가가 가장 효과적이고 효율적으로 생산할 수 있는 상품을 다른 국가에 판다는 것이다. 반대로 물건을 사는 국가는 교환되는 물건을 효과적이고 효율적으로 생산하기 곤란한 상황이다. 미국은 소프트웨어나 엔지니어링 서비스와 관련된 제품과 서비스를 생산하는 데 비교우위가 있다고 할 수 있다. 반대로 미국은 커피 재배나 신발을 생산하는 데는 비교우위가 없어 이러한 상품을 대부분 수입하는 것이다. 이러한 무역을 통해 미국과 미국의 교역 상대국들은 상호이익을 추구한다.

만약 어떤 특정한 상품을 생산하는 데 모든 다른 국가에 비해 오직 한 국가만이 그 상품을 효율적으로 생산할 수 있다면, 그 국가는 그 상품에 **절대우위**(absolute advantage)를 가졌다고 할 수 있다. 절대우위는 영원히 지속되지 않는다. 전 세계적인 경쟁이 절대우위를 점차 사라지게 만들고 있다. 오늘날 글로벌 시장에서 절대우위의 사례를 찾기란 매우 힘들다.

절대우위
어떤 한 국가가 특정 상품을 생산하는 독점의 위치에 있거나 다른 어떤 국가보다도 더 효율적으로 특정 상품을 생산할 수 있을 때 존재하는 우위

학습목표 3-2 수입과 수출의 중요성과 글로벌 비즈니스에서 통용되는 핵심 개념들을 설명할 수 있다.

글로벌 무역에 동참하기

글로벌 비즈니스와 관련된 직업을 찾으려는 구직자들은 종종 보잉(Boeing)과 캐터필러(Caterpillar), IBM과 같이 여러 국가에 진출해 있는 기업들을 떠올린다. 그러나 진정한 직업을 얻을 수 있는 기회는 작은 기업들에서 찾을 수 있을 것이다. 오늘날 미국의 3천만 개의 작은 기업들 중 오직 1퍼센트만이 수출하지만, 이들은 미국 전체 수출의 약 3분의 1을 차지한다.[10] 미국 상무부(U.S. Department of Commerce)는 많은 사람들이 원하는 수준까지는 아니지만, 미국 수출량을 상당히 증가시켰다.

글로벌 무역에 동참하는 것은 현지 시장에 대한 관찰, 경영 의사결정, 위험 부담을 수반한다. 고전적인 이야기로, 몇 년 전까지만 해도 아프리카 지역을 여행하는 대부분의 미국인은 아프리카에서 음료수에 얼음을 넣거나, 신선하게 음식을 보존하는 일들을 불가능하다고 생각했다. 한 여행자는 수백 마일 반경 안에 얼음 공장이 없나는 사실을 알고, 그것에 대한 시장의 잠재력이 매우 크다는 사실을 알았다. 그 사람은 미국에 돌아와서 투자자를 모은 후 아프리카로 돌아가 얼음 공장을 지었다. 처음에는 일이 순조롭지 않았다. 지역 실세들과 협상하는 고된 과정을 거쳐야 했다(그 지역의 상황을 잘 알고 있는 해당 지역 사람들이 협상에 참여하는 것이 종종 좋은 결과를 낳는다). 어쨌든 공장은 지어졌고 미래를 내다볼 줄 알았던 그 기업가는 자신의 아이디어에 대한 충분한 보상을 받았을 뿐만 아니라 그 지역 사람들도 그 기업가의 노력으로 원하던 것을 얻게 되었다.

펀코 팝!(Funko's Pop!) 장난감은 실물과 매우 흡사하지는 않지만, 이러한 머리가 큰 피규어들은 세계적인 센세이션을 일으켰다. 펀코의 장난감은 보통 유명한 가상의 캐릭터나 대중문화 아이콘의 모습을 하고 있으며, 이들은 전 세계 수집가들에게 널리 어필할 수 있다. 그 결과, 펀코는 매년 '팝!' 장난감 판매로 수천만 달러를 벌어들인다. 글로벌 수집품 시장에서의 이러한 모습이 여러분들에게 매력적으로 보이는가?

제품과 서비스를 수입하기

해외에서 대학교를 다니는 외국 학생들을 보면 모국에서 흔히 사용하였던 상품들을 유학 중인 국가에서 구할 수 없거나, 구할 수 있더라도 가격이 매우 비싸 당황스러

워하는 것을 볼 수 있다. 이러한 문제를 해결하기 위해 모국의 생산자와 협력하고 사업 시작 자금을 모아서 오랜 시간 노력한 결과, 많은 학생들이 학교를 다니면서 큰 수입상(importers)이 되는 경우가 많다.

스타벅스(Stacbucks)의 하워드 슐츠(Howard Schultz)는 이탈리아 밀라노(Milano)를 여행하면서 기회를 발견했다.[11] 슐츠는 그가 자주 갔던 곳의 커피와 에스프레소를 파는 가게들에 매료되었다. 그 곳의 분위기나 커피향이 좋았고, 무엇보다도 사람들이 함께 모여서 커뮤니티를 형성한다는 그 느낌이 좋았다. 그는 미국에도 이러한 장소가 있다면 매우 좋을 것이라고 생각했다. 1987년 슐츠는 시애틀(Seattle)에 스타벅스라는 커피점을 연 다음 자신의 구상을 실천에 옮겼다. 미국인들은 곧 '그란데 라떼(grande latte)'가 무엇인지 알게 되었다. 이탈리아 여행 35년 만인 2018년, 밀라노에 첫 번째 스타벅스 매장이 열림으로써 슐츠는 이탈리아에 스타벅스를 열겠다는 그의 꿈이 실현되는 것을 보았다.[12]

제품과 서비스를 수출하기

최초의 '맥주 순도법(라인하이츠거보트)'이 제정된 독일에서도 미국 기업들이 맥주를 팔 수 있을 것이라고 누가 생각이나 했을까? 뮌헨(Munich)의 가장 유명한 맥주홀과 가게 진열대들 중 일부는 사무엘 아담스 보스턴 라거(Samuel Adams Boston Lager)와 같은 미국 맥주를 제공한다. 미국의 양조업체 시에라 네바다(Sierra Nevada)는 독일의 비트버거(Bitburger) 양조장과 협력하여 옥토버페스트(Oktoberfest) 맥주를 생산하고 있다.[13] 이것이 여러분들을 놀라게 한다면 중동에서 모래를 판다고 상상해보라. 아부다비(Abu Dhabi)의 수영장 주인들은 수영장 필터에 사용되는 특별한 종류의 모래를 구입한다.

사실상, 미국에 있는 제품과 서비스는 어느 국가에서든 팔 수 있다. 때로는 경쟁도 국내에 비해 그다지 심하지 않다. 예를 들어, 눈을 치울 때 쓰는 삽을 길에 쌓여 있는 모래를 치우려는 사우디아라비아 사람들에게 팔 수 있다. 에어비앤비(Airbnb)는 샌프란시스코(San Francisco)에서 베이 지역(Bay Area)의 숙박 시설을 예약하고 등록하려는 사람들을 위한 커뮤니티 시장으로 시작했다. 그 후 회사는 전 세계 10만 개 이상의 도시에 예약 목록을 확장함으로써 5억 명의 손님을 모시는 310억 달러 규모의 회사로 성장했다.[14] 회사의 공동 설립자인 브라이언 체스키(Brian Chesky)는 사람들이 단순히 숙박하는 것이 아니라 사람들과 그들이 머물고 있는 문화와 연결되기를 원한다고 믿었다. 체스키의 철학과 창의적인 소셜 미디어 전략은 에어비앤비가 숙박 산업을 변화시키는 데 중요한 역할을 했다. '소셜미디어를 통한 연결' 글상자는 글로벌 비즈니스의 소셜 미디어 전략이 기업, 글로벌 성공에 얼마나 중요한지 강조한다.

수출은 미국 경제에 큰 활력을 준다. 피터슨 국제경제학연구소(the Peterson Institute for International Economics)의 프레드 버그스텐(C. Fred Bergsten) 소장은 미국 경제가 세계 경제와의 통합으로 인해 연간 1조 달러 너 부유해졌다고 말한다.[15] 또한, 그는 10억 달러의 추가 수출이 미국에서 약 7,000개가 넘는 직업을 만드는 것으로 추정하였다. 전반적으로 수출은 미국 GDP의 약 12%를 차지하고 1,150만 개의 일자리를 차지한다. 그러나 글로벌 시장에서 거래하고 글로벌 고객에 제품을 적응시키는 것은 결

소셜 미디어를 통한 연결

인플루언서의 말에 귀를 기울이는 글로벌 소비자

오늘날의 글로벌 비즈니스 환경에서 경쟁력을 유지하고자 모든 규모의 기업은 소셜 미디어 마케팅의 효율성을 개선하기 위해 노력하고 있다. 전문가들은 전 세계적으로 30억 명이 넘는 사람들이 인스타그램(Instagram), 유튜브(YouTube), 페이스북(Facebook)과 같은 소셜 네트워크에서 하루 최소 2시간을 보내는 것으로 추정한다. 이러한 디지털 플랫폼을 통해 소비자들은 브랜드에 대한 정보를 입소문을 통해 발견하고 공유할 수 있으며, 이는 전체 구매 결정의 20~50%에 해당할 정도로 영향을 미칠 수 있다. 그러나 끊임없이 진화하는 소셜 미디어 네트워킹의 세계에서 입소문은 친구와 가족의 추천을 넘어서 확장되어야 한다.

이것이 바로 온라인 인플루언서가 중요한 이유이다. 이들은 수백만에 달하는 소셜 미디어 팔로워를 보유하고 있어 수많은 팬에게 엄청난 영향을 준다. 실제로 최근 연구에 따르면 소비자의 절반이 구매 지침을 위해 인플루언서에게 의지하고, 그중 약 40퍼센트가 인플루언서의 직접적인 영향의 결과로 제품을 구매한다. 이러한 엄청난 소비자들에게 다가가기 위해 유명 브랜드는 인플루언서의 피드(feeds)에서 제품을 홍보하는 데 수십억 달러를 지불하고 있다. 일부 인플루언서는 너무 강력해져서 자체 브랜드 제품을 출시한다. 예를 들어, 유튜버 조이 석(Zoe Sugg)은 약 1,200만 명의 구독자에게 양초, 로션 및 액세서리 제품군을 판매한다. 이와 같이 인플루언서는 앞으로 마케팅과 제품 개발 모두에 계속해서 큰 영향을 미칠 것이다.

출처: "How Do Social Media Influencers Impact Global Business?," Aperian Global, aperianglobal.com, accessed February 2020; Joanna Carter, "Social Media Marketing Trends 2020," Smart Insights, smartinsights.com, accessed February 2020; Ortenca Aliaj, "Social Media Influencers Named as Stock Market Listing Factor," Financial Times, January 11, 2020; Deepa Prahalad and Ananthanarayanan V, "4 Questions to Boost Your Social Media Marketing," Harvard Business Review, January 17, 2020.

코 쉬운 일이 아니다. 또한, 이 장의 후반부에서는 어떠한 요인이 글로벌 무역에 영향을 미치는지를 토론할 것이다.

수출에 대해 자세히 알아보려면 국제무역관리국(export.gov)에 접속하여 '수출 방법 알아보기'를 클릭해보라. 더 상세한 정보를 얻으려면 미국 상무부(www.doc.gov), 수출관리국(www.bea.gov), 중소기업청(www.sba.gov), 중소수출업자협회(www.sbea.org)의 웹 사이트를 참조하면 될 것이다.

글로벌 무역의 측정

글로벌 무역의 측정을 위해 크게 무역수지와 국제수지 지표를 사용할 수 있다. **무역수지(balance of trade)**는 특정 기간에 수입한 총량에 대한 수출의 총량이다. **무역수지 흑자(trade surplus)**란 수출이 수입을 초과한 긍정적 상황을 말한다. 반대로 **무역수지 적자(trade deficit)**는 수입이 수출보다 많은 부정적 상황을 일컫는다. 수출이 수입보다 좋게 생각되는 이유는 간단하다. 만약 여러분이 200달러 정도의 물건을 팔고 100달러 정도의 물건을 샀다면, 다른 물건을 살 수 있는 100달러의 여유가 있는 것이다. 그러나 반대로 200달러짜리 새 물건을 사고, 가지고 있던 물건을 팔아 100달러만 벌었다면 자금의 여유가 없는 불리한 상황에 처하게 될 것이다.

무역수지
특정 기간의 수입에 대한 수출의 총량

무역수지 흑자
무역수지의 균형이 바람직하게 되는 것. 무역수지에서 수출이 수입을 초과했을 때를 말한다.

무역수지 적자
무역수지의 균형이 바람직하지 않게 되는 것. 무역수지에서 수입이 수출을 초과했을 때를 말한다.

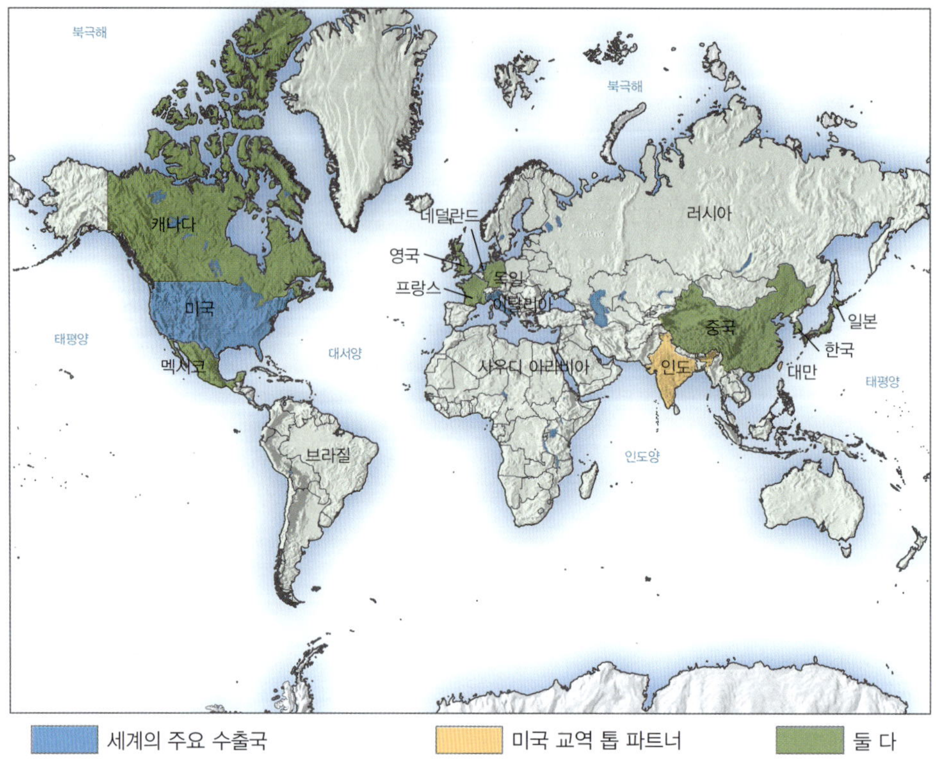

그림 3.3 세계의 주요 수출국과 미국의 교역 파트너

국제수지
수출로 인해 국내로 들어오는 돈의 유입량과 수입으로 인해 빠져 나가는 돈의 유출량 사이의 차이에 관광, 해외원조, 군비지출, 해외투자를 통해 발생되는 돈의 흐름을 가산한 것

국제수지(balance of payments)는 수출로 국내로 들어오는 돈과 수입으로 국내에서 빠져나가는 돈의 수량 차이에 관광, 해외원조, 군비지출, 해외투자 등의 돈 흐름을 더하거나 뺀 것을 말한다. 언제나 빠져나가는 돈보다 들어오는 돈이 많은 것이 국제수지 측면에서 좋을 것이다. 이러한 상태를 국제수지 흑자라 부른다. 반대로 부정적 상황인 국제수지 적자일 경우 들어오는 돈보다 나가는 돈이 더 많다.

과거에 미국은 수입보다는 수출되는 제품과 서비스가 더 많았다. 그러나 1975년 이후 미국은 수출보다 수입을 더 많이 하는 무역적자 상태에 처해 있다. 오늘날 미국은 중국과의 무역에서 가장 큰 무역적자를 겪고 있다.[16] 그럼에도 불구하고 미국이 전 세계에서 가장 수출을 많이 하는 국가가 될 수 있는 것은 중국, 독일이나 일본 등과 같은 국가들에 비해 수출이 차지하는 비중은 매우 낮기 때문이다(그림 3.3은 세계의 주요 수출국과 미국의 교역 파트너를 나타내고 있다).

덤핑
상품 가격을 국내보다 수출국 현지에서 더 낮추어 판매하는 행위

미국은 다른 국가들과 마찬가지로 자유무역의 증진을 위해 국제무역이 공정하게 진행되기를 원한다. 이를 위하여 여러 국가들은 덤핑과 같은 불공정 무역 행위를 법으로 규제한다. **덤핑(dumping)**은 수출하는 기업이 자국에서 물건을 팔 때와 비교해 턱없이 낮은 가격으로 수출국에서 물건을 판매하는 행위를 말한다. 이러한 전술은 재고량을 낮추거나 새로운 시장을 개척하기 위한 목적으로 행해진다. 또한 국내시장의 상품 판매량보다 더 많은 양을 국제시장에서 판매하기 위해 정부가 특정 산업에 보조금을 주고 있다는 증거도 있다. 예를 들어, 중국과 브라질은 미국에 철강을 덤핑한 것에 대해 제소당한 바 있다.[17] 미국의 반덤핑 법률은 상세하게 기준을 마련하여 수출되는 상품의 가격을 10퍼센트의 간접비(overhead costs)와 8퍼센트의 이익을 포함하여 정하도록 규정하고 있다.

지금까지 글로벌 무역에 사용되는 몇 가지 용어들을 이해했다면, 글로벌 시장에 진입하기 위해 차별화된 전략들을 앞으로 살펴볼 것이다. 먼저, 시작하기 전에 지금까지의 이해를 '시험 준비'를 통해 평가해보자.

시험 준비

- 미국 기업들이 글로벌 시장으로 사업을 확장하는 것을 지지하는 주요 근거 두 가지는 무엇인가?
- 비교우위는 무엇을 뜻하며, 실제 글로벌 시장에서 찾을 수 있는 예는 무엇이 있는가?
- 어떻게 무역수지와 국제수지가 결정되는가?
- 국제무역에서 덤핑이란 무엇인가?

학습목표 3-3 글로벌 시장에 진출하기 위해 사용되는 전략들과 다국적 기업의 역할을 설명할 수 있다.

글로벌 시장으로 가기 위한 전략들

기업들은 글로벌 시장에서 경쟁하기 위해 다양한 전략을 구사한다. 이 가운데 핵심적인 전략으로 라이선싱(licensing), 수출(exporting), 프랜차이징(franchising), 위탁제조(contract manufacturing), 국제적인 합작투자(joint ventures), 전략적 제휴(strategic alliances), 해외자회사(foreign subsidiaries), 해외직접투자(foreign direct investment)가 있다. 각각의 전략은 글로벌 시장 진출에 있어서 어느 정도의 관여도와 위험을 수반한다. 그림 3.4는 연속선상에서 각각의 전략을 취함에 따라 발생되는 관여도, 통제력, 위험, 잠재수익을 보여준다. 다음으로 넘어가기 전에 그림 3.4를 보고 잠시 생각해보라.

라이선싱

국내 기업(라이선스를 주는 측, 라이선서(Licensor))은 해외 기업(라이선스를 받는 측, 라이선시(Licensee))으로부터 로열티를 받고 자사의 상품을 제조하거나 상표를 사용할

그림 3.4
글로벌 시장에 대한 진출 전략

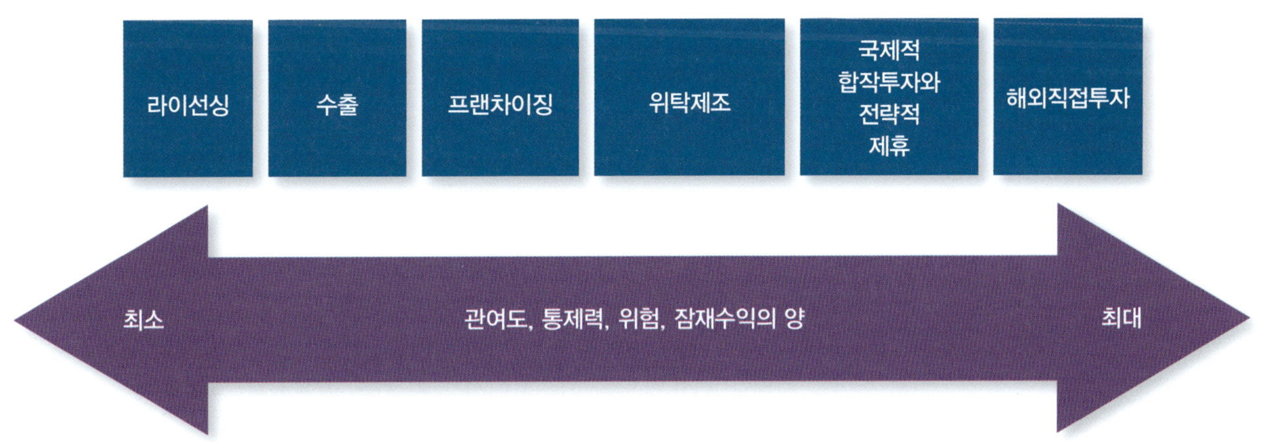

마블(Marvel)은 어벤져스(The Avengers)와 같은 성공적인 영화 프랜차이즈와 관련된 제품을 만들기 위해 많은 회사에 라이선스를 부여했다. 마블 라이선스 제품이 새로운 세대의 관객과 함께 세계적인 인기를 유지할 것이라고 생각하는가?

라이선싱
어떤 기업이 다른 해외 기업에 돈을 받고, 상품을 생산할 수 있도록 허가하는 것

수 있는 권리를 주어 글로벌 시장에서 경쟁력을 높일 수 있다. **라이선싱(licensing)**에 관심 있는 기업은 일반적으로 해외의 기업이 생산시설을 세울 수 있도록 기업의 대리인을 파견한다. 또한 라이선서는 상품 배급이나 판촉, 경영 컨설팅 등에 도움을 주기도 한다.

라이선싱 계약은 몇 가지 측면에서 기업에 이익이 된다. 우선, 라이선싱을 통해 일반적으로 자국 시장에서 얻을 수 없는 추가적인 수익을 확보할 수 있다. 또한 라이선스를 받는 해외 기업은 종종 영업을 시작하기 위한 제반 요소들–원재료 공급, 생산에 필요한 도구, 경영자문 서비스–을 갖추고 있지 못하기 때문에 라이선스를 주는 기업으로부터 이를 구입해야 한다. 코카콜라(Coca-Cola)는 매일 19억 인분의 자사 제품을 판매하는 장기 서비스 계약을 맺은 225개 이상의 라이선스 업체들과 글로벌 라이선스 계약을 체결했다.[18] 서비스 기반 회사도 라이선스에 적극적이다. 예를 들어, 미국 밖에 문을 연 최초의 디즈니 테마파크인 도쿄 디즈니랜드는 월트 디즈니 컴퍼니와의 라이선스 계약에 따라 오리엔탈 랜드(Oriental Land) 회사가 운영하고 있다. Disney는 약 550억 달러의 라이선스 제품을 보유한 세계 최대의 소비재 라이선스 제공자이다.[19]

라이선싱으로 얻을 수 있는 마지막 이익은 라이선스를 주는 기업이 상품을 생산하고 마케팅하는 과정에서 적은 비용을 지출한다는 점이다. 이러한 비용은 라이선스를 취득한 기업의 주머니에서 나온다. 그러므로 라이선스를 취득한 기업(Licensee)들은 자신들이 라이선스한 상품이 그들의 시장에서 성공하도록 아주 열심히 일하게 된다. 그러나 라이선스를 주는 기업도 문제점이 없는 것은 아니다. 한 가지 큰 문제는 라이선싱 권리들을 취득한 어떤 기업에 대해 20년 또는 더 길게 자사의 상품을 판매할 수 있도록 그냥 둘 수밖에 없다는 점이다. 만약 어떤 상품이 해외 시장에서 엄청난 인기를 누리게 되었을 때 이로 인한 막대한 수익은 결국 라이선스를 취득한 기업에 돌아간다. 아마도 더 심각한 위기는 실제로 라이선스를 주는 기업이 특정 상품 영역에서 축적된 경험을 판매한

변화에 적응하기 아치(Arches) 아래 옵션들의 세계

수십 년 동안 맥도날드(McDonald's)는 그 누구도 부인할 수 없는 글로벌 음식 프랜차이즈의 왕이었다. 이 패스트푸드 체인점은 매일 100개 이상의 국가의 36,000개 이상의 레스토랑에서 수천만 명의 고객에게 서비스를 제공한다. 그렇다면 맥도날드는 어떻게 세계 최강자가 되었을까? 물론 햄버거만 가지고 된 것은 아니다. 맥도날드는 해외 진출을 처음 시작할 때부터 기본적인 빅맥(Big Mac)과 감자튀김과 함께 지역의 맛을 메뉴에 담기 위해 신중을 기해 왔다. 예를 들어, 겨울 동안 일본 고객들은 튀긴 새우와 마카로니 패티에 소고기 소스를 얹은 샌드위치인 그라코로 버거(Gracoro Burger)를 주문할 수 있다. 독일에서는 빵에 세 개의 브랏부어스트(bratwurst) 소세지와 겨자 및 양파를 곁들인 맥넌버거(McNurnburger)를 판매한다. 필리핀 고객은 필리핀에서 가장 인기 있는 맥도날드 콤보 중 하나인 맥스파게티(McSpaghetti)와 함께 닭다리 튀김을 주문할 수도 있다. 다른 글로벌 품목들 또한 국가의 특정 관습 및 식단 제한을 충족한다. 인도에서 맥도날드는 메뉴에 쇠고기나 돼지고기를 포함하지 않음으로써 종교적 정서를 존중한다. 이로 인해 빅맥의 소고기 패티를 치킨으로 바꾸는 마하라자 맥(Maharaja Mac)과 인도 고객들에게 큰 인기를 얻은 프라이드 치즈 샌드위치인 맥스파이시 파니(McSpicy Paneer)와 같은 인기 상품들이 탄생했다.

그러나 맥도날드가 세계무내에서 하는 모든 움직임이 성공하는 것은 아니다. 2019년에 유럽연합(EU) 법원은 맥도날드가 아일랜드의 패스트푸드 체인점과 유사한 샌드위치를 판매하는 것을 막으려 한 후 회사가 '빅맥'에 대한 상표권을 상실했다고 판결했다. 회사는 앞으로도 세계시장에 적응하고 확장해 나가면서 이와 같은 도전에 더 직면할 수 있다.

출처: "McDonald's Loses 'Big Mac' Trademark Case to Irish Chain Supermac's," Reuters, reuters. com, January 15, 2019; M. Paramita Lin, "The Fried Paneer Sandwich Has Become a Cult Fast- Food Hit," The Takeout, thetakeout.com, January 16, 2019; Kenzie Osborne, "Top 25 International McDonald's Menu Items We Want in North America, Ranked," TheRecipe, therecipe.com, January 25, 2019; Anay Katyal and Meredith Cash, "15 McDonald's Fast-Food Items Everyone Should Try from around the World," Insider, insider.com, February 28, 2019; McDonald's, mcdonalds.com, accessed February 2020.

다는 사실에서 야기될 수 있다. 만약 라이선스를 받은 기업이 기술이나 상품과 관련된 각종 비밀들을 알게 된다면 그 외국 기업은 계약을 파기하고 라이선스를 받아 생산하던 제품과 유사한 제품을 자신의 브랜드로 생산할 수 있다. 이때 법적인 구제를 받지 못하면 라이선스를 주던 기업은 로열티를 더 이상 받지 못하게 될 뿐만 아니라 기업 비밀도 유출한 셈이 된다.

수출

국제 경쟁이 치열해짐에 따라 미국 상무부는 수출지원센터(EAC; Export Assistance Center)를 마련했다. EAC는 해외에 직접 제품과 서비스를 수출하려는 중소기업들에 적극적인 수출 지원과 무역에 따른 재무적 도움을 제공한다.[20] 외국과의 무역 관계를 구축하는 일을 여전히 주저하는 미국 기업들은 수출무역상(또는 수출관리상)이라 불리는 전문가들을 통해 간접 수출을 할 수 있는데, 이 전문가들은 바람직한 수출 관계가 구축되도록 다른 기업과 협상하는 일을 돕는다. 수출무역상은 여러 다른 국가에 퍼져 있는 구매자와 판매자를 연결해줄 뿐만 아니라 글로벌 시장에 진입하는 과정에 필요한 서비스(예를 들면, 세관, 무역 서류의 처리, 도량형의 변환 등)를 제공하여 고객 기업의 편의를 도모한다. 또한, 수출무역상은 수출업자들의 창고 저장, 고지서, 보험 관리 등을 도울 수 있다. 여러분이 글로벌 비즈니스에서 경력을 쌓을 생각이 있다면, 수출무역상은 종종 학생들을 대상으로 인턴십이나 시간제 근무 기회를 제공하므로 이를 고려해보는 것이 좋다.

공부하기가 지겹고 빨리 먹을 수 있는 간식을 원하는가? 그렇다면 장어, 홍합, 크림치즈, 올리브가 토핑으로 올라간 뜨거운 피자는 어떤가? 국제적 프랜차이즈들은 이처럼 다양한 입맛에 어필하는 피자를 세계 각국에서 판매한다. 어떻게 글로벌 시장에서 이러한 기업들이 제품들을 성공적으로 프랜차이징할 수 있을까?

프랜차이징

프랜차이징(franchising)이란 좋은 비즈니스 아이디어를 가진 사람이 특정 지역에 한정된 고객들을 대상으로 사전에 고안된 방식을 통해 자신의 비즈니스 이름을 사용하여 제품이나 서비스를 사용할 권리를 다른 사람에게 판매하는 것이다. 프랜차이징은 국내에서나 국외에서나 모두 활발하게 사용되고 있다. 우리는 5장에서 이를 더 자세히 공부하게 될 것이다. 서브웨이(Subway), 홀리데이 인(Holiday Inn), KFC 등 미국의 주요 프랜차이즈 업체들은 외국계 프랜차이즈 업체가 운영하는 글로벌 사업부가 많지만, 글로벌 프랜차이징은 대형 프랜차이즈에만 국한되지 않는다. 예를 들어, 미네소타(Minnesota)주 찬 하센(Chanhassen)에 있는 스냅 피트니스(Snap Fitness)는 26개국 2,500여 곳에 체육관과 피트니스 센터 체인점을 가지고 있다.[21] 뉴욕의 고급 여성 중심 부티크 피트니스 센터인 피지크 57(Physique 57)은 아부다비(Abu Dhabi), 방콕(Bangkok), 마닐라(Manila) 및 리야드(Riyadh)에 체인점을 열었다.[22] 미국 콜로라도(Colorado)에 기반을 둔 프리미엄 초콜릿 생산업체인 록키 마운틴 초콜렛 공장(Rocky Mountain Chocolate Factory)은 초콜릿을 고급 사치품으로 간주하는 아랍에미리트뿐만 아니라 캐나다, 일본, 한국, 필리핀에 프랜차이즈를 두고 있다.[23] 외국의 프랜차이즈도 미국 시장에서 성공을 경험했다. 일본의 구몬 수학(Kumon Math) & 리딩 센터(Reading Center)와 호주의 카트리지 월드(Catridge World)는 미국 소비자들로부터 장기적인 성공을 거두었다.

프랜차이즈는 서비스를 제공하는 국가에 제품이나 서비스를 적용할 때 주의해야 한다. 도미노 피자(Domino's Pizza)는 하루 평균 300만 개의 피자를 만들고 미국 외 85개국에 16,500개 이상의 매장을 운영하고 있다.[24] 불행히도 이러한 피자들의 토핑은 국가마다 다르다. 1,200개가 넘는 매장을 운영하는 인도에서는 카레가 필수다. 일본 고객들은 종종 피자에 해산물과 생선을 얹는 것을 선호하는데, 오징어와 달콤한 마요네즈 피자가 가장 선호된다. 던킨 브랜드(Dunkin' Brands's)의 도넛 홀은 전 세계 36개국, 1만 1,300여 개 매장에서 똑같아 보일지 모르지만, 현지 취향은 전혀 같지 않다.[25] 예를 들어, 중국에 있는 매장에서는 마른 돼지고기와 해초 도넛이 존재한다. 또 다른 글로벌 프랜차이즈 승자인 맥도날드(McDonald's)에 대한 '변화에 적응하기' 글상자를 읽어보아라.

위탁제조

위탁제조
외국 상품에 자사의 독자적인 브랜드 이름이나 상표를 부착해서 생산하는 것. 넓은 의미로 아웃소싱의 일종

위탁제조(contract manufacturing)는 외국 기업이 생산한 개별 제품에 자신의 브랜드와 상표를 부착하는 개념이다. 예를 들어, 위탁 제조업자는 델(Dell), 애플(Apple), IBM 같은 회사로부터 위탁받은 컴퓨터, 프린터, 스마트폰, 의료기기, 비행기 그리고 다양한 소비자 전자제품을 제작한다. 폭스콘(Foxconn)은 세계 최대의 위탁 제조업체이며, 아이폰(iPhone)과 마이크로소프트(Microsoft)의 엑스박스 원(Xbox One)과 같이 유명한

제품을 만든다. 나이키(Nike)는 전 세계에 모든 신발과 의류를 제조하는 525개의 위탁 공장을 두고 있다. 의료 기기 산업도 위탁 제조를 많이 사용한다. 의료 기기 위탁 제조는 2018년에 960억 달러 시장으로 성장했으며, 2026년까지 2,080억 달러로 성장할 것으로 예상된다.[26] 전 세계 위탁 제조는 거의 3,000억 달러 산업으로 추산된다.

위탁제조는 기업에 공장 설립과 같은 과중한 진입비용에 따른 부담을 주지 않고 새로운 시장을 경험할 기회를 제공한다. 만약 브랜드가 성공적으로 받아들여지면 그 기업은 목표 시장에 침투하는 데 수반되는 위험 수준을 낮추게 된다. 또한 기업은 위탁제조 방식을 단기적으로 운용하기도 한다. 예를 들면, 노동비가 아주 저렴한 지역의 다른 기업에 위탁제조를 하여 갑자기 증가되는 수요에 대응할 수 있다. 위탁제조는 넓은 의미로 아웃소싱(outsourcing)의 한 종류라고 볼 수 있으며, 이번 장에서 앞으로 더 깊이 논의될 것이다.

국제적 합작투자와 전략적 제휴

합작투자(joint venture)는 기본적으로 국적이 다른 둘 또는 그 이상의 기업들이 중심이 되어 한 프로젝트를 함께 수행하도록 파트너십을 맺는 것이다. 예를 들어, 2005년부터 홍콩에서 운영되고 있는 디즈니(Disney)와 국가 소유인 상하이 셴디 그룹(Shanghai Shendi Group)의 55억 달러 합작 투자는 2016년에 개장한 중국 최초의 디즈니랜드 테마파크를 설립하였다.[27]

합작투자
둘 또는 그 이상의 기업이 맺은 파트너십(흔히 서로 다른 국가에 있는 기업들이 공동 프로젝트를 수행하면서 결성)

다른 많은 이유로도 합작투자가 이루어진다. 스페인의 메리어트 국제 AC호텔(Marriott International and AC Hotels)은 10년 전 합작투자를 통해 AC호텔을 지어 세계적 입지를 넓히고 미래 성장을 확대하였다. 독특한 형태의 합작투자도 있다. 버브 서지컬(Verb Surgical)이라는 합작 투자에는 로봇 수술 기술을 개발하기 위해 거대 제약 회사인 존슨앤드존슨(Johnson & Johnson)과 구글(Google)의 모회사인 알파벳(Alphabet)이 참여했다.[28] 20년 전 피츠버그 대학 의료 센터(the University of Pittsburgh's Medical Center)와 이탈리아 정부 사이의 합작투자로 시칠리아(Sicily)에 새로운 의료 이식 센터를 건설했다.[29] 합작 투자에는 두 개의 경쟁 회사가 힘을 합치는 것도 포함될 수 있다. 독일의 자동차 대기업인 BMW와 일본 자동차 제조업체인 토요타(Toyota)는 새로운 2020 Toyota Supra와 BMW Z4 스포츠카를 만들기 위해 협력했다.[30] 이처럼 국제 합작 투자의 이점은 분명하다고 볼 수 있다.

1. 기술과 위험을 서로 공유
2. 마케팅 역량과 경영상의 경험을 공유
3. 종종 상품이 자국에서 생산되지 않으면 외국 기업의 진입을 허용하지 않는 국가의 진출

합작투자에 따른 단점이 분명하지 않더라도 중요하게 생각해보아야 한다. 우선, 한 파트너가 다른 편의 기술과 실무경험들을 배워 따로 기업을 만들고 자신의 이익만을 추구하기 위해 합작투자의 결과로 배운 것들을 사용할 수 있다. 또한 공유된 기술이 진부

미국은 해외 직접투자의 좋은 투자처로 알려져 왔다. 폭스바겐(Volkswagen), 도요타(Toyota), 혼다(Honda) 그리고 메르세데스와 같은 세계적 자동차 회사들은 미국 내에 공장 등의 시설을 건설하는 데 수백만 달러의 돈을 지출하고 있다. 테네시(Tennessee)주 채태누가(Chattanooga)에서 생산되는 폭스바겐은 미국 차인가, 아니면 독일 차인가?

해지거나 합작투자의 규모가 너무 커져 원래 기대했던 유연성을 제대로 발휘할 수 없는 경우도 생긴다.

때때로 파트너는 다양한 이유로 관계가 끊길 수 있다. 예를 들어, 후지필름(Fujifilm)과 제록스(Xerox)의 57년간의 합작회사인 '후지제록스'는 완전 합병 시도가 무산되면서 2019년에 막을 내렸다.[31)]

한편으로, 글로벌 시장은 전략적 제휴를 활성화시켰다. **전략적 제휴**(strategic alliance)란 둘 또는 그 이상의 기업들이 시장에서 경쟁우위를 구축하기 위해 서로 돕는 장기적 파트너십을 말한다. 그러나 합작투자와는 달리 전략적 제휴는 비용, 제반 위험, 경영과 관련된 사항이나 심지어 이익조차도 공유하지 않는다. 이러한 제휴는 국제시장에서 홀로 시작하였을 경우 겪을 시장, 자본, 기술적 전문성에 따른 어려움을 덜 수 있다. 게다가 전략적 제휴는 유연한 형태로 맺어질 수 있어 규모에 상관없이 다른 국가의 기업들을 효과적으로 연결할 수 있다. 미국 대형 유통업체 월마트(Walmart)와 일본 전자상거래 서비스업체 라쿠텐(Rakuten)이 전략적 제휴를 맺고 월마트의 일본 첫 전자상거래 매장인 '라쿠텐 이치바(Rakuten Ichiba)'를 오픈했다. 이 제휴는 월마트의 고품질 제품 제공 전문성과 라쿠텐의 온라인 상거래 강점, 일본 소비자에 대한 지식이 결합됐다.[32)]

전략적 제휴
시장 경쟁력을 가질 수 있도록 상호 협력하기로 한 둘 또는 그 이상의 기업들 사이의 장기적 파트너십

해외직접투자

해외직접투자(foreign direct investment)는 다른 국가에서 영구적으로 재산을 보유하여 비즈니스 행위를 하는 것이다. 가장 흔한 형태의 직접투자는 해외지사를 두는 것이다. **해외지사**(foreign subsidiary)란 모기업(parent company)이 해외에 설립하여 소유하는 기업을 말한다. 해외지사를 관리하는 본부 조직의 통제하에 국내 기업과 마찬가지로 생산, 물류, 촉진, 가격 결정을 비롯한 다른 사업상 기능들을 지사들이 자체적으로 운영하게 된다. 해외직접투자에 있어서 모기업이 위치해 있는 자국(home country)과 해외지사가 있는 현지국(host country)의 법적인 요구조건을 반드시 지켜야 한다.

해외직접투자
외국으로부터 영구적인 재산이나 사업체를 구입하는 행위

해외지사
모기업이 해외에 설립하여 소유하는 기업

해외지사를 두어 얻을 수 있는 주요 장점은 모기업이 소유한 어떠한 기술이나 경험도 완벽하게 통제된 상태로 유지할 수 있다는 것이다. 반면 모기업이 다른 국가의 경제 영역에서 대량의 자본과 기술 투자를 감행한다는 사실은 위험을 수반한다. 만약 현지 국가와의 관계가 나빠지면 외국 정부에 의해 기업의 자산이 빼앗길 수 있는데 그러한 경우를 공용징수(expropriation)라고 부른다. 스위스에 본사를 둔 네슬레(Nestlé)는 많은 해외지사와 2,000개 이상의 브랜드를 소유하고 있다. 이 소비재 대기업은 미국의 거버 베이비 푸드(Gerber Baby Foods), 랠스턴 퓨리나(Ralston Purina), 핫 포켓(Hot Pockets) 제조사인 셰프 아메리카(Chef America), 리비 푸드(Libby Foods), 드레이어스 · 하겐다즈(Dreyer's and Häagen-Dazs) 아이스크림과 같은 해외 자회사를 인수하는 데 수십억 달러를 썼다. 네슬레는 86개국에서 308,000명 이상의 직원을 고용하고 있으며, 전 세계 거의 모든 국가에서 사업을 운영하고 있다.[33)]

	회사명	매출액 (단위: 억 달러)	국가
1	월마트(Walmart)	5,000	미국
2	스테이트 그리드(State Grid)	3,490	중국
3	시노펙 그룹(Sinopec Group)	3,270	중국
4	중국 석유 천연가스 공사 (China National Petroleum)	3,260	중국
5	로열 더치 쉘(Royal Dutch Shell)	3,120	네덜란드
6	도요타 자동차(Toyota Motor)	2,650	일본
7	폭스바겐(Volkswagen)	2,600	독일
8	영국석유회사(BP)	2,450	영국
9	엑슨 모빌(Exxon Mobil)	2,440	미국
10	버크셔 해서웨이 (Berkshire Hathaway)	2,420	미국

그림 3.5
세계적인 다국적 기업
출처: Fortune, fortune.com, accessed January 2020.

네슬레는 **다국적 기업**(multinational corporation)으로서 여러 나라에 조직과 생산시설을 두고 국제적인 소유구조와 경영구조를 나타낸다. 네슬레는 다국적 기업의 전형적인 모습이지만, 거대 기업이 모두 다국적 기업은 아니다. 예를 들어, 사업을 하면서 생산되는 모든 상품을 수출하고 매출과 이익의 100퍼센트를 글로벌 시장에서 벌어들이지만, 여전히 다국적 기업이 아닌 경우도 있다. 물리적인 실체, 즉 생산능력을 나타내는 설비 같은 것이 여러 다른 국가에 위치하고 있을 때에만 우리는 이 기업을 다국적 기업이라고 부른다. 그림 3.5는 대표적인 10개의 다국적 기업을 보여준다.

다국적 기업
다국적으로 주식을 보유하고 초국가적인 경영을 하며, 다른 여러 국가에서 상품을 생산하고 마케팅하는 기업

해외직접투자 중에 현재 성장하고 있는 **국부펀드**(SWFs; sovereign wealth funds)라는 것이 있는데, 국부펀드란 정부에 의해 관리되는 투자자금으로서 특히 해외기업의 지분에 많은 투자를 하는 펀드이다. 아랍에미레이트 연방, 싱가포르, 중국 등의 국부펀드는 많은 미국 기업의 지분을 매입해왔다. 인구 수가 5백만 명인 노르웨이는 세계에서 가장 많은 국부펀드 재산인 1조 달러를 보유하고 있다.[34] 몇몇은 세계 총합 7조 달러가 넘는 국부펀드 규모와 정부 소유권은 국부펀드가 지정학적 목적 달성, 전략적 천연자원에 대한 통제권 확보, 민감한 첨단기술 획득 등에 사용될 수 있다는 우려를 표명하기도 했다. 지금까지는 이것이 문제되지는 않았다. 사실 2008년 세계금융위기 시기에 국부펀드에서 십 수억 달러를 시티그룹(Citigroup)이나 모건 스탠리(Morgan Stanley)와 같은 미국 기업에 투자하기도 하였다.

국부펀드
정부에 의해 관리되는 투자자금으로서 특히 해외 기업의 지분에 많은 투자를 하는 펀드

글로벌 비즈니스를 수행하기에 앞서서 어떻게 다른 시장에 진입할 것인가에 대한 전략이 수립되어야 한다. 전략의 차이는 결국 기업의 소유구조, 재무적 관여, 부담하는 위험의 정도를 다르게 만든다. 그러나 이것은 시작에 불과하다. 무엇보다 글로벌 무역에 대한 기업의 비즈니스 능력에 영향을 미칠 수 있는 시장의 핵심적인 요인들을 이해하는 것이 중요하다. 지금까지 배운 것을 잠깐 복습한 뒤, 이러한 요인들에 대해 살펴보자.

시험 준비

- 글로벌 시장에 진출할 때 라이선싱을 선택하는 것이 기업에 어떤 유리한 점이 있으며, 불리한 점은 무엇인가?
- 수출 무역상에 의해 흔히 제공되는 서비스는 무엇이 있는가?
- 합작투자와 전략적 제휴의 결정적 차이는 무엇인가?
- 다국적 기업이란 무엇인가?

학습목표 3-4 글로벌 시장에서 일어나는 거래 활동에 영향을 미치는 역학 관계에 대해 설명할 수 있다.

글로벌 무역에 영향을 미치는 요인들

글로벌 시장에서 성공하기 위한 장벽은 내수시장에 비해 더 높고 복잡하다. 이는 서로 다른 사회문화적 요인, 경제적 · 재무적 요인, 법 · 규제적 요인, 물리적 · 환경적 요인들의 차이들을 다룰 때 더 실감하게 된다. 이러한 요인들은 경험이 많은 글로벌 기업들에도 큰 영향을 미치는데, 각각의 요인을 분석해보기로 한다.

사회문화적 요인

문화라는 말은 가치, 신념, 규칙, 특정 사람들이 모여 만든 조직체를 집합적으로 일컫는다. 사회구조, 종교, 예절과 관습, 가치와 태도, 언어, 사적인 의사소통이 모두 문화에 포함된다. 만약 여러분이 글로벌 무역을 할 생각이라면 다른 국가들에 있어서의 문화적 차이를 이해하는 일은 매우 중요하다. 그러나 미국의 기업가들은 이러한 차이들을 무시하기로 악명이 높다. 사실상 미국 기업가들은 자민족 중심주의 경향을 지속적으로 보여왔다.

반대로 다른 국가의 기업들은 미국의 문화에 잘 순응하는 듯하다. 독일, 일본과 한국이 어떻게 효과적으로 미국인들이 원하는 바를 잘 이해하고 미국의 자동차 시장에 진출했는지를 생각해 보아야 한다. 2019년 미국에서 가장 많이 팔린 자동차 및 트럭 10대 중 6대가 일본 제품이었다. 독일 할인 식료품 체인점인 알디(Aldi)는 미국에서 계속 확장하고 있으며, 현재 1,900개 이상의 매장을 시작으로 2022년까지 2,500개로 확장할 계획이다.[35] 또 다른 독일의 할인 식료품 체인점인 리들(Lidl)은 2년 전에 미국 시장에 진출했으며, 약 100개의 미국 매장이 있다.[36] 전 세계적으로 수용함에도 불구하고 미국은 미터법을 준수하지 않고 있다. 라이베리아(Liberia)와 미얀마(Myanmar)는 미터법을 사용하지 않는 유일한 국가이다. 그렇다면 미국 기업이 세계 시장의 사회적, 문화적 차이에 적응하는 데 직면한 다른 장애물들을 살펴보자.

종교 역시 비즈니스를 수행할 때 고려해야 할 중요한 사회문화적 요소이다. 성공하기 위해서는 글로벌 기업이 비즈니스 의사 결정에 있어 종교적 영향을 인지하는 것이 필수적이다. 예를 들어, 이슬람교는 돼지고기를 먹는 것을 금지하고 힌두교도들은 소고기를 먹지 않는다. 이러한 종교적 규제는 특히 사우디아라비아와 인도와 같은 나라에서 도미노(Domino's)나 피자헛(Pizza Hut)과 같은 회사들이 따라야 하는 매우 중요한 종교

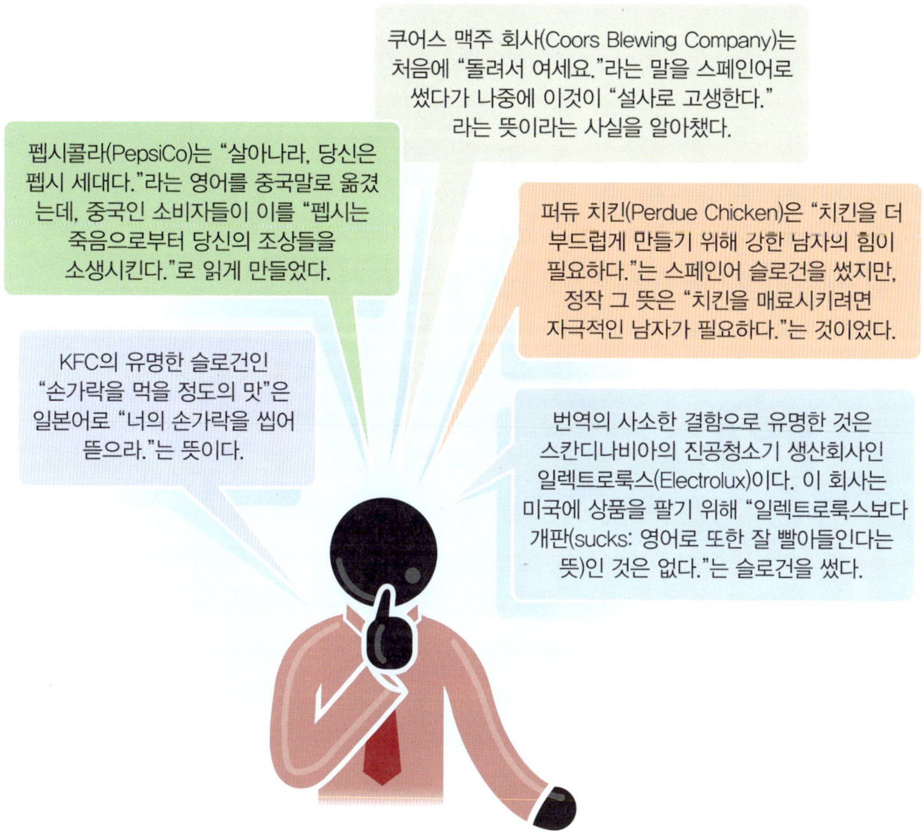

쿠어스 맥주 회사(Coors Blewing Company)는 처음에 "돌려서 여세요."라는 말을 스페인어로 썼다가 나중에 이것이 "설사로 고생한다." 라는 뜻이라는 사실을 알아챘다.

펩시콜라(PepsiCo)는 "살아나라, 당신은 펩시 세대다."라는 영어를 중국말로 옮겼는데, 중국인 소비자들이 이를 "펩시는 죽음으로부터 당신의 조상들을 소생시킨다."로 읽게 만들었다.

퍼듀 치킨(Perdue Chicken)은 "치킨을 더 부드럽게 만들기 위해 강한 남자의 힘이 필요하다."는 스페인어 슬로건을 썼지만, 정작 그 뜻은 "치킨을 매료시키려면 자극적인 남자가 필요하다."는 것이었다.

KFC의 유명한 슬로건인 "손가락을 먹을 정도의 맛"은 일본어로 "너의 손가락을 씹어 뜯으라."는 뜻이다.

번역의 사소한 결함으로 유명한 것은 스칸디나비아의 진공청소기 생산회사인 일렉트로룩스(Electrolux)이다. 이 회사는 미국에 상품을 팔기 위해 "일렉트로룩스보다 개판(sucks: 영어로 또한 잘 빨아들인다는 뜻)인 것은 없다."는 슬로건을 썼다.

그림 3.6 "이런, 우리가 이렇게 말했던가?"
글로벌 마케팅 전략을 실행하기란 매우 어렵다. 글로벌 시장에서 유명한 기업들이 처한 문제점들을 알아보자.

적 신념이다. 맥도날드(McDonald's)는 1994년 월드컵에서 종교적 신념 존중의 중요성을 배웠다. 식품 가방에 인쇄된 국기의 디자인에 샤하닷(이슬람 신앙 선언)이 포함되어 있었기 때문에 이슬람교도들은 깃발의 포장에 불쾌감을 느꼈다. 이슬람교도들은 그들의 성서를 뭉쳐서 버려서는 안 된다고 믿었다. 회사는 이 경험을 통해 세계 시장에서 종교적 의미를 이해하는 것이 중요하다는 귀중한 교훈을 배웠다.

한 비슷한 일화로, 미국인 경영자가 이슬람 계열의 국가인 파키스탄(Pakistan)에서 자신이 운영하는 공장을 방문했을 때 겪었던 일도 있다. 그는 공장이 제대로 돌아가고 있는 것을 확인하고, 사무실로 돌아가 향후 생산 계획에 대한 몇 가지 예측을 하고 있었다. 그런데 갑자기 모든 기계가 멈추었다. 그 경영자는 전기가 나갔다는 생각으로 급히 달려나갔지만, 곧 모든 공장 직원들이 기도를 올리느라 기계가 멈추었다는 것을 깨달았다. 무슬림은 하루에 다섯 번 기도를 올려야 한다는 점을 알고, 그 경영자는 사무실로 가서 생산 계획의 예측치를 하향 조정했다.

사회문화적 차이점을 이해하는 것은 직원들을 관리하는 데에도 역시 중요하다. 라틴 아메리카 지역에서 직원은 결정을 내리는 권한을 경영자가 가지고 있으며, 경영자가 자신의 복지를 책임져야 한다고 믿는다. 이러한 문화적 특성을 알지 못하고 직원들의 경영 참여를 생각했던 페루(Peru)의 한 미국인 경영자에게 무슨 일이 있어났을까? 이 경영자는 민주적인 참여 기회를 주면 생산성이 더 높아지리라 기대했다. 그러나 얼마 지나지 않아 직원들이 직장을 그만두기 시작했다. 왜 그러느냐고 물으니, 직원들은 새로 온 경

달러 가치가 올라가면 미국 소비자들의 입장에서 수입품과 해외 여행 경비가 저렴해진다. 반대로 해외 화폐와 비교해 달러 가치가 내려가면 해외 소비자들의 입장에서 미국 제품과 미국 여행 경비가 저렴해진다. 이 경우 사진에서 볼 수 있는 것과 같이 해외 관광객들이 상대적으로 높은 자국 화폐가치 덕분에 저렴한 비용에 미국 여행과 쇼핑을 즐길 수 있게 된다. 미국 수출업자들이 이익을 보는 것은 달러가치가 상승할 때인가, 아니면 하락할 때인가?

영자가 자신이 할 일을 잘 몰라 직원들에게 무엇이든 물어본다고 대답했다. 경영자가 무능력해서 기업이 곧 망할 것 같아 새로운 직장을 찾는 것이라고 했다.

오늘날조차도 다른 색의 꽃이 다른 문화에서는 다른 의미를 갖는다는 것조차 이해하지 못하는 것처럼 많은 미국 기업들이 여전히 글로벌 경영 마인드를 갖추지 못하고 있다. 바람직한 글로벌 경영철학은 다음과 같다. "한 국가에서 일하던 방식이 다른 국가에서도 통할 것이라고 절대 가정하지 마라." 인텔(Intel), 나이키(Nike), IBM, 애플(Apple), KFC, 월마트(Walmart)와 같은 기업들은 세계 각국에서 인정받는 브랜드를 개발해왔다. 그러나 이처럼 성공한 글로벌 비즈니스도 종종 어려움에 직면한다. 예를 들어, 광고의 번역과 관련된 기업의 어려움을 알고 싶다면 그림 3.6을 살펴보기 바란다.

경제적 · 재무적 요인

경제적 차이 또한 글로벌 비즈니스를 수행할 때 힘들게 느껴진다. 카타르(Qatar)는 일인당 연간소득이 13만 달러로 전 세계에서 가장 높다. 경제적으로 불우한 중앙아프리카 공화국(Central African Republic)의 경우 일인당 연간소득이 약 700달러로 전 세계에서 가장 낮은 수준이다.[37] 미국인들에게 껌을 포장 단위가 아닌 낱개로 살 수 있다는 생각은 하기 어렵다. 그러나 아이티(Haiti)와 같이 경제침체로 소비자들이 소량으로만 물건을 구매해야 하는 국가에서 이러한 구매행동은 보편적이다. 인도와 같이 13억이 넘는 인구를 가진 국가가 코카콜라(Coca-Cola) 같은 기업에는 꿈의 시장처럼 느껴지겠지만, 불행히도 사실은 그렇지 않다. 일 년간 인도 사람들이 소비하는 기호음료의 양은 미국의 5퍼센트 정도이며, 이는 대부분의 인도 사람들은 임금이 낮기 때문이다. 인도의 급성장 중인 미용 및 퍼스널 케어 시장도 마찬가지이다. 인도 사람들은 낮은 임금으로 인해 매우 소량의 제품을 구매하는 데 익숙하기 때문에 거대 화상품 기업인 에스티로더(Estée Lauder)와 로레알(L'Oréal)은 샘플 크기의 샴푸, 스킨 트리트먼트, 염색약 등을 소량으로 판매한다.[38] 재무적으로, 멕시코는 페소, 중국은 위안(인민폐로 알려져 있는), 한국은 원, 일본은 엔, 미국인들은 달러를 사용한다. 전 세계적으로 미국의 달러가 보편적이고 안정적으로 사용되는 것은 맞다. 그러나 이것이 달러의 시장 가치가 항상 유지된다는 것을 의미하지는 않는다. 오늘 국제 거래에서 1달러는 8페소에 교환되지만, 내일은 7페소에 교환될 수도 있다. **환율**(exchange rate)은 한 국가의 화폐가 다른 국가의 화폐와 교환될 수 있는 상대적 가치를 뜻한다.

환율
다른 국가의 통화와 비교한 한 국가의 화폐가치

환율변동은 글로벌 시장에 큰 영향력을 미칠 수 있다. 달러 가치가 높다는 것은 이전과 비교할 때 1달러로 더 많은 외국 화폐를 구입할 수 있다는 뜻이다. 따라서 이전에 구입하기 힘들었던 높은 가격의 외국 상품들을 더 적은 달러로 살 수 있게 된다. 그러나 이와 달리 해외에서 판매되는 미국 상품의 현지 가격은 치솟는다. 반대로 달러 가치가 떨어진다는 것은 1달러로 교환되는 외국 화폐의 양은 줄어들어 미국으로 수입되는 해외 상품의 가격이 높아지고 미국 기업이 해외에서 판매하는 상품의 가격은 떨어진다는 의미이다.

글로벌 재무시장은 변동환율제도(floating exchange rate)라고 불리는 환율 시스템에 따라 움직인다. 이때 '변동'이란 의미는 글로벌 시장에서 통화에 대한 수요와 공급의 변화에 따라 환율이 변화한다는 의미를 담고 있다. 수요와 공급을 만드는 주체는 국제외환딜러로 이들은 한 국가의 교역이나 장래 투자가치 등을 판단하여 각 국가의 화폐를 사고 판다.

화폐가치의 변동은 국제적으로 많은 문제를 일으킬 수 있다. 유니레버(Unilever), GE, 네슬레(Nestlé), GE, 소니, 나이키와 같은 글로벌 기업들을 생각해보자. 사업을 하는 여러 지역의 인건비는 화폐가치가 변동함에 따라 급격하게 변화되고 이는 각 국가마다 생산성의 오르내림을 반복하게 만드는 원인이 된다. 미네소타(Minnesota)주의 세인트폴(St. Paul)에 위치한 전 세계적으로 산업 접착제를 공급하는 H. B. 풀러(H.B. Fuller)와 같은 중견기업도 역시 환율변동의 영향에서 자유롭지 않다. 풀러는 43개국에 4,000명의 직원이 있으며, 이 기업도 마찬가지로 글로벌 시장에서 자신들의 이익을 추구하는 데 환율변동이 어떠한 영향을 미치는지를 배우게 되었다.

화폐가치 변동 문제는 특히 개발도상국에 심각한 영향을 미칠 수 있다. 어떤 때는 자국 상품이 잘 수출되도록 하기 위해 정부가 환율 문제에 개입하기도 한다. **평가절하**(devaluation)는 다른 국가와 비교하여 자국의 화폐가치를 일부러 떨어뜨리는 행위이다. 베네수엘라(Venezuela)는 2014년도에 평가절하를 통해 심각한 경제적 문제를 완화시키려고 하였다. 불행히도 이러한 움직임은 국가의 문제를 해결하는 데 거의 도움이 되

평가절하
다른 국가의 통화에 비해 자국 통화의 가치를 낮추는 일

지 않았다. 베네수엘라의 인플레이션은 2018년에 137만 퍼센트를 기록했다(2장을 참고하라).[39] 정부가 최저 임금을 계속 인상하고 있음에도 불구하고 한 달 치 일을 해도 2파운드의 쇠고기를 살 수 없다.[40] 어떤 경우에는 화폐가치가 전혀 없어 무역 자체가 물물교환(bartering) 방식으로 이루어질 수밖에 없는 때도 생긴다.

연계무역
몇몇 국가들 사이에서 일어나는 제품 대 제품, 제품 대 서비스, 서비스 대 서비스의 복잡한 형태를 보이는 물물교환

연계무역(countertrading)은 몇몇 국가가 참여하여 제품과 서비스를 상호 교환하는 약간 복잡한 방식의 물물교환이다. 자메이카(Jamaica)와 같은 개발도상국이 보크사이트(bauxite) 광물을 제공하는 방식으로 포드(Ford Motor Company)로부터 자동차를 들여오고 싶다고 하자. 그러나 포드는 보크사이트 대신 압축기를 받고 싶어할 수 있다. 연계무역 계약에 있어서 포드는 자메이카로 차를 보내는 대신 자메이카로부터 받은 보크사이트를 인도 등 다른 국가로 보낼 수 있다. 이때 인도는 포드가 필요로 하는 압축기를 공급할 수 있고 보크사이트에 대한 수요가 있다고 하자. 결국 연계무역은 재정문제와 화폐의 제약을 극복할 수 있어 삼자 모두에게 이익이 된다. 전 세계적으로 이루어지는 무역 중 약 20퍼센트 이상이 연계무역이며, 주로 개발도상국에서 나타난다.[41]

법 · 규제적 요인

어떠한 경제라도 비즈니스의 활동과 방향은 법규제 환경과 긴밀한 관련성을 가진다. 글로벌 시장에 있어 중앙에서 일원화된 법체계를 가지는 것이 아니기 때문에 서로 다른 법체계가 공존할 수 있다. 이 때문에 글로벌 비즈니스를 하려는 비즈니스인들은 서로 모순되는 법체계의 파고 속을 뚫고 나가야 하는 어려움에 직면한다. 독과점 규제법, 노동관계법, 특허, 저작권, 무역 관행, 세금, 제조물 책임, 어린이 노동, 감옥의 교도 노동 및 기타 이슈와 관련된 법적인 문제들이 국가마다 다르게 적용되고 있다. '윤리적 의사결정' 글상자는 다른 법체계가 존재하는 글로벌 시장에서 제품을 판매하는 것과 관련된 윤리적 문제를 제기한다.

국제적으로 거래를 할 때 미국 기업들은 미국의 법령을 따라야 한다. 하지만 1978년 제정된 해외부패관행법(Foreign Corrupt Practices Act)과 같은 미국 법령은 미국인 사업가들이 해외 기업과 경쟁할 때 불리하게 작용할 수 있다. 해외부패관행법은 비즈니스상 거래를 위해 해외 관료에게 의심스러운 형태로 돈을 지급하는 행위를 금지한다.[42] 문제는 이 법이 다른 여러 국가에서 행해지는 관행이나 믿음에 반한다는 것이다. 어떤 경우에는 부드럽게 계약을 성사하기 위해 뇌물을 주는 것이 용인될 뿐만 아니라 그것이 유일하게 선택할 수 있는 수단인 경우도 있다. 경제협력개발기구, 즉 OECD(Organization for Economic Cooperation and Development)와 국제투명성기구(Transparency International)는 해외 시장에서 겪게 되는 부패와 뇌물수수 행위를 근절하기 위한 범세계적 협력을 촉구하고 있지만, 그 성과는 미미하다.[43] 그림 3.7은 이러한 뇌물 등 부패 행위가 만연한 몇몇 국가들의 순위이다.

해외 시장에서 현지 사업가의 협력과 후원은 기업이 시장에 침투해 현지의 법 · 규제 · 관료 장벽에 대처하는 데 도움이 될 수 있다.

윤리적 의사결정 달콤한 꿈이냐, 악몽이냐?

당신은 아동 잠옷 제조업체인 달콤한 꿈(Sweet Dreams)의 최고 책임자로서 미국 소비자제품안전위원회(CPSC)로부터 여아용 잠옷에 사용된 원단이 안전하지 않다는 통보를 받았다. 위원회는 가스레인지에 너무 가까이 다가간 어린이의 잠옷이 불타올라 심하게 화상을 입은 후 제품에 대한 연구를 실시했다. CPSC는 사용된 재료가 미국 표준을 충족하기에 충분할 정도의 불이 잘 붙지 않는 기능이 없다고 판결했다. 따라서 귀사는 즉시 해당 제품의 판매를 중지하고, 제품 리콜을 실시하라는 지시를 받았다

잠옷이 인기 있고 시장에서 잘 팔리기 때문에 이것은 회사에 큰 타격이다. 또한, 현재 창고에 대량의 제품이 있어, 회사에 큰 재정적 손실이 발생할 가능성이 있다. 영업관리자는 다른 많은 국가에는 미국과 같이 엄격한 법이 없다는 사실을 상기시키며, 그는 제품을 덜 엄격한 제품 안전 규칙을 가진 국가로 수출하자고 제안한다. 제품을 다른 국가로 수출하면 재고 및 이익 문제를 해결할 수 있지만, 당신은 미국에서 안전하지 않은 것으로 간주하는 제품을 다른 국가의 어린이에게 보내는 것에 대해 고민한다. 각 대안의 결과는 무엇인가? 여러분들은 어떻게 할 것인가?

물리적 · 환경적 요인

글로벌 비즈니스에 영향을 미치는 또 다른 요인들 가운데 물리적 · 환경적 요인이 있다. 예를 들어, 몇몇 개발도상국에서는 너무 낙후된 물류시스템을 운용하고 있어서 글로벌 물류 흐름의 효율성을 떨어뜨린다. 특히 특정 시장으로 음식 등을 운반해서 판매하려고 한다면 더욱 문제가 될 수 있는데, 그 이유는 음식이 제때 도착하지 못하고 운송 과정에서 상해버리기 때문이다. 만약 오염이 심한 상 · 하수도 시설을 고려해 본다면 이와 같은 성격의 사업이 얼마나 심각한 문제에 직면하게 될지 알 수 있을 것이다.

기술적 차이가 수출되는 상품의 특성에 영향을 줄 수 있다는 점도 알아야 한다. 예를 들어, 대부분의 개발도상국 가정에는 미국 현지와 다른 전압의 가전제품이 갖추어져 있다. 많은 개발도상국의 컴퓨터 및 인터넷 사용은 클라우드 서비스의 사용으로 인해 향상되었지만, 소비자가 저렴한 노트북을 구입할 여력이 없기 때문에 여전히 선진국에 뒤쳐져 있다. 이러한 사실은 일반적으로 전자상거래와 같은 비즈니스 환경과 경제 발전에도 악영향을 준다.

1. 소말리아(Somalia)
2. 시리아(Syria)
3. 남수단(South Sudan)
4. 예멘(Yemen)
5. 북한(North Korea)
6. 수단(Sudan)
7. 기니비사우(Guinea-Bissau)
8. 적도 기니(Equatorial Guinea)
9. 아프가니스탄(Afghanistan)
10. 리비아(Libya)

그림 3.7 **기업부패가 가장 만연한 것으로 보고된 국가들 순위**

시험 준비

- 글로벌 무역 성공에 있어서의 주요 장애물 4가지는 무엇인가?
- 자민족 중심주의(ethnocentricity)의 의미는 무엇이며, 이는 국제적 성공에 어떠한 영향을 미치는가?
- 달러의 약세는 미국 수출에 어떠한 영향을 미치는가?
- 해외부패관행법(Foreign Corrupt Practices Act)이 금지하는 것은 무엇인가?

학습목표 3-5 보호무역의 장점과 단점에 대해 설명할 수 있다.

보호무역주의

앞서 살펴보았듯이, 사회문화적 · 경제적 · 재무적 · 법규제적 · 물리적 · 환경적 요인들

보호무역주의
정부가 규제를 통해 제품이나 서비스의 수입을 막는 것

관세
수입에 부과되는 세금

수입쿼터
한 국가가 수입하는 특정 범주에 있는 상품의 수입량을 제한하는 것

금수조치
특정 상품의 수입이나 수출에 대한 완전한 금지 또는 특정 국가와의 무역을 완전히 중단하는 행위

은 글로벌 무역을 수행할 때 중요하게 고려되어야 할 것들이다. 그러나 이보다 더 심각하게 생각되어야 할 것은 보호무역주의이다. **보호무역주의(trade protectionism)**란 제품과 서비스의 수입을 제한하는 정부의 규제를 의미한다. 보호무역주의를 옹호하는 사람들은 이와 같은 행위가 국내 기업가들의 생존과 번영에 긍정적인 결과를 가져오고 나아가 더 많은 직업을 창출할 것이라 믿는다. 다른 국가들의 경우에는 해외 기업과의 경쟁을 전반적으로 피하기 위해 보호무역주의를 행하기도 한다. 보호 무역주의가 글로벌 비즈니스에 미치는 영향을 이해하기 위해 우선 국제 경제사(global economic history)에 대해 간단하게 살펴보자.

비즈니스, 경제, 정치는 항상 가깝게 연결되어 있다. 지금 우리가 '경제'라고 부르는 것도 한때는 '정치경제'라고 불렸다. 이는 정치(정부)와 경제가 밀접하게 연관되어 있었다는 것을 의미한다. 17세기와 18세기에 기업가와 정부의 리더들 간에는 중상주의(mercantilism)라는 신념에 대한 합의가 있었다.[43] 간단하게 말해 중상주의는 다른 국가와의 교역에 있어서 수입을 제한함으로써 보다 많은 순수출을 추구하는 것이다. 중상주의자의 견해에 따르면 이러한 행위가 결국 국부를 늘리는 길이라는 것이다. 이러한 견해에 따라 정부는 수입품에 부과하는 세금인 **관세(tariff)**를 부과하게 되는데, 이러한 관세는 수입품의 가격을 더욱 비싸게 만든다.

관세는 보호관세와 수입관세로 나뉜다. 수입품에 세금을 부과하는 형식의 보호관세(protective tariffs)는 수입되는 제품의 소매가격을 인상시켜 국내 제품의 가격경쟁력을 높인다. 특히 국내의 산업 발전이 초기 단계에 있어 국내 기업이 해외의 기업들과 효과적으로 경쟁하지 못해 문을 닫는 경우, 그 결과로 직장을 잃는 국내 근로자가 생길 것이 분명하다면 정부는 보호관세를 선호할 수 있다. 수입관세(revenue tariffs)는 정부가 직접 돈을 걷는 것이다. 예를 들어, 미국으로 들어오는 수입품에 대한 관세는 미국 상무부(U.S. Commerce Department)를 대신하여 세관국경 보호국(Customs and Border Protection)에서 징수한다. 이 세금은 수입업자가 지불한다는 점에 유의하라. 이는 미국이 외국 상품에 관세를 부과할 경우 해당 외국 상품을 구매하는 미국 기업이 관세를 지불해야 함을 의미한다.[44]

수입쿼터(import quota)는 특정한 범주에 있는 상품의 수입량을 제한하는 것이다.[45] 미국은 자국 회사를 보호하고 일자리를 지키기 위해 설탕, 소고기 등 많은 수입품에 대해 수입쿼터를 시행하고 있다. 국가들은 특정 상품 수출을 금지하기도 한다. 반테러 법(antiterrorism laws)과 1979년 미 수출관리법(the U.S. Export Administration Act)은 국가안보를 해칠 수 있는 첨단 무기같은 것들의 수출을 금지하고 있다. **금수조치(embargo)**는 특정 상품의 수출이나 수입을 완전히 금지하거나 특정 국가와의 무역을 완전히 중단하는 것이다. 2019년 미국은 베네수엘라(Venezuela)에 대해 금수조치를 취했다. 이 조치로 인해 베네수엘라는 이란(Iran), 시리아(Syria), 북한(North Korea), 쿠바(Cuba)와 같이 미국의 금수조치 대상이 되었다.[46] 쿠바에 대한 금수조치는 1962년부터 존재해 왔다.

미국의 일부 노동자들은 증가하는 수입상품들 때문에 많은 일자리가 줄어가고 있다고 생각한다. 정부는 수입품에 관세를 부과하여 산업을 보호해야 하는가? 왜 그렇게 해야 하는가? 아니라면 왜 그러지 말아야 하는가?

2016년에는 일부 무역제한이 해제되고 외교 관계가 복원되었으나 2017년에 외교 관계가 다시 악화되어 쿠바에 대한 미국의 금수조치로 미래가 불투명해졌다.[47)]

몇몇 비관세 장벽은 관세나 수입쿼터, 금수조치처럼 구체적이거나 공식적으로 갖춰져 있지는 않으나 자유무역을 심각하게 위협할 수 있다. 예를 들어, 인도는 수입허가서, 까다로운 생산품에 대한 규제, 수입품 판매에 대한 긴 통관 절차 등 여러 가지 엄격한 표준을 마련해두고 있다. 중국은 정부 부문이 구입하는 품목 카탈로그에서 미국산 제품들을 의도적으로 제외시키기도 한다. 또한 상품이 자국에서 어떻게 판매되어야 하는지에 대해 구체적으로 명시하거나 특정 부분은 자국 생산품으로만 생산하게끔 규제함으로써 무역장벽을 세우기도 한다.

수출업자가 되고자 하는 사람들에게 앞에서 언급한 무역 장벽들은 아마도 글로벌 무역을 피해야 하는 이유들을 제공하는 것으로 보일지도 모른다. 그러나 여러분이 관세와 같은 무역 장벽을 극복한다면 새로운 비즈니스 기회를 만들 수 있을 것이다. 이제 국가 간 무역 장벽을 없애기 위해 노력하는 조직체와 각종 협약들을 살펴보자.

세계무역기구

1948년, 23개국의 지도자들은 제품과 서비스, 아이디어와 문화적인 프로그램에 관한 무역 제약들을 완화시키기 위한 국제적 포럼인 **관세무역일반협정**(GATT; General Agreement on Tariffs and Trade)을 출범시켰다. 1986년에는 무역협약을 구체적으로 손보기 위해 GATT 내에 우루과이 라운드가 열렸다. 8년간의 미팅 끝에 우루과이 라운드(the Uruguay Round)에 참여한 124개국은 GATT의 수정안에 표결했다. 새로 마련된 협약에 따르면 세계적으로 관세 비율은 평균 38퍼센트 이하로 낮추어야 하고 농업, 서비스업, 지적재산권 항목이 추가로 관리 대상에 편입되었다.

관세무역일반협정(GATT)
상호 무역에 관한 규제를 줄이기 위해 국제 협상 포럼에서 수립된 1948년의 협정

우루과이 라운드는 국가 간 무역 분쟁을 중재할 기구인 **세계무역기구**(WTO; World Trade Organization)를 만들었다. 스위스 제네바(Geneva)에 본부를 둔 WTO는 역외 무역 이슈와 글로벌 비즈니스 관행을 감독할 것을 목적으로 164개국 회원들로 구성된 독립 조직이다.[48)] WTO가 생기기 전에는 보통 무역 분쟁을 해결하는 데 수년이 걸렸다. 무역과 관련되어 회원국이 제기한 이슈들은 1년 이내에 WTO에 의해 결정이 나며, 회원국들은 결정에 항소할 수 있다.

세계무역기구(WTO)
관세무역일반협정을 대체한 국제 기구이며, 국가 간 무역 충돌을 중재하기 위해 노력함

WTO가 모든 글로벌 무역 문제를 해결한 것은 아니다. 실제로 WTO는 2015년 도하 라운드(the Doha Round) 협상이 끝난 이후 이렇다 할 무역협정을 맺지 못했다. 최근 WTO는 미국의 거센 비판을 받고 있다. 미국은 무역분쟁에 대한 최고 권위를 가지는 WTO 상소기구에 새로운 회원국을 임명하는 것을 막았다.[49)] 무역전쟁에 개입할 능력이 없다면 WTO의 존립이 무산될 수도 있다. 출범 이후 개발도상국(WTO 회원국의 80퍼센트)과 미국과 같은 선진국 사이에는 큰 격차가 지속되어 왔다.

공동시장

공동시장(common market **혹은 무역블록**(trading block))의 특징은 공동으로 적용되는 역외 관세가 존재하면서 연합체를 이루고 있는 국가들 간에는 통관 관세가 없다

공동시장
외부적으로는 공동관세를 부과하고 내부적으로는 관세를 철폐하여 무역을 촉진시키기 위한 법률을 조정하는 지역적인 국가 그룹을 말한다. 공동시장은 무역블록이라고 부른다. 유럽연합이 대표적인 예이다.

그림 3.8 유럽연합의 회원국들

현재 유럽연합 회원국들은 노란색으로 칠해져 있다. 회원국이 되고자 지원했던 국가들은 오렌지색으로 칠해져 있다.

는 점이다. 이들 국가 간의 교역을 지원하는 법률도 따로 있다. EU(European Union), ASEAN(the Association of Southeast Asian Nations), 메르코수르(Mercosur), COMESA(Common Market for Eastern and Southern Africa)가 대표적인 예이다.

EU는 1950년대에 여섯 개 국가의 무역 파트너십으로 시작되었다(이때 공동시장으로 알려져 나중에 유럽경제연합으로 변경된다). 오늘날 EU는 27개 회원국에 약 4억 7,700만 명이 넘는 인원이 포함되어 있으며, 18조 4,000억 달러의 GDP 규모를 가지고 있다[50](그림 3.8 참조). EU가 WTO 안의 연합이라고 보여지지만, 다섯 개 회원국(독일, 프랑스, 이탈리아, 스페인, 네덜란드)의 경제는 EU GDP의 3/4 이상을 차지한다.

영국은 4년 전 경제블록에서 탈퇴하기로 투표한 후 2020년 1월 31일에 공식적으로 유럽연합을 떠났다. 이 기념비적인 출발로 인해 영국과 대륙 사이의 40년 이상의 경제적, 정치적 협력은 끝났다. 영국이 EU를 떠난 것은 잘한 결정이었다고 생각하는가?

1999년에 EU는 유로화 출범을 고비로 큰 진전을 이루었다. 유로 덕분에 EU에서 비즈니스를 수행 시 환전의 필요성이 없어지자 수십억 달러가 절감되었으며, 19개의 회원국은 현재 유로를 공동 통화로 이용하고 있다. 2016년 영국은 EU 탈퇴(영국 Britain과 탈퇴 exit의 합성어인 브렉시트(Brexit)라고 불리는 조치)를 의결했다. 영국은 2020년에 공식적으로 탈퇴하면서 EU에서 탈퇴한 첫 번째 국가가 되었다.[51] 이것은 EU가 직면한 첫 번째 문제가 아니다. 이탈리아(Italy), 포르투갈(Portugal), 스페인(Spain), 특히 그리스(Greece)의 재정난은 구제금융 지원을 필요로 했다. 앞으로 EU는 많은 도전에 직면해 있다. 그럼에도 불구하고 주요 회원국들은 미국, 중국과 같은 주요 글로벌 경쟁자들과 세계적으로 경쟁하기 위한 최선의 전략으로 회원국 간의 경제 통합을 고려한다.

메르코수르는 브라질(Brazil), 아르헨티나(Argentina), 파라과이(Paraguay), 우루과이(Uruguay), 그리고 볼리비아(Bolivia), 칠레(Chile), 콜롬비아(Colombia), 에콰도르(Ecuador), 페루(Peru), 수리남(Suriname) 등 거의 3억 700만 명을 포함하는 무역 블록의 연합이다. 베네수엘라는 이전 회원국이었지만, 2016년 메르코수르에서 자격이 정지되었다. EU와 메르코수르는 2019년에 무역 협정을 체결했는데, 만일 EU가 비준하다면 세계 최대의 자유무역협정이 체결될 것이다.[52]

ASEAN 경제커뮤니티는 1967년 인도네시아(Indonesia), 말레이시아(Malaysia), 필리핀(Philippines), 싱가포르(Sigapore) 및 태국(Thailand) 간의 경제 협력을 위해 태국에서 설립되었다. 이후 브루나이(Brunei), 캄보디아(Cambodia), 라오스(Lao People's Democratic Republic), 미얀마(Myanmar), 베트남(Vietnam)이 추가로 ASEAN에 가입하였다. 이들 국가의 추가 가입으로 ASEAN은 6억 5,000만 명의 인구와 2조 9,000억 달러의 GDP 규모를 가지게 되었다.[53] AfCFTA(The African Continental Free Trade Area)는 회원국 기준으로 세계에서 가장 큰 자유무역지대이다. AfCFTA는 12억 이상의 인구, 성장하는 중산층, 그리고 총 3조 4,000억 달러의 GDP를 가진 아프리카 연합의 55개 회원국 모두를 하나로 묶는다. 2019년 아프리카 최대 경제국인 나이지리아(Nigeria)가 추가됨에 따라 2020년 아프리카 대륙의 경제 확장에 불을 붙일 전망이다.[54]

NAFTA와 미국–멕시코–캐나다

북미자유무역협정(NAFTA; North American Free Trade Agreement)은 미국, 캐나다, 멕시코 사이에 자유무역 지대를 형성하였다. 이 협정은 1993년에 통과된 이후 널리 논란이 되었고 종종 비판을 받았다. NAFTA를 반대하는 사람들은 미국 내의 실업이 증가하고 자본이 빠져나가는 등의 심각한 경제적 문제가 초래될 것이라고 경고했다. 반대로 지지자들은 NAFTA가 미국 수출을 위한 큰 시장 기회를 만들고 더 많은 일자리와 장기적인 시장 기회를 창출할 것이라고 주장했다.

북미자유무역협정(NAFTA)
미국, 캐나다, 멕시코 사이에 자유무역 지대를 만들기로 한 협정. 미국–멕시코–캐나다 협정(USMCA)보다 균형 잡히고 상호적인 무역을 만들기 위한 노력의 일환으로 NAFTA를 대체한 미국, 멕시코, 캐나다 간의 자유무역협정

NAFTA의 핵심 목적은 다음과 같다. (1) 무역장벽을 폐지하여 제품과 서비스의 이동을 촉진하는 것, (2) 공정한 경쟁이 이루어지도록 촉진하는 것, (3) 투자 기회를 증진시키는 것, (4) 효과적인 보호와 지적재산권(특허 및 저작권)의 강화를 추진하는 것, (5) 미래지향적인 지역 간 무역 협력을 위한 개념적 체계를 수립하는 것, (6) 북미 지역(특히, 멕시코)의 노동 조건을 개선시키는 것이다.

2018년에 미국, 멕시코, 캐나다의 정상들은 미국–멕시코–캐나다협정(USMCA: United States–Mexico–Canada Agreement)으로 알려진 NAFTA를 개정한 새로운 무역협정에 서명했다.[55] 새 협정은 2020년에 비준되었다. 세 나라는 여전히 협정이 발효되기 전에 요구 사항 목록을 충족시킬 필요가 있었다.

NAFTA 하에서 일자리 증가, 빈곤 퇴치, 환경 통제 개선, 멕시코와 미국 사이의 임금 격차 해소 시도는 대체로 실패했다. 불법 이민 또한 두 나라 사이의 주요 문제로 남아 있

었다.[56] USMCA는 이러한 과거의 단점을 개선하고 다음 영역에서 보다 균형 있고 상호적인 무역을 창출하려고 시도했다. (1) 자동차, 트럭 및 기타 제품에 대한 개선된 규제를 포함하여 미국 근로자를 위한 보다 공정한 경쟁의 장을 조성, (2) 북미 지역의 식품 및 농업 무역을 현대화하고 강화하여 미국 농부, 목장주 및 기타 농업 기업에 혜택을 제공하는 것, (3) 미국 지적 재산에 대한 새로운 보호와 미국 서비스 무역 기회를 통해 현대 경제를 지원하는 것, (4) 디지털 거래, 부패 방지 및 우수한 규제 관행을 다루는 새로운 규칙을 도입하는 것이다. 또한, USMCA는 중소기업이 이 협정의 혜택을 받을 수 있도록 지원하는 내용을 포함하고 있다.[57] USMCA가 이러한 숭고한 목표를 달성하는지 여부는 시간이 말해줄 것이다.

중미자유무역협정

미국은 자유무역에 전념하고 있다. 예를 들어, 2006년에 체결된 중미자유무역협정(CAFTA: Central American Free Trade Agreement)은 코스타리카(Costa Rica), 도미니카공화국(the Dominican Repuvlic), 엘살바도르(El Salvador), 과테말라(Guatemala), 니카라과(Nicaragua), 온두라스(Honduras) 등과 자유무역지대를 형성했으며, 오늘날까지도 잘 작동하고 있다. 미국은 또한 한국(South Korea), 호주(Australia)를 포함한 12개국과 자유무역협정을 맺고 있다.[58]

공동시장과 자유무역지대는 먼 미래에 논의될 것이다. 일부 경제학자들은 이러한 노력을 크게 칭찬하는 반면, 다른 경제학자들은 세계가 가난한 나라들과 개발도상국들을 배척할 주요 무역 블록들로 분열될 수 있다고 우려한다. 보호무역주의 정책이 커지고 있다는 우려도 나온다. 아래의 '시험 준비' 이후, 우리는 글로벌 무역의 미래를 살펴보고 아웃소싱 문제를 다룰 것이다.

시험 준비

- 보호무역주의와 관세의 장점과 단점은 무엇인가?
- 세계무역기구(WTO)의 주요 목적은 무엇인가?
- 유럽연합과 같은 공동시장의 주요 목적은 무엇인가?

학습목표 3-6 변화하고 있는 글로벌 시장과 역외 아웃소싱에 대해 설명할 수 있다.

글로벌 무역의 미래

글로벌 무역은 때로는 흥미롭고 때로는 도전적 정신을 불러일으키며, 계속 성장하고 있다. 기업들에 77억 명이 넘는 잠재고객들은 매우 매력적이다. 그러나 테러리즘, 핵 확산, 불량국가, 소득 불평등, 무역전쟁과 같은 이슈들은 글로벌 시장에 어두운 그림자를 드리우고 있다. 이제 글로벌 시장과 여러분의 비즈니스에 영향을 미치게 될 이슈들을 점검해보면서 이 장을 마무리하기로 한다.

14억이 넘는 인구와 탁월한 수출 기량을 기반으로 중국(China)은 경제 지도를 바꾸어 놓았다. 중국은 세계 최대의 수출국이며, 두 번째로 큰 경제규모를 가지고 있다. 얼마 전까지만 해도 중국에 대한 직접투자는 상당히 위험하다고 생각되어 가치 있게 여겨지지 않았다. 2018년, 중국은 1,360억 달러의 외국인 직접 투자를 유치했다. 오늘날 포춘지(Fortune) 선정 500대 기업(세계 최대 기업) 중 400개 이상이 중국에 투자했다. 중국은 2009년 이후 세계에서 가장 큰 자동차 시장이 되었다.[59] 월마트(Walmart)는 1996년에 중국에서 사업을 시작해서 현재 400개 이상의 매상을 보유하고 있고 더 많은 매장을 열 계획이다. 일부 경제학자들은 심지어 중국이 2020년 안에 미국을 제치고 세계 최대 경제 대국이 될 것이라고 예측하기도 한다.[60]

많은 사람들은 글로벌 투자자와 기업가들이 해당 국가들의 부를 창출하고 자유무역의 꿈을 충족시키는 대상으로 중국을 본다. 그러나 중국은 일당체제, 인권 침해, 통화 문제, 도시 인구의 증가, 금수조치, 고령화 등 해결해야 할 많은 과제를 갖고 있다. 해적판 상품과 위조 등 지하경제 또한 중대한 문제이다. WTO 가입 후 중국은 불법 복제와 위조에 강경한 태도를 취하고 있긴 하지만, 여전히 중국의 지하경제는 많은 위조품들을 생산하고 유통시키고 있다. 세계 경제가 계속 성장함에 있어서 미국, EU, 일본과 더불어 중국은 세계 경제 원동력의 한 축을 담당할 것이다.

중국으로 인해 아시아에 대한 관심이 집중되고 있지만, 다른 대륙의 중요성도 간과하지 말아야 한다. 예를 들어, 인도(India)의 인구 13억 6,000만 명은 엄청난 기회를 제공한다. 25세 미만 인구가 50%에 육박하는 가운데 인도 노동연령인구는 계속 늘어나는 반면, 미국, 중국, EU는 2020년대에 인구 감소와 고령화에 직면할 것으로 보인다. 실제로 인도는 2024년에 중국을 제치고 세계에서 가장 인구가 많은 나라가 될 것으로 예상된다. 인도는 정보기술(IT)과 생명공학 분야에서 견조한 성장세를 보였고, 2020년에는 제약 사업 규모가 550억 달러까지 성장할 것으로 전망된다. 인도 정부는 비즈니스하기 어려운 나라라는 국가 이미지를 바꾸려고 노력하고 있지만, 어려운 무역법과 융통성 없

중국의 경제는 성장을 거듭하고 있으며, 고등교육을 받은 중산층의 소비가 도시지역을 중심으로 크게 늘어나고 있다. 많은 사람들은 중국 경제가 지속적으로 빠르게 성장할 것이며, 국제 경제에서 중요한 역할을 계속해서 맡을 것이라고 믿는다. 미국 기업들은 중국 기업과의 경쟁에 대비가 되어 있는가?

는 관료주의가 계속해서 문제를 야기하고 있다.[61] 많은 경제학자들은 인도가 더 나은 시기를 맞이하기를 희망하고 있다.

이 중 5억7천5백 명이 25세 미만인데, 미국, 중국, EU 국가들은 2020년대에 노동 인구가 감소하는 반면에, 인도의 노동 인구는 여전히 증가할 것으로 보여진다.

러시아(Russia)와 브라질(Brazil)은 2025년까지 부유한 글로벌 경제가 될 것으로 예측되었다. 그러나 러시아의 경우, 세계 유가가 하락하고 정부가 향후 20년 동안 경제 성장 전망이 밝지 않다고 인정하면서 이러한 예측 전망이 둔화되었다. 설상가상으로 러시아는 정치, 통화 및 사회 문제로 어려움을 겪고 있으며, 국제 투명성기구(Transparency International)에 의해 세계에서 가장 부패한 주요 경제로 간주된다. 브라질은 잘 발달된 농업, 광업, 제조업, 서비스업과 함께 남미에서 1위, 세계에서 7위의 경제규모를 가지고 있다. 브라질은 러시아와 더불어 원자재 공급원으로 세계 시장을 지배할 것이라 예상됐다. 불행히도, 지난 몇 년은 광범위한 정치적 부패, 인플레이션, 그리고 느린 성장으로 브라질 경제에 힘든 시기였다.[62] 그럼에도 불구하고 2억 명이 넘는 인구의 성장하는 소비자 시장은 미국 및 중국과 같은 주요 수출국의 목표이다.

기회의 다른 영역으로는 아시아의 개발도상국들이 있다. 오늘날, 한국과 베트남은 대미 수출액에서 5위와 6위를 차지하고 있다. 미국의 중국과의 무역 갈등으로 두 국가와의 무역이 크게 증가하였다.[63] 경쟁하는 글로벌 생산자들 사이에서 양국의 잠재력은 간과되지 않았다. 세계에서 두 번째로 큰 운동용품 제조업체인 독일의 아디다스(Adidas)는 독일의 안스바흐(Ansbach)와 조지아(Georgia)주 애틀랜타(Atlanta) 교외에 있는 신발 시설을 폐쇄하고 베트남의 첨단 '스피드팩토리(speedfactory)'로 옮겨 신발 생산 자동화 기술을 시험하기로 결정했다.

아프리카는 이제 막 세계 경제 성장의 중심지로 부상하기 시작했으며, 동아프리카가 주요 성장 중심지가 될 것으로 예상된다. 보다시피 오늘날의 비즈니스는 진정으로 글로벌하며, 비즈니스에서 여러분들의 역할은 여러분들에게 달려 있다.

역외 아웃소싱의 당면 과제

아웃소싱
기업의 기능 중 생산 또는 회계 업무와 같은 일부 또는 모든 기능을 수행하기 위해 다른 회사(종종 다른 국가에서)와 계약을 맺는 것을 말한다.

아웃소싱(outsourcing)은 기업의 기능 중 일부 또는 전부를 다른 기업(주로 해외 기업)과 계약을 맺어 조달하는 것을 말한다. 미국에서는 예전부터 기업들이 임금 지급, 회계, 몇몇 생산과정과 관련된 업무를 아웃소싱해 왔다. 그런데 아웃소싱 대상 기업을 국내에서 저임금 해외시장으로 옮기는 '역외 아웃소싱(offshore outsourcing)'은 미국에서 많은 논란거리로 남아 있다. 역외 아웃소싱에 대한 찬성과 반대 입장을 그림 3.9에 정리해 두었다.

제조공정이 단순해지면서 리바이스(Levi-strauss)와 나이키 같은 미국 기업들은 제품생산을 해외에 아웃소싱해왔다. 오늘날 경제학자들은 우리가 역외 아웃소싱의 두 번째 물결을 맞이하고 있다고 주장한다. 즉, 단순제품조립에서 디자인과 건축 등으로 역외 아웃소싱의 대상이 옮겨가고 있는 것이다. 회계, 법률, 재무, 위험 관리, 건강관리, 정보기술과 같은 특정 교육을 필요로 하는 서비스 부문 직업에서 숙련되고 교육을 받은 중산층 근로자의 수가 증가하면서 해당 분야의 역외 아웃소싱이 증가하고 있다.

그림 3.9 **역외 아웃소싱에 대한 찬반 의견**

역외 아웃소싱를 통한 일자리 감소가 주요 관심사로 논의되고 있다. 오늘날 IBM은 미국보다 인도에 더 많은 직원을 두고 있다. 그러나 이것이 유일한 걱정거리가 아니다. 중국과 같은 국가는 장난감, 식품, 애완동물 사료 및 약품 제조 분야에서 안전하지 못한 환경을 보유하고 있다. 보잉(Boeing)의 787 드림라이너(Boeing 787 Dreamliner)는 공급망에서 아웃소싱된 불량 부품으로 인해 배터리와 전기 시스템에 문제가 생겼다. 일부 의료 제공자는 비용 절감을 위해 수술 절차를 인도와 같은 국가로 이전하고 있다. 동유럽, 인도, 중국 및 기타 신흥 아시아 국가는 역외 아웃소싱의 가장 인기 있는 위치이다.

기술적인 인재가 전 세계적으로 증가함에 따라 역외 아웃소싱이 증가하고 도전을 받을 것이다. 경쟁력을 유지하려면 미국 근로자가 현재 보유하고 있는 기술력을 유지하고 미래에도 앞서 나가기 위해 교육과 훈련이 매우 중요하다.

글로벌화와 여러분의 미래

여러분이 기업가나 관리자 또는 다른 형태의 비즈니스 리더가 되고자 노력하는지의 여부에 관계없이 여러분의 경력을 설계하는 데 글로벌화는 더욱 중요해지고 있다. 여러분은 외국어를 배우고, 외국의 문화를 익히며, 국제경영과 같은 비즈니스 과목을 배우면서 미래를 위한 글로벌 시각을 가질 수 있다. 이 책을 읽으면서 여러분은 두 가지를 기억하기 바란다. 세계화는 현실이며 경제적 경쟁은 더욱 심화될 것이라는 점이다.

또한 글로벌 시장의 잠재력은 규모가 큰 다국적 기업들에만 한정된 것이 아니라는 것을 기억하기 바란다. 때로는 중소기업이 더 많은 기회를 가질 수도 있다. 글로벌 시장으로 뛰어들기 위한 준비에 더 충실할 수 있고 관료제에 얽매여 있는 대기업들보다 더 빨리 이러한 기회를 잡을 수 있기 때문이다. 또한 프랜차이징이 글로벌 시장에서 보여줄 수 있는 잠재력을 기억하기 바란다. 우리는 5장에서 이를 더 자세하게 살펴볼 것이다.

시험 준비

- 세계 시장에서 비즈니스를 수행하는 데 주요한 위협은 무엇인가?
- 중국이 글로벌 경제 리더가 되기 전에 어떤 도전에 직면해야 하는가?
- 역외 아웃소싱을 할 때 우려할 점 두 가지는 무엇인가?

요약하기

학습목표 3-1 글로벌 시장이 중요한 이유와 경쟁 우위의 역할 그리고 글로벌 무역에 존재하는 절대적 우위에 대해 설명할 수 있다.

- **왜 국가는 다른 국가와 무역을 해야 하는가?**
  (1) 어떠한 국가도 독자적으로 생존하기에는 불충분한 여건에 놓여 있다.
  (2) 어떤 국가에서 특화되어 생산된 제품을 다른 국가가 필요로 한다.
  (3) 천연자원과 기술은 전 세계적으로 균등하게 분포되어 있지 않다.
- **비교우위론이란 무엇인가?**
  비교우위론이란 한 국가가 가장 효율적으로 생산할 수 있는 상품을 판매하고 덜 효율적인 상품을 수입하게 된다는 논리이다.
- **절대우위란 무엇인가?**
  절대우위는 어떤 국가가 특정한 상품을 다른 어떤 국가들보다도 효율적으로 생산할 수 있을 때 존재한다. 절대우위는 오늘날 글로벌 시장에서 그 예가 드물다.

학습목표 3-2 수입과 수출의 중요성과 글로벌 비즈니스에서 통용되는 핵심 개념들을 설명할 수 있다.

- **어떠한 종류의 상품이 수입되고 수출되는가?**
  어떠한 상품이든 수입되거나 수출될 수 있다. 그러나 세계 시장에 물건을 판매하는 것은 쉽지 않다.
- **세계 무역을 이해하는 데 중요한 용어는 무엇인가?**
  수출이란 다른 국가에 상품들을 판매하는 것이다. 수입이란 다른 국가로부터 상품들을 사는 것이다. 무역수지는 수입에 대한 수출의 관계를 뜻한다. 국제수지는 무역수지에 더해 관광이나 해외원조와 같은 다른 재화의 흐름을 더한 값이다. 덤핑은 자국보다 해외에서 더 싸게 물건을 판매하는 것이다. 다른 중요한 용어들을 알기 위해 이 요약 끝에 수록된 주요 용어를 참조하라.

학습목표 3-3 글로벌 시장에 진출하기 위해 사용되는 전략들과 다국적 기업의 역할을 설명할 수 있다.

- **기업은 어떠한 방법으로 세계 무역에 참여하는가?**
  라이선싱, 수출, 프랜차이징, 위탁제조, 합작투자와 전략적 제휴, 해외직접투자 등의 방법이 있다.
- **다국적 기업은 세계 무역에 참여하는 다른 기업과 어떻게 다른가?**
  수출과 수입만을 수행하는 기업들과는 달리, 다국적 기업은 제조설비를 비롯한 다른 유형적 자산을 해외에 두고 있다.

학습목표 3-4 글로벌 시장에서 일어나는 거래 활동에 영향을 미치는 역학 관계에 대해 설명할 수 있다.

- **글로벌 비즈니스를 방해하는 것들은 무엇인가?**
  세계 무역을 가로막는 잠재적 장애물에는 사회문화적 요소, 경제적 · 재무적 요소, 법규제적 요소, 물리적 · 환경적 요소 등이 있다.

학습목표 3-5 보호무역의 장점과 단점에 대해 설명할 수 있다.

- **보호무역주의는 무엇인가?**
  보호무역주의는 제품과 서비스의 수입을 제한하는 정부의 규제이다. 이를 지지하는 사람들은 보호무역이 자국 생산자들의 성장에 기여하고 더 많은 일자리를 만들 것이라 주장한다. 주요한 방법으로 관세, 수입쿼터, 금수조치가 있다.
- **관세란 무엇인가?**
  관세란 해외 상품에 부과되는 세금이다. 관세는 두 가지 종류로 나뉜다. ① 보호관세는 해외 상품의 가격을 올리는 효과를 가져와 자국 산업을 보호한다. ② 수입관세는 정부가 직접 일정 돈을 걷어들이는 것이다.
- **금수조치란 무엇인가?**
  금수조치란 특정 상품의 수입이나 수출을 금지하는 행위이다.
- **보호무역주의가 국내 생산자들에게 도움이 되는가?**
  이는 논쟁거리다. 그럴 수도 있고 그렇지 않을 수도 있다.
- **왜 정부는 보호무역 행위를 계속하는가?**
  보호무역주의는 중상주의로 촉발되어 지속되고 있다. 비록 그 형태는 달라질지라도 정부의 보호무역 행위가 사라지기는 쉽지 않다.

학습목표 3-6 변화하고 있는 글로벌 시장과 역외 아웃소싱에 대해 설명할 수 있다.

- **역외 아웃소싱이란 무엇인가? 왜 그것이 앞으로 중요한가?**
  아웃소싱이란 제품과 서비스를 자체적으로 구비하기보다 기업의 밖에서 구입하는 것이다. 오늘날 더 많은 기업이 제조 및 서비스 기능을 역외에서 아웃소싱하고 있다. 많은 사람들이 역외 아웃소싱으로 미국 내의 구직자들이 어려움을 겪고 제품의 질이 저하될 것이라고 두려워한다.

주요 용어 정리

절대우위(absolute advantage)
국제수지(balance of payments)
무역수지(balance of trade)
공동시장(common market)
비교우위론(comparative advantage theory)
위탁제조(contract manufacturing)
연계무역(countertrading)
평가절하(devaluation)
덤핑(dumping)
금수조치(embargo)
환율(exchange rate)
수출(exporting)
해외직접투자(FDI: Foreign Direct Investment)
해외지사(foreign subsidiary)
자유무역(free trade)
관세무역일반협정(GATT: General Agreement on Tariffs and Trade)
수입(importing)
수입쿼터(import quota)
합작투자(joint venture)

라이선싱(licensing)
다국적 기업(multinational corporation)
북미자유무역협정(NAFTA; North American Free Trade Agreement)
아웃소싱(outsourcing)
국부펀드(SWFs; sovereign wealth funds)
전략적 제휴(strategic alliance)
관세(tariff)
무역수지 적자(trade deficit)
보호무역주의(trade protectionism)
무역수지 흑자(trade surplus)
미국-멕시코-캐나다협정(USMCA: United States-Mexico-Canada Agreement)
세계무역기구(WTO; World Trade Organization)

사고력 문제

1. 세계 인구의 약 95퍼센트가 미국 외에 거주하고 있으나 많은 미국 기업들, 특히 중소기업들은 아직도 국제무역을 하지 않고 있다. 왜 그런가? 당신은 더 많은 중소기업들이 국제무역에 참여해야 한다고 생각하는가? 또는 그렇게 생각하지 않는가? 또한 그 이유는 무엇인가?
2. 삶의 질이 높은 미국과 같은 국가들은 산업화된 국가라고 일컫는다. 삶의 질이 낮은 국가들은 개발도상국이라고 말한다(다른 용어로 저개발국가로도 지칭한다). 개발도상국이 완전하게 산업화되지 못하는 이유는 무엇인가?
3. 글로벌 시장의 무역에 영향을 미치는 요소들에는 사회문화적 · 경제적 · 재무적 · 법규제적 · 물리적 · 환경적 요소들이 포함된다. 글로벌 시장에서 이러한 요소들로 인해 나타나는 예측하지 못한 문제들을 방지하기 위해 어떻게 비즈니스를 해야 하는가?
4. 오늘날 글로벌 시장에서 수입관세와 보호관세 사용을 어떻게 정당화할 수 있는가?

원리의 적용

목적

다양한 국가들의 환율 변동을 비교해 보고 그것이 글로벌 무역에 미치는 영향에 대해 예측한다.

연습

글로벌 무역을 하는 데 따르는 어려움 가운데 하나는 환율의 지속적 변동이다. 지난 30일 동안 얼마나 환율이 바뀌었는가? 다섯 개의 화폐를 골라 이를 알아보라(예를 들어, 유로, 영국 파운드, 일본의 엔, 멕시코의 페소, 사우디아라비아의 리알). 그리고 미국 달러화와 비교하여 각각의 환율을 기록하라. 이와 관련된 정보는 Yahoo Finance's Currency Center(http://finance.yahoo.com/currency)에서 찾을 수 있다. 기업을 하나 고르고 이 기업이 여러분이 고른 국가들에 무역을 한다고 했을 때 환율의 영향에 대해서 논하라.

직업기술의 개발

핵심: ● 팀 ★ 분석 ▲ 의사소통 ◘ 기술

●▲★ 1. 여러분의 생활에 직접적으로 영향을 주는 글로벌 영향력을 찾아보라. 여러분이 입고 있는 옷의 상표에 얼마나 많은 국가들의 이름이 적혀 있는가? 여러분 학교의 동료들이 얼마나 많은 언어를 사용하고 있는가? 여러분 동네에 다양한 국가에서 온 사람들이 경영하는 레스토랑의 이름을 나열해보라. 이것들은 가족기업인가 아닌가?

▲★ 2. 해외에서 상품을 수입하는 기업에 전화를 걸거나 이메일을 보내거나 방문해보라. 글로벌 무역에 대해 소유주나 경영자에게 물어보라. 그리고 장점과 단점

목록을 만들어보라. 조사에서 발견한 바를 학교 동료들과 비교해보라.

★ 3. 학교, 병원, 관공서, 공항과 같은 여러분의 고장에 있는 공공장소를 4~5군데 방문해보라. 얼마나 많은 외국어 표지판이 있는가? 화장실도 꼭 점검하라. 또한 브로슈어나 책자 등과 같은 다른 정보들도 외국어로 표현되어 있는지 확인해보라. 이러한 장소들에 서로 다른 국기들이 게양되어 있는가? 직원들이나 학생들의 다양성을 알아볼 수 있는 다른 방법은 무엇인가? 여러분의 조사가 자신이 살고 있는 고장의 어떠한 측면을 반영하고 있는가?

▲★ 4. 대표격으로 온 I.M.라이트(I.M.Wright) 씨가 여러분의 대학에서 관세에 관해 열정적으로 연설을 한다고 가정하자. 그는 관세의 정당성을 다음과 같이 말한다.

a. 초기 단계의 산업을 보호한다.
b. 미국인들에게 미국에서 생산된 제품을 사도록 독려한다. 왜냐하면 그렇게 하는 것이 애국적이니까.
c. 미국의 직업과 임금을 보호한다.
d. 우리에게 유리한 무역수지와 국제수지를 가져다 준다.

이상의 라이트 씨의 주장에 대해 당신은 찬성하는가? 각각의 주장들을 검토하고 정당한 것인지 아닌지를 확인하라. 여러분의 입장에 대한 근거를 제시하라.

●▲★ 5. 세 명의 동료들과 가상의 합작투자회사를 설립하고 특정 국가에 판매할 수 있도록 제품, 서비스, 아이디어를 선택하라. 여러분 팀의 구성원들이 선택한 국가의 시장과 관련된 글로벌 시장에 영향을 미치는 핵심 요소들을 고려하였는가? 각자가 발견한 바를 가지고 선택된 시장이 과연 비즈니스를 할 만한 가치가 있는지에 대해 설명을 해보라.

진로 탐색

만약 당신이 글로벌 비즈니스에서 경력을 쌓는데 관심이 있다면 몇 가지 고려할 사항이 있다. bls.gov에서 발간한 직업전망서(OOH; Occupational Outlook Handbook)을 통해 업무, 필요한 기술, 급여 및 기회 전망에 대해 알아보자.

- **관세 브로커**(Customs broker) – 연방 정부와 수출입 회사 사이의 연락 담당자 역할을 하며, 국경을 넘어 이동하는 제품의 물류를 처리한다.
- **번역가**(Translator) – 한 언어로 된 정보를 다른 언어로 변환한다.
- **도매 및 제조 영업 담당자**(Wholesale and manufacturing sales representative) – 도매업체 또는 제조업체를 위한 상품을 비즈니스, 정부기관 및 글로벌 시장의 기타 조직에 판매한다.
- **구매자 및 구매 대리인**(Buyer and purchasing agent) – 조직이 사용하거나 재판매할 수 있도록 제품 및 서비스를 구매한다. 공급자를 평가하고, 계약을 협상하고, 제품의 품질을 검토한다.

비디오 사례

도미노의 거친 세계

도미노(Domino's)라는 단어를 언급하면 아마도 피자 배달을 생각할 것이다. 미시간(Michigan)주 입실란티(Ypsilanti)의 작은 가게에서 시작한 이 회사는 당신에게 직접 배달되는 맛있고 뜨거운 피자를 약속하며 사업을 시작했다. 오늘날, 도미노는 80개가 넘는 국가에 지점이 있는 세계에서 가장 큰 피자 배달 체인점이다. 피자가 전 세계 어디에서나 똑같다고 생각할지도 모르지만, 지역의 취향과 풍습은 매우 다를 수 있다. 도미노의 성공은 다양한 고객에게 제품을 제공할 수 있는 능력에 기반을 두고 있다.

미주 및 글로벌 마케팅 부사장인 브라이언 트라이에(Brian Trier)는 도미노가 새로운 시장에 진입할 때 사용하는 전략을 설명한다. "우리가 새로운 시장에 진출할 때 가장 먼저 하는 일은 다음과 같은 중요한 질문에 답하는 것입니다. 지역의 취향은 무엇입니까? 그들은 무엇을 즐겨먹나요? 정확히 어떻게 먹나요? 그들은 그룹으로 식사합니까? 그들은 혼자서 먹습니까? 사람들은 하루 중 몇 시에 식사를 합니까?" 이것은 도미노가 글로벌 시장에서 성공하기를 기대한다면, 수용하고 해결해야 하는 질문과 과제이다.

도미노가 글로벌 시장을 공략할 때 해결해야 할 또 다른 주요한 문제는 수용 가능한 공급망의 가용성이다. 사실 트라이에에 따르면 이것은 회사의 가장 큰 과제이다. "우리는 현지 시장에서 이용 가능하고, 수용 가능한 품질의 제품이 있는지 확인해야 합니다. 적합한 제품이 없거나, 품질이 적절하지 않은 경우 회사는 제공할 수 있는 제품을 제한해야 합니다. 필요한 제품의 수량이 확보되는 것도 매우 중요합니다."

신중한 적응이 필요한 글로벌 기회의 좋은 예는 회사의 인도 진출이었다. 전통적으로 인도의 식단은 주로 채식주의였지만, 육류 소비는 점점 더 보편화되고 있었다. 고기 문제를 받아들이면서 도미노는 피자와 함께 돼지고기와 닭고기로 만든 페퍼로니를 모두 제공하는 한편, 소비자가 피자 재료를 쉽게 식별할 수 있도록 하는데 매우 주의를 기울였다. 회사는 인도가 향신료뿐만 아니라 채식주의자와 비채식주의자에 대해서도 남북 지역 사이에 매우 큰 지역적 차이가 있음을 발견했다. 도미노는 고객이 올바른 상자를 열 수 있도록 피자 상자 전면에 비채식주의자를 위한 제품의 경우 빨간색, 채식주의자를 위한 제품엔 녹색 스티커를 붙이는 것이 중요하다는 것을 알게 되었다.

특정한 지리적 위치와 문화의 요구에 맞게 메뉴 항목을 맞춤화하는 것은 매우 간단했다. 하지만 회사의 마케팅 방식을 조정하는 것은 조금 더 어려운 일이었다. 예를 들어, 한국에서는 고객에게 도미노의 여정을 소개하기 위해 연속극 시리즈를 제작했다. 한 커플이 도미노로 향하는 길에 만나 함께 길을 찾고, 결혼하고, 도미노 피자와 함께하는 삶을 그렸다. 대부분의 아시아인들은 빵과 치즈 제품을 즐겨먹지 않기 때문에 한국과 같은 아시아 문화는 도미노에게 어려웠다. 이에 도미노는 고객들에게 피자와 그 훌륭한 맛에 대해 교육하는 데 시간을 쏟았다. 도미노는 피자와 함께 라자냐, 샐러드, 치킨, 립 등의 제품을 선보였다.

터키는 또 다른 도전을 제시했다. 터키 소비자들은 피자에 고기가 많고 야채는 적기를 원했다. 또한, 사용되는 고기의 품질을 중요하게 생각했다. 따라서 터키에서 도미노 피자는 소비자가 자신의 집에서 굽는 것과 비슷한 고품질의 음식으로 인식되도록 두꺼운 고기 토핑을 제공한다.

피자는 전 세계에서 팔리고 있지만, 변화무쌍한 메뉴이다. 도미노는 자신들의 회사가 무엇보다도 가장 먼저 고품질 제품과 인정받는 배송 시스템을 기반으로 구축된 피자 회사임을 인식하고 있다. 또한, 전 세계 시장에 존재하는 다양한 차이에 대해 유연하게 대처해야 할 필요성 역시 분명히 이해하고 있다. 트라이에에 따르면 "제품을 현지 시장에 적용하는 것은 아마도 글로벌 시장에서 시장을 구축하고자 하는 모든 비즈니스에 가장 중요한 요소일 것입니다." 도미노는 이 원칙을 매우 잘 실천하고 있다.

다시 생각해보기

1. 글로벌 시장에서 도미노나 다른 주요 회사에 영향을 미치는 중요한 요인은 무엇인가?
2. 도미노가 글로벌 시장 진출을 결정하기 전에 신중하게 공급망의 잠재력을 고려하는 이유는 무엇인가?
3. 도미노가 다양한 세계 시장에서 직면할 수 있는 배달 문제는 무엇인가?

참조

1. World Atlas, worldatlas.com, accessed January 2020; U.S. Census Bureau, census.gov, accessed February 2020.
2. Ken Roberts, "Mexico Is Now Top Trade Partner, Ahead of China, Canada," April 26, 2019; Statista, statista.com, accessed January 2020.
3. James T. Areddy, "China's New Costco Draws Crowd," August 28, 2019; Andria Cheng, "Think the Fervor around Costco's First Store in China Is Fleeting? Think Again," August 28, 2019; "First-Ever Costco Thrives in China," investors.com, January 9, 2020.
4. Walmart, corporate.walmart.com, accessed October 2019; Alexandra Wexler, "PepsiCo Makes Push into Africa," July 21, 2019; Philip Georgiadis, "PepsiCo Plots Expansion in Africa with $1.7 Billion Deal," July 19, 2019; Janice Kew, "Walmart's South Africa Firm Plans Job Cuts in Profit Slump," bloomberg.com, January 13, 2020; Trefis Team, "How Important Is Europe & Sub-Saharan Africa for PepsiCo's Growth?," NASDAQ, nasdaq.com, January 13, 2020.
5. Major League Baseball International, mlb.com, accessed January 2020.
6. Kevin Patra, "NFL Unveils Dates, Times for 2019 International Games," NFL, nfl.com, April 17, 2019; NBA, global.nba.com, accessed January 2020.
7. Ian Thomas, "NBC Sports Plots Plan to Deepen Premier League Reach in U.S.," Front Office Sports, frntofficesports.com, August 9, 2019; John Ourand, "Sky Deal Gives NBC Higher-Quality Premier League Games," bizjournals.com, August 7, 2019.
8. Scott Lincicome, "The Case for Free Trade," nationalreview.com, May 2, 2019; Patricia M. Goff, "Trade and Culture: The Ongoing Debate," July 30, 2019; Fred P. Hochberg, "Let Trump Have His Trade Wars," usatoday.com, January 17, 2020.
9. Kimberly Amadeo, "Comparative Advantage Theory and Examples," thebalance.com, May 30, 2019; Jim Chappelow, "Who Was David Ricardo?," July 14, 2019; Tim Worstall, "Comparative Advantage Is Indeed Difficult," Adam Smith Institute, adamsmith.org, January 8, 2020.
10. "Facts & Data on Small Business and Entrepreneurship," Small Business & Entrepreneurship Council, sbecouncil.org, accessed January 2020.

11. Starbucks Coffee Company, starbucks.com, accessed January 2020.
12. Benjamin Romano, "Starbucks Reveals Opulent Store in Milan, the Culmination of Howard Schultz's Italian Dream," September 7, 2018; Claudia Romeo, "Inside Italy's Only Starbucks That's the Biggest in Europe and Serves Pizza and Cocktails," insider.com, August 6, 2019; "The Italian Market Potential for Coffee," Centre for the Promotion of Imports, cbi.eu, accessed January 2020.
13. Michael Gubisch, "Sierra Nevada to Restart Dornier 328 Production in Germany," flightglobal.com, August 15, 2019; "Sierra Nevada Collaborates with Bitburger Brewery on Oktoberfest Beer," B bevnet.com, May 8, 2019; Todd Alstrom, "The Year in Beer," beeradvocate.com, January 13, 2020.
14. "2020 Airbnb Update," Airbnb, news.airbnb.com, January 21, 2020.
15. C. Fred Bergsten, "Current Trade Policies and the US Economy," Peterson Institute for International Economics, piie.com, June 19, 2019.
16. Natasha Bach, "Trump's Plan to Reduce Trade Deficit Falters as It Hits an All-Time High Instead," March 6, 2019; Jim Tankersley and Ana Swanson, "In Blow to Trump, America's Trade Deficit in Goods Hits Record $891 Billion," March 6, 2019; Jeff Cox, "US Trade Deficit Falls More Than Expected to Hit Lowest Level since Trump Took Office," cnbc.com, January 7, 2020.
17. "US Imposes New Anti-Dumping Duties on Chinese Mattresses, Beer Kegs," cnbc.com, May 29, 2019; "U.S. Department of Commerce Initiates Antidumping Duty and Countervailing Duty Investigations of Imports of Forged Steel Fluid End Blocks from China, Germany, India, and Italy," U.S. Commerce Department, commerce.gov, January 9, 2020.
18. "The Coca-Cola System," The Coca-Cola Company, coca-colacompany.com, accessed January 2020.
19. Etan Vlessing, "Disney Consumer Products Hits $54.7 Bn in Retail Sales as Top Global Licensor of 2018," hollywoodreporter.com, August 8, 2019; Amy Watson, "Disney-Statistics & Facts," Statista, statista.com, September 26, 2019.
20. U.S. Commercial Service, export.gov, accessed January 2020; U.S. Small Business Administration, sba.gov, accessed January 2020.
21. "15 Years of Fit," Snap Fitness, snapfitness.com, accessed January 2020.
22. Maria Aspan, "Why the Founders of Physique 57 Are Determined to Bring Their New York Fitness Boutique to Saudi Arabia," March/April 2019.
23. Rocky Mountain Chocolate Factory, rmcf.com, accessed January 2020.
24. Domino's, biz.dominos.com, accessed January 2020.
25. Dunkin Brands, dunkindonuts.com, accessed January 2020.
26. "Medical Device Contract Manufacturing Update-Winter 2018-2019," Duff & Phelps, duffandphelps.com, accessed January 2020.
27. "For Disney, Its Shanghai Resort Is a Local Company," CBS News, April 26, 2018; Patrick Frater, "Disney to Open 'Zootopia' Land at Shanghai Theme Park," January 22, 2019; Brittani Tuttle, "Celebrate the Year of the Mouse with

Spring Festival at Shanghai Disney Resort," January 9, 2020.

28. "Did Johnson & Johnson Just Spit in Alphabet's Face?," orthofeed.com, February 16, 2019; Michelle Tindera, "Alphabet's Verb Surgical's CEO Exits, Health Robotics Startup Has Not Named a Replacement," January 18, 2019.
29. University of Pittsburgh Medical Center Italy, upmcitaly.it, accessed January 2020; Paul J. Gough, "UPMC Plans Second Hospital in Sicily," January 8, 2019.
30. Paul A. Eisenstein, "Behind the Scenes: How Toyota and BMW Teamed Up to Develop New Z4 and Supra, May 13, 2019; Edward Loh, "Why Toyota's Supra-Z4 Partnership with BMW Makes Sense," January 14, 2019; Curtis Moldrich and Jake Groves, "New Toyota Supra," magazine, carmagazine.co.uk, January 14, 2020.
31. Carol Lombardo, "Xerox to Sell Stake in Joint Venture to Fujifilm for about $2.3 Billion," November 5, 2019; O'Ryan Johnson, "Fujifilm to End 58-Year-Old Xerox Joint Venture in March 2021," The Channel Company, crn.com, January 7, 2020.
32. "First Walmart E-Commerce Store in Japan Officially Opens on Rakuten Ichiba," Rakuten, rakutentoday.com, February 15, 2019.
33. Nestlé SA, nestle.com, accessed January 2020.
34. "Top 83 Largest Sovereign Wealth Fund Rankings by Total Assets," Sovereign Wealth Fund Institute, swfinstitute.org, accessed January 2020.
35. Nathaniel Meyersohn, "How a Cheap, Brutally Efficient Grocery Chain Is Upending America's Supermarkets," cnn.com, May 17, 2019; Jaewon Kang, "Grocers Feel Heat from Two Overseas Rivals," October 16, 2019; Mike Troy, "Aldi Will Begin 2020 with Nearly 2000 Stores," November 12, 2019; "Aldi History," Aldi, corporate.aldi.us, accessed January 2020.
36. Eric Mandel, "Lidl to Invest $100M, Create 270 Jobs for Georgia Regional Distribution Center," bizjournals.com, January 3, 2020; lidl.com, accessed June 2020.
37. Jonathan Gregson, "The World's Richest and Poorest Countries," February 14, 2019; "Countries with the Lowest Incomes," accessed January 2020.
38. Jamie Matusow, "Innovation and Sustainability Drive L'Or□al's Packaging," January 30, 2017; Varuni Khosla and Rasul Bailay, "Indian Cosmetics Industry: Mini on Mind for Beauty Conscious," economictimes.indiatimes.com, accessed January 2020.
39. Siobhan O'Grady, "Venezuela's Crisis in Six Charts," January 26, 2019; Antonio Maria Delgado, "Venezuela Had a Brutal Year. The Outlook for 2019 Isn't Any Better, Experts Say," January 1, 2019; Steve Hanke, "Venezuela's Hyperinflation Hits 80,000 Percent per Year in 2018," January 1, 2019.
40. Max de Haldevang, "Inflation Causes Maduro to Raise Minimum Wage 67% but a Month of Work Still Can't Buy 1 Kg of Beef," qz.com, January 11, 2020.

41. World Trade Organization, wto.org, accessed January 2020.
42. Austen Hufford, "3M Probes Potential Anti-bribery Violations," July 29, 2019; U.S. Securities & Exchange Commission, sec.gov, accessed January 2020; Josh Wingrove, "White House Considers Changes to Law Banning Overseas Bribes," January 17, 2020.
43. Organization for Economic Cooperation and Development, oecd.org, accessed January 2020; Transparency International, transparency.org, accessed January 2020.
44. Jeanna Smialek and Ana Swanson, "American Consumers, Not China, Are Paying for Trump's Tariffs," nytimes.com, January 6, 2020; Michael Hiltzik, "Trump's China Trade Deal Doesn't Even Get Us Back to Square One, Despite Immense Cost," latimes.com, January 15, 2020; Gina Heeb, "Americans Have Paid an Extra $46 Billion in Tariffs Since the Start of the China Trade War," businessinsider.com, January 9, 2020; Rochelle Toplensky, "Tariffs Cost U.S. Consumers," January 15, 2020.
45. Kwanwoo Jun and William Mauldin, "U.S Dusts Off Quota Rules," May 13, 2019; "Quota Bulletin," U.S. Customs and Border Protection cbp.gov, accessed January 2020.
46. Vivian Salama, "U.S. Expands Sanctions against Venezuela into an Embargo," August 5, 2019; Michael Crowley and Anatoly Kurmanaev, "Trump Imposes New Sanctions on Venezuela," August 6, 2019; Anthony Faiola, "Madera Says He Is Still in Control in Venezuela, Ready for Direct Talks with the U.S.," January 18, 2020.
47. Council on Foreign Relations, cfr.org, accessed January 2020; Mimi Whitefield, "Trump Officials Say Cuba Meddles in Venezuela, but Havana Almost Ignored in Threat Report," miamiherald.com, February 1, 2019; Nora Gamez Torres, "Trump Readies New Sanctions on Cuba," miamiherald.com, December 30, 2019; Conor Finnegan, "US Further Restricts Air Travel to Cuba to Increase Pressure," abcnews.go.com, January 10, 2020.
48. World Trade Organization, wto.org, accessed January 2020.
49. Ana Swanson, "Trump Cripples WTO While Trade War Rages," December 8, 2019; Jacob M. Schlesinger, "Will the U.S. Bring Down the WTO?," December 1, 2019; Doug Palmer, "Trump's 2020 Trade Vision," politico.com, January 6, 2020.
50. "World Economic Outlook Database, April 2020," International Monetary Fund, IMF.org, accessed April 2020.
51. Benjamin Mueller, "What Is Brexit? A Simple Guide to Why It Matters and What Happens Next," January 30, 2019; Giles Turner, "Data Sharing Adds to the List of Brexit Challenges for UK and EU: Quick Take," February 15, 2019; Tariro Mzezewa, "How Brexit Will Affect Travel to the UK and Europe," January 16, 2020.

52. Claire Felter, Danielle Renwick, and Andrew Chatzky, "Mercosur: South America's Fractious Trade Block," Council on Foreign Relations, cfr.org, July 10, 2019; "EU–Mercosur Trade Deal Could Be Ready by Late 2020 in Best Case," Reuters, August 28, 2019; Associated Press, "Belgium Region 'Totally Opposes' Mercosur Trade Pact," ibt.com, January 20, 2020.
53. ASEAN Economic Community, asean.org, accessed January 2020.
54. Grace Shao, "What You Should Know about Africa's Massive, 54–Country Trade Bloc," cnbc.com, July 11, 2019; David Meyer, "The Largest Free Trade Deal in Nearly a Quarter–Century Seeks to Make Africa a Single Market," May 25, 2019; NAN, "Nigeria Undergoing Reforms for AfCFTA," January 6, 2020.
55. Niv Elis, "Grassley Signs USMCA, Sending It to Trump's Desk," thehill.com, January 22, 2020; Ana Swanson and Jim Tankersley, "Trump Just Signed USMCA. Here's What's in the New NAFTA," January 28, 2020; Michael Collins, "Trump Signs Revised Trade Deal with Mexico, Canada, but Shuts Democrats Out of Celebration," January 28, 2020.
56. Kimberly Amadeo, "NAFTA Pros and Cons," thebalance.com, December 14, 2019; John Burnett, "$11 Billion and Counting," National Public Radio, npr.org, January 19, 2020.
57. "United States–Mexico–Canada Trade Fact Sheet," Office of United States Trade Representative, ustr.gov, accessed February 2020.
58. Department of Commerce, International Trade Administration, trade.gov, accessed January 2020.
59. Robert Ferris, "China Annual Auto Sales Fall for First Time in about Two Decades with More Pain on the Way," cnbc.com, January 3, 2019; Yilei Sun and Brenda Goh, "Auto Industry Cautious as China Starts 2020 with a Forecast of a 2% Sales Decline," Reuters, January 12, 2020.
60. David Fickling, "China Could Outrun the U.S. Next Year. Or Never," bloomberg.com, March 8, 2019; Alexandra Stevenson, "China's Improving Economic Data Mask Deeper Problems," January 16, 2020.
61. Erich Bellman and Rajesh Roy, "India Sees Opportunity to Lure Big Companies from China," October 21, 2019; Newley Purnell, "Bezos Vows $1 Billion for Amazon in India," January 16, 2020.
62. "Brazil," country.eiu.com/brazil, accessed October 2019; "Brazil: Much Work Needs to Be Done," deloitte.com, accessed January 2020.
63. Karen Waksman, "Top Countries Exporting to the U.S.," thebalancesmb.com, December 11, 2019; Christian Smith, "Taiwan and South Korea Move to Expand Their Tech Influence as US–China Trade War Drags On," cnbc.com, January 11,2020

4

윤리적 행동과 사회적 책임

학 습 목 표

이 장을 학습한 후에 다음 질문에 답할 수 있어야 한다.

4-1 합법성이 왜 기업의 윤리적 활동의 첫 단계에 불과한지 설명할 수 있다.

4-2 잠재적으로 비윤리적일 수 있는 행동을 했을 때 제기해야 할 세 가지 질문에 대해 설명할 수 있다.

4-3 윤리규범을 세우는 데 있어 관리자의 역할이 무엇인지 설명할 수 있다.

4-4 준법 기반 윤리강령(compliance–based ethics codes)과 청렴 기반 윤리강령(integrity–based ethics codes)의 차이점을 설명하고, 기업의 윤리강령을 세우는 6단계를 설명할 수 있다.

4-5 기업의 사회적 책임(corporate social responsibility)에 대하여 정의하고 다양한 이해당사자(stakeholder)들이 져야 할 기업의 책임에 대해 설명할 수 있다.

4-6 글로벌 시장에서 윤리적 행동과 사회적 책임에 대하여 기업이 할 수 있는 역할에 대해 분석할 수 있다.

워터닷오알지 공동설립자인 맷 데이먼과 그레이 화이트에 대해 알아보자

고전시 '고대 항해사'에서 사무엘 테일러 콜리지(Samuel Taylor Coleridge)는 "물, 물, 어디에나 있으나 마실 수는 없다"라고 말하며 바다를 표류하다 갈증으로 죽어가는 선원들의 운명을 한탄했다. 물론, 요즘 선진국에서는 이 풍부해 보이는 자원의 유용성에 대해 많이 생각하는 사람들이 많지 않다. 미국에서는 물을 쉽게 구할 수 있지만, 다른 많은 곳에서는 그렇지 않다. 사실, 전 세계의 6억 6천 3백만 명의 사람들이 여전히 안전한 물에 접근하지 못하고 있고, 세 명 중 한 명(24억 명)은 화장실을 가지고 있지 않다.

수십억 명의 건강과 복지를 해치는 것 외에도, 깨끗한 물의 부족은 경제 성장에 엄청난 장애물을 만든다. 많은 가난한 나라에서, 여성과 학령기 어린이들은 가족을 위해 깨끗한 물을 찾고 모아야 한다. 전문가들은 어린 소녀와 여성들이 집에서 멀리 떨어진 수원지에서 깨끗한 물을 모으는 데 매일 2억 시간을 보낸다고 추정한다. 이러한 부담은 어린 소녀들이 학교에 다니지 못하게 하고 그들의 현재 삶을 뛰어넘는 미래를 성취하는 것을 방해한다.

비영리 단체인 워터닷오알지(Water.org)의 공동 창립자이자 배우인 맷 데이먼(Matt Damon)은 "사람들이 그것을 앗아가는 잠재력이 있는가?"라고 말했다. "만약 여러분이 가족을 위해 물을 모으는 일을 하기 때문에 학교에 갈 수 없고 온종일 물을 뒤지며 시간을 보낸다면, 여러분의 삶에 어떤 결과를 기대할 수 있을까? 물론 당신은 당신의 잠재력에 부응하지 못할 것이다"라고 말했다. 데이먼이 이 문제를 처음 알게 되었을 때, 그는 H20 아프리카라고 불리는 비영리 단체를 만들기 위해 그의 자원과 영향력을 사용했다. 그러던 중 그는 20년 이상 자신만의 깨끗한 물 조직을 운영해 온 사업가이자 기술자인 게리 화이트(Grey White)를 만났다. 2009년, 두 사람은 워터닷오알지라는 비영리 단체를 결성했는데, 이 단체는 가족들이 소액 대출에 접근하여 그들만의 물 운영 자금을 조달할 수 있도록 돕고 있다.

이 단체의 도움을 받는 가정들은 일반적으로 여과 시스템, 화장실 또는 물받이 탱크를 사기 위해 200달러에서 300달러가 필요하다. 그러나 워터닷오알지가 처음 출시되었을 때, 소액 금융 파트너들은 엄청난 수요를 따라잡기가 어렵다는 것을 알았다. 이는 소액 금융 시스템에 더 많은 자본을 창출한다면 더 많은 가족을 도울 수 있다는 것을 인식한 데이먼과 화이트를 좌절시켰다. 그래서 장비에 대한 돈을 확보하기 위해 Water.org는 뱅크 오브 아메리카(Bank of America), 타깃(Target), 이케아 재단(IKEA Foundation) 그리고 다른 많은 회사들에 자금 지원을 요청했다.

그러나 데이먼과 화이트는 단순히 기부를 요청하기보다는 다양한 사업에 투자하기 위해 워터이퀴티(WaterEquity)라고 불리는 별도의 비영리 단체를 만들었다. 이 기구는 5천만 달러 이상을 모금하고 있으며, 투자자들에게 연간 3.5%의 수익을 제공하고 있는데, 이는 사모펀드를 통해 달성할 수 있는 수익률보다 낮은 수치이다. 워터닷오알지는 투자자들에게 모든 수익을 전하지 않고 수백만 명의 불우한 사람들에게 그 돈을 제공한다. 화이트는 "저희는 이 자금을 취해서 물과 위생 면에서 가난한 사람들에게 봉사하는 기업에 투자하고 있다"고 말했다.

이 비즈니스 모델을 사용하여 워터닷오알지의 목표는 7년 동안 460만 명의 사람들에게 깨끗한 물과 위생 시설을 제공하는 것이다. 이 단체는 이미 1,600만 명 이상의 사람들에게 물 구제를 제공했으며, 그들 중 대다수는 초기 대출금을 갚았다. 데이먼은 "이 대출금의 원금 회수율은 97~99%"라고 말했다. 그리고 더 많은 소비자들이 기업들이 사회적 책임을 지도록 압박함에 따라, 워터닷오알지의 가치 있는 목표는 앞으로 몇 년 동안 그 조직의 기업 자금 제공자들에게 매력적으로 간주될 것이다.

맷 데이먼과 게리 화이트와 같은 윤리적인 기업인들에게는 피드백과 협력을 받고 결과를 보는 것이 그들 사업의 가장 좋은 부분이다. 이 장에서는 고객, 투자자, 직원 및 사회와 같은 이해관계자에 대한 기업의 책임을 살펴본다. 또한, 우리는 개인의 책임도 살펴본다. 결국, 워터닷오알지와 같은 회사들은 사업 임무에 관련된 모든 사람들의 책임 있는 행동과 헌신에 의존하고 있다.

출처: "Beckie Strum, "Water Solutions: How a Hollywood A-lister Teamed Up with a Social Entrepreneur on a Mission to End the Global Water Crisis," PENTA, March 2019; Devin Thorpe, "Matt Damon's Water Charity Takes Impact Investing Plunge," Forbes, December 19, 2018; Catherine Clifford, "Matt Damon: A Million People a Year Die 'Completely Needlessly' from Lack of Clean Water," CNBC, CNBC. com, March 22, 2018; Barbara Booth, "Matt Damon's Water Crusade Has Helped 16 Million People So Far," CNBC, CNBC.com, January 24, 2019; water. org, accessed February 2020; Water Equity, waterequity.org, accessed February 2020.

Let's talk business!
bit.ly/LetsTalkBusiness4

이 의류 회사는 경기침체를 반전시키는 데 도움을 주고 있다. 시간, 서비스, 그리고 적어도 기부함으로써 지구의 환경 건강, 전 세계 환경단체에 대한 매출의 1%를 차지했다. 이 회사의 이름은 무엇인가? (이 장 안에서 답을 찾으라.)

학습목표 4-1 합법성이 왜 윤리적 행동의 첫 단계에 불과한지 설명할 수 있다.

윤리는 합법성보다 더 중요하다

2000년대 초에, 미국인들은 엔론(Enron)이 부채와 손실을 감추기 위해서 장부 외 거래를 해왔다는 것을 알고 충격에 휩싸였다. 엔론의 불명예는 곧 월드콤(Worldcom), 타이코 인터내셔널(Tyco International), 리만 브라더스(Lehman Brothers)와 같은 주요 대기업의 스캔들로 이어졌다. (가장 큰 기업 스캔들 요약은 그림 4.1을 참고하라.) 탐욕스러운 대출업자와 임대업자들도 마찬가지로 부동산, 모기지, 은행업계를 2008년에 미국 전역 및 세계 경제를 재정 위기로 내몰았다.[1]

이렇게 윤리적인 타락이 보편화되어 간다면, 자유시장 체제와 비즈니스 리더들에 대한 신뢰를 어떻게 회복할 수 있을까? 우선 법을 위반한 사람은 그에 상응하는 죗값을 치러야 한다. 회계 기록을 보다 투명하게 하고(읽기 쉽고 이해하기 쉽도록) 기업인 및 기타

소비자금융보호국은 2016년 웰스파고(Wells Fargo)가 150만 개가 넘는 가짜 계좌와 50만 장의 사기 신용카드를 자신도 모르게 만든 혐의로 벌금 1억 8,500만 달러를 부과했다. 이로 인해 금융 서비스 회사와 관련된 다른 수많은 스캔들에 대해 광범위한 관심이 모아졌고, 웰스파고는 소송 합의금으로 수십억 달러를 지불하게 되었다.

그림 4.1 대형 기업스캔들 사례

회사	무슨 일이 있었는가?	결과
엔론 (Enron Corporation)	전 CEO 케네스 레이(Kenneth Lay), CFO 앤드류 패스트우(Andrew Fastow), CEO 제리 스킬링(Jerrey Skilling)은 수십억 달러의 부채를 엔론의 대차대조표에서 옮겨 회사의 주식과 채권 가격을 인위적으로 부풀린 회계 사기 혐의로 유죄를 선고받았다. 회사의 연금 규정은 정규직원이 주식을 판매하는 것을 금지했음에도 불구하고, 경영진은 사기가 공개되기 직전 수백만 달러 상당의 주식을 팔았다.	회사를 파산시킨 경영진은 수백만 달러를 벌었지만, 직원과 기타 소액 투자자는 740억 달러를 잃었다. 레이는 선고를 받기 전에 사망했다. 패스트우는 4년 형을 복역하고 2011년에 출소했다. 스킬링은 원래 24년 형을 받았지만, 2013년 엔론 사기의 희생자들에게 4,200만 달러를 주는 대가로 형을 10년으로 줄이는 협상을 체결했다. 스킬링은 2018년 8월 감옥에서 풀려났다.
월드컴 (WorldCom)	월드컴의 고의적인 회계 부정(부채를 공개하지 않고 받지 못한 수익을 거짓으로 계산)으로 인해 회사는 이전보다 거의 110억 달러 더 많은 수익을 내는 것처럼 보였다. 이로 인해 30,000개의 일자리가 사라지고 투자자에게 1,800억 달러의 손실이 발생했다.	CEO 버니 에버스는 25년 형을 선고받았다. 건강 악화로 인해 2019년 12월에 석방되었고 2020년 2월 2일에 사망했다. 엔론과 월드컴의 붕괴는 상장기업의 재무 보고 정확성을 높이기 위한 새로운 규정과 법률로 이어졌다. 2002년 사베인즈-옥슬리(Sarbanes-Oxley) 법은 재무 기록을 파괴, 변경 또는 조작하고 주주를 기만하려는 행위에 대한 처벌을 강화했다.
티코 (Tyco)	CEO 데니스 코즐로프스키(Dennis Kozlowki)와 CFO 마크 스와츠(Mark Swartz)는 승인되지 않은 대출과 사기성 주식 판매를 통해 1억 5,000만 달러를 훔쳤고 회사 수입 5억 달러를 부풀렸다.	코즐로프스키와 스와츠는 8~25년 형을 선고받았다. 티코는 투자자들에게 29억 달러를 지불해야 했다. 코즐로프스키는 거의 7년간 복역한 후 2012년에 출소했으며, 스와츠는 8년간 복역한 후 2014년에 출소했다.
프레디 (Freddie Mac)	연방 정부의 지원을 받는 모기지 대출 대기업은 50억 달러의 수익을 의도적으로 왜곡하고 과소평가했다.	사장/COO 데이비드 글렌(David Glenn), 회장/CEO 릴앤드 브엔셀(Leland Brensel), 전 CFO 본 클라크(Vaughn Clarke)가 해고되었다.
리먼 브라더스 (Lehman Brothers)	글로벌 금융 서비스 회사는 500억 달러가 넘는 대출을 매출로 숨겼다.	이 회사는 미국 역사상 최대 규모의 파산을 겪으면서 전 세계 금융 위기를 촉발시켰다. SEC는 증거 부족으로 기소하지 않았다.
버나드 L. 매도프 투자증권 (Bernie L. Madoff Investment Securities)	버니 메이도프(Bernie Madoff)는 사상 최대 규모의 폰지 사기로 투자자들을 속여 648억 달러를 빼돌렸다. 메이도프 지불 투자자는 이익이 아닌 자신의 돈이나 다른 투자자의 돈에서 수익을 얻었다.	메이도프는 150년 형과 1,700억 달러의 배상금을 선고받았다.

사람들이 자신의 행동에 대해 더 많은 책임을 지도록 하는 새로운 법률도 도움이 될 수 있다. 그러나 법만으로는 사람들을 정직하거나, 신뢰할 수 있거나, 진실하게 만들 수 없다. 그렇게 하면 범죄가 사라질 것이다.

잘못된 행동을 고치기 위해 새로운 법안을 만들어내는 데 한 가지 위험은 사람들이 어떠한 행위라도 법의 테두리 안에만 있으면 괜찮다고 생각할 수 있다는 점이다. 행동의 기준이 '이것이 합법적인가?'가 된다. 비윤리적인 것은 고려하지 않고 불법적인 것만 생각하면 사회가 곤경에 빠진다. 윤리와 합법성은 아주 다른 개념이다. 비록 법을 준수하는 것이 첫 단계이기는 하나, 윤리적인 행동은 그 이상의 것을 요구한다. 윤리는 사람과 사람 사이의 적절한 관계를 반영한다. 사람이 다른 사람을 대할 때 어떻게 하는가? 우리는 다른 사람들에 대해 어떤 책임감을 느껴야 하는가? 합법성은 이보다 더 좁은 개념이다. 합법성은 사기, 절도, 폭력 등의 범죄로부터 우리 자신을 어떻게 보호해야 하는가에 관해 쓰인 법을 의미한다. 부도덕하고 비윤리적인 행동들이 법과 잘 맞아떨어지는 경우도 많다. 예를 들어, 이웃에 대해 험담을 하거나 비밀리에 어떤 것을 다른 사람에게 공유하는 것은 비윤리적이나 불법은 아니다.

윤리규범은 근본적인 것이다

윤리
사회에서 행동의 옳고 그름을 판단하는 도덕적 행동 기준

우리는 **윤리**(ethics)를 도덕적인 기준, 즉 옳고 그름을 따져 사회적으로 옳다고 용납되는 행위로 정의한다. 오늘날 도덕적인 절대 기준을 갖고 있는 사람은 그리 많지 않다. 많은 사람들이 훔쳐도 되는지, 거짓말을 해도 되는지, 음주를 해도 되는지, 운전을 해도 되는지에 대해 상황적으로 판단한다. 사람들은 자신에게 가장 좋은 것을 옳은 것이라고 생각하고, 옳고 그름 사이에서 자신에게 유리하도록 행동하려 한다. 정부와 기업 등에서 최근 터져 나오는 스캔들은 이러한 사고방식에서 나온 것이다.

그러나 항상 그랬던 것만은 아니다. 토머스 제퍼슨(Thomas Jefferson)은 모든 인간은 생존권, 자유권, 행복추구권이 있으며, 이는 자명한 진리라고 선언했다. 시간을 더 거슬러 올라가도, 십계(Ten Commandments)가 '십 권장안(Ten Highly Tentative Suggestions)'이라고 불리지는 않았다.

매우 다양한 문화를 보유한 미국과 같은 나라에서 윤리적 행동에 대한 공통의 기준을 명시한다는 것이 불가능해 보이기도 한다. 하지만 다양한 시간과 공간으로부터 빗어진 출처들—성경, 아리스토텔레스의 윤리론, 코란, 논어 등—속에서 기본적인 도덕적 가치에 대한 다음 언급을 찾아볼 수 있다. 즉, 청렴(integrity), 인간 생명 존중, 자제, 정직, 용기, 자기 희생 등은 옳은 것이며, 부정, 비겁함, 잔혹함 등은 그릇된 것이다. 더욱이, 세계의 모든 종교가 비록 부정형으로 서술되어 있다 할지라도 '타인이 네게 하지 않았으면 하는 일을 너도 남에게 하지 마라'는 성서의 황금률(The Golden Rule)을 지지하고 있다.[2)]

학습목표 4-2 잠재적으로 비윤리적일 수 있는 행동을 했을 때 제기해야 할 세 가지 질문에 대해 설명할 수 있다.

윤리는 우리 개개인으로부터 시작된다

도덕적 또는 윤리적 결점 때문에 정치나 기업의 리더들에 대해 쉽게 비판한다. 관리자와 직원 모두 관리자들의 낮은 윤리의식이 미국 기업의 경쟁력을 약화시키는 주요인이라고 언급했다. 하지만 직원들 역시 주당 근무시간 동안 안전기준을 무시하고 빈둥거리거나 게으름을 피우는 데 시간을 쓴다고 보고되었다. 비판에 앞서 대부분의 사람들이 항상 정직하고 명예롭지만은 않다는 점을 주의해야 한다. 미국통계국(U.S. Census Bureau)의 조사 결과에 따르면 자원봉사가 전반적으로는 보편화되어 있음에도 불구하고, 미국인 네 명 중 세 명은 그들이 살고 있는 지역사회를 위해 전혀 시간을 할애하고 있지 않은 것으로 보고되었다. 이유인즉 그들은 이러한 활동이 시간을 많이 빼앗는다고 생각하거나, 그들이 이러한 활동을 하기에 자격이 충분치 않다고 생각하기 때문이다.[3)]

윤리적 의사결정

윤리는 당신으로부터 시작한다

어느 날 직장에서 당신이 대부분의 시간을 컴퓨터 게임을 하거나, 비디오를 보거나, 글을 쓰거나, 친구에게 이메일을 보내거나, 모바일 기기에서 책이나 잡지를 읽는 데 보내고 싶은 유혹을 느꼈다고 가정하자. 이 상황에서 무엇이 문제인가? 당신이 취할 수 있는 대안은 무엇인가? 각 대안의 결과는 무엇인가? 어떤 대안을 선택할 것인가? 당신의 선택이 윤리적인가?

웹 사이트로부터 얻은 정보를 편집하여 출처를 밝히지 않고 사용하는 표절은 오늘날 학교에서 행해지는 가장 흔한 형태의 부정행위이다. 표절 문제를 해결하기 위해서, 지금은 많은 교수들이 학생들의 리포트를 400억 이상 페이지의 문서와 비교하여 수초 안에 문서의 카피 여부에 대한 증거 자료를 제시해주는 턴잇인닷컴(Turnitin.com)과 같은 서비스를 이용하고 있다. 턴잇인은 이제 논문이 제출한 학생이 작성한 것인지, 실제로 다른 사람이 작성한 것인지 판단할 수 있는 기능을 포함하고 있다.[4)]

최근의 연구조사 결과, 51퍼센트라는 걱정스러운 수치의 고등학생들이 작년 시험에서 부정행위를 해본 적이 있다고 답했다.[5)] 최근의 연구들은 학생 시절의 부정직성이 학교 졸업 후 직장에서의 부정직성과 매우 높게 관련되어 있음을 밝혔다.[6)] 이에 따라 많은 학교에서는 부정행위에 대해 매우 강도 높은 처벌을 하고 있으며, 학생들에게 졸업 요건으로 정해진 시간만큼 지역사회에 대한 봉사를 행하도록 의무화하고 있다. 과연 이러한 정책들이 학생들의 행동을 변화시킬 수 있을까?

선택을 한다는 일이 항상 쉬운 것은 아니며, 때로는 윤리적 관점에서 볼 때 너무나도 자명한 해법이 개인적 또는 직업적인 면에서 볼 때 불리한 경우도 있다. 직장 상사가 여러분에게 비윤리적이라고 느껴지는 일을 하도록 요구했다고 가정하자. 여러분에게는 두 달 후에 태어날 첫 아이를 위해 마련한 집의 상환해야 할 대출금이 남아 있다. 상사의 요구를 거절했을 때는 해고당할 수도 있다. 여러분이라면 어떤 선택을 하겠는가? 때로는 어떠한 바람직한 대안도 없는 법이다. 이러한 상황을 윤리적 딜레마라고 한다. 왜냐하면 똑같이 만족스럽지 못한 대안 중에서 하나를 선택해야만 하기 때문이다.

윤리를 지키는 일과 이해당사자들을 만족시키거나 경력을 쌓는 것과 같은 다른 목표들 사이에서 마음의 평정을 찾는 것은 매우 어려운 일일 수도 있다. 경영기고가 켄 블랑차드(Ken Blanchard)와 종교지도자 노만 빈센트 필(Norman Vincent Peale)은 윤리적 딜레마에 당면했을 경우 자신에게 다음 질문을 하는 것이 도움이 된다고 말한다.[7)]

1. 합법적인 행동인가? 내가 법률이나 기업 방침을 위반하고 있지는 않은가? 음주운전을 하거나, 마케팅 정보를 모으거나, 제품을 디자인하거나, 직원을 고용 또는 해고하거나, 산업폐기물을 버릴 계획이거나, 직원에게 문제가 될 만한 별명을 사용한다거나 할 경우에 여러분의 행동이 가져올 법률적인 결과를 생각해보는 것이 필요하다. 이 질문은 비즈니스에서 윤리적인 행동을 함에 있어 필수적인 것이지만, 첫 단계일 뿐이다.
2. 균형 잡힌 행동인가? 공정하게 행동하고 있는가? 나라면 이런 대접을 받고 싶은가? 다른 사람의 희생을 대가로 모든 것을 얻을 것인가? 윈-루즈 상황(win-lose

소셜 미디어를 통한 연결

대의를 위한 온라인 차고 세일 만들기

메건 와인그라드(Meghan Winegrad)가 세인트루이스 지역에 있는 그녀의 집에 있는 원치 않는 물건들을 정리할 때, 그녀는 아들들에게 오래된 물건을 어떻게 해야 하는지 물었다. 그들은 물건을 중고품 가게에 맡기는 대신 페이스북(Facebook)에서 판매하고 수익금을 자선단체에 기부하기로 결정했다. 와인그라드는 "아무도 흥정하거나 실랑이를 벌이지 않았고 상품도 빠르게 팔렸다"고 말했다. "사람들은 항상 절차를 끝까지 다 마치고는 물건을 골랐다. 이런 것은 진짜 드문데, 나만 이 일을 하고 싶은 건 아니구나"라는 생각이 들었다고 말했다.

이 성공적인 판매는 와인그라드에게 지역 비영리 단체들을 지원하여 사람들이 물건을 팔 수 있게 하는 온라인 플랫폼인 제네로폴리스(Generopolis)를 출시하는 아이디어를 주었다. 사이트에 계정을 만든 후, 사용자들은 그들이 기부하고 싶은 자선단체와 함께 그들이 파는 물건들을 나열한다. 그런 다음 그들은 자신이 선택한 소셜 네트워크를 통해 제네로폴리스 판매 링크를 공유할 수 있다. 회사를 시작하기 전, 와인그라드는 조심스럽게 시장을 조사했고, 다른 어떤 서비스도 자선단체에 판매를 배정하는 것을 제공하지 않는다는 것을 발견했다. 그녀는 또한 제네로폴리스가 자선 단체에 기부하는 것에 대해 이전 세대와는 다른 기대를 가진 오늘날의 젊은이에게 특히 매력적일 수 있다는 것을 발견했다. 와인그라드는 "그들은 단지 수표를 쓰는 것만이 아니라 직접 참여하기를 원한다"고 말했다. "나는 모든 사람이 기부에 접근할 수 있게 만들고 싶었다. 이것은 현금을 창출하는 비현금 모델이다."

출처: "Generopolis: Spring Cleaning for a Good Cause Made Easy," KMOV, kmov.com, March 23, 2019; Colleen Schrappen, "Web Startup Provides New Platform for Nonprofit Giving," The St. Louis Post-Dispatch, June 1, 2019.

situation)은 자주 루즈-루즈 상황(lose-lose situation)으로 끝난다. 패자(loser)와의 관계로부터 생성되는 손실만큼 큰 손해는 없다. 우리는 이런 상황을 오늘날의 주식시장에서 볼 수 있다. 비행을 저지르는 것으로 그저 의심받고 있는 기업들의 주가가 급격히 하락하는 것을 보아 왔다. 모든 상황이 완벽하게 균형을 취할 수는 없지만, 시간이 흐를수록 주요한 불균형을 피하는 것은 인간관계에 있어서 중요한 일이다. 윤리적인 사람은 윈-윈 상황(win-win situation)을 만든다. 다시 말하면 연관된 모든 사람에게 유익한 결정이 되도록 노력한다는 것이다.

3. 스스로 어떻게 느끼는가? 가족이나 지인들이 내 결정에 대해 알게 될 경우 자부심을 느낄 수 있는가? 내 직속 상사나 소비자와 내가 처한 상황과 행동에 대해 상의할 수 있는가? 만약 내 결정이 저녁 뉴스에 보도될 경우 어떤 느낌이 들 것인가? 내 행동을 숨기거나 비밀로 유지해야 하는가? 누군가 내 행동에 대해 누설하지 말라고 경고했는가? 평상시와 다르게 불안한가? 사리분별에 어긋나는 행동은 자긍심을 좀 먹기 때문에 우리를 불편하게 만든다. 이것이 윤리적인 비즈니스맨이 수익을 추구하는 것뿐만 아니라 적절한 행동을 해야 하는 이유이다.

윤리강령을 만들어 준수하고 위에 제시된 윤리 점검 질문을 활용하는 개인과 기업은 대부분 더 윤리적으로 행동하고 있는 것으로 나타났다. '윤리적 의사결정' 글상자는 직장에서 어떻게 윤리적인 의사결정을 해야 하는지에 대해 생각해 보게 한다. '소셜 미디어를 통한 연결' 글상자는 더 이상 필요하지 않은 물건을 온라인에서 파는 것을 돕고 판매 수익금을 그들이 선택한 자선단체에 즉시 기부하는 방법을 찾은 한 여성에 대한 이야기를 담고 있다.

시험 준비

- 윤리란 무엇인가?
- 윤리와 합법성은 어떻게 다른가?
- 윤리적 딜레마에 처했을 때, 윤리적 의사결정을 위해 스스로에게 어떠한 질문들을 하는가?

학습목표 4-3 윤리 기준을 세우는 데 있어 관리자의 역할이 무엇인지 설명할 수 있다.

윤리적으로 책임감 있게 비즈니스 관리하기

윤리란 가르친다기보다 행동을 보고 배우는 것이다. 사람들은 타인이 말하는 것을 들어서가 아니라, 타인이 행동하는 것을 보고서 윤리적 기준과 가치를 배운다. 가정에서 이것이 통하듯, 비즈니스 세계에서도 마찬가지이다. 조직 윤리는 위에서부터 시작되며, 최고경영자들의 리더십과 모범 행동이 직원들에게 기업의 도덕적 가치를 공유하게 만들 수 있다.

직원과 경영자 간의 어떠한 협력과 신뢰도 공정함, 정직성, 개방성, 도덕적 청렴함에 기반을 두고 있다. 기업 및 국가 간의 관계에서도 이와 같은 원리는 똑같이 적용된다. 비즈니스는 좋은 평판을 유지하기 위해서, 기존 고객을 보유하기 위해서, 신규 고객을 유치하기 위해서, 법률 소송을 피하기 위해서, 직원의 이직률을 낮추기 위해서, 정부의 간섭을 피하기 위해서(경영활동을 제한하는 규제나 법안의 통과 등), 고객과 직원과 사회를 기쁘게 하기 위해서, 단순히 옳은 일을 하기 위해서 등 수많은 이유로 윤리적으로 운영되어야 한다.

어떤 관리자들은 윤리란 개인적인 문제라고 생각한다. 개개인이 윤리적 기준을 갖고 있거나 그렇지 않거나 하는 식이다. 이러한 관리자들은 개인의 그릇된 행동에 대하여 아무런 책임이 없다고 느끼거나 윤리는 경영과 아무런 관련이 없다고 생각한다. 하지만 점점 더 많은 사람이 윤리는 경영의 처음부터 끝까지 밀접한 관련이 있다고 생각한다. 개인은 보통 혼자서 행동하지는 않는다. 암묵적이든 직접적이든 기업 내에서 비윤리적으로 행동하는 사람들이 있으면 따라서 행동한다.

예를 들어, 수년 전 휴대전화 서비스 담당자들이 고객과 계약하거나 계약을 연장하기 위하여 거짓말을 하거나 심지어는 고객도 모르는 사이에 계약을 연장했다는 보고가 있었다. 일부 담당자는 고객들이 계약을 해지할 수 없도록 전화 상담 시 의도적으로 전화를 끊어버렸다. 왜 이런 판매담당자들이 지나치게 과격한 전략을 쓰는 것일까? 바로 형편없이 고안된 인센티브제 때문이었다. 담당자들은 자신들에게 할당된 서비스 수량을 맞추면 월급의 두 배 때로는 세 배에 달하는 인센티브 보상을 받았다. 경영진이 직접적으로 “고객을 속여라”라고 지시한 것은 아니었다. 하지만 어찌 되었든 그러한 메시지만큼은 명확했다. 과욕이 넘치는 목표와 인센티브제는 이와 같은 비행이 일어나는 환경을 조성했다.[8)]

학습목표 4-4 준법 기반 윤리강령(compliance-based ethics codes)과 청렴 기반 윤리강령(integrity-based ethics codes)의 차이점을 설명하고, 기업의 윤리강령을 세우는 6단계를 설명할 수 있다.

기업 윤리 기준 세우기

준법 기반 윤리강령
잘못을 범한 사람을 벌하거나 제재하여 불법적인 행위 예방을 강조하는 윤리강령

청렴 기반 윤리강령
조직의 지침과 가치관을 제시하고 윤리적으로 건전한 행동을 지지하는 환경을 조성하며, 직원들 사이의 책임을 정의하는 윤리규범

점점 더 많은 기업이 문서화된 윤리강령을 적용하고 있다. 오늘날 기업 윤리강령을 세우는 일은 보편화되었다. 그림 4.2는 허쉬(Hershey)의 윤리강령 사례를 보여준다. 비록 이러한 강령은 매우 다양하나 대체로 **준법 기반 윤리강령**(compliance-based ethics codes)과 **청렴 기반 윤리강령**(integrity-based ethics codes)의 두 가지로 구분한다(그림 4.3 참조). 준법 기반 윤리강령은 통제를 강화하고 위반자에게 불이익을 줌으로써 불법적인 행동을 예방하는 것을 강조한다. 청렴 기반 윤리강령은 조직의 지도적 가치를 정의하고 윤리적으로 건전한 행동을 지원하는 환경을 조성하며, 공유된 책임을 강조한다. 많은 사람이 미국 기업 윤리를 개선할 수 있다고 생각하는 6단계는 다음과 같다.[9)]

1. 최고경영진은 명시적인 기업의 행동규범을 채택하고 절대적으로 지지해야 한다.
2. 직원들은 윤리적 행동에 대한 기대가 최고경영진 수준에서 시작되며, 고위관리자들 역시 모든 직원이 윤리적으로 행동할 것을 기대하고 있음을 숙지하고 있어야 한다.

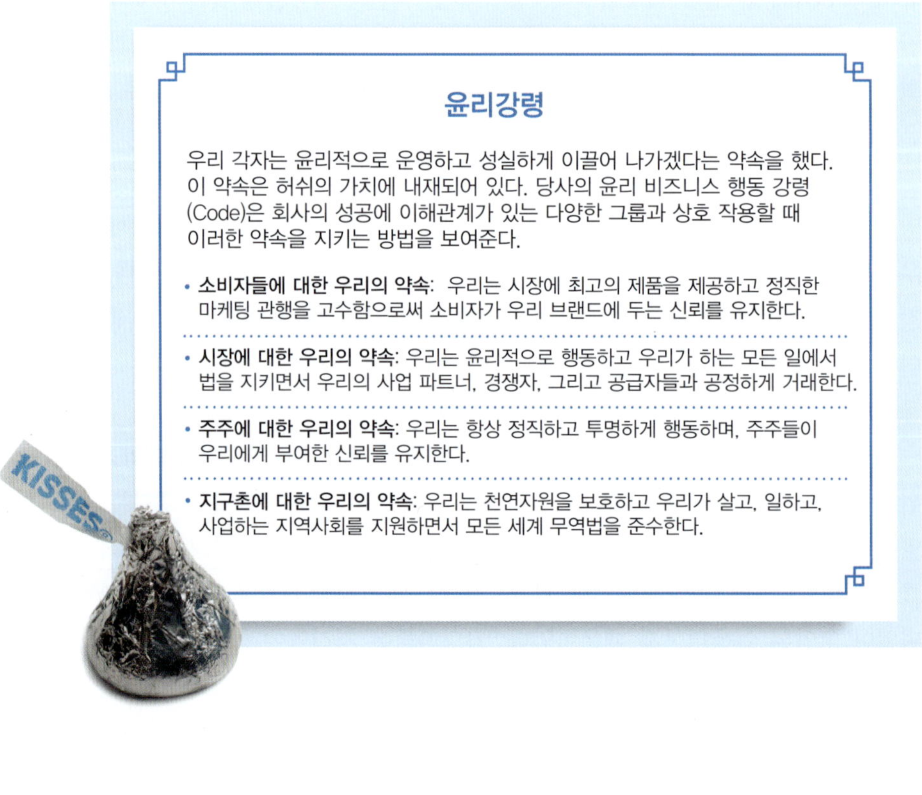

윤리강령

우리 각자는 윤리적으로 운영하고 성실하게 이끌어 나가겠다는 약속을 했다. 이 약속은 허쉬의 가치에 내재되어 있다. 당사의 윤리 비즈니스 행동 강령(Code)은 회사의 성공에 이해관계가 있는 다양한 그룹과 상호 작용할 때 이러한 약속을 지키는 방법을 보여준다.

- **소비자들에 대한 우리의 약속**: 우리는 시장에 최고의 제품을 제공하고 정직한 마케팅 관행을 고수함으로써 소비자가 우리 브랜드에 두는 신뢰를 유지한다.
- **시장에 대한 우리의 약속**: 우리는 윤리적으로 행동하고 우리가 하는 모든 일에서 법을 지키면서 우리의 사업 파트너, 경쟁자, 그리고 공급자들과 공정하게 거래한다.
- **주주에 대한 우리의 약속**: 우리는 항상 정직하고 투명하게 행동하며, 주주들이 우리에게 부여한 신뢰를 유지한다.
- **지구촌에 대한 우리의 약속**: 우리는 천연자원을 보호하고 우리가 살고, 일하고, 사업하는 지역사회를 지원하면서 모든 세계 무역법을 준수한다.

KISSES®

그림 4.2 허쉬의 윤리강령 개요
이것은 허쉬의 윤리강령의 개요이다. 회사의 윤리강령 전체를 보려면 다음 사이트를 방문하라. (사진: hersheypa.com/assets/pdf/ code-of-conduct.pdf. Richard Watkins/Alamy Stock Photo)

	준법 윤리강령 특성	청렴 윤리강령 특성
이상	외적 기준(법이나 규제 등)을 준수하는 것	외적 기준(법이나 규제 등)을 준수하는 동시에 선택된 내적 기준도 준수하는 것
목표	범죄 행위를 피하는 것	직원이 책임감 있는 행동할 수 있게 하는 것
지도자	변호사	변호사와 다른 조언자들의 도움을 받는 관리자들
방법	교육, 종업원의 자유 재량 축소, 규제, 처벌	교육 리더십, 책임감, 의사결정과정, 규제, 처벌

그림 4.3 윤리경영전략

청렴 기반 윤리강령은 법적 준수를 넘어 정직, 공정한 경쟁, 고객에 대한 좋은 서비스, 다양성에 대한 존중, 지역사회에 대한 관여 등의 핵심가치를 강조하여 '옳은 것을 행하라(do-it-right)'는 분위기를 조성하여 마음을 움직이는 것이다. 이러한 가치들은 윤리적으로는 바람직한 것이기는 하지만, 반드시 법적인 강제성이 있는 것은 아니다.

3. 관리자와 기타 모든 직원은 비즈니스의 모든 의사결정 과정에서 윤리적인 고려를 하도록 훈련받아야 한다.
4. 윤리 사무실은 반드시 열려 있어야 한다. 직원들이 윤리적인 문제에 관하여 불필요하게 남의 눈에 띄는 일이 없이 익명으로 상의할 수 있도록 윤리 사무실에 직통 전화를 개통해야 한다. **내부고발자(whistleblowers)**는 보복으로부터 반드시 보호받아야 한다. 사베인즈-옥슬리 법안(Sarbanes-Oxley Act; SOX)은 모든 공기업에서 직원들이 회계 및 감사에 대한 우려를 은밀하고 익명성에 의거하여 제출할 수 있도록 허용함으로써 내부고발자들을 보호한다. 이 법안은 당국에 부조리에 관한 정보를 넘겼다는 이유로 고용주에 의해 처벌을 받은 사람들의 복직과 체납 임금도 요구한다(사베인즈-옥슬리 법은 16장에서 더 자세히 다룰 것이다). 도드-프랭크 금융개혁법(Dodd-Frank Wall Street Reform and Consumer Protection)은 2010년에 제정되었다(도드-프랭크법에 관한 보다 자세한 내용은 16장을 참고하라). 이 법안은 100만 달러를 넘은 범죄에 대해서 법 집행을 성공적으로 이끈 정보를 제공한 기업 내부고발자들에게 100만 달러를 법 위반의 경우 총 벌금의 10~30%를 지급하도록 한 '포상금' 제공을 포함한다. 익명의 내부고발자에 대한 최대 포상금은 5천만 달러였다(물론, 이 보상금은 과세 대상이다).[10]

내부고발자
조직 내의 불법적이고 비윤리적인 행동을 보고하는 사람

5. 납품업체와 하청업체들, 유통업체와 고객들도 윤리 프로그램에 대해 인지하고 있어야 한다. 윤리적 고려사항을 무시하려는 압력은 종종 외부로부터 오며, 어떠한 윤리적 기준이 있는지 모두가 인지하고 있을 때 직원들이 그런 압박에 대처하는 데 도움이 된다.
6. 윤리강령 위반 시 적절한 조치를 취해야 한다. 휴스턴 애스트로스(Houston Astros)가 2017년 월드시리즈에서 메이저리그 규정을 어기고 신호를 도용한 사실이 드러나자 구단주 짐 크레인(Jim Crane)은 즉시 감독과 단장을 모두 해고했다.[11] 그것이 모든 직원에게 강령 위반이 심각하다는 것을 전달하는 가장 강력한 방법이다.

이 마지막 단계가 아마 가장 중요한 부분일 것이다. 회사의 의도가 아무리 좋다고 해

해리 마르코폴로스(Harry Markopolos)는 버니 매도프(Bernie Madoff)가 거대한 폰지 사기극으로 자신의 자산관리회사를 운영했다는 증거를 발견하는 데 거의 10년을 보낸 법무회계사다. 마르코폴로스는 수시로 증권거래위원회에 조사 결과를 통보했지만, 메이도프의 아들들이 FBI에 그의 사기 행각을 폭로할 때까지 연방기관은 조치를 취하지 않았다. 해리 마르코폴로스와 같은 내부고발자의 동기는 무엇인가?

도 윤리강령이 실행에 옮겨지지 않으면 의미가 없다. 엔론(Enron)도 서면으로 된 윤리규범이 있었다. 하지만 이사진과 경영진이 이 규범을 무시함으로써 직원들에게 규칙이란 불편할 경우 보류할 수 있다는 메시지를 보냈다. 이와는 대조적으로 1980년대에 존슨앤드존슨(Johnson & Johnson)이 청산가리 중독 위기의 대응에서 보여준 것은 윤리규범을 강제적으로 집행하는 것이 손익 계산에 있어 이익을 향상시킨다는 점을 보여주었다. 법적인 의무는 없었지만, 존슨앤드존슨은 자사의 타이레놀 제품에 대한 리콜 조치를 취함으로써 칭찬과 함께 기업의 청렴성에 대한 평판도 높일 수 있었다. 오늘날 존슨앤드존슨의 청렴성은 회사의 활석 가루가 암을 유발했다고 주장하는 16,800명의 고소인이 제기한 소송에 의해 도전받고 있다. 일부 소송에서 존슨앤드존슨이 패소해서 50억 달러 이상을 지불했으나(2020년에 항소법원은 그 금액을 절반으로 감액했다), 일부 판결은 기각되었다. 또 다른 소송에서는 존슨앤드존슨이 승소 판결을 이끌어 냈거나, 배심원 간 불일치가 나왔다. 지금 이 순간에도 존슨앤드존슨은 다수 소송의 판결을 기다리고 있고, 미 법무부와 증권거래위원회에서 존슨앤드존슨의 활석 베이스 제품의 석면 오염에 대한 공개 조사를 하고 있다.[12] 이 사건들과 계속 싸우고자 하는 회사의 의지가 기업 청렴성에 대한 평판에 어떤 영향을 미쳤는가?

윤리강령을 실행하는 데 있어서 가장 중요한 성공 요인은 윤리사무관(ethics officer)을 선택하는 데 있다. 유능한 윤리사무관은 긍정적이고 명확한 어조로 효과적인 커뮤니케이션을 하며, 기업 내 모든 수준에서의 직원들과 관계를 잘 유지한다. 상담자나 조사관으로서의 역할 또한 편안히 수행하며, 기밀을 유지할 수 있고, 객관적인 조사를 할 수 있으며, 공정한 절차를 따르며, 신뢰받을 수 있어야 한다. 또한, 모든 이해당사자들에게 기업이 하는 모든 일에 있어서 윤리가 중요함을 설명할 수 있어야 한다.

시험 준비

- 준법 기반 윤리강령과 청렴 기반 윤리강령이란 무엇인가?
- 비즈니스에서 효과적인 윤리강령을 확립하기 위해 수행하는 6단계는 무엇인가?

학습목표 4-5 기업의 사회적 책임(corporate social responsibility)에 대하여 정의하고 다양한 이해당사자(stakeholder)들이 져야 할 기업의 책임에 대해 설명할 수 있다.

기업의 사회적 책임

여러분과 내가 사회에 기여하며 선량한 시민이 되어야 할 의무가 있다면, 기업 역시 선량한 시민의 의무를 다할 책임이 있다. 바로 **기업의 사회적 책임**(Corporate Social Responsibility; CSR)이다. 기업의 사회적 책임은 기업의 소유주뿐만 아니라 사회복지에 대한 관심이다. 기업의 사회적 책임은 윤리적인 것 이상이다. 이는 청렴, 공정, 존중 등의 기본 원칙을 충실히 이행하려는 책임감에서 비롯된다.

기업의 사회적 책임(CSR)
기업의 사회복지에 대한 관여

모든 사람이 기업의 사회적 책임을 좋은 것으로 생각하지 않는다는 것을 알면 여러분은 아마 놀랄 것이다. 하지만 기업의 사회적 책임에 대한 비판론자들은 경영자의 유일한 역할은 시장에서의 경쟁에 승리하는 것이라고 말한다. 미국의 경제학자인 밀턴 프리드먼(Milton Friedman)의 발언이 그 전형적인 예인데, 그는 기업의 유일한 사회적 책임은 이해당사자들에게 돈을 벌어다 주는 것이라는 유명한 말을 했다. 그는 그 밖의 다른 모든 행위는 사회주의로 치우칠 위험이 있는 활동으로 간주했다. 기업의 사회적 책임 비판론자들은 기업의 사회적 책임을 추구하는 경영자가 다른 사람들이 더 많은 돈을 벌기 위해 투자한 돈을 가지고 그런 행위를 하는 것으로 생각한다. 그들은 기업의 사회적 책임 활동에 돈을 쓰는 것은 다른 사람들의 돈을 훔치는 행위라고 본다.[13]

반대로 기업의 사회적 책임 옹호론자들은 기업은 사회에 빚을 지고 있으며, 기업은 사회가 실패할 경우에는 존재할 수 없다고 믿는다.[14] 기업이란 노동력과 천연자원을 제공하는 사회가 있기에 존재 가능하다는 것이다. 자본주의의 아버지인 애덤 스미스(Adam Smith)조차도 이기적인 이윤 추구는 잘못된 것으로 생각했으며, 자선이야말로 최고의 미덕이라고 평가했다. 기업의 사회적 책임 옹호론자들은 비즈니스란 투자자에 대한 의무가 있고 또한 정부와 같은 형태의 사회적 책임 프로젝트를 시행하려 해서도 안 된다는 것을 알고 있다. 하지만 장기적인 관점에서 볼 때 사회적 투자가 투자자에게 더 많은 이익을 가져다준다고 본다. 그 주장은 윤리적으로 좋은 평판을 얻은 기업이 훌륭한 직원을 보유하며, 더 많은 고객을 확보하고 매우 높은 직원 충성도를 지닌다는 연구 결과에 바탕을 두고 있다.[15]

기업의 사회적 성과는 다음과 같은 몇 개의 범주로 분류해볼 수 있다.

- **기업 자선**(corporate philanthropy)은 모든 종류의 비영리단체에 대한 자선 기부를 포함한다. 세계에서 가장 큰 250개의 회사를 대상으로 한 최근의 연구는 그들이 자선 활동에 매년 약 260억 달러를 기부한다는 것을 발견했다.[16] 예를

기업 자선
자선, 기부 등을 포함한 기업 차원의 사회적 책임

들어, 맥도날드 재단과 로널드 맥도날드 하우스(Ronald McDonald's Houses)는 집에서 떨어져 치료를 받아야 하는 어린이 중환자의 가족에게 주거를 제공하는 일을 지원하고 있다. 빌과 멀린다 게이츠 재단(The Bill & Melinda Gates Foundation)은 자산 규모가 500억 달러에 육박하며, 두말할 나위 없이 가장 규모가 큰 자선 재단이다.[17)]

기업의 사회적 솔선수범
기업의 경쟁력과 직접적으로 관련된 기업 자선이 강화된 형태

- **기업의 사회적 솔선수범(corporate social initiatives)**은 한층 강화된 형태의 기업 자선을 포함한다. 기업의 사회적 솔선수범은 기업 경쟁력과 직접적인 관련이 있다는 면에서 전통적인 기업 자선과 차별화된다. 예를 들면, 3대 글로벌 물류 및 운송 회사인 애자일(Agility), UPS, 머스크(Maersk) 등 3개 사가 대규모 자연재해 발생 시 인도적 노력을 지원하기 위해 협력하고 있다. 그들의 긴급 구호팀은 항공, 창고, 운송, 보고 그리고 통신 분야에서 지원하기 위해 세계 어디든지 간다.[18)]

기업의 책임
사회적 소수를 고용하는 일부터 안전한 제품을 생산하는 데 이르기까지 모든 것을 아우르는 기업의 사회적 책임

- **기업의 책임(corporate responsibility)**에는 본질적으로 사회 내에서 책임감 있게 행동하는 것과 관련된 모든 것(예: 직원을 공정하고 윤리적으로 대우하는 것)이 포함된다. 특히, 미국과 노동법이 다른 나라에서 영업하는 기업이 그러하다.

기업 정책
기업 차원에서 사회적, 정치적 이슈들에 입장을 취하는 것과 관련된 사회적 책임

- **기업 정책(corporate policy)**은 사회 · 정치적 이슈에 관해서 기업이 취하는 입장에 관한 것이다. 예를 들어, 파타고니아(Patagonia)의 기업 정책은 다음 선언을 포함한다. "아름다운 자연과 야생 지역에 대한 사랑은 그것을 보호하기 위한 운동에 참여하고, 급속도로 악화되는 우리 지구의 전반적인 환경을 회복시키는 데에 도움을 주는 것이다. 우리는 시간과 서비스 그리고 우리 매출의 최소한 1%를 지구 환경 수호를 위해 일하는 전 세계의 풀뿌리 환경단체에 기부한다."[19)]

많은 언론매체가 기업이 사회에 미치는 영향 중 사람들이 부정적 견해를 가질 수 있는 기업 관련 문제점만을 부각시키는 뉴스 보도에만 몰두하고 있다. 하지만 기업은 긍정적인 기여도 많이 한다. 예를 들어, 구글 펠로우십으로 불리는 구글 프로그램은 직원들이 구글에서 급여와 복지혜택을 온전히 받으면서 6개월간 비영리기관에서 일할 수 있게 한다는 사실을 많은 사람들은 모르고 있다.[20)] IBM과 웰스파고(Wells-Fargo) 은행도 유사한 프로그램을 운영하고 있다.

사실상, 많은 기업이 모든 종류의 사회 기관에 직원들이 시간제로 도움을 주도록 하고 있다. 예를 들어, 피델리티투자(Fidelity Investments)는 비영리기관인 커먼 임팩트(Common Impact)와 함께 지역 비영리기관의 정보기술 관련 어려움을 해결하려는 테크 임팩트 주간(Tech Impact Week)을 시작했다. 해커톤은 450명의 피델리티 기술자가 연간 65개 이상 비영리기관의 IT 문제를 해결하는 데 도움을 주고 있다. 피델리티 자원봉사자들이 장기간 지원이 필요한 케이스를 확인할 때면 4~6개월의 무료 컨설팅 서비스를 제공한다.[21)] 네트워크포굿(NetworkforGood.org), 1-800-벌렌터리(1-800-Volunteer.org), 벌렌티어매치(VolunteerMatch.org) 등은 국가 내의 공공기관과 비영리조직, 자원봉사자들을 연결해주는 서비스를 제공하는 웹 사이트이다. 여기서는 자원봉사자들이 일하고 싶어 하는 지역의 주소나 우편번호를 입력하면 그들의 도

퍼블릭스(Publix) 식료품 체인점 직원들은 미국 남동부 지역사회를 돕기 위해 135개 이상의 비영리단체와 제휴하는 연례행사인 퍼블릭스 봉사일(Public Serves Day)에 노숙자 쉼터에 정원을 만들고 있다. 기업들은 법을 준수하는 것 이상으로 그들이 영업하는 지역사회에 대한 책임을 가지는가?

움이 필요한 기관의 리스트를 제공해주는 프로그램을 운영하고 있다.

설문조사 결과, 대다수의 밀레니얼은 보수가 조금 낮더라도 사회적으로 책임감 있는 기업에서 일하고 싶다고 말했다.[22] 고객, 투자자, 직원, 사회 일반에 이르기까지 비즈니스 운영에 책임이 있는 모든 이해당사자의 관점에서 사회적 책임감의 개념에 대해 살펴보자(기업의 사회적 책임 노력 사례는 그림 4.4를 참조하라).

고객에 대한 책임

케네디 대통령(President John F. Kennedy)은 (1) 안전할 권리, (2) 정보를 제공받을 권리, (3) 선택할 권리, (4) 의사를 반영할 권리로 이루어진 소비자의 4대 기본 권리를 제안하였다. 이러한 권리는 기업과 소비자가 이를 인식하고 시장에서 행동에 나서야 이뤄질 수 있다.

이 책의 반복적인 주제는 진정한 가치가 있는 제품과 서비스를 공급하여 고객을 기쁘게 하는 고객 만족의 중요성이다. 이 책임은 보기처럼 쉽지만은 않다. 새로 생기는 기업 다섯 개 중 세 개는 실패한다는 사실을 염두에 두자. 그 이유는 아마도 고객을 기쁘게 하는 데 실패했기 때문일 것이다. 고객 만족에 실패하는 가장 큰 이유는 고객에게 정직하지 않다는 것이다. 그러나 사회적으로 의식적인 행동에 대한 보상은 강력한 경쟁 우위에 감탄하는 새로운 고객이 될 수 있다. 소비자행동 연구 결과 다른 모든 조건이 같을 경우 소비자들은 사회적으로 덜 정직한 기업보다 사회적으로 정직한 기업에 더 우호적인 견해를 갖는다고 한다. 사실, 최근 뉴클리어스 리서치(Nucleus Research)의 설문조사는 소비자는 사회적인 책임감 있는 회사에 6퍼센트 더 많이 지불할 의향이 있다는 것을 보여주었다.[23]

만약 고객들이 사회적 책임에 가치를 둔다면, 기업들은 어떻게 고객이 그러한 노력

그림 4.4 기업의 사회적 책임 노력의 예

기업명	사회적 책임의 노력
스타벅스 (Starbucks)	남미 커피 작물이 커피 잎 녹병으로 죽어가고 있을 때 스타벅스의 R&D 농장은 녹슬지 않는 커피 식물을 개발했다. 회사는 7개 국가와 3개 대륙에 걸쳐 백만 명이 넘는 농부와 노동자에게 우수한 종자를 제공하여 커피 재배 종사자의 삶을 개선했다.
하얼리스 하비스트 (Harless Harvest)	샌프란시스코에 기반을 둔 코코넛 워터 브랜드는 윤리적으로 수확, 가공 및 포장된 코코넛만을 사용한다.
지플로인 인터네셔널 (Ziploine International)	지플로인은 드론을 사용하여 통행이 불가능한 도로와 제한된 보관 시설로 인해 장애가 있는 진료소에 의약품을 배포한다. 이 회사는 가장 필요한 의료 시스템을 제공하는 데 100% 초점을 맞추고 있으며, 다른 상품을 배달해 달라는 고객의 요청은 반려해왔다.
펩시콜라, 파네라, 맥도날드, 네슬레(PepsiCo, Panera, McDonald's, Nestle)	닭장에 가두지 않은 계란을 사용하고, 더 엄격한 항생제 정책을 채택하고, 방부제를 제거하고, 지방, 설탕 및 나트륨을 감소시키고, 더 많은 미네랄과 영양소를 추가하는 등으로 전환함으로써 더 건강한 음식과 음료 옵션을 제공하는 식품 회사 중 일부일 뿐이다.
글락소스미스클라인 (GlaxoSmithKline)	이 제약 회사는 서비스가 부족한 사람들에게 의료 서비스를 제공한다. GSK는 더 이상 의약품에 대한 접근성을 높이기 위해 세계 저소득 지역에 의약품 특허를 출원하지 않는다. 수익의 20%를 최빈국에 재투자하여 의료 종사자를 훈련시키고 의료 인프라를 구축하기 위해 국가를 지원하고 있다.
제너럴 일렉트릭 (General Electric)	GE는 풍력발전 단지 에너지 생산을 20% 높일 수 있는 디지털 풍력발전과 같은 청정 기술의 연구 개발에 170억 달러를 투자했다.
마스터카드 (Mastercard)	이 신용카드 회사는 자선단체가 도움이 정말로 필요한 사람에게 더 쉽고 신속하게 도움을 줄 수 있도록 하고 있다. 마스터카드는 식료품, 의약품, 대피소, 건축 자재 또는 비즈니스 용품에 사용할 수 있는 포인트가 충전된 기프트카드와 유사한 카드를 배포한다. 종이 바우처를 만들고 보내는 데 몇 주가 걸리는 것과 달리 카드는 하루나 이틀 만에 만들고 배포할 수 있다.
코카콜라 (Cocal-Cola)	이 청량음료 회사는 시장별 기업가 정신 프로그램을 만들기 위해 정부 및 비영리단체와 협력하여 60개국 120만 명의 여성이 기업가가 되도록 도왔다.
인텔(Intel)	이 대기업은 디지털 혁명을 따라갈 수 있는 인력을 구축하는 데 도움을 주고 있다. Intel의 Teach 프로그램은 K-12 교사가 교실에서 기술을 통합하고 중요한 STEM(과학, 기술, 엔지니어링 및 수학) 기술을 구축할 수 있도록 지원한다.

을 인지하게 하는가? 그들의 사회적 책임 노력에 대한 고객의 인지를 높이기 위해서 기업이 사용하는 한 가지 방법은 소셜 미디어이다. 소셜 미디어의 주요 가치는 폭넓고 다양한 고객에게 저비용, 효율적으로 직접적으로 연결될 수 있을 뿐만 아니라 전통적인 방법보다 특정 고객과 더 간편하게 소통하면서 기업의 사회적 책임 노력을 전달하는 데 있다. 기업의 사회적 의식을 아는 것이 그들의 구매에 영향을 미치고 소셜 미디어에 의해 구매 결정이 형성되는 가장 중요한 그룹은 Z세대이다. 다음을 생각해 보라. 20억 명의 강력한 Z세대가 글로벌 시장의 40%를 차지하고, 구매력은 440억 달러(약 6,000억 원)로 추산된다.[24)]

기업들이 사회적 책임에 대해 자랑하는 것만으로는 충분하지 않다. 그들이 높여 놓은 기대치에 부응해야 한다. 그렇지 않으면 그 결과에 직면해야 한다. 허브티 제조업체인 셀레셜 시즈닝스(Celestial Seasonings)가 기업의 경작지에 살고 있는 프레리도그

(prairie dog)들을 독살하면서 그들이 광고하는 환경친화적 관리의 이미지를 무시하자 소비자들은 격노했다. 고객들은 자신이 신뢰할 수 있는 기업과 거래하기를 바라고, 더욱더 중요한 점은 신뢰할 수 없는 기업과는 거래하기를 원하지 않는다. 기업은 오랜 시간 동안 책임감 있는 행동을 보여줌으로써 소비자의 신뢰를 얻을 수 있다. 그리고 그 신뢰는 한순간에 무너질 수도 있다. 예를 들어, 신망 있는 웰스 파고(Wells Fargo)가 달성할 수 없는 판매량을 할당함으로써 직원들이 고객 명의를 도용해서 수백만 계좌를 열었다는 것이 공개되었을 때 그 회사는 1억 8천만 달러의 벌금을 물었고 5,300명의 직원이 해고되었다. CEO는 2016년에 사임하도록 강요당했고, 2020년에 은행 감독 당국은 1,750만 달러의 벌금을 부과했고 다시는 은행 업무에 종사하지 못하게 했다. 그러나 회사에 더 큰 손실은 신뢰였다. 파고에 대한 긍정적인 인식은 스캔들 이전의 60%에서 24%로 떨어졌다. 수십만 명의 고객은 회사를 버렸다.[25] 신규 고객 유치를 위해 웰스는 무엇을 해야 할까?

2014년 판사는 역사상 가장 큰 내부자 거래 계획 중 하나를 감독한 전직 헤지펀드 트레이더 매튜 마토마(Mathew Martoma)에게 9년형을 선고했다. SAC 캐피탈(SAC Capital)에서 포트폴리오 관리자로 일하는 동안 마토마는 일련의 불법 거래를 통해 회사에서 2억 7,500만 달러를 벌어들였다. 헤지펀드의 설립자 스티븐 코헨은 감옥행은 피했지만, 사상 최대인 18억 달러의 벌금을 물어야 했다.

투자자들에 대한 책임

윤리적 행동은 손익계산에서 마이너스 역할을 하는 것이 아니다. 오히려 부를 더해준다. 대조적으로 비윤리적인 행동은 재정적 손실을 초래할 수 있다. 기업의 비행으로 피해를 입는 대상은 주주 자신들이다. 비윤리적 행동이 단기적으로 효과가 있을지는 모르나 결국에는 실패를 초래하게 된다. 일례로 2002년 6월 11일 하루 동안, 44명의 CEO가 부정행위에 대한 소송 중에 미국 기업을 떠났다. 그리고 주가는 곤두박질쳤다.

많은 사람들이 더 좋은 환경을 만들기 위해 솔선수범하는 기업에 투자하는 것이 경제적으로나 윤리적으로나 분별 있는 일이라고 믿는다. 사회와 환경에 이로운 제품과 서비스를 제공하는 기업을 골라 투자함으로써, 투자자들은 기업의 재정적 건강뿐만 아니라 사회의 건강도 향상시킬 수 있다.[26]

하지만 일부 투자자는 재정 건전성을 향상시키기 위해서 비윤리적인 방법을 사용해 왔다. 예를 들어, **내부거래(insider trading)**란 내부자가 자신이나 가족 혹은 지인들의 재산을 증식시키기 위하여 기업의 비공개 정보를 이용하는 것이다. 2011년 역사적으로 가장 큰 내부거래 중 한 사례가 뉴욕에서 재판에 회부되었다. 억만장자 라지 라자라트남(Raj Rajaratnam)은 그의 갤리온 그룹(Galleon Group)의 헤지펀드(Hedge fund)가 6,400만 달러나 돈을 벌게 조작한 내부거래자들을 교사한 혐의로 유죄를 선고받았다. 당연히 그는 이 일들을 혼자 하지 않았다. 30여 명 이상의 전직 중개인들, 임원들 그리고 변호사들이 유죄를 인정하거나 라지라트남이 인텔(Intel), Hilton(힐튼), IBM, 이베이(eBay)를 포함한 35개 이상의 주식 거래를 불법적으로 하는 것을 도운 혐의를 받고 있다. 그는 11년의 징역형을 선고받았고 2013년과 2018년 항소에 패했다. 2019년에 형기 만료 2년을 앞두고 출소하여 가택연금 상태로 잔여 형기를 채우고 있다.[27]

내부거래
내부자가 자신이나 친척 혹은 지인들의 재산을 늘리기 위해 기업의 비공개 정보를 이용하는 것

내부거래는 기업 중역들이나 그들의 지인들에게만 국한된 이야기는 아니다. 고전적

사례로 IBM이 로터스 디벨럽먼트(Lotus Development)를 인수할 것이라는 사실을 공표하기 전에, IBM에서 근무하던 한 비서가 이 정보를 남편에게 말했고, 남편은 두 명의 동료에게, 그 두 명의 동료는 친구, 친척, 비즈니스 동료들, 심지어는 피자 배달원에게까지 말하였다. 결국 25명의 사람들이 정보를 미리 알고 6시간 동안 불법 내부거래를 하였다. 이 거래가 공개되고 IBM의 로터스 인수 건이 공표되자 주가는 89% 급상승했다. 내부거래자 중 한 명은 주식중개인이었는데 이 정보를 그의 일부 고객들에게 넘겼고 468,000달러의 이득을 챙겼다. 미국증권거래소(U.S. Securities and Exchange Commission; SEC)는 IBM 비서와 남편, 그 외 23명을 고소하였다. 그들 중 네 명은 그들이 취한 부당이득의 두 배를 벌금으로 내고 법정에서 풀려났다. 검사들은 일반 대중이 모두 공평하게 접근하고 공정한 증권시장에서의 비즈니스 활동을 보장하기 위해 내부거래에 대해 한층 강화된 수사를 하고 있다.[28] 최근 대법원 판결은 내부거래 사건을 기소하기 쉬워지면서 증권시장이 공정하고 모두에게 동등하게 접근할 수 있도록 하기 위해 검찰이 내부자 거래 사건을 점점 더 추진하고 있다. 법원은 본인이 이익을 취하지 않았더라도 내부정보를 다른 사람에게 공유해서 그 사람이 이득을 보았다면 내부거래 유죄로 판결을 내렸다.[29]

2000년대 초에 보도되었던 많은 내부거래 이후에 증권거래소는 '공정한 공개(fair disclosure)'라고 명한 새로운 규제(Regulation FD)를 도입했다. 이 규제는 공개해도 되는 정보와 공개해서는 안 되는 정보를 구분하고 있다. 간단히 말하면 기업이 어떠한 정보를 공개할 때는 선별적인 몇몇 사람들이 아니라 모든 사람이 공유할 수 있도록 공개를 요구한 것이다. 즉, 기업이 누군가에게 말하고자 한다면, 모든 사람에게 동시에 이야기하라는 것이다.

어떤 기업은 자신에게 주어질 혜택을 위해 투자자들의 비용으로 정보를 오용해왔다. 월드콤(WorldCom)의 경우 수익성을 잘못 나타내는 회계 부정을 인정하자 허위 재무 보고서를 근거로 자사주를 매입한 투자자의 주가는 2002년 1월 10% 중반에서 이듬해 7월 1% 미만으로 자유 낙하했다. 3년 전에 약 60달러에 주식을 구입했던 장기 투자자들은 더욱더 큰 고통을 겪어야 했다.

직원들에 대한 책임

세상에서 최고의 사회보장 프로그램은 일자리라는 말이 있다. 첫째, 성장하기를 바라는 기업이라면 일자리를 만들어낼 책임이 있다. 일단 일자리를 만들어내고 나면 기업은 열심히 일한 노력과 재능이 공정하게 보상받고 있는지 살펴야 할 책임이 있다. 직원들은 승진을 통해 이루어지는 더 나은 미래에 대한 현실적인 희망을 필요로 한다. 기업의 효율성과 재무성과에 가장 큰 영향을 미치는 것은 인사관리다. 이에 관해서는 11장에서 더 깊이 다루도록 한다.

기업이 직원들을 존중하면, 직원들 또한 기업을 존중한다. 이러한 존중심은 기업의 성과에 크게 기여한다. 빌 캐틀리트(Bill Catlette)와 리처드 해든(Richard Hadden)은 저서 《만족한 소가 더 좋은 우유를 준다(Contented Cows Give Better Milk)》에서 '만족한 소(contented cow)'가 있는 기업과 '보통 소(common cow)'가 있는 기업을 비교하였다. 만족하는 직원들이 근무하는 기업은 경쟁사에 비해 10년 이상의 기간 동안 4배 더 빨리 성장했으며, 거의 400억 달러 이상을 더 벌었으며, 80만 개 이상의 일자리를 더 만들어 냈다. 그들은 이러한 성과 차이를 기업의 직원들에 대한 약속 이행과 배려에서 비롯된다고 분석했다.[30]

기업이 직원들에게 약속을 지키고 배려하는 모습을 보여주는 방법 중의 하나는 직원들이 개인적인 목표를 이룰 수 있도록 도와주는 급여와 복지 혜택을 주는 것이다. 일례로, 코스트코(Costco)가 제공하는 임금과 복지 혜택은 시간당으로 볼 때 소매업계 최고이다. 파트타임 직원들조차 코스트코의 건강보험 혜택을 받을 수 있고 정규직은 월마트(Walmart)와 같은 다른 소매업체의 직원들보다 더 적은 보험료를 낸다. 복지 혜택의 증가는 직원 이직률을 감소시킨다. 코스트코의 직원 이직률은 동종업계 다른 기업의 직원 이직률 평균의 3분의 1에도 못 미친다.[31] 미국 노동부의 자료를 보면 직원 교체 비용은 직원 연봉의 50~200% 정도로 추정되며, 직원 고용률이 높은 것은 직장 내 사기를 감안할 때 오히려 기업에 득이 된다고 한다.[32]

창고 소매업체인 코스트코(Costco)에서 제공하는 급여 및 복리후생 패키지는 시간당으로 소매 부문에서 최고이다. 시간제 근로자도 코스트코 건강보험의 적용을 받는다. 혜택 증가는 코스트코 직원의 이직률을 업계 평균의 3분의 1 미만으로 감소시켰다. 코스트코가 직원을 유지하는 데 성공한 원인은 무엇이라고 생각하는가?

기업에서 똑같이 대우하는 것은 좋은 사람들이 나쁜 일을 하게 만드는 가장 큰 원인이 된다. 대부분의 직원들은 불만을 지녔다고 많은 직원들이 직장 내에서 과격하게 호소할 정도로 무모하지는 않다. 대다수는 그들의 좌절감을 좀 더 알아채기 힘든 방법으로 푼다. 예를 들어, 다른 사람에게 실수를 전가한다든지, 의사결정 책임을 회피한다든지, 예산과 비용을 조작한다든지, 무시할 약속을 한다든지, 기업의 재원을 부정 축재한다든지, 최소한의 일만 한다든지, 실제보다 성과를 부풀린다든지 하는 식으로 말이다.

기업과 경영진은 직원들의 헌신과 자신감, 신뢰를 상실할 경우 막대한 비용을 지불해야 한다. 공인 사기 부정 검사관 협회(Association of Certified Fraud Examiners)의 보고서에 따르면 기업 내 직원 절도로 인해 드는 비용은 700억 달러에 달한다고 한다.[33]

사회와 환경에 대한 책임

민간 부문 미국 노동자의 10% 이상 임금 근로자들은 비영리 조직에서 월급을 받는다. 이 비영리 조직은 다른 곳에서 자금을 받는데 그곳이 바로 기업이다.[34] 재단, 대학, 기타 비영리 조직들은 수십억 주의 상장기업 주식을 소유하고 있으며, 이 주식들의 주가가 오르면 더 많은 자금이 사회에 이롭게 쓰이게 된다.

기업은 한편으로 사회 정의를 촉진시켜야 할 책임이 있다. 많은 기업이 받은 것을 '되돌려주는' 차원을 넘어 사회를 보살피는 데 일조해야 한다고 믿고 있다. 자선만으로는 부족하다. 이들의 사회에 대한 기여는 환경을 정화하는 것, 지역 공동화장실을 세우는 것, 컴퓨터 수업을 제공하는 것, 노인을 보살피는 것, 저소득계층의 자녀들을 지원하는 것 등이 포함된다.

지구온난화에 대한 우려가 증가하면서, 일상의 거의 모든 부분에서 '그린 운동(green

아웃도어 의류 브랜드 파타고니아(Patagonia)는 1973년 창립 이래 윤리적인 품질의 제품을 만들기 위해 노력해 왔다. 공급업체에 대한 면밀한 조사부터 공장의 공정한 노동 관행 촉진에 이르기까지 파타고니아는 기업이 세상에 긍정적인 영향을 미쳐야 한다고 믿는다. 여러분은 어떻게 생각하는가?

movement)'이 나타나고 있다. 무엇이 제품을 더 환경친화적으로 만드는 것일까? 일부는 제품의 탄소발자국(carbon footprint: 제품의 생산, 유통, 소비, 폐기 과정에서 발생하는 총탄소량)을 그 답으로 생각한다. 예를 들어, 냉동 옥수수 한 포대의 탄소발자국은 옥수수를 키우기 위해 뿌린 비료에서 발생하는 탄소뿐만 아니라 비료 그 자체의 탄소, 농기계를 작동할 때와 옥수수를 시장으로 운송할 때 배출되는 가스, 플라스틱 포장지를 만드는 전기, 냉장고에 공급되는 전력 등도 포함된다.

제품, 기업, 혹은 개인의 탄소발자국을 어떻게 정의하는지에 대한 구체적인 가이드라인이나 탄소발자국에 대해 소비자와 어떻게 소통해야 하는지에 대한 개요도 없는 실정이다. 예를 들어, 펩시콜라(PepsiCo)는 탄소 정보를 치즈-양파-감자 칩 봉지 라벨과 함께 예컨대 그것은 '75g의 이산화탄소(CO_2)를 뜻함'과 같은 식으로 정보를 제공한다. 너무 간단하다. 하지만 이게 무엇을 의미하는가? (우리도 잘 모르겠다.) 연구자들은 소비자에게 탄소발자국을 더 쉽게 의사소통하는 방법을 강구하고 있다.[35]

이러한 그린 운동은 소비자에게 수많은 제품에 대한 선택권을 제공한다. 하지만 이 선택은 제조업자가 주장하는 수많은 혼동된 주장 속에서 제품을 선별해내는 것을 의미한다. 이렇게 혼란스러운 광고가 가득한 시장에서 선택한다는 것은 가장 헌신적인 그린 운동가에게조차도 힘든 일이다. 하지만 가장 구매하기 쉬운 것을 선택하는 것은 그린 운동의 원칙에 위배된다.

환경보호 노력은 기업의 비용을 증가시킬 수 있지만, 제품 가격을 높이거나 시장 점유율을 높이거나 또는 둘 다에 도움이 될 수도 있다. 밀레니얼 세대의 90%는 환경친화적인 성분을 가진 제품에 더 많은 비용을 지불할 의향이 있다고 말했다. 녹색제품은 2014년 19.7%에서 2017년 22.3%로, 2021년 25%로 추정될 정도로 꾸준히 점유율이 높아지고 있다.[36]

모든 환경보호 전략이 시바사의 경우처럼 재정적으로 이득이 된다고 할 수는 없다. 예를 들어, 1990년대 초 스타키스트(StarKist)는 참치잡이를 위해 설치한 그물로 인해 돌고래들이 죽어가는 것을 염려한 소비자 단체의 의견을 받아들였다. 동태평양의 황색 지느러미 참치(황다랑어) 서식지에서 참치 낚시용 그물에 인근을 헤엄쳐 지나는 돌고래까지 포획된다는 것이었다. 기업은 서태평양 인근에서 잡힌 가다랑어(물 위로 뛰어오르는 참치)만을 판매하겠다고 공표했다. 불행히도, 소비자들은 가다랑어의 맛이 황다랑어의 맛보다 덜하다는 이유로 돌고래의 안전을 고려한 참치에 프리미엄 가격을 지불하기를 꺼려했다. 게다가, 새로운 방침이 환경을 보호한다는 어떤 뚜렷한 증거도 찾지 못했다. 동태평양에서 돌고래를 포획하지 않아서 구조된 돌고래들 대신, 수천 마리의 어린 참치와 수십 마리의 상어, 거북이, 다른 해양생물이 서태평양의 낚시 과정에서 죽어갔기 때문이다.

그린 운동은 미국의 노동시장에 긍정적인 영향을 주었다. 미국 태양열 에너지 협회(American Solar Energy Society)의 보고서에 의하면 재생할 수 있는 에너지와 에너지 효율성을 높이는 산업의 출현은 최근 9백만 개의 일자리를 만들어냈고 2030년까지 엔지니어링, 제조, 건설, 회계, 관리 분야에서 4천만 개의 일자리를 더 만들어낼 것으로 보인다.[37]

질 높은 환경은 공공재다. 즉, 누가 대가를 지불하는지에 상관없이 모두가 즐길 수 있다는 뜻이다. 기업들에 필요한 전략은 그들의 고객에게 어필할 수 있는 적절한 공공재를 찾는 것이다. 많은 기업이 그들의 순 사회공헌도를 보고하는 서류를 발간하고 있다. 이를 위해서 기업은 긍정적 사회기여도를 측정한 후 부정적 사회기여도를 빼야 한다. 이 과정에 대해서는 다음에 논의할 것이다.

사회적 감사

조직들이 최고 경영진의 의사결정 과정에서 사회적 책임을 필수 요소로 여기고 있는지 측정할 방법이 있는가? 그 대답은 '그렇다'이다. 그리고 이 측정을 의미하는 말이 바로 사회적 감사다.

사회적 감사(social audit)는 조직이 사회적인 책임을 다하고 대응하기 위한 프로그램을 수행해 나가는 과정을 체계적으로 평가하는 것을 말한다. 사회저 감사를 수행하는 네 있어서 중요한 문제 중의 하나는 기업의 활동과 사회에 대한 영향력을 측정하는 과정을 수립하는 것이다. 무엇을 측정해야 하는가? 많은 사회감사관은 직장 문제를 환경, 제품의 안전성, 지역 사회와의 관계, 군사 무기 계약, 국제적 운영과 인권, 현지인에 대한 존중 등을 주요 고려 대상으로 여긴다.

사회적 감사
조직이 사회저으로 책임감 있는 프로그램을 수행해 나가는 과정에 대한 체계적인 평가

순 사회적 기여도를 산출하기 위하여 기업의 긍정적 활동(자선 기부, 오염 제거 노력 등)을 합산한 후 기업의 부정적 활동(해고, 총오염 수치 등)을 감해야 하는가에 대한 의문도 제기되고 있다. 아니면 기업의 긍정적 활동만을 기록해야 하는가? 여러분은 어떻게 생각하는가? 하지만 사회적 감사가 행해질 때, 좋은 느낌을 준다든가 홍보 관리의 수준을 넘어서 기업이 사회적 책임을 다하도록 강요하는 측면도 있다.

기업 스스로 행하는 사회적 감사 외에도 5가지 유형의 그룹이 기업들이 윤리적, 사

환경운동가그룹인 레인포레스트 운동 네트워크(Rainforest Action Network: RAN)의 목표는 좋은 일을 함으로써 잘할 수 있다는 것을 기업들에 보여주는 것이다. 레인포레스트 운동 네트워크는 책임 있는 환경 정책 채택을 거부하는 기업들에 소비자들이 압력을 넣도록 기획된 공공 캠페인을 수행한다. 레인포레스트 운동 네트워크는 홈디포(Home Depot), 시티그룹(Citigroup), 보이스 캐스케이드(Boise Cascade), 골드만삭스(Goldman Sachs) 등 수십 개의 기업이 그들의 관행을 변경하도록 했다.

회적 책임을 얼마나 잘 시행하는지 모니터링하는 감시자 역할을 한다.

1. 사회적 의식이 있는 투자자들(socially conscious investors)은 사신이 지닌 높은 기준을 기업의 모든 공급자에게까지 적용해야 한다고 주장한다. 사회적 책임투자(Social Responsibility Investing; SRI)는 상승 추세에 있으며, 미국의 사회적 책임투자 펀드의 규모는 약 12조 달러에 육박한다.[38]
2. 에티스피어(Ethisphere)와 같은 사회적 인식 조사 기관(socially conscious research organizations)은 기업의 사회적 책임에 대해 분석하고 이를 발표한다.[39]
3. 환경주의자들(Environmentalists)은 환경단체의 기준을 준수하지 않는 기업의 이름을 공개해 압력을 가한다. 샌프란시스코에 근거를 둔 레인포레스트 액션 네트워크(Rainforest Action Network; RAN)는 수개월 동안의 항의 끝에 JP모건 체이스(J. P. Morgan Chase & Co.)로부터 환경에 부정적 영향을 미칠 가능성이 있는 산업 프로젝트에 대한 대출이나 인수에 대해 규제하는 제한선을 받아들이도록 하였다. 레인포레스트 액션 네트워크의 행동주의자들은 JP 모건(JP Morgan)과 같은 산업계의 리더를 먼저 쫓고 작은 기업에 태클을 건다. RAN의 이사는 "우리는 이것을 순위를 정하고(Rank'em) 혼내주기(Spank'em)라고 한다"라고 말했다.[40]
4. 조합원들(Union Officials)은 규정 위반을 찾아내어 기업이 부정적 평판을 얻지 않도록 하는 데 압력을 행사한다.
5. 고객들(Customers)은 구매 결정(buying decision)을 그들의 사회적 양심에 따라서 한다. 기업 설문조사에 의하면 고객들이 사회적 양심을 구매 결정에 고려함에 따라 많은 기업이 환경적 · 사회적 책임 전략을 조정하고 있다.

이에서 보듯이 한 가지 명심해야 할 점은 윤리와 사회적 책임에 관해서는 기업이 옳은 일을 행하는 것만으로는 충분하지 않다는 것이다. 기업은 옳은 일을 할 뿐만 아니라 고객과 사회가 기업이 하는 일이 옳다고 인정하도록 확신을 주어야 한다.

시험 준비

- 기업의 사회적 책임은 무엇이며, 기업과 관련된 모든 이해당사자와 어떻게 관련되어 있는가?
- 사회적 감사는 무엇이며, 어떠한 활동들을 감시하는가?

학습목표 4-6 글로벌 시장에서의 윤리적 행동과 사회적 책임에 대하여 기업이 할 수 있는 역할에 대해 분석할 수 있다.

국제 윤리와 사회적 책임

윤리 문제와 사회적 책임에 관한 문제는 미국에만 있는 문제는 아니다. 일본, 한국, 중국, 이탈리아, 브라질, 파키스탄, 자이르(콩고민주공화국)의 최고 관료들이 지위를 이용한 칭딕이나 뇌물로 기소된 바 있다. 정치적 리더들이 심판받는 윤리적 기준에 새로운 것이 있다면 무엇일까? 그것은 심판 기준이 예전에 비해 훨씬 더 강화되었다는 것이다. 최고 지도자들은 한층 더 높은 기준을 지켜야만 한다.

많은 미국의 기업이, 국제적 공급자들이 미국의 인권과 환경 기준에 맞는 제품을 공급하도록 함으로써 사회적으로 책임 있는 행동을 할 것을 요구받고 있다. 의류 제조업체인 PVH(캘빈클라인(Calvin Klein), 타미힐피거(Tommy Hilfiger) 등의 브랜드 제조업체)는 자사의 윤리, 환경, 인권 규범을 위반하는 공급자의 제품에 대한 주문을 취소한다. 다우 케미컬(Dow Chemical)은 자사의 공급자가 개별 국가의 현지 법을 따르기보다 미국의 오염과 안전에 관한 강력한 법을 지켜줄 것을 기대한다. 맥도날드는 우림(rain-forest)을 제거하여 만든 땅에서 소 떼를 방목하는 업자로부터 재료를 공급받는다는 소문을 부인했지만, 이러한 경우에 대한 금지 규정을 확실히 문서화했다.

이와는 대조적으로 저개발 국가의 노동자들을 착취하여 비판을 받는 기업도 있다. 세계 최대 규모의 운동화 제조업체인 나이키(Nike)는 유명 스포츠 스타들에게는 자사 제품의 광고비 명목으로 수십억 달러의 돈을 아낌없이 지불하면서, 자사의 직원들에게는 형편없는 대우를 하는 것으로 비난받아 왔다. 풍자만화가 개리 트루도(Garry Trudeau)는 자신의 유명한 연재작인 둔스버리(Doonesbury)에서 반(反) 나이키 캠페인을 크게 다루었다.

나이키는 아동 노동 착취가 빈번한 국가에서 제품 생산을 아웃소싱하고 공장을 저임금으로 운영해 온 것에 대하여 많은 비판을 받아왔다. 이러한 과오를 수정하기 위하여 타 기업 및 시민단체와 함께 공동의 노동 기준과 공장 가이드라인을 만드는 조치를 취했다. 성공적인 기업이 과거의 윤리적 과오를 극복해낼 수 있을까?

나이키는 평판을 좋게 하려고 열심히 노력했다. 나이키는 지역 문화와 경제적 조건에 종속되는 700개에 달하는 계약 공장에서의 근로조건을 개선하기 위한 노력을 모니터한다. 나이키는 투명성을 보여주고, 경쟁 기업도 근로조건을 개선하도록 장려하기 위해 이들 공장의 이름과 위치를 공개하고 있다. 나이키의 노력은 처음에는 미미했지만, 많은 공급업체 공장에서 조건은 현저히 개선되었다. 하지만 공장 근로자가 몇 년 전에 일했던 수당 70~80시간에 대한 보수를 시간당 20센트 이상 받더라도, 오늘날 그들은 여전히 48~60시간 또는 그 이상을 일하면서 생활임금의 25% 미만을 받고 있다. 다른 많은 주요 회사가 나이키와 이 공장들을 공유하고 오랜 시간 동안 같은 낮은 임금을 지불한다는 것을 명심하라.[41]

왜 나이키의 모니터링 프로그램은 회사가 기대하는 것만큼 성공적이지 못했는가? 그 이유 중 하나로는 개발도상국에서는 정부의 규제가 약한 경향이 있고, 그 결과 회사가 공급업체를 다스리도록 내버려 두는 데 있다. 그렇기에 이것은 신발의 98%를 수많은 다른 나라의 수백 개의 공장에서 만들어내는

우리의 경계를 넘어 윤리 문화 충돌

기업이 전 세계에 진출하면서 여러 질문을 낳는다. 어느 지역이 그들이 책임지는 곳인가? 국내 활동이 해외보다 중요한가? 직원들의 이익이 우선시되어야 하는가? 아니면 회사의 이미지가 우선인가?

여기에 어떻게 기업윤리가 문화적 윤리와 충돌하는지 보여주는 사례가 있다. 남미의 가난한 의류 행상인의 장남인 조(Joe)는 가까스로 미국으로 이민 와서 엔지니어 학위를 받아 통신 대기업에 일자리를 얻었다. 5년 후 회사에 익숙해진 듯 보이는 조는 고국으로 전근 배치를 받아서 매우 기뻤다. 회사는 조에게 안전하고 남에게 보여도 부끄럽지 않을만한 좋은 거주지에 살도록 하겠다고 통보하였고 그에게 거주지 선택권을 주었다. 그런 거주지와 하인을 구할 수 있도록 회사는 조에게 매월 최대 2,000달러를 지급하기로 약속하였다. 조는 매달 2,000달러의 월세 영수증을 제출하였다. 나중에 회사는 조가 서양 기준에서 판단할 때 위험한 슬럼가의 가건물에 살고 있음을 알게 되었다. 이런 남루한 집이라면 매월 200달러 이상 들 리가 없을 터였다. 회사는 조의 안전뿐만 아니라 그의 거주지가 회사 이미지에 끼칠 영향까지 걱정하였다. 인사부의 임원은 조가 생활비 지원에 대한 거짓 영수증을 제출한 것에 대해 그의 정직성까지 의심하였다.

조는 기업이 자신의 사생활을 침해하였다고 생각하여 화가 났다. 그는 다른 모든 직원처럼 자신의 거주 비용 상환금으로 매달 2,000달러를 받아야 한다고 주장했다. 그는 자신이 허름한 거주지를 선택한 이유를 설명하였다. 거주 비용에서 남는 금액은 가족에게 보냈고, 그 돈으로 어린 동생들은 학교에 다닐 수 있었다. 조의 아버지가 돌아가시고 가족들이 의지할 수 있는 사람은 조밖에 없었으므로 이 돈은 그의 가족들에게 있어서는 매우 중요한 돈이었다. 그는 자기 가족에게 돈을 보내는 것을 할 수 없다는 것은 돌아가신 아버지의 명예를 더럽히는 것임을 회사가 이해하도록 노력했다.

다른 사람들이 윤리적이라고 받아들이는 것을 이해하는 것이 가끔은 어려운 문제이기도 하다. 서로 다른 상황은 '정의'라는 맑은 물을 흙탕물로 철저히 바꾸어 버리기도 한다. 조는 가족을 위해서는 명예로운 일을 했을 수도 있다. 하지만 조가 사는 도시의 위험한 상황을 고려했을 때, 회사 간부가 안전한 곳에 거주하기를 바라는 것 또한 합리적이다. 주거비 상환에 관한 사규는 직원의 연봉을 올리지 않고도 외국에 파견된 직원이 거주하는 나라에서 편안하고 안전한 생활을 하기를 바라는 의도로 지원하는 정책이다. 만약 조가 미국에서 일했더라면 주거비 지원금을 받지 못했을 것이고, 가족들에게 돈을 보내기 위해 허위 영수증을 제출했다면 이것은 분명히 부도덕한 일이 되는 것이다. 그럼에도 남미에서 일어난 이 문제는 명확히 판단을 내리기 어렵다.

나이키와 같은 기업에는 커다란 과제이다. 또 다른 이유로는 구매자로서의 나이키는 다양한 수준의 영향력을 가지고 있기 때문이다. 이러한 영향력은 나이키가 공급업체와 얼마나 오랫동안 일해왔는지 또는 공장의 수익이 나이키 하나에 얼마나 달려있는지에 달려있다.

미국의 윤리적 기준을 글로벌 공급자에게 지키도록 요구하는 것이 타당한가는 생각처럼 명확하지 않다. 어떠한 문화에서 선물로 인식되는 것이 다른 나라에서는 뇌물로 간주되기도 한다. 기업에 자국의 기준을 따르라고 요구하는 것이 항상 윤리적인가? 아동노동이 사회와 가족에게 용인되고 가족이 아동 임금에 생계를 의존하는 나라에서는 어떻게 해야 하는가? 또한, 미국에서 사업을 운영하고 있는 외국 기업들의 경우는 어떠한가? 미국 기업이 그들의 윤리적 기준을 따르기를 기대해야 하는가? 다국적 기업의 경우는 어떠한가? 서로 다른 사회에 걸쳐 있기 때문에 어느 한 사회의 기준을 따르지 않아도 되는가? 미국 내에도 감옥 수감자에 기반을 둔 기업이 많이 있음에도 불구하고 왜 미국의 일부 소매상은 중국 감옥 수감자가 제조한 제품을 수입하지 않는다는 이유로 박수를 받아야 하는가? 어떠한 질문에도 대답하기가 쉽지 않지만, 글로벌 시장에서 사회적 책임에 관한 이슈의 복잡성을 생각할 기회를 제공한다. 윤리적 문화 충돌에 관한 '우리의 경계를 넘어' 글상자의 내용을 참고하자.

1970년대에는 해외부패관행법(Foreign Corrupt Practices Act, 3장 참조)이 도입되면서 비즈니스 상거래를 위해 해외 기업이나 정부 관료에게 의심스러운 형태로 돈을 지급하는 행위를 금지했다. 많은 미국 기업인은 계약을 따내기 위한 경쟁을 할 때 외국 기업은 이 법을 지킬 필요가 없으므로 비미국 기업을 상대로 입찰할 때 미국 기업이 경쟁에서 불이익을 당한다고 주장했다.

글로벌 시장에서 기업 부패와 싸우기 위해 공통의 국제 윤리를 만들려는 노력 속에서, 미합중국기구(Organizations of American States)의 파트너들은 미대륙 부정척결 총회(Inter-American Convention Against Corruption)에서 서명했다.[42] UN은 EU와 OECD처럼 기업 뇌물수수에 관하여 유죄 판결을 적용하기로 하였다. 국제표준기구(International Organization for Standardization; ISO)는 제품 제조 과정, 공정 임금률, 직원에 대한 적절한 대우와 고용제 등을 포함하는 ISO 26000이라는 사회적 책임에 관한 새 가이드라인을 마련했다.[43] 이 기준은 인증 목적이 아니라 권고 기준으로 사용된다. 하지만 빠른 시일 내에 다국적 기업을 통제하는 하나의 국제적 기준이 마련될 것 같지는 않다. 많은 곳에서 '부패 척결(Fight Corruption)'의 슬로건이 내걸리고 있지만, 구호조차 이제부터 시작인 것이다.

시험 준비

- 미국의 기업은 어떤 식으로 글로벌 공급자에게 사회적으로 책임 있는 행동을 요구하는가?
- 빠른 시일 내에 다국적 기업을 통제하는 하나의 국제적 기준이 마련될 것 같지 않은 이유는 무엇인가?

요약하기

학습목표 4-1 합법성이 왜 기업의 윤리적 행동의 첫 단계에 불과한지 설명할 수 있다.

- **합법성은 윤리와 어떻게 다른가?**

  윤리는 법을 준수하는 것 이상을 의미한다. 사회에서 인정하는 도덕적 기준에 근거하여 행동하는 것을 포함한다. 윤리는 사람이 다른 사람과 맺는 적절한 관계를 반영한다. 합법성은 더 제한적인 의미이다. 합법성은 사람을 사기나 절도, 폭력 등으로부터 보호하기 위해 정해진 법률에만 관련된 것이다.

학습목표 4-2 잠재적으로 비윤리적일 수 있는 행동을 했을 때 제기해야 할 세 가지 질문에 대해 설명할 수 있다.

- **우리의 비즈니스 의사결정이 윤리적이었는지 어떻게 판단할 수 있는가?**

  비즈니스 의사결정이 윤리적인지 판단하기 위해 다음 세 가지 질문으로 점검해볼 수 있다. (1) 합법적인가? (2) 형평성이 있는가? (3) 어떠한 기분이 드는가?

학습목표 4-3 윤리규범을 세우는 데 있어 관리자의 역할이 무엇인지 설명할 수 있다.

- **윤리규범을 세우는 데 있어서 관리자의 역할은 무엇인가?**

  관리자들은 종종 공식적인 윤리규범을 세운다. 하지만 보다 중요한 메시지는 그들의 행동을 통해 전달된다. 관리자의 도덕적 비행에 대하여 관용을 베풀거나 처벌을 하는 것은 문서화된 어떠한 윤리규범보다도 더 많은 영향을 미친다.

학습목표 4-4 준법 기반 윤리강령(compliance-based ethics codes)과 청렴 기반 윤리강령(integrity-based ethics codes)의 차이점을 설명하고, 기업의 윤리강령을 세우는 6단계를 설명할 수 있다.

- **준법 기반 윤리강령과 청렴 기반 윤리강령의 차이는 무엇인가?**

  준법 기반 윤리강령이 법적 처벌을 받는 것을 피하는 데에 중점을 둔 것이라면, 청렴 기반 윤리강령은 조직을 이끄는 가치를 정의하고 윤리적으로 건전한 행동을 지지하고 직원들 사이에 책임을 공유하는 것을 강조하는 환경을 만드는 것이다.

학습목표 4-5 기업의 사회적 책임(corporate social responsibility)에 대하여 정의하고 다양한 이해당사자(stakeholder)들이 져야 할 기업의 책임에 대해 설명할 수 있다.

- **기업의 사회적 책임은 무엇인가?**

  기업의 사회적 책임은 사회의 복지를 위해 기업이 관여하는 것이다.

- **이해당사자들에 대한 기업의 사회적 책임에는 어떠한 것들이 있는가?**

  기업은 이해당사자들에게 네 가지 유형의 책임이 있다. (1) 기업의 고객에 대한 책임은 진정한 가치가 있는 제품과 서비스를 생산해 고객을 만족시키는 것이다. (2) 기업은 투자자들에게 이윤을 내야 할 책임이 있다. (3) 기업은 직원들에게 여러 가지 책임이 있다. 일자리를 제공하고, 일자리의 안정성을 도모하고, 열심히 일한 대가와 재능에 대하여 공정하게 보상해주어야 한다. (4) 기업은 사회에도 여러 책임이 있다. 새로운 부를 창출하고, 사회적 정의를 촉진시키며, 기업의 근무 환경을 더 나은 곳으로 만드는 데 기여하는 것이다.

- **기업의 사회적 책임에 대한 노력은 어떻게 측정할 수 있는가?**
  기업의 사회적 감사는 사회적 책임에 대한 조직의 활동 과정을 측정하는 것이다. 일부에서는 기업의 긍정적 활동을 합산한 후 기업의 부정적 영향을 감하여 기업의 순 사회적 유익성을 산출해내야 한다고 믿는다.

학습목표 4-6 글로벌 시장에서 윤리적 행동과 사회적 책임에 대하여 기업이 할 수 있는 역할에 대해 분석할 수 있다.

- **미국 기업이 글로벌 시장에서 윤리적 행동과 사회적 책임에 대해 어떠한 영향을 미칠 수 있는가?**
  많은 미국 기업이 그들이 거래하는 국제적인 공급업자로 하여금 환경에 대해 책임 있는 행동을 하고 미국 기준의 인권에 대한 이슈를 위반하지 않도록 요구하고 있다. 시어스(Sears), 필립스-반 호이젠(Phillips-Van Heusen), 다우 케미컬(Dow Chemical)과 같은 기업은 자사의 윤리적 책임 기준에 미치지 못하는 기업의 제품은 수입하지 않는다.

주요 용어 정리

기업자선(corporate philanthropy)
기업 정책(corporate policy)
기업의 사회적 솔선수범(corporate social initiatives)
기업의 사회적 책임(corporate social responsibility: CSR)
기업의 책임(corporate responsibility)
내부고발자(whistleblowers)
내부거래(insider trading)
사회적 감사(social audit)
윤리(ethics)
준법 윤리강령(compliance-based ethics codes)
청렴 윤리강령 (integrity-based ethics codes)

사고력 문제

윤리적 행동으로 시험에 처했던 상황이 있었는지 생각해보자. 예를 들어, 가장 친한 친구가 내일까지 제출해야 할 기말 리포트를 잊어버렸다고 하고 여러분에게 지난 학기에 다른 교수 강의시간에 제출했던 보고서를 복사해도 되느냐고 물었다.

1. 여러분의 대안은 무엇인가? 그리고 각 대안들의 결과는 어떠한가?
2. 이 장에서 제시한 세 가지 질문을 스스로에게 했을 때 딜레마를 해결하는 일이 더 용이했겠는가? 지금 스스로 답해보고 다른 결정을 내릴 수 있었는지 생각해보자.

원리의 적용

목적

기업의 사회적 책임에 대한 헌신의 수준을 보여주기 위해

연습

생활용품 및 퍼스널케어 기업 세븐스제너레이션(Seventh Generation)에 따르면 기업의 책임은 다음 7세대에 미치는 영향을 고려하는 DNA에 있다. 개발에서 생산, 구매, 사용 및 폐기에 이르기까지 제품의 모든 측면이 환경에 미치는 영향을 제한하기 위해 노력한다. 회사 웹 사이트(7thgeneration.com)를 방문하시오. 그 후 다음 질문에 답하시오.

1. 세븐스제너레이션의 사회적 사명은 무엇인가?
2. 세븐스제너레이션의 4대 포부는?
3. 세븐스제너레이션은 버몬트 지역사회 개선에 어떻게 참여하고 있는가?
4. 세븐스제너레이션은 회사의 사회적 사명을 고객에게 어떻게 전달하는가?

직업기술의 개발

핵심: ● 팀 ★ 분석 ▲ 의사소통 ◘ 기술

★▲ 1. 여러분의 개인적 윤리 및 도덕규범을 형성하는 데 기여한 근거에는 어떠한 것들이 있는가? 만약 영향을 미친 것들이 있다면, 개인적 윤리규범을 손상시키도록 압력을 가한 것들이 있는가? 직장이나 학교에서 여러분의 윤리 규범이 곤경에 처했던 경험을 생각해보자. 당시의 딜레마를 해결하기 위해 어떠한 결정을 하였는가? 지금 그 상황이 끝난 시점에서 그때 내린 결정에 만족하는가? 만약 그렇지 않다면, 그 상황에서 어떻게 다른 행동을 했을 것인가?

◘ 2. 간단한 연구보고서를 작성해보자. 온라인에서 지역의 공공 이익단체를 정해서 그 단체의 임원들, 단체의 목적, 재정 지원의 출처와 금액, 회원의 성격과 규모에 대하여 확인해보자. 최근의 활동과 성과에 관해서도 리스트를 작성해 보자. 환경단체, 동물 보호, 정치활동 위원회 등에서 선택할 수 있을 것이다. 지역 상공회의소, 거래개선협회(Better Business Bureau), 지역 공공 기관에 도움을 청해도 될 것이다.

★ 3. 여러분이 모닝컵(Morning Cup)이라는 커피전문점의 매니저라고 가정하자. 매장의 직원 중 한 명이 관리직으로 승진되기를 바란다고 하자. 하지만 매장의 주인은 그 직원이 승진을 원하는 자리에 머리가 둔한 자신의 아들을 염두에 두고 훈련시키고 있다. 매장 주인의 가족경영은 여러분 직원의 소중한 승진 기회를 빼앗을 수 있지만, 여기에 대해 불만을 표하는 것은 여러분 자신의 승진 기회를 빼앗을 수도 있다. 여러분은 어떻게 할 것인가?

◘★▲ 4. 지역 기업의 웹 사이트를 방문해서 문서화된 윤리강령을 탐색하시오. 준법 윤리강령인지 청렴 윤리강령인지 구분해보라. 그리고 설명해 보라.

◘★ 5. 내부고발자를 보호하는 새 법안이 통과된 후 기업 환경에 미친 영향은 무엇인가? 고용주의 불법적 혹은 비윤리적 행동을 보고한 개인들에 관해 도서관이나 인터넷에서 조사해보자. 기업들이 정책을 바꾸었는가? 만약 그렇다면 이러한 정책들이 기업의 이해당사자들에게 어떠한 영향을 미쳤는가? 문제를 보고했던 내부고발자들에게는 어떠한 영향을 미쳤는가?

진로 탐색

당연히 윤리적 행동은 모든 경력에서 중요하다. 하지만 여러분이 다른 사람들을 돕거나 사회 혹은 환경에 기여하는 진로에 특별한 관심이 있다면, 여기 몇 가지 고려사항들이 있다. 이 분야에서 수행하는 작업, 필요한 기술, 급여 및 기회와 전망에 대해서 bls.gov에서 발간한 직업전망서(Occupational Outlook Handbook(OOH))를 통해 알아보자.

- **준법감시인** – 심사, 평가 및 법규 준수 여부를 조사한다.
- **녹색 일자리** – 환경에 도움이 되거나 천연자원을 보존하는 제품을 생산하거나 서비스를 제공하는 직업. OOH에서 수자원 보존, 지속 가능한 임업, 바이오 연료, 지열 에너지, 환

경 개선, 태양열 발전, 재활용 등의 직업을 검색하라.

- **사회 및 지역 사회 서비스 관리자** – 사회 서비스 프로그램 및 지역사회 조직을 조정하고 감독한다. 대중에게 사회 서비스를 제공하는 직원을 관리한다.
- **기금 모금 관리자** – 조직을 위한 기금 및 기타 기부금을 모으기 위해 이벤트와 캠페인을 조직한다. 조직의 작업, 목표 및 재정적 필요에 대한 인식을 높인다.
- **사회 복지사** – 사람들이 일상 생활에서 문제를 해결하고 대처하도록 돕는다.

비디오 사례

글루텐 프리 바의 의식적 마케팅

경제학자 밀턴 프리드먼(Milton Friedman)은 한때 회사의 유일한 책임은 주주를 위해 이윤을 창출하는 것이라고 말했다. 수년 동안 이 말은 수많은 기업을 위한 지침이었다. 그러나 오늘날 기업의 사회적 책임(CSR)에 대한 초점은 비즈니스 리더를 주주뿐만 아니라 모든 이해 관계자의 요구 사항을 해결하는 방향으로 이동시켰다. 미국의 대기업 CEO들은 직원에 대한 투자, 지역사회 지원, 공급업체와의 윤리적 거래, 공정한 가격 제공을 강조하는 기업 목적의 새로운 정의를 개발했다. 많은 기업은 소비자에게 이러한 가치를 알리기 위해 '의식적 마케팅(conscious marketing)'에 의존한다.

의식적 마케팅은 4가지 핵심 개념, 즉 더 높은 목적, 이해관계자 포용, 의식 있는 기업 문화 조성, 윤리적 결정을 하는 것을 중심으로 진행된다. 인증된 글루텐 프리 스낵 제조업체인 GFB(Gluten Free Bars)는 2010년 출시 이후 의식적인 마케팅을 옹호해 왔다. 설립자 엘리엇 레이더(Elliott Rade)에 따르면 회사는 직원과 공급업체 모두가 행복하고 충만하도록 열심히 노력했다. GFB는 그 역할을 매우 진지하게 받아들여서 출범 직후 'B corp' 즉, 이익 법인이 되었다.

B 기업으로서 GFB는 그 행동이 주주뿐만 아니라 고객, 직원 및 그 가족, 공급망 파트너, 정부 기관, 환경 및 지역 사회 전반에 미치는 영향을 고려해야 한다. GFB의 모토는 '함께 승리한다'이다. 즉, 회사가 잘 되면 다른 사람들도 마찬가지이다. 회사는 의료, 401k, 넉넉한 휴가 및 병가와 같은 혜택을 제공한다. GFB는 또한 범죄 기록이 있는 사람들에게 두 번째 기회를 주기 위해 최선을 다하고 있다. 사실, GFB 직원의 거의 40%가 이전에 수감된 적이 있다.

의식 있는 마케터가 된다는 것은 지속 가능한 공급망을 개발한다는 의미이기도 하다. GFB는 탄소발자국을 낮게 유지하기 위해 현지 식품 공급원 및 인근 제조업체와 협력한다. 제로 웨이스트 생산(Zero Waste Production) 이니셔티브에 따라 회사의 모든 폐기물은 재활용, 재사용 또는 퇴비화된다. 예를 들어, GFB에서 생성되는 10파운드의 폐기물 중 9개가 재활용되며, 회사는 항상 이 시스템을 추가로 개선하기 위해 노력하고 있다.

글루텐 프리 바(Gluten Free Bar)는 그들의 모델이 다른 미국 기업들이 세상을 더 나은 곳으로 만드는 데 기여하도록 영감을 주기를 바란다. GFB의 리더십은 사회적으로 의식적인 임무에 전념하고 이해 관계자의 이익을 최전선에서 유지할 것을 약속한다. 회사 설립자는 고객이 GFB가 만드는 제품을 신뢰하고 누가 생산하는지, 어디서 왔는지, 어떻게 공급되는지에 대해 관심을 가지고 있다고 말한다. 더 많은 기업이 기업의 사회적 책임 전략을 개발함에 따라 밀턴 프리드먼의 오래된 조언을 따르면 생존하기 어려울 수 있다.

다시 생각해보기

1. 기업은 비즈니스 결정을 내릴 때 모든 이해 관계자를 고려해야 할까? 아니면 엄격하게 주주만을 고려해야 할까? 왜 그래야 하는가?
2. '의식적 마케팅'이 글루텐 프리 바와 같은 회사에 어떤 이점이 있는가?
3. B corp로 인증된 회사의 제품을 구매할 의향이 더 있는가?

참조

1. Jeff Cox, "More Cracks Are Appearing in the Market for Loans That Helped Cause the Financial Crisis," cnbc.com, January 29, 2019; Kimberly Amadeo, "2008 Financial Crisis: The Causes and Costs of the Worst Crisis Since the Great Depression," thebalance.com, January 22, 2020.
2. "The Golden Rule (aka Ethics of Reciprocity)," religioustolerance.org, accessed February 2020.
3. David Lazarus, "You Can Deduct Charitable Donations. Why No Tax Benefit for Volunteering?," latimes.com, January 24, 2020.
4. Turnitin, turnitin.com, accessed February 2020.
5. "Cheating in College: The Numbers and Research," Best College Reviews, bestcollegereviews.org, accessed February 2020.
6. Trevor S. Harding, Donald D. Carpenter, Cynthia J. Finelli, and Honor J. Passow, "Does Academic Dishonesty Relate to Unethical Behavior in Professional Practice? An Exploratory Study," CiteSeerX, accessed February 2020.
7. Kenneth Blanchard and Norman Vincent Peale, (New York: William Morrow, 1996).
8. Allison Tringale, "Be Sure Rewards System Motivate Valued Behavior," telegraphherald.com, January 9, 2020.
9. Tony Prophet, "Ethics and Technology in the Fourth Industrial Revolution," World Economic Forum, weforum.org, January 21, 2019; Shana Lynch, "Are You an Ethical Leader?," gsb.stanford.edu, October 18, 2019; Patrick Quinlan, "Building an Ethics-First Employee Culture Is Crucial for All Leaders," forbes.com, accessed February 2020.
10. U.S. Securities and Exchange Commission, sec.gov, accessed February 2020.
11. Jason Gay, "A Trashy Scandal for Baseball," January 16, 2020; Dave Sheinin, "A.J. Hinch and Jeff Luhnow Fired by Astros after MLB Suspension, Fine in Sign-Stealing Scandal," January 13, 2020; Tyler Kepner, "The Rise and Fall of the Houston Astros," January 18, 2020.
12. Peter Loftus, "For First Time, J&J CEO Testifies in a Talcum-Powder Court Case," wsj.com, January 27, 2020; Peter Loftus, "Missouri Court Cuts Talc-Powder Verdict Against J&J to $2.1 Billion," wsj.com, June 23, 2020.
13. Andrew Ross Sorkin, "World's Biggest Investor Tells C.E.O.s Purpose Is the 'Animating Force' for Profits," nytimes.com, January 17, 2019; Mark R. Kramer, "The Backlash to Larry Fink's Letter Shows How Far Business Has to Go on

Social Responsibility," January 31, 2019; Art Carden, "'The Essential Milton Friedman' Shows a Great Mind at Work," forbes.com, January 16, 2020; Deborah D'Souza, "Stakeholder Capitalism," investopedia.com, January 22, 2020.

14. Doug Sundheim and Kate Starr, "Making Stakeholder Capitalism a Reality," hbr.org, January 22, 2020; Addisu Lashitew, "Stakeholder Capitalism Arrives at Davos," Brookings Institution, brookings.edu, January 21, 2020.
15. Kate Bloomgarden, "Corporate Responsibility Is Taking On a New Meaning," fortune.com, January 2, 2019; Kevin Xu, "How to Make Your Corporate Social Responsibility Come from Within," forbes.com, February 4, 2019; Magda B. L. Donia, "Employees Want Genuine Corporate Responsibility, Not Greenwashing," theconversation.com, January 29, 2020.
16. Timothy J. McClimon, "Corporate Giving by the Numbers," forbes.com, January 16, 2020.
17. Bill & Melinda Gates Foundation, gatesfoundation.org, accessed February 2020.
18. Logistics Cluster, logcluster.org, accessed February 2020.
19. Jeff Beer, "Uphill," November 2019; Patagonia, patagonia.com, accessed February 2020.
20. Danielle Abril, "Google Is Paying Employees for Six Months of Charity Work," fortune.com, January 16, 2019; Alyssa Dinberg, "Podcast: Enhancing Public Services with the Google.org Fellowship," Engaging Local Government Leaders, elgl.org, January 17, 2020.
21. Danielle Holly, "Building Social Sector Capacity through a Day of Skilled Service," ssir.org, February 1, 2019.
22. Valerie Bolden-Barrett, "Companies to Act as 'Stewards of Society' through CSR Programs," hrdive.com, February 9, 2019; Adele Peters, "Most Millennials Would Take a Pay Cut to Work at an Environmentally Responsible Company," fastcompany.com, February 14, 2019.
23. "The ROI of Philanthropy: Consumers Willing to Spend 6% More for Products from Socially Responsible Companies," marketwatch.com, November 12, 2018; Susan Ward, "What Is Green Marketing?," thebalancesmb.com, January 22, 2020.
24. "The Ultimate Guide to Marketing to Gen Z in 2019," campaignmonitor.com, accessed February 2020.
25. Kevin Wack, "Wells Fargo Bends to Critics in Its Latest Response to Scandals," americanbanker.com, January 30, 2019; Michael Hiltzik, "That Wells Fargo Accounts Scandal Was Even Worse Than You Can Imagine," latimes.com, January 27, 2020.
26. Kristin Stoller, "Here's How to Invest in a Socially Responsible Way," forbes.com, June 25, 2019; "SRI Basics," The Forum for Sustainable and Responsible Investment, ussif.org, accessed February 2020.
27. Natalie Sachmechi, "Behind Bars: Billionaires and Ex-Billionaires Who Have Served Time," forbes.com, January 25, 2020.

28. Peter J. Henning, "Insider Trading Remains a Fixture for Securities Enforcement," nytimes.com, January 1, 2019; Sarah E. Aberg and Bochan Kim, "United States v. Blaszczak: Second Circuit Ruling Creates Opening for Significant Increase in Insider Trading Prosecutions," natlawreview.com, January 31, 2020.
29. "What Exactly Is Insider Trading—and How Do You Avoid It?," marketwatch.com, February 13, 2019; Wilbmer Hale, "The Second Circuit Clears the Path for Insider Trading Convictions Absent a Dirks Personal Benefit," jdsupra.com, January 8, 2020; Stephen L. Ascher, Anthony S. Barkow, Anne Cortina Perry, and Charles D. Riely, "Second Circuit Allows Insider Trading to Be Proven without Personal Benefit," lexology.com, January 10, 2020.
30. Bill Catlette and Richard Hadden, (Jacksonville, FL: Contented Cow Partners, 2012); Contented Cow Partners, contentedcows.com, accessed February 2020.
31. "Service Jobs Should Be—and Can Be—Middle-Class Jobs," hbr.org, August 30, 2019; Jake Rossen, "14 Secrets of Costco Employees," mentalfloss.com, January 27, 2020.
32. John Hall, "The Cost of Turnover Can Kill Your Business and Make Things Less Fun," forbes.com, May 9, 2019; "How to Calculate Employee Turnover Rate," PayScale, payscale.com, January 29, 2020; "Why Employee Turnover Is the Single Most Revealing HR Metric," Paycor, paycor.com, January 20, 2020.
33. Association of Certified Fraud Examiners, acfe.com, accessed February 2020; "Why Employee Fraud Has Double the Impact on Small Business," security.org, accessed February 2020.
34. Steve Dubb, "Nonprofit Workforce Study Finds Strengths in Growth, Pay, and Resilience," nonprofitquarterly.org, February 7, 2019; Kori Kanayama, "Why Nonprofit Staff Wages Are as Important as CEO Salaries," nonprofitquarterly.org, January 27, 2020.
35. Nonprofit Quarterly, nonprofitquarterly.org, "Communications Footprint," Carbon Footprint, carbonfootprint.com, accessed February 2020.
36. Susan Ward, "What Is Green Marketing?," thebalancesmb.com, January 22, 2020.
37. American Solar Energy Society, ases.org, accessed February 2020.
38. The Forum for Sustainable and Responsible Investment, ussif.org, accessed February 2020.
39. Ethisphere, ethisphere.com, accessed February 2020.
40. Rainforest Action Network, ran.org, accessed February 2020.
41. Andy Burt, "J.Crew Group Selects Sustainable Denim Supplier. Is It a Natural Fit?," supplychaindive.com, January 31, 2019; Samantha Putterman, "Post about Nike Factory Workers Uses Outdated Numbers for Pay, Hours," PolitiFact, politifact.com, November 22, 2019.
42. Organization of American States, oas.org, accessed February 2020.
43. "ISO 26000 Social Responsibility," International Organization of Standardization, iso.org, accessed February 2020.

PART 2

사업 소유구조: 중소기업 창업

사업 소유구조 형태의 선택

학 습 목 표  이 장을 학습한 후에 다음 질문에 답할 수 있어야 한다.

5-1 개인 기업(sole proprietorship)의 장점과 단점을 비교할 수 있다.

5-2 합명 회사(General partnership)와 합자 회사(Limited partnership)의 차이점을 설명하고, 각 파트너십의 장점과 단점을 비교할 수 있다.

5-3 회사(corporation)의 장점과 단점을 비교할 수 있으며, 회사와 유한 책임 회사(Limited liability companies) 간의 차이점을 요약할 수 있다.

5-4 기업 합병(Corporate merger)의 세 가지 유형을 정의 및 설명할 수 있으며, 차입매수(Leveraged buyouts)와 기업 비공개의 의미를 설명할 수 있다.

5-5 프랜차이즈(franchise)의 장점 및 단점을 개략적으로 설명할 수 있으며, 프랜차이즈의 다양성으로 인한 기회와 글로벌 프랜차이즈의 도전 과제에 대해 논의할 수 있다.

5-6 협동조합(cooperatives)의 역할을 설명할 수 있다.

드라이바(Drybar)의 창업자 앨리 웹(Alli Webb)에 대하여 알아보자

보통의 미국 사춘기 청소년들처럼 앨리 웹(Alli Webb)은 본인의 곱슬머리를 손질하는 데 어려움을 겪고 있었다. "신디 크로포드(Cindy Crawford)나 크리스티 브링키(Christie Brinkie) 같은 모델의 머리를 보면서, 어쩜 저렇게 완벽할 수 있는지 생각하곤 했죠. 그런 머리 손질 비결을 알아내기 위해서 많은 시간을 쏟아부었어요"라고 회상하였다. 그녀는 곧 모델들의 헤어 손질 비법을 알게 되었다. 바로 미용실에서는 전문가의 기술로 드라이어를 이용해 머리를 말리고 헤어스타일 손질에 들어간다는 것이다. 이렇게 머리를 손질하면 곱슬머리를 다루기는 쉬워지나, 고급 헤어 살롱에서는 고가의 비용을 지불하여야 하며, 저렴한 미용실에서는 만족할 만한 결과를 얻을 수 없다는 한계가 있었다. 이런 시장의 갭을 메꾸기 위하여 앨리 웹은 헤어 드라이 전문 서비스 업체인 드라이바(Drybar)를 창업하여 125개 지점에서 1억 달러 규모의 매출을 올리고 있다.

드라이바를 창업하기 전에 웹은 뉴욕의 최고급 헤어 살롱에서 헤어 스타일리스트로 근무하였다. 2003년 결혼 후에는 캘리포니아로 이주하여 전업주부의 삶을 살기도 하였다. 하지만 헤어 스타일리스트의 꿈을 결코 버리지 않았으며, 5년 후 LA에서 스트레이트앳홈(Straight-at-Home)이라는 방문 헤어 스타일링 업체를 창업하였다. 앨리 웹은 1인 사업체 대표로 고객의 자택을 방문하여 헤어 드라이 서비스를 40달러에 제공하였다. 그녀의 사업은 점점 명성을 얻게 되었으며, 웹은 사업을 확장하여 업체를 설립할 때가 되었다고 결심하였다.

앨리 웹은 헤어 스타일링에 대해서는 전문 지식이 충분하였으나, 사업을 시작하는 것은 다른 이야기였다. 다행히도 웹의 남편 카메론이 마케팅 전문가여서 중요한 브랜딩 전문 지식을 조언해 줄 수 있었다. 또한, 남동생 마이클도 같이 사업을 했으면 하는 바람이 있었으나 예전 동업할 때 남매가 엄청나게 다투었던 경험 때문에 남동생이 거절할까 우려가 되었다고 한다. "우리 남매는 개와 고양이처럼 으르렁거리며 싸웠어요. 우리 둘 다 너무 어렸고 사업에 무지했죠"라고 회상한 웹은 "하지만 이러한 다툼도 결국 우리 남매가 사업에서 무엇을 해야 하고 무엇을 하지 말아야 하는지 깨닫는 데 도움이 되었습니다"라고 말했다. 결국 남편과 남동생을 비즈니스 파트너로 두고서야 앨리 웹은 드라이바를 창업할 준비가 완료되었다. "비록 남편과 동생 모두 대머리였지만, 같이 사업에 뛰어들어줘서 고마웠죠"라고 웃으며 덧붙였다.

이들은 LA의 브랜트우드(Brentwood) 인근 부유한 지역에 첫 번째 드라이바 지점을 오픈하였고, 얼마 지나지 않아 가게 앞에는 대기 줄이 늘어서게 되었다. 초기에 웹은 하루에 30명에서 40명의 고객에게 드라이 서비스를 제공할 수 있을 것이라 예상했는데 이를 훨씬 초과해서 일 고객은 80명에 달하였다. 첫 6개월은 직원을 고용하기도 어려웠다. 고객들은 드라이바의 합리적인 드라이 가격뿐 아니라 독특한 헤어 스타일링에도 만족하는 듯하였다. 웹과 파트너들은 적기에 사업을 확장하지 않으면 모방 업체에 시장 파이를 빼앗기겠다고 생각하였다. 사업 확장을 위해 셋은 2백 5십만 달러 규모의 투자를 가족과 지인으로부터 유치하였으며, 프랜차이즈 사업으로 확장하였다. 드라이바는 유한책임회사로 전환되었으며, 추가 투자 유치를 결심하였다. 많은 투자자를 검토한 후에 화장품 산업에 경험이 있는 보스턴 기반의 카스테니아 파트너스(Castanea Partners)로부터 1천 6백만 달러 규모의 투자를 유치하였다. 드라이바가 빠르게 성장하면서 카스테니아는 대기업 경험이 있는 전문 CEO를 영입할 것을 추천하였다. 처음에는 외부인에게 사업의 통제권을 뺏기는 것을 염려하였지만, 웹은 존 헤프너(John Heffner)를 만나고서는 다르게 생각하게 되었다. P&G와 유니레버(Unilever)에서 근무한 경력이 있는 헤프너는 드라이바의 브랜드를 확장하는 데 큰 역할을 담당하였다. 주력 사업인 헤어 드라이 전문 미용실 이외에도 드라이용 샴푸와 경량 헤어드라이어 기기 등을 출시하였다. 현재 드라이바의 고용 직원은 3,000명 이상이며, 앨리 웹은 사업 전반에 걸쳐 적절한 연계와 통합의 중요성을 강조한다. 그녀는 "조직의 강점을 올바르게 인식하고 사장인 내가 할 수 없는 일들을 할 수 있는 사람을 영입해야 합니다"라고 말한다.

앨리 웹처럼 모든 사업체의 수장은 자신에게 가장 적절한 사업의 유형을 선택하여야 한다. 1인 창업, 파트너와의 사업이나 회사 설립, 혹은 프랜차이즈 사업 등 다양한 사업 소유 구조의 장단점을 정확히 아는 것은 매우 중요하다. 이러한 내용을 본 장을 통해 학습할 수 있다.

출처: Jane Larkworthy, "Alli Webb Has Opened over a Hundred Drybars," The Cut, thecut.com, June 26, 2018.

Let's talk business!
bit.ly/LetsTalkBusiness4

2019년 두 거대 미디어 회사 간 합병으로 이 회사는 더욱더 큰 엔터테인먼트 공룡으로 성장하게 되었다. 이 회사는 현재 넷플릭스(Netflix)와 경쟁을 다툴 정도의 규모로 성장하였다. 신규 스트리밍 서비스 제공 이외에도 회사는 훌루(Hulu: 영화와 TV 프로그램 등의 콘텐츠 제공 회사)의 주식도 60%를 보유하고 있다. 이 회사의 이름은 무엇인가? (이 장 안에서 답을 찾으라.)

사업 소유구조의 기본 구조

미국에서 수백에서 수천 명에 이르는 사람들이 새로운 사업을 시작한다. 실제로 미국에서 매년 40만 개 이상의 신규 사업이 시작되고 있다.[1] 스스로 자신의 사업을 시작하는 것을 고려해 보았거나 주변에서 그러한 사람을 보았을 것이다.

개인 기업
한 개인이 소유하고 경영하는 사업 형태

파트너십
두 명 이상의 소유주로 구성된 사업의 법적 형태

사업의 유형을 선택하는 것이 장기적 성공의 결정적 차이를 만들 수 있음을 이해하여야 한다. 여러 유형으로 사업을 구성할 수 있는데, 사업 소유구조의 세 가지 주요한 형태를 보면 (1) **개인 기업(sole proprietorships)**, (2) 파트너십(Partnerships), (3) 회사(corporations)가 있다. 각 형태의 장단점에 대해서는 추후 논의하도록 하자.

한 사람이 소유하고 운영하는 사업 형태를 개인 기업이라 한다. 많은 사람들이 스스로 사업을 경영할 수 있는 열망을 품거나 필요한 시간과 자금을 보유하고 있는 것은 아니다. 두 명 이상의 인원이 사업의 공동 소유주가 되는 것을 법적으로 동의하였을 때, 이러한 조직은 **파트너십(Partnerships)**이라 정의된다.

개인 기업과 파트너십은 설립이 상대적으로 쉽다는 장점이 있지만, 독립적이며 소유와 구별된 형태의 사업도 여러 가지 장점을 가지고 있다. 소유와 별도로 권리와 책임을

그림 5.1 사업 소유구조의 형태
회사는 미국 전체 사업 수의 20%에 불과하지만, 총수입의 81%를 차지한다. 개인 기업은 가장 일반적인 형태이지만(72%), 총수입의 6%에 불과하다.
출처: 미 국세청

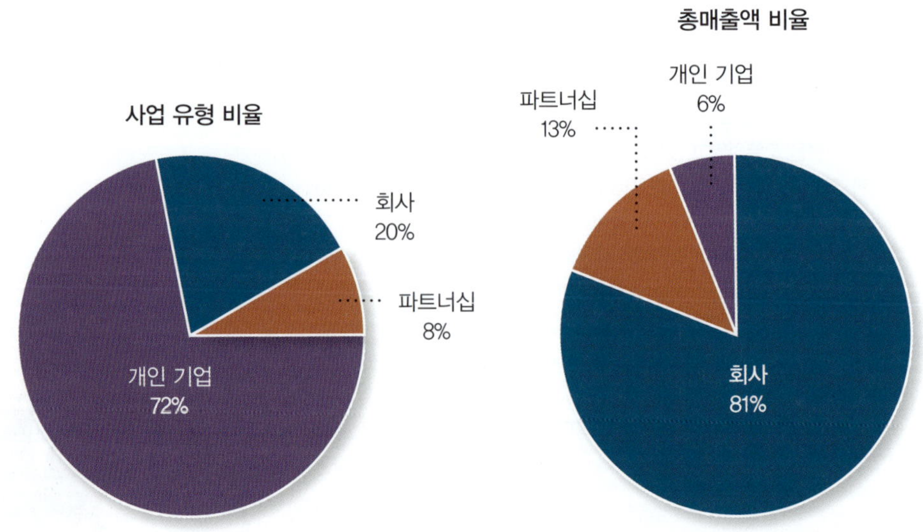

갖는 법적 기구를 회사라 한다. 미국의 약 5백만 개의 회사는 전체 사업 형태의 20%에 불과하지만, 총수입 금액의 81%를 차지한다(그림 5.1 참조).

특정 형태의 사업 소유 구조로 시작하였다 할지라도 그 형태를 계속해서 유지할 필요는 없다는 사실에 주목하라. 많은 기업들이 특정 소유 구조로 시작하였다가 파트너를 추가(혹은 삭제)하기도 하고 궁극적으로 **회사(Corporation)**, 유한책임회사(limited liability company) 혹은 프랜차이즈 업체(franchisor)가 되기도 한다. 가장 일반적인 형태의 소유구조인 개인 기업으로 논의를 시작해 보도록 하겠다.

회사
소유와 분리되어 경영되며, 책임을 지는 법적 기구

학습목표 5-1 개인 기업(sole proprietorship)의 장점과 단점을 비교할 수 있다.

개인 기업

개인 기업의 장점

개인 기업은 흥미로운 경력 탐색을 위한 가장 용이한 사업 형태라 할 수 있다. 모든 도시마다 개인 기업을 방문할 기회가 존재한다. 자영업자들이 겪는 기쁨과 좌절에 대해 이야기를 나누어 보아라. 대부분은 자영업의 장점을 자신 스스로 사장이 될 수 있다는 것과 시간을 관리할 수 있다는 점을 꼽을 것이다. 자영업자들이 언급할 기타 장점은 다음과 같다.

에반튜브(Evan Tube)의 운영자로 더 유명한 에반(Evan)은 어렸을 때 장난감 언박싱 유튜브를 시작하였다. 현재 10대인 그는 6백만 명의 구독자를 보유하고 있으며, 가족과 함께 장난감 홍보 동영상을 제작하여 광고 및 스폰서십으로 연간 백만 달러의 수익을 올리고 있다. 당신도 사업을 하고자 하는 열정이 있는가?

1. 사업의 시작과 종료가 용이함 – 개인 기업을 시작하기 위해 필요한 것은 필요한 장비를 구입하거나 대여하고 사업을 광고하는 것이 전부이다(예를 들어, 톱, 노트북 컴퓨터, 트랙터, 잔디 깎는 기계 등). 지방정부의 승인이나 사업 면허가 필요할 수도 있지만, 대부분의 경우 문제가 되지 않는 선이다. 사업을 철수하는 것도 마찬가지로 쉬운 편이다. 단순히 그만두기만 하면 된다. 컨설팅이 필요하거나 결정에 반대하는 사람도 없다.
2. 스스로 사장이 될 수 있음 – 다른 사람 밑에서 일하는 것은 자영업에 비해 확실히 흥미가 떨어지는 것은 사실이며, 대부분의 자영업자들이 그렇게 느끼고 있다. 실수를 할 수도 있지만 스스로의 실수이며, 매일 스스로 성취하는 승리를 맛볼 수 있다.
3. 사업 소유의 자부심 – 스스로 사업을 소유하고 경영하는 사람들은 자신의 일에 대해 긍지를 갖는다. 이들은 위험을 감수하고 재화와 용역을 공급하는 것에 대한 노고를 치하 받을 권리를 가지고 있다.
4. 유산을 남김 – 개인 기업 소유자들은 미래 세대를 위해 무언가를 남기게 된다.
5. 회사 이익 보유 – 스스로 사장이 된다는 즐거움 이외에도 노력한 만큼 이익을 거둘 수 있고 그 이익을 다른 사람들과 나누지 않아도 된다는 즐거움이 더 크다(정부에 납부하는 세금 제외).
6. 특별세 없음 – 개인 기업의 수익은 소유주의 개인 소득을 기준으로 세금이 부과되며, 소유주는 그 금액을 기준으로 일반 소득세를 납부한다. 하지만 소유주는 사회

꽃집 운영 같은 1인 사업자가 되는 것은 업체 운영에 자신의 대부분의 시간을 할애하여야 하며, 사업의 확장을 위해서는 신규 고객과 신뢰할 만한 직원을 찾아야 함을 의미한다. 만약 당신이 개인 사업자라면 자신의 휴가 중 필요한 사항을 어떻게 준비할 것인가?

보장세나 의료보험과 같은 자영업세를 납부하여야 한다. 또한 소유주는 세금을 추정하고 분기별로 정부에 세금을 납부하여야 하며, 세금 미납분에 대해서는 벌금을 물어야 한다.

개인 기업의 단점

모든 사람이 기업을 소유하고 경영할 수 있는 능력이 있는 것은 아니다. 사업을 시작할 만한 자금을 마련하고 사업을 유지하는 것은 어려운 일이다. 재고 비용, 비품, 보험, 광고, 임대료, 컴퓨터, 공공요금 등의 비용은 혼자서 감당하기에는 벅차기 때문이다. 자영업의 기타 단점은 다음과 같다.

무한 책임
사업 소유주가 모든 부채에 대해 지니는 책임

1. 무한 책임 – 개인적 손실의 위험. 타인에게 고용된 상황에서는 사업의 수익성이 좋지 않다 할지라도 그것은 자신의 문제가 아니다. 하지만 자영업의 경우에는 자신과 사업이 하나로 간주된다. 이는 소유주가 **무한 책임**(unlimited liability)을 지고 있다 할 수 있는데, 사업으로 인한 부채와 손해들이 자신의 부채가 되는 것이며, 이를 지급할 의무가 있게 된다. 집이나 자동차 등 자신의 소유를 팔아서라도 감당해야 할 의무이기에 심각한 위험이며, 단순히 창업의 위험을 고려하는 수준이 아니라 변호사, 보험설계사, 회계사 등과의 협의가 필요할 수 있다.
2. 제한적 재무 자원 – 사업 자금은 (단일) 소유주가 모을 수 있는 자금에 한정된다. 개인이 모을 수 있는 자금은 한정적이기 때문에, 파트너십이나 회사의 형태가 사업을 시작하고 유지하는 데 필요한 재무적 자원을 획득할 가능성이 더 높다.
3. 경영의 어려움 – 모든 사업에는 경영이 필요하다. 즉, 누군가는 계속해서 재고 수준을 체크하고, 회계 기록을 점검하며, 세금 납부 등을 담당하여야 한다. 영업이나 서비스를 제공하는 데에는 숙련이 되어 있지만, 회계 분야에 미숙한 사람들이 많다. 자영업자들은 큰 규모의 회사들이 제공하는 급여와 복지 수준과 경쟁할 수 없기 때문에 자질 있는 직원들을 고용하는 데 어려움을 호소한다.
4. 압도적인 시간 투자 – 개인 사업자들은 자신의 시간을 관리할 수 있을지 모르지만, 사업을 소유하고 경영하며, 직원들을 훈련시키고 개인적인 시간을 갖는 것은 쉬운 일이 아니다. 이것은 모든 형태의 사업에 적용되는 사항이기는 하지만, 자영업자들은 이러한 부담을 누군가와 나눌 수 없다. 대부분 자영업자들은 장시간 근무한다. 예를 들어, 한 상점의 사장은 하루에 12시간을 일하며 주 6일을 일한다 가정하자. 이는 대기업의 비관리직 노동자의 노동 시간의 두 배에 해당된다. 이러한 시간 투자가 자영업자의 가정 생활에 미치는 영향을 생각해 보라. 많은 자영업자들이 "창업은 단순히 직업이나 경력이 아니라 생활 그 자체가 된다"라고 전할 것이다.[4)]
5. 부가 혜택 전무 – 자영업자라면 고용되었을 때 얻을 수 있는 복지 혜택을 누릴 수 없게 된다. 의료보험 혜택이나 산재보험, 병가, 유급 휴가 등을 누릴 수 없는 것이다. 이러한 복지 혜택과 기타 혜택은 노동자 총수입의 약 30%를 차지한다.
6. 성장 제한성 – 자영업자들은 자신의 창의성, 사업 노하우, 자금 조달에 의지하기

때문에 사업 확장의 속도가 느린 편이다.

7. 제한된 사업 수명 – 자영업자가 사망이나 더 이상 일을 할 수 없는 이유로 은퇴하게 되면 사업은 존속될 수 없다(사업을 팔거나 자영업자의 상속인에 의해 인수되는 경우 제외).

주변에 있는 자영업자들에게 그들이 직면한 문제가 무엇인지 함께 이야기해보는 것이 매우 중요하다. 자영업자들은 흥미로운 이야기들을 들려줄 것이며, 은행에서 대출을 받는 어려움이나 도난 문제, 아니면 단순히 사업을 꾸려나가는 데의 어려움 등을 털어놓을 것이다. 이러한 문제들이 바로 많은 자영업자들이 파트너를 찾아 부담을 덜고자 하는 이유이기도 하다.

시험 준비

- 미국에서 사업을 경영하는 대부분의 사람들은 자영업자들이다. 개인 기업의 장점과 단점들은 각각 무엇인가?
- 개인 기업의 가장 큰 단점으로 왜 무한 책임을 꼽을 수 있는가?

학습목표 5-2 합명 회사(General partnership)와 합자 회사(Limited partnership)의 차이점을 설명하고, 각 파트너십의 장점과 단점을 비교할 수 있다.

파트너십

파트너십은 2인 이상의 소유주로 구성된 법적 형태이다. 파트너십에는 여러 유형이 존재한다. (1) 합명 회사(general partnership), (2) 합자 회사(limited partnership), (3) 마스터 합자 회사(Master limited partnership)가 대표적이다. **합명 회사(general partnership)**란 모든 소유주가 사업을 운영하고 부채에 대한 책임을 공동으로 유지하는 형태이다. **합자 회사(limited partnership)**는 단일 혹은 복수의 무한책임 파트너(general partner)와 단일 혹은 복수의 유한책임 파트너(limited partner)로 구성된다. **무한책임 파트너(general partner)**는 무한 책임을 지며, 회사를 경영하는 소유주(혹은 파트너)를 의미한다. **유한책임 파트너(limited partner)**는 사업에 자금을 투자하였지만, 경영의 책임이나 손실에 대해 투자 금액 이상의 책임을 지지 않는 파트너를 일컫는다. **유한 책임(limited liability)**이란 유한책임 파트너들이 투자 금액 이상의 채무에 대해서는 책임을 지지 않는 것을 말하며, 그들이 지는 의무는 회사에 투자한 금액에 한정되며, 개인적 자산은 위험에 처하지 않는다.

파트너십의 한 형태인 **마스터 합자회사(Master limited partnerships(MLP))**는 회사와 유사하게 행위하며, 주식시장에서 거래된다는 점에서 다음에 논의될 회사의 형태와 유사하지만, 파트너십의 형태로 세금이 부과되기 때문에 회사 소득세를 내지 않을 수 있다.[2] 마스터 합자회사는 정유, 부동산, 가스 산업 등에서 일반적이다. 일례로 수노코 주식회사(Sunoco Inc.)는 마스터 합자회사(MLP) 형태의 수노코 물류(Sunoco Logistics, SXL)를 설립하여 원유와 정제품 파이프라인 및 저장 시설을 인수, 소유 및 운영하였다.

합명 회사
모든 소유주가 사업 운영에 참여하고 부채에 대해 공동으로 책임을 지는 파트너십

합자 회사
단일 혹은 복수의 무한책임 파트너와 단일 혹은 복수의 유한책임 파트너로 구성된 파트너십

무한책임 파트너
무한 책임을 지며, 회사를 경영하는 소유주(혹은 파트너)

유한책임 파트너
사업에 자금을 투자하였지만, 경영의 책임이나 투자 금액 이상의 손실에 대해 책임을 지지 않는 파트너

유한 책임
유한책임 파트너들이 투자 금액 이상의 채무에 대해서는 책임을 지지 않는 것을 말하며, 유한책임 파트너와 주주는 유한 책임을 보유함

마스터 합자회사(MLP)
회사와 유사하게 행위하며, 주식시장에서 거래되지만, 법인세는 회피할 수 있는 파트너십

척 일랜드(Chuck Eiland)와 그의 아내 라탄야 일랜드(La Tanya Eiland)는 자신들의 여행과 와인에 대한 열정을 조지아주 인근에 와인 투어를 제공하는 팝 더 코르크(Pop the Cork)라는 사업체에 쏟아부었다. 배우자 혹은 가족과 사업 파트너가 될 때 장점 및 단점은 무엇일까?

유한책임 파트너십(LLP)
파트너가 스스로의 행위와 누락이나 자신의 감독 하에서 발생한 행위나 누락에 대해서만 개인적인 자산을 책임지도록 제한하는 파트너십

SXL이 벌어들인 소득은 배당금의 형태로 투자자들에게 지급되기 전까지는 세금 부과를 회피할 수 있었다.[3)]

또 다른 신규 파트너십은 무한책임의 단점을 극복하기 위해 고안되었다. 미국의 모든 주는 파트너들이 **유한책임 파트너십**(Limited liability partnerships(LLP))을 구성할 수 있도록 허용하고 있다. 유한책임 파트너십(LLP)은 파트너가 스스로의 행위와 누락이나 자신의 감독 하에서 발생한 행위나 누락에 대해서만 개인적인 자산을 책임지도록 제한한다. 이것은 유한책임 파트너십(LLP)으로 파트너 중 한 명이 불법으로 인하여 자신의 집, 자동차, 노후 자금, 빈티지 스타워즈 피규어 인형 등을 차압당할 수 있다는 불안을 느끼지 않아도 된다는 것을 의미한다. 하지만 미국 대부분의 주에서 이러한 개인 보호는 은행 대출, 임대 의무, 납품 대금 채권자 등의 책임까지 확대되는 것은 아니다. 이러한 상황에서는 개인자산 처분을 각오하여야 한다. 유한책임 파트너십(LLP)의 채무 보호에 대해 추가적 조약이 있는 일부 주에서는 유한책임 파트너십(LLP)은 유한책임 회사(LLC)와 유사하다(후반부에 논의됨).

루이지애나를 제외한 미국의 모든 주에서 단일파트너십법(Uniform Partnership Act(UPA))을 채택하여 파트너십과 관련된 법률을 대체하였다. UPA는 일반적 파트너십의 세 가지 주요 요소로서 (1) 공통 소유, (2) 이익과 손실의 분담, (3) 사업 운영에 참여할 권한을 제시하고 있다.

파트너십의 장점

많은 경우 파트너와 함께 사업을 소유하고 경영하는 것이 훨씬 용이하다. 자신이 아프거나 휴가를 갈 경우 파트너가 대신 근무할 수 있으며, 자신의 강점이 영업이나 서비스 제공이라면 파트너가 재고 관리나 회계에 능숙할 수 있다. 파트너는 추가적으로 금전적 투자나 후원, 전문 지식을 제공할 수도 있다. 그림 5.2를 통해 파트너 선정 시 고려해야 할 몇 가지 사항들을 확인할 수 있다.

파트너십은 대개의 경우 다음과 같은 장점이 있다.

1. 더 많은 재무적 지원 – 2인 이상의 사람들이 돈과 노력을 투지하면 사업을 운영하면서 발생되는 임대료, 시설비, 기타 비용을 지불하기가 용이해진다. 합자 회사는 특별히 자금 조달을 위해 고안되었다. 언급되었듯이 유한 파트너는 사업에 금전적

그림 5.2 **사업 파트너를 선택할 때 고려해야 할 질문들**

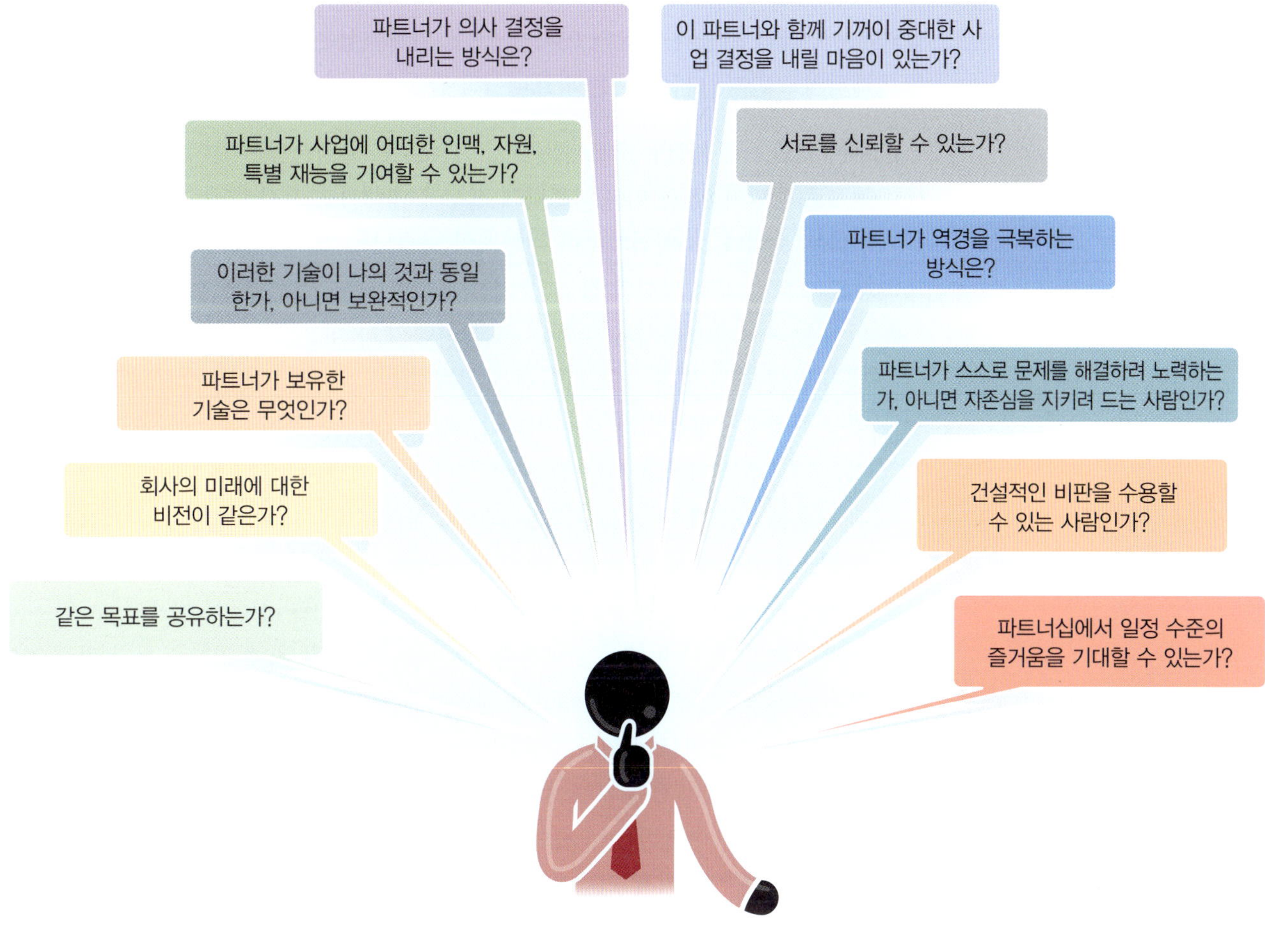

완벽한 사업 파트너란 존재할 수 없으므로, 사업을 시작하기 전에 다음과 같이 미래의 사업파트너에 대해 스스로 질문해 볼 필요가 있다.

투자를 하지만, 법적으로는 경영의 의무가 없고 제한적 의무만 부여된다.

2. 경영의 분담 및 지식, 기술의 상보와 공동 조달 – 신중히 선택한 파트너와 공동으로 매일의 영업활동을 관리하는 것은 단독으로 경영할 때보다 쉬운 일이다. 파트너는 서로에게 자유시간을 보장할 수 있으며, 각기 다른 기술과 관점을 제공한다. 이러한 이유로 많은 경우 부부가 식당을 경영하거나 서비스업 혹은 기타 다른 사업을 경영한다.[4)]
3. 높은 생존율 – 파트너십은 개인 기업에 비해 파트너 간 상호 훈련을 가능하게 하여 생존율이 높은 편이다.[5)]
4. 특별세 없음 – 개인 기업과 마찬가지로 미국 내 파트너십의 모든 수익은 소유주의 개인 소득으로 과세되며, 소유주는 그 금액을 기준으로 일반 소득세를 납부한다. 유사한 맥락으로 파트너는 스스로 세금을 예상하여 분기별로 이를 납부하여야 하며, 미납 세금에 대한 벌금을 납부할 의무가 있다.

파트너십의 단점

협의에는 언제나 갈등과 긴장의 여지가 있다. 파트너십은 가족, 친구, 결혼생활의 분열을 초래하기도 한다. 다음에서는 파트너십의 단점을 살펴보도록 한다.

1. 무한 책임 – 무한책임 파트너는 누가 그 채무를 발생시켰든 간에 회사의 채무에 전적으로 책임이 있다. 이는 파트너의 실수에 대해서도 자신의 실수처럼 책임을 져야 한다는 뜻이다. 자영업자처럼 무한책임 파트너는 회사가 법적 소송에서 패하거나 부도가 나는 경우 자신의 집, 자동차를 포함한 모든 것을 잃을 수 있다.
2. 이익 분배 – 위험을 분담한다는 것은 이익 또한 나눈다는 것이므로 이로 인해 분쟁이 발생할 수 있다. 파트너십에서 정해진 이익 분배 체계는 없기 때문에 이익이 항상 공평하게 배분되는 것은 아니다. 예를 들어, 두 명이 파트너십을 결성하여 한 명은 자금을 투자하고 다른 한 사람은 더 많은 노동 시간을 투자했다고 가정하자. 각 사람은 자신이 더 많은 이익을 받아야 한다고 생각할 것이다. 이 분쟁을 어떻게 해결할지 고민해 보라.
3. 파트너 간 의견 불일치 – 금전적 의견 불일치는 파트너십에서 발생할 수 있는 잠재적 분쟁의 한 가지 예에 불과하다. 피고용인에 대한 최종 권한은 누가 가질 것인가? 누가 직원을 고용하고 해고할 것인가? 누가 언제 일할 것인가? 파트너 중 한 명이 고가의 장비를 구입하기를 원하는데 다른 한 명이 반대할 경우에는 어떻게 할 것인가 등 잠재적인 분쟁의 예는 셀 수 없을 정도이다. 이러한 문제 때문에 파트너십의 모든 규정은 명문화되어서 모든 이해관계자를 보호하고 오해를 최소화하여야 한다.[6] '윤리적 의사결정' 글상자에서 파트너 간 의견 불일치의 상황을 살

그림 5.3 파트너십을 구성하는 법

파트너십을 구성하는 것은 어려운 일은 아니지만, 각 잠재적 파트너가 파트너 계약에 경험이 있는 변호사로 구성된 협의회를 구성하는 것이 바람직하다. 변호사가 제공하는 서비스는 비용이 높은 편이기 때문에 잠정적 파트너들은 변호사를 부르기 이전에 파트너십과 관련된 모든 조항들을 사전에 인지하고 기본적 협의를 달성하는 것이 좋다.

스스로를 보호하기 위해 파트너십 계약을 문서화하여야 한다. 미국모범회사법(Model Business Corporation Act)은 아래의 항목을 파트너십 계약 문서에 포함할 것을 권고하고 있다.

1. 회사의 명칭. 미국의 많은 주에서 회사명이 파트너의 이름과 일치하지 않을 경우 회사명을 주립/국가기관에 등록할 것을 요구한다.
2. 모든 파트너의 성명과 주소
3. 회사의 목적과 본질, 주요 사무소의 위치, 사업이 진행되는 모든 장소의 위치
4. 파트너십의 시작일 및 지속 기간. 파트너십이 특정 기간 동안에만 지속될 것인가 아니면 파트너 중 한 명이 사망하거나 파트너들이 종결을 합의한 경우에 종결할 것인가?
5. 각 파트너의 공헌도. 파트너가 금전적 공헌을 할 것인가? 아니면 부동산, 개인 재산, 전문 지식, 노동을 제공할 것인가? 공헌의 제공 기간은 언제인가?
6. 경영 책임. 모든 파트너가 경영에 동등한 위치를 차지할 것인가? 아니면 상위 혹은 하위 파트너를 둘 것인가?
7. 각 파트너의 의무 사항
8. 각 파트너의 연봉과 인출금
9. 이익 및 손실 분담 규정
10. 회계 절차 규정. 누가 회계 계정을 관리할 것인가? 어떠한 회계 및 장부기입 방식을 사용할 것인가? 장부의 보관 장소는?
11. 신규 파트너 영입의 요건
12. 파트너의 특별 제약조건, 권리 및 의무
13. 파트너 은퇴 규정
14. 사망 혹은 은퇴한 파트너의 지분 매입 규정
15. 불만 처리 규정
16. 파트너십 해산 및 파트너의 자산 분배 규정

윤리적 의사결정

잘되는 사업은 내 탓, 나쁜 업보는 남의 탓?

파트너와 함께 건설업체를 운영하고 있다고 가정해 보자. 한 하청업체가 20%나 낮은 가격으로 입찰을 하였고, 당신은 이러한 손실이 그 하청건설업체를 위험하게 할 것을 예상할 수 있다. 이 업체와 하청 계약을 체결하면 당신은 대규모 쇼핑센터 건설 프로젝트를 따낼 수 있다. 당신의 파트너는 이 계약을 체결하자고 주장하며, 하청업체의 손실은 그들이 감당할 몫이라고 주장한다. 당신은 어떠한 의사결정을 내려야 한다고 생각하는가? 그 의사결정으로 인한 결과는 또 무엇이겠는가?

펴보라.

4. 사업 청산의 어려움 – 파트너십에 참여하기로 결정한 이상 끝내는 것이 쉽지 않다. 물론 단순히 파트너십을 떠나는 것으로 끝낼 수도 있다. 하지만 누가 무엇을 가질 것이며, 차후 계획을 결정하는 것 때문에 파트너십의 종결은 종종 난항을 겪게 된다. 놀라운 사실은 법률 회사 조차 잘못된 파트너십 조약을 맺고 파트너십 종결에 어려움을 겪는다는 사실이다. 파트너가 마음에 들지 않는다면 어떻게 나가게 할 것인가? 가장 좋은 방법은 파트너십 계약을 맺기 앞서서 이러한 것들을 심사숙고하는 것이다. 그림 5.3을 통해 파트너십 계약에 어떠한 질의 항목이 포함되어야 하는지를 알 수 있다.

파트너십의 장점과 단점을 학습하는 데 가장 좋은 방법은 이러한 경험을 한 사람들을 인터뷰하는 것이다. 이를 통해 어떻게 하면 문제가 발생하는 것을 막을 수 있는지에 대한 통찰과 암시를 얻을 수 있다.

자영업을 하거나 파트너와 동업하는 경우 공통적인 두려움은 사업의 실패로 큰 돈을 잃거나 고소당하지 않을까 하는 우려이다. 많은 경영자들은 이러한 위험과 개인 사업이나 파트너십의 위험을 감소시키기 위해 회사(corporation)를 설립한다. 다음 단락에서는 사업 소유의 기본적 형태에 대해 논의하기로 한다.

시험 준비

- 유한 파트너와 일반적 파트너의 차이점은 무엇인가?
- 파트너십의 장점 및 단점은 무엇인가?

학습목표 5–3 회사(corporation)의 장점과 단점을 비교할 수 있으며, 회사와 유한책임 회사(Limited liability companies) 간의 차이점을 요약할 수 있다.

회사(Corporation)

제네럴 일렉트릭(General Electric), 마이크로소프트(Microsoft), 월마트(Walmart) 같은 대규모 기업들이 미국 경제에서 차지하는 규모와 영향력은 상당하다. 하지만 회사를 구성하기 위해서 반드시 규모가 커야 하는 것은 아니다. 소규모 사업체 역시도 회사를

회사
소유와 구분되어 행위하고 책임을 갖는 정부 공인 법적 단체

조직함으로써 얻는 이익이 상당하다.

일반적 회사(conventional(C) corporation, 이하 회사라 칭함)는 소유주(회사의 주주와 소유주)와 분리되어 행위하고 책임을 지니는 정부 공인 법적 단체이다. 이는 소유주는 투자한 금액 이상의 부채나 기타 문제에 대해 책임이 없다는 것을 의미한다. 주주들은 회사의 문제로 자신의 주택, 자동차 및 다른 자산을 잃을까 염려할 필요가 없다. 회사는 소유주의 책임을 한정할 뿐만 아니라 많은 사람들이 실제로 기업에서 근무하거나 다른 몰입을 하지 않고서도 지분(혹은 이익)을 공유할 수 있게 한다. 회사는 외부 투자자에게 이러한 지분을 제공할 것인지, 아니면 사적 보유를 유지할 것인지를 선택할 수 있다(18장에서 주식에 대해 논할 예정). 그림 5.4는 여러 형태의 회사를 설명하고 있다.

회사의 장점

대부분의 사람들은 사업을 할 때 모든 위험을 감수하려고 하지 않는다. 그럼에도 불구하고 사업을 성장 및 번영시키고 경제적 기회를 창출하기 위해서는 자발적으로 돈을 투자하여야 한다. 이러한 문제를 해결하기 위한 한 가지 방편으로 법의 관점에서 존재하는 인위적인 존재, 즉 회사를 설립하는 것이다. 회사의 장점을 살펴보면 다음과 같다.

1. 유한 책임 – 회사의 가장 큰 장점은 소유주의 유한 책임이다. 유한 책임은 사업의 소유주는 투자한 금액까지만의 손실에 대해서만 책임이 있다는 것을 기억해야 한다.
2. 더 많은 투자 금액 유치 – 투자 금액 조달을 위해 회사는 소유지분(주식)을 누구에게나 팔 수 있다. 이는 수백만 명의 사람이 IBM, 애플(Apple), 코카콜라(Coca-Cola) 같은 대기업 또는 소규모 기업의 일부를 소유할 수 있다는 것을 뜻한다. 한 기업이 50달러의 주식을 천만 주 팔았다면 5억 달러의 자금으로 공장을 건설하고, 원자재를 구입하거나 고용, 제품 생산 등을 할 수 있게 된다. 이러한 거액의 금액을 다른 방식으로 조달하는 것은 쉬운 일이 아니다.

   또한 회사는 채권을 발행하여 개별 투자자로부터 자금을 차입할 수도 있다. 혹은 개인에게 채권을 발행하여 미래에 채권자에게 상환하기 전까지 이자를 지급하는 방식으로 자금을 모을 수도 있다. 18장 주식과 채권 거래로 회사의 자금 조달을 참고하라.
3. 규모 – 회사의 장점을 한 단어로 요약한다면 바로 규모일 것이다. 대규모의 자금을 조달할 수 있기 때문에 회사는 최신 공장이나 소프트웨어 설비 개발을 진행할 수 있다. 또한 전문가를 고용할 수도 있을 뿐만 아니라, 위험을 최소화하기 위해 다른 산업의 회사를 매입할 수도 있다. 요약하자면, 많은 자원을 보유한 대규모 회사는 전 세계 어디에서나 기회를 포착할 수 있게 된다.

   하지만 회사를 설립함으로써 얻는 혜택을 누리기 위해 반드시 규모가 커야 하는 것은 아니다. 다수의 의사, 변호사, 개인 등과 같은 다양한 산업의 많은 사람들이 회사를 설립하고 있다. 미국 내 회사의 대부분은 중소기업 규모이다.
4. 영속성 – 소유주와 구별되기 때문에 소유주 중 한 명의 사망으로 회사가 문을 닫지는 않는다.

유형 구분이 까다로운 회사도 있기는 하나, 미국의 일반적 회사 유형은 아래와 같다.

- 외국인 회사(alien corporation)는 미국 내에서 사업을 하지만, 다른 국가에서 인허가를 받은 기업을 말한다.
- 내국 회사(domestic corporation)는 미국 내에서 인허가를 받고 사업을 하는 기업을 말한다.
- 외국 회사(foreign corporation)는 특정 주에서 사업을 하지만, 다른 주에서 인가를 받은 기업을 말한다. 미국 회사의 1/3이 달라웨어 주(Delaware)의 유리한 인허가 규정 때문에 그 주에서 인가를 받는다. 외국 회사는 영업하는 주에서도 반드시 등록을 마쳐야 한다.
- 비공개 회사(closed corporation 또는 private corporation)는 회사의 주식을 소수가 소유하고 있으며, 주식 공개를 하지 않는 기업이다.
- 공개 회사(open corporation 또는 public corporation)는 일반 대중에게 주식을 공개한 회사로, 제너럴 모터스(General Motors)나 엑슨모빌(ExxonMobil)이 공개 회사에 해당된다.
- 반관반민 회사(quasi–public corporation)는 정부가 독점 서비스를 제공하는 것을 인가한 기업으로, 공공 서비스 제공이 반관반민 회사의 대표적 사업이다.
- 전문 기업(professional corporation)은 소유주가 의사, 변호사 등 전문 서비스를 제공하는 기업이다. 전문 기업의 주식은 주식 시장에서 거래되지 않는다.
- 비영리 기업(nonprofit corporation)은 소유주가 영리를 추구하지 않는 회사이다.
- 다국적 회사(multinational corporation)는 여러 국가에서 운영되는 기업이다.

그림 5.4 회사의 유형

하나 이상의 유형에 부합하는 회사도 존재한다.

5. 소유 변경의 용이성 – 회사의 지분구조를 바꾸는 것은 간단하다. 필요한 과정은 다른 사람에게 주식을 양도하는 것이다.
6. 능력 있는 직원 유치 – 회사는 복지혜택과 스톡옵션(자사의 주식을 고정된 가격으로 구매할 수 있는 권리)을 제공함으로써 실력 있는 직원을 고용할 수 있다.
7. 소유(ownership)와 경영의 분리 – 회사는 다양한 투자자로부터 자금을 조달할 수 있지만, 이는 경영과 분리된다. 그림 5.5의 회사의 위계 구조는 소유주/주주와 경영진, 직원과 분리되는지를 보여준다. 소유주/주주(stockholder)는 경영진 및 직원과 분리된 것을 알 수 있다. 소유주/주주는 이사회(board of directors)를 소집하고, 이사회는 회사의 관리직을 고용하고 주요 정책을 관장한다.[7] 소유주/주주들은 회사 경영에 대해 의견을 낼 수는 있지만, 일상적 운영에 대한 통제 권한은 없다.

회사의 단점

미국에 수많은 개인 기업과 파트너십 형태 사업이 존재하는 것을 보면 회사를 설립하는 데 단점이 존재하는 것이 분명하다. 만약 아니라면 더 많은 사람들이 회사를 세우려 시도했을 것이다. 회사의 단점으로는 다음과 같은 항목이 있다.

1. 초기 비용 – 회사 설립 단계에서 높은 수임료의 변호사와 회계사를 고용해야 서류 작업을 완성할 수도 있다. 일부 주에서는 회사 설립에 드는 비용을 낮추는 방법을

그림 5.5 소유가 경영에 미치는 영향
소유주(주주)는 이사회를 선출함으로써 경영진의 회사 경영에 영향을 미친다. 이사회는 최고경영진을 선출하고 필요시 해임할 뿐만 아니라 경영진의 연봉도 결정한다. 경영진은 인사부서와 함께 실질적으로 회사 업무를 담당할 실무진을 선택한다.

제시하고 있으나, 많은 사람들이 변호사와 회계사의 도움 없이 회사 설립에 필요한 서류 작업을 완성할 시간이나 자신감이 부족하다.

2. 방대한 서류 작업 – 회사 설립 단계에서의 서류 작업은 단지 시작에 불과하다. 미국 세법에서는 회사가 모든 비용과 공제액의 합법성을 증명할 것을 규정하고 있다. 그러므로 회사는 여러 형식을 갖춰야 한다. 개인 사업자나 파트너십 사업자는 대략적인 회계 기록을 유지해도 되는 반면, 기업은 상세한 회계 기록과 회의록 등을 기록해야 한다. 그림 5.4에서 알 수 있듯이 미국 달라웨어주(Delaware)나 네바다주(Nevada)는 타 주에 비해 사업 설립에 필요한 서류 작업이 용이하여 회사 설립이 많은 편이다.
3. 이중 과세 – 미국에서 법인 소득은 이중으로 과세된다. 먼저 회사는 소득을 주주에게 배분하기 앞서 세금을 납부한다. 이후 주주들은 회사에서 지급한 소득(배당)에 대한 세금을 납부한다. 정부는 대체적으로 다른 기업체보다 회사에 엄격한 세법을 적용한다.
4. 이중 납세 신고서 – 미국에서 개인이 회사를 설립하게 되면 법인세 신고서와 개인 소득세 신고서를 이중으로 작성하여야 한다. 회사의 규모에 따라 신고는 상당히 복잡해질 수 있으며, 공인회계사(Certified Public Accountant, CPA)의 보조를 받기도 한다.
5. 규모 – 규모는 회사 설립의 장점이 될 수도 있지만, 단점이 되기도 한다. 대규모

변화에 적응하기

베네피트 회사가 수익을 내면서 사회에 기여하는 방식

지난 수십 년간 유수 기업들의 목표는 주주의 가치 창출이었다. 하지만 베네피트 회사는 이익 창출 이외에도 사회에 도움이 되는 선행을 하는 것을 목적으로 하고 있다. 어떤 기업이 비영리조직인 B Lab으로 인정받기 위해서는 그 기업의 미션이 사회적으로뿐 아니라 환경 보호에도 도움이 되는 목표에 잘 부합해야 한다. 이 인증을 위해서 베네피트 회사(B corp)는 일정한 자원을 구성원과 사회에 투자하여야 한다.

일례로 비글로 티(Bigelow Tea) 사에서는 지속 가능성뿐 아니라 직원을 위한 이익 배분제(profit sharing), 401(k) 규정(역자 주: 미국의 연금제도로, 매달 일정액의 퇴직금을 회사가 적립하면 근로자가 이를 운용해 자신의 투자 결과에 책임지는 확정기여형(DC) 퇴직연금) 등의 중요성이 오랫동안 우선시되고 있다. 이 회사는 쓰레기 매립 상태 제로(zero-waste-to-landfill status)를 추구할 뿐 아니라 코네티컷주에 있는 비글로 티 사의 본사 건물에는 900개의 태양광 에너지 패널이 설치되어 있다. 2018년 비글로 티는 설립 목적에 충실하기 위하여 베네피트 회사 인증을 확보하였다. "30여 년 전 설립 당시 회사의 미션을 지켜온 것만으로 이미 베네피트 회사의 기준을 충족하였다는 것은 매우 보람된 일입니다"라고 비글로 티의 대표인 신디 비글로(Cindi Bigelow)는 밝혔다. 인증 획득 후 회사의 매출이 상승하기는 하였으나, 이 회사는 "매출을 늘리기 위해 인증을 획득한 것은 아니다"라고 주장하고 있다.

비글로 티는 연간 2억 달러 매출을 달성하고 있을 뿐 아니라 구성원과 회사의 가치를 지속해서 높이고 있다. B Lab에 따르면 비글로 티와 유사한 베네피트 회사는 파타고니아, 벤 앤 제리(아이스크림 판매), 킥스타터 등을 포함하여 6만 개에 이른다고 한다. 이러한 추세는 고객들이 단순히 주주 가치 제고가 아닌 사회를 포함한 회사의 전체적 이해관계자의 이익 증대를 중요시하는 경향과 함께 점점 늘어나고 있다.

출처: Bigelow Tea, bigelowtea.com, accessed February 2020.

회사들은 유연하지 못하거나 규제에 묶여 시장 변화에 빠르게 대응하지 못한다.

6. 청산이 어려움 – 한번 회사가 설립되면 청산하는 것은 상대적으로 더 어렵다.
7. 주주, 이사회와의 잠재적 갈등 – 주주들이 현 경영진과 의견 차이를 보이는 이사회를 선출할 경우 분쟁이 발생한다.[8] 이사회가 회사의 경영진을 선출하므로 창업주가 자신이 설립한 회사에서 축출되는 경우도 있다. 이러한 사례로 우버(Uber)의 창업자 트레비스 캘러닉(Travis Kalanick)이나 애플의 창업자인 스티브 잡스(Steve Jobs: 후에 경영 복귀)를 들 수 있다.[9]

회사 설립의 어려움이 장점보다 크다고 좌절하는 사업가들도 많다. 하지만 여전히 회사 설립의 장점은 단점을 상쇄한다고 믿는 사람들도 많다. '변화에 적응하기' 글상자를 읽고 새로운 형태의 회사인 베네피트 회사에 대해 알아보자.

개인의 회사 설립

모든 회사가 수백 명의 직원과 주주들로 구성된 것은 아니다. 개인(예를 들어, 트럭 운전사, 의사, 변호사, 배관공, 운동선수, 영화배우, 중소기업 대표 등) 역시 회사를 조직할 수 있다. 일반적으로 개인이 회사를 설립할 경우 외부에 주식을 발행하지는 않으므로 대규모 회사의 장점 및 단점(규모 및 대규모 투자자금)을 동일하게 누리지는 못한다. 회사의 주요 장점으로는 유한 책임과 세금 혜택이 가능하다는 점을 꼽는다. 회사 설립에

그림 5.6 **회사 설립 방법**

미국에서 회사를 설립하는 과정은 각 주마다 차이가 있다. 회사 설립 조항은 일반적으로 회사가 위치한 주의 총무국에 따른다. 조항에 포함되는 사항은 아래와 같다.

- 회사명
- 회사 설립자 성명
- 설립 목표
- 지속 기간(일반적으로 영속적)
- 발행 가능한 주식 수, 주주의 투표권 및 기타 권리
- 회사의 최소 자본금
- 회사 사무실 주소
- 회사의 법률 서비스 책임자의 성명 및 주소
- 제 1 이사의 성명 및 주소
- 기타 회사가 포함하고자 하는 공인 정보

회사가 은행에 계좌를 설립하거나 직원을 고용하기 전에 연방 세금 인식 번호가 있어야 한다. 이를 위해서는 미 국세청에서 SS-4 문서가 필요하다.
명문화된 회사 설립 조항 이외에 조례가 있는데, 이는 회사의 법적 및 경영 운영을 명시한다. 조례에 포함하는 사항은 아래와 같다.

- 주주총회와 이사회 개최 방식, 일시, 장소 및 이사 재임 기간
- 이사의 권한
- 경영자의 의무 및 책임, 재임 기간
- 주식 발행 방식
- 고용 계약 등 기타 사항

변호사를 고용하는 것이 필수 요건은 아니지만, 그렇게 하는 것이 현명한 것은 사실이다. 변호사 수임료뿐 아니라 미국의 주 총무국에서도 회사 설립 시 세금을 부과한다. 이러한 수수료는 아칸소주(Arkansas)에서는 최저 50달러부터 네바다주(Nevada)에서는 최고 725달러에 이르는 등 각 주마다 편차가 크다.[10] 수수료와 마찬가지로 회사 설립에 걸리는 시간 역시 주마다 상이하다. 평균 소요 기간은 대략 30일 정도이다. 그림 5.6은 회사 설립에 대한 개략적 절차를 설명한다.

유한책임 회사

유한책임 회사
회사와 유사하지만, 특정 자격 요건 없음

유한책임 회사(Limited Liability Companies(LLC))는 회사와 유사하지만 특정 자격 요건은 없다. LLC는 1977년 미국 와이오밍주(Wyoruing)에서 처음 설립되었으며, 미국 국세청은 1988년 연방 소득세 징수의 목적으로 이를 파트너십으로 인정하였다. 유한책임 회사는 국세청 신청 시 회사의 형태로 과세가 가능하다.[14] 1996년까지 D.C를 포함한 미국의 전 50개 주에서 유한책임 회사가 승인되었다.

미국에서 1988년에 세금 신고한 LLC가 100여 개의 기업에 불과하였으나 이후 급격하게 증가하였다. 현재 일부 주에서는 등록된 기업의 반 이상이 LLC일 정도이다.[15]

LLC 설립 증가 추세의 원인은 무엇인가? LLC의 장점들은 다음과 같다.

1. 유한 책임 – 개인 자산은 보호된다. 기존에는 회사의 유한 파트너와 주주에게만 유한 책임이 허용되었다.
2. 세제 선택 – LLC는 파트너십 혹은 기업기준 과세 중에서 선택할 수 있다. 파트너십 기준의 세금은 기존에는 파트너십 형태만 가능한 사항이었다.
3. 유연한 소유 구조 – LLC는 엄격한 소유지분 제한을 받지 않는다. 소유주는 개인, 파트너 혹은 회사 모두 가능하다.
4. 이익 및 손실 처분의 유연성 – 회사의 이익과 손실이 투자한 개인의 비율대로 배분되어야 할 필요성이 없다. LLC 구성원들은 각 구성원이 배당받을 비율에 합의를 거친다. 일반적 회사 주식 비중에 따라 이익 및 손실을 처분해야만 한다.
5. 경영의 유연성 – LLC는 회사 설립과 유사한 설립 조항을 제출할 의무가 있으나, 회의록, 문서 보관, 연간 회의를 개최할 의무는 없다. LLC 또한 파트너십 조약과 유사하게 회사 경영에 관한 문서화된 경영 조항을 제출한다.

유한책임 회사인 펫젠(Petzen Products)은 과체중 애완견의 체중 감소를 위한 러닝머신을 판매한다. 유한책임 회사의 장점과 단점은 어떤 것들이 있는가?

물론 유한회사의 단점 또한 존재하는데, 다음과 같다.

1. 주식 없음 – LLC의 소유 지분은 양도가 불가능하다. LLC 구성원은 자신의 지분을 양도하기 위해서는 다른 구성원의 승인을 필요로 한다. 이와 반대로, 일반 회사의 주주들은 원하는 시기에 보유 주식을 매도할 수 있다.
2. 인센티브 적음 – 회사와 달리 LLC는 회사 지분의 2% 이상을 소유한 구성원은 복지 비용을 공제받지 못한다. 주식이 없기 때문에 피고용인에게 주식을 인센티브로 제공할 수도 없다.
3. 세금 – LLC 구성원은 수익에 대해 의료보험, 사회보장세금 등 자영업 세금을 납부하여야 한다.
4. 서류 작업 – LLC가 필요로 하는 서류 작업은 회사만큼은 아니지만, 개인 기업보다는 복잡하다.

LLC 회사의 창업 비용은 가변적이다. Legal Zoom(www.legalzoom.com)과 같은 온라인 법률 서비스 회사는 최소 99달러에 필요한 서류 작성을 대행하기도 한다.[16] 그림 5.7에 주요 소유구조의 장점 및 단점을 소개했다.

그림 5.7 **사업 소유구조의 유형 비교**

	개인 기업	파트너십		회사		
		일반적 파트너십	유한 파트너십	전통적 회사	S 회사	유한 책임 회사
창업 시 필요 서류	없음; 허가 혹은 면허 필요할 수 있음	파트너십 계약서 (구두 혹은 문서)	계약 문서, 유한 파트너십 증서 첨부 하여야 함	회사 설립 조항, 세칙	회사 설립 조항, 세칙이 기준 충족 시켜야 함	조직 및 운영 조항; 자격 요건이 필수 아님
청산 용이성	사업 청산 용이; 부채 청산 이후 사업 청산	파트너십 계약 조건에 따라 청산이 어려울 수 있음	일반적 파트너십과 동일	청산이 어렵고 비용 높음	전통적 회사와 동일	운영 계약에 따라 어려울 수 있음
회사 수명	소유주 사망 시 종결	파트너의 사망 혹은 철회 시 종결	일반적 파트너십과 동일	영속적	전통적 회사와 동일	운영 조항의 해산 일자에 따라 다름
소유지분 이전	자격을 갖춘 매수자에 사업 양도될 수 있음	다른 파트너의 동의가 있어야만 가능	일반적 파트너십과 동일	소유주 변동 용이; 주식 매각으로 가능	주식 판매할 수 있으나 제한적	주식 매도 불가능
재무 자원	소유주의 자본 및 대출에 한정적	파트너의 자본 및 대출에 한정적	일반적 파트너십과 동일	창업 및 운영에 더 많은 자본 유입; 주식, 채권 매도 가능	전통적 회사와 동일	파트너십과 동일
손실 위험	무한 책임	무한 책임	유한 책임	유한 책임	유한 책임	유한 책임
세금	개인 소득세로 과세	개인 소득세로 과세	일반적 파트너십과 동일	회사세, 이중 과세	개인 소득세로 과세	변동적
경영 책임	소유주가 사업 제반 경영	파트너 지분 경영	경영 참여 불가능	소유와 경영 분리	전통적 회사와 동일	변동적
복지 혜택	복지, 임금 수준 낮음	대부분 복지, 임금 수준 낮음; 유능한 종업원은 파트너 가능	일반적 파트너십과 동일	일반적으로 복지, 임금 수준 높고 승진 기회 많음	전통적 회사와 동일	변동적

시험 준비

- 회사를 설립하는 주요 장점 및 단점은 무엇인가?
- 회사의 위계 내에서 소유주(주주)의 역할은 무엇인가?
- 만약 당신이 한 회사의 주식을 매수하였는데, 그 회사의 제품으로 부상당한 사람이 있다면, 당신이 고소당할 가능성이 있는가? 이유를 설명하라.
- 왜 많은 기업들이 소유구조의 형태로 유한회사를 선택하고 있는가?

학습목표 5-4 기업 합병(Corporate merger)의 세 가지 유형을 정의 및 설명할 수 있으며, 차입매수(Leveraged buyouts)와 기업 비공개의 의미를 설명할 수 있다.

기업 확장: 인수 및 합병

인수와 합병은 어떤 차이가 있는가? **합병(merger)**은 두 기업이 한 회사로 병합되는 형식으로, 두 산업에 종사하는 기업 간의 결혼으로 비유될 수 있다. **인수(acquisition)**는 한 기업이 다른 기업의 자산 및 의무를 취득하는 것이다. 이는 결혼이라기보다는 주택 구매와 유사하다.

합병
두 회사가 하나로 합쳐지는 결과

인수
한 회사가 다른 회사의 자산 및 채무 매수

그림 5.8 **합병의 유형**

수직적 합병
관련 사업에 종사하는 다른 단계 두 기업의 합병

수평적 합병
동일 산업 두 기업의 합병

혼합 합병
비관련 산업에 종사하는 두 기업의 합병

기업 인수의 주요 세 가지 유형은 다음과 같다. 수직, 수평, 혼합 합병이다. **수직적 합병**(vertical merger)은 관련 사업의 두 다른 단계의 기업 간의 합병이다. 음료회사와 인공감미료 생산 업체와의 합병을 생각해보면 이해가 쉽다. 이러한 합병은 음료제조업체가 필요한 감미료를 지속적으로 공급받을 수 있다. 또한 이 합병으로 음료제조업체는 제품의 품질 또한 관리할 수 있다.

수평적 합병(horizontal merger)은 동일한 산업 내의 두 기업이 합병하여 제품군을 다각화하거나 확장하는 방식이다. 수평적 합병의 예로는 음료 회사와 생수 회사 간의 합병을 들 수 있다. 합병으로 두 회사는 다양한 음료수 상품권을 보유하게 된다.

혼합 합병(conglomerate merger)은 전혀 관련이 없는 두 산업 내 기업 간의 합병으로, 혼합 합병의 주요 목적은 경영과 투자의 다각화에 있다. 음료 회사와 스낵 제조업체의 합병이 그 예이다. 그림 5.8은 세 가지 유형의 합병 차이점을 설명하고 있다.

대규모 경쟁 기업 간의 합병은 공정 거래를 해하지 않는지 검증을 위해 공정거래위원회(Federal Trade Commission: FTC)의 승인을 거쳐야 한다.[17] 일례로, 2016년 오피스 디포(Office Depot) 사와 스테이플스(Staples)는 합병으로 시장의 공정 경쟁 훼손과 사무용품 시장 가격 상승을 우려한 미 공정거래위원회의 판결로 합병 계획을 포기하여야 했다.[18] 2020년 FTC는 면도용품 스타트업 해리스(Harrys) 사가 쉬크(Schick) 제조업체인 엣지웰(Edgewell) 사에 매각되는 것을 불허하였다. 면도기 시장은 엣지웰 사와 질레트(Gillette) 사의 과점으로 양분되어 있었는데, 온라인 유통을 중점으로 하는 해리스의 등장으로 두 기업은 시장 가격을 낮춰야만 했다. FTC는 해리스와 두 거대 기업 중 하나의 합병은 소규모 기업도 성장할 수 있는 시장의 공정 거래와 혁신을 훼손할 것이라 판결하였다.[19]

기업의 합병이나 매각 대신 일부 회사들은 내부적으로 자신들의 통제 권한을 유지하거나 회복하기도 한다. 기업 사유화로 주주나 경영진이 타 주주들로부터 주식을 되사는 방식으로 스스로 주식을 확보할 수 있다. 대표적인 사유화의 사례로는 버거킹, 델 컴퓨터, 크리스피크림 등을 들 수 있다.[20]

실직의 위험에 있는 구성원이나 회사를 소유함으로 경영성과를 개선할 수 있다는 확신을 가진 경영진이 있다고 가정하여 보자. 이러한 경우 차입 매수(leverage buyout:

2019년 디즈니(Disney) 사는 21세기 폭스(21st Century Fox) 사의 영화 및 TV 프로그램을 710억 달러에 인수하여 심슨 가족(The Simpsons) 등과 같은 인기 프로그램에 대한 권리를 보유하게 되었다. 디즈니 사의 인수 사례는 수직, 수평, 혼합 합병 중 어느 유형에 속하는가?

LBO)를 통해 회사의 소유를 되찾을 수 있다.

차입 매수(leverage buyout: LBO)란 피고용인, 경영층 혹은 투자자가 차입을 통해 사전에 회사를 매수하는 방식인데, 차입된 자금은 회사의 지분을 사들이는 데 사용된다. 직원, 관리직, 투자자들도 회사의 소유주가 될 수 있다. 차입 매수의 규모는 작게는 5천만 달러에서 3백 4십억 달러의 규모로, 소규모 가족 경영 사업에서 나비스코(Nabisco), 토이저러스(Toys “R” Us), 크라이슬러(Chrysler) 등의 대기업까지 다양하다. 2019년 11월 투자회사 KKR은 드러그 스토어 공룡인 월그린(Walgreen)과 부츠(Boots) 사의 700억 달러 차입매수 계획을 승인하였다. 계획대로 성공한다면 해당 거래는 차입매수 역사상 가장 큰 규모의 거래로 기록될 것이다.[21]

차입 매수
피고용인, 경영층 혹은 투자자가 차입을 통해 사전에 회사를 매수하는 방식

오늘날 M&A는 미국 기업에만 국한되지 않는다. 외국 기업들도 기존 생산시설을 인수하거나 브랜드를 확장하는 인수 합병을 시도하고 있다. 주류 업계 2위였던 밀러(Miller)는 영국 런던 기반의 SAB에 인수되었으며, 벨기에의 음료 제조회사인 인베브(InBev)는 미국의 최대 규모 맥주회사인 안호이저-부시(Anheuser-Busch)와 산하 브랜드 버드와이저와 버드라이트 인수를 위해 5백 2십억 달러를 지출하였다.

2018년 독일 제약회사 바이엘(Bayer) 사는 농업 기업 몬산토(Monsanto) 지분 확보를 위해 630억 달러를 지출하였다.[22]

학습목표 5-5 프랜차이즈(franchise)의 장점 및 단점을 개략적으로 설명할 수 있으며, 프랜차이즈의 다양성으로 인한 기회와 글로벌 프랜차이즈의 도전 과제에 대해 논의할 수 있다.

프랜차이즈(Franchises)

세 유형의 기본적인 사업 소유구조 외에 소유 구조의 특수 유형인 프랜차이즈(franchise)와 협동조합(cooperatives)에 대해 논의해 볼 것인데, 우선 프랜차이즈부터 논의를 시작해 보자. 기본적으로 **프랜차이즈 계약**(franchise agreement)이란 좋은 사업 아이디어가 있는 사람(**프랜차이즈 본사**(franchisor))이 타인(**프랜차이즈 가맹업체**(franchisees))에게 일정한 지역에서 상호를 사용할 수 있는 권한과 제품을 판매하거나 서비스(**프랜차이즈**(franchise))를 제공할 수 있는 권한을 판매하는 계약이다.

밑바닥부터 사업을 시작하기가 두려운 사람들은 프랜차이즈 계약을 통해 검증된 사업을 시작하는 편도 좋다. 프랜차이즈는 개인 기업, 파트너십, 또는 회사의 형식이 가능하며, 미국 통계국에 따르면 미국 내 10개 사업체 중 하나가 프랜차이즈라 한다.[23] 잘 알려진 프랜차이즈 본사로는 맥도널드(McDonald’s), 지피루브(Jiffy lube-오일 교환업체), 세븐일레븐(7-Eleven), WW International(기존 회사명: 웨이트 워처스(Weight Watchers: 다이어트 제품과 프로그램 서비스)), 홀리데이인(Holiday Inn) 등이 있다.

국제 프랜차이즈 연맹에 따르면, 미국 내에 73만 3천 개 이상의 프랜차이즈 업체가 영업 중으로 7백 6십만여 개의 일자리를 창출하는 등 미국 경제에 직, 간접적으로 6천 740억 달러 이상의 영향을 미치고 있다.[24] 가장 대중적인 프랜차이즈 사업으로는 요식업과 편의점을 겸비한 주유소인데, 맥도널드는 미국에서 가장 대규모의 레스토랑 체인

프랜차이즈 계약
좋은 사업 아이디어가 있는 사람이 타인에게 일정한 지역에서 상호를 사용할 수 있는 권한과 제품을 판매 혹은 서비스를 제공할 수 있는 권한을 판매하는 계약

프랜차이즈 본사
상품의 기본 콘셉트를 개발하고 이를 바탕으로 제품을 생산하고 판매할 권한을 타인에게 판매하는 기업

프랜차이즈 가맹업체
프랜차이즈를 구매하는 개인

프랜차이즈
사업 아이디어가 있는 사람이 타인에게 일정한 지역에서 상호를 사용할 수 있는 권한과 제품을 판매하거나 서비스를 제공할 수 있는 권한을 판매하는 계약

댄 르무스(Dan Remus)와 제프 스트라우스(Jeff Strauss)는 자신들이 키우는 애완견 제니를 온종일 집에 혼자 남겨 둬야 하는 문제를 고민하다가 애완견 목욕 업체인 Wag 'N Wash를 창업하였다. 몇년 후 두 사람은 프랜차이즈를 시작하였으며, 현재 9개 주 이상에서 사업을 확장 중이다. 단일 점포를 창업하는 데 약 34만 달러의 비용이 소요된다고 가정할 때, 프랜차이즈의 연간 수익은 약 130만 달러에 달한다. 당신이 사업주라면 어떤 형태의 프랜차이즈 사업에 관심이 가겠는가?

이며, 프랜차이즈업(franchising)의 정석이라 할 수 있다. 소매업, 재무상담 서비스, 헬스 클럽, 호텔/모텔 숙박업, 자동차 부품 및 서비스 업체 등이 인기가 많은 프랜차이즈 업종이다.[25] 그림 5.9는 프랜차이즈 평가에 유용한 정보를 제공한다.

프랜차이즈의 장점

프랜차이즈는 신뢰할 수 있고 편리하며 가격 경쟁력 있는 제품과 서비스를 공급함으로써 미국뿐만 아니라 전 세계 시장에 침투하고 있다. 프랜차이즈는 다음과 같이 명확한 장점들을 가지고 있다.

1. 관리 및 마케팅 지원 – 밑바닥부터 시작한 사업에 비하여 프랜차이즈 가맹업체(프랜차이즈 권리를 구매한 개인)는 기존의 성공적인 상품의 취급, 입지 선정 및 판촉 지원, 운영 지원을 받기 때문에 통상적으로 성공할 확률이 높다. 이는 마치 필요할 때마다 전속 컨설턴트를 두고 자영업을 하는 것과 같은 효과를 가져온다. 프랜차이즈 본사는 교육 및 훈련도 책임지는데, 그 예로 맥도널드는 모든 가맹점주과 매니저들을 일리노이주 오크브룩에 있는 햄버거 대학을 포함한 6개 캠퍼스에서 교육시킨다.[26]

   일부 프랜차이즈 본사는 가맹점들이 전국 광고보다는 지역 광고에 집중하여 사업에 성공할 수 있도록 조력한다. 나아가 가맹업체들은 유사한 문제로 고민하고 비슷한 경험을 공유하는 다른 가맹업체들과 네트워크를 구성하기도 한다. 예를 들어, UPS는 4,700여 개의 프랜차이즈 가맹업체들이 고객 데이터 뱅크를 구축하고 신속한 1:1 전화/이메일 상담을 할 수 있는 프로그램을 제공한다.
2. 개인 소유 – 프랜차이즈도 자신의 사업이므로, 개인 사업처럼 수익과 인센티브를 누릴 수 있다. 물론 독립적으로 자신의 상점을 운영하는 것보다는 많은 규율 및 규제, 절차를 따라야만 하지만, 여전히 본인이 사장인 것에는 변함이 없다. '중소기업 스포트라이트' 글상자에서는 성장세에 있는 프랜차이즈를 소개하고 있다.
3. 전국적 인지도 – 일반적인 선물 가게 혹은 아이스크림 가게를 여는 것과 홀마크(Hallmark: 영국 카드업체)나 배스킨라빈스(Baskin-Robbins)를 오픈하는 것은 매우 다르다. 기존 프랜차이즈에 가맹함으로써 즉각적인 인지도와 본사의 지원, 세계적인 고객층의 장점을 누릴 수 있다.
4. 재정 조언 및 지원 – 소규모 창업의 큰 문제점은 회계 및 장부 관리이다. 프랜차이즈 가맹업체는 전문가로부터 주기적인 지원 및 조언을 받는데, 실제로 지피 루브, UPS 등의 일부 프랜차이즈 본사는 가맹 대상 업체에까지 자금을 조달하여 가맹업체가 프랜차이즈 시스템의 일부라고 느낄 수 있게 하고 있다.[27]

중소기업 스포트라이트

프랜차이즈가 선사하는 새로운 경험

stumpyshh.com

거대한 나무토막에 도끼를 던져 꽂는 것은 첫 데이트로 별로 적절해 보이지 않을 수 있다. 하지만 브랜든 웨먼(Brendan Wehmann)은 플로리다주 템파에 위치한 그의 프랜차이즈 사업장 스텀피(Stumpy's Hatchet House)에 새로운 커플들이 종종 방문한다고 전한다. "재미있고 색다른 경험을 할 수 있는 곳입니다"라고 웨먼은 자신한다. 뉴저지에서 시작한 스텀피는 미국 전역에서 30여 개의 프랜차이즈 매장을 운영하고 있으며, 각 매장 방문객들은 다트처럼 도끼 던지기 게임을 즐긴다. 고객들은 시간 단위로 방을 대여하여 한 명씩 도끼 던지기 게임을 즐기며, 나머지 일행은 안전한 대기실에서 관람한다. 스텀피에서 간단한 음료와 스낵을 판매하기는 하지만, 방문객들은 주류나 간식을 반입할 수 있다.

스텀피의 창업자 4명은 뉴저지 해변에서 바비큐를 즐기는 도중 사업 아이디어를 떠올렸다. 땔감으로 쓸 나무를 자른 후 허리케인 샌디로 인해 쓰러진 커다란 나무의 자투리 목재에 도끼를 던지는 게임을 하였다고 한다. 주기적으로 도끼 던지기 놀이를 하던 그들은 2016년 스텀피를 창업하기에 이르렀다. 회사는 곧 프랜차이즈로 사업을 확장하였는데, 이는 스텀피 창업이 비교적 단순했기 때문이다. 35,000달러로 저렴한 수준인 프랜차이즈 가맹 비용과 새로운 경험을 제공한다는 측면에서 지속적으로 사업은 성장했다. "마지막으로 새로운 경험의 재미를 느낀 적이 언제인가요?"라는 질문을 항상 던진다는 스텀피의 공동 창업자 트리시 올리펀트(Trish Oliphant)는 그 해답은 스텀피에서 찾을 수 있다고 자신한다. 그에 따르면, 스텀피는 미국에서 볼링 수준의 여가로 자리매김할 것이라 한다.

출처: Matthew Rocco, "How Stumpy's Turned Hatchet-Throwing Into a Fast-Growing Business," Fox Business, foxbusiness.com, August 28, 2018.

5. 낮은 사업 실패율 – 역사적으로 프랜차이즈의 사업 실패율은 다른 사업의 창업에 비해 낮은 편이다. 하지만 프랜차이즈가 급속도로 성장하여 열악한 프랜차이즈 본사들이 시장에 많이 진출하였기 때문에 투자에 세심한 주의가 필요하다.

프랜차이즈의 단점

프랜차이즈 사업은 단점이 있는 것도 사실이다. 현재 프랜차이즈 가맹업체의 계약을 살펴보고, 이를 변호사 혹은 회계사와 논의하여 보는 것도 좋다. 프랜차이즈의 단점은 다음과 같다.

1. 높은 창업 비용 – 대부분 프랜차이즈 업체는 가맹 비용만으로도 상당한 금액을 요구한다. 크루즈 여행 전문 여행사의 프랜차이즈 창업 비용은 2,000달러 수준이지만, 던킨 도너츠의 창업 비용은 이를 훨씬 상회하여 평균 비용은 약 160만 달러에 이른다.[28)]
2. 이익 공유 – 프랜차이즈 본사는 초기 창업 비용 이외에도 수익의 상당 부분이나 수익이 아닌 매출 기반의 커미션을 요구하기도 한다. 일반적으로 프랜차이즈 본사가 요구하는 수익의 일부를 로열티라 한다. 예를 들어, 프랜차이즈 본사가 가맹 업체 순매출의 10%를 로열티로 요구한다 가정하면, 프랜차이즈 가맹업체의 1달러당 세전 10센트가 프랜차이즈 본사로 납부되는 것이다.[29)]

그림 5.9 **프랜차이즈 계약**

프랜차이즈 사업은 큰 계약이기 때문에, 계약 전 회사의 재무 건전성을 확인하는 것은 필수이며, 사기 또한 조심하여야 한다. 사기성이 짙은 프랜차이즈 본사의 경우 도심의 좋은 사무실에서 사람들을 모아 놓거나 대대적인 광고를 하며 투자를 부추기지만, 이들은 투자자의 돈을 가지고 사라지기도 한다. 그 예로 샌프란시스코에 위치한 T.B.S. 주식회사는 가정용 AIDS 테스트의 판권을 팔면서 투자자들에게 200달러 미만의 투자 금액으로 급성장하는 시장에서 3,000달러 이상의 미래 수익을 얻을 수 있다고 장담하였다. 하지만 해당 테스트는 단순히 생활 방식에 대한 설문지 수준에 불과한 것으로 밝혀졌다.
프랜차이즈 계약을 평가함에 있어 국제 프랜차이즈연합 출판사에서 출간한 《투자하기 전에 조사하라》라는 안내서에서 양질의 정보를 얻을 수 있다.

프랜차이즈 계약 평가 체크리스트

프랜차이즈

- 담당 변호사가 프랜차이즈 계약서를 면밀히 검토한 후 계약을 승인하였는가?
- 프랜차이즈 본사가 특정 지역에서 일정 기간 독점 영업을 보장하고 있는가?
- 어떤 상황에서 프랜차이즈 계약을 파기할 수 있으며, 이로 인해 발생할 비용에는 무엇이 있는가?
- 프랜차이즈를 매각할 경우, 영업권(사업의 유명세와 기타 자산 가치)을 보상받을 수 있는가?
- 프랜차이즈 본사가 회사를 매각할 경우, 투자 금액은 보호되는가?

프랜차이즈 본사

- 본사가 제시한 프랜차이즈 영업 기간은?
- 지역 내에서 프랜차이즈 본사의 사업 방식에 대한 평판은 좋은가?
- 프랜차이즈 본사가 현재 영업 중인 프랜차이즈 가맹 업체의 정확한 순이익에 대한 정보를 제공하였는가? 회사의 정보 공개 방침을 확인하라.
- 프랜차이즈 본사가
  - 경영 훈련 프로그램?
  - 직원 훈련 프로그램?
  - 홍보 프로그램?
  - 자본?
  - 신용?
  - 상품 아이디어 등을 지원하는가?
- 본사가 사업 위치 선정을 지원해 줄 것인가?
- 프랜차이즈 본사와 가맹점의 이익을 보장할 수 있을 정도로 가맹 사업자에 대한 조사를 철저히 수행하는가?

프랜차이즈 가맹 사업자

- 손익분기점을 달성하기까지 프랜차이즈 계약과 운영에 필요한 자산 자본의 규모는?
- 프랜차이즈 본사가 프랜차이즈 수수료의 일정 금액 융자를 제공하는가? 융자 조건은?
- 프랜차이즈의 장점을 얻기 위해 독립성을 희생할 준비가 되어 있는가? 가족의 지원은?
- 프랜차이즈가 속한 산업이 매력적인가? 프랜차이즈 본사와 재화 및 용역을 제공하며, 사업의 상당 부분 내지는 전부를 함께할 각오가 되어 있는가?

시장

- 프랜차이즈로 판매할 재화 및 용역이 책정된 가격으로 지역 내에서 일정 시장 점유율을 보유할 수 있는가?
- 향후 5년간 지역 내 인구가 증가, 정체, 혹은 감소할 것인가?
- 향후 5년간 고려하고 있는 재화 및 용역의 수요가 현재에 비하여 증가, 유지, 혹은 감소할 것인가?
- 현재 지역 내에서 판매하고자 하는 재화 및 용역의 경쟁은 어느 수준인가?

출처: U.S. Department of Commerce, Franchise Opportunities Hand book; Steve Adams, "Buying a Brand," Patriot Ledger (Quincy, MA), March 1, 2008; "A Consumer's Guide to Buying a Franchise," Federal Trade Commission, ftc.gov, accessed November 2019.

3. 경영 규제 – 경영 '지원'은 본사의 경영 관련 명령, 지시 또는 제약의 한 방편이 될 수 있다. 본사의 규율 및 규제는 프랜차이즈 가맹 업체의 사기를 저하시키고 스스로 사장이 되어 경영하는 장점을 약화시킨다. 최근 프랜차이즈 업계의 가장 큰 변화는 프랜차이즈 가맹 업체들이 본사와 각개 전투를 하는 것이 아니라 연합하여 문제를 해결하려고 시도하는 것을 들 수 있다. 일례로 KFC 가맹점주 연합은 KFC 본사의 광고 전략을 고소하였다. KFC의 소유주인 얌!브랜드(Yum! Brands)의 프라이드치킨에서 구운 치킨으로의 광고 전환은 가맹점주들의 공분을 샀는데, 본사가 진행한 광고의 캐치프레이즈는 'KFC를 바꾸라'였는데, 이는 실제로 고객들의 외면을 받아 분기 매출이 7% 이상 감소하였으며, 가맹점주들은 구운 치킨 샐러드의 50% 이상을 팔지 못하고 버리게 되었다.
4. 연미복 효과(Coattail effect) – 만약 다른 가맹업체들의 사업이 실패한다면, 내 프

한국의 프랜차이즈 사업 현황 및 프랜차이즈협회 소개

http://www.ikfa.or.kr

국내에서도 프랜차이즈 사업에 대한 관심이 뜨겁다. 특히, 퇴직 이후의 새로운 인생을 꿈꾸는 직장인들이 증가하고 있고, 청년 실업으로 취업난을 돌파하려는 20대가 증가하면서 프랜차이즈 형태의 창업을 시도하는 경우가 늘어나는 추세이다. 한국프랜차이즈산업협회에서는 프랜차이즈 창업을 준비하는 사람에게 필요한 정보를 제공할 뿐 아니라, 각종 피해 사례를 줄이기 위한 정보도 함께 제공하고 있다. 협회의 주요 사업으로는 국제 인증 프랜차이즈 전시회 개최, 산업통상자원부, 공정거래위원회, 중소벤처기업부 등 정부부처가 후원하는 프랜차이즈 창업 박람회 주관 및 개최, 박람회 참가 업체의 가맹사업 활성화 및 유통 판로 개척 지원 등이 있다. 해당 박람회에 참여하는 업체는 외식, 도소매, 서비스, 컨설팅, 유통 설비 등 다양한 산업에 분포되어 있다.

이와 함께 최근 증가 추세에 있는 프랜차이즈 업체의 해외 진출 시 상표, 브랜드 피해로 인한 매출액 감소, 법적 해결까지 현지 진출이 지연되는 문제 등을 해결하기 위해 공동방어상표권을 추진하고 있다. 공동상표방어권이란 해외 진출을 희망하는 프랜차이즈 관련 기업의 지식재산권 보호를 위해 특허청, 한국지식재산보호원, 한국프랜차이즈산업협회가 함께 개발한 상표이며, 협회는 사용 희망 기업이 신청 시 사용 실시권을 무상으로 허용한다. 이를 통해 현지 업체의 모방 상점을 방지하고 해외에서 상표를 선점하여 국내 프랜차이즈 업체의 해외 진출의 어려움 해소를 돕는다. 자세한 내용은 한국프랜차이즈산업협회(www.ikfa.or.kr)에서 확인할 수 있다.

랜차이즈 사업에는 어떠한 영향을 미칠 것인가? 다른 프랜차이즈 가맹 업체가 다른 업체의 향후 수익과 수익성에 영향을 미칠 수 있는데, 이를 연미복 효과라 한다. 연미복 효과로 내 사업체의 수익이 좋다 할지라도 다른 가맹 업체의 영향으로 문을 닫을 가능성도 있다. 그 예로 크리스피크림 도넛이 다수의 신규 점포를 오픈하자, 고객들의 관심도는 현저히 떨어졌다. 맥도널드와 서브웨이 샌드위치 가맹점들 또한 본사의 무분별한 성장 정책 때문에 일부 신규 점포가 기존 점포를 잠식하고 점포당 수익을 갉아먹고 있다고 불평한다.

5. 매각 제한 – 자신의 기준대로 회사를 매각할 수 있는 개인 기업의 소유주와 달리 프랜차이즈 가맹 사업자들은 프랜차이즈 재매각 시 난항을 겪는다. 프랜차이즈 본사는 가맹 업체의 자질 통제를 위해 새로운 사업주가 본사의 기준을 충족시킬 것을 요구한다.[31)]
6. 프랜차이즈 본사의 부정 – 모든 프랜차이즈 본사가 맥도널드나 서브웨이 샌드위치처럼 대규모 시스템을 갖춘 것은 아니다. 상당수 본사의 규모가 영세하며, 잠재적 가맹 사업자들이 본질을 파악할 수 없을 정도로 불분명한 상태라 할 수 있다. 대다수 프랜차이즈 본사가 정직하게 사업을 하지만, 미국 연방거래위원회에 프랜차이즈 본사가 기존 계약을 거의 지키지 않거나 불이행했다는 가맹 사업자들의 제소가 증가하고 있는 추세이다. 예를 들어, 새로운 레스토랑 프랜차이즈 버거림(Burgerim)은 단 4년 만에 0개에서 1,200개의 프랜차이즈 기업으로 성장했다. 하지만 많은 프랜차이즈 가맹점주들은 경험, 자금이 부족했다. 안타깝게도 회사가 성장을 감당하지 못하자 망하고 주인이 해외로 도피해 가맹점주에게 미완성 점포와 막대한 대출채무를 떠안겼다.[32)] 프랜차이즈 사업을 시작하기 전에 모든 사실을 면밀히 검토하는 것이 필요하다. '자업자득'이라는 속담은 오래 되기는 했지만, 여전히 적용되고 있는 것이다.

다양한 예술가들이 그림 실력에 상관없이 'Painting with a Twist'에 와인을 가져와서 친구들과 마시거나 창의적인 여가 시간을 보낼 수 있다. 미셸 루이스(Michelle Lewis)는 이러한 'Painting with a Twist'의 사교 모임에 처음으로 참여하여 좋은 경험을 한 후 동생인 도나와 함께 2009년 디트로이트에 해당 업체 가맹 업주로 창업하였으며, 몇년 후 2개 지역으로 확장하였다. 미셸 루이스와 같은 기업가에게 프랜차이즈는 어떠한 매력이 있다고 생각하는가?

프랜차이즈의 다양성

프랜차이즈 관련된 이슈 중 하나가 여성의 프랜차이즈 경영이다. 여성이 미국 기업의 절반을 소유하고, 창업률 또한 남성의 두 배에 달하지만, 프랜차이즈 소유 비중은 35%에 불과하다. 하지만 통계치만으로 설명되지 않는 부분도 있는데 10년 전만 해도 여성의 프랜차이즈 소유는 24%에 불과하였다는 사실에 주목하여야 한다.[33)]

실제로 미국의 여성 사업가들은 단순한 프랜차이즈 가맹 사업자 이상으로, 프랜차이즈 사업 본사도 경영하고 있다. 사업 확장을 위한 자금 조달에 어려움을 겪는 여성 사업가들은 비용을 조달해 줄 프랜차이즈 업체를 모집한다. 그 예로 앤티 앤즈(Auntie Anne's: 프레첼, 음료 등을 판매), 데코레이팅 덴(Decorating Den: 실내 인테리어), Build-A-Bear Workshops 등 상위 프랜차이즈 업체가 여성 사업가를 수장으로 두고 있다.

프랜차이즈 본사들은 더 많은 소수 인종 프랜차이즈 가맹 사업자를 모집하는 데 열을 올리고 있는 추세이다. 현재 미국 내 소수 인종이 소유주로 되어 있는 프랜차이즈 가맹 업체는 약 4백만 개 이상이며, 고용 창출 5백만 명, 연간 수익도 5천 9백억 달러 이상이다.[34)] 과거 10년간 미국의 2백만 개 신규 프랜차이즈 가맹 업체 중 50% 이상이 소수 인종이라는 통계도 있다.[35)] 국제 프랜차이즈 협회는 DiversityFran이라는 소수 인종의 프랜차이즈 기회 제공에 대한 관심을 불러일으키는 프로그램을 운영하고 있다. 미 상무부의 소수 인종 사업 개발 위원회는 소수 인종에게 프랜차이즈 경영 노하우를 전수한다. 던킨은 소수 인종 및 퇴역 군인 프랜차이즈 업주 모집 프로그램을 도입하였다. 이 프로그램은 신규 점포를 오픈하고자 하는 소수 인종 가맹 업주들에게 재정적 지원을 제공한다.[36)]

미국의 경우 프랜차이즈 업체 30% 이상을 아프리카계, 라틴계, 아시아계 미국인, 그리고 미 원주민이 소유하고 있다. 프랜차이즈가 아닌 사업체의 19% 미만이 소수 인종 소유 업체라 한다.[37)] 소수 인종에 속하는 경영자들은 제한된 인맥과 지원으로 개인 사업체보다 프랜차이즈를 선택할 가능성이 높다. 일례로 미셸 루이스(Michelle Lewis)는 참가자들이 자유롭게 와인을 마시면서 명화를 그려보는 'Painting with a Twist'의 사교 모임에 첫 참석 후 건축가로 근무하던 직장을 퇴직하고 프랜차이즈 계약을 체결하였다. 처음에는 사업에 준비가 안 되어 있음을 걱정했던 그녀는 몇 번의 본사 지원 교육을 받은 후에 창업에 성공하였으며, 현재 30명의 직원을 거느린 사업가가 되었다.[38)]

자택 프랜차이즈

자택에서 경영하는 사업에는 통근이 필요 없고, 가족과 보낼 수 있는 시간적 여유가 있으며, 저렴한 간접비용 등의 여러 장점들이 있다. 하지만 집에서 프랜차이즈 사업을 하면 사람들 사이에서 고립된다는 단점도 있다. 자택 창업과 비교하면 자택 프랜차이즈는 그래도 고독감이 덜한 편이다. 경험이 많은 프랜차이즈 사업 본사는 가맹 업체와 수익성 높은 사업을 이루는 지식을 공유한다.

자택 프랜차이즈 창업 비용은 최소 2,000달러로 저렴하게도 가능하다. 업종도 세탁, 세무 서비스, 보육 서비스, 애완동물 케어, 여행사 등으로 다양하다.[39] 자택 프랜차이즈 사업을 시작하기 전에 다음과 같은 사항을 체크하는 것이 좋다. 오랜 시간을 투자할 수 있는가? 고독한 환경에서 일할 준비가 되었는가? 동기부여는 충분하며, 창업 준비가 되어 있는가? 집에 사업에 필요한 공간은 충분한가? 집이 사무실이 될 여건이 충분한가? 또한 프랜차이즈 본사에 대한 조사도 철저히 이루어져야 한다.

프랜차이즈와 전자상거래

전자상거래 혁명으로 사업의 방식은 완전히 변화하였다. 전통적인 기업들도 온라인으로 사업을 확장하여 가상 지점을 오픈하는 등 고객에게 더 많은 가치를 제공하고 있다. 웹 사이트 구축은 매출을 증대시키는 가장 좋은 방법 중 하나이다. 하지만 많은 프랜차이즈 본사는 가맹업체가 자체적으로 웹 사이트를 개설하는 것을 금지하고 있다. 간혹 프랜차이즈 본사는 본사의 웹 사이트 구축으로 매출이 감소하였다고 주장하는 가맹 업체에 역로열티를 지급하기도 하지만, 분쟁이 해결되는 것은 아니다. 그렇기 때문에 프랜차이즈를 계약하기 전에 온라인 매출에 관한 계약 조건을 정확히 인지하여야 한다.

프랜차이즈에서의 기술 활용

프랜차이즈 본사는 브랜드를 확장하고 고객과 가맹 사업자의 욕구를 동시에 충족시키기 위해 소셜 네트워크 서비스(SNS)를 포함한 다양한 기술을 활용한다. 그 예로, 아칸소주에 본사를 둔 캔디 부케 인터내셔널(Candy Bouquet International, Inc.)은 부케 모양의 캔디를 판매하는데, 매장에서 전통적인 방식으로도 판매하지만, 웹 사이트에서 판매도 적극 유도한다. 캔디 부케의 가맹주들은 이메일로 본사의 최신 소식을 받으며, 채팅방을 통해 제품 관련 아이디어 등을 나누기도 한다. 캔디 부케는 인터넷으로 정보를 효율적으로 전달하고 본사의 지원과 가맹업주 간 의사소통이 원활해졌다고 전했다. 현재 캔디 부케는 전 세계 300개 지점에서 영업 중이다.[40]

글로벌 프랜차이즈

글로벌 시장이 성장함에 따라 글로벌 프랜차이즈에 대한 관심 역시 증가하고 있다. 현재 미국 프랜차이즈 업체들은 페소, 원, 유로, 프로네, 바트, 엔 등 여러 나라의 화폐로 수익을 창출하고 있다. 맥도널드는 전 세계 100여 개 국가의 36,000개가 넘는 지점에서 6,900만 고객에게 서비스를 제공한다.[41]

접근성과 동일한 언어 사용의 이유로 캐나다는 미국에 본사를 둔 프랜차이즈 업체들이 가장 선호하는 국가이다. 또한 많은 프랜차이즈 업체들이 중국, 남아프리카공화국, 중동과 필리핀에 진출하고 있다. 게다가, 서브웨이 샌드위치, 메리어트 호텔 체인 같은 대규모 글로벌 기업뿐 아니라 신규 소규모 프랜차이즈 업체들도 글로벌 시장에 뛰어들고 있다. 앤티 앤즈는 인도네시아, 말레이시아, 필리핀, 싱가포르, 베네주엘라, 태국을 포함한 25개 국가에서 수제 프레첼을 판매한다.[42] 빌드베어워크숍(Build-A-BearWorkshops)은 남아프리카공화국, 아랍에미레이트 등 12개국에 79개의 프랜차이즈 매장을 보유하고 있다. 2005년 29세 청년이었던 매튜 코린(Matthew Corrin)은 프레쉬(Freshii)라는 샌드위치, 수프, 샐러드 레스토랑을 창업하였으며, 번화가 지역에서 신선하고 합리적인 가격대의 음식을 판매하기 시작했다. 현재 프레쉬는 17개 국가에 500개 이상의 매장이 있다.[43]

미국 시장에서 성공한 업체들은 국제 시장에서도 성공하는데, 편리함과 동일한 수준의 서비스와 품질을 보장하기 때문이다. 하지만 프랜차이즈 본사들은 특정 지역에 진출 시 항상 주의를 기울여야 한다.[44] 글로벌 프랜차이즈 시작 전에 다음과 같은 세 가지 질문에 답할 수 있어야 한다. 지적재산권이 보호될 수 있는가? 글로벌 파트너에게 적절한 지원을 할 수 있는가? 다른 국가에서의 규제를 수용할 수 있는가? 이 세 질문에 답이 모두 '그렇다'라면, 글로벌 프랜차이즈는 큰 기회가 될 수 있다. 하지만 다른 국가에서 제품과 브랜드명을 변경하는 것은 쉬운 일이 아니다. 프랑스인들은 Dip 'N' Strip이라는 가구 손질 업체를 스트리퍼들이 출연하는 바로 오해할 수 있다.

전 세계적으로 프라이드치킨이 유명한 브랜드는 KFC이지만, 인도에서는 그림에서 보는 것처럼 고기가 들어있지 않은 커널(Colonel)과 같은 비건 버거 등을 내세우며 인도의 수백만 채식주의자 고객에게 어필하고 있다. 이런 버거가 미국 시장에서도 승산이 있을 것이라 생각하는가?

미국 출신의 맥도널드 황금 아치와 서브웨이 샌드위치가 전 세계에 알려진 것처럼 외국계 프랜차이즈 업체들 역시 미국을 매력적인 시장으로 보고 있다. 일본의 구몬 교육이나 호주의 카트리지 월드(Cartridge World)는 미국에서 인기가 높은 프랜차이즈이다. 이외에도 많은 글로벌 프랜차이즈 업체들이 미국인의 입맛을 공략하고 있다.[45]

학습목표 5-6 협동조합(cooperatives)의 역할을 설명할 수 있다.

협동조합

협동조합
생산자, 소비자, 근로자 등 유사한 필요를 가진 사람들이 공동의 목표를 위해 자원을 모아 설립한 단체

일부 사업가들은 소유주, 경영인, 직원, 고객 등을 구분하기를 원하지 않는다. 이들은 다른 형태의 조직을 구성하여 자신들의 전력 공급, 아동 복지, 주택, 의료보험, 식품, 재정 서비스 등을 해결한다. 이러한 조직을 **협동조합(Cooperatives)**이라고 하는데, 공동의 목표를 실현시키기 위해 협동 조합의 당사자, 즉 생산자, 소비자, 직원에 의해 경영되는 조직을 의미한다. 다수의 미국 전원도시들에서 협동조합이 전력 공급을 담당한다. 정부는 대량의 전력을 전기 협동조합에 공급하는데, 이는 연방 공급 가격의 약 40%에서 50%에 해당한다. 전기 협동조합은 미국 47개 주에서 4천 2백만 인구(전체 인구의 12%)에 전기를 공급한다.[46]

전 세계적으로 협동조합의 구성원인 인구는 10억 명을 상회한다.[47] 구성원들은 민주적으로 이사회를 선출하고 경영진을 구성하여 조합을 운영한다. 일부 협동조합은 구성원 및 고객이 의무적으로 근무해야 할 것을 규정한다. 미국인이라면 4,000여 개에 달하는 식료품 협동조합을 접하게 된다. 가까운 협동조합에 들러 미국 경제에서 높은 성장률

을 보이고 있는 그들의 경영을 배우고 관찰해 보라. 협동조합에 대해 더 자세히 알고 싶다면 미국 협동조합 사업협회 웹 사이트(www.ncba.coop)에 방문할 수 있다.

미국에서는 여러 다른 이유로 설립된 또 다른 형태의 협동조합이 존재한다. 이러한 협동조합은 구성원들이 개인으로서가 아니라 집단으로 더 많은 경제적 능력을 확보할 수 있도록 구성된다. 이러한 협동조합의 가장 좋은 예가 농업 협동조합이다. 협동조합의 첫 번째 목표는 농부들이 힘을 모아 더 높은 농산물 가격을 받을 수 있게 하기 위함이었다. 하지만 조합이 확장되어 현재는 조합원은 공동으로 비료, 농기구, 종묘 등을 구매하고 판매하고 있으며, 몇 백만 달러 규모의 산업으로 성장하였다. 협동조합은 생산 설비도 보유하며, 농업 협동조합은 회사와 다른 세율을 적용받기 때문에 시장에서 경쟁 우위가 있다.

협동조합은 농업을 비롯한 여러 산업에서 가장 영향력 있는 조직이다. 미국의 랜드 오 레이크(Land O Lakes), 썬키스트(Sunkist), 오션 스프레이(Ocean Spray), 블루 다이아몬드(Blue Diamond), AP 통신사(Associated Press), 에이스 하드웨어(Ace Hardware), 웰치스(Welch's) 같은 유명한 협동조합은 소비자들에게도 친숙하다.

적합한 소유구조 선택

개인은 다양한 사업 구조를 선택할 수 있다. 개인 사업, 파트너십, 회사, 협동조합을 구성하거나 프랜차이즈 계약, 대기업의 지분을 획득함으로써 사업을 시작할 수 있으며, 각 소유구조에는 각각의 장점 및 단점이 존재한다. 하지만 분명한 것은 어떠한 소유구조를 선택할지라도 위험은 존재한다는 사실이다. 그러므로 사업 구조의 형태를 선택하기 전에 모든 대안을 신중히 검토하여야 한다.

자유시장경제의 장점을 활용하면 위험을 최소화하면서 거대한 기업을 일으킬 수 있다. 스티브 잡스(애플), 샘 월튼(월마트), 리바이 스트라우스(리바이스), 헨리 포드(포드자동차), 토마스 에디슨(GE), 빌 게이츠(마이크로소프트) 등과 같은 기업가들을 생각해 보라. 이들은 작은 사업으로 시작했지만, 거대한 부를 축적하고 산업의 선구자가 되었다. 당신도 이러한 위대한 기업가가 될 수 있을 거라 생각하는가?

시험 준비

- 프랜차이즈 사업을 계약하기 전 고려해야 할 사안들은 무엇인가?
- 글로벌 프랜차이즈 사업을 경영하는 이점은 무엇인가?
- 협동조합이란 무엇인가?

요약하기

학습목표 5-1 개인 기업(sole proprietorship)의 장점과 단점을 비교할 수 있다.

- **개인 사업의 장점 및 단점은 무엇인가?**
  개인 사업의 장점으로는 창업과 사업 종결의 용이성, 자율 경영, 회사 소유 자부심, 이익 처분권, 특별세 면제 등이 있다. 개인 사업의 단점은 무한 책임, 재무 자원의 제약, 경영의 어려움, 긴 시간 투자, 복지 혜택 미약, 성장의 제약, 회사 수명이 짧다는 것을 들 수 있다.

학습목표 5-2 합명 회사(General partnership)와 합자 회사(Limited partnership)의 차이점을 설명하고, 각 파트너십의 장점과 단점을 비교할 수 있다.

- **합명 회사의 세 가지 주요 구성 요소는 무엇인가?**
  합명 회사의 세 가지 주요 구성 요소로는 일반 소유, 이익과 손실 공유, 사업의 경영 및 운영에 참여할 수 있는 권리를 들 수 있다.
- **합명 회사와 합자 회사의 가장 큰 차이점은 무엇인가?**
  합명 회사는 주로 무한 책임으로 회사를 경영하는 소유주(파트너)이며, 합자 회사는 유한 책임과 회사 경영에 참여하지 않는 소유주(파트너)이다.
- **무한 책임이란 무엇인가?**
  무한 책임이란 개인 사업자나 일반 파트너가 사업으로 발생한 모든 부채와 손실에 책임을 져야 함을 의미한다. 개인 주택, 승용차 등 개인 소유를 처분해서라도 사업의 부채를 청산할 책임이 있다는 것이다.
- **유한 책임이란 무엇인가?**
  유한 책임이란 회사의 소유주(주주) 혹은 유한 파트너는 투자한 금액까지만 손실에 대해 책임이 있는 것을 말한다. 개인의 자산은 보호된다.
- **마스터 유한 파트너십이란 무엇인가?**
  마스터 유한 파트너십이란 회사와 유사하지만, 세금은 파트너십을 기준으로 납부하는 소유구조이다.
- **파트너십의 장점 및 단점은 무엇인가?**
  장점으로는 재무 자원 조달의 용이성, 공동 경영 및 지식 획득, 긴 회사 수명을 들 수 있다. 파트너십의 단점은 무한 책임, 이익의 분배, 파트너 간 이해관계 충돌, 사업 종결의 어려움 등이 있다.

학습목표 5-3 회사(corporation)의 장점과 단점을 비교할 수 있으며, 회사와 유한책임 회사(Limited liability companies) 간의 차이점을 요약할 수 있다.

- **회사의 정의는 무엇인가?**
  회사란 소유와 별도로 행위할 수 있고 책임을 지는 정부 공인 법적 주체이다.
- **회사의 장점 및 단점은 무엇인가?**
  장점으로는 높은 투자금액 유치, 유한 책임, 규모, 영속성, 소유 지분 변경의 용이성, 인재 유치, 소유와 경영의 분리 등을 들 수 있다. 단점으로는 초기 비용, 서류 작업, 규모, 사업 종결의 어려움, 이중 과세, 이사회와의 충돌 등이 있다.

- **회사 설립의 이유는 무엇인가?**
  세금 혜택과 유한 책임이 회사 설립의 주요 이유이다.
- **유한책임 회사의 장점은 무엇인가?**
  유한책임 회사는 유한 책임의 장점을 누린다. 유한책임 회사(LLC)는 세금 기준을 회사와 파트너십 중에서 선택할 수 있다.

학습목표 5-4 기업 합병(Corporate merger)의 세 가지 유형을 정의 및 설명할 수 있으며, 차입매수(Leveraged buyouts)와 기업 비공개의 의미를 설명할 수 있다.

- **합병이란 무엇인가?**
  합병이란 두 기업이 하나로 합쳐진 결과물이다. 합병의 주요 유형으로는 수직 통합, 수평적 통합, 그리고 혼합 합병을 들 수 있다.
- **차입 합병이란 무엇이며, 개인이 기업을 소유하는 것은 무엇인가?**
  차입 합병이란 경영자 혹은 직원이 차입으로 회사를 매수하는 것이다. 개인이 회사의 모든 주식을 보유하고 있는 것을 개인이 기업 전체를 소유한다고 한다.

학습목표 5-5 프랜차이즈(franchise)의 장점 및 단점을 개략적으로 설명할 수 있으며, 프랜차이즈의 다양성으로 인한 기회와 글로벌 프랜차이즈의 도전 과제에 대해 논의할 수 있다.

- **프랜차이즈란 무엇인가?**
  상호를 사용하고 재화 및 서비스를 일정한 영역에서 제공할 수 있는 권리를 구매하는 것을 프랜차이즈라고 한다.
- **프랜차이즈 가맹 사업자란 누구인가?**
  프랜차이즈 가맹 사업자란 프랜차이즈 본사와 계약을 체결한 개인이다.
- **프랜차이즈의 장점 및 단점은 무엇인가?**
  장점으로는 전국적인 인지도와 명성, 검증된 경영 시스템, 판촉 지원, 자부심 등을 들 수 있다. 단점으로는 프랜차이즈 비용, 경영 규제, 수익 배분, 프랜차이즈 사업 실패 시 본사의 회피 등이 있다.
- **글로벌 프랜차이즈의 어려움은 무엇인가?**
  한 국가에서 성공한 아이디어나 제품이 다른 문화권에서 실패하는 경우가 많다. 해당 지역의 문화를 수용하는 것이 필요하다.

학습목표 5-6 협동조합(cooperatives)의 역할을 설명할 수 있다.

- **협동조합의 역할이란 무엇인가?**
  협동조합은 회사의 구성원과 고객이 함께 회사를 소유하고 경영한다. 개인일 때와 비교하여 더 높은 경제적 지위를 누리기 위해 협동조합을 결성하기도 한다. 일부 소규모 사업체들은 구매, 마케팅, 제품 개발을 위해 협동조합을 구성한다.

주요 용어 정리

개인 기업(sole proprietorships)
무한 책임(unlimited liability)
수직적 합병(vertical merger)
수평적 합병(horizontal merger)
유한 책임(limited liability)
유한 책임 파트너십(Limited liability partnerships(LLP))
유한책임 회사(Limited Liability Companies(LLC))
유한 파트너
합자 회사(limited partnership)
인수(acquisition)
일반적 파트너(general partner)
합명 회사(general partnership)
차입 매수(leverage buyout: LBO)
파트너십(Partnerships)
프랜차이즈(franchise)
프랜차이즈 가맹 업체(franchisees)
프랜차이즈 계약(franchise agreement)
프랜차이즈 본사(franchisor)
합병(merger)
협동조합(Cooperatives)
혼합 합병(conglomerate merger)
회사(Corporation)

사고력 문제

자신의 사업을 계획하고 있다고 가정하고 아래 질문에 답하라.

1. 어떤 제품 및 서비스를 판매할 것인가?
2. 사업을 경영하기 위해 보유한 재능 및 기술은 어떤 것들이 있는가?
3. 창업에 필요한 모든 기술 및 자원을 보유하고 있는가, 아니면 한 명 이상의 파트너와 동업을 고려하고 있는가? 만약 동업을 고려한다면 파트너가 갖추어야 할 기술은 무엇이라 생각하는가?
4. 개인 기업, 파트너십, 회사, 유한책임 회사 등 어떤 소유구조를 선택할 것인가? 그 이유는?

원리의 적용

목적

프랜차이즈의 기회를 탐색하고 장단점을 비교하여 보자.

연습

Be the Boss 사이트(betheboss.com)에 접속한다.

1. 본인이 가진 창업에 대한 꿈을 이루어 줄 만한 프랜차이즈를 검색 메뉴를 활용하여 찾아보자. 해당 프랜차이즈의 프로필도 꼼꼼히 읽어 보고, 업체의 링크가 있다면 방문해 보는 것이 좋다. 그림 5.9의 질문을 참고하여 해당 프랜차이즈의 장단점은 무엇인지 분석하여 보라.
2. 위 사이트에서 그림 5.9의 질문에 대한 답을 찾았는가? 만약 충분하지 않았다면 더 필요한 정보는 무엇이며, 어디서 그 정보를 얻을 수 있겠는가?

직업기술의 개발

핵심: ● 팀 ★ 분석 ▲ 의사소통 ◘ 기술

● ◘ ▲ ★ 1. 자신이 사는 지역 내 사업의 동향을 파악하고 개인 회사, 파트너십, 회사, 프랜차이즈 등 어떤 소유구조로 구성되어 있는지 확인하라. 각 소유 형태별 사업의 관리자와 면담을 갖고 조언과 주의할 점을 새겨들어라(만약 동료 학생들과 같이 인터뷰를 진행한다면 몇 팀으로 나누어 수행하는 것이 좋다). 사업을 시작하는 데 드는 비용은? 그들은 일주일에 몇 시간을 일하고 있는가? 사업의 특징은? 조사 결과를 수업에서 다른 학생들과 공유하라.

●▲★ 2. 창업을 고려하고 있는가? 어떤 사업이 매력적인가? 만약 파트너를 골라야 한다면 어떤 친구를 고를 것인지 생각해 보아라. 사업을 경영하기 위해 필요한 모든 재무적 자원과 인적 기술을 나열해 보아라. 이 리스트 중 당신(혹은 동업자)이 공급할 수 있는 재무적 자원과 인적 기술에는 어떠한 것이 있는가? 자신과 파트너에게는 없지만, 필요한 자금의 규모와 기술은? 이를 획득하기 위한 계획을 세워 보라.

▲★ 3. 아래 중 하나의 사업을 시작한다고 가정하여라. 각각 어떠한 소유구조의 형태로 사업을 시작하겠는가? 그 이유를 설명하라.
   a. 비디오 게임 대여점
   b. 웨딩 컨설팅 서비스
   c. 소프트웨어 개발 업체
   d. 컴퓨터 하드웨어 제조 회사
   e. 온라인 서점

◘★ 4. 성공적 사업은 항상 변화를 추구한다. 본 장에서 논의된 변화에는 합병, 인수, 기업 사유화, 차입 매수 등이 있다. 도서관이나 인터넷에서 이러한 변화가 조직에 가져오는 변화는 무엇인지 조사하여라. 무엇이 변화를 초래하는가? 이러한 변화는 회사 주주에게는 어떠한 영향을 미치는가? 변화에 따른 이점은 무엇인가? 변화로 회사는 어떤 어려움을 겪을 수 있는가?

◘★ 5. 사업 조합(예를 들면, Welch's, Land O'Lakes, Sunkist)에 대한 자료를 조사하여라. 조합이 어떻게 결성되고, 누가 소유하며, 어떻게 운영되는지 설명하라.

진로 탐색

산업과 무관하게 사업 소유 구조를 개인 기업, 파트너십, 회사, 유한 회사 등 원하는 대로 설립할 수 있다. 아래에는 설립 비용이 저렴한 사업이 예시되어 있다. 미국 노동청(www.bls.gov) 사이트의 직업전망서(Occupational Outlook Handbook(OOH))를 참고하여 이들 사업 분야별로 요구되는 실무와 기술은 무엇이며, 어떠한 기회가 있는지 찾아보라.

- **그래픽 디자인 서비스** – 소비자에게 영감을 주거나 정보를 제공하고 흥미를 끌 수 있는 시각적 콘셉트를 제안한다. 광고 제작, 브로셔, 잡지, 회사 보고서 작성 등 다양한 영역에 적용 가능하다.
- **잔디 케어 서비스** – 주택, 사업체, 공원 등의 잔디를 관리한다.
- **IT 지원 서비스** – 컴퓨터 소프트웨어 및 장비 관련 서비스를 제공한다.
- **애완동물 케어 서비스** – 반려동물 사료, 이 · 미용, 건강관리 서비스를 제공한다.

비디오 사례

도미노 피자의 성장

미국의 경우 새로 창업하는 사업체만 연간 50만 개에 달한다. 이중 대략 10개 중 1개가량이 프랜차이즈를 선택하고 있다. 현재 헬스클럽, 호텔, 주유소, 레스토랑 등 거의 모든 업종에서 프랜차이즈는 호황을 이루고 있다. 1960년 톰과 진 모나한(Monaghan) 형제는 미시건주 입실랜티(Ypsilanti)에서 파트너십 형태로 도미닉 피자(DomiNick's Pizza)를 설립하였다. 8개월 후 동생 짐은 피자 사업이 본인에게 맞지 않는다는 생각에 형에게 폭스바겐 뉴비틀 자동차 사용 권한을 얻는 대신 본인의 주식을 처분하였다. 그 당시에는 톰 모나한 개인 소유인 도미닉 피자가 현재의 도미노 피자(Domino's)로 성장하고 6대주 80개국에 13,000개 이상의 점포를 가진 프랜차이즈를 구축하리라고 상상하기는 어려웠을 것이다.

밑바닥에서 시작한 사업들 대부분이 그러하듯이, 사업은 어렵고 시간이 많이 소요되며 위험을 동반한다. 식당을 연 이후 제대로 제품 라인을 구축하고 충성스러운 고객을 확보하는 데에는 상당한 기간이 필요하다. 50년 이상의 경험과 제품력 그리고 브랜드를 통해 도미노 피자는 시장에서 성공적으로 명성을 쌓았다. 이것이 바로 개인이 레스토랑을 오픈하기보다는 프랜차이즈 형태로 도미노 피자 가맹점을 열고자 하는 주된 이유일 것이다. 도미노 피자와 같은 브랜드 파워를 보유한 프랜차이즈 본사는 검증된 사업 모델 및 제품으로 시장을 최고 속도로 공략할 수 있다.

도미노 피자처럼 검증된 프랜차이즈는 가맹 업주들에게 경영 노하우 및 마케팅 지원 또한 제공한다. 도미노 피자는 본사의 성공이 가맹 업주의 성공에 달려 있다는 것을 일찌감치 깨우쳤다. 본사 차원의 홍보, 광고, 매장 내 디스플레이, 쿠폰 프로그램 등은 가맹 업주들이 고객을 유치하기 위해 개별 노력이나 비용을 들이지 않고 매장 운영에 집중하게 할 수 있다. 요식업계에서 입지는 굉장히 중요한 요소인 만큼, 도미노 피자는 가맹 업주들이 입지가 좋은 상권에 가게를 열 수 있도록 지원하기도 한다.

미국 시장이 가장 큰 시장이기는 하지만, 도미노 피자는 글로벌 진출에도 박차를 가하고 있으며, 5,000개 이상의 점포는 해외에 있다. 각 지역의 특성에 따른 피자 선호와 토핑 종류는 다를 수 있지만, 도미노 피자는 전 세계에서 품질과 맛이 보장된 피자를 제공하는 전략을 고수하고 있다. 전 세계 매장 내 유니폼, 점포 레이아웃, 훈련 프로그램, 공급업체 선정 프로그램, 주문 방식 등은 동일하다. 도미노 피자는 큰 틀에서 비즈니스 모델과 시스템은 유지하지만, 각 지역 고객의 요구와 필요를 충족시킬 수 있는 제품의 출시는 항상 열려 있다. 이러한 전략은 고객의 입맛과 기대가 매우 다른 글로벌 시장을 공략할 때 유효하다.

요즘은 기술의 발전 속도에 맞추어 도미노의 사업 전반에도 변화가 일어나고 있다. 도미노 피자는 페이스북 메신저, 애플 워치, 트위터 등의 다양한 플랫폼을 이용하여 주문이 가능하다. 또한, 도미노 피자는 시스템 효율성 제고를 위해 도미노 트랙커(Domino Tracker)를 통해 주문 시점부터 피자의 배달 시점까지의 전 과정을 추적하고 있다.

프랜차이즈는 현존하는 사업 모델 중 가장 효율적인 시스템이라는 평가를 받고 있다. 이와 함께 도미노 피자는 피자 배달원을 포함한 직원들이 도미노 가족의 일원이 되고 도미노 사업모델이 꿈꾸는 세상을 함께 하기 위해 노력을 지속하고 있다.

다시 생각해보기

1. 도미노 피자 같은 프랜차이즈 업체가 왜 밑바닥부터 새롭게 시작하는 개인 사업체보다 사업 실패 확률이 낮다고 생각하는가?
2. 프랜차이즈와 파트너십의 다른 점은 무엇인가?
3. 도미노 피자와 같은 프랜차이즈의 가맹점이 되기 전 고려해야 할 중요한 사항들은 무엇인가?

참조

1. Small Business Administration, sba.com, accessed February 2020.
2. James Chen, "Master Limited Partnership," investopedia.com, August 28, 2019; Ned Piplovic, "7 Best MLP Stocks to Buy Now," dividendinvestor.com, January

16, 2020.

3. Sunoco, sunoco.com, accessed February 2020.
4. Internal Revenue Service, irs.gov, accessed February 2020; John Hall, "How Love Can Be One of the Biggest Drivers of Business Success," forbes.com, February 9, 2020.
5. Bureau of Labor Statistics, bls.gov, accessed February 2020.
6. Sam Ashe-Edmunds, "Importance of Partnership Agreement," smallbusiness.chron.com, accessed February 2020.
7. Joshua Kennon, "The Role and Duties of a Corporate Board of Directors," thebalance.com, accessed February 2020; Terry Lane, "How Does a Corporation Board of Directors Work?," chron.com, accessed February 2020.
8. Alejandro Cremades, "How to Manage a Board of Directors," forbes.com, January 14, 2019; Sean Ross, "How Do a Corporation's Shareholders Influence Its Board of Directors?," investopedia.com, February 4, 2020.
9. Nicolas Vega, "Uber Founder Travis Kalanick Missing Out on Stock Surge," nypost.com, February 7, 2020.
10. "State Filing Fees," Incorporate Fast Inc., incorporatefast.com, accessed February 2020.
11. S Corporation Association, s-corp.org, accessed February 2020.
12. U.S. Internal Revenue Service, irs.gov, accessed February 2020.
13. "Choose Your Business Structure," entrepreneur.com, accessed February 2020.
14. U.S. Internal Revenue Service, irs.gov, accessed February 2020.
15. U.S. Internal Revenue Service, irs.gov, accessed February 2020.
16. LegalZoom, legalzoom.com, accessed February 2020.
17. Talia Lakritz, "14 Companies You Didn't Realize Disney Owns," insider.com, January 28, 2020; "Federal Antitrust Enforcers Release Long-Awaited Vertical Merger Guidelines for Public Comment," Buchanan, Ingersoll, & Rooney, bipc.com, January 14, 2020.
18. Sanford Stein, "Does Staples Rebranding Foretell the Fall of Another Retailer to Private Equity?," forbes.com, April 10, 2019; "Stemberg, Thomas," encyclopedia.com, December 29, 2019.
19. Susan Heavey and Diane Bartz, "U.S. Seeks to Stop Schick-Maker Edgewell from Buying Shaving Upstart Harry's," Reuters, reuters.com, February 3, 2020.
20. Rachel Farrow, "4 Companies That Went from Public to Private," finance.yahoo.com, February 7, 2019; Laura Anthony, "Number of Public Companies Decline, Cash-Heavy Private Equity Firms Poised for Even More Buyouts in 2020," PR Newswire, prnewswire.com, January 13, 2020; Jordan Valinsky, "Krispy Kreme Is Expanding in New York City," gwinnettdailypost.com, February 3, 2020.
21. Andrew Nussbaum, Steve Cohen, and Karessa Cain, "Private Equity-Year in Review and 2020 Outlook," corpgov.law.harvard.edu, February 8, 2020.
22. Trevor Williams, "Anheuser-Busch Invests $85M in Cartersville Expansion,"

globalatlanta.com, January 13, 2020; "Bayer–Monsanto: Power of Two," businesstoday.in, January 25, 2020.

23. U.S. Census Bureau, census.gov, accessed February 2020.
24. International Franchise Association, franchise.org, accessed February 2020.
25. "2019 Top Fastest Growing Franchises," entrepreneur.com, accessed October 2019.
26. McDonald's, corporate.mcdonalds.com, accessed February 2020.
27. "Rankings of the Best Franchises," franchiserankings.com, January 17, 2020.
28. entrepreneur.com, accessed February 2020.
29. Andrew Seid, "The Basics of Franchise Royalty Payments," thebalance.com, April 13, 2019; Mark Siebert, "How Franchisees and Franchisors Can Master Their Relationship," entrepreneur.com, January 14, 2020.
30. Minda Zetlin, "Subway Franchisees Claim They're Being Forced to Give Up Their Stores," inc.com, June 29, 2019; Alice Tuffery, "5 Tips for Avoiding Franchise Conflict," pointfranchise.co.uk, January 17, 2020.
31. Matthew McCreary, "5 Things You Need to Know before Investing in a Chick–fil–A Franchise," entrepreneur.com, January 13, 2020.
32. Johnathan Maze, "As Burgerim Grew, Protection for Franchisees Fell Short," restaurantbusinessonline.com, January 22, 2020.
33. Anne Stych, "Women Increasingly Turn to Franchises to Own Their Own Business," bizjournals.comDecember 3, 2019; Eric Stites, "More Women Are Embracing Franchise Business Ownership, but There's More Work to Be Done," forbes.com, January 31, 2020.
34. "Women and Minority Entrepreneurship," U.S. Committee on Small Business and Entrepreneurship, sbc.senate.gov, accessed February 2020.
35. "Minority Entrepreneurs," U.S. Senate Committee on Small Business and Entrepreneurship," sbc.senate.gov, accessed February 2020.
36. "NAACP Partners with Dunkin' Brands to Promote Diversity in Franchising," NAACP, naacp.org, accessed February 2020.
37. International Franchise Association, franchise.org, accessed February 2020.
38. Dalvin Brown, "Franchises Help African Americans 'Level the Playing Field,'" usatoday.com, February 11, 2020.
39. "Home Based Business Franchises," Franchise Services Group, franchises ervicesgroup.com, accessed February 2020.
40. Candy Bouquet, candybouquet.com, accessed February 2020.
41. McDonald's, mcdonalds.com, accessed February 2020.
42. Auntie Anne's, auntieannesfranchising.com, accessed February 2020.
43. Freshii, freshii.com, accessed February 2020.
44. Ross Gilfillan, "The Top Fitness Franchises in Southeast Asia," Global Franchising, globalfranchising.com, accessed February 2020.
45. Jeff Elgin, "Buying a Foreign–Based Franchise," entrepreneur.com, accessed

February 2020.
46. National Rural Electric Cooperative Association, electric.coop, accessed February 2020.
47. International Cooperative Alliance, ica.coop, accessed February 2020.

6

기업가정신과 중소기업 창업

학 습 목 표  이 장을 학습한 후에 다음 질문에 답할 수 있어야 한다.

6-1 위험을 감수하면서도 창업을 하는 이유를 설명할 수 있다. 성공적인 창업가의 특징은 무엇이며, 창업 팀과 사내 창업, 자택 창업 및 인터넷 기반 창업을 설명할 수 있다.

6-2 미국 경제에서 중소기업이 차지하는 중요성과 중소기업이 실패하는 주요 원인을 분석할 수 있다.

6-3 중소기업 경영 방식을 학습할 수 있는 방안을 요약할 수 있다.

6-4 중소기업을 창업하고 운영하는 데 필요한 요건을 분석할 수 있다.

6-5 중소기업의 글로벌 시장 진출 시 장점과 단점을 개략적으로 설명할 수 있다.

코디악 케이크(Kodiak Cakes)의 공동 설립자이자 대표인 조엘 클라크(Joel Clark)에 대하여 알아보자

많은 창업가들이 창업 준비 과정에서 가족에게 금전적 투자뿐 아니라 정신적 지지도 얻고 있다. 하지만 코디악 케이크처럼 진정한 가족 사업을 이룬 경우도 매우 드물다. 1980년대 페니 클라크는 두 아이에게 통곡물로 만든 팬케이크를 만들어 주었는데 두 아이는 이를 매우 좋아했다. 이에 페니 클라크는 통곡물 팬케이크 믹스 포장 판매를 시작하였는데, 아들 조엘이 자신의 웨건 자동차에 이를 싣고 이웃 지역을 돌아다니며 판매하기 시작하였다. 수십 년의 세월이 지난 지금 조엘 클라크는 연간 1억 달러의 매출을 올리는 코디악 케이크의 대표가 되었다.

물론 취미에서 사업을 일구는 것은 결코 쉬운 일이 아니었다. 어머니 페니가 수제 팬케이크 믹스를 판매한 기간은 1년 남짓에 불과하지만, 사업에 대한 열정은 두 아들이 고스란히 물려받았다. 1995년 조엘의 형인 존은 물만 부으면 완벽한 팬케이크를 만들 수 있도록 레시피를 수정하였다. 조엘은 유타 대학 재학 중 시간을 쪼개 소매점을 직접 방문하면서 제품을 판매하였다. 형인 존 역시 몇 년간 전업이 아닌 부업으로 코디악을 운영하였지만, 본인은 좀 더 안정적인 직업을 가지기를 원하였다. 결국, 존은 7년간 열정적으로 코디악의 사업을 운영하는 한편으로 MBA 학위도 취득하면서 동시에 여러 부업을 유지하고 있는 동생 조엘에게 사업을 물려주기로 결심하였다. 결국 2004년 조엘은 부업을 정리하고 코디악 운영에 전적으로 매진하기 시작하였다.

2007년쯤에는 연간 매출이 80만 달러에 이르렀지만, 여전히 사업을 안정적으로 꾸려가기엔 부족한 수치였다. "사업에 시동을 걸고 간신히 현상 유지와 생존을 이어 나가기도 버거운 몇 년이었습니다"라고 조엘은 회상한다. "정말 자금이 부족했기 때문에 외부의 도움 없이 독자적으로 살아남아야만 했습니다"라고 덧붙였다. 얼마 후 회사와 가정 모두를 위해 조엘은 대표직을 내려놓는 결단을 내리고 외부 기업에 코디악 케이크를 라이선스하기로 결정하였다. 건강 관련 회사의 임원으로 자리를 옮긴 후에도 여전히 조엘은 코디악을 가까이서 지켜보았다. 신규로 운영을 맡은 업체가 제품 가격을 인상하자 조엘은 라이선스 계약을 철회하고 다시 CEO로 코디악에 복귀하였다. 조엘은 "제가 11년을 바친 회사인데, 그저 지켜볼 수만은 없었습니다. 죽이 되든 밥이 되든 '한번 해보자' 하는 심정이었죠"라고 말했다.

조엘이 다시 코디악의 경영 일선에 복귀하였다고 모든 문제가 순식간에 사라질 리는 없었다. 일단 사업을 추스르기 위해 코디악이 제대로 된 회사가 된 이후 계속 그곳에서 일해 왔던 부친으로부터 25만 달러를 차용하였다. 이 금액으로 회사는 카메론 스미스를 COO(최고 운영 책임자)로 고용하였으며, 스미스는 부임 후 코디악의 고질적인 현금 흐름 문제를 해결하기 위한 방편으로 샤크 탱크(Shark Tank: 창업 후보자들이 자신들의 사업 아이디어를 투자자 앞에서 어필하는 TV 리얼리티 쇼)에 출연할 것을 제안하였다. 조엘은 그 TV 프로그램을 들어본 적도 없었으나 곧 창업 후보자들이 거물 투자자들 앞에서 본인을 어필하는 것을 흥미롭게 시청하였다. "카메론과 저는 그 프로그램을 계속 시청하면서 질문들을 받아 적기 시작했습니다. 그리고는 역할극을 하면서 어떻게 답할 것인지를 생각하게 되었습니다"라고 조엘은 말하였다. "그렇게 한 것이 결국 최선의 선택이었던 것이, 쇼에 출연했을 때 우리는 이미 다 준비가 되어 있다고 느꼈기 때문입니다"라고 당시를 회상했다.

거물 투자자들 앞에 설 준비가 되어 있다고 자신했으나 막상 녹화가 시작되자 계획대로 진행되지는 않았다. 조엘과 카메론은 코디악의 고단백 팬케이크 믹스가 건강에 신경 쓰는 소비자들의 증가 추세에 부합할 것이라고 투자자들에게 어필하였으나, 투자자들은 코디악의 제품을 별다른 것이 없다고 평가하였으며, 거액의 지분을 요구하는 자본 투자만을 제시하였다. 결국 조엘과 카메론은 그 투자 제의를 거절하고 빈손으로 돌아올 수밖에 없었다. 하지만 그들이 출연한 프로그램이 방송된 후 그들의 방송 출연 내용은 큰 화제가 되었으며, 2014년부터 매출은 수직 상승하였다. 1년도 지나지 않아 매출은 3백 6십만 달러에서 6백 70만 달러로 급격히 증가하였다. 현재 회사의 매출은 1억 달러를 상회하며 단백질 팬케이크 믹스를 비롯한 다수의 히트 상품들을 보유하고 있다. 여러 난관을 헤쳐 오면서 조엘은 자신의 창업에 대한 열정이 그 답이었다고 전한다. "때로는 장애물은 너무나 거대하고 어떠한 논리적 접근으로도 해결이 되지 않았습니다. 하지만 열정은 모든 것을 이겨내지요"라고 확신했다.

조엘 클라크 같은 기업가들은 큰 수확을 얻기 위해 위험을 기꺼이 감수한다. 본 장에서 그와 같은 위험을 감수하는 기업가에 대해 알아보면서 본인의 창업에 대한 열정을 깨울 수도 있을 것이다.

출처: Sarah Berger, "This Family Business Was a 'Shark Tank' Reject — Now It's Bringing in $100 Million a Year with the Best-Selling Pancake Mix at Target," CNBC, cnbc.com, August 8, 2018; Emily Canal, "This Startup Didn't Get a Deal on 'Shark Tank,' and That Helped Save It from Bankruptcy," Inc., inc.com, April 3, 2018; Virginia Nell Rainey, "Kodiak Cakes Moves beyond Pancakes," Park City Magazine, parkcitymag.com, June 19, 2019; Kodiak Cakes, kodiakcakes.com, accessed July 2020.

Let's talk business!
bit.ly/LetsTalkBusiness6

이 회사의 창업자는 시카고에 캔디 회사를 설립하였으나 실패한 후 뉴욕에서 재창업을 하였으나 또 실패하였다. 하지만 그는 포기하지 않았으며, 오늘날 가장 큰 캔디 회사를 키워냈다. 이 회사의 사명은? (이 장 안에서 답을 찾으라.)

창업의 미국 내 일자리 창출 효과

창업
사업을 시작하고 경영하는 위험을 감수

오늘날 많은 청년들은 자신이 대기업에 직장을 얻고 또 그곳에서 30년 이상 버틸 수 있을 것이라 생각하지 않는다. 따라서 스스로의 운명을 개척하고자 하는 이들이 중소기업을 창업하고자 하는 것이 이해가 될 것이다. **창업(Entrepreneurship)**은 위험을 감수하면서 기업을 시작하고 운영하는 것을 의미한다.

최근의 경기 침체 이전부터 미국의 주요 이슈 중 하나가 바로 더 많은 일자리 창출이었다. 높은 실업률을 생각해보면 일자리 창출의 중요성은 더 높아지고 있다. 과거와 현재의 위대한 기업가들을 생각해보면 창업의 일자리 창출 효과를 이해할 수 있을 것이다. 미국 역사가 바로 창업의 역사라 할 수 있는데, 미국 경제를 일구었던 수많은 기업가들을 생각해보자.

- 테프론과 라이크라 등의 브랜드 산하에서 수천 개의 제품을 개발한 듀폰(Du Pont)은 1802년 엘뢰테르 이레네 듀폰(Eleuthere Irenee du Pont de Nemours)이라는 프랑스 이민자가 창업하였다. 18명의 주주가 약 3만 6,000달러의 창업 자금을 조달하였다.
- 에이본(Avon: 화장품 생산)은 1886년 데이비드 맥코넬(David McConnell)이 친구로부터 500달러를 빌려 시작되었다.
- 조지 이스트만(George Eastman)은 1880년 3,000달러의 투자금으로 코닥(Kodak)을 창업하였다.
- 다국적 생활용품 제조사 프록터 앤 갬블(Procter & Gample)은 1837년 윌리엄 프록터(William Procter)와 제임스 갬블(James Gamble)이 총 7,000달러의 자본금으로 시작하였다.
- 포드 자동차는 헨리 포드(Henry Ford)와 11명의 동료가 2만 8,000달러의 투자금을 유치하여 시작하였다.
- 아마존닷컴(Amazon.com)은 설립자 제프 베조스(Jeff Bezos)의 가족과 친구들의 투자로 설립되었다. 베조스의 부모는 약 30만 달러에 달하는 퇴직금을 투자하였고, 오늘날 억만장자가 되었다.

식료품점 창업주 짐 보나미니오(Jim Bonaminio)는 그의 매장 정글짐(JungleJim's International Market)에서 마법사 가운을 입거나 롤러스케이트를 타는 괴짜로 보일 수 있지만, 사업에 있어서는 매우 진지하다. 대규모 월마트와 가격으로 직접 경쟁하기보다는 정글짐은 상품 다양성으로 승부한다. 골동품 소방차가 위에 1,200여 종의 다양한 소스가 담긴 케이스에 진열되어 있는 것이 한 예이다. 고객들이 정글짐에 높은 충성도를 보이는 이유가 무엇이라 생각하는가?

한국의 사례

K-패션 테크기업 '에이블리' 강석훈 대표: 창업 원스톱 서비스 중요성 강조

국내 여성 의류 쇼핑 모바일 애플리케이션 업체인 에이블리는 성장률과 규모, 영향력 면에서 가장 주목도가 높은 기업이다. 강석훈 대표의 언론 인터뷰에 따르면 에이블리는 입점 셀러(판매자) 수 기준으로 K패션 e커머스 기업 중 압도적 1위다. 입점 셀러 수만 1만 2,000개 이상으로, 온라인 패션 플랫폼 1위인 무신사(4,000곳)의 세 배 규모다. 거래액 증가세도 폭발적이다. 창업 첫 해(2018년) 150억 원에서 2년 만에 4,000억 원(추정치)으로 2,700% 증가했다. 2021년 다시 100% 성장(8,000억 원)을 목표로 삼고 있다고 발표하였다.

강석훈 대표는 "오프라인 여성 패션 시장 규모가 60조 원인데 모바일 패션 커머스 시장은 5조 원이 채 안 된다"며, "1020세대를 중심으로 모바일 소비가 빠르게 확산하고 있어 시장의 성장 잠재력이 크다"고 말했다.

에이블리는 누구나 쉽고 편리하게 모바일 패션몰을 창업할 수 있는 플랫폼을 제공해 빠른 속도로 판매자를 끌어모았다. "소비자들이 쇼핑앱을 켜고 직관적으로 하는 말은 딱 두 가지이다. 살 것 많다. 살 것 없다." 강 대표는 사고 싶은 의류가 많은 쇼핑몰을 만들기 위해 판매자를 많이 모아야 한다고 판단했다. 이미 쇼핑몰을 운영하는 판매자가 오픈마켓 형태로 입점하는 '셀러스' 외에 쇼핑몰 운영 경험이 없는 창업자를 타깃으로 한 '파트너스' 서비스를 내놓은 이유다. 파트너스에겐 손쉽게 창업할 수 있는 플랫폼을 제공해 창업 진입장벽을 획기적으로 낮췄다. 에이블리에 입점한 판매자는 팔고자 하는 상품을 선택해 정보와 사진 등 콘텐츠만 올리면 된다. 이후 제품 사입, 배송, 사후관리(CS) 등 복잡한 일은 에이블리가 알아서 처리하는 것이 경쟁 업체와의 차별점이다.

강 대표가 개인화(개인의 쇼핑 습관을 데이터베이스로 구축하여 맞춤 쇼핑 경험 제공)를 무기로 에이블리를 성장시킨 데는 온라인 동영상 서비스(OTT) '왓챠'를 창업하고 운영했던 경험이 주효했다. 2010년 강 대표는 연세대 재학 시절 박태훈 왓챠 대표를 포함한 8명과 함께 왓챠를 만들었다. 2014년 말까지 왓챠에서 영화 추천 등의 사업을 진행하던 그는 '콘텐츠는 의식주처럼 없어서는 안 될 영역은 아니다'라는 생각에 사업 영역 전환을 고민한 후에 10대 패션전문업체 '반할라'를 창업하였다. 그는 또한 "반할라에서 2년을 보냈지만, 패션을 알지 못해 다른 직원 또는 계약사 의사결정에 의존해야 했다. 스스로 의사결정을 내릴 수 없는 사업체를 운영하는 게 힘들었다"고 토로했다. 결국, 강 대표는 2017년 10월 쇼핑몰 사업을 쇼핑 앱 플랫폼 제공 사업으로 전환하기로 했다. 그간 일군 쇼핑몰 사업 기반을 활용하면서 자신이 의사결정을 내릴 수 있는 IT 분야로 체질을 바꾸기로 한 것이다.

강석훈 대표가 에이블리를 성공적으로 런칭할 수 있었던 이유와 창업 과정에서 어떠한 브랜드를 구축하였는지를 고찰해 보라.

출처: "강석훈 에이블리 대표 "2,700% 성장 비결은 창업 원스톱 서비스"", 한국경제, 2020.12.20; "강석훈 에이블리 대표 "패션을 잘 몰라 패션플랫폼을 창업했다"", 조선일보, 2019.10.18.

이들의 이야기에는 공통점이 있다. 훌륭한 아이디어를 가진 기업가 한두 명이 가족이나 지인에게 돈을 빌려 창업하였다. 그렇게 시작한 기업이 이제는 수천 명의 직원을 고용하고 국가 경제에 이바지하고 있다.

미국에도 창업의 역량을 보유한 인물들이 많이 있다. 스티브 잡스(애플), 마크 주커버그(페이스북), 마이클 델(델), 빌 게이츠(마이크로소프트), 하워드 슐츠(스타벅스), 잭 도시(트위터), 크리스 드월프와 톰 앤더슨(마이스페이스), 채드 헐리와 스티브 첸(유튜브) 등은 과거 어느 기업가들 못지 않게 유명세를 떨치고 있다. '중소기업 스포트라이트' 글상자에서 소개하는 재학 중에 창업한 청년 창업가의 이야기를 고찰해보자.

중소기업 스포트라이트

학업과 사업을 병행하는 젊은 창업가들

창업을 원하는 대부분 사람들이 사업에 뛰어들기 전 먼저 학업을 마치려고 하지만, 트렌드를 꿰뚫어 어린 나이에 창업한 기업가들도 적지 않다. 대학 시절 창업하여 성공한 기업가의 사례를 보자.

매트 체네키(Matt Czarnecki), 베넷 바이얼리(Bennett Byerley), 안드레 몬테이로(André Monteiro)는 예일대학교 기숙사에서 잠을 떨치기 위해 먹을 맛있는 간식거리를 고민하다가 Verb Energy를 창업하였다. 127개의 레시피를 테스트 한 후 커피와 비슷한 용량의 카페인을 함유한 유기농 녹차 성분을 기반으로 한 레시피에 정착하였다.

파티마 후세인(Fatimah Hussein)과 제이미 글로버(Jamie Glover)는 무슬림 여성들이 운동 종목에 상관없이 착용할 수 있는 스포츠 히잡을 고안하여 Asiya를 창업하였다. 후세인은 지역 주민센터에서 사업 아이디어를 떠올렸으며, 재학 중이던 미네소타 대학의 창업 지원을 받았다. 그녀는 미네소타 대학교 칼슨 경영대학원에 재학 중 창업하여 Asiya가 미네소타를 넘어 다른 지역을 공략하는 발판을 마련하였다.

로건 래이(Logan Rae)와 킴 후루다(Kim Hruda)는 플로리다 아틀랜틱 대학교에서 Bacon Boxes 창업으로 의기투합하였는데, 이 스타트업은 베이컨으로 만든 장미를 주력 제품으로 판매한다. 분주한 오피스타운에서 근무하는 그들의 지인이 주문하기 전까지는 그들은 독특한 제품을 만들어 판매하는 부업 정도로 사업을 유지하였다. 해당 주문은 즉각 오피스타운의 배고픈 고객의 눈길을 사로잡았으며, 주문이 밀려들기 시작하였다.

오스틴 웹(Austin Webb), 브랙 웹(Brac Webb), 오스틴 로렌스(Austin Lawrence)는 카네기 멜런 대학 재학 중 실내의 수직 농장에서 유기농 채소를 기를 수 있는 RoBotany라는 스타트업을 창업하였다. 대학의 창업 인큐베이팅 지원으로 회사를 피츠버그 교외의 버려진 제철소를 농장으로 탈바꿈시키고 회사 이름을 'Fifth Season'으로 리브랜딩 하였다. 회사는 자동화와 인공지능을 비롯한 첨단 기술을 활용하여 최고의 농작물을 기르고 수확한다.

출처: ephanie Ritenbaugh, "Building a High- Tech Indoor Farm in the Steel Town of Braddock," Pittsburgh Post-Gazette, post-gazette.com, October 21, 2019; Ruqaya Izzidien, "Fatimah Hussein Is America's Sports Hijab Pioneer," Outside, outsideonline.com, June 6, 2018; Jeff Kart, "Verb Energy Bars Want to Replace Your Coffee," Forbes, forbes.com, September 13, 2018; Bacon Boxes, baconboxes.com, accessed February 2020; Asiya, asiyasport.com, accessed February 2020; Fifth Season, fifthseasonfresh. com, accessed February 2020.

쿠다 비자(Kuda Biza)와 브라이언 자넥코(Bryan Janeczko)는 2019년 세계 빈곤 및 굶주림 퇴치를 위한 Nunbelievable Cookies를 창업하였다. 회사가 판매하는 쿠키 12상자당 미국의 무료 급식처에 두 끼의 식사를 기부한다. 자선의 명분을 직접적으로 지원하기 위해 더 많은 창업가들이 자신의 사업을 활용해야 한다고 생각하는가?

학습목표 6-1 위험을 감수하면서도 창업을 하는 이유를 설명할 수 있다. 성공적인 창업가의 특징은 무엇이며, 창업 팀과 사내 창업, 자택 창업 및 인터넷 기반 창업을 설명할 수 있다.

왜 창업에 도전하는가?

사업을 시작하면서 위험을 감수하는 것은 무섭고도 스릴 넘치는 일이다. 한 사업가는 이를 번지 점프에 비유하였다. 겁이 나지만, 다른 사람들이 뛰어내리고 살아 있다면 나도 할 수 있다는 생각이 드는 것이다. 다음은 사람들이 창업의 위험을 감수하는 이유이다.[1]

- 기회 – 아메리칸 드림을 이룰 수 있다는 것은 매력적이다. 이민자를 비롯한 많은 사람들이 미국의 대기업에서 일할 기술이 부족하다. 하지만 그들은 창업에 필요한 마음가짐과 오랜 시간 일할 수 있는 열의를 가지고 있다. 안정적 회사의 장점을 버리고(자의든 구조조정의 결과이든) 창업에 뛰어든 사람들도 마찬가지이다. 밀레니얼 세대, 여성, 소수인종, 노인층, 장애인들도 창업으로 더 많은 기회를 얻을 수 있다.
- 수익 – 창업의 또 다른 이유 중 하나는 수익에 대한 기대감이다. 마이크로소프트의 창업주인 빌 게이츠는 미국은 물론 전 세계에서 가장 부유한 사람으로 꼽힌다.
- 독립성 – 많은 사람들이 순전히 다른 사람과 일하는 것이 싫어 창업을 결심한다. 스스로 의사결정을 내리고 창작, 근무, 대표의 자유를 원하는 사람들이 창업을 시도한다.

- 도전 – 혹자는 창업하는 사람들은 위험을 감수하는 도전에 중독된 사람들이라고도 한다. 하지만 기업가는 단순히 도박을 하는 것이 아니라 어느 정도의 계산된 위험을 감수하는 사람들이라 할 수 있다. 일반적으로 기업가는 권력보다는 성취감을 원하는 사람들이 대부분이다.

창업에 필요한 자질

여러분도 창업으로 성공할 수 있다고 생각하는가? 기업을 경영하는 데 필요한 관리적 기술과 리더십은 배울 수 있다. 하지만 위험을 감수하고, 기업가정신을 발휘하며, 비전을 창출하고 다른 사람을 리드하는 성격은 배울 수 없다. 이러한 기질은 학습으로 습득하기 매우 어렵다. 창업에 필요한 기질은 다음과 같다.[2)]

- 자발적 성향 – 사장이 되어 스스로 경영하는 것에 매우 만족하며, 스스로 훈련한다. 성공 또는 실패에 모든 책임을 진다.
- 자기 육성 – 아무도 자신의 아이디어를 믿지 않더라도 스스로 믿음을 갖고 열정을 불태운다. 월트 디즈니(Walt Disney)가 장편 만화영화 '백설공주'를 기획했을 때, 영화업계는 그를 비웃었다. 그는 헌신과 열정으로 뱅크 오브 아메리카(Bank of America)의 투자를 성사시켰고, 역사상 길이 남게 되었다.
- 활동 지향적 – 위대한 사업 아이디어만으로는 충분하지 않다. 가장 중요한 것은 의지를 불태워 실현하고, 꿈을 현실로 만드는 것이다.
- 넘치는 에너지 – 자신의 사업이기 때문에, 스스로 감정적, 정신적, 육체적으로 오랜 시간 열심히 일할 수 있어야 한다. 피고용인들은 주말과 휴가가 있지만, 창업을 한 경우라면 몇 년 동안 휴가를 가지 못하는 경우도 상당하다. 18시간 내내 일하는 것은 물론 피곤한 일이지만 많은 창업가들이 다른 사람 밑에서 일하는 것보다는 낫다고 말한다.
- 불확실성 감내 – 성공적인 기업가들은 할 수만 있다면 예측 가능한 위험만을 감수하려 한다. 하지만 필요하다면 높은 수준의 위험을 감수하는 것도 필요하다. 기업가정신은 예민한 사람이나 안전만을 추구하는 사람들이 이룰 수 있는 것이 아니다. 수많은 기업가들이 성공 전에 많은 실패를 경험하였다. 작고한 풋볼 코치 빈스 롬바르디(Vince Lombardi)는 창업의 철학을 실패한 것이 아니라 충분한 시간과 기회가 없었던 것이라 요약하였다. 성공 전에 몇 번의 실패를 경험하는 것은 당연하다.

열정으로 위기를 기회로

스스로의 열정에서 사업을 시작한 사업가들도 많지만, 문제만 보는 사람들과는 달리 위기를 기회로 본 사람들도 있다. 셀텔(Celtel)의 창업자 모 이브라힘(Mo Ibrahim)은 휴대전화기를 써본 적도, 소유해 본 적도 없는 아프리카 10억 인구를 대상으로 큰 사업 기회를 엿보았다. 하지만 대기업 통신회사들은 이 시장은 가난한 농부들뿐이고 물류에도 어려움이 많다고만 여겼다. 현재 셀텔은 아프리카 1위의 무선 서비스 업체이며, 이브라힘

은 34억에 회사를 매각하였다.[3]

대부분의 사업가들은 제품과 서비스의 아이디어를 순간 번뜩이는 영감에서 얻는다기보다 끊임없이 비추는 손전등 빛을 혁신의 원천이라 전한다. 어둠 속의 수색대는 끊임 없이 주위를 둘러보고 의문을 던지며, 더 많은 단서를 찾기 위해 노력한다. "창의성이란 그렇게 발현되는 것이다"라고 경영 저술가 데일 데이턴(Dale Dauten)은 말한다. "끊임 없이 둘러보고 질문하며 "만약에?"라는 질문을 입에 물집이 잡힐 때까지 해야 한다"라고 하였다.

자신이 처한 문제를 직면하고 거기에서 사업 기회를 포착하려면 스스로 다음과 같은 질문을 해야 한다. 내가 원하는 것과 얻지 못하는 것은 무엇인가? 어떤 제품이나 서비스가 내 삶을 나아지게 할 것인가? 내 문제는 무엇이며, 어떤 제품이 이를 해결해 줄 수 있는가?

좋은 아이디어가 떠올랐다면 메모해서 붙이도록 하라. 이는 포스트잇 제조사인 3M의 모토이다. 3M은 직원들에게 근무 시간의 최소한 15%를 신제품 개발에 할애하라는 지침을 통해 기업 내 창업을 독려하였다. 이러한 노력이 3M과 직원의 혁신에 어떠한 작용을 하였는가?

하지만 기억해야 할 것은 모든 아이디어가 사업 기회가 되는 것은 아니라는 점이다. 아이디어가 타인의 필요를 충족시키지 못한다면 그 사업은 성공하지 못한다. 아래의 조건이 충족될 때 아이디어는 사업 기회가 있다고 할 수 있다.

- 고객의 필요를 충족시킨다.
- 사업을 시작할 자원과 기술을 보유하고 있다.
- 고객이 지갑을 열 만하면서도 수익을 창출할 수 있는 가격에 제품과 서비스를 판매할 수 있다.
- 기회가 사라지기 전에 제품과 서비스를 고객에게 제공할 수 있다(유사한 제품을 제공할 수 있는 경쟁자가 공격하기 전).
- 사업을 지속적으로 영위할 수 있다.

내 몸에 사업가적 기질이 흐르는가를 검증해보고 싶다면 bdc.ca 사이트를 방문하여 창업 준비를 셀프 테스트로 진행할 수 있다.[4]

창업 팀

창업 팀
다양한 영역에서 경험을 쌓은 사람들이 연합하여 신제품을 개발, 생산, 판매하는 경영 팀

창업 팀(entrepreneurial team)이란 다양한 영역에서 경험을 쌓은 사람들이 연합하여 신제품을 개발, 생산, 판매하는 경영 팀이다. 팀은 구성원들이 창의적인 기술을 합하여 생산과 마케팅 기술을 개발할 수 있다는 점에서 개별 기업가보다 유리하다. 또한 팀으로 일하면 부문 간 협동과 조정이 용이하다는 장점도 있다.

스티브 잡스는 카리스마적이고 비전을 제시하는 애플의 리더임에 분명하지만, 첫 개인 컴퓨터를 개발한 사람은 스티브 워즈니악(Steve Wozniak)이었고, 경영 능력을 활용하여 투자를 유치한 사람은 마이크 마쿨라(Mike Markkula)였다. 애플의 초기 성공 핵심은 여러 명의 스마트한 기업가들의 팀으로 회사가 구성되었다는 사실이다. 창업 팀은 구성원들에게 성공적인 모험에 참여하고 있다는 생각을 부여하였다. 애플의 기업가 세 명은 비슷한 목표를 공유하는 중간 관리자를 고용하였으며, 그들은 하나의 팀으로 일하였다. 모든 사람들이 제품을 구상하고 개발하며 시장에 내놓는 데 힘을 합쳤다.[5]

기업 내 창업

음악 강사는 일정 시간 동안 제한된 수강생에게 개인 교습을 하는 것이 일반적이다. 그들의 사업 규모는 크지 않다 할 수 있지만, 제자들이 음악 세계에 미치는 영향은 상당하다. 이러한 음악 강사들이 어떠한 이유에서 초소형 사업가(micropreneurs)로 분류될 수 있다고 생각하는가?

대기업에서 창업은 창의적인 사내 기업가들의 노력으로 이루어지기도 한다. **사내 기업가(intrapreneurs)**란 회사 내에서 기업가의 역할을 담당하는 창의적인 인물을 말한다. 기존의 인적, 재무적, 물리적 자원을 활용하여 새로운 제품을 개발하고 수익을 창출하는 것이 기본이다. 접착테이프(스카치테이프)부터 산업용 부직포까지 다양한 상품군을 보유한 3M은 직원들이 일과 시간의 15% 이상을 할애하여 신제품이나 서비스를 구상할 것을 규정하고 있다.[6] 메모를 적기 위한 밝은 색깔의 포스트잇(Post-It)이 회사의 전부라고 생각하지는 않는가? 그 제품은 3M의 직원 아트 프라이(Art Fry)가 발명한 제품으로,[7] 그는 찬송가의 페이지를 표시해 놓으면서도 책을 손상시키지 않을 방법을 찾고 있었다. 그래서 뒷면에 접착제가 묻어 있어 종이에 옮겨 붙일 수도 있는 아이디어를 구상하였다. 3M 연구소는 곧 샘플을 생산했으나, 유통업체는 그 제품이 그리 중요하지 않고 확실한 시장조사 결과도 나오지 않았다며 신뢰하지 않았다. 그러나 3M은 고위급 임원의 비서들에게 샘플을 보내는 것을 멈추지 않았다. 결국, 영업 및 마케팅 프로그램을 시작한 이후 주문은 밀려들기 시작하였고, 포스트잇 메모지는 큰 성공작이 되었다. 회사는 제품을 지속적으로 업데이트하였는데, 재활용 용지로 메모지를 만든 것은 여러 혁신의 한 예에 불과하다. 포스트잇 메모지는 세계로 수출되었는데, 일본에 수출한 제품은 세로쓰기에 맞추어 길고 가느다란 모양이다. 포스트잇을 컴퓨터에서도 활용할 수 있는데, 포스트잇 소프트웨어로 메모지에 메모를 기입하거나 저장, 문서에 삽입 또는 이메일로 송부할 수 있다.[8]

사내 기업가
기업 내에서 기업가로서 일하는 창의적인 사람들

고전적인 사내 창업의 다른 예로 1943년 록히드 마틴(Lockheed Martin Corporation)은 미국 최초의 전투 제트기를 제작하였고 1991년 스텔스 전투기를 제작한 사례와 애플의 Mac, 구글의 Gmail, 구글 뉴스, 애드센스 서비스, GM 사의 Saturn, 3M 사의 스카치 팝업 테이프, Sony의 PlayStation 등을 꼽을 수 있다.[9]

초소형 기업가와 재택 사업

모든 창업가들이 사업체를 대규모 회사로 키울 꿈을 가지고 있지는 않다. 일부는 자신이 하고 싶은 일을 하면서 일과 삶의 균형을 유지하기를 원한다. 이러한 사업가들을 **초소형 기업가(micropreneurs)**라고 한다. 다른 기업가들은 기업 성장에 모든 것을 거는 반면, 초소형 기업가들은 자신의 기업이 상위 기업이 되지 않더라도 스스로 행복할 수 있다고 믿는다.

초소형 기업가
소규모 사업을 유지하기를 원하는 기업가들이 창업과 경영의 위험을 감수하면서 스스로 원하는 사업을 경영하며 자신의 삶과 일의 균형을 유지함

많은 초소형 기업가들이 재택 사업 소유주들이다. 반 이상의 미국의 자영업이 재택 사업 형태로 경영되고 있다.[10] 초소형 기업가에는 작가, 컨설턴트, 비디오 감독, 건축가, 사서 등이 포함된다. 그래픽 디자인, 저술, 번역 등의 전문 인력들은 고객과 프리랜서를 연결해주는 Upwork, Freelancer 등의 사이트를 통해 프리랜서 사업을 시작한다. 이 사

그림 6.1 유망한 재택 사업

출처: Lesley Spencer Pyle, "Businesses You Can Start at Home," Entrepreneur, entrepreneur. com, accessed March 2020; Mindy Lilyquist, "Home Businesses Ideas That Really Pay," The Balance, November 24 2019; "20 Business Ideas for Stay-at-Home Parents," Entrepreneur, January 31, 2019; John Rampton, "50 Work-From- Home Jobs Paying As Much or a Lot More Than the Average American Salary," Entrepreneur, entrepreneur. com, accessed March 2020.

자택에서 시작할 수 있는 사업은 많다. 아래 열거된 사업은 창업비용이 낮으며, 관리 업무는 적은 반면, 수요는 상대적으로 증가하는 사업이다.

- **개인적 창작 작품:** Etsy, 아마존, 이베이 등의 사이트에서 거래될 수 있는 미술 작품 및 핸드메이드 제품
- **재택 서비스:** 개인 교습, 조경, 눈 치우기, 가사 도우미, 반려동물 돌봄 서비스, 아기 돌봄 서비스, 웹 디자인, 개인 트레이닝 등의 서비스
- **수리 및 기술기반 서비스:** 맞춤 의상, 배관, 수리, 페인트 서비스 등
- **컨설팅:** 기술, 마케팅, 검색 엔진 최적화, 소셜 미디어 관리 등 특정 영역에 대한 전문 지식 자문 제공
- **리세일:** 상품 구매 후 재판매(창고 세일 등에서 구매한 제품을 온라인에서 재판매)
- **공유 경제 기반 사:업** 우버 기사 혹은 에어비앤비(Airbnb) 호스트

다음의 중요한 요건을 갖춘 사업을 찾아야 한다.
(1) 내가 진정으로 즐길 수 있는 일이어야 한다.
(2) 업무에 필요한 충분한 지식이 있거나 아니면 배울 만한 시간을 투자할 수 있어야 한다.
(3) 제품이나 서비스의 판로가 명확하여야 한다.

이트들은 구직 기회와 고객사들의 피드백을 게시하며, 고객사의 비용으로 안정적인 연계 서비스를 제공한다.

재택 사업의 소유주는 자신의 경력과 가족을 동시에 관리하기를 원하는 경우가 많다. 그렇다고 해서 재택근무자들이 어린 아이들을 키우는 여성이라고만 생각한다면 오산이다. 약 60%의 재택근무자가 남성이다.[11] 재택 사업의 성장 기회는 다음과 같다.

- 컴퓨터 기술의 발전으로 재택 사업자들도 거대 경쟁 기업처럼 대처할 수 있다. 광대역 인터넷과 PDA, 아이폰, 블랙베리 같은 스마트폰의 발전으로 과거에 비해 사업을 시작하는 초기 비용이 현저하게 낮아졌다.
- 기업 구조조정으로 직원들이 직업 안정성을 신뢰하지 않게 되었으며, 스스로 기업을 경영하려 도전한다. 반면 구조조정을 감행한 기업도 업무를 수행해야 하며, 업무의 상당 부분을 소규모 외주 업체에 맡긴다.
- 사회 인식이 바뀌었다. 예전에 재택 사업자들에게 언제 제대로 된 직업을 가질 것이냐 묻던 사람들이 이제는 어떻게 창업을 할 수 있는지 조언을 구하고 있다.
- 새로운 세금 제도는 재택 사무실에 대한 공제 규정을 완화하고 있다.

자택에서 근무하는 것에도 어려움이 따른다. 재택 사업을 구상한다면 아래와 같은 어려움도 고려해 보아야 한다.

- 신규 고객 유치 – 간판이나 물리적 상점이 없기 때문에 입소문 내기가 쉽지 않다.
- 시간 관리 – 통근에 시간을 낭비하지 않아도 된다는 장점이 있지만, 스스로 시간을 관리하는 것은 쉬운 일이 아니다.
- 업무와 집안일 구분 – 일과 중에 세탁을 할 수도 있지만, 이는 업무에 쏟아야 할

인터넷 기반 사업에 대한 광고는 신문이나 잡지에 넘쳐난다. 자택에서 근무할 수 있는 기회를 강조하는 이메일을 받아본 사람들도 적지 않다. 하지만 재택 사업 사기를 주의할 필요가 있다. 아래는 사기일 가능성이 높은 재택 사업이다.

1. 광고는 자택에서 근무하면서 일주일에 수백 또는 수천 달러의 수입을 올릴 수 있다고 장담한다.
2. 경험이 필요 없다.
3. 일주일에 몇 시간만 근무하면 된다.
4. 대문자와 느낌표가 난무하다.
5. 더 자세한 정보를 얻으려면 900번호대(무료)로 전화해야 한다.
6. 재택 사업 리스트를 받아보려면 일정 금액을 송금해야 한다.
7. 지금 결정하라고 재촉한다.

사업에 투자하기 전 충분히 재고하고 조사하라. 더 많은 참고 자료를 살펴보아야 한다. 베터비즈니스 사무국(Better Business Bureau–www.bbu.org), 시 소비자 보호국, 주정부 사무소에서 알아보는 것도 좋다. 인터넷으로 조사하고 채팅을 통해 정보를 얻거나 게시판에서 해당 회사의 정보를 조회해보라. 온라인 사기에 관해서는 www.friendsbusiness.com에서 더 많은 정보를 얻을 수 있다. 가장 중요한 것은 변호사와 상의하기 전까진 계약금을 지불해서는 안 된다는 사실이다.

그림 6.2 **인터넷 기반 사업에 대한 경고**

주의를 분산시키므로 최소화하여야 한다. 또한 사무실과 집이 같은 공간이라면 일을 끝내는 것도 어렵다. 사무실이 자택인 거실에서는 업무를 하지 않는다는 등의 구분은 스스로 많은 훈련을 요하는 일이다.

- 지방자치 조례 준수 – 미국 지방자치 조례는 지역 내 특정 사업 유형의 허용 여부와 재택 사업으로 인한 교통량 증가 등을 통제하고 있다.
- 위험 관리 – 재택 창업자는 입주한 건물의 보험 계약을 검토하여 주거가 아닌 상업용도 청구 권한이 있는지 확인하여야 한다. 일부 보험은 자택에서 사업체를 운영하는 경우 보상을 거부하는 경우도 있다.

다음의 중요한 요건을 갖춘 사업을 찾아야 한다. (1) 내가 진정으로 즐길 수 있는 일이어야 한다. (2) 업무에 필요한 충분한 지식이 있거나 아니면 배울 만한 시간을 투자할 수 있어야 한다. (3) 제품이나 서비스의 판로가 명확하여야 한다.

재택 사업을 구상하는 사람이라면 안정을 추구하기보다는 기회를 찾아야 하고, 반복된 일상을 계속하기보다 결과를 얻도록 노력해야 하며, 월급에 기대기보다는 스스로 수익을 창출해야 하며, 실수를 두려워하기보다 새로운 아이디어를 시도하며, 단기 수익보다는 장기 비전을 창출해야 한다. 그림 6.1은 유망한 10개의 재택 사업을 제시하고 있으며, 그림 6.2에서는 재택 사업 사기를 피하는 방법을 알 수 있다. Entrepreneur 지 사이트(www.entrepreneur.com)에서 재택 사업에 대한 더 많은 정보를 찾아볼 수 있다.

미국에서 매년 2백만 쌍 이상이 결혼을 하는데, 이러한 예비부부들에게 TheKnot.com이라는 업체는 인생의 중요한 날을 계획하는 데 큰 도움이 되는 곳이다. 답례품부터 결혼 스케줄까지, 결혼 준비를 하면서 예비부부라면 피할 수 없는 스트레스를 덜어주는 데 도움을 주고 있다. 해당 사이트가 다른 일반 웨딩 플래너 업체와 차별화된 점은 무엇일까?

변화에 적응하기

아마존에서 가짜 상품들과 전쟁을 벌이는 중소기업

세계 최대 온라인 장터인 아마존은 가능한 많은 고객을 만나고자 하는 중소기업에는 필수적이다. 미국 가정의 45% 이상이 아마존 프라임(Amazon Prime: 아마존의 유료 멤버십 프로그램(역자 주))에 가입되어 있을 뿐 아니라 아마존은 미국 온라인 쇼핑 거래금액 1달러당 50센트를 징수한다.

이 막대한 고객 베이스는 중소기업에 무시할 수 없는 존재이지만, 동시에 자사의 모조품이 판을 치는 온상이 될 수도 있다. 아마존에서 한 제품이 성공하면 모방 업체가 즉시 활개를 치며 매출은 하락하지만, 모조품을 추적하기란 현실적으로 거의 불가능하다. 이는 가정용품 판매 업체 브러쉬 히어로(Brush Hero)의 공동창업자 케빈 윌리엄스에게 있었던 일이다. ABC 방송국의 창업 경쟁 프로그램인 Shark Tank에 출연 후 매출이 급격히 증가하였지만, 자사 브러쉬와 매우 유사한 제품이 아마존에 판매되는 것을 경험하였다. 곧 고객들은 모조품의 조악한 품질에 불평을 쏟아내었으며, 브러쉬 히어로의 아마존 평가는 급락하였다.

윌리엄스는 중국의 제조 대행업체를 통해 브러쉬 히어로의 모조품을 만드는 5개 업체를 적발하였다. 이후 길고 긴 법적 소송과 아마존과의 협력을 통해 해당 공장을 폐쇄할 수 있게 되었는데 이는 총 구성원 9명인 스타트업에는 너무나 가혹한 업무였다. 많은 중소기업이 모조품이나 모방 제품에 대처할 시간이나 여력이 없는 경우가 대부분이다. 대신 개별 기업 차원에서 아마존이 제공하는 모방품 적발 서비스인 프로젝트 제로(Project Zero)를 통해 모방 제품에 대응할 따름이다. 케빈 윌리엄스를 비롯한 기업가들은 아마존이 중소기업 오너의 개별적인 대응에 의존하기보다는 좀 더 적극적으로 모방 제품 대응 방안을 강구하여야 한다고 목소리를 높이고 있다.

출처: Jeff Bercovici, "Small Businesses Say Amazon Has a Huge Counterfeiting Problem. This 'Shark Tank' Company Is Fighting Back," Inc., inc.com, March/April 2019; Jay Greene, "How Amazon's Quest for More, Cheaper Products Has Resulted in a Flea Market of Fakes," The Washington Post, washingtonpost.com, November 14, 2019; Paul Armstrong, "Amazon Primed: US Government Counterfeit Goods Ruling, New Small Business Numbers, + 55m Prime Music Accounts," Forbes, forbes.com, January 26, 2020.

인터넷 기반 사업

인터넷에는 문구류부터 웨딩드레스까지 무엇이든 파는 소규모 업체들이 넘쳐난다. 2019년 미국 내 온라인상 소매업 매출은 3,650억 달러에 달해 전체 소매 매출의 약 12%를 차지하였다.[12] 온라인 소매업의 성장세는 2024년 6,000억 달러로 예상된다.[13]

인터넷 기반 사업은 소비자가 오프라인 상점에서 구매할 수 있는 것과는 다른 특별한 제품이나 서비스를 제공해야만 한다. 마크 레스닉(Marc Resnik)은 기발한 아이디어로 온라인 유통회사를 설립하였다. 현재 ThrowThings.com은 44개 국가의 고객들에게 물건을 판매하고 있다. 사이트에서 판매하는 제품들은 관련성이 적어 보이지만, 모든 제품들은 무언가를 버린다(throw)는 점에서 유사하다. 고객들은 '이름을 버리세요' 섹션에서 프로모션 제품을 구입하거나 '목소리를 버리세요' 섹션에서 복화술 인형을 구입하고 '버릴 것들' 섹션에서 스포츠 용품을 구입하기도 한다. 가짜 토사물('토하세요: Throw up' 섹션)이나 '돈 버리기' 섹션에서 돈 낭비 인증서를 3.5달러에 판매하기도 한다. 인증서의 판매량은 많은 편이 아니지만, 인형의 판매량은 높은 편이다. 회사 수익의 2/3 이상이 프로모션 제품에서 발생하는데, 고객들은 수천 가지 제품에 자신의 로고를 붙일 수 있다. 어떻게 레스닉의 사업은 성공하였는가? 한 단골 고객은 차별화된 서비스와 신속한 제품 회전률을 장점으로 꼽았다.[14]

온라인 비즈니스가 항상 성공적인 것은 아니다. 때로는 실패의 시름길에 이르기도 한다. 우리의 소비 패턴에 혁명을 가져왔던 수백 개의 사이트가 소리도 없이 사라진 것은 슬픈 소식이지만, 이를 교훈삼아 같은 실수를 반복하지 않을 수 있다는 것은 그나마 다행이다. 온라인 비즈니스의 또 다른 단점은 경쟁 기업이 제품을 쉽게 모방하여 이를 아마존 같은 사이트에서 판매하기 용이하다는 점이다. '변화에 적응하기' 글상자에서 이러한 모방을 방지하고 사업의 평판을 유지할 수 있는지를 논의해 보기로 한다.

창업 지원–정부의 역할

1990년 통과된 미의회의 이민법은 미국 내 더 많은 기업가들이 이민을 촉진하는 것을 목표로 하였다. 해당 법에는 '투자 비자'라는 카테고리가 있어서 매년 만 명의 사람들이 최소 180만 달러(실업률이 높은 지역에서는 최고 90만 달러)의 투자금 혹은 10개의 일자리를 창출하거나 유지하는 회사에 100만 달러 이상을 투자한다면 미국으로 이민이 가능하게 하였다.[15]

창업을 지원하는 하나의 방법은 기업 특구를 지정하는 것이다. **기업 특구(Enterprise zones)**란 정부가 사기업의 투자를 유치하기 위해 낮은 세금과 정부의 다른 지원을 제공하는 특정 지역을 일컫는다(기업 특구는 지원 지역이나 기업 공동체로 불리우기도 한다). 2017년 연방 조세 정비를 통해 미 연방 정부는 미국 내 빈곤이 극심한 지역에 9,000여 개의 기업 특구를 지정하였다. 투자자들은 이러한 지역에 투자하면 감세 혹은 세금 납부 지연의 혜택을 받을 수 있다.[16]

기업 특구
정부가 사기업의 투자를 유치하기 위해 낮은 세금과 정부의 지원을 약속하는 특정 지역

정부는 감세 혜택을 통해 기업이 일자리 창출에 투자하게 함으로 창업을 독려할 수 있다. 2012년에 발표된 일명 JOBS법(Jumpstart Our Business Startups)은 중소기업의 자금 창출을 원활하게 하고 일자리를 창출하게 하는 창업지원법이다.[17]

미국의 각 주도 신규 사업에 직접 투자하는 프로그램을 개발하면서 창업을 지원하고 있다. 각 주의 상무부가 창업지원의 정보센터 역할을 담당하기도 하며, 기업의 창업자금의 부담을 감소시키기 위해 창업 기술지원센터를 설립하기도 한다. **창업지원센터(Incubator)**는 낮은 임대료의 사무실뿐 아니라 회계, 법률, 비서 지원 등의 기본 사무서비스를 제공한다. 창업지원센터는 초기 단계에서 중요한 지원을 제공함으로써 기업의 생존을 돕는다. 국제 비즈니스 혁신 협회(International Business Innovation Association: InBIA)의 최근 연구에 따르면, 창업지원센터 출신 기업의 87%가 영업을 지속하고 있다고 한다. 또한 약 1/3의 창업지원센터는 대학과 창업 연계 협정을 맺고 있다.[18] 일례로, 세인트루이스 대학의 식음료 창업 인큐베이팅 프로그램인 'Salus Center Kitchen'은 지역 여성 보호센터의 가정폭력 피해 여성들이 치킨 파이를 만들어 팔고, 노숙자들이 'Fresh Start Dog Food'라는 프로그램으로 강아지 간식과 사료를 만들어 판매하는 것을 지원한다.[19] 미국의 지역별 창업보육협회가 제공하는 혜택과 지역 창업지원센터의 정보를 알아보기 위해 창업보육협회의 공식 사이트 www.inbia.org를 방문해 보라.

창업지원센터
저렴한 임대료의 사무실과 기본 경영 지원 서비스를 제공하는 센터

미국 워싱턴 DC에 위치한 창업지원센터는 신생 회사들에 회계, 법률 및 비서 서비스 등 사업에 필요한 서비스를 포함한 저비용의 사무실을 제공한다. 주변에 이러한 창업지원센터가 있는지 확인해 보라.

미국 일부 주에서는 준비된 창업가들을 위해 SEA(Self-Employment Assistance) 프로그램을 운영하고 있다. 이 프로그램은 창업을 준비하는 동안 실업급여를 지급하고 훈련

프로그램이나 상담도 지원한다. 실업급여는 창업 과정에서 사업이 안정되기 전까지의 생활비나 연금의 손해 없이 창업에 몰두할 수 있다는 점에서 큰 도움이 된다.[20)]

정부와 기업이 함께 창업을 지원하기도 하는데, Startup America는 미국의 연방정부와 카우프만 재단의 협력으로 성장 가능성이 높은 창업을 지원하고 보육하는 창업지원 프로그램이다.[21)] 이는 가장 혁신적인 기업가, 기업, 대학, 기관 및 정부의 기관이 힘을 합쳐 미국 내 창업가들의 성공을 독려하는 민관 합동 프로그램이다. 이 프로그램의 주요 목표 중 하나는 미국에서 단순히 일자리를 얻는 것이 아닌 일자리 창출에 있는데, www.startupamericapartnership.org 사이트에서 더 자세한 정보를 얻을 수 있다.

시험 준비

- 사람들이 창업의 위험을 감수하는 이유는 무엇인가?
- 창업 팀의 장점은 무엇인가?
- 중소기업가가 다른 기업가와 다른 점은 무엇인가?
- 인터넷 기반 사업의 기회와 위험은 무엇인가?

학습목표 6–2 미국 경제에서 중소기업이 차지하는 중요성과 중소기업이 실패하는 주요 원인을 분석할 수 있다.

중소기업 창업

새로운 사업을 위한 좋은 아이디어가 있으며, 기업가 기질을 활용하여 기업을 일으키려 한다고 가정해 보자. 어떻게 사업을 시작할 것인가? 이에 대한 해답이 다음 배울 내용의 핵심이다. 글로벌 대기업보다는 근처에 있는 규모가 작은 기업에 동질감을 느끼기 쉬우나, 둘의 경영의 원칙은 사실상 유사하다. 또한 자선단체, 정부 기관, 교회, 학교 및 노동조합의 경영도 기업의 경영과 유사하다. 그러므로 중소기업 경영을 학습하면서 경영 전반에 대한 이해도를 높일 수 있다. 모든 조직은 자본, 아이디어, 기획, 정보관리, 예산(재무 관리), 회계, 마케팅, 노사관계, 전반적 경영 노하우 등을 필요로 한다. 이 장에서는 중소기업의 경영 전반을 살펴보고, 이를 대기업 및 글로벌 조직에까지 적용시켜 보도록 한다.

중소기업 vs 대기업

중소기업
독립적으로 소유, 경영되는 기업으로 운영이 독점적이지 않으며, 직원 수와 연간 매출(중소기업청에서 정한) 등의 규모 제한 기준을 충족시키는 기업

중소기업청(Small Business Administration; SBA)은 **중소기업(small business)**을 '독립적으로 소유, 경영되는 기업으로 운영이 독점적이지 않으며, 직원 수와 연간 매출(예를 들어, 서비스 산업에서 연간 매출 2백 5십만 달러 이하) 등의 규모 제한 기준을 충족시키는 기업'이라 정의하고 있다. 중소기업은 산업 내 다른 기업에 비해 규모가 작은 기업으로, 도매업에서 매출이 2,200만 달러 이상 올리는 기업이라 할지라도 중소기업청은 이러한 기업을 중소기업으로 분류하고, 제조업인 경우 공장에 500명의 직원이 있다 하더라도 중소기업으로 분류된다. 중소기업에 대한 몇 가지 흥미로운 통계를 살펴보면 다

음과 같다.[22)]

- 미국에만 3,000만 개의 중소기업이 존재한다.
- 미국의 비농업 기업 중 약 97%가 중소기업청이 분류한 중소기업이다.
- 중소기업이 미국 국내총생산(GDP)의 50% 이상을 담당한다.
- 매년 약 40만의 납세와 고용을 창출하는 사업체가 신설된다.
- 중소기업이 민간 고용의 약 절반을 차지한다.
- 약 80% 이상의 미국인이 중소기업을 첫 직장으로 택한다.

로니 디 룰라(Roni Di Lulla)는 애완견 미드나이트가 원반던지기 놀이를 할 때 눈을 찌푸리는 것을 보고 애완견용 수제 고글을 발명하였다. 로니가 미드나이트를 데리고 공원에 산책 나갔을 때 그 고글은 큰 주목을 끌었으며, 자신의 애완견에게도 만들어주고 싶다는 사람들이 생겼다. 이 애완견용 고글의 인기는 점점 높아져, 로니는 타이완의 제조업체를 섭외하여 코받침은 넓고 렌즈도 편안한 고글을 제조하기 시작하였다. 그의 사업체 도글스(Doggles)의 연간 수익은 3백만 달러에 이르며, 애완견 패션용뿐 아니라 안과 수의사, 경찰견용도 제작하고 있다.

앞에서 살펴 보았듯이 중소기업은 미국 경제의 큰 축을 담당하고 있다. 중소기업의 중요성에 대해서는 다음을 통해 알아보기로 하자.

중소기업의 중요성

미국의 전체 일자리 중 65% 이상이 중소기업에서 창출되므로, 누구나 중소기업에서 근무하거나 창업할 기회가 있다.[23)] 일자리 창출뿐 아니라 중소기업은 대기업에 비해 좀 더 개인적인 서비스를 제공하고 기회를 빠르게 포착할 수 있는 민첩성을 자신들의 강점으로 꼽는다.

규모가 큰 것이 항상 유리한 것은 아니다. 땅에 구멍이 파여 있다고 생각해보자. 큰 돌로 그 구멍을 메우려면 돌 사이로 빈 공간이 생기게 된다. 하지만 모래로 구멍을 메운다면 그 사이에 틈이 생길 수가 없다. 사업도 마찬가지이다. 대기업이 시장의 모든 필요를 충족시킬 수 없다. 중소기업들이 이러한 틈새 시장을 공략하여 수익을 올릴 수 있는 기회는 얼마든지 있다.

중소기업의 성공과 실패

사업에 대한 준비를 철저히 하지 않으면 실패하기 쉽다. 일 년에 얼마나 많은 중소기업들이 도산하는지 생각해보라. 미국 중소기업청에 따르면, 신생기업의 절반 이상이 5년을 넘기지 못한다고 한다.[24)] 일부에서는 기업의 도산율이 통계보다는 훨씬 낮다라는 주장도 있나. 이는 중소기업 오너들이 하나의 사업을 청산하고 다른 사업을 시작한 경우에 이는 사실상 실패가 아닌데도 사업 실패로 간주되기 때문인데, 비슷하게 한 기업이 소유구조를 파트너십에서 회사 형태로 변경한 경우에도 사업 실패로 간주된다. 기업가들에게 희소식이라 할 수 있는 것은 기존의 도산율보다는 사업 실패율이 훨씬 낮다는 점이다.

그림 6.3의 리스트에서 경영 무능이나 재무 계획 부족 등 중소기업의 실패 요인을 살펴볼 수 있다. 기억해야 할 점은 사업이 실패할지라도 경영자는 그 실패에서 무엇인가를 배운다는 점이다. 시련을 겪은 사람은 신참으로 사업에 뛰어든 사람보다 더 현실적일 수밖에 없다. 이러한 실패를 교훈 삼아 향후 사업에는 성공할 수 있다. 이러한 예로, 밀턴 허쉬(Milton Hershey)는 미국 시카고와 뉴욕에서 캔디 가게를 창업하였으나 두 번 다 실패하였다. 밀턴은 아버지처럼 실패에 굴복할 수도 있었으나 계속 노력하여 세계 최대

그림 6.3 중소 기업 실패 원인

중소 기업의 실패 원인이라 할 수 있는 것들은 다음과 같다.

- 소규모 테스트 없이 시장에 진입
- 과소 혹은 과대 계상된 제품/서비스 가격
- 시장을 구축하는 데 필요한 시간을 간과
- 자본금 부족
- 과다한 자본금을 유치하고 올바른 사용처를 선정하지 않음
- 경험 부족과 산업과 시장에 대한 학습 부재
- 상환 시기와 방법을 구체적으로 계획하지 않고 차입
- 부족한 자본금으로 사업 시작
- 사업 유보금이나 예상치 못한 지출에 대한 대비 부재
- 과다 신용 구매
- 신용도 과다 연장
- 신용도 급속히 소진
- 정확하고 완벽한 기록 부재로 경영자가 문제 인식 못함
- 개인적 낭비벽을 사업에서도 버리지 못함
- 사업 주기에 대한 이해 부족
- 세금, 보험, 기타 비용에 대한 이해 부족
- 스스로 근무 시간을 조절하지 못하고 태만

의 제과 회사인 허쉬(Hersey's)를 일구었다. 스티븐 스필버그도 영화 학교 입학에 3번의 고배를 마셨지만, 오늘날 가장 위대한 영화감독 중 한 명이다.[25)]

허핑턴 포스트(Huffington Post)의 공동 창업자 아리아나 허핑턴(Arianna Huffington)은 실패로부터의 교훈을 다음과 같이 정의하였다. "저는 살면서 여러 번 실패하였지만, 어머니의 '실패는 성공의 반대말이 아니라 성공으로 가는 디딤돌이란다'라는 말씀을 늘 기억하고 있었습니다. 그래서 어느 순간부터 저는 실패를 두려워하지 않게 되었습니다."[26)]

올바른 형태의 사업구조를 선택하는 것도 매우 중요하다. 동물 병원, 치/의료 서비스 등 실패율이 낮은 사업은 사전 교육이 필수적이다. 교육과 학위가 어느 정도의 안정성을 보장해줄 수는 있지만 성장을 장담하지는 못한다. 독립적으로 사업을 하면서도 부를 축적하기를 원한다면 성장을 추구하여야만 한다. 기술집약적 기업 같은 고성장 사업은 창업하기도 쉽지 않고, 경영은 더욱 어렵다.

일반적으로 창업이 쉬운 사업은 성장률도 낮지만, 실패율 또한 매우 높다(레스토랑 사업 등). 경영이 쉬운 사업은 창업이 쉽지 않으며(제조업), 돈을 벌 수 있는 사업은 창업과 경영 모두 쉽지 않은 것이 사실이다(자동차 제조업 등). 그림 6.4를 통해 소규모 사업의 성공 확률을 높이는 여건들에 대한 아이디어를 얻을 수 있을 것이다.

사업을 시작하려 결심하였다면 신중하여야 한다. 한 사업에서 손쉬운 사업 착수, 안

그림 6.4 중소기업 사업 성공 확률을 높이는 요인

소규모 사업의 성공 확률을 높이는 요인은 다음과 같다.

- 미용실 등 고객에 개인적 관심이 필요하다.
- 대량 생산 기술로 제품을 쉽게 만들 수 없다 (맞춤 양복 또는 맞춤 자전거 등).
- 대기업이 뛰어들 만큼 매출이 큰 편이 아니다 (선물가게 등).
- 범죄율 혹은 빈곤층 비중이 높은 지역은 오히려 소규모 식품점이나 세탁소를 하기에 좋은 기회를 제공할 수 있다.
- 대기업이 프랜차이즈를 하고 있다 (프랜차이즈는 소규모 사업을 시작하는 데 있어 좋은 방식이다).
- 신규 경쟁자도 인식하고 있다.
- 사업이 성장 산업 업종이다 (컴퓨터 서비스 혹은 웹 디자인 등).

정성 및 수익성 등 바라는 것을 모두 얻을 수는 없다. 이 중 가장 중요한 것을 선택하고 그럴 수 없는 것은 포기할 줄 아는 것이 중요하다. 계획, 계획 또 계획한 후에 실행에 옮겨야 한다.

학습목표 6-3 중소기업 경영 방식을 학습할 수 있는 방안을 요약할 수 있다.

중소기업 운영

창업을 꿈꾸는 많은 사람들이 같은 질문을 하곤 하는데, 그것은 "기업을 경영하는 것을 어디서 배울 수 있는가?"이다. 그에 대한 정보는 다음과 같다.

경험자 조언

지역 내 전문대학에서 개설하는 창업 관련 강좌를 수강하는 것도 소규모 창업에 대한 지식을 얻는 좋은 방법이다. 미국 전역의 전문대학이나 평생교육원 등에서 창업 관련 강좌가 많이 개설되어 있다.[27] 이러한 강좌 수강의 가장 좋은 점은 다양한 배경의 기업가들이 모인다는 것이다. 중소기업 경영을 배울 수 있는 가장 좋은 방법은 이미 경험이 있는 사람에게 조언을 듣는 것이다. 입지가 얼마나 중요하며, 충분한 자본금 없이 사업을 시작하는 것이 얼마나 위험한지에 대한 조언을 들을 수 있을 것이다. 또한 자질 있는 직원을 고용하고 유지하는 것의 어려움도 조언해 줄 것이다.[28] 가장 중요한 조언은 사업을 시작하기 전 변호사나 회계사를 고용하여 정확한 기록을 유지해야 한다는 것이다. 이러한 가치 있는 조언을 무료로 얻을 수 있다.

경험 축적

중소기업 경영을 배우는 데 있어 성공적인 기업에서 수습사원이나 직원으로 근무하는 것보다 더 좋은 방법은 없다. 많은 중소기업 오너들이 전직에서 사업 아이디어를 얻는다. 통상적 규칙은 창업 전 유사업종에서 최소한 3년의 경험을 쌓으라는 것이다.

1818년 코넬리우스 밴더빌트(Cornelius Vanderbilt)는 자신의 선박을 처분하고 증기선 회사에 취업하여 필요한 지식을 습득하였다. 필요한 지식과 기술을 습득한 후 그는 다니던 회사를 그만두고 스스로 증기선 회사를 창업하여 매출 1억 달리를 달성한 최초의 미국인 사업가가 되었다.

퇴근 이후나 주말에 부업을 운영함으로써 일상적인 봉급은 그대로 유지하면서 스스로 일하는 데에 대한 보상감을 맛볼 수 있다. 금전적 이득뿐 아니라, 본인의 사업을 할 때 초보적 실수를 저지를 확률도 낮아지는 장점이 있다. 피고용인으로 얻은 지식을 자신의 사업을 시작하는 데 활용할 때 고려해야 할 윤리적 의사결정을 생각해 보라('윤리적 의사결정' 글상자 참조).

성공적인 기업의 인수

중소기업 경영주들은 장시간 근무하며 휴가를 떠나기도 힘들다. 오랜 시간 후에 그들은 사업에 시달린다는 생각을 하게 되며, 너무나 많은 시간과 노력을 투자하였기 때문에 기

윤리적 의사결정 멈출 것인가? 나아갈 것인가?

당신이 한 회사에서 2년을 일했는데, 회사의 사업이 불안정해진 것을 눈치채게 되었다고 가정해 보자. 당신과 회사 동료 한 명은 이 회사의 사장이 과거에 성공했던 것처럼 자신들도 회사를 어떻게 차려야 할지에 대한 아이디어도 가지고 있다. 하지만 사업에 대한 아이디어를 사장과 공유하는 대신 동료와 함께 창업을 고려하는 중이다. 이럴 경우, 다른 동료에게도 함께 일할 것을 제안할 것인가? 예전 사장의 고객도 뺏을 생각이 있는가? 아니면 대안은 무엇이 있겠는가? 대안을 선택할 경우, 그 결과는? 어떤 것이 가장 윤리적인 의사결정이라 생각하는가?

사론 앤더슨 라이트(Sharon Anderson Wright)는 10대 시절부터 부모님이 경영하는 중고 서점의 매대를 소설, 실화, 신문 등의 장르별로 정리하였다. 이렇게 정리하면 고객들이 어떤 장르를 좋아하는지를 알게 되었기에 그녀는 어머니의 가게 운영을 도우며 사업에 대한 안목을 키워나갔다. 이러한 경험을 토대로 라이트는 미국 전역에 'Half Price Books'를 창업하였으며, 연간 매출이 240억 달러에 이르는 업체가 되었다. 라이트의 10대 시절 경험이 그녀의 성공에 어떠한 영향을 미쳤을 것이라 생각하는가?

업을 떠날 수 없다고 느끼게 된다. 이러한 사정으로 수백만 중소기업 소유주들이 최소한 휴가라도 길게 가기를 원하고 있다.

사업에 뛰어들면 여러분도 예외는 아니다. 중소기업을 경영하는 성공적인 기업가를 만나 그 사람에게 견습생으로 들어가 경영 훈련을 받고 싶다고 요청해보라. 1년 정도의 훈련 기간을 거친 후에 대리급의 직급을 얻게 될 것이며, 대리 승진 후 소유주에게 휴가라도 다녀올 것을 권할 수 있을지 모른다. 또 1년을 열심히 공급, 재고, 회계, 고객, 판촉 등의 제반 사업을 배워보라. 이렇게 2년을 근무한 후, 소유주에게 은퇴를 제안하거나 파트 타임으로 일하고 여러분이 기업을 맡고 싶다고 제안해 볼 수 있다. 급여는 받으면서도 소유주와 이익 공유를 할 수도 있다. 하지만 기업을 인수하게 되면 수익의 40% 이상도 받을 수 있다.

기업의 소유주는 오너십을 유지함으로써 근무를 하지 않고도 기존에 벌어들였던 수익의 60%를 얻을 수 있고, 기업을 인수받은 사람은 성공적인 기업의 수익 40%를 가져갈 수 있게 된다. 이는 소유주가 회사를 지키고 개인의 현금 흐름도 보장받으면서 은퇴를 할 수 있는 탁월한 선택이다. 또한 인수받는 사람은 개인적 현금 투자 없이 성공적인 기업을 인수받을 수 있는 좋은 방법이기도 하다.

소유주가 수익 배분에 만족하지 않는다면 사업권을 사들일 수 있다. 기업의 적정 가격은 어떻게 책정되는가? 가치는 (1) 기업의 소유 내용, (2) 수익, (3) 차별성에 의해 결정된다. 기업가치의 평가를 위해서는 회계사의 도움을 받는 것이 좋다.

수익 배분이나 사업권 매입이 쉽지 않다면 스스로 직장을 그만두고 자신의 사업을 시작할 수도 있다.

학습목표 6-4 중소기업을 창업하고 운영하는 데 필요한 요건을 분석할 수 있다.

중소기업 경영 관리

중소기업청에 따르면 미국의 중소기업 도산의 주요 사유는 경영 미숙이라고 한다. 경영 미숙에는 여러 가지 사항이 포함된다. 잘못된 사업 계획, 미숙한 장부 기록, 엉망인 재고 관리, 판매 정책 부재, 노사 관리의 실패 등이 포함된다. 또한 대부분의 경우 자본의 사용 미숙도 경영 미숙에 해당된다. 성공적인 중소기업 소유주가 되기 위해서 중소기업 경영의 각 기능을 살펴보자.

사업 계획서
사업의 본질, 타깃 시장, 사업의 경쟁우위, 소유자의 자원 및 자질 등을 기록한 문서

- 사업 계획
- 자금 조달
- 고객 파악(마케팅)
- 직원 관리(인적자원 관리)
- 기록 유지(회계)
- 지원 확보

기업의 창업과 경영 단계에서 각 기능이 모두 중요한 것은 사실이지만, 사업 계획 수립과 자금 조달의 두 기능이 기업을 시작할 때 가장 중요하게 고려되어야 할 사항이다. 나머지 기능은 창업 이후 실제적 운영에서 필요한 기능들이다.

초기 사업 계획

많은 사람들이 열정을 가지고 창업을 계획하지만, 자신이 원하는 바를 명확하게 파악하고 있는 사람은 드물다. 결국 사업 관련 아이디어를 교수, 지인, 다른 사업가와 상의하게 된다. 바로 이 시기에 경영자는 사업 계획이 필요하다. **사업 계획서**(business plan)란 사업의 본질, 시장, 사업의 경쟁우위, 소유자의 자원 및 자질 등을 기록한 문서로, 미래의 중소기업 경영인들은 이것으로 제품이나 서비스를 구체화할 수 있다. 경쟁 분석, 창업 필요 비용 계산, 운영 세부 사항 점검 등이 필수적이다. 사업 계획서는 은행이나 다른 투자자를 만날 때 반드시 구비해야 할 서류이기도 하다.

대출 기관은 사업의 모든 내용을 알기 원한다. 먼저, 자신의 사업체 규모의 기업에 대출을 해주는 금융기관을 선택하라. 회계사가 필요한 회계 문서와 대차대조표를 완벽히 준비하게 하고 금융기관을 방문하기 전 사전 약속을 하고 방문 시 회계사를 대동하여 필요한 정보를 준비하고 금융기관 담당자에게 자신의 성품과 지역사회에서 존경 받는 사업가임을 어필하는 것도 필요하다. 마지막으로 필요한 사업자금을 모두 대출 신청하되, 구체적이어야 하며, 대출 금액의 보증도 확실히 하여야 한다.

리마스 뷔네비셔스(Rimas Buinevicius)는 하반신 골절 사고로 휠체어를 처음 이용하는 경험을 했다. 그는 지속적으로 휠체어를 미는 데 따르는 어깨 통증을 알게 되었다. 이러한 통증을 감소시키기 위해 뷔네비셔스는 동료들과 함께 휠체어를 미는 대신에 저을 수 있도록 하는 시스템인 Rowheels를 개발하였다. Rowheels는 2012년 위스콘신 주지사배 창업경진대회를 제패하였다. 이 회사는 어깨 통증을 경감할 수 있는 최초의 수동 치료용 휠체어도 공급하고 있다.

사업 계획서 작성 좋은 사업 계획서를 작성하는 데에는 오랜 시간이 걸리지만, 이를 검토하는 데에는 5분밖에 걸리지 않을 수 있다. 요약 보고서에서 읽는 사람이 사업 계획서를 보고 버리지 않도록 설득하여야 한다. 은행 담당자들은 수많은 사업 계획서를 받아보기 때문에, 요약 보고서에서 초반에 그들의 주의를 끌어야 한다. 완벽한 사업 계획서란 없다. 상세하게 작성된 사업 계획서라 할지라도 사업이 진행됨에 따라 변경되기 마련이다.[31]

사업 계획서 작성에 있어 다양한 컴퓨터 소프트웨어의 도움을 받을 수 있

사업 계획서 개요

올바른 사업 계획서는 25~50페이지 내외로, 작성하는 데 6개월 이상이 걸리는 것이 보통이다.

커버레터(coner letter)
자금을 조달하는 데 있어 확실한 것은 자금을 필요로 하는 사람이 혼자가 아니라는 것이다. 미래의 투자자들이 수많은 사업계획서 중에서 여러분의 사업계획서를 읽어보게 만들어야 한다. 커버레터는 가능한 한 짧게 사업의 핵심을 강조하여야 한다. 미래의 투자자 이름을 직접적으로 언급하여야 하는데, 담당자 또는 귀하 등의 단어는 투자자의 관심을 끌기에 부족하기 때문이다.

1 섹션 – 핵심 요약
사업의 핵심을 2~3페이지로 시작하라. 사업에 대한 간략한 설명과 주요 목표를 설명한다.

2 섹션 – 회사 배경
현재까지 회사의 운영 현황과 법적 고려 사항, 그리고 위험과 기회 등을 설명한다. 회사의 과거와 현재의 재무제표와 소득 및 현금 흐름표, 다른 관련 회계 자료(자세한 내용은 17장 참조) 등을 포함한 재무적 여건을 요약하라. 보험 계약을 포함시키는 것도 좋다. 경영자의 사망이나 기타 위험으로 회사에 위험이 없다는 것을 투자자들에게 확신시켜야 한다.

3 섹션 – 경영관리팀
조직도, 직종별 직무별 업무 분장, 현재 및 향후 임원의 상세 이력서 등을 첨부한다. 아이디어는 대단치 않더라도 검증된 경영관리팀이 있으면 훌륭한 아이디어를 보유한 경험 부족의 경영팀보다는 투자를 더 유치할 가능성이 높다. 경영 관리층은 창업과 경영에 필요한 모든 분야에 전문 지식을 습득하여야 한다. 그렇지 않은 경우, 이러한 역할을 담당한 외부 컨설턴트를 언급하라.

4 섹션 – 재무 계획
소득, 지출 및 자금 조달 원천 등에 대한 향후 5년 계획을 제출하라. 사업이 항상 번창할 것으로 가정하지 말고, 회사의 다양한 성장 시기에 맞춰서 계획을 수정하라. 또한 추정 수치에 대한 이유와 가정을 설명하고, 이 설명이 산업과 시간적 흐름과 일치하는지 확인하여야 한다. 재무 계획의 모든 금액 총합의 수치가 맞는지 검증하라. 필요하다면 전문 회계사나 재무 분석가를 고용하여 필요 문서를 작성하는 것도 좋은 방법이다. 매출을 과장하기보다는 현실을 명확히 직시하고 최상, 기대치, 그리고 최악의 시나리오를 가정하라. 이로 인해 매출 변동에 대한 변화를 최소화하면서 올바른 경영 지침을 세울 수 있다.

5 섹션 – 필요 자본
운영에 필요한 자본을 명시하고, 자금의 사용처를 표기하라. 현금흐름표의 각 항목의 총합과 자본의 총합이 일치하는지 확인하여야 한다. 이 부분은 투자자들이 상세히 검토할 부분이므로 명확하게 요약하여야 한다.

6 섹션 – 마케팅 계획
경쟁을 과소 평가해서는 안된다. 산업의 규모, 트렌드, 타깃 시장 부문을 검토하라. 계획을 수립하는 데 전미 인구 통계나 랜드 맥날리 마케팅 가이드 등의 자료에서 도움을 받을 수 있다. 제품, 서비스의 강점 및 약점을 분석하라. 투자자가 알고 싶어하는 가장 중요한 사항은 기존의 제품에 비해 회사의 제품이 어떤 장점으로 더 잘 팔릴 수 있는가 하는 것이다. 경쟁사의 가격을 비교하고, 금액/단위별 매출을 예측하라. 매출, 광고, 판촉, 홍보 프로그램의 요약 정보를 기입하라. 비용이 재무제표와 일치함을 확인하라.

7 섹션 – 입지 분석
소매업 같은 산업에서 사업의 입지는 가장 중요한 요인으로 꼽힌다. 지역의 대략적 인구 통계 분석과 교통 흐름 분석, 차량 및 보행자 수를 기입하여야 한다.

8 섹션 – 제조 계획
최소 공장 규모, 필요 기계, 생산 능력, 재고 및 재고 관리법, 품질 통제, 필요 공장 인력 등을 설명하라. 사전 조사에 입각하여 대략적 생산 비용을 예측하라.

9 섹션 – 첨부
제품이나 서비스에 관한 모든 마케팅 조사 자료를 첨부하고, 제품 콘셉트나 시장 규모 자료도 첨부한다. 컨설팅 받은 자료도 가능한 모두 첨부하는 것이 좋다. 첨부 자료를 통해 사업이 쇠퇴하는 사업이 아님을 증명할 필요가 있다.

다. 평가가 좋은 프로그램 중 하나인 제품은 팔로 알토 소프트웨어(Palo Alto Software)사의 비즈니스 플랜 프로(Business Plan Pro)이다. 간단한 사업 계획서를 참고하기 원한다면 포춘 500 경영자로 선정된 짐 호란(Jim Horan)의 저서 《The One Page

Business Plan》을 참고하면 좋다. 이 책은 양방향 사업 계획서 작성 연습 및 계획서 양식을 제공한다.[32] 다양한 사업의 사업계획서를 참고하고 싶다면 www.bplans.com/sample_business_plans 사이트를 방문해 보라. www.sba.gov/starting에서도 사업 계획서 작성에 대한 정보를 얻을 수 있다.

완벽한 사업 계획서를 작성하여 적절한 자금 조달처를 찾는 것은 사업 계획서에 올바른 정보를 담는 것만큼이나 중요하다. 자금 조달에도 사전 조사가 필요하다. 다음에서 새로운 사업체 시작의 자금 조달처를 논의할 것이다. 사업을 시작하기 전에 들인 시간과 노력은 수일이 지나 보상을 받게 될 것인데, 중소기업이 받을 수 있는 가장 큰 보상은 바로 생존이다.

중소기업 사업자금 조달

나무에 돈이 열린다면 환상적이지 않겠는가? 하지만 그럴 리가 없기에 창업을 준비하는 사람들은 개인 연금, 친척들이나 전(前) 사장, 은행 및 금융회사, 벤처 캐피탈리스트, 정부기관 등의 자금 출처를 찾아야 한다. 개인 연금을 제외하고 가장 일반적인 자금의 출처는 어디이겠는가?

창업자금 조달에는 여러 가지 방법이 있다. 개인 저축, 친지, 동료, 은행, 금융회사, 벤처 캐피털, 중소기업청, 농업 주택국, 경제개발위원회, 소수 인종사업 개발기관 등과 같은 정부기관이 자금 출처가 될 수 있다.[32]

가족 및 사업 동료 개인의 저축 이외에 주요 자금 조달처는 지인이나 친지라고 한다.[33] 미래의 공급자에게서 돈을 빌리는 것도 불가능한 것은 아니다. 향후에 큰 고객이 될 잠재성이 있다면 공급자는 여러분의 창업을 도와줄 것이다. 이러한 방식으로 레이크록(Ray Kroc)이 초기 맥도널드의 자금을 조달하였다. 하지만 사업 초기부터 공급자에게 자금을 빌리는 것은 좋은 생각이 아니다. 먼저 조언을 구하고, 공급자가 사업 계획에 관심이 있으면 자발적으로 자금을 댈 수도 있다.

은행 및 금융기관 최근 금융위기로 인한 신용 경색 때문에 중소기업 경영주들이 우호적 투자자들을 찾는 것이 더 어려워졌다. 규모가 큰 은행보다는 소규모 지역 기반 은행에서 대출이 쉬운 편이다. 소규모 은행은 단일 도시나 인근의 몇 개 도시를 기반으로 영업을 하기 때문에 대출 고객을 더 잘 알 수 있으며, 그렇기 때문에 대규모 은행보다 융통성 있게 대출을 해주기도 한다.[34]

미국 내 소득이 낮은 지역이라면 지역개발금융기관(Community Development Financial Institutions: CDFIs)이 자금의 출처가 될 수도 있다. 2008년 금융위기 이후 경제 회복에 지역개발금융기관의 역할이 더 커지고 있는데, 다른 금융기관과 달리 대출의 원칙을 엄격히 지켜 신용 위기에 더 빛을 발하고 있다. 대출 업체가 자금을 갚지 못하면 투자자가 아닌 기관이 책임을 지는데, 지난 30여 년간 대출된 창업 자금 중 회수되지 못한 금액은 1%에 불과하다.[35] 지역개발금융기관은 단순히 자금만 대출해 주는 데에 그치지 않고 사업주들이 마케팅 전략, 재고 관리, 자금 흐름 개선 등에 대한 상담을 해주는 역할도 담당한다.

엔젤 투자자, 크라우드 펀딩 및 벤처 캐피털리스트 대부분의 창업자에게 개인투자자들은 주요 자금 조달처이다. 엔젤 투자자(Angel Investor)는 기업이 공개되기 전에 사

한국의 사례

한국 중소벤처기업부(mss.go.kr): 중소/벤처기업 중심의 혁신성장 경제구조 전환

한국 중소벤처기업부는 체계적이고 효율적인 중소기업 지원체계를 구축하고 중소기업의 경쟁력을 높이기 위해 공업진흥청을 폐지하고 통산산업부의 중소기업국을 확대하여 1996년 2월 12일 개청하였다.

정부의 중소기업 지원 조직은 1960년 7월 1일 상공부 공업국 중소기업과로 출범하였으며, 그 후 중소기업국으로 확대(1968.7.24)된 이후 중앙행정기관으로 발전하였으며, 2017년 7월 26일 중소기업청을 개편하여 중소벤처기업본부로 발족하였다.

중소벤처기업본부의 설립 목적으로는 중소기업 지원체제 구축, 자금/인력/수출/판로 확대 등 중소기업 성장 지원, 중소기업 정책의 기획 종합, 중소기업 기술 혁신, 중소기업 육성 및 창업 활성화, 전통시장 등 소상공인 지원 등을 꼽을 수 있다.

중소벤처기업본부는 디지털경제로 전환하는 데 있어 중소기업 및 벤처기업의 육성 및 지원으로 3대 분야, 10대 정책 과제를 추진하고 있는데 이는 다음과 같다.

1. 디지털 경제로의 대전환, 스마트 대한민국
   - (중소기업) 스마트 공장 고도화에 필요한 데이터 공유 · 활용
   - (스타트업 · 벤처) 빅데이터 등을 활용한 경영 혁신, 스마트 서비스
   - (소상인) 4차 산업혁명 기술과 소상공인의 연결, 스마트 상점
   - (소상인) 제조공정에 디지털 기술 도입, 스마트 공방
2. 디지털 경제의 중추, 혁신기업 스케일 업
   - (K-유니콘) 글로벌 창업 기업 육성을 위한 K-유니콘 프로젝트 추진
   - (브랜드 K) K-뷰티, K-푸드, K-POP 등 글로벌 브랜드 육성
   - (규제자유특구) 세계 최초 규제자유특구를 통한 과감한 규제 혁신
3. 디지털 경제의 밑거름, 상생과 공존
   - (대 · 중기 상생) 자상한 기업 등 자발적인 연결을 통한 상생협력 확산
   - (소상공인) 온라인 지원 등 소상공인과 함께 하는 '가치삽시다' 추진
   - (상권) 로컬 크리에이터 활용 문화가 융합된 지역 상권 · 전통시장 육성

등이 있으며, 중소기업의 금융, 인력, 창업 지원, 기술 및 R&D, 판로 및 수출 모색, 1인 기업 상담 및 컨설팅 등 중소 및 벤처기업에 다양한 정책을 지원하고 있다.

특히나 중소벤처기업부가 운영하는 '1357 중소기업 통합콜센터'는 정책자금, 연구개발(R&D), 창업, 소상공인 분야 등에 대한 기업의 어려움을 전화 한 번으로 해결해주는 창구 역할로 특히 기관 간 협업과 정보 공유를 통해 수요자와 현장 중심의 맞춤형 서비스가 제공된다.

그동안 중앙정부와 지자체 등 30여 개 기관이 1,300여 개의 중소기업 지원 사업을 시행하고 있음에도 불구하고, 어떤 사업이 자신에게 필요하고 또 어디에 문의해야 할지 몰라 지원받지 못하는 사례가 종종 있어 왔다. 또한, 기업 애로 해소를 위해 도입된 콜센터 조차도 부처 · 산하기관별로 분산 운영돼 중소기업 입장에서는 콜센터가 너무 많고 번호도 각각 달라 혼란스럽고, 원스톱 서비스를 제공받지 못하는 등 불편함이 있었다.

이에 중소벤처기업부의 전신인 중소기업청은 2014년 기업들의 혼란과 불편을 해소하고자 1단계로 산하 6개 콜센터를 '1357' 단일번호로 우선 통합해 119와 같은 '중소기업 애로 지원 대표전화'로서의 기능을 강화했다. 이어 2단계로 타 부처 중기 관련 콜센터와도 협력해 FTA, 출연연, 금융, 인증 분야 등 9개 콜센터를 1357 중소기업 통합콜센터와 연계해 원스톱 종합상담서비스로 제공하고 있다.

2021년에도 중소벤처기업이 중장기 기술개발 전략을 기반으로 연속적이고 안정적인 기술개발을 수행할 수 있도록 신규 도입한 지원 사업이 있다. 그동안 중소기업 기술개발 지원 사업은 기업 성장과 기술 기반 구축에는 기여했으나 대부분 2년 이내 단기로 중장기 기술개발 전략에 맞춘 미래 먹거리 창출 지원에는 한계가 있었다. 이에 중소벤처기업부는 중소벤처기업이 자신의 중장기 제품과 서비스 로드맵을 기반으로 단계별 개발전략에 맞춰 기술개발을 수행할 수 있도록 신규로 2개 사업을 연계해 연속 지원받을 수 있도록 했다. 이 정책 자금의 지원 역시 중소기업 통합콜센터 1357에서 가능하다.

창업을 고려하고 있거나 중소기업 운영에 어려움을 어디서 해결할지 모르는 상황이라면 이러한 서비스를 활용하여 필요한 도움 및 지원을 받을 수 있다.

출처: 중소벤처기업본부(www.mss.go.kr); 대한민국 정책브리핑(www.korea.kr); "기술개발하는 중소기업, 최대 7년간 32억 원 대 준다", 머니투데이, 2021.06.17.

업성 높은 기업에 투자하는 개인 투자자들을 말한다. 돈을 빌리기 원하는 사업가와 투자자들을 연결해주는 기관으로는 기부 기반의 GoFundMe와 Kickstarter, 원금 회수와 이자를 받고 대출을 제공하는 채무 투자 사이트인 Funding Circle 등이 있다. 이러한 유형의 개별 투자는 peer-to-peer(P2P) 대출 혹은 크라우드 펀딩이라고도 한다. 신용도가 높은 사업가는 오히려 은행에서보다 이러한 투자자에게 빠르고 편하게 자금을 융통하며, 이자 비용도 더 저렴하다. 현재 미국에만 천여 개가 넘는 크라우드 펀딩 사이트가 있으며, 이러한 사이트의 리뷰를 제공하는 CrowdsUnite과 같은 사이트도 운영 중이다.

2012년 발안된 JOBS법으로 사업주들은 1백만 달러까지는 주식공개상장(19장에서 자

세히 설명)을 거치지 않고 개인투자자에게 투자받을 수 있게 되었다. JOBS 법안 이전에는 사기업이 지분을 판매하는 것은 불법이었다. JOBS 법안 이후로 사업가는 지분 참여나 대출의 상환 등을 약속하고 규모가 큰 투자를 유치할 수 있게 되었다.[36] 이러한 유형의 자금 조달을 크라우드 투자 혹은 크라우드 펀딩이라 일컫는다.

벤처 캐피털리스트(Venture Capitalist)는 대가성 있는 투자를 한다. 벤처 캐피털리스트는 창업에 필요한 자금을 조달해주는 조건으로 상당한 지분(때로는 60% 이상)을 요구한다. 벤처 캐피털리스트가 너무 큰 지분을 요구한다면 회사의 경영권을 잃을 수 있다. 닷컴기업의 몰락 이후로 벤처 캐피털리스트들은 적은 투자금으로 신규 회사가 매각될 때 몇 배의 수익을 기대한다.[37] 그러므로 규모가 매우 작은 회사라면 벤처캐피털을 받을 기회가 그리 많지 않으므로 차라리 엔젤 투자자를 찾아보는 것이 좋을 수도 있다.

벤처 캐피털리스트
신규 사업의 지분 일부를 대가로 사업에 투자하는 개인이나 회사

계획하고 있는 창업에 거금이 필요한 경우, 전문가들은 최적의 벤처 캐피털을 조달하기 위해 최소한 다섯 개의 투자 기업과 그 고객들을 상담해야 한다고 조언한다. AngelList는 비영리 사이트로, 창업자들과 투자자들을 무료로 연계하는 서비스를 제공한다.[38] 자세한 내용은 미국 중소기업청에서 벤처 캐피털의 목록을 받아볼 수 있으며, 중소기업 투자 매뉴얼이나 전국 벤처 캐피털 연합의 웹 사이트(www.nvca.org)를 방문하여 보라.

중소기업청(SBA)

중소기업청(small business administration; SBA)은 중소기업에 경영 훈련이나 재무적 조언, 대출을 제공하며 중소기업을 지원하는 미국 정부기관이다(그림 6.5 참조). 중소기업청은 1991년 소규모 대출 지원 프로그램을 처음 시작하였다. 이 프로그램은 중소기업 경영자들에게 5만 달러 이하의 소규모 대출과 기술적 지원을 제공하는데, 중소기업청이 선정한 170개의 비영리 조직 네트워크에 의해 전국적으로 관리되고 있다. 중소기업청의 프로그램은 단순히 담보, 신용도, 기존 사업의 성공 여부 등에 의해 대출 여부를 결정하기보다는 대출자의 성실성과 사업 아이디어의 참신성에 무게를 둔다.[39]

중소기업청
중소기업에 경영 훈련이나 재무적 조언, 대출을 제공하며, 중소기업을 지원하는 미국 정부 기관

중소기업청은 5만 달러 이하의 대출에 대해서는 150페이지에 달하는 신청 서류를 1장으로 줄였다. 관련 법규가 수시로 변하므로, 자세한 정보는 중소기업청 웹 사이트(www.sba.gov)에서 확인할 수 있다.

또한 **중소기업 투자 회사**(Small Business Investment Company; SBIC) **프로그램**에서 대출을 받을 수도 있다. 미국 내 중소기업 투자 회사는 중소기업청에서 인증한 중소기업 전문 대출업체이다. 중소기업 투자 회사는 500만 달러 이상의 자본금을 보유하여야 하고, 중소기업청으로부터 자본금 1달러당 2달러까지 대출할 수 있는데, 회사의 기준을 충족시키는 중소기업에 대출을 해주거나 투자한다. 중소기업 투자 회사는 회사의 문제를 조기에 진단하고 경영자에게 조언을 해주거나 상환일자를 조정하는 방식으로 회사의 파산을 막기도 한다.

중소기업 투자 회사 프로그램
중소기업청에서 인증한 중소기업 전문 대출업체

젊은 창업가들이 중소기업청의 대출을 받기에 가장 적합한 장소는 중소기업 개발센터(Small Business Development Center; SBDC)일 것이다. 중소기업 개발센터는 연방정부와 개별주의 공동 출자로 설립되었으며, 주립대학도 연계되어 있다. 중소기업 개

그림 6.5 미국 중소기업청 재무 서비스 유형

미국 중소기업청에서는 아래와 같은 자금 조달 서비스를 제공한다:

- 표준 대출(Standard 7(a) loans) – 채무자가 변제를 중지한 경우 정부가 대출금을 납부하는 금융기관 대출. 대출 최대 금액은 5백만 달러로 설정되어 있다.
- 소규모 대출(Microloans) – 100달러에서 50,000달러 규모의 대출로 미혼모, 편부모 가정이나 공공주택 거주자에게 제공
- 중소기업청 신속 대출(SBA Express) – 중소기업청이 36시간 이내 승인하는 대출. 최대 금액은 35만 달러로 설정되어 있다.
- 수출 대출(Export Express) – 수출을 원하는 중소기업 대출. 대출 최대 금액은 50만 달러로 설정되어 있다.
- 국제 무역 대출(International Trade Loans) – 수출 기회 증대나 수입 증대로 경쟁력이 약화되어 설비 현대화 등의 조치가 필요한 기업을 위한 장기 자금 대출. 대출 상한 금액이 5백만 달러로 설정되어 있다.
- 지역사회 조정 및 투자 프로그램(Community Adjustment and Investment Program(CAIP) – NAFTA 체결로 위축된 지역사회 내 일자리 창출 및 유지를 꾀하는 업체에 제공하는 대출
- 개발회사 대출(504 Certified Development Company(CDC) loans) – 도시 발전이 필요한 소외된 지역이나 농촌 지역에 위치한 중소기업이 건물이나 토지를 매입할 때 받을 수 있는 대출. 소수민족, 여성, 은퇴 계층에 사업 기회를 확대하는 것이 주요 목적이다. 대출 최대 금액은 5백만 달러로 설정되어 있으며, 매 65,000달러(소규모 제조업은 10만 달러)마다 최소한 하나의 일자리를 창출하거나 유지하여야 한다.

발센터는 사업 아이디어의 실현 가능성을 평가하고, 사업 계획서 작성, 자금 조달 등을 무료로 지원해준다.

은행, 벤처 캐피털, 정부 등에서 자금을 조달받는 것은 대부분의 중소기업에 쉽지 않은 일이다(17장에서 자금 조달을 자세히 살펴볼 것이다). 새로운 사업을 위해 기획과 자금을 조달하려는 사업가들은 기업이 성장하고 지속적으로 운영되기를 원한다. 기업경영의 성공에는 많은 요인들이 있지만, 세 가지 중요한 사항은 고객 파악, 직원 관리와 효율적인 회계자료 관리이다.

고객 파악

시장
구매할 의지와 필요한 자원으로 자신의 미 충족된 욕구와 필요를 채우려는 사람들로 구성

중소기업 성공의 가장 중요한 요소 중 하나가 시장에 대한 이해이다. **시장(market)**은 구매할 의지와 필요한 자원으로 자신의 미 충족된 욕구와 필요를 채우려는 사람들로 구성된다. 예를 들어, 많은 미국 대학생들이 마세라티(Maserati)의 신차를 꿈꾼다. 하지만 이들 중 자신의 욕구를 만족시킬 자원을 보유한 사람은 그리 많지 않다. 이 대학생들이 고급차 딜러에게 가능성 있는 시장으로 인식되겠는가?

시장과 시장의 필요를 파악한 다음에는 이러한 필요를 채울 방법을 강구해야 한다. 고객의 필요를 채우는 것은 고품질의 제품을 적절한 가격과 함께 훌륭한 서비스로 제공하는 것이다. 또한 기억해야 할 사항은 고객을 얻는 것에 그칠 것이 아니라, 고객을 적극적으로 붙잡아야 한다는 것이다. 세일즈 전문 코치 필 그로스만(Phil Glosserman)은 "고객은 요구가 충족되는 경험을 하기 위해 구매를 합니다"라고 전하며, 만약 만족하지 못한 소비자가 제품의 문제가 무엇인지 알려준다면 즉시 수정 후 고객에게 그 사실을 말해준 것 자체를 고마워해야 한다고 강소하였니.[40]

대기업에 비해 중소기업이 지닌 강점 중 하나가 바로 고객을 더 잘 알고 변화하는 고객의 필요에 신속히 대응할 수 있다는 점이다. 소비자의 변화를 알아채는 가장 효율적인

방법은 항상 그들의 필요에 귀를 기울이는 것이다. 자신이 원하는 대로 고객을 길들이려 하면 안 된다.[41] 이러한 내용은 13장과 15장에 상세히 기술되어 있으며, 이후에는 고객을 파악하는 데 선봉에 있는 직원의 효율적 관리에 대해 고찰해 보도록 한다.

모든 중소기업의 규모가 반드시 작은 것은 아니며, 일부 사업체는 스타급 업체의 규모로 성장한다. 마텔(Mattel) 사의 예를 들어보기로 하자. 마텔의 공동 창업자 루스 & 엘리엇 핸들러(Ruth & Elliot Handler)는 창고에서 사진 액자를 만드는 것으로 사업을 시작하였다. 액자를 만들고 남은 자투리 나무로 만든 인형 집이 더 잘 팔리게 되자, 아예 사업 종목을 변경하였다. 현재 마텔 사는 제조하는 바비 인형을 포함하여 수백억 규모의 사업체가 되었다.

직원 관리

기업이 성장하면서 창업주가 일주일에 60시간을 일한다 하더라도 모든 세부사항을 다 감독할 수는 없다. 그렇기 때문에 직원의 고용, 훈련, 동기 부여가 매우 중요하다.

자질을 갖춘 직원을 대기업에 비해 낮은 임금과 적은 복지 혜택, 적은 승진 기회로 고용하는 것은 쉬운 일이 아니다. 그렇기 때문에 중소기업 경영에서 직원 관리가 더욱 중요하다. 중소기업의 직원은 비슷한 대기업 직원에 비해 높은 직무 만족도를 보이는 경우가 많은데, 이는 직장에서 좀 더 도전적이고, 자신의 아이디어가 채택되며, 상사에게서 존중을 받기 때문으로 분석된다.[42]

창업자들은 기업이 성장하면서 다른 사람에게 권한을 위임해야 한다는 사실에 불편을 느낀다. "누구에게 권한을 위임할 것인가?" 또는 "그들에게 어느 정도의 통제 권한을 부여할 것인가?" 등의 질문은 문제를 더욱 복잡하게 만든다.

이러한 문제는 직원들이 가족적인 환경에서 오래 근무한 중소기업에서는 민감한 문제가 될 수 있다. 풍족하지 못한 환경에서 창업을 한 창업주들은 설령 직원들이 관리직에 적합한 자질을 갖추지 못하였다 하더라도 처음부터 함께한 직원들을 승진시켜야 한다고 생각한다. 상식선에서도 이러한 생각이 기업에 중요한 영향을 미친다는 것을 알 수 있다. 이는 가족 경영으로 시작한 기업의 확장에 있어서도 마찬가지이다. 어떻게 가족을 해고하느냐, 또는 가족이기 때문에 승진시켜야 한다는 발상은 기업 성장의 발목을 잡기도 한다. 경영자가 신중을 기해 고용하고 적절한 승진을 단행하는 것이 그들 자신과 기업에 있어 최상의 선택이다. 이렇게 함으로써 경영자들은 직원들에게서 신뢰와 지지를 이끌어낼 수 있다. 직원 관리에 대해서는 7장에서 12장까지 자세히 다룰 것이다.

회계자료 관리

중소기업 소유주들은 창업과 경영에서 가장 도움이 필요한 분야가 회계라고 강조한다. 초기에 효율적인 회계 시스템을 구축한 사업가는 나중에 후회할 일이 적기 때문이다. 컴퓨터로 회계 기록 관리가 간소화되었으며, 중소기업 경영자도 기업의 반복되는 프로세스(매출, 비용, 수익 등)를 관리할 수 있게 되었다. 저렴한 컴퓨터 시스템으로 단순한 장부 기입, 재고 관리, 고객 기록 관리, 임금 등을 수월하게 처리할 수 있게 되었다.

훌륭한 회계사는 회계 시스템의 구축 단계에서 매우 중요하며, 시스템을 어떻게 운영해야 하는지를 보여주는 사람이다. 많은 사업 실패가 잘못된 회계 관행에서 비롯되었음을 기억하라. 회계사의 도움으로 중소기업 경영자들도 장비의 구입이나 대여 여부, 건물의 구입이나 임대 여부를 효율적으로 결정할 수 있다. 또한 세금, 재무 예측, 자금 출처,

자금 대출 신청서 작성 등에 조언을 얻을 수 있다.

다른 중소기업 경영인들로부터 어디서 자질과 경험을 갖춘 회계사를 고용할 수 있는지에 대한 정보를 얻을 수 있다. 그들은 지불한 금액만큼 값어치를 하기 마련이다. 회계에 대한 자세한 내용은 16장을 참조하라.

외부 전문가의 도움

중소기업 소유주들은 초기 단계에서 외부 전문가의 자문을 받을 필요가 있다는 사실을 나중에 깨닫고는 한다. 법률, 세금, 회계 서비스는 물론 마케팅, 재무 및 기타 영역에서도 점점 전문가의 자문이 필요해지고 있다. 대부분 중소기업이 일반 직원을 고용하는 것처럼 전문가를 고용할 수는 없기 때문에 외부의 도움에 의지한다.

중소기업을 이해하고 경험이 많은 변호사에게서 경영 자문을 얻는 것은 꼭 필요하다. 계약서가 문서화되고 변호사의 사인이 없으면 파트너들이 계약에 대해 잊어버릴 수도 있다. 변호사들은 임차, 계약, 채무 보호 등의 다양한 영역에서 도움을 줄 수 있는데, 꼭 비싼 수임료의 변호사를 고용할 필요는 없다. 중소기업청은 사업 단계별로 도움이 되는 법률 서비스와 가이드를 제공한다. 온라인에서도 다양한 법률 서비스를 찾아볼 수 있는데, Findforms.com 사이트는 웹, 광고, 링크, 도서 등에서 무료 법률 문서 양식을 찾는 서비스를 제공하고 있다. 하지만 정보가 정확하지 않으면 아무 소용이 없으므로 항상 자료를 자세히 검토하고 법률 행위는 변호사의 자문을 얻어야 한다.[43]

퇴직경영자봉사단
최소한의 비용을 제외하고 무료로 중소기업에 자문을 제공하는 산업, 무역 단체 출신의 전문가로 구성된 중소기업청 산하 사무소

제품이 출시되거나 상점을 열기 전에 마케팅 관련 의사결정은 마무리되어야 한다. 입지와 목표 시장, 효율적 전략에 대해 자문을 줄 수 있는 저렴한 마케팅 연구기관들이 있어, 중소기업 마케팅 및 인터넷, 소셜 미디어에 경험이 풍부한 컨설턴트에게서 도움을 받을 수 있다.

또 다른 중요한 전문가는 대출 담당자와 보험설계사이다. 대출 담당자는 적절한 사업계획서 작성에 도움을 주고 필요할 때에 대출을 해줄 뿐만 아니라 여러 재무적 자문을 제공해줄 수 있다. 보험설계사는 중소기업이 겪을 수 있는 위험과 보험과 다른 방법(안전장치 등)으로 어떻게 그 위험을 효율적으로 회피할 수 있는지에 대해 자문을 제공한다.

중소기업에 중요한 정보원은 **퇴직경영자봉사단**(Service Corps of Retired Executives; SCORE)이다. 이 중소기업청 산하의 사무소는 최소한의 비용을 제외하고 무료로 중소기업에 자문을 제공하는 산업, 무역 단체 출신의 11,000명 이상의 전문가로 구성되어 있다.[44] www.score.org에 접속하여 퇴직경영자봉사단에 대한 자세한 내용을 확인할 수 있다. 또한 중소기업청은 창업을 꿈꾸는 사람들에게 무료 온라인 창업 강좌를 제공한다.

신시네티 주에서 바느질 스튜디오 Sewendipity Lounge를 운영하는 카렌 윌리엄스(Karen Williams)는 창업 당시 SCORE 멘토의 경영 자문을 받았다. 멘토는 윌리엄스에게 자금 조달, 영업 및 마케팅, HR, 운영, 조직 계획에 이르기까지 전반적 경영 자문을 제공하였다. 이러한 중대한 경영자문의 비용은? 놀랍게도 무료이다.

지역 대학의 교수들도 중소기업 오너들에게 무료 또는 실비로 자문을 제공한다. 미국 내 일부 대학은 MBA 학생들에게 실비를 받고 컨설팅 서비스를 제공하는 프로그램을 마련하였다. 이 예로 메릴랜드 대학과 버지니아 공과대학은 인큐베이팅 회사와 함께 MBA 학생들이 지역 내 중소기업에

서 인턴 사원으로 근무할 수 있도록 하는 프로그램을 만들었다. 인턴은 시간당 20달러의 급여를 받는데, 인큐베이팅 회사가 인턴 급여의 반을 지급한다.[45)]

다른 중소기업 오너의 조언을 구하는 것도 현명한 방법이다. Entrepreneur.com 사이트는 경험이 많은 기업가와 젊은 창업인이 공개 강좌로 의견과 아이디어를 교환할 수 있는 프로그램을 개발하였으며, 마케팅, 사업 기획, 회사 조직, 재무 등의 다양한 영역의 조언을 받을 수 있다. 일례로, 미주리주 세인트루이스에 위치한 Gateway Wellness Associates는 사업을 위한 공간, 자원, 경영 지원 등을 제공한다.[46)] 전미 중소기업 연합(American Small Business Coalition and Entrepreneurs' Organization) 역시 기업가 간 네트워크를 제공한다.

지역 상공회의소, 비즈니스 사무국, 전국 및 지역 무역 협회, 경영 참고 서적, 중소기업 관련 인터넷 사이트 등에서 조언을 얻을 수 있다. 일부 웹 사이트는 고객의 컨설팅 필요에 따라 적절한 컨설턴트와 연결해주기도 한다.

시험 준비

- 사업 계획서는 중소기업 소유주가 작성하는 가장 중요한 문서이다. 사업 계획서에는 9개 섹션이 있는데, 대략적인 내용은 사업 계획서 개요에 요약되어 있다. 이 중 5개 섹션 이상을 설명할 수 있는가?

학습목표 6–5 중소기업의 글로벌 시장 진출 시 장점과 단점을 개략적으로 설명할 수 있다.

국제화: 중소기업의 기회

3장에서 살펴보았듯이, 미국 인구는 3억만 명 이상인데 비해, 전 세계의 인구는 71억이 넘는다.[47)] 세계 시장은 점점 성장하고 있으며, 중소기업도 수익성이 높은 시장임에 분명하다. 미국 상무부에 따르면 전체 수출 회사 중 98%는 중소기업이며, 이들의 매출은 미국 전체 수출금액의 34%에 달한다.[48)]

기술의 발전도 중소기업의 수출을 돕고 있다. 페이팔(PayPal)로 중소기업은 온라인 영업 대금을 자동으로 결제 받을 수 있게 되었으며, 인터넷의 발전으로 출장 없이도 국제 시장을 개척할 수 있게 되었다. 그 어느 때보다 중소기업의 국제 시장 접근성이 높아지고 있다. 2019년 중국 전자상거래 업체 알리바바(Alibaba Group Holdings Ltd.)는 미국 중소기업의 자사 사이트에서의 제품 판매를 허가하였다. 그 전까지는 미국 기업은 해당 사이트에서 구매만 가능하였다. 알리바바 구매자의 1/3은 미국 기반이며, 판매자의 95% 이상은 중국에 기반을 두고 있다. 이후 인도, 브라질, 캐나다 등도 미국 기업에 기회의 땅이 되고 있다.[49)]

하지만 아직도 많은 기업들이 수출에 어려움을 겪고 있다. 왜 수많은 기업들이 대규모 국제 시장을 놓치고 있는가? 가장 큰 이유는 국제화의 주요 장애물들인데, (1) 자금 조달의 어려움, (2) 수출을 희망하지만 어떻게 시작해야 할지 모르거나 (3) 국제적 시장에 진입할 사업가들의 해당 지역 문화적 차이나 시장 전망에 대한 이해 부족, (4) 관료적 서류 작업의 부담 등을 들 수 있다.

Wizard Spiral Gumball Machine을 창업한 데이브 헤이몬드(Dave Haymond)는 "사람들이 별 일을 하지 않고서도 돈을 벌게 하는 것이 목표"라고 하였다. 물론 그가 창업한 회사가 그런 경우는 아니다. 현재 그의 사업체는 전 세계에 사탕껌 자판기를 수출하고 있는데, 인터넷 및 기술의 발전이 Gumball Machine이 전 세계 고객을 대상으로 사업을 하는 데 어떠한 도움을 주었을까?

대부분의 세계 시장이 미국 밖에 있다는 것 이외에도 국제화의 장점은 존재한다. 예를 들어, 해외 수출은 과다 재고를 소진하고 국내 시장의 열세 극복, 제품 수명 주기 연장 등의 장점이 있다. 또한 무료한 일상에 활력을 주기도 한다.

중소기업이 대기업에 비해 국제 무역에서 갖는 장점들을 살펴보면 다음과 같다.

- 해외 바이어들은 관료적 대규모 회사보다는 개별적으로 접촉하기를 원한다.
- 중소기업은 빠른 속도로 제품 선적이 가능하다.
- 중소기업은 다양한 공급업체의 이용이 가능하다.
- 중소기업은 각 해외 고객이 주요 고객이기 때문에 더 개인적이며, 집중도 높은 서비스 제공이 가능하다.

수출에 대한 정보는 미국 상무부의 산업 및 안보국의 사이트(www.bis.doc.gov)와 같은 인터넷 사이트에서 얻을 수 있다. 다른 사이트에서도 중소기업청의 해외 사업 지원에 대한 정보를 얻을 수 있다. 중소기업청의 수출 대출 프로그램은 중소기업의 수출 기회를 후원하는데, 이 프로그램으로 수출 중심 중소기업의 무역 박람회 참석, 해외 시장 공략에 필요한 카탈로그 번역, 신용도, 수출 제품 생산에 필요한 부동산 및 설비 마련 등의 다양한 필요를 충족시켜 줄 수 있다.[50)]

시험 준비

- 중소기업이 해외 사업을 기피하는 이유는 무엇인가?
- 글로벌 시장에서 중소기업이 대기업에 비해 가진 우위는 무엇인가?

요약하기

학습목표 6-1 위험을 감수하면서도 창업을 하는 이유를 설명할 수 있다. 성공적인 창업가의 특징은 무엇이며, 창업 팀과 사내 창업, 자택 창업 및 인터넷 기반 창업을 설명할 수 있다.

- **사람들이 창업을 하는 이유는 무엇인가?**
  수익, 독립성, 기회, 도전 때문이다.
- **성공적인 기업가의 자질은 무엇인가?**
  성공적인 기업가들은 자율적이며, 행동을 중시하고, 에너지가 넘치고, 불확실성을 회피하려고 하지 않는다.
- **안정적인 경영을 위하여 현대의 기업가들이 취한 행동에는 무엇이 있는가?**
  창업과 경영에 필요한 다양한 전문성을 가진 창업 팀을 결성, 운영하였다.
- **소규모 창업이란 무엇인가?**
  소규모 창업이란 창업과 경영에 수반되는 위험을 감수하고서도 소규모 사업체를 운영하면서 스스로 하고 싶은 일을 하며, 일과 삶에 균형을 유지하는 것이다.
- **사내 창업이란 무엇인가?**
  사내 창업이란 대규모 기업 내에서 창업 센터를 건립하고, 사람들로 하여금 혁신과 신제품 개발 아이디어를 기업 내에서 낼 수 있게 하는 것이다.
- **최근 들어 재택 사업과 인터넷 기반 사업이 증가한 이유는 무엇인가?**
  컴퓨터 기술이 발달하고 비용이 저렴해져 입지에 관계 없이 소규모 업체도 대기업에 대해 경쟁력을 가질 수 있게 되었기 때문이다.

학습목표 6-2 미국 경제에서 중소기업이 차지하는 중요성과 중소기업이 실패하는 주요 원인을 분석할 수 있다.

- **미국 경제에서 중소기업이 중요한 이유는 무엇인가?**
  중소기업은 미국 GDP의 43%를 차지한다. 향후 대학을 졸업하게 될 미국의 대학생 중 80% 이상이 첫 직장을 중소기업에서 갖게 될 전망이다.
- **중소기업의에서 소규모의 정의는 무엇인가?**
  중소기업청은 중소기업을 독립적으로 소유 및 경영되고, 운영이 독점적이지 않으며, 직원 수나 매출(산업 내 다른 기업에 따라 다름) 등 특정 기준을 충족시키는 기업으로 정의한다.
- **왜 많은 중소기업이 실패하는가?**
  경영 미숙과 자본 부족으로 많은 중소기업이 도산한다. 그림 6.3에서 사업 실패 원인을 살펴보라.

학습목표 6-3 중소기업 경영 방식을 학습할 수 있는 방안을 요약할 수 있다.

- **중소기업 창업을 배우고자 하는 사람에게 어떤 정보를 줄 수 있는가?**

첫째, 다른 사람에게서 배우라는 조언을 해줄 수 있다. 강좌를 수강하고 중소기업 오너들과 대화를 해보라. 둘째, 다른 사람 밑에서 일을 하면서 경험을 쌓아라. 셋째, 성공적으로 운영되고 있는 기업을 인수하라. 마지막으로 급여, 재고 관리, 메일 주소 관리 등에 컴퓨터를 활용하는 등 최신 중소기업 경영 기술들을 학습하라.

학습목표 6-4 중소기업을 창업하고 운영하는 데 필요한 요건을 분석할 수 있다.

- **사업 계획서에 들어가는 항목은?**
  사업계획서 개요의 내용을 참조하라.
- **창업을 준비하는 기업가가 고려할 수 있는 자금 조달의 방법은 무엇인가?**
  신참 기업가는 여러 가지 자금 원천을 고려할 수 있다. 개인 저축, 친인척, 기존 고용주, 은행, 금융기관, 벤처 캐피털, 정부기관 등이다.
- **중소기업 오너들이 인력관리에서 부딪힐 수 있는 문제점은 무엇인가?**
  중소기업 경영자들은 자질을 갖춘 직원이나 경영 책임을 지고자 하는 관리자를 고용하는 것이 쉽지 않다.
- **신참 중소기업 경영자들이 도움을 받을 수 있는 곳은?**
  회계사, 변호사, 마케팅 리서치 전문업체, 대출 기관, 보험회사, 중소기업청, 중소기업 개발센터, 중소기업 투자회사 프로그램, 대학 교수 등 다양한 곳에서 도움을 받을 수 있다.

학습목표 6-5 중소기업의 글로벌 시장 진출 시 장점과 단점을 개략적으로 설명할 수 있다.

- **글로벌 시장에서 중소기업이 대기업에 비해 가질 수 있는 비교 우위는 무엇인가?**
  해외 바이어들은, (1) 중소기업은 다양한 공급자와 빠른 선적 가능 (2) 중소기업이 제공하는 개인적인 서비스를 선호하기 때문에, 대기업보다 중소기업과의 개별적인 거래를 선호한다.
- **중소기업의 국제 무역이 증가하지 않는 원인은 무엇인가?**
  여러 이유가 있는데, (1) 자금 조달의 어려움, (2) 방법을 모름, (3) 해외 시장의 문화 차이에 대한 이해 부족, (4) 해외의 관료적 행정 처리 등이 있다.

주요 용어 정리

기업 특구(Enterprise zones)
벤처 캐피털리스트(Venture Capitalist)
사내 기업가(intrapreneurs)
사업 계획서(business plan)
시장(market)
제휴 마케팅(affiliate marketing)
중소기업(small business)
중소기업청(small business administration; SBA)
중소기업 투자 회사(Small Business Investment Company; SBIC) 프로그램
창업(Entrepreneurship)
창업지원센터(Incubator)
창업 팀(entrepreneurial team)
초소형 기업가(micropreneurs)
퇴직경영자봉사단(Service Corps of Retired Executives; SCORE)

사고력 문제

1. 스스로 기업가정신이 있다고 생각하는가? 그 이유는?
2. 기업가와 프로 운동선수에게 필요한 공통 자질은 무엇이라 생각하는가? 운동선수가 성공적인 기업가가 될 수 있을까? 그렇게 생각하는 이유는 무엇인가? 창업 과정에서 팀워크가 중요하다고 믿는가?
3. 창업을 준비 중이라고 가정해보라. 어떤 사업을 시작하고 싶은가? 그 사업의 경쟁 정도는? 경쟁자들보다 앞서 나가려면 무엇을 해야 하는가? 사업의 성공을 위해서라면 일주일에 60~70시간씩 일할 각오가 되어 있는가?

원리의 적용

목적

자신의 잠재된 기업가정신을 평가하고 견본 사업 계획서를 평가해 본다.

연습

1. www.bizmove.com/other/quiz.htm에 접속하여 창업 퀴즈를 풀어보고 스스로 기업가 자질이 있는지 판단해보라.
2. 기업가 자질이 있어 스스로 창업하기로 결정하였다면, 사업 계획서를 작성하여 보라. www.bplans.com/sample_business_plans.cfm에 접속하여 커피숍 메뉴를 클릭하여 인터넷 카페 사업 계획서를 검토하여 보라. 비록 작성한 사업 계획서가 이 장의 사업 계획서와 일치하지는 않지만, 필요한 항목과 정보를 다 포함하고 있는가? 그렇지 않다면 빠진 항목은 무엇인가?

직업기술의 개발

핵심: ● 팀 ★ 분석 ▲ 의사소통 ◘ 기술

◘▲ 1. 도서관이나 인터넷에서 '창업과 성공'이라는 잡지의 기사들을 검색해보라. 오늘날 재계를 이끌어가고 있는 기업가는 누구인지 기사를 읽어보라. 한 기업가를 선정하여 그의 프로필을 작성해보라.

▲★ 2. 자신의 경력에 맞을 것 같다고 생각하는 중소기업을 선정하고, 그 기업에서 경영하는 사람을 최소한 한 명 이상 만나보라. 어떻게 창업을 하게 되었고, 자금 조달은 어떻게 하였는지, 인사 관련 문제점(채용, 해고, 훈련, 스케줄 등)은 무엇이고 회계 이슈와 기타 경영의 문제점은 무엇인지 알아보라. 인터뷰를 통해 알게 된 사실을 정리하고, 그 직업이 과연 자신에게 보람이 있고 흥미로우며 도전적인지 그 이유를 함께 기술하라.

◘▲ 3. 중소기업청의 지역 사무소를 방문하거나 웹사이트 www.sba.gov에 접속하여 중소기업청이 제공하는 서비스의 개략적 내용을 요약하라.

▲★ 4. 지역 내에서 경영에 실패한 중소기업을 선정하여 그 기업의 실패 원인을 분석하여 보라. 또한 경영자가 기업을 살리기 위해 취해야 할 조치에는 무엇이 있는지 생각하여 목록을 작성하라.

●▲★ 5. 소프트웨어 산업에 진입한다고 가정하고 학급 동료 중 한 명을 선정하여 기업의 성공과 실패를 결정할 수 있는 중요 사항을 작성하여 보라. 소규모 벤처 기업이 마이크로소프트나 인텔 같은 거대 기업과 경쟁할 수 있다고 생각하는가? 이 내용을 토론해 보라.

진로 탐색

관심 있는 분야라면 어떠한 사업 분야에서라도 소규모 창업을 생각해볼 수 있다. 본 장에서 이러한 사례를 몇 가지 살펴보았는데, 적은 비용으로 창업할 수 있는 실제 사례를 소개한다. 창업에 필요한 과업, 필요 기술 및 향후 전망을 bls.gov에서 제공하는 직업전망서(Occupational Outlook Handbook(OOH))에서 참고할 수 있다.

- **공예 및 미술가** – 다양한 재료와 기술을 활용하여 판매할 작품을 만든다. 공예가는 도자기, 유리공예, 직물 등의 수제 공예품을 만든다. 미술가는 그림 및 조각 등의 작품을 만들어 판매할 수 있다.
- **웹 개발자** – 웹 사이트의 개발 및 디자인을 수행한다. 웹 사이트의 외형 및 기술적 측면을 총괄하며, 콘텐츠 창작까지 담당할 수 있다.
- **수리 서비스** – 페인트, 집안 수리, 배관, 전기 설비 등의 수리 서비스를 제공한다.
- **소형 엔진 수리** – 소형 엔진으로 가동되는 기기(잔디 깎기 기계, 나뭇잎 처리 기계 등)의 수리 서비스를 제공한다.

비디오 사례

사업 창업: Cousins Maine Lobster: 소규모 파트너십에서 성공적인 프랜차이즈 본사로의 성장

본인이 하는 일에 열정이 있고, 그 열정을 다른 사람과 나누는 것을 좋아한다면, 창업가의 자질을 갖추고 있다고 볼 수 있다. 미국 메인(Maine)주 출신인 짐 챌리키스(Jim Tselikis)와 사빈 로막(Sabin Lomac)은 서로 사촌 간으로 랍스터를 굉장히 즐겨 먹었으며, 주변에 자신처럼 랍스터를 좋아하는 지인도 많이 있었다. 로막이 LA로 이주하였을 때 고향에서 먹던 랍스터 음식이 그리워졌고, 마침 사촌 짐이 고향 메인 주 스타일의 랍스터 롤 요리를 푸드 트럭에서 판매하는 아이디어를 제안하였다. 당연히 푸드 트럭의 이름은 Cousin(사촌) Maine Lobster였다.

현재 회사는 프리미엄급 랍스터 롤, 랍스터 수프 등의 다양한 요리를 로스엔젤레스 포함 미국 20개 도시의 배고픈 고객에게 판매하고 있다. 회사의 공동 창업자 짐 챌리키스는 미국에서 최고 품질의 랍스터 요리를 메인 주 스타일의 서비스로 제공하는 데 중점을 두었다고 설명한다. 창업 초기에 두 사촌 형제는 사업에 대한 지식이 없었기 때문에 푸드트럭을 시작하는 것조차 쉽지 않았다. 이들 두 사람은 푸드트럭에 대해 최대한 많은 것을 배우려고 노력하는 한편, 사업체 운영에 대한 주변 지인들의 지식과 도움에 힘입어 마침내 첫 번째 Cousins Maine Lobster 푸드 트럭을 출시하게 되었다.

영업 첫날 두 사촌 형제는 트럭 앞에 끝이 보이지도 않을 정도로 길게 늘어선 대기 줄에 눈이 휘둥그레졌다고 한다. 이러한 사업의 성공에 기쁘기도 했지만, 한편으로는 사업에 대해 더 많이 알고 준비했더라면 하는 아쉬움이 있었다고 한다. 예를 들어, 오픈 전에는 물류와 수요 예측의 중요성에 대해 미처 몰랐다고 한다. 랍스터 원재료를 너무 많이 주문해 놓으면 다 판매하지 못하고 재료를 버리게 될 것이고, 반대로 너무 적게 주문하면 고객과 수익을 놓칠 수 있다는 점을 간과했던 것이다. 두 사촌 형제는 도움이 절실하였다.

다행히도 이들은 창업 후보자들이 자신들의 사업 아이디어를 투자자 앞에서 어필하는 TV 리얼리티 쇼인 Shark Tank에 출연할 기회를 얻었고 이를 통해 도움을 얻게 되었다. 출연하기 전 두 사촌 형제는 심사를 담당하는 투자자들의 배경에 대해 조사하고 어떠한 질문을 받게 될 것인지를 준비하였다. 긴박한 협상 끝에 두 형제는 바바라 코코란(Barbara Corcoran)이라는 거물 부동산 투자자로부터 55,000달러의 투자금에 회사 지분 15%를 넘기는 조건을 제안 받게 되었다. 더 중요한 사실은 바버라 코코란으로부터 창업 멘토링을 받게 되었으며, 프랜차이즈 아이디어도 그녀가 제안한 것이라는 점이다.

그들은 프랜차이즈 방식을 통해 Cousins Maine Lobster를 미국 전역에 확장할 수 있는 계기를 마련하였다. 하지만 두 형제는 프랜차이즈로 인해 사업의 통제 권한을 일부 넘길 수밖에 없었다. 또한, 사업을 건실하고 오래 유지하려면 프랜차이즈 가맹 업체도 잘 선택해야 한다는 것을 배우게 되었다. 현재 직원 관리와 프랜차이즈 가맹 업체 관리는 회사의 매우 중요한 철학이 되었다. 직원과 가맹 업체 모두 능동적으로 의사 결정에 참여하며, 회사는 빠른 성장세를 기록 중이다. 공동 창업자인 두 사촌 형제는 사업의 성공 요인을 다음 세 가지 요인 간에 균형을 유지하는 것으로 꼽고 있다: 음식의 품질, 고객 서비스, 그리고 직원과 가맹 업체를 가족처럼 대하는 것의 균형이 바로 그것이다.

다시 생각해보기

1. 챌리키스와 로막의 성격 중 어떠한 면이 이들을 창업가로 성공하게 한 요인이라고 생각하는가?
2. 왜 두 형제는 창업의 도움을 외부에서 찾으려 하였으며, 창업과 관련하여 구체적으로 어떠한 도움을 받았는가?
3. 사업을 프랜차이즈로 확장하는 것의 장점과 단점은 무엇인가?

참조

1. Daniel Priestley, "Are Successful Entrepreneurs Born or Made?," February 11, 2019; Alejandro Cremades, "How to Start a Business," February 13, 2019; Matt D'Angelo, "101 Reasons Being an Entrepreneur Rocks," businessnewsdaily.com, January 3, 2019; Susan Ward, "The Benefits of Owning Your Own Business," thebalancesmb.com, February 4, 2020; Jonathan Long, "60 Reasons Why Entrepreneurship Is Amazing," entrepreneur.com, accessed February 2020.
2. "10 Traits All Successful Entrepreneurs Share," entrepreneur.com, accessed February 2020; "Five Qualities of Successful Entrepreneurs," entrepreneur.com, accessed February 2020; John Boitnott, "Starting a Business Isn't What You□hink," entrepreneur.com, January 22, 2020; "15 Traits of Successful Entrepreneurs,"□ myasbn.com, February 6, 2020.
3. "The World's Billionaires," forbes.com, accessed February 2020.
4. Entrepreneurial Potential Self-Assessment, bdc.ca, accessed October 2019.
5. "Apple Fast Facts," cnn.com, February 3, 2020; Con Reisinger, "Apple Co-Founder Steve Wozniak Is Still Collecting a Salary," inc.com, February 7, 2020.
6. 3M, 3m.com, accessed March 2020.
7. "9 Things Invented or Discovered by Accident," howstuffworks.com, accessed March 2020.
8. Post-it, post-it.com, accessed March 2020.
9. Jordan Daykin, "Intrapreneurships," January 8, 2019; "The Intrapreneur," investopedia.com, accessed March 2020; Isabel Yang, "The Innovation Game," innovationnews.com, February 10, 2020.

10. Small Business Administration, sba.gov, accessed March 2020.
11. U.S. Census Bureau, census.gov, accessed March 2020.
12. N. Sonnichsen, "Retailing Market Value in the U.S. 2015–2020," Statista, statista.com, January 31, 2020.
13. J. Clement, "United States: Retail E-commerce Sales 2017–2024," Statista, statista.com, February 6, 2020.
14. ThrowThings, throwthings.com, accessed March 2020.
15. "EB-5 Immigrant Investor Program," United States Citizenship and Immigration Services, uscis.gov, accessed March 2020.
16. U.S. Department of Housing and Urban Development, hud.gov, accessed March 2020; Ruth Simon and Peter Grant, "Opportunity-Zone Tax Break Off to Slow Start with Investors," October 23, 2019; Tony Nitti and Stephanie Cumings, "Final Tax Opportunity Zone Rules," forbes.com, February 3, 2020.
17. Gabe Alpert, "Jumpstart Our Business Startups Act (JOBS)," investopedia.com, November 13, 2019; U.S. Securities and Exchange Commission, sec.gov, accessed March 2020.
18. International Business Innovation Association, inbia.org, accessed October 2019.
19. Salus Center Kitchen, slu.edu, accessed March 2020.
20. Self-Employment Assistance Center, sea.workforcegps.org, accessed March 2020.
21. Startup America Partnership, startupamericapartnership.org, accessed March 2020.
22. Small Business Administration, sba.gov, accessed March 2020; U.S. Census Bureau, census.gov, accessed March 2020; Chamber of Commerce, chamberofcommerce.org, accessed March 2020; Kimberly Amadeo, "Small Businesses and Their Impact on the Economy," thebalance.com, February 7, 2020; National Small Business Association, nsba.biz, accessed March 2020.
23. Small Business Administration, sba.gov, accessed March 2020.
24. Small Business Administration, sba.gov, accessed March 2020; U.S. Census Bureau, census.gov, accessed March 2020.
25. "Celebs Who Went from Failures to Success Stories," cbsnews.com, accessed March 2020.
26. Marc Ferris, "Arianna Huffington Speaks at Sarah Lawrence Commencement: Failure Is Not the opposite of Success, It Is the Stepping Stone to Success'" May 20, 2011.
27. "2020 Best Undergraduate Entrepreneurship Programs," usnews.com, accessed March 2020.
28. Ruth Simon, "Small Firms Struggle in Hunt to Find New Workers," February 10, 2020.
29. "How to Buy a Business from a Retiring Baby Boomer," entrepreneurshub.com, accessed March 2020.

30. Jeremy Harbour, "Now Is the Perfect Time to Buy a Business. Here's Why," February 19, 2019; Michael Guta, "Number of Businesses Bought and Sold Hit Record Level in 2018," January 27, 2019; Ben Carlson, "Will Retiring Baby Boomers Crash the Stock Market?," Fortune.com, January 23, 2020.
31. Tim Berry, "Updating Your Business Plan," entrepreneur.com, accessed October 2019.
32. "An Introduction to Small Business Financing," fundingcircle.com, February 6, 2020; Meredith Wood, "Small Business Funding: The 9 Best Options for Financing in 2020," fundera.com, February 12, 2020; "Best Small Business Loans of 2020," money.com, January16, 2020; "Financing & Capital Resources," SCORE, score.org, accessed March 2020.
33. Small Business Administration, sba.gov, accessed March 2020.
34. Rohit Arora, "The Best Places to Get a Small Business Loan in 2019," forbes.com, October 10, 2019.
35. Community Development Financial Institutions Fund, cdfifund.gov, accessed March 2020.
36. Elvis Picardo, "Invest through Equity Crowdfunding: Risks□nd Rewards," investopedia.com, January 18, 2020.
37. Nathan Heller, "Is Venture Capital Worth the Risk?," newyorker.com, January 20, 2020; Brian Bradley, "Venture Capitalist Ed-Tech Investments Rose Sharply over Last Decade," marketbrief.edweek.org, January 31, 2020.
38. AngelList, angel.co, accessed March 2020.
39. Small Business Administration, sba.gov, accessed March 2020.
40. Drew Hendricks, "Why It's Important for Businesses to Respond Quickly to Feedback," smallbiztrends.com, February 12, 2019.
41. Jim Schleckser, "When You Get the Sale, Stop Talking," January 22, 2019; Paul Geiger, "Your Best New Customer Strategy for 2020: Learn How They Listen-and Use It," forbes.com, January 29, 2020; Samuel Thimothy, "How to Use Conversational Marketing to Build Customer Relationships," inc.com, January 24, 2020.
42. Mary Ellen Slayter, "17 Reasons You Might Want to Work for a Small Business," monster.com, accessed March 2020; Jessica Dickler, "Why Small Businesses Are Banking on Better Benefits," cnbc.com, January 27, 2020.
43. FindForms.com website, accessed March 2020.
44. Service Corps of Retired Executives, score.org, accessed March 2020.
45. "Cooperative Education and Internship Program," Virginia Tech, career.vt.edu, accessed March 2020.
46. Gateway Wellness Associates, gwa-stl.com, accessed March 2020.
47. "World Population Clock," U.S. Census Bureau, census.gov, accessed March 2020.
48. United States International Trade Commission, usitc.gov, accessed March 2020.

49. Melissa Fares, "Alibaba Welcomes US Small Businesses to Sell Globally on Its Platform," businessoffashion.com, July 23, 2019.

50. Small Business Administration, sba.gov, accessed March 2020.

PART 3
비즈니스 관리: 고객만족을 위한 직원 권한위임

7 관리와 리더십

학 습 목 표  이 장을 학습한 후에 다음 질문에 답할 수 있어야 한다.

7-1 오늘날 비즈니스에서 관리 기능이 변화하는 양상에 대하여 설명할 수 있다.

7-2 관리의 네 가지 기능에 대하여 설명할 수 있다.

7-3 회사의 목표를 달성하기 위한 계획 절차와 의사결정 과정에 대하여 설명할 수 있다.

7-4 조직화 기능에 대하여 설명할 수 있다.

7-5 리더와 관리자의 차이, 다양한 리더십 유형에 대하여 설명할 수 있다.

7-6 관리에서 통제 기능의 다섯 단계에 대해서 설명할 수 있다.

유나이티드 웨이 오브 뉴욕의 CEO인 시나 라이트에 대해 알아보자

유나이티드 웨이 오브 뉴욕(United Way of New York)이 된 이 단체는 대공황의 절정기 동안 한 기업이 빈곤과 싸우기 위한 노력을 합친 후 1938년에 시작되었다. 대통령인 프랭클린 D. 루즈벨트는 창립식에서 "저는 위대한 국제 도시에서 모든 인종, 모든 종교 그리고 모든 신앙이 모두를 위한 이익을 위한 공동의 노력에 참여하는 것이 매우 기쁩니다"라고 말하며 자선 기업에 박수를 보냈다.

비록 이것이 UWNYC가 뉴욕의 지역사회를 위해서 무엇을 하고 있는지에 대한 훌륭한 설명으로 남아있지만, 조직은 창립된 지 80년이 넘은 이후부터 드라마틱하게 변화하기 시작했다. 대부분의 변화는 UWNYC의 역사상 최초의 여성 CEO인 시나 라이트(Sheena Wright)의 공적이라고 할 수 있다. 2021년 최고위직에 오른 이후부터 라이트는 허리케인에서 문맹에 이르기까지 직면한 모든 것에 용감하게 맞서며 조직의 미션을 완전히 쇄신했다. "유나이티드 웨이의 가장 큰 장점은 도시 전체에 있다는 것입니다. 우리는 약 백만 명의 뉴욕 시민을 감동하게 합니다"라고 라이트가 말했다. "우리는 중요한 프로그램을 찾아 자금을 지원하고, 공동 제작할 뿐 아니라, 시스템에 영향을 미치며 실제로 거대하고 광범위한 사회적 변화를 일으킬 수 있는 정책으로 변화시키는 것입니다."

UWNYC를 통한 긍정적인 변화를 만든다는 것은 평생 동안 뉴요커였던 라이트의 개인적인 일이기도 했다. 사우스 브롱크스에서 태어난 그녀는 라이트와 그녀의 여동생이 안전하게 놀 수 있도록 십대 미혼모였던 어머니가 계단에서 감시해야 하는 좋지 않은 동네에서 자랐다. 이러한 험난한 환경에도 불구하고, 그녀의 어머니는 일을 하고 혼자 두 아이를 키우며 학사, 석사 학위를 취득하였다. 그녀는 또한 1987년에 설립한 에이즈에 대한 국가흑인지도회와 같은 단체에 많은 시간을 쏟았다. "나의 어머니의 삶의 궤적은 그저 고무적이었습니다." 라이트가 말했다. "대부분의 사람은 본인의 인생과 성공은 끝났다고 생각했을 것입니다. 자신의 노력을 통해, 그녀는 어떠한 장애물이 있다 하더라도 당신은 목표에 도달할 수 있음을 보여주었습니다."

이러한 공통된 열정은 라이트의 교육에 대한 초기 헌신에서 두드러졌다. 12살의 영재였던 라이트는 전액 장학금을 받고 명문 사립 고등학교에 입학했다. 그녀는 크로스컨트리와 테니스에서 자신의 학문적인 기량에 걸맞은 뛰어난 운동신경을 가지고 있었다. 라이트는 운전면허를 따기도 전에 컬럼비아 대학교에서 공부를 시작했고, 그곳에서 계속 올스타 학생이자 운동선수로 두각을 나타냈다. 그녀는 또한 대학에서 아프리카계 미국인 연구 전공을 설립하고 남아프리카에서 아파르트헤이트를 완전히 해체하는 데 중요한 역할을 한 열정적인 활동가였다. 라이트는 컬럼비아 로스쿨에 진학했고, 미국 최고의 로펌에서 일자리를 제안 받으며 졸업했다. 그녀는 1990년대 대부분을 기업의 변호사로 일하며, 주요 기업과 금융기관의 높은 지분 거래를 협상했다. 그러나 10년 가까이 회사 법률 분야에서 보낸 후, 라이트는 더욱 만족스러운 직업으로 전환하기를 원했다. 라이트는 "저는 제가 속한 커뮤니티와 더 밀접하게 연결된 일을 하고 저와 유사한 상황에서 시작하는 사람을 도와야 했습니다"라고 말했다. 2002년 그녀는 할렘가에 있는 아비시니아 침례 교회의 비영리 단체 최고 운영 책임자로서 일을 시작했다. 이 직책에서 라이트는 지역사회를 위한 저렴한 주택을 확보하고, 젊은이와 노인을 모두 돕는 교육 프로그램을 개발했다. 그녀의 노력은 결국 2012년 그녀를 CEO로 고용한 유나이티드 웨이 오브 뉴욕 시티의 관심을 끌었다.

라이트의 UWNYC 첫날은 한 마디로 기억에 남는다. 허리케인 샌디가 방금 북동부 지역을 강타하여 뉴욕 전역의 전력을 차단했다. 그녀는 즉시 수백 명의 자원봉사자를 동원하여 고층 아파트에 사는 나이 많은 주민과 장애가 있는 주민의 안부를 확인했다. 또한, 라이트는 유나이티드 웨이 허리케인 샌디 복구 기금을 조성하여 1,000만 달러 이상을 모금했다. 이와 같은 위기를 관리한 후, 그녀는 조직의 미션을 수정하는 것을 목표로 삼았다. 역사상 UWNYC는 기업의 사회적 책임 프로그램을 개발하기 위해서 주로 기업과 파트너십을 맺었다. 그러나 많은 기업이 현재 사내에서 그 일을 하고 있기 때문에, 라이트는 UWNYC를 자체적인 사회 프로그램과 자선기금을 개발하는 활동 단체로 변화시켰다. 그녀는 특히 ReadNYC라는 프로그램을 자랑스러워한다. 라이트는 "만약 당신이 중요하고 영향력 있는 무엇인가를 한다면, 이는 사람들에게 영감을 주기 때문에 빛을 비추는 것은 의무입니다"라고 말했다.

이번 장은 전적으로 리더십과 관리에 대한 내용을 다룬다. 여러분은 시나 라이트와 같은 리더가 복잡한 조직을 관리하기 위해 필요한 스킬에 대해서 배우게 될 것이다. 결론적으로 이번 장은 리더와 매니저가 어떠한 일을, 어떻게 하는지에 대한 깊은 통찰을 제시한다.

출처: Lydia Dishman, "The Uphill Battle of United Way NYC's First Female President," Fast Company, fastcompany.com, April 19, 2017; "Five Questions with Sheena Wright," Women and Wealth Magazine, bbh.com, January 9, 2020; Yelena Shuster, "Trail Blazer," Columbia College Today, college.columbia.edu, accessed February 2020; United Way of New York City, unitedwaynyc.org, accessed February 2020.

Let's talk business!
bit.ly/LetsTalkBusiness7

조직의 인력 배치 관리자들이 기업의 경쟁력을 유지하기 위해 직면하는 주요 과제 중 하나이다. 이 회사의 고급 요리사들은 직원들을 위해 점심, 저녁, 간식을 요리한다. 회사는 또한 마사지 및 체육관 이용과 같은 특전을 제공한다. 이 회사의 이름은 무엇인가? (이 장 안에서 답을 찾으라.)

학습목표 7-1 오늘날 비즈니스에서 관리 기능이 변화하는 양상에 대하여 설명할 수 있다.

진화하는 경영자의 역할

경영자들은 직원, 재무자원, 정보, 장비 등의 자원을 이용하여 목표를 완수해내는 역할을 담당한다. 과거에는 경영자들이 '상사(boss)'로 불렸다. 이들의 역할은 다른 사람들이 무엇을 할지 지시하고, 그들이 할당된 역할을 제대로 수행하는지 감시하며, 그렇지 않은 직원들을 징계하는 역할로 구성되었다. 많은 경영자들은 아직도 자기 역할이 그러한 것이라고 믿는다. 여러분 역시 이러한 행동을 목격하고 경험했을 것이다. 또 많은 코치들은 여전히 이러한 방식을 따른다.

그러나 오늘날의 경영자들은 더 진보적이다. 예를 들어, 그들은 팀과 팀워크 수립을 강조한다. 업무의 정의를 '정해진 시간 및 정해진 공간에서 수행하는 일'로부터 '어느 시간, 어느 장소에서든 하는 일'로 바꿀 수도 있다. 직원들이 할 일을 그저 편달하기보다 직원들의 방향을 잡아주고 훈련시키고 지원하며 동기를 부여하고 지도한다.[1] 따라서 많

오늘날의 경영자들은 직원들에게 정확히 무엇을 할지 명령하는 대신에, 직원들이 어떻게 고객들을 만족하게 할지에 대해 정보에 입각해 스스로 의사결정을 내릴 수 있도록 충분한 독립성을 준다. 이러한 업무상 권한 확대에 대해 직원들은 어떻게 반응할 것으로 예상되는가?

은 현대의 경영자들은 훈육과 지시 편달보다는 팀워크와 협력을 강조한다.[2]

오늘날, 구글이나 애플 같은 하이테크 기업의 경영자들은 직원들은 경영자들보다 기술에 대해 더 많이 안다는 것을 인식한다. 이에 따라 초창기 구글은 매니저 없이 팀을 운영하였다. 하지만 구글은 얼마 지나지 않아 전략에 대해 소통하고 직원들에게 프로젝트의 우선순위를 정립해주고 협력을 촉진하며 업무의 프로세스와 시스템을 조직의 목표와 일치화하기 위해 매니저가 꼭 필요하다는 것을 깨닫게 되었다.[3]

이러한 변화가 의미하는 바는 관리에 새로운 유형의 사람이 필요할 것이라는 점이다. 의사소통에 능숙하고 팀 플레이어인 동시에 계획자, 조직자, 동기부여자, 리더의 임무를 수행할 수 있는 사람이다.[4] 미래의 경영자는 글로벌하게 준비될 필요가 있을 것이다. 즉, 그들은 적응력, 외국어 능력 그리고 다른 문화에서의 적응 용이성과 같은 기술을 필요로 한다. 이후의 장에서는 이러한 트렌드에 대해 살펴봄으로써, 관리 직종이 여러분의 커리어에 맞는지를 확인할 수 있는 기회를 제공할 것이다. 다음 목표에서는, 관리란 무엇인지 그리고 관리자가 수행해야 할 기능에는 어떤 것이 있는지 논할 것이다.

학습목표 7-2 관리의 네 가지 기능에 대하여 설명할 수 있다.

관리의 네 가지 기능

관리(management)에 대한 다음의 정의는 이 장의 개요가 된다고 할 수 있다. 관리란 계획, 조직화, 지휘, 조직 내의 사람과 자원의 통제를 통해 목표를 달성하기 위한 절차를 의

관리
조직 내의 사람과 자원의 계획, 조직화, 지휘, 통제를 통해 목표를 달성하기 위한 절차

계획(Planning)
- 조직 목표 설정
- 목표 달성을 위한 전략 개발
- 필요한 자원 결정
- 정확한 기준 설정

지휘(Leading)
- 자원 배분, 업무 할당, 목표 달성을 위한 절차 구축
- 권한 및 책임의 범위를 보여주는 조직 구조(조직도) 준비
- 직원 채용, 선발, 교육 및 개발
- 효율적인 직원 배치

조직화(Organizing)
- 직원들이 조직의 목표를 달성하기 위해 효과적으로 일할 수 있도록 지도 및 동기 부여
- 과제 할당
- 루틴 설명
- 명확한 규정 제시
- 성과에 대한 피드백 제공

통제(Controlling)
- 기업 목표 대비 결과의 측정
- 기준 대비 성과의 감독
- 뛰어난 성과에 대한 보상
- 필요한 경우 조정의 역할 수행

그림 7.1 관리자들이 하는 일
현대의 관리자들은 직원들의 참여와 협조를 바탕으로 업무를 수행한다. 직원들에게 권한을 위임한다는 것은 직원들이 더 적극적으로 의사결정 과정에 참여하도록 하는 것을 의미한다.

계획은 경영자들이 자신의 기업을 둘러싼 상황을 이해하도록 돕는다. 코로나 19 팬데믹 때문에 레스토랑이 사회적 거리두기를 하도록 강제했을 때, 음식 서비스를 제공하는 매니저는 운영의 대안을 제공할 준비가 되어 있어야 한다. 여러분이 사는 곳에서 나타난 레스토랑의 변화는 무엇인가?

계획
미래의 추세에 대해 예측하고 조직의 목표를 달성하기 위한 최선의 전략과 전술을 결정하는 과정

미한다(그림 7.1 참조).

계획(planning)은 미래의 트렌드를 예측하고 조직의 목표를 달성하기 위해 최선의 전략과 전술을 결정하는 과정이다. 여기서 말하는 조직의 목표 중 대표적인 것은 고객 만족이다. 최근 트렌드는 기업 환경 분석, 사업 기회 탐색, 예상되는 위협 요인들 파악의 역할을 수행하는 계획 팀을 운영하는 것이다. 기업 경영과 관련된 다른 모든 기능들이 훌륭한 계획에 의해 결정된다는 점에서, 계획은 가장 핵심적인 관리 기능이다.

조직화
조직의 구조를 설계하고 모든 요소가 목표 달성을 위해 함께 작동하는 어떤 체계를 구축하는 과정

조직화(organizing)란 조직의 구조를 설계하는 것이며, 모든 요소가 목표 달성을 위해 함께 작동하는 체계를 구축하는 과정이다. 오늘날의 많은 조직은 고객을 중심으로 설계되어 있다. 고객들의 요구는 변화하고 기업은 고객의 요구 변화에 맞춰 변화해야 하므로, 조직은 반드시 유연하고 적응이 가능한 상태를 유지해야 한다.

2017년, 아마존(Amazon)이 홀 푸즈 마켓(Whole Foods Market)을 인수했을 때 아마존은 홀 푸즈의 운영에 대해 조직적 차원의 분석을 진행했고, 이것은 회사 전체에 변화를 가지고 왔다. 예를 들어, 홀 푸즈는 당시 밀레니얼 세대를 겨냥해 저렴한 가격, 기술, 그리고 소셜 미디어 통합에 중점을 두면서 저가형 매장(365라는 이름)을 새롭게 선보이던 때였다.[5] 심도 있는 조직적 차원의 분석을 거친 후, 아마존은 홀 푸즈가 저가형 전략을 지속할 필요가 없다는 결정을 내렸다. 대신 아마존은 기술과 소셜 미디어 통합을 홀 푸즈 마켓 전체에 적용, 아마존 프라임 나우(Amazon Prime Now) 식료품 배송 서비스에 포함시키기로 결정했다.

지휘
조직의 비전을 수립하고 조직 목표를 더 효과적으로 달성하기 위해 안내, 훈련, 의욕을 고취하는 행동

지휘(leading)는 조직의 비전을 수립하고, 조직 목표를 더 효과적으로 달성하기 위해 의사 소통, 안내, 훈련, 지도하거나 의욕을 고취하는 행동이다. 최근의 트렌드는 직원에게 더 많은 권한을 부여하여 스스로 방향을 결정하고 동기 부여할 수 있도록 자유를 허용한다. 이러한 기능은 한때 지시라는 개념으로 불렸는데, 이는 직원에게 무엇을 해야 하는지를 직접적으로 정확하게 말해주는 것을 의미한다. 많은 중소기업에서는 여전히 경영자의 역할이 지시에 머물러 있다. 그러나 대부분의 대기업 경영자들은 더 이상 직원들에게 무엇을 해야 한다고 직접 이야기하지 않는다. 지식 근로자들이나 다른 직원들이 종종 효과적인 업무를 위해 필요한 내용을 경영자보다 더 잘 알고 있기 때문이다. 그러나 적시에 직원들을 업무에 집중시키기 위한 리더십은 필수적이다.

통제
조직이 목표에 근접하고 있는지를 확인하기 위한 명확한 기준을 설정하고, 직원들의 성공적인 직무 수행에 대해 보상하며, 그렇지 않을 경우 일을 바로잡기 위한 행동 등을 포괄하는 개념

통제(controlling)는 조직이 목표에 다가가고 있는지 확인하기 위해 명확한 기준을 설정하고, 직원들의 성공적인 직무 수행에 대해 보상하며, 그렇지 않을 경우 일을 바로잡기 위한 행동 등을 포괄하는 개념이다. 기본적으로 통제는 실제로 벌어지고 있는 일들이 조직의 목표와 부합하는지를 확인하는 과정이라고 할 수 있다.

계획, 조직화, 지휘, 통제는 관리의 핵심이다. 앞으로 이에 대해 더 자세히 살펴볼 것이다. 시험 준비 후에 계획에 대해 더 상세히 알아보자.

시험 준비

- 오늘날의 관리에서 나타나는 변화는 무엇인가?
- 이 장에서 설명한 관리는 어떻게 정의되는가?
- 관리의 네 가지 기능은 무엇인가?

학습목표 7-3 회사의 목표를 달성하기 위한 계획 절차와 의사결정 과정에 대하여 설명할 수 있다.

계획과 의사결정

첫 번째 관리 기능인 계획은 조직의 비전, 목적, 목표를 수립하는 과정을 일컫는다. 기업 중역들은 계획을 가장 가치 있는 일로 여긴다. **비전**(vision)이란 목표 이상의 것으로, 조직의 존립 이유와 목표에 대해 전반적으로 기술한 것이다. 비전은 목표 의식을 부여하며, 공동 운명체인 직원들을 조직과 하나로 이어주는 가치를 부여한다. 먼저 비전을 수립하지 않은 채로 조직을 관리하는 것은 배에 탄 모든 사람들이 어딘가로 간다는 것에 대해 흥분하게 만든 상태이나, 그들에게 구체적인 목적지를 알려주지 않는 것과 같다. 배는 합의된 목표를 향해 속도를 내는 대신 계속 방향을 바꿀 것이다.

비전
조직의 존립 이유와 목표에 대한 전반적인 기술

최고경영진은 보통 조직의 비전을 수립하고 회사 내부의 다른 이들과 함께 **사명 선언**(mission statement)을 구체화하는 데 참여한다. 사명 선언은 다음 사항들을 다루고 있어야 한다.

사명 선언
조직의 근본적인 목표에 대한 개괄

- 조직의 이미지
- 회사의 철학
- 장기적인 번영
- 고객의 요구
- 사회적 책임
- 기업이 제공하는 제품이나 서비스의 본질

사명 선언은 장기 목표와 단기 목표를 구체화하는 근간이 된다. **장기 목표**(goals)란 포괄적이고 장기적인 관점에서 조직이 달성하고자 하는 것들을 의미한다. 장기 목표는 직원과 경영진에 의해 서로 합의된 것이어야 하며, 따라서 장기 목표의 설정 과정은 팀에 의해 이루어진다. **단기 목표**(objectives)란 조직의 장기 목표를 달성하기 위한 방법에 대해 구체적으로 다루는 더 세분된 단기적인 계획이다. 일례로 이 장의 목표는 관리의 기본 개념을 익히는 것인데, 이 목표를 달성하기 위해 여러분이 설정할 수 있는 단기 목표는 이 장에 나오는 시험 준비 문제에 정확하게 답하는 것이라고 할 수 있다.

장기 목표
더 포괄적이고 장기적인 관점에서 조직이 달성하고자 하는 것들

단기 목표
조직의 목표를 달성하려는 방법을 구체적으로 다루는 더 세분된 단기적인 기술

계획(planning)은 연속적인 과정이다. 과거에 성공적이었던 계획이더라도 현재 시장

그림 7.2 SWOT 매트릭스
이 매트릭스는 조직이 SWOT 분석 시에 고려할 수 있는 잠재적 강점과 약점, 기회와 위협 요인들에 대해 보여주고 있다.

잠재적 내부 강점	잠재적 내부 약점
• 핵심 분야에서의 핵심 역량 • 시장 선도자 지위 • 훌륭한 기능별 전략 • 검증된 경영진 • 비용 우위 • 우수한 광고	• 불명확한 전략적 방향 • 구식 설비 • 평균 이하의 수익성 • 경영진의 깊이와 역량의 부재 • 시장에서의 약한 지위 • 제품 라인의 협소함
잠재적 외부 기회	**잠재적 외부 위협**
• 추가 고객군을 유치할 수 있는 역량 • 제품 라인 확장을 위한 역량 • 신제품에 기술을 이전할 수 있는 역량 • 매력적인 해외시장에서 낮아지고 있는 무역장벽 • 경쟁업체들의 자기 만족 • 시장 수요 증가에 따른 성장 가능성	• 저비용으로 무장한 외국 경쟁업체의 진입 • 대체재 판매의 증가 • 시장 성장의 둔화 • 규제 요건을 충족시키기 위한 비용 • 불황이나 경기에 취약 • 소비자의 요구와 기호의 변화

상황에는 적합하지 않을 수 있다. 대부분 계획은 일정한 양상으로 나타난다. 여러분 자신의 인생이나 경력 계획을 세우는 과정과 기업들이 계획을 수립하는 과정은 근본적으로 같다. 계획은 근본적인 질문에 대한 해답을 제시한다.

SWOT 분석
조직의 강점, 약점, 기회, 위협 요인들을 분석하는 계획 도구

1. 현재 상황은 어떠한가? 산업에 참여하고 있는 기업들의 성공요소는 무엇이며, 이것을 어떻게 비교할 것인가? 경제 및 기타 환경은 어떤 상태인가? 대중의 요구를 만족하게 할 수 있는 기회에는 어떤 것들이 있는가? 어떤 제품을 생산하고 어떤 고객을 대상으로 삼는 것이 가장 이상적인가? 우리의 주요 경쟁 상대는 누구인가? 경쟁 상대들이 우리의 사업에 미치는 위협은 어떤 것들이 있는가? 이러한 문제는 조직이 직면한 강점(strengths), 약점(weaknesses), 기회(opportunities), 위협(threats) 요인들에 대해 파악하는 **SWOT 분석(SWOT analysis)**의 일부이다.[6] 기회와 위협은 종종 기업 외부에서 발생하기 때문에 사전에 예측하는 것이 불가능할 수도 있다.

   물론, 기업의 강점과 약점은 기업의 내부에 있는 경우가 더 많으며, 이에 따라 기업

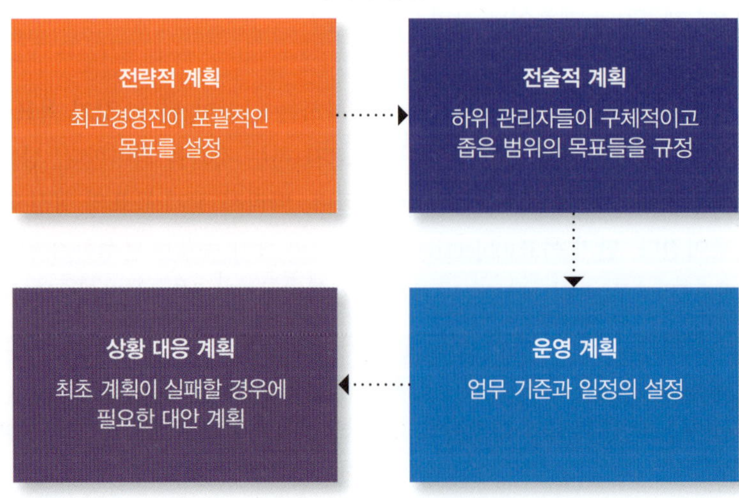

그림 7.3 계획의 기능
다수의 기업들은 상황 대응 계획을 마련해놓지 않는다. 상황 대응 계획이 없으면 무엇인가에 의해 시장에 변화가 감지되는 경우 신속하게 대처할 수 없다. 대부분 조직은 전략적 계획, 전술적 계획, 운영 계획을 세운다.

변화에 적응하기

인공지능이 관리자들의 종말을 의미하는가?

지식 경제의 최첨단을 향한 인공지능(AI)의 지속적인 통합은 필연적이다. 이러한 움직임은 주요 기업들이 오랜 기간 믿어왔던 관리자의 역할에 관하여 다시 점검하게 한다. 사실, 기술 컨설팅 회사인 Gartner는 AI 알고리즘이 현재 관리자들에 의해 행해지는 루틴한 업무들의 대략 70%를 4년 안에 대체할 것이라고 시사했다. 예를 들면, 관리자들은 상당히 많은 시간을 문서를 작성하거나, 정보를 업데이트하거나, 결재하는 등의 업무에 할애한다. 이러한 업무들을 AI로 자동화하는 것은 관리자들이 인간의 강점이 발휘될 수 있는, 즉 기계들에게는 결여된 창의적인 요소에 기반한 전략기획과 의사결정과 같은 분야들에 집중할 수 있게 해준다.

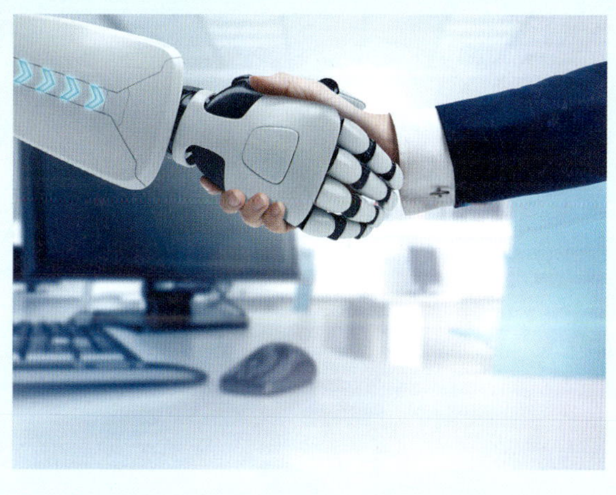

매사추세츠 공과대학(MIT) 경제학 교수 데이비드 오토는 중간관리직이 특히 AI 변화의 물결에 취약하다고 이야기한다. 그는 구체적 의사결정에 필요한 데이터를 번역하는데 상당히 많은 시간을 쓰는 재무 및 재고 관리 매니저들에게 특히나 비관적인 전망을 제시했다. 다른 경제학자들은 기술의 발전으로 회계 및 법률과 같은 많은 상위 화이트칼라 직군에 극적인 변화가 있을 것으로 예상했다.

비록 몇몇 관리직들은 AI의 발전으로 인하여 험난한 미래를 맞겠지만, 대부분의 경제학자들은 관리의 미래에 대하여 낙관적인 입장을 취하고 있다. 인간은 기계의 진화를 위한 새로운 실험을 설계하고 데이터를 추적, 검토하는 데 있어서 여전히 중요한 역할을 수행한다. 그리고 이러한 부분에는 오직 인간만이 사고할 수 있는 영역이 여전히 존재한다. 인간과 기계의 전략적 파트너십 시대에 관리자의 전략적이고 직관적으로 사고하는 능력은 더욱 가치 있다.

출처: Jeremy Khan, "A.I. Is Unstoppable. And A.I. Is Struggling," Fortune, January 20, 2020; Alejandro de la Garza, "AI Is about to Spark a Radical Shift in White-Collar Work. But There's Still □Plenty of Work for People to Do,' "Time,January 23, 2020; Sheelah Kolhatkar," Could New Research on AI and White-Collar Jobs Finally Bring about a Strong Policy Response?," The New Yorker, January 14, 2020; Maria Aspan, "This Tech Giant Says AI Has Already Helped It Save $1 Billion," Fortune, January 24, 2020.

에 의해 측정되어 관리될 수 있다. 그림 7.2는 기업에서 SWOT 분석을 수행할 때에 다루어질 만한 주제에 대해 나열하고 있다. 산업에 영향을 미치는 외부적 성공 요인에는 무엇이 있는가? 어떻게 타 경쟁사들을 따라잡을 것인가? 사회적 책임을 위한 우리의 목표는 무엇인가? 개인적 성장을 위한 우리의 목표는 무엇인가? 불황에도 살아남아 성장을 지속하기 위한 전략은 무엇인가? SWOT 분석에 대한 더 많은 연습을 위해서 이 장 마지막 부분의 원리의 적용을 참고하기 바란다.

2. 현 상태로 목표를 달성할 방법은 무엇인가? 이것이 계획에 있어 가장 중요한 부분이다. 이는 전략적, 전술적, 운영, 상황 대응 계획이라는 네 가지 형태로 나타난다(그림 7.3 참조).

전략적 계획(strategic planning)은 최고경영진에 의해 실시되며, 조직의 주요 목표를 설정하는 것이다. 전략적 계획을 통해 목표를 달성하기 위해 활용될 정책, 절차에 대한 기반을 마련하고 이를 위한 자원을 확보하고 활용할 전략이 제시된다. 이러한 정의에 따르면, 정책이란 조직 행동을 이끄는 하나의 포괄적인 지침이고, 전략은 자원을 가장 효과적으로 활용하는 방법을 결정하는 단계라고 할 수 있다. 전략적 계획 단계에서 기업의 최고 관리자는 어떤 고객을 대상으로 삼을지, 어떤 제품이나 서비스를 제공할지, 또 어떤 지역에서 사업을 펼칠지에 대해 결정한다. 타코벨(Taco Bell)을 예로 들어보자. 타코

전략적 계획
조직의 주요 목표를 정하고, 목표 달성을 위해 필요한 자원을 확보하고, 이를 활용하기 위한 정책과 전략을 설정하는 과정

모든 종류의 조직은 예측되지 않는 사건에 대한 임시 대비책을 마련해야 한다. 미국 워싱턴의 레이건 국립공항에서는 비행기 충돌 사고를 대비하여 정기적으로 실전적 대응 훈련을 시행한다. 여러분은 여러분의 학교나 직장이 마련해 둔 임시 대비책 중 어떤 것을 알고 있는가?

벨은 경제 불황이 닥쳤음을 인지하고 낮은 가격의 치즈롤이나 빈 브리또 등의 '가치 메뉴(Value Menu)'를 도입하였다. 또한 야식을 선호하는 고객들을 위해 저칼로리 저지방 메뉴인 프레스코(Fresco) 상품들도 도입하였다. 노동 시장이 경직되었을 때, 타코벨은 지원자를 끌어들이기 위해 무료 음식과 게임을 제공하는 600개에 가까운 채용 박람회를 개최했다. 일부 참여자들은 그 자리에서 일자리를 제안받았다.[7)]

급속도로 변화하는 오늘날의 환경 때문에 전략적 계획이 더 어려워졌다. 변화가 너무 빠른 속도로 이루어지는 탓에 단기적인 계획이라고 할지라도 순식간에 구식이 되어버리기 때문이다. 스트리밍 대기업인 넷플릭스(Netflix)는 애플(Apple), 디즈니(Disney), 컴캐스트(Comcast) 등의 강력한 경쟁으로 인해 주문형 미디어 시장이 바뀌자 오리지널 프로그램을 늘릴 수밖에 없었다.[8)] 놀이공원 식스 플래그(Six Flags)가 휘발유 값의 변화에 따라 계획을 어떻게 변경해야 하는지 생각해보라. 휘발유 값이 급등하면(그래서 방문객 수가 감소하면) 식스 플래그는 휘발유 값의 변화에 따라 티켓 가격을 낮춰야 한다. 휘발유 값이 감소하면(그래서 방문객 수가 증가하면) 가격은 원래대로 돌아가야 한다.

전략적 계획을 담당하는 것은 기업의 최고경영진들이지만, 이들이 직원들의 의견에 귀를 기울이는 것이 중요한데 그 이유는 직원들이 최고의 전략적 통찰력을 갖고 있기 때문이다. 기업 전략에 대한 자신의 생각이 무시당했던 직원이 최후에 웃는 자가 되기도 한다. 예를 들어, 스티브 잡스(Steve Jobs)는 생전에 회사의 CEO, 이사회와 제품 개발 문제로 다툰 후 자신이 창립의 주축이었던 애플(Apple)을 떠나야 했다. 애플을 떠난 잡스는 컴퓨터 플랫폼 개발 회사인 넥스트(NeXT)를 세웠고, 이후에는 픽사(Pixar)의 전신인 루카스필름(Lucasfilm)의 컴퓨터 그래픽 사업부를 인수했다. 1996년에 애플이 넥스트를 사들이자, 잡스는 원래의 회사로 돌아오게 되었다. 1년 뒤 그는 CEO 자리에 올랐고 이후 애플이 지금의 세계적인 기업으로 발돋움하도록 이끌었다.[9)]

따라서 일부 기업들은 고객의 요구에 더 즉각적으로 반응할 수 있는 초단기 계획들을 수립하기 시작하였다.[10] 이러한 초단기 계획의 궁극적인 목표는 시장에 더 유연하게 반응하는 것이다. '변화에 적응하기' 글상자는 인공지능(AI)이 앞으로 관리자의 역할을 어떻게 바꿀 수 있는지에 대해 설명한다.

전술적 계획(tactical planning)은 무엇을 해야 하고, 누가 할 것이며, 어떤 방식으로 진행할 것인지에 대한 구체적이고 단기 지향적인 지침을 개발하는 과정이다. 전술적 계획은 대체로 하위 경영자나 하위 경영자 집단에 의해 이루어진다. 전술적 계획은 연간 예산을 설정하고 전략적 목표를 달성하는 데 필요한 구체적인 활동들에 대해 결정하는 과정을 수반한다. 만약 트럭 제조업체의 전략적 계획이 남부 지역에서 더 많은 트럭을 판매하는 것이라면, 전술적 계획은 남부 지역의 트럭 운전자들의 요구를 파악하는 데 더 많은 자금을 조달하고 그들을 대상으로 한 광고를 계획하는 것이 될 것이다.

전술적 계획
무엇을 해야 하고, 누가 할 것이며, 어떤 방식으로 진행할 것인지에 대한 구체적이고 단기 지향적인 지침을 개발하는 과정

운영 계획(operational planning)은 회사의 전술적 목표를 실행하는 데 필요한 표준 업무 기준과 시간 계획을 수립하는 과정이다. 전략적 계획이 조직을 전체적으로 조망하는 절차인데 비해 운영 계획은 특정 경영자, 부서장, 개별 직원들에게 초점이 맞추어진다. 운영 계획은 부서장이 활용하는 일간 · 주간 업무 관리 도구라 할 수 있다. 다시 말하면 운영 계획은 특정 트럭의 부품이 완성되어야 할 날짜나 각 부품의 품질 기준 등이 될 것이다.

운영 계획
회사의 전술적 목표를 실행하는 데 필요한 표준 업무 기준과 시간 계획을 수립하는 과정

상황 대응 계획(contingency planning)은 최초의 계획이 효과적이지 못할 경우에 필요한 대안을 마련하는 절차라고 할 수 있다. 경제 환경과 경쟁 환경은 아주 빠르게 변화하고 있어서 기업들은 그러한 변화에 대비한 대안들을 마련해 두어야 한다. 특정 시점에서 조직이 판매 목표를 달성하지 못할 때 추가 광고나 가격 인하를 하는 등의 비상 계획이 필요할 것이다. 위기 관리 계획(crisis planning)은 비상 계획의 일부로 급격한 환경의 변화에 대응하는 데 필요하다. 예를 들면, 많은 도시와 기업들이 테러에 대비한 계획이나 홍수, 허리케인, 토네이도와 같은 자연재해에 대비한 계획을 수립하고 있다. 이같은 상황 대응 계획은 병원, 항공사, 경찰, 그리고 교통 당국과 같은 조직에서 특히 중요할 것이다.

상황 대응 계획
최초의 계획이 조직의 목표 달성에 실패한 경우에 필요한 대안을 마련하는 절차

시장 중심의 기업(경쟁 환경이나 기타 환경의 변화에 신속하게 대처하는 기업)의 리더들은 세분된 전략적 계획보다는 기업의 방향만을 설정한다. 그들은 유연하게 고객의 의견을 경청한다. 예상한 것이든 예상치 못한 것이든 기회가 오면 놓치지 않도록 노력한다. 10대 고객의 취향 변화에 맞추어 판매해야 하는 상점들을 생각해 보라.[11]

그러나 이러한 기회는 반드시 회사의 전체적인 목표에 부합되어야 한다. 만일 그렇지 못한 경우 기업은 중심을 잃을 수도 있다. 분명한 것은 관리와 계획 대부분이 의사결정을 통해 이루어진다는 점이다.

의사결정: 최선의 의사결정을 찾아서

모든 관리의 기능은 의사결정을 수반한다. **의사결정**(decision making)이란 두 가지 이상의 대안 중에서 선택하는 것을 의미한다. 의사결정은 모든 관리 기능의 핵심이다.

의사결정
두 가지 이상의 대안 중에서 선택하는 것

합리적 의사결정 모형은 경영자들이 합리적이고, 이성적이고, 충분히 근거에 기반한

결정을 내리기 위해 지켜야 할 일련의 절차에 관한 내용을 담고 있다. 이 절차를 의사결정의 6D(six Ds)라고 부른다.

1. 상황을 정의하라(Define the situation).
2. 필요한 정보를 확인하고 이를 수집하라(Describe and collect needed information).
3. 대안을 개발하라(Develop alternatives).
4. 어떤 대안이 최선인지 결정하라(Decide which alternative is best).
5. 지시된 것을 실행하라(Do what is indicated).
6. 결정이 옳은 것이었는지 확인하고 사후 점검하라(Determine whether the decision was a good one and follow up).

문제해결
일상의 모든 문제를 해결해가는 절차. 보통 일반적인 의사결정 절차보다 덜 공식적이고 보통 신속한 해결을 해야 하는 상황에 해당

관리자들이 항상 위의 6단계 과정을 거치지는 않는다. 때로는 다른 정보가 거의 제공되지 않은 상태에서 즉각적으로 결정을 내려야 한다. 관리자들은 그러한 상황에서도 훌륭한 결정을 내려야 한다. **문제해결(problem solving)**이란 일반적인 의사결정 절차보다 덜 공식적이고 신속한 해결을 해야 하는 경우이다. 의사결정과 문제해결 모두 상당한 판단력을 요구한다.

브레인스토밍
아이디어의 검열 없이 제한된 짧은 시간 내에 가능한 많은 해결책을 떠올리는 것

PMI
해결책의 모든 장점(Pluses)을 한 열에 나열하고, 모든 단점(Minuses)은 다른 열에, 세 번째 열에는 그에 따르는 의미(Implications)를 나열하는 방식

문제해결 팀은 특정 문제를 해결하라는 지시를 받은 두 명 이상의 직원들로 구성된다(예를 들어, 왜 고객들이 우리의 서비스 정책을 활용하지 않을까?). 기업들이 활용하는 문제해결 기술 중에는 **브레인스토밍(brainstorming)**이 있다. 이것은 짧은 시간 동안에 아이디어를 검열하지 않고 가능한 많은 해결책을 생각해 내는 방식이다. 또 다른 문제해결 기술로 **PMI(Pluses Minuses Implications)**가 있는데 특정 해결책의 장점을 한 칸에 모두 열거하고, 다른 칸에는 단점을 모두 열거한 후, 마지막 세 번째 칸에는 이것들이 내포한 뜻을 기재한다. 이 기술의 목적은 특정 해결책의 단점보다 장점이 많다는 것을 확인하는 것이다.

PMI는 여러분이 내리는 대부분의 결정에도 활용할 수 있다. 예를 들어, 오늘 집에서 공부해야 하는지에 대한 결정을 내린다고 하자. 여러분들은 본인이 내린 결정의 장점들을 한 쪽 칸에 나열하고(좋은 학점, 자신감 고취 및 책임감 등), 다른 쪽 칸에는 단점들을 나열한다(지루함, 재미 없음 등). 대부분 장점이 단점을 압도하여 여러분이 공부하는 결정을 자주 내렸으면 좋겠다. 그러나 때로는 밖으로 나가 기분 전환을 하는 것이 여러분의 학점을 낮추거나, 취업에 방해가 되지 않는 선에서 최고의 선택이 될 수 있다.

시험 준비

- 장기 목표와 단기 목표의 차이는 무엇인가?
- 기업들은 SWOT 분석을 통해 무엇을 확인하는가?
- 진략적 계획, 전술적 계획, 운영 계획 사이의 차이는 무엇인가?
- 의사결정의 6D는 무엇인가?

학습목표 7-4 조직화 기능에 대하여 설명할 수 있다.

조직화: 통합된 체계의 창출

경영자들은 일련의 행동 계획을 수립하고 나면 목표 달성을 위해 기업을 조직화해야 한다. 조직화란 자원(예를 들어, 각 부서에 할당되는 자금 등)을 배분하고 직무를 할당하며 절차를 구축하는 활동을 의미한다. 경영 단계의 피라미드(managerial pyramid)는 관리자들의 위계적 계층을 보여준다(그림 7.4 참조). **최고경영진(top management**: 관리의 최고층)은 사장과 전략적 계획을 수립하는 핵심 중역들로 구성되어 있다. 흔히 볼 수 있는 직함이나 약어로 최고경영자(CEO), 최고 운영책임자(COO), 최고 재무책임자(CFO), 최고 정보책임자(CIO) 혹은 몇몇 기업에서는 최고 지식책임자(CKO) 등이 최고경영진에 포함된다. 최고경영자는 많은 경우 기업의 사장이며, 기업의 최상위 의사결정을 모두 책임진다. 최고경영자와 사장을 같은 사람이 담당하는 경우는 S&P 500 기업 중 50%가 넘는다. 예를 들어, 포드 자동차(Ford Motor), 월마트(Walmart), 아마존(Amazon), 프록터 & 겜블(Procter & Gamble)의 경우가 그러하다.

최고경영진
사장과 전략적 계획을 수립하는 핵심 기업 중역들로 구성된 관리의 최상위층

최고경영자들은 조직에 변화를 불러일으킬 책임도 있다.[12] 최고 운영책임자(COO)는 그러한 변화를 현실화시킬 의무가 있다. 따라서 이들의 직무는 업무를 설계하고, 기업 운영을 통제하며, 모든 직원이 리더의 비전을 따르도록 적절히 보상하는 일들로 구성된다. 오늘날의 많은 기업은 비용 절감 차원에서 최고 운영책임자의 기능을 없애고 이를 최고경영자의 역할로 포함하고 있다. 종종, 최고 재무책임자(CFO)는 최고 운영책임자 자리를 폐지하는 의사결정에 참여한다. 최고 재무책임자는 자금을 확보하고 예산을 계

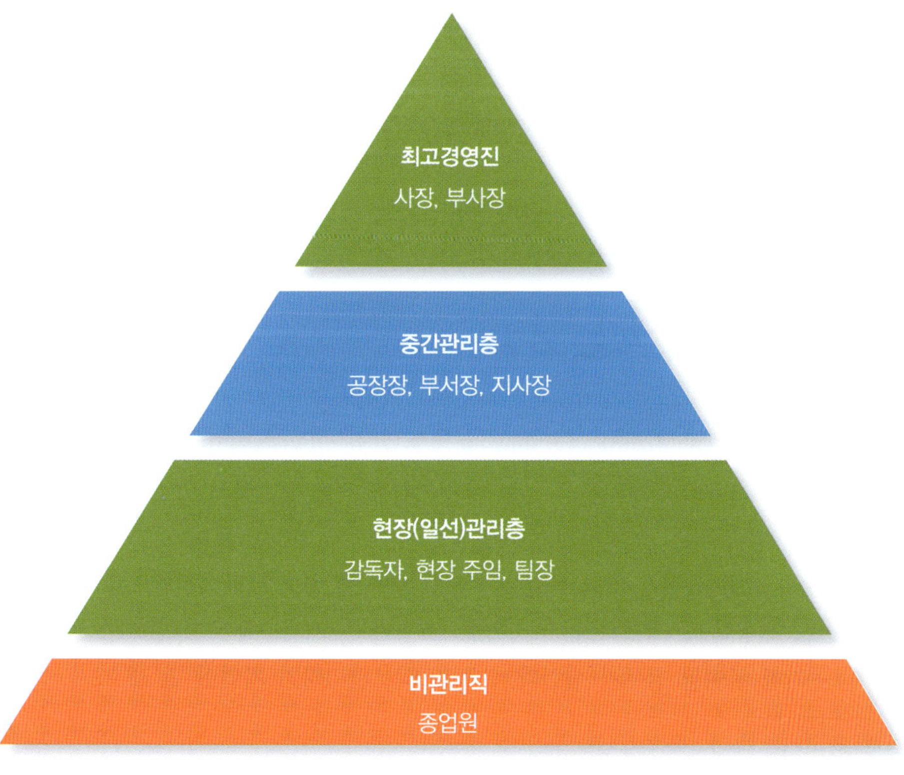

그림 7.4 **관리의 층**

이 그림은 관리의 세 가지 층을 나타내고 있다. 대부분 기업은 중간관리층 안에 또 몇 개의 층이 더 있다. 그러나 최근 기업들은 스스로 관리 능력을 갖춘 직원들로 구성된 팀을 증가시키면서 중간관리자들을 축소하고 있다.

소셜 미디어를 통한 연결

소셜 미디어 관리자가 되고 싶은가?

오늘날 30억 명의 사람 중 약 40%가 소셜 미디어를 사용한다. 가장 빠르게 성장하는 직업 중 하나가 '소셜 미디어 관리자(social media manager)'라는 것은 놀라운 일이 아니다. 소셜 미디어가 조직의 얼굴과 목소리를 전달하는 역할을 하게 되면서 그 중요성이 강조되고 있는 것이다. 만약 당신이 소셜 미디어 관리자가 되고 싶다면, 그 직책을 수행하기 위해 필요한 기술을 가지고 있는가? 소셜 미디어 관리 사이트인 버퍼(Buffer)에 따르면, 관리자는 조직의 목표를 달성하기 위해 소셜 미디어가 수행하는 역할에 대해 호기심을 가지고 신속하게 적응할 수 있어야 한다. 또한, 다음과 같은 분야에 해당하는 기술도 요구된다.

- 글쓰기
- 그래픽 및 비디오 디자인
- 대중 연설
- 고객 서비스 및 커뮤니티 참여
- 행동 심리학
- 소셜 미디어 지표(예: 좋아요, 댓글, 공유 등) 및 경영 지표(예: 트래픽, 리드, 수익 등) 분석
- 예산 편성
- 청중이 아닌 커뮤니티를 구축하는 능력

위의 기술을 개발하는 방법에 관심이 있다면, buffer.com/resources/를 방문해보라. 이 게시물은 기술 개발에 도움이 되는 여러 가지 자료를 제공하고 있다. 여러분이 모든 분야에서 두각을 나타내기는 어렵지만, 몇 가지 분야에 능숙해지는 것만으로도 훌륭한 소셜 미디어 관리자가 되는 데 도움이 된다.

출처: Lilach Bullock, "The Best Tools for Planning Your Social Media Marketing Strategy," Forbes, January 9, 2019; Rob Marvin, "The Best Social Media Management and Analytics Tools for 2019," PC Magazine, March 14, 2019; Alex McGeeney, "How You Can Become a Social Media Manager in 2020," New York Post, January 3, 2020; Julia Campbell, "5 Habits for Successful Social Media Managers in 2020," Social Media Today, socialmediatoday.com, January 8, 2020.

획하는 등의 업무를 담당한다. 최고 정보책임자(CIO) 혹은 최고 지식책임자(CKO)는 정확한 결정을 위해 필요한 정보를 수집하여 다른 경영자들에게 배포하는 역할을 맡고 있다. 특히 요즈음에는 기업 경영의 모든 측면에서 정보기술이 핵심적 역할을 하고 있으므로 성공적 경영활동에 대한 최고 정보책임자의 역할이 점점 중요해지고 있다.

중간관리층
전술적 계획과 통제를 책임지는 일반 관리자, 부서장, 지사와 공장장

중간관리층(middle management)은 전술적 계획과 통제를 책임지는 일반 관리자, 부서장, 지사와 공장장들을 의미한다(대학에서는 학과장과 학장). 많은 기업이 인원 감축의 목적으로 중간관리층을 없애고 각 중간 경영자들이 더 많은 직원을 감독하게 하였다. 그런데도 중간관리층의 역할은 여전히 중요한 것으로 평가받고 있다.

현장관리층
직원들을 직접 감독하고 그들의 성과를 평가할 책임을 지는 사람들

현장관리층(supervisory management)은 직원들을 직접 감독하고 그들의 성과를 평가할 책임을 지는 사람들로서, 직원들보다 한 단계 높은 수준에 있으므로 일반적으로 일선경영자(혹은 감독자)라고 알려져 있다. 이 직위는 독자 여러분들이 대학을 졸업한 후 처음으로 맡게 되는 관리자 직위일 것이다.

각 관리자층에게 요구되는 업무와 기술

훌륭한 경영자가 되기 위한 훈련을 받는 사람은 거의 없다. 보통은 숙련된 회계사나 세일즈 담당자, 생산설비 직원이 되기 위한 과정을 거쳐 그 기술을 바탕으로 경영자로 선발된다. 이렇게 선발된 경영자들은 다른 이들에게 업무를 처리하는 방법에 대해 알려주고, 도와주며, 감독하고, 더 적극적으로 업무에 참여하는 경향을 보인다.

승진할수록 그들이 원래 지니고 있는 업무 기술의 중요성은 낮아진다. 최상위에서는 오히려 꿈을 제시하고, 계획하며, 조직하고, 조정하며, 의사소통하고, 사기를 충만하게 만들며, 동기를 부여할 임무가 생긴다. 그림 7.5는 관리자가 지녀야 할 세 가지 종류의 기술을 나타낸다.

그림 7.5 각 관리자층이 지녀야 할 기술

모든 관리자는 대인관계 기술이 필요하다. 가장 높은 층에서는 개념적 기술을 크게 요구하는 반면, 사무적 기술은 거의 활용하지 않는다. 일선관리자들은 사무적 기술이 크게 필요하나 개념적 기술에 대한 요구는 거의 없다. 중간관리자에게는 사무적 기술과 개념적 기술 사이의 균형이 필요하다.

1. **사무적 기술**(technical skills)은 특정 분야(제품의 판매나 개발)나 부서(마케팅이나 정보시스템)의 업무를 수행할 수 있는 능력을 의미한다.
2. **대인관계 기술**(human relations skills)은 의사소통과 동기부여에 대한 것이다. 이 기술은 경영자들이 사람들과 함께 일할 수 있도록 한다. 의사소통은 특히 경영자와 직원들이 다른 언어를 사용할 때 어렵다. 코칭, 사기 진작, 권한위임, 훈련, 지도와 지원 등과 같은 리더십과 관련된 기술이 대인관계 기술이다.
3. **개념적 기술**(conceptual skills)은 조직에 대한 큰 그림을 제시하고 각 하위 부분들과의 관계를 제시해줄 수 있는 능력이다. 개념적 기술은 계획, 조직화, 통제, 체계 구축, 문제 분석, 의사결정, 조정 및 권한위임 업무에 필요하다.

그림 7.5를 보면 일선관리자들에게는 세 영역의 기술 모두가 필요함을 알 수 있다. 그러나 일선관리자들은 대부분 사무적 업무와 대인관계 업무(운용 인력을 지원하고 방향을 제시하는 일 등)에 대부분의 시간을 할애한다. 일선관리자들은 개념적 업무에는 거의 관여하지 않는다. 반대로 최고경영진은 사무적 기술을 활용할 필요가 거의 없는 반면 대부분 대인관계와 개념적 업무에 시간을 활용한다. 하위 관리직에서는 경쟁력 있는 사람이 상위 관리직에서는 그렇지 못할 수 있고 또 정반대의 경우도 있을 수 있다. 관리직의 수준에 따라 요구되는 기술이 달라진다.[13] '소셜 미디어를 통한 연결' 글상자를 읽고 오늘날 가장 빠르게 성장하는 직업 중 하나인 소셜 미디어 관리자가 되기 위해 필요한 기술에 대해서 알아보라.

인사 배치: 적합한 인재를 확보하고 유지하기

적절한 인재를 확보하기 위해 기업은 적절한 유인책을 제공해야 한다. 예를 들어, 구글(Google)은 고급 요리사를 고용하여 무료로 점심, 저녁, 간식까지 제공한다. 또한, 구글은 마사지, 사내 헬스장 및 다른 특전을 제공한다. 이러한 유인책은 여러분에게 매력적인가? 여러분들에게 봉급은 다른 유인책에 비해 얼마나 중요한가?

인사 배치(staffing)는 리크루팅(recruiting), 고용, 동기 부여, 조직 목표 달성을 위해

인사 배치
채용, 고용, 동기 부여, 조직 목표 달성을 위해 필요한 최고의 직원들을 조직 내에 유지하는 과정

필요한 최고의 인재들을 조직 내에서 지속적으로 일하게 하는 과정을 포함한다. 훌륭한 직원을 채용하는 것은 조직의 성공을 위해 매우 중요하다. 오늘날 인터넷과 하이테크 분야에서 특히 인사 배치는 중요하다. 구글, 페이스북, 마이크로소프트와 같은 하이테크 기업의 근본적인 자산은 직원들의 지적 능력이다. 혁신적이고 창의적인 직원을 보유한 기업은 수년 내에 신생 기업에서 대기업으로 성장할 수 있다.[14)]

대부분 사람들은 좋은 대접이나 적당한 보상을 받지 못한다면 그 기업에서 일하려 하지 않을 것이다. 직원들은 직장과 가정 사이의 균형을 취할 수 있는 다른 기업을 찾아 떠날 수도 있다. 인사 배치는 경영자의 업무에서 더 큰 부분을 차지하기 시작했으며, 경영자들은 인재를 확보하고 유지하기 위해 인적자원 경영자들과 협조하여야 한다. 인사 배치를 비롯한 인적자원 관리와 관련된 주제들은 11장에서 다룰 것이다.

학습목표 7-5 리더와 관리자의 차이, 다양한 리더십 유형에 대하여 설명할 수 있다.

지휘: 지속적인 비전과 가치의 주입

지포스(Zappos.com)의 CEO인 토니 셰이(Tony Hsieh)는 문화를 회사의 최우선 과제로 생각한다. 셰이는 직원들이 행복하고 자신의 일에 동기 부여를 하지 않는 한, 비즈니스의 모든 다른 면들이 쉽게 무너진다고 믿는다. 셰이는 중간 관리자를 없애고, 직원들이 스스로 더 많은 결정을 내릴 수 있도록 했다. 당신은 스스로 관리하는 직장이 더 성공할 수 있다고 생각하는가?

훌륭한 경영자가 훌륭한 리더가 아닐 수도 있다. 어떤 사람은 좋은 경영자는 아니지만, 훌륭한 리더일 수 있다. 관리자와 리더의 차이는 관리자는 질서와 안정을 추구하는 반면 리더는 부하들을 포용하고 변화를 관리한다는 것이다. 리더십은 비전을 제시하고 기업의 가치와 윤리규범을 구축하며, 기업의 효과성과 효율성을 높이기 위해 조직을 변화시킨다. 훌륭한 리더는 직원들에게 동기를 부여하고 직원들 스스로가 자신의 의욕을 고취할 수 있는 환경을 조성한다.[15)] 관리란 곧 리더의 비전을 실행하는 것이라고 할 수 있다.

리더는 다음과 같은 의미를 가진다.

- 비전을 제시하고 이를 중심으로 사람들을 규합한다. 이를 위해 리더는 부하 직원들의 관심사에 신경을 쓰고 책임감을 부여하여 그들의 신뢰를 확보하여야 한다. 성공적인 리더는 타인의 행동에 영향을 미쳐야 한다. 데이비드 칼훈(David Calhoun)은 737 맥스 여객기와 관련된 기업의 대처에 대한 두 번의 위기 속에서 보잉(Boeing)의 경영권을 잡았다. 그는 소비자, 직원, 연방항공청이 보잉에 대한 신뢰를 되찾도록 하기 위해 회사의 완전한 투명성에 대한 새로운 약속을 제시하였다.[16)]
- 기업 가치를 구축한다. 기업 가치는 직원과 고객에 대한 배려, 환경과 제품의 질에 대한 관심 등을 포함한다. 기업이 사업 목표를 결정하면 이는 곧 기업의 가치를 규명하는 것과 같다. 다른 사람들이 리더에 대해서 가장 중요하게 생각하는 특질은 정직성이다. 리더의 두 번째 덕목은 미래 지향성이 될 것이다.
- 기업 윤리를 촉진한다. 윤리적 행동은 정직에 대한 끊임없는 요구와 직장 내의 모든 사람들이 공평하게 대우받아야 한다는 주장이 포함된다('윤리적 의사결정' 글상자 참조). 때문에 이 교

윤리적 의사결정 야망 VS 팀 플레이어

일선관리자는 종종 부서장의 의사결정을 돕는다. 그러나 부서장은 결정에 대한 전적인 책임을 진다. 계획이 성공적인 경우, 이는 부서장의 성공을 의미한다. 계획이 실패하는 경우, 이는 부서장의 실패이다. 일선관리자로서 당신이 부서장이 아직 파악하지 못한 정보를 발견했다고 상상해보자. 당신의 발견에 따르면 관리자의 최근 계획은 반드시 실패할 것이다. 계획이 실패하면, 매니저는 좌천되거나 해고될 것이며, 당신은 공석을 채우기 위한 유력한 후보가 될 것이다. 당신은 부서장에게 당신이 발견할 정보를 줄 것인가? 아니면 혼자서 알고 있을 것인가? 윤리적인 결정은 무엇인가? 결정의 결과는 무엇인가?

재 전체에서 윤리적인 의사결정이 강조된다. 많은 기업가는 엄청난 금액을 자선단체에 기부하여 직원과 타인들에 대한 사회적 배려의 표본이 되고 있다.

- 변화를 포용한다. 리더의 가장 중요한 역할은 아마도 기업이 더 효과적이고(업무를 더 잘 수행하고) 더 효율적으로 운영되도록(목표 달성을 위해 더 적은 자원을 활용토록) 기업의 사업 방식을 변화시키는 데 있다고 할 수 있을 것이다.
- 책임과 책임감을 강조한다. 2008년 금융위기를 통해 우리가 은행가들과 정부관리들의 실패를 보며 배운 것이 있다. 리더는 책임을 질 줄 알아야 하고, 그들의 행동에 대하여 책임감을 느껴야 한다는 것이다. 금융위기를 겪는 동안 등장한 단어는 투명성이다.
- **투명성**(transparency)이란 기업에 관련한 사실을 모든 이해당사자에게 명확하고 분명하게 전달하는 것이다.

투명성
기업의 이해 관계자들에게 기업에 대한 정확한 사실과 정보를 명확하고 분명하게 제시하는 것

모든 조직은 리더를 필요로 하고, 모든 직원은 리더를 도울 수 있다. 여러분이 리더십의 역할을 담당하고자 한다고 해서 경영자가 될 필요는 없다. 모든 직원은 다른 사람이 업무를 잘 수행하도록 동기 부여할 수 있고, 회사의 윤리적 사기를 높일 수 있으며, 도덕적 과실이 발생했을 때 이를 보고할 수 있다.

리더십 유형

관리 분야의 학자들이 가장 어려워하는 문제는 최고의 리더십 특성, 행동, 유형을 규명하는 것이다. 리더가 다른 사람들과 구분되는 특성인 리더십 특성에 대해 확인하기 위해 수천 편의 연구가 수행되었다. 연구자들이 밝혀낸 것을 여러분도 직관적으로 예상할 수 있을 것이다. 리더십 특성을 명확하게 밝혀낼 수는 없다는 것이다. 몇몇 리더들은 잘 훈련되고 능숙한 사람들이었지만, 반대로 어떤 리더들은 깔끔하지 못하고 신경을 거스르는 사람들이었다. 그러나 후자 역시 전자만큼 효과적인 리더 역할을 하였다.

리더를 규명하는 하나의 특성이 존재하지 않는 것처럼, 모든 상황에서 최선인 하나의 리더십 유형이란 존재하지 않는다. 그럼에도 불구하고, 우리는 가장 널리 받아들여지는 리더십 유형을 찾아서 그것이 왜 효과적인지에 대해서 이야기하고자 한다(그림 7.6 참조).

1. **전제적 리더십**(autocratic leadership)은 다른 이들과 상의하지 않고 의사결정을 내리는 유형이다. 이런 유형은 화재 진압과 같이 부하들의 절대적인 복종이 필요한 위기 상황에서 특히 유효하다. 전제적 리더십은 명확한 방향과 지침이 있

전제적 리더십
다른 이들과 상의하지 않고 의사결정을 내리는 유형

그림 7.6 다양한 리더십 유형

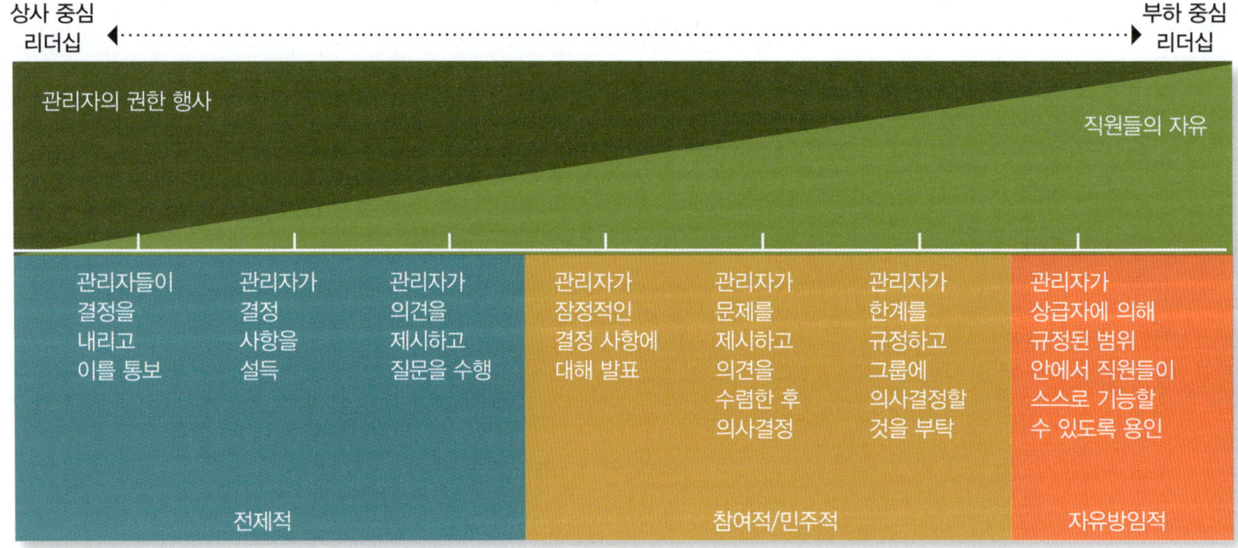

출처: Reprinted by permission of the Harvard Business Review. An exhibit from "How to Choose a Leadership Pattern" by Robert Tannenbaum and Warren Schmidt(May/June 1973).

참여적(민주적) 리더십
의사결정 과정에 관리자와 직원이 함께 참여하는 유형

앨런 멀러리(Alan Mulally)는 포드 자동차의 최고경영자를 역임하였다. 포드가 한창 침체기를 겪고 있을 무렵 취임한 멀러리는 정부의 구제 금융 없이 회사를 상승세로 되돌려 놨다. 멀러리는 전제적 리더십을 발휘하여 포드를 위기 상황에서 구원하였다. 어떠한 이유로 조직이 위기 상황에 있을 때 전제적 리더십이 빛을 발할 수 있는가?

어야 하는 비숙련 근로자들을 지휘해야 하는 상황에서도 효과적이다. 빌 벨리칙(Bill Belichick) 감독은 전제적 리더십을 발휘하여 뉴잉글랜드 패트리어츠(New England Patriots)를 슈퍼볼 6회 우승으로 이끌었다. 닉 사반(Nick Saban) 감독은 엄격한 통제 하에 앨라배마대학교를 5회 전국 선수권대회에서 우승으로 이끌었다. 독자 여러분은 야구나 축구 등의 스포츠 팀에서 어떠한 리더십의 유형이 가장 효과적으로 활용되는 것을 보았는가?

2. **참여적(민주적) 리더십**(participative(democratic) leadership)은 의사결정 과정에 경영자와 직원이 함께 참여해서 만들어진다. 직원들의 참여가 항상 효과가 증가하는 것은 아니지만, 대체로 직무 만족도는 향상하는 것으로 나타났다. 구글, 애플, IBM, 시스코, AT&T와 같은 대기업과 대부분의 소규모 기업이 유연성, 상대 의견에 대한 경청, 공감 등의 가치를 중시하는 참여적 리더십을 성공적으로 활용한 조직으로 꼽힌다. 직원 모두가 의사 결정에 기여할 수 있는 기회가 제공되며, 문제를 논의하고 해결한다.
3. **자유방임적 리더십**(free-rein leadership)은 경영자들이 목표를 설정하면 직원들은 비교적 자유로운 방법으로 목표 달성을 위해 일할 수 있는 형태이다. 경영자들이 의사나 교수, 엔지니어 또는 다른 전문직을 상대해야 하는 조직에서는 자유방임적인 방법이 가장 성공적인 리더십 유형이다. 많은 기업들이 적어도 소수의 직원들에 대해서는 이러한 유형의 리더십을 채택하고 있다.

앞의 유형 중 하나에 정확하게 맞아 떨어지는 리더는 거의 없다. 우리는 상사 중심적인 리더십에서 부하 중심적인 리더십으로 구성된 연속 선상에서 직원의 참여 정도에 따라 리더십을 생각할 수 있다.

그렇다면 어떤 리더십 유형이 최선인가? 성공적인 리더십으로 결정되는 요인은 기업의 목표와 가치, 누구를 지휘하고 있는지, 기업이 처한 환경은 어떠한지에 의한 것이다. 경영자들은 신입 직원에 대해서는 전제적이지만 친근할 수 있고, 숙련된 직원들에 대해서는 민주적일 수 있으며, 장기 근속한 감독자 앞에서는 자유방임적일 것이다.

모든 상황에서 최선인 리더십 특성은 존재하지 않으며, 그러한 리더십 유형도 존재하지 않는다. 한 조직에서 성공적인 리더가 다른 조직에서도 성공적이라고 할 수는 없다. 가장 성공적인 리더는 상황과 대상이 되는 직원들에게 맞게 리더십 유형을 변용할 수 있는 능력을 지닌 사람이다.[17]

패스트푸드 음식점의 직원들 대부분은 권한 확대가 제 기능을 할 만큼의 기술이나 경험이 없다. 대신, 그들의 관리자들은 그들을 가까이서 감독하고 그들에게 명령해야 한다. 의사결정을 내릴 수 있는 권한을 직원들에게 줄 수 없을 때, 관리자들에게는 어떠한 결과가 생길 것으로 생각하는가?

직원 권한 확대

과거, 많은 리더들은 직원들에게 명시적인 지침을 하달하고 조직의 목표를 달성하기 위해 무엇을 하라고 지시하는 편이었다. 이러한 행동은 지시(directing)라고 정의할 수 있다. 경영자들은 그들이 지닌 의사결정 권한을 포기하지 않는다. 전통적인 조직에서 지시란 과제를 부여하고 작업 절차에 대해 설명하며, 조직의 정책을 명확히 하며 성과에 대한 평가를 제시하는 것이었다. 대부분의 조직은 여전히 이러한 형태를 따르고 있는데, 특히 직원들의 특수 기술과 경험이 필요 없는 패스트푸드점이나 소매업체들에서 주로 나타난다.

자유방임적 리더십
관리자들이 목표를 설정하면 직원들은 비교적 자유로운 방법으로 목표 달성을 위해 일할 수 있는 형태

권한위임
일선 근로자에게 고객의 요청에 신속하게 대응하는 데 필요한 책임, 권한, 자유, 훈련, 장비 등을 부여

하이테크 기업이나 인터넷 기업의 현대적 리더들은 전통적인 리더보다 구체적인 지침을 덜 하달하는 편이다. **권한위임(empowering)**이란 고객의 요구에 더 즉각적으로 대응하기 위해 직원들이 경영자에게 보고하지 않고 스스로 결정을 내릴 수 있는 권한과 고객의 요구에 빠르게 대응하는 책임을 부여하는 것을 의미한다. 일례로 온라인 신발 및 의류 소매업체인 자포스(zappos)는 직원들에게 고객을 만족시키기 위해 그들이 옳다고 생각하는 모든 것을 할 수 있는 광범위한 재량권을 준다. 이런 개념을 구현하는 기업에서 경영자의 역할은 상사나 지시자이기보다는 코치, 비서, 상담자, 팀 동료의 역할이 된다.

권한부여(enabling)는 의사결정을 위해 필요한 교육과 도구를 직원들에게 제공하는 과정을 의미하는 용어이다. 권한부여는 성공적인 권한 확대를 위해 필수적이다. 적절한 교육, 훈련, 코칭과 도구가 없이는 직원들이 책임을 떠안고 의사결정자로서의 역할을 수행할 수 없다.

지식 관리

"아는 것이 힘이다." 직원들에게 권한을 부여한다는 것은 그들에게 지식을 제공한다는 것이며, 직원들이 직무를 최고로 수행하기 위해 필요한 정보를 제공한다는 것과 같은 의미이다. **지식 관리(knowledge management)**의 핵심은 적합한 정보를 찾고, 필요한 정보를 언제든 꺼내어볼 수 있도록 유지하며, 기업의 모든 사람들이 그 정보를 활용할 수 있도록 하는 것이다.

지식 관리
적합한 정보를 찾고, 필요한 정보를 언제든 꺼내볼 수 있는 곳에 보관하며, 기업의 모든 사람이 그 정보를 활용할 수 있도록 하는 것

오늘날 기업에서 관리할 정보량은 점점 많아지고 있다. 축적된 정보가 점점 많아지면

서 분석할 수 있는 많은 양의 데이터가 이른바 빅데이터라는 용어를 통해 대중화되었다. 빅데이터는 거래 내역과 같은 전통적 정보 원천은 물론 소셜 미디어와 같은 현대적 정보 원천에서 획득된 자료로 구성된다.

지식 관리 체계를 개발하는 첫 단계는 어떤 지식이 가장 중요한지를 결정하는 것이다. 고객에 대해 더 많은 것을 알고 싶은가? 경쟁상대에 대해 더 많은 정보가 필요한가? 기업을 더 효과적이거나 더 효율적이거나 또는 시장에 더 민감한 조직으로 만들기 위해서는 어떤 정보가 필요한가? 무엇을 알아야 하는가에 대한 결정이 이루어지면, 이 질문들에 대한 답을 찾으면 된다.

지식 관리는 같은 정보를 반복 수집하는 작업을 막아준다. 모든 직원들이 '내가 아직 모르는 것은 무엇인가?'와 '누구에게 물어보면 되겠는가?'에 대한 질문을 지속적으로 제기하는 회사는 발전하게 마련이다. 잘 진행되는 일뿐만 아니라 잘 진행되지 않는 일에 대해서도 알고 있는 것은 매우 중요하다. 직원들과 경영자들은 문자메시지, 트위터 등 다른 수단을 통해 서로 고객이나 다른 이해관계자들과 연결되어 있다. 성공의 열쇠는 이 정보들을 효과적으로 처리하여 모두가 절차 개선을 위해 활용할 수 있는 지식의 상태로 변환할 수 있는가에 달려 있다. 이에 따른 이익은 명확하다.

학습목표 7-6 관리에서 통제 기능의 다섯 단계에 대해서 설명할 수 있다.

통제: 효과의 확인

통제 기능은 계획한 목표와 목표 기준 대비 성과를 평가하고 일을 잘 하는 사람에게 보상하며, 필요한 경우 조정을 하는 과정이다. 따라서 통제 절차는 경영자들과 직원들이 계획과 다른 부분을 조정하고 성과에 영향을 줄 수 있는 환경의 변화에 대처할 수 있게 한다는 점에서 성공적인 관리 체계의 핵심이라고 할 수 있다(그림 7.7 참조).

통제는 다음의 5가지 단계로 구성된다.

1. 명확한 성과 기준을 구축한다. 이 성과 기준은 계획 기능과 통제 기능을 잇는 역할을 담당하며, 명확한 기준 없이는 통제 자체가 불가능하다.
2. 실제 성과(결과)를 감독하고 기록한다.
3. 계획과 목표 기준에 대비된 결과를 확인한다.
4. 직원들에게 실제 결과와 목표 기준에 대비된 편차를 알린다.
5. 필요한 경우 교정안을 제시하고 달성된 목표에 대해서는 긍정적인 피드백을 준다.

관리자가 기준 대비 결과를 측정하기 위해서는 기준 자체가 구체적이고 달성 가능하며, 측정 가능한 것이어야 한다. 이처럼 뚜렷한 기준을 설정하는 것은 계획 기능의 일부이다. '더 나은 품질', '더 높은 효율성', '성과의 개선' 등과 같은 모호한 목표와 기준은 무엇을 달성하고자 하는지에 대한 뚜렷한 목표를 제시하지 못하기 때문에 좋은 기준이라고 할 수 없다. 여러분이 다음과 같은 목표를 세운 달리기 선수라고 가정하자. '내 목표

그림 7.7 **통제 절차**

전반적인 통제 절차는 명확한 기준에 의해 이루어진다. 명확한 기준 없이는 다음 단계의 수행이 불가능하다고 할 수 있다. 명확한 규정에 의해 성과 측정이 비교적 수월해지고 적절한 행동이 이루어질 수 있다.

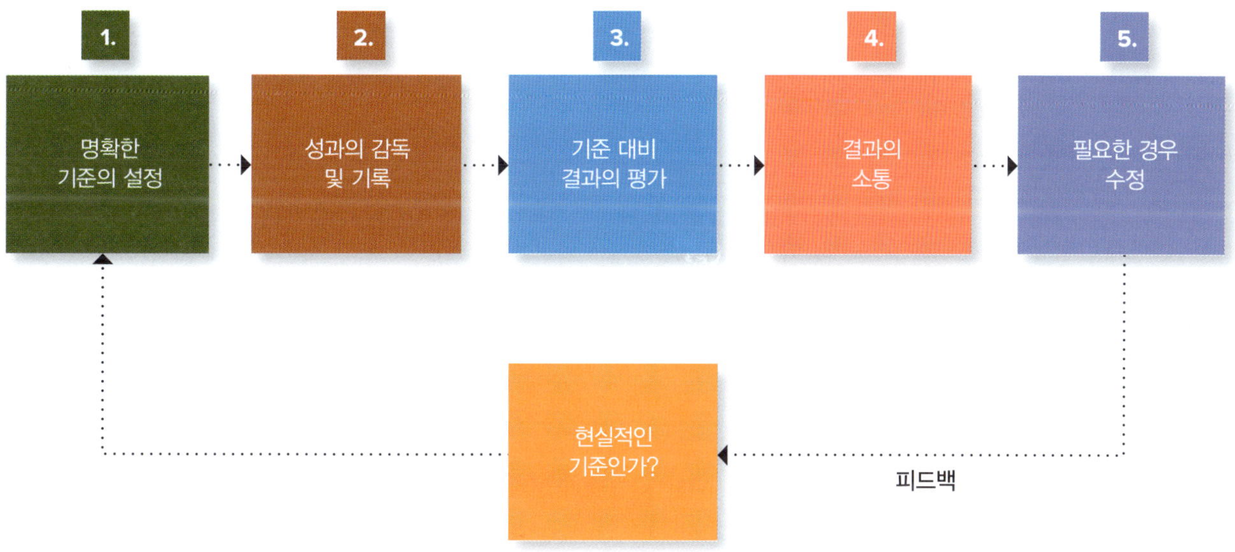

는 뛰는 거리를 늘리는 것이다.' 지난해 여러분이 스스로의 개선안을 시작했을 때, 하루에 3km를 뛰었다. 이제 여러분은 하루에 3.1km씩을 뛰고 있다. 그렇다면 여러분은 그 목표를 달성한 것인가? 실제로 뛰는 거리를 늘리기는 했지만, 그렇게 많이 늘린 것은 아니다. 이 경우 '내 목표는 현재 하루에 3km씩 뛰고 있는데, 1월 1일까지 하루에 6km씩 뛰는 것으로 늘리는 것이다'와 같은 목표가 더 적합하다고 할 수 있다. 목표에 도달하기까지의 시간 계획을 세우는 것은 매우 중요하다. 아래는 이러한 기준을 충족시키는 목표 기준의 예이다.

- 3월 31일까지 불량품을 1,000개당 10개에서 5개로 줄이기
- 이번 분기가 끝날 때까지 경영자들이 직원을 칭찬하는 횟수를 주당 3회에서 주당 12회로 늘리기
- 7월까지 ○○ 제품 판매량을 월간 10,000개에서 월간 12,000개로 늘리기

대학들이 자신들의 성과를 측정하는 하나의 방법은, 학생 중 학위를 수료한 사람의 비율이나, 특정 기간 내에 학위를 수료한 학생의 비율을 계산하는 것이다. 이러한 성과 기준의 달성에 영향을 줄 수 있는 요소들에는 무엇이 있으며, 대학의 경영진은 필요할 때 어떠한 대비책을 강구하는가?

통제 체계를 효과적으로 운영하기 위해 성과 감독 절차를 투명하게 하는 것이 하나의 방법이다. 회계와 재무는 개선 상태를 평가할 수 있는 실제 숫자를 보여주기 때문에 통제 체계의 근간이다.

평가를 위한 새로운 지침: 고객 만족

전통적인 성공 측정 방법은 주로 재무적인 척도를 사용하여 투자에 대한 이윤 혹은 수익을 확인하는 방법이었다. 물론 기업의 재무적 성과가 중요하기는 하지만, 그것이 기업의 유

일한 목적은 아니다. 기업의 다른 목적은 직원, 이해당사자, (내부 및 외부의) 고객을 기쁘게 하는 것도 포함될 수 있다.

외부 고객
회사의 제품을 구입해서 다른 이들에게 판매하는 거래인과 사적 목적으로 제품을 구매하는 최종 소비자를 지칭

내부 고객
기업 내부에서 다른 개인과 사업 부서의 서비스를 제공받는 개인과 사업 부서

외부 고객(external customers)이란 기업의 제품을 구입해서 다른 이들에게 판매하는 거래인과 사적 목적으로 제품을 구매하는 최종 소비자를 지칭한다. 반면 **내부 고객**(internal customers)은 기업 내부에서 다른 개인과 사업 부서의 서비스를 제공받는 개인과 사업 부서를 의미한다. 예를 들어, 현장외판원은 연구 보고서를 작성하는 마케팅 조사 직원들의 내부 고객이 되는 것이다.

오늘날의 목표는 단순히 고객을 만족시킨다기보다 예상치 못한 뛰어난 품질의 제품과 서비스로 고객들을 기쁘게 하는 데 있다고 할 수 있다. 관리는 다음의 여러 장에 걸쳐 더 자세히 다룰 것이다. 이 장에서는 여기까지 다루고, 복습 및 연습 문제를 풀어볼 것이다. 관리란 단지 읽는 것이 아니라, 실제 행하는 것이기 때문이다.

시험 준비

- 권한위임이 권한 확대를 어떻게 촉진하는가?
- 통제 절차의 5단계는 무엇인가?
- 내부 고객과 외부 고객의 차이점은 무엇인가?

요약하기

학습목표 7-1 오늘날 비즈니스에서 관리 기능이 변화하는 양상에 대하여 설명할 수 있다.

- **경영자의 역할은 오늘날 어떻게 변화하고 있는가?**

  과거에는 경영자들이 '상사(boss)'로 불렸으며, 이들의 역할은 다른 사람들이 무엇을 할지 지시하고, 그들이 할당된 역할을 제대로 수행하는지 감시하며, 그렇지 않은 직원들을 징계하는 역할로 구성되었다. 많은 경영자는 아직도 이러한 방식으로 행동한다. 그러나 오늘날 일부 경영자들은 진보적인 방향으로 변화하고 있다. 예를 들어, 그들은 팀과 팀워크를 강조하고, 직원들이 아이디어나 불만이 있을 때 이를 담당할 제도를 수립하며, 팀의 공간과 개방된 업무 공간을 마련한다. 그들은 직원들에게 무엇을 해야 하는지 말하는 대신 인도하고, 훈련하며, 지지하고, 동기 부여하며, 지도하도록 훈련되고 있다.

- **이러한 변화를 설명하는 이유로는 어떤 것들이 있는가?**

  포춘 100(Fortune 100) 기업의 리더 중에는 과거보다 더 젊은 사람이거나 여성이 많고, 그중 명문대학에서 교육을 받은 사람들은 과거에 비해 적다. 그들은 직원들이 기술을 포함한 다른 업무에서 자기보다 더 많이 알고 있다는 것을 인지하고 있다. 따라서 그들은 동기 부여, 팀워크, 협력을 강조한다. 미래의 관리자들은 기업에서 새로운 역할을 담당하게 될 것이다. 예를 들어, 그들은 해외 진출의 증가에 따른 일이 많아질 것이다.

학습목표 7-2 관리의 네 가지 기능에 대하여 설명할 수 있다.

- **관리의 기본적인 네 가지 기능은 무엇인가?**

  ① 계획, ② 조직화, ③ 지휘, ④ 통제가 4가지 주요 기능이다.

- **이러한 기능들은 어떻게 정의되는가?**

  계획은 동향을 읽고, 이에 따라 조직의 장 · 단기 목표를 성취하기 위한 계획들을 결정하는 활동이다. 조직화는 조직의 구조를 설계하고, 조직 내 모든 구성원이 조직의 목표를 성취하기 위해 협력하는 환경을 조성하는 것을 포함한다. 지휘는 조직의 비전을 수립하고, 직원들과 소통하며, 그들을 훈련시키고, 지도하며, 동기를 부여하는 역할을 포함한다. 통제는 조직이 그 목표를 실제로 달성했는지를 측정하는 역할을 의미한다.

학습목표 7-3 회사의 목표를 달성하기 위한 계획 절차와 의사결정 과정에 대하여 설명할 수 있다.

- **장기 목표와 단기 목표 사이의 차이점은 무엇인가?**

  장기 목표란 조직이 추구하는 더 폭넓고 장기적인 목표이며, 단기 목표란 장기 목표의 달성을 위해 설정되는 구체적이고 단기적인 계획이라고 할 수 있다.

- **SWOT 분석이란 무엇인가?**

  경영자들이 기업이 직면한 강점, 약점, 기회, 위협 요인에 대해 확인하는 것이다.

- **계획의 네 가지 유형은 무엇이고 각각은 조직의 목표와 어떻게 연관되어 있는가?**

  전략적 계획은 조직의 목표에 대해 개괄적으로 살펴보는 광범위하고 장기적인 계획 과정이고, 전술적 계획은 조직의 목표를 나열하는 구체적이고 단기적인 계획과정이다. 운영계획은 전술적 계획의 일부로서 구체적인 시간 계획과 기준을 설정하는 과정이다. 상황대응계획은 기업이 설정한 계획들이 제대로 작동하지 않을 경우에 대비하여 준비하는 대안 계획을 개발하는 과정이다.

- **의사결정에 수반되는 절차는 무엇인가?**

  의사결정의 '6D'란 (1) 상황의 정의, (2) 필요한 정보를 규명하고 이를 수집하는 것, (3) 대안 모색, (4) 최적 대안의 결정, (5) 결정 사항의 실행, (6) 결정에 대한 평가이다.

학습목표 7-4 조직화 기능에 대하여 설명할 수 있다.

- **기업 위계 상에서 나타나는 3가지의 관리층은 무엇인가?**

  (1) 최고경영진(전략적 계획을 수립하는 사장과 핵심 중역들로 구성된 최고위층), (2) 중간관리층(전술적 계획과 통제에 대한 책임을 지는 일반 경영자, 부서장, 공장장), (3) 현장 관리층(직원들의 일간 성과를 평가하는 일선경영자/감독자)이다.

- **경영자들에게 필요한 기술은 무엇인가?**

  경영자들은 다음 세 가지 범주의 기술을 지녀야 한다. (1) 사무적 기술(제품의 판매나 개발과 같은 구체적인 직무를 수행하기 위한 능력), (2) 대인관계 기술(의사소통 및 동기부여 능력), (3) 개념적 기술(조직을 전체적으로 조망하고 각 기능들이 어떻게 조화를 이루는지 볼 수 있는 능력)

- **모든 관리층에 이러한 기술이 똑같이 중요한가?**

  각기 다른 층의 경영자들은 각각 다른 기술을 필요로 한다. 최고경영진은 대체로 대인관계 기술과 개념적 기술에 의존하며, 사무적 기술은 거의 활용하지 않는다. 일선감독자들은 사무적 기술과 대인관계 기술을 필요로 하지만, 개념적 기술을 크게 요구하지 않는다. 중간경영자들은 세 가지 기술의 균형을 맞출 필요가 있다(그림 7.5 참조).

학습목표 7-5 리더와 관리자의 차이, 다양한 리더십 유형에 대하여 설명할 수 있다.

- **관리자와 리더 사이의 차이점은 무엇인가?**

  관리자는 조직 내에서 계획, 조직, 통제의 기능을 담당한다. 리더는 비전을 가지고 다른 이들에게 비전을 심어주며, 기업의 가치를 세우고 기업 윤리를 중시하며, 변화를 두려워하지 않는 사람이다.

- **리더십 유형에 대해 설명하라.**

  그림 7.6은 상사 중심적인 리더십에서부터 부하 중심적인 리더십에 이르는 리더십 유형의 연속선을 보여주고 있다.

- **어떤 리더십 유형이 최고인가?**

  최고의 리더십 유형은 그를 따르는 사람들의 특성과 상황에 의해 결정된다. 앞으로의 과제는 스스로를 관리하도록 권한을 부여하는 팀을 만드는 것이 될 것이다.

- **권한부여란 무엇을 의미하는가?**

  권한부여란 직원들에게 고객의 요청에 더 신속하게 대응할 수 있도록 권한과 책임을 부여하는 것을 의미한다. 권한부여란 직원들에게 의사결정 권한을 행사하기 위해 필요한 교육과 도구를 제공하는 행동을 지칭하는 용어이기도 하다.

- **지식 관리란 무엇인가?**

지식 관리란 적합한 정보를 찾고, 필요한 정보를 언제든 꺼내어볼 수 있도록 유지하며, 기업의 모든 사람들에게 그 정보가 활용될 수 있도록 하는 것을 의미한다.

학습목표 7-6 관리에서 통제 기능의 다섯 단계에 대해서 설명할 수 있다.

- **통제 기능의 5가지 절차는 무엇인가?**
  통제는 (1) 명확한 기준을 설정하고, (2) 성과를 감독하고 기록하며, (3) 계획과 기준에 근거하여 성과를 평가하고, (4) 결과와 목표 대비 편차를 직원들에게 알리는 과정이며, (5) 성공적으로 완수된 업무에 대해서는 긍정적인 피드백을 주고, 그렇지 못한 경우 이를 고치기 위한 행동을 실시하는 절차를 포함한다.
- **기준은 성과 측정을 위해 어떤 특징을 지녀야 하는가?**
  기준이란 반드시 구체적이고 달성 가능하며, 측정 가능한 것이어야 한다.

주요 용어 정리

PMI
SWOT 분석(SWOT analysis)
개념적 기술(conceptual skills)
계획(planning)
관리(management)
권한위임(empowerment)
권한부여(enabling)
내부 고객(internal customers)
단기 목표(objectives)
대인관계 기술(human relations skills)
문제해결(problem solving)
브레인스토밍(brainstorming)
비전(vision)
사명 선언(mission statement)
사무적 기술(technical skills)
상황 대응 계획(contingency planning)
외부 고객(external customers)
운영 계획(operational planning)
의사결정(decision making)
인사 배치(staffing)
자유방임적 리더십(free-rein leadership)
장기 목표(goals)
전략적 계획(strategic planning)
전술적 계획(tactical planning)
전제적 리더십(autocratic leadership)
조직화(organizing)
중간관리층(middle management)
지식 관리(knowledge management)
지휘(leading)
참여적(민주적) 리더십(participative(democratic) leadership)
최고경영진(top management: 관리의 최고층)
통제(controlling)
투명성(transparency)
현장관리층(supervisory management)

사고력 문제

많은 학생이 언젠가는 경영자가 되고 싶어한다. 아래의 문제들은 경영자처럼 생각하기 위한 첫걸음이다.

1. 대기업 또는 중소기업, 공기업 또는 사기업, 사무실 또는 현장 중 어느 곳에서 일하고 싶은가?
2. 본인이 어떤 유형의 리더라고 생각하는가? 이를 증명할 방법이 있는가?
3. 참여적(민주적) 리더십이 갖는 문제점을 찾을 수 있는가? 경영자가 다른 이들을 통제할 수 없을 때 좌절할 수 있다고 생각하는가?
4. 다른 이들에게 명령을 내리도록 훈련받은 사람들(예를 들어 군인)도 참여적 리더가 될 수 있다고 생각하는가? 어떤 문제가 생길 수 있는가?

원리의 적용

목적

간단한 SWOT 분석의 수행

연습

www.marketingteacher.com에 접속하여 SWOT Analysis를 클릭하고, 나이키(Nike)의 SWOT 분석을 보라.

1. 이 기업의 강점, 약점, 기회, 위협 요인은 무엇인가?
2. 기업의 약점에 대해 분석해보라. 이 기업의 강점은 약점을 극복하는 데 어떻게 활용될 수 있을까?
3. 기업의 기회와 위협 요인에 대해 분석하라. 추가적으로 어떤 기회가 있을 수 있겠는가? 여러분이 찾아낼 수 있는 또 다른 위협 요인으로는 무엇이 있는가?

직업기술의 개발

핵심: ● 팀 ★ 분석 ▲ 의사소통 ◘ 기술

★▲ 1. 여러분의 현 상황에 대한 SWOT 분석을 통해 미래 계획을 세워보라. 당신이 관심 있는 직종을 하나 고르고 다음의 질문에 답하라. 오늘날 여러분이 택할 직업을 위한 시장은 어떻다고 생각하는가? 그 유형의 직종에서 성공하기 위해서는 어떤 기술이 필요할까? 여러분이 생각하기에 개선이 필요한 약점은 무엇인가? 직업 선택을 하는 데 위협 요인은 무엇인가? 기회는? 수업 시간에 할 짧은 발표를 준비해 보라.

●★▲ 2. 4명 정도 팀을 구성하고, 각 팀당 한 명의 리더를 선정하라. 각 리더는 전제적, 참여적(민주적), 자유방임형 리더십 중의 하나를 부여받는다. 각 팀은 카드를 쌓아 집을 만드는데 가장 높은 집을 지은 팀이 승리한다. 리더십 유형에 대해 각 팀의 구성원들이 느낀 바를 보고해보라.

★▲ 3. 경영자가 되는 것의 장단점에 대해 논의하라. 기업의 규모가 어떤 영향을 미치는가? 영리 기업과 비영리 기업에서의 경력의 장점으로는 어떠한 것들이 있는가?

★▲ 4. 그림 7.6을 보고 각 유형에 대한 여러분의 경험에 대해 논의하라. 다른 국가에서 온 학생들은 흥미로운 경험을 가지고 있을 것이다. 어떤 유형이 가장 마음에 드는가? 어떤 것이 가장 효과적이라고 생각하는가? 그 이유는?

★▲ 5. 일부 경영자가 저지른 불법적이고 비윤리적인 행위 때문에 일반인은 경영자가 탐욕스럽고 정직하지 못하다는 편견을 가진다. 이러한 편견이 옳은지에 대해 이야기하라. 또한, 경영자에 대한 생각을 개선하기 위해서는 무엇을 할 수 있는지를 논의해보라.

진로 탐색

경영 관리직에 관심이 있다면, 몇 가지 고려해야 할 사항이 있다. bls.gov의 직업전망서(Occupational Outlook Handbook)에서 이 분야에서 수행하는 작업, 필요한 기술, 급여 및 기회 전망에 대해 알아보기 바란다.

- **행정 서비스 관리자** – 조직 내 지원 서비스를 계획, 지시 및 조정하는 역할이며, 기록 보

관, 메일 배포 및 사무실 유지 관리 등의 활동을 감독하고 여러 시설을 유지 · 관리하는 일을 한다.

- **건설 관리자** – 건설 프로젝트를 처음부터 끝까지 계획, 조정, 예산 관리하고 감독하는 역할을 한다.
- **위급상황 관리 담당자** – 자연 재해 또는 기타 위급상황에 대응하기 위한 계획과 절차를 준비하는 역할을 한다.
- **식품 서비스 관리자** – 음식, 음료를 준비하고 제공하는 식당 및 기타 시설의 운영을 책임지는 역할을 한다.
- **컴퓨터 및 정보 기술(IT) 관리자** – 조직 내 컴퓨터 관련 활동을 계획, 조정 및 감독하는 역할을 한다.

비디오 사례

로제타 스톤(Rosetta Stone): 언어 학습의 선두 주자

거의 30년 동안 로제타 스톤(Rosetta Stone)은 미국에서 가장 널리 알려지고 인정받는 언어 학습 회사 중 하나였다. 로제타 스톤은 다년간 공고한 명성을 쌓았으나, 회사의 유통 시스템은 심각하게 시대에 뒤처졌다. 이 회사는 전 세계가 고객에게 다가가기 위해 인터넷을 활용하기 시작한 후에도 오랫동안 CD에 의존했다.

로제타 스톤의 경영진은 회사를 21세기에 맞춰 이끌어갈 리더가 필요하다는 것을 알고 있었다. 다행히 그들은 나중에 부실기업 회생 전문가(turnaround expert)로 유명해진, 성공한 사업가 맷 헐렛(Matt Hulett)을 고용했다. 유튜브(YouTube)가 나오기 이전에, 온라인 엔터테인먼트 스타트업에서 일하던 헐렛은 그의 동료들이 창의성은 뛰어나지만, 사업과 경영 관리에 대해서는 아는 것이 거의 없다는 사실을 깨달았다. 그때부터 그는 자본, 전략, 그리고 적절한 리더십 방향성을 적용하는 방법에 관한 모든 것을 배우기 시작했다. 이렇게 쌓은 기술들은 그를 로제타 스톤이 필요로 하는 언어 부문의 새로운 사장직에 완벽히 걸맞은 사람으로 만들어 주었다.

헐렛은 회사의 소비자 제품 부서 리더로서 회사의 비전을 세우고 직원들이 그 비전을 포용하도록 동기를 부여해주어야 했다. 그는 또한 회사의 이익에 부합한다고 생각하는 경우 여러 변화를 시도할 권한도 있었다.

예를 들어, 헐렛은 로제타 스톤이 자사의 최대 잠재시장인 개인 단위 소비자에게 충분히 투자하고 있지 않다는 사실을 발견했다. 초점을 전환하기 위해 그는 3단계 프로세스를 도입하여 대규모 변화를 만들고자 했다. 첫 번째 단계에서 헐렛은 회사의 표적 시장(intended market)을 분석하고 시장 내에서의 포지션을 최적화할 방법을 진단했다. 그는 또한 직원들이 신규고객 발굴에 최선을 다하도록 직원들에게 영감을 줄 수 있는 방법을 찾기도 했다.

두 번째로, 헐렛은 회사의 고유한 특징을 찾기 위해 회사를 연구하기 시작했다. 그는 로제타 스톤의 브랜드 자체가 성공의 핵심 요소라는 것을 알게 되었다. 고객들은 회사를 사랑하고 존중했지만, 구독 기능, 향상된 모바일 기능, 개인화 등과 같은 현대적인 혁신을 원했다. 모바일 경험을 간소화하는 것과 더불어 헐렛은 제품을 고객의 개인적인 요구에 맞추기 위해 증강현실을 활용할 것을 제안하기도 했다.

그의 마지막 단계는 사람에 관한 것이었다. 헐렛은 신규 직원을 채용하기보다는 기존의 직원들과 시간을 보내며 제품 개선을 위해 그들의 의견에 귀를 기울였다. 이러한 관계 구축은 직원들을 편안하게 할 뿐만 아니라 더 열심히 일하도록 동기를 부여해주었다. 그 결과 로제타 스톤은 결국 고객이 정확히 원하는 제품을 만드는 데 성공했다. 헐렛은 자신의 3단계 프로세스를 통해 로제타 스톤이 모두의 언어를 구사하도록 만들 수 있었다.

다시 생각해보기

1. 이 회사가 최근까지 여전히 온라인이 아닌 CD로만 콘텐츠를 배포하고 있었다는 사실이 놀랍지 않은가? 로제타 스톤이 언어 학습 서비스를 온라인으로 옮기는 데 왜 그렇게 오래 걸렸다고 생각하는가?
2. 경영자에게 직원의 업무 의욕과 만족도를 유지하도록 하는 것이 중요한 이유는 무엇인가?
3. 맷 헐렛이 로제타 스톤을 위기에서 회생시키기 위해 도입한 프로세스를 설명해보라. 그와 유사한 경영 전략이 다른 회사에도 적용될 수 있다고 생각하는가?

참조

1. Rick Wartzman and Kelly Tang, "Adapt and Thrive," March 30, 2020.
2. Victor Lipman, "Four Fundamental Qualities That Can Make You a Stronger Manager in 2019," January 1, 2019; Chip Cutter, "How to Be a Boss 101," May 12, 2019; "6 Tips for Getting Your Team to Work Together," businessnewsdaily.com, January 21, 2020.
3. Scott Mautz, "Google Tried to Prove Managers Don't Matter," inc.com, June 17, 2019.
4. Sally Percy, "The Five Most Important Skills for Managers to Develop in 2019," February 22, 2019; Lisa Lai, "Managing When the Future Is Unclear," January 9, 2019; Bas Kohnke, "Five Soft Skills You Need to Be a Better Leader in 2020," July 22, 2019; Allana Akhtar and Caroline Hroncich, "20 Soft Skills Every Leader Needs to Be Successful," businessinsider.com, January 8, 2020.
5. Matthew Rothstein, "Whole Foods Discontinues Millennial Targeting 365 Brand," Bisnow, bisnow.com, January 16, 2019; Mike Pomranz, "Whole Foods Won't Open Any More '365' Stores," January 14, 2019; Jessica Dumont, "Whole Foods Is Updating Its 365 Private Label Branding," grocerydive.com, accessed January 16, 2020.
6. Alyssa Gregory, "How to Conduct a SWOT Analysis for Your Small Business," thebalancesmb.com, May 9, 2019; Mitchell Grant, "Strength, Weakness, Opportunity, and Threat (SWOT) Analysis," investopedia.com, October 19, 2019; Commerce Bank, "Tips for Setting Strong Strategic Goals," bizjournals.com, January 15, 2020.
7. Fiona Simpson, "You're Invited: Taco Bell to Throw Hiring Parties Nationwide to Scale Recruitment Practices," April 17, 2019; Danielle Wiener-Bronner, "How Tight Is the Job Market? Taco Bell Is Throwing Hiring Parties," cnn.com, accessed January 2020.
8. Steve Kovash, "Netflix Is Feeling the Pressure of the Streaming Wars," cnbc.com, January 22, 2020; "How Netflix Is Changing the TV Industry," investopedia.com, January 15, 2020.

9. Andrew Beattie, "Steve Jobs and the Apple Story," investopedia.com, June 30, 2019; Ryan Robinson, "How Steve Jobs Learned to Embrace Failure and Saved Apple," thebalancesmb.com, May 30, 2019.
10. Elena Lytkina Botelho and Sanja Koh, "Unexpected Companies Sometimes Produce the Best CEOs," January 10, 2020.
11. Anya van Wagtendonk, "The Hidden World and Overlooked Problems of Acting in Video Games," January 8, 2020.
12. Jeanne Sahadi, "The Hazards of Being CEO," cnn.com, January 3, 2020; Rachel Feintzeig, "Recession Rises on List of CEO's Fears for 2020," January 3, 2020; Marcel Schwantes, "5 CEOs Share 5 Leadership Tips for a Successful 2020," January 21, 2020.
13. Joann S. Lublin, "Know-It-All Bosses Have a Lot to Learn," January 10, 2019; Allana Akhtar and Caroline Hroncich, "20 Soft Skills Every Leader Needs to Be Successful," businessinsider.com, January 8, 2020; Heather Backstrom, "Three Essential Coaching Skills for Managers," January 3, 2020.
14. Eric Sherman, "Tesla Faces 'Serious Competition' from a Detroit Start-Up, according to Morgan Stanley," February 11, 2019; Kevin J. Ryan, "7 Innovative Start-Ups to Watch in 2020," January 6, 2020; Brett Derricott, "4 Startups to Keep an Eye on in 2020," cfo.com, January 7, 2020.
15. John Hall, "The Best Ways to Inspire Creativity within Your Team," March 10, 2019; Jim Barnett, "Here's What Happens When Leaders Get Employee Motivation Right," January 6, 2020.
16. "Boeing's New CEO Takes the Reins with Company Integrity in Doubt," January 13, 2020; "New Boeing CEO Inherits Crisis Created under His Predecessor," Associated Press, January 13, 2020.
17. Hal Gregersen, "To Be a Better Leader, Ask Better Questions," May 14, 2019; Maynard Webb, "Four Tips for Becoming a Better Leader in 2020," January 1, 2020; James Friel, "7 Qualities of an Extraordinary Leader," January 3, 2020.

오늘날 시장 환경에 대응하는 조직의 구성

학습목표  이 장을 학습한 후에 다음 질문에 답할 수 있어야 한다.

8-1 조직 관리의 기본 원리에 대한 개요를 설명할 수 있다.

8-2 파욜(Fayol)과 베버(Weber)의 조직이론을 비교하여 설명할 수 있다.

8-3 조직 구조를 설계하는 관리자들의 선택에 대해 평가할 수 있다.

8-4 다양한 조직모델에 대해 비교하여 설명할 수 있다.

8-5 기업 간 협력과 조정이 주는 이점에 대해 설명할 수 있다.

8-6 기업이 변화에 적응하는 것을 도울 수 있는 조직문화의 역할은 무엇인지 설명할 수 있다.

Hershey의 사장이자 최고경영자(CEO) 미셸 벅(Michelle Buck)에 대해 알아보자

허쉬(Hershey)라는 단어를 생각하면 아마도 한 가지 생각이 떠오를 것이다. 바로 초콜릿이다. 1894년부터 펜실베이니아주의 이 기업은 허쉬의 키세스(Hershey's Kisses), 리세스의 피넛버터 컵(Reese's Peanut Butter Cups) 등과 같은 브랜드의 달콤한 성공으로 번창했다. 지금까지 코코아를 기반으로 한 다양한 제품들이 허쉬를 250억 달러 규모의 거대 기업으로 만들었지만, 오늘날 미국 초콜릿 시장은 더 이상 예전처럼 성장하지 않고 있다. 스낵류 소비의 전반적인 증가에도 불구하고, 최근 많은 미국인들은 설탕이 든 간식이 아닌 건강에 좋은 음식을 선택하고 있다.

이것이 허쉬의 사장이자 CEO인 미셸 벅(Michele Buck) 허쉬가 사탕 이외에 다른 제품들로 제품군을 확장하는 것을 최우선 과제로 삼은 이유이다. 2017년 최고위직에 오른 이후, 그녀는 SkinyPop과 Pirate's Booty와 같은 주요 스낵 브랜드의 인수를 총괄해왔다. 그녀는 소비자들에게 '더 나은' 브랜드를 제공하는 것이 미래에 허쉬의 성장을 위해 필수적이라고 말한다. 그녀는 "소비자들은 그 어느 때보다도 더 많이 간식을 소비하고 있다. 어떤 경우에는 간식을 찾기도 하고, 또 어떤 경우에는 좀 더 영양분이 풍부한 것을 찾기도 한다"라고 말했다. "현재 전 세계에서 벌어지고 있는 상황들을 살펴보면 - 선두주자로서 우리의 역할은 회사를 혁신하고 이러한 성장을 포착하는 것이다."

그녀는 허쉬의 본사와 테마 파크에서 45분 거리에 있는 펜실베이니아 칼라일에서 자랐다. 그녀는 어려서부터 근면해야 하고 어려움 속에서도 좌절하지 않고 다시 일어나는 것이 중요하다는 것을 가르친 부모에게 깊은 신뢰를 가지고 있다. "나는 매우 소박한 가정에서 자랐다"라고 그녀가 말했다. "어머니는 집안에 하수관이 없는 시골 농가에서 사셨다. 아버지는 가족 중 처음으로 고등학교를 졸업했고, 그래서 나는 일찍부터 근면의 가치와 덕목을 배웠다." 이러한 신조는 그녀가 학사 학위를 받은 펜실베이니아의 중심부에 위치한 Shippensburg 대학교에 등록했을 때 큰 도움이 되었다. 그 후 그녀는 펜실베이니아 주 국세청에서 근무하다가 국세청 바깥에는 어떤 다른 직업의 기회가 자신을 기다리고 있을지 궁금해지기 시작했다. 그래서 1980년대 중반, 그녀는 경영학을 공부하기 위해 고향을 떠나 채플 힐(Chapel Hill)에 있는 노스캐롤라이나 대학원으로 향했다.

MBA 학위를 취득한 후, 그녀는 수년간의 교육과정에서 배운 기술들을 Frito-Lay 마케팅 부서의 새로운 업무에 적용했다. 식품 브랜드 경영에 대한 이러한 초기 경험은 Kraft와 Navisco와 같은 기업에서 더 많은 기회로 이어졌다. 1990년대에 걸쳐 그녀는 Cool Whip, Life Savers, Jell-O 등과 같은 많은 주요 브랜드에서 사업을 주도했다. 그녀의 이러한 다양한 경력은 2005년 허쉬의 미국 최고 마케팅책임자(CMO) 자리에 그녀를 영입한 경영진들의 주목을 끌었다. 그녀는 다수의 대표 브랜드들을 감독하면서 허쉬의 연구개발팀을 활용해 새로운 제품을 만들 수 있는 기회가 주어졌다. 혁신적인 아이디어와 협업 정신을 바탕으로 그녀는 2016년에는 최고운영책임자(COO)로, 이듬해에는 사장이자 CEO로 승진했다.

허쉬의 최고 경영자라는 직위는 확실히 지금까지 그녀의 경력에 있어서 가장 어려운 도전이라고 할 수 있다. 현재 매출의 80%가 초콜릿 제품 판매에서 나오는 상황에서, 그녀는 핵심 브랜드의 니즈에 신경을 쓰는 동시에 캔디 이외의 상품들로도 제품 다각화를 수행해야 한다. Skiny Pop과 Pirate's Booty의 인수는 허쉬가 이러한 균형을 이루는데 도움이 되겠지만, 그녀가 꿈꾸는 '혁신적인 스낵 피워하우스'가 되기까지는 아직 갈 길이 멀다. "여러분은 모든 것을 전체적인 시야에서 고려해야 하고, 끊임없이 변화해야 하며, 끊임없이 진화하고 변화를 도전이 아닌 기회로 바라봐야 한다"고 그녀는 말했다.

이 장은 그녀가 허쉬에서 수행하고 있는 것처럼, 조직을 변화시키고 오늘날의 시장에 적응시키는 것에 대한 내용이다. 대부분의 경영진들은 그렇게 큰 도전에 직면하지는 않지만, 모든 기업에는 변화를 관리하고 변화로부터 이익을 얻기 위해 조직의 원칙을 활용해야 하는 많은 기회가 존재한다.

출처: David Gelles, "Hershey's C.E.O. Knows How to Get Americans to Indulge," The New York Times, October 10, 2019; Susie Gharib, "Hershey's CEO on Professional Growth and Women in Business," Fortune, January 3, 2018; Susie Gharib, "Hershey's CEO Looks to Acquisitions and Innovation to Transform the Company," Fortune, October 31, 2017; Lauren Hirsch, "After 124 Years, Hershey Tries to Be More Than Just a Chocolate Company (Again)," CNBC, April 24, 2018; "Hershey's Strategy for a Healthy-Snack World," The Wall Street Journal, October 2, 2018; Lauren Hirsch, "Not Just a Chocolate Company: Hershey Plots Its Future in Snacking," CNBC, April 24, 2018; Marty Swant, "Hershey Is Running Its First Super Bowl Ad in More Than a Decade with a Buy for Take5," Forbes, January 28, 2020; "Michele Gross Buck— Executive Profile," Bloomberg, bloomberg.com, accessed February 2020.

Let's talk business!
bit.ly/LetsTalkBusiness8

기후통제분야의 리더로 간주되는 이 회사는 정부의 법률과 정책, 재생에너지 및 지속 가능 패키징으로 전환한 회사의 모범경영사례 그리고 저탄소 제품 혁신에 투자한 경쟁회사를 벤치마킹하였다. 이 회사의 이름은 무엇인가? (이 장에서 답을 찾아보라.)

학습목표 8-1 조직 관리의 기본 원리에 대한 개요를 설명할 수 있다.

성공을 위한 재조직(reorganizing)

여러분은 왜 수많은 조직들이 실패하는지 궁금할 것이다. 변화하는 시장에 맞춰 조직을 적응시키는 것은 자본주의 경제의 정상적인 기능이다. 아마존(Amazon), 구글(Google), 페이스북(Facebook)과 같이 큰 성공을 거둔 기업도 있고, 실패한 기업도 있다. 성공의 열쇠는 변화하는 시대에 적응하는 데 있다. 즉, 기본 원리로 돌아가 조직의 기본을 다지는 것이다. 이 장에서는 이와 같은 기본 원리에 대하여 논의할 것이다.

바닥에서부터 조직 만들기

조직의 원리는 다양한 규모의 모든 기업들에 적용된다. 대부분 기업에서 찾아볼 수 있는 원리에는 기업의 구조화(structuring), 직무 전문화(job specialization)를 활용한 분업(division of labor) 및 부문화(departmentalization), 일관된 절차 수립, 권한위임 등이 있다. 이러한 원리들이 여러분이 지금 일하거나 전에 일했던 직장에서는 어떻게 적용되었는가?

기업의 규모에 상관없이 조직의 원리는 대부분 비슷하다. 예를 들어, 나와 두 친구가 잔디 깎는 사업을 하기로 계획했다고 하자. 가장 먼저 할 일은 사업을 조직화하는 것이다. 조직화나 구조화는 해야 할 일(깎기, 치기, 다듬기 등)을 결정하는 것에서부터 시작한다. 그러고 나서 세 사람이 해야 할 일을 나누는 것이다. 이것을 분업(division of labor)이라고 한다.

한 명은 나무를 다듬는 데 재능이 있고, 나머지 사람은 잔디 깎기에 더 능숙하다고 하자. 회사의 성공은 각 직원의 장점을 파악하고 능력 있는 적절한 사람(right person)에게 적절한 일(right job)을 주는 경영능력에 달려 있다. 많은 직무는 개개인이 특화되었을 때 더 훌륭히, 더 신속하게 수행할 수 있다. 업무를 더 작은 규모로 나누는 것을 직무 전문화(job specialization)라고 한다. 예를 들어, 잔디 깎는 작업을 깎기, 다듬기, 정리하기로 나누는 것도 전문화의 일종이다.

민약 사업이 성공적이라면 더 많은 직원을 고용해서 도움을 받을 수 있다. 다양한 일을 할 수 있게 팀이나 부서로 그들을 조직할 수도 있다. 한 팀은 잔디를 깎고 다른 팀은 잔디와 나뭇잎을 청소할 수 있다. 시간이 흐르면서 사업이 정말

윤리적 의사결정 안전 대 이익

여러분이 인근 지역에서 잔디 깎기 서비스를 성공적으로 시작했다고 가정해보자. 그렇다면 우선은 그 지역 내의 다른 잔디 깎기 서비스 회사들을 관찰해야 한다. 어떤 회사는 훈련이 덜 된 사람들을 고용했거나 대부분의 직원이 외국인 노동자들이다. 그 회사들은 고용인들에게 최저임금이나 그보다도 적은 임금을 지불한다. 게다가 고용주들이 아무런 안전장비를 제공하지 않아, 직원들은 소음이 심한 잔디 깎기 기계와 잔디 청소기를 사용할 때 귀를 보호하는 장비 없이 일한다. 대부분이 잔디를 분쇄할 때 보호 고글(goggle)을 착용하지 않는다. 아주 극소수 만이 유해할 가능성이 있는 비료를 뿌릴 때만 마스크를 착용한다. 정원에서 하는 일은 많은 위험을 동반한다. 또한 안전장비가 비싸며, 직원들이 보호 장비 없이 일하는 걸 선호한다는 것을 알고 있다. 여러분은 가능한 돈을 많이 버는 것에 관심이 있겠지만, 직원의 안전과 복지에 대하여도 관심을 가져야 한다. 게다가 기계와 장비에서 소음공해가 발생한다는 것을 알지만, 소음이 적은 장비는 가격이 비싸다.

사업 초기부터 다져온 기업 문화는 오랜 시간 동안 지속된다. 만약 여러분이 처음부터 안전과 환경에 대한 관심을 강조한다면 여러분의 직원들은 그 가치에 부응할 것이다. 반면에 안전규칙을 무시하고 환경에 관심을 기울이지 않으면서 빠르게 이익만 챙길 수도 있을 것이다. 각 선택에 대한 결과는 어떨까?

성공적이라면 회계사를 고용해서 회계장부를 기록하고 다양한 사람들을 마케팅에 고용(예를 들어, 광고)하며, 장비를 잘 관리하기 위해 수리공을 고용할 수도 있다.

사업이 생산(잔디 깎기 관련 업무), 마케팅, 회계, 유지관리팀 등의 여러 부서로 발전하면서 어떻게 기업의 형태로 진화하는지 볼 수 있다. 각 부서가 전문화된 업무를 하도록 구체화하는 과정을 부문화(departmentalization)라고 한다. 마지막으로 모든 과정을 통제하기 위해서 사람들에게 권한과 책임(authority and responsibility)을 부여해야 한다. 만약 회계부서에서 무언가 잘못되었으면 누구의 책임인지 알 수 있다.

조직을 구조화하고, 부서별 분업을 하며(때로는 그 결과 전문화하기도 하고), 특정한 업무를 하는 팀이나 부서를 만들고(예를 들어, 생산부서나 회계부서), 사람들에게 책임과 권한을 부여한다. 그 과정의 일부로 자원 할당(예를 들어, 다양한 부서를 위한 자금), 특정 업무 부여, 조직 목적 달성을 위한 절차 수립 등이 포함된다. 사업 초기부터 직원을 어떻게 다룰 것인가에 관한 윤리적 의사결정을 해야만 한다('윤리적 의사결정' 글상자 참조).

구성원들의 관계를 보여주는 조직도(organization chart)를 만들 수도 있다. 보고 체계와 완수해야 할 업무와 관련된 책임을 명시한다. 마지막으로 경쟁업체 동향과 소비자의 욕구를 파악해야 한다. 그리고 새로운 현실에 적응해야 한다. 예를 들어, 최고의 잔디 관리업체가 여러분 구역에서 판촉을 시작한다고 하자. 여러분은 경쟁가격 면에서 이 업체보다 더 좋은 서비스를 제공하기 위해 조직적인 변화를 꾀해야만 한다. 만약 경쟁자에게 밀리기 시작한다면 가장 먼저 무엇을 할 것인가?

학습목표 8-2 파욜(Fayol)과 베버(Weber)의 조직이론을 비교하여 설명할 수 있다.

변화하는 조직

비즈니스 역사상 최근처럼 많은 변화가 급속히 이루어진 적은 없었다. 이전 장에서 배웠듯이 대부분의 변화는 글로벌 경쟁, 급변하는 기술, 그리고 자연환경 보존에 대한 압력 등을 포함하는 사업환경의 변화에 기인한다.

위와 같은 사업환경 변화 못지않게 많은 사업에서 중요한 것은 소비자의 기대 변화이다. 오늘날의 소비자들은 높은 품질과 빠르고 친절한 서비스를 기대한다. 그것도 합리적인 가격으로 말이다. 미 식품업체 트레이더 조(Trader Joe's)의 전임 회장인 더그 라우치(Dough Rauch)는 직원과 고객을 새의 두 날개에 비유했다. 새가 날기 위해서는 양쪽 날개가 모두 필요하다는 의미이다. 직원과 고객은 함께 관리되어야 한다. 만약 고객이 행복하다면 기업제품의 쇼핑을 즐길 것이고, 이는 또한 직원을 행복하게 만들어주는 선순환 구조를 가지게 된다.[1]

변화 관리(managing change)는 경영에서 중요한 기능이 되었다. 변화 관리는 때때로 조직 전체의 구조를 변화시키는 것을 포함한다. 예를 들어, 구글(Google)과 같은 거대 기술 기업은 조직을 알파벳(Alphabet)이라는 지주회사로 재편하였다.[2] 알파벳은 다음과 같은 독립조직들로 구성되어 있다. 구글(검색엔진 및 지메일, 유튜브 등 관련 비즈니스), WaymoCalico(자율주행 자동차 헬스케어), Verily(헬스케어 및 질병 예방 스마트 콘택트렌즈), Deep Mind(인공지능), 기타 독립조직들. 이와 같이 상대적으로 규모가 작은 세부조직들은 고객의 목소리를 듣고 조직을 변화시키는데 더 유연하다. 이러한 변화는 일반 기업뿐만 아니라 비영리조직과 정부조직에서도 발생할 수 있다.

과거에는 많은 조직이 소비자를 만족시키기보다는 조직관리를 쉽게 하는데 중점을 두었다. 기업은 매니저가 직원을 통제할 수 있도록 많은 규칙과 법을 만들었다. 이것을 관료주의(bureaucracy)라 한다. 정부는 기업과 마찬가지로 관료주의를 해결하기 위해 많은 노력을 기울여왔다.[3]

조직설계의 현황을 이해하기 위해 지금까지 조직설계의 발전 과정을 이해하는 것이 도움이 될 것이다. 다음 절에서 조직설계의 발전 과정을 살펴보자.

조직설계의 발전

20세기까지 대부분 기업들은 비교적 작은 규모였고, 제품 생산과정은 비교적 단순했으며, 직원의 조직화는 상당히 쉬웠다. 직원을 조직화하는 일은 잔디 관리 서비스 업체나 주문 보트를 생산하는 중소기업에 그리 어려운 일이 아니었다. 1900년대 이후 대량 생산(mass production: 대량 제품의 효율적인 생산)의 소개는 제품 생산 과정과 조직을 복잡하게 만들었다. 일반적으로, 공장이 커질수록 더 효율적인 생산이 가능해졌다.

규모의 경제
기업이 대량의 원자재를 저렴하게 구매하여 제품의 생산단가를 줄일 수 있는 상황. 생산 수준이 증가한 만큼 제품의 평균 가격이 하락한다.

사업의 성장은 **규모의 경제**(economies of scale)를 만들었다. 규모의 경제라는 것은 기업이 대량의 원자재를 저렴하게 구매하여 생산단가를 줄일 수 있는 것, 생산 수준이 향상된만큼 제품의 평균 가격이 하락하는 것을 의미한다. 예를 들어, 자동차를 생산하는 원가는 자동차 생산기업이 대량생산을 할 때 더욱 저렴해진다. GM이나 포드 등 자동차를 생산하는 대규모 공장에 이러한 개념들이 도입되었다. 시간이 흐름에 따라 이러한 대량생산 혁신이 다른 여러 기업에서도 채택되었다.

대량생산의 시대에 조직 이론가들이 출현했다. 두 명의 중요한 사상가는 앙리 파욜(Henri Fayol)과 막스 베버(Max Weber)였다. 그들의 원리 대부분은 현재에도 많은 기업이 세계 곳곳에서 활용하고 있다. 두 이론에 대하여 살펴보자.

파욜의 조직 원리 1916년 프랑스에서 경제이론가 앙리 파욜(Henri Fayol)이 《산업 및 일반경영관리론(administration industrielle et générale)》을 펴냈다. 이 책은 1949년 미국에서 《산업 및 일반경영관리론(General and Industrial Management)》이라는 제목으로 출간되어 많은 인기를 얻었다. 파욜(Fayol)은 다음과 같은 원리들을 소개하였다.

- 일관된 명령(unity of command) – 각각의 직원은 오직 한 명의 관리자에게 보고한다. 이러한 원리의 이익은 분명하다. 만약 두 명의 다른 관리자가 여러분에게 두 개의 다른 지시를 내린다면 어떤 일이 일어날까? 어떤 지시를 따라야 하는 것일까? 그러한 혼란을 막기 위해 각각의 개인은 오직 한 사람의 관리자에게 보고해야 한다(이와 같은 원칙에 어긋나는 조직계획에 대해서도 이후에 논의할 것이다).
- 권한의 위계화(hierarchy of authority) – 모든 직원은 누구에게 보고해야 하는지 알아야 한다. 관리자는 지시를 내릴 권한이 있으며, 직원이 그러한 지시를 따를 것을 기대한다(7장에서 배웠듯이 이러한 개념은 시간에 따라 변화되었으며, 권한위임(empowerment)이 종종 더 중요하게 여겨진다).
- 분업(division of labor) – 생산, 마케팅, 재무와 같은 전문적인 분야의 기능들은 구별된다(다시 언급하겠지만, 이 원리도 현재 변화를 겪고 있는데 전사적 기능의 팀워크(cross-functional teamwork) 활동이 더욱 중요해지고 있다).
- 기업의 이익을 위해서 개인 이익은 종속(subordination of individual interest to the general interest) – 직원들은 공통된 조직의 일부로 자신을 생각하고 있다. 조직의 목표는 개인 각각의 목표보다 우선시된다(이런 개념은 여전히 많이 쓰인다). 여러분들은 이 개념이 미식축구와 농구팀에 적용된다는 것을 들어본 적이 있는가? 또한 여러분들은 최근 미식축구 슈퍼볼(Super Bowl) 게임에서 이 개념이 실제로 적용되는 것을 본 적이 있는가?
- 권한(authority) – 관리자들은 명령할 수 있는 권한과 그러한 명령을 관철할 수 있는 힘을 가진다. 권한과 책임은 서로 밀접하게 관련되어 있다. 권한을 행사할 때는 반드시 책임이 뒤따르기 마련이다(이 원리 또한 관리자들이 직원들에게 권한을 부여하기 시작하면서부터 변화를 겪고 있다).
- 권한 집중도(degree of centralization) – 최고관리자에게 부여된 의사결정력의 크기는 상황에 따라 변화한다. 작은 조직에서는 최고관리자에게 모든 의사 결정 권한이 집중되기도 한다. 하지만 거대한 조직에서는 사소한 주제들에 관해 더 낮은 단계의 관리자나 직원들에게 의사결정 권한을 일부 위임해야 한다.
- 분명한 의사소통 채널(clear communication channels) – 모든 직원은 쉽고 빠르게 기업 내 다른 이들에게 의사를 전달할 수 있어야 한다.
- 질서(order) – 도구나 사람은 적절한 장소에 유지되고 위치해야 한다.
- 공평(equity) – 관리자는 팀원과 동료들을 존중하고 공정하게 대우해야 한다.
- 애사심(esprit de corps) – 기업의 직원 사이에 자긍심과 충성심이 형성되어야 한다.

앙리 파욜은 오늘날까지 적용되는 조직관리 이론을 도입했다. 그 원리 중 하나는 각 직원은 오직 한 명의 관리자에게 보고하고 관리자는 직원들에게 명령을 할 수 있는 권한과 그 명령을 관철시킬 수 있는 힘을 가진다는 것이다. 여러분은 오늘날까지 적용되는 파욜의 원리 중 어떤 것을 보았는가?

전 세계 대학의 경영 과정은 몇 년에 걸쳐 이 원리들을 가르치고 있다. 그리고 그것은 경영의 개념과 같은 의미로 받아들여지고 있다. 조직들은 한 명 이상의 관리자 명령을 받는 직원이 없고, 권한의 흐름 체계가 분명하며, 모든 직원이 누구에게 보고해야 하는지 확실히 알 수 있도록 설계되어 있다. 당연히 이러한 원리들은 더 크게 성장하려는 조직들에 규칙과 정책과 규율로서 문서로 체계화되고 있다.

이 규칙을 만드는 과정은 때때로 소비자의 요청에 즉각적으로 대응하지 않는 더욱 경직된 조직을 만들기도 한다. 과거 미국의 많은 지방에서 자동차 등록 사무소(DMV; Department of Motor Vehicles)와 자동차 수리 센터는 고객의 요구에 상대적으로 느리게 대응하는 조직들로 언급되었다. 그렇다면 이러한 늑장대응 관료주의는 어디에서 시작된 것인가? 다음에서 알아보자.

베버의 조직이론 막스 베버(Max Weber)의 저서 《사회 경제적 조직이론(The Theory of Social and Economic Organizations)》은 파욜(Fayol)의 저서와 같이 1940년대 후반 미국에서 소개되었다. 베버는 독일의 사회학자이자 경제학자로서 대기업이 선호하는 피라미드 조직구조를 촉발했다. 베버는 관리자들에게 대단한 신뢰를 보였다. 만약 직원들이 단순히 관리자가 지시하는 것을 따른다면 기업은 잘 운영될 것이라고 믿었다. 직원들이 의사결정을 적게 하면 할수록 더 나은 것이 될 것이다. 만약 상대적으로 교육받지 못하고 숙련되지 못한 직원들을 지휘하게 된다면 분명히 이것은 합리적인 운영 방법일 것이다. 그러한 직원들은 베버가 책을 저술하던 그 시대에는 일반적이었다. 그러나 오늘날 대부분의 직원은 그 당시보다 월등한 교육적 소양이나 전문적인 기술들을 갖추고 있다. 베버의 조직이론은 파욜의 이론과 비슷하다. 추가로 베버는 다음 사항들을 강조한다.

- 직무 설명
- 규정서, 결정지침, 세부적인 기록
- 일관된 절차, 규칙, 정책
- 정확한 자격에 따른 채용과 승진

막스 베버는 최고 관리자의 명령을 수행하는 중간관리자로 구성된 조직구조를 발전시켰다. 베버는 교육을 덜 받은 직원들은 관리자나 상사의 지휘에 따라 엄격한 규정과 규칙으로 관리되어야 한다고 확신했다. 오늘날 그러한 통제가 효과적인 산업이나 기업은 어디인가?

베버의 생각은 대규모 조직에서는 정확하게 지켜져야 하는 지침이나 규정들을 분명하게 수립해야 한다는 것이다. 다시 말해 그는 관료주의를 선호했다. 비록 그 이론들이 당시에는 적절했을지라도, 어떤 기업에는 융통성이 없는 규칙과 절차의 실행으로 비생산적이었다. 어떤 조직들은 지금도 여전히 베버의 이론으로 성공을 거두고 있다. 예를 들어, UPS(United Parcel Service)는 직원들이 의사결정을 하느라 지체할 필요 없이 신속하게 소포를 운송하기 위한 의사결정 지침과 규정서를 갖추고 있다. 그 절차는 매우 분명하고 명확하다.[4)]

반면 베버의 원칙을 따르는 다른 조직에서는 직원들이 새로운 도전에 신속히 대응하는 것을 허락하지 않기 때문에 UPS처럼 효과적이지는 않은 경우도 있다. 많은 지역의 재난 구조조직에서 그러한 점이 분명하게 드러나고 있다. 뒤에서 우리는 조직들을 더욱 빠르게 반응하도록 하는 방법을 알아볼 것이다. 먼저 기본 용어와 개념들을 살펴보도록 하자.

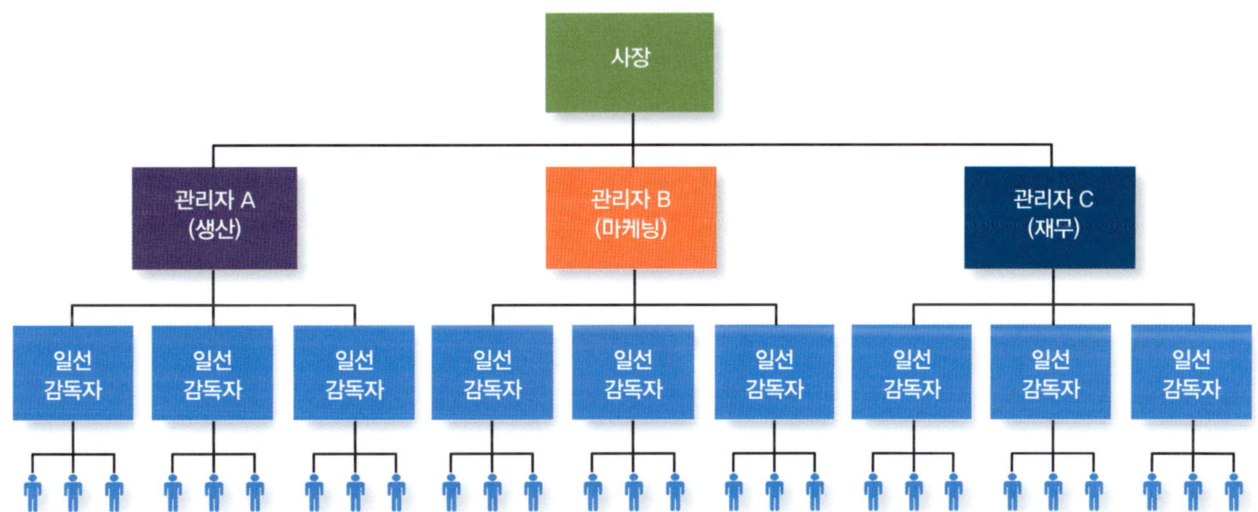

그림 8.1 전형적인 위계적 조직도

이는 주요 기능에 대한 관리자와 이들 관리자에게 보고하는 감독자를 갖는 표준 조직도이다. 각 감독자는 세 명의 직원을 관리하고 있다.

조직원리를 조직설계에 적용하기

파욜과 베버 같은 이론가들의 개념에 따르면 관리자들은 1900년대 후반에 직원들을 통제(control)할 수 있는 조직설계를 시작했다. 그리고 많은 기업이 여전히 위계적인 방식으로 조직되어 있다. **위계**(hierarchy)는 조직의 가장 상부에 한 명의 의사결정자가 있고, 상부로부터 내려오는 순위와 순차적인 순서에 따라 직원들을 책임지는 관리자들이 있는 체계이다. 한 사람이 수천 명의 직원의 행적을 파악할 수 없으므로 최고관리자는 더 낮은 많은 단계 관리자들의 도움이 필요하다. **지휘계통**(chain of command)은 가장 최고의 위계에서 더 낮은 곳으로 이동하는 권한의 흐름이다. 그림 8.1은 전형적인 위계적 조직구조이다. **조직도**(organization chart)는 직원들의 관계와 조직업무분장을 도식화해서 보여주고 있다. 조직도를 통해 보고체계를 확인할 수 있다.

위계
조직의 가장 상부에 한 명의 의사결정자가 있고 상부로부터 내려오는 순위와 순차적인 순서에 따라 직원을 책임지는 관리자가 있는 체계

지휘계통
가장 최고의 위계에서 더 낮은 곳으로 이동하는 권한의 흐름

조직도
직원들의 관계와 조직업무 분장을 도식화해서 보여주는 표. 조직도를 통해 특정 작업의 완성 책임자 및 보고 체계를 확인할 수 있다.

어떤 조직들은 CEO와 가장 낮은 단계의 직원 사이에 십여 단계 또는 더 많은 관리의 층을 가지고 있다. 만약 직원들이 직무 변화를 원한다면 그들은 관리자(첫 번째 의사소통 단계의 관리자)에게, 그 첫 번째 단계의 관리자는 그보다 상위의 관리자에게, 그 관리자는 그보다 한 단계 더 높은 단계의 관리자에게 요청하는 식이다. 결국, 결성이 내려지고 이러한 결정이 다시 직원에게 도달되기까지 몇 주에서 몇 달이 걸릴 수도 있다. 예를 들어, 제약회사인 화이자(Pfizer)에는 한때 최고경영자와 말단직원 사이에 17단계의 계층이 존재했다.

베버는 최고관리자의 명령들을 실행하는 중간관리자들의 기능을 설명하기 위해 관료(bureaucrat)라는 단어를 사용하였다. 따라서 **관료주의**(bureaucracy)는 많은 관리자의 층을 보유하고 있는 조직을 지칭하며 사용되기 시작했다.

관료주의
모든 결정들을 감시하고 규율과 규칙을 정하는 많은 관리자의 층을 보유한 조직

직원이 관리자에게 변경 승인을 요청할 때 그 과정이 너무 오래 걸리기 때문에 고객들은 짜증이 난다. 백화점이나 다른 조직에서 이런 경험을 해본 적이 있는가? 소비자들은 대부분 효율적인 서비스를 원하기 때문에, 그것도 즉시 원하기 때문에 느린 서비스는 오늘날의 경쟁 기업체제에서는 용납될 수 없는 문제이다.

고객 만족을 위해 일부 기업들은 직원들 스스로 의사결정을 할 수 있는 권한을 부여하는 혁신을 단행하고 있다.[5] 건축 인테리어 업체 홈 디포(Home Depot)는 경쟁업체 보다 더 많은 고객을 유치하기 위해 이러한 방법을 사용한다. 이와 유사하게 백화점 체인인 노드스트롬(Nordstrom)은 경우에 따라 직원이 관리자 승인 없이 고객의 반품을 받아줄 수 있다.[6] 이처럼 직원에게 고객을 만족시키고 의사결정을 할 수 있는 권한과 책임을 부여하는 것을 권한위임(empowerment)이라고 한다. 주의해야 할 것은 권한위임은 직원들에게 적절한 훈련과 대응할 만한 자원이 주어졌을 때에만 효과가 있다는 것이다. 여러분은 위기 상황에서 그러한 훈련이 고객을 응대하는 직원들에게 어떤 도움이 되는지 알 수 있겠는가?

시험 준비

- 분업(division of labor)과 전문화(job specialization)가 의미하는 바는 무엇인가?
- 파욜(Fayol)이 주창한 관리의 원칙은 무엇인가?
- 베버(Weber)는 파욜(Fayol)의 이론에 무엇을 더했는가?

학습목표 8-3 조직 구조를 설계하는 관리자들의 선택에 대해 평가할 수 있다.

조직을 설계하는 데 필요한 결정들

변화에 대응하는 조직설계를 위해 기업들은 몇 가지 조직 관련 이슈를 다루어야만 한다. (1) 권한 집중화와 분산화(centralization vs decentralization), (2) 통제 범위(span of control), (3) 수직적 조직 구조(tall organizational structure)와 수평적 조직 구조(flat organizational structure), (4) 부문화(departmentalization)이다.

집중적 권한이나 분산적 권한의 선택

집중적 권한
의사결정 권한이 기업 본사의 최고경영진에게 있는 조직 구조

집중적 권한(centralized authority)은 의사결정 권한이 기업 본사의 최고경영진에게 있는 것을 말한다. 예를 들어, 버거킹은 대부분의 주요의사 결정이 핵심 경영층에 의해 이루어지는 국제적으로 집중화된 권한체계 구조를 가지고 있다. 이와 같은 구조는 강력한

그림 8.2 집중적 권한과 분산적 권한의 장단점

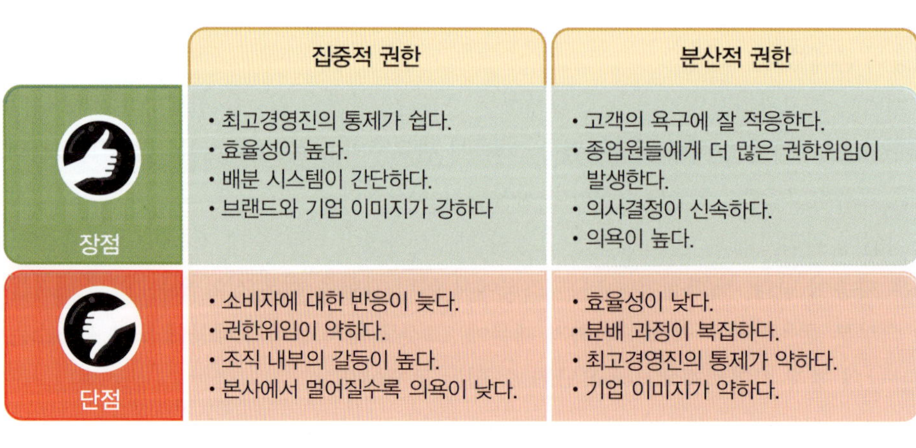

	집중적 권한	분산적 권한
장점	• 최고경영진의 통제가 쉽다. • 효율성이 높다. • 배분 시스템이 간단하다. • 브랜드와 기업 이미지가 강하다	• 고객의 욕구에 잘 적응한다. • 종업원들에게 더 많은 권한위임이 발생한다. • 의사결정이 신속하다. • 의욕이 높다.
단점	• 소비자에 대한 반응이 늦다. • 권한위임이 약하다. • 조직 내부의 갈등이 높다. • 본사에서 멀어질수록 의욕이 낮다.	• 효율성이 낮다. • 분배 과정이 복잡하다. • 최고경영진의 통제가 약하다. • 기업 이미지가 약하다.

국제적 통제력을 가질 수 있다는 장점이 있는 반면, 지역적 변화나 유행에 즉각적으로 대응할 수 있는 유연성이 제한된다는 단점이 있다.

맥도날드 또한 구매, 판촉이나 다른 결정들을 본사에서 가장 효과적으로 처리할 수 있다고 믿고 있다. 그러나 오늘날 시장이 급격히 변화하고 소비자의 입맛도 지역별로 다르기 때문에 맥도날드 역시 더 많은 분권화와 권한위임을 시도하고 있다. 프랑스의 매장에서는 크로크 맥도(Croque McDo: 뜨거운 햄과 치즈가 들어 있는 샌드위치)를 제공하고, 일본의 매장에서는 라이스, 중국의 매장에서는 타로파이(香芋派: 열대과일을 넣은 파이)가 판매되고 있다.[7]

확대된 통제 범위를 가진 관리자는 예측 가능하고 표준화된 업무를 수행하는 많은 수의 직원들을 책임질 수 있다. 공장의 조립라인 이외에 확대된 통제 범위가 이득이 될 수 있는 다른 경영환경을 생각해 볼 수 있는가? 서비스산업의 경우는 어떠한가?

분산적 권한(decentralized authority)은 본사의 관리층보다 지역 여건에 더 익숙한 낮은 층의 관리자나 직원들이 의사결정 권한을 위임받은 것을 의미한다. 이와 같은 분산적 권한은 특히 대규모 소매점에서 많이 사용된다. 예를 들어, 캘리포니아 주의 메이시스(Macy's) 백화점의 고객들은 미네소타(Minnesota)나 메인(Maine)주의 소비자들과는 다른 스타일의 의류를 요구할 것이다. 따라서 다양한 도시의 점포 매니저들에게 각 지역에 맞는 상품을 구매하고 가격을 책정하고 판촉하는 권한을 주는 것은 합당한 일이다. 2008~2009년의 경제불황에 따라 메이시(Macy's) 백화점도 지역적 취향에 맞게 변화하고 있다.[8] 홈 디포(Home Depot)와 로우스(Lowe's) 또한 이와 비슷한 형태로 지역 시장에 적합한 서비스를 제공하고 있다. 그림 8.2는 집중적 권한과 분권적 권한의 장단점을 열거한 것이다.

분산적 권한
본사의 관리층보다 지역 여건에 더 익숙한 낮은 층의 관리자나 직원들이 의사결정 권한을 위임받은 조직 구조

적절한 통제 범위의 선택

통제 범위(span of control)는 경영관리자가 지시 · 감독해야 하는 최적의 직원 수를 일컫는다. 그렇다면 '적절한' 통제 범위는 얼마인가? 낮은 수준의 과업, 즉 과업이 표준화되어 있을 때는 관리자가 15~40명의 넓은 통제 범위를 수용하는 것이 가능하다. 컴퓨터를 조립하는 일이나 극장을 청소하는 일은 20명이나 그 이상의 직원도 1명의 관리자가 책임질 수 있다. 그러나 조직의 과업 수준이 높아질수록 통제 가능한 인원의 수는 적어진다. 과업 수준이 높아질수록 덜 표준화되고 일대일 커뮤니케이션 또한 더 많이 필요하기 때문이다.

통제 범위
한 명의 관리자가 지휘할 수 있는 적정한 부하 직원의 수

오늘날의 경영환경에서 통제 범위는 확대되는 추세이다. 조직이 권한위임(empowerment)을 강화하고, 중간관리자 수를 줄이며, 더 전문화되고 교육 수준이 높은 직원들을 채용하고 있기 때문이다. 또한 정보기술의 발달로 관리자가 더 많은 정보를 다룰 수 있게 되어 통제 범위는 더욱 확장될 수 있다.

수직적 조직 구조와 수평적 조직 구조

20세기 초반이 되자 조직들은 점점 커지고 관리 단계는 점점 많아졌다. 그리고 이러한 현상은 수직적 조직 구조가 될 때까지 계속되었다. **수직적 조직 구조**(tall organizational

수직적 조직 구조
관리를 해야 하는 단계가 다양해져 기존의 피라미드 조직이 더 길어진 조직 구조

structure)는 관리를 해야 하는 단계가 다양해져 기존의 피라미드 조직이 더 길어진 형태라 볼 수 있다. 앞서 살펴보았듯이 몇몇 조직들은 17단계나 되는 관리 단계를 가지고 있었으며, 통제 범위는 좁았다(즉, 각 관리자에게 보고하는 직원의 수가 적다는 의미이다).

이러한 수직적 조직을 보면, 조직에서 메시지가 관리자들 사이를 오가는 과정에서 어떻게 왜곡이 될 수 있는지 상상할 수 있다. 수직적 조직을 살펴보면 관리자와 그 관리자를 보조하는 자, 비서와 그의 보조, 감독자와 수습생 등 매우 복잡하게 조직이 이루어진 것을 알 수 있다. 이 모든 관리자를 유지하고 지원하는 비용 역시 매우 높을 것이다. 각각의 관리자들이 만들어내는 사무 업무의 양도 엄청나고 의사결정을 하거나 서로 대화를 하기에도 상당히 비효율적일 것이다.

수평적 조직 구조
관리하는 단계가 적고 통제 범위가 넓은 조직 구조

이러한 단점들 때문에 최근에는 조직들이 점점 수평적 조직의 형태를 받아들이게 되었다. **수평적 조직 구조**(flat organization structure)는 관리하는 단계가 적고(그림 8.3 참조) 통제 범위는 넓다(즉, 각각의 관리자에게 보고하는 직원들이 많다는 의미이다). 이 조직은 고객의 욕구에 신속히 대응할 수 있다. 왜냐하면, 고객들과 직접 접하는 직원들에게 의사결정에 대한 권한과 책임이 많이 부여되고, 이로써 관리자는 일상 업무에서 벗어날 수 있기 때문이다. 수평적 조직 구조 형태인 서점에서는 직원들이 직접 고객의 특별 주문을 받고 종류별로 책장을 정리할 수 있는 권한을 가진다.

대규모 조직들은 직원들이 고객의 이름을 알고 있을 정도로 고객과 친밀함을 가진 소규모 회사의 모습을 닮고 싶어한다. 조직 구조가 수평적일수록 대부분의 관리자들에게 있어 통제 범위가 넓어지므로 많은 관리자가 직업을 잃을 수도 있다. 그림 8.4는 좁은 통제 범위와 넓은 통제 범위의 장단점을 정리한 것이다.

부문화의 장단점

부문화
기능에 따라 조직을 세분화된 단위로 나누는 것

부문화(departmentalization)는 조직을 세분된 단위로 나누는 것이다. 조직을 부문화하는 전통적 방식은 기능(디자인, 생산, 마케팅, 회계 등)에 의해 나누는 것이다. 기능적 구조는 직원들을 비슷한 기술, 전문성, 자원들에 기반을 두어 각각의 부서에 맞게 조직화하는 것이다. 기능에 의한 부문화는 직원들을 전문화시킬 수 있고 서로 함께 효과적으로 일할 수 있도록 한다. 부문화로 인해 비용이 줄어들면 효율성도 높아진다. 부문화의 다른 장점 중에는 다음과 같은 것들이 있다.

1. 직원들은 기술을 심화하여 발전시킬 수 있고 그 기술을 완벽히 습득하여 승진할 수 있다.

그림 8.3 **수평적 조직 구조**

	좁은 통제 범위	넓은 통제 범위
 장점	• 최고경영진의 통제가 쉬움 • 승진 기회가 많음 • 전문화 • 자세한 관리 감독	• 비용의 감소 • 소비자에 대한 신속한 대응 • 신속한 의사결정 • 권한위임이 쉬움
 단점	• 권한위임이 적음 • 큰 비용 • 느린 의사결정 • 소비자에 대한 책임감 부족	• 승진 기회가 적음 • 관리자에 대한 과잉 업무 부여 • 통제의 상실 • 전문화된 관리의 어려움

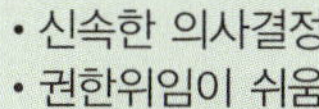

그림 8.4 좁은 통제 범위와 넓은 통제 범위의 장단점

수평적 조직 구조일수록 통제 범위가 넓어진다.

2. 기업은 필요한 모든 자원을 집중하고 그 지역에 다양한 전문가를 배치하여 규모의 경제를 달성할 수 있다.
3. 직원들은 기능적으로 원활히 협력할 수 있고 상위관리자는 다양한 부서별 활동을 쉽게 지시 · 통제할 수 있다.

기능에 따른 부문화의 단점은 다음과 같다.

1. 서로 다른 부서들 사이에 의사소통이 부족할 수 있다. 예를 들어, 생산 부서는 마케팅 부서와 분리되어 있어서 제품 생산을 하는 사람들이 고객의 적절한 피드백을 받기가 힘들다.
2. 직원 개개인은 조직 전체의 목표보다는 자기가 속한 부서의 목표만을 확인할 수 있다. 예를 들어, 구매부서가 좋은 가격의 제품을 찾아 대량 구매했지만, 기업은 높은 보관 비용을 들여 저장해야 하는 경우가 생긴다. 그 결과 구매부서는 외관상

고급 Celine 핸드백을 제조하기 위해서 가죽을 절단한 후, 사진의 작업자들과 같이 세밀한 재봉작업을 수행하는 부서로 보내진다. 재봉작업이 끝나면 버클 등 기타 부속품을 부착하는 부서로 이송된다. 이와 같은 부문화(departmentalizing)의 장단점은 무엇인가?

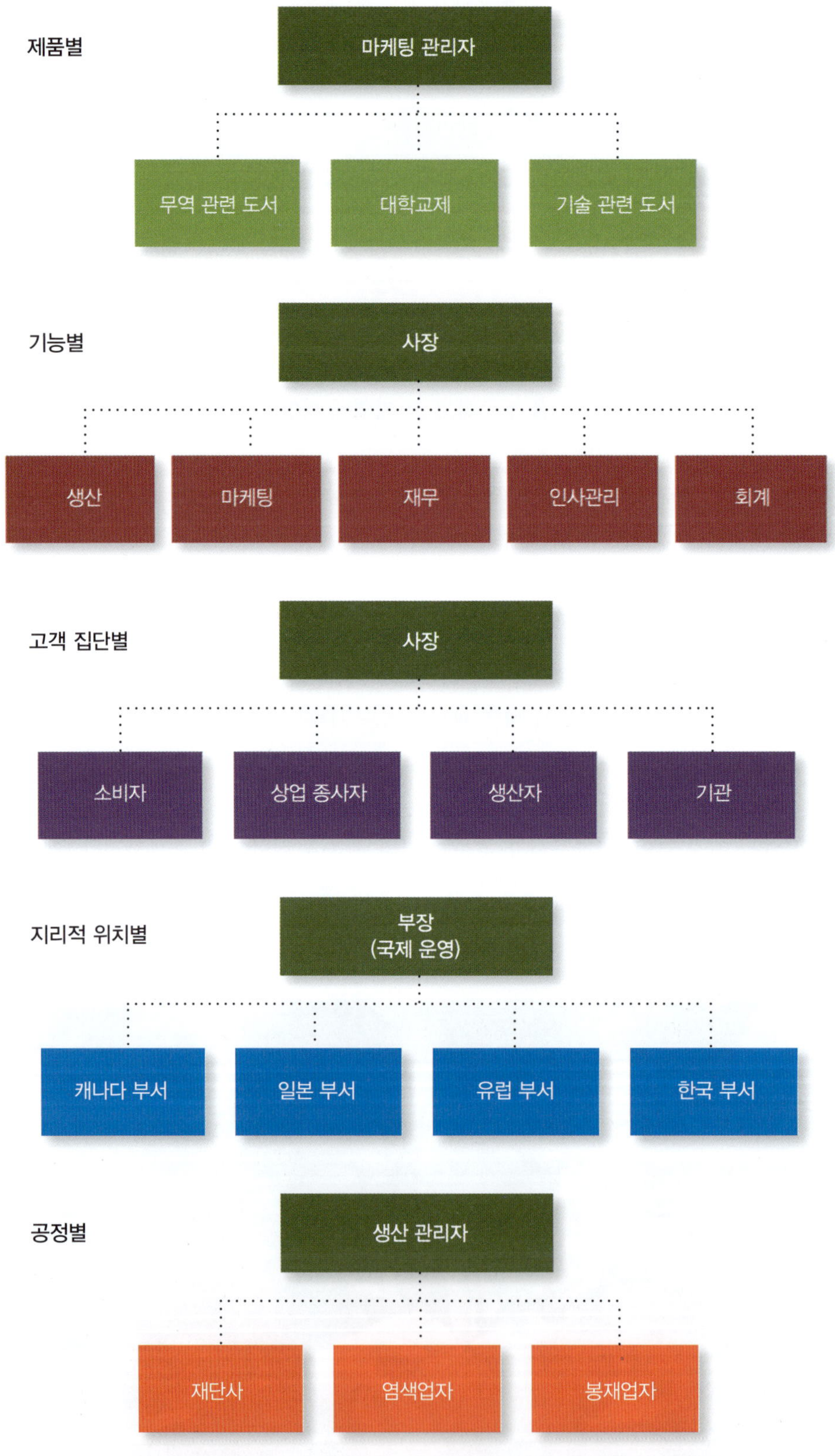

그림 8.5 부문화의 방법
출판업자는 출판된 책 종류(제품), 제조 공장은 기능, 제약회사는 고객 집단, 컴퓨터 회사는 지리적 위치(국가) 그리고 가죽 제조 공장은 공정 과정별로 각 부분을 세분화하고 싶어한다. 각각의 구조는 회사의 목표에 적합해야 한다.

으로는 좋아 보일 수 있지만, 기업 전체적인 수익성에는 타격을 주게 된다.

3. 외부변화에 대한 기업의 대응이 느리다.

4. 직원들이 다른 경영요소에 대한 책임감을 느끼도록 훈련받지 않는다. 오히려 좁은 분야의 전문성을 키우려는 경향이 있다.
5. 같은 부서의 사람들은 같은 생각을 하게 되는 경향이 있으므로 더 창의적이기 위해서는 다른 부서로부터 의견을 얻을 필요가 있다.

부문화의 대안적 방안 기능적 부문화가 언제나 가장 대응이 빠른 조직의 형태라고 볼 수는 없다. 그렇다면 이에 대한 대안은 무엇일까? 그림 8.5는 회사가 부문화를 할 수 있는 다섯 가지 대안에 대해서 설명하고 있다. 한 가지 대안은 제품에 따른 부문화이다. 출판사는 일반도서(대중에게 판매하는 책), 교과서, 기술서 등 모든 분야의 책을 출판해야 한다. 각 분야에 대한 독자들은 다 다르다. 따라서 각각의 책에 대한 마케팅 방법과 개발 방법은 세분된다. 이 같은 제품 중심의 부문화는 기업과 고객이 좋은 관계를 형성하도록 한다.

어떤 조직에서는 조직을 고객 그룹별로 부문화하는 것이 더 의미가 있다. 예를 들어, 제약회사는 일반소비자 시장에 집중하기 위한 부서가 하나 있어야 하고, 병원(기관 시장)에 공급하기 위한 부서가 하나 있어야 하고, 의사들을 주 고객으로 하는 부서가 따로 마련되어야 한다. 고객의 욕구를 만족시키기 위해 고객에 대한 전문가를 고용하여 고객을 집단별로 구분하는 것이 얼마나 이득이 되는지 알 수 있을 것이다.

몇몇 기업은 고객 집단을 지리적 위치에 따라서 구분한다. 왜냐하면, 고객은 지역에 따라 그 특성이 다양하기 때문이다. 아시아, 유럽, 남미 이렇게 국가별로 분류하는 방식도 이러한 부문화에 포함된다. 이를 통해서 각 지역에 따른 이익을 더 분명하게 나타낼 수 있다.

제품의 특성과 고객이 원하는 것들을 알아야 어떠한 방식으로 부문화할 것인지가 결정된다. 소수의 기업은 제품의 제조과정별로 기업 활동을 세분화하는 것이 효율적이라고 보고 있다. 예를 들어, 가죽 코트를 만드는 기업은 가죽을 자르는 부서 하나, 색감을 넣는 부서 하나, 코트로 박음질하는 부서 하나, 이렇게 각각의 부서를 따로 갖고 있다. 이러한 전문화는 직원들이 중요한 기술에 대해 집중할 수 있도록 하므로 그들이 더 열심히 일할 수 있게 한다.

어떤 기업들은 다양한 부문화 기법을 결합하여 사용한다. 이러한 형태를 혼합 형태(hybrid forms)라고 한다. 예를 들어, 어떤 기업은 기능, 지리적 위치, 고객 집단 이 세 가지 방법을 모두 사용할 수도 있다.

시험 준비

- 왜 조직이 점점 수평적으로 되는가?
- 조직에서 좁은 통제 범위를 갖는 이유는 무엇이 있을까?
- 부문화(departmentalization)의 장단점은 무엇인가?
- 기업들이 부문화를 할 수 있는 다양한 방식에는 어떤 것들이 있을까?

학습목표 8-4 다양한 조직모델에 대해 비교하여 설명할 수 있다.

조직 모델들

이제까지 조직 설계의 기본 개념에 대하여 살펴보았고 지금부터는 조직을 설계하는 다양한 방법들에 대하여 자세히 알아보기로 하자. 조직 설계의 4가지 모델, 즉 (1) 라인 조직(line organizations), (2) 라인-스태프 조직(line-staff organizations), (3) 매트릭스 조직(matrix-style organization), (4) 교차기능 자율경영팀(cross-functional self- management teams)에 대하여 알아보자. 4가지 모델 중 전통적인 경영 원리에 반하는 것도 볼 수 있을 것이다. 현재는 기업 환경이 변화하는 시기이며, 전통적인 조직 모델은 새로운 조직구조로 대체되고 있다. 그러한 변화로 경영자와 직원은 고통스러울 뿐만 아니라 문제와 실수가 잔뜩 일어날 수 있다.

라인 조직

라인 조직
책임과 권한이 병행되고, 모든 사람들이 한 명의 감독자에게 보고하며, 조직의 상부에서 하부로 전달되는 의사소통 흐름을 가진 조직

라인 조직(line organization)은 책임과 권한이 병행된다. 모든 사람이 한 명의 감독자에게 보고하며, 조직의 상부에서 하부로 전달되는 의사소통 흐름을 가진 조직이다. 많은 중소기업은 이런 방법으로 조직되어 있다. 예를 들면, 지역 피자점은 총지배인과 관리자로 조직이 구성되어 있다. 모든 직원은 관리자에게 보고하고, 관리자는 총지배인 또는 사장에게 보고한다.

라인 조직에는 경영관리지원 전문가가 존재하지 않는다. 예를 들어, 법무팀, 회계부, 인사부, 정보기술부 등이 존재하지 않는다. 이와 같은 조직들은 파욜의 전통적인 관리 원칙을 따른다. 라인 매니저는 명령을 내리거나 규율을 강화하고 상황의 변화에 따라 조직을 변화시킬 수 있다.

대기업에서는 라인 조직의 특징—경직된 구조, 소수의 전문가가 라인의 다수 직원에게 통지하는 것, 지나치게 긴 의사소통 과정, 관련 없는 수천 개의 제품, 말 그대로 수천 톤의 문서 업무와 복잡한 의사결정을 해야 하는 점—이 단점이 될 수 있다. 이런 조직들은 대부분 라인-스태프 조직으로 변화하게 된다.

라인-스태프 조직

라인 직원
조직의 목표를 달성하기 위한 책임을 지닌 지휘 계통의 일부분이 되는 직원

스태프 직원
라인 직원이 목표를 달성할 수 있도록 조언과 도움을 주는 업무를 담당하는 직원

오늘날의 많은 조직은 라인 조직의 단점을 최소화하기 위하여 라인-스태프 조직을 채택하고 있다. **라인 직원**(line-personnel)은 조직의 목표 달성 책임을 지닌 지휘 계통의 일부분이 되는 직원이다. 생산, 유통, 마케팅 직원이 포함된다. **스태프 직원**(staff-personnel)은 라인 직원이 그들의 목표를 달성할 수 있도록 조언하고 보조해 주는 역할을 수행한다. 마케팅 리서치, 법률 자문, 정보기술 및 인사관리부서 직원들이 스태프 직원의 예이다.

그림 8.6의 라인-스태프 조직도를 참조하라. 라인과 스태프의 한 가지 중요한 차이점은 권한(authority)에 있다. 라인 직원은 정책을 결정할 수 있는 공식적인 권한을 가지고 있다. 스태프는 라인 직원에게 조언하고 그들의 결정에 영향을 줄 수 있는 제안을

그림 8.6 라인-스태프 조직의 예

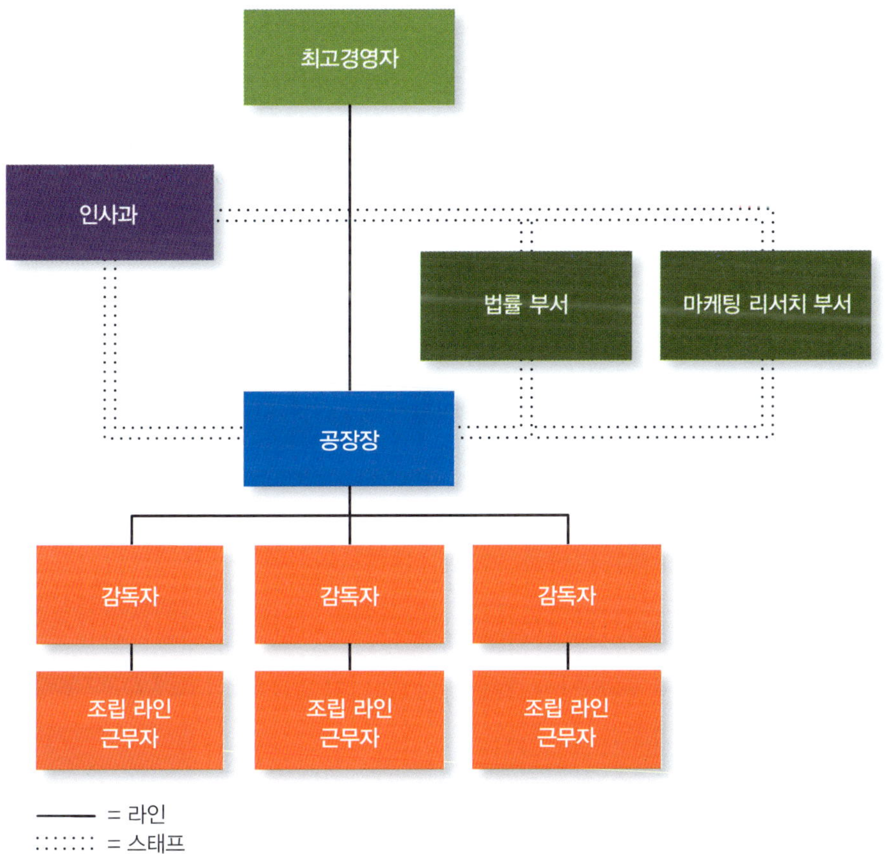

할 수는 있으나 스스로 정책을 바꿀 수는 없다. 라인 관리자는 스태프의 조언을 택하거나 무시할 수 있다.

많은 조직은 안전, 법률적 이슈, 품질 관리, 데이터베이스 관리, 동기 부여, 투자와 관련된 부분에서 스태프의 전문적인 조언으로 많은 이익을 본다. 스태프 직위는 라인의 직위를 강화해준다. 이는 조직에서 임금을 지불하고 고액 연봉을 받는 전문컨설턴트를 유지하는 것과 같다.

매트릭스 조직

라인 조직과 라인-스태프 조직구조는 융통성이 떨어지는 점이 단점이다. 두 조직은 확립된 권한과 의사소통 라인 수립을 가능하게 하며, 비교적 환경의 변화에 민감하지 않은 기업인 가정용 가전제품을 판매하는 기업들에는 효율적이다. 이와 같은 기업들에는 명확한 권한체계와 비교적 정형화된 조직구조가 효율적인 경영을 보장하는 자산이다.

매트릭스 조직
기존의 라인-스태프 조직 구성원 상태를 유지하면서 특별한 프로젝트를 위해 조직 내의 서로 다른 분야의 전문가들이 함께 일하는 조직

그러나 오늘날의 경제환경은 과거에는 볼 수 없었던 고성장 산업(예: 통신, 나노기술, 로봇공학, 생물공학, 항공우주산업)이 주도하고 있다. 이러한 산업들은 경쟁이 심하고 새로운 아이디어에 대한 수명주기도 짧다. 상품 개발, 창조성, 특별 프로젝트, 신속한 의사소통, 독립적인 팀 활동이 강조되고 있다. 이러한 변화로 인해 매트릭스 조직의 인기도 증가하고 있다. **매트릭스 조직**(matrix organization)에서는 기존의 라인-스태프 조직의 구성원 상태를 유지하면서 특별한 프로젝트를 위해 조직 내의 서로 다른 분

그림 8.7 매트릭스 조직도

매트릭스 조직에서는 프로젝트 매니저가 여러 부서의 멤버들로 구성된 팀을 담당한다. 이 경우, 프로젝트 매니저 2는 직원 A, B, C, D를 감독한다. 이 직원들은 프로젝트 매니저 2뿐만 아니라 기존에 속해 있는 부서의 부장에게도 보고를 해야 한다. 예를 들어, 마켓 리서치 직원 B는 프로젝트 매니저 2와 마케팅 부서 부장에게도 보고한다.

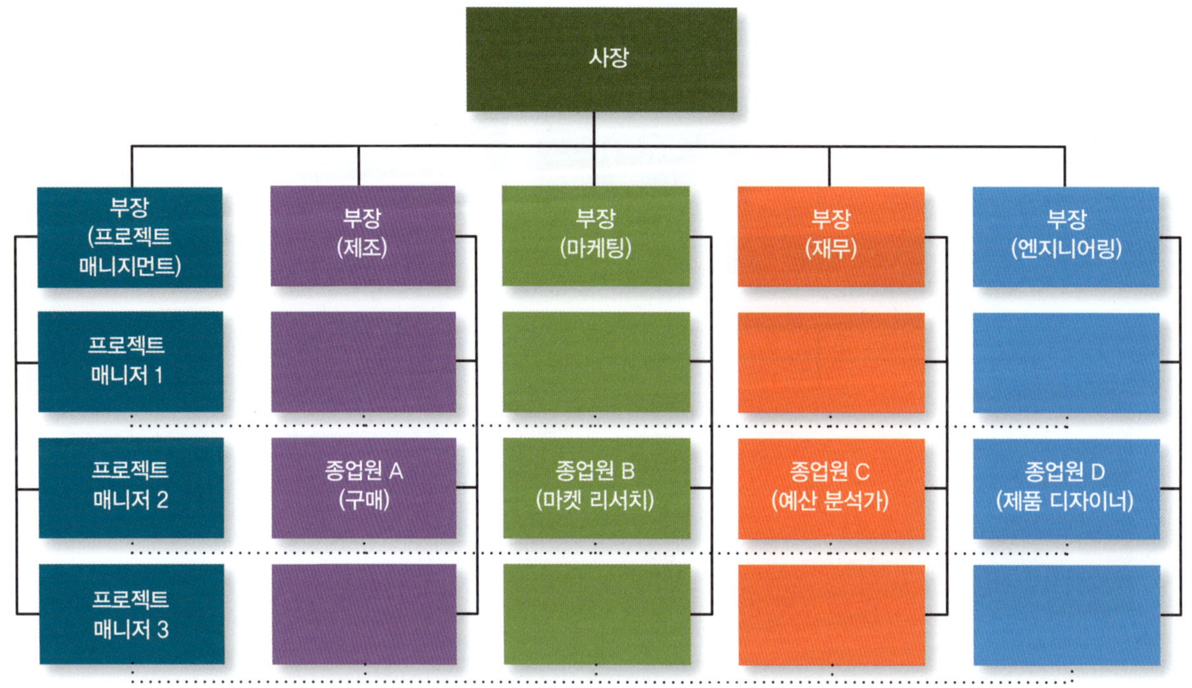

야의 전문가들이 협력하여 일한다(그림 8.7의 매트릭스 조직도 참조). 다시 말하면, 프로젝트 관리자는 다른 부서로부터 신제품을 디자인하고 마케팅하는 데 도움이 되는 사람을 영입할 수 있다.

매트릭스 조직의 구조는 항공우주산업에서 가장 먼저 발달하였지만, 현재는 은행, 컨설팅회사, 회계법인, 광고 대행사, 학교와 같은 조직들에서도 사용되고 있다. 매트릭스 조직구조의 장점은 아래와 같다.

- 관리자가 프로젝트에 사람을 임명하는 데 유연성이 있다.
- 조직 내의 협력과 팀 활동을 촉진한다.
- 제품 개발과 관련된 문제들에 대하여 창의적인 해결책을 만들 수 있다.
- 조직 자원의 효율적 사용이 가능하다.

단점은 다음과 같다.

- 비용이 많이 들고 복잡하다.
- 어느 부서(프로젝트 매니저 또는 기능별 조직)에 충성해야 하는지에 대하여 직원들 사이에 혼란을 유발할 수가 있다.
- 좋은 대인관계 기술과 협동적인 직원들과 관리자들이 요구된다. 또한 의사소통 문제가 나타날 수 있다.

변화에 적응하기 위태로운 홀라크라시(Holacracy)!

Tony Hsieh는 위험을 감수하는 것에 대해 부끄러워한 적이 없다. 그는 아마존이 소유한 Zappos의 CEO로서, 직원이 고객과 소통할 때 광범위한 의사결정 권한을 부여했다. 따라서 7년 전에 그가 Zappos의 전통적인 관리 시스템을 개선하기로 한 것은 놀라운 일이 아니었다. 그는 리더십을 최고 정점에 두고 있는 전형적인 기업구조 대신 직함, 관리자, 위계가 없는 완전 분권형 시스템을 채택했다.

Hsieh는 권한과 의사결정권이 회사 전체에 퍼져 있는 팀들의 조합인 '서클'에 부여되는 급진적인 조직 변화인 홀라크라시(holacracy)를 구상했다. 서클은 조직의 요구가 변화함에 따라 형성되거나 해체되며, 동일한 목적을 위해 일하는 '역할' 그룹이다. 그러나 이러한 홀라크라시의 도입은 자기 관리 개념을 믿는 직원들조차도 혼란스럽게 만들 수 있다. 실제로 Hsieh가 이 시스템을 처음 도입했을 때, 회사 직원의 18퍼센트가 바이아웃(buyout) 제안을 받아들이는 것을 선택했다.

Zappos는 홀라크라시가 실행되기 어려운 개념이라는 것을 알게 되었다. 뛰어난 고객 서비스로 명성을 쌓았던 회사는 자신들이 가장 큰 시장 우위에 있던 고객서비스 분야에서의 결함과 개발에 대한 집중력이 부족하게 되었다는 것을 알게 되었다. 그 후 내부 문제에 지나치게 집중하는 홀라크라시에서 조금씩 벗어나 직원들이 다시 뛰어난 고객서비스를 제공하는 데 노력을 기울이도록 결정했다.

Zappos는 결코 조직의 자기 관리에 대한 믿음을 포기하지 않았다. 현재는 기업 전체의 내부 업무 관리에 집중하기보다는 서클이 직접 프로젝트와 손익을 처리하는 작은 사업체의 역할을 하는 시장 시스템으로 구분되어 운영되고 있다. 이와 같은 작은 사업체들은 소비자들을 위한 신제품 라인과 서비스를 개발하도록 장려된다. Zappos의 조직구조는 순수한 홀라크라시는 아니지만, 여전히 기업가 정신과 자기 주권을 고취하는 분권화된 조직이라고 할 수 있다.

출처: Aimee Groth, "Zappos Has Quietly Backed Away from Holacracy," Yahoo! Finance, finance.yahoo.com, January 29, 2020; Holacracy, holacracy.org, accessed February 2020; Heidi Lynne Kurter, "3 Simple Tips to Building an Untouchable Company Culture Like Zappos, Forbes, January 29, 2020.

- 장기적인 문제에 대해 단지 일시적인 해결책일 수도 있다.

만약 매트릭스 조직이 전통적인 경영원칙에 어긋나는 듯 보인다면 정확히 보았다. 일반적으로 한 개인이 두 명의 상사를 위해 효과적으로 일할 수는 없다. 누가 진정한 권한을 가진 것인가? 어떤 지시가 최우선인가, 프로젝트 매니저의 지시인가 아니면 직속 상사가 내린 지시인가?

그러나 여러분이 상상하는 것보다 이 시스템은 더욱 효과적인 기능을 발휘한다. 새로운 제품을 개발하기 위해서 프로젝트 관리자는 생산, 마케팅, 다른 라인 기능 부서들로부터 직원을 '빌려 오는' 권한을 임시로 부여받는다. 또한 함께 일한 직원들은 프로젝트를 완수하고 나면 제자리로 복귀한다. 따라서 실제 어느 누구도 동시에 두 상사에게 보고하지 않는다.

그러나 매트릭스 조직이 가지고 있는 잠재적인 문제점은 프로젝트 팀이 영구적이지 않다는 것이다. 조직이 문제를 해결하기 위해 형성되었다가 프로젝트가 끝나면 없어지는 것이다. 각 기능 라인의 전문가들이 매우 적은 시간을 함께 보내기 때문에 교차기능 학습(cross-functional learning)의 기회가 적다.

교차기능 자율경영팀

매트릭스 조직에 의하여 형성된 일시적인 팀 구성에 대한 단점을 해결하는 방법은 다음과 같다. 장기적으로 지속하는 팀을 만들어 공급자, 고객, 기타 관계자들에게 훌륭한 서비스를 제공하면서 신속하고 효과적으로 질 높은 신제품을 개발해 나가는 것이다. **교차기능 자율경영팀**(cross-functional self-managed teams)은 서로 다른 부서의 직원들이 장기적으로 지속되는 팀을 만들어 함께 일하는 것이다(매트릭스 조직에서 일시적으

교차기능 자율경영팀
서로 다른 부서의 직원들이 장기적으로 지속되는 팀을 만들어 함께 일하는 것

교차기능 자율경영팀의 한 예로 수술실의 의료전문팀을 생각해볼 수 있다. 의사, 간호사, 기술자, 마취과 의사에 이르기까지 병원 내에서 각기 다른 분야, 다른 부서의 사람들이 모여 성공적인 수술을 위해 팀을 운영하는 것이다. 사무실이나 소매 환경(retail environment)에서는 교차기능 자율경영팀이 임무 완수를 위하여 무슨 일을 하는가?

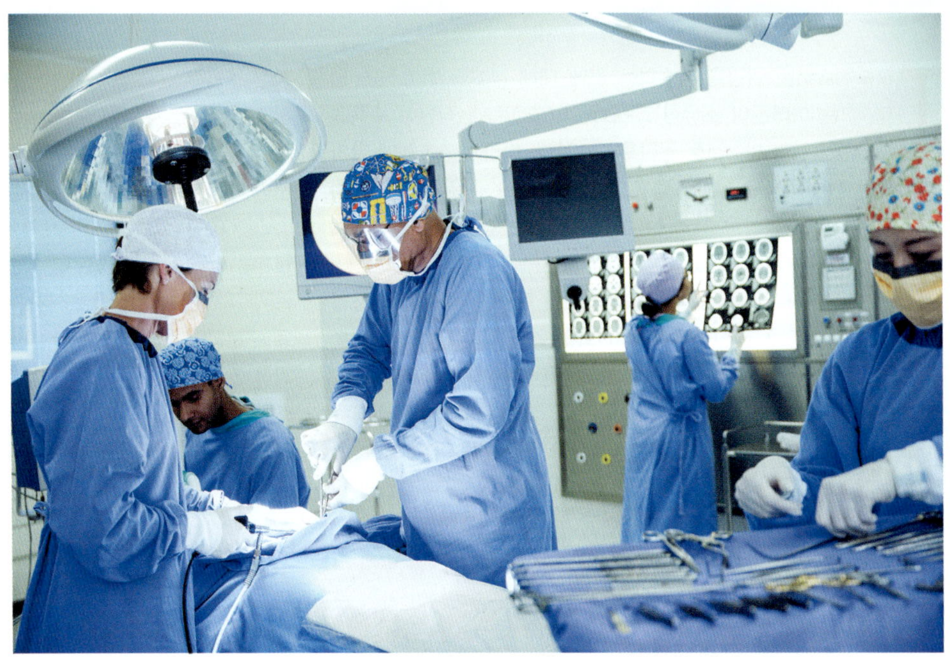

로 팀이 조직되는 것과는 다르다). 보통 교차기능 자율경영팀은 관리자의 승인 없이도 스스로 결정을 내릴 수 있는 권한을 부여받는다. 이것이 바로 팀을 자율경영팀이라고 부르는 이유이다. 다양한 부서의 직원들이 함께 팀을 만들 때 디자인, 공학기술, 마케팅, 유통, 다른 기능 부서들 사이의 장벽이 무너진다. 가끔 그 팀들은 회사 간에도 만들어진다. 즉, 두 개 혹은 그 이상의 다른 기업들에서 팀원들이 모이는 경우이다.

교차기능 자율경영팀은 팀구성원에게 권한이 부여되고 상호 협조적이어야 한다. 교차기능 자율경영팀은 리더십이 공유될 때 가장 효과적이다. 신제품 디자인 개발 단계에서는 엔지니어가 팀을 리드하지만, 제품 유통 단계에서는 마케팅 전문가가 리더 역할을 하는 것이다. '변화에 적응하기' 글상자를 통해 온라인 신발소매상인 Zappos가 자율경영을 어떻게 새로운 단계로 적용시키는지 배울 수 있다.

조직의 경계를 넘어

교차기능팀은 고객들의 의견이 제품개발업무에 전해질 때 가장 잘 작동한다. 공급자와 유통업자 또한 팀에 포함되어야 한다. 고객, 공급자, 유통업자를 포함한 교차기능팀은 조직의 경계를 뛰어넘는다. 기업의 공급자나 유통업자가 외국에 있을 수도 있다. 이 경우 교차기능팀들은 국경을 초월하여 시장 정보를 공유할 것이다. 정부는 팀 간의 네트워킹을 장려하고, 그와 같은 프로젝트에 도움을 줄 것이다. 이러한 때 교차기능팀은 정부와 기업 간의 장벽을 허물 수 있다.

교차기능팀의 활용은 기업이 다른 기업과 상호작용하는 다양한 방법의 하나이다. 이제 기업들이 다른 기업과 상호작용을 할 수 있는 다른 방법에 대해 살펴보기로 하자.

시험 준비

- 라인 직원과 스태프 직원의 차이는 무엇인가?
- 매트릭스 조직에 버금가는 관리 원칙에는 무엇이 있는가?
- 매트릭스 조식 구조와 교차기능 자율경영팀의 주요 차이점은 무엇인가?

학습목표 8-5 기업 간 협력과 조정이 주는 이점에 대해 설명할 수 있다.

기업 간 상호작용 관리

네트워킹(networking)–고객 · 공급자 · 유통업자 · 정부를 포함하는–은 커뮤니케이션 기술 및 다른 수단을 이용해 조직을 연결하고 공통의 목적을 위해 함께 일할 수 있도록 만드는 것이다. 이에 대하여 더 살펴보자.

네트워킹
자기 조직 및 다른 조직의 핵심관리자와 커뮤니케이션을 유지하고, 이와 같은 커뮤니케이션을 통해 비공식적 개발시스템으로서의 역할을 수행하는 강력한 관계를 형성하는 절차

투명성과 가상조직

조직들은 인터넷으로 아주 밀접하게 연결되어 있어서 다른 기업들이 무엇을 하고 있는지 실시간으로 확인해볼 수 있다. **실시간(real time)**은 단순히 무슨 일이 일어나고 있는 현재 순간(present moment)이나 실제 시간을 의미한다. 인터넷 데이터는 개발되거나 수집되는 즉시 다양한 조직의 파트너들에게 바로 전송되기 때문에 실시간으로 이용할 수 있다. 이러한 실시간 이용은 투명성을 가져온다(7장 참조). 투명성(transparency)은 다음과 같은 경우에 생긴다. 기업이 함께 일하는 다른 기업에 공개되어 한때 장벽이었던 것이 허물어져 투명해지고 이로 인해 두 기업이 과거 전통적 기업 내의 부서들이 가깝게 일했던 것처럼 긴밀히 협력할 때 생긴다.

실시간
현재 순간 또는 어떤 일이 발생하고 있는 실제 시간

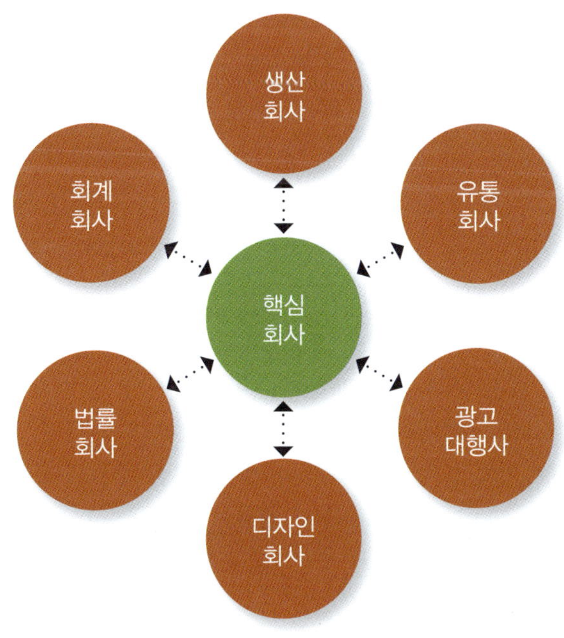

그림 8.8 **가상기업**

가상기업은 생산, 판매, 법, 기타 업무를 수행하는 회사들과 영구적인 관계를 갖지 않는다. 이러한 회사들은 매우 유연하며, 시장의 변화에 빠르게 적응할 수 있다.

이것이 조직 설계에 무엇을 암시하는가? 대부분 조직은 더 이상 자급자족할 수 없다. 오히려 여러 현대 조직들은 모두가 긴밀히 협력하는 세계적인 기업들의 광대한 네트워크의 한 부분이다. 사람들이 어떤 조직에서 어떤 일을 하는가에 관한 조직도는 기업들 사이의 훨씬 더 큰 규모의 시스템의 일부이기 때문에 완벽하지 않다. 현대의 조직도는 다른 조직의 사람들을 보여주고 그들이 네트워크화되는 것을 나타내준다.

네트워크화된 조직구조는 유동적이다. 이탈리아에 있는 다른 기업의 디자이너가 우리에게 일 년간 필요하고 그 후에는 필요하지 않을 수 있다. 다음에는 다른 나라의 다른 기업의 다른 전문가가 다른 프로젝트를 위해 고용될 수도 있다. 이렇게 필요에 따라 교체하고 참여하거나 나가는 것이 가능한 임시 네트워크 조직을 **가상기업(virtual corporation)**이라고 한다(그림 8.8 참조). 이것은 전통적인 조직구조와 상당히 다르다. 사실 전통적인 관리자들은 네트워킹 시대의 변화 속도와 관계 비영속성에 적응하는 데 종종 어려움을 겪는다.[9] 다음 부분에서는 이를 논의할 것이다. 우선은 기업들이 다른 기업들과의 상호 관계를 관리하기 위하여 벤치마킹과 아웃소싱을 어떻게 활용하고 있는지 알아보자.

나이키(Nike)의 핵심경쟁력은 운동화를 디자인하고 마케팅하는 것이다. 나이키는 생산과 같은 다른 업무들은 아웃소싱하고 있다. 다른 기업들이 나이키가 스스로 생산하는 것보다 저렴한 원가에 더 나은 품질을 보여주기 때문이다. 핵심경쟁력에 집중하는 것의 장단점은 무엇인가?

가상기업
필요에 따라 교체하고 참여하거나 나가는 것이 가능한 조직들이 임시로 네트워킹된 조직

벤치마킹
조직의 운영, 공정 절차, 제품 등을 세계 최고의 것과 비교해보는 것

전통적으로 조직은 모든 기능을 스스로 해결하려고 노력해왔다. 즉 각각의 기관들은 회계, 재무, 마케팅, 생산 등을 관리하기 위해 분리된 부서가 있었다. 오늘날의 조직들은 세계적 수준의 품질을 만들어낼 수 없는 분야에서 다른 조직들의 도움을 받을 수 있는지 찾아본다.

벤치마킹(benchmarking)은 조직의 운영, 공정 절차, 제품 등을 세계 최고의 것과 비교해보는 것이다. 예를 들어, K2는 스키, 스노보드, 인라인스케이트와 관련 상품들을 만드는 회사이다. K2는 스키에 그래픽을 인쇄하기 위해 자외선 잉크를 사용하려고 CD(콤팩트 디스크) 산업을 연구한다. K2는 스노보드 안에서 진동을 줄이기 위한 피에조(Piezo) 기술을 얻기 위해 우주산업에까지 손을 뻗었다(우주산업은 비행기 날개를 위한 기술을 사용한다). K2는 케이블TV 산업으로부터 유리섬유와 탄소를 겹쳐 쌓아서 꼬는 방법을 배웠고, 이를 스키를 만드는 데 적용했다. 다른 예로서 CVS Health는 정부의 법률과 정책, 재생에너지 및 지속 가능 패키징으로 전환한 회사의 모범경영사례가 되었고 저탄소 제품 혁신에 투자한 경쟁회사를 벤치마킹한 후 기후통제 분야의 리더로 인정받았다.[10] 벤치마킹은 직접 경쟁사를 벤치마킹할 수도 있다. 타겟(Target)은 월마트보다 나아질 수 있는 무엇인가를 찾기 위하여 월마트와 자사를 비교할 수도 있다. 그 후 타깃은 월마트보다 앞서 가기 위해 자사의 절차와 과정을 향상하려고 노력할 것이다.[11] 패스트푸드 산업에서는 경쟁자들이 시장선도자인 Chick-fil-A를 연구해 주문 정확도, 음식의 품질, 청결도 등을 벤치마킹하는 일이 빈번하다.[12]

오늘날 회사들은 소셜 미디어와 관련된 다양한 벤치마킹 지표(예: 접속 시간, 팔로워 수, 채팅, 방문 및 체류시간 등)를 이용해 주요 경쟁회사와 자신을 비교하고 있다.[13]

만약 한 조직이 해운(shipping) 분야에서 최고가 될 수 없다면 그 분야의 최고의 조직(예를 들어, UPS나 페덱스)에 아웃소싱을 시도할 것이다. 아웃소싱은 외부 조직에 회계, 생산, 보안, 유지관리, 법적 업무와 같은 다양한 기능을 할당하는 것이라는 점을 기

억하라. 소규모 기업도 아웃소싱을 하고 있다. 우리는 이미 회사가 다른 나라로 아웃소싱을 했을 때 생길 수 있는 몇 가지 문제점들을 논의했다. 정보관리, 마케팅과 같은 몇몇 기능들은 외부 회사에 할당하기에는 너무나도 중요한 기능일 것이다. 이때는 최고의 회사를 벤치마킹해서 조직의 부서를 최고로 만들기 위해 구조조정을 하는 노력을 해야 한다. 한편, 다른 나라 기업들이 우리나라 회사에 아웃소싱을 부탁할 수도 있나. 이와 같은 상황을 우리나라의 입장에서는 인소싱(insourcing)이라고 부르며, 이는 우리나라의 일자리 창출에 도움을 주고 있다.

회사가 아웃소싱 과정들을 완료했을 때, 남아 있는 주요 기능은 회사의 핵심경쟁력이다. **핵심경쟁력**(core competencies)은 한 조직이 전 세계에서 다른 조직들만큼 또는 어떤 다른 조직보다도 더 훌륭하게 수행할 수 있는 기능들이다. 예를 들어, 나이키(Nike)는 스포츠 신발의 디자인과 마케팅에서 뛰어나다. 이와 같은 점들은 나이키의 핵심경쟁력이다. 그러나 나이키는 나이키가 생산하는 것보다 더 숙련되고 덜 비싼 가격에 신발을 생산해낼 수 있는 다른 회사에 생산을 아웃소싱한다.[14]

핵심경쟁력
한 조직이 전 세계에서 다른 조직들만큼 또는 어떤 다른 조직보다도 더 훌륭하게 수행할 수 있는 기능들

학습목표 8–6 기업이 변화에 적응하는 것을 도울 수 있는 조직문화의 역할은 무엇인지 설명할 수 있다.

변화에의 적응

일단 조직을 설계했다면, 변화하고 있는 시장환경에 적응해나갈 수 있도록 조직의 구조를 준비해야 한다. 이것은 수년간 익숙해진 조직의 방식에 묶여 있으므로 쉬운 일은 아니다. 직원들은 "이것은 우리가 항상 해온 방식이다. 이 방식이 없어지기 전에는 고치지 말자"라고 말하는 경향이 있다. 관리자들도 그들의 기존 방식에 묶여 있기 쉽다. 관리자들은 아마 그들이 20년의 경력을 가지고 있다고 말하겠지만, 사실 그들은 1년치의 경력을 20번 되풀이한 것이다.

조직에 변화를 도입하는 것은 어느 관리자에게나 가장 어려운 일 중의 하나이다. 그럼 에도 불구하고 GM, 테슬라, 아마존, 페이스북 및 다른 기업들은 경쟁 우위를 차지하기 위하여 변화하고 있다. 만약 더는 효율적이지 않은 낡은 장비를 가지고 있다면 그것을 버려야 한다. 그것이 바로 GM이나 다른 기업들이 해왔던 일이다.[15]

인터넷은 새로운 기회들을 창출해냈다. 고객들에게 직접 판매를 할 수 있을 뿐만 아니라 그들에게 질문하고, 고객들이 원하는 정보를 제공할 수 있게 되었다. 시장점유율을 높이기 위해서 기업은 전통적인 부서와 인터넷 스태프가 친근하며 관리하기 쉬운 상호활동을 위해 노력하는 것을 장려해야 한다. 오늘날의 젊은이들은 인터넷, 휴대폰과 함께 성장하였기 때문에 **디지털 네이티브**(digital natives)라고 부른다. 그들은 첨단기기를 아주 익숙하게 다룬다. 이러한 성향을 가진 젊은이들에게 접근하기 위해서 기업들은 나이가 든 직원들을 재교육시켜서 최신 기술에 대한 상식을 갖출 수 있도록 하고 있다. 비록 최신 기술을 이용한 쉽고 즉시 접근할 수 있는 의사소통 수단이 강력하기는 하지만, 지속 적해서 접속해 있을 경우 부작용도 있다('변화에 적응하기' 글상자를 참조하라).

디지털 네이티브
인터넷과 소셜 네트워킹을 사용하면서 자란 젊은이들. 디지털 이주민(Digital Immigrants)과 구분된다.

변화에 가장 성공적으로 적응한 기업들은 다음과 같은 공통적인 특성들을 가지고 있

변화에 적응하기 | 나의 시간은 당신의 시간

고인이 된 가수 Rudy Vallee는 당신의 증조부모가 흥얼거렸던 매우 오래전 노래에서 "나의 시간은 당신의 시간"이라고 외쳤다. 그 당시에는 아무도 그런 가사를 대수롭지 않게 여겼지만, 오늘날 많은 사람은 이 가사가 많은 근로자에게 자신의 직업을 어떻게 느끼는지에 대한 모토가 되었다고 주장한다. 우리 대부분은 항상 온라인에 연결되어 있기 때문에 많은 직원들이 일을 '쉬는' 것을 어려워한다. 재택근무자(가상근로자)들은 사무실에서 일하는 시간보다 더 많은 노동시간을 투입하며, 일이 더 스트레스를 준다고 말한다. 즉, 일과 삶의 균형을 찾는 것이 점점 더 어려워지고 있다.

많은 고용주들은 근로자들이 필요할 때 언제든지 근무할 준비가 되어있기를 기대한다. 근로자들로서는 자신들이 근무 가능 상태로 준비되어 있지 않을 경우, 고용주들에게 자신들이 일에 완전히 전념하지 않는 것처럼 보일 수 있다는 점을 두려워한다. 재택근무를 하여 직장과 분리된 직원들의 경우, 60% 이상이 24시간 내내 업무 관련 소통에 응답해야 하는 부담을 느낀다고 답했다. 안타깝게도 연구 결과에 따르면 직원들이 정해진 시간 외에 더 많은 시간을 일할수록 스트레스를 받을 가능성이 더 큰 것으로 나타났다. 이러한 스트레스는 전반적인 근로자의 성과와 직무 만족에 부정적인 영향을 미칠 수 있다.

경영자들은 기술이 근로자들을 더 빠르고, 더 똑똑하고, 더 쉽게 일할 수 있게 만드는 놀라운 도구가 될 수 있음을 기억할 필요가 있다. 그러나 기술은 또한 근로자들을 상시 일에 묶어 놓을 수 있다. 근로자가 퇴근하면 고용주가 전화나 이메일로 연락하는 것을 금지하는 '연결되지 않을 권리'에 대한 법안을 통과시킨 국가들도 있다. 스트레스와 과로(번아웃)를 피하기 위해 많은 미국의 경영자와 근로자는 워라밸을 달성하기 위한 기준을 설정하기도 했다. 예를 들어, 집에서 원격으로 일하는 사람들은 근무하는 시간과 장소를 유연하게 설정할 수 있기를 원한다. 이메일과 전화 통화를 위한 시간 요건 설정에 대한 합의도 이루어졌다. 오늘날의 젊은 근로자들은 전통적인 직장 혜택만큼 자유 시간을 중요시한다. 워라밸을 이루도록 도움을 주는 것이 젊은 근로자들을 보유하는 데 핵심이 될 수 있다.

출처: Valerie Bolden-Barrett, "Work- Life Balance Is Non-Existent for Corporate Professionals, Poll Says," HR Dive, hrdive. com, January 29, 2020; Gary Burnison, "Have Virtual Workers? Here's What to Tell Them," CFO, cfo.com, February 5, 2020; Sandra Hart, "The Differences between America's Working Culture and the Rest of the World," The National Digest, thenationaldigest.com, January 25, 2020.

다. (1) 고객의 목소리에 귀를 기울인다, (2) 새로운 아이디어를 조직 전체에 적용할 수 있는 실천력과 영감을 가진 관리자가 있다, (3) 시장으로부터 퇴출될 위기를 가까스로 벗어난 적이 있다.[16] 물론, 변화에 적응하는 것은 어렵다. 그러나 변화에 적응해 조직을 변화시키지 못할 경우, 비교할 수 없을 정도로 더 큰 위기를 맞이할 수도 있다.

권한위임을 위한 구조조정

회사는 직원들에게 권한을 위임하기 위해 종종 대형 구조조정을 해야만 한다. 이것은 고객을 가장 가까운 곳에서 상대하는 일선 직원들을 조직에서 가장 중요한 사람들로 만드는 것을 의미한다. **구조조정(restructuring)**은 고객에게 더욱더 효과적이고 효율적인 서비스를 제공하기 위하여 조직을 재설계하는 것을 의미한다.

구조조정
조직이 고객에게 더 효율적이고 효과적인 서비스를 제공할 수 있도록 조직을 재설계하는 것

과거에는 호텔의 프런트 데스크 직원과 백화점의 점원은 중요한 직원으로 여겨지지 않았다. 대신 관리자들이 고객을 직접 상대하는 일선 직원(front-line people)을 감독하는 책임을 지고 있었다. 이와 같은 구조는 빈번하게 관리자와 일선 직원 모두에게 자신들 업무의 공헌도와 가치를 제대로 평가받지 못한다고 느끼게 만들어 불만을 가져왔다. 이를 보여주는 전형적인 기업의 조직도는 피라미드 조직과 같은 형태였다.

역피라미드 조직
조직도에서 고객과 접촉하는 일선 직원들이 제일 윗부분에 위치하고, 최고경영자(CEO)가 맨 아랫부분에 위치하는 조직

서비스 중심 기업들이 일선 직원들에게 권한을 부여함에 따라, 전통적인 조직 구조는 위아래를 거꾸로 한 형태로 변화되기 시작했다. 간호사와 같은 **역피라미드 조직**

그림 8.9 역피라미드 조직 구조와 전통적 피라미드 조직 구조의 비교

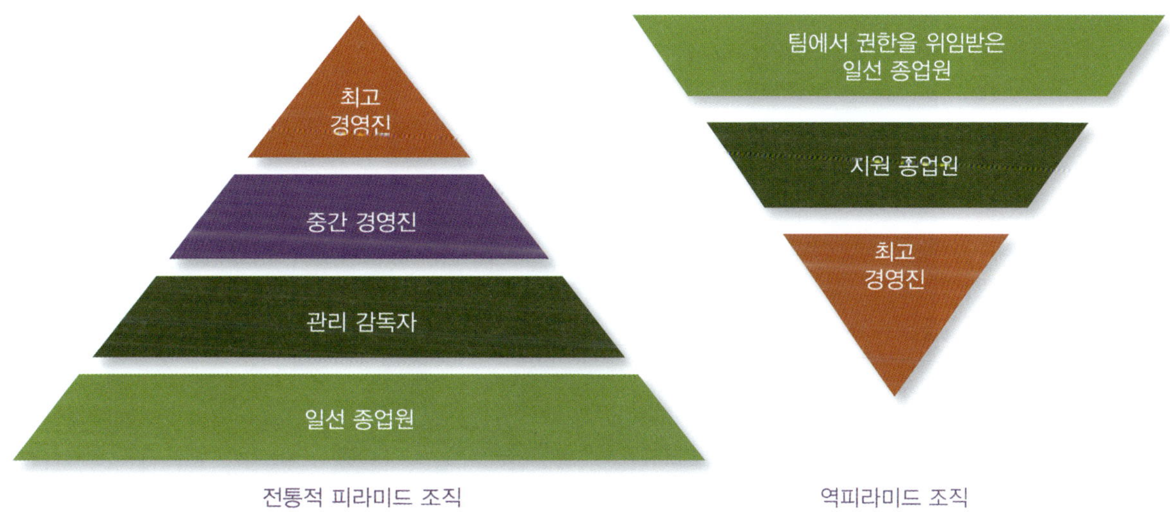

(inverted organization)은 고객과 접촉하는 일선 직원들이 조직도의 제일 윗부분에 위치하고, 최고경영자진은 맨 아랫부분에 있는 구조이다. 이 조직에는 관리의 단계가 거의 없고 관리자들의 업무는 직원들을 지시하고 감독하는 것이 아니라 일선 직원들을 도와주고 지원해주는 것이다.[17] 그림 8.9는 역피라미드 조직 구조와 전통적인 피라미드 조직 구조의 차이점을 보여준다.

이 조직 구조에 기반을 둔 회사들은 대내외적 데이터베이스와 신속한 커뮤니케이션 시스템과 전문적인 지원을 통해 일선 직원들을 돕는다. 이 말은 일선 직원이 과거보다 나은 교육과 훈련을 받고 높은 임금을 받아야 한다는 것을 의미한다. 최고경영자가 이러한 시스템을 실행하는 데는 많은 믿음이 필요하지만, 그것을 잘 진행하면 고객 만족과 이윤으로 보상받을 것이다.

과거 경영자들은 정보를 통제하고 통제된 정보는 경영자들에게 힘과 통제권을 부여했다. 더 진보적인 조직에서는 정교한 데이터베이스 시스템을 통하여 모든 구성원이 정보를 공유한다. 오늘날에는 기업 간 정보 공유도 활발하게 이루어지고 있다. 어떠한 조직구조를 선택했든 혹은 직원들에게 얼마만큼의 권한을 위임했든 간에 성공적인 조직 변화를 위한 비밀은 고객과 고객이 원하는 것을 제공하는 일에 초점을 맞추는 것이다.[18]

변화 지향적인 조직문화 만들기

대부분의 조직 변화는 회사 구성원들 사이에서 스트레스와 저항을 일으킨다. 기업은 변화 지향적인 조직문화를 가졌을 때 가장 잘 적응할 수 있다. **조직 또는 기업문화**(organizational or corporate culture)란 조직이나 기업이 공통 목표를 달성할 수 있도록 협력하고 조직 내 단결을 도모할 수 있도록 널리 공유되는 가치들을 의미한다. 보통 조직문화는 조직 내부에서의 이야기, 전통, 신화가 반영되어 나타난다.

조직문화(기업문화)
조직이나 기업이 공통 목표를 달성할 수 있도록 협력하고 조직 내 단결을 도모할 수 있도록 널리 공유되는 가치들

그것은 품질, 청결, 서비스, 가치를 강조하는 문화를 가진 맥도날드 매장을 방문하면 분명하게 알 수 있다. 각 음식점은 같은 옷, 같은 느낌, 같은 분위기를 가지고 있다. 간

비공식 조직은 직원들이 서로 만나서 관계를 형성하면서 발전시켜 나가는 시스템이다. 직원들 사이의 비공식 정보 흐름을 말하는 포도덩굴(grapevine)은 비공식 조직의 신경 중추이다. 비공식 조직은 어떻게 작업환경에 영향을 미치는가?

단히 말해서 유사한 조직문화를 가지고 있다.

조직문화는 부정적일 수도 있다. 여러분은 직원 대부분이 서비스와 품질을 신경 쓰지 않는 조직에 가본 적이 있는가? 점원들은 하나같이 침울하고 무관심하며, 성의 없어 보일지도 모른다. 그 분위기는 고객들을 불쾌하게 만들 것이다. 그런 조직이 이익을 창출하고 지금까지 경쟁에서 살아남았다고 믿기는 어려울 것이다. 그러므로 직장을 구할 때, 여러분이 현재의 문화에서 성공할 수 있을지 알고 싶다면 조직문화를 공부하는 것이 매우 중요하다.

가장 훌륭한 조직은 타인에 대한 배려, 그중에서도 특히 고객에 대한 서비스를 강조하는 문화를 가지고 있다. 이 분위기는 합리적인 가격으로 좋은 제품을 제공하기 위해 친근하고 배려심 많고 세심한 사람들이 함께 일하는 것을 즐기는 것이다. 그러한 기업들은 직원들을 감독해야 할 필요가 없을 뿐만 아니라 규정 매뉴얼, 조직도, 공식적 규칙, 절차, 통제의 필요성도 적다. 생산적인 문화의 핵심은 상호 신뢰이다. 신뢰는 먼저 상대를 신뢰해야 얻을 수 있다. 훌륭한 기업들은 정직, 신뢰성, 공정성, 환경보호, 사회 참여 활동과 같은 도덕적이고 윤리적인 가치를 강조한다.[19]

지금까지 우리는 조직의 문제가 거의 경영관리에 의해 통제가 가능한 것처럼 이야기해 왔다. 사실상 공식적인 조직구조는 문화를 포함한 전체 조직시스템 중 단지 하나의 구성요소일 뿐이다. 비공식 조직은 공식적 조직과 동등하거나 그 이상의 중요성이 있다. 이를 계속해서 알아보자.

비공식 조직 관리

공식 조직
책임, 권한, 직위의 라인이 상세하게 갖추어진 조직 구조로서 조직도에 명시된 구조

모든 조직은 두 가지의 조직적인 시스템을 갖는다. 하나는 **공식 조직**(formal organization)으로, 책임 · 권한 · 직위의 라인이 상세하게 갖추어진 조직 구조이다. 이

구조는 조직도에 명시된다. 다른 하나는 **비공식 조직**(informal organization)이다. 비공식 조직은 직원들이 자발적으로 회의하고 권한의 중심을 형성하면서 발전시켜 나가는 관계 시스템이다. 그것은 공식 조직 외의 것을 발전시키는 다양한 파벌, 관계, 권한의 라인 등으로 구성되어 있다. 바로 조직의 인간관계 측면으로서 조직도에 나타나지 않는다.

비공식 조직
직원들이 자발적으로 회의하고 권한의 중심을 형성하면서 발전시켜 나가는 관계의 시스템으로서 조직도에 나타나지 않는 조직의 인간관계 측면

어떤 조직도 두 가지의 조직 형태 없이는 효과적으로 운영될 수 없다. 공식 조직은 너무 느리고 관료주의적이어서 조직을 빠르게 변화에 적응시킬 수 없다. 그러나 일상적인 상황에서 효과적인 지침과 권한 체계를 제공한다.

비공식 조직은 종종 구조적이지 않고 감정적이어서 중요한 사항에 대한 결정을 내리는 데 어려움이 있다. 그러나 단기적 문제에 대한 창의적 해결책을 찾고 동료들 간의 우정과 팀 단결력을 제공하는 데에는 매우 효과적이다.

어떤 조직이든 비공식 조직에서는 누가 중요한 사람인지 빨리 아는 것이 현명하다. 예를 들어, 물품이나 설비를 지원받기 위한 공식적인 절차는 많은 시간이 걸릴지도 모른다. 조직에서 정규 절차를 따르지 않고도 즉시 물품을 얻을 수 있는 법을 아는 사람이 누구인가? 여러분의 일을 우선순위로 가장 먼저 해결해주기를 바란다면 어떤 경영지원 직원을 만나야 하는가? 많은 조직에서 효과적으로 일하기 위해 답해야 할 질문들이다.

비공식 조직의 중추부는 포도덩굴(grapevine: 관리자와 직원들 간의 비공식적 정보의 흐름 시스템)이다. 포도덩굴에서 핵심 인물은 조직에서 상당한 영향력을 가진다.

'우리 때 그들'이란 옛날식의 조직구조에서는 관리자와 직원들의 사이가 나빠 비공식적 시스템이 효과적인 관리를 하는 데 방해가 되었다. 새로운, 더욱더 열린 조직에서는 관리자와 직원들이 목표를 달성하고 절차를 설계하기 위해 함께 일한다. 또한 비공식적 조직은 직원들 간의 조화를 촉진하고 기업문화를 확립할 수 있는 매우 귀중한 경영자산이 될 수 있다.

비공식 조직이 단체협력면에서 효과적일수록, 경영진의 지시에 대한 저항 또한 동등하게 커질 수 있다. 직원들은 조합을 조직하고, 동시 파업에 참여할 것이며, 일반적으로 운영을 방해할지도 모른다. 올바른 조직문화를 만들고 비공식 조직 내에서 일하는 법을 배우는 것이 경영 성공의 열쇠이다.

시험 준비

- 역피라미드 조직(inverted organization)은 무엇인가?
- 왜 조직들은 기능을 아웃소싱을 하는가?
- 조직문화는 무엇인가?

요약하기

학습목표 8-1 조직 관리의 기본 원리에 대한 개요를 설명할 수 있다.

- **오늘날 기업들에는 어떤 일들이 일어나고 있는가?**

  기업들은 변화하는 시장에 적응하고 있다. 그것은 자본주의 경제에서는 당연한 일이다. 시장에는 구글이나 페이스북과 같은 승자들도 있고 적응하지 못한 패자들 또한 존재할 것이다. 성공의 중요한 열쇠는 변화하는 시대에 유연하게 적응하는 것이다.

- **조직 관리의 원리는 무엇인가?**

  조직을 구조화하는 것은 분업을 계획하고(때로는 분업의 결과로 전문화가 나타남), 팀과 부서를 정하고, 권한과 책임을 부여하는 것이다. 그것은 자원을 배분하고(자금의 지원 등) 구체적인 업무를 할당하며, 조직의 목표를 달성하기 위한 절차를 수립하는 것 등을 포함한다. 관리자들은 직원들을 어떻게 대우해야 하는지에 대한 윤리적 결정도 해야 한다.

학습목표 8-2 파욜(Fayol)과 베버(Weber)의 조직이론을 비교하여 설명할 수 있다.

- **파욜의 기본 원리는 무엇인가?**

  파욜은 명령의 일관성, 권한의 위계화, 분업, 기업의 이익을 위한 개인 이익의 종속, 권한, 명확한 의사소통 채널, 질서, 공평성과 같은 원리를 소개했다.

- **베버는 어떤 원리들을 추가했는가?**

  베버는 직무 설명과 같은 관료주의 원리, 규정과 의사결정 지침, 일관성 있는 절차, 자격에 기초한 스태프 구성과 승진 원리를 추가시켰다.

학습목표 8-3 조직 구조를 설계하는 관리자들의 선택에 대해 평가할 수 있다.

- **조직의 구조화에 있어 네 가지의 주요 선택 사항은 무엇인가?**

  조직의 구조화와 구조조정에는 (1) 권한 집중화 대 분산화, (2) 통제 범위, (3) 수직적 대 수평적 조직구조, (4) 부문화의 유형 등에 대한 선택이 이루어져야 한다.

- **구조화에 있어 최근의 동향은 어떠한가?**

  부서는 매트릭스 조직과 교차기능팀에 의해 대체되거나 보충된다. 교차기능팀의 활용은 권한의 분산화라는 결과를 가져왔다. 직원들이 자율 감독함에 따라 통제범위는 확장되었다. 또한 관리자를 없애고 수평적 조직으로 변화되고 있다.

학습목표 8-4 다양한 조직모델에 대해 비교하여 설명할 수 있다.

- **두 개의 주요 조직모델은 무엇인가?**

  두 가지의 전통적인 조직 형태는 (1) 라인 조직과 (2) 라인-스태프 조직이다. 라인 조직은 명확히 정의된 책임과 권한 체계가 있으며, 이해하기가 쉽고 각 직원에게 한 명의 관리자가 있는 것이 장점이다. 대부분 조직은 안전, 품질관리, 컴퓨터 기술, 인사관리, 투자 등의 분야에서 스태프의 전문적인 조언을 지원받는다.

- **조직의 대안적 구조에는 어떠한 것들이 있는가?**

  매트릭스 조직과 교차기능 자율경영팀이 있다. 매트릭스 조직은 일시적인 프로젝트를 수행하기 위하여 관리자들에게 그 프로젝트에 투입될 직원을 선발하는 권한을 주는 융통성과 조직 간 협력과 팀워크를 장려하는 조직이다. 교차기능 자율경영팀은 매트릭스 조직의 모든 이점을 가지고 있으면서 장기적으로 유지되는 팀을 말한다.

학습목표 8-5 기업 간 협력과 조정이 주는 이점에 대해 설명할 수 있다.

- **기업 간 커뮤니케이션과 관련된 주요 이슈들에는 무엇이 있는가?**

  네트워킹은 커뮤니케이션 기술과 다른 방법을 동원하여 조직들을 연결하고 그들이 공통의 목표를 위하여 협력할 수 있도록 하는 것이다. 가상기업은 필요에 따라 네트워크에 참여하고 떠날 수 있는 대체 가능한 기업들로 구성된 네트워크 조직이다. 경쟁사 벤치마킹을 통해 어떤 기업이 타 기업들보다 특정 기능들이 뒤떨어진다고 밝혀지면 이 기업은 아마도 이 기능들을 더 효과적이고 효율적으로 잘 수행할 수 있는 타 기업들로 부터 아웃소싱할지도 모른다. 이 기업에 여전히 남아 있는 기능을 핵심경쟁력이라고 한다.

- **역피라미드 조직은 무엇인가?**

  역피라미드 조직은 직원들이 위계상 최상위에 있고, 관리자들이 직원을 훈련하고 지원하기 위해 최하위에 위치한다.

학습목표 8-6 기업이 변화에 적응하는 것을 도울 수 있는 조직문화의 역할은 무엇인지 설명할 수 있다.

- **조직문화는 무엇인가?**

  조직 또는 기업문화는 공통의 목표를 달성하기 위해 조직 내 단결과 협력을 제공하는 널리 공유된 가치로 정의할 수 있다.

- **기업의 공식 조직과 비공식 조직의 차이에는 무엇이 있는가?**

  공식 조직(formal organization)은 책임 · 권한 · 직위의 라인이 상세하게 갖추어진 조직 구조이다. 이 구조는 조직도에 명시된다. 비공식 조직(informal organization)은 직원들이 자발적으로 회의하고 권한의 중심을 형성하면서 발전시켜 나가는 관계 시스템이다. 그것은 공식적 조직 외의 것을 발전시키는 다양한 파벌, 관계, 권한의 라인 등으로 구성되어 있다. 바로 조직의 인간관계 측면이다. 비공식 조직은 동료들 간의 우정과 팀 단결력 조직문화를 제공하는 중요한 자산이지만, 관리자의 지시에 저항할 때에도 강력한 힘을 지닐 수 있다.

주요 용어 정리

가상기업(virtual corporation)
공식 조직(formal organization)
관료주의(bureaucracy)
교차기능 자율경영팀(cross-functional self-managed teams)
구조조정(restructuring)
규모의 경제(economies of scale)
네트워킹(networking)
디지털 네이티브(digital natives)
라인 조직(line organization)
라인 직원(line-personnel)
매트릭스 조직(matrix organization)
벤치마킹(benchmarking)
부문화(departmentalization)
분산적 권한(decentralized authority)
비공식 조직(informal organization)
수직적 조직 구조(tall organizational structure)
수평적 조직 구조(flat organization structure)
스태프 직원(staff-personnel)
실시간(real time)
역피라미드 조직(inverted organization)
위계(hierarchy)
조직도(organization chart)
조직 또는 기업문화(organizational or corporate culture)
지휘계통(chain of command)
집중적 권한(centralized authority)
통제 범위(span of control)
핵심경쟁력(core competencies)

사고력 문제

여러분은 조직의 기본 원리에 대하여 배웠다. 그렇다면 여러분이 일했던 조직에서 이러한 원리를 적용해본 적이 있거나 이러한 원리를 도입하여 운영하는 조직에서 일해본 적이 있는지 생각해보자.

1. 분업이 필요하고 도움이 되는 것이었는가?
2. 특정 업무를 부여받았는가 아니면 스스로 무슨 일을 할 것인지 결정하게 되어 있었는가?
3. 베버가 제안한 것처럼 승진이 엄격하게 자격요건에 의하여 결정되는가? 승진에 고려되는 다른 요소들은 무엇인가?
4. 조직의 규모가 커지면서 나타나는 문제점은 무엇인가?
5. 자동차 회사에 추천하고 싶은 조직변화는 무엇인가? 항공사, 기술 기업, 패스트푸드 레스토랑에는 어떤 조직변화를 제안하겠는가?

원리의 적용

목적

간단한 조직도 작성해보기

연습

조직도에서는 조직에 근무하는 구성원들의 관계에 대한 지도를 그리고 보고체계를 명시한다. 아래 정보를 이용해 조직도를 작성해보자.

1. 최고경영자(CEO): 전체 조직의 총책임자
2. 마케팅 임원, 생산 임원, 최고재무 임원(CFO): 최고경영자에게 직접 보고
3. 마케팅 임원은 4개의 마케팅 부서장을 감독한다. 생산 임원은 3개의 일선 생산라인 부서장에게 지시를 내린다. CFO는 3명의 감독관에게 지시를 내린다.
4. 각 부서장 또는 감독관은 여러 명의 현장직원들을 감독한다. 편의상 각 부서장 또는 감독관은 각각 3명의 현장직원들을 감독한다고 가정하자.

직업기술의 개발

핵심: ● 팀 ★ 분석 ▲ 의사소통 ◘ 기술

많은 관리계층이 있을 때 의사소통의 정확성을 알아보는 방법으로 메시지 전달(Message Relay) 게임을 하는 것보다 더 효과적인 것은 없다. 교실에서 7명 이상의 학생들을 선택하여 교실 밖으로 나가 있게 하라. 그리고 한 사람을 선택하여 다음의 문장을 읽게 하고 다른 학생은 그것을 듣게 한다. 아직 교실 밖에 있는 학생들 중에서 한 명을 선택하여 조금 전에 그 문단을 들었던 '청취자(listener)'가 그 학생에게 조금 전 들었던 문장의 정보를 전달하게 한다. 그리고 또 다른 학생을 교실 안으로 불러 조금 전의 새로운 청취자가 새로 들어온 학생에게 그 내용을 반복하여 전달하게 한다. 교실 밖에 나가 있는 모든 학생과 이 경험을 되풀이한다. 누구도 청취자가 다음 학생에게 전달하는 내용을 수정하지 못하게 한다. 각 청취자는 차례대로 스토리텔러(story teller)의 역할을 하기 때문이다. 모든 학생은 시간이 지나면서 어떻게 사실이 왜곡되는지 알 수 있게 된다. 그 왜곡과 실수는 종종 정말 우스꽝스럽다. 하지만 그것이 포드(Ford)와 같이 22개의 관리 계층을 지닌 기업에서는 그다지 우스운 이야깃거리만은 아니다. 읽어보고 전달해야 할 문장은 다음과 같다.

●▲ 1. '중서부 지방의 딜러들은 우리 회사의 미니밴 제품 중 신제품인 커맨더(Commander)와 로드 핸들러(Roadhandler) 모델의 핸들과 관련해 무려 130여 건의 불만을 접수하였다. 분명히 앞면 완충시스템이 약하고 볼 조인트(ball joint)가 너무 빨리 마모되고 있다. 이것은 연동장치의 저하와 오버스티어링(운전자의 의도 이상으로 많이 꺾이는 경향)이란 결과를 초래한다. 베렌스테인(Berenstein) 씨는 통지를 받았지만, 지금까지 4,300명 딜러 중에서 오직 213명만이 수리장비를 받았을 뿐이다.'

★ 2. 학교나 직장에서 여러분에게 익숙한 조직 내 비공식 집단을 설명해보라. 이러한 집단들이 조직의 발전에 어떻게 도움이 되고 방해가 되는가?

▲ 3. 여러분이 키친 매직(Kitchen Magic)이라는 가전제품 생산업체의 식기세척기 부서에 근무한다고 가정해보자. 거기서 더 나아가 경쟁업체에서 음파(sound wave)를 활용하여 식기를 세척하는 신제품을 출시했다고 상상해보자. 음파를 활용한 결과 조리과정에서 타서 생긴 아주 진한 때까지도 세척할 수 있고, 세라믹 식기와 은식기(silverware)까지도 소독할 수 있는 세척기를 만들어냈다. 여러분은 이와 유사한 제품을 빠른 시일 내에 개발해야 한다. 그렇지 않으면 여러분이 근무하는 회사는 시장을 잃게 될 것이다. 경영진에게 문제의 개요를 설명하고 신속하게 대응하기 위하여 교차기능 자율경영팀을 구성하는 것이 합리적이라는 여러분의 제안을 설명하는 이메일을 작성해보라.

●★▲ 4. 학급을 다섯 팀으로 나누어라. 여러분의 기업이 가상기업에 합류하라는 요청을 받았다고 가정하자. 여러분은 육상스포츠화 제조업자이다. 가상기업에 참가함으로써 발생할 수 있는 잠재적 문제점들을 최소화하기 위해 무슨 일을 할 것인가? 가상기업을 정의하고 잠재적인 문제점을 듣는 것부터 시작하자. 각 팀은 문제에 대한 해법을 발표해야 한다.

●★▲ 5. 오늘날 관리층을 포함한 많은 근무집단이 교차기능적이고 자율적인 경영을 하고 있다. 이와 같은 조직에서 근무하는 것을 연습하기 위하여 다섯 또는 여섯 그룹으로 나누어보자(서로 다른 배경과 관심을 가지고 있는 학생들을 찾으려고 노력하자). 각 그룹 내의 구성원들이 함께 팀으로 일하는 장단점에 대한 보고서

준비해야 한다. 이 과제를 수행하는 동안 여러분의 그룹 내에서 교차기능조직과 자율경영조직의 많은 문제점과 장점들이 나타날 것이다. 각 그룹은 이와 같은 문제점과 장점에 대해 발표해야 한다.

진로 탐색

만약 여러분이 조직의 전략 수립이나 관리 분야와 관련된 직업에 관심이 있다면, 고려해볼 만한 몇 가지 직업들이 아래에 나타나 있다. 이러한 직업들의 업무, 필요한 지식과 기술, 급여수준, 미래 전망 등에 관해서는 bls.gov 웹 사이트의 직업전망서(Occupational Outlook Handbook)를 살펴보라.

- **최고경영자** – 대기업 및 중소기업, 비영리조직, 직원이 한 명 또는 수천 명인 기업 등 거의 모든 산업에서 일하고 있다.
- **경영분석가(Analyst)** – 조직의 효율성을 향상시키는 방법을 제안한다.
- **경영변화 컨설턴트** – 조직변화의 영향을 측정하고 이러한 변화를 조직 내에 적용하기 위한 전략을 제안하는 전문가

비디오 사례

Freshii의 이기는 조직

Freshii는 '신세대 퀵서비스 식사'로 설명된다. Freshii는 23세의 Matthew Corrin에 의해 2005년에 설립되었으며, 전 세계 300개 이상의 지사로 확장되었다. 오늘날, Freshii는 세계에서 가장 빠르게 성장하는 프랜차이즈 식당이며, 매년 4,000건 이상의 프랜차이즈 신청을 받는다. Freshii는 부리또, 랩, 수프, 샐러드, 그리고 프로즌 요구르트와 같은 신선하고 건강하며 고객 맞춤화가 가능한 음식을 전문으로 한다. Freshii는 전 세계에 자리를 잡으며 빠르게 확장하는 기업으로서 매우 구체적인 목표를 가지고 있다. '신선한 음식을 편리하고 적당한 가격으로 만들어 세계의 식습관을 변화시키는 것'이 바로 그것이다.

이 목표를 지원하고 달성하기 위해 Freshii는 각 조직 구성원의 역할을 명확히 하는 조직구조를 구축해야 했다. 조직구조에는 다양한 유형이 있다. 기업은 자신의 목표와 문화에 맞는 특정 유형의 조직구조를 선택하는 것이 매우 중요하다. 이를 달성하기 위해 Freshii는 평면(flat) 조직구조를 채택했다.

회사 설립자인 Matthew Corrin의 꿈은 사람들이 더 건강하게 먹고 더 나은 삶을 살 수 있도록 돕는 것이었다. 이 목표를 마음에 두고, 그는 자신과 뜻이 맞는 프랜차이즈 가맹점들과 그리고 목표를 공유한 행정팀의 멤버들과 함께 팀을 이루는 것이 중요하다고 느꼈다. Freshii는 평면 조직구조를 이용하여 중요한 의사소통과 의사결정을 종종 더디게 만들거나 완전히 지연시킬 수도 있는 과도한 관리 계층을 제거한다. Freshii에서는 모든 직원들(인턴들까지도)이 회사 파트너 및 이해관계자로 여겨진다. 이 회사의 린팀(lean corporate team)은 전문 영역의 모든 요소를 실행할 권한을 받으며, 사업 운영에 상당한 영향을 미친다.

평면 조직구조는 Freshii의 기업 문화와 매우 잘 작동된다. 의욕이 있고 마음이 맞는 직원들은 "말하기는 쉽다. 실행이 당신을 차별화하는 것이다"라는 회사의 핵심 가치에 의해 살아간다. Freshii에서 팀 구성원들은 자신의 업무를 더욱 진전시키고 뛰어난 성과를 내며, 자신들의 제안사항이 초기의 아이디어에서 완전한 시행으로 움직이는 것을 보도록 격려되며 권한이 부여된다. 회사 직원들은 공식적인 조직도나 직함에 의해 제한되지 않는다. 팀은 회사 내 모든 층과 부서 간에 개인적인 상호작용이 쉽게 이루어지는 공유 공간의 스탠딩 데스크에서 함께 작업한다. 또한 이 기업의 팀은 팀원들이 홍보하는 건강한 라이프스타일을 보

여주는 대회를 개최함으로써 피트니스와 건강에 대해 전파하고자 하는 기업의 사명을 실천한다.

Freshii의 리더십은 프랜차이즈 가맹점들이 자사 매장에서 본사에서 사용하는 것과 동일한 문화와 직원 구조를 수용하도록 장려한다. 프랜차이즈 매장들은 린(lean) 팀과 회사의 핵심 가치를 공유하는 직원들과 함께 효율적인 운영을 유지하며 대응해 왔다. 본사 직원은 프랜차이즈 가맹점과 기업 아이디어를 공유하고 가맹점의 제안사항을 듣고 이를 실행하며 지속적으로 소통하고 있다. 즉, 평면 조직구조와 린 조직구조가 적절했으며, Freshii에게 잘 작용되었다고 결론을 내려도 무방하다.

오늘날, Freshii는 전 세계의 새로운 시장으로 계속해서 확장하고 있다. 여전히 도전해야 할 어려움들이 놓여있지만, 고유한 조직 문화와 사람들이 더 건강한 식사를 하고 더 나은 삶을 살 수 있도록 돕는다는 기업의 순수한 사명을 지키는데 성공했다.

다시 생각해 보기

1. Freshii와 같은 조직들은 단결심(esprit de corps)과 같은 앙리 파욜의 몇 가지 원칙을 따른다. Freshii에서 단결심은 무엇이며, 어떻게 발전되고 있는가?
2. Freshii에서의 의사결정은 중앙 집중형인가, 아니면 분산형인가? 이는 회사 운영에 어떤 의미를 가지는가?
3. 당신은 Freshii의 기업문화가 어느 정도 변화를 거부하거나 아니면 어느 정도 변화를 받아들인다고 생각하는가? 왜 그렇게 생각하는가?

참조

1. Micah Solomon, "The Four Secrets of Achieving Customer Satisfaction," Forbes, June 10, 2018; Ann Smarty, "3 Ways to Build a Happier Team," Small Business Trends, smallbiztrends.com, January 3, 2019; Ahmed Rashford, "The How To: A Guide to Building an Excellent Customer Experience Strategy," Entrepreneur, May 27, 2018; Daria Leshchenko, "Four Strategies for Working with Difficult Customers," Forbes, February 26, 2019.
2. Jillian D'Onfro, "Google Has Thrived under Alphabet for the Last Three Years but Other Businesses Have Seen Mixed Results," CNBC, cnbc.com, August 10, 2018; Rakesh Sharma, "Why Google Became Alphabet," Investopedia, investopedia.com, January 2, 2018; Glenn Fleishman, "Google's 20th Anniversary: How the Search Giant Went from a Stanford Dorm Room to the Top of Tech," Fortune, September 4, 2018; Alphabet, abc.xyz, accessed December 2019.
3. "Reforming the Bureaucracy: How Trump Is Taming the Leviathan," Investor's Business Daily, investors.com, February 12, 2018; Gary Hamel and Michelle Zanini, "The End of Bureaucracy," Harvard Business Review, December 2018; "The Organization of the Bureaucracy," US History, ushistory.org, accessed October 2019.
4. Laura Reynolds, "Six Characteristics of Bureaucracy," Bizfluent, bisfluent.com, November 21, 2018; Tanya Mohn, "How to Deliver Packages Safely for 55 Years," The New York Times, April 27, 2018; Liz Gold, "Advantages & Disadvantages of

Bureaucratic Organizational Structure," Bizfluent, bizfluent.com, January 22, 2019.

5. Herb Weisbaum, "Stores with the Best and Worst Exchange Policies," NBC News, nbcnews.com, December 26, 2018; Charisse Jones, "Are Lifetime Guarantees Becoming a Thing of the Past?" USA Today, March 5, 2018; Rich Duprey, "Nordstrom Local Now Accepts Returns from Kohl's and Macy's," The Motley Fool, fool.com, September 12, 2019.
6. Nathaniel Smithson, "Burger King's Organizational Structure Analysis," Panmore Institute, September 8, 2018; Audra Bianca, "The Disadvantages to Centralized Control in a Business," Small Business Chronicle, smallbusiness.chron.com, February 12, 2019.
7. Carlos Frias, "McDonald's Brought Its Menu from around the World to Miami—and We're the First to Try It," Miami Herald, February 7, 2019; Mark Wilson, "I Ate Everything on the Menu at McDonald's New Global Restaurant," Fast Company, April 24, 2018; McDonald's, mcdonalds.com, accessed October 2019.
8. Steve Zaffron and Gregory Unruh, "Your Organization Is a Network of Conversations," Sloan Management Review, July 10, 2018; Erika Andersen, "As Companies Become More Virtual, Four Ways to Make Remote Work More Effective," Forbes, July 16, 2018; Adam Heitzman, "5 Best Practices for a Company with a Virtual Team," Inc., inc. com, August 7, 2018; Susan Ward, "A Definition of Virtual Business," The Balance, thebalance.com, August 1, 2019.
9. Thomas Barrubi, "Chick-fil-A Ranked Top Fast Food Restaurant in Customer Satisfaction," Fox Business, foxbusiness.com, July 5, 2018; Matthew McCreary, "Chick-fil-A Makes More per Restaurant Than McDonald's, Starbucks, and Subway Combined . . . and It's Closed on Sundays," Entrepreneur, September 25, 2018; Dixita Limbachia, "Chick-fil-A Named the #1 Fast Food Restaurant in America," USA Today, July 6, 2018; Chick-fil-A, chick-fil-a.com, accessed December 2019.
10. Kieran Guilbert, "Nike, Adidas Urged to Ensure Fair Wages for Asian Workers Making World Cup Kits," Reuters, June 11, 2018; Jason Lemon, "Nike Called Out for Low Wages in Asia amid Colin Kaepernick Ad Promotion," Newsweek, September 6, 2018; "Michelle Seidel, "How Are Nike Shoes Produced?," Bizfluent, bizfluent.com, accessed October 2019.
11. Chris Isadore, "GM Is Closing Plants. Now Its CEO Has to Explain Why to Congress," CNN Business, cnn.com, December 5, 2018; Ian Thibodeau, "End of the Line for Impala, Volt, Cruise, LaCrosse," The Detroit News, November 26, 2018; Nathan Bomey, "GM Poised to Close Plants in Michigan, Ohio, Maryland, Will Cut 15% of Salaried Workforce," USA Today, November 26, 2018; Casey Leins, "GM Closing Ohio Plant," U.S. News & World Report, usnews.com, March 6, 2019;. James Dornbrook, "UAW President Blasts GM for Closing Production Plants," Kansas City Business Journal, bizjournals.com, July 17, 2019.

12. Albrecht Enders and Lars Haggstrom "How the World's Oldest Company Reinvented Itself," Harvard Business Review, January 30, 2018; Scott Watson, "Organizational Change: In the Business World, Adapting Is Surviving," Chief Executive, chiefexecutive.net, December 12, 2018; Dave Roos, "Ten Companies That Reinvented Themselves," Money, money.howstuffworks.com, accessed October 2019.
13. Steven Denning, "Drucker Forum 2018: Post Bureaucratic Management at Vinci and Haier," Forbes, December 2, 2018; Scott Gaddis, "Flip the Leadership Pyramid, and Reap Organizational Rewards," Industry Week, industryweek.com, June 25, 2019.
14. Vicki Valet, "World's Most Reputable Companies, 2018," Forbes, March 15, 2018; Nicole Alvino, "What Working at Enron Taught Me about Corporate Ethics," Entrepreneur, September 11, 2018; Janine Schneider, "Leading with Ethics," Forbes, January 7, 2019.

9

생산 및 오퍼레이션스 관리

학 습 목 표  이 장을 학습한 후에 다음 질문에 답할 수 있어야 한다.

9-1 미국 제조의 현 상황과 경쟁력을 더 갖추기 위해 제조업자가 할 일은 무엇인지 설명할 수 있다.

9-2 생산에서 오퍼레이션스 관리까지의 발전 과정을 설명할 수 있다.

9-3 여러 생산 공정의 차이와 컴퓨터 지원 설계 및 생산(CAD/CAM), 유연 생산, 린(lean) 생산, 매스 커스터마이제이션(mass customization), 로봇공학과 3D 프린팅을 포함한 여러 생산성 향상 기법에 관해 설명할 수 있다.

9-4 시설입지, 설비 배치, 자재소요계획(material requirement planning), 구매, 적시(just-in-time) 재고 관리와 품질관리를 포함한 오퍼레이션스 관리 계획의 관련 이슈에 대해 설명할 수 있다.

9-5 생산공정을 관리하기 위한 퍼트(PERT)와 간트 차트(Gantt chart)의 사용법을 설명할 수 있다.

Flex-N-Gate의 CEO인 샤히드 칸 (Shahid Khan)에 대하여 알아보자

샤히드 칸이 16살의 나이로 아메리칸드림의 꿈을 안고 미국의 일리노이주 샴페인에 왔다. 그렇지만 이 젊은 파키스탄 이민자는 거대한 눈보라가 미국 중서부 지역을 몰아쳐 새로 구입한 집이 부서지자 곧 자신감을 잃어버렸다. 설상가상으로 일리노이 대학의 기숙사 또한 아직 열려있지 않아서 그는 어쩔 수 없이 그 지역 YMCA에서 3달러를 지불하고 숙식을 해결하였다. 그는 앞으로 대학 4년간을 어떻게 견뎌야 할지에 대해 걱정하기 시작했다.

그러나 다음 날 아침 YMCA 주방에서 접시닦이 일자리에 대한 광고를 보고선 그의 두려움은 사라졌다. 시간당 1.2달러의 초임으로 칸은 전날 밤의 손실을 이렇게 빨리 만회할 수 있다는 사실에 놀랐다. "그것은 정말 멋졌죠"라고 칸은 말했다. "파키스탄에서는 시급 1.2달러라면 그곳 사람들의 99%보다 더 많이 벌 수 있을 거예요. 드디어 숨통이 트이는 것 같았어요."

칸은 학교에서는 물론이고 학교 밖에서도 자기 일에 온 열정을 쏟았다. 공학학위를 받고 졸업 후, 그는 'Flex-N-Gate'라는 자동차 부품 생산을 감독하는 일자리를 얻었다. 처음에 칸은 회사의 비효율적인 범퍼 제조방식을 믿을 수가 없었다. 어떤 경우에는 종업원들은 하나의 범퍼를 만들기 위해 15개나 되는 서로 다른 부품을 함께 용접하였다. 칸은 공학 지식을 활용하여 프로세스가 덜 복잡하도록 점차 개선하였다. 그의 노력 덕분으로 혁신적인 신제품의 형태를 만들어내게 되었다. 그것은 트럭의 뒤쪽 끝을 줄여주는 강철 조각으로부터 찍어낸 범퍼였다.

부품시장 사업에서 7년을 보낸 후 칸은 여기서는 혁신을 할 여력이 많지 않다는 것을 깨달았다. 그는 자신의 제품이 성공하길 바란다면 최종 소비자가 아닌 자동차 제조회사에 직접 팔아야 한다는 것을 깨달았다. 그래서 칸은 1978년에 적은 사업 자금을 대출받아 창업하였다. 2년 이내에 그는 옛 상사로부터 Flex-N-Gate를 매수할 수 있을 정도로 충분한 돈을 벌어 브랜드 인지도를 얻었을 뿐만 아니라, 추가적인 수익을 창출할 수 있었다. 하지만 호황인 사업도 칸의 가장 큰 고객인 GM이 그의 범퍼 설계를 대규모 공급자에게 넘기자 판매는 결국 중단되었다.

다른 사업가라면 이러한 무시에 화를 내며 대응했겠지만, 칸은 이를 긍정적으로 생각하였다. "그건 그들에게 당연한 일이었죠"라고 그는 말했다. "우리는 범퍼를 하루 200개에서 40,000개 생산으로 늘릴 수 없었어요." GM과의 거래는 그가 일본 최대의 자동차 회사 중 하나인 이스즈(Isuzu)의 중역과 접촉하도록 하였다. 1980년대 초에 칸은 고객을 확보하기 위한 최후의 시도로 일본으로 갔다. 그의 타이밍은 아주 좋았다. 일본의 자동차 업체는 미국 시장 진출을 준비하고 있었고 그들의 성장에 도움을 줄 더 많은 미국의 공급자를 필요로 했다. 칸은 자신의 제조 경험과 판도를 바꿀 범퍼 설계로 이 요구를 완벽하게 충족시켰다. Flex-N Gate는 도요타, 이스즈와 마쓰다에 대한 부품을 생산했다. 그들 브랜드가 미국 시장에서 성장함에 따라 칸의 회사도 그들과 함께 성장했다. 2011년에는 미국에서 판매되는 자동차와 트럭의 3분의 2가 Flex-N-Gate의 부품을 사용했다. 그리고 칸이 이 회사의 유일한 주주가 된 이래로 회사 판매의 모든 수익은 그에게 돌아갔다. 그는 이제 대략 70억 달러의 재산을 소유하고 있다.

2012년에 칸은 잭슨빌 재규어스(Jacksonville Jaguars)를 인수하는 데 자신의 막대한 재산 일부를 사용하였고 이를 통해 NFL 프랜차이즈를 소유하려는 자신의 꿈을 실현했다. 비록 재규어스가 최근 슈퍼볼 출전팀은 아니지만, 언젠가 이 팀이 자신의 복귀 스토리들 중 또 다른 하나의 스토리가 될 것으로 확신한다.

Flex-N-Gate가 생산성을 증가시킴으로써 샤히드 칸은 수천 개의 일자리를 만들면서 부를 이루었다. 이것은 그에게 자동차 산업에서의 커다란 존경을 가져다주었다. 이 장에서는 여러분은 회사의 리더가 생산 및 운영 부문에서 어떻게 번창하여 살아남는지를 배울 것이다. 여러분은 또한 미국이 왜 제조 기반의 경제에서 서비스 경제로 이동해 가는지를 알게 될 것이다.

출처: Jerry Brewer, "Jaguars Owner Shahid Khan Proves to Be the Exception in More Ways Than One among NFL Owners," January 12, 2018; "Shahid Khan," forbes.com, accessed February 2020; Brian Solomon, "Shahid Khan: The New Face of the NFL and the American Dream," forbes.com, September 5, 2012; Amy Lamare, "The Incredible Rags-to-Riches Story of Billionaire Jacksonville Jaguars Owner Shahid Khan," celebritynetworth.com, accessed January 2020; "Shahid Khan—Owner," Jaguars, jaguars.com, accessed February 2020.

Let's talk business!
bit.ly/LetsTalkBusiness9

시설입지는 큰 설계를 필요로 한다. 이 기업은 50억 달러의 공사 비용과 5만 개의 첨단 일자리와 관련된 제2의 북미 본부에 대한 광범위한 조사를 수행하고 있다. 미국 내 여러 도시들은 이 시설을 유치하기 위해 엄청난 관심을 가지고 경쟁하고 있다. (이 장에서 답을 찾아보라.)

학습목표 9-1 미국 제조의 현 상황과 경쟁력을 더 갖추기 위해 제조업자가 할 일은 무엇인지 설명할 수 있다.

제조와 서비스의 전망

수십 년 전의 미국 제조에 대해 간략히 살펴보자. 1953년에 공장에서 전체 노동자의 대략 30%를 고용했기 때문에 미국의 산업은 2차 세계대전 후 최고조에 달했다.[1] 1979년에는 거의 2,000만 명의 사람들이 공장에서 일했다.[2] 그렇지만 이 이후로는 공장에 고용된 미국인의 수는 매년 꾸준히 감소하였다. 2019년에는 대략 1,282만 명의 사람이 공장에서 일했다.[3] 그렇지만 같은 해 미국에서 만들어지는 제품의 가치는 기록적인 최고치에 달했다. 다시 말해서 미국의 제조에 있어서 현재보다 더 생산적인 시기는 없었다.[4]

공장의 작업자 수는 계속해서 감소하는데 산출은 어떻게 증가할 수 있었을까? 기술과 자동화에서의 발전으로 미국 공장들은 많은 노동력을 들이지 않고서도 효율적으로 운영될 수 있었다. 로봇들이 수십 년 동안 제조 작업을 수행해 왔지만, 과거의 로봇들은 너무 크고 위험해서 사람들이 로봇과 같은 장소에서 함께 일할 수 없었다.[5] 이제 많은 작업자들은 스스로 학습 능력을 지닌 로봇과 협업하며 작업한다.[6]

이전의 거대한 로봇들과는 달리 현재의 공장 로봇은 사람들과 함께 안전하게 작업할 수 있다. 여러분은 언젠가 제조가 전적으로 자동화된 로봇에 의해 추진될 것이라고 생각하는가?

이러한 발전은 오늘날 공장에서 가능한 일의 형태를 급격하게 변화시켰다. 과거에는 고등학교만 졸업해도 조립 라인에서의 일자리는 구할 수 있었고 동시에 월급도 충분히 받을 수 있었다. 그렇지만 공장 자동화가 진행되면서 로봇들이 이런 단순 반복적인 일을 수행하게 되었다. 이 자동 노동으로의 전환에 대한 관점으로 1980년에 공장은 1백만 달러의 가치가 있는 제조 생산을 위해 25명의 사람을 필요로 했다. 하지만 오늘날은 이를 위해 단지 6명의 사람들을 필요로 한다.[7] 또한, 여기에서의 직원들은 성공하기 위해 고급 기술을 가지고 있어야만 한다. 오늘날의 공장은 최첨단 장비를 운용하기 위해 저숙련 조립라인 작업자들보다는 오히려 엔지니어들과 소프트웨어 개발자들에 의존한다.[8]

우리의 경계를 넘어

박쥐, 폭탄 및 규정이 테슬라의 독일 생산업체를 방해하고 있는가?

테슬라의 CEO인 엘론 머스크(Elon Musk)는 테슬라가 많은 사람이 불가능하다고 생각했던 것–일 년 반도 되지 않아 중국에서 새로운 자동차 공장을 연 것–을 해냈을 때 공장에서 춤을 추고 있었다. 이런 시기에 자동차 공장을 짓는 것은 생산업계에서 전례가 없는 일이었다. 그러나 머스크는 세상의 주목을 받을 생각이 없었다. 그가 다음에 할 일은 상하이에 연 자동차 공장과 비슷한 기간에 독일에서 새로운 자동차 공장을 짓는 것이다. 독일에서의 확장으로 테슬라는 세계적인 자동차 제조업체로 자리 잡아 연간 100만 대의 차량을 생산하는 길로 들어서게 되었다.

불행히도 독일 현장에서의 건설 초기에 제2차 세계대전 당시 불발된 폭탄 7개가 발굴되어 공장에서의 생산이 뜻밖의 차질을 빚었다. 각 폭발물의 무게는 110파운드에 달했다. 회사는 독일에서 불발된 장치를 찾는 것이 드문 일이 아니라고 들었다. 전국에 30만 톤의 불발 장치들이 흩어져 있는 것으로 추정되었다. 회사는 폭발물을 제거한다고 해서 생산 속도가 크게 느려지지는 않을 것이라고 들었다.

그러나 테슬라의 계획은 전혀 예상하지 못한 독특한 스피드 트랩(speed trap: 과속 차량 감시소)으로 다시 차질을 빚게 되었다. 회사는 새로운 공사에 착수하기 전에 땅에 있는 박쥐 무리들을 없애야 한다는 통보를 받았다. 날개 달린 포유류의 무리는 독일 환경법에 따라 보호되는 382에이커의 소나무 숲을 차지하고 있었다. 테슬라는 새들과 다른 동물들이 봄에 둥지를 틀기 전에 나무 벌채를 중단해야 하기 때문에 단 몇 달 안에 박쥐를 재배치하고 숲을 청소해야 한다.

테슬라가 기한을 놓치면 공장의 생산이 몇 개월 지연될 수 있다. 회사는 박쥐를 재배치하고 제거되는 모든 나무에 대해 다른 곳에 새로운 나무를 심겠다고 약속했다. 그륀하이데(Gruenheide) 시장인 아르네 크리스티아니(Arne Christiani)는 이는 모든 사람이 준수해야 하는 규칙이라고 주장했다. 테슬라도 예외는 아니다. 회사가 중국에서 성취한 것을 독일에서 그대로 복제하기는 어려울 것이다.

출처: Stefan Nicola, "Tesla's German Plant Faces Deadline over Breeding Wildlife," January 20, 2020; Martin Lerma, "Tesla Discovered 7 Bombs from WWII at the Site of Its New German Factory," Yahoo! Lifestyle, yahoo.com, accessed February 2020; "Tesla's German Factory Gets off to an Explosive Start," Reuters Technology News, January 23, 2020; William Boston and Tom Higgins, "Tesla Sees Hurdles at German Factory," January 21, 2020.

이러한 변화로 미국 산업은 1950년대처럼 많은 사람을 고용할 것 같지 않다. 오늘날 경제는 제조보다는 서비스에 엄청나게 의존한다. 미국 GDP의 70퍼센트와 일자리의 80퍼센트 이상이 이제 서비스 분야에 있다.[9] 여기에는 회계, 재무와 경영 컨설팅 같은 비즈니스 서비스뿐만 아니라 변호사, 의사와 교사 같은 직업을 포함한다. 제조는 최고의 인재를 뽑을 때 기술개발과 같은 수익성이 좋은 분야의 기업들과 경쟁해야만 한다. 실제로 많은 미국 공장들은 엔지니어들과 컴퓨터 전문가들이 기술산업에 몰려들기 때문에 이들을 충원하기 위해 고군분투하고 있다.[10] '우리의 경계를 넘어서' 글상자의 내용은 미국의 제조기업인 테슬라가 독일에서 자동차 공장을 건설하는 데 겪는 여러 문제를 보여준다.

제조와 서비스 조직은 더욱 경쟁적이 되고 있다

비록 미국 산업이 이전보다 더 생산적임에도 불구하고 미국 산업은 전 세계로부터의 도전에 직면하고 있다. 미국 제조업자들은 한국, 베트남과 인도의 성장 기업들뿐만 아니라 중국과 독일의 막강한 제조기업들과도 경쟁해야만 한다.[11] 많은 외국의 기업들은 유효성과 효율성을 증가시키기 위해 미국의 기술에 의존한다. 그러나 많은 혁신은 해외에서도 일어나는데 이는 미국 제조업체들도 최신 생산기술이 어디서 개발되던 간에 이를 반영하여야 한다는 것을 의미한다.

서비스 제공자 또한 서비스 분야가 점점 커짐에 따라 자신의 입지를 강화할 필요가 있다. 그렇지만 서비스의 효율성을 증가시키는 것은 말처럼 쉽지 않다. 여러분은 단지 미용사가 가장 빨리 머리카락을 자른다는 이유로 그 미용사를 선택할 것인가? 서비스 부문의 기업들은 고객들에게 최고 품질의 관리를 제공하는 데 초점을 두어야 한다. 기업들은 또한 고객의 요구를 충족시키기 위해 공급업자들 및 다른 기업들과도 긴밀한 관계를 유지할 필요가 있다. 그리고 서비스 제공자들은 자기 경쟁력을 유지하기 위해 지속적으로 개선해야 한다.

이 장에서는 서비스와 제조 부문 모두에 있어 이들 오퍼레이션스 관리기법을 살펴볼 것이다. 우리는 먼저 몇 가지 주요 용어를 검토할 것이다.

학습목표 9-2 생산에서 오퍼레이션스 관리까지의 발전 과정을 설명할 수 있다.

생산에서 오퍼레이션스 관리로

생산
생산요소(토지, 노동, 자본, 기업가정신과 지식)를 사용하여 상품과 서비스를 만드는 것

생산관리
기업들이 상품을 만들어내도록 관리자들이 행하는 모든 활동을 설명하는 데 사용되는 용어

오퍼레이션스 관리
인적 자원을 포함하여 자원을 상품과 서비스로 변환하는 관리의 전문 분야

생산(production)은 토지, 노동, 자본, 기업가정신, 지식 같은 생산요소를 이용하여 완제품과 서비스를 생산하는 것이다(1장 참조). 생산은 역사적으로 제조를 의미해 왔고 **생산관리**(production management)란 용어는 기업이 상품을 만들도록 도와주는 활동을 설명하고 있다. (그럼에도 앞 절에서 논의하였듯이 최근 수십 년간 미국 경제는 제조보다는 주로 서비스에 의해 주도되고 있다.)

오퍼레이션스 관리(operations management)는 제조와 서비스 조직 모두에서 사용되는 용어이다. 오퍼레이션스 관리는 전문적 기술이나 혁신과 같은 인적 자원을 포함한 자원을 상품이나 서비스로 변환하는 관리의 전문영역이다. 여기에는 재고관리, 품질관리, 생산일정계획, 애프터서비스 등이 포함된다. 테슬라나 포드 같은 자동차 공장에서 오퍼레이션스 관리는 원재료, 인적자원, 부품, 물품, 페인트, 공구 그리고 다른 자원들을 자동차로 변환시킨다. 이는 제작 및 조립 프로세스를 통해서 이루어진다.

대학과 같은 서비스 기반의 환경에서 오퍼레이션스 관리는 정보, 교수, 물품, 건물, 사무실과 컴퓨터 실습실과 시스템과 같은 투입물로 학생을 교육받은 사람으로 변환하는 서비스를 창출한다. 이는 강의와 설명 같은 프로세스를 통해서 달성된다.

공장, 농장, 광산 같은 몇몇 조직들은 대부분 상품을 생산한다. 병원, 학교, 정부기관과 같은 조직은 대부분 서비스를 생산한다. 또 다른 조직은 상품과 서비스의 혼합물을 생산한다. 예를 들어, 자동차 제조업자는 자동차를 만들 뿐만 아니라 수리, 파이낸싱, 보험과 같은 서비스도 제공한다. 웬디스(Wendy's)에서는 햄버거와 감자튀김과 같은 상품뿐만 아니라 주문 접수, 주문 처리, 음식 준비와 청결과 같은 서비스를 받을 수 있다.

기업은 인력이 필요 없는 새로운 자동화 방식을 끊임없이 개발한다. 이 로봇 웨이터는 자동 서버를 사용하는 이탈리아의 첫 레스토랑에서 파스타 접시를 배달한다. 여러분은 사람과 로봇 중 어느 쪽이 여러분의 음식을 서비스하기를 원하는가?

서비스 부문에서의 오퍼레이션스 관리

서비스 산업에서의 오퍼레이션스 관리는 서비스를 사용하는 사람들에게 좋은 경험을 제공하는 것이다. 예를 들어, 힐튼 호텔에서 오퍼레이션스 관리는 원활하게 작동하는 엘리베이

서비스에서의 오퍼레이션스 관리는 고객의 경험을 풍부하게 하는 모든 것이다. 예를 들어, 호텔은 객실 내에서의 인터넷 접속과 다른 종류의 오피스 스타일 지원으로 비즈니스 여행자의 필요에 대응해야 한다. COVID-19 팬데믹 상황에서 투숙객과 직원의 안전을 보장하기 위해 호텔은 어떤 운영적인 변화를 만들어 내어야 하는가?

터, 고급 레스토랑, 안락한 침대, 투숙객들을 신속하게 처리하는 프런트 데스크를 포함한다. 이는 또한 로비에 신선한 꽃을 두는 것과 모든 객실에 과일 접시를 두는 이런 일상적인 편의에 더해 힐튼은 끊임없이 변화하는 투숙객들의 요구에 부응하기 위해 혁신적이어야 한다.

오늘날 대부분의 비즈니스 여행자들은 현대 사무실의 모든 자원을 제공하는 개선된 워크센터(work center)뿐만 아니라 객실 내에서의 와이파이 사용도 기대한다. 힐튼은 이러한 서비스를 제공하고 자신의 호텔에서 종종 표준이 되는 새로운 장점을 개발하고 있다. 이러한 혁신의 하나는 열쇠 없이 객실에 들어가도록 하는 것이다. 쉽게 잃어버릴 수 있는 카드식 열쇠를 투숙객에게 주는 대신 힐튼은 투숙객들이 객실에 들어가기 위해 스마트폰을 이용하도록 하는 시스템을 만들었다. 오늘날 로봇은 호텔과 다른 사업에서 점점 더 흔해지고 있다. 힐튼은 식당 추천과 길 안내 같은 투숙객들의 기본 질문에 답할 수 있는 60cm 높이의 프런트 데스크 로봇인 카니(Connie)라 불리는 프로젝트를 소개하였다.[12)]

서비스 기업들은 또한 지난 3년간 인공지능(AI)의 사용을 세 배로 늘려왔다. 예를 들어, 힐튼은 채용 과정에서도 AI 지원 면접 플랫폼을 사용하며, 도미노는 호주와 뉴질랜드에 있는 피자 제조업자를 감독하기 위해 AI 도구를 사용한다. 경영 컨설팅 기업인 매켄지는 2030년에는 기업의 70퍼센트가 어떤 유형의 AI를 사용할 것으로 추정하였다.[13)]

요약하면 고객들의 필요 사항을 예측하여 이들을 기쁘게 하는 것이 다른 서비스 기업들과 마찬가지로 힐튼과 도미노 같은 기업들에 대한 품질 표준이 되고 있다. 그러나 고객들의 필요성을 아는 것과 이를 만족시키는 것은 별개의 일이다. 오퍼레이션 관리는 이러한 개념들 사이의 가교 역할을 하여 기업들이 자사의 아이디어를 실제 상품과 서비스로 변환하도록 해준다. 이제 생산 공정과 미국이 이 분야에서 경쟁력을 유지하기 위해 기업들이 무엇을 할 수 있는지를 살펴보기로 하자.

시험 준비

- 지난 수십 년간 미국에서 제조는 어떻게 변화해 왔는가?
- 경쟁력을 유지하기 위해 미국 기업들은 무엇을 해야만 하는가?
- 제조와 서비스 분야 사이에서 오퍼레이션스 관리는 어떻게 다른가?

학습목표 9-3 여러 생산 공정의 차이와 컴퓨터 지원 설계 및 생산(CAD/CAM), 유연 생산, 린(lean) 생산, 매스 커스터마이제이션(mass customization), 로봇공학과 3D 프린팅을 포함한 여러 생산성 향상 기법에 관해 설명할 수 있다.

생산공정

여러분은 상식과 경험을 통해 생산 공정의 상당 부분을 이미 알고 있을 것이다. 예를 들어, 기말보고서를 작성하거나 저녁을 준비하기 위해 무엇이 필요한지를 안다. 여러분은 재료를 살 돈과 일할 장소가 필요하고 그 일이 완성되도록 조직화할 필요가 있다. 이는 산업의 생산공정에서도 마찬가지이다. 산출물을 생산하기 위해 기본적인 투입물이 필요하다(그림 9.1 참조). 생산은 원재료나 공정에 가치와 효용을 부가한다.

형태 효용
생산자가 완제품이나 서비스의 생산에서 재료에 부가하는 가치

형태 효용(form utility)은 실리콘을 컴퓨터 칩으로 변환시키거나 여러 서비스를 결합하여 여행 패키지를 만드는 것처럼 생산자가 최종 제품이나 서비스를 생산하는 데 있어 재료에 부가하는 가치이다. 형태 효용은 소매 수준에서도 존재할 수 있다. 예로서 소 도축 업자가 소 한 마리로부터 특정 소고기 부위를 발라내거나 제빵업자가 기본 재료로 특정한 형태의 케이크를 만드는 것을 들 수 있다. 우리는 14장에서 효용을 더 자세히 다룰 것이다.

제조업자는 상품을 생산하기 위해 여러 다른 공정을 이용한다. 컴퓨터 칩 제조업자인 인텔의 이제는 고인이 된 전 회장인 앤드루 그로브(Andrew S. Grove)는 생산을 설명하기 위해 다음의 비유를 사용하였다.

> 여러분이 주방장이라고 생각해보자. 여러분의 할 일이 3분 동안 삶은 반숙 계란, 버터 바른 토스트와 커피로 구성된 아침 식사를 제공하는 것이라고 하자. 여러분의 일은 세 가지를 동시에 준비하여 가져다주는 것이고, 각각은 신선하고 뜨거워야 한다.[14]

여기에서 임무는 생산의 세 가지 기본 요소, 즉 (1) 고객의 요구에 맞추어 계획된 배달 시간에 제품을 만들어 배달하는 것, (2) 허용할 만한 품질 수준을 제공하는 것 그리고

그림 9.1 생산공정
생산공정은 생산요소(토지 등)로 상품, 서비스, 아이디어를 생산하기 위해 이 투입물을 이용하는 것이다. 계획, 경로 설정, 일정 계획과 다른 활동들은 목표(산출물)를 완성하는 수단이다.

(3) 가능한 최소의 비용으로 모든 것을 제공하는 것이라고 그로브는 말한다.

공정과 조립을 이해하기 위해 아침 식사의 예를 들어보자. **공정생산**(process manufacturing)은 물리적이나 화학적으로 원재료를 변화시킨다. 예를 들어, 끓이면 계란이 물리적으로 변한다. 마찬가지로 공정생산은 모래를 유리나 컴퓨터 칩으로 변화시킨다. **조립공정**(assembly process)은 하나의 제품(아침 식사)을 만들기 위해 부품(계란, 토스트와 커피)을 조립하는 것이다. 자동차는 프레임, 엔진과 다른 부품들을 결합하는 조립공정을 통해 만들어진다.

공정생산
물리적이나 화학적으로 원재료를 변화시키는 생산공정

조립공정
구성품을 결합하는 생산공정의 부분

생산공정은 연속 공정이거나 단속 공정이다. **연속 공정**(continuous process)은 오랜 생산 기간을 거쳐 제품을 만드는 공정이다. 주방장으로서 여러분은 컨베이어 벨트를 이용하여 계속해서 3분간 끓는 물 속에 계란을 내려 넣고 다시 계란을 올려 꺼낼 수 있다. 여러분이 원할 때마다 3분 반숙 계란이 가능하다. 예를 들어, 화학공장과 제강공장은 연속 공정으로 운영된다.

연속 공정
오랜 생산 기간을 거쳐 완제품이 만들어지는 생산공정

단속 공정
생산 기간이 짧고 기계들이 서로 다른 제품들을 만들기 위해 자주 바뀌는 생산공정

특정한 고객 주문에 대응할 때는 **단속 공정**(intermittent process)을 사용하는 것이 더 낫다. 여기서는 생산기간이 짧고(한두 개의 계란) 생산자는 서로 다른 제품(빵집의 오븐이나 식당의 토스터처럼)을 만들기 위해 기계들을 자주 조정한다. 고객이 디자인한 가구를 생산하는 업자는 단속 공정을 사용할 것이다.

오늘날 많은 제조업자는 단속 공정을 사용한다. 컴퓨터, 로봇, 유연 생산공정이 기업이 고객 주문 제품들을 예전 대량 생산 제품의 생산처럼 빠르게 생산되게 해준다. 이것이 어떻게 가능한지를 고급 생산 기법과 기술을 다루면서 다음 몇몇 절에서 자세히 살펴볼 것이다.

제빵사들은 우유, 밀가루와 설탕 같은 기본 재료를 특별한 맞춤 케이크로 바꾸어서 원재료에 형태 효용을 추가한다. 여러분은 이러한 케이크 생산이 어떻게 공정생산과 조립공정 모두를 포함하는지 알 수 있는가?

생산기법의 개선과 비용 절감의 필요성

오퍼레이션스 관리의 궁극적 목적은 고객 요구에 즉각적으로 대응하여 고품질의 상품과 서비스를 제공하는 것이다. 이 책에서 강조하듯이 전통적인 조직은 고객 요구에 즉각적으로 대응하도록 설계되지 못했다. 오히려 제품을 효율적으로(저렴하게) 만들도록 설계되었다. 대량 생산의 아이디어는 제한된 종류의 제품을 아주 낮은 가격으로 대량 생산하는 것이다.

지난 몇 년간 저비용은 품질과 유연성을 희생해서 나온 것이다. 더욱이 공급자는 약속한 날짜에 배달하지 못해 제조업자들은 많은 원재료와 부품을 재고로 보유해야만 했다. 이러한 비효율성 때문에 미국 기업은 더 고급의 생산 기법과 더 저렴한 노동을 사용하는 외국 경쟁기업들에 비해 취약한 실정이었다.

새로운 글로벌 경쟁으로 인해 기업들은 다양한 종류의 고품질 맞춤식 제품을 저렴한 비용으로 생산해야만 한다. 이것이 가능하도록 생산 현장에서 분명히 무언가가 변해야 한다. 여러 가지 주요 개발들이 미국 기업들을 더 경쟁적으로 만들었는데 여기에는 (1) 컴퓨터 지원 설계와 생산, (2) 유연 생산, (3) 린 생산, (4) 매스 커스터마이제이션(mass customization), (5) 로봇공학과 (6) 3D 프린팅이 있다.

컴퓨터 지원 설계와 생산

컴퓨터 지원 설계(CAD)
제품의 설계에 컴퓨터를 사용

컴퓨터 지원 생산(CAM)
제품의 생산에 컴퓨터를 사용

생산기법들을 변화시킨 하나의 개발은 제품을 설계하는 데 컴퓨터를 사용하는 것이다. 건설기업부터 자동차 제조업자 그리고 비디오게임 설계자까지 새로운 제품을 만들기 위해 3D 모델링 소프트웨어인 **컴퓨터 지원 설계**(CAD: Computer-Aided Design)에 의존한다.[15] 다음 단계는 **컴퓨터 지원 생산**(CAM: Computer-Aided Manufacturing)을 사용하여 생산공정에 컴퓨터를 직접 투입하는 것이다.

컴퓨터 지원 설계와 컴퓨터 지원 생산을 동시에 사용하는 것, 즉 CAD/CAM은 최소의 비용 증가로 소규모 시장에서의 필요를 충족시키기 위해 맞춤식 제품 생산을 가능하게 한다. 제조업자는 간단한 설계변화를 위해 컴퓨터를 프로그램하고 그 변화를 쉽게 생산에 반영한다. 의류산업에서 컴퓨터 프로그램은 하나의 패턴을 설정하고 천을 자동으로 재단하는 데 심지어 약간의 추가 비용으로 특정 고객에게 맞게 재단된 옷을 만들 수도 있다. 식품 서비스에서도 CAM이 신선한 쿠키 가게들에서 일관된 품질로 즉석에서 소규모로, 반자동화된 센서 통제 하에서 구워낼 수 있도록 해준다. 3D 프린터는 최신의 CAM 기술에 속한다. 3D 프린팅으로 하나의 제품은 거의 마술처럼 최종 제품으로 나타날 때까지 층층이 만들어진다.

컴퓨터 통합 생산(CIM)
CAM과 CAD를 결합한 것

유연 생산
기계들이 여러 작업들을 하도록 설계되어 다양한 제품들을 생산할 수 있도록 하는 것

CAD는 기업들에 대한 생산성을 크게 개선시킬 수 있다. 과거에는 CAD 기계가 CAM 기계와 직접 소통할 수 없었다. 그렇지만 오늘날 소프트웨어 프로그램은 CAD와 CAM을 결합했다. 그 결과는 **컴퓨터 통합 생산**(CIM: Computer Integrated Manufacturing)이다. 기업이 CIM을 사용하면 컴퓨터가 전체 생산 공정을 통제한다. 소프트웨어는 비싸지만, 생산을 증가시키기 위해 기계를 프로그램하는 데 필요한 시간을 엄청나게 줄일 수 있다.

유연 생산

유연 생산(flexible manufacturing)은 기계들이 여러 작업을 하도록 설계되어 다양한 제품을 생산할 수 있도록 하는 것을 의미한다. 앨런 브래들리(Allen-Bradley)는 모터의 기동장치(motor starter)를 생산하기 위해 유연 생산을 이용한다. 주문은 매일 들어오고 24시간 이내에 기업의 기계들과 로봇들은 무인으로 기동장치를 생산, 검사 그리고 포장한다. 앨런 브래들리의 기계들은 아주 유연하여 하나의 특별한 주문, 심지어 하나의 품목도 공정을 늦추지 않은 채로 조립할 수 있다. 토요타는 생산비용에 영향을 미치지 않으면서 생산능력을 증가시키거나 감소시킬 수 있는 새로운 공장들 중의 한 곳에 유연 생산을 사용한다. 만일 기업이 생산능력을 변화시킬 필요가 있으면 이는 한 주 내에 이루어질 수 있다.[16]

3D CAD 도구는 디자이너들이 잠재적인 새 모델을 끊임없이 바느질해서 시도해 보지 않고서도 첨단 기술의 이중 패딩 페이스 마스크 프로토타입을 만들도록 해준다. 이러한 기술은 더 작은 제조기업에 어떤 이점을 제공해주는가?

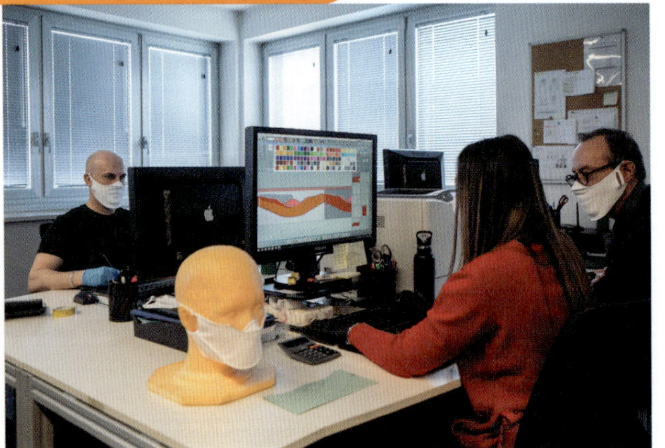

린 생산

린 생산(lean manufacturing)은 대량생산에 비해 모든 것을

적게 사용하여 제품을 생산하는 것이다. 즉, 더 적은 인력과 더 적은 작업 공간, 더 적은 공구 투자와 신제품 개발을 위한 더 적은 엔지니어링 시간(engineering time)으로 생산하는 것을 말한다. 기업은 자원에 대한 필요를 줄이면서도 고급 제품을 생산할 능력을 계속해서 증가시킴으로써 린이 되어간다.

린 생산
대량 생산에 비해 모든 것을 적게 사용하여 상품을 생산

기술 발달이 미국 공장들의 생산성과 효율성 증대에 상당한 기여를 하고 있다. 이러한 기술이 노동을 더 생산적으로 만들지만, 다른 도전 과제 또한 제시한다. 결국에는 직원들은 혁신으로 인해 좌절을 맛볼 수 있고(예를 들어, 이들은 새로운 공정을 배워야 한다) 기업들은 경쟁력을 유지하기 위해 직원들을 끊임없이 교육시켜야 한다. 기업이 경쟁력을 유지하는 하나의 방법은 더 개인화된 제품을 만드는 것이다. 이것이 어떻게 일어나는지를 다음 절에서 살펴볼 것이다.

매스 커스터마이제이션

커스터마이즈(customize)한다는 것은 특정 개인에 맞춰진 특정한 제품을 만들거나 특정한 서비스를 제공하는 것을 말한다.[17] 한때는 불가능한 것처럼 보였지만, 많은 개별 고객들의 요구를 만족시키기 위해 제품들을 맞춤화하는 것을 의미하는 **매스 커스트마이제이션(mass customization)**이 지금은 널리 실행되고 있다. 일본의 내셔널 바이시클(National Bicycle Industrial Company)은 2백만 개가 넘는 조합으로 18개의 자전거 모델을 만들고 있는데, 각각은 특정 고객의 요구에 맞도록 설계되어 있다. 오늘날의 유행은 고객 사양에 따라 제작된 접이식 자전거를 포함한다. 브람프톤(Brompton)은 접이식 자전거에 있어 업계의 표준이다. 브람프톤은 구매자로부터 다양한 측정치를 받아 이 데이터를 공장에 보내는데 여기서는 로봇이 조립의 대부분을 처리한다.[18]

매스 커스터마이제이션
개별 고객의 요구를 만족시키기 위해 제품을 맞춤화하는 것

점점 더 많은 기업들이 자사의 제품을 커스터마이즈하고 있다. 패션 스타트업인 프라퍼 클로쓰(Proper Cloth)는 온라인 쇼핑객을 위한 맞춤 셔츠를 디자인하기 위해 Smart Size란 소프트웨어를 사용한다.[19] 네이처 메이드 비타민즈(Nature Made Vitamines)는 개인의 필요에 따라 맞춤형 비타민 팩을 만든다. 단 것을 더 많이 좋아하는 사람들을 위해 심지어 좋아하는 색상으로 맞춤식 엠엔엠즈(M&M's)를 구매할 수도 있다.[20]

매스 커스터마이제이션은 서비스 부문에서도 또한 사용된다. 몇몇 보험회사는 기업들에 맞춤식 위험 관리 상품들을 판매하기 위해 최신 컴퓨터 소프트웨어와 하드웨어를 이용한다. 밴가드(Vanguard)는 각 개인의 요구와 필요에 맞춘 개인연금 상품을 제시한다. 헬스클럽은 개인에 대한 맞춤식 피트니스 프로그램을 제공하고, 여행사는 개인의 선호도에 맞춘 휴가 패키지 상품을 제공하고, 몇몇 대학은 학생들이 자신의 전공을 설계하도록 한다. 상품을 맞춤식으로 만드는 것보다 서비스 프로그램을 맞춤식으로 설계하기가 더 쉬운데, 그 이유는 맞출 고정된 유형 제품이 없기 때문이다. 각 고객은 자신이 원하는 것을 서비스 조직의 한계—이전보다 더 넓어진 것처럼 보이는 한계—내에서 명시할 수 있다.

3D 프린팅이 단지 프로토타입만을 위한 것은 아니다. 상해에 있는 이 85피트의 콘크리트 다리는 여러 단계로 프린트되고 이어져 보행자들을 위한 적절한 가격의 안전한 보행 옵션을 제공한다. 여러분은 3D 프린팅이 가능한 다른 건축물을 생각할 수 있는가?

급식업계 '로봇' 활용 확산

급식업계가 코로나19 사태 이후의 '포스트 코로나' 시대 대비를 위한 본격 채비에 나선다. 식음료 위탁운영 사업장에 로봇을 활용한 비대면 푸드 서비스를 강화하는 것이다. 외식 프랜차이즈 업체와 손잡고 로봇 카페를 현장에 도입하거나, 서빙 로봇을 통해 업무 운영의 효율성을 높이는 식이다. 이를 통해 운영 효율과 수익성을 함께 높일 수 있을 것으로 업계는 진단하고 있다.

15일 관련 업계에 따르면 삼성웰스토리는 카페 브랜드 달콤과 협업해 넥슨의 사내 카페를 무인 로봇 카페로 운영하고 있다. 삼성웰스토리는 지난해 IT 업체 넥슨과 단체 급식 위탁운영 계약을 맺고 사내 식당과 카페 등을 일괄 운영 중이다. 조식 · 중식 · 석식 등 단체 급식 서비스 이외 카페에서 커피 · 음료 등 디저트도 제공한다. 특히 삼성웰스토리는 넥슨 카페에 달콤의 로봇 카페 비트를 도입했다. 해당 매장에서는 전용 어플리케이션과 키오스크로 커피나 음료 주문을 받아 1분 내로 제조한다. 결과적으로 5분 안에 음료 주문과 제조, 픽업 서비스가 가능한 셈이다. 메뉴 구성도 다양하다. 아메리카노 이외에 카페라떼, 카푸치노, 바닐라라떼, 핫초코, 녹차라떼 등 로봇이 만들 수 있는 메뉴만 총 17종에 이른다. 회사 측 관계자는 "제과 · 제빵 전문 파티쉐를 통해 디저트 전문 카페와 비교해 손색없는 고급 디저트 메뉴도 제공할 것"이라고 말했다.

CJ프레시웨이도 1월 '로봇 서빙 시스템' 등 푸드테크(Food+Technology)를 접목한 카페테리아 S라운지 1호점을 전남 영암 사우스링스에 개장했다. S라운지는 국내 골프장 클럽하우스에서는 최초로 시도하는 셀프서비스 캐주얼 다이닝 모델이다. 서빙 로봇이 카페테리아 이용 고객들을 대신해 주문부터 배식 · 퇴식까지 담당한다. CJ프레시웨이는 주문을 받는 점원을 기다릴 필요 없이 테이블마다 태블릿 PC를 배치하는 등 주문 형태를 간소화해 편의성과 함께 운영 효율성을 모두 실현한다는 계획이다.

아워홈도 전국 급식 업장에 자동화 시설을 도입 중이다. 지난해부터 전국 급식 업장에 자동 잔반 처리기를 마련했다. 물레방아 형태의 회전틀이 잔반이 남아있는 식판을 회전 틀에 끼운 뒤 180도 회전해 식판과 잔반을 분리하는 방식이다. 시간당 1,200~1,500개의 식판을 처리할 수 있다. 이를 통해 인원 운영 효율이 약 20% 향상되는 효과를 거둘 수 있는 것으로 분석하고 있다.

급식업계의 이 같은 로봇 자동화 서비스는 코로나 대응을 위한 정부 정책 효과에 힘입어 더욱 가속화될 것으로 전망된다. 성윤모 산업통상자원부 장관은 10일 서울 중구 온라인 유통사 SSG닷컴의 매장형 물류센터를 방문해 "4월 온라인 유통업체의 매출이 전년 대비 17% 증가했다"며, "온라인 유통 산업에 로봇 · 드론 활용 등을 도입해, 비대면 시대 글로벌 유통의 선도 모델을 만들겠다"고 밝혔다. 그는 이어 "이른 시일 내 범정부 차원에서 비대면 경제 종합 대책을 마련할 예정"이라고 했다. 이에 대해 업계 한 관계자는 "고객 요구에 따라 로봇 자동화 서비스 도입 등 발 빠른 대응을 하고 있다"며, "포스트 코로나 시대엔 로봇 등을 활용하는 자동화 시대가 본격화될 것"이라고 전망했다.

출처: https://www.ebn.co.kr/news/view/1438245

로봇공학

산업용 로봇은 아주 정확하게 일주일에 7일, 하루에 24시간씩 작업할 수 있다. 매스 커스터마이제이션도 로봇들에 있어 문제가 되지 않는다. (최소한 어느 누구도 로봇이 불평한다는 이야기를 들어본 적이 없다.) 로봇이 사람들의 일자리 수를 줄이는 동시에 생산성을 개선함으로써 제조를 완전히 변화시키고 있다.[21] 공장에서의 조립라인 일자리와 함께 로봇들은 서비스 기업에서도 자리를 차지하기 시작했다. 가까운 미래에 로봇들은 체크인, 보안과 안내원 서비스(concierge service) 같은 공항 처리 업무에 널리 사용될 가능성이 높다.[22] 심지어 월스트리트저널의 금융분석가들도 AI 기반의 로봇들과 일자리 경쟁을 해야 한다.[23] 다시 말하면 많은 경우에 로봇들은 느리지만 분명히 사람들이 일을 더 잘하도록 도와주거나 이들을 완전히 대체할 수 있다. 로봇 기술이 생산성을 대체할 것으로 보이지만, 인간은 창의적으로 생각하고 행동함으로써 계속해서 가치를 창출할

것이다.[24)]

3D 프린팅

최근 나타난 가장 흥미로운 생산공정 중 하나는 3D 프린팅이다. 적층 제조(additive manufacturing)라 불리는 이 첨단 절차가 진행되는 동안 하나의 제품이 잉크젯 프린터의 분사구(nozzle)처럼 생긴 것에 의해 한 번에 하나의 층으로 만들어진다. 3D 프린팅은 빠른 기술 개발로 지난 5년간 빠르게 성장했다. 3D 프린팅은 2024년까지 350억 달러에 이르는 시장으로 성장할 수 있다.[25)] 대부분의 기업은 3D 프린팅을 사용하는 비용이 엄청나게 감소하여 이를 프로토타입 모델이나 다른 산업 프로젝트의 금형을 만드는 데 사용한다. 그러나 전문가들은 오래되지 않아 3D 프린팅이 모든 종류의 품목에 대한 생산에 혁명을 일으킬 것이라고 주장한다.[26)] 실제로 3D 프린팅 기업인 카본 3D(Carbon 3D)는 운동화의 깔창을 고무로 만들기 위해 아디다스와 그리고 축구 선수를 위한 맞춤형 헬멧 패딩을 만들기 위해 스포츠 장비 기업인 리델(Riddell)과 이미 계약했다. 세계 최초의 3D 프린팅으로 만든 콘크리트 다리는 스페인의 마드리드 인근에 있는 공원에 설치되었다.[27)]

감지, 측정, 공정통제를 활용하기

최첨단의 제조 기술은 많은 양의 데이터로 작동하는 컴퓨터에 의해 구동된다. 이러한 데이터는 습도를 측정하는 센서, (위치를 고정시키는) 위치 추적기 또는 원재료의 두께를 측정하는 기기를 관리한다. 제품이 생산의 시작부터 인도 시점까지 추적될 수 있다. 어떤 것이든 잘못되는 순간 센서가 이를 즉각 감지하여 필요한 조처를 하도록 누군가에게 알린다.[28)] 기업들은 또한 나노 제조를 활용하고 있다. 나노미터는 1m의 10억분의 1로 나노 제조는 분자나 원자 크기까지 원재료를 다룰 수 있음을 의미한다.[29)]

시험 준비

- 형태 효용이란 무엇인가?
- 공정생산, 조립공정, 연속 공정 그리고 단속 공정을 정의하고 차이점을 설명하라.
- CAD와 CAM의 통합을 무엇이라 부르는가?
- 매스 커스터마이제이션은 무엇인가?

학습목표 9-4 시설입지, 설비 배치, 자재소요계획(material requirement planning), 구매, 적시(just-in-time) 재고 관리와 품질관리를 포함한 오퍼레이션스 관리 계획의 관련 이슈에 대해 설명할 수 있다.

오퍼레이션스 관리 계획

오퍼레이션스 관리 계획은 서비스와 제조 부문에서의 많은 문제를 해결해 주고 있다. 이러한 문제들에는 시설입지, 설비 배치, 자재소요계획, 구매, 재고관리 그리고 품질관리가 포함된다. 사용되는 자원들은 다를 수 있지만, 관리 문제들은 동일하다.

시설입지는 제조업자뿐만 아니라 다른 기업에도 중요한 의사결정이다. 이 의사결정에는 자격이 있는 작업 자원의 가용 여부, 운송, 공급자 및 고객에 대한 접근과 지역 설정과 세금을 포함한 현지의 규제에 대한 고려가 포함된다. 인터넷 상거래의 성장이 기업의 입지 결정에 어떤 영향을 미치는가?

시설입지
기업 운영을 위한 지리적 장소를 선택하는 과정

시설입지

시설입지(facility location)는 기업 운영을 위한 지리적 장소를 선택하는 과정이다. 고객에 초점을 맞추는 전략은 소비자들이 기업의 서비스를 이용하고 그들의 요구사항을 쉽게 얻을 수 있는 장소를 찾는 것이다. 꽃가게와 은행은 시설을 독립적으로 두기보단 슈퍼마켓 내에 두어 소비자들이 더 접근하기 쉽게 한다. 스타벅스 또한 슈퍼마켓과 타깃 매장(Target store) 내에서 사업을 하고 있다. 여러분은 몇몇 월마트 매장과 주유소 안에 있는 맥도날드를 볼 수 있다.

궁극적인 편리함은 무언가를 얻기 위해 집을 떠날 필요가 없어야 한다는 것이다. 이것이 인터넷뱅킹과 인터넷 쇼핑 같은 서비스들이 왜 인기 있는지를 말해준다. 전자상거래는 거래를 더 쉽게 하려고 페이스북과 다른 소셜 미디어를 이용한다. 오프라인 소매점이 이러한 경쟁에서 이기려면 좋은 지역을 선택하고 뛰어난 서비스를 제공해야 한다. 호텔, 은행, 헬스클럽 그리고 슈퍼마켓과 같은 서비스 기업의 입지를 공부해보라. 그러면 여러분은 가장 성공한 경우가 편리한 곳에 입지해 있는 경우임을 알게 될 것이다. 시설 입지의 선택은 상세한 과정이 될 수 있다. 아마존은 50억 달러의 건설과 5만 명의 첨단 작업자들의 고용이 수반되는 제2의 북미 본부에 대한 광범위한 조사를 수행하였다. 전국의 여러 도시는 커뮤니티를 위해 온라인 소매업체를 유치하기 위한 치열한 경쟁을 시작했다. 아마존은 최종적으로 버지니아주의 알링턴(Arlington)에 있는 크리스털 시티(Crystal City)에 자리를 잡았다.[30]

제조업자에 대한 시설입지

생산에서의 지역적 이동은 때때로 어떤 지역에서는 실업을 초래하고 다른 지역에서는 엄청난 성장을 가져다준다. 예를 들면, 자동차 제조업의 쇠퇴는 디트로이트의 경제를 여러 해 동안 쇠퇴시키고 있다. 동시에 기술 산업의 부흥은 실리콘 밸리를 세계에서 가장 부유한 곳 중의 하나로 만들었다.

왜 기업들은 한 장소에서 다른 장소로 자사 시설을 이전하기 위하여 수백만 달러를 지출하는가? 기업들은 노동비, 노동을 포함한 자원의 가용성, 시장 출시 시간을 단축할 수 있는 교통수단에 대한 접근성, 공급자들에 대한 근접성, 소비자들에 대한 근접성, 범죄율, 직원들에 대한 삶의 질, 생활비, 지역 작업자들을 훈련하거나 재교육시킬 필요성을 고려한다.

고도로 자동화된 산업에서는 총비용 중 노동비 비중이 작음에도 불구하고 저임금 노동력이나 필요한 숙련 노동력을 활용할 수 있다는 이유로 많은 생산자는 공장을 말레이시아, 중국, 인도, 멕시코, 베트남 외 다른 나라로 이전한다. 일반적으로 미국 제조 기업들은 세계 다른 곳에 있는 기업들보다 더 많은 임금을 주고 더 많은 편익을 제공하는 경향이 있다.

생산 시설을 이전하는 또 다른 중요한 이유로 저렴한 자원을 들 수 있다. 기업들은 대

윤리적 의사결정

충성도냐 아니면 수익성인가?

트러스트 어스(Trust Us Industries)는 오랫동안 자사가 있는 곳의 경제적 기반이었다. 이 지역 대부분의 소규모 기업과 학교는 회사가 생산을 위해 필요로 하는 재료를 공급하거나 미래의 직원을 교육하고 있다. 여러 세대의 시민이 이 회사에서 일을 해왔다. 트러스터 어스는 여전히 수익성이 좋았지만, 비즈니스 컨설팅 회사가 회사의 생산시설을 베트남으로 이전하면 잠재적으로 20%의 수익을 더 올릴 수 있을 것으로 예상했다.

회사가 폐쇄되면 레스토랑과 소규모 소매점과 같은 도시의 다른 많은 사업은 어려워져 도시의 성인 중 높은 비율이 실업 상태에 있게 되고 새로운 고용 기회도 줄어들게 된다. 최고관리자이자 주요 소유자로서 공장을 이전해야 하는지와 이전해야 하는 경우 발표 시점은 언제로 해야할지를 결정해야 한다. 연방법에 따르면 공장을 폐쇄하기 최소 60일 전에 직원에게 알려야 한다. 여러분의 대안은 무엇인가? 각각의 결과는 어떻게 되는가? 여러분은 어느 것을 선택할 것인가?

개 물, 전기, 목재, 석탄 그리고 다른 기본자원들이 필요하다. 이러한 자원이 저렴하고 풍부한 지역으로 이전해 감으로써 기업들은 그러한 자원을 구매하는 비용뿐만 아니라 완제품의 운송 비용도 상당히 낮출 수 있다. 가장 중요한 자원이 사람인 경우, 기업이 실리콘 밸리 같은 똑똑하고 재능 있는 사람들이 있는 곳에 모이는 경향이 있다.

시장 대응 시간은 또 다른 의사결정 요인이다. 제조업자들이 세계적으로 경쟁함에 따라 가장 저렴한 비용으로 빠르게 제품을 고객들에게 신속히 전할 수 있는 장소가 필요하다. 따라서 고속도로, 철도, 수로 그리고 공항에 대한 접근성이 중요하다. 정보기술(IT) 또한 대응 시간을 줄이는 데 있어 중요하므로 많은 기업들이 가장 발달된 정보시스템을 갖춘 나라들을 찾으려고 한다.

고객의 요구를 충족시키기 위해 공급자들과 긴밀하게 협력하는 방법은 생산시설을 공급자 가까이에 두는 것이다. 이렇게 함으로써 유통비용을 줄이고 공급자와의 의사소통을 용이하게 할 수 있다. 많은 기업들이 글로벌 고객들과 더 가까이 있기 위해 외국에 공장을 짓고 있다. 이것이 일본 자동차 기업인 혼다가 오하이오주에서 자동차를 생산하고 독일 기업인 메르세데스(Mercedes)가 알라바마주에서 자동차를 생산하는 이유이다. 미국 기업들은 외국에서 공장 부지들을 선택할 때 이들 장소들이 공항, 수로 그리고 고속도로 근처에 있어 원재료와 완제품을 신속하고 용이하게 이동시킬 수 있는지를 고려한다.

기업들은 또한 직원들과 관리자들의 삶의 질을 조사한다. 좋은 학교가 근처에 있는가? 기후는 좋은가? 범죄율은 낮은가? 지역사회가 새로운 기업을 환영하는가? 회사 임원들과 다른 주요 관리자들이 그곳에 살고 싶어하는가? 때때로 삶의 질이 높은 지역은 비싼 지역으로 이것이 결정을 복잡하게 만든다. 요약하면 시설입지는 오퍼레이션스 관리에서 중요한 문제이다. '윤리적 의사결정' 글상자에서 기업들이 입지에 관해 내려야 하는 어려운 결정을 보여준다.

개방형 오피스 플랜은 직원들이 코로나 바이러스 이후의 세상에서 사회적 거리두기를 유지하도록 해준다. 각 사무실에서의 인원 수를 제한하고 책상들 사이에 충분한 공간을 두어 직원들이 안전하게 떨어져 있으면서 협력할 수 있도록 한다. 개방형 오피스 플랜이 작업자들을 안전하고 생산적이게 하는 효과적인 방식이라고 여러분은 생각하는가?

기업 간의 오퍼레이션스 관리

빠르게 성장하는 많은 기업들은 자체 생산은 거의 하지 않는다. 대신 이들은 엔지니어링(engineering), 설계, 생산과 다른 일들을 여기에 전문화된 플렉스(Flex)와 산미나(Sanmina-SCI)와 같은 기업에 아웃소싱한다. 기업들은 온라인으로 공급자들과 새로운 관계를 형성하고 오퍼레이션스 관리를 기업 간 프로세스로 만들었는데 이를 통해 기업들이 설계, 생산 그리고 고객에 대한 제품 운송을 긴밀하게 협력하여 수행하고 있다.

제조 기업들은 자사와 다른 기업들이 미래에 더 효과적으로 경쟁할 수 있는 온라인 전략을 개발하고 있다. 오퍼레이션스 관리자들이 하나의 기업 시스템에서 기업 간 환경에 적응해야 함에 따라 이 변화는 이들에게 엄청난 영향을 미치고 있다. 따라서 기업들이 독점적으로 통제할 수 있는 비교적 안정된 시스템보다는 이제는 끊임없이 변화하고 진화하는 환경을 다룰 수 있어야 한다.

미래의 시설입지

재택근무
컴퓨터와 인터넷을 통해 집에서 일하는 것

정보기술(IT)-컴퓨터, 소프트웨어, 이메일, 음성메일, 문자메시지 등-은 기업들과 직원들에게 입지를 선정하는 데 있어 유연성을 증가시켜주고 있다. 컴퓨터를 통해 집에서 일하는 **재택근무(telecommuting)**가 기업의 주요 추세이다. 더 이상 노동력이 제공되는 근처에 있을 필요가 없는 기업들은 땅값이 더 저렴하고 생활의 질이 더 나은 지역으로 이동해갈 수 있다. 게다가 스카이프(skype), 줌 그리고 웹엑스(Webex) 같은 화상회의 앱으로 컴퓨터나 전화로 연락하는 게 더 쉬워졌다.[31]

특정 도시나 주에 자리 잡는 또 다른 큰 이점은 그곳의 조세 상황과 정부의 지원이다. 어떤 주와 지방정부는 다른 곳보다 더 많은 세금을 부과하지만, 많은 주와 지역 정부들이 세금 감면이나 지역 용도 변경, 금융 지원과 같은 다른 지원을 제공함으로써 기업을 자기 지역에 유치하려 경쟁한다. 예를 들어, 뉴욕주는 기업가들에게 10년간 세금 없이 운영할 기회를 제공한다.

설비 배치

설비 배치
생산공정에 있어 (인력을 포함한) 자원의 물리적인 배치

설비 배치(facility layout)란 고객을 위해 가장 효율적으로 상품을 생산하고 서비스를 제공하기 위한 사람을 포함한 자원의 물리적인 배치를 말한다. 설비 배치는 수행될 공정에 크게 좌우된다. 소매점 같은 서비스에 있어서의 배치는 대개 소비자들이 물건을 찾아 구매하는 것을 도와주도록 설계된다.

병원과 같은 서비스 지향 조직은 제조업체처럼 효율성을 증가시키는 배치를 사용한다. 적절한 설비 배치는 장기적으로 공장의 비용을 크게 줄일 수 있다.

많은 기업들은 작업자가 한 번에 몇 가지 일만을 하는 조립라인 배치(assembly-line layout)에서 작업자 팀이 함께 더 복잡한 최종제품을 생산하는 모듈 배치(modular layout)로 옮겨가고 있다. 과거에는 자동차 엔진을 완성하기 위해 조립라인에 열두 개보다 많은 작업장들이 있었지만, 오늘날 이 모든 일이 한 모듈에서 행해진다.

다리나 비행기와 같은 대형 프로젝트를 다룰 때는 기업들은 완성해야 할 제품 주위로 작업자들을 모이게 하는 고정위치 배치(fixed-position layout)를 사용한다.

공정배치(process layout)는 유사한 장비나 기능을 함께 그룹지어 놓은 배치이다. 제품이 기능을 거쳐 가는 순서는 그 품목의 설계에 좌우된다. 이것은 유연성을 허용해준

그림 9.2 **전형적인 배치 설계**

제품 배치(조립라인 배치라고도 함)

몇 가지 형태의 제품들을 대량으로 생산하는 데에 사용

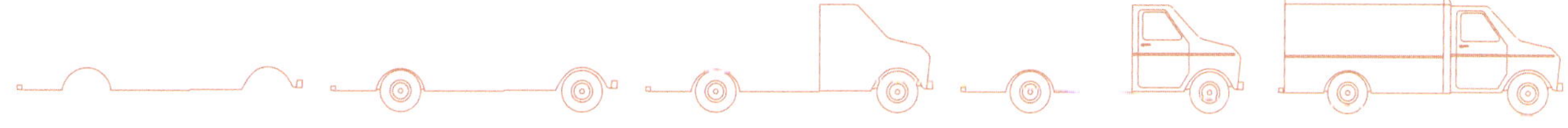

공정 배치

서로 다른 고객의 서로 다른 요구를 지원하는 데 빈번히 사용

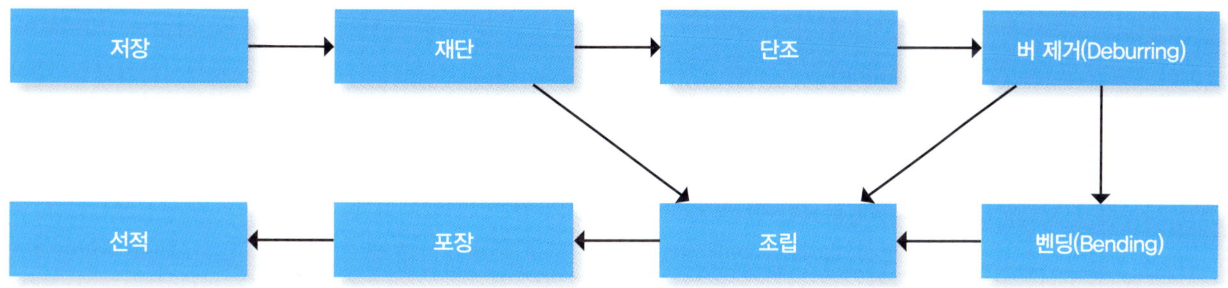

셀 배치 또는 모듈 배치

설계나 고객 수요의 변화를 수용할 수 있다.

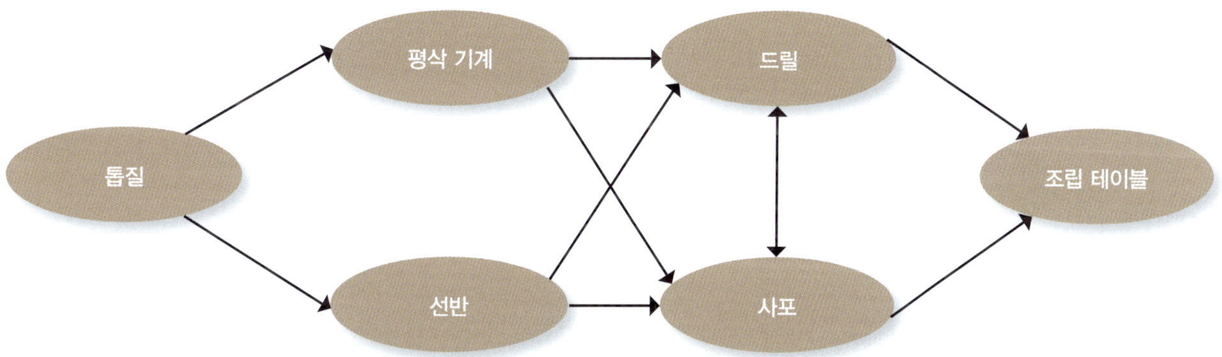

고정형 배치

계획의 주된 특징은 작업들의 일정을 계획하는 것이다.

다. 독일의 쾰른(Cologne)에 있는 이구스(igus) 제조 공장은 순식간에 축소나 확장이 가능하다. 이 유연한 설계가 급변하는 시장에서 경쟁력을 갖게 해 준다. 왜냐하면, 공장의 배치가 자주 변경되기 때문에 일부 작업자는 필요한 기술, 물품 그리고 서비스를 여러 작업장에 더 효율적으로 제공하기 위해 스쿠터를 사용하기도 한다. 빠르게 변하는 공장은 최대 생산성을 얻기 위해 빠르게 움직이는 직원을 필요로 한다. 그림 9.2가 전형적인 배치 설계를 보여준다.

자재소요계획

자재소요계획(MRP)
필요한 부품과 원재료들이 적절한 시기와 장소에 가용하도록 판매 예측치를 사용하는 컴퓨터 기반의 오퍼레이션스 관리 시스템

전사적 자원계획(ERP)
기업의 모든 부서와 자회사들의 컴퓨터화된 기능–재무, 인적자원, 주문 충족과 같은 기능–을 하나의 데이터베이스를 이용하는 하나의 통합된 소프트웨어 프로그램으로 합친 MRP의 새로운 버전

자재소요계획(MRP, Material requirement planning)은 필요한 부품과 원재료들이 적절한 시기와 장소에서 가용하도록 판매 예측치를 사용하는 컴퓨터 기반의 오퍼레이션스 관리시스템이다. MRP의 새로운 버전인 **전사적 자원계획**(ERP, Enterprise Resource Planning)은 기업의 모든 부서와 자회사들의 컴퓨터화된 기능들—재무, 인적자원, 주문 충족과 같은—을 하나의 데이터베이스를 이용하는 하나의 통합된 소프트웨어 프로그램으로 합친 것이다. 이를 통해 주문과 지불 사이의 시간 단축, 주문 발주와 주문 처리를 하는 데 필요한 더 적은 인력, 재고의 감소 그리고 고객 서비스 개선을 얻을 수 있다. 예를 들어, 고객은 고객 서비스 담당자나 온라인을 통해 주문할 수 있고 주문이 언제 충족되는지와 비용은 얼마인지를 바로 알 수 있다. 담당자는 고객의 신용평가와 과거 주문기록, 기업의 재고와 배송 계획을 바로 볼 수 있다. 기업 내 다른 모든 사람들도 새로운 주문을 볼 수 있다. 따라서 각 부서가 자신의 역할을 다할 때 주문은 자동으로 ERP 시스템을 통해 다음 부서로 전해진다. 고객은 시스템에 로그인함으로써 언제든 주문이 어느 단계에 있는지를 정확히 알 수 있다.

구매

구매
최고 품질의 원재료를 찾고 최고의 공급자를 발견하여 품질이 좋은 상품과 서비스에 대한 최선의 가격을 협상하는 기업의 기능

구매(purchasing)는 최고 품질의 원재료를 찾고 최고의 공급자를 발견하여 품질이 좋은 상품과 서비스에 대한 최선의 가격을 협상하는 기능이다. 한 공급자가 배달할 수 없다면 다른 공급자로부터 원재료를 얻을 수 있도록 일부 제조업자들은 여러 공급자들로부터 구매한다. 그렇지만 장기적으로 적당한 가격을 확보할 수 있도록 소수의 공급자들과 긴밀한 관계를 발전시키는 경우도 있다. 여러분은 여러 공급자들로부터 아니면 소수의 공급자들로부터 구매하는 것 중 어느 전략이 최선이라고 생각하는가?

인터넷 또한 구매 기능을 변화시키고 있다. 한때 특정 산업과의 관계가 필요했던 비즈니스들도 이제는 온라인에서 최선의 가격으로 가장 좋은 품목을 찾을 수 있다. 마찬가지로 물품을 판매하려는 기업도 그런 물품을 찾는 기업들을 찾기 위해 인터넷을 사용한다. 따라서 물품을 구매하는 시간과 비용이 엄청나게 줄어들고 있다.

적시 재고관리

적시(JIT) 재고관리
최소의 재고가 공장 내에 유지되고 부품, 물품 등의 필요품들이 조립라인에 투입되기 위해 적시에 배달되는 생산공정

부품, 모터와 다른 품목을 나중에 사용하기 위해 창고에 저장하는 비용도 생산비용 중 하나이다. 저장으로 품목이 노후화, 도난, 손상되기도 하고 저장에는 비용이 많이 드는 창고의 건설과 유지가 필요하다. 이러한 비용을 줄이기 위해 많은 기업들이 **적시 재고관리**(Just-In-Time(JIT) inventory control)라는 개념을 실행하고 있다. JIT 시스템은 최소한의 재고를 보유하면서 부품, 물품과 다른 필요품들을 적시에 조립라인에 가져다준

다. 그렇지만 효과적으로 작동되기 위해서 공정(process)은 (ERP를 사용한) 정확한 생산 계획과 엄선된 공급자들과의 원활한 조율을 필요로 하는데 여기서 공급자들은 전자적으로 연결되어 무엇을 언제 필요로 하는지 알고 있다. 때때로 공급자들은 배달시간을 최소화하기 위해 주요 생산자 가까이에 새로운 시설을 짓는다. JIT에서는 공급자가 멀리 있을 때 날씨 지연과 같은 문제에 부딪힌다. 모든 것이 제대로 갖추어져 있을 때에도 JIT 시스템은 고객과 생산 필요성을 모두 충족시키기 위해 가장 저렴한 비용으로, 적절한 원재료를, 적절한 시기에, 적절한 장소에 있도록 해야 한다. 이것이 현대 생산 혁신의 핵심이다.

품질관리

품질(quality)을 유지하는 것은 고객에게 배달하기 전과 후의 오류를 줄이면서 고객이 원하는 것을 일관되게 생산하는 것을 의미한다. 과거에는 기업들이 생산라인의 마지막 단계에서 품질관리를 실행했다. 제품들이 일단 완성되고 난 이후에야 품질에 대한 검사가 이루어졌기에 다음과 같은 문제들이 발생했다.

품질관리
고객에게 배달하기 전과 후의 오류를 줄이면서 고객이 원하는 것을 일관되게 생산하는 것

1. 품질 검사를 위한 추가적인 인력과 자원이 필요했다.
2. 오류가 발견되면 오류를 수정하거나 해당 제품을 폐기하는 과정에서 비용이 많이 발생하였다.
3. 고객이 제품 하자를 발견했을 경우 실망한 고객은 다음부터는 다른 기업의 제품을 구매할 것이다.

이러한 문제는 품질이 일회성 결과가 아니라 기업이 생산한 제품을 지속적으로 개선하야만 하는 과정임을 인식하게 해주었다. 따라서 품질관리는 단순히 생산라인 끝의 검사라기보다는 오퍼레이션스 관리계획 프로세스의 일부로 이해하여야 한다.

기업은 **식스 시그마**(Six Sigma)와 같은 현대적인 품질관리기준을 사용한다. 백만 개당 3, 4개만의 결함이라는 기준을 정한 식스 시그마 품질은 결함의 발생을 방지하기 위해 잠재적인 문제를 파악한다. 몇몇 은행처럼 하루 4백만 건의 거래를 하는 기업에는 이것이 중요하다.

식스 시그마
백만 개당 단 3.4개의 결함만을 허용하는 품질 수준

통계적 품질관리(SQC, Statistical Quality Control)는 생산공정의 모든 단계를 지속적으로 감시하여 품질이 초기부터 제품에 구현되도록 하는 프로세스이다. **통계적 공정관리**(SPC, Statistical Process Control)는 생산공정의 매 단계에서 부품의 통계적 샘플을 검사하여 그 검사 결과를 그래프 상에 나타내는 프로세스이다. 따라서 관리자들은 품질 표준으로부터 벗어난 어떤 편차도 찾아서 해결할 수 있다. 제품이 생산공정의 모든 단계에 걸쳐 표준을 충족하도록 하는 것은 마지막 단계에서 시행하는 품질관리검사에 대한 필요성을 줄여준다. 왜냐하면 불량이나 오류들이 공정의 훨씬 앞 단계에서 발견될 수 있기 때문이다. 따라서 SQC와 SPC는 기업의 많은 시간과 비용을 줄여준다.

통계적 품질관리(SQC)
생산공정의 모든 단계를 지속적으로 감시하여 품질이 초기부터 제품에 구현되도록 하는 프로세스

통계적 공정관리(SPC)
생산공정의 매 단계에서 부품의 통계적 샘플을 검사하여 그 검사 결과를 그래프 상에 나타내는 프로세스. 품질 표준으로부터 벗어난 어떤 변차도 찾아서 해결함

몇몇 기업들은 데밍사이클(품질 운동의 아버지인 고 에드워드 데밍(W. Edwards Deming)의 이름을 땀)이라 불리는 품질관리 기법을 사용한다. 데밍사이클의 단계는 계

세인트루이스(St. Louis)에 본사를 두고 있는 네슬레 퓨리나 펫케어(Nestle Purina PetCare)는 제조분야에서 말콤 볼드리지 국가품질상을 받았다. 이 상이 어떤 품질 기준을 토대로 하고 있다고 여러분은 생각하는가?

획(Plan), 실행(Do), 검토(Check), 조치(Act) 즉, PDCA이다. 이 아이디어 역시 잠재적인 실수들이 발생하기 전에 이들을 찾아내는 것이다.

최고 품질의 제품과 함께 미국의 기업들은 최고의 고객서비스를 제공하는 것에 관심을 기울이고 있다. 하지만 물리적인 제품들은 거의 완벽하게 설계되어 제조될 수 있음에도 불구하고 서비스에 적용할 수 있는 유사한 프로세스는 없다. 예를 들어, 보석 세공인은 매번 완벽한 최종 제품을 보장하는 금반지를 만드는 방법을 개발할 수 있다. 그렇지만 댄스 수업이나 뉴욕 시에서의 택시 운전과 같은 서비스를 제공할 때는 그러한 완벽한 품질을 보장할 수 없다. 이러한 경우에는 일부 고객들이 가장 전문적인 서비스 제공업자에 대해서조차 어떻게 반응하는지를 예측하기 어렵다.

볼드리지(Baldrige) 상

전 미국 상무장관을 기념해 이름 붙여진 말콤 볼드리지 국가품질상(Malcolm Baldrige National Quality Awards)의 도입으로 전반적인 기업 품질에 대한 표준이 설정되었다. 기업들은 다음의 각 분야, 즉 제조, 서비스, 중소기업, 비영리/정부, 교육, 의료에 있어서 이 상에 응모할 수 있다.

이 상에 대한 요건을 갖추기 위해 조직은 리더십, 전략계획, 고객 및 시장 중시, 정보 및 분석, 인적자원 중시, 프로세스 관리와 사업 성과와 같은 주요 영역에서의 품질을 보여주어야 한다. 이 상을 받기 위한 주요 기준으로는 고객의 요구와 필요성이 충족되는지와 고객만족도 평가가 다른 경쟁 기업들보다 우수한가가 포함된다. 단순히 품질 좋은 제품과 서비스를 만드는 것으로부터 최고 품질의 고객서비스를 모든 면에서 제공하는 것으로 초점이 옮겨 가고 있다.

ISO 9001과 ISO 14001 표준

ISO 9001
품질관리와 보증 표준에 주어지는 일반 명칭

국제표준화 기구(ISO, International Organization for Standardization)는 개별 제품의 품질에 대한 국제적인 척도를 설정하는 170개국보다 많은 국가들의 표준 기구들로 이루어진 세계적인 연합체이다.[32] ISO는 상품과 서비스의 국제적 교환을 용이하게 하기 위한 세계적인 표준의 개발을 위해 설립된 비정부 조직이다(ISO는 두음 합성어가 아니라 '하나'를 의미하는 그리스어 'isos'에서 유래했다). **ISO 9001**은 품질관리와 보증 표준에 주어지는 통칭(common name)이다.

이 표준은 기업이 규제와 법적 요구조건을 포함하여 고객들의 필요가 무엇인지를 결정하고 불만과 같은 이슈들을 다루기 위해 고객과 원활하게 소통할 것을 요구한다. 다른 표준들에는 프로세스 관리, 제품 테스트, 저장과 배달이 포함된다.

ISO 9001이 중요한 이유는 EU와 사업하기를 원하는 기업들은 ISO 표준에 대한 인증을 받을 것을 EU가 요구하기 때문이다. 몇몇 주요 미국 기업들도 공급들이 이러한 표준을 충족시킬 것을 요구한다. 유럽과 미국의 여러 인증기관들은 기업이 제품개발부터 생산, 테스트, 설치에 이르기까지 자사 오퍼레이션의 모든 단계에 대한 표준을 충족시키는지를 증명해 준다.

ISO 14001은 조직의 환경에 대한 영향을 관리하기 위한 최고의 관행들을 모아 놓은 것이다. 이는 환경관리시스템으로서 성과 수준을 규정하지는 않는다. 인증을 위한 요구조건에는 환경정책을 가지고 있는지, 특정한 개선 목표를 가지고 있는지, 환경 프로그램에 대한 감사를 수행하고 있는지와 프로세스에 대한 최고경영자의 검토가 유지되고 있는지가 포함된다.

ISO 14001
조직의 환경에 대한 영향을 관리하기 위한 최고의 관행들을 모아놓은 것

ISO 9001과 ISO 14001 모두에서 인증을 받는 것은 이 기업이 품질과 환경 표준에 있어서 세계적인 관리 시스템을 갖추고 있다는 것을 의미한다. 과거에는 기업들이 각각의 표준들을 충족시키기 위하여 직원을 따로 배정하였으나 오늘날은 ISO 9001과 ISO 14001 표준들을 결합하여 동시에 두 기준을 만족시키려 한다. ISO는 또한 다른 표준들을 따르기 위해 사회적 책임에 대한 가이드라인도 마련하고 있다.

시험 준비

- 시설입지에 대한 주요 기준은 무엇인가?
- MRP와 ERP의 차이는 무엇인가?
- 적시(JIT) 재고관리란 무엇인가?
- 식스 시그마 품질, 볼드리지 상, ISO 9001과 ISO 14001은 무엇인가?

학습목표 9-5 생산공정을 관리하기 위한 퍼트(PERT)와 간트 차트(Gantt chart)의 사용법을 설명할 수 있다.

관리 절차: 퍼트와 간트 차트

오퍼레이션스 관리자는 주어진 예산 하에서 제품들이 규격에 맞게 생산되어 배달되도록 해준다. 관리자는 어떻게 이 모든 것을 요구된 시간까지 매끄럽게 진행시켜 끝나도록 할 수 있는가? 생산의 진도를 확인하는 하나의 흔한 방법은 핵잠수함을 만들기 위해 1950년대에 미 해군에서 개발한 **퍼트**(PERT, Program Evaluation and Review Technique)이다. 퍼트 사용자는 주어진 프로젝트를 완수하는 데 포함된 과업들을 분석하고 각 과업을 끝내는 데 필요한 시간을 추정하여, 전체 프로젝트를 완수하는 데 필요한 최소 시간을 계산한다.

퍼트(PERT)
주어진 프로젝트를 완수하는 데 포함된 과업들을 분석하고, 각 과업을 끝내는 데 필요한 시간을 추정하여, 전체 프로젝트를 완수하는 데 필요한 최소 시간을 파악하는 방법

퍼트에 사용된 단계는 (1) 완성될 필요가 있는 과업의 분석과 순서 정하기, (2) 각 과업을 완수하는 데 필요한 시간 추정, (3) 단계 (1)과 (2)에서의 정보를 나타내는 퍼트 네트워크 그리기, (4) **주경로**(critical path) 파악하기이다. 주경로는 프로젝트를 완성하기 위해 가장 긴 시간이 걸리는 과업들의 순서이다. 주경로에서 '중요한(critical)'이란 말을 사용하는 이유는 주경로에서의 어떠한 지연도 전체 프로젝트나 생산의 지연을 야기하기 때문이다.

주경로
프로젝트를 완성하기 위해 가장 긴 시간이 걸리는 과업들의 순서

그림 9.3 뮤직비디오에 대한 퍼트(PERT) 차트

이 비디오를 제작하는 데 걸리는 최소 시간은 15주이다. 이 기간에 비디오를 제작하기 위해, 여러분은 스타와 곡을 고르기 위해 1주, 세트를 설계하는 데 4주, 세트 재료를 구입하는 데 2주, 세트를 제작하는 데 6주, 리허설을 하는 데 1주, 비디오가 제작되는 데 마지막 1주를 더해야 한다. 이것이 주경로이다. 이 공정에서의 지연은 최종 비디오 제작이 늦어지는 것을 의미한다.

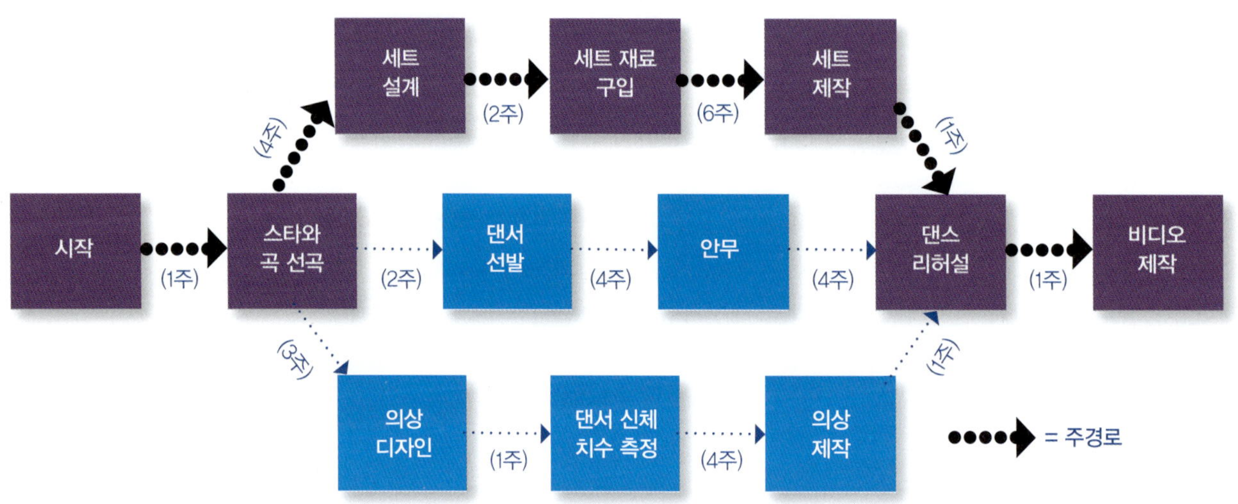

그림 9.4 인형 제조업자에 대한 간트 차트

생산 관리자가 간트 차트를 보면 언제 프로젝트가 완성되기로 계획되었는지, 현재 어떤 상태에 있는지를 한눈에 알 수 있다. 예를 들어, 인형의 머리와 몸통은 옷이 재봉되기 전에 완성되어야 하지만, 이것들은 6주차에 조립을 위해 모든 것이 준비된다면 약간 늦어질 수도 있다. 이 차트는 3주 말에 인형의 몸통은 준비되었지만, 머리는 약 반 주 정도 지연되고 있음을 보여준다.

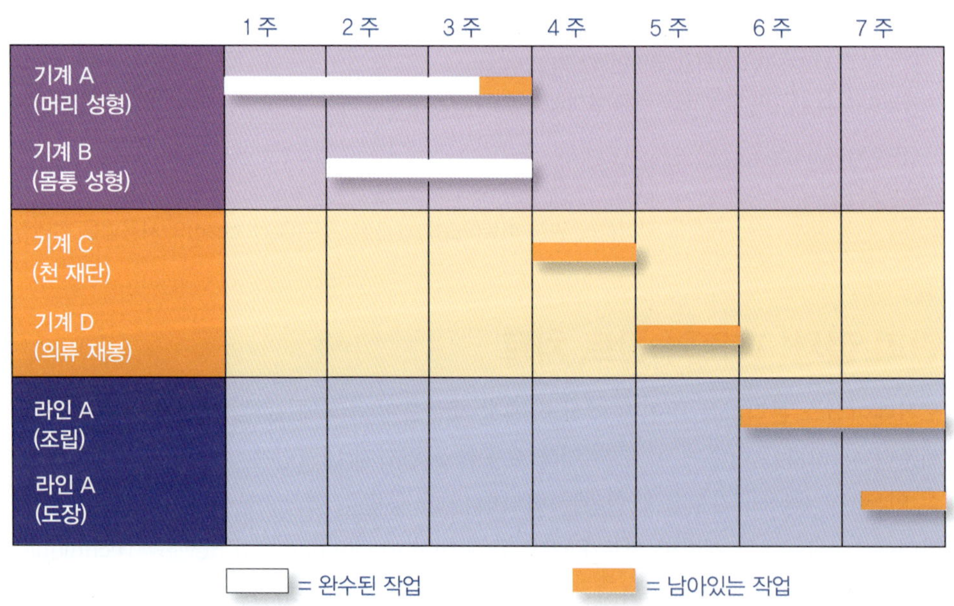

그림 9.3은 뮤직비디오 제작에 대한 퍼트 차트이다. 사각형은 완료된 과업을 나타내고 화살표는 각 과업을 완성하는 데 필요한 시간을 나타낸다. 하나의 완료된 과업에서 다른 과업으로의 경로는 과업들 간의 관계를 나타낸다. '세트 설계'로부터 '세트 재료 구입'까지의 화살표는 세트 재료를 구입하기 전에 세트 설계를 하여야 함을 의미한다. 굵은 검은색 화살표로 표시된 주경로는 세트를 제작하는 것이 댄서를 선발하여 안무하는 것이나 의상을 디자인하여 제작하는 것보다 더 많은 시간이 걸린다는 것을 나타낸다. 프로젝트 관리자는 프로젝트를 제때에 완료하려면 세트 제작을 계획대로 진행하는 것은 매우 중요하지만, 댄스나 의상 준비에서의 약간 지연은 전체 프로젝트를 지연시키지 않

을 것이라는 것을 안다.

퍼트 네트워크는 여러 달에 걸친 수천 개의 사건(event)들로 이루어질 수 있다. 오늘날 이 복잡한 절차는 컴퓨터를 통해 이루어진다. 생산 진행을 측정하기 위해 제조업자가 사용하는 또 다른 더 기본적인 전략은 **간트 차트(Gantt chart)**이다. 간트 차트(개발자인 헨리 간트(Henry L. Gantt)의 이름을 땀)는 현재 어떤 프로젝드가 작업되고 있으며, 주어진 시간에 얼마 정도가 완성되었는지를 보여주는 막대그래프로 이것 또한 컴퓨터로 준비될 수 있다. 그림 9.4는 인형 제조업자에 대한 간트 차트인데 인형의 머리와 몸통은 옷이 재봉되기 전에 완성되어야 함을 보여준다. 이는 또한 3주 말에 인형의 몸통은 준비되었지만, 머리는 반 주 정도 지연되고 있음을 보여준다. 관리자는 간트 같은 컴퓨터 프로그램을 사용하여 어떤 과업이 계획대로 이루어지고 어떤 과업이 계획보다 늦어지는지를 알기 위해 분 단위로 생산 프로세스를 추적하여 기업이 계획대로 일을 진행하도록 필요 시 조정할 수 있다.

간트 차트
어떤 프로젝트가 현재 작업되고 있으며, 주어진 시간에 어떤 단계에 있는지를 보여주는 막대 그래프

미래에 대한 준비

미국은 앞으로도 주요 산업국가로 남겠지만, 경쟁은 매년 더 심해지고 있다. 제조 및 서비스 기업들이 경쟁력을 유지하려고 함에 따라 오퍼레이션스 관리에는 엄청난 직업 기회가 있다. 미래의 추세를 알고 미래의 고도로 자동화된 공장과 현대적인 서비스 시설에서 일할 능력을 갖춘 학생들은 이 혜택을 누릴 것이다.

시험 준비

- 3분짜리 반숙 계란, 버터 바른 토스트와 커피로 구성된 아침 식사를 만들기 위한 퍼트 차트를 그려보라. 주경로를 정의하라.
- 생산을 추적하기 위해 여러분은 간트 차트를 어떻게 사용할 수 있는가?

요약하기

학습목표 9-1 미국 제조의 현 상황과 경쟁력을 더 갖추기 위해 제조업자가 할 일은 무엇인지 설명할 수 있다.

- **미국에서 제조의 현재 상태는 어떠한가?**
  미국의 제조 부문에서의 활동은 정점을 지난 이후 쇠퇴하고 있다. 그 결과 제조 부문에서의 일자리는 더 적어지고 있다. 제조 기업이 더 적은 일자리를 제공함에도 불구하고 기업은 생산 측면에서 더 효율적이 되었고 이는 똑같은 일을 하기 위해 더 적은 작업자를 필요로 함을 의미한다. 오늘날 다른 나라에서의 인건비 증가로 인하여 많은 제조업자들이 미국으로 다시 돌아와 미국에서의 일자리가 늘어나고 있다. 이 장의 대부분은 미국 경제가 세계 최고의 경쟁자로 부활하기 위해 제조업자와 서비스 제공자가 무엇을 할 수 있는지를 보여주고 있다.

- **산출물을 증가시키기 위하여 미국 제조업자는 무엇을 해왔는가?**
  미국 제조업자는 고객 요구를 만족시키기 위한 공급자들 및 다른 기업들과의 긴밀한 관계, 지속적 개선, 품질, 입지 선정, 기업을 통합하기 위한 인터넷 사용, 전사적 자원계획, 컴퓨터 통합생산, 유연 생산, 린 생산, 로봇공학과 3D 프린팅 같은 생산기법을 강조함으로써 산출물을 증가시켜 왔다.

학습목표 9-2 생산에서 오퍼레이션스 관리까지의 발전과정을 설명할 수 있다.

- **생산관리는 무엇인가?**
  생산관리는 관리자가 기업이 상품을 만들어내도록 돕는 모든 활동으로 이루어진다. 제조에서 서비스로 중요성이 변화하는 것을 반영하기 위하여 생산이 오퍼레이션스란 용어로 대체되었다.

- **오퍼레이션스 관리는 무엇인가?**
  오퍼레이션스 관리는 인적자원을 포함한 자원을 상품이나 서비스로 변환하는 경영에서의 특정 분야이다.

- **어떤 유형의 기업이 오퍼레이션스 관리자를 활용하는가?**
  제조와 서비스 부문의 모든 기업들이 오퍼레이션스 관리자를 활용한다.

학습목표 9-3 여러 생산공정의 파악과 컴퓨터 지원 설계 및 생산(CAD/CAM), 유연 생산, 린(lean) 생산, 매스 커스터마이제이션(mass customization), 로봇공학과 3D 프린팅을 포함한 생산성을 향상시키는 여러 기법들에 대해 설명할 수 있다.

- **공정생산은 무엇이고 이것은 조립공정과 어떻게 다른가?**
  공정생산은 원재료를 물리적 또는 화학적으로 변화시킨다. 조립공정은 부품들을 결합한다.

- **CAD/CAM 시스템은 어떻게 작동하는가?**
  CAD에서 이루어진 설계 변화는 즉각적으로 CAM 프로세스에 통합된다. CAD와 CAM의 연결이 CIM이다.

- **유연 생산은 무엇인가?**
  유연 생산은 다양한 제품들을 생산하는 기계를 설계하는 것을 의미한다.

- **린 생산은 무엇인가?**

린 생산은 대량생산과 비교하여 모든 것을 적게 사용하여, 즉 더 적은 직원의 노력, 더 작은 생산 공간, 공구에서의 더 적은 투자 그리고 신제품 개발까지의 더 적은 엔지니어링 시간(engineering time)으로 제품을 생산하는 것이다.

- **매스 커스터마이제이션은 무엇인가?**

  매스 커스터마이제이션은 많은 개별 고객들에 대한 맞춤식 제품과 서비스를 생산하는 것을 의미한다. 유연 생산이 매스 커스터마이제이션을 가능하게 한다. 한 고객의 정확한 요구가 주어지면 유연기계는 대량생산 제품이 만들어지는 것같이 빠르게 하나의 맞춤식 제품을 만들 수 있다. 매스 커스터마이제이션은 서비스 산업에서도 중요하다.

- **로봇공학은 어떻게 생산이 더 경쟁력이 있게 해 주는가?**

  산업용 로봇은 아주 정확하게 일주일에 7일, 하루 24시간씩 작업할 수 있다. 이들이 대체하는 대부분의 일자리는 로봇이 필요하거나 최소한 도움이 되는 더럽거나 반복적인 일자리이다. 로봇은 많은 직업에서 사무직의 일자리를 잠식하기 시작했다.

- **3D 프린팅이란 무엇이고 어떻게 활용되는가?**

  3D 프린팅(적층 가공으로도 알려져 있다)은 잉크젯 프린터에서 발견되는 것과 유사한 노즐을 사용하여 한 번에 한 층씩 제품을 만드는 기술이다. 오늘날 3D 프린팅은 다양한 산업의 프로젝트를 위한 시제품 모델이나 몰드를 만드는 데 주로 사용되지만, 의료 장비와 같은 분야에서의 사용도 증가하고 있다.

학습목표 9-4 시설입지, 설비 배치, 자재소요계획(material requirement planning), 구매, 적시(just-in-time) 재고 관리와 품질관리를 포함한 오퍼레이션스 관리의 계획 주제에 대해 설명할 수 있다.

- **시설입지는 무엇이고 이는 설비 배치와 어떻게 다른가?**

  시설입지는 기업의 운영에 대한 지리적인 입지를 선택하는 프로세스이다. 설비 배치는 상품과 서비스를 효과적이고 효율적으로 생산하기 위해 사람을 포함하여 자원을 물리적으로 배치하는 것이다.

- **관리자는 서로 다른 입지를 어떻게 평가하는가?**

  인건비와 토지비용이 올바른 입지를 선택하는 두 개의 중요한 기준이다. 다른 기준으로는 자원이 풍부하고 저렴한지, 숙련된 직원이 있거나 훈련이 가능한지, 세금은 저렴하고 지방정부가 지원을 제공하는지, 에너지와 물이 이용 가능한지, 수송비용이 저렴한지와 생활과 교육의 질이 높은지가 포함된다.

- **MRP와 ERP는 생산공정과 어떤 관계를 가지는가?**

  MRP는 필요한 부품과 원재료가 적절한 시간과 장소에 가용되도록 판매 예측치를 사용하는 컴퓨터 기반의 오퍼레이션스 관리 시스템이다. MRP의 새로운 버전인 ERP는 기업의 모든 부서와 자회사들의 컴퓨터화된 기능들–재무, MRP, 인적자원과 주문 충족과 같은 기능들–을 하나의 데이터베이스를 이용하는 하나의 통합된 소프트웨어 프로그램으로 합친다. 그 결과는 주문과 지불 사이의 시간 단축, 주문 발주와 주문 처리를 하는 더 적은 인력, 재고 감소, 고객서비스 개선으로 나타난다.

- **JIT 재고관리는 무엇인가?**

  JIT는 공급자들이 부품과 원재료를 조립라인에 적시에 배달하도록 요구하여, 원재료가 창고에 저장될 필요가 없도록 한다.

- **식스 시그마 품질, SQC와 SPC는 무엇인가?**

식스 시그마 품질은 백만 개당 3, 4개만의 결함으로 표준을 설정하고 잠재적인 문제가 나타나기 전에 이를 발견한다. 통계적 품질관리(SQC)는 생산공정의 모든 공정을 지속적으로 감시하여 품질이 초기부터 제품에 구현되도록 하기 위해 관리자들이 사용하는 프로세스이다. 통계적 공정관리(SPC)는 생산공정의 각 단계에서 부품의 통계적 샘플을 검사하고 이 결과를 그래프에 나타냄으로써 관리자들이 품질 표준으로부터의 어떤 편차를 알아내어 해결할 수 있도록 한다.

- **미국에서는 어떤 품질 표준을 기업들이 사용하는가?**

말콤 볼드리지 국가품질상에 대한 자격을 갖추기 위해 기업은 다음의 7가지 주요 분야, 즉 리더십, 전략계획, 고객 및 시장 중시, 정보 및 분석, 인적 자원 중시, 프로세스 관리 그리고 사업성과에서의 품질을 보여주어야 한다. 미국 기업들이 충족시키려고 노력하는 국제적 표준에는 ISO 9001과 ISO 14001이 있다. 첫 번째 것은 품질에 대한 국제적 표준이고, 두 번째 것은 환경에 대한 조직의 영향을 관리하는 최고의 관행들을 모아놓은 것이다.

학습목표 9-5 생산공정을 관리하기 위한 퍼트(PERT)와 간트 차트(Gantt chart)의 사용법을 설명할 수 있다.

- **퍼트 차트와 간트 차트 사이에는 어떤 관계가 있는가?**

그림 9.3은 퍼트 차트를 보여준다. 그림 9.4는 간트 차트를 보여준다. 퍼트가 계획을 위해 사용되는 도구인 반면 간트 차트는 진척도를 측정하기 위해 사용되는 도구이다.

주요 용어 정리

ISO 9000
ISO 14000
간트차트
공정생산(process manufacturing)
구매(purchasing)
단속 공정(intermittent process)
린 생산(lean manufacturing)
매스 커스터마이제이션(mass customization)
생산
생산관리
설비 배치(facility layout)
시설입지(facility location)
식스 시그마 품질
연속 공정(continuous process)
오퍼레이션스 관리
유연 생산(flexible manufacturing)
자재소요계획(MRP, Material requirement planning)
재택근무(telecommuting)
적시 재고관리(just-in-time(JIT) inventory control)
전사적 자원계획(ERP, Enterprise resource planning)
조립공정(assembly process)
주경로(critical path)
컴퓨터지원 생산(CAM, computer-aided manufacturing)
컴퓨터지원 설계(CAD, computer-aided design)
컴퓨터 통합생산(CIM, computer integrated manufacturing)
통계적 공정관리(SPC, statistical process control)
통계적 품질관리(SQC, statistical quality control) 304
퍼트(PERT, program evaluation and review technique)
품질(quality)
형태 효용(form utility)

사고력 문제

1. 생산현장에서의 인력은 로봇과 다른 기계로 대체되고 있다. 한편으로 이것은 기업들이 다른 국가들의 값싼 노동력과 경쟁하도록 해준다. 다른 한편으로는 자동화가 많은 일자리를 없애버린다. 여러분은 자동화가 미국과 세계에서 실업이나 불완전 고용을 증가시킬지 모른다고 염려하는가? 왜 그런가 또는 왜 그렇지 않은가?

2. CIM은 생산공정에 대변혁을 일으키고 있다. 이러한 변화들은 의류 산업, 신발 산업, 다른 패션 관련 산업들에 있어 무엇을 의미하는가? 이러한 변화들은 다른 소비재와 산업재 산업에 있어 무엇을 의미하는가? 여러분은 소비자로서 어떤 혜택을 얻을 수 있는가?
3. 미국에서의 새로운 일자리를 창출하는 방법은 공학이나 과학 분야의 새로운 졸업생들로부터 혁신을 늘리는 것이다. 미국은 더 많은 학생들이 이러한 분야를 전공하도록 어떻게 동기 부여할 수 있는가?

원리의 적용

목적

생산 공정을 보여주기

연습

Youtube.com으로 가서 'How It's Made: McDonald's Chicken McNuggets'를 찾아보라. 여러분은 타이슨(Tyson)이 어떻게 맥도날드에 납품하는 치킨너깃을 만드는지를 알게 될 것이다.

1. 타이슨은 공정생산이나 조립공정을 사용하였는가? 맥도날드의 맥너깃 생산은 단속 생산 공정인가 또는 연속 생산공정인가? 여러분 답의 근거를 제시해보라.
2. 맥도날드의 맥너깃에 대한 생산입지의 선택에 어떤 입지 요인들이 고려되는가?

직업기술의 개발

핵심: ● 팀 ★ 분석 ▲ 의사소통 ◘ 기술

●▲★ 1. 제조 공장이나 서비스 조직을 위해 좋은 입지를 선택하는 것은 성공에 있어 중요하다. 소그룹을 만들어 각 그룹 구성원이 해당 도시에서 하나의 제조 공장이나 서비스 조직을 선택하고 왜 이 입지가 성공에 도움이나 장애가 되는지의 이유를 최소한 세 가지를 나열해보도록 하라. 이 입지가 이상적이 아니라면 어디가 더 나은 입지가 될 것인가?

★▲ 2. 넷 또는 다섯 명의 팀으로 항공산업에서 더 나은 오퍼레이션스 관리에 대한 필요성을 토론해보라. (a) 비행기로 여행할 때 팀 구성원들이 부딪히게 되는 문제들과 (b) 이러한 문제들이 미래에 일어나지 않도록 오퍼레이션스를 개선하기 위한 제안들을 보여주는 보고서를 작성해보라.

★▲ 3. 값싼 노동력을 이용하여 해외에서 제품을 생산하는 경우, 이의 장점과 단점을 토론해보라. 이 경우 관련된 도덕적인 측면, 건강 위험 그리고 윤리적인 측면을 정리해보라.

★▲ 4. 여러분 학교의 샌드위치 가게, 도서관 또는 복사실 같은 어떤 특정 시설을 생각해보고 고객(학생)들을 더 효과적으로 돕고 직원들을 더 효과적이고 효율적이 되도록 배치를 재설계해보라. (연필로 그려보라.)

★▲ 5. 서비스 조직에서 겪었던 최근 경험들을 생각해보고 여러분이 원했던 것을 얻기 위해 불필요할 정도로 오래 기다렸던 하나의 경험을 선택하라. 고객들이 불편을 느낄 때 무엇이 일어나는지를 설명하고 어떻게 하면 운영을 더 효율적이고 고객 중심적으로 할 수 있는지를 설명해보라.

진로 탐색

여러분이 생산에서의 일자리에 관심이 있다면 고려할 몇 가지 일자리가 있다. Bls.gov에서 작업전망서(Occupational Outlook Handbook(OOH))의 관련 분야에서 수행할 일자리, 필요한 기술, 월급과 직업 전망을 찾아보라.

- **생산, 계획 및 신속 처리 사무원** – 생산계획에 따라 부서 내 또는 부서 간의 작업과 자재 흐름을 조정하고 촉진한다.
- **일선 감독관** – 생산활동과 검사자, 정밀 작업자, 기계 세터(setter)와 운전자, 조립자, 제작자와 공장 및 시스템 운영자와 같은 운영 작업자를 직접 감독하고 조정한다.
- **산업 생산관리자** – 제조와 관련 공장의 매일 운영을 감독한다. 자동차, 컴퓨터 장비나 종이 제품 같은 광범위한 제품을 만들기 위해 사용되는 활동을 조정하고 계획하고 지시한다.
- **제작자와 감독자** – 영화, 텔레비전 쇼, 연극, 광고와 다른 공연 예술을 만들어낸다.

비디오 사례

21세기의 생산

우리는 미국 제조업의 몰락과 얼마나 많은 사람들이 일자리를 잃는지에 대해 듣는다. 이것은 우울하게 들리지만, 문제는 '미국이 제조 역량에 있어서 다른 나라보다 실제로 훨씬 뒤처져 있는가?'이다. 대답은 그렇지 않다는 것이다. 이 비디오는 생산 프로세스가 어떻게 변화했는지를 강조하여 생산과 오퍼레이션스를 혁신적인 오퍼레이션스 관리를 통해 더 효율적으로 만들어준다.

우리가 구매하는 모든 제품은 원재료, 기계와 노동을 제품과 서비스로 변환하는 일련의 공정을 통해 만들어지고 유통된다. 오퍼레이션스 관리는 비용을 최소로 하는 동시에 변환 공정을 설계하고 감독하고 개선하는 것에 초점을 두는 경영의 특화된 일부 분야이다. 오퍼레이션스 관리는 부품의 구매, 공급업체의 감독, 생산일정계획, 재고관리와 품질관리 그리고 다른 임무들을 책임지고 있다. 오퍼레이션스 관리는 서비스 기업에서도 핵심 분야인데 이는 기업들이 비용을 최소로 하면서도 훌륭한 고객서비스를 제공하려고 하기 때문이다.

원래는 제품이 고객으로부터의 투입이 거의 없는 대량생산이었다. 헨리 포드(Henry Ford)가 말한 바와 같이 "여러분은 검은색이기만 하면 여러분이 원하는 어떤 색상의 포드도 가질 수 있다(역자 주: 포드라는 상표를 붙인 차는 모두 똑같은 모양, 똑같은 성능을 갖게 될 것이다. 단 색깔만은 고객이 원하는 대로 선택할 수 있다. 검은색이기만 한다면이라는 의미임)." 어떻게 상황이 변했는가! 포드 자동차는 고객이 자동차 판매점에 전시된 차량 중에 선택하게 하는 대신에 고객이 원하는 색상을 온라인으로 선택하도록 권장한다. 이러한 고객화는 헨리 포드의 한 색상 전략보다는 비용이 더 들지만, 고객화는 미국 제조업체들에 중요해 이들이 세계 경제에서 경쟁할 수 있게 해준다. 기술에서의 발전은 또한 고객화와 효율성을 크게 향상했다. 제품을 2D와 3D로 정밀하게 그리는 CAD는 CAM과 함께 가장 작은 주문조차도 고객화할 수 있게 해준다. CAD–CAM은 생산 공정을 완전히 다시 수행할 필요 없이 작은 변화를 제조업체들이 빠르게 반영할 수 있도록 해 준다. 유연 생산을 통해 기업들은 언제든지 여러 가지 제품 변형을 만들 수 있다. 예를 들어, M&M은 똑같이 친숙한 맛, 크기와 형태를 갖지만, 여러 가지 색상과 특별한 메시지를 갖는 사탕을 만들 수 있다.

로봇공학이 생산 공정에 미치는 영향을 부정하기 어렵다. 로봇공학은 생산과 비용 관점에서 볼 때 제조를 더 효율적으로 만든다. 오늘날 로봇공학은 생산의 거의 모든 공정에 있어 중요한 역할을 하고 있다. 이것은 오퍼레이션스 관리 계획의 주요 부분이다. 오퍼레이션스 관리 계획의 주요 목표는 생산시설의 입지 같은 주요 이슈에 대한 결정을 하는 것이다. 공장 입지에 대한 결정에 영향을 미치는 요인들은 자원 접근성, 교통 근접성, 노동의 이용 가능성과 삶의 질이다. 위치 설비가 결정된 후에는 가장 효율적인 설비배치가 설계되어야 한다.

놀고 있는 물품과 원재료는 기업의 돈을 소모하게 만든다. 이것이 재고관리가 기업의 효율성과 수익성에 아주 중요한 이유이다. 많은 기업들은 과도한 저상 비용 없이 원재료와 물품이 적절한 시간에 적절한 장소에 가용될 수 있도록 적시 재고관리 시스템에 의존한다. ERP의 사용은 이 관리 프로세스를 더 효과적으로 하는 데 도움을 준다. ERP를 통해 기업들은 자동적으로 주문을 생산일정계획에 연결할 수 있고 이어서 생산 그리고 운송 및 대금 청구로 연결한다.

모든 생산과 오퍼레이션스 전략들이 제품의 품질을 높이기 위해 시도된다. 따라서 품질관리는 아마도 가장 중요한 오퍼레이션스 관리 프로세스일 것이다. 만일 기업이 고급 제품을 생산하지 못하면 기업은 망할 것이다. 전통적으로 품질관리는 제품의 생산 뒤에 이루어졌다. 만일 제품이 결함으로 밝혀지면 그 제품은 종종 비싼 비용으로 폐기되었다. 오늘날 기업들은 생산 공정 전반에 걸쳐 품질관리검사를 실시해 마지막 단계에서 폐기되는 경우를 방지한다.

여러분이 차가운 캔 음료를 마실 때와 자전거를 탈 때나 좋은 책을 읽을 때 이러한 제품들을 만드는 미국 기업에 대해 생각해보라. 또한 미래의 대학 졸업생들에게 가능한 기회를 생각해 보라. 종종 학생들은 많은 기회가 있음에도 불구하고 제조 부문에 매력을 느끼지 않고 있다. 태양전지판(solar panel), 리튬이온 전지 등과 같은 새로운 제품을 만드는 기업을 생각해보라. 발전소 등을 만드는 기업들이 물론 포함된다. 여러분은 바이오공학, 나노공학 등을 이용하여 현재 만들어지고 있는 많은 제품과 앞으로 만들어질 많은 제품들을 여러분의 집, 학교나 사무실 주변에서 얼마든지 볼 수 있다.

다시 생각해보기

1. 미국 내 제조업의 미래를 볼 때 미국 기업들이 글로벌 제조업의 도전에 제대로 대응하고 있다고 보는가?
2. 적시 재고관리가 자동차 산업에서 사용되는 주요 생산 프로세스가 된 이유는 무엇인가? 이것이 효과적인 다른 산업들의 이름을 말할 수 있는가?
3. 품질관리 프로세스를 적용하면서, 생산주기의 마지막 단계에서만이 아니라 생산의 전체 과정에 걸쳐서 행하는 것이 왜 중요한가?

참조

1. Andy Kiersz, “20 Jobs Popular in the 1950s That Are Almost Gone Today,” businessinsider.com, October 10, 2019; “American Identity of Economic Success,” Bureau of Labor Statistics, bls.gov, accessed February 2020.
2. Nemanja Stamenkovic, “14 Incredible Statistics on Loss of Manufacturing Jobs,” whattobecome.com, January 20, 2020; “All Employees, Manufacturing,” Federal Reserve Bank of St. Louis, fred.stlouisfed.org, accessed February 2020.
3. Kimberly Amadeo, “U.S. Manufacturing: Statistics and Outlook,” thebalance.com, October 22, 2019; “18 Facts about Manufacturing You Need to Know,” National Association of Manufacturers, nam.org, accessed February 2020.

4. Justin Lahart, "Manufacturing's Impact Is Bigger Than You Think," October 2, 2019; Chip Cutter, "Americans Are Back at Work Making Stuff," March 1, 2019; "18 Top Facts You Need to Know about Manufacturing," National Association of Manufacturers, nam.org, accessed February 2020.
5. "Timeline of Computer History," Computer History Museum, computerhistory.org, accessed February 2020.
6. Bruce Shutan, "Exploring the Future of Employee-Robot Relations," benefitnews.com, accessed February 2020; Joshua Conrad Jackson, Kurt Gray, and Noah Castello, "Why Having Robot Co-Workers Might Make You Less Prejudiced," January 1, 2020; Matt O'Brien, "Working Together Harmoniously? As Robots Take Over Warehousing, Workers Pushed to Adapt," January 5, 2020.
7. Fred Dews, "9 Things to Consider about U.S. Manufacturing Jobs," Brookings Institution, brookings.edu, accessed February 2020.
8. Francisco Betti, "How Factories of the Future Are Leading the Way to Innovation in Manufacturing," forbes.com, January 10, 2020; Daniel Brightmore, "Censornet: Securing the Future of the Manufacturing Industry," manufacturingglobal.com, January 14, 2020.
9. Neil Irwin, "Economy in a Nutshell: Manufacturing in Recession. Services Booming," January 10, 2020; Alison Doyle, "Best U.S. Industries for Employment," thebalance.com, accessed February 2020; "Women Outnumber Men in the Paid Workforce for Only the Second Time," January 10, 2020.
10. David Mangot, "Engineering the Hiring of Engineers," cio.com, accessed February 2020; Jennifer Liu, "5 High-Paying, Growing Jobs Didn't Exist a Decade Ago-But They'll Be Booming in the 2020s," cnbc.com, accessed March 2020.
11. Ralph Jennings, "These Developing Asian Economies Will Grow the Fastest in 2020," December 31, 2019; Erin Duffy, "Global Manufacturing Industry," Statista, statista.com, accessed February 2020.
12. "Robots Revamping the Travel Industry," roboticstomorrow.com, accessed February 2020; Greg Nichols, "CES 2020: Is This Robot Concierge the Future of Service Robots?," zdnet.com, accessed February 2020.
13. Jason Wingard, "Leading in the 2020s: 3 Emerging Workplace Trends," January 3, 2020.
14. Andrew S. Grove, (New York: Knopf Doubleday, 2015).
15. Jayesh Shah, "A Journey from Pendulum to Smart Watches," March 8, 2019; Alan Zeichick, "Barcelona Startup Creates 3D Models of Diseased Hearts Using High-Performance Cloud Computing," March 6, 2019; "Mechanical Computer-Aided Design Market Size, Share 2020," marketwatch.com, accessed February 2020.
16. Kayla Matthews, "How Flexible Production Systems Hold the Key to ROI," roboticsbusinessreview.com, January 24, 2020.

17. Jim Vinoski, "New Research Shows Customers Already Expect Mass Personalization. Time to Get Ready," January 20, 2020.
18. "The Best Folding Bikes You Can Buy Right Now," bicycling.com, accessed February 2020; Michelle Arthurs-Brennan, "The Best Folding Bikes," January 20, 2020.
19. Katie Lundin, "How to Start a Successful Clothing Brand or Clothing Line from Scratch in 2020: The Definitive Guide," crowdspring.com January 10, 2020; Proper Cloth, propercloth.com, accessed February 2020.
20. "Personalized M&M's," mms.com, accessed February 2020.
21. Robert Seamans, "The Complicated Relationship between Robots and Workers," January 10, 2020; David Deming, "The Robots Are Coming. Prepare for Trouble," January 30, 2020.
22. Kent German and Katie Collins, "Delta Airlines Sees a Future in Robotics," cnet.com, January 7, 2020; Tim Hornyak, "Meet the Robots That May Be Coming to an Airport Near You," cnbc.com, January 11, 2020.
23. Katie Linsell and Lananh Nguyen, "The End of the Bonus Culture Is Coming to Wall Street," January 13, 2020; Shae Russell, "Taking Advantage of Wall Street's Little Secret: Robots Run the Stock Market," dailyreckoning.com, January 22, 2020.
24. Scott Belsky, "Why It's Time to Quit Worrying about Your Productivity," January 9, 2020; Alana Semuels, "Soon a Robot Will Be Writing This Headline," January 14, 2020; Lauren Weber, "A Counterintuitive Fix for Robot-Driven Unemployment," January 6, 2020.
25. 3D Printing Industry, 3dprintingindustry.com, accessed February 2020; Greg Nichols, "2020 Predictions: Five Telling Trends in 3D Printing," znet.com, January 31,2020; "What's ahead for 3D Printing in 2020," January 6, 2020.
26. Michael Petch, "80 Additive Manufacturing Experts Predict the 3D Printing Trends to Watch in 2020," 3D Printing Industry, 3dprintingindustry.com, January 15, 2020.
27. Mark Zastrow, "3D Printing Gets Bigger, Faster and Stronger," nature.com, February 5, 2020.
28. Norbert Sparrow, "The Future of Smart Manufacturing," plasticstoday.com, February 6, 2020.
29. Mark Howard, "Three Ways Nanotechnology Improves Manufacturing," ehstoday.com, January 17, 2020.
30. Jon Banister, " Amazon Plans to Begin Work on HQ2 Development This Month," bisnow.com, January 15, 2020.
31. Ed Bott, "Best Video Conferencing Services for Business," zdnet.com, February 5, 2020.
32. International Organization for Standardization, iso.org, accessed February 2020.

PART 4

인적자원관리: 품질 좋은 제품과 서비스 생산을 위한 직원 동기부여

10 직원 동기부여

학 습 목 표  이 장을 학습한 후에 다음 질문에 답할 수 있어야 한다.

10-1 테일러의 과학적 관리에 대해 설명할 수 있다.

10-2 호손 연구와 경영에서 호손 연구의 중요성에 대해 설명할 수 있다.

10-3 매슬로의 욕구위계를 구분하고, 이를 직원 동기부여에 적용시킬 수 있다.

10-4 허즈버그의 동기요인과 위생요인을 구분할 수 있다.

10-5 X이론, Y이론, Z이론을 구분할 수 있다.

10-6 목표설정이론, 기대이론, 공정성이론의 핵심 원리를 설명할 수 있다.

10-7 경영자들이 직무확충, 개방적 의사소통 그리고 업무 인정 등의 전략을 통해 동기부여 이론들을 활용하는 형태에 대해 설명할 수 있다.

10-8 경영자들이 세계 각지에 있는 각 세대의 직원들에게 어필하기 위해 동기부여 전략을 개인화하는 양상을 설명할 수 있다.

파타고니아(Patagonia)의 최고경영자 (CEO) 로즈 마카리오(Rose Marcario)에 대하여 알아보자

대부분의 미국 기업들이 사무실 창고 한두 곳을 필수 비품으로 채워 넣는 것에 비하여, 캘리포니아에 위치한 파타고니아(Patagonia) 본사는 아마도 미국에서 서핑보드로 가득 찬 창고가 있는 유일한 회사일 것이다. 실제로 직원들은 언제든지 파도와 풍랑에 관한 일일 보고서를 참고한 후에 보드를 가지고 나가 서핑을 즐길 수 있다. 서핑할 기분이 아니라면 점심시간을 이용해서 자전거로 30마일 코스를 돌 수도 있다. 시야를 넓히고 싶다면 사내 '현장 학습'을 신청하여 와이오밍주에서 제물낚시(fly-fishing)나 요세미티 국립공원에서 암벽타기를 배울 수도 있다.

이러한 야외활동 특전과 더불어 파타고니아 직원들은 직장 내 보육서비스, 유급휴가, 종합 건강보험 등의 혜택을 누린다. 로즈 마카리오(Rose Marcario) 최고경영자에 따르면, 이 후한 복지 패키지는 소수의 임원들이 아닌 회사 전체의 생산성을 높이고 사기를 북돋우는 기능을 한다. 마카리오는 "우수한 성과를 내는 소수의 구성원들만 혜택을 독점하는 것이 아니라 전체 구성원들이 혜택을 받는 정책을 시행하고 있습니다"라고 말한다. "우리는 방법을 찾아냈어요. 미국의 나머지 기업들도 당연히 알아낼 수 있는 문제라고 생각합니다."

사회적, 환경적 책임에 헌신적인 것으로 알려진 회사의 대표로서, 마카리오는 다른 미국 기업들이 파타고니아의 행보를 따르도록 권유하는 것에 조금도 망설임이 없다. 그러나 아웃도어 의류 브랜드 사업에 합류하기 전, 마카리오는 몇 년 동안 경영학을 공부하고 회사 생활을 했다. 그녀는 뉴욕 주립대학교(SUNY) 올버니(Albany) 캠퍼스에서 재무전공으로 학부를 졸업한 후, 로스앤젤레스의 캘리포니아 주립대학교(CSU)에서 MBA를 취득했다. 그리고 30대 초반의 나이에 미 서부의 주요 투자회사에서 인수합병 부서를 이끌게 되었다. 그 후 그녀는 실리콘밸리 예비 유망주들이 여럿 포함된 제너럴 매직(General Magic)이라는 애플(Apple)의 분사(spinoff) 스타트업의 최고재무책임자(CFO) 자리에 올랐다. 마카리오는 나중에 사모펀드 회사로 옮겼고 그곳에서 부사장으로 근무했다.

하지만 이 무렵 마카리오는 분기별 실적에 집착하고 투자자들의 요구를 만족시키는 데 지쳐 있었다. 마카리오는 승승장구할수록 "나 자신의 가치관과는 점점 더 멀어지는 것을 느꼈다"고 말했다. 그녀 자신은 변화하고 있지만, 그녀가 하고 있는 일은 그것을 반영하지 못한다고 느꼈다. 불교 신자인 마카리오는 일을 그만두고 2년 동안 인도와 네팔을 돌아다니며 명상에 몰두했다. "저는 일종의 개인적인 변환점을 경험했어요"라고 그녀는 말했다. "불교를 공부하고, 내가 본래 어떤 사람이었는지 알아내는 것만으로…. 만약 그것을 자신의 일과 자신이 사는 세상에 적용하지 않는다면, 저는 그것이 완전한 변화라고 생각하지 않아요."

마침내 미국으로 돌아왔을 때, 마카리오는 다음으로 무엇을 해야 할지 확신이 없던 상태였다. 그때 그녀의 친구가 파타고니아가 최고재무책임자(CFO)를 찾고 있다고 알려주었다. 그녀는 처음에는 또 다시 임원직을 맡는 것에 대해 회의적이었지만, 파타고니아의 설립자인 이본 쉬나드(Yvon Chouinard)와 이야기한 후 파타고니아가 대외적으로 주장하는 것처럼 실제로 생태적, 사회적 명분에 헌신적임을 확신하게 되었다. 2008년 이 아웃도어 의류업체에 합류하게 된 마카리오는 즉시 재정 및 환경 낭비를 없애기 위해 회사의 공급망을 개편하기 시작했다. 또한, 파타고니아의 전자상거래 부문 역량을 향상시켜 매출을 크게 늘리는 데 성공했다. 2013년에는 최고경영자로 취임해 지속적으로 기록적인 성장을 이루도록 관리하는 것과 함께 국립공원 보존 등을 옹호하기도 했다.

마카리오는 파타고니아 직원들에게 가능한 한 최대의 육아 혜택을 제공하는, 직장 내 육아 복지의 열렬한 지지자이기도 하다. 그녀는 육아 위탁기관이나 베이비시터 비용 부담에 대한 스트레스를 없애주면 직원들이 일과 생활 모두에서 최대한의 잠재력을 발휘할 수 있다고 믿는다. "우리의 구성원을 돌보는 것은 우리 문화의 일부이자 이들이 원하는 형태의 삶을 살 수 있도록 돕고자 하는 우리의 헌신입니다"라고 마카리오는 말한다. 2020년, 마카리오는 CEO에서 물러날 계획임을 밝혔고, 현재 후임자는 지명되지 않은 상황이다.

이 장을 통해 독자 여러분은 로즈 마카리오와 같은 경영자들이 직원들로 하여금 그들과 조직의 공동목표에 집중하도록 동기를 부여하기 위해 사용했던 이론과 제도에 대해 배우게 될 것이다.

출처: Brigid Schulte, "A Company That Profits as It Pampers Workers," The Washington Post, October 25, 2014; Ryan Bradley, "The Woman Driving Patagonia to Be (Even More) Radical," Fortune, September 14, 2015; Jeff Beer, "How Patagonia Grows Every Time It Amplifies Its Social Mission," Fast Company, February 21, 2018; Rose Marcario, "Patagonia's CEO Explains How To Make On-Site Child

Let's talk business!
bit.ly/LetsTalkBusiness10

인정은 대부분의 직원들에게 중요하다. 이 회사는 이름이 특이하면서 권위 있는 명성을 가지고 있다. 이 상은 직원이 문제를 해결했을 때, 관리자가 점심으로 나온 바나나를 움켜쥐는 것에서 유래하였다. 이것이 최초의 바나나 황금상이었다. 이 회사의 이름이 무엇인가? (이 장에서 답을 찾으라.)

동기부여의 가치

"만약 일이 그렇게 재미있다면, 왜 부자들은 일을 안 하죠?"라고 코미디언 그루초 마르크스(Groucho Marx)가 비꼬긴 했지만, 부자들도 일을 한다. 제프 베이조스가 수조 원의 재산을 책을 읽고 온라인 쇼핑만 하면서 번 것은 아니지 않은가! 직원들도 재미있게 일할 수 있다. 경영자들이 동기부여하기만 한다면 말이다.

직원 만족은 대단히 중요한 것이다. 행복한 직원은 행복한 고객을 만들고, 행복한 고객은 성공적인 사업을 만들어낸다.[1] 반대로, 행복하지 않은 직원들은 회사를 떠난다. 이런 일이 일어나면, 회사는 한 명의 직원만 잃는 것이 아니다. 대체 직원 고용 및 훈련의 과정 속에서 회사는 한 직원의 6개월에서 19개월 정도의 봉급만큼 손해를 볼 수 있다. 이에 수반되는 간접비용은 더욱더 크다. 지적자산의 손실, 직원들의 사기 저하 및 스트레스 증가, 직원들의 뒷담화 증가, 고객서비스 저하, 상품개발 중단, 회사에 대한 부정적인 평판 발생 등이 생기기 때문이다.[2]

동기부여 요소 중 중요한 하나는 내적 보상(intrinsic rewards or inner rewards)인데, 이는 잘 수행된 업무에 대한 개인적 만족을 포함한다. 이러한 내적 자극에 반응하는 사람들은 업무를 즐기고 열정을 다른 이들과 나눈다. 여러분은 업무를 잘하고자 하는 스스로의 바람에 의한 동기부여를 느끼는가? 혹은 여러분은 보수 혹은 인정과 같은 외적 보상에 의해 동기부여가 되는가?

새로운 직원을 고용하고 훈련시키는 것에도 많은 비용이 발생하지만, 업무에 대한 몰입이나 애착이 없는 직원을 계속 고용하는 것 역시 비용을 유발한다. 몰입(engagement)이라는 단어는 직원들의 동기, 열정, 헌신의 수준을 설명하는 데 사용된다. 몰입한 직원들은 업무에 대한 열정을 가짐과 동시에 회사에 대한 유대를 느끼며, 더 생산적으로 일을 한다.[3] 몰입하지 않은 직원들은 사실상 회사를 나갔다고 볼 수 있다. 그들은 시간을 투입하지만 열정을 투입하지는 않으며, 그들은 직장 내에서 스스로의 불행을 바탕으로 행동할 뿐만 아니라, 몰입하는 동료들의 노력을 반감시킨다. 갤럽 조사는 몰입하지 않은 직원들은 회사 내에서 월급의 34%와 미국 경제에 연간 3,500억 달러의 생산성 손실을 초래하는 것으로 추산하였다.[4]

오늘날 많은 경영자들은 긍정적인 직원 경험을 촉진하는 것이 중요하다는 것을 깨닫고 단순한 직원 참여 이상의 것에 집중하고 있다. 직원 경험이란 직원이 회사에서 근무하는 동안 거치는 모든 단계에서의 만족도를 나타낸다. 이는 채용에서 시작하여 퇴사 과정인 오프보딩(offboarding)까지를 일컫는다(11장을 참조하라).[5] 구직자나 직원의 위치에서 회사, 동료, 경영진과 함께한 모든 경험은 개인의 만족도에 영향을 미치게 된다. 참여도가 매우 높은 직원도 부정적인 직원 경험을 갖게 될 수 있다. 예를 들어, 디자인과 설계를 즐기는 직원은 설계 프로젝트에는 활발하게 참여하지만, 회사 전체에는 만족하지 못할 수도 있다. 그런 직원들은 다른 곳에서 일자리를 구하고자 할 것이다.

좋은 사람들이 조직에 들어와서 머무르도록 동기부여하는 것은 경영자들의 핵심적인 역할이다. 높은 성과를 내는 경영자들의 주변에는 높은 성과를 내는 직원들이 있다. 거위가 혼자 날 때보다 대형을 짜서 날 때 더 빠르다는 것은 우연이 아니다. 열심히 일하고자 하는 마음은 궁극적으로 사람의 내부에서 생성되지만, 좋은 경영자들은 직원들에게 자극을 줌으로써 그들 내면으로부터 일을 잘하고자 하는 자연스러운 동기를 이끌어낸다. 사람들은 자신이 하는 일이 변화를 가져오며, 그것이 인정을 받는다고 느낄 때 기꺼이 일을 하고 열심히 일한다.[6]

사람들은 인정, 성취, 지위 등 여러 가지 요소에 의해 동기부여된다. **내적 보상(intrinsic reward)**은 일을 잘 수행하고 목표를 달성했을 때 느끼는 개인적인 만족감이다. 자신이 한 일이 조직이나 사회에 의미 있는 기여를 한다는 믿음은 내적 보상의 한 형태이다.[7] **외적 보상(extrinsic reward)**은 일을 잘한 데에 대한 보상으로 타인이 주는 것이다. 외적 보상의 예로는 임금 인상, 칭찬, 승진 등이 있다.

내적 보상
일을 잘 수행하고 목표를 달성했을 때 느끼는 개인적인 만족감

외적 보상
일을 잘한 것에 대한 보상으로 타인이 주는 것. 외적 보상에는 연봉 인상, 칭찬, 승진이 포함된다.

이 장은 독자 여러분들이 동기부여의 개념, 이론, 적용에 대해 이해할 수 있도록 도울 것이다. 우선 동기부여의 전통적인 이론들을 살펴보는 것으로 시작할 것이다. 왜 여러분은 이 이론들을 알아야 하는가? 종종 '새로운' 접근들은 실제로 그다지 새로운 것이 아니고, 그 변형된 형태가 이미 과거에 시도된 경우가 많다. 과거에 어떠한 일들이 있었는가를 아는 것은 여러분으로 하여금 과거에 어떠한 것들이 시도되었거나 시도되지 않았는지를 알 수 있게 하는 것이다. 먼저, 직원의 만족과 동기부여에 대한 새로운 관심을 불러일으켰던 호손(Hawthorne) 연구가 논의될 것이다. 다음으로 전통적 이론이 가지고 있는 직원에 대한 가정들을 배울 것이다. 테일러(Taylor), 메이요(Mayo), 매슬로(Maslow), 허즈버그(Herzberg), 맥그리거(McGregor)와 같은 전통적 이론가들은 경영학 공부를 하면서 반복적으로 접하게 되는 인물들이다. 마지막으로 현대의 동기부여 이론들을 소개하고, 경

UPS는 운전기사들에게 어떻게 빨리 트럭에서 내릴지, 얼마나 빨리 걸을지, 하루에 얼마나 많은 소포를 집배하여 배달할지, 심지어 열쇠를 어떻게 잡을지에 대해 가르친다. 여러분은 UPS가 어떻게 과학적 관리의 원칙에 따라 사람들에게 각각의 과업들마다 하나의 최고의 방법을 수행하도록 가르쳤는지 알 수 있겠는가?

영자들이 어떻게 그것들을 적용하는지를 보여줄 것이다.

학습목표 10-1 테일러의 과학적 관리에 대해 설명할 수 있다.

프레드릭 테일러: 과학적 관리의 아버지

과학적 관리
생산성을 높이는 방법은 일을 하는 가장 효율적인 방법을 과학적으로 연구하여, 각각의 일을 수행하기 위한 최적의 방법을 결정하고 사람들에게 그 방법들을 가르치는 것

19세기의 몇몇 책들이 경영원리를 제시하기는 하였으나, 영속적인 의미를 가지는 중요한 연구는 20세기 초반이 되어서야 나타나기 시작하였다. 가장 잘 알려진 책 중 하나인 《과학적 관리의 원칙》은 미국인 효율관리사인 프레드릭 테일러(Fredrick Taylor)에 의해 1911년에 출간되었다. 이 책은 테일러에게 '과학적 관리의 아버지'라는 별칭을 붙여주었다. 테일러의 목표는 직원 생산성을 높여 기업과 직원 모두에게 이익이 되게 하는 것이었다. 테일러가 생각한 생산성을 높이는 방법은 일을 하는 가장 효율적인 방법을 과학적으로 연구하여, 각각의 일을 수행하기 위한 최적의 방법을 결정하고 사람들에게 그 방법들을 가르치는 것이었다. 이러한 접근법은 **과학적 관리**(scientific management)로 알려졌다. 테일러의 접근법에는 세 가지 요소, 즉 시간, 방법, 일의 규칙이 기본이었다. 그의 가장 중요한 도구는 관찰과 초시계였다. 맥도날드가 요리사가 뒤집을 수 있는 버거의 수를 예상했다.

시간–동작 연구
프레드릭 테일러(Frederick Taylor)에 의해 시작된, 업무를 완수하기 위해 수행되어야 하는 작업과 각각의 작업에 필요한 시간을 측정하는 연구들

전통적인 테일러 연구로 쌀, 석탄, 철광석을 동일한 삽으로 퍼내는 사람에 대한 연구가 있다. 테일러는 다른 물질은 다른 삽으로 퍼내야 한다고 생각했다. 그는 다양한 크기와 모양의 삽을 고안해서, 초시계로 일정 시간의 결과물을 측정하는 소위 **시간–동작 연구**(time–motion studies)를 수행하였다. 이것은 업무를 수행하기 위한 작업과 각각의 작업에 필요한 시간을 측정하는 연구들이었다. 당연히 보통 사람은 가장 효율적 동작과 적절한 삽으로 퍼낼 때 하루 25~35톤 이상 더 많이 퍼낼 수 있었다. 이 결과는 실제 모든 공장 작업에 대해 시간–동작 연구를 하게 만들었다. 연구자들이 일을 하는 가장 효율적인 방법을 결정함에 따라, 효율성이 목표 설정의 표준이 되어 갔다.

동작 경제의 원칙
프랭크와 릴리안 길브레스에 의해 개발된 것으로, 모든 업무는 일련의 기본 동작으로 구분될 수 있다는 이론

테일러의 과학적 관리는 1900년대 초반 생산성을 높이는 주된 전략이었다. 테일러의 계승자인 헨리 간트(Henry L. Gantt)는 노동자들의 업무를 가장 작은 부분까지 도표화한 차트를 발명하였다(간트 차트에 대해서는 9장에서 설명). 미국 엔지니어인 프랭크와 릴리안 길브레스(Frank and Lillian Gilbreth)는 테일러의 아이디어를 3년간의 벽돌쌓기 연구에 적용시켰다. 그들은 **동작 경제의 원칙**(principle of motion economy)을 개발했는데, 모든 일은 서블릭(therblig: Gilbreth를 역순으로 쓴 단어)이라고 불리는 일련의 기본 동작들로 나눌 수 있다는 것이다. 그러고 나서 그들은 그 다음 각각의 동작을 더 효율적으로 만들기 위해 분석하였다.

과학적 관리는 사람들을 주로 적합하게 설계되어야 하는 기계로 보았다. 여기에는 일의 심리적, 인간적 측면은 거의 고려되지 않았다. 테일러는 직원들이 충분히 많은 임금을 받으면 높은 수준의 효과성을 보일 것이라고, 즉 동기부여될 것이라고 믿었다.

테일러의 아이디어들 중 일부는 아직도 적용되고 있다. 어떤 기업들은 아직도 창조성, 유연성, 적응성보다는 업무 규칙 준수를 더 중시하고 있다. 예를 들어, UPS는 운전기사들에게 어떻게 빨리 트럭에서 내릴지(오른발부터), 얼마나 빨리 걸을지(초당 3피

트), 하루에 얼마나 많은 소포를 집배하여 배달할지(비수기에는 평균 150~175개), 열쇠를 어떻게 잡을지(셋째 손가락으로, 톱니면이 위쪽으로 오도록)에 대해 가르친다. 운전사들은 '배달 정보 획득 장치'라는 휴대용 시스템을 사용하여 패키지의 바코드를 스캔한다. 이는 고객들이 인터넷으로 자신의 소포가 정확히 어디에 있는지 알 수 있게 해준다. 만약 운전사가 너무 느리다고 판단되면, 감독관이 같이 타서 초시계와 메모판으로 운전사를 재촉한다. UPS는 미국 9개의 도시에 훈련센터가 있는데, 이곳에는 직원들에게 상자를 올바르게 올리고 내리는 법, 능숙하게 트럭을 운전하는 법, 그리고 물건을 옮길 때 미끄러지거나 넘어지는 것을 줄이는 법을 가르쳐준다.[8)]

직원들로 하여금 직접 생산성 문제에 대한 해결책을 제시하도록 하는 것은 유용하다고 알려져 왔다. 이에 대해 살펴보도록 하자.

학습목표 10-2 호손 연구와 경영에서 호손 연구의 중요성에 대해 설명할 수 있다.

엘튼 메이요와 호손 연구

프레드릭 테일러의 연구에서 파생된 연구들 중 하나가 일리노이 주의 시세로(Cicero)에 있는 웨스턴 일렉트릭(Western Electric) 사의 호손(Hawthorne) 공장에서 수행되었다. 이 연구는 1927년에 시작해서 6년간 계속되었다. 이제 이 연구가 왜 경영학 연구에서 중요한 위치를 차지하는지 살펴보자.

엘튼 메이요(Elton Mayo)와 하버드 대학 동료들은 최적의 생산성과 조명의 밝기와의 관계를 살펴보기 위해 호손 공장에서 연구를 시작했다. 이 측면에서 그들의 연구는 전통적인 과학적 관리연구였다. 그 아이디어는 서로 다른 조도 하에서의 직원들의 생산성을 추적하는 것이었다. 그러나 실험의 초기단계부터 문제가 발생하였다. 연구자들은 조명이 어두워질수록 생산성도 낮아질 것이라고 예상했는데, 실험집단의 생산성이, 조명의 밝기와 상관없이 비교집단보다 높게 나타난 것이다. 심지어 조명이 거의 달빛 수준으로 어두워졌을 때에도 마찬가지였다.

총 13번의 실험이 실시된 두 번째 연구는 온도, 습도, 기타 환경요인이 통제될 수 있는 별도의 실험실에서 실시되었다. 생산성은 매번 증가되었다. 사실 실험 기간 동안 생산성은 총 50%나 증가되었다. 실험이 최초의 환경에서 반복되었을 때(최초의 생산성으로 돌아가길 기대하면서)에도 생산성은 여전히 증가하였다. 이 시점에서 연구는 완전한 실패로 간주되었

엘튼 메이요와 하버드 대학 연구팀은 자신들의 연구가 작업자의 동기부여에 대한 경영진의 고정된 믿음을 영원히 바꾸게 될 줄은 몰랐다. 일리노이주의 시세로에 위치한 웨스턴 일렉트릭 사의 호손 공장에서 수행된 연구는 직원들이 실험을 계획하고 실행한다는 이유만으로 다르게 행동하는 것을 보여줌으로써 인간성에 기본을 둔 동기부여라는 개념을 창시했다.

다. 연구자들이 무엇을 하든 상관없이 생산성은 증가하였기 때문이다. 무엇이 이 생산성 증가를 가져온 것일까?

결국 메이요는 어떤 인간적 또는 심리적 요인이 포함되어 있을 것이라고 추측했다.[9] 그와 동료들은 직원들에게 실험에 대한 그들의 느낌과 태도를 묻는 인터뷰를 실시하였다. 그 대답은 경영학적 사고에 아직까지도 반발이 있는 큰 변화를 가져왔다. 결론은 다음과 같다.

- 실험집단의 직원들은 그들을 일종의 사교모임처럼 생각했다. 격식을 차리지 않는 분위기에서 편하게 얘기할 수 있었고, 감독관 및 연구자들과 정기적으로 교류하였다. 그들은 자신들이 특별하다고 느꼈고, 그 그룹에 계속 속해 있기 위해 열심히 일했다. 이것이 그들을 동기부여했다.
- 직원들은 실험의 계획에 참여했다. 예를 들어, 그들은 특정 종류의 임금 지불방식을 거부하고 다른 방식을 제안하였는데 그것이 채택되었다. 직원들은 자신들의 의견이 존중받는다고 믿었고, 자신들이 경영 의사결정에 참여한다고 느꼈다. 이것 또한 그들을 동기부여했다.
- 물리적 상태가 어떻든 직원들은 자신들의 특별한 방의 분위기와 높아진 생산성의 대가로 주어지는 추가 임금을 즐겼다. 직무 만족은 놀라울 정도로 향상되었다.

호손 효과
자신이 연구 대상이 된다는 것을 알 때 다르게 행동하는 사람들의 경향을 일컫는 말

이제 학자들은 자신이 연구 대상이 된다는 것을 알 때 다르게 행동하는 사람들의 경향을 일컫는 말로 **호손 효과**(Hawthorne effect)라는 용어를 사용한다. 호손 연구의 결과들은 연구자들이 더 나은 생산성을 가져오는 인간적인 동기부여와 경영 스타일을 연구하도록 장려하는 결과를 가져왔고, 연구의 초점은 테일러의 과학적 관리에서 메이요의 새로운 인간중심 경영으로 바뀌게 되었다.

메이요의 연구 결과는 직원들에 대해 완전히 새로운 가정을 하도록 하였다. 이 중 하나는 임금이 유일한 동기요인이 아니라는 것이다. 사실 돈은 상대적으로 비효율적인 동기요인으로 파악되었다. 이러한 가정의 변화는 동기부여의 인간적 측면에 대한 여러 이론들을 낳았다. 이러한 이론의 연구자들 중 가장 잘 알려진 사람으로는 다음에 논의할 에이브러햄 매슬로(Abraham Maslow)가 있다.

학습목표 10-3 매슬로의 욕구위계를 구분하고, 이를 직원 동기부여에 적용시킬 수 있다.

동기부여와 매슬로의 욕구위계설

심리학자인 에이브러햄 매슬로는 직장에서의 동기부여를 이해하기 위해서 일반적인 인간의 동기를 이해해야 한다고 생각했다. 그리고 동기는 욕구에서 온다고 생각했다. 즉, 사람들은 충족되지 않은 욕구를 충족시키기 위해 동기부여가 되고, 충족된 욕구는 더 이상 동기부여를 하지 못한다는 것이다.

매슬로의 욕구위계설
기본적인 생리적 욕구부터 안전 욕구, 사회적 욕구, 자아실현 욕구에 이르기까지 충족되지 않은 욕구를 기반으로 한 동기 이론

그림 10.1은 **매슬로의 욕구위계설**(Maslow's hierarchy of needs)을 나타낸다. 그 단

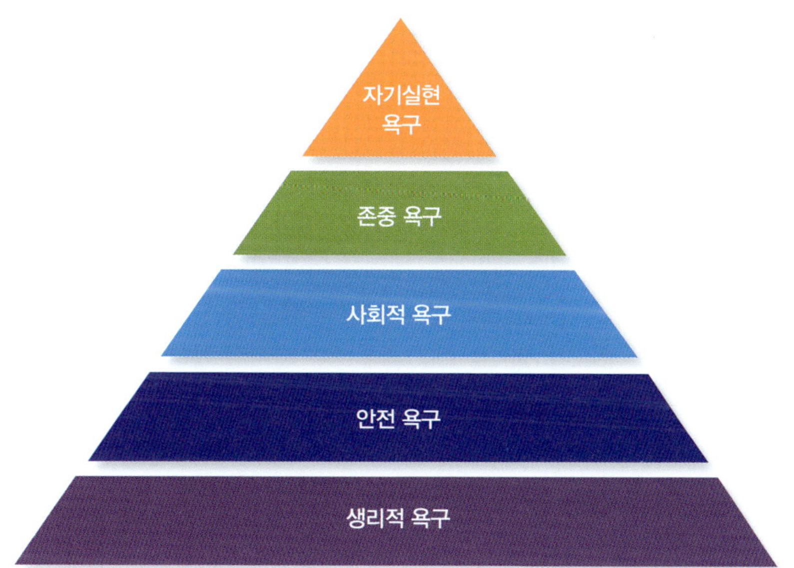

그림 10.1 매슬로의 욕구위계설

매슬로의 욕구위계설은 동기가 욕구로부터 온다는 생각에서 나왔다. 만약 하나의 욕구가 충족되면 그것은 더 이상 동기요인으로 작용하지 않고, 더 높은 단계의 욕구가 동기요인이 된다. 더 높은 단계의 욕구는 하위 단계의 지지를 필요로 한다. 이 그림은 욕구의 여러 가지 단계를 보여준다. 여러분은 그림의 어느 단계에 있는가?

계는 다음과 같다.

- 생리적 욕구: 음식, 물, 보금자리 등에 대한 욕구와 같은 기본적인 생존 욕구
- 안전 욕구: 직장과 집에서 안전하다고 느끼려는 욕구
- 사회적 욕구: 사랑받고, 수용되며, 소속감을 느끼려는 욕구
- 존중 욕구: 자기 존중과 지위 및 중요성에 대한 감각 및 타인의 인정을 받으려는 욕구
- 자기실현 욕구: 자신의 잠재력을 계발하려는 욕구

하나의 욕구가 만족되면, 또 다른 상위 단계의 욕구가 발현되어 이를 충족시키기 위한 일들을 하도록 동기부여된다. 충족된 욕구는 더 이상 동기부여를 하지 못한다. 예를 들어, 여러분이 방금 4가지의 메뉴가 나오는 코스요리로 식사를 했다면, 배고픔은 동기부여를 하지 못하고(적어도 몇 시간은), 여러분의 주의는 주변(안전 욕구)이나 가족(사회적 욕구)으로 갈 것이다. 물론, 더 낮은 단계의 욕구(예: 갈증)가 충족되지 못하면 그것은 언제든지 여러분의 주의를 상위 단계의 욕구로부터 빼앗아올 수 있다.

성공적으로 경쟁하기 위해, 미국 기업들은 가장 능력 있고 유능한 직원들을 동기부여할 수 있는 근무환경을 만들어야 한다. 이는 모든 직급의 직원들에게 사회적 기여, 정직, 신뢰, 서비스, 품질, 단결 등의 목표를 제시하는 근무 환경을 말한다.
신발 온라인 쇼핑몰 자포스(Zappos)의 최고경영자(CEO)인 토니 셰이(Tony Hsieh)는 하위 직원을 포함한 전 직원의 의미(자아실현)와 같은 상위단계 욕구를 고려하는 경영자다. 셰이는 인터뷰 과정에 직접 참여해 "1에서 10까지의 척도에서, 당신은 스스로가 얼마나 이상하다(weird)고 생각하는가?"라고 묻기도 한다. 이 질문은 단순히 후보자를 알기 위한 목적을 넘어서 그 사람의 열정을 이해하기 위해 던지는 질문이다. 자포스 직원들은 업무 시간의 20퍼센트를 주된 역할 이외의 프로젝트를 수행하는 데 사용하는데, 이는 그들의 일에 의미를 부여함으로써 보다 상위단계 욕구가 충족되도록 돕는다.[10)]

학습목표 10-4 허즈버그의 동기요인과 위생요인을 구분할 수 있다.

허즈버그의 동기요인

경영이론의 또 다른 방향은 경영자들이 직무 자체와 관련하여 직원들을 동기부여하기 위해 무엇을 할 수 있는지를 알아내는 것이다. 즉, 경영자가 통제할 수 있는 모든 요인들 중에서 열정적인 업무 노력을 유발하는 데에는 어떤 것이 가장 효과적인가를 알아내는 것이다.

이런 연구들 중 가장 중요한 것으로 1960년대 중반 실시된 심리학자 프레드릭 허즈버그(Frederick Herzberg)의 연구가 있다. 그는 직원들에게 직무와 관련된 여러 요인들을 대상으로 동기부여에 영향을 많이 미치는 순으로 순위를 매기게 하였다. 그 연구 질문은 직원들을 전력을 다해 일하게 만드는 열정은 어디에서 오는가였다. 그 결과 가장 중요한 동기요인은 다음과 같았다.

1. 성취감
2. 인정
3. 일 자체에 대한 흥미
4. 성장할 수 있는 기회
5. 발전할 수 있는 기회
6. 자신이 맡은 책임의 중요성
7. 동료 및 그룹 내 인간관계
8. 임금
9. 상사의 공정성
10. 기업 정책과 규칙들
11. 지위
12. 직업 안정성
13. 상사의 친근함
14. 근무환경

그림 10.2 허즈버그의 동기요인과 위생요인

허즈버그의 연구 결과에 대해서는 논란이 있다. 예를 들어, 영업관리자들은 종종 금전적 보상을 동기요인으로 활용한다. 최근의 연구는 돈도 인정의 수단으로 쓰이면 동기요인이 될 수 있음을 보여준다.

동기요인	위생(유지)요인
(이 요인들은 종업원들을 동기부여하기 위해 사용될 수 있다)	(이 요인들은 불만족을 감소시킬 수는 있지만, 동기부여 효과는 거의 없다)
• 일 그 자체 • 성취감 • 인정 • 책임감 • 성장과 발전	• 회사 규정과 관리 • 감독 • 작업환경 • 인간관계(동료) • 연봉, 지위, 직업 안정성

가장 많은 표를 받은 요인들은 모두 직무내용 자체와 관련되어 있었다. 직원들은 자신들이 회사에 기여한다고 느끼기를 좋아했다(1순위가 성취감). 인정받고 싶어했고(2순위), 자신의 일이 중요하다고 느끼고 싶어했으며(6순위), 책임을 맡고 싶어했고(학습이 중요한 이유), 성장하고 발전할 기회를 가짐으로써 자신이 가진 책임을 인정받고 싶어했다.[11] 물론, 일이 재미있기도 바랐다. 여러분은 자신의 일에 대해서도 동일하게 느끼는가?

직원들은 직무환경에 관련된 요인들을 동기요인으로 고려하지 않았다. 그러한 요인들 중 하나가 임금이라는 사실은 흥미로운 점이다. 충분한 임금, 직업 안정성, 친근한 상사 등의 부재는 불만족을 야기하지만, 이러한 요인이 있다고 해서 직원들이 더욱 열심히 일하도록 동기부여가 되지 않는다는 것도 알았다. 이것들은 단지 일하는 환경에 대한 만족감을 줄 뿐이었다. 당신은 임금을 더 많이 받는다면 더 열심히 일하겠는가?

허즈버그는 **동기요인**(motivators)이라 불리는 특정 요인들이 직원들을 생산적이게 하고 그들에게 만족을 주며, 이러한 요인들은 앞서 살펴보았듯이 대부분 직무 내용 자체와 관련된다고 결론지었다. 그는 직업의 다른 요인들을 **위생요인** 또는 유지요인(hygiene factors or maintenance factors)으로 명명하였는데, 이 요인들은 주로 직무 환경과 관련되어 있으며, 없으면 불만족을 유발하나 더 있다고 해서 동기부여를 하지는 않을 것이다. 그림 10.2는 동기요인과 위생요인의 목록이다.

동기요인
허즈버그의 동기요인 이론에서 직원들이 더 생산적이고 만족스럽게 일하게 하는 직무 요인들

위생요인
허즈버그의 동기요인 이론에서 없으면 불만족을 유발하나 있다고 해서 반드시 동기부여하지는 않는 직무 요인들

허즈버그의 동기요인을 고려할 때 우리는 다음과 같은 결론을 내릴 수 있다. 직원을 동기부여하기 위한 최적의 방법은 일을 흥미롭게 만들고, 그들의 목표 달성을 도와주며, 승진과 추가적 책임 부여를 통해 그들의 성취를 인정하는 것이다. 그림 10.2를 통해 매슬로의 욕구위계설과 허즈버그의 요인이론의 유사점을 찾아보자.

그림 10.3 **매슬로의 욕구위계설과 허즈버그의 요인이론의 비교**

허츠버그의 동기요인은 다음과 같은 결론을 이끌어냈다. 직원들에게 동기를 부여하는 가장 좋은 방법은 일을 흥미롭게 만들고, 목표를 달성하도록 돕고, 발전을 통해 성취를 느끼고 책임을 갖도록 하는 것이다.[12] 그림 10.3은 매슬로의 욕구위계설과 허즈버그의 요인이론 사이의 유사성을 보여준다.

허즈버그의 동기요인 목록을 살펴보고 여러분을 동기부여 하는 요인을 찾아보자. 그것들을 여러분에게 중요한 순서대로 나열해보자. 이 요인들을 직업과 진로를 선택할 때 고려하도록 하자. 여러분에게 주어진 취업 기회가 어떠한 동기요인을 제공하는가? 그것은 여러분이 중요하다고 생각하는 요인들인가? 자신만의 중요한 기준으로 취업 기회를 평가하는 것은 현명한 직업 선택을 하는 데 도움을 줄 것이다.

시험 준비

- 테일러의 시간–동작 연구와 메이요의 호손 연구는 어떠한 유사점과 차이점을 갖는가?
- 메이요가 발견한 사항들은 과학적 관리에 어떠한 영향을 주었는가?
- 매슬로의 욕구위계를 도식으로 표현해보고, 각 부분의 명칭과 특징을 설명하라.
- 허즈버그가 위생요인과 동기요인으로 불렀던 요인들의 차이를 설명하라.

학습목표 10-5 X이론, Y이론, Z이론을 구분할 수 있다.

X이론의 경영자들은 그들의 직원들을 행복하게 하기 위해 살지 않는다. 디시 네트웍스(Dish Networks)의 창업자이자 회장인 찰리 어젠(Charlie Ergen)은 직원들을 오랜 시간 일하게 하고, 의무적으로 야근을 하게 하고, 매우 적은 유급 휴가를 준다. 직원들은 어젠이 만든 기업 문화를 생색내고 믿을 수 없는 문화라고 말한다. 그러나 기업의 수익은 꾸준히 시장 기대를 맞추고 있다. 여러분은 X이론 혹은 Y이론 경영자 중 누구와 일하고 싶은가?

맥그리거의 X이론과 Y이론

경영자들이 직원들을 동기부여하는 방법은 그들이 직원에 대해 어떤 태도를 갖느냐에 크게 달려 있다. 경영이론가 더글러스 맥그리거(Douglas McGregor)는 경영진의 태도가 일반적으로 완전히 다른 두 개의 가정으로 나뉨을 발견하고, 각각 X이론과 Y이론이라고 이름 붙였다.

X이론

X이론의 가정은 다음과 같다.

- 직원들은 일하기를 싫어하고 가능하다면 일을 안 할 것이다.
- 일을 싫어하기 때문에, 직원들이 조직의 목표를 달성하도록 하기 위해서는 처벌을 이용해서 강제하고, 통제하고, 지시 및 협박해야 한다.
- 직원들은 지시받기를 선호하고, 책임을 회피하고, 야심이 크지 않으며, 안정을 원한다.
- 가장 큰 동기요인은 공포와 처벌이다.

이러한 가정의 자연스런 결과는 직원들을 가까이에서 지켜보고, 무엇을 어떻게 할지 지시하는 아주 '바쁜' 경영자이다. 동기부여는 나쁜 직원에게는 처벌, 좋은 직원에게는 보상의 형태를 띤다.[13] X이론 경영자들은 직원들에게 책임, 자율성, 융통성을 거의 주지 않는다. 과학적 관리를 지지한 테일러와 그의 선행 이론가들은 X이론에 동의했을 것이다. 경영진이 시간–동작 연구에 집중하고 일을 수행하는 최적의 방법과 시간을 계산한 것은 이 때문이다. 연구자들은 직원들이 표준 규정을 잘 지키는 것에 대해 훈련받아야 하고 유심히 감독되어야 한다고 생각하였다.

여전히 많은 경영자들과 기업가들은 직원들을 완전히 신뢰할 수 없다고 생각하고, 감독되어야 할 대상이라고 믿는다.[14] 여러분도 그런 경영자를 본 적이 있을 것이다. 여러분은 그에 대해 어떻게 느꼈는가? 직원의 태도에 대한 이 경영자들의 가정은 정확한 것인가?

Y이론

Y이론은 사람들에 대해 완전히 다른 가정을 한다.

- 대부분의 사람들은 일을 좋아하고, 일은 노는 것이나 쉬는 것처럼 자연스러운 활동이다.
- 대부분의 사람들은 자신이 몰입된 목표를 향해 자연스럽게 노력한다.
- 목표에 대한 개인의 몰입 정도는 그것을 성취했을 때 얻을 수 있다고 인식한 보상에 달려 있다.
- 대부분의 사람들은 특정 상황에서는 단지 책임을 받아들일 뿐 아니라 책임을 추구하기도 한다.
- 사람들은 비교적 높은 수준의 상상력, 창조력, 문제해결력을 발휘할 수 있다.
- 산업에서, 보통 사람들의 지적 잠재력은 단지 부분적으로만 사용되고 있다.
- 사람들은 다양한 보상에 의해 동기부여된다. 각각의 직원은 자신의 고유한 보상에 의해 자극된다(쉬는 시간, 금전적 보상, 인정 등).

Y이론은 권위, 지시, 감독보다 직원들이 자유로이 목표를 세우고, 창조성을 발휘하고, 융통성 있게 일을 하며, 경영진이 세운 목표를 넘어설 수 있는 편안한 분위기를 강조한다. 이러한 목표를 달성하는 주요 테크닉은 권한위임(empowerment)이다. 권한위임은 직원들이 결정을 내리고 그들이 내린 결정을 수행할 방법을 선택할 자율성을 부여한다.[15] 권한위임이 진정한 동기부여 요인이 되기 위해서, 경영진은 다음의 세 단계를 거쳐야 한다.

1. 직원들이 생각하는 조직의 문제점이 무엇인지 찾아낸다.
2. 직원들이 직접 해결책을 고안하도록 한다.
3. 직원들이 해결책을 실행에 옮기도록 맡겨 둔다.

직원들은 종종 자신들이 기업의 의사결정에 참여하도록 요청받았으나 상사나 경영진이 결정을 내릴 수 있는 실질적인 권한을 주지 않는다고 불평한다. 여러분은 그러한 환경에서 일해 보았는가? 그에 대해 어떻게 느꼈는가?

오우치의 Z이론

미국 기업들이 더 유연한 경영방식을 도입한 이유 중 하나는 일본, 중국, 유럽 등의 외국 기업들과 경쟁해야 했기 때문이다. 1980년대 일본 기업들은 미국 기업을 앞서나가는 것 같았다. UCLA의 경영학과 교수인 윌리엄 오우치(William Ouchi)는 일본의 성공비밀이 일본 기업이 직원들을 대하는 경영방식에 있을 것이라고 생각했다. 오우치가 J유형이라고 명명한 일본식 경영방식은 종신고용, 합의에 의한 의사결정, 의사결정의 결과에 대한 집단적 책임감, 느린 성과평가와 승진, 암묵적인 통제 메커니즘, 전문화되지 않은 커리어 패스, 직원에 대한 포괄적인 관심 등을 말한다. 반대로, 오우치가 A유형이라 명명한 미국식 경영방식은 단기간 고용, 개인적인 의사결정, 의사결정에 대한 개인적 책임, 빠른 성과평가와 승진, 명시적인 통제 메커니즘, 전문화된 커리어 패스, 직원에 대한 분화된 관심 등을 뜻한다.

구글의 직원들은 최첨단 체육 시설부터 무료 식사, 여기의 사진처럼 에너지팟에 이르기까지 다양한 혜택을 누린다. 이 휴식 공간은 직원들이 하루 중 언제든지 낮잠을 잘 수 있도록 '과학 및 NASA 기술'을 제공한다. 여러분은 윌리암 오우치가 제안한 Z유형의 경영방식에 따라 직원들에 대하여 포괄적인 관심을 갖는 다른 사례들을 생각해볼 수 있는가?

J유형의 기업들은 그룹 및 가정 내에서 신뢰와 친밀감을 중시하는 일본 문화에 기반하고 있다. 반대로, A유형의 기업들은 개인의 권리와 성취를 중시하는 미국 문화에 기반을 두고 있다. 오우치는 미국 기업들이 성공적인 일본식 전략을 채택하는 것을 돕고 싶어했지만, 미국 경영자들이 다른 나라의 문화에 기반한 접근법을 수용하는 것이 현실적이지 않음을 깨달았다. 미국인의 입장에서 생각해보자. 평생직장은 일견 좋게 보이지만, 일을 바꿀 기회도, 더 높은 직위로 빨리 승진할 기회도 없음을 생각하면 답답할 것이다.

따라서 오우치는 두 접근법을 혼합한 Z이론을 추천하였다(그림 10.4 참조). Z이론은 장기고용, 집단적인 의사결정, 의사결

그림 10.4 Z이론
미국식 및 일본식 경영방식의 혼합형

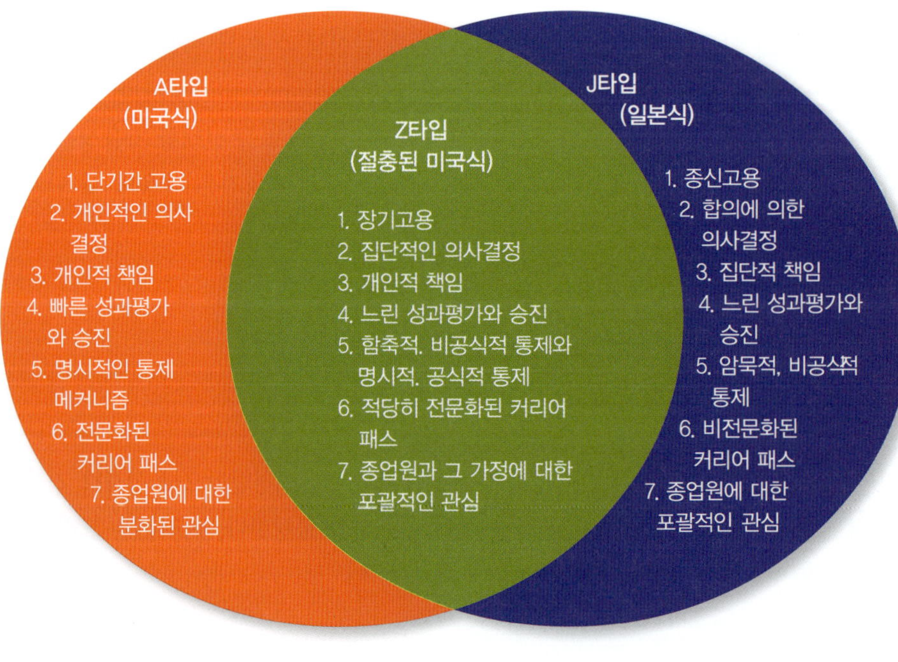

그림 10.5 X, Y, Z이론의 비교

X이론	Y이론	Z이론
1. 사람들은 일하기를 싫어하고 피하려고 노력한다.	1. 직원들은 일을 삶의 자연스러운 한 부분으로 생각한다.	1. 직원들의 참여는 생산성 향상의 중요 요인이다.
2. 직원들은 통제받고 지시받기를 선호한다.	2. 직원들은 제한된 통제와 지시를 선호한다.	2. 직원 통제는 함축적이고 비공식적이다.
3. 직원들은 책임보다 안정성을 원한다.	3. 직원들은 적당한 상황에서 책임을 추구한다.	3. 직원들은 책임과 의사결정을 공유하는 것을 선호한다.
4. 경영진이 강요해야 직원들은 일한다.	4. 직원들은 위협적이지 않은 환경에서 더 나은 성과를 보인다.	4. 직원들은 신뢰와 협동을 장려하는 문화에서 나은 성과를 보인다.
5. 직원들은 금전적 보상에 의해 동기부여된다.	5. 직원들은 여러 가지 욕구에 의해 동기부여된다.	5. 직원들은 고용 보장을 필요로 하고 느린 성과평가 및 승진을 수용할 것이다.

정 결과에 대한 개인적 책임, 느린 성과평가와 승진, 적당히 전문화된 커리어 패스, 직원과 그 가정에 대한 포괄적인 관심 등을 포함한다. 이 이론은 조직을 협동과 조직적 가치를 육성하는 가정으로 본다.

최근 들어, 인구통계 및 사회적 변화, 심한 국제적 경쟁, 그리고 경기 변화는 일본 경영자들로 하여금 사업을 수행하는 방식을 재평가하도록 했다.[16]

대형 전자회사인 히타치(Hitachi) 사는 단체 체조를 중단한 첫 번째 대형 기업이다. 매일 아침 하루를 단체 체조로 시작하는 것은 같은 일을 같은 방식으로 하는 것을 의미하고, 직원들은 위험을 감수하거나 독자적 방식으로 생각해서는 안 된다는 문화적 믿음을 강조하는 것이었다. 많은 경영진들은 이러한 순응주의가 일본 기업들에 부정적으로 작용했다고 믿고 있다. 일본 경영자들이 미래에 혼합적인 Z이론으로 나아갈 것인가? 이는 두고보아야 할 것이다. 적절한 경영 스타일이란 문화, 상황, 조직과 직원의 특수한 요구들에 잘 부합하는 것이다(그림 10.5는 X, Y, Z이론을 종합하여 보여준다).

학습목표 10-6 목표설정이론, 기대이론, 공정성이론의 핵심 원리를 설명할 수 있다.

목표설정이론과 목표에 의한 관리

목표설정이론(goal-setting theory)은 높지만 도달 가능한 목표를 세우는 것이 그 목표가 수용되고, 피드백이 주어지고, 조직 여건이 허락할 경우, 직원들을 동기부여하고 성과를 개선할 수 있다는 견해이다. 조직의 모든 구성원은 조직의 전반적인 목표와 세부적인 목표가 각각의 부서와 개인들에 의해 달성되도록 기본적인 합의를 도출해야 한다. 따라서 조직의 모든 구성원을 목표 설정 및 그 수행 과정에 참여시키기 위한 시스템이 뒷받침되어야 한다.

목표설정이론
높지만 도달 가능한 목표를 세워야만 그 목표가 수용되고 피드백이 주어지는 것으로, 조직의 여건에 의해 지원될 경우 직원들을 동기부여하고 성과를 개선할 수 있다는 생각

경영전문가 피터 드러커(Peter Druker)는 1960년대에 그러한 시스템을 개발했다. 그

목표에 의한 관리(MBO)
피터 드러커(Peter Drucker)의 목표 설정 및 이행 시스템으로 최고경영진과 중간 경영진, 관리자, 직원들 간의 일련의 토론, 리뷰, 목표 평가를 포함

는 "경영자들은 사람들을 동기부여시킬 수 없다. 그들은 사람들의 동기를 위협할 수밖에 없는데 그것은 사람들은 스스로를 동기부여하기 때문이다"라고 역설했다. 그가 '**목표에 의한 관리**(management by objectives; MBO)'라고 칭한 목표 설정 및 실행 시스템은 최고경영진, 중간관리자, 관리자, 직원들 간에 목표에 대한 일련의 토론, 리뷰, 평가를 하는 시스템이다. MBO는 경영자들로 하여금 조직의 모든 사람들과 함께 목표를 형성하고, 직원들을 그 목표에 몰입시키며, 결과를 모니터하고 성취에 대해 보상할 것을 요구한다.[17] 미국 국방성 등의 정부기관이 MBO를 적용했다.

MBO는 경영자들이 장기 계획을 만들고 실행할 수 있는 상대적으로 안정적인 상황에서 가장 효율적이며, 큰 변화 없이 적용된다. 경영자들은 또한 부하직원을 돕는 것(helping)과 코칭(coaching)하는 것의 차이를 이해해야 한다. 돕는 것은 부하직원과 함께 일하며, 필요하다면 일의 일부를 해주는 것을 말하고, 코칭은 가르치기, 안내하기, 권고하기 등 자원으로서의 역할을 수행하지만, 적극적으로 참여하거나 일을 하지는 않는 것을 말한다. MBO의 핵심적인 아이디어는 직원들이 스스로 동기부여해야 한다는 데 있다.

MBO에서는 직원의 참여와 기대가 중요하다. 사전에 합의되지 않았거나, 최고경영진에 의해 설정된 목표를 추구하도록 직원들을 강요하기 위해 MBO를 사용하면 문제가 발생할 수 있다.[18]

빅터 브룸(Victor Vroom)은 직원 기대의 중요성을 인식하고 기대이론이라고 불리는 프로세스를 개발했다. 다음에는 이 개념을 살펴보도록 하자.

직원의 기대를 충족시키기: 기대이론

기대이론
직원들이 특정 작업에 들이는 노력의 양은 결과에 대한 그들의 기대에 따라 달라진다는 빅터 브룸의 이론

빅터 브룸의 **기대이론**(expectancy theory)에 따르면 직원의 기대는 개인의 동기부여에 영향을 미칠 수 있다. 따라서 각각의 직원들이 특정 작업에 투입하는 노력의 정도는 그들이 기대하는 결과물에 따라 달라진다. 브룸은 직원들이 최고의 노력을 하기 전에 세 가지 질문을 한다고 주장했다. (1) 내가 이 일을 해낼 수 있는가? (2) 이 일을 해낼 경우 내가 받는 보상은 무엇인가? (3) 이 보상이 노력할 만한 가치가 있는가?(그림 10.6 참조)

다음과 같은 상황에서 여러분이 투입할 노력의 양을 생각해보자. 강사가 자신의 수업에서 A를 받기 위해서는 평균 90점을 받아야 하고 2m의 높이뛰기를 해야 한다고 했다고 하자. 당신은 자신이 2m의 높이뛰기를 할 수 없다는 것을 알면서도 A를 받기 위해 열심히 노력할 것인가? 또는 강사가 어떤 학생이든지 A를 받을 수 있다고 말했지만, 사실은 지난 26년간 단 한번도 A를 준 적이 없다는 사실을 알 경우에, 즉 A가 실질적으로 얻기 불가능해 보이는 경우에 이 수업에 많은 노력을 투자할 것인가? 또 한편으로, 요즘 기업들이 A+보다는 C−를 받은 학생을 고용하고 싶어한다는 기사를 읽었다고 하자. 이때 A+를 받기 위해 노력할 가치가 있어 보이는가? 이러한 상황이 기업에서도 일어날 수 있다는 것이다.

기대이론은 기대가 개인에 따라 다를 수 있음을 인지하고 있다. 따라서 직원들은 업무의 난이도와 보상의 가치에 대한 각자의 판단을 형성한다.[19] 데이비드 내들러(David

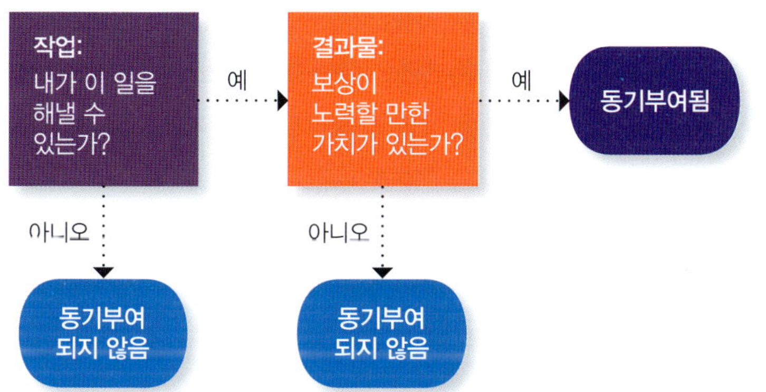

그림 10.6 **기대이론**
기대하는 결과물에 따라 직원들이 투입하는 노력의 정도

Nadler)와 에드워드 롤러(Edward Lawler)는 브룸의 이론을 수정해서 경영자들이 다음 다섯 단계를 통해 직원 성과를 개선해야 한다고 주장했다.[20]

1. 직원들이 어떠한 보상을 가치 있게 생각하는지를 안다.
2. 각각의 직원들이 이상적으로 생각하는 성과의 기준을 결정한다.
3. 성과기준이 달성될 수 있음을 확실히 한다.
4. 성과와 연결된 보상을 보장한다.
5. 직원들이 보상이 적절하다고 생각하는지를 확실히 한다.

직원 공정하게 대하기: 공정성이론

공정성이론(equity theory)은 공정성에 대한 지각과 이것이 직원들의 업무 의욕에 미치는 영향을 살펴보는 이론이다. 이 이론은 '내가 일을 잘할 만한 가치가 있는 것일까?'와 '대체 무엇이 공정한 것인가?'란 질문에 기반한다. 직원들은 자기와 비슷한 위치에 있는 타인과 비교하여 자기가 투입한 노력과 결과물 간에 공정성을 유지하려고 한다.[21]

공정성이론
직원들은 개인의 직무에 대하여 유사한 직위의 다른 사람과 그 보상을 비교하여 노력과 보상 간에 공정성을 유지하려고 한다는 이론

직원들이 불공정함을 느끼면, 여러 가지 방법을 통해 공정한 교환관계를 재설정하려고 노력한다.[22] 예를 들어, 여러분이 기말보고서에서 얻은 성적을 친구의 성적과 비교한다고 하자. 만약 여러분이 같은 양의 노력을 투입한 친구에 비해 낮은 성적을 받았다면, 여러분은 (1) 이후 수업에 노력을 적게 기울이거나 (2) '성적이야 뭐 과대평가될 수 있는 것이니까'라고 합리화할 것이다. 만약 여러분이 비슷한 과제를 제출한 사람들보다 높은 성적을 받았다면, 여러분은 (1) 높은 성적을 정당화하기 위해 이후 더 많이 노력하거나 (2) '난 더 높은 성적을 받을 자격이 있어'라고 합리화할 것이다.

직장에서 지각된 불공정성은 낮은 생산성, 낮은 품질, 잦은 결근, 자발적 이직으로 이어질 수 있다.

공정성 판단은 지각된 평가에 의해 이루어지므로 지각의 오류에 의해 영향받을 수 있다. 직원들이 종종 그러하듯이 자신의 노력을 과대평가한다면 자신에게 주어지는 보상이 부족하다고 생각할 것이다. 때때로 조직들은 각자의 임금을 대외비로 하여 이러한 문제를 해결하려고 하지만, 이런 정책은 오히려 사람들로 하여금 자신의 노력을 과대평가할 뿐 아니라 타인의 연봉도 과대평가하게 만드는 역효과를 낼 수 있다. 미국 노동 통계

국이 실시한 최근 연구에 따르면, 근로자들은 자신의 생산시간을 10% 과대평가하는 것으로 나타났다.[23] 최고의 해결책은 전반적으로 명확하고 빈번한 의사소통이다. 경영자들은 그들이 기대하는 결과물과 그에 주어질 보상에 대해서 가급적 명확하게 의사소통을 해야 한다.[24]

시험 준비

- X, Y, Z이론의 바탕이 되는 경영자의 태도에 대하여 간단히 설명할 수 있는가?
- 목표설정이론을 설명할 수 있는가?
- 기대이론을 평가하라. 기대이론이 여러분이 노력을 하거나 하지 않는 이유를 설명할 수 있는 경우를 예로 들어볼 수 있는가?
- 공정성이론의 원리를 설명할 수 있는가?

학습목표 10-7 경영자들이 직무확충, 개방적 의사소통 그리고 업무 인정 등의 전략을 통해 동기부여 이론들을 활용하는 형태에 대해 설명할 수 있다.

이론을 행동으로 옮기기

독자 여러분은 이제 몇몇 이론가들이 동기부여에 대해 어떤 주장을 펼쳤는지에 대해 알고 있다. 이제, 스스로에게 다음과 같이 물어볼 수 있을 것이다. '그래서? 이런 이론들이 오늘의 현실에서 나타나고 있는 것들과 무슨 관련이 있지?' 이는 정당한 질문이다. 이제, 우리는 직무확충, 개방적 의사소통, 그리고 업무 인정을 통해 앞의 이론들이 어떻게 회사에서 반영되고 있는지를 살펴볼 것이다.

직무확충을 통한 동기부여

직무확충
직원들은 일 그 자체로 동기부여해야 함을 강조하는 동기부여 전략

매슬로와 허즈버그의 이론은 직무확충이론으로 확대되었다. **직무확충**(job enrichment)은 직원들을 일 그 자체로 동기부여해야 함을 강조하는 동기부여 전략이다. 직원들에게는 처음부터 끝까지 가시적으로 작업을 성취할 수 있도록 업무가 주어지고, 각각의 작업을 성공적으로 완수할 책임이 주어진다. 직무확충은 허즈버그의 상위 동기요인인 책임감, 성취감, 인정 등에 기반을 두고 있다.[25] 직무확충은 직무를 단순한 단계들로 쪼개고 각각 사람들을 배정하여 직무 효율성을 추구하는 직무단순화(job simplification)와 대척점에 서있다. 매슬로와 허즈버그의 연구를 참고하면 직무확충이 어떻게 파생된 것인지 알 수 있을 것이다.

직무확충을 지지하는 사람들은 일의 다섯 가지 특성이 개인적 동기부여와 성취에 중요한 영향을 미친다고 생각한다.

1. 기술의 다양성 – 직무가 다양한 기술을 필요로 하는 정도
2. 과업 정체성 – 직무를 수행하기 위해 직무 수행의 처음부터 끝까지 가시적인 결과를 낳는 작업을 해야 하는 정도
3. 과업 중요성 – 직무가 기업 내 타인들의 일과 생활에 영향력을 미치는 정도
4. 자율성 – 일을 계획하고 절차를 결정하는 데 있어 자유롭고 독립적이며, 재량을 가

지고 일할 수 있는 정도

5. 피드백 – 직무 성과에 대한 직접적이고 명확한 정보

유리 공예가들은 생동감 있는 예술 작품을 만들기 위해 다양하며 위험한 도구들을 사용한다. 직무확충의 핵심 중 하나는 직원이 한 과업을 처음부터 끝까지 완수할 수 있는 능력이다. 여러분은 이러한 정책이 생산라인에서 단순히 몇 가지의 부품을 추가하는 것보다 왜 더 높은 동기부여를 가져온다고 생각하는가?

다양성, 정체성, 중요성은 일이 얼마나 의미 있는지를 결정하고, 자율성은 신뢰받고 많은 책임을 부여받았다는 느낌을, 피드백은 성취감과 인정받는 느낌을 준다.[26]

다른 형태의 직무확충으로는 **직무확대**(job enlargement)가 있다. 이것은 일련의 작업을 하나의 도전적이고 흥미로운 과제로 결합하는 것이다. 예를 들어, 가전제품 제조업체인 메이택(Maytag) 사는 세탁기 생산공정을 재배치하여 직원들이 한 부분이 아닌 전체 물펌프를 조립할 수 있도록 하였다. **직무순환제도**(job rotation)도 직원들을 여러 직무로 순환시킴으로써 일에서 재미를 느끼고 동기부여될 수 있도록 하는 전략이다. 직무순환제도의 한 가지 문제는 직원들을 여러 작업에 대해 교육시켜야 한다는 점이다. 그러나 직원 동기부여의 증가와 더 유연하고 다양하게 훈련된 직원을 보유하는 것이 추가적인 비용을 상쇄한다.

직무확대
일련의 작업을 하나의 도전적이고 흥미로운 과제로 결합하는 직무확충 전략

직무순환제도
직원들을 하나의 직무에서 다른 직무로 순환시키는 직무확충 전략

개방적 의사소통을 통한 동기부여

직원들이 의사결정권을 갖게 되었을 때, 소통과 정보는 조직 전반에 걸쳐 흘러야 한다. 그들이 아무 것도 없는 상태에서 의사결정을 내릴 수는 없기 때문이다. 개방적 의사소통을 장려하는 절차로는 다음과 같은 것이 있다.[27]

- 경청하는 조직문화를 형성한다. 최고경영자들은 대화할 수 있는 장소를 마련해주고, 피드백을 주거나 직원의 제안을 채택하고, 상사에 대한 의사소통에 보상을 함으로써 부정적인 토론이라 하더라도 상사와의 대화가 의미 있는 것임을 보여주어야 한다. 직원들은 자신이 옳다고 생각하는 것은 무엇이든 말할 수 있어야 한다.
- 경영자와 관리자들이 경청하도록 교육한다. 대부분의 사람들은 학교나 다른 어느 곳에서도 경청하는 것에 대해 훈련받은 적이 없기 때문에, 조직은 경청하는 법에 대해 직접 교육을 하든지 교육할 사람을 고용해야 한다.
- 효과적 질문의 기술을 사용한다. 우리는 질문을 통해 정보를 얻는다. 다른 종류의 질문은 다른 종류의 정보를 가져온다. 열린 질문과 달리, 예/아니오의 형태로 대답될 수 있는 닫힌 질문은 풍부하고 깊이 있는 답변을 이끌어낼 수 없다. 적절한 개인적 질문은 직원과 경영자 사이에 동지애를 촉진할 수 있다.
- 개방적 의사소통의 장애물을 없앤다. 경영진을 위한 별도의 구분된 사무실, 주차공간, 화장실, 식당 등은 경영자와 직원들 간에 장벽을 쌓을 뿐이다. 복장 규

정, 서로에 대한 호칭의 차이(예를 들어, 직원은 이름으로 부르고 상사는 직급으로 부르는 것) 또한 의사소통에 장애가 될 수 있다. 이러한 장벽을 없애는 것은 경영진의 특권을 포기할 의지와 노력을 필요로 한다.

- 모호하고 애매한 의사소통을 피한다. 수동적 표현은 약하고 자신 없는 인상을 줄 수 있다. "실수가 빚어졌습니다"와 같은 진술은 누가 실수를 저질렀다는 것인지에 대한 정보를 주지 못한다. 모호한 발언 역시 혼란을 가중시킨다. '아마도' 혹은 '어쩌면' 등의 표현은 명확한 지시를 필요로 하는 직원들에게 얼버무리는 듯한 느낌을 줄 수 있다.
- 소통이 쉬워지도록 하라. 조직원들이 큰 식탁에서 함께 점심을 먹도록 유도하고, 회의실에서 조직원들이 모이는 것을 허용하며, 회사 야유회나 운동 동호회를 만들어 다양한 직급의 사람들이 함께 어울릴 수 있도록 한다.
- 직원들에게 무엇이 중요한지 물어보라. 경영자들은 직원과의 사직 면담에서 "어떻게 하면 당신을 여기에 머물게 할 수 있습니까?"라고 물어볼 때까지 아무것도 하지 않아서는 안 된다. 그것은 너무 늦다. 경영자들은 재직 면담을 열어서 직원들에게 무엇이 중요하며, 그들이 회사에 계속 머무를 수 있도록 어떠한 것을 할 수 있는지를 찾아내야 한다.

자율경영팀에 개방적 의사소통을 적용

자동차 기업들은 좋은 경영사례로 자주 인용된다. 예를 들어, 포드 자동차 회사(Ford Motor Company)의 머스탱팀(Mustang Team)은 생산팀이 어떻게 구성되어야 하는지에 대한 지침을 제시했다. 오래된 '머스탱 샐리(Mustang Sally)' 기록을 깨고 쇼룸으로 멋지게 들어갈 차를 개발하기 위한 도전 과제를 해결하기 위해, 400명의 직원들은 본사의 승인을 기다리지 않고 자유롭게 결정을 내릴 수 있는 재량권을 부여받았다. 모든 사람들은 오래된 창고의 한 지붕 아래에서 일했는데, 설계 전문가들이 회계사 옆에 앉았고, 엔지니어들은 스타일리스트 옆에 앉았다. 부서들을 갈라놓았던 예산의 벽도 각 부서의 담당자들이 직원들에게 결정권을 양보하면서 무너졌다. 머스탱 오픈카가 진동 문제를 일으켰을 때, 엔지니어들은 주어진 예산 내에서 기일 내에 이 프로그램을 완성하는 것에 집중하여 필요한 경우 사무실 바닥에서 잠을 자면서 밤늦게까지 일했다. 포드의 고위직 임원들은 약속을 지키고 생산팀의 업무에 간섭하지 않았다. 공급자들과 함께 일하며 생산팀은 결국 주어진 예산 내에서 예정보다 몇 달 빠르게 진동 문제를 해결했다. 새 차는 시장에서 크게 히트를 쳤고, 매출은 급증했다.

자동차 산업에서는 'WOW' 요인처럼 작용하는 것은 없다. 400명으로 이루어진 포드 사의 '머스탱 팀'은 길에 있는 모든 사람들이 감탄할만한 차를 만들어 달라는 회사의 요구에 부응하기 위해 재량권을 부여받았고, 작업팀, 공급자, 경영진, 고객들까지 힘을 합쳐 경쟁이 극심한 자동차 시장에서 머스탱이 승리자가 되도록 했다.

이런 팀들을 잘 활용하기 위해서는 경영진이 업무 자체를 개혁해야 한다. 이는 직원을 존중하고, 즐거운 일을 제공하며, 직원의 기술을 개발해 주고, 자율성을 부여하며, 권위를 분산시키고, 잘한 일에 대해 보상을 하는 것을 말한다.[28] 다음으로, 기업들이 우수한 업무를 인정하고 이를 보상하는 법에 대해서 살펴보자.

변화에 적응하기 　직원 몰입을 위한 즉각적인 통찰력

다른 사람의 머릿속에서 무슨 일이 일어나고 있는지 궁금해 본 적이 있는가? 경영자들은 항상 궁금해한다. 그들은 무엇이 직원들을 계속 일하도록 동기를 부여하고, 무엇이 그들을 비협조적으로 만들며, 궁극적으로는 무엇이 그들을 행복하게 하는지 알아야 한다. 물론 직원의 머릿속을 정확히 읽어내지는 못할 수도 있지만, 적어도 이제는 직원의 감정 상태를 파악하는 데 도움이 되는 툴(tool)을 꽤 많이 가지고 있다.

IBM과 같은 회사의 인공지능(AI) 기술은 관리자들이 직원에게 질문을 하고, 피드백을 받고, 심지어 직원들이 퇴사할 계획이 있는지 예측할 기회를 제공한다. 비록 일부 매니저가 인공지능 기술을 '행복 측정기'라고 부를지도 모르지만, 인공지능이 제공하는 것은 그 이상이다. 인공지능 기술은 관리자들이 직원의 기분을 모니터링하는 것을 돕고, 직원들이 원하는 것이 무엇이고, 직장 문화 전반에 중요한 것이 무엇인지를 발견하는 데도 도움이 될 수 있다. 더 중요한 것은 처리된 정보가 관리자에게 빠르게 전달된다는 것이다. 팀이 처리하는 데 몇 주 또는 몇 달이 걸리던 정보들은 이제는 거의 즉각적으로 처리된다.

직원들은 매니저와 잘 지내는지 등 주제에 대해 진심을 숨기는 경우가 많지만, AI는 이를 파악할 수 있다. AI는 직원과 관리자 상호 작용 모니터링을 통해, 둘 사이의 대화가 직장 몰입에 도움을 주는지, 당황스러움을 형성하는지 파악할 수 있다. 이를 바탕으로 경영진은 직원을 몰입시키거나, 향후 커뮤니케이션을 개선할 수 있는 더 나은 방법을 판단할 수 있다. 어떤 경영자는 직원들이 휴게실에서 게임을 즐길 수 있도록 개선을 원하는 것으로 짐작했지만, 실제로는 전략적 계획수립 과정에서 더 많은 책임과 더 큰 역할을 맡기를 원하고 있음을 알게 되었다. 직원들이 무엇을 찾는지 찾다 보니, 탁상 축구 경기 테이블이 나오기도 했다.

경영자들은 직원에게 직접 묻지 않는 한 무엇이 그들을 동기부여하고 참여시키는지 항상 알고 있을 수 없다. AI는 이미 직원 참여도를 높이는 데 도움을 주고 있다. 어떤가? 관리자들은 직원들이 확대된 역할, 책임감, 인지를 원한다는 것을 깨닫고 있다. AI는 현대 경영자들이 직원들을 잃기 전에 문제를 해결하거나 직원의 역할을 늘릴 수 있는 기회를 제공한다.

출처: Maria Aspan, "A.I. Is Transforming the Job Interview—and Everything After," Fortune, January 20, 2020; Eric Rosenbaum, "IBM Artificial Intelligence Can Predict with 95% Accuracy Which Workers Are about to Quit Their Jobs," CNBC, April 3, 2019; Sam Boykin, "Startup Offers AI Technology to Boost Employee Engagement," Sacramento Business Journal, January 31, 2020; Falon Fatemi, "4 Non-Obvious Ways to Use AI to Predict and Prevent Employee Turnover," Forbes, January 15, 2020.

우수한 업무에 대한 인정

최근 실시된 설문조사에서 자발적으로 직장을 떠나게 된 가장 큰 이유는 몰입 부족이라는 결과를 보여주었다. 하지만, 자발적으로 직장을 떠나게 된 이유로 인정 부족도 크게 뒤쳐지지 않았다.[29] 직원들의 성과를 인정하는 것은 임금 인상이나 보너스 제공보다 더 큰 효과를 지닌다. 점점 더 많은 대학 졸업자들은 임금이 궁극적인 동기부여원이 아니라고 응답했다. 그러나 참가자 다수는 흥미있고 도전적인 업무와 함께 승진 기회를 가장 중요한 것으로 꼽았다. 분명히, 승진 기회를 제공하고 성취를 인정하는 것은 우수한 직원을 유인하고 유지하는 데 중요하다.[30]

승진이 우수한 업무 성과를 인정하는 유일한 방법은 아니다. 업무에 대한 인정은 긍정적 행동을 크게 치하함으로써 그들의 노력이 주목할 만큼 값지다는 것을 느끼게 하는 것처럼 단순할 수도 있다. 예를 들어, "사리나, 오늘 회의에서 말이 별로 없더군요. 당신의 아이디어는 언제나 정말 가치있었어요. 미팅 동안에 당신의 이야기를 더 듣고 싶었어요." 이러한 코멘트는 사리나가 그녀의 아이디어가 인정받고 있다는 것을 알 수 있게 하며, 그녀가 다음 회의에서는 더 활발하게 참여할 수 있도록 할 것이다.

다음의 예시는, 임금 인상 없이도 경영자들이 직원들의 의욕을 증진할 수 있는 방

증명서나 상패 대신, 휴렛팩커드(Hewlett-Packard)는 우수한 직원에 대해 골든 바나나 상(Golden Bananas)을 준다. 여러분은 이 상의 어떤 점이 수상자들이 우수한 성과를 유지하게끔 동기부여하는 데 도움이 될 것이라고 생각하는가?

안들을 보여준다.

- 로스앤젤러스의 한 로펌은 400명의 직원들과 그 가족들을 디즈니랜드에 보내주었다. 페덱스 오피스(FedEx Office) 역시 비슷한 일을 했는데, 우수한 성과를 보인 직원들을 디즈니랜드로 보내주고, 그들이 가 있는 동안 최고경영진들이 그들의 자리를 대신하게 했다.
- 월트 디즈니 월드(Walt Disney Would)는 150개 이상의 직원 성과 인정 프로그램을 제공한다. 스피릿 오브 프레드 상(The Spirit of Fred Award)은 자신 스스로 모든 상을 액자로 제작했던 프레드라는 직원의 이름을 딴 것이다. 프레드라는 이름은 친절하고(Friendly), 재치가 넘치며(Resourceful), 열정이 있고(Enthusiastic), 믿을 만하다(Dependable)는 표현의 준말이다.
- 미주리(Missouri)의 펜튼(Fenton)에 위치한 매리츠 모티베이션 솔루션(Maritz Motivation Solution)에는 땡스 어 번치(Thanks a Bunch)라는, 선택된 직원들에게 그들의 업무를 감사하는 표시로 꽃다발을 증정하는 프로그램이 있다. 꽃다발을 받은 직원은 도와준 다른 직원에게 그 꽃다발을 전한다. 이 프로그램의 아이디어는 하루동안 얼마나 많은 직원들이 꽃다발을 받았는지 보는 것이다. 꽃다발에는 쌍안경과 자켓과 같은 상이 그려져 있는 감사카드가 동봉된다.
- 휴렛팩커드(Hewlett-Packard)는 우수한 성과에 대해 골든 바나나 상(Golden Banana Award)을 제공한다. 그 상은 한 기술자가 경영자의 사무실을 박차고 들어와서 그가 오랫동안 풀지 못했던 문제의 답을 찾았다고 외쳤을 때 생겨났다. 그 경영자는 자신의 인정을 표현하기 위한 것을 급히 찾다가, 자신의 점심식사용이었던 바나나를 쥐고서 "잘했어! 축하하네!"라고 말했다. 현재 골든 바나나 상은 HP 직원들에게 주어지는 가장 권위있는 상이다.

우수한 직원에게 주차장의 좋은 자리와, 더 많은 휴가일수, 혹은 유연한 업무스케줄을 제공하는 것은 그들의 성과가 의미가 있으며, 인정받고 있다는 것을 느끼도록 도울 수 있다. 하지만, 가끔 금전적 보수가 가장 직원들을 북돋을 수도 있다. 작은 규모의 지분이나 스톡옵션을 제공하는 것은 충성도 높은 직원을 갖게 될 확률을 높인다.

'변화에 적응하기' 글상자는 일부 조직이 직원들의 참여를 유지하기 위해 직장 문제를 파악하고 해결하기 위한 '행복 측정기'를 활용하는 방법을 제시한다.

똑같은 것이 모든 직원들에게 동기부여를 하지는 않는다. 다음으로 우리는 다른 문화와 세대의 직원들이 어떻게 서로 다르게 동기부여되는지를 살펴볼 것이다.

학습목표 10-8 경영자들이 세계 각지에 있는 각 세대의 직원들에게 어필하기 위해 동기부여 전략을 개인화하는 양상을 설명할 수 있다.

개인화된 동기부여

경영자들은 하나의 동기부여 전략을 모든 직원들에게 사용할 수는 없다. 그들은 각 직원들을 개인적으로 알고, 동기부여를 위한 노력을 각 개인에 맞게 다듬어야 한다. 이는 경제가 점점 세계화되고 경영자들이 다양한 문화적 배경을 가진 직원들과 함께 일해야 한다는 측면에서 더욱 복잡해진다. 문화적 차이는 같은 나라에서 자란 다른 세대의 사람들 간에도 존재한다. 이제 경영자들이 다양한 지역과 다양한 세대의 사람들에게 어필하기 위해 그들의 전략을 어떻게 개인화하는지에 대해 알아보자.

밀레니얼 세대는 회의적이고, 의견 개진에 자유로우며, 이미지 위주로 사고할 뿐만 아니라, 적응력이 뛰어나고, 기계를 잘 다루며, 유머 센스 및 관용을 갖고 있다. 모든 세대의 경영자들이 서로 다른 세대의 직원들에게 다른 방식으로 의사소통해야 한다는 것을 인지하는 것은 중요하다. 여러분은 세대차이가 경영자와 직원에게 어떻게 영향을 줄 것이라고 생각하는가?

세계의 직원들을 동기부여하기

서로 다른 지역의 문화는 동기부여와 관련해서 서로 다른 접근방식을 제시한다. 따라서 경영자들은 보상 시스템을 만들 때 이러한 문화적 차이에 대해 공부하고 이해해야 한다. 고맥락문화(high-context culture)에서, 직원들은 과업에 집중하기 전에 개인적 관계를 맺고 신뢰를 구축한다. 저맥락문화(low-context culture)에서, 직원들은 개인적인 관계를 맺는 것이 그들의 과업에 집중하는 것을 방해하는 시간 낭비라고 생각하곤 한다. 한국인, 이탈리아인 그리고 사우디인은 고맥락문화 직원들로, 종종 미국인 동료들이 본심을 드러내지 않는다고 생각하는데, 이는 그 동료들이 데이터를 요구하고, 빠른 의사결정을 선호하기 때문이다.

허쉬(Hershey)는 다양한 언어와 통화를 사용하는 17개국의 21,000여 명 직원의 문화적 문제를 성과 인정 프로그램을 사용하여 해결하였다. 글로보포스(Globoforce)는 허쉬를 위해 문화적 선호도, 세법, 지역 생활 수준 등의 차이를 자동으로 반영하여 조정하는 새로운 보상 제도인 스마일즈(SMILES)를 개편, 도입했다. 직원들은 포인트 기반 시스템을 사용하여 수천 개의 상품과 기프트 카드 옵션으로 보상을 받을 수 있다. 이 시스템을 통해 경영자와 직원 모두 스마일즈를 보낼 수 있으며, 프로그램 도입 첫 주에만 전체의 거의 9퍼센트에 해당하는 인원이 업무 우수성을 인정받았다. 이 중 일부 직원들은 처음으로 성과를 인정받는 것이기도 했다.[31)]

전세계적 조직의 동기부여를 이해하고 효과적인 글로벌 팀을 구성하는 것은 대다수의 기업들에 여전히 새로운 과업이다. 문화적으로 기민하고, 유연하며, 문화적 불명확성을 다룰 수 있는 그룹의 리더를 키워내는 것은 오늘날 기업들이 직면한 과제이다.

서로 다른 세대의 사람들을 동기부여하기

베이비붐 세대(1946년~1964년생), X세대(1965년~1980년생), 밀레니얼 세대로 알려진 Y세대(1980년~1995년생), Z세대(1995~2009년생), 알파세대(2010년 이후 출생)는 형성기(생후 10년)의 공유된 인생경험을 통해 연결돼 있다(X, Y, Z 세대의 연도 범위는 논쟁의 여지가 있으므로, 이 수치는 근사치이다). 어릴 때 형성된 믿음은 그들이 위험, 권위, 기술, 관계, 경제를 바라보는 시각에 영향을 미친다. 만약 여러분이 경영자의 위치에 있다면, 이렇게 형성된 시각은 여러분이 누구를 고용하고, 해고하며, 승진시킬지에 영향을 미친다.

소셜 미디어를 통한 연결 동료들에게 큰 소리로 말하라

조직에서 가장 어린 세대에 속하는 밀레니얼 세대와 Z세대는 직장에서의 소통 문화를 변화시켰다. 물론 성과평가를 비롯한 직원의 잠재력을 평가하려는 방법은 항상 존재해 왔다. 그러나 고용주들은 밀레니얼 세대가 기대하는 정기적 또는 지속적인 피드백의 필요성을 느끼거나 그에 대해 요구를 받은 적이 없었다. 젊은 직원들은 경영자에게서만 피드백을 기대하는 것이 아니라 동료들에게 인정받고자 한다.

타이니펄스(TINYpulse)는 기업과 직원 모두에 대해 그러한 욕구를 충족시켜 준다. 타이니펄스의 인터넷 홈페이지나 모바일 애플리케이션을 통해 직원들은 '치어스 포 피어스(Cheers for Peers)'라는 툴로 자신의 성과를 인정받는다. 누구나 동료에게 치어스(cheers)를 보낼 수 있고, 상호 전하는 응원과 칭찬을 실시간 차트로 확인할 수도 있다. 리더보드에서는 각자가 얼마나 많은 치어스를 받았고 그것을 얻기 위해 무엇을 했는지를 확인할 수 있다. 그리고 이것은 직장에서 감사 표현과 팀워크에 초점을 맞춘 문화를 만들어낸다.

치어스를 받는 사람이 누구인지를 제외한 모든 정보는 익명이지만, 이 툴은 경영자에게 유용한 여러 가지 지표를 제공한다. 직원들이 서로에게 보내는 치어스의 횟수가 늘고 있는지 줄고 있는지를 확인할 수 있고, 비공개 메시지 시스템을 통해 제안받기도 하고, 직원들이 바로 답할 수 있는 간단한 질문을 하기도 한다. 긴 설문 조사 대신 한 번에 한 가지만 질문하기 때문에 경영자는 보다 유용한 피드백을 받을 가능성이 높아진다. 심지어 이 앱은 직원들이 오랫동안 잊고 있던 질문에 대해 알림을 보내주기도 한다.

타이니펄스와 같은 툴을 사용하면 편안하고 공개적으로 소통할 수 있는 근무 환경을 만드는 것이 더 쉬워진다. 직원들이 자신의 감정에 대해 솔직해지기에 충분한 익명성과, 직접적으로 인정받았다고 느끼기에 충분한 공적인 정보가 모두 있기 때문이다.

출처: Ruzbeh Irani, "Culture Is Just as Important to the Diversified Global Enterprise as to the Startup," Entrepreneur, January 13, 2020; Blair Stern, Kris Curtis, and Adam Chapman, "The Dynamic Connection between People and Their Workplace," GeekWire, November 8, 2019; Albert Costill, "What Really Motivates Employees? Research Reveals Secrets," Business 2 Community, February 5, 2020; TINYpulse, tinypulse.com, accessed February 2020.

일반적으로, 베이비붐 세대는 일찍이 없었던 경제적 풍성함, 안정적 직업, 미래에 대한 낙관적 시각을 누리는 가정에서 자랐다. X세대는 일에 집중하는 맞벌이 가정에서 자라났고, 어릴 때 어린이집에 맡겨지거나 방과 후 혼자 놀곤 했다. 이후 그들 부모들의 잇따른 정리해고는 그들의 평생직장에 대한 불안감에 일조하였다. Y세대는 응석을 받아주는 부모에 의해 양육되었고, 그들의 삶의 대부분의 시간은 휴대전화, 컴퓨터, 그리고 전자오락기와 함께였다. Z세대는 9/11 이후의 금융위기와 수많은 학교폭력의 보고 속에서 자라났다.

X세대와 밀레니얼 세대, 그리고 Z세대의 삶에서 가장 큰 공통점은 불안정성이다. 지난 20년간 모든 분야(경제, 기술, 과학, 사회, 정치)에서의 전례없는 변화를 고려해보면, X세대와 밀레니얼 세대, 그리고 Z세대는 변화를 기대한다. 변화가 없다면 그들은 의문을 제기할 것이다.

이러한 세대 간의 차이가 직장에서의 동기부여에 어떻게 다른 영향을 미칠까? 베이비붐 세대의 경영자들의 경우, 이는 그들이 젊은 직원들을 유연하게 대하지 않으면 그 직원을 잃을 수 있음을 의미한다. X세대 직원들은 그들의 열정을 그들의 이익을 위한 변화와 합리화에 써야 한다. 많은 X세대들이 부모 또는 조부모 세대처럼 성공을 위해 모든 것을 바치고 싶어하지는 않지만, 그들이 과도한 스트레스와 긴 업무시간에 거부반응을 일으킨다고 해서 열정이 없는 것은 아니다. X세대들도 그 전 세대만큼 경제적 안정을 열망하나, 그것을 얻기 위한 접근법이 다를 뿐이다. 그들은 직업 안정성보다 경력 안정성에 초점을 맞추는 경향이 있으며, 그것을 찾기 위해 직업을 바꿀 용의가 있다.

많은 X세대들은 지금 경영자가 되어, 다른 직원들을 동기부여해야 할 책임이 있다. 그들은 어떤 종류의 경영자인가? 일반적으로, X세대들은 동기부여에 능숙하다. 삶에는 일 외에 다른 부분도 있다는 것을 이해하고, 그들이 이것을 알고 있다는 점을 알림으로써 동기부여의 큰 부분을 해결할 수 있다고 생각한다. 그 결과, X세대 경영자들은 직장에서 일하는 시간보다는 결과에 초점을 맞춘다. 그들은 협조하여 일하고 교감을 형성하는 것에 능숙하고 더 유연하다. 각종 매체를 통해 세계의 여러 가지 문제들을 접해왔기 때문에 앞선 세대보다 큰 틀에서 생각하곤 한다. 그들은 또한 직원들에게 프로젝트의 목표와 개요를 제시해주고, 일하도록 자율권을 주기 때문에 팀원들에게 더 큰 영향력을 지닌다.

X세대 경영자들에게 가장 큰 자산은 직원들에게 피드백, 특히 긍정적인 피드백을 주는 능력이다. 그들이 피드백을 잘 주는 이유는 아마 그들 자신이 더 많은 피드백을 원하기 때문일 것이다. 한 신입직원은 자신이 고용된 후 2주 동안 상사에게 피드백을 받지 못해서 당황스럽다고 했다. 즉, 경영자들은 젊은 직원들이 성과에 대한 리뷰와 다른 형태의 피드백을 기존의 연 1, 2회보다 더 자주 받기를 바란다는 사실을 알아야 한다.

오늘날, 밀레니얼 세대는 미국 직장의 35%를 차지한다.[32] 하나의 집단으로서, 밀레니얼 세대는 수많은 공통적 특성을 공유한다. 그들은 참을성이 적고, 회의적이고, 통명스럽고, 감정을 표현하고, 이미지에 좌우된다. 다른 세대들처럼, 밀레니얼 세대의 특성은 그들을 독특한 기술로 변환시킬 수 있다. 예를 들어, 그들은 대체로 적응이 빠르고, 기계를 잘 다루고, 새로운 개념을 잘 받아들이고, 멀티태스킹에 능하며, 효율적이고, 관용이 있다.[33] 밀레니얼 세대들은 일과 삶의 질의 균형에 대해 큰 가치를 두고, 자신이 고용주들에 적응하려고 하기보다는 그들이 자신에 적응할 것을 기대하며, 이상적인 직업 요건으로 재미와 자극을 높은 우선순위로 꼽는다. 여러분은 경영자들이 밀레니얼 세대 직원들에게 사용할 수 있는 가장 효과적인 전략이 무엇이라 생각하는가?

많은 밀레니얼 세대들은 졸업 직후에 평생직장을 찾기 위해 서두르지 않는다. 그들은 많은 직장을 탐색하곤 하며, 이러한 과정 동안에 부모님과 같이 사는 것에 대한 거부감도 없다. 이러한 취업 연기의 일부는 경제 상황의 결과로 선택에 의한 것이 아니다. 2008년 대공황은 다른 노동자들보다 젊은 노동자들에게 더 해를 끼쳤다. 사실상, 오늘날의 밀레니얼 세대들은 X세대나 베이비붐 세대가 같은 나이였을 때보다 더 취업이 되지 않는다. 불황은 젊은 인력들이 직업 시장에 들어가기 위한 경쟁을 더 심화시켰고, 베이비붐 세대는 퇴직 저축의 손실을 메우기 위해 애쓰게 했으며, X세대들이 대출금을 갚고 가족을 부양하기 위해 싸우도록 했다.

밀레니얼 세대가 직장에서 더 많은 책임이 있다고 가정할 때, 그들은 때때로 자신보다 훨씬 나이든 타인을 관리하고 이끌어야만 한다. 젊은 경영자가 자신보다 더 많은 경험이 있는 다른 직원들을 어떻게 이끌 것인가? 아마도 명심해야 할 세 가지 중요한 원칙은 자신감을 가지고, 열린 사고를 하고, 그리고 정기적으로 피드백을 구해야 한다는 것이다.[34] 조언을 구하는 것은 허락이나 지시와는 다르다는 것을 기억하라. '소셜 미디어를 통한 연결' 글상자는 관리자가 피드백을 주고받을 수 있는 새로운 방법을 제시한다.

2012년부터 2020년까지, 전 티 모바일(T-Mobile)의 경영자 존 레저(John Legere)는 업계 최고의 통신회사로 변화시켰다. 레저는 무자비한 기업 협상가이자 모든 직원들의 지지를 얻은 활기찬 성격으로도 유명하다. 여러분은 레저와 같은 활기찬 상사들이 직원들을 행복하고 생산적이고 충성스럽게 할 수 있을 것이라 생각하는가?

Z세대는 이제 직장에 진입하고 있다. Z세대가 고용 시장에 진입할 때, 그들은 세대별로 매우 다양한 일터를 만든다. 역사상 직장에서 네 세대로 구성된 첫 시점이다.[35] Z세대는 보다 더 조심스럽고 안정을 찾지만, 더 나은 세상을 만들려 한다. Z세대에 대한 최근의 설문조사는 그들이 소셜 네트워킹의 발명이나 첫 번째 흑인 대통령의 선출을 넘어서서 학교 폭력/총기사고가 그들에게 가장 큰 영향을 줄 것이라고 믿는다고 밝혔다. 이러한 사건들은 직원들을 탄력적이고 실용적이 되게 한다. 그들은 자신의 문제들을 숨기기보다 직면하고 싶어한다.[27] 밀레니얼 세대처럼, Z세대는 기술에 정통하며, 직장 내의 공동체 일원이 되고자 한다. 반면, Z세대는 의료 및 퇴직금과 같이 보다 실용적인 혜택에 관심이 많으며, 밀레니얼 세대에 비해 일자리 창출 가능성이 낮다.[36]

모든 세대의 경영자들이 서로 다른 세대의 직원들에게 다른 방식으로 의사소통해야 한다는 것을 알고 있는 것은 중요하다. 베이비붐 세대는 일반적으로 회의나 화상통화를 통해 소통하는 것을 선호한다. X세대들은 일반적으로 이메일을 선호하고, 다른 선택지가 없을 때 회의를 선택할 것이다. 밀레니얼 세대는 종종 첨단기술, 특히 소셜 미디어를 통하여 소통한다.

Z세대는 대면회의를 선호하고 전화를 회피하는 추세로 돌아가기 시작했다.[37] 모든 세대교체에 있어서, 구세대는 신세대에 대해 요즘 세대는 관습을 깼다고 항상 똑같은 말을 하곤 한다. 전통주의자들은 베이비붐 세대에 대해 이 말을 했고, 베이비붐 세대는 X세대를 보면서 "왜 이들은 관습을 깨는 거지?"라고 말한다. 그리고 이제 X세대는 밀레니얼 세대와 Z세대에 대해 똑같은 말을 하고 있다. "얘네들은 대체 왜 이래?"라고 말이다. 그리고 밀레니얼 세대와 Z세대는 언젠가 알파세대에 대해 똑같은 말을 할 것이다.

경영에 있어 한 가지만은 그대로 유지될 것이다. 동기부여는 외부의 보상이나 처벌보다는 직무 자체에서 온다는 것이다. 경영자들은 직원들이 일을 잘하기 위해서 필요로 하는 것, 즉 적절한 도구, 필요한 정보, 적당한 양의 협조를 제공해주어야 한다. 동기부여는 어려운 일이 아니다. 그것은 잘한 일을 인정하는 것, 특히 다른 사람들 앞에서 공개적으로 인정하는 것에서 시작한다. 결국 앞에서도 언급했듯이, 가장 큰 동기요인은 대부분 "고맙네, 자네가 정말 도움이 되었네"라는 진정이 담긴 말일 것이다.

시험 준비

- 기업들에서 내부적 의사소통의 증가와 이에 따르는 동기부여를 위해 할 수 있는 일의 단계는 무엇인가?
- 참여적 경영을 실행하려고 할 때 발생할 수 있는 문제점에는 무엇이 있는가?
- 오늘날 동기부여 스타일을 직원 개개인에게 맞추는 것이 중요한 이유는 무엇인가? 오늘날의 경영자들이 따라야만 하는 동기부여의 기본 원칙이 있는가?

요약하기

학습목표 10-1 테일러의 과학적 관리에 대해 설명할 수 있다.

- **프레드릭 테일러는 무엇으로 유명한가?**
  인간 효율성 엔지니어인 프레드릭 테일러는 처음으로 경영을 연구한 사람들 중 한 명이며, 과학적 관리의 아버지로 불린다. 그는 시간-동작 연구로 일을 하기 위한 가장 효율적인 방법을 연구하고 직원들을 훈련시켰다. 그는 1911년 《과학적 관리의 원칙》이란 책을 출간했다. 헨리 간트(Henry L. Gantt)와 프랭크와 릴리안 길브레스(Frank and Lillian Gilbreth)는 대표적인 테일러 연구의 계승자이다.

학습목표 10-2 호손 연구와 경영에서 호손 연구의 중요성에 대해 설명할 수 있다.

- **더욱 인간적인 경영 스타일을 중시하게 한 계기는 무엇인가?**
  동기이론에 가장 큰 영향을 준 것은 1920년대 후반에서 1930년대 초반에 걸쳐 진행된 호손 연구이다. 이 연구에서 엘튼 메이요는 관련되어 있고 참여하고 있다는 느낌 같은 인간적 요소들이 일터의 물리적 변화보다 생산성에 더 큰 영향을 미친다는 것을 알아냈다.

학습목표 10-3 매슬로의 욕구위계를 구분하고, 이를 직원 동기부여에 적용시킬 수 있다.

- **에이브러햄 매슬로는 인간의 동기가 어떠한 것에 기반한다는 것을 발견했는가?**
  매슬로는 기본적인 인간 동기를 연구하여 동기가 욕구에 기반을 둔다는 것을 발견했다. 그는 충족되지 않은 욕구를 가진 인간은 그것을 충족시키기 위해 동기부여되고, 충족된 욕구는 더 이상 동기로 작용하지 않는다고 말했다.
- **매슬로가 구분한 다양한 욕구위계는 무엇인가?**
  매슬로의 욕구위계에는 가장 아랫단계부터 시작하여 생리적, 안전, 사회적, 존중, 자기실현 욕구가 있다.
- **경영자들은 매슬로 이론을 쓸 수 있는가?**
  경영자들은 사람들이 어떠한 충족되지 않은 욕구를 가지고 있는지 파악하여 이러한 욕구를 만족시켜 주는 업무를 설계할 수 있다.

학습목표 10-4 허즈버그의 동기요인과 위생요인을 구분할 수 있다.

- **프레드릭 허즈버그의 동기요인과 위생요인 간 차이는 무엇인가?**
  허즈버그는 어떤 요인은 직원들을 동기부여하는 동기요인이고 나머지는 위생(유지)요인이라고 했다. 위생요인이 결핍되면 직무 불만족을 야기하지만, 이들이 충족된다고 동기가 부여되는 것은 아니다.
- **동기요인에는 어떤 것이 있나?**
  일 그 자체, 성취감, 인정, 책임감, 성장, 승진
- **위생(유지)요인에는 어떤 것이 있나?**

기업정책, 감독, 작업환경, 인간관계, 임금 등

학습목표 10-5 X이론, Y이론, Z이론을 구분할 수 있다.

- **X이론과 Y이론은 누가 개발했는가?**
  더글러스 맥그리거는 경영자들은 직원에 대해 두 가지 상반되는 태도를 가진다고 주장했고, 그 두 태도를 X이론과 Y이론이라고 칭했다.
- **X이론이란?**
  X이론은 일반적으로 사람들은 일하기를 싫어하고 가능한 한 피하려 한다고 가정한다. 따라서 기업 목표를 달성하기 위해서는 처벌을 이용해서 사람들을 강제하고, 통제하며, 지시 및 협박해야 한다.
- **Y이론이란?**
  Y이론은 사람들은 일하는 것을 좋아하고, 보상이 있으면 목표달성에 대한 책임을 지려한다고 가정한다.
- **Z이론이란?**
  윌리엄 오우치는 일본식 경영방식에서 Z이론을 도출했다. 이것은 장기고용, 집단적인 의사결정, 개인적 책임, 느린 성과평가와 승진, 함축적 · 비공식적 통제와 명시적 · 공식적 통제, 적당히 전문화된 커리어 패스, 직원과 그 가정을 포함한 포괄적인 관심을 강조한다.

학습목표 10-6 목표설정이론, 기대이론, 공정성이론의 핵심 원리를 설명할 수 있다.

- **목표설정이론이란 무엇인가?**
  목표설정이론은 높지만 도달 가능한 목표를 세우는 것이 그 목표가 수용되고, 피드백이 주어지고, 조직 여건에 의해 지원될 경우, 직원들을 동기부여하고 성과를 개선할 수 있다는 생각에 기반을 두고 있다.
- **목표에 의한 관리(MBO)란 무엇인가?**
  MBO는 최고경영진과 중간경영진, 경영자, 직원들 간의 일련의 토론, 리뷰, 목표 평가를 포함하는 목표 설정 및 수행 시스템이다.
- **기대이론의 기본 가정은 무엇인가?**
  빅터 브룸의 기대이론에 따르면, 직원의 기대는 개개인의 동기부여에 영향을 미칠 수 있다.
- **기대이론의 주요 원리는 무엇인가?**
  기대이론은 직원들이 그들의 성과에 대해 종종 묻는 세 가지 질문에 기반을 둔다. (1) 내가 이 일을 해낼 수 있는가? (2) 이 일을 해낼 경우 내가 받는 보상은 무엇인가? (3) 내가 받을 보상이 노력할 만한 가치가 있는가?
- **공정성이론에 따르면, 직원들은 비슷한 위치에 있는 다른 직원들과 비교했을 때 투입과 결과물 간의 공정성을 유지하려고 한다. 만약 직원들이 보상이 공정하지 않다고 느끼면 어떻게 반응하는가?**
  만약 직원들이 충분히 보상을 받지 못했다고 느끼면, 그들은 중요하지 않은 일이라고 합리화하거나 노력을 줄일 것이다. 노력에 비해 많은 보상을 받았다고 느끼면 그들은 미래에도 높은 보상을 정당화하기 위해 더 많은 노력을 투입하거나, 자신은 그럴 만하다고 생각하며 합리화한다. 불공정성은 낮은 생산성, 낮은 품질, 잦은 결근, 자발적 이직으로 이어질 수 있다.

학습목표 10-7 경영자들이 직무확충, 개방적 의사소통 그리고 업무 인정 등의 전략을 통해 동기부여 이론들을 활용하는 형태에 대해 설명할 수 있다.

- **일의 어떠한 특성이 동기와 성과에 영향을 미치는가?**
  동기부여에 영향을 미치는 직무특성은 기술의 다양성, 과업 정체성, 과업 중요성, 자율성, 피드백 등이다.
- **동기를 부여하는 두 가지 형태의 직무확충은 무엇인가?**
  직무확대는 일련의 과업들을 하나의 흥미롭고 도전할 만한 과제로 합치는 것이다. 직무순환제도는 하나의 업무에서 다른 업무로 직원들이 옮겨갈 수 있게 함으로써 업무를 보다 흥미롭게 하는 것이다.
- **개방적 의사소통이 어떻게 동기부여를 촉진하는지를 설명하라.**
  개방적 의사소통은 최고경영진과 팀구성원들이 목표를 이해하고 목표달성을 위해 함께 일하도록 도와준다.
- **경영자들은 어떻게 개방적 의사소통을 촉진할 수 있는가?**
  경영자들은 경청을 장려하는 문화를 만들고, 관리자들과 경영자들이 경청하도록 훈련하며, 효과적인 질문 방식을 사용하고, 개방적 의사소통을 막는 방해물들을 없애고, 모호하고 애매한 의사소통을 피하며, 모든 사람들이 쉽게 소통할 수 있도록 할 수 있다.

학습목표 10-8 경영자들이 세계 각지에 있는 각 세대의 직원들에게 어필하기 위해 동기부여 전략을 개인화하는 양상을 설명할 수 있다.

- **고맥락문화와 저맥락문화의 차이는 무엇인가?**
  고맥락문화에서, 직원들은 과업에 집중하기 전에 개인적 관계를 맺고 신뢰를 구축한다. 저맥락문화에서, 직원들은 개인적인 관계를 맺는 것이 그들의 과업에 집중하는 것을 방해하는 시간낭비라고 생각하곤 한다.
- **X세대 경영자가 그 전 세대인 베이비붐 세대와 다른 이유는 무엇인가?**
  베이비붐 세대들은 자신의 경력을 위해 항상 초과 근무할 준비가 되어 있고, 부하직원들도 그렇게 하기를 기대한다. X세대는 더 균형잡힌 라이프스타일을 원하며, 몇 시간을 일했는지 보다는 결과에 집중한다. X세대는 이전 세대들보다 팀으로 일하고 피드백을 자주 주는 데 능숙하다. 그들은 관습에 얽매이지 않고 문제해결을 위해 새로운 방법을 시도하기를 주저하지 않는다.
- **밀레니얼 세대와 Z세대의 일반적인 특성은 무엇인가?**
  밀레니얼 세대들은 적응이 빠르고, 기계를 잘 다루며, 새로운 개념을 잘 받아들이고, 멀티태스킹에 능하며, 효율적이고, 관용이 있다. 그들은 일과 삶의 질의 균형에 대해 많은 강조점을 두고, 자신이 고용주들에 적응하려고 하기보다는 그들이 자신에 적응할 것을 기대하며, 이상적인 직업 요건으로 재미와 자극을 높은 우선순위로 꼽는다. Z세대는 더 조심스럽고 안정을 찾지만, 더 나은 세상을 만들려 한다. 그들은 문제를 숨기는 대신 직면한다. 밀레니얼 세대와 동일하게 컴퓨터를 잘 다루고, 직장 내의 커뮤니티에 속하는 것에 관심이 있다. 그러나 Z세대는 의료나 퇴직금과 같은 실용적인 이익에 관심이 있으며, 밀레니얼 세대에 비해 취업할 생각이 적다.

주요 용어 정리

공정성이론(equity theory)
과학적 관리(scientific management)
기대이론(expectancy theory)
내적 보상(intrinsic reward)
동기요인(motivators)
동작 경제의 원칙(principle of motion economy)
매슬로의 욕구위계설(Maslow's hierarchy of needs)
목표설정이론(goal-setting theory)
목표에 의한 관리(Management By Objectives; MBO)
시간-동작 연구(time-motion studies)
외적 보상(extrinsic reward)
위생요인(hygiene factors)
직무순환제도(job rotation)
직무확대(job enlargement)
직무확충(job enrichment)
호손 효과(Hawthorne effect)

사고력 문제

여러분에게 지금 주어진 직무는 이 장을 끝내는 것이다. 만약 여러분이 섭씨 35도의 방에서 땀을 뻘뻘 흘리고 있다면 이 일을 하기 위해서 얼마나 동기부여될 것인가? 방금 룸메이트가 에어컨을 켰다고 생각해보자. 더 편안하고 쾌적해지면, 당신은 책에 더 집중할 것인가? 매슬로의 욕구위계를 보고 두 경우에 어떤 욕구가 당신을 동기부여하고 있는지 살펴보자. 당신을 동기부여 시키는 집, 학교 또는 직장의 상황에 대해서 회상해보라. 매슬로의 욕구위계 중 어떤 것이 당신에게 동기를 부여했고 그 이유는 무엇인가?

원리의 적용

목적

융-브릭스-마이어스(Jung-Briggs-Myers) 유형검사(MBTI)를 사용해서 여러분의 성격 유형을 알아보고, 그 성격 유형의 설명이 여러분에게 얼마나 잘 맞는지 평가하라.

연습

직원 성격의 차이를 이해하는 것은 종종 경영자들이 직원을 어떻게 동기부여 할지를 이해하는 데 도움이 된다. 휴먼 매트릭스(Human Metrics)의 웹 사이트(www.humanmetrics.com)에 가서 융 유형 검사(Jung Typology Test; MBTI-카를 융과 이사벨 마이어스-브릭스의 접근법에 근거함)를 사용하여 당신의 성격 유형을 테스트해보라(다른 성격 테스트와 마찬가지로 이 테스트는 개략적인 성격 특성만을 말해줌).

1. 성격 유형을 확인한 후, 여러분의 성격 유형에 대한 설명을 읽어보자. 얼마나 정확한가?
2. 성격 검사는 여러분의 성격을 정확하게 설명하지 못할 때가 많다. 그러나 그것은 더 정확한 성격을 알아내기 위한 시작점이 될 수 있다. 웹 사이트에서 성격에 대한 묘사들을 읽어본 후, 친한 친구나 친척에게 어떤 것이 여러분을 가장 잘 설명하는지 물어보라.

직업기술의 개발

핵심: ● 팀 ★ 분석 ▲ 의사소통 ◘ 기술

★▲ 1. 몇몇 친구들과 동기부여라는 주제에 대해 이야기해보자. 학교나 직장에서 그들을 더 또는 덜 열심히 일하도록 동기부여하는 것은 무엇인가? 그들에게 자발적인 동기부여는 외적 보상과는 대조적으로 얼마나 중요한가?

★ 2. 매슬로의 욕구위계를 살펴보고 지금 여러분이 욕구위계 중 어디에 있는지 생각해보자. 여러분의 욕구 중 어떤 욕구가 충족되지 못하고 있는가? 기업이 어떻게 하면 그러한 욕구를 충족시키고 여러분을 더 열심히 일하도록 동기부여할 수 있는가?

★▲ 3. 최근 경영학적 아이디어는 직원들을 자율경영팀에서 일하게 하는 것이다. 이러한 팀은 학교에서도 활용될 수 있다. 학급을 공부, 사례연구 등을 위해 자율경영팀으로 나누는 것의 장단점에 대해 논의해보자.

★ 4. 여러분이 최근 몇 년간 관련되었던 스포츠팀, 친구 모임 등 모든 그룹들에 대해 생각해보자. 그리고 그 그룹들의 리더가 그룹 구성원들을 어떻게 동기부여했는지 생각해보자. 그 리더는 X이론과 Y이론 중 어떤 가정에 가까운가? 돈은 얼마나 자주 동기부여의 수단으로 사용되었는가? 그 외에 동기부여의 수단으로 쓰인 것은 무엇이 있으며, 효과는 어떠하였는가?

★ 5. 허즈버그는 임금이 동기부여 요인이 아니라고 했다. 만약 당신이 더 좋은 성적을 받는 경우 돈을 받는다면, 당신은 더 열심히 공부하기 위해 동기부여될 것인가? 당신이 일한 경험 중에서, 임금을 올려받기 위해 또는 더 높은 임금을 받은 결과 더 열심히 일한 적이 있는가? 임금의 효과에 대한 허즈버그의 의견에 동의하는가?

진로 탐색

만약 여러분이 다른 사람들에게 동기를 부여하는 일에 관심이 있다면, 여기 몇 가지 고려해야 할 사항이 있다. bls.gov의 직업전망서(Occupational Outlook Handbook)에서 이 분야에서 수행하는 작업, 필요한 기술, 급여 및 기회 전망에 대해 알아보기 바란다.

- **코치** – 아마추어 또는 프로 선수들에게 자신의 분야에서 성공하는 데 필요한 기술을 가르친다.
- **초, 중, 고등학교 교장** – 일상적인 교내 활동을 포함한 모든 학교 운영을 관리하고, 학습 커리큘럼을 조정하며, 교사 및 기타 학교 직원을 감독하며, 학생들에게 안전하고 생산적인 학습 환경을 제공한다.
- **영업 관리자** – 조직의 영업 부서를 지휘하고, 영업 목표를 설정하고, 데이터를 분석하며, 조직의 영업 담당자들을 위한 교육 프로그램을 개발한다.

비디오 사례

직원들의 삶을 풍요롭게 하는 회사 타코벨(Taco Bell)

타코벨(Taco Bell)과 같은 패스트푸드 체인을 포함한 세계적인 기업에게 있어 성공의 열쇠는 바로 직원들이 의욕과 행복을 유지하도록 하는 것이다. 검정고시 준비부터 교육적 지원, 대학 장학금까지 타코벨은 직원들이 다양한 방법으로 목표를 달성할 수 있도록 도와준다. 패스트푸드 체인점에서 이러한 수준의 지원이 이루어지는 것이 이상하게 보일 수 있지만, 이 기업은 오늘날의 직원들이 고용주에게 더 많은 것을 요구하는 경향이 있음을 인식하고 있다. 젊은 직원들은 급여를 챙기는 것 외에도 직장 생활과 개인 생활 사이의 건강한 균형을 만들고 싶어한다. 그것이 타코벨이 정규직과 비정규직 직원 모두에게 소속 첫날부터 교육적 지원을 제공하는 이유이다. 예를 들어, 이 회사는 직원들을 위해 특별히 고안된, 고졸 학력 인증서 취득을 위한 종합적 프로그램을 전액 지원하고 있다. 이 프로그램은 학습 자료와 연습 시험에 무제한 접근 허용과 더불어 학생들에게 각 과정을 안내하는 지도교사도 배정한다.

이미 고등학교 졸업장이나 검정고시를 취득한 사람들을 위해, 회사는 길드 에듀케이션(Guild Education) 프로그램을 통해 등록금 할인과 상환과 같은 옵션을 제공한다. 80개 온라인 대학 및 학습기관과 제휴를 맺고 있기 때문에 직원들은 수천 개의 강좌 가운데 선택하여 다양한 분야의 자격증이나 학위를 취득할 수 있다. 이러한 유형의 교육 프로그램 혜택은 직원들에게 사기와 헌신을 북돋울 뿐만 아니라 일종의 내재적 가치를 기를 수 있도록 해준다.

다른 목표를 추구하는 직원은 상금을 25,000달러까지 수여하는 리브 마스 장학금(Live Más Scholarship) 프로그램에 지원할 수 있다. 다른 장학금과 달리 타코벨은 지원 자격으로 시험 성적이나 최소 학점 등을 요구하지 않는다. 이 회사는 기존의 장학금을 받을 자격이 되지 않는 학생들에게 기회를 주고 싶어한다. 일반적인 학업적 요건을 제거함으로써, 이 프로그램은 매우 의욕이 높은 다양한 직원들로부터 지원서를 받게 된다.

타코벨은 또한 매니저들이 사내 교육지원 프로그램의 효과가 최대가 될 만한 수혜자를 찾고 지원하도록 장려하고 있다. 실제로 매니저들은 그들 스스로가 중견 관리자들의 교육적 가이드에 힘입어 승진했을 가능성이 크기 때문에 이 역할에 특별한 자부심을 갖고 있다. 매니저들은 또한 팀빌딩 및 경영의 기초 전반에 대해 배울 수 있는 리더십 프로그램의 혜택도 누리게 된다. 어찌 됐든 상사의 인정을 받는다고 느끼는 직원이 회사에 장기간 머무를 가능성이 높다. 타코벨은 직원들의 이익을 진심으로 고려함으로써 회사와 직원 모두에 긍정적인 기회를 창출하게 된 것이다.

다시 생각해보기

1. 타코벨의 교육적 지원이 직원과 회사 모두에게 주는 이익은 어떤 것이 있는가?
2. 타코벨의 리브 마스 장학금(Live Más Scholarship)은 기존의 장학 프로그램과 어떻게 다른가?
3. 타코벨의 많은 매니저들이 회사의 교육지원 프로그램으로 직원들을 후원하는 것에 특별한 자부심을 느끼는 이유는 무엇인가?

참조

1. Andrew Chamberlain and Daniel Zhao, "The Key to Happy Customers? Happy Employees," August 19, 2019; Shep Hyken, "Keep Your Employees and You'll Keep Your Customers," forbes.com, February 10, 2019; Phil Geldart, "Does Your Company Culture Lead to Happy Customers?," forbes.com, January 31, 2020.
2. F. John Reh, "The Cost of High Employee Turnover," thebalance.com, accessed February 2020; Chris Strub, "45% of Nonprofit Employees to Seek New Jobs by 2025: Report," February 10, 2020.
3. "Developing and Sustaining Employee Engagement," Society for Human Resource Management, shrm.org, accessed February 2020.

4. Karlyn Borysenko, "How Much Are Your Disengaged Employees Costing You?," May 2, 2019; Jim Harter, "Dismal Employee Engagement Is a Sign of Global Mismanagement," Gallup, gallup.com, accessed February 2020; Justin Warner, "The ROI of Employee Engagement: Show Me the Money!," January 1, 2020.
5. Ed Rogers, "For Employee Experience Strategies, Think Big and Act Small," February 10, 2020; Valerie Bolden-Barrett, "LinkedIn: Employee Experience Is Central to Talent Retention, Bottom Line," January 24, 2020.
6. "The 100 Best Companies to Work For," fortune.com, accessed February 2020; "25 Best Places to Work," forbes.com, accessed February 2020; Pawan Kumar, "5 Ways to Improve Employee Retention in Your Organization," February 5, 2020.
7. Jacinta Jimenez, "The Motivating Manager: Developing Your People through Coaching," February 6, 2020.
8. "UPS Fact Sheet," UPS, ups.com, accessed February 2020.
9. "Human Relations Movement: How It Changed Management," businessnewsdaily.com, January 16, 2020.
10. Veronika Kero, "How to Answer Zappos CEO Tony Hsieh's Quirky Interview Question," cnbc.com, January 25, 2019; Anna Verasai, "What Is the Internal Culture Like at Zappos?," March 19, 2018; Susan M. Heathfield, "Find Out How Zappos Reinforces Its Company Culture," July 30, 2019; Julianna Young, "7 Zappos Amenities That Boost Employee Happiness," Zappos, zappos.com, accessed March 2020.
11. John Hilton, "Why Is Strategic Employee Recognition So Important?," January 28, 2020.
12. Albert Costill, "What Really Motivates Employees? Research Reveals Secrets," February 5, 2020.
13. Jurie Rossouw, "Five Signs Fear-Based Leadership Is Holding Your Business Back," February 4, 2020.
14. Joe Cecala, "5 Reasons Employees Will Leave Your Company, No Matter How Good the Pay Is," thriveglobal.com, accessed February 2020.
15. Jacinta Jimenez, "The Motivating Manager: Developing Your People through Coaching," February 6, 2020; Dean Wheeler and Sherna Bhadresa, "Four Ways to Empower Teams and Unlock Potential," February 10, 2020.
16. Andre Andonian, Maya Horii, Naoyuki Iwatani, Michele Raviscioni, et al., "A More Effective Model for Managing Change in Japan Could Accelerate Economic Growth," McKinsey and Company, mckinsey.com, accessed February 2020.
17. Matt Alderton, "What Your Business Can Learn from Peter Drucker," business.com, accessed February 2020.
18. Adam Hayes, "Management by Objectives (MBO)," investopedia.com, accessed February 2020.
19. Craig Tanner, "Moneyball Changed Baseball, Is Data Science Changing HR?," January 23, 2020.

20. David Nadler and Edward Lawler, "Motivation–a Diagnostic Approach," (New York: McGraw–Hill, 1977).
21. Renzo Costarella, "Is Balance the Answer to the Motivation Equation?," January 14, 2020; "What Is Equity Theory?," hrzone.com, accessed February 2020.
22. Robert Tanner, "Equity Theory–Why Employee Perceptions about Fairness Do Matter," managementisajourney.com, February 10, 2020.
23. Nick Wolney, "Why Not Being Confident Can Sometimes Be a Good Thing," January 24, 2020; John P. Robinson, Steven Martin, Ignace Glorieux, and Joeri Minnen, "The Overestimated Workweek Revisited," Bureau of Labor Statistics, bls.gov, accessed February 2020.
24. Andrew Thomas, "10 Communication Habits of Extraordinary Leaders," inc.com, accessed February 2020.
25. "Job Enrichment: Enhancing Jobs for Greater Motivation," mindtools.com, accessed February 2020.
26. John Lincoln, "Ways to Get People to Do Things They Don't Want to Do," , February 10, 2020.
27. "How to Improve Teamwork in the Workplace," Gallup, gallup.com, accessed February 2020; John Boitnott, "How to Know If You're Intimidating Employees (and How to Stop It)," January 15, 2020; Megan Reitz, Viktor O. Nilsson, Emma Day, and Josh Higgins, "Speaking Truth to Power at Work," Hult Research, hult.edu, accessed February 2020.
28. "The Impact of Teamwork in the Workplace," Gallup, January 22, 2020.
29. Macy Bayern, "64% of Employees May Quit in 2020," January 29, 2020.
30. Pawan Kumar, "5 Ways to Improve Employee Retention in Your Organization," , February 5, 2020.
31. Workhuman, workhuman.com, accessed February 2020.
32. Aram Lulla, "The Millennial Managers Are Here: Four Ways Millennials Are Reshaping the Workplace (Again)," December 3, 2019; Karl Moore, "Dos and Don'ts for Millennials and Zs Managing Boomers," January 13, 2020.
33. Sally Kane, "The Common Characteristics of Millennial Professionals," thebalance.com, accessed February 2020.
34. Kevin Kruse, "Top 5 Leadership Development Trends for 2020," January 15, 2020.
35. Karl Moore, "Dos and Don'ts for Millennials and Zs Managing Boomers," January 13, 2020.
36. Ashley Stahl, "How Generation–Z Will Revolutionize the Workplace," September 10, 2019; Eric Johnson, "Gen Z Won't Disrupt the Workforce–They'll Elevate It," January 17, 2020.
37. "Communicating with Gen Z Employees: The Modern Manager's Guide," risepeople.com, January 15, 2020.

11

인적자원 관리: 최우수 직원 발굴과 유지

학 습 목 표

이 장을 학습한 후에 다음 질문에 답할 수 있어야 한다.

11-1 인적자원 관리의 중요성과 인적자원 관리에 대한 현재의 이슈들을 설명할 수 있다.

11-2 인적자원 기획의 5단계를 요약할 수 있다.

11-3 회사들이 새로운 직원들을 리크루팅하기 위해 사용하는 방법과 리크루팅을 어렵게 만드는 이슈들에 대해 기술할 수 있다.

11-4 직원 선발의 6단계를 설명할 수 있다.

11-5 직원들의 훈련과 개발의 여러 방법에 대해 설명할 수 있다.

11-6 직원 성과 평가의 6단계를 요약할 수 있다.

11-7 직원 보상 프로그램의 목적과 급여 시스템 및 부가 급부(fringe benefit)에 대해 요약할 수 있다.

11-8 관리자들이 직원들의 요구에 맞추기 위해 사용하는 일정 조정 제도에 대해 기술할 수 있다.

11-9 직원들의 승진, 재배치, 면직 및 은퇴 등 회사 내 이동 형태에 대해 기술할 수 있다.

댈러스 매버릭스(Dallas Mavericks)의 최고경영자 신시아 마셜(Cynthia Marshall)에 대해 알아보자

새로운 일을 시작하는 것은 결코 쉽지 않지만, 신시아 마셜이 2018년 댈러스 매버릭스의 CEO가 되었을 때처럼 힘든 도전을 경험한 사람은 많지 않다. 그녀가 CEO가 되기 몇 달 전, 스포츠 일러스트레이트(Sport Illustrated)의 심층 기사에서는 20년 넘게 NBA 프랜차이즈에 20년 이상 영향을 미쳤던 유해한 기업 문화에 관해서 서술했다. 매버릭스가 의뢰한 보고서는 성희롱 및 부적절한 직장 내 행동에 대한 혐의를 확인하였다. 이 보고서는 구단주였던 마크 큐반(Mark Cuban)이 중대한 실수를 저질렀다고 밝혔으며, 이는 큐반이 공개적으로 사과하고 여성단체에 1,000만 달러를 기부하도록 했다.

조직의 문제에서 자신의 역할을 인식한 후, 큐반은 매버릭스의 많은 잘못들을 바로잡기 위해 신시아 마셜에게 도움을 요청했다. 마셜은 "내가 그의 사무실에 들어갔을 때, 그가 문 앞에서 나를 맞이하는 동안 그는 그저 망가진 것처럼 보였다. 내 말은, 그는 마치 울고 있는 것처럼 보였다"라고 말했다. "그는 이 모든 것에 동요했으며, 단지 "당신이 필요해요"라고 말했다. 말 그대로 '나는 네가 와서, 우리의 문화를 바꿔줬으면 좋겠다'였다. 그리고 이것이 바로 마셜이 한 일이다. CEO에 취임한 이후, 마셜은 다양성을 개선하는 동시에 모든 직원들을 위한 포용적이고 수용적인 근무 환경을 조성했다. 마셜은 "나는 여권 신장(sisterhood)을 위해 그것을 해야만 해"라고 말했다. "나는 일하기 좋은 장소를 만드는 것을 도와야 한다."

마셜은 매버릭스와 함께 이 도전에 대비하기 위해 어려운 상황에 대처한 일생의 경험이 있었다. 어린 나이에 캘리포니아(California) 리치먼드(Richmond)의 범죄율이 높은 동네에서 자란 그녀의 어머니는 아버지에게 육체적 학대를 받은 후 마셜과 형제들을 다른 곳으로 보냈다. 이와 같이 힘든 성장 과정에도 불구하고, 마셜의 어머니는 아이들이 학교에 충실하고 꿈을 꿀 수 있도록 도왔다. 마셜은 "만약 지금의 나에게 묻는다면, 나는 훌륭한 어린 시절을 보냈다고 말할 것이다"라고 말했다. "아버지와의 일에도 불구하고, 어머니는 열심히 일을 했다. 그녀는 우리가 정상인지 확인하기 위해 많은 노력을 기울였다." 마셜은 고등학교를 잘 마쳤고, 미래에 수학 선생님이 될 수 있을 것이라고 생각했다. 그녀는 캘리포니아대학교 버클리(University of California, Berkeley)에서 경영학 및 인사관리 학위를 취득함과 동시에 학교 최초의 흑인 치어리더가 되었다.

졸업 후, 마셜은 캘리포니아 AT&T에 장거리 사업부 매니저로 입사했다. 그녀는 회사에서 36년 동안 일했고, 결국 인적 자원 수석 부사장과 초고 다양성 책임자의 직위에 올랐다. 거대한 통신 회사에서 오랜 기간 일하는 동안, 마셜은 일부 동료들의 편견을 극복해야 했고, 동시에 사생활에서 매우 스트레스를 많이 받는 사건을 처리해야 했다. 마셜은 4번의 유산을 겪었고, 6개월 된 딸을 잃고, 대장암 3기에서 살아남았다. 그녀는 자신의 인생과 직업에서 새로운 도전에 계속 직면할 수 있도록 그녀를 도와준 믿음을 가지고 있다.

이 흔들림 없는 태도가 마셜을 매버릭스의 유해한 기업 환경을 변화시킬 완벽한 사람으로 만들었다. 마셜은 "나는 스스로 나쁜 문화 속으로 들어갔다. 나는 여성들이 존중받지 못하는 곳으로 들어갔고, 그들이 받고 있는 대우를 보고 싶었다. 솔직히, 유색 인종을 존중하고 대우하는 방식에 문제가 있었던 것 같다. 내가 갔을 때, 그곳은 다양하고 포용적인 환경이 아니었다. 그래서 우리는 몇 가지 조치를 취해야 했다"라고 말했다. 취임 후 몇 주 만에 그녀는 조직의 리더십과 문화 쇄신을 위한 100일 계획을 실행했다. 마셜은 괴롭힘에 대한 무관용 정책과 직원들이 익명으로 잠재적인 학대를 보고할 수 있는 연중무휴 핫라인도 만들었다. '마셜 플랜(The Marshall Plan)'의 사본은 가능한 투명하게 하려고 매버릭스의 스태프와 지지자들에게 보내졌다.

팀은 몇 가지 혁신적인 정책을 특징으로 하는 다양성과 포용성 전략을 개발하였다. 이러한 변화를 시작한 이후, 매버릭스 경영진의 50%는 여성이며, 그중 47%는 유색인종이다. 마셜과 그녀의 동료들은 또한 인적 자원 그룹을 설립하였다. 문화적 차이에 대한 인식을 제고하기 위한 목적으로, 영향력 있는 사람들의 네트워크를 구축하였으며, 영향력 있고 다양한 사업과 지역 사회 지도자로 구성된 자문위원회를 출범하였으며, 소수자, 여성 및 장애인에 대한 지출을 많이 증가시켜 공급업체 다양성을 강화하였다.

마셜은 매버릭스의 많은 문제를 개선한 것에 대해서 찬사를 받았지만, 그녀는 혼자서 이를 할 수 없었을 것이라는 점을 인정한다. 마셜은 "나는 우리가 문화를 바꿔왔다는 사실을 인정하며, 나 혼자서 이를 하지 않았다"라고 말했다. "내가 사람들을 데리고 왔다. 우리는 몇 명을 승진시켰다. 우리는 다양성이 높은 리더십 팀을 만들었다."

이 장에서 여러분은 신시아 마셜이 댈러스 매버릭스에서 하는 것처럼 성공적인 기업들이 어떻게 직원들을 채용하고 관리하여 그들의 역량을 최대한으로 이끌어내는지를 배울 것이다.

출처: Doyle Rader, "Dallas Mavericks Win NBA Inclusion Leadership Award," Forbes, forbes.com, January 17, 2020; Jerry Bembry, "Mavericks' Cynthia Marshall: 'I Want to Do It for the Sisterhood,'" The Undefeated, theundefeated.com, February 27, 2018; Eddie Sefko and Karen Robinson-Jacobs, "She Beat Cancer, Domestic Abuse, and Racial Barriers, but Can She Save the Dallas Mavericks?," Dallas Morning News, May 17, 2018; Mary Pilon, "The Dallas Mavericks' New CEO Is Cleaning Up a #MeToo Mess," Bloomberg Businessweek, December 20, 2018; Haley Draznin, "The Dallas Mavericks Were Plagued by a Toxic Culture. She Is Turning It Around," CNN, cnn.com, November 19, 2019; Dallas Mavericks, mavs.com, accessed February 2020.

Let's talk business!
bit.ly/LetsTalkBusiness11

가장 적절한 지원자를 끌어들이기 위해, 이 회사는 직원들에게 무료 식사, 비디오 게임 오락실, 세탁실, 자동차와 호텔 할인 등의 매력적인 혜택을 제공한다. 이 회사의 이름은 무엇인가? (이 장에서 답을 찾으라.)

학습목표 11-1 인적자원 관리의 중요성과 인적자원 관리에 대한 현재의 이슈들을 설명할 수 있다.

사람들과 함께 일하는 것이 바로 시작이다

학생들은 '사람들과 함께 일하는 것'을 원하기 때문에 인적자원 관리를 공부하고 싶다고 말한다. 인적자원 관리자들이 사람들과 함께 일하는 것은 사실이지만, 그들은 그 외에도 계획하고 기록을 유지할 뿐만 아니라 다른 행정적인 일에도 깊숙이 참여하고 있다. 인적자원 관리에서 경력 쌓기를 시작하려면 여러분은 '나는 사람들과 함께 일하고 싶다'는 것보다 더 나은 이유를 찾아야 한다. 이 장에서는 인적자원 관리의 다양한 관점에 대하여 논의할 것이다.

인적자원 관리
조직의 목적을 달성하기 위하여 인적자원의 수요를 결정하고 직원들의 리크루팅, 선발, 개발, 동기부여, 평가, 보상 및 일정 조정을 하는 과정

인적자원 관리(human resource management)란 조직의 목적을 달성하기 위하여 인적자원의 수요를 결정하고 직원들의 리크루팅, 선발, 개발, 동기부여, 평가, 보상 및 일정 조정을 하는 과정이다(그림 11.1 참조). 지난 몇 년간 인적자원 관리는 '직원(personnel) 관리'로 불리며, 구직자들을 선별하거나, 기록을 남기거나, 봉급을 지불하고, 필요시 새 직원을 찾는 단순 업무로 간주되어 왔다. 그러나 인적자원 관리의 역할과 책임은 다음의 두 요소를 바탕으로 진화해왔다. (1) 직원이 궁극적인 자원이라는 조직의 인식 및 (2) 전통적 관행들에 새로이 접근하는 법제도의 변화. 이제 이 두 요소 모두에 대해 탐구해보자.

궁극적인 자원의 개발

인적자원 관리의 역할이 성장하고 있는 이유 중 하나는 전통적인 제조업에서 서비스산업과 고도의 직업적 기술을 필요로 하는 하이테크 제조업이 고도의 기술을 보유한 직원들의 고용을 필요로 하기 때문이다. 이 전환은 많은 직원들이 새롭고 더 도전적인 일을 위하여 재교육을 받아야 한다는 것을 뜻한다. 직원들은 궁극적인 자원이다. 직원들은 궁극적으로 고객들이 원하는 바를 충족시킬 아이디어를 낸다. 직원들의 창의력 없이는, 디즈니(Disney), 애플(Apple), 프록터 앤 갬블(Procter & Gamble), 구글(Google) 그리고 제네럴 일렉트릭(General Electric)은 아무것도 아닐 것이다.

예전에는 인적자원이 비교적 풍부하여 그들을 키우고 개발할 필요가 거의 없었다. 능

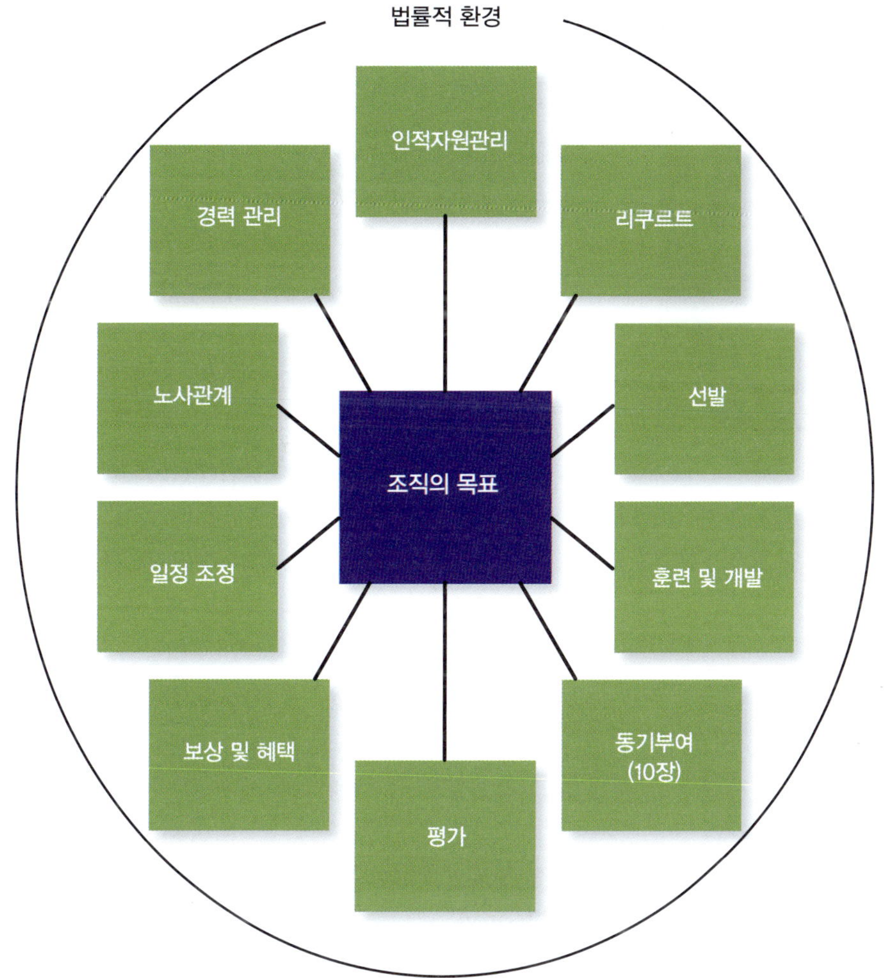

그림 11.1 인적자원 관리

이 그림이 표현하듯이 인적자원 관리는 단순히 직원을 채용하고 해고하는 과정을 넘어선다. 인적자원의 모든 활동들은 법 내에서 인적자원 관리에 영향을 미치며, 조직의 목표를 달성하기 위해 수행된다(인적자원관리는 10장에서 논의된 동기부여와 직원-노동조합의 관계를 포함한다).

력이 검증된 사람들이 필요하다면 단순히 외부에서 그들을 고용하면 되었다. 그들이 일을 잘 수행하지 않으면 그들을 해고하고 다른 사람을 찾으면 되었다. 많은 기업들은 직원들의 리크루팅, 선발, 훈련, 평가, 보상, 동기부여, 해고 업무를 그들이 속하는 기능부시-예를 들어, 회계, 생산, 마케팅 부서-에 할당하였다. 향상된 훈련 또는 특화된 훈련을 요구하는 직업으로 인해 능력이 검증된 직원들이 점점 적어짐에 따라 리크루팅과 인력의 보유는 더욱더 어려워짐과 동시에 중요해졌고, 따라서 오늘날 인적자원관리는 더욱 중요해지고 있다.[1] 인적자원 영역에서 경영자가 직면하는 도전은 무엇인가? 이제 이것을 살펴보자.

인적자원 영역의 도전

미국 비즈니스 제도에서 가장 극적인 영향을 미친 변화는 노동력의 변화이다. 글로벌 시장에서 경쟁할 수 있는 능력은 새로운 아이디어, 새로운 제품, 새로운 수준의 생산성-다르게 말하면 좋은 아이디어를 가진 사람들에 의하여 좌우된다. 다음은 인적자원 영역에서 접하게 되는 도전과 기회에 대한 몇 가지 예다.[2]

미국 회사들은 바이오 기술, 지속 가능한 엔지니어링에서의 숙련된 노동력 부족에 직면해 있다. 회사들이 친환경 정책에 중점을 둘 경우, 다른 어떤 직업군이 더 성장할까? 어떤 직업군이 가장 매력적으로 보이는가?

- 세계 정치권력의 불확실성과 이민자 또는 외국인 노동자 채용에 대한 관심 증가
- 기술(예: 인재 네트워크, 크라우드 소싱, 사회적 네트워크)
- 세대를 아우르는 인력 풀(pool). 비교적 나이가 있는 밀레니얼 세대와 X세대가 관리직을 맡고 있는 반면, Z세대는 직장에 막 뛰어들고 있고 많은 베이비붐 세대들은 은퇴를 미루고 있다. (더 자세한 내용들은 이 장에서 다룰 것이다.)
- 컴퓨터, 생명공학, 로보틱스, 친환경 공학 및 기타 과학 등 미래의 성장 분야에서 일할 수 있도록 훈련된 사람들의 부족
- 제철, 자동차 산업과 같이 쇠퇴하는 기업들로부터 방출되는 엄청난 규모의 기능인 또는 비기능인으로 재교육을 필요로 하는 실직자 또는 불완전 고용인. 불완전 고용인은 직업이 요구하는 수준보다 더 높은 수준의 역량과 지식을 보유한 이들이나 풀 타임으로 일하고 싶으나 파트 타임으로 일하고 있는 이들을 지칭한다.
- 경기 불황으로 베이비붐 세대의 많은 이들이 은퇴를 미루고(젊은 세대의 승진을 막으며), 저급 업무로 이동(그런 업무에 대한 노동력 공급의 증대)하고 있다.
- 교육 받지 못하고 현대 비즈니스 환경에서 일자리를 구할 준비가 되지 않은 신규 노동자의 비율 증가
- 숙련된 베이비붐 시대 출생자들의 은퇴에 따른 훈련된 건설업 노동자 부족
- 베이비붐 세대의 노하우 활용 불가. 매년 엄청난 수의 베이비붐 세대가 퇴직하는 상황에서 모든 분야의 경영자들은 젊은 근로자들에게 베이비붐 세대의 지식을 어떻게 전달할 것인지 계획, 관리할 필요성 존재
- 외부모 및 맞벌이 부부 가정의 증가로 인한 업무 공유, 출산휴가, 육아휴가 및 여성들을 위한 특별 경력 개발 프로그램에 대한 수요 발생
- 일에 대한 직원들의 태도 변화, 근무시간 자유 선택제와 주당 근무시간 축소와 같은 개념이 발생하여 여가 시간이 우선시되었다.
- 임시직 직원에 대한 수요 증가
- 미국 노동자에 대한 더 낮은 임금과 더 적은 법적규제 및 더 풍부한 인력을 갖춘 외국 인력시장의 도전. 이로 인한 많은 일자리의 해외 아웃소싱
- 개인을 위해 맞춤화됨과 동시에 회사에는 비용 절감을 가져다 주는 혜택에 대한 수요 증가
- 건강관리, 노인 및 아동에 대한 배려, 약물 검사, 장애를 가진 사람들에 대한 동일한 기회 제공, 업무 현장에서의 폭력과 괴롭힘에 대한 관심의 증가
- 변화된 건강관리 규제 발생
- 직원 충성도의 감소로 인한 직원 이직률 증가 및 떠난 직원을 대체하는 데 소요되는 비용의 증가
- 인사 정보 시스템의 구축(급여, 혜택, 교육, 채용)

이러한 이슈들을 볼 때, 여러분은 왜 인적자원 관리가 이전에 비하여 더 중요한 위치를 점하게 되었는지를 이해할 수 있을 것이다. 그러나 고용, 안전, 노조화, 평등 임금, 그리고 차별 철폐 등에 관련한 법제도의 상당한 변화 역시 인적자원관리에 엄청난 영향을 미친다.

앞서 언급한 사항들이 인적자원관리에 미치는 영향에 대해서 알아보자.

시험 준비

- 인적자원관리란 무엇인가?

학습목표 11-2 인적자원 기획의 5단계를 요약할 수 있다.

인적자원 수요를 결정하는 방법

인적자원 관리를 포함한 모든 관리는 기획으로부터 시작된다. 인적자원 기획 과정에는 5단계가 있다.

1. 조직의 직원들에 대한 인적자원 명세서(human resource inventory)의 작성 – 이 명세서에는 연령, 성명, 학력, 능력, 훈련, 특기 및 기타 특정 조직에 적절한 정보들(예를 들면, 사용 언어)이 들어 있어야 한다. 이와 같은 정보는 그 인력이 기술적으로 최근 지식을 알고 있는지, 충분히 훈련되어 있는지 등을 밝혀준다.
2. 업무 분석의 준비 – **업무 분석**(job analysis)은 여러 직위를 가지고 있는 직원들에 의하여 무엇이 행하여지고 있는가를 연구하는 것이다. 이와 같은 분석은 직원들을 리크루팅하거나 직원들이 그 일을 하는 데 필요한 기술을 가지도록 훈련하기 위하여 필요하다. 업무 분석의 결과는 2가지의 서면으로 된 문서이다. 즉, **업무 설명**(job description) 및 **업무 명세**(job specification)이다. 업무 설명은 업무의 목적, 해야 할 일의 형태, 책임과 의무, 근로조건, 업무와 다른 직무와의 관계를 상술한 것이다. 업무 명세는 지원이 특정한 업무를 수행하는 데 필요한 최소한의 능력(학력, 기능 등)을 서면으로 요약한 것이다. 요약하면, 업무 설명은 업무에 대하여 설명한 것인 반면, 업무 명세는 그 업무를 수행하는 사람에 대하여 설명한 것이다. 업무 설명과 업무 명세를 보여주는 그림 11.2를 참조하라.
3. 인적자원의 미래 수요 평가 – 기술이 빠르게 변화하고 있으므로 효과적으로 인적자원을 관리하려면 능동적인 대응이 필요하다. 인적자원 관리자는 조직의 필요사항을 미리 예측하여 훈련을 미리 시작하여, 필요 시 훈련된 사람들을 바로 투입할 수 있도록 해야 한다.[13]
4. 인적자원의 미래 공급 평가 – 노동력은 항상 변화한다. 직원이 나이가 들거나, 더 기술지향적이 되거나, 더 다양해지는 등 항상 바뀐다. 미래에는 바이오생명공학 엔지니어 및 클라우드 아키텍처, 로봇 수리 직원 등의 분야는 노동력이 부족해질 것이고, 공장 내 조립 라인 직원과 같은 분야는 초과 공급될 것이다.[14]

업무 분석
여러 직위를 가지고 있는 직원들에 의하여 무엇이 행하여지고 있는가를 연구하는 것

업무 설명
업무의 목적, 해야 할 일의 형태, 책임과 의무, 근로조건, 업무와 다른 직무와의 관계를 상술한 것

업무 명세
직원이 특정한 업무를 수행하는 데 필요한 최소한의 능력을 서면으로 요약한 것

미국 장애인법은 미국의 모든 노동자들이 동등한 고용기회를 갖도록 보장한다. 이러한 입법은 기업들에 장애인들의 직업을 위한 '합리적인 제도'를 갖출 것을 요구한다. 당신은 어떠한 제도가 합리적이라고 생각하는가?

5. 전략적 계획의 수립–전략적 인적자원 계획은 노동력에 대한 채용, 선발, 훈련, 개발, 평가, 보상 및 일정 조정 제도를 다루어야 한다. 앞의 4단계가 이 한 가지로 귀착되기 때문에 이 장에서는 전략적 인적자원 계획에 초점을 맞추고자 한다.

어떤 기업들은 인적자원 계획을 더 효율적으로 실행하기 위하여 정보기술을 사용한다.[15] 인적자원 정보시스템(HRIS) 소프트웨어는 여러 도구와 프로세스를 사용하여 조직의 직원과 데이터베이스를 관리한다. 인적자원정보시스템(예: Kronos, Salesforce, IBM Kenexa, Sage 등)은 다양한 규모의 기업이 채용에서 퇴직에 이르는 기본적인 인사관리 기능을 수행할 수 있도록 지원한다. 예를 들면, IBM은 직원의 기술, 경험, 스케줄 및 신원 정보와 적절한 직무를 매치시키는 데이터베이스를 사용하여 전 세계에 퍼져 있는 약 35만 명의 직원을 관리하고 있다. 캐나다의 퀘벡(Quebec)주에 있는 어떤 고객이 한 달 간에 걸쳐 진행되는 프로젝트의 수행을 위해, 영어와 불어를 구사할 수 있고 리눅스(Linux) 프로그래밍에 대한 경험이 있으며, 공학 학위를 소유한 컨설턴트를 찾고 있다고 가정하자. 그러면 이 IBM 시스템은 그에 적합한 최적의 컨설턴트를 찾기 위하여 그 데이터베이스를 탐색하며 결국은 해당 직원을 찾아 고객과 연결시켜 줄 것이다.

학습목표 11-3 회사들이 새로운 직원들을 리크루팅하기 위해 사용하는 방법과 리크루팅을 어렵게 만드는 이슈들에 대해 기술할 수 있다.

다양한 모집단으로부터의 직원 리크루팅

리크루팅
적기에 충분한 수의 적당한 사람들을 구하기 위하여 사용되는 활동의 조합

리크루팅(recruitment)이란 적기에 충분한 수의 적당한 사람들을 구하기 위하여 사용되는 활동들의 조합이다. 그 목적은 조직의 필요에 최적인 사람들을 선정하는 것이다. 새로운 사람들이 계속적으로 노동 시장에 유입되기 때문에 리크루팅이 쉬울 것이라 생각할 수도 있다. 그러나 반대로 다음과 같은 몇몇의 이유로 인하여 리크루팅이 매우 어렵게 되었다. 사실 설문 조사 결과 45% 경영자들은 매력적인 지원자를 조직으로 끌어오고, 직장에서 일하도록 유지시키는 것이 그들의 가장 큰 도전 과제라고 언급했다.[16] 다음은 그에 대한 이유이다.

- 몇몇 조직들은 내부로부터의 승진을 요구하는 정책이나 노동조합 규약 범위 내에서 운영되어야 하는 정책 또는 낮은 임금을 제공하는 정책이 있는데, 이는 직원을 리크루팅하고 유지하는 것을 어렵게 하며, 외부의 환경이나 제약에 쉽게 영향받는다.
- 협동 문화, 팀워크 및 참여 경영을 강조할 경우, 기술을 가지고 있으면서 그 조직의 문화와 리더십 스타일에 맞는 사람들을 고용하는 것이 더 중요하다.[17] 기업의 문화에 적합한 사람들을 고용하기 위해, 메이시스, 월마트, 펫스마트와 같

그림 11.2 **업무 분석**

직무분석은 업무 설명과 업무 설계로 이어진다. 다음은 판매원의 업무 설명과 업무명세 예시이다.

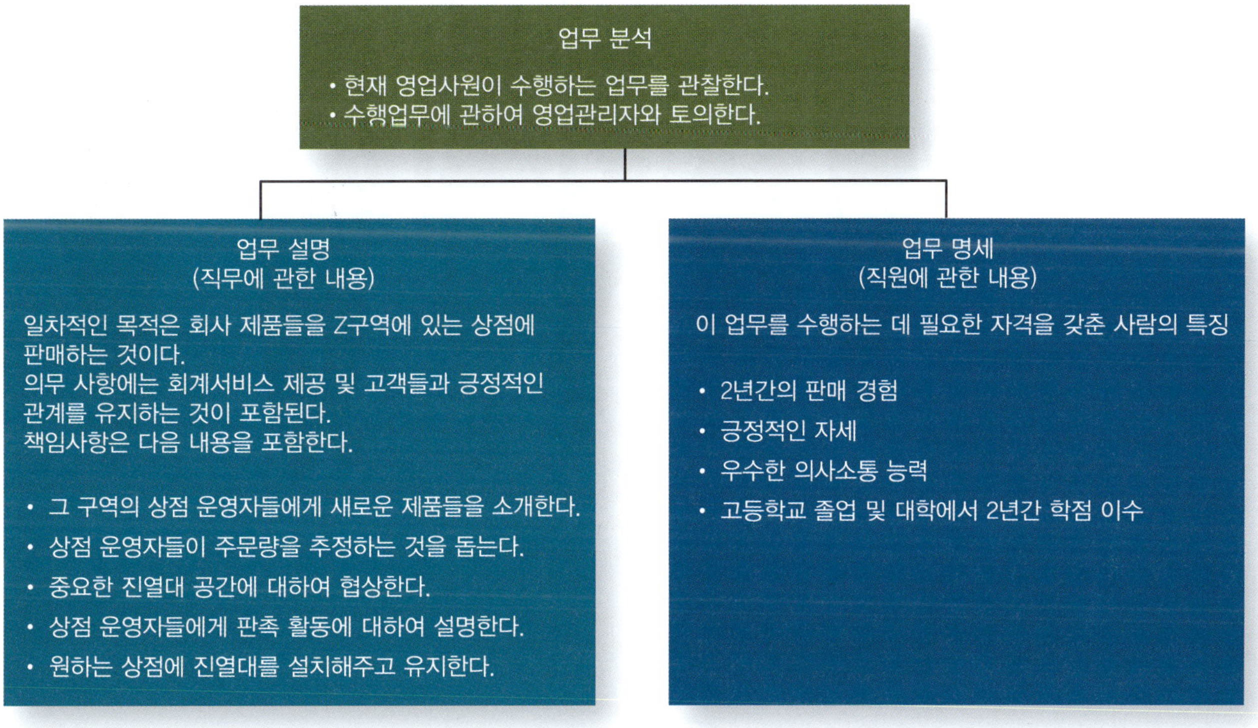

은 기업들은 고용 전 테스트와 시뮬레이션을 활용한다.[18] 디즈니 픽사에서 지원자들은 평가 센터에서 엄격한 심사를 거치고, 평가 센터에서는 다른 적성 관련 기술들과 함께 추상적 추론, 언어적 추론, 상황적 판단을 평가한다.[19] 지원자들이 어떻게 반응하고 일을 하는지에 따라 다음 평가 작업 참여 여부가 결정된다.

- 필요한 기능을 가진 사람이 종종 존재하지 않을 수가 있다. 이 경우에는 직원들을 고용한 후 내부적으로 훈련시켜야 한다.

인적자원 관리자들은 리크루팅에 도움이 되는 많은 자원들을 이용한다(그림 11.3 참조). 내부 자원은 현재 직원 중 다른 부서로 자리 이동을 하거나 승진되거나 고용될 만한 지인을 추천할 수 있는 자원을 의미한다. 내부 자원을 이용하는 것은 기업 외부에서 리크루팅하는 것보다 비용이 적게 들고, 기업 내 직원들의 사기를 진작시키는 데도 좋다. 그러나 기업 내부에서 자질 있는 직원을 항상 찾을 수는 없기 때문에 인적자원 관리자들은 광고나 공공 및 사설 직업소개소, 대학 직업소개소, 경영자문자, 인터넷 직업소개소, 전문적인 기관, 추천된 사람 및 스스로 찾아온 지원자와 같은 외부 리크루팅 자원을 이용하곤 한다.

내부 직원이 충분히 많지 않으며, 외부 인력을 유인할 수 있을 만큼의 보상을 제안할 수 없는 중소업체의 경우 자질 있는 직원을 리크루팅하는 것이 특히 어려울 수 있다. 글래스도어(Glassdoor), 인디드(Indeed), 링크드인(LinkedIn)과 같은 온라인 사이트는 하

오늘날 인적자원 관리자들은 다양한 문화적, 민족적 기반을 갖고 있는 사람들을 채용할 기회가 많다. 다양한 인력을 갖는 것은 어떠한 장점이 있는가?

루에 수백만 명의 사람들을 끌어당겨 이러한 기업들에 도움을 제공하고 있다.

학습목표 11-4 직원 선발의 6단계를 설명할 수 있다.

생산적인 직원의 선발

선발
정보를 수집하고 개인과 조직의 최상의 이익을 위하여 법률적인 범주 하에서 누구를 고용할 것인가를 결정하는 과정

선발(selection)이란 정보를 수집하고 개인과 조직의 최상의 이익을 위하여 법률적인 범주 하에서 누구를 고용할 것인가를 결정하는 과정이다. 직원들을 선발하고 훈련하는 것이 몇몇 기업들의 경우 비용이 아주 많이 드는 과정이 되고 있다. 어떤 것들이 포함되는지를 생각해보라. 광고 또는 리크루팅 에이전시 비용, 인터뷰 시간, 건강검진, 훈련비용, 업무를 배우는 데 소요되는 비생산적인 시간, 이사 비용 등을 생각할 수 있다. 일부 직종에서 신입사원을 리크루팅하고 행정 처리하여 훈련하는 데는 직원 연봉의 최대 75%, 경영자 연봉의 150% 이상이 들 수 있다.[20)]

전형적인 선발과정은 6단계로 이루어진다.

1. 완전한 지원서 양식의 확보 – 평등고용 관련 법률들이 지원서 양식에 있을 수 있는 문항의 종류를 제한함에도 불구하고, 지원서 양식은 고용자가 업무에 필요한 사항과 직접적으로 관계되는 지원자의 학력, 업무 경력, 직업 목표 및 기타 자격들을 발견하는 데 도움을 준다.
2. 처음 및 후속 면접의 진행 – 인적자원 부서의 스태프는 종종 처음 면접에서 지원자들을 가려낸다. 면접하는 사람이 그 지원자가 잠재적인 직원이라고 여긴다면, 그 새로운 직원을 감독할 관리자도 그 지원자를 면접할 것이다. 관리자들은 그들이 후회할 수 있는 선발을 피하기 위하여 면접을 사전에 적절히 준비하는 것이 중요하다. 아무리 악의 없는 의도였다고 하더라도 면접 대상자에게 임신 혹은 자녀보육(child care)에 관하여 질문하는 것은 그 지원자가 차별 대우를 받았다고 추후

그림 11.3 **직원 소스(sources)**

내부 자원을 활용하는 것을 보통 제일 먼저 고려하기에, 현재 일하고 있는 회사 내 직원에게 추천을 받는 게 매우 유용하다. 대학의 채용 관련 사무소들도 중요한 자원이 된다. 이러한 기관들에 대해 미리 알아두어서 대학 생활 중에 미리 계획할 수 있도록 준비해야 한다.

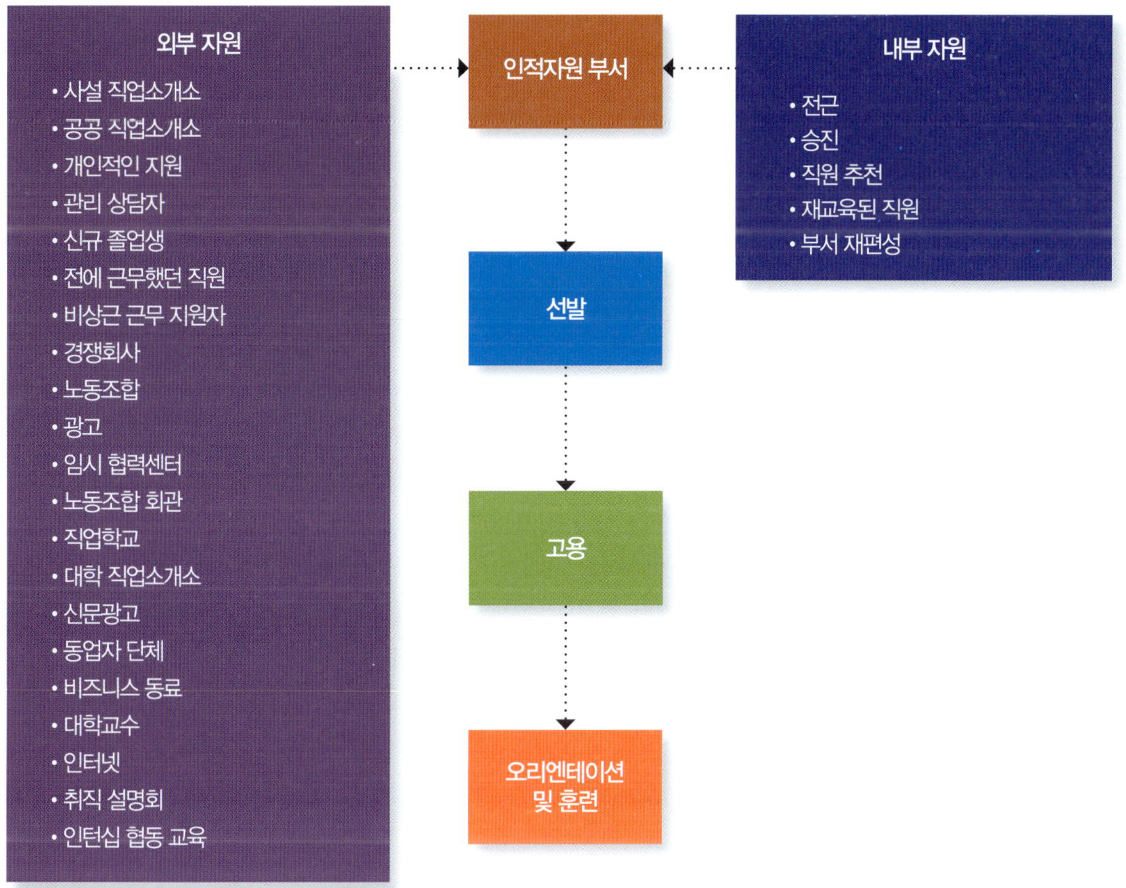

고발할 때 증거로 사용될 수 있다.

3. 고용 테스트 – 조직은 용접이나 소방관 같은 특정한 업무 기능에서의 기본적인 경쟁력을 측정하고 지원자들의 개성과 관심을 평가하는 데 도움이 될 테스트를 이용한다. 원스코어(WonScore), 하이어셀렉트(HireSelect), 이스킬(eSkill)과 같은 사전 채용 테스트 소프트웨어 옵션을 사용할 수 있다. 고용 테스트는 반드시 업무에 직접적으로 관련되어 있어야 한다. 고용 테스트는 고용 차별의 잠재적 수단으로 여겨져 법적으로 비판을 받곤 한다. 많은 기업들이 지원자들이 실제 업무에서의 일을 수행하게 하는 평가센터에서 잠재적인 직원을 테스트한다. 이와 같은 테스트 방법은 선발 과정을 더 효과 있게 하는 것으로 보이며, 일반적으로 법률적 요건을 충족한다.
4. 배경 조사의 실시 – 대부분의 조직들은 성공할 만한 사람들을 식별하기 위해서 지원자의 업무 기록, 학점, 신용 기록 및 참고 사항들을 과거보다 더 주의 깊게 조사한다. 굳하이어(GoodHire)와 인텔리우스 리뷰(Intelius Review)와 같은 백그라운드 서비스들은 예비 고용주들이 범죄 기록, 운전 기록, 신용 이력의 점검을 빠르게

소셜 미디어를 통한 연결

최악의 상황 앞당기기

오늘날 소셜 미디어와 디지털 발자취는 공적인 페르소나의 중요한 부분을 차지한다. 당신이 온라인에서 무엇을 말하고 행동하는 것은 가상 세계에 속하게 된다. 당신이 온라인에서 표현하는 성격은 당신의 진짜 모습으로 잠재적인 고용주들에게 제공된다. 고용주의 70%는 소셜 미디어를 이용하여 입사 예정자를 선별하고 회사의 문화에 맞는 사람을 평가한다고 말한다. 60%는 부정적인 내용을 근거로 입사 예정자를 탈락시켰다. 따라서 소셜 미디어가 구직 시 유용한 도구가 될 수도 있고, 결과적으로 일자리를 잃게 할 수도 있다.

소셜 미디어를 당신에게 유리하게 사용하라. 많은 회사들이 소셜 미디어에서 보이는 전문적인 이미지를 바탕으로 입사자를 선정하는 것을 인정한다. 만약 당신이 온라인에 무엇인가를 올릴지 말지에 대해서 고민한다면, 가장 좋은 조언은 올리지 말라는 것이다.

출처: Lydia Smith, "How to Stop Your Social Media Habits Jeopardizing Your New Job.", finance.yahoo.com, February 9, 2020; Sara LaJeunesse, "Social Media Content Matters for Job Candidates, Researchers Find," news.psu.edu, February 5, 2020; Alonzo Martinez, "What Employers Should Consider When Drafting a Social Media Policy," forbes.com, February 6, 2020.

할 수 있게끔 도울 뿐 아니라, 업무 경험과 전문적 및 교육적인 적성들을 갖고 있는지를 확인해준다.[21] '소셜 미디어를 통한 연결' 글상자에서는 최근 기업들이 소셜 미디어를 활용하여 지원자를 스크린하고 바람직하지 않은 특성을 가진 이들을 제거하는 사례를 소개해준다.

5. 신체검사로부터의 결과 확보 – 육체적 · 정신적으로 건강한 사람들을 고용하는 것은 분명한 혜택을 가져다준다. 그러나 미국의 장애 관련 차별금지법에 의하면, 건강검진 결과들은 단지 인력 선발의 목적으로 함부로 제공될 수 없다. 몇몇 주에서는 채용이 이루어진 후에야 비로소 신체검사를 할 수 있다. 고용 전 신체검사를 허용하는 주에서는 그 검사가 그 자리에 지원하는 모든 사람을 대상으로 실시되어야 한다고 규정하고 있다. 많은 주에서 약물이나 알코올 남용을 감지하기 위한 고용 전 테스트도 논란이 있었다.[22]
6. 시험(견습) 기간의 제정 – 어떤 조직은 직원을 종종 조건부로 고용하려 한다. 이 제도는 견습생이 그 업무를 수행할 수 있다는 것을 증명할 수 있게 한다. 기업은 특정한 견습 기간(아마도 3개월 혹은 그 이상) 후 감독자의 평가 결과를 바탕으로 그 직원을 정식 고용하거나 해고할 수 있다. 일부 기업들은 동료 평가를 포함하기도 한다.

선발 과정은 종종 길고 어렵지만, 직원을 대체하는 데 소요되는 비용이 크기 때문에 새로운 직원을 선발하기 위해서는 신중히 노력을 기울여야 한다. 이 과정은 새로운 직원들이 모든 적절한 영역에서 의사소통 기술, 교육, 기교, 경험, 개성 및 건강을 포함하는 필요조건을 만족한다는 것을 보증하는 데 도움이 된다.

임시직 직원의 고용

임시직 직원
정규적인 전일제 고용에 대한 기대를 갖고 있지 않은 직원

직원에 대한 필요성이 시간에 따라, 날짜에 따라, 주에 따라 혹은 계절에 따라 변화하는 어떤 기업은 임시직 직원들을 고용하는 것이 비용 대비 효과가 더 높다는 것을 발견하였다. **임시직 직원**(contingent workers)은 정규적인 전일제 고용에 대한 기대를 가지

고 있지 않은 직원으로 정의된다. 이와 같은 직원에는 비상근 근무자(일주일에 35시간 미만으로 일하는 사람), 일시적 근로자(직업소개소로부터 임시적으로 급료를 받는 근로자), 계절에 따른 근로자, 독립적인 하청업자, 인턴 및 협동과정 학생들이 포함된다.

비록 정확한 수는 추산하기 어렵지만, 노동 통계국은 미국에 약 1,500만 명의 임시직 노동자들이 있으며, 대다수가 25.23세 미만이라고 추산한다.[23] 일부 보고서는 많은 기업 내에서 대략 노동자의 50%가 임시직 노동자라고 추정한다.[24] 임시직 직원을 고용하는 것은 오늘날 아주 흔한 일이어서 일부에서는 이것을 긱 경제(gig economy)라고 부른다. 긱(gig)이란 주로 디지털 마켓플레이스를 통해 회사가 단기적인 필요로 일시적으로 고용하는 직원이 맡게 될 단일 프로젝트 또는 작업을 말한다.[25] 어떤 긱은 단기 일자리의 일종이고, 어떤 직원들은 긱을 우버(Uber)와 리프트(Lyft)와 같은 자영업 옵션으로 보기도 한다. 한 긱이 끝나면, 일정한 수입이 필요한 직원들은 다른 긱을 찾아야 한다. 이는 때로는 한 번에 여러 가지 직업을 갖는 상황을 만들기도 한다. 긱 경제가 도래한 것에는 두 가지 주요 이유가 있다. 근로자들은 자기 역할에 다양성과 유연성이 있기를 원하고, 자기 능력을 보여줄 수 있는 기회도 원한다. 또한, 고용주들이 '나는 사람을 고용해야 한다'에서 '나는 일을 완수해야 한다'로 입장을 바꾸었기 때문이기도 하다.

기업들은 또한 전일제 직원이 어떤 형태의 휴직 상태(출산휴가와 같이)일 때, 많은 노동력을 필요로 하는 성수기일 때 또는 소비자들에 대한 빠른 서비스가 우선적일 때 임시직 직원들을 고용할 수 있다. 또한 기업들은 경제가 불안정할 때, 능력 있는 직원들 고용이 가능할 때, 업무가 최소한의 훈련만을 필요로 할 때에 임시직 직원들을 많이 고용하는 경향이 있다.[26]

임시직 직원들은 혜택을 거의 받지 못한다. 건강보험, 휴가, 사적 연금들을 제공받기 힘들다. 또한 정규직 직원들보다 수입이 적은 편이다. 이것이 캘리포니아와 뉴욕을 포함한 주들이 임시직 직원을 정규직으로 전환하는 법안 제정을 시도하는 이유다.[27]

기업들은 임시직 직원들에게서 그들의 직업에 대한 유연성을 박탈할 것이라고 주장하며, 법에 이의를 제기하고 있다. 이 논쟁은 2020년대까지 계속될 것으로 예상된다. 많은 관리자들은 임시직 직원들을 고용하는 것을 성과를 내지 못하는 직원을 제거하고 좋은 직원들을 찾는 방법으로 인식한다.[28] 전문가들은 임시직 직원들이 비숙련 제조 및 배달 직업부터 중간관리자들에 이르기까지 넓은 범위의 일자리에 점점 더 많이 활용되고 있다고 말했다. 회계사, 변호사 및 엔지니어와 같은 교육받은 전문직의 임시직 직원 수도 점차 증가하고 있다.

소매점들은 임시 직원들을 채용하여 크리스마스 쇼핑 시즌과 같은 바쁜 시기에 일하도록 한다. 임시 직원들을 채용하는 것에 있어서 장점과 단점은 무엇일까?

많은 기업들은 임시직 직원 채용을 계획함에 있어서 대학생들을 고려한다. 기업들은 임시직 직원 채용 회사들과 거래하며, 기존에 검증이 된 임시직 직원 채용을 보다 더 쉽게 하고 있다.[29] 또한 임시직 직원 채용은 대학생들에게도 이롭다. 임시직 직원 채용 회사들이 임시직 직원 후보를 접하게 되면 그들에 대한 정보를 데이터베이스에 입력해 놓는다. 대학생들이 방학 때 고향에 돌아오면, 학생들은 채용 회사에 전화를 걸어 그들의 이름을 업무 할당 후보자로 올려 달라고

윤리적 의사결정

인턴이냐, 계약된 노예냐?

전통적으로, 비급여 인턴십은 어린 학생들이 실무 경험을 갖추기 위한 좋은 방법이었다. 경험에 대한 금전적 보상이 없다는 점은 교실이나 온라인에서 경험할 수 없는 직장에 대한 인사이트를 위해 지불해야 하는 공정한 대가로 간주되었다. 회사들은 반대로 금전적으로 부담될 게 전혀 없으면서, 만약에 핵심 급여 직원으로 전환 시 궁극적으로 혜택을 얻게 된다. 하지만 인턴들은 종종 본인이 인턴보다는 더 계약직 노예처럼 대우받고 있다고 느끼고, 그들이 좋은 경력을 위한 기회를 향상시키고 있는지 아니면 단순히 회사에서 무상 노동력을 제공하고 있는 것은 아닌지 궁금해한다.

질 좋은 인턴십을 그렇지 않은 인턴십과 구분해 내기 위해 매일 수행하고 있는 당신의 업무를 살펴보아라. 만약 당신의 주요 업무가 커피를 만들거나 복사하거나 단순한 심부름을 하는 것이라면, 가치 있는 실무 경험을 하는 방향으로 전환되지 않을 확률이 높다. 인턴들은 매일 매일의 회사 업무의 일부에 대해 일을 하며, 직업 세계에서 그들이 하는 일이 어떻게 작용하는지를 배워야 한다. 좋은 인턴십은 관리자들이 인턴들에게 인턴의 책임을 명시적으로 표현하고 정기적으로 피드백을 제공해야 한다. 정기적인 급여 없이도 인턴은 실무 경험에 대한 보상만 있다면 경력 관리에 도움이 된다.

회사들이 인턴십 이후에 정규직을 제공하지 않을 것임에도 비급여 인턴을 활용하는 것은 윤리적일까? 왜 그런가? 아니면 왜 그렇지 않은가?

요청한다. 그렇게 되면 학생들은 임시직을 얻기 위해 자리를 알아보고, 인터뷰를 하러 시간 낭비를 하지 않아도 된다. 미국에서 1,100개 이상의 지점을 갖고 있는 거대 직원 용역 업체인 랜스타드(Randstad)는 대학생들을 환영한다. 대학생들은 컴퓨터를 사용할 수 있고 기업들이 사용하는 대중적인 소프트웨어 프로그램에 익숙해 있기 때문이다.[30]

급격한 변화와 경제적 변동성의 시기에는, 몇몇 임시직 직원들은 임시직이 전일제 고용보다 오히려 더 안전하다고 생각한다. 멘토링과 경험을 찾는 대학생 인턴들은 임시직 직원이 고려된다. 그러나 이런 인턴십에 급여가 지급되지 않으면, 윤리적인 문제점들이 발생할 수 있다('윤리적 의사결정' 글상자 참조).

시험 준비

- 인적자원 기획에서 다섯 단계는 무엇인가?
- 능력 있는 직원들을 리크루팅하기 어렵게 하는 요소들은 무엇인가?
- 선발과정의 여섯 단계는 무엇인가?
- 임시직 직원들이란 누구인가? 회사들은 왜 임시직 직원들을 고용하는가?

학습목표 11-5 직원들의 훈련과 개발의 여러 방법에 대해 설명할 수 있다.

최적의 성과를 위한 직원들의 교육 및 개발

훈련 및 개발
직원의 수행 능력을 향상시켜 생산성을 개선하기 위한 모든 시도. 훈련은 단기간 기능들에 초점을 맞추는 반면, 개발은 장기간의 역량에 초점을 맞춘다.

훈련 및 개발(training and development)은 직원의 수행 능력을 향상시켜 생산성을 개선하기 위한 모든 시도를 말한다. 잘 고안된 훈련 프로그램은 직원들의 퇴직률을 낮출

뿐 아니라, 생산성을 높이고, 직무 만족도를 제고한다. 미국의 고용주들은 훈련 비용이 잘 사용된다고 생각한다. 훈련은 단기간 기능들에 초점을 맞추는 반면, 개발은 장기간의 역량들에 초점을 맞춘다. 훈련 및 개발 프로그램 모두 세 단계로 이루어진다. (1) 훈련이 필요한 사항들을 결정하기 위하여 조직이 필요로 하는 사항과 직원들의 기능을 평가한다. (2) 확인된 필요사항에 대처하기 위하여 훈련활동 범위를 설계한다. (3) 그 훈련의 효과를 평가한다. 보통 훈련 및 개발의 활동 범위에는 직원 오리엔테이션, 직장 내 훈련, 견습 과정, 직장 밖 훈련, 실습장 훈련, 직무 시뮬레이션 및 관리 교육이 포함된다.

- **오리엔테이션**(orientation)은 새로운 직원들에게 조직, 동료 직원, 직속상관, 회사의 정책, 관습 및 목표를 소개하는 활동이다. 오리엔테이션 프로그램들은 하루 또는 그 이상 지속되는 비공식적인 이야기로부터 공식적인 활동들을 모두 포함하며, 다양한 부서를 스케줄대로 방문하는 것과 필독안내서도 이 프로그램들에 포함될 수 있다.[31] 예를 들면, 자포스(Zappos)와 같이 소비자 중심의 회사는 신규로 채용된 모든 직원들이 2주간 본사에서 고객 전화 응대를 체험하고, 2주간 교실에서 수업을 받고, 한 주간 켄터키의 주문처리센터(fulfillment center)에서 배송품을 배송하는 작업에 참여한다. 만약 직원들이 회사의 기대에 미치지 못하면 해고된다.[32]

오리엔테이션
새로운 직원들에게 조직, 동료 직원, 직속상관, 회사의 정책, 관습 및 목표를 소개하는 활동

- **직장 내 훈련**(on-the-job training)은 직원들이 그 직장 내에서 일을 하면서 배우거나 얼마 동안 다른 사람들을 관찰한 후 그들을 따라함으로써 학습하도록 한다. 판매자들은 경험 있는 판매자들이 하는 것을 관찰(이것을 종종 뒤따라하기(shadowing)라고 부른다)함으로써 훈련받는다. 물론, 이것은 관찰되는 그 사람의 기능과 습관에 따라 매우 효과적일 수도 있고 크게 실패할 수도 있다. 직장 내 훈련은 그 업무가 상점의 점원과 같이 비교적 단순할 경우 또는 쓰레기 수집, 카페트 청소나 잔디 깎기와 같이 반복적일 경우 일을 수행하기가 분명 쉬울 것이다. 더 큰 노력을 요구하거나 난해한 업무는 더 강도 높은 훈련이 필요하다. 기술은 24시간 내내 사용 가능한, 비용 대비 효과가 큰 직장 내 훈련 프로그램들이다. 온라인 시스템은 직원들의 입력을 관찰하고, 직원들이 취해야 할 행동이 혼란을 겪을 때 지침을 줄 수 있다.

직장 내 훈련
직원이 그 직장 내에서 업무를 바로 시작해 일을 하면서 배우거나 얼마 동안 다른 사람들을 관찰한 후 그들을 따라하는 훈련

- **견습 프로그램**(apprentice program)은 숙련 기능자의 기능과 절차를 마스터하기 위하여 학습자가 경험 있는 직원 옆에서 일하는 기간을 포함한다. 몇몇 견습 프로그램은 수업을 통한 훈련을 포함한다. 벽돌공 및 배관공 등의 직종별 노동조합은 우수한 업무 능력을 보장하기 위해 신규 직원이 수 년간 견습자로 일하도록 요구할 뿐 아니라, 직원들이 노조에 가입하는 과정에 있어서 통제권을 행사한다. 견습 과정을 훌륭하게 마친 직원들은 장인(journey man)으로 분류된다. 베이비붐 세대가 배관이나 용접, 목수 등의 숙련직에서 은퇴함에 따라, 숙련공들의 부족 현상이 발생할 것으로 보인다.[33] 변화하는 산업들에서 자동차 수리나 비행기 관리 등 컴퓨터 기술에 대한 많은 지식을 요구하는 직업을 위한 견습 프로그램 기간은 점점 더 짧아질 것으로 보인다.

견습 프로그램
숙련 기능자의 기능과 절차를 마스터하기 위하여 학습자가 경험 있는 직원 옆에서 일하는 기간을 포함하는 훈련 프로그램

- **직장 밖 훈련**(off-the-job training)은 일터로부터 떨어진 곳에서 행해지며, 다

직장 밖 훈련
일터로부터 떨어진 곳에서 이루어지며, 다양한 기능들 모두를 개발하고 개인의 발전을 북돋우기 위한 내부 또는 외부 프로그램들로 이루어진 훈련

페덱스(FedEx)에서 시간은 곧 돈이다. 그렇기 때문에 이 기업은 다른 회사들보다 평균적으로 6배나 더 많은 시간을 직원 훈련에 쓰고 있다. 추가적으로 소요되는 이 훈련 비용이 효과를 보고 있을까? 그렇다. 페덱스는 4%라는 놀라울 정도로 적은 이직률을 자랑한다. 다른 회사들도 페덱스의 직원 훈련에 대한 투자를 따라해야 할까? 왜 그런가?

양한 기능들 모두를 개발하고 개인의 발전을 북돋우기 위한 내부 또는 외부 프로그램들로 이루어진다. 업무가 더 정교해짐에 따라 훈련도 더 정교해졌다. 더구나 훈련은 (박사학위를 통하여) 교육받는 것과 개인의 발전을 포함하는 것으로 확장되고 있다. 시간 관리, 스트레스 관리, 건강, 체육, 영양 및 예술과 언어까지도 훈련 과목에 포함될 수 있다.

온라인 훈련
직원들이 인터넷을 통하여 수업에 참여하는 훈련

- **온라인 훈련**(online training)은 많은 기술이 직장 밖 훈련 프로그램들의 효과를 기술이 어떻게 개선시키는가에 대한 예를 제공한다. 온라인 훈련의 주요한 장점은 다수의 직원들에게 편리한 시간에 특정 교육 요구에 맞춘 일관된 콘텐츠를 제공할 수 있다는 점이다. 영리기업과 비영리기업 모두 온라인 교육을 심도 있게 사용하고 있다. 대부분의 단과대학은 때때로 원격 수업이라고 부르는 다양한 온라인 수업을 제공한다. 애플(Apple)과 같은 기술 선도 기업들, 팀켄(Timken)과 같은 대형 제조업체들, 그리고 거대 제약회사 노바티스(Norvatis)는 직원들에게 다른 문화권에서 일하는 직원들을 가르치기 위해 온라인 훈련 도구인 글로브스마트(GlobeSmart)를 사용한다.[34]

실습장 훈련
직원들이 업무에서 사용할 설비와 유사한 설비의 교육장에서 행해지는 훈련

- **실습장 훈련**(vestibule training = near-the-job training)은 직원들이 그 업무에서 사용할 설비와 유사한 설비의 교육장에서 행해진다. 이와 같은 교실은 직원들이 조직에서 특정한 직무를 할당받기 전에 적절한 방법들과 안전수칙들을 배울 수 있게 해준다. 컴퓨터나 로봇 훈련은 종종 근접 실습장에서 완성된다.

업무 시뮬레이션
연수자들이 업무를 시도하기 전에 기능을 배울 수 있도록 업무 조건 및 업무들과 똑같은 설비를 사용하는 것

- **업무 시뮬레이션**(job simulation)은 연수자들이 업무를 시작하기 전에 기능을 배울 수 있도록 업무 조건 및 업무들과 똑같은 설비를 사용하는 것이다. 업무 시뮬레이션은 그 업무에서 일어나는 조건들의 조합이 똑같다는 점에서 실습장 훈련과는 차이가 난다. 이것은 우주비행사들, 항공기 조종사들, 군대 탱크 운전자들, 선장들 및 그 외 어려운 과정을 실제와 같이 익혀야 하는 사람들에게 주어질 수 있는 훈련이다. 가상현실은 업무 시뮬레이션에서 더 광범위하게 사용된다. 예를 들어, 의료 시설에서 훈련 중인 의사들이 실제 환자를 대상으로 진료하기 전 기술을 연습하고 UPS는 회사의 기본 안전교육의 일환으로 가상현실 시뮬레이터에 운전자를 투입한다.[35]

이와 같은 모의 훈련 코스에서 소방관들은 위험에서 벗어나면서 불타는 건물의 위험에 대처하는 방법을 배운다. 이러한 훈련으로 소방관들이 그들의 직업에 대한 모든 세부사항들에 대해 배울 수 있기 때문에 실제 상황에 대비할 수 있다. 업무 시뮬레이션으로부터 도움을 받을 수 있는 다른 직업은 무엇이라고 생각하는가?

관리 개발

관리자들은 특별한 훈련을 필요로 한다. 좋은 의사 전달자가 되기 위해서 특히 듣는 기술과 동정심을 갖는 방법을 배우는 것이 필요하다. 그들은 또한 시간 관리, 기획, 인간관계 기술이 필요하다.

관리 개발(management development)은 좋은 관리자가 되기 위하여 직원들을 훈련하고 교육하는 과정이며, 시간이 지남에 따라 관리 기술의 발달을 모니터링할 수 있다. 관리 개발 프로그램들은 모든 분야, 특히 대학과 관리 개발 기업에서 나왔다. 관리자들은 역할 연기 연습에 참여하고, 다양한 관리 상황들을 해결하며 영화와 강좌에 참여한다.

관리 개발
좋은 관리자가 되기 위하여 직원들을 훈련하고 교육하는 과정으로 시간이 지남에 따라 관리 기술의 발달을 모니터링할 수 있다.

관리 개발은 비즈니스의 목적을 달성하고 새로운 관리 문제가 발생했을 때 이를 위한 도구로 점점 더 많이 사용하고 있다.[36] 프록터 앤 갬블(Procter&Gamble), 마이크로소프트(Microsoft), 골드만삭스(Goldman Sachs)의 경영진은 관리 개발에 대한 엄청난 규모의 투자를 기반으로 만들어졌다.[37] 대부분의 관리 훈련 프로그램들은 다음의 사항을 포함한다.

- 직장 내 지도 – 이것은 선임 관리자가 하급의 관리자에게 필요한 기능들을 가르치고 일반적으로 방향 제시, 충고 및 도움이 되는 조사 결과를 제공함으로써 그들을 돕는 것을 의미한다.
- 임시대역 배우 직책(understudy positions) – 차관(undersecretary)과 조수(assistant)와 같은 직책들은 관리자 개발을 위한 성공적인 방법 중 하나이다. 선택된 직원들이 고급관리자들의 조수로서 일하며, 고급관리자가 될 때까지 기획이나 다른 관리 기능들에 참여한다.
- 업무 순환(job rotation) – 조직의 여러 기능의 습득을 위하여 관리자들에게 종종 다양한 부서들의 직무 할당이 주어진다. 업무 순환을 통하여, 그들의 성공에 필요한 조직의 상황을 폭넓게 파악한다.
- 직장 밖 과정과 훈련 – 관리자들은 기술적인 면과 인간관계 기술을 연마하기 위하여 1주일 또는 그 이상 정기적으로 학교나 세미나에 참석한다. 미시간 대학, MIT, 시카고 대학 등 주요 대학들은 관리자들이 그들의 업무를 보다 더 효율적으로 해낼 수 있도록 하기 위해 특수화된 단기 강의를 제공하고 있다. 맥도날드와 같은 회사들은 관리자들을 위하여 자체적으로 대학을 가지고 있다. 맥도날드 햄버거 대학에서는 관리자들과 잠재적인 체인점 소유주들이 6일간의 수업에 참여한다. 이 과정은 경영대학 36시간 학점 과정과 동등하다.[38]

네트워크의 구축
자신의 조직이나 다른 조직의 핵심 관리자들과의 연결을 확립하고 유지하는 과정이며, 비공식적인 개발 시스템에 이용될 수 있는 돈독한 관계를 만들기 위하여 이와 같은 접촉을 이용하는 과정

이와 같은 비공식적인 모임은 그들의 분야에서 종사하는 사람들과 새로운 연결고리를 형성하도록 한다. 왜 젊은 직원들이 이러한 비공식적인 교류를 좋아한다고 생각하는가?

네트워크의 구축

네트워크의 구축(networking)이란 자신의 조직이나 다른 조직들의 핵심 관리자들과의 접촉을 확립하고 유지하는 과정이며, 비공식적인 개발 시스템들에 이용될 수 있는 돈독한 관계를 만들기 위하여 접촉을 이용하는 과정이다. 잠재적 관리자

멘토
하급 직원들을 감독하고 지도하며, 적절한 사람들에게 소개함으로써, 이들을 인도하고 이들의 조직 내 후원자가 되는 경험 있는 직원

들에게 동등하거나 더 중요한 것은 **멘토(mentor)**인데, 이는 선발된 하급 직원들을 감독하고, 지도하며, 적절한 사람들에게 소개함으로써, 이들을 인도하고 이들의 조직에 대한 후원자 역할을 하는 협동 관리자이다. 실제로 대부분의 조직의 경우 비공식적인 멘토링의 형식은 고참 직원들이 신참 직원들을 도우면서 진행된다. 그러나 많은 조직들은 강한 잠재력을 지니기 위하여 멘토들을 직원들에게 할당하는 공식적 시스템을 사용하고 있다.

기업은 멘토링 프로그램이 (1) 리크루팅과 직원 유지 향상 (2) 직원들의 몰입 증진 (3) 비용 절감 (4) 숙련된 기술과 더 나은 태도와 같이 많은 이익을 제공한다고 말한다.[39]

네트워크 구축과 멘토링은 비즈니스 환경 이상의 도움을 줄 수 있다는 것이 중요하다. 예를 들어, 대학은 네트워크 구축을 시작할 수 있는 완벽한 장소이다. 여러분이 교수들과 인턴십을 통한 지역 비즈니스 인사들 및 여러분의 동창생들과 함께 구축한 관계는 여러분의 장래 진로를 위하여 활용할 수 있는 가치 있는 네트워크가 될 수 있다.

관리 개발 속의 다양성

오늘날, 남성보다 여성이 직원으로써 더 많이 일하고 있다.[40] 여성들이 관리 분야에서 활동을 시작하면서 그들 역시 네트워크 구축과 멘토의 중요성을 배웠다. 그러나 대부분의 고참 관리자들이 남성이기 때문에 여성들은 남성들보다 멘토를 찾고 네트워크 속으로 진입하는 데 더 많은 어려움을 겪는다. 1998년, 미국 대법원이 오랫동안 남성들에게만 열려 있던, 비즈니스 활동이 전개되고 접촉이 이루어지고 있는 특정한 회원 조직에서 여성들을 배제하는 것은 불법이라고 판결하여 여성 관리자들에게 큰 승리를 안겨주었다. 이 결정은 더 많은 여성들이 이미 구축되어 있는 네트워크에 점점 더 많이 진입하고 있거나 어떤 경우에는 그들만의 네트워크를 만들도록 했다. 오늘날, 여성들은 권위 있는 클럽인 어거스타 내셔널 골프클럽(Augusta National Golf Club)과 같은 곳의 멤버로 네트워크를 구축하고 있으며, 점점 더 많은 수의 여성들이 미국의 가장 큰 기업의 임원이 되고 있다.[41]

마찬가지로, 아프리카계 미국인이나 히스패닉계 관리자들도 네트워크 구축의 가치를 배우고 있다. 두 그룹 다 함께 일하면서 자본의 풀(pool)을 만들고, 성공으로 가는 길목에 있는 기존 장애물을 넘는 것을 도와주는 새로운 기회를 만들고 있다. 블랙 엔터프라이즈(Black Enterprise) 잡지는 아프리카계 미국인 전문직들을 위하여 매년 몇몇의 네트워크 구축 포럼을 후원하고 있다.[42] 경력 증진을 위한 히스패닉 연대(Hispanic Alliance for Career Enhancement: HACE)는 히스패닉인들의 직업 기회를 확충하고 경력을 증진하기 위한 목적을 갖고 있다. MJAA는 아시아계 미국인 전문직들이 미국 내 비즈니스 속으로 동화될 수 있도록 도와주는 협회이다.

여성들과 소수 민족 관리자 개발을 위한 주도권을 가진 회사들은 핵심적인 세 가지 원칙을 이해하고 있다. (1) 여성들과 소수 민족들을 관리자 위치로 훈련시키는 것은 합법성, 도덕성, 사기 진작과는 무관하다. 그것은 장기적 수익성을 위한 핵심사항인 더 많은 재능을 회사 안으로 가지고 들어오는 것과 관련되어 있다. (2) 가장 좋은 여성들과 소수 민족들을 유인하기가 더 어려워질 것이므로 초기 시기부터 이와 같은 발전을 위해 노력하는 회사들은 나중에 유리할 것이다. 그리고 (3) 모든 수준의 여성들과 소수 민족 출신 직원들이 많

다는 것은 비즈니스가 점차 증가하는 여성과 소수 민족 고객들에게 더 나은 서비스를 제공할 수 있다는 의미이다. 만약 여러분이 무대 뒤에서 일하는 다양한 사람들을 보유하고 있지 않다면 어떻게 회사 현관에 들어오는 다양한 사람들을 만족시키겠는가?

학습목표 11-6 직원 성과 평가의 6단계를 요약할 수 있다.

최상의 결과를 얻기 위한 직원 성과의 평가

관리자들은 직원들이 최소한의 잘못과 중단으로 효과적이고 의미 있게 업무를 수행하는지를 결정할 수 있어야 한다. 이를 위하여 그들은 성과 평가를 이용한다. **성과 평가 (performance appraisal)**는 직원들의 성과 수준을 승진, 보상, 추가 훈련, 해고 등의 결정을 하기 위하여 구축되어 있는 표준과 대조하여 측정하는 평가이다. 성과 평가는 다음 여섯 단계로 이루어진다.

성과 평가
직원들의 성과 수준을 승진, 보상, 추가 훈련, 해고 등의 결정을 위하여 구축되어 있는 표준과 대조하여 측정하는 평가

1. 성과 표준의 구축 – 이것은 중요한 단계이다. 표준은 이해될 수 있고, 측정이 가능하며, 합리적이어야 한다. 그리고 관리자와 직원 모두가 받아들일 수 있어야 한다.
2. 표준에 대한 의사소통 – 관리자들은 종종 직원들이 자신에게 기대하는 것이 무엇인가를 알고 있다고 가정하지만 이는 위험하다. 직원들은 명확히 그리고 정확하게 그 표준과 기대가 무엇이며, 그것들에 대하여 어떻게 대처해야 하는지를 전달받아야 한다.
3. 성과 평가 – 만약 처음 두 단계가 제대로 되었다면, 성과 평가는 비교적 쉽다. 그것은 직원의 행동이 표준과 잘 맞는가를 보기 위하여 직원의 행동을 평가하는 일이다.
4. 결과에 대한 직원들과의 토의 – 직원들은 처음에 잘못을 저지르고 기대사항에 못 미치는 경우가 대부분이다. 새로운 업무를 배우고 그것을 잘 하려면 시간이 걸린다. 한 직원의 성공과 개선이 필요한 영역에 대하여 토의하면 관리자의 이해에 도움을 주며, 직원이 더 나은 성과를 올릴 수 있도록 관리자가 지도할 수 있는 기회가 된다. 성과 평가는 또한 직원들이 업무를 잘할 수 있는 방법을 제시할 수 있다.
5. 개선 조치 취함 – 성과 평가의 일부분으로 관리자는 직원이 업무를 더 잘 수행하도록 돕기 위하여 개선 조치를 취하거나 피드백을 제공할 수 있다. 핵심어가 성과(performance)라는 것을 기억하라. 이와 같은 평가를 실행하는 주요 목적은 직원의 성과를 가능한 개선하려는 것이다.
6. 결정을 위한 평가 결과의 활용 – 승진, 보상, 추가 훈련, 해고 결정은 모두 성과 평가에 근거한다. 효과적인 성과 평가 시스템은 그와 같은 결정에 대한 특정한 법률적 조건을 만족시키는 방편이기도 하다.

효과적인 관리란 직원들이 최상의 성과를 얻는 것을 뜻한다. 그것이 그 조직의 모든 수준에서 성과 평가를 하는 이유이다. 최고 수준의 관리자들도 직원들에 의한 평가 검토(performance review)의 덕을 본다.

360도 리뷰(360 degree review)는 해당 직원을 둘러싼 모든 방향, 즉 하위, 상위 또는 동등 직위로부터 의견을 수집하여 정확하고 포괄적인 아이디어를 얻는 것을 목표로

한다.

제너럴 일렉트릭(General Electric), 킴벌리 클라크(Kimberly-Clark), 코카콜라(Coca-Cola) 등 많은 기업들이 공식적인 연말 평가가 아닌 지속적인 실적 평가로 옮겨가고 있다. 이러한 성과관리 전략을 통해 직원들은 기업이 요구하는 목표를 달성하거나 필요한 경우 신속하게 회사를 떠날 수 있도록 하는 데 초점을 맞춘 지속적인 실시간 피드백을 모바일 앱으로 주고받을 수 있다. 이러한 전략은 특히 더 많은 피드백, 더 많은 코칭, 자신의 커리어에 대한 더 나은 아이디어를 원하는 밀레니얼 세대의 직원들에게 환영받고 있다.[43)]

시험 준비

- 네 가지 훈련 기술을 나열하고 설명하라.
- 성과 평가의 일차적 목적은 무엇인가?
- 성과 평가의 여섯 단계는 무엇인가?

학습목표 11-7 직원 보상 프로그램의 목적과 급여 시스템 및 부가 급부(fringe benefit)에 대해 요약할 수 있다.

직원들의 보상: 최상의 직원 유인 및 유지

경쟁에 기반한 수준 높은 보상과 혜택 프로그램은 직원의 효율성과 생산성에 엄청난 영향을 미칠 수 있다. 때로는 회사가 보너스 제공을 통해 아주 뛰어난 성과를 보상하곤 한다. 당신의 교수는 수업 시간 내 당신의 뛰어난 성과에 대해 보너스 같은 상을 준 적이 있는가?

기업들은 고객들에 대하여만 경쟁하는 것은 아니라 직원들에 대하여도 경쟁한다. 보상은 능력 있는 직원을 유인하기 위하여 사용되는 주된 도구 중 하나로 많은 조직에서 가장 비용이 많이 드는 것 중 하나이다. 어떤 회사의 장기적 성공은 아마도 그 회사의 생존까지도 그 회사가 인건비와 직원 효율을 얼마나 잘 관리하는가에 달려 있다. 예를 들면, 병원, 호텔, 항공사와 같은 서비스 조직은 노동집약적 기업이기 때문에(조직 운영에 가장 많은 비용을 차지하는 것은 인건비임을 의미한다) 최근 높은 인건비로 힘들어하고 있다. 자동차, 철강 분야의 직원들은 회사를 더 경쟁력 있게 만들기 위하여 임금 삭감을 받아들였다. (이러한 것을 기득권 반환이라고 한다.) 이러한 예들은 보상 및 혜택이 우리의 특별한 관심을 끄는 이유의 일부분일 뿐이다. 사실, 몇몇 전문가들은 사람을 얼마나 잘 대우할까 결정하는 것이 오늘날 최대의 인적자원 문제라고 생각한다.

주의 깊게 관리되는 보상과 혜택 프로그램은 아래와 같은 여러 목표를 달성할 수 있게 한다.

- 조직에 필요한 사람들을 충분히 유인한다.
- 직원들에게 효과적으로 그리고 높은 생산성으로 일하도록 인센티브를 제공한다.
- 가치 있는 직원들이 경쟁자에게 가거나 경쟁 회사를 설립하지 않도록 유지해준다.

그림 11.4 **급여 시스템**

급여(salary)

주 단위, 격주 단위, 혹은 월 단위로 계산된 고정 급여이다(예: 월별 1,600달러 혹은 주당 400달러). 급여 직원은 추가로 근무하는 시간에 대해 추가적인 급여를 받지 않는다.

시간제 직원 혹은 일당 직원(hourly wage or daywork)

급여가 몇 시간 혹은 근무한 일을 기준으로 계산되며, 대부분의 블루칼라 혹은 사무직 직원들에 적용된다. 종종 직원들은 업무를 하기 위해 도착한 시간과 떠난 시간을 시간표에 기입해야 한다. 시간당 급여 수준은 매우 다양하다. 미국 정부에서 지정한 최소 임금은 시간당 7.25달러이며, 최고 수준의 급여는 시간당 40달러 이상으로 갈 수도 있다. 이러한 급여는 전체 급여의 30% 이상을 추가할 수 있는 퇴직 급여와 같은 혜택은 포함하지 않는다.

성과급제(piecework system)

시간이나 일에 따라 급여를 제공하지 않고, 성과에 따라 급여를 제공하는 경우. 이러한 급여는 직원들이 효율적이고 생산적으로 일할 수 있는 강한 동기부여를 준다.

커미션 제도(commission plans)

판매량에 비례하여 커미션 형태로 급여를 주는 제도. 판매 직원을 보상하기 위해 종종 이용되며, 동기부여 차원에서 성과급제와 유사하다.

보너스 제도(bonus plans)

어떤 목표를 달성하거나 초과 달성 시 수여되는 추가 급여. 두 가지 형태가 있다. 금전적인 보너스와 비금전적인 보너스. 금전적인 보너스는 언제나 환영받는 방식이다. 비금전적인 보너스는 직원의 가족들에게 보내지는 감사 편지, 영화 티켓, 꽃, 임시 휴가, 상품권, 쇼핑 쿠폰 등의 형태로 제공된다.

이익분배(profit-sharing plans)

연간 보너스는 기업이 창출한 이익에 기반하여 직원들에게 제공된다. 개별 직원들에게 미리 정해져 있는 퍼센티지에 입각해 제공된다. 이익 분배는 성과 기반 급여의 가장 흔한 형태로 이용된다.

목표달성분 배분(gain-sharing plans)

직원에게 제공되는 연간 보너스는 품질 목표나 고객 만족도 혹은 생산 목표 등 구체적인 목표를 달성한 것에 기반한다.

스톡옵션(stock options)

구체화된 기간 동안 구체화된 가격으로 회사의 주식을 살 수 있는 권리. 이러한 권리는 주가가 크게 올랐을 때에도 싸게 회사 주식을 살 수 있는 권리를 준다. 예를 들어, 만약 직원이 회사에 근무하는 동안 만 주의 회사 주식을 10달러에 살 수 있는 스톡옵션 권리를 받았는데, 만약 회사 주가가 주당 100달러로 올랐을 때, 직원은 스톡옵션 권리를 활용해 만 주(백만 달러에 상응하는 가치)를 십만 달러에 살 수 있다.

- 일자리를 만족스럽게 하여 생산성을 높이면 비용이 낮아져 시장에서 경쟁력이 유지된다.
- 직원들에게 건강보험과 은퇴 혜택을 통하여 재정적 안전성을 제공한다.

급여 시스템

많은 회사들은 에드워드 헤이(Edward Hay)에 의해 고안된 헤이(Hay) 급여 시스템을 사용하고 있다. 이 보상 계획은 일의 계층들에 기본을 두며, 각 일의 계층에는 엄격한 급여 범위가 있다. 이 시스템은 노하우, 문제 해결 그리고 책임이라는 세 가지의 핵심 요소를 기반으로 하여 만들어졌다.

오늘날 가장 일반적으로 사용되는 급여체계는 시장 기반(market-based)이다.[44] 시장 기반 급여체계를 사용하는 기업은 조직 내에서의 직급과 관계없이 일자리의 시장 가치에 비례하여 보상한다. 기업은 다른 기업이 지불하는 금액을 알아본 뒤에 그와 동일하거나, 더 많거나, 더 적게 지불하기로 결정한다. 예를 들어, 시장의 관점에서는 숙련된 기술 인력의 수요가 많고 공급이 부족하기 때문에 특정 정보기술(IT) 인력이 관리자보다 더 많은 급여를 받아야 한다고 제안할 수 있다.[45]

조직이 직원들에게 급여를 지급하는 방식은 효율성과 생산성에 큰 영향을 미칠 수 있다. 따라서 경영자들은 직원들에게 공정하게 보상할 수 있는 시스템을 찾는다. 그림 11.4는 가장 보편적인 급여 시스템을 약술한 것이다. 여러분은 무엇이 가장 공평한 시스템이라고 생각하는가?

팀에 대한 보상

지금까지 우리는 개인들에 대한 보상에 대하여 이야기하였다. 팀들에 대해서는 어떠한가? 여러분은 여러분의 팀이 단지 개인들의 집합체보다는 더 나은 것이기를 원하기 때문에 개인들에게 보상을 하듯이 팀에게도 보상을 하겠는가? 팀에 속해 있는 개인의 성과를 평가하고 보상하면서 동시에 팀의 성과를 보상하는 것은 까다로운 일이다. 그럼에도 불구하고 할 수 있는 일이기도 하다. 예를 들어, 미국 프로 풋볼 선수들이 슈퍼보울(Super Bowl)에 출전할 때 개인적으로 보상을 받으면서 팀으로도 보상을 받는다. 회사들은 요즈음 이와 유사한 인센티브 제도를 실험하고 있으며, 또한 개발하고 있다.

팀 보상 관련 연구의 공동 저자인 제이 슈스터(Jay Schuster)는 보상이 엄격하게 개인의 성과에 기본을 둘 때는 팀의 응집력이 손상되고 협동적인 노력으로 팀의 목표를 달성할 가능성이 더 적어진다는 것을 간파하였다. 기능을 기본으로 한 보상과 이익 분배는 팀을 위한 가장 보편적인 두 가지 보상 방법이다.

기능을 기본으로 한 보상(skill-based pay)은 개인과 팀 모두의 성장과 관련되어 있다. 팀 멤버가 새로운 기능을 배우고 적용할 경우 기본 보상이 인상된다. 예를 들면, 볼드리지(Baldrige) 상 수상자인 이스트만 케미컬(Eastman Chemical)은 자사의 팀에 기술적 · 사회적 및 업무 지식 기능 면에서 숙달되면 보상한다. 교차 기능 보상(cross functional compensation) 정책팀이 그 기능을 정의한다. 기능을 기본으로 한 보상에는 두 가지 결점이 있다. 제도가 복잡하다는 점과 기능의 획득과 이익의 획득을 상호 관련짓기 어렵다는 점이다. 기능 보상의 장점은 향상된 직원의 기술 개발과 직업 만족도를 포함한다.[46]

드래곤 길들이기를 개발했던 드림웍스 스튜디오(DreamWorks Studios)의 직원들은 무료 조식이나 점심, 오후 요가 수업이나, 무료 영화 감상이나, 회사 내 미술 수업이나, 월간 파티 등의 시간들을 좋아한다. 이러한 부가적 급부(fringe benefit)가 직원의 업무 성과에 어떠한 영향을 미칠까?

대부분의 이익 분배(gain-sharing) 제도에서 보너스는 이전의 성과 기준 이상의 개선에 바탕을 둔다.[47] 미국의 가장 큰 철강제조업체 중 하나인 뉴코 스틸(Nucor Steel)은 성과의 질을 기반으로 보너스를 계산하여, 결함 없이 생산된

우리의 경계를 넘어 직원의 행복 유지

국제적 인력의 인적자원 관리는 조직이 운영되는 모든 국가의 개별 관습, 법률 및 지역 사업의 요구 사항을 이해하는 데서 시작된다. 국가별로 다른 문화와 법률 기준은 다양한 인적자원 기능에 영향을 미칠 수 있다.

- 보상: 임금은 외화로 환산해야 한다. 대체로 국제 업무를 담당하는 직원은 거주 이전, 자녀 교육, 주거, 여행 및 기타 업무 관련 비용에 대한 특별 수당을 받는 경우가 많다.
- 헬스케어 및 연금 기준: 혜택에 대한 사회적 맥락은 국가마다 서로 다르다. 네덜란드에서는 정부가 퇴직소득과 헬스케어 서비스를 제공한다.
- 유급휴가: 많은 유럽 고용주들의 기준은 4주의 유급휴가이다. 그러나 다른 많은 나라들은 병가, 개인 휴가, 가족 및 의료 휴가 등 미국에서 제공되는 단기 및 장기 휴가 정책을 가지고 있지 않다. 글로벌 기업들은 휴가의 정의를 명확히 하여 표준화시킬 필요가 있다.
- 세금: 나라마다 과세 규정이 다르며, 임금 지급을 담당하는 부서는 각 나라 규정에 맞게 일을 처리해야 한다.
- 커뮤니케이션: 직원들이 해외로 파견을 나가야 할 경우 본국과 단절된다는 느낌을 많이 받는다. 여러 최신 기술은 멀리 떨어져 있는 직원들이 직접적인 접촉을 유지하고 있다고 느끼도록 돕는다. 기업들은 종종 화상 회의를 통해 직원들이 서로 얼굴을 맞대고 대화할 수 있도록 한다.
- 규제 요구: 미국의 공정노동기준법, 인도의 공장법, 중국의 노동법 모두 노동법과 노동권에 영향을 미친다.

본국의 인적자원 정책은 다른 나라와 문화의 조건, 관행에 의해 점점 더 많은 영향을 받고 있다. 인적자원 관리자들은 자신과 조직 전체가 해외의 문화 및 비즈니스 관행에 민감하게 반응하도록 노력할 필요가 있다.

출처: John Winsor, "Mindfully Employ a Global Workforce by Staying Sensitive to Language Identity," Forbes, December 31, 2019; Jeanne Meister, "Top 10 HR Trends That Matter Most in the 2020 Workplace," Forbes, January 15, 2020; "Strategies to Reskill the Global Workforce," Yahoo! Finance, finance.yahoo.com, accessed February 2020.

철강의 총량을 기반으로 보너스를 지급한다. 팀이 얻을 수 있는 보너스의 양에는 제한이 없다. 이전의 성과에 기반을 한 보너스의 단점은 직원들이 목표에 만족할 정도로 향상시키지만, 그 이상은 하지 않을 수 있다는 점이다. 내년 그들의 타깃은 올해의 성과에 기반하기 때문에, 도달할 수 없는 새로운 목표를 세우는 위험을 원하지 않는다.

개개의 팀 선수들에게도 보상을 하는 것이 중요하다. 뛰어난 팀 선수들은 필요한 것 이상을 달성하고 회사에 뛰어난 개인적 공헌을 한 사람들이다. 그들의 추가적인 공헌에 대해 따로 표창받아야 한다. 표창에는 금전적인 보상뿐만 아니라 비금전적인 보상도 포함된다. 균등하지 않은 팀 참여를 보상하는 가장 좋은 방법은 팀이 개인적인 보상의 종류를 결정하도록 하는 것이다. 결론적으로 여러분이 팀 보상을 지지한다면, 팀원들이 스스로를 보상하도록 팀에 자유를 주는 것이 필요하다.

부가 급부

부가 급부(fringe benefits)는 직원들에게 기본 임금 이상으로 추가적인 보상을 제공하는 병가, 유급휴가, 연금제도 및 의료보험제도를 포함한다. 부가 급부는 최근 수년간 임금보다 더 빠르게 성장하였다. 사실, 직원 이익은 더 이상 '부가'로 여겨질 수 없다. 1929년도에는 그와 같은 이익이 지불 급여 총액의 2% 이하로 계산되었지만, 근래에는 지불 급여 총액의 약 30%에 이른다.[48] 직원의 건강 관련 비용은 치솟았고, 이에 따라 직원들은 보수의 많은 부분을 지불해야만 했다. 많은 직원들은 높은 세금을 피하기 위하여 더

부가 급부
직원들에게 기본 임금 이상으로 추가적인 보상을 제공하는 병가, 유급휴가, 연금제도 및 의료보험제도와 같은 급부

많은 봉급보다는 더 많은 부가 급부를 요청한다. 이것은 많은 논쟁을 야기하였으며, 당국의 많은 조사가 행해졌다.

부가 급부에는 휴양 시설, 회사 자동차, 골프클럽 회원권, 할인 마사지, 특별 주택 모기지(home-mortgage)율, 유급 및 무급 안식년, 주간 탁아 서비스, 임원 만찬실 등이 포함될 수 있다. 직원들은 치과 치료, 정신과 치료, 노인 예방 진료, 법률 컨설팅, 안과 치료와 짧은 주당 노동시간이 포함된 패키지를 원한다.[49] 학생 대출 상환과 낮은 금리 대출이 밀레니얼들을 위한 두 가지 새로운 직원 혜택이다.[50]

포춘의 '일하고 싶은 100대 기업들' 목록에 있는 다수의 회사들은 우수한 직원들을 유지하는 데 많은 유인이 필요하다는 것을 알고 있기 때문에 소위 소프트 혜택(soft benefit)을 제공하고 있다. 소프트 혜택은 근면한 직원들이 업무의 본질만큼이나 중요하다고 여겨지는 일과 가족생활 간의 균형을 유지하는 데 도움을 준다. 이와 같은 부수입에는 현장 이발, 구두 수선, 아파트 관리 서비스 및 무료 조식과 같은 것들이 포함된다. 직원들이 심부름이나 자질구레한 일에서 자유로워지면 가족과 일에 더 많은 시간을 낼 수 있다. 기업은 인턴에게 무료 주택 대여, 무료 식사, 비디오 게임 아케이드, 자동차, 여행, 호텔 할인, 현장 세탁 그리고 다른 다양한 혜택을 제공한다.[51]

자유롭게 선택할 수 있는 부가 급부
직원들이 자기가 원하는 혜택을 특정 금액까지 마음대로 선택할 수 있는 부가 급부 계획

한때, 대부분의 직원들은 비슷한 형태의 부가 급부를 선택했다. 그러나 요즘은 직원들 중 몇몇은 육아 혜택을 원하지만, 다른 직원들은 비교적 많은 연금 혜택을 원할 수도 있다. 직원들의 더 많은 요구에 대응하기 위하여 대형 기업들의 반 이상이 직원들에게 **자유롭게 선택할 수 있는 부가 급부(cafeteria-style fringe benefit)** 제도를 제공하고 있다. 이 제도 하에서는 직원들이 자기가 원하는 혜택을 특정 금액까지 마음대로 선택할 수 있다. 인적자원 관리자들은 이를 통해 직원들에게 선택의 기회를 제공함으로써 그들의 요구를 공정하고 비용 효율적으로 충족시킬 수 있다.[52]

혜택 프로그램을 위한 행정 비용이 너무 높아짐에 따라, 다수의 회사들은 이 기능을 아웃소싱하고 있다. 직원들이 다른 나라에서 근무하고 있을 때는 혜택에 관한 관리가 특히 복잡해질 수 있다. '우리의 경계를 넘어' 글상자에서 세계적 규모의 비즈니스가 직면한 새로운 인적자원 문제에 대하여 논의하고 있다. 간단히 말해, 혜택은 요즈음 임금 협상과 리크루팅에 있어서 봉급만큼이나 중요하다. 앞으로는 봉급보다도 더 중요할 수 있다.

학습목표 11-8 관리자들이 직원들의 요구에 맞추기 위해 사용하는 일정 조정 제도에 대해 기술할 수 있다.

조직과 직원의 요구에 부응하기 위한 직원들의 근무시간

업무 현장에서의 트렌드와 교통 비용의 증가는 직원들이 업무 스케줄의 보다 유연한 관리를 추구하도록 이끌었다. 근무시간 자유 선택제도(flextime plans), 재택근무 및 업무 공유 제도(job sharing plans)는 직원들이 원하는 중요한 혜택이 되었다.[53]

근무시간 자유선택제도
직원들에게 일정 근로시간만큼 일한다면, 어떤 시간에 일할지를 선택하는 자유를 주는 근로 스케줄

근무시간 자유선택제도

근무시간 자유선택제도(flextime plan)는 직원들에게 일정 근로시간만큼 일한다면 어떤

중소기업 스포트라이트

9시부터 5시까지 일할 것인가? 아니면 8시부터 1시까지 일할 것인가?

gartner.com

많은 노동자들처럼, 라세 라인간스(Lasse Rheingans)도 페이스북을 확인하고 모든 이메일에 답장하는 시간이 그의 일일 업무 목표에서 그를 산만하게 한다는 것을 깨달았다. 그가 독일 빌레펠트의 한 중소 규모 기술 컨설팅 회사를 인수하면서 급진적인 변화를 결심한 것도 이 때문이다. 그는 근로자들의 급여와 휴가는 같은 수준으로 유지하면서 정상 근무 시간을 기준 8시간에서 5시간으로 줄였다. 오늘날 라인간스 디지털 인에이블러(Rheingans Digital Enabler)에서는 16명의 직원이 오전 8시에 업무를 시작하여 오후 1시에 퇴근한다.

라인간스에 따르면, 직원들은 주의 분산된 상태의 40시간 근무에서 달성한 것과 동일한 성과를 25시간 근무에도 낼 수 있다. 그의 목적을 달성하기 위해, 직장에서 잡담은 금지되고, 소셜 미디어 사용은 금지되며, 휴대폰은 가방에 보관된다. 회사 이메일 계정은 하루에 두 번 확인되며, 회의는 15분으로 제한된다. 그 결과, 그의 회사는 근무 일수가 짧음에도 불구하고 같은 수준의 성과를 보였다.

캘리포니아 샌디에이고에 있는 타워 패들 보드(Tower Paddle Boards)는 2015년에 하루 5시간 근무 제도를 실시했다. 스테판 아르스톨(Stephan Aarstol) 최고경영사는 조기 실험은 성공적이었으나 나중에 5시간씩 여름철로 한정한다고 말했다. 가트너(Gartner)의 연구 책임자인 브라이언 크롭(Brian Kropp)은 하루 5시간 근무가 타당하며, 돈보다 노동 유연성을 더 중요하게 여기는 기업들이 증가하는 추세에 잘 부합한다고 말한다. 또한, 하루 5시간 근무는 소규모 기업들에게 대기업이나 자리 잡은 기업에서 근로자들을 끌어모으는 이점을 줄 수 있다.

출처: Eric Morath, "Five-Hour Workday Gets Put to the Test," October 24, 2019; Walden Siew, "Experimenting with New Workplace Models," benefitnews.com, accessed February 2020; Renato Profico, "To Get More Done in Four-Hour Workdays, Do These Three Things," January 15, 2020.

시간에 일할지를 선택하는 자유를 주는 제도이다. 가장 인기 있는 제도는 직원들이 오전 7시에서 9시 사이에 출근하고 오후 4시부터 6시 사이에 퇴근하는 것이다. 통상적으로 근무시간 자유선택제도는 **반드시 근무해야 하는 시간대**(core time)를 포함하게 될 것이다. 반드시 근무해야 하는 시간대는 모든 직원들이 업무 장소에 있을 것으로 예상되는 시간대를 말한다. 예를 들면, 한 조직은 반드시 근무해야 하는 시간대를 오전 9시와 오전 11시 사이 그리고 오후 2시와 4시 사이로 명시할 수 있다. 이 시간대에는 모든 직원

반드시 근무해야 하는 시간대
근무시간 자유선택제도에서 모든 직원들이 업무 장소에 있을 것으로 예상되는 시간대

그림 11.5 근무시간 자유선택제도 차트

이 회사에서 직원은 업무 시작을 오전 6:30에서 9:30 사이 아무 때나 시작할 수 있다. 오전 11시에서 오후 2:00 사이 아무 때나 30분간의 점심시간을 가질 수 있고, 오후 3:00에서 6:30 사이 아무 때나 업무를 종료할 수 있다. 모든 사람들이 하루에 8시간씩 근무해야 한다. 파란색 화살표가 보여주는 것은 직원들의 가장 흔한 자유선택 시간표이다.

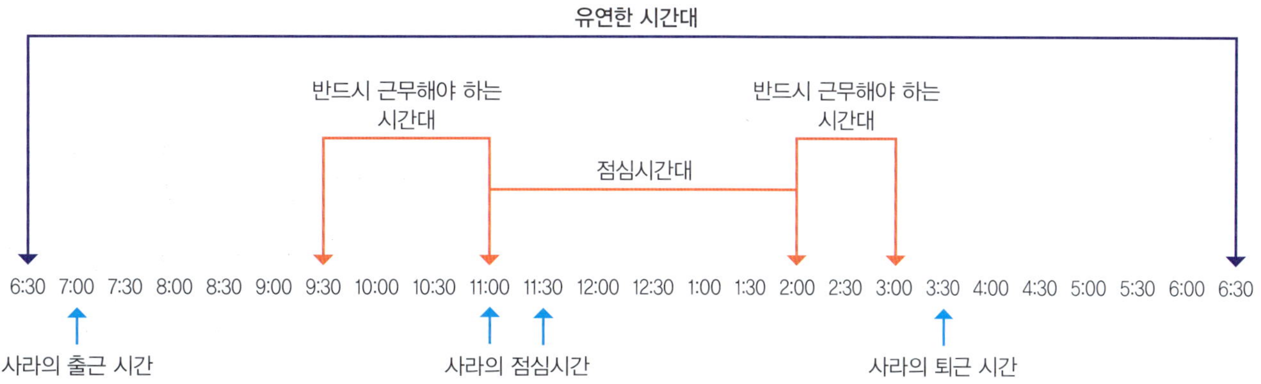

들이 근무해야 한다(그림 11.5 참조). 근무시간 자유선택제도는 직원들이 업무와 가정의 균형을 조정할 수 있도록 한다. 맞벌이 가족들에게는 특히 더 도움이 된다. 기업은 근무시간 자유선택제도가 직원의 생산성과 사기를 북돋운다는 것을 알고 있다.

근무시간 자유선택제도는 모든 조직들을 위한 것은 아니다. 이 제도는 모든 사람이 같은 시간에 일을 해야 하는 패스트푸드점이나 조립라인 공정에는 적합하지 않다. 근무시간 자유선택제도의 다른 단점은 관리자들이 종종 직원들을 돕고 감독하기 위하여 더 많은 시간 동안 일을 해야 한다는 것이다. 몇몇 조직들은 근무시간 자유선택제도가 오전 6시부터 오후 6시까지 운영된다. 근무시간 자유선택제도는 의사소통을 더 어렵게 만든다. 어떤 사람이 특정 직원들에게 말을 해야 할 필요가 있을 때 그들이 그 자리에 없을 수도 있기 때문이다. 더구나 주의 깊게 감독하지 않으면, 몇몇 직원들은 이 제도를 악용할 수 있으며, 그것은 다른 사람들을 화나게 할 수 있다.

압축된 주 근로시간
직원이 보통 근무해야 할 주당 근무 일수보다 적은 근무 일수 안에서 주당 일해야 하는 근로시간을 꽉 채워서 일하는 것을 허용하는 근로 스케줄

또 다른 대안은 **압축된 주 근로시간**(compressed workweek)이다. 이것은 직원이 표준적인 근로시간을 꽉 채워서 일하되, 표준근무 일수보다 적은 근무 일수 내에서 하는 것을 말한다. 예를 들면, 어떤 직원은 하루 8시간 일하고 평상시처럼 주말을 보내는 대신 하루 10시간 일하고 더 긴 주말을 보낼 수도 있다. 그러나 몇몇 직원들은 그렇게 긴 시간 동안 일할 경우 지치게 되고 따라서 생산성이 떨어질 수 있다. 많은 직원들은 이와 같은 제도가 큰 혜택이라는 것을 알고 있으며, 이 제도를 매우 좋아한다.[54] 간호사들은 압축된 주 근로시간제도를 자주 선택한다.

유연한 일정이 직원들에게 항상 좋은 것만은 아니다. 당직 시간제(on-call scheduling)라고 부르는 전략은 고용주들이 예고 없이 근로자들을 부르거나 해고하는 것이다. 이러한 관행은 근로자들이 일찍 귀가할 경우 교대 근무의 최소 부분을 급여로 지급하도록 요구하는 법을 위반할 수 있다. 예를 들어, 체인 소매업체와 레스토랑은 매출과 교통 정보를 기반으로 시간당 인력 수요를 결정하는 소프트웨어를 사용하여 느리

코로나 19 팬데믹 기간 동안 많은 직원들이 집에서 일해야 했다. 업무에 집중하고 다른 일들에 집중이 분산되지 않기 위해서는 스스로 자기 훈련이 되어 있어야 한다. 당신은 재택근무를 할 수 있을 만큼 자기 훈련이 되어 있다고 생각하는가?

그림 11.6 **재택근무의 장점과 단점**

재택근무(컴퓨터 단말기를 집에다 두고 하는 telecommuting이라고도 알려져 있다)는 조직 및 개인은 물론이고 전체적으로 사회에 많은 장점과 단점을 제공한다.

거나 바쁜 시간대에 필요한 직원 수를 빠르게 조정할 수 있다. 이러한 유연성은 회사에는 좋지만, 근로자들의 생활과 임금에 스트레스를 줄 수 있다. 당직근무제도는 근로자들이 안정적으로 보육하거나 부업으로 수입을 보충하는 것을 어렵게 만든다.[55] '중소기업 스포트라이트' 글상자에서 직업의 유연성을 더욱 매력적으로 만들 수 있는 흥미로운 전략을 들여다본다.

재택근무(Home Based Work)

45%의 미국 근로자들이 이제 적어도 일주일에 한 번씩 집에서 근무하고 있으며, 재택근무를 하는 근로자의 수는 명백하게 증가하고 있다.[56] 재택근무 직원들은 그들의 시간을 선택할 수 있고 육아나 다른 일을 위하여 근로를 일시 중지할 수 있으며, 여러 개인적인 일로 시간을 보낼 수 있다. 이는 일에 집중하고 쉽게 주의가 분산되지 않는 연습을 필요로 한다. 하지만 이와 같은 어려움에도 불구하고 50%가 넘는 직장인들이 재택근무를 포함한 더 많은 유연성을 제공하는 직장으로 옮길 것이라고 말한다.[57]

재택근무는 결근은 줄이고 생산성은 높이는 반면, 비용은 절감되기 때문에 고용주들에게 이익이 된다. 한 연구에 따르면, 재택근무를 하는 노동자들은 회사에 출근하는 노동자들에 비해 더 생산성이 높고, 더 많은 일을 하며, 더 오래 일을 하고, 휴식 시간을 덜 갖고, 덜 아픈 것으로 나타났다. 재택근무를 하는 노동자들은 출근을 규칙적으로 하는 노동자들에 비해 더 행복하고 덜 이직하는 것으로 나타났다. 이와 같은 결과로 인해 많은 기업들이 원격 근무 정책을 채택하고 있다.[58]

많은 기업들은 다른 시간대에 일하는 직원들이 책상을 공유할 수 있도록 하는 핫-데스킹(hot-desking)을 제공한다. 핫-데스킹은 직원들이 고정된 데스크에서보다 조직 전체에 걸쳐 더 많은 사람을 알게 되므로 더 많은 협업으로 이어질 수 있다. 업무 공간을 공유하는 기업은 하루, 일주일, 한 달 또는 그 이상 대여할 수 있는 핫-데스킹이 있어 전문가들이 서로에 대해 알고 배울 수 있다. 그림 11.6은 재택근무의 조직적, 개인적, 사회적 장단점을 요약한 것이다.

업무공유 제도

업무공유
두 사람의 비상근 직원들이 한 개의 전일제 업무를 공유하도록 하는 조정

업무공유(job sharing)는 두 사람의 비상근 직원들이 한 개의 전일제 업무를 공유하도록 조정하는 것이다. 예를 들어, 학생들이나 어린 아이들을 양육하는 부모들은 아이들이 학교에 간 시간 동안만 업무를 수행하고, 나이가 많은 직원들은 은퇴 전 혹은 후에 파트타임으로 일할 수 있다. 그 혜택들은 다음과 같다.

- 전일제로 일을 할 수 없거나 이를 선호하지 않는 사람들에게 고용기회 확대
- 높은 수준의 열의 및 생산성
- 장기 결근 및 지각의 감소
- 경험 있는 사람들이 이 제도가 없을 경우 떠나는 것을 방지

단점으로는 2배 더 많은 사람들을 고용하고 훈련하며 동기를 부여하고 감독하여야 하며 부가 급부를 분배하여야 한다는 것이다. 그럼에도 불구하고, 처음에는 업무공유 제도 시행을 꺼리던 대부분의 회사들이 이에 따른 장점이 단점보다 많다는 것을 알게 되었다.

학습목표 11-9 직원들의 승진, 재배치, 면직 및 은퇴 등 회사 내 이동 형태에 대해 기술할 수 있다.

직원들의 승진(move up), 이동(move over) 및 퇴출(move out)

직원들은 자신들이 고용된 맨 처음 자리에 항상 머물러 있지 않는다. 그들은 남을 능가하여 승진하기도 하고 실패하여 퇴출되기도 한다. 승진이나 면직에 의한 이동에 더하여 직원들은 재배치나 은퇴에 의해서도 이동될 수 있다. 물론, 직원들은 회사를 떠나거나 다른 회사로 감으로써 스스로 이동하는 것을 선택하기도 한다.

직원들의 승진 및 재배치

많은 기업들이 회사 내부 승진은 직원의 사기를 향상시킨다는 것을 알고 있다. 승진된

직원들은 이미 기업 문화와 절차에 익숙하므로 기본적인 오리엔테이션에 귀중한 시간을 소모할 필요가 없다는 점에서 승진은 비용 대비 효과가 높다.

수평적인 조직구조의 증가로(8장 참고) 직원들이 올라갈 수 있는 자리가 예전에 비해 줄어들었다. 그러므로 요즈음은 직원들이 승진하는 경우보다 새로운 자리로 이동하는 것이 더 보편적이다. 이와 같은 이동은 직원들이 새로운 기능을 개발하고 능력을 발휘하게 해주며, 회사 전반에 대하여 더 많이 배울 수 있게 해준다. 재배치는 승진 기회가 거의 없음에도 불구하고 경험 있는 직원들이 회사에 남아 있도록 동기부여하는 한 방편이다.

직원들의 면직

앞 장에서 논의한 바와 같이 끊임없는 세계적 규모의 경쟁과 기술의 변천, 고객들의 더 큰 가치 요구 및 불안정한 경제적 환경은 인적자원 관리자들로 하여금 면직 또는 해고를 두고 고심하도록 한다.[59] 경기 호황을 맞았을 때에도 많은 기업들은 새로운 전일제 직원들의 고용 및 재고용을 망설이고 있다. 왜 그럴까? 하나의 이유는 직원들을 면직시키는 비용이 엄청나기 때문이다. 면직 결과 잘못된 면직에 따른 피해와 소송 비용뿐만 아니라 그동안 사용한 훈련 비용을 상실할 수 있다. 이것이 많은 회사들이 임시직 직원들을 활용하거나 특정 기능을 아웃소싱하고 있는 이유이다.

코로나 19 팬데믹 기간 동안 경영자들은 더 많은 직원들을 해고해야 하는 상황에 처했다. 여러분은 경제가 회복되면 경영자들이 전일제 직원들을 재고용할 것이라고 생각하는가? 왜 그렇게 생각하는가? 그밖에 경영자들은 어떠한 다른 대안을 갖고 있는가?

한때 미국에서 유행한 고용 원칙은 '뜻대로 하는 고용(employment at will)'이었다. 이것은 직원들이 자의에 의하여 퇴직할 수 있는 자유만큼 관리자들이 직원들을 해고할 수 있는 자유를 가지고 있다는 뜻이다. 요즈음 대부분의 주에서는 직원들을 잘못된 해고로부터 보호하기 위하여 뜻대로 하는 원칙을 제한하는 문서화된 고용 관련 법을 가지고 있다. 예를 들어, 고용주는 더 이상 회사의 불법 행위를 폭로하거나 법 위반을 거부한다는 이유로 누군가를 해고할 수 없다. 소수 집단 혹은 보호 집단에 속한 직원들은 평등 고용 관련 법률의 보호를 받을 수 있다. 일부의 경우, 불법 약물을 복용했다는 이유로 해고된 직원들이 그들이 중독이라는 질병을 앓고 있었다는 근거를 제시하여 장애인 차별 금지법에 호소하여 기업을 고소한 경우도 있었다. 선의를 기반으로 한 입법은 직원들의 업무에 대한 권리를 강화함으로써 경영진이 직원들을 해고할 권리를 제한해 왔다. 잘못된 해고에 대한 소송의 기회를 최소화하기 위한 권고를 보려면 그림 11.7을 참조하라.

직원 은퇴

회사 규모를 축소하고자 하는 기업들은 종종 조기 은퇴 혜택을 제공함으로써 고참(그리고 임금이 더 높은) 직원이 은퇴하도록 유도하곤 한다. 그와 같은 혜택에는 몇몇 회사에서 고액퇴직금(golden handshakes)이라 불리는 일시불 현찰 급여와 같은 재정적 인센티브가 포함된다. 조기 은퇴를 제안하는 것이 직원들을 해고하는 것보다 더 유리한 점은, 조기 은퇴가 잔류한 직원들의 사기를 올린다는 것이다. 고참직원들을 조기 은퇴시키

그림 11.7 **잘못된 해고 소송을 어떻게 피할 수 있나?**

컨설턴트들은 잘못된 해고에 대한 소송을 최소화하기 위하여 다음과 같이 권고한다.

- 고용하기 전, 관리자가 필요한 경우 해고할 수 있는 자유를 가진다는 문서에 신입사원들의 서명을 요청하도록 준비하라.
- 종신고용(permanent employment)과 같은 용어를 무심코 사용하는 약속을 하지 않도록 하라.
- 해고하기 전에 그 이유를 문서화하라. 그리고 해고에 대한 확실한 비즈니스적인 이유를 갖춰라.
- 제일 못한 사람을 먼저 해고하는 원칙을 지켜라.
- 소송 가능성을 줄이는 서면 확인서에 대한 대가로 해직수당을 지급함으로써 위험을 줄여라.
- 직원들에게 해고되는 진정한 이유를 말해주도록 하라. 만약 그렇게 하지 않으면, 평판을 물어오는 다른 고용주들에게 명예훼손 소송의 위험 없이 이유를 밝힐 수 없다.
- 어떤 직원의 해고에 대한 사유를 그 사람의 잠재적인 고용주들에게 밝혀라. 예를 들면, 여러분이 한 직원을 위험한 행동을 이유로 해고하였고 여러분이 그 정보를 여러분의 참고인들에게 알리지 않으면 그 직원이 추후 다음 직장에서 난폭한 행동을 범할 경우 여러분은 소송당할 수 있다.

출처: Sean Peek, "How to Legally Fire an Employee," U.S. Chamber of Commerce, uschamber.com, January 31, 2020.

는 것은 젊은 직원들의 승진 기회를 증가시킨다.[60)]

가치 있는 직원의 상실

재능 있는 직원을 유지하기 위해 한 회사가 노력하였음에도 불구하고 몇몇 직원들은 다른 곳에서 새로운 기회를 추구한다. 그들이 이직하는 이유에 대하여 아는 것은 미래에 다른 좋은 사람을 잃는 것을 방지하는 데 큰 의미가 있다. 직원들 이직의 진정한 이유를 학습할 수 있는 한 방법은 기업에 속하지 않은 외부 전문가가 퇴사 인터뷰를 하는 것이다. 외부자는 상관 앞에서 솔직하게 말하기 힘들어 하는 직원들에게 조사 결과가 솔직하게 나타날 수 있도록 기밀성과 익명성을 보장할 수 있다. 온라인 시스템은 직원들의 퇴사 인터뷰 데이터를 캡처, 추적 및 통계 분석하여 문제 영역을 식별하는 보고서를 생성할 수 있다. 그와 같은 프로그램은 어떤 부서에서 이직이 일어날 것인가에 대한 예측을 위해 출구 인터뷰 자료를 직원 만족도 조사와 병용할 수도 있다.

오프보딩(Offboarding)은 직원들의 퇴사 과정이다. 직원들이 해고되든, 퇴사하든, 그들이 떠나기 전에 해야 할 일들이 있다. 여기에는 임금 정산, 보험 및 혜택 관리, 퇴사 인터뷰 수행, 업무 및 서류 수집, 회사 소유물 반환 등이 포함된다.

최고의 직원들을 고용하고 그들을 보유하는 것은 경쟁적 세계 기업 환경에서 살아남기 위한 열쇠가 된다. 직원들이 업무에 관련하여 갖고 있는 복잡한 이슈들을 다루는 것은 어렵고, 끝이 나지 않는다.

시험 준비

- 여러분은 다섯 가지 직원 보상 기술을 말할 수 있는가?
- 이익분배와 같은 보상 제도가 조직에 어떤 장점들을 줄 수 있는가?
- 근무시간 자유선택제의 장점과 단점은 무엇인가? 재택근무는? 업무공유는?

요약하기

학습목표 11-1 인적자원 관리의 중요성과 인적자원 관리에 대한 현재의 이슈들을 설명할 수 있다.

- **인적자원 분야에서 현재의 도전과 기회는 무엇인가?**
  현재의 도전과 기회 중 많은 것은 변화하는 직원들의 인구통계, 즉 여성, 소수민족, 이민자 및 고령 직원들에 대한 것이다. 다른 도전들은 숙련된 직원의 부족과 비숙련 직원의 범람, 재교육을 필요로 하는 쇠퇴하는 회사에 근무하는 숙련된 직원, 직원들의 업무에 대한 변화하는 자세 및 복잡한 법률과 규정들에 관한 것이다.

학습목표 11-2 인적자원 기획의 5단계를 요약할 수 있다.

- **인적자원 기획의 단계들은 무엇인가?**
  그 다섯 단계는 (1) 해당 조직 직원들의 인적자원 목록 마련, (2) 업무 분석의 준비, (3) 미래 수요의 평가, (4) 미래 공급의 평가, (5) 직원들의 리크루팅, 고용, 교육, 평가, 보상 및 일정 조정 제도 수립이다.

학습목표 11-3 회사들이 새로운 직원들을 리크루팅하기 위해 사용하는 방법과 리크루팅을 어렵게 만드는 이슈들에 대해 기술할 수 있다.

- **인적자원 관리자들이 새로운 직원들을 리크루팅하기 위하여 어떤 방법들을 사용하는가?**
  자원들을 리크루팅하는 것은 내부적 및 외부적으로 분류된다. 내부적 자원에는 회사 내로부터의 고용(전근, 승진, 재배치 등)과 다른 사람을 고용하도록 추천하는 직원들이 포함된다. 외부적 자원에는 광고, 공공 및 사설 직업소개소, 대학 직업소개소, 경영 컨설턴트, 온라인 사이트, 전문적 기관, 소개받은 지원자, 스스로 찾아오는 지원자 및 인터넷이 포함된다.
- **왜 리크루팅이 더 어렵게 되었는가?**
  법률적 제한으로 고용과 해고의 실행이 복잡해지고 있다. 만약 회사들이 매력적인 직장으로 여겨지지 않을 경우 적절한 직원들을 찾는 것이 더 어려워진다.

학습목표 11-4 직원 선발의 6단계를 설명할 수 있다.

- **직원들의 선발에 있어서 여섯 단계는 무엇인가?**
  그 단계들은 다음과 같다. (1) 완전한 지원서 양식의 확보 (2) 초기 및 후속 인터뷰 (3) 입사시험 (4) 배경 조사 (5) 신체검사 결과 확보 (6) 고용 시험기간의 설정
- **임시직 근로자란 무엇인가?**
  임시직 근로자에는 시간제 근로자(주 35시간 미만 근무자), 임시직 근로자(임시직 고용대행업체에서 급여를 받는 근로자), 계절별 근로자, 독립 계약자, 인턴, 산학협력 학생 등이 포함된다.
- **임시직 채용이 이렇게 늘어난 이유가 무엇인가?**

근로자들은 자신의 역할에서 다양성과 유연성과 기술을 보여줄 수 있는 능력을 원하고, 고용주들은 '사람을 고용해야 한다'에서 '일을 완수해야 한다'로 전환했다.

학습목표 11-5 직원들의 훈련과 개발의 여러 방법에 대해 설명할 수 있다.

- **훈련을 위하여 사용되는 활동에는 어떤 것이 있는가?**
  직원 오리엔테이션, 직장 내 또는 직장 밖 훈련, 수습 프로그램, 온라인 훈련, 실습장 훈련 및 직무 체험 프로그램과 같은 활동들을 포함하는 훈련 프로그램이 설계된다.
- **관리 기술의 개발을 위하여 사용되는 방법은 무엇인가?**
  관리 기술 개발에는 업무 중 지도, 임시대역 배우 직책, 업무 순환 및 직장 밖 과정과 훈련이 포함된다.
- **이 과정에서 네트워크 구축은 어떻게 적용되나?**
  네트워크 구축은 추가적인 개발의 협조를 얻기 위하여 조직 내부 및 외부에서 핵심 관리자들과 접촉할 수 있도록 하는 과정이다.

학습목표 11-6 직원 성과 평가의 6단계를 요약할 수 있다.

- **성과는 어떻게 평가되는가?**
  그 단계들은 다음과 같다. (1) 성과 표준의 확립 (2) 그 표준들에 대한 의견 교환 (3) 성과의 평가 (4) 결과 토의 (5) 필요할 경우 개선 조치 (6) 승진, 보상, 추가적인 훈련 또는 해고를 결정하는 데 있어 그 결과의 이용

학습목표 11-7 직원 보상 프로그램의 목적과 급여 시스템 및 부가 급부(fringe benefit)에 대해 요약할 수 있다.

- **어떤 종류의 보상 제도가 사용되고 있나?**
  보상 제도에는 봉급 제도, 시급, 삯일(piecework), 수수료 제도, 보너스 제도, 이익분배 제도 및 주식매입 선택권이 포함된다.
- **팀에 적합한 보상 제도의 형태에는 어떤 것이 있는가?**
  가장 보편적인 것은 이익분배와 기능을 기본으로 한 보상 프로그램이다. 관리자는 또한 팀 내에서의 탁월한 개인적 성과에 대하여 보상하는 것 또한 중요하다.
- **부가 급부란 무엇인가?**
  부가 급부에는 직원들에게 기본 임금 이외에 추가적인 보상을 주는 병가, 유급휴가, 연금제도, 건강보험제도가 포함된다. 많은 회사들은 자유롭게 선택할 수 있는 부가 급부 제도를 제공하고 있는데 이 제도 하에서는 근로자들이 특정 금액까지 자기가 원하는 혜택을 선택할 수 있다.

학습목표 11-8 관리자들이 직원들의 요구에 맞추기 위해 사용하는 일정 조정 제도에 대해 기술할 수 있다.

- **유연성의 필요에 대한 직원들의 요구에 맞추기 위하여 어떤 일정 조정 제도가 사용될 수 있나?**
  이와 같은 제도에는 근무시간 자유선택제도, 압축된 주 근로시간 및 재택근무, 업무공유가 포함된다.

학습목표 11-9 직원들의 승진, 재배치, 면직 및 은퇴 등 회사 내 이동 형태에 대해 기술할 수 있다.

- **직원들은 회사 내에서 어떻게 이동할 수 있는가?**
  직원들은 회사에서 승진, 이동(재배치) 또는 퇴출(해고 또는 은퇴)될 수 있다. 직원들은 또한 다른 곳에서 새로운 기회를 추구하기 위하여 퇴사를 선택할 수도 있다.

주요 용어 정리

건습 프로그램(apprentice program)
관리 개발(management development)
근무시간 자유선택제도(flextime plan)
네트워크의 구축(networking)
리크루팅(recruitment)
멘토(mentor)
반드시 근무해야 하는 시간대(core time)
부가 급부(fringe benefits)
선발(selection)
성과 평가(performance appraisal)
실습장 훈련(vestibule training)
압축된 주 근로시간(compressed workweek)
업무공유(job sharing)
업무 명세(job specification)
업무 분석(job analysis)
업무 설명(job description)
업무 시뮬레이션(job simulation)
오리엔테이션(orientation)
온라인 훈련(online training)
인적자원 관리(human resource management)
임시직 직원(contingent workers)
자유롭게 선택할 수 있는 부가 급부(cafeteria-style fringe benefit)
직장 내 훈련(on-the-job training)
직장 밖 훈련(off-the-job training)
훈련 및 개발(training and development)

사고력 문제

1. 인적자원 관리자는 여러분이 추구할 만한 직업이라고 생각하는가? 여러분이 인적자원 전문가들과 겪은 경험은 무엇인가?
2. 맞벌이 가정이 인적자원 기능에 어떤 영향을 미치는가?
3. 가족 구성원들이 같은 직장에서 함께 일할 때 어떤 문제점이 발생하는가?
4. 만약 여러분이 인적자원 관리자라고 한다면 숙달된 직원들이 은퇴함에 따라 발생하는 '두뇌 유출(brain drain)'을 어떻게 다룰 것인가?
5. 여러분이 한 직원을 해고시켜야 한다고 상상해보라. 그 직원의 해고가 다른 직원들에게 어떤 영향을 미치는가? 여러분이 그 직원과 나머지 직원들에게 어떻게 말할지를 설명해 보라.

원리의 적용

목적

이 연습의 목적은 두 가지이다. 관리자 관점에서의 목적은 인터뷰 동안 관리자들이 묻는 전형적인 질문의 형태를 설명하는 것이다. 지원자 관점에서의 목적은 편한 환경에서 그와 같은 질문에 답하는 것을 연습하기 위한 것이다.

연습

monster.com을 방문하라. 등록 후(무료임) 'Resource'를 클릭하여 가상 인터뷰(Virtual Interview)에 있는 인터뷰 문항에 답하라. 이것은 여러분이 실제로 인터뷰를 할 때 어떤 대답에서의 실수를 방지하기 위하여 여러분의 답을 스스로 테스트할 기회를 제공해준다.

직업기술의 개발

핵심: ● 팀 ★ 분석 ▲ 의사소통 ◘ 기술

◘★ 1. 여러분의 지역 신문에 있는 광고 또는 인터넷을 보고 여러분이 졸업하고 난 후 가지고 싶은 일자리를 최소 2개 찾아보라. 각 광고에서 구체화되어 있는 자격들의 목록을 작성하라. 그 회사에서 지원자들이 이 자격들을 얼마나 잘 만족시키는가를 결정하는 데 사용할 것 같은 방법들을 밝혀보라.

◘★ 2. 부가 급부, 긍정적인 활동 및 기타 인적자원 문제들이 포함되어 있는 가장 최근의 법원 판결에 관한 정보를 찾기 위해 몇몇 비즈니스 정기 간행물 또는 온라인 검색을 진행하라. 여러분이 찾은 내용에 대하여 요약문을 작성하라. 어떠한 경향이 있는가? 이것은 미래의 대학 졸업자들에게 어떤 의미를 갖는가?

★▲ 3. 여러분이 경험한 직장 내 훈련과 직장 밖 훈련 프로그램 모두를 생각해보라. 그와 같은 프로그램에 대하여 여러분은 어떻게 평가하는가? 동료들과 함께 여러분의 아이디어를 공유해보라.

★▲ 4. 다음 직업들을 고려해보라. 의사, 컴퓨터 판매인, 컴퓨터 소프트웨어 개발자, 교사 및 조립 라인 직원. 이들 각 직원의 임금을 결정하는 데 여러분이 적당하다고 생각하는 보상 방법을 밝혀보라. 여러분의 대답에 대하여 설명하라.

★▲ 5. 강제적인 마약 검사를 직원들에게 알리는 인적자원 관리자 또는 그와 같은 조사에 대하여 이의를 제기하는 직원 대표 중 하나의 역할을 선택하라. 여러분의 입장을 뒷받침하는 비망록을 작성하라.

진로 탐색

만약 당신이 인적자원 관리 분야에서 경력을 쌓는 것에 관심이 있다면, 여기 몇 가지 고려해야 할 사항이 있다. bls.gov의 직업전망서(OOH)에서 이러한 분야에서 수행하는 작업, 필요한 기술, 급여 및 기회 전망에 대해 알아보자.

- **교육 및 개발 관리자** – 직원의 지식과 기술을 향상시키기 위한 프로그램을 계획, 지시 및 조정하고, 교육 및 개발 전문가들을 감독하는 역할을 한다.
- **보상 관리자** – 직원의 급여 지급 액수와 지급 방법을 결정하는 프로그램을 기획, 개발 및 감독하는 역할을 한다.
- **부가 급부 관리자** – 퇴직 관련 부가 급부, 의료보험 및 조직이 직원들에게 제공하는 부가 급부를 계획, 지시 및 조정하는 역할을 한다.
- **인적자원 관리자** – 조직의 행정 기능을 계획, 지시 및 조정하는 역할을 한다. 또한 신규 직원의 채용, 면접 및 최종 고용까지를 감독하고, 최고경영진과 전략적 계획 수립에 대해 논의하며, 조직의 경영진과 직원 간의 연결고리 역할을 한다.

비디오 사례

힐튼(Hilton)의 직원 채용과 훈련 및 개발

조직은 우수한 제품을 제공하고, 신중하게 전략 계획을 수립하고, 매우 헌신적인 경영층에도 불구하고, 업무에 몰입하는 인력이 부족할 경우 시장에서 성공을 거두지 못할 수 있다. 직원은 말 그대로 모든 회사의 생명줄과 같다. 이는 특히 직원들이 일상적으로 고객을 직접 상대해야 하는 서비스 기반 기업의 경우에 더욱 그렇다. 인적자원 관리(HRM)는 기업이 필요로 하는 정확한 수와 유형의 직원을 채용, 교육 및 유지하는 과정이다. 효과적인 HRM은 어느 조직에나 쉽지 않은 일이지만, 전 세계 41만 4천 명 이상의 팀원들을 고용하고 있는 국제적인 호텔 거물 힐튼(Hilton)과 같은 회사에는 특히 매우 어려운 과제이다.

콘래드 힐튼(Conrad Hilton)은 1919년 '전 세계에 환대의 빛과 온기를 전하는 것'을 목표로 이 거대한 규모의 호텔을 설립했다. 창립 이래 힐튼은 고객 만족뿐 아니라 직원 만족에서도 업계를 선도하며, 서비스업의 선구자로 평가받고 있다. 2019년, 힐튼은 포천(Fortune) 지가 선정한 미국에서 일하기 좋은 100대 기업 리스트에서 1위에 올랐다. 직원 만족을 추구하는 선두 주자로서 힐튼은 효과적인 HRM이 회사에 적합한 직원을 채용하는 것에서 시작된다는 것을 알고 있다. 따라서 힐튼은 회사에서 일하는 것에 관심을 보이는 모든 사람을 지원하도록 격려하고 기회를 제공한다. 힐튼과 같은 대기업에서 이러한 열린 태도는 특히 존경할 만하다.

힐튼은 회사의 다양한 요구에 맞는 수많은 자리에 인력을 배치해야 한다. 객실 직원부터 매니저, 마케팅 및 영업 전문가에 이르기까지 회사는 적임자를 채용해야 한다. 지원자들은 회사가 제공하는 채용 기회가 얼마나 많은지 알지 못하는 경우가 많다. 실제로 힐튼은 매년 1만 명 이상의 지원자 중 약 6만 6,000명의 새로운 팀원을 채용하고 있다. 이러한 기회를 차지하는 지원자들은 대학 캠퍼스 채용공고란, 입소문이나 힐튼과 힐튼의 직장 문화를 알고 있는 사람들을 포함한 내부 및 외부 소식통으로부터 정보를 얻는다.

일단 고용되면, 신입사원은 힐튼의 수많은 훈련과 개발 프로그램을 시작하게 된다. 힐튼에서는 훈련과 개발이 매우 중요하며, 훈련 프로그램은 다양한 형식으로 제공된다. 심지어 힐튼 대학이라는 자체 학습 플랫폼도 가지고 있다. 학습 콘텐츠에는 브랜드 교육부터 직무 능력까지 다양한 주제가 포함된다. 전 세계 어디서나 특정 교육에 접속할 수 있는 강사 주도 화상교육(VILT)도 운영하고 있다. 예를 들어, 경영능력 개발 교육은 관리자가 효과적인 리더십을 갖추는 데 필요한 인간관계, 계획 수립 및 경청 능력을 구축하는 것을 돕는다. 최고경영자(CEO)에 이르기까지 경영자들은 힐튼의 교육 및 개발 프로그램을 통해 값진 통찰력을 얻어왔다.

힐튼은 교육과 개발을 넘어 직원들이 안정을 느낄 수 있는 업무 환경을 구축해야 한다는 것을 깨닫고 있다. 이 회사는 포괄적인 복리후생 프로그램을 통해 그러한 환경을 조성하고자 한다. 힐튼의 지원 프로그램인 'Thrive'는 직원들의 개인적인 필요를 지원하는 많은 프로그램을 포함한다. 예를 들어, 'Thrive Sabbatical(안식년)'은 팀원들에게 자원봉사를 통해 다른 사람들의 삶을 풍요롭게 하거나 그들 자신의 개인적인 목표를 추구하는 시간을 위해 한 달간의 안식월 기회를 제공한다. 입양 지원과 아이를 데리러 가야 하는 부모를 위해 유연한 근로시간제도 제공한다.

진취적인 인적자원관리 노력의 덕택으로, 힐튼은 회사의 사명에 필수적인 헌신적이고 열정적인 직원들을 계속 유치할 수 있을 것으로 기대된다. 다른 성공적인 조직들처럼, 힐튼은 행복한 직원들이 행복한 고객들을 만든다는 것을 알고 있다.

다시 생각해보기

1. 힐튼과 같은 면대면 서비스 사업에서 신중한 채용과 선택이 특히 중요하게 여겨지는 이유는 무엇인가?
2. 힐튼의 강사 주도 화상교육(VILT) 프로그램의 주요 가치는 무엇인가?
3. Thrive@ 힐튼과 같은 복리후생 프로그램은 직원의 충성심을 고취시키는가? 직원들이 이러한 구조를 일반적으로 좋아하는가? 혹은 그렇지 않은가? 그 이유는 무엇인가?

참조

1. Dinah Wisenberg Brin, "Retailers Faced Staffing Woes during 2019 Holiday Season," Society for Human Resource Management, shrm.org, February 7, 2020; "Blue-Collar Workers Are Now Scarcer Than White-Collar Workers," industryweek.com, accessed February 2020.
2. James Freeman, "More Job Growth at Small Companies," January 9, 2020; "Ken Martin, "Construction Jobs Are Being Created, but Where Are the Workers?," , finance.yahoo.com, January 10, 2020; "14 Ways Leaders Can Prepare for Generation Z's Entry into the Job Market," forbes.com, February 6, 2020; Katie Kuehner-Hebert, "AGC Urges Congress to Help Increase Supply of Skilled Workers," , ecmag.com, January 2020; Steve Boese, "A Look at What HR Leaders Think about HR Technology," hrexecutive.com, February 17, 2020.
3. Equal Employment Opportunity Act, eeoc.gov, accessed February 2020.
4. Irene Liu, "Here's Why Fair Chance Hiring Is a Benefit to Employees and Employers," Newswire, newswire.com, February 6, 2020; "Ban the Box Laws and Second Chance Programs That Help Ex-Offenders Find Work Will Expand in 2020," ESR, esrcheck.com, accessed February 2020.
5. "Fair Chance Act Boosts Job Prospects of Ex-Prisoners," newswise.com, accessed February 2020; Irene Liu, "Here's Why Fair Chance Hiring Is a Boost for Employees and Employers," workforce.com, February 6, 2020.
6. Louis Menand, "The Changing Meaning of Affirmative Action," January 20, 2020; Orlando Patterson, "Affirmative Action: The Uniquely American Experience," January 30, 2020.
7. Patricia Chaney, "5 Tips for Accommodating Employees with Disabilities in Your Wellness Program," thebenefitsguide.com, January 8, 2020.
8. Equal Employment Opportunity Commission, eeoc.gov, accessed February 2020.
9. "The Americans with Disabilities Act: Applying Performance and Conduct Standards to Employees with Disabilities," EEOC, eeoc.gov, accessed March 2020.
10. "Age Discrimination in Employment Act of 1967," Society for Human Resource Management, accessed February 2020.
11. Patricia Barnes, "Finally, U.S. House Will Address Disastrous U.S. Supreme Court Ruling on Age Discrimination," January 13, 2020; Hunter Moyler, "What Wednesday's Supreme Court Case Could Mean for Age Discrimination in the Workplace, January 14, 2020.
12. "AARP Applauds U.S. House Vote on Bipartisan Bill to Fight Age Bias," finance.yahoo.com, accessed February 2020; Alan Smith, "House Passes Protecting Older Workers Against Discrimination Act," Society for Human Resource Management, shrm.org, January 16, 2020.
13. Peter Louch, "Workforce Planning Is Essential to High-Performing Organizations," Society for Human Resource Planning accessed February 2020;

Austen Hufford, "Skilled Workers Score Sweeter Perks to Move," January 13, 2020.

14. Jeff Cox, "Manufacturing Jobs Are 'Tough to Fill' and Stand Out as the Weak Spot in the Employment Picture," cnbc.com, January 10, 2020; Sarah K. White, "The Ten Most In-Demand Tech Jobs in 2020—and How to Hire for Them," cio.com, January 10, 2020.
15. Diane Bogino, "Human Resources and Information Technology: An Odd, Yet Necessary Relationship," February 28, 2019; Geraldine Grones, "HRIS Systems: What You Need to Know," hcamag.com, January 23, 2020.
16. Sarah Todd, "CEOs Everywhere Are Stressed about Talent Retention—and Ignoring Obvious Solutions for It," , finance.yahoo.com, January 15, 2020; "The Shortlist," McKinsey and Company, mckinsey.com, accessed February 2020; Kate Rogers, "Manufacturers to Spend $26.2 Billion on 'Upskilling' in 2020 to Attract and Keep Workers," cnbc.com, January 17, 2020.
17. "Three External Factors Driving Corporate Cultural Change Today," industryweek.com, accessed February 2020; Alison Doyle, "The Definition of Company Culture," thebalancecareers.com, January 19, 2020; Joann S. Lublin, "Check Out the Culture before a New Job," January 18, 2020.
18. Alison Doyle, "What Are Talent Assessments and How Do Companies Use Them?," thebalancecareers.com, January 15, 2020.
19. "Ten Major Companies That Use Aptitude Testing," aptitude-test.com, accessed February 2020.
20. Shane McFeeley and Ben Wigert, "This Fixable Problem Cost U.S. Businesses $1 Trillion," Gallup, gallup.com, March 13, 2019; "14 Effective Employee Retention Strategies," Robert Half, roberthalf.com, February 6, 2020.
21. "The Best Background Check Service for 2020," GoodHire, goodhire.com, accessed February 2020; "Best Background Checks Based on In-Depth Reviews," ConsumersAdvocate.org, February 7, 2020.
22. Liza Nagele Piazza, "Workplace Drug Testing: Can Employers Still Screen for Marijuana?," Society for Human Resource Management, shrm.org, January 21, 2020; Lisa Schencker, "Smoking Legal Marijuana Can Still Get You Fired," January 10, 2020; Sean Peek, "Is Drug Testing Your Employees Legal?," U.S. Chamber of Commerce, uschamber.com, January 29, 2020.
23. Alison Doyle, "Key Job Facts about the Gig Economy," thebalancesmb.com, January 22, 2020; U.S. Bureau of Labor Statistics, bls.gov, accessed February 2020.
24. Richard Eisenberg, "How Well Is the Gig Economy Working for Gig Workers?," February 18, 2019; "How the Gig Economy Fits into the Future of Work," Wharton, University of Pennsylvania, wharton.upenn.edu, accessed February 2020; Greg Iacurci, "The Gig Economy Has Ballooned by 6 Million People since 2010. Financial Worries May Follow," cnbc.com, February 4, 2020.

25. "How the Gig Economy Fits Into the Future of Work," Wharton, University of Pennsylvania, wharton.penn.edu, January 16, 2020; Ryan Vet, "What to Expect When Hiring Freelancers from the Gig Economy in 2020," forbes.com, January 20, 2020.
26. Greg Barber, "This Company Hires Gig Workers—as Employees," January 13, 2020; Tammy Kim, "The Gig Economy Is Coming for Your Job," nytimes.com, January 10, 2020.
27. Eli Rosenberg, "Gig Economy Bills Move Forward in Other Blue States after California Clears the Way," January 17, 2020; Rhonda Abrams, "Who's An Employee, Who's a Contractor? California Law Could Change Entrepreneurs' Status," January 15, 2020; Kate Conger, "California Sues Uber and Lyft, Claiming Workers Are Misclassified," August 10, 2020.
28. U.S. Department of Labor, dol.gov, accessed February 2020.
29. Alison Doyle, "Temporary to Permanent Jobs," thebalancecareers.com, January 21, 2020.
30. Randstad, randstadusa.com, accessed February 2020.
31. Emily Heaslip, "Welcome! Onboarding New Employees Is the Key to Hiring Success," U.S. Chamber of Commerce, uschamber.com, February 6, 2020; John Boitnott, "10 Must-Follow Company-Onboarding Techniques," entrepreneur.com, February 5, 2020.
32. Steven McDonald, "How to Create a Customer Centric Strategy for Your Business," SuperOffice, superoffice.com, January 20, 2020; Trish Cristopherson, "Memorable Onboarding for New Hires, the Zappos Way," Zappos, zappos.com, January 28, 2020.
33. Ken Martin, "Construction Jobs Are Being Created, but Where Are the Workers?," finance.yahoo.com, January 10, 2020; Steve Brown, "Help Wanted: Builders Still Struggle to Find Workers," dallasnews.com, January 22, 2020.
34. GlobeSmart, aperianglobesmart.com, accessed February 2020.
35. Jen Miller, "VR Addresses Healthcare Training Needs to Improve Outcomes," healthtechmagazine.net, January 23, 2020; Jennifer Kite-Powell, "Training a New Generation of Truck Drivers with Virtual Reality," forbes.com, January 27, 2020.
36. Kevin Kruse, "Top 5 Leadership Development Trends for 2020," forbes.com, January 15, 2020; Douglas A. Ready, Carol Cohen, David Kuron, and Benjamin Pring, "The New Leadership: Playbook for the Digital Age," sloanreview.mit.edu, January 21, 2020.
37. Tomas Chamorro-Premuzic and Jonathan Kirschner, "How the Best Managers Identify and Develop Talent," hbr.org, January 12, 2020; Margaret Rogers, "A Better Way to Develop and Retain Top Talent," hbr.org, January 20, 2020.
38. Tim Harford, "How McDonald's Revolutionised Business," bbc.com, February 5, 2020; McDonald's, mcdonalds.com.

39. Jill Griffin, "How to Find a Great Mentor," forbes.com, January 23, 2020; Tamika Tremaglio, "Make Mentoring Matter to You and Those around You," bizjournals.com, January 27, 2020; Tracy Brower, "Mentoring Is Worth Your Time. Here's How You Can Be Great at It," fastcompany.com, January 30, 2020.
40. Rachel Siegel, "Women Outnumber Men in the American Workforce for Only the Second Time," January 10, 2020; Emma Hinchliffe, "Women Now Outnumber Men in U.S. Workforce," January 13, 2020; Amara Omeokwe, "Women Overtake Men as Majority of U.S. Workforce," January 10, 2020.
41. J. Anneken Tappe, "Goldman Sachs' New Rule: At Least 1 Woman on the Board or You Can't Go Public," cnn.com, January 23, 2020; Yo-Jud Cheng and Boris Groysberg, "Gender Diversity at the Board Level Can Mean Innovation Success," sloanreview.mit.edu, January 22, 2020.
42. Selena Hill, "8 Ways to Reach New Career Levels in 2020," blackenterprise.com, January 29, 2020.
43. Rachel Montanez, "5 Strategies for Engaging a Workforce Inclusive of Black Millennial Talent," forbes.com, February 3, 2020; Adam Hickman, "What 'Meaningful Feedback' Means to Millennials," Gallup, gallup.com, January 29, 2020; Stuart Hearn, "Experts Share 5 Proven Methods to Retain Millennials," recruiter.com, January 29, 2020; Kathy Miller Perkins, "Millennials: What Do You Want from Your Career in 2020?," forbes.com, January 20, 2020.
44. "How to Establish Salary Ranges," Paycor, paycor.com, accessed February 2020; "More Organizations Shift to Market-Based Pay Structures," Society for Human Resource Management, shrm.org, accessed February 2020.
45. Eric Hamilton, "It's 2020, Is There Still a Skills Gap in Big Tech?," techtimes.com, January 16, 2020; Cynthia Harvey, "IT Careers: 10 Job Skills in High Demand This Year," February 2, 2020.
46. "What Is Compentency-Based Pay?," TalentLyft, talentlyft.com, accessed February 2020; Chris Joseph, "Pros and Cons of Competency-Based Pay Plans," smallbusiness.chron.com, accessed February 2020.
47. "The Decline of 'Piece-Rate' Compensation in Manufacturing," National Bureau of Economic Research, nber.org, February 10, 2020.
48. Matthew Speiser, "Fringe Benefits: What Are They and Should You Offer Them?," Fundera, fundera.com, accessed February 2020; U.S. Bureau of Labor Statistics, bls.gov, accessed February 2020.
49. Kelsey Gee, "Employers Offer to Pay for College," January 3, 2019; Kate Ashford, "6 Awesome Perks and Benefits You Need to Know about before Your Next Job Search," TheMuse, themuse.com, accessed February 2020.
50. Brian O'Connell, "The Business Case for Employee Student Loan Repayment," Society for Human Resource Management, shrm.org, January 25, 2020; "Company Benefits and Perks: Are You Keeping Up?" monster.com, accessed

February 2020; Kelly Hagan, "20 Companies That Pay Off Employee Student Loans," fool.com, February 6, 2020.

51. Nick Otto, "7 Companies Offering Facebook–Level Benefits to Attract Talent," ebn.com, accessed February 2020.
52. Julia Kagan, "Cafeteria Plan," investopedia.com, accessed February 2020; Miriam Caldwell, "How to Make the Most of Your Paycheck," thebalancecareers.com, accessed February 2020; Susan Heathfield, "Cafeteria–Style Benefits Plans: Employees May Select among a Variety of Nontaxable Options," investopedia.com, accessed February 2020.
53. Katie Burke, "5 Factors Shaping the Future of Work in 2020 and Beyond," inc.com, January 14, 2020; Sonu Batra, "How Flexible Work Culture Can Reinvent Your Workplace," benefitnews.com, January 17, 2020; Karl Moore, "Dos and Don'ts for Millennials and Zs Managing Boomers," January 13, 2020.
54. Andrew Barnes, "Forget Work–Life Balance, and Focus on Productivity. You'll Have More Free Time," February 7, 2020; Richard Eisenberg, "Four–Day Workweek, Has Its Time Come?," February 6, 2020.
55. Rick Bell, "On–Shift Scheduling Doesn't Have to Be a Headache for Managers or Employees," workforce.com, January 22, 2020.
56. Adam Hickman and Jennifer Robison, "Is Working Remotely Effective? Gallup Research Says Yes," Gallup Workplace, gallup.com, January 24, 2020.
57. Adam Hickman and Jennifer Robison, "Is Working Remotely Effective? Gallup Research Says Yes," Gallup Workplace, gallup.com, January 24, 2020.
58. Sarah White, "Working from Home Can Benefit Employers as Much as Employees," Monster Worldwide, monster.com, accessed February 2020; Adam Hickman and Jennifer Robison, "Is Working Remotely Effective? Gallup Research Says Yes," Gallup Workplace, gallup.com, January 24, 2020.
59. Lauren Weber, "There Will Be Life after the Pink Slip," January 10, 2020; Sean Peek, "How to Legally Fire an Employee," U.S. Chamber of Commerce, uschamber.com, January 31, 2020.
60. Sarah Chaney, "Older Workers Give Economy a Kick," July 1, 2019; Katie Brockman, "The Huge Retirement Risk You Probably Don't Realize You're Facing," fool.com, January 16, 2020; Gene Marks, "An Increasingly Older Workforce Brings Opportunities, Challenges for Small Employers," inquirer.com, January 20, 2020.

PART 5

마케팅: 고객 중심 마케팅 계획의 개발과 실행

12 마케팅: 구매자의 구매활동 돕기

학 습 목 표 » 이 장을 학습한 후에 다음 질문에 답할 수 있어야 한다.

12-1 마케팅(marketing)의 정의와 마케팅 콘셉트가 영리조직과 비영리조직에서 어떻게 적용되는지를 설명할 수 있다.

12-2 마케팅의 4P를 설명할 수 있다.

12-3 마케팅 조사 과정을 설명할 수 있다.

12-4 마케터가 변화하는 마케팅 환경에 대하여 알아보기 위해 환경탐사(environmental scanning)를 어떻게 사용하는지 설명할 수 있다.

12-5 마케터가 시장 세분화, 관계 마케팅 그리고 소비자행동의 연구를 통해서 어떻게 소비자 시장의 니즈(needs)를 알아내는지 설명할 수 있다.

12-6 기업 간 시장(B2B 시장)이 소비자 시장과 다른 부분을 열거할 수 있다.

다니엘 루베츠키, KIND의 설립자에 대해 알아보자

그라놀라에서부터 과일과 견과류, 초콜릿으로 포장된 간식에 이르기까지, 모든 브랜드의 다양한 종류의 스낵바가 전국 슈퍼마켓에 진열되어 있다. 그러나 이러한 제품 무리 속에서 눈에 띄는 것은 쉬운 일이 아니며, 기업들은 다른 제품들과 구별하기 위해 영리한 마케팅 캠페인을 사용해야 한다. 과자 브랜드 KIND는 그렇게 해서 2004년 이후 20억 개 이상의 과자를 판매하는 데 성공했다. 설립자 다니엘 루베츠키(Daniel Lubetzky)는 처음부터 KIND를 설탕이 든 경쟁사들에 대한 건강한 대안으로 홍보하는 동시에 좋은 대의에 대한 회사의 헌신을 강조했다.

멕시코 시티(Mexico City)에서 태어난 루베츠키는 불관용에 맞서 싸우는 친절의 거대한 힘에 대해 일찍 배웠다. 그의 아버지는 청소년기에 다하우(Dachau) 강제 수용소에 수감되었던 홀로코스트 생존자였다. 어느 날 그가 멍하니 철조망에 기대어 굶주리고 있을 때, 지나가는 독일 병사가 재빨리 썩어가는 감자의 반을 그의 발에 떨어뜨렸다. 그는 작지만 의미심장한 친절을 자신의 목숨을 구한 공로로 돌렸다. 루베츠키는 "어머니는 내가 그런 말을 듣기에는 너무 어리다고 생각했다"고 말했다. "하지만 제 아버지에게는 인류가 얼마나 어두울 수 있는지, 그리고 그 어둠 속에서 어떻게 빛을 가져올 수 있는지를 전달하는 것이 중요했다." 그의 아버지의 경험은 루베츠키에게 사심 없이 행동하는 것의 가치를 가르쳐주었고, 루베츠키는 그의 일생과 경력을 통해 교훈으로 의지해왔다.

그는 가족이 미국-멕시코 국경 근처에서 면세점을 운영하기 위해 텍사스주 샌안토니오(San Antonio)로 이사한 직후인 16살에 사업을 시작했다. 루베츠키는 아버지의 공급업자 중 한 명으로부터 시계를 도매가로 구입해 가격을 매긴 뒤 지역 벼룩시장에서 판매했다. 그는 트리니티(Trinity) 대학에 다니면서 결국 이 사업을 쇼핑몰 가판대 운영으로 업그레이드했다. 경제학과 국제관계학을 전공한 루베츠키는 이스라엘-팔레스타인 분쟁의 긴장을 완화하기 위해 기업가정신을 사용하는 것에 관한 졸업논문을 썼다. 로스쿨을 졸업한 후, 그는 자신의 생각을 실행에 옮기기 위해 이스라엘로 이주했지만, 별 성과를 보지 못했다. 루베츠키는 "아무도 아랍인과 이스라엘인 사이에서 사업을 하는 법을 가르쳐주는 멕시코계 유대인 변호사를 원치 않았다"고 말했다.

그러나 해외에서의 시간은 그에게 새로운 사업에 대한 영감을 주었기 때문에 낭비와는 거리가 멀었다. 그는 햇볕에 말린 토마토 스프레드를 만드는 이스라엘 기업가와 파트너를 맺었지만, 복잡한 공급망 때문에 가게를 닫아야 했다. 루베츠키는 이 과정에서 문화적, 역사적 분열을 해소하는 동시에 현지 공급업체로부터 소싱함으로써 사업을 살릴 수 있다는 것을 깨달았다. 곧 피스웍스(PeachWorks)라고 불리는 그의 회사는 터키산 햇볕에 말린 토마토와 팔레스타인산 올리브 오일을 이집트산 유리병에 담아 배송했다. 루베츠키는 더 문화적으로 협력적인 브랜드를 개발하기 위해 전 세계를 여행했고, 그때 그는 자기의 삶을 바꿀 아이디어를 생각해냈다.

여행을 하는 동안, 그는 어디를 가든 똑같이 싱거운 공항 음식을 먹는 것에 싫증이 났다. 루베츠키는 "세계 곳곳을 누비고 있었는데 모든 게 맛이 없었다"고 말했다. "건강하고, 편리하고, 맛있고, 건강에 좋은 것을 찾을 수 없었다. 그냥 내가 먹고 싶은 걸 만들고 싶었다." 몇 년 동안 자기의 과일-땅콩 바를 위한 완벽한 레시피를 만든 후, 그는 KIND를 설립하기 위해 피스웍스의 수익을 사용했다. 그는 이 과자가 판매되는 일반적인 제품보다 건강에 좋다고 홍보했고, 가게 진열대에 올려놓기 위해 공급자들과 끈질기게 네트워크를 형성했다. 2007년 루베츠키는 KIND 바를 월마트에 입점시킬 수 있었지만, 일부 화물이 분실된 후 공급업체에서 탈락되었다. 현금이 바닥나자, 그는 아쉽지만 그의 KIND 지분 3분의 1을 비타민워터와 사모펀드 설립자들에게 팔았다.

이 투자자들은 결국 루베츠키에게 몇 가지 중요한 조언을 해주었다. 그때까지, KIND는 무료 바 샘플에 연간 약 800달러를 소비했다. 그의 새로운 파트너들이 그 숫자를 늘리자고 제안하자, KIND는 다음 해 샘플과 현장 마케팅 예산을 80만 달러로 올렸다. 루베츠키는 "회고해보면 상식처럼 들리지만, 우리에게 필요한 것은 단지 더 많은 사람이 우리 것을 먹어보는 것"이라고 말했다. 이 전략은 빠르게 브랜드에 대한 소비자 인지도를 높였고 매출을 급증시켰다. 2014년까지 KIND는 매우 잘 되어 루베츠키는 그의 지분을 다시 사들였다. 이 회사는 현재 과자류에서 최고 브랜드를 유지하기 위해 샘플 제공에 매년 2천만 달러를 지출하고 있다. 루베츠키는 또한 친절의 개념이 브랜드 마케팅과 더 공감하는 커뮤니티를 만드는 데 전념하는 비영리 단체인 KIND 재단 모두의 중심임을 확실히 한다. 루베츠키는 "KIND의 성장과 성공으로 놀라운 선물을 받았다"고 말했다. "이제 나는 훌륭한 아이디어와 훌륭한 사람들을 육성하고 세상에 최대한의 영향을 미치고 싶다."

이 장에서는 다니엘 루베츠키와 같은 마스터 마케터들이 어떻게 그들의 청중을 파악하고 그들에게 다가갈 수 있는 방법을 알게 될 것이다. 유통을 통해서든, 광고를 통해서든, 홍보를 통해서든 성공적인 마케팅은 그들이 곧 잊지 못할 고객들과의 관계를 맺는다.

출처: Angel Au-Yeung, "Social Spin Doctor: Kind Bar's Daniel Lubetzky Builds a $1.5 Billion Fortune on Do-Gooder Rhetoric," forbes.com, March 5, 2019; Francesca Fontana, "How the Kindness of Others Motivates KIND's Founder," wsj.com, January 10, 2020; Amelia Lucas, "Snack-Maker Kind Takes Its Bars to Refrigerators and Freezers," cnbc.com, February 10, 2020; Mark Peruzzi, "Do the Kind Thing," First Descents, firstdescents.org, accessed February 2020.

Let's talk business!
bit.ly/LetsTalkBusiness12

이 회사는 소비자 시장을 연구하여 성공을 거두었다. 여러분은 이 회사의 가장 잘 팔리는 전형적인 제품 종류들에 익숙할지 모르지만, 이 회사는 시장이 속한 지역에 따라 많은 조리법들을 살짝 바꾼다. 이 회사의 이름은 무엇인가? (이 장 안에서 답을 찾으라.)

학습목표 12-1 마케팅(marketing)의 정의와 마케팅 콘셉트가 영리조직과 비영리조직에서 어떻게 적용되는지를 설명할 수 있다.

마케팅이란 무엇인가?

마케팅
고객, 파트너, 그리고 사회를 위한 가치를 제공하기 위해 창조되고, 의사소통하고, 전달하고, 교환하는 활동, 제도 및 과정

마케팅이라는 용어는 다양한 사람들에게 다양한 의미를 지닌다. 많은 사람들은 마케팅을 '판매(selling)' 아니면 '광고(advertising)'로 생각한다. 맞다. 판매와 광고도 마케팅이다. 하지만 마케팅은 더 많은 것을 포함한다. 미국 마케팅 협회(The American Marketing Association)는 **마케팅(marketing)**은 고객, 파트너, 그리고 사회 전반적으로 가치가 있는 제품, 서비스, 아이디어를 창출하고, 이들의 가격을 결정하고 정보를 제공하며, 이를 유통하여 개인 및 조직체의 목표를 만족시키는 교환을 성립하게 하는 일련의 과정 및 활동으로 정의하고 있다. 조금 더 간단히 말해서 마케팅은 구매자와 판매자가 상호 만족할 수 있는 교환을 성립시키는 활동이다.

과거에 마케팅은 판매자의 판매활동을 돕는 것에 초점을 맞추는 것이 대부분이었다. 그래서 많은 사람들이 여전히 마케팅을 대부분 판매자가 구매자에게 판매, 광고, 유통을 하는 것으로 생각하고 있다. 그러나 오늘날 대부분의 마케팅은 구매자가 구매하는 것을 돕는 것에 관한 것이다. 그렇다면 몇 가지 예를 통해 이를 검증해 보자.

오늘날 신차 혹은 중고차를 사고자 하는 사람들이 맨 처음 하는 일은 온라인으로 가는 것이다. 그들은 원하는 차를 찾을 수 있는 카스닷컴(Cars.com)과 같은 웹 사이트를 방문한다. 그리고 다른 웹 사이트로 이동하여 가격과 특징을 비교한다. 자동차 딜러에게 갈 때 즈음이면, 그들은 이미 어떤 차를 원하고 최선의 가격이 얼마인지에 대해 정확히 알고 있을 것이다.

이러한 웹 사이트 등은 구매자의 구매를 돕는다. 고객들이 가장 좋은 가격에 차를 구매하기 위해 딜러들을 물색하는 것뿐만 아니라, 제조업체와 딜러들 역시 고객을 잃지 않기 위해서 적극적으로 참여하고 있다. 마케팅의 미래는 구매자들의 구매활동을 돕기 위하여 가능한 모든 것을 하는 것이다.[1] 마케터들이 구매의사 결정 과정을 쉽게 할수록 더 많이 팔 것이다.

다른 사례를 한 번 보자. 과거에는 학생과 학부모가 자신에게 딱 맞는 대학을 찾기 위해서 이 캠퍼스에서 저 캠퍼스로 이동하는 것이었는데 이는 지치고 많은 비용이 드는 과

정이었다. 오늘날에는 대학들이 가상 투어(virtual tour), 라이브 채팅, 그리고 상호 작용이 가능한 다른 기술들을 사용하면서 캠퍼스에 직접 방문할 필요가 줄어들었다. 이와 같은 캠퍼스 가상 투어는 학생과 학부모들의 구매활동을 돕는다.

구매자의 구매활동을 돕는 것은 당연히 판매자의 판매활동을 돕는 것이다. 한 번 생각해보라. 현재 휴가 시장에서 많은 사람들의 스스로 원하는 휴가를 찾아 떠나고 있다. 그들은 인터넷을 사용해 여행지를 찾아보고 선택하며, 온라인상에서 판매자에게 실문을 하기도 한다. 이와 같은 산업에서 마케팅의 역할은 기업의 제품과 서비스를 온라인에서 쉽게 찾을 수 있도록 하고 잠재 고객들에게 효과적으로 응답할 수 있도록 하는 것이다. 익스피디아(Expedia), 트레블로시티(Travelocity), 프라이스라인(Priceline)과 같은 웹사이트가 고객들에게 가장 좋은 가격을 찾을 수 있도록 해주거나 가격을 결정할 수 있게 해준다.

이와 같은 예들은 구매자의 구매활동을 돕는 마케팅 트렌드의 사례들 중 소수의 사례일 뿐이다. 오늘날의 소비자들은 보다 나은 거래를 위해 인터넷을 검색하는 데 많은 시간을 보낸다. 현명한 마케터는 블로그나 페이스북(Facebook) 혹은 트위터(Tweeter), 인스타그램(Instagram)과 같은 소셜 네트워킹 사이트를 사용해 풍부한 정보를 제공하고 고객관계를 구축해 나간다.[2)]

이러한 온라인 커뮤니티는 서로 자신의 의견을 표현하며 관계를 형성하고 다양한 제품과 서비스에 대해 평을 하는 등의 고객과 다른 사람들의 다양한 상호작용을 관찰할 수 있는 기회를 제공한다. 마케터들에게는 자신의 시장을 정의하는 키워드를 사용한 블로그 검색으로 관련이 있는 블로거들이 어떤 내용을 쓰는지 추적하는 것이 중요하다. 텍스트 마이닝(text-mining) 기술을 가진 공급업체들은 기업이 자사의 제품이나 직원들에 대한 대화들을 측정하는 데 도움을 줄 수 있다. 미래 마케팅의 대부분은 온라인상의 대화를 탐색하는 것과 그것에 적절하게 응답하는 데 있다. 예를 들어, 마케터들은 왜 사람들이 온라인 쇼핑을 하면서 쇼핑카트에 물건을 담고는 신용카드로 결제하기 전에 구매하지 않고 떠나는지를 배우고 있다.[3)]

마케팅의 진화

마케터가 하는 일은 특정 시점에서 고객의 니즈를 충족시키기 위해서 무엇을 해야 하는지에 따라 좌우된다. 소비자의 욕구와 니즈(wants and needs)는 계속 변화한다. 그러면 이러한 변화가 마케팅의 진화에 어떻게 영향을 주었는지 간단하게 살펴보자. 미국에서 마케팅은 4개의 시대, 즉 (1) 생산, (2) 판매, (3) 마케팅 콘셉트, (4) 고객관계를 통해 진화했다. 오늘날에는 모바일/온디맨드(on-demand) 마케팅의 새로운 시대가 열리고 있다(그림 12.1 참조).

생산 시대 유럽에서 온 정착민들이 미주 대륙에서 생존을 위한 노력을 시작한 이래 1900년대 초반까지 일반적인 기업경영 철학은 '시장은 무한하므로 생산을 많이 하면 할수록 좋다'였다. 당시에는 생산능력은 제한되고 제품에 대한 수요는 방대했기 때문에 이러한 철학은 논리적이고 수익도 창출했다. 사업가라고 해 봤자 대부분 농부, 목수, 무역

그림 12.1 마케팅의 시대

미국 내 마케팅은 진화하여 (1) 생산, (2) 판매, (3) 마케팅 콘셉트, (4) 고객관계의 4개의 시대로 구분된다.

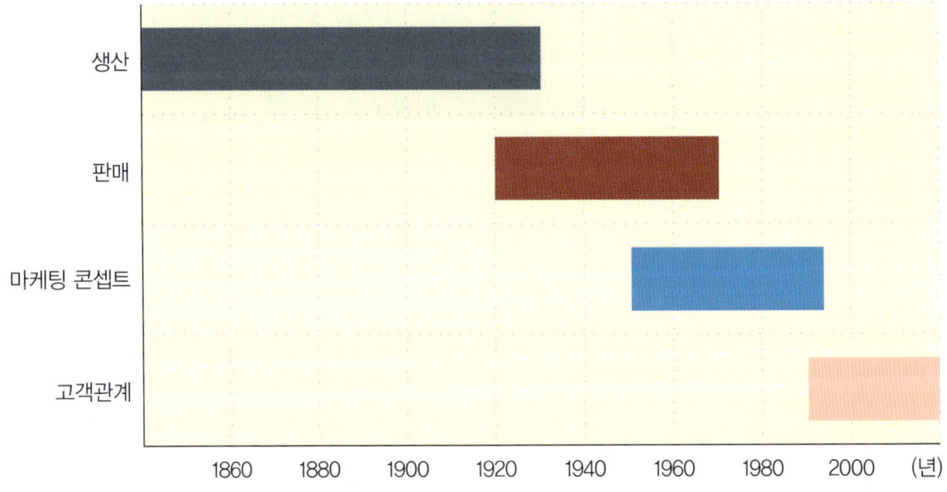

판매 시대에는 애프터서비스나 고객 맞춤에 소홀하였고 마케팅의 초점이 판매에 맞추어져 있었다. 이 접근법이 그 시대에 적절했던 경제 · 사회적 요인에는 어떤 것들이 있는가?

거래자들이었다. 생산능력의 증대에 대한 필요성은 점점 커졌고, 이에 경영목표도 생산에 초점이 맞춰졌다. 대부분의 제품이 시장에 나오는 대로 팔렸기 때문에 이 당시에는 생산능력이야말로 가장 필요한 것이었다.

판매 시대 1920년대까지 기업의 대량생산 기술(예를 들어, 자동차 조립라인)은 발전했고, 생산능력은 종종 시장의 수요를 초과했다. 따라서 경영철학은 생산을 강조하는 것에서 판매(selling)를 강조하는 것으로 바뀌었다. 대부분의 기업들은 소비자가 재고품을 구입하도록 설득하기 위해 판매와 광고에 노력을 기울였다. 판매 후 애프터서비스 제공은 거의 없었다.

마케팅 콘셉트 시대 1945년 제2차 세계대전이 끝나고 새로운 직장과 가족을 꾸리려는 군인들이 돌아오자 제품과 서비스에 대한 수요가 엄청나게 증가하였다. 당시 전후시대에 베이비붐(출생률의 갑작스러운 증가)이 일어났고 소비자들의 지출 붐이 이루어졌다. 소비자에 대한 경쟁은 치열했다. 기업들은 사업 기회를 얻으려면 소비자들의 필요에 대응해야 한다는 것을 인식했고, 그 철학은 1950년대 마케팅 콘셉트로 나타났다. **마케팅 콘셉트(marketing concept)**는 세 부분으로 구성된다.

1. 고객 지향성: 소비자들이 원하는 것은 무엇인지를 찾아서 그것을 제공한다. (판매와 촉진보다는 오히려 소비자들의 필요를 충족시키는 것이 강조된다.)

2. 서비스 지향성: 조직 내의 모든 구성원들은 같은 목적을 지녀야 한다. 바로 고객 만족이다. 고객 만족은 총체적이고 통합된 조직적인 노력이 있어야 한다. 즉, 기업의 CEO부터 배달 담당 직원까지 모든 구성원들은 소비자를 지향해야 한다. 오늘날에는 이것이 일반적인 것으로 보이는가?
3. 이윤 지향성: 이윤을 가장 많이 창출하여 조직이 생존할 수 있고 더 많은 소비자의 욕구와 필요를 만족시킬 수 있는 제품과 서비스에 초점을 맞추어야 한다.

마케팅 콘셉트
세 부분으로 이루어진 경영철학: (1) 고객 지향성, (2) 서비스 지향성, (3) 이윤 지향성

기업들이 마케팅 콘셉트를 활용하는 데에는 시간이 걸렸다. 이러한 과정은 1960년대와 1970년대 동안 천천히 이어져갔고, 1980년대에 이르러 기업들은 과거 30년보다 더 공격적으로 마케팅 콘셉트를 적용하기 시작했다. 오늘날에는 점점 더 중요해지는 고객관계관리(CRM)에 초점이 맞춰졌다. 이 개념에 대하여 더 알아보기로 하자.

고객관계 시대 1990년대와 2000년대의 경영자들은 고객관계관리의 개념을 적용하면서 마케팅 콘셉트를 확장했다. **고객관계관리**(Customer Relationship Management; CRM)는 고객에 대하여 가능한 많은 것을 알고 제품과 서비스로 고객을 만족시키는—또는 기대를 초과하는—모든 것을 배워가는 일련의 학습 과정이다.[4] 이 콘셉트는 고객 만족을 강화하고 장기적인 고객 충성도를 만들기 위해 동기를 부여하는 것이다. 예를 들면, 대부분의 항공사들은 충성도가 높은 고객에게 무료 항공권으로 보상해주는, 단골고객 특별서비스 프로그램을 제공한다. 가장 최근의 고객 관계 구축 방법은 앞에서도 언급한 바와 같이 소셜 네트워크, 온라인 커뮤니티가 포함된다. 특히 항공사나 통신사와 같은 서비스 제공 기업들에게 있어서 소비자 불만족은 확실히 존재한다. 마케터들이 고객 만족과 고객 충성도를 창출하기 위하여 앞으로 해야 할 일이 많음을 보여준다.

고객관계관리(CRM)
고객에 대하여 가능한 많은 것을 알고 제품과 서비스로 고객을 만족시키거나 기대를 뛰어넘기 위해 모든 것을 배워가는 일련의 학습 과정

떠오르는 모바일/온디맨드 마케팅 시대 디지털 시대는 소비자 파워를 증대시키고 마케팅을 항상 작동하는 것이 아니라, 요구할 때만 작동하는 '온디맨드'로 밀어붙이고 있다. 소비자들은 정확히 그들이 원할 때만 원하지 않는 메시지의 잡음은 제거한 채 관련 정보를 요구하고 있다. 검색 기술은 제품정보를 구석구석에 스며들게 했다. 소비자들은 소셜 미디어를 통해 경험을 공유하고 비교하고 평가하며, 모바일 기기는 이 모든 것을 연중무휴 24시간 내내 가능하게 한다.[5]

제품에 내장된 저렴한 마이크로 송수신기의 발달은 소비자들이 이미지, 목소리, 제스처들로 검색할 수 있게 해준다. 예를 들면, 여러분이 좋아하는 제품을 친구가 가지고 있다면 핸드폰을 그 제품에 살짝 대기만 해도 즉각적으로 제품 리뷰, 가격 등에 관한 정보를 얻을 수 있다. 어떤 색을 구매할지 결정할 수 없다면 페이스북에 사진을 보내 친구들에게 선호하는 색을 투표하게 할 수 있다. 구매 후에는 제조업자나 제조 파트너로부터 유사 제품이나 서비스에 대한 특별 제안을 받을 것이다. 디지털 기술이 계속 발전함에 따라 소비자 수요는 네 가지 영역에서 성장할 것 같다.[6]

1. 지금 소비자들은 언제 어디서나 소통을 원한다.

변화에 적응하기 최고의 온라인 전송

메일을 확인하고 생일 카드를 찾는 시대는 지났다. 심지어 우리 할머니들도 더 이상 그것들을 보내지 않는 것 같다. 대신, 그들은 빠른 '생일 축하해요'라는 이모티콘 한 두개와 운이 좋다면 우리 타임라인에 있는 별로 창피하지 않은 사진을 선택한다.

소셜 미디어는 생일 카드와 명절 인사를 보내는 방식을 너무 많이 바꿔서 이메일 카드 활동이 더 이상 추적되지 않는다. 그렇다면 홀마크(Hallmark)와 같은 110년 된 회사가 이러한 트렌드를 자신들의 이익을 갉아먹는 위협으로 본다면 어떻게 될까? 사업을 선회한다. 홀마크는 이제 대량 생산된 종이 카드에서 기프트나 홈 데코와 같은 다른 소매상품으로 초점을 옮기고 있다. 게다가, 홀마크 앱은 사용자들이 상품을 찾고, 그들을 근처의 오프라인 상점으로 안내하며, 그들이 개인 카드를 디자인하는 것을 돕는다. 앱을 통해 만든 창작물은 홀마크를 통해 직접 전송된다. 페이스북에 로그인하는 대신에, 여러분은 스네일 메일을 통해 할머니에게 예쁜 얼굴 사진을 보낼 수 있다. 하지만 연하장 게임을 바꾼다고 해서 끝이 아니다.

홀마크는 디지털 미디어의 다른 요소들을 수용했다. 홀마크는 홀마크 채널과 홀마크 무비 앤 미스터리스의 모회사인 크라운 미디어 네트워크를 소유하고 있다. 끊임없이 기분 좋은 영화와 명절 특집을 만들어냄으로써, 홀마크는 우리가 사랑하는 사람들과 연결하고 싶을 때 가장 먼저 떠오르며, 우리 마음 속에 간직하고 있다.

출처: Sharon Terlep, "Hallmark Takes Most Greetings Online," The Wall Street Journal, January 30, 2020; Lisette Voytko, "Social Media and E-commerce Hurting Paper Greeting Card Sales, Critics Say," Forbes, January 30, 2020; Julia Sachs, "Hallmark Cards Cut around 400 Jobs This Year, but Its Business Is Growing," Grit Daily, February 14, 2020; Ron Charles, "Stationery Stores Are in Trouble, but Our Love for Valentine's Day Cards Burns Hotter Than Ever," The Washington Post, February 11, 2020.

2. 내가 무엇을? 소비자들은 자신들에게 가치를 창출하는 방식으로 다른 종류의 정보를 가지고 새로운 일을 하기를 원한다. 예를 들면, 그들이 지나다니는 길의 집을 사기 원하는 커플은 그 집의 스냅사진을 올리기만 하면 즉각적으로 판매자와 다른 부동산 정보를 확인하는 동시에 기기가 자동적으로 그들의 재무정보에 접속하고, 저당권 설정자에게 접촉하며, 대출 승인을 얻을 수도 있다.
3. 나를 위해 소비자들은 그들이 경험하는 것을 개인에 맞추는 데 사용할 수 있도록 모든 데이터를 저장하기를 기대한다.
4. 단순한 소비자들은 모든 소통이 쉬워지기를 기대한다.

기업들은 소셜 미디어, 고객 경험을 다룰 수 있는 직원들을 찾게 될 것이다. '변화에 적응하기' 글상자는 인사말 카드에 초점을 맞추는 것에서 디지털 미디어에 중점을 두는 것으로 전환하면서 홀마크(Hallmark)가 직면한 몇 가지 문제에 대해 논의한다.

비영리조직(Nonprofit Organization)과 마케팅

비록 마케팅 콘셉트가 이윤지향성을 강조한다 하더라도 마케팅은 이윤을 위한 것이든 아니든 거의 모든 조직에 있어서 매우 중요한 부분이다. 예를 들어, 자선단체는 세계 기아 퇴치를 위한 기금을 모으거나 다른 자원을 얻기 위해서 마케팅을 사용한다. 적십자(Red Cross)는 전국적 또는 지역적 혈액공급이 저조할 때 사람들에게 헌혈을 장려하기 위해 촉진을 사용한다. 그린피스(Greenpeace)는 생태학적으로 안전한 기술을 촉진하기 위해 마케팅을 사용한다. 교회는 기금을 모으고 새로운 신자를 영입하기 위해 마케팅을 사용한다. 정치인들은 표를 얻기 위해 마케팅을 사용한다.

미국의 주정부는 새로운 사업과 관광객을 유치하기 위해 마케팅을 사용한다. 예를 들어, 많은 주정부는 자신들의 지역에 자동차 공장을 유치하기 위해 다른 나라들과 경쟁한다. 학교는 신입생을 유치하기 위해 마케팅을 한다. 예술단체, 노동조합, 사회단체와 같은 조직들도 마케팅을 사용한다. 예를 들어, 광고협회는 음주운전이나 화재 예방과 같은 이슈에 대한 인식을 조성하고 이에 대한 태도를 변화시키기 위하여 마케팅을 사용한다.

실제로 마케팅은 환경보호와 범죄 예방('범죄를 근절시키자')부터 사회적 이슈('친구는 친구가 음주운전하도록 하지 않습니다')에 이르기까지 모든 것에 촉진 도구로서 활용된다.

공익광고위원회는 코로나바이러스 대유행 기간 동안 사회적 거리두기를 장려한 광고와 같은 많은 공공 서비스 광고를 후원한다. 국민이 다양한 이슈를 더 잘 인지하고 참여하도록 유도하자는 취지다. 공익광고위원회 광고에 반응한 적이 있는가?

학습목표 12-2 마케팅의 4P를 설명할 수 있다.

마케팅 믹스(Marketing Mix)

마케팅 담당자들이 해야 하는 많은 일들을 4가지 요소로 구분할 수 있다. 수행하기 쉽고 기억하기 쉽도록 우리는 이 4요소를 마케팅의 4P라고 부른다. 4P는 다음과 같다.

1. 제품(Product)
2. 가격(Price)
3. 유통(Place)
4. 촉진(Promotion)

그림 12.2 **마케팅 관리자와 마케팅 믹스**
마케팅 관리자는 4P의 마케팅 믹스, 즉 제품, 가격, 유통, 촉진을 어떻게 할 것인지 선택해야 한다. 마케팅 믹스의 목표는 고객만족과 이익창출이다.

그림 12.3 **4P를 활용한 마케팅 과정**

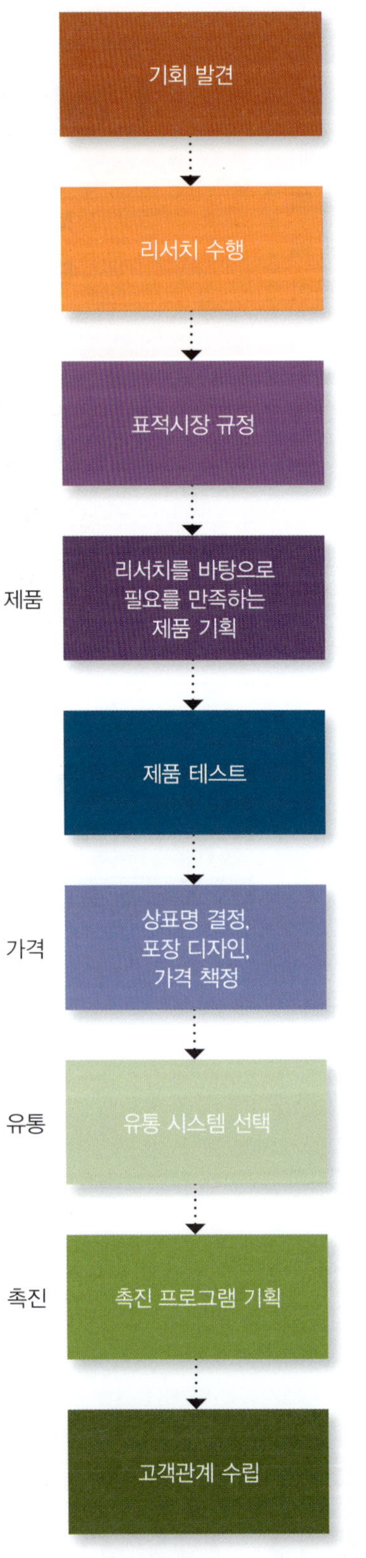

마케팅 믹스
마케팅 프로그램에 속하는 요소들로 제품, 가격, 유통, 홍보

마케팅 과정에서 조정 가능한 부분을 관리하는 것은 (1) 욕구를 만족시키는 제품 설계하기, (2) 제품 가격 책정하기, (3) 사람들이 구매할 수 있는 장소에 제품 유통하기, (4) 제품 촉진하기를 의미한다. 이 4가지 요소들은 **마케팅 믹스**라고 부르는 이유는 기업이 잘 설계된 마케팅 프로그램에서 이들을 함께 혼합하기 때문이다(그림 12.2 참고).

마케팅 과정에 적용하기

4P는 마케팅의 기본들을 기억하는 편리한 방법이기는 하지만, 마케팅 과정에 들어가는 모든 것을 포함하지는 않는다. 전체의 마케팅 과정을 이해하기 좋은 방법은 제품이나 제품군을 하나 택해서 그것들을 개발하고 판매하기까지의 전 과정들을 이해하는 것이다(그림 12.3 참조).

예를 들어, 여러분과 여러분 친구들이 학교 근처에서 돈벌이가 되는 사업을 시작하기 원한다고 해보자. 사전조사는 신선하고 맛있는 무방부제, 무화학성분, 방목 무항생제 패스트푸드에 대한 수요가 있는 것으로 나타났다. 여러분은 그 지역의 패스트푸드 매장을 조사하고, 어느 식당에서도 고기나 채소에 대해 신선하다고 주장하는 것 이외의 정보를 제공하고 있지 않다는 것을 알 수 있다. 그리고 야채는 샐러드만 제공하고 있다는 것을 발견한다.

여러분은 농장에서 시작해서 식탁으로 향하는 추세가 전국적으로 늘고 있다는 것에 주목한다. 그러나 여러분 지역에서는 고급 레스토랑과 일부 식료품점에서만 나타나고 있으며, 패스트푸드 식당에서는 아직 보이지 않고 있다.

여러분은 방금 마케팅 과정의 처음 몇 단계를 수행하였다. 우선 사업 기회를 인식한다(캠퍼스 주변의 건강하고 신선한 패스트푸드에 대한 수요). 여러분의 생각이 어느 정도 실현성이 있는지 알기 위해 사전조사를 했다. 그리고 제품에 관심이 있는 집단을 확인했다. 그들이 여러분의 타깃마켓(target market: 식당으로 오게 설득해야 하는 사람들)이 될 것이다.

필요를 충족하는 제품의 기획

일단 여러분이 소비자의 니즈(needs)를 조사하고 여러분의 제품에 맞는 타깃마켓(target market)을 찾았다면(이 부분은 나중에 자세히 논의함) 마케팅의 4P 전략을 실행한다. 여러분은 제품 또는 제품군의 개발부터 시작한다. **제품(product)**은 욕구(wants)나 니즈(needs)를 만족하며, 더 나아가 브랜드와 같이 소비자의 눈높이를 충족시키는 물질적인 상품, 서비스, 아이디어를 뜻한다. 이 경우, 여러분의 제품은 알맞은 가격에 신선하고 건강하고 다양한 식단을 제공하는 레스토랑이다.

제품
욕구나 필요를 만족시키는 물리적 재화, 서비스, 또는 아이디어와 더 나아가 브랜드와 같이 고객이 볼 때 제품을 향상시킬 수 있는 모든 것

이 시점에서 콘셉트 테스팅(concept testing)을 하는 것이 좋은 생각이다. 즉, 여러분은 여러분의 식당에 대하여 정확하게 묘사하고 직접 또는 온라인을 통해 식당에 대한 생각과 여러분이 제공하기로 한 여러 종류의 음식들이 사람들에게 관심을 끄는지 질문해 보아야 한다. 만약 그렇다면, 여러분은 무농약 농산물을 생산하는 농장에 가서 소비자들에게서 반응을 얻어야 하는 샐러드, 포장, 그릇들의 샘플을 위해 재료들을 얻을 수도 있다. 잠재 고객들을 대상으로 하는 제품 테스트의 과정은 **테스트 마케팅(test marketing)**이라고 한다. 예를 들어, 여러분은 무방부제 요리를 테스트 마켓(test market)함으로써 그것들을 어떻게 해야 가장 잘 준비하는지를 배울 수 있다.

테스트 마케팅
잠재 소비자들에게 제품 테스트를 하는 과정

만약 소비자들이 그 제품을 좋아하고 구매하기로 동의한다면, 투자자를 찾고 개업하기에 편리한 지역을 알아본다. 매력 있는 캐치 네임(catchy name) 또한 생각해 보아야 한다(연습 삼아서, 잠시 멈춰 좋은 이름을 생각해보자). 우리는 하비스트 골드(Harvest Gold)란 이름을 '농장으로부터의 신선함'이란 태그와 같이 사용할 것이지만, 우리는 여러분이 더 나은 이름을 생각할 수 있다고 확신한다. 동시에 제품 개발에 대해 계속 생각해보기로 하자.

여러분은 사람들의 관심을 즉시 끌기 위해서 잘 알려진 상표명을 제공하기 원할 것이다. **브랜드명(brand name)**은 판매자의 제품과 서비스를 경쟁사와 차별화할 수 있는 단어, 글자, 문구이다. 청정 유기농 주스 제품들의 상표명은 오드올라(Odwalla), 수자(Suja), 네이키드(Naked) 등이 있다. 제품 개발과정에 대해서는 13장에서 자세히 논의할 것이다. 이 장에서는 하비스트 골드 사례를 통해서 여러분에게 어떻게 마케팅과 다른 사업결정이 결합되는지 보여줄 것이다. 지금은 전반적인 마케팅 과정에 대해 총체적인 그림을 보여주기 위해 간단한 스케치 작업을 하고 있다. 지금까지 마케팅 믹스 중 첫 번째 P, 바로 제품(Product)에 대하여 알아보았다. 다음은 가격(Price)을 살펴볼 차례이다.

브랜드명
판매자의 제품과 서비스를 경쟁사와 차별화할 수 있는 단어, 글자, 문구

적절한 가격 설정

여러분이 소비자들에게 제공할 제품들과 서비스를 결정한 후에는 적절한 가격을 설정해야 한다. 가격은 다양한 요소에 의해 결정된다. 예를 들어, 식당에서는 가격경쟁력 유지를 위해 다른 식당들과 비슷하게 가격을 책정할 수 있다. 또는 초창기에는 특별히 소비자의 관심을 끌기 위해 낮은 가격을 책정할 수도 있다. 또는 소비자들이 기꺼이 돈을 더 지불할 만큼 질 높은 제품을 제공할 수 있다(스타벅스(Starbucks)가 그랬던 것처럼). 여

러분은 또한 제품의 생산, 유통, 촉진과 관련한 비용을 고려해야 한다. 우리는 그러한 가격 책정과 관련한 이슈들을 13장에서 자세하게 다룰 것이다.

적절한 장소에 제품 유통하기

시장에서 건강한 식사를 제공할 수 있는 제품과 서비스를 제공하는 방법에는 여러 가지가 있다. 물론, 여러분은 사람들이 식당에 들어와서 먹게 할 수도 있지만, 이것이 유일한 대안은 아니다. 피자를 시키는 것을 생각해보라. 소비자의 기숙사, 집, 주거지로 음식을 배달할 수도 있다. 여러분은 제품을 슈퍼마켓이나 건강식품점에서 판매하거나 음식을 전문적으로 유통하는 기업들을 통해 팔 수도 있다. 이러한 중개자는 생산자와 소비자의 중간 단계에서 제품을 유통시킨다(더 전통적인 단어로 중간상(middlemen)이라고 한다). 소비자가 원하는 시간과 장소에 제품을 전달하는 것은 시장 성공에 있어서 중요한 열쇠이다. 마케팅에 있어서 중개자들과 유통의 중요성에 대해서는 14장에서 자세히 논의할 것이다.

베지테리안 식당은 오늘날 많은 대학 캠퍼스의 인기 있는 니즈를 채울지도 모른다. 여러분 학교 근처에도 베지테리안 식당이 있는가? 매니저가 마케팅 4P(제품, 가격, 유통, 촉진)를 어떻게 응용하고 있는지 얘기할 수 있는가?

효과적인 촉진 전략 전개

촉진
사람들이 제품 또는 서비스를 구매하도록 동기를 부여하기 위해 판매자가 활용하는 모든 기법

4P의 네 번째 구성요소는 촉진이다. **촉진(Promotion)**은 판매자가 사람들에게 정보를 제공하고 제품 또는 서비스를 구매하도록 동기를 부여하기 위해 활용하는 모든 기법이다. 촉진에는 광고(advertising), 인적 판매(personal selling), 홍보(public relations), 언론 홍보(publicity), 입소문(word of mouth), 쿠폰(coupons), 리베이트(rebates), 샘플(samples), 가격 할인(cents-off deals) 등의 다양한 판매 촉진 노력 등이 포함된다.

마케팅 과정의 마지막 단계인 촉진은 종종 고객과의 관계 구축이 포함된다. 다양한 활동 중에서, 가격을 포함하여 제품이나 마케팅을 향상시키기 위해 고객들의 제안에 응답하는 것도 포함된다. 하비스트 골드의 경우에는 구매 후(postpurchase)나 애프터세일(after-sale) 서비스는 고객이 만족하지 않는 음식값을 받지 않는다거나 고객이 만족할 만한 다른 조치를 취해 주는 것 등이 포함된다. 고객들은 자신이 좋아하는 다른 채식제품을 구비해 놓도록 추천할 것이다. 고객들의 말에 귀를 기울이고 필요를 충족시키기 위해 대응하는 것이 바로 마케팅 성공의 열쇠이다.

시험 준비

- 구매자의 구매활동을 돕는다는 것은 어떤 의미인가?
- 마케팅 콘셉트를 구성하는 세 가지 요소는 무엇인가?
- 마케팅 믹스의 4P는 무엇인가?

학습목표 12-3 마케팅 조사 과정을 설명할 수 있다.

마케터들에게 정보 제공하기

마케팅 과정의 모든 단계는 올바른 결정을 내리기 위하여 사용되는 정보에 의존한다. **마케팅 조사**(marketing research)는 좋은 의사결정을 내리기 위하여 필요한 정보를 찾고 기회와 도전을 결정하기 위하여 시장을 분석하는 것이다.

마케팅 조사
좋은 의사결정을 내리기 위하여 필요한 정부를 찾고 기회를 만들고 도전하기 위하여 시장을 분석하는 것

마케팅 조사는 소비자들이 과거에 구매한 제품과 현재 원하는 제품과 미래에 원하는 제품의 변화를 파악하는 데 도움이 된다. 게다가 마케터들은 비즈니스 동향과 자신의 결정이 생태환경에 미치는 영향, 글로벌 트렌드 등에 관한 조사를 한다. 기업들은 효과적으로 경쟁하기 위하여 정보를 필요로 하며, 마케팅 조사는 그 정보를 수집하는 활동이다. 예를 들어, 여러분은 건강식 패스트푸드 식당을 열려고 생각하는 사람에게 조사가 얼마나 중요한지 배웠다. 이와 더불어 마케팅 조사자들은 고객들의 말을 경청하고, 직원, 주주, 상인, 소비자 단체, 미디어 담당자, 다른 이해당사자들의 의견까지 수렴해야 한다. 앞에서 언급한 바와 같이, 조사 중 상당수는 소셜 미디어를 통해 온라인으로 이루어진다. 이러한 조사에도 불구하고 마케터는 반드시 고객들을 이해해야 하나 여전히 이해하는 데 어려움을 겪고 있다.[7]

마케팅 조사 과정

단순화한 마케팅 조사 과정은 최소한 네 개의 주요 단계로 구성된다.

1. 문제 정의와 현재 상황 결정
2. 자료 수집
3. 조사자료 분석
4. 최적안 선정 및 실행

이제 이러한 과정에 대하여 자세히 살펴보자.

이 교재의 저자들은 포커스 그룹을 사용하는 혜택을 즐긴다. 대학교수와 학생들은 이러한 미팅에 와서 이 교재와 부교재를 어떻게 개선시킬 수 있는지 얘기해준다. 우리는 신중히 듣고 그에 반응해서 가능한 한 많이 변경하려 한다. 이러한 제안에는 교재 내의 사진에 대해 더 많은 설명을 추가하는 것과 교재를 가능한 한 사용자 친화적으로 만들라는 것이 포함된다. 우리가 지금까지 잘 하고 있다고 생각하는가?

문제 정의와 현재상황 파악 마케팅 조사자들은 현재의 상황에 대하여 파악하고 문세점과 기회를 발견하며, 어떠한 대안이 있는지 알아보고 필요한 정보는 무엇인지, 어떻게 정보를 수집하고 자료를 분석해야 하는지에 대하여 자유롭게 도움을 받을 수 있어야 한다.

자료 수집 유용한 정보를 얻는 것은 마케팅 조사 과정에서 매우 중요한 일이다. 조사는 비용이 많이 들 수 있기 때문에 정보의 필요성과 정보의 획득 비용 사이에 절충(trade-off)이 있어야 한다. 보통 가장 저렴한 방법은 다른 사람들에 의해 이미 편집된 자료나 잡지, 도서로 발행된 자료 또는 온라인에서 이용 가능한 자료를 수집하는 것이다.

이와 같이 이미 존재하는 자료를 **2차 자료**(secondary

그림 12.4 **1차 자료와 2차 자료를 얻을 수 있는 출처들**

1차 출처들	2차 출처들
인터뷰 서베이 관찰 포커스 그룹 온라인 서베이 설문지 고객 코멘트 고객으로부터의 편지	**정부 간행물** 미국 통계자료 사업체 총조사 소매업 총조사 운송 총조사 제조업체 연례 총조사
	상업 간행물 닐슨 컴퍼니(Nielsen Company)의 소매업과 미디어에 관한 연구자료 J.D. 파워(J.D. Power)가 제공하는 인사이트, 데이터, 분석, 조언 Selling Areas–Marketin. Inc.의 식품 판매에 관한 보고서
	잡지 Entrepreneur Bloomberg Businessweek Fortune Inc. Ad Age Forbes Harvard Business Review Journal of Marketing Journal of Retailing Journal of Consumer Research Journal of Advertising Journal of Marketing Research Marketing News Hispanic Business Journal Black Enterprise Journal of Advertising Research as Progressive Grocer와 같은 산업에 적절한 무역 잡지 여러 상공회의소로부터의 보고서
	신문 월스트리트저널, 배런스(Barron's), 지역 신문
	내부 출처 회사 자료 대차대조표 손익계산서 이전의 조사보고서
	일반적 출처 인터넷 검색 구글(Google) 검색엔진 상업적 데이터베이스

2차 자료
이미 문서화되어 있거나 잡지나 책으로 발행되었거나 온라인상으로 구할 수 있는 정보

1차 자료
(책이나 잡지 등의 2차 출처에서 얻지 않은) 스스로 수집하는 자료

data)라고 한다. 왜냐하면 여러분이 그 자료를 처음 수집한 사람이 아니기 때문이다. 그림 12.4는 2차 마케팅 자료의 주요 출처이다. 2차 자료라는 이름에도 불구하고 2차 자료는 불필요한 비용 지출을 피하기 위하여 가장 먼저 수집된다. 농장에서 식탁(farm–to–table) 트렌드에 대한 2차 자료를 찾기 위해서 1000ecofram.com에 접속해 보자.

2차 자료는 종종 관리자들이 의사결정을 하기 위해 필요한 모든 정보를 제공하지 않는다. 추가적으로 깊이 있는 자료를 찾기 위해서 마케터들은 자체적인 조사를 해야 한다. 이와 같은 새로운 소사결과를 **1차 자료(primary data)**라고 한다. 1차 자료를 얻는 방법 중의 하나는 서베이를 하는 것이다.

서베이(온라인, 전화, 우편)와 개인 인터뷰가 가장 보편화된 1차 자료 수집형태이다. 포커스 그룹(다음 단락에서 정의됨)은 개인을 서베이 하는 가장 인기 있는 방법 중 하나

이다.[8] 어떠한 방법이 여러분이 준비하는 레스토랑에 대하여 학생들의 의견을 묻는 가장 최적의 방법일까? 개업 몇 달 후 다른 종류의 서베이를 해야 하는가? 사람들이 여러분의 레스토랑을 찾을 수 있도록 어떻게 도울 것인가? 즉, 구매자의 구매활동을 어떻게 도울 것인가? 조사자들이 관심을 갖는 한 가지의 질문은 바로 이 제품을 '친구에게 추천하겠는가?'이다.

포커스 그룹(focus group)이란 토론 리더의 지시 아래 조직, 제품, 기타 주어진 이슈 등에 대하여 서로의 의견을 주고받는 그룹을 말한다. 이 교재도 교수진과 학생들로 구성된 다양한 포커스 그룹의 참여 하에 정기적으로 개정된다. 학생들이 집필진에게 어떤 주제나 사례가 좋았는지와 안 좋았는지 말하면 집필진은 개정을 위해 의견을 수렴한다.

포커스 그룹
조직, 제품, 기타 주어진 이슈 등에 대하여 서로의 의견을 주고받으며 토론 리더의 지시 아래 회의를 진행하는 소규모 그룹

지금은 마케터들이 2차 자료와 1차 자료를 모두 다 온라인에서 얻을 수 있다. 예를 들어, 이 교재의 집필진들 또한 온라인 조사를 많이 하지만, 자료를 책, 기사, 인터뷰, 다른 출처에서 수집하기도 한다.

조사자료 분석 마케터는 조사 과정 중 수집된 자료를 유용한 자료로 만들어야 한다. 수집된 자료에 대한 주의 깊고 정직한 해석은 기업이 특정한 마케팅 시험대에서 유용한 대안을 찾을 수 있도록 해준다. 예를 들어, 이탈리아의 작은 피자 전문점인 프레시 이탈리아(Fresh Italy)는 1차 조사를 통해 자사의 피자 맛이 대규모 피자 체인들의 피자 맛에 비하여 월등히 좋은 평가를 받았다는 것을 알았다. 하지만 피자의 판매량은 다른 경쟁업체에 비하여 훨씬 뒤처졌다. 피자 산업에 대한 2차 자료는 소비자들에게 있어서 프레시 이탈리아가 제공하고 있지 않았던 무료 배달서비스가 맛보다 더 중요하다는 사실이 드러났다. 현재 프레시 이탈리아는 배달서비스를 제공하고 있으며, 시장점유율도 증가하는 추세이다.

최적안 선정 및 실행 자료를 수집하고 분석한 후에, 마케팅 연구자들은 대안 전략을 결정하고 어떤 전략이 최적 대안인지를 이유와 함께 추천을 한다. 이 마케팅 조사의 마지막 단계에서 최적 대안을 실행한 후 그 결과가 예상했던 대로 나오는지 점검한다. 만약 예상과 다르다면 기업은 최저의 비용으로 새로운 연구를 수행해 활동을 수정하고 고객을 만족시키기 위한 지속적인 시도를 할 수 있다. 여러분은 마케팅 조사가 시장의 변화와 소비자 선호의 변화 속에 끊임없이 변화에 대응하는 과정임을 알 수 있을 것이다.

학습목표 12-4 마케터가 변화하는 마케팅 환경에 대하여 알아보기 위해 환경탐사(environmental scanning)를 어떻게 사용하는지 설명할 수 있다.

마케팅 환경

마케팅 관리자들은 마케팅 믹스에 관한 의사결정을 내릴 때 주변 환경에 대하여 인지하고 있어야만 한다. **환경탐사**(environmental scanning)는 마케팅의 성공에 영향을 미칠 수 있는 요인들을 파악하고 분석하는 과정이다. 그림 12.5에서 볼 수 있듯이 이러한 요소들은 국제적 · 기술적 · 사회문화적 · 경쟁적 · 경제적 영향을 포함한다. 우리는 이러한 요인들에 대하여 1장에서 자세히 살펴보았지만, 엄격한 마케팅의 관점에서 이 요인들을

환경탐사
마케팅의 성공에 영향을 미칠 수 있는 요인들을 파악하고 분석하는 과정

복습해보기로 한다.[9)]

글로벌 요인

현재 기업들은 인터넷을 사용하여 전 세계의 소비자들을 비교적 쉽게 접하여 그들이 원하는 제품과 서비스에 대하여 대화를 나눌 수 있다. 이 글로벌 과정은 글로벌 고객들이 제품 운송의 책임을 진 사람들에게 더욱더 많은 압박감을 주고 있다.

기술적 요인

가장 중요한 기술적 변화는 인터넷과 관련되어 있다. 소비자 데이터베이스, 블로그, 소셜 네트워킹 등을 사용하면서 기업들은 소비자의 필요에 맞는 제품과 서비스를 개발할 수 있게 되었다.[10)] 9장에서 살펴본 바와 같이 이제는 제품을 대량생산 할 때와 비슷한 가격에 고객맞춤 제품과 서비스를 제공할 수 있게 되었다. 따라서 유연한 제조과정과 대량 고객 맞춤 제작(mass customization)도 마케터들에게 큰 영향을 미친다('중소기업 스포트라이트' 글상자 확인). 예를 들어, 여러분은 하비스트 골드에서 고객 맞춤 샐러드나 고객들을 위한 다양한 음식을 만드는 데 데이터베이스를 활용할 수 있을 것이다.

사회문화적 요인

인구의 증가와 인구 통계 변화는 판매에 영향을 미칠 수 있기 때문에 마케터들이 소비자

그림 12.5 **마케팅 환경**

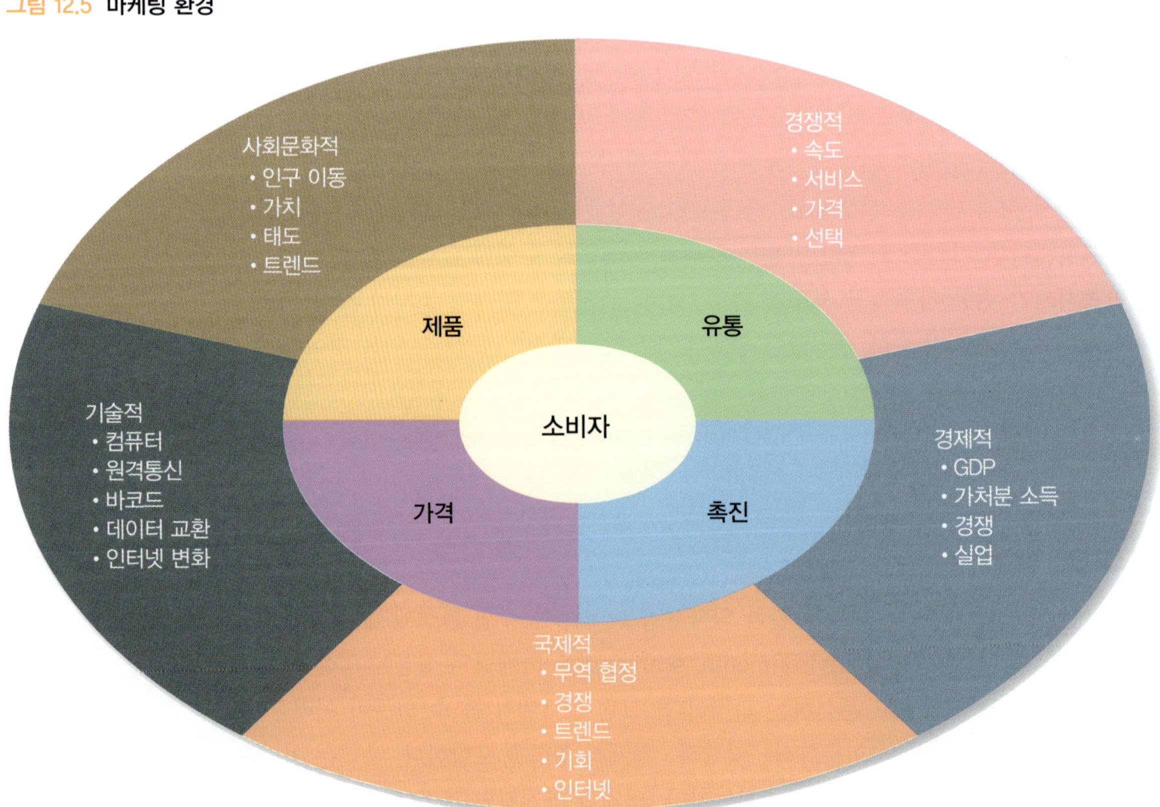

중소기업 스포트라이트 맞춤 제품에 대중 어필 만들기

Prose.com

여러분이 구입하는 가장 기본적인 품목 중 몇 가지를 생각해 보라. 치약, 샴푸, 스포츠 음료, 비타민 등 이 리스트는 계속될 수 있다. 아마 같은 제품을 반복해서 구매했을 것이다. 하지만 여러분이 땀을 흘리는 특정한 방식에 맞는 스포츠 음료나 여러분의 정확한 모발 유형을 위한 샴푸를 가질 수 있다면 어떨까? 제품을 갈아타겠는가? 점점 더 많은 미국인들이 이미 쇼핑할 때 개인화된 경험을 하기를 기대하고 있다.

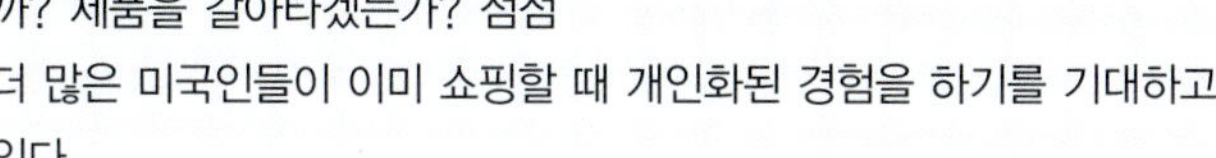

실제로 고객 중 80%가 제품 제안에 따라 맞춤형 경험을 만드는 업체에서 구매할 가능성이 더 높은 것으로 나타났다. 만약 이 과정이 우리를 위해 특별히 만들어진 상품으로 이어진다면, 마케팅 담당자들은 엄청난 성장을 경험할 수 있을 것이다. 주문형 헤어케어 제품 기업 프로즈(Prose)가 고객 개개인의 니즈를 더 잘 이해하기 위해 30가지 질문을 던진다.

머리결이나 컬 패턴뿐만 아니라 모든 디테일이 프로즈에게 중요하다. 당신이 어디에 사는지, 무엇을 먹는지, 당신의 운동 루틴과 당신의 스타일링 제품들이 모두 당신의 샴푸에 들어가는 것의 한 요소로 직용한다. 거기시 여리분은 비건 제품이나 실리콘이 없는 제품을 찾고 있는지 지정할 수 있다.

이 소규모 벤처는 큰 사업으로 성장하기를 희망하고 있다. 이러한 작은 사업체들이 성공을 찾고 있을 뿐만 아니라 펩시콜라(PepsiCo)와 프록터 앤 갬블(Procter & Gamble)과 같은 대기업들도 맞춤 제작을 시작하고 있다. 아마도 우리의 모든 제품이 곧 우리에게 맞춰질 것이다.

출처: Blake Morgan, "50 Stats Showing the Power of Personalization," Forbes, February 18, 2020; Ellen Byron, "We Now Live in a World with Customized Shampoo," The Wall Street Journal, April 18, 2019; Alice Chang, "Mastering a Customer-Centric Strategy in the Beauty Industry," Forbes, February 21, 2020; "The Vitamin Shoppe Introduces the fitfactor Weight Management System Brand," Yahoo! Finance, February 19, 2020; Prose, prose.com, accessed February 2020.

와 가까운 관계를 지속하기 위하여 사회적 추세를 모니터링해야 한다. 미국 인구 중 급격한 증가세를 보이고 있는 인구층은 65세 이상이다. 미국 내 고령 인구의 증가는 양로원, 건강관리 센터, 처방 약품, 휴양, 평생교육 등에 대한 수요를 증가시킨다. 고령층이 지역 농장의 신선 식단을 더 좋아한다는 증거가 보이는가? 미국 인구의 다른 변화는 마케터들이 그들의 제품을 남미 히스패닉, 아시아, 그 외 성장하는 인종 그룹의 기호와 선호도에 맞추어야 하는 새로운 도전 과제들을 안겨주었다. 다양한 그룹에게 어필하기 위하여, 마케터들은 보다 독특한 인종 그룹의 의견들을 경청하고 더 잘 응답해야 한다. 하비스트 골드가 특정 인종 그룹에게 어필하기 위하여 해야 할 일은 무엇인가?

경쟁적 요인

마케터들은 동적인 경쟁환경에 관심을 기울여야만 한다. 기존의 많은 전통적인(brick-and-mortar) 기업들은 온라인 경쟁을 의식해야 한다. 예를 들어, 도서 사업을 보면 반스 앤 노블(Barnes & Noble)은 좋은 가격에 방대한 종류의 책을 구비하고 있는 아마존닷컴(Amazon.com)이라는 새로운 현실에 적응해야 했다. 반스 앤 노블은 아마존 킨들(Kindle)의 도전에 누크(Nook)로 답했다. 이 회사는 여전히 생존을 위해 투쟁하고 있으며, 보더스(Borders)와 같은 다른 오프라인 서점들이 맞은 운명을 피하려고 노력하고 있다. 지금 소비자들은 온라인에서 가장 합리적인 구매가격 조사를 위해 말 그대로 전 세계를 검색해볼 수 있다. 그러므로 마케터들은 가격, 배송, 서비스를 지속적으로 조정해야만 한다. 여러분은 하비스트 골드가 인터넷과 소셜 미디어를 활용하여 만들 수 있는 기회가 보이는가?

경제적 요인

마케터들은 경제 환경에 많은 주의를 기울여야 한다. 2000년대 초, 미국은 저성장을 경험했으며, 값비싼 자동차, 시계, 휴가를 구매하려는 고객들은 거의 없었다. 경제가 주춤하면서 마케터들은 수입이 많지 않은 소비자들에게 맞추어 덜 비싼 제품들을 제공함으로써 변화하는 시장에 적응해야만 했다. 여러분의 학교 주변에 새로운 식당에 영향을 미칠지도 모르는 어떤 경제적 변화가 발생하고 있는가? 경제위기와 홍수와 가뭄과 같은 자연재해가 여러분이 살고 있는 지역에 영향을 미쳤는가?

서로 다른 두 시장: 소비자 시장과 기업 간(B2B) 시장

소비자 시장
개인적인 소비나 사물을 위하여 제품과 서비스를 원하는 모든 개인 또는 가구

마케터들은 사업을 하고 싶어하는 시장에 대해 가능한 한 많은 것을 알고 있어야 한다. 우리가 6장에서 정의한 것처럼 시장은 구매 의사와 구매할 여력이 있으나 충족되지 못한 욕구와 필요를 가진 사람들로 구성된다. 기업에는 크게 두 가지 시장, 즉 소비자 시장과 기업 간 시장이 있다. **소비자 시장**(consumer market)은 개인적인 소비나 사용을 위해 제품과 서비스를 원하고 구매할 여력을 가진 모든 개인 또는 가구들로 구성된다.

기업 간 시장
제품과 서비스를 생산하거나 다른 기업들에 제품을 판매, 임대, 공급하기 위해 필요한 원료와 서비스를 원하는 모든 개인과 조직들

기업 간 시장(Business-To-Business(B2B) market)은 제품과 서비스를 생산하는 데 쓰이는 제품과 서비스를 원하거나 혹은 다른 기업들에게 제품을 판매, 임대, 공급하기를 원하는 모든 개인과 조직들로 구성된다.[11] 석유 드릴 비트, 금전등록기, 진열장, 사무실 책상, 공인 회계감사, 비즈니스 소프트웨어는 B2B 제품과 서비스의 예이다. 전통적으로 산업에서 사용되기 때문에 산업용 제품과 서비스로 알려져 있다.

기억해야 할 점은 구매자가 그 물건을 사는 이유인 제품의 최종 용도가 그 제품이 소비자 제품인지 기업 간 제품인지를 결정한다는 것이다. 예를 들어, 학생이 아침식사로 구매한 컵요거트는 소비자 제품으로 고려된다. 하지만 만약 하비스트 골드가 아침식사

기업 간(B2B) 시장은 다른 기업체에 상품이나 서비스를 판매하는 개인과 조직으로 구성된다. 예를 들어, 제조업체는 B2B 시장에서 부품이나 보급품을 구매한다.

고객들을 위하여 똑같은 컵요거트를 구입했다면 그 요거트는 기업 간 제품으로 간주된다. 이제 소비자 시장과 기업 간 시장에 대하여 더 상세하게 알아볼 것이다.

시험 준비

- 마케팅 조사 과정의 4단계는 무엇인가?
- 환경탐사란 무엇인가?
- 소비자 시장과 B2B 시장의 차이를 정의할 수 있는가?

학습목표 12-5 마케터가 시장 세분화, 관계 마케팅 그리고 소비자행동의 연구를 통해서 어떻게 소비자 시장의 니즈(needs)를 알아내는지 설명할 수 있다.

소비자 시장

총 잠재 소비자 시장의 규모는 전 세계적으로 수십억 명이다. 소비자 그룹은 크게 연령, 교육 정도, 수입, 취향에 따라 차별화되기 때문에, 기업은 통상적으로 모든 그룹의 필요를 충족시킬 수는 없다. 따라서 서비스를 제공할 그룹을 먼저 선택한 후, 특히 그들의 필요에 맞춘 제품과 서비스를 개발해야 한다.

캠벨 수프 회사(Campbell Soup Company)를 예로 들어보자. 여러분은 치킨 누들 수프나 토마토 수프와 같은 캠벨의 전통적인 제품을 알 것이다. 또한 캠벨이 수많은 다른 기호에 어필하기 위하여 제품 라인을 확장한 것도 알고 있을 것이다. 캠벨은 남부의 인구가 성장하고 있고 전국적으로 도시마다 라틴계 커뮤니티가 증가하고 있다는 것을 알아차리고, 남부 시장에서는 크레올 수프를, 라틴계 시장에서는 레드 빈 수프를 소개했다. 또한 자극적인 음식을 즐기는 캘리포니아주와 텍사스주에서는 미국 내 다른 지역에서보다 캠벨 나쵸 치즈 수프를 더 맵게 만들었다. 캠벨은 소비자 시장을 연구하여 유형별로 분류하고, 개별소비자 그룹에게 맞는 제품을 개발하여 성공을 거둔 회사이다.

전체 시장을 비슷한 특성을 가진 사람들로 이루어진 그룹들로 나누는 과정을 **시장 세분화**(market segmentation)라고 한다. 세분화된 시장에서 이익을 창출하면서 서비스를 제공할 수 있는 그룹을 선택하는 것을 **타깃 마케팅**(target marketing)이라고 한다. 예를 들어, 신발 매장은 오직 여성화, 아동화, 육상화만을 판매하는 것을 선택할 수 있다. 새로운 사업을 시작하는 데 있어서 중요한 이슈는 서비스를 제공하여 가장 수익이 많이 나오는 세분화된 시장을 선정하였는가이다.

시장 세분화
전체 시장을 비슷한 특성을 가진 사람들로 이루어진 그룹들로 나누는 과정

타깃 마케팅
세분화된 시장에서 이익을 창출하면서 서비스를 제공할 수 있는 그룹을 선택하는 것

소비자 시장의 세분화

기업이 소비자 시장을 세분화하는 데는 몇 가지 방법이 있다(그림 12.6 참조). 예를 들어, 미국 전역에 제품을 판매하는 것을 시도하기보다 플로리다주, 텍사스주, 사우스캐롤라이나주와 같은 남부 지역과 같이 가장 성공할 수 있는 하나 또는 두 지역에 집중할 수 있다. 시장을 도시, 군, 주, 지방 등에 따라 나누는 것을 **지역적 세분화**(geographic segmentation)라고 한다.

지역적 세분화
시장을 지리적 지역에 따라 구분하는 것

그림 12.6 **시장 세분화**

이 그림은 마케터들이 시장을 구분하기 위해 사용하는 몇 가지 방법을 나타낸 것이다. 세분화의 목표는 시장을 작은 단위로 구분하는 것이다.

주요 범주	샘플 변수	일반적인 세분화
지역적 세분화	지방	북동, 중서, 남부, 서부
	도시 또는 군 규모	5,000 미만, 5,000~10,999, 20,000~49,000, 50,000~99,999
	인구 밀도	도시, 근교, 전원
인구통계학적 세분화	성별	남성, 여성
	나이	5세 미만, 5~10세, 11~18세, 19~34세, 35~49세, 50~64세, 65세 이상
	교육	고졸 미만, 고졸, 대학 재학, 대졸, 대학원
	인종	백인, 흑인, 인디언, 아시안, 히스패닉
	국적	미국인, 아시안, 동유럽인, 일본인
	생애 단계	유아, 취학 전 아동, 어린이, 10대, 대학생, 성인, 노인
	수입	15,000달러 미만, 15,000~24,999달러, 25,000~44,999달러, 45,000~74,999달러, 75,000달러 이상
	가계 규모	1, 2, 3~4, 5 식구 이상
	직업	전문직, 기술직, 사무직, 영업사원, 농부, 학생, 자영업, 퇴직, 실업
심리적 세분화	성격	사교적인, 강제적인, 외향적인, 적극적인, 활발한
	가치관	현실주의자, 만족주의자, 성취주의자, 경험주의자, 신념주의자, 생존주의자, 창조주의자, 분투주의자
	라이프스타일	상류층, 중류층
편익 세분화	편안함 편의성 내구성 경제성 건강 럭셔리 안전 지위	(편익 세분화는 이미 확립된 시장을 더 작게 보다 동종의 부분들로 세분화한다. 자동차의 경제성을 바라는 사람들이 그 예이다. 추구하는 편익은 제품에 따라서 다르다.)
사용량 세분화	사용	대량 사용자, 미량 사용자, 비사용자
	충성도	없음 < 중간 < 강함

인구통계학적 세분화
나이, 소득, 교육 수준에 따라 시장을 구분하는 것

다른 방법으로는 대학 교육을 받았고 평균 이상의 수입을 가진 25~45세의 사람들을 목표로 제품을 촉진할 수도 있다. 렉서스(Lexus)와 같은 자동차는 종종 이러한 고객들을 타깃으로 한다. 나이, 수입, 교육 수준 등으로 시장을 구분하는 것은 **인구통계학적 세분화(demographic segmentation)**이다. 종교, 인종, 직업도 여기에 포함된다. 이것은 가장 많이 사용되는 세분화 변수들이지만, 항상 최선의 변수들이라고 볼 수는 없다.

때로는 어떠한 그룹의 라이프스타일을 묘사하는 광고를 원할 수도 있다. 이를 위해서는 그 그룹의 라이프스타일, 가치관, 태도, 관심 분야 등을 연구해야 한다. 예를 들어, 밀레니얼 세대를 겨냥하기로 결정하였다면, 밀레니얼 세대가 시청하는 TV 쇼는 무엇인지, 가장 좋아하는 스타는 누구인지에 대한 심층적인 조사를 해야 한다.[12] 그러한 정보는 나중에 스타들이 등장하는 TV 쇼에 붙는 광고를 개발할 때 사용될 수 있다. 어떤 마

배스 프로(Bass Pro)는 매장을 방문하는 수많은 아웃도어 열광자들에게 다양한 제품군을 제공한다. 이 회사는 시장을 확인 가능한 세분시장으로 나누는 것이 매우 중요하다. 이 회사가 목표로 하는 다른 세분시장들은 무엇인가?

케터들은 문화기술적(Ethnographic gegmentation) 세분화에 대해서 말한다. 기본적으로 이러한 세분화는 소비자와 대화하고 그들의 관점에서 제품에 대한 스토리를 개발한다는 점에서 **심리적 세분화**와 같다. 고객들은 종종 여러분의 제품에 대해 여러분과 전혀 다른 관점을 가진다.

심리적 세분화
시장을 그룹의 가치관, 태도, 관심 분야 등에 따라 구분하는 것

하비스트 골드를 위한 마케팅에서 여러분은 신선 유기농 식품의 어떠한 편익을 말하겠는가? 건강 편익, 맛 또는 다른 것들을 강조하겠는가? 어떠한 편익이 선호되는지를 파악하고 이 편익을 제품의 촉진을 위해 이용하는 것을 **편익 세분화**(benefit segmentation)라고 한다.

편익 세분화
시장을 제품에 대하여 추구하는 편익에 따라 구분하는 것

여러분은 또한 누가 건강식품의 최대 소비자인지를 결정할 수 있다. 여러분의 식당에 여성 손님이 더 많은가? 아니면 남성 손님이 더 많은가? 학생이 많은가, 교수진이 많은가? 단골고객이 지역주민인가 혹은 통근 직장인인가? 제품의 사용량에 따라 시장을 구분하는 것을 **사용량 세분화**(volume or usage segmentation)라고 부른다. 일단 주 소비자층이 누구인지를 알면, 특정 그룹 또는 그룹들(주 고객층)에게 더욱 효과적으로 어필할 수 있는 촉진 방안을 고안할 수 있다.

사용량 세분화
시장을 사용량에 따라 구분하는 것

최상의 세분화 전략은 모든 변수를 사용하여 규모 있고, 접근 가능하며, 이윤을 창출해낼 수 있는 소비자 프로파일을 끌어낼 수 있는 모든 변수들을 사용하는 것이다. 결국 시장을 세분화하는 것이 아니라 전체 시장을 좇는 것을 의미할 수도 있다. 다른 한편으로는 더욱더 작은 규모로 세분화하는 것을 의미하는 것일 수도 있다. 이제 이러한 전략들에 대하여 알아보기로 하자.

더 작게 시장 세분화하기

니치 마케팅(niche marketing)은 작지만 수익성 있는 시장의 한 부분을 찾아 그 부분을 위한 제품을 찾거나 개발하는 과정이다. 인터넷이 소비 문화를 변화시키면서 제품 선택

니치 마케팅
작지만 수익성 있는 시장의 한 부분을 찾아 그 부분을 위한 제품을 찾거나 개발하는 과정

의 폭이 거의 무제한으로 넓어지면서 빅히트 제품이나 베스트셀러 제품에서 보다 전문화된 니치 제품을 지원하는 추세이다. 고작 5퍼센트의 미국인이 자신을 채식주의자라고 인정하고 있는 현실에서 여러분은 하비스트 골드가 이러한 니치마켓에 상점과 온라인으로 어떤 종류의 베지테리언 제품을 팔고자 하는가?

일대일 마케팅
개별 고객을 위한 제품과 서비스를 독특하게 묶어 개발하는 것

일대일 마케팅(one-to-one marketing)은 개별 고객을 위하여 독특한 제품과 서비스를 묶어 개발하는 것을 의미한다. 여행사는 종종 개별 소비자들을 위한 항공 예약, 호텔 예약, 자동차 렌트, 식당, 박물관 및 관광지 입장권 등을 하나로 묶은 패키지를 개발한다. 이것은 각 소비자가 제품을 대용량으로 구매하는 B2B 시장에서 비교적 쉽게 이루어진다. 하지만 일대일 마케팅은 소비자 시장에서도 가능하다. HP, 델(Dell)과 애플(Apple)과 같은 컴퓨터 회사는 각 고객들을 위한 독특한 컴퓨터 시스템을 제공한다. 고객들을 위해 특별한 하비스트 골드 메뉴를 고안할 수 있는가?

관계 마케팅의 구축

대량 마케팅
대규모 그룹의 사람들을 만족시키기 위한 제품을 개발하고 촉진하는 것

산업혁명 이후의 대량생산 세계에서 마케터들은 대량 마케팅으로 시장에 대응해왔다. **대량 마케팅**(mass marketing)은 대규모 그룹의 사람들을 만족시키기 위한 제품을 개발하고 촉진하는 것을 말한다. 즉, 세분화 과정이 거의 없다. 대량 마케팅은 가능한 한 많은 사람들에게 같은 제품을 판매하려고 한다. 그것은 TV, 라디오, 온라인 광고 같은 대중매체를 사용하는 것을 말한다. 비록 대량 마케팅이 많은 회사를 성공으로 이끌었지만, 마케팅 관리자들은 종종 자신의 제품과 경쟁사와의 경쟁에 너무 골몰한 나머지 시장에 대응하는 것에 무디어졌다.[13] 예를 들어, 항공사들은 경쟁에 대응하느라 종종 소비자를 짜증나게 하고 있다.

관계 마케팅
개인 고객들의 요구를 정확히 충족시키는 새로운 상품을 제공함으로써 시간이 흘러도 그 개인 고객들을 확보하고 유지하는 것을 목표로 하는 마케팅 전략

관계 마케팅(relationship marketing)은 대량생산에서 벗어나 고객맞춤형 제품이나 서비스를 지향한다. 관계 마케팅의 목적은 개인 고객들의 요구를 정확히 충족시키는 새로운 상품을 제공함으로써 시간이 흘러도 그 개인 고객들을 확보, 유지하는 것이다. 기술과 소셜 미디어를 통해 판매자들이 개인 구매자들의 욕구와 필요를 결정할 수 있게 되고 수제 맞춤 셔츠와 독특한 휴가와 같이 그들을 만족시키기 위하여 특별히 개발된 제품과 서비스를 개발할 수 있다. '소셜 미디어를 통한 연결' 글상자에서 기업들이 어떻게 고객층과의 상호작용을 활용하여 개인에 맞는 오퍼링을 개선하고 맞춤화하고 있는지 확인하라.

소비자를 이해하는 것은 마케팅에서 너무나 중요하기 때문에 소비자행동 연구라 불리는 마케팅의 한 분야가 대두되었다.[14] 이 부분에 대해서는 나중에 더 잘 살펴볼 것이다.

소비자 의사결정 과정

소비자 의사결정 과정의 첫 단계는 문제 인식인데, 컴퓨터가 고장 났을 때 여러분은 새로운 것이 필요하다는 것을 깨닫게 된다. 이것은 정보의 탐색으로 이어지고, 컴퓨터에 관한 광고들을 찾아본다. CNET과 같은 2차 자료나 전문가와 고객 모두의 온라인 리뷰를 참조할지도 모른다. 그리고 여러분은 컴퓨터를 구매한 사람들에게 조언을 구하려 할 것이다.

모든 자료를 수집한 후엔, 상품 대안들을 놓고 구매 결정을 할 것이다. 그러나 구매

소셜 미디어를 통한 연결

스티치 픽스(Stitch Fix)로 스타일 섞기

우리가 정보나 상품을 검색하기 위해 웹 사이트를 사용할 때마다, 우리는 사이트의 이메일 목록에 가입하거나 우리가 누구인지에 대한 작은 정보를 제공하도록 요청을 받는 것 같다. 왜 그런 것일까? 마케터들은 당신과 더 많은 접촉과 당신에 대한 정보를 가질수록 당신이 만족할 가능성이 높아지고, 판매 가능성이 훨씬 더 높아진다는 것을 발견하고 있다.

우리가 스티치 픽스(Stichfix)의 페이스북의 옷과 액세서리에 대한 토론에 더 많이 참여할수록 우리는 그 사이트에 접속해서 박스 서비스를 구독하는 모험을 더 많이 할 것 같다. 박스 서비스에 관심을 표시하면 고객들은 자신의 스타일, 체형에 대한 질문을 받고 나서 일련의 제품들을 보게 된다. 그런 다음 고객들은 보여준 제품들을 좋아하는지 싫어하는지를 클릭한다. 거기서 스티치 픽스는 당신의 취향과 당신에게 맞는 옷을 디자인한다. 하지만 상호작용은 거기서 끝나지 않는다. 스타일 셔플을 사용함으로써, 그 회사는 고객들을 위해 수십억 개의 데이터 포인트를 쉽게 수집할 수 있다. 이 틴더(Tinder) 앱과 같은 과정은 쇼핑과 스타일링 과정을 더 효율적으로 만드는 데 도움을 준다.

사용자가 구독에 뛰어들도록 하는 것은 가장 어려운 부분이다. 마케터들은 어떤 사람이 어떤 것을 '좋아요'하고, 콘텐츠 제공자와 다른 사용자와 의견을 교환하고 상호작용하는 것의 차이를 알아야 한다. 연구결과에 의하면 높은 수준의 상호작용을 하는 사람들은 정보를 '숨겨 넣거나' 수동적으로 정보를 소비하는 사람들보다 회사가 시도하는 상호작용에 대한 헌신을 더 강하게 느낀다. 온라인 마케터들은 더 많은 사용자들이 대화에 참여하도록 하여 사용자들이 보고자 하는 내용을 알 수 있도록 설계해야 한다.

출처: Adria Cimino, "Can Stitch Fix's 'Shop Your Looks' Become a Major Revenue Driver?," The Motley Fool, February 20, 2020; Steven Li, "The Stitch Fix Story: How a Unique Prioritization of Data Science Helped the Company Create Billions in Market Value," Forbes, February 17, 2020; Daniel Newman, "Stitch Fix: A Useful Case Study for Retail's Digital Transformation," Forbes, September 9, 2019; Dakota Shane, "How to Turn a Single Blog Post into a Month's Worth of Content Marketing," Inc., February 26, 2019; Stitch Fix, stitchfix.com, accessed February 2020.

과정은 여기서 끝이 아니다. 구매 후에는 먼저 이전에 조언을 구한 사람들과 이야기하며, 그들의 컴퓨터가 얼마나 잘 작동하는지 또 다른 것들은 어떤지 당신의 새 컴퓨터와 비교해볼 것이다. 마케팅 조사원은 구매자의 구매를 돕는 최고의 방법을 결정하기 위해 각 단계별로 소비자의 사고과정과 행동을 조사한다. 앞서 언급한 바와 같이 이 연구 분야를 소비자행동(consumer behavior)이라고 부른다. 소비자행동에 영향을 미치는 요인들은 다음과 같다.

- 학습(learning)은 이전의 경험과 정보에 기인한 개인행동의 변화를 말한다. 예를 들어, 여러분이 특정 샴푸 브랜드를 사용해 보았는데 마음에 들지 않았다면, 다시 그 제품을 구매하려 하지 않을 것이다.
- 준거 집단(reference group)은 각 개인이 그들의 신념, 태도, 가치관 또는 행동을 형성함에 있어서 준거기준이 되는 집단이다. 예를 들면, 백팩 대신에 서류가방을 들고 다니는 대학생들은 사업가들을 그들의 준거 집단으로 인식할 수 있다.
- 문화(culture)는 사회 속에 속해 있는 한 세대로부터 다음 세대로 내려오는 일련의 가치관, 태도, 행동 양식을 말한다. 예를 들어, 미국 문화는 교육, 자유, 다양성을 강조한다.
- 하위문화(subculture)는 특정한 민족, 인종 또는 정체성과 밀접하게 관련된 특정 집단(예: 10대)에 속함으로써 생기는 가치관, 태도, 행동 양식을 말한다.
- 인지 부조화(cognitive dissonance)는 구매 후에 일어날 수 있는 심리적 갈등의

한 형태이다. 중요한 구매를 한 소비자는 최적의 가격에 최고의 제품을 구매했는지 의심을 가진다. 그러므로 마케터는 소비자들의 구매 후에 그들이 좋은 선택을 했다고 확신을 주어야 한다. 예를 들어, 자동차 딜러는 소비자가 구입한 자동차에 관한 좋은 기사를 보내줄 수 있다. 또한, 소비자에게 제품 보증과 특정 무료 서비스를 제공할 수 있다.

많은 대학들은 마케팅 교과 과정에 B2B(Business-to-Business) 마케팅 과목을 포함하여 범위를 확대하고 있다. 여러분은 다음에 학습하겠지만, B2B 시장은 거대하다.

학습목표 12-6 기업 간 시장(B2B 시장)이 소비자 시장과 다른 부분을 열거할 수 있다.

기업 간(B2B) 시장

기업 간 시장은 생산자, 소매상과 같은 중개인, 기관(예: 병원, 학교, 자선단체), 정부로 구성된다. 기업 간 시장이 일반 소비자 시장보다 큰 이유는 기업 간 시장에선 최종소비자에게 물건이 팔리기까지 팔고 되파는 과정이 몇 번씩 일어나기 때문이다. 기업 간 시장에서의 마케팅 전략은 기업 구매자들이 자사만의 의사결정 과정 시스템을 가지고 있기 때문에 일반 소비자 시장과는 다르다. B2B 마케팅을 차별화하는 요인들은 다음과 같다.

1. 기업 간 시장은 고객의 수가 상대적으로 적다. 즉, 기업 간 시장에는 단지 몇 개의 건설 회사와 광산 회사가 있음에 반하여 미국 소비자 시장에는 8,000만 명에 이르는 소비자 또는 소비 가구가 있다.[15)]
2. 기업 고객의 규모는 비교적 크다. 즉, 대기업이 다양한 상품과 서비스 생산을 위한 고용의 대부분을 차지한다. 그럼에도 불구하고 미국에는 시장을 매력적으로 만들어주는 많은 중소기업들이 존재한다.
3. 기업 간 시장은 지리적으로 집중되는 경향이 있다. 예를 들어, 석유 관련 기업은 미국 남서부와 캐나다에 집중되는 경향이 있다. 결과적으로 마케팅을 위한 노력은 특정 지리적 지역에 집중되고, 산업지역 근처에 저장소를 설치하여 유통 문제를 최소화해야 한다.
4. 기업 구매자는 일반적으로 제품과 서비스를 선택함에 있어서 최종 일반 소비자들보다 더 합리적이고 덜 감정적이라고 간주된다. 그들은 명세서를 사용하고 품질, 가격, 서비스를 포함한 총 상품 제안을 훨씬 신중하게 고려한다.
5. 항상 그런 것은 아니지만, 기업 간 판매는 직접적인 경향이 있다. 타이어 생산자는 제품을 자동차 제조업체에 직접 판매하지만, 도매상이나 소매상과 같은 중개인을 통하여 최종 소비자에게 판매하기도 한다.
6. 기업 간 시장은 소비자 시장보다 훨씬 더 인적 판매(personal selling)에 치중한다. 일반 소비자 시장에서의 촉진은 광고를 기반으로 하는 데 반하여, 기업 간 전자상거래 시장에서는 영업에 기초한다. 왜냐하면 기업 고객의 수는 적고 더 많은 인적 서비스를 요구하기 때문이다.

그림 12.7 **기업 간 시장과 소비자 시장에서의 구매 행동 비교**

	기업 간 시장	소비자 시장
시장 구조	상대적으로 적은 잠재 고객	많은 잠재 고객
	대규모 구매	소규모 구매
	지리적 집중	지리적 분산
제품	기술적 · 복합적 상품이 요구됨	덜 기술적인 상품이 요구됨
	주문생산 요구가 빈번함	주문생산 요구가 빈번하지 않음
	기술적 조언, 배달, 사후 서비스에 대한 요청이 많음	기술적 조언, 배달, 사후 서비스에 대한 요청이 간혹 있음
	구매 훈련을 받음	특별한 구매 훈련 없음
구매 과정	대부분의 구매 품목을 상세하게 협상함	대부분의 구매에서 표준 조건 수용
	객관적인 지표를 따름	개인적 판단을 기초로 구매함
	특정 종업원들을 포함한 공식적 절차	가족 구성원을 포함한 비공식적 절차
	마케터와 고객 간의 친분이 있음	마케터와 소비자 간의 친분이 없음
	종종 다양한 공급처로부터 구매	다양한 공급처로부터의 구매 드묾

그림 12.7은 기업 간 시장과 소비자 시장에서의 구매 행동의 차이를 비교하여 보여준다. 만약 고급 과정의 마케팅 수업을 듣는다면 기업 간 시장에 관하여 더 많은 것을 배우게 될 것이다.

마케팅의 장래성

마케팅 분야에는 대부분의 비즈니스 분야보다 더 다양한 직업이 있다. 만약 여러분이 마케팅을 전공한다면, 길게 열거된 직업들 중에서 하나를 선택하는 것이 가능할 것이다. 여러분은 노드스트롬(Nordstrom)이나 타깃(Target) 같은 소매점의 관리자가 되거나 마케팅 조사나 제품관리에 관여할 수도 있다. 판매, 광고, 판매 촉진, 홍보 중에서 선택을 할 수도 있다. 또한, 운송, 보관, 국제 유통에 참여할 수도 있다. 여러분은 웹 사이트를 디자인할 수도 있다. 여기 열거한 것들은 마케팅에서 선택 가능한 수많은 직업들의 극소수에 불과하다. 페이스북(Facebook), 구글(Google)과 다른 신기술을 마케팅에 활용하는 수많은 방법을 생각해 보라. 다음에 이어질 마케팅에 관한 장들을 읽어 나가면서, 마케팅이 여러분에게 흥미로운 경력이 될 수 있는지 생각해보자.

시험 준비

- 소비자 시장과 기업 간 시장을 정의할 수 있는가?
- 소비자 시장을 세분화하는 다섯 가지 방법을 설명할 수 있는가?
- 니치 마케팅은 무엇이며, 일대일 마케팅과 어떻게 다른가?
- 산업 시장을 소비자 시장과 차별화시키는 4가지 요인은 무엇인가?

요약하기

학습목표 12-1 마케팅(marketing)의 정의와 마케팅 콘셉트가 영리조직과 비영리 조직에 어떻게 적용되는지를 설명할 수 있다.

- **마케팅이란 무엇인가?**

  마케팅(marketing)은 고객, 파트너, 그리고 사회 전반적으로 가치가 있는 제품, 서비스, 아이디어를 창출하고, 이들의 가격을 결정하고 정보를 제공하며, 이를 유통하여 개인 및 조직체의 목표를 만족시키는 교환을 성립하게 하는 일련의 과정 및 활동이다.

- **마케팅은 시대의 흐름에 따라 어떻게 변화하였는가?**

  생산 시대(production era)의 마케팅은 거의 유통(distribution)의 기능이었다. 시장에 내어놓을 제품을 가능한 한 많이 생산하는 것이 강조되었다. 1920년대 초가 되어 시작된 판매 시대(selling era)에는 소비자들에게 대량 생산으로 제조된 재고품들을 구매하도록 설득하기 위하여 판매와 광고에 중점을 두었다. 제2차 세계대전 이후, 제품과 서비스에 대한 엄청난 수요는 마케팅 콘셉트 시대(marketing concept era)를 열었다. 이 시대는 기업들이 고객의 필요에 대응해야 할 필요가 있다는 것을 인식한 시기이다. 1990년대에는 마케팅이 고객관계 시대(customer relationship era)로 접어든다. 고객 만족을 강화하고 장기적인 고객 충성도를 창출해내기 위하여 힘을 기울이는 시기였다. 최근에 마케터는 고객 관리 구축을 위하여 모바일/온디맨드 마케팅을 활용한다.

- **마케팅 콘셉트를 구성하는 3가지 개념은 무엇인가?**

  마케팅 콘셉트를 구성하는 세 가지 개념은 (1) 고객 지향성, (2) 서비스 지향성, (3) 이윤 지향성(즉, 이윤을 가장 많이 창출하여 조직이 생존할 수 있고 더 많은 고객의 욕구와 필요를 만족시켜줄 수 있는 제품과 서비스에 초점을 맞추는 것)이 있다.

- **어떠한 종류의 조직들이 마케팅에 관여하는가?**

  영리 조직과 비영리 조직(주 정부, 자선단체, 교회, 정치인, 학교 등) 모두 마케팅을 사용한다.

학습목표 12-2 마케팅의 4P를 설명할 수 있다.

- **마케터들은 4P를 어떻게 수행하는가?**

  사람들이 원하는 제품(product)을 생산하고, 경쟁력 있는 가격(price)을 책정하며, 소비자들이 쉽게 찾을 수 있는 장소에 유통(place)시키고, 소비자들이 제품의 존재를 알 수 있도록 촉진(promotion)한다.

학습목표 12-3 마케팅 조사 과정을 설명할 수 있다.

- **마케팅 조사의 4단계는 무엇인가?**

  (1) 문제 또는 기회의 정의와 현재 상황 결정, (2) 자료 수집, (3) 조사자료 분석, (4) 최적 대안 선정 및 실행

학습목표 12-4 마케터가 변화하는 마케팅 환경에 대하여 알아보기 위해 환경탐사(environmental scanning)를 어떻게 사용하는지 설명할 수 있다.

- **환경탐사(environmental scanning)는 무엇인가?**
  환경탐사는 마케팅의 성공에 영향을 미칠 수 있는 요인들을 파악하고 분석하는 과정이다. 마케터들은 기회와 위기를 만들어낼 수 있는 모든 요인들에 주의를 기울여야만 한다.
- **마케팅에서 더 중요해지고 있는 환경 동향에는 어떠한 것들이 있는가?**
  가장 중요한 국제적 기술적 변화는 인터넷과 모바일 마케팅의 성장일 것이다. 중요한 기술적 변화는 소비자 데이터베이스의 성장이다. 소비자 데이터베이스를 사용해 기업들은 소비자의 필요를 가장 잘 충족시켜줄 수 있는 제품과 서비스를 개발할 수 있다. 마케터들이 고객과 밀접한 관계를 유지하기 위하여 항상 모니터해야 하는 사회적 동향으로 인구 성장과 이동 등이 있다. 물론, 마케터들은 역동적인 경쟁 환경도 모니터하고 경제 환경에도 관심을 가져야 한다.

학습목표 12-5 마케터들이 시장 세분화, 관계 마케팅, 소비자행동의 연구를 통하여 어떻게 소비자 시장의 니즈(needs)를 알아내는지 설명할 수 있다.

- **마케터들은 소비자 시장을 어떻게 세분화할 수 있는가?**
  지역에 따라 소비자 시장을 구분하는 것을 지리적 세분화(geographic segmentation)라고 한다. 나이, 수입, 교육 수준에 따라 시장을 구분하는 것은 인구통계학적 세분화(demographic segmentation)이다. 집단의 가치관, 태도, 관심 분야에 따라 시장을 구분하는 것은 심리적 세분화(psychographic segmentation)이다. 또한 사용량에 따라 시장을 구분하는 것은 사용량 세분화(volume segmentation)이다. 최고의 세분화 전략은 규모 있고, 도달 가능하며, 수익성 있는 소비자 프로파일(타깃 시장)을 잘 잡아낼 수 있는 모든 변수들을 사용하여 시장을 구분하는 것이다.
- **대량 마케팅(mass marketing)과 관계 마케팅(relationship marketing)의 차이는 무엇인가?**
  대량 마케팅은 대규모 집단의 사람들을 기쁘게 해줄 제품과 촉진을 개발하는 것을 의미한다. 관계 마케팅은 대량 마케팅에서 벗어나 고객맞춤형 제품과 서비스를 지향하는 것을 말한다. 관계 마케팅의 목표는 개인 고객들의 필요에 맞는 제품과 서비스를 제공하여 시긴이 흘러도 그 고객들을 유지하는 것이다.
- **소비자 의사결정 과정에 영향을 미치는 요인에는 무엇이 있는가?**
  소비자 의사결정에 영향을 주는 주요 요인들은 학습, 준거 집단, 문화, 하위문화, 인지부조화 등이 있다.

학습목표 12-6 기업 간 시장(B2B 시장)이 소비자 시장과 다른 부분을 열거할 수 있다.

- **기업 간 시장과 소비자 시장의 차이는 무엇인가?**
  기업 간 시장의 고객 수는 비교적 적고, 기업 고객들의 규모는 비교적 크다. 기업 간 시장은 지리적으로 집중되어 있고, 산업 구매자들은 제품과 서비스를 선택함에 있어서 일반적으로 최종 일반 소비자들보다 더 합리적인 경향이 있다. 기업 간 판매가 더 직접적인 경향이 있고, 소비자 시장에서보다 기업 간 시장에서 인적 판매(personal selling)가 더 강조된다.

주요 용어 정리

1차 자료(primary data)
2차 자료(secondary data)
고객관계관리(customer relationship management; CRM)
관계 마케팅(relationship marketing)
기업 간(B2B) 시장 (business-to-business(B2B) market)
니치 마케팅(niche marketing)
대중 마케팅(mass marketing)
마케팅(marketing)
마케팅 믹스(marketing mix)
마케팅 조사(marketing research)
마케팅 컨셉(marketing concept)
브랜드명(brand name)
사용량 세분화(volume, or usage segmentation)
소비자 시장(consumer market)
시장 세분화(market segmentation)
심리적 세분화(psychographic segmentation)
인구통계학적 세분화(demographic segmentation)
일대일 마케팅(one-to-one marketing)
제품(product)
지역적 세분화(geographic segmentation)
촉진(promotion)
타깃 마케팅(target marketing)
테스트 마케팅(test marketing)
편익 세분화(benefit segmentation)
포커스 그룹(focus group)
환경탐사(environmental scanning)

사고력 문제

1. 기업들이 다른 기업들로부터 제품과 서비스를 구매할 때는 보통 대규모 구매를 한다. 기업 간 기업 시장의 영업 사원들은 보통 성과만큼 급여를 받는다. 즉, 영업사원의 판매 실적에서 일정 비율을 가져간다는 말이다. 왜 기업 간(B2B) 시장 판매가 소비자 판매보다 더 경제적으로 보상이 되는 경력인지 이해가 되는가?
2. 산업 기업들은 철강, 목재, 컴퓨터, 엔진, 부품, 재료 등을 판매한다. 여러분이 거주하는 지역의 산업 기업의 예를 세 가지 말해보자.
3. 여러분의 지역사회에서 일어나고 있는 환경변화에는 무엇이 있는가? 2008년도의 경제 위기가 미친 영향은 무엇인가? 마케팅에서 일어나는 어떠한 환경적 변화가 향후 여러분의 경력을 변화시킬 듯 보이는가? 어떻게 하면 그러한 변화들에 대하여 더 알아볼 수 있는가? 여러분은 그러한 변화에 대한 준비를 갖추기 위하여 무엇을 할 것인가?
4. 주변의 기업이나 비영리 조직들 중에서 여러분의 필요를 충족시키지 못하는 조직이 있는가? 조직이 그러한 필요를 충족시키고 싶을 만큼 비슷한 필요를 가진 사람들이 충분히 있는가? 여러분은 그러한 필요를 어떻게 찾아내겠는가?

원리의 적용

목적

관계 마케팅을 강화하기 위해 인터넷을 어떻게 사용할 수 있는지를 보여주기

연습

나이키는 고객들이 자신의 발바닥에 감각을 불어넣고 신발을 맞춤 제작함으로써 그들의 개성을 표현하는 것을 도와주고 싶어한다. www.nike.com을 방문해보라. 그리고 고객 맞춤 제작하기(customize)를 클릭하여 여러분의 스타일에 맞는 신발을 만들어보자.

1. 나이키(Nike)의 웹 사이트는 회사가 이해당사자들과의 관계를 강화하는 것을 어떻게 지원하는가? 여러분의 대답을 뒷받침할 수 있는 예를 제시하라.
2. 웹 사이트의 구성 요소들이 나이키의 타깃 시장을 어떻게 반영하는가?
3. 나이키는 방문객을 웹 사이트에 초청하는가? 만약 그렇다면, 이것이 고객들과의 긍정적인 관계를 구축하려는 회사의 시도에 어떠한 영향을 미치는가?

직업기술의 개발

핵심: ● 팀 ★ 분석 ▲ 의사소통 ◘ 기술

★▲ 1. 자율주행 전기자동차, 이웃들을 위한 브러시리스(brushless) 세차 서비스 중 하나를 골라서 효과적인 마케팅 믹스를 생각해보자. 수업 시간에 발표할 내용을 준비해보자.

●★▲ 2. 다섯 개의 조로 나누어, 캠퍼스 근처에서 찾기 힘들거나 또는 갖기 어렵지만, 여러분의 친구들이 정말 원하는 제품이나 서비스를 생각해보자. 여러분은 다른 학교 친구들에게 그곳에서 가능한 것은 무엇인지 물어볼 수도 있을 것이다. 그 필요를 충족시킬 수 있는 제품에는 어떤 것들이 있는가? 여러분이 신제품을 어떻게 마케팅할 것인지 수업 시간에 발표해보자.

★ 3. 경기 침체로 인해 당신의 고급 레스토랑 사업이 크게 줄었다. 과거의 고객 충성도를 되찾기 위해 할 수 있는 4가지 일을 나열하라.

●★▲ 4. 네 명에서 다섯 명으로 구성된 조를 짜서 피자 가게 이름이나 레스토랑, 슈퍼마켓 등을 포함하여 생각할 수 있는 한 많은 피자 브랜드 네임의 리스트를 만들어보자. 그리고 다른 조들의 리스트와 합한다. 이제 각 브랜드 별로 '타깃 시장'을 정의해보자. 모든 피자 브랜드가 같은 시장을 타깃으로 하고 있는가 아니면 다른 시장을 타깃으로 하는 브랜드도 있는가? 각각의 브랜드가 고객에게 어필한 점은 무엇인가?

★▲ 5. 이 장에서 예로 제시된 식당인 하비스트 골드에 적용된 개념들을 복습해보자. 수업 시간에 다음 사항에 대하여 공개 토론을 해보자. (a) 식당에 붙일 다른 이름, (b) 식당의 위치, (c) 촉진 프로그램, (d) 고객들과 장기적인 관계를 확립할 수 있는 방법

진로 탐색

마케팅 분야에서 경력을 쌓는 데 관심이 있다면, 여기 고려해야 할 몇 가지 사항이 있다. 이러한 분야에서 필요한 기술, 급여 및 기회 전망, 수행할 작업들은 bls.gov의 직업전망서(OOH)에서 확인할 수 있다.

- **마케팅 매니저** – 가격 전략 개발뿐만 아니라 제품에 대한 수요 예측 제품 및 시장을 식별한다.
- **그래픽 디자이너** – 그래픽 디자이너는 컴퓨터 소프트웨어 또는 손을 사용하여 소비자에게 영감을 주고, 정보를 제공하고, 소비자를 사로잡는 시각적 개념을 만든다. 또한, 광고, 브로셔, 그리고 잡지 및 기업 보고서를 위한 비주얼을 개발한다.
- **카피라이터** – 광고, 블로그 또는 다른 종류의 마케팅 매체를 위해 글로 쓰여진 콘텐츠를 개발한다.
- **영업 관리자** – 영업팀을 지휘하고, 영업 목표를 설정하며, 데이터를 분석하고 영업사원 교육 프로그램을 개발한다.

비디오 사례

국립공원 관리청: 공원을 찾는 데 도움이 되도록 4P를 사용하라

100번째 생일을 축하하기 위해, 미국 국립공원관리청(NPS)은 400여 곳에서 성대한 파티를 열기로 결정했다. 전국 공원 파티의 성공을 확실히 하기 위해, 공원 서비스는 축제들을 즐길 수 있는 가능한 한 많은 미국인들을 초대하기를 원했다. 국립공원관리청이 직면한 문제

는 어떻게 국립공원에 익숙하지 않은 수백만 명의 미국인들에게 그 말을 전할 수 있을까 하는 것이었다. 답은 마케팅.

흥미롭게도, 국립공원관리청은 초대 청장을 지낸 스티븐 매서(Stephen Mather)가 만든 홍보 캠페인과 함께 설립되었다. 그의 목표는 미국인들이 그 나라의 아름다운 공원을 방문하고, 미래 세대를 위해 그것들을 보존하는 것을 돕도록 장려하는 것이었다. 여러 해 동안, 공원 시스템은 성공적이었고, 본질적으로 저절로 팔렸다. 1950년대와 1960년대 동안, 미국인들이 국립공원으로 몰려들었고, 친구들과 가족들과 나누었던 휴가 사진들과 추억을 집으로 가지고 왔다.

1970년대에 공원은 여전히 미국인들이 휴가를 떠나는 목적지로 남아 있었다. 하지만 시간이 흐르면서 새로운 세대들은 같은 경험이나 공원의 인식을 공유하지 않았다. 밀레니엄 세대와 다른 세대들을 포함한 젊은 세대들은 국립공원과의 연관성이 거의 없었고, 대신 많은 다른 장소들로 여행했다. 100주년이 다가옴에 따라, 국립공원관리청은 공원을 기피하는 경향이 있거나 공원에 대한 범위와 위엄에 대한 이해가 거의 없는 새로운 미국 청중들과 연결하기를 원했다. 국립공원관리청은 다문화 밀레니얼 세대들을 타깃 청중으로 정했다. 여러 형태의 촉진으로 구성된 멀티미디어 마케팅 캠페인을 포함하는 프로그램을 하나로 묶는 것은 도전이었다.

궁극적인 목표는 공원 이용객의 다음 세대를 창조하는 것이었다. 국립공원관리청은 또한 요세미티와 옐로스톤과 같은 가장 유명한 공원들 너머의 국립공원들의 가시성을 높이기 위해 노력했다. 이 캠페인의 초석은 웹 사이트 Findyourpark.com이었다. 웹 사이트에서 방문자들은 특히 그들의 관심사나 위치에 따라 공원을 검색할 수 있었다. 적극적인 홍보 캠페인 또한 마케팅 계획에 대한 언론의 보도를 강화했다. 국립공원관리청은 마케팅 캠페인이 젊은 관객들만 끌어들일 뿐만 아니라 국립공원관리청의 정신과 국립공원관리청이 100년에 걸쳐 구축한 역사가 진실하게 남아 있도록 극도로 신경을 썼다.

'공원찾기' 캠페인은 국립공원관리청의 예상을 뛰어넘는 대성공이었다. 100주년 한 해 동안 국립공원관리청은 165억의 홍보 노출과 30억의 언론 노출을 달성했다. #findyourpark 해시태그는 소셜 미디어에서 정기적으로 유행했으며, 120만 명의 팔로워를 만들었다. 국립공원관리청은 1,000만 달러 상당의 상품을 판매했고, 전국에 걸쳐서 3천 개의 행사를 개최했다. 국립공원재단은 3억 4천 백만 달러의 기부금을 모았는데, 이는 국립공원관리청의 당초 목표치인 1억 달러에서 엄청난 초과 달성이었다.

국립공원관리청은 소셜 미디어 및 브랜드 강화를 위한 시장조사를 사용한 다양한 마케팅 활동을 통해 창립 100주년 목표를 성공적으로 달성했다. 이 비디오는 어떻게 마케팅을 올바르게 적용하여 조직이 표적시장에 도달하는 데 도움이 될 수 있는지를 강조한다. 국립공원관리청이 마케팅의 4P를 충실히 이행한다면 미국 국립공원의 경이로움을 과시하는 성공적인 또 다른 세기를 기대할 수 있다.

다시 생각해보기

1. 미국 국립공원관리청의 마케팅 계획에서 소셜 미디어의 사용은 왜 중요했나?
2. 국립공원관리청이 1960년대와 1970년대 동안 마케팅 사용을 제한한 이유는 무엇인가?
3. 마케팅 캠페인을 개발하기 위해 홍보 회사와 파트너 관계를 맺는 것이 중요한 이유는 무엇인가?

참조

1. Paul Talbot, "Keeping Up with the Ever–Changing Language of Marketing," February 21, 2020.
2. Forbes Communications Council, "13 Potentially Massive Social Media Trends (and How Marketers Can Use Them)," February 13, 2020.
3. "10 Reasons Why Online Shoppers Abandon Their Carts," February 21, 2020.
4. Paul Selby, "CRM: Service for a Bygone Era," February 21, 2020.
5. Mike de la Cruz, "AI Is Reshaping Consumers' Expectations for Customer Service," February 20, 2020.
6. "Customer Expectations Hit All–Time Highs," Salesforce Research, salesforce.com, accessed February 2020.
7. Brett Dunst, "How Understanding Your Customers' Stories Can Help You Better Tell Your Own," February 6, 2020.
8. Nick Chasinov, "Why It's a Mistake to Build a Content Strategy around Keywords," January 27, 2020.
9. Alasdair Smith, "How to Prepare a Marketing Environmental Analysis," chron.com, accessed February 2020.
10. Jessica Wong, "How to Get the Most out of Your Brand's□ocial Media Campaign," February 11, 2020.
11. Mike Neumeier, "B2B Technology Marketing Trends to Watch for in 2020," February 21, 2020.
12. Syed Balkhi, "4 Business Values That Appeal to the Millennial Market," January 31, 2020.
13. Suzie Ocie, "Niche to Mainstream: Industries Cracking the□ass Market," February 23, 2020.
14. Kelly Dotson, "Consumer Behavior Matters More Than Sales Trends," January 29, 2020; Alexandra Pastore, "New Study Analyzes Consumer Behavior at Point of Return," February 19, 2020.
15. U.S. Census Bureau, census.gov, accessed February 2020.

13 제품 및 서비스 개발과 가격책정

학 습 목 표

이 장을 학습한 후에 다음 질문에 답할 수 있어야 한다.

13-1 총 제품제안(total product offer)을 설명할 수 있다.

13-2 여러 다양한 종류의 소비재와 산업재를 설명할 수 있다.

13-3 포장(packaging)의 기능을 요약할 수 있다.

13-4 브랜드, 브랜드명과 상표를 비교하고 브랜드 자산 가치를 파악할 수 있다.

13-5 신제품 개발 과정의 단계를 설명할 수 있다.

13-6 제품수명주기를 설명할 수 있다.

13-7 여러 다양한 가격책정의 목표와 전략을 설명할 수 있다.

Stitch Fix의 설립자인 카트리나 레이크 (Katrina Lake)에 대하여 알아보자

전자상거래 초기부터 의류 기업들은 자사의 온라인 유통 플랫폼을 통해 매장 쇼핑 경험을 다시 만들어내기 위해 분투해왔다. 많은 소비자들은 구매 결정을 하기 전에 천의 촉감을 느끼고 옷을 입어 보고 싶어한다. 카트리나 레이크의 기업가적 노력 덕분에 집에서 편안하게 전통적인 소매 경험을 원하는 사람들은 Stitch Fix를 통해 정확하게 이를 얻을 수 있게 되었다. 이 신생 기업은 수백만의 고객들에 대한 개인별 맞춤 의류를 정해서 발송하는 수많은 스타일리스트와 정교한 알고리즘에 의존한다. 사람들은 그들이 좋아하는 상품들을 구입하고 나머지는 돌려주는데 이 혁신적인 비즈니스 모델로 Stitch Fix는 50억 달러 이상의 의류를 판매하게 되었다.

레이크는 자신이 사업을 시작할 것이라고는 전혀 생각하지 않았다. 샌프란시스코와 미네소타에서 자란 그녀는 자신은 위험을 회피하지만, 창의적인 사람이라고 설명한다. "창의성은 분명히 우리 집안의 내력이어서 나는 항상 이야기를 작성하고 창의력을 발휘하는 데 익숙해 있다"라고 레이크는 말한다. 그녀는 학사 학위를 위해 스탠포드 대학에 입학해 처음에는 의사가 되려는 목표로 의학부 예과를 전공했다. 안정적인 직업을 갖는다는 것은 천성적으로 조심스러운 레이크에게는 당연하였지만, 그녀는 통계 및 데이터가 제공하는 엄청난 가능성에 끌려 결국 경제학으로 전과하였다. 그녀는 학위를 취득하고는 레스토랑과 유통업체를 포함한 많은 사업체들의 데이터를 분석하는 기업인 파르테논 그룹(Parthenon Group)에서 컨설팅 일을 하게 되었다.

레이크는 컨설팅을 통해 현대 기업이 직면하는 모든 종류의 문제를 해결하기 위해 자신의 창의력과 분석력을 결합할 수 있었다. "나는 사업들을 분석하고 이 사업들이 어떻게 작동하는지를 이해하는 것을 좋아했다"고 레이크는 말했다. "나는 의류 유통업에 많은 흥미로운 과제가 있다고 생각했다. 사람들은 미래에 있어 매장의 역할은 무엇인지와 전자상거래가 얼마나 적합한지를 알아내려고 했다." 2년 동안 컨설팅 후 레이크는 혁신적인 기업들의 자문에 지쳐 대신 하나의 기업을 위해 일하기를 원했다. 그녀는 '미래의 유통업을 만들어내려는 기업가를 만날 목적으로' 벤처 캐피털 회사에 들어갔지만, 그녀의 비전을 공유하는 사람이 많지 않다는 것을 알고 실망했다. 레이크의 마음속에는 의류 시장이 많은 유통업체들이 고객들의 현재 요구를 충족시키지 못했기 때문에 큰 개편이 이루어질 것으로 보았다. "나는 미래에는 청바지를 구매하기 위해 쇼핑몰에서 하루를 소비하거나 심지어 온라인으로 검색할 것 같지 않다고 생각했다"고 말했다. "온라인으로 청바지를 검색하는 것은 터무니없이 나쁜 경험이다. 그리고 만일 다른 미래를 상상한다면 그 미래를 만들 수 있을 것 같아 경영대학원에 지원하였다."

레이크는 독특하고 효과적인 쇼핑 경험을 만들어내기 위해 온라인 유통과 실제 매장의 가장 좋은 면만을 결합한 회사를 만들 목표로 하버드 경영대학원(Harvard Business School)에 입학하였다. "그리고 만일 그렇게 할 수 없다면 최악의 시나리오는 MBA를 획득해 훌륭한 회사에 다닐 수 있다"고 레이크는 말했다. "나에게 이것은 하나의 사업을 시작하는 시간과 공간을 구입하는 방법이었다." 레이크는 모든 유형의 소비자들에 대한 개인 쇼핑 서비스로서의 Stitch Fix를 하버드에서의 둘째 해에 시작했다. 처음에 그녀는 친구들이 스타일에 대한 설문을 작성하도록 하고 이어서 설문을 분석해 그들이 좋아할 만한 옷을 구매하는 데 이용했다. 레이크의 추천은 효과가 있었고 그녀의 기업은 곧 성장하기 시작했다. 2011년에는 한 벤처 투자가가 그녀의 아이디어를 충분히 믿고 750,000달러를 투자해서 레이크는 사무실 공간을 매입하고 더 많은 직원을 고용할 수 있었다 곧 회사는 한 달에 수천 개의 '상품'을 발송하는데 이 상품은 고객들이 스타일 설문을 작성한 뒤에 받는 의류 박스를 말한다. Stitch Fix의 개념은 설명하기엔 간단하지만, 실행하기는 상당히 어렵다. 사내 스타일리스트들은 고객들의 스타일 설문 결과를 토대로 그들이 좋아할 의류들을 엄선하기 위해 자신들의 전문 지식과 데이터 애널리틱스를 활용한다. 메일로 '상품'을 받은 뒤 고객들은 자신들이 구매하고 싶은 상품들은 구매하고 그렇지 않은 것들은 돌려보낸다. 레이크와 그녀의 동료들은 산더미 같은 자료를 분석하면서 수년의 시행착오 끝에 완벽한 시스템을 개발하였다. 이 험난한 여정으로 Stitch Fix는 이제 3백만 명 이상의 고객에 대한 서비스로 연간 10억 달러 이상을 벌어들이는 강력한 유통기업으로 성장했다. 개인화에 대한 회사의 노력으로 앞으로 수년 동안 회사는 계속 성장할 것이라고 레이크는 말한다. "아마존이 모든 것을 파는 매장이라면 우리는 어떤 면에서 이것과는 거의 반대"라고 레이크는 답했다. "나는 개인화에 대한 강조, 의류에 대한 강조, 추천에 대한 강조 등이 우리를 차별화할 것으로 생각한다."

카트리나 레이크와 마찬가지로 비즈니스 세계를 지배하는 기업가들은 혁신적인 개척자들이다. 이 장에서 여러분은 기업가들이 새로운 제품과 서비스를 개발하고 가격을 책정하는 방법에 대해 모두 배우게 될 것이다. 또한 총 제품 제안의 포장, 브랜드 및 기타 요소에 대해 배우게 될 것이다.

출처: Lauren Smiley, "Stitch Fix's Radical Data-Driven Way to Sell Clothes—$1.2 Billion Last Year—Is Reinventing Retail," fastcompany.com, February 19, 2019; Ana Coln, "How Going Viral Taught Katrina Lake to Embrace Being a 'Female CEO,'" glamour.com, September 5, 2019; Layne Winn, "Stitch Fix Founder Katrina Lake on Shaking Up the Retail Apparel Industry," abcnews.go.com, December 20, 2019; Sarah Spellings, "How I Get It Done: Stitch Fix CEO Katrina Lake," thecut.com, December 30, 2019; Rebecca Jarvis and Taylor Dunn, "Why Stitch Fix CEO Katrina Lake Turned Down a Multimillion-Dollar Offer," goodmorningamerica.com, January 20, 2020; Stitch Fix, stitchfix.com, accessed March 2020; Tracey Lien, "How I Made It: Stitch Fix Founder Katrina Lake Built One of the Few Successful E-commerce Subscription Services," June 9, 2017.

Let's talk business!
bit.ly/LetsTalkBusiness13

이 기업은 EDLP(EveryDay Low Prices)로 알려져 있다. 이 기업이 소유한 상점들에서는 가격이 경쟁 기업보다 낮게 책정되어 특별 할인을 하지도 않고 쿠폰도 제공하지 않는다. 이 기업의 이름은 무엇인가? (이 장에서 답을 찾으라.)

학습목표 13-1 총 제품제안(total product offer)을 설명할 수 있다.

제품개발과 총 제품제안

가치
적절한 가격에서의 좋은 품질. 소비자는 한 제품의 가치를 계산할 때 편익을 파악하고 비용을 뺀 편익이 비용을 초과하는지를 봄

글로벌 관리자는 저렴한 가격의 신제품으로 미국 관리자들에게 도전이 되고 있다.[1] 경쟁하는 최선의 방법은 고객이 최선의 **가치**(value)—적절한 가격에서의 좋은 품질—를 갖는 것으로 인식하는 더 나은 제품을 디자인하여 홍보하는 것이다. 마케팅에 대한 미국 마케팅학회의 정의 중의 하나는 마케팅은 '가치를 만들어 알리고 고객에게 전달하는 일련의 프로세스이다'라는 것이다. 소비자가 한 제품의 가치를 계산할 때 편익을 살펴보고 거기에서 비용(가격)을 빼서 편익이 매장으로 차를 운전해 가는 비용(또는 온라인으로 제품을 사는 경우 운송비용)을 포함한 비용들을 초과하는지를 판단한다. 여러분은 경기가 나쁠 때 많은 레스토랑이 가치 있는 메뉴를 제안하는 것을 보았을 것이다. 호울 푸드(Whole Foods)의 존 매케이(John Mackey)는 트레이드 조(Trader Joe's)는 많은 다른 소매업자들이 하는 것처럼 자주 세일하는 것보다 고객들에게 매일 더 큰 가치를 제공한다고 말한다.

소비자가 한 제품을 최선의 가치로 판단하는 것은 소비자가 추구하는 편익과 제공받는 서비스를 포함한 많은 요인들에 달려 있다. 소비자를 만족시키기 위해서 마케터는 소비자에게 더 귀를 기울이고 변화하는 시장의 요구에 지속적으로 적응해 나가는 것을 배워야 한다.[2]

마케터들은 새로운 경쟁과 새로운 시장에 제품을 적응시키는 것이 계속하여 필요하다는 것을 알고 있다. 우리는 여러분이 여러분 지역의 패스트푸드 레스토랑에서의 시간에 따른 메뉴의 변화를 알아차리고 있다고 확신한다. 한 차례 소비자의 필요와 욕구에 대해 설문조사를 하고 이에 부응하기 위한 제품을 디자인해서 상점에 전시하고는 마음 편히 있는 그런 조직은 없다. 변화하는 소비자의 필요와 욕구를 지속적으로 모니터링하고 이에 따라 제품, 정책, 서비스를 맞추어 나가야 한다. 예를 들면, 오늘날 소비자는 이전에 비해 몸에 좋은 음식을 찾고 있다. 오늘날 맥도날드는 햄버거, 감자튀김과 음료수 사이즈에 대해 선택할 수 있는 세트 메뉴를 제공하고 있다. 소고기만큼 많은 닭고기를 판다는 것을 알고 있었는가?[3] 또한, 인기 있는 아침 식단을 종일 아침 메뉴로 전환했다.

소셜 미디어를 통한 연결

SNS 알면 신제품이 보인다 … 식품업계의 SNS 벤치마킹 전략

식품업계가 연이어 SNS에서 아이디어를 얻은 신제품을 내놓고 있다. 이미 소비자들 사이에서 이슈가 된 만큼 제품화 검증이 된 데다 네티즌들의 자발적 마케팅까지 기대할 수 있다는 계산에서다. 26일 업계에 따르면 농심은 최근 SNS에서의 인기에 힘입어 차갑게 먹는 '냉라면'과 미역무침을 넣은 '미역듬뿍 초장비빔면' 등 여름 면 제품을 출시했다. 냉라면은 지난 해 SNS에서 인기를 얻은 '백종원 냉라면'에서 힌트를 얻은 제품이다. 여름에 먹는 차가운 면은 국물 없는 비빔면이라는 고정관념을 깨고 차가운 국물이 들어 있는 국물 면이 모티브가 됐다. 온라인에서 인기를 끌었던 레시피라는 점에서 착안해 패키지 역시 유튜브 동영상을 떠올리는 아이콘을 넣었다. 함께 출시된 미역듬뿍 초장비빔면 역시 블로그와 유튜브 등에서 미역 초무침을 넣은 비빔면이 인기를 끌고 있는 데서 아이디어를 얻어 출시했다. 경쟁사인 오뚜기와 팔도 역시 미역을 넣은 비빔면을 준비 중이다.

제과업계에서는 단종된 제품을 재출시하는 일이 늘고 있다. 이 역시 SNS의 힘이다. 오리온은 단종됐던 '태양의 맛! 썬'과 '치킨팝'을 각각 재출시했다. 태양의 맛! 썬과 치킨팝은 공장 화재로 생산라인이 사라지면서 판매가 중단된 비운의 과자다. 단종 전까지 꾸준히 인기를 끌었던 만큼 단종 후에도 소비자들의 그리움 섞인 문의가 이어졌고 SNS에서는 '추억의 과자'라는 이름으로 글과 영상이 올라오며 높은 인기를 끌었다. 이에 결국 재출시를 결정했다는 설명이다. 오리온 관계자는 "화재로 생산라인이 소실되면서 불가피하게 단종을 결정했던 것"이라며, "태양의 맛! 썬은 재출시 후 이전보다 판매량이 20% 이상 늘어나며, 월 매출 20억 원대 브랜드로 자리 잡았다"고 말했다.

롯데제과 역시 1990년대에 판매되다 단종된 치토스 화이트를 치토스 콘스프 맛으로 재출시하며, 포장을 90년내 스타일로 바꿨다. 특히, 90년대에 폭발적인 인기를 끌었던 '따조'를 함께 넣어 추억을 자극했다.

SNS에서 제품 이름의 힌트를 얻기도 한다. 팔도는 네티즌들이 팔도 비빔면을 '괄도네넴띤'이라고 부르는 것에서 착안해 매운맛을 강화한 괄도네넴띤을 출시해 품절 사태까지 일으켰다.

업계에서는 신제품과 관련, SNS를 주목하는 것이 당연한 일이라고 입을 모아 말한다. 기존 제품의 홍보는 물론, 가장 트렌드에 민감한 세대가 모이는 장소이니만큼 신제품에 대한 아이디어도 실제로 적용할 수 있는 것이 많다는 것이다.

한 업계 관계자는 "내부에서만 고민하면 제품도 그 틀 안에서만 나온다"며, "실제 제품을 구매하는 소비자들이 원하는 것을 담은 제품을 만들기 위해서는 끊임없이 외부와 소통할 필요가 있다"고 말했다.

출처: http://www.dt.co.kr/contents.html?article_no=2019032602109932060006

맥도날드와 다른 레스토랑들은 계속해서 새로운 아이디어를 시도하고 있다.[4] 여러분 지역의 던킨도너츠에서 Snackin' Bacon이나 Beyond Meat's Sausage Breakfast Sandwich를 시도해 보려고 하는가? 많은 다른 레스토랑들이 식물성 고기메뉴에 뛰어들고 있다. 버거킹과 화이트 캐슬(White Castle)은 맥도날드와 타코벨이 beyond 메뉴들을 테스트할 동안 'Impossible' 메뉴들을 출시했다. 여러분은 식물성 기반의 메뉴를 제공하는 다른 패스트푸드 레스토랑을 알고 있는가?

물론 맥도날드가 더 많은 새로운 아이디어를 계속해서 시도한다. 예를 들면, 인디애나주의 코코모(Kokomo)에서는 맥도날드가 웨이터 서비스와 더 다양한 메뉴를 시도하였다. 뉴욕에서는 맥도날드가 크리스피 크림(KrispyKreme)과 경쟁하기 위해 도넛 스틱(Donut Stick)을 제공하였다. 하와이에서는 스팸 아침식사(Spam breakfast platter)를 시도하였고 오하이오주 콜럼버스의 메가 맥도날드(mega-McDonald's)는 가라오케 부스를 가지고 있다. 새로운 제품을 만들어내기 위해 인스타그램을 사용하는 기업의 예로 '소셜 미디어를 통한 연결' 글상자를 보라.

맥도날드는 커피 시장에서 스타벅스 그리고 던킨 도넛에 도전하고 있다. 이 새로운 도전에 대해 스타벅스는 어떻게 대응할 것인가? 스타벅스는 더 많은 식품들을 내놓고 있다. 추가된 메뉴는 스타벅스 자체의 페이스트리(pastry), 에그 바이트(egg bite: 계란으로 만든 한입 사이즈의 머핀)와 주스를 포함한다. 오트밀도 스타벅스에서 크게 성공했다. 여러분은 여러분 지역의 슈퍼마켓에서 스타벅스 간판을 보았는가? 스타벅스는 많은 새로운 유통업자들에게 자신의 제품과 함께 접근해갔다.

메뉴들은 지역사회의 요구에 따라 여러 지역에서 다르게 나타난다. 아이오와주에서는 돼지 안심(pork tenderloin)이 크지만, 오클라호마 시에서는 또르띠야 스크램블러(tortilla scramblers)가 크다. 해외에서는 그 지역의 취향에 맞추어야 한다. 태국의 밥스 빅 보이(Bob's Big Boy)에서는 열대 새우요리를 맛볼 수 있고, 멕시코에 있는 칼스 주니어(Carl's Junior)에서는 마르차카 부리또(Marchaca Burrito)를 주문할 수 있고 필리핀의 쉐이키즈 피자(Shakey's Pizza)에서는 필리핀 맥주인 칼리 샌디(Cali Shandy)를 맛볼 수 있다. 이제 제품개발은 세계 어디서든 현대 기업의 핵심적인 활동이다.

여러분은 여러분의 제품이 일부 매력을 잃었을 때 무엇이 일어날 수 있는지를 상상할 수 있다. 예를 들어, 지포(Zippo) 라이터는 사람들이 피우던 일반 담배에서 전자담배로 옮겨감에 따라 시장 지배력을 잃었다. 따라서 지포는 칼, 가죽 제품, 의류와 양초 같은 제품을 제공하려고 노력했다.[5]

버드와이저가 언젠가는 큐리그(Keurig) 커피머신에서 가능할 것이라고 누가 추측했겠는가?[6] 바로 이것을 하기 위해 앤호이저-부쉬 인베브(Anheuser-Busch InBev)가 큐리그 커피머신과 제휴를 맺었다. 그리고 누가 피아제(Piaget)와 스와치(Swatch)(오메가(Omega)와 브레게(Breguet)) 같은 시계 제조업체가 자신의 상점에서 보석을 가공할 것으로 기대했는가? 이것은 소비자에게 새로운 제품을 제공하기 위한 전 세계의 움직임이다.

분산된 제품개발

분산된 제품개발
혁신 과정의 여러 부분들을 종종 다른 나라의 기업들에 주는 것

아웃소싱과 제휴 구축의 증가로 인해 문화적, 지역적 그리고 법적 경계로 분리된 여러 조직들을 활용하는 혁신 노력이 나타나고 있다. **분산된 제품개발(distributed product development)**은 여러분의 혁신 과정의 여러 부분들을—종종 해외의 기업들에 주는 것을 나타내는 데 사용되는 용어이다. 이는 한 기업 내에서 프로세스를 조정할 만큼 어렵고 여러 기업의 프로세스를 조정하려고 할 때 훨씬 더 어렵다. 이러한 약속이 이루어지기 전에 목표, 절차와 표준을 수립하는 데 있어서 상당한 주의가 요구된다. 혁신적인 제품을 만들기 위해 많은 다른 기업들과 협력하는 하나의 기업은 3M이다. 3M은 스카치테이프로부터 신슐레이터(Thinsulate, 역자 주: 3M 사가 개발한 마이크로파이버, 즉 초극세사 기술의 결정판)까지 수천 개의 제품을 개발했고 이들 제품 중 많은 제품이 아이폰과 삼성 갤럭시 같은 다른 제품에 사용되고 있다.[7]

총 제품제안
소비자가 구매의사 결정을 할 때 평가를 하는 모든 것으로 가치 패키지(value package)로도 불림

총 제품제안의 개발 전략적 마케팅 관점에서 하나의 제품은 물리적인 제품이나 서비스 그 이상의 것이다. **총 제품제안(total product offer, 가치 패키지로도 불린다)**은 소비자가 구매의사 결정을 할 때 평가를 하는 모든 것으로 구성된다. 그러므로 기본이 되는 제품이나 서비스는 세탁기나 보험 또는 맥주겠지만, 총 제품제안은 그림 13.1에서 보여지는 가치 증진요소(value enhancer)의 일부 또는 전부를 포함한다. 어떤 사람들은 기

본 제품을 '핵심 제품(core product)'으로 총 제품제안을 '확장 제품(augmented product)'으로 부른다. 여러분은 어떻게 지속성이 확장 제품의 부분일수 있는지를 알 수 있는가?[8)]

사람들이 제품을 구매할 때, 여러 측면에서 총 제품제안을 평가하고 비교할 것이다. 어떤 속성은 유형적(제품 자체와 포장)이다. 다른 속성은 무형적(생산자에 대한 명성과 광고를 통해 생성된 이미지)이다. 성공적인 마케터는 먼저 소비자처럼 생각하여 그림 13.1에 열거된 모든 요소들에 의해 만들어진 인상(impression) 전체로서 총 제품제안을 평가해야 한다. 어떤 특징과 혜택이 자신들에게 가장 중요한지와 어떤 가치 증진요소를 최종 제안에서 원하는지, 또는 원하지 않는지를 알기 위하여 소비자들과 이야기해 보는 것은 현명하다. 예를 들어, 프리토 레이(Frito-Lay)는 생분해성 봉투들이 '너무 시끄러웠기' 때문에 사용을 멈추어야만 했다. 누가 제품을 개발할 때 그러한 것을 생각하겠는가?

애플, 삼성과 다른 스마트폰 제조업체들은 거대한 모바일 시장에서 더 큰 점유율을 차지하려고 경쟁하고 있다. 각각은 고객을 얻기 위해 끊임없이 개선하고 특징들을 추가한다. 스마트폰 기업들은 여러분이 스마트폰이나 통신사를 바꾸도록 하기 위해 어떤 특징들을 제품 제안에 추가해야 하는가?

베리 베지테리언(Very Vegetarian)에 대한 총 제품제안을 개발하는 경우에 소비자에게 어떤 질문을 해야 할 것인가?(12장에서 소개된 사업 아이디어를 떠올려보라) 주차장이나 화장실의 상태처럼 점포 환경도 식당업에서는 중요하다는 것을 기억하라.

때로는 매력적인 총 제품제안을 만들어내기 위해서 기업이 싼 가격을 제시할 수도 있

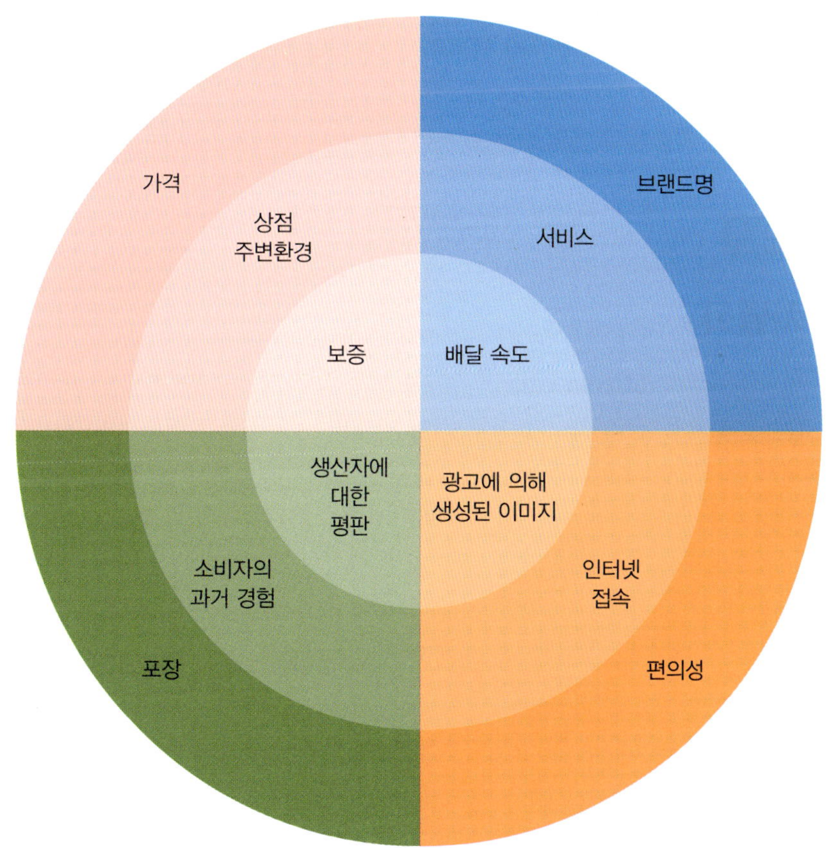

그림 13.1 **총 제품제안의 잠재적 요소**

다. 예를 들어, 아울렛 매장에서는 브랜드 제품을 정규 매장보다 싸게 판다. 쇼핑하는 사람들은 좋은 품질의 제품을 낮은 가격으로 사기를 바라지만 주의해야 한다. 아울렛 매장은 또한 정규매장에서 취급하는 물건들과 유사하지만, 똑같지는 않은 품질 낮은 제품을 취급하기도 한다. 소비자에 따라 서로 다른 총 제품제안을 원하기 때문에 기업은 다양한 제안을 개발하여야 한다.

제품라인과 제품믹스

제품라인
물리적으로 유사하거나 유사한 시장을 지향하는 제품들의 그룹

기업들은 대개 하나의 제품만을 판매하지는 않는다. **제품라인(product line)**은 물리적으로 유사하거나 유사한 시장을 지향하는 제품들의 그룹이다. 이들은 유사한 경쟁에 직면한다. 하나의 제품라인에서 몇 개의 경쟁하는 브랜드가 있을 수 있다. 예를 들어, Diet Coke, Diet Coke with Splenda, Diet Coke with Lemon, Diet Coke with Lime, Diet Vanilla Coke와 Diet Cherry Coke가 있다. 이제 코카콜라는 코카콜라 프리스타일(freestyle) 자판기를 통해 더 많은 다양한 맛을 만들어내고 있다.[9] 선택하기가 어렵지 않은가? 코카콜라와 펩시콜라 모두 새로운 소비자의 취향에 부응하기 위해서 생수와 스포츠 음료를 제품라인에 추가하고 있다.

제품믹스
한 제조업체에 의해 제공되는 제품라인들의 조합

P&G(Procter & Gamble)도 세제 제품라인에 Tide, Era, Downy와 Gain을 포함하여 많은 브랜드들을 가지고 있다. P&G의 제품라인들은 한 제조업체로부터 제공되는 모든 제품라인들의 조합인 **제품믹스(product mix)**를 만들어낸다. 여러분은 점포에서 300개보다 더 많은 서로 다른 형태의 치약이 있는 것을 아는가?

서비스 제공자들 또한 제품라인과 제품믹스를 가지고 있다. 은행이나 신용조합은 저축예금, ATM, 컴퓨터 뱅킹으로부터 MMF, 안전금고, 자동차 구입자금 대출, 담보대출(mortgage), 온라인 뱅킹과 보험까지의 다양한 서비스를 제공하고 있다.[10] AT&T는 제품믹스 특히 무선 제품에 주안점을 두고 서비스(통신)와 상품(전화기)을 결합하였다.

학습목표 13-2 여러 다양한 종류의 소비재와 산업재를 설명할 수 있다.

제품 차별화

제품 차별화
실제 모든 인지되는 제품 차이를 만드는 것

제품 차별화(product differentiation)는 실제 모든 인지되는 제품 차이를 만드는 것이다. 때로는 실제 제품 간의 차이가 아주 작아 마케터는 독특하고 매력적인 이미지를 만들기 위해서 브랜드명 부여, 가격책정, 광고와 포장(가치 증진 요소)의 창의적 믹스를 사용해야 한다. 펠로톤(Peloton), 스티치 픽스(Stitch Fix)와 쇼피파이(Shopify)와 같은 브랜드를 개발한 긍정적인 효과를 주목해보라.[11] 다양한 생수업체들은 제품 차별화를 성공적으로 시도해오고 있다. 생수 회사들은 자사의 생수에 브랜드명 부여, 가격 책정과 촉진을 통해 아주 매력적으로 만들어 이제 레스토랑의 손님들은 종종 브랜드명으로 물을 주문한다.

여러분의 채식전문 식당인 하비스트 골드에 대해 유사한 매력적인 이미지를 만들어내지 못할 이유는 없다. 중소기업은 종종 창의적인 제품 차별화를 통해서 시장점유율을

높일 수 있다. 한 졸업앨범을 제작하는 창업자는 특별 허용, 할인, 보증과 함께 다양한 의상 교체, 배경, 포즈를 제공하면서 경쟁하고 있다. 이 중소기업은 고객의 필요와 요구에 더 유연하게 대응할 수 있는 이점이 있고 따라서 매력적인 제품 옵션을 제공할 수 있다. 그는 크게 성공해서 기업들이 그를 사진 관련 행사의 연사로 활용한다. 여러분은 어떻게 하비스트 골드의 고객 요구에 창의적으로 대응할 수 있는가? 기업들이 자사의 촉진 활동에 있어 유기농이란 말을 사용해 성공한 것을 주목하라.

소비재와 서비스의 서로 다른 유형에 대한 마케팅

소비재와 서비스에 대한 하나의 일반적인 분류는 4가지 범주, 즉 편의성, 쇼핑, 명품, 미탐색의 4가지 일반적인 분류이다.

1. **편의성 제품과 서비스**(convenience goods and services)는 소비자가 최소의 노력으로 자주 구매하는 제품이다(사탕, 껌, 우유, 과자, 주유, 은행 서비스 등). 주로 편의성 상품을 파는 상점의 예가 세븐일레븐이다. 입지, 브랜드 인지, 이미지는 편의성 상품과 서비스의 마케터에게 중요하다. 인터넷은 특히 은행이나 다른 서비스 기업에 대해서는 편의성을 완전히 새로운 수준으로 끌어올렸다.

편의성 제품과 서비스
소비자가 최소의 노력으로 자주 구매하는 제품

2. **쇼핑 제품과 서비스**(shopping goods and services)는 소비자가 여러 판매자들의 가치, 품질, 가격과 스타일을 비교한 후에야 구매하는 제품이다. 타깃(Target)이 주로 쇼핑 제품을 판매하는 하나의 매장이다. 많은 소비자들이 그러한 제품들을 세심하게 비교하기 때문에 마케터들은 가격 차별화, 품질 차별화 또는 이 둘의 어떤 조합을 강조할 수 있다. 인터넷이 적절한 쇼핑 제품을 찾는 데 어떻게 도움이 되는지를 생각해 보라.[12] 또한 사람들이 어떻게 경쟁관계에 있는 무선통신회사의 가격을 비교하는지를 생각해 보라.

쇼핑 제품과 서비스
소비자가 여러 다양한 판매업자들의 가치, 품질, 가격과 스타일을 비교한 후에 구매하는 제품

여러분이 급히 무언가를 필요로 할 때 편의점은 비상 시에 얻을 수 있는 다양한 제품을 제공한다. 어떤 편의제품들을 여러분은 구매했으며, 어디서 이것들을 발견하였는가?

3. **명품 제품과 서비스**(specialty goods and services)는 독특한 특성과 브랜드 정체성(brand identity)을 가진 소비재 제품이다. 이런 명품들은 적절한 대체재가 없는 것으로 인식하기 때문에, 소비자는 이런 제품들을 구입하려고 특별한 노력을 기울인다. 명품시계, 고가 와인, 디자이너 의류, 보석, 수입 초콜릿과 전문의나 경영 컨설턴트에 의해 제공되는 서비스 등이 그 예이다. 명품들은 종종 명품 잡지를 통해 마케팅이 이루어진다. 명품 스키는 스포츠 잡지를 통해서, 명품 음식은 미식가 잡지를 통해서 판매된다. 인터넷이 명품을 찾는 데 역시 도움을 준다. 실제로 어떤 명품은 인터넷을 통해서만 판매된다.
4. **미탐색 제품 및 서비스**(unsought goods and services)는 소비자가 인식하지 못하거나, 구매를 생각할 필요가 없거나, 또는 예기치 않은 문제를 해결할 필요가 있을 때 급히 찾는 제품이다. 이런 상품의 예에는 긴급 차량견인 서비스, 장례 서비스, 보험이 있다.

많은 상품들이 그 용도에 따라 소비재 또는 산업재로 분류될 수 있다. 예를 들어, 개인이 집에서 개인적인 용도로 사용하는 컴퓨터는 분명히 소비재이다. 그러나 동일한 컴퓨터가 농장에서 상업적인 용도로 사용된다면 산업재로 분류될 것이다. 하나의 상품이 어떻게 분류되는지가 무슨 차이가 있는가?

마케팅 업무는 제품의 범주에 따라 다르다. 즉, 편의 상품은 명품과는 다르게 마케팅되어야 한다. 편의 상품에 대한 최고의 촉진방안은 이 제품을 바로 이용할 수 있도록 구비해놓는 것과 적절한 이미지를 창출하는 것이다. 가격, 품질, 서비스의 어떤 조합은 쇼핑 제품에 대한 최고의 매력이 될 것이다. 명품은 광고를 통해 특정 세분시장에 소개되는지의 여부에 달려 있다. 생명보험과 같은 미탐색 제품은 종종 개인적인 판매에 달려있다. 견인서비스는 옐프(Yelp)와 같은 온라인 리뷰에 주로 의존한다.

어떤 제품이나 서비스가 특정 분류에 속하는지의 여부는 개인 소비자에 달려 있다. 커피가 한 소비자에 대해 쇼핑 제품인 반면, 맛을 낸 미식가용 볶은 커피는 다른 소비자에겐 명품이 된다. 서로 다른 세탁소를 비교하려고 여기저기 다녀보는 사람들에게는 세탁소가 쇼핑 서비스가 되는 것이다. 가장 가까운 세탁소에 가는 사람에게는 이는 편의성 서비스에 해당한다. 마케터들은 소비자가 제품을 어떻게 인식하는지를 결정하기 위해 소비자를 세심하게 관찰해야 한다.

명품 제품과 서비스
독특한 특성과 브랜드 정체성을 가진 소비재. 이런 제품들은 적절한 대체재가 없는 것으로 인식되기 때문에, 소비자는 이런 제품들을 구입하려고 특별한 노력을 기울인다.

미탐색 제품 및 서비스
소비자가 인식하지 못하거나, 구매를 생각할 필요가 없거나, 또는 예기치 않은 문제를 해결하기 위해 필요하다고 보는 제품

그림 13.2 **소비재와 산업재 및 서비스의 다양한 분류**

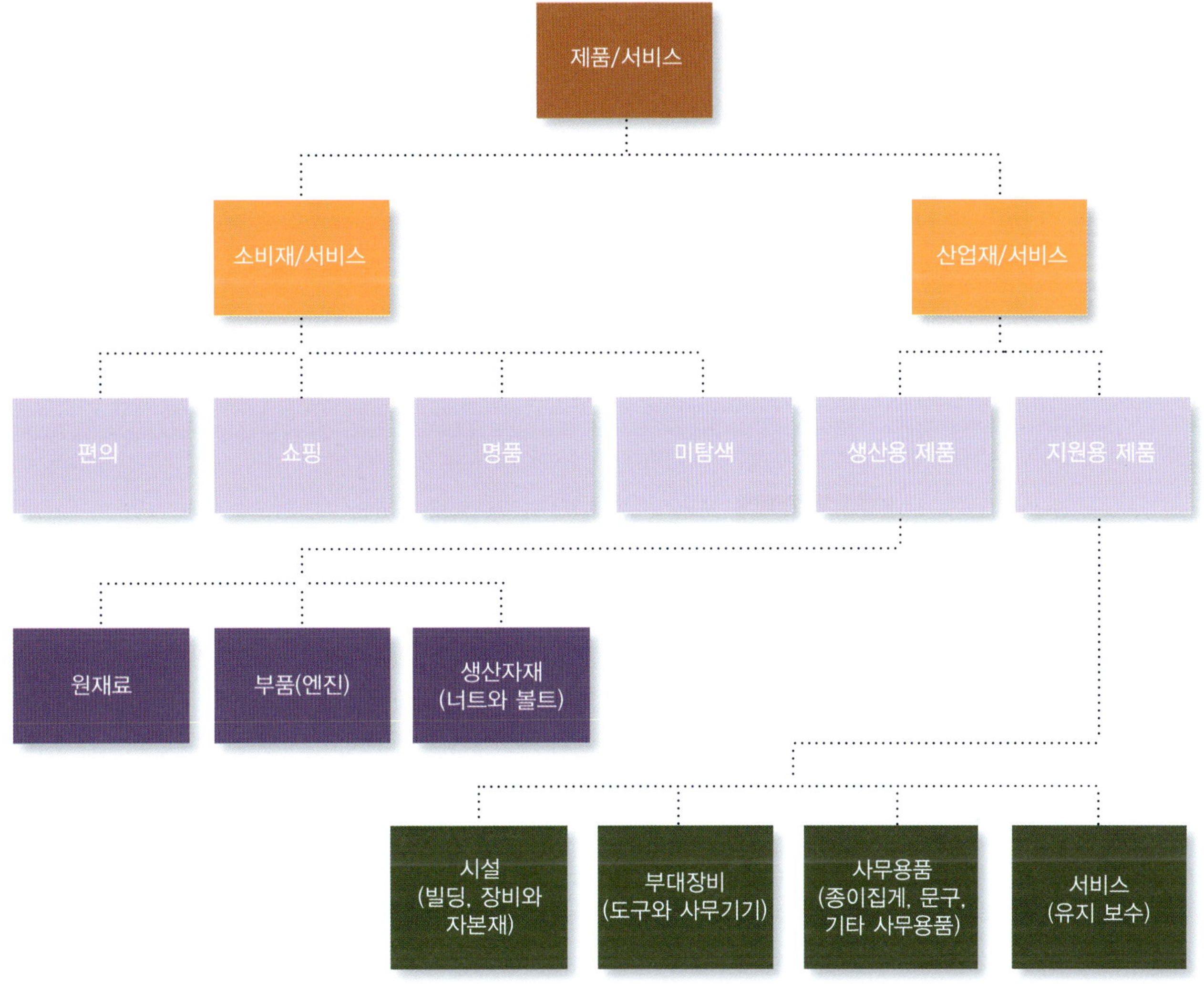

산업재(industrial goods)와 서비스에 대한 마케팅

많은 제품들은 사용 용도에 따라 소비재 또는 산업재로 분류될 수 있다. 개인적인 용도로 집에서 사용되는 컴퓨터는 분명히 소비재이다. 그러나 회계법인이나 제조공장과 같은 상업적인 상황에서는 동일한 컴퓨터가 산업재가 된다.

산업재(industrial goods, 때때로 기업재(business goods) 또는 B2B재로 불린다)는 다른 제품들의 생산에 사용되는 제품이다. 이들은 B2B 시장에서 판매된다. 어떤 제품은 산업재이면서 동시에 소비재일 수 있다.[13] 우리는 컴퓨터가 어떻게 양쪽 범주에 맞아 떨어지는지를 보았다. 소비재로서의 컴퓨터는 전자제품점에서 판매되거나 온라인으로 최종 소비자에 의해 구성될 수 있다. 대부분의 촉진 업무는 광고를 통해 이루어진다. 산업재로서의 개인용 컴퓨터는 아마도 영업사원을 통해서나 온라인으로 팔릴 것이다. 산업재를 판매하는 경우 광고는 덜 중요한 요소이다. 따라서 사용자 범주에 따른 상품 분류는 마케터가 적절한 마케팅 믹스 전략을 정하는 데 도움이 된다는 것을 알 수 있다.

산업재
다른 제품들의 생산에 사용되는 제품. 때때로 기업용 제품이나 B2B 제품으로 불림

그림 13.2는 소비재와 산업재 제품 및 서비스의 몇몇 분류를 보여준다. 시설은 새로운 공장이나 중장비와 같은 주요 자본설비로 구성된다. 자본재는 오랫동안 유지되며, 많은 돈이 소요되는 제품이다. 새로운 공장 건설은 자본재이면서 하나의 시설이다. 부대장비는 자본재이지만 시설처럼 오래 사용되거나 비싸지 않은 것이다. 예를 들어, 컴퓨터, 복사기, 다양한 공구들이 해당된다. 산업재의 여러 분류들이 그림 13.2에 주어져 있다.

시험 준비

- 총 제품제안에는 어떤 가치 증진요소가 포함되는가?
- 제품라인과 제품믹스의 차이는 무엇인가?
- 소비재 제품과 서비스의 4분류를 말하고 이들 각각에 대한 예를 들어보라.
- 산업재의 3가지 다른 유형을 설명하라.

학습목표 13-3 포장(packaging)의 기능을 요약할 수 있다.

포장이 제품을 변화시킨다

우리는 소비자들이 브랜드를 포함하여 총 제품제안의 여러 측면을 평가한다고 말했다. 다양한 상품들에 대한 평가에 있어서 포장의 중요성은 놀라울 정도이다. 많은 기업들이 자사의 기본 제품을 변화시키거나 개선하기 위해 포장을 사용해 왔다. 거꾸로 세워 두었다 짤 수 있는 케첩병, 돌려서 여는 마개와 일체형 핸들을 갖는 사각 페인트 통, 깔때기가 필요 없는 자동차 오일용 플라스틱 병, 일회용 향신용 봉지 등을 들 수 있다. 또 다른 흥미로운 추세는 고객들이 집에선 만든 간식으로 생각하게 만드는 정감을 이끌어내는 포장이다. 목표는 고객이 상업적 제품에 대해 집에서 만든 것 같은 따뜻한 느낌이 들도록 하는 것이다. 페기 진스 파이(Peggy Jean's Pies)는 바로 먹을 수 있는 파이를 보내기 위해 젤리 항아리를 사용하고 쎌마스 트리츠(Thelma's Treats)의 쿠키는 할머니의 오븐을 닮은 상자에 담겨 온다.[14)]

각 경우에 있어 포장은 소비자 마음속에서 제품을 다르게 인식시켜 새로운 큰 시장을 열어준다. 때때로 플라스틱 포장을 벗기기 어려운 적이 있었는가? 어떤 포장 혁신을 여러분은 가장 좋아하는가? 더 나은 포장 개발을 통해서 잠재시장을 엿볼 수 있는가? 포장은 심지어 하나의 직업이 되었다. 예를 들어, 미시간 주립대학의 포장대학(school of packaging)을 조사해보라. 포장은 다음 기능을 수행해야만 한다.[15)]

1. 구매자의 관심을 끌 수 있어야 한다.
2. 내용물을 보호해야 하고, 취급 및 저장에서도 견뎌야 하며, 부정 조작이 방지되어야 하고 도난 방지가 되어야 한다.
3. 개봉과 사용이 용이해야 한다.
4. 내용물에 대한 정보를 주어야 한다.
5. 내용물의 이점을 설명해야 한다.

6. 보증, 경고 그리고 다른 소비자가 중요시하는 것에 대한 정보를 제공해야 한다.
7. 가격, 가치, 사용에 대한 표시를 주어야 한다.

혁신적인 포장은 몇 가지 과일처럼 보이는 이 과일과자 상자처럼 멋진 제품을 더 멋있게 보이게 할 수 있다. 여러분은 혁신적인 포장을 사용하는 어떤 다른 식품 브랜드를 생각할 수 있는가?

포장은 소매상들에게 제품이 더욱 매력적으로 보이게 할 수 있다. 여러 포장에 있는 UPC(Universal Product Code)는 매장의 재고관리를 수월하게 해준다. UPC는 바코드와 제품의 가격, 사이즈, 색상 그리고 다른 속성들에 대한 정보를 소매상에게 제공하는 미리 설정된 숫자의 조합이다. 간단히 말해서, 포장은 제품의 가시성, 유용성, 매력도를 변화시켜서 해당 제품을 변화시킨다.

제품을 추적하는 비교적 새로운 하나의 포장 기술은 RFID(Radio Frequency IDentification) 칩, 특히 나노입자 분말(nanoparticle powder)로 만들어진 것이다. 이 칩은 제품에 부착되어서, 제품이 어디에 있는지를 언제나 기업에 알려주는 신호를 보낸다. RFID 칩은 바코드보다 더 많은 정보를 저장하고 한 번에 하나씩 읽혀질 필요가 없으며(전체 파레트(pallet)가 순식간에 판독됨), 멀리서도 인식될 수 있다.[16]

포장의 중요성 증대

포장이 항상 제품제안에서의 중요한 측면이었지만, 오늘날은 과거보다 더 중요한 촉진 역할을 수행하고 있다. 한때 영업사원을 통해서 판매되던 많은 제품들이 이제는 셀프서비스 아울렛에서 팔리고 있고 따라서 판매에 있어 포장의 책임이 더욱 커지고 있다. 공정 포장 및 상표 법령(The Fair Packaging and Labeling Act)이 통과되어 소비자들은 제품 포장을 보고 더 많은 수량과 가치정보를 가질 수 있게 되었다.

미국 식품의약국은 최근 식품에 부착하는 영양 라벨의 요건을 변경했다. 1회용 분량의 영양 정보 외에도 이젠 전체 포장의 영양가 분석도 있다. 제품에 있어 비타민 D, 칼륨과 다른 형태의 지방을 더 강조하고 있다.[17] 식품에 대한 적절한 라벨 부착이 많은 미국 소비자들에 대한 혼동의 원인이 되어 왔다. 포장에서 우리가 읽는 것들이 모두 보이는 것과 똑같지는 않다('윤리적 의사결정' 글상자를 보라).

포장은 **일괄판매(bundling)**라 불리는 전략을 사용할 수 있는데, 이는 단일 가격으로 제품과 서비스를 결합하는 것이다. 아이슬랜드에어(Islandair)는 경유지 투어를 아이슬랜드에어 직원인 '경유지 친구'와 함께 총 제품제안에 포함하였다. 이 엄청난 인기 프로그램에서 대서양 횡단 승객은 단순히 경유지인 공항서 기다리는 대신에 레이캬비크(Reykjavik, 역자 주: 아이슬랜드의 수도인 항구도시)를 구경하는 것을 선택할 수 있다.[18] 금융기관들은 재무설계부터 보험, 주식, 채권, 뮤추얼 펀드 등을 사는 데 있어서의 도움까지 모든 것을 제공하고 있다. 상품과 서비스를 결합하여 하나의 패키지로 할 때 너무 많은 것을 포함해서 가격이 너무 높아지지 않도록 해야 한다. 고객 개인별 요구에 맞춘 가치 증진 요소를 개발하기 위해 고객과 함께 작업하는 것이 최선이다.

일괄판매(bundling)
둘 이상의 제품을 함께 묶어 이들을 한 단위로 가격 책정하는 것

윤리적 의사결정

친환경 굿즈와 친환경의 역설

이번 연말에도 프랜차이즈 카페와 음식점 등에서는 어김없이 '굿즈'라고 부르는 특별 기획 상품들을 내놓았다. 다가오는 새해에 쓸 다이어리부터 텀블러, 러그, 에코백까지 그 종류도 다양해지고 있다. 올해 나온 굿즈들을 살펴보니 유독 '친환경'이라는 말을 붙인 것들이 많았다.

'이디야'에서는 친환경 인증을 받은 종이를 이용해 제작한 다이어리와 달력, 에코백, 밀 성분이 함유된 펜을 굿즈로 내놨다. 투썸플레이스는 2022년 이후에도 사용이 가능한 만년형 다이어리, 대나무 칫솔, 고체 치약, 텀블러를 한데 모은 '2022 투썸 데일리키트'를 출시했다. 맥도날드는 폐 플라스틱을 재활용해 만든 크리스마스 오너먼트를, 파리바게트는 폐 페트병을 재활용해 만든 친환경 부클 러그를 선보였다.

친환경이라는 이 굿즈들, 정말 환경에 이로울까? 자원 순환 전문가들은 고개를 갸웃한다. 폐기물을 재활용하려는 시도 자체는 의미 있지만, 과연 이 굿즈들이 꼭 필요한 것인지 고민해봐야 한다는 것이다. 허승은 녹색연합 녹색사회팀장은 "특히 텀블러나 에코백 등은 이미 많은 시민이 가지고 있는 데다 실제로 이용은 잘 안 하는 실정"이라며, "과연 이게 소비자들에게 필요한 것인지 한 번 더 확인하고 제작해야 한다"고 말했다.

친환경 제품이 과도한 소비를 유발하는 '친환경의 역설'을 주의해야 한다는 지적도 나왔다. 홍수열 자원순환사회경제연구소 소장은 "친환경 제품이라는 이유로 소비자들이 불필요한 소비를 하게 되면 결국에는 이로 인한 쓰레기 발생량이 더욱 증가할 수 있다"며, "'친환경 제품이니까 괜찮다'는 생각으로 인해 오히려 환경이 파괴되는 모순적인 결과를 낳을 수 있다"고 설명했다.

출처: Marty Gonzalez, "Take the Confusion out of Food Labels," February 22, 2020; Ron Sterk, "Craving, Indulgence Drive Consumption Even as Consumers Seek to Avoid Sugar," February 26, 2020; Stephen Lamb, "Why We Need Mandatory Labeling of GMO Products," February 19, 2020; Melissa Erickson, "Food Labels vs. Marketing Claims," January 21, 2020.

학습목표 13-4 브랜드, 브랜드명과 상표를 비교하고 브랜드 자산 가치를 파악할 수 있다.

브랜드와 브랜드 자산

브랜드(brand)
한 판매자나 판매자 그룹의 상품이나 서비스를 확인해주고 이를 경쟁사의 상품이나 서비스와 구별해주는 이름, 기호 또는 디자인(또는 이들의 조합)

브랜드(brand)는 한 판매자나 판매자 그룹의 상품이나 서비스를 알아보게 해주고 이를 경쟁사의 상품이나 서비스와 구별해주는 이름, 기호 또는 디자인(또는 이들의 조합)을 말한다. 브랜드라는 말은 실제 상품을 알아보게 해주는 모든 수단을 포함한다. 12장에서 언급한 바와 같이, 브랜드명(brand name)은 한 판매자의 상품과 서비스를 경쟁자의 것과 구별해주는 단어, 글자 또는 단어와 글자의 조합으로 구성된다. 여러분에게 친숙한 브랜드명에는 레드불(Red Bull), 소니, 캠벨스(Campbell's), 리바이스(Levi's), GE, 버드와이저, 디즈니 등이 있다. 브랜드명은 소비자들이 제품을 매력적으로 보도록 하는 차이를 제품에 제공한다. 현재 애플과 구글이 최고의 브랜드로 자리매김하고 있다. 우리는 여러분이 왜 그런지 이해할 것으로 확신한다.[19] '우리의 경계를 넘어' 글상자에서 제품명을 더 깊이 다룰 것이다.

상표(trademark)
브랜드명과 디자인 모두에 대해 독점적인 법적 보호를 받는 브랜드

상표(trademark)는 브랜드명과 디자인 모두에 대해 독점적인 법적 보호를 받는 브랜드이다. 맥도날드의 황금 아치 같은 상표는 널리 알려져 있고 기업의 명성과 이미지를 나타내는 데 도움을 준다. 맥도날드는 어떤 한 기업이 맥도넬(McDonnel) 햄버거를 팔지 못하도록 고소할 것이다. 여러분은 중국에 스타스벅(Starsbuck) 커피숍이 있는 것을

우리의 경계를 넘어

기업의 숫자 마케팅, 제품명에 포함된 숫자에 이런 뜻이?

정보기술(IT) 업체 애플이 숫자 '13'을 건너뛸지도 모른다. 최근 미국 현지 매체에 따르면 애플이 올해 출시할 것으로 예상되는 아이폰의 이름을 '아이폰13'이 아닌 '아이폰12S'니 '아이폰14'로 붙일 것이라는 전망이 나온 것이다. 가장 최근에 나온 아이폰12 다음 버전의 제품명은 순서대로라면 13이 붙어야 하지만, 애플이 이를 건너뛴다는 것이다. 서양에는 숫자 13을 불길하다고 여기는 문화가 있어 이 숫자를 모델명에 포함할 경우 판매에 나쁜 영향을 미칠 수도 있다는 판단에서다. 우리나라에서 숫자 4를 꺼리는 것처럼 미국에서는 13을 꺼려 12층의 위층을 13층이 아닌 14층으로 하기도 한다.

이처럼 제품명에 담기는 숫자는 기업에 단순히 숫자 그 이상의 의미를 지닌다. 숫자를 활용해 기업의 이미지를 소비자들에게 각인시킬 수 있기 때문이다. 숫자를 활용하는 기업의 마케팅 전략을 살펴보자.

IT 업체는 제품명에 포함되는 숫자를 건너뛰면서 새 이미지를 부각시키기도 한다. 스마트폰을 제조하는 IT 업체는 스마트폰을 출시할 때마다 버전(상품의 개발 단계 및 순서를 번호로 표시한 것)을 표시하기 위해 모델명 뒤에 숫자를 붙인다. 숫자가 높을수록 이전 상품에서 성능이 개발됐다는 뜻이다. 그러나 숫자의 순서가 맞지 않는 경우도 있다.

지난 2017년 애플은 아이폰 출시 10주년을 기념하기 위해 아이폰9를 건너뛰고 '아이폰X(로마자로 10을 의미)'를 출시했다. 스마트폰 밑에 있는 동그란 버튼은 아이폰의 상징이지만, 이 버튼을 없애는 등 기존 아이폰과는 다른 디자인의 아이폰X를 내놓았다. 애플은 "아이폰이 나온 지 10년이 지난 지금, 이를 기념하는 새로운 아이폰을 소개한다"며, "아이폰X는 스마트폰의 미래"라고 밝혔다.

삼성전자 또한 갤럭시 시리즈를 출시할 때 숫자를 건너뛴 바 있다. 갤럭시S와 갤럭시 노트는 2020년에 출시했던 버전이 원래대로라면 '11'이어야 했지만, 10에서 곧바로 '20'으로 건너뛰어 갤럭시S20과 갤럭시노트20을 출시했다. 10까지의 한 시대를 마감하고 5세대 이동통신(5G)으로 새로운 10년을 열겠다는 의미에서다.

숫자는 짧고 간결해 글자보다 기억하기 쉽다는 장점이 있어 제품의 이름으로도 활용된다. 애경산업이 '20대 치아를 80대까지'라는 말을 줄여 '2080'이라는 이름의 치약을 내놓은 것은 너무나도 유명하다. 20대 치아를 80대까지 유지할 만큼 강력한 세정력을 지녔다는 것을 돌려 설명한 것이다.

최근에는 상품의 성분 등을 꼼꼼하게 확인하는 '체크슈머'가 늘면서 이들을 위해 함유량(물질이 어떤 성분을 포함하고 있는 분량)을 나타내는 숫자를 상품의 이름에 포함하고 있다. 체크슈머는 '체크(Check, · 점검하다)'와 '컨슈머(Consumer, · 소비자)'를 합친 말로 제품을 구매하기 이전에 제품 성분과 제조 과정은 물론 후기까지 꼼꼼히 따진 뒤에야 구매를 결정하는 소비자를 말한다.

유제품 기업 푸르밀의 '88바나나우유'와 '88생초콜릿우유'는 신선한 원유가 88% 함유돼 있다는 것을 한눈에 전달하기 위해 '88'을 제품명에 포함했다.

빙그레는 체중 관리에 관심이 많은 소비자를 위해 '99칼로리칩'을 선보였는데 이 과자 한 봉지당 열량이 99kcal라는 의미를 담아 과자 이름만 보고도 칼로리가 낮다는 정보를 파악할 수 있도록 했다. 글자보다 기억하기 쉬운 숫자를 활용해 소비자들의 뇌리에 오래 기억될 수 있고, 상품의 정보를 중요하게 생각하는 체크슈머를 사로잡을 수 있으니 일석이조(돌 하나를 던져 두 마리 새를 잡는다는 뜻으로 적은 노력으로 큰 성과를 거두는 경우를 일컫는 말)인 셈이다.

출처: http://kids.donga.com/?ptype=article&no=20210328121457637689

아는가(이름을 자세히 보라)?

사람들은 어떤 주어진 제품 범주에서 브랜드 사이에 차이가 없다고 하면서도 어떤 브랜드명에 의해 영향을 받는다. 예를 들어, 사람들이 모든 아스피린이 비슷하다고 말할 때, 이들 앞에 바이엘(Bayer) 상표가 있는 병과 이름 없는 브랜드의 병 두 개를 놓아보면 대부분의 사람들은 잘 알려진 브랜드명이 있는 병을 선택한다. 휘발유 구입자는 종종 가격보다 브랜드명(예를 들면, 엑슨(Exxon))을 선택한다.

구매자에게 있어 브랜드명은 품질을 보증하고, 탐색 시간을 줄여주며, 구매를 하는 데 있어 위신을 높여준다. 판매자에게 있어 브랜드명은 신상품 출시를 용이하게 하고, 촉진 노력을 도와주며, 반복 구매를 가져다주고, 제품을 차별화하여 가격을 더 높게 책정할 수 있게 해준다.[20] 어떤 브랜드명의 제품을 여러분은 선호하는가?

브랜드 범주들(Brand Categories)

제조업자 브랜드명
제품을 전국적으로 유통하는 제조업자 브랜드명

여러 브랜드 범주는 여러분에게 익숙할 것이다. **제조업자**(전국(national, 역자 주: 전국적으로 동일 상표로 판매되므로 전국이라고 함) **브랜드명**(manufacturer's brand)는 제품을 전국적으로 유통하는 제조업자-제록스, 소니와 델-를 나타낸다.

판매자(자체상표) 브랜드
제조업자의 이름을 쓰지 않는 대신 유통업자나 소매상의 이름을 쓰는 제품

판매자(자체상표) 브랜드(dealer(private-label) brands)는 제조업자의 이름을 쓰지 않는 대신 유통업자나 소매상의 이름을 쓰는 제품이다. 켄모아(Kenmore)와 다이하드(Diehard)는 시어스에서 팔리고 있는 판매자 브랜드이다. 이러한 브랜드들은 또한 자사 브랜드(house brand) 또는 유통업자 브랜드로 알려져 있다.[21]

많은 생산자들이 자신의 브랜드명이 일반 명칭(generic name)이 되는 것을 두려워한다. 일반 명칭은 하나의 제품 범주에 대한 이름이다. 아스피린과 리놀륨(linoleum)이 한때는 브랜드명이었다는 것을 여러분은 알고 있는가? 나일론, 에스컬레이터, 케로신(kerosene), 지퍼도 같은 사례들이다. 모든 이러한 이름들은 너무 인기가 있어 그 제품과 같이 인식되어 브랜드로서의 지위를 잃고 일반 명칭이 되었다(이러한 이슈들은 법정에서 결정된다). 이 경우 이런 제품의 생산자들은 새로운 이름을 내놓게 된다. 예를 들어, 원래 아스피린은 이제 바이엘 아스피린이 되었다. 오늘날 자사의 브랜드명을 보호하기 위해 공을 들이는 기업에는 클리넥스와 롤러블레이드(인라인 스케이트)가 포함된다.

무상표 상품
생산자나 판매자 브랜드에 비해 상당히 할인되어 판매되는 상표가 없는 제품

무상표 상품(generic goods)은 생산자 브랜드나 판매자 브랜드에 비해 상당히 할인되어 판매되는 상표가 없는 제품이다. 이런 제품들은 기본 포장으로 광고를 거의 하지 않는 특징이 있다. 품질이 낮은 것들도 있지만, 모방하려는 생산자 브랜드에 거의 유사한 품질을 가지고 있는 것들도 많다. 여기에는 무상표 화장지, 무상표 담배, 무상표 약품 등이 있다. 오늘날 소비자들은 무상표 상품의 전반적 품질이 최근 아주 많이 개선되었기 때문에 이들을 많이 구매한다. 무상표 상품을 시도해본 여러분의 경험은 어떠한가?

짝퉁 브랜드
생산자 브랜드명 상품에 대한 불법 복제품

짝퉁 브랜드(knockoff brand)는 생산자 브랜드명 상품에 대한 불법 복제품이다. D&G 셔츠나 롤렉스 시계와 같은 비싼 브랜드명 물건이 터무니없이 낮은 가격에 팔리는 것을 보게 된다면 이는 짝퉁 제품이라고 확신할 수 있다. 돌체 앤 바나나(Dolce & Gabbana 대신)나 Bolex(Rolex 대신) 같이 브랜드명이 아주 조금 다를 때도 종종 있다. 조심스럽게 보아야 한다. 지포(Zippo)는 위조품을 리포스(Rippos)라고 부르기 시작했다.

브랜드 자산과 충성도 창출

브랜드 자산
브랜드명과 연관된 상징(symbol)들의 가치

미래에 마케터의 주요한 목표는 브랜드 자산의 개념을 재정립하는 것이다. **브랜드 자산**(brand equity)은 브랜드명과 관련된 상징(symbol)의 가치이다. 대개 기업은 자사를 다른 기업에 매각할 때까지 브랜드 가치를 알 수가 없다. 높은 브랜드 자산 평가를 받은 브랜드명에는 레이놀드 랩 알루미늄 호일(Reynolds Wrap Aluminum foil)과 지퍼락(Ziploc) 음식백이 있다. 오늘날 가장 가치 있는 브랜드명은 무엇인가? 바로 애플이나.[22]

브랜드 충성도
고객이 만족하고 그 브랜드를 좋아하며, 추가 구매를 하려는 정도

브랜드 자산의 핵심은 **브랜드 충성도**(brand loyalty)인데 이는 고객이 만족하고, 그 브랜드를 좋아하며, 추가 구매를 하려는 정도이다. 충성도 높은 고객 그룹은 회사에 대

프리즈마 기타(Prisma Guitars)의 공동창업자인 닉 포파드(Nick Poufard)는 스케이트보드 사고로 6개월간 움직일 수 없고 나서 기타를 만들기 시작했다. 이 기업은 이제 화려하고 지속 가능한 악기를 만들기 위해 낡은 스케이드보드 데크를 사용한다. 여러분은 재활용 재료로 만든 어떤 제품을 가지고 있는가?

해 상당한 가치를 나타내는데 이 가치는 계산될 수 있다. 제조업체가 더 큰 브랜드 충성도를 만들기 위한 하나의 방법은 지속 가능성에 초점을 두는 것이다.

기업들은 제품을 빨리 팔기 위해서 쿠폰을 발행하거나 가격 할인을 제공하여 단기적 성과를 높이려 하였다. 이는 특히 식품의 브랜드명에 대한 고객의 헌신을 약화시켰다. 많은 소비자들은 기업들이 애스트로 팝스(Astro Pops)나 플렉스 샴푸(Flex Shampoo) 같은 브랜드명을 떨어뜨릴 때 불평한다. 이러한 불만이 브랜드명의 힘을 보여준다. 이제 회사들은 브랜드 자산의 가치를 인식하고 강력한 브랜드명의 수익력(earning power)을 측정하기 위해 더 노력하고 있다.

브랜드 인식(brand awareness)은 한 제품 범주가 언급될 때, 얼마나 빨리 또는 쉽게 주어진 브랜드명이 떠오르는가를 말한다. 광고는 강한 브랜드 인식을 만드는 데 도움이 된다. 코카콜라와 펩시 같은 인정받은 브랜드는 대개 브랜드 인식에 있어 최고에 속한다. 풋볼의 오렌지 보울(Orange Bowl)과 NASCAR의 컵 시리즈(Cup Series)와 같은 이벤트의 후원은 브랜드 인식을 높이는 데 도움이 된다. 계속해서 거기에 있는 것만으로도 브랜드 인식을 증가시킬 수 있다. 이것이 바로 구글이 그러한 인기 있는 브랜드가 된 하나의 방법이다.

브랜드 인식
한 제품 범주가 언급될 때 주어진 브랜드명이 빨리 또는 쉽게 떠오르는 정도

지각된 품질은 브랜드 자산의 중요한 부분이다. 경쟁사에 비해 품질이 더 좋다고 인식된 제품은 더 높게 가격이 책정될 수 있다. 품질에 대한 인식을 만들어내는 핵심은 소비자들이 높은 품질의 제품에 대해 추구하는 바를 파악하여 기업이 내보내는 모든 메시지에 이 정보를 사용하는 것이다. 품질에 대한 인식에 영향을 주는 요소에는 가격, 외관, 명성이 있다.

소비자들은 종종 이러한 것들 때문에 브랜드 선호(brand preference)–한 브랜드를 다른 브랜드보다 더 선호하는 것–를 만들어낸다. 소비자들이 브랜드 집착(brand insistence) 단계에 이르면, 이 제품은 명품이 되는 것이다. 소비자들이 자신의 차에 굿이어(Goodyear) 타이어를 장착하고 싶어 하는 것도 그 예이다.

현재는 한 제품의 이점을 모방하는 것이 아주 쉬워, 저급 제품이 브랜드명이 있는 제품으로부터 고객의 관심을 끌어낼 수 있다. 인텔과 같은 브랜드명이 있는 제조업자들은 경쟁사로부터의 도전을 물리치기 위해 빠른 신제품 개발과 신시장 개척, 이전보다 더 나은 브랜드 촉진을 해야 한다.

브랜드 연상 만들기

회사가 사용하는 이름, 상징, 슬로건은 그 회사의 제품에 대한 브랜드 인식에 큰 도움이 된다. **브랜드 연상**(brand association)은 브랜드를 유명한 제품 사용자들, 유명인사 또는 특정 지역과 같은 우호적 이미지와 연결시키는 것이다. 예를 들어, 벤츠에 대한 광고가 어떻게 이 차를 부유한 삶을 누리는 성공한 사람과 연결시키는지를 주목하라. 브랜드 구축에 책임을 지는 사람은 브랜드 관리자 또는 제품 관리자로 알려져 있다. 이제 그 역

브랜드 연상
브랜드를 다른 우호적 이미지와 연결시키는 것

할에 대해 논의할 것이다.

브랜드 관리

브랜드 관리자
하나의 브랜드 또는 하나의 제품 라인에 대해 직접적인 책임을 지는 관리자. 어떤 기업에서는 제품 관리자로 불림

브랜드 관리자(brand manager: 어떤 기업에서는 제품 관리자로 알려져 있음)는 하나의 브랜드 또는 하나의 제품라인에 대해 직접적인 책임을 지고 제품, 가격, 유통, 촉진의 마케팅 믹스 요소들을 관리한다. 그러므로 브랜드 관리자를 단일 제품 기업의 사장으로 생각할 수 있다.

많은 소비재 대기업들이 브랜드 관리자를 두는 하나의 이유는 신제품 개발과 제품 촉진에 대한 더 큰 통제를 갖기 위해서다. 몇몇 기업들은 전체적인 노력을 강화하기 위해 브랜드 관리팀을 두기도 한다. B2B 기업에서 브랜드 관리자는 종종 제품 관리자로 알려져 있다.

시험 준비

- 포장이 현재 갖는 7가지 기능은 무엇인가?
- 브랜드명과 상표와의 차이는 무엇인가?
- 생산자 브랜드, 판매자 브랜드, 무상표 브랜드의 차이를 설명할 수 있는가?
- 브랜드 자산의 핵심 요소들은 무엇인가?

학습목표 13-5 신제품 개발 과정의 단계를 설명할 수 있다.

신제품 개발 과정

신제품이 실패할 확률은 높다. 약속된 것을 전달하지 못하는 것이 신제품 실패의 주된 이유이다. 실패에 대한 다른 이유들에는 시장에 대한 준비가 늦음, 잘못된 포지셔닝, 경쟁사들과의 차별성 부족, 잘못된 포장이 포함된다. 그림 13.3에서처럼 생산자에 대한 신제품 개발은 여섯 단계로 구성된다.

매년 신제품들은 계속해서 시장에 쏟아져 나오고, 잠재적 이익은 엄청나 보인다. 예를 들어, 3D 프린팅, 스트리밍 TV, 가상현실(VR) 게임과 제품, 스마트폰, 태블릿과 다른 혁신 제품들을 생각해보라. 이런 아이디어들은 어디에서 나오는가? 이들은 어떻게 테스트되는가? 하나의 혁신 제품에 대한 수명은 얼마인가? 이런 이슈들을 살펴보자.

신제품 아이디어 도출

하나의 상업용 제품을 만들기 위해 대략 일곱 개의 아이디어가 필요하다. 새로운 산업재에 대한 대부분의 아이디어들은 R&D보다는 직원의 제안들로부터 나온다. 그럼에도 불구하고 R&D는 새로운 제품의 주요 원천이다. 직원들 또한 새로운 소비재 아이디어의 주요 원천이다. 회사는 신제품 아이디어에 대해 자사 공급자들의 이야기도 경청해야 한다. 왜냐하면 공급자들도 종종 새로운 아이디어를 접하기 때문이다. 현재의 고객들도 새로운 제품 아이디어에 대한 좋은 원천이다.[24]

예를 들어, 맥주 생산업자는 밀레니얼 고객들이 건강에 신경 쓰는 생활방식과 기존의 맥주와 칵테일을 대체할 저칼로리 대안에 대해 이야기 나누는 것을 들은 후에 더 건강한 음료에 초점을 두고 있다.[25]

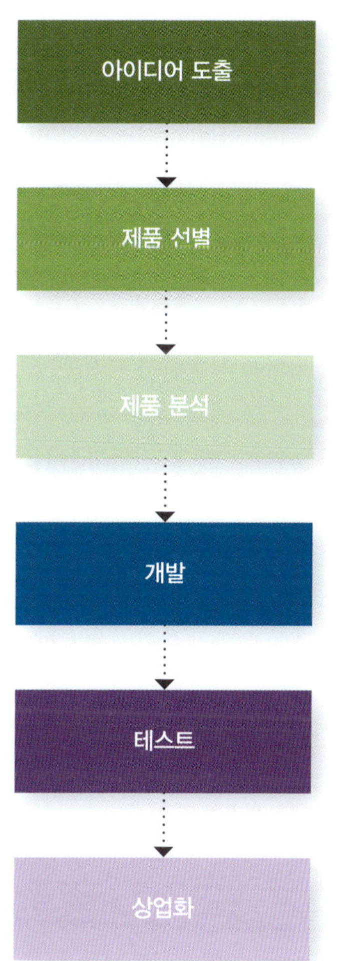

그림 13.3 **신제품 개발 과정**
제품개발은 6단계 프로세스이다. 어떤 단계가 가장 중요하다고 생각하는가?

제품 선별하기

제품 선별(product screening)은 어떤 한 순간에 시도될 신제품 아이디어의 수를 줄여 가장 유망한 것에 초점을 둘 수 있다. 선별은 제품이 현재 제품들과 잘 맞는지, 이익 잠재성이 큰지, 시장성이 있는지를 결정하기 위한 기준들을 적용한다. 이러한 요소들 각각에 가중치가 주어지고 각각의 신제품에 대해 총점을 계산하여 이들의 가능성을 비교할 수 있다.

제품 선별
어떤 한순간에 시도될 신제품 아이디어의 수를 줄이기 위해 설계된 프로세스

제품 분석하기

제품 선별 후에는 신제품 아이디어의 수익성에 대한 감을 얻기 위해 **제품 분석**(product analysis), 즉 비용 추정과 판매 예측을 한다. 정해진 기준을 충족시키지 못하는 제품은 고려에서 제외된다.

제품 분석
신제품 아이디어의 수익성에 대한 감을 갖기 위해 비용 추정과 판매 예측을 하는 것

제품 개발과 테스팅

하나의 제품이 선별 및 분석단계를 통과하면, 회사는 서로 다른 많은 제품 콘셉트나 대안을 테스트하면서 이 제품을 더 개발하기 시작한다. 포장육 제품을 생산하는 업체는 치킨독(chicken dog)—소고기 핫도그 같은 맛이 나는 닭고기로 만든 핫도그—콘셉트를 개발할 수도 있다. 시제품 또는 샘플을 개발해서 소비자들이 맛을 시도할 수도 있다.

콘셉트 테스트(concept testing)는 소비자들의 반응을 테스트하기 위해 제품 아이디어를 소비자들에게 시도해보는 것을 말한다. 소비자들이 신제품을 통해 편익을 느끼는가? 얼마나 자주 살 것인가? 어떤 가격에 살 것인가? 어떤 특징을 좋아하고 싫어하는가? 소비자가 어떤 변화를 만들 것인가? 크라우드소싱(crowdsourcing)은 기업이 소비자로부터 이러한 정보를 얻기 위해 사용할 수 있는 더 새로운 도구이다. 크라우드소싱 플랫폼은 기업이 제공하는 잠재 제품에 대한 의견을 대중이 제시하도록 해준다. 사람들이 가장 좋아하는 것은 종종 프로세스의 다음 단계로 나아간다.[26] 기업은 생산과 마케팅 관점으로부터 바람직한 제품이 나올 때까지 다양한 포장, 브랜딩 그리고 재료를 사용하여 다양한 샘플들을 테스트한다. 여러분이 하비스트 골드에 대해 계획한 것처럼, 여러분은 새로운 건강 요리에 대한 콘셉트 테스트의 중요성을 알 수 있는가?

콘셉트 테스트
소비자들의 반응을 테스트하기 위해 세부 아이디어를 소비자들에게 가져가는 것

상업화

제품이 테스트가 잘 되었더라도 시장에서 성공하기까지는 상당한 시간이 소요된다. 예를 들면, 지퍼(zipper)는 소비재 역사에서 가장 긴 개발 노력을 기울인 것 중의 하나라 할 수 있다. 위트콤 저드슨(Whitcomb Judson)이 1890년대 초 지퍼에 대한 첫 특허를 받고 제품을 완성하는 데 15년 이상 걸렸지만, 여전히 소비자들에게는 외면당했다. 저드슨의 회사는 펜실베이니아주의 미드빌(Meadville)에 정착하기 전까지 수많은 재정적 실패와 명칭 변경, 회사 이전 같은 시련을 겪었다. 마침내 제1차 세계대전 중에 미 해군에서 지퍼를 사용하기 시작했다. 오늘날 지퍼는 130억 달러의 산업이다.

상업화
제품이 광범위하게 유통되도록 유통업자와 소매상들에게 촉진하고, 제품에 대한 유통업자와 소비자들의 관심을 유발하고, 이를 유지하기 위해 강력한 광고와 판매 캠페인을 개발하는 것

지퍼의 예를 통해 마케팅 노력은 왜 **상업화**(commercialization)를 포함시켜야 하는지를 알 수 있다. 산업화는 (1) 제품이 광범위하게 유통되도록 유통업자와 소매상들에게 촉진하는 것과 (2) 제품에 대한 유통업자와 소비자들의 관심을 유발하고 이를 유지하기 위해 강력한 광고와 판매 캠페인을 개발하는 것을 포함한다. 오늘날에는 온라인과 소셜 미디어상의 상업화를 통해 신제품이 글로벌 마켓에 빠르게 소개되고 있다. 웹 사이트를 통해서 고객들은 쉽고 빠르게 신제품을 보고, 질문하며, 구매할 수 있다.

학습목표 13-6 제품수명주기를 설명할 수 있다.

제품수명주기

제품수명주기
시간에 따라 한 상품군에 대한 매출과 이익이 어떻게 되는지를 보여주는 이론적 모델. 제품수명주기의 4단계는 도입, 성장, 성숙, 쇠퇴임

한 제품이 개발되어 테스트하고 나면 시장에 출시된다. 이 경우 제품은 도입, 성장, 성숙, 쇠퇴의 4단계로 이루어진 **제품수명주기**(product life cycle)를 거치게 된다(그림 13.4 참조). 제품수명주기는 시간에 따라 한 상품군(product class)에 대한 매출과 이익에 어떤 변화가 있는지를 보여주는 이론적 모델이다. 그러나 모든 개별 제품이 제품수명주기를 따르는 것은 아니며, 특정 브랜드들은 다르게 움직인다. 예를 들어, 일반 부류(generic class)로서의 냉동식품은 제품수명주기 전체를 거치지만, 한 브랜드는 도입단계를 넘어서지 못할 수도 있다. 전자레인지 같은 몇몇 제품들은 몇 년 동안 도입단계에 있다. 케첩과 같은 몇몇 제품들은 유행을 타지 않는 제품으로 결코 쇠퇴단계를 겪지 않는다. 유행 의류와 같은 다른 제품들은 몇 달 만에 전체 주기를 지날 수 있다. 시장에서 완전히 철수되는 제품들도 있다. 이렇다 하더라도 제품수명주기는 미래의 시장개발을 예견하여 마케팅 전략을 수립하는 데 기초를 제공한다.

제품수명주기의 사례

제품수명주기는 마케터에게 하나의 제품을 시간에 따라 성공적으로 촉진시키기 위한 귀중한 단서를 줄 수 있다. 크레용과 분필 같은 몇몇 제품들은 아주 긴 제품수명주기를 가져 변화가 거의 없고 쇠퇴기로 결코 진입하지 않을 것처럼 보인다. 크레욜라(Crayola)는 130년 넘게 크레용을 성공적으로 팔고 있다. 마텔스 바비(Mattel's Babies)는 60년이 넘었고 또 다른 변신을 준비하고 있다.[27] 여러분은 인기 있는 가상현실 게임은 얼마나 오랫동안 지속될 것으로 생각하는가?

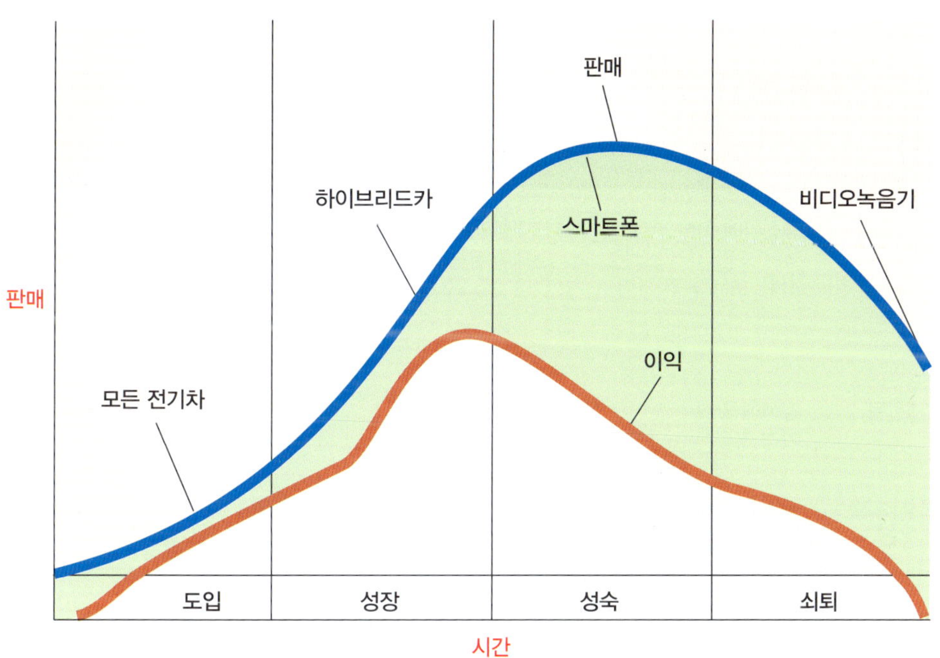

그림 13.4 제품수명주기에 따른 매출과 이익

매출이 최고조에 달하기 전에 이익이 줄어드는 점을 주목하라. 이는 가격경쟁의 심화 때문이다. 이익과 매출이 감소하기 시작하면 관심과 이익을 유지하기 위해 신제품을 출시하거나 또는 기존 제품을 리모델링해야 한다.

인스턴트커피의 고전적인 제품수명주기를 살펴봄으로써 여러분은 이 이론이 어떻게 적용되는지를 알 수 있다. 이 제품이 도입되었을 때, 대부분의 사람들은 레귤러커피만큼 좋아하지 않았고, 일반적으로 수용되기까지(도입기)는 몇 년이 걸렸다. 그렇지만 어떤 시점에서 인스턴트커피가 빠르게 대중화되었고, 많은 브랜드들이 출시되었다(성장기). 얼마 후 사람들은 한 브랜드를 선호하게 되고 매출은 안정 상태가 되었다(성숙기). 동결건조 커피가 나오면서 매출이 약간 감소하기 시작하였다(쇠퇴기). 이제 소비자들이 스타벅스에서 커피봉지를 사서 집에서 끓이면서 동결건조 커피도 쇠퇴기에 들어섰다. 마케터가 제품이 어떤 단계에 있는지를 인식하여 현명하고 효율적인 마케팅 의사결정을 내리는 것은 매우 중요하다.

제품수명주기의 사용

제품수명주기의 다른 단계는 다른 마케팅 전략을 요구한다. 그림 13.5의 표가 마케팅 믹스 결정을 요약하여 보여주고 있다. 표를 살펴보면, 각 단계가 여러 복합적인 마케팅 믹스 변화를 필요로 함을 알 수 있다. 이러한 개념들은 주로 이론적이므로 단지 지침으로만 사용되어야 함을 기억하라. 이 그림에서 언급된 가격전략은 이 장의 뒷부분에서 다룰 것이다.

그림 13.6은 제품수명주기 동안 매출, 이익 그리고 경쟁에 어떤 변화가 있는지를 이론적으로 보여준다. 이 표를 그림 13.4와 비교해 보라. 두 그림 모두 성숙단계에서 제품의 매출은 최고에 다다르지만 이익은 감소함을 보여준다. 이 단계에서 마케팅 관리자는 이 제품이 새로운 성장주기를 시작하도록 새로운 이미지를 만들어내야 할지를 결정한다. 암 앤 해머(Arm & Hammer) 베이킹 소다의 경우 새로운 매출을 만들어내기 위해 몇 년마다 새로운 이미지를 어떻게 만들어내는지를 여러분은 알고 있다. 한 해는 냉장고

그림 13.5 **제품수명주기에 따른 전략 예시**

	마케팅 믹스 요소			
제품수명주기	제품	가격	유통	촉진
도입	시제품 출시, 적은 제품 믹스	혁신가에 따른 높은 도입 가격(스키밍 전략) 또는 침투 가격	도매상 이용, 선택적 유통	제품을 유통하는 상점을 확보하고 소비자가 제품을 사용해 보도록 하기 위해 주요 수요 광고와 판매 촉진에 집중 투자 및 딜러 촉진
성장	제품 개선, 제한된 제품 믹스	경쟁에 맞춰 가격 조절	유통 확대	치열한 경쟁적 광고
성숙	다양한 세분 시장을 만족시키기 위한 제품 차별화	추가적 가격 할인	도매상 기능 내부화, 유통 강화	제품의 편익과 차별성 뿐만 아니라 브랜드명 강조
쇠퇴	제품 믹스 감축, 신제품 아이디어 개발	가격 상승 고려	유통 통합, 일부 아울렛 제외	충성 고객에게만 광고하기로 함

그림 13.6 **제품수명주기에 따른 매출, 이익, 경쟁의 변화**

수명주기 단계	매출	이익	경쟁자 수
도입	낮은 매출	손실 발생	적음
성장	빠른 매출 성장	매우 높은 이익	증가
성숙	최고조 매출	이익 감소	안정적임
쇠퇴	매출 하락	이익이 손실로 전환	감소

용 탈취제로 포지셔닝하고 다음 해는 수영장에 대한 유독한 화학 물질 대체재로 포지셔닝한다. 제품수명주기 상에서 제품이 어느 단계에 도달해 있는지를 아는 것은 마케팅 관리자가 언제 전략적 변화가 필요한지를 결정하는 데 도움을 준다.

이론적으로 모든 제품은 제품수명주기의 여러 단계를 여러 시점에서 거쳐 간다. 제품이 성숙단계에 접어들 때 매출에는 어떤 변화가 일어나는가?

시험 준비

- 신제품개발 과정의 6단계는 무엇인가?
- 제품선별과 제품 분석의 차이는 무엇인가?
- 상업화의 두 단계는 무엇인가?
- 제품수명주기 이론은 무엇인가?

학습목표 13-7 여러 다양한 가격책정의 목표와 전략을 설명할 수 있다.

경쟁적인 가격책정

가격책정은 마케팅과 총 제품제안의 개발에 매우 중요해 제품, 유통, 촉진과 함께 마케팅 믹스의 4P 중 하나로 여겨지고 있다. 그렇지만 가격은 소비자의 제품 평가에 있어서 결정적인 요소이기 때문에 4P 중에 관리자가 통제하기 가장 어려운 것 중 하나이다. 이 절에서는 총 제품제안의 한 요소로서, 또 전략적인 마케팅 도구로서 가격을 살펴보기로 한다.

가격책정의 목적

기업이 가격책정 전략을 수립할 때 여러 가지 목적을 염두에 둔다. 하비스트 골드를 위한 새로운 건강한 음식 제공에 대해 가격 책정할 때 우리는 제품의 이미지를 홍보하려고 한다. 우리는 가격을 높게 책정하고 적절한 홍보를 하면 이를 채식 전문 식사의 BMW로 만들 수 있다. 우리는 어떤 이익 목표나 투자수익률을 달성하기 위하여 가격을 높게 책정할 수도 있다. 또한 우리는 저소득 고객(학생들 같은)이 이러한 건강식을 먹을 수 있도록 경쟁자보다 싸게 제품가격을 책정할 수 있다. 이러한 경우는 사회적이거나 도덕적인 목표를 염두에 둔 경우다. 저가 정책은 잠재적 이익을 감소시키기 때문에 경쟁을 약화시키지만, 높은 시장점유율을 얻는 데는 도움이 될 수 있다.

기업은 시간에 따라 여러 가지 가격책정 목표들을 가질 수 있고, 전체적인 가격책정 전략을 개발하기 전 이러한 목표들을 분명히 세워야 한다. 자주 쓰이는 목표에는 다음이 있다.

1. 목표 이익이나 투자수익률을 달성하기
   궁극적으로 마케팅의 목적은 다른 사람들에게 상품과 서비스를 제공하여 이익을 얻는 것이다. 물론 거의 모든 기업의 하나의 장기적인 가격책정 목표는 이익을 최대화하는 것이다. 기업들이 이익을 증가시키려고 노력하는 하나의 방법은 고객에게 제공되는 제품의 양을 줄이는 것이다. 따라서 시리얼(cereal) 회사는 박스의 시리얼 양을 줄이고 화상시 회사는 자신의 제품을 더 작게 만든다. 이러한 것이 여러분이 구매한 제품에도 일어난 것을 여러분은 알고 있는가?
2. 소비자 끌어 모으기
   슈퍼마켓은 종종 사람들을 점포로 끌어들이기 위해 어떤 제품을 원가나 원가보다 싸게 판다고 광고한다. 이러한 제품들은 유인제품(loss leaders)으로 불린다. 장기적인 목적은 소비자 기반 구축이라는 단기적인 목표를 달성한 후 이익을 창출하는 것이다.
3. 시장점유율 늘리기
   시장점유율을 늘리기 위한 한 방법은 더 낮은 가격, 낮은 금리(예를 들어, 0%의 파이낸싱), 저렴한 임차료, 리베이트(rebate)를 제공하는 것이다.
4. 이미지 만들기
   어떤 시계, 향수, 다른 사회적으로 눈에 띄는 제품들은 독점과 신분이라는 이미지

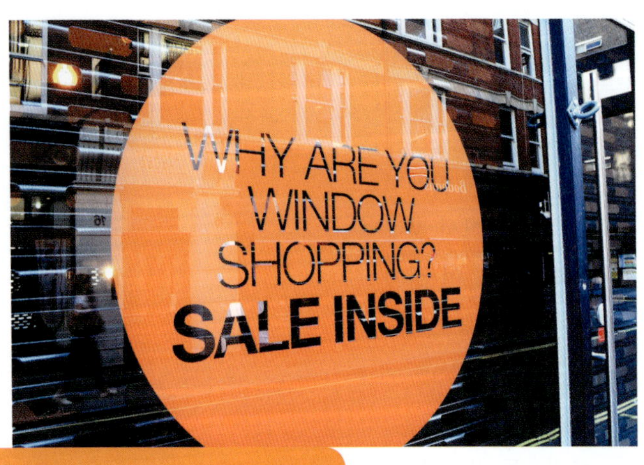

세상의 소매상들은 싸고 좋은 물건을 찾아다니는 고객들의 관심을 끌기 위해 세일을 이용한다. 최저가를 찾으려는 쇼핑객들의 요구에 대해 마케터들은 얼마나 다양한 방법들로 관심을 끄는가? 온라인 소매상들은 다른 가격책정 전략을 채택하는가?

를 제공하기 위해 가격이 높게 책정된다.

5. 사회적인 목적 추가하기
   어떤 기업은 경제적으로 여유가 없는 사람들도 제품을 살 수 있도록 제품가격을 저렴하게 책정하려고 한다. 정부는 종종 생활필수품을 쉽게 구할 수 있도록 농산물 가격에 보조금을 지원한다.

기업은 장기적인 목표와는 아주 다른 단기적인 목표를 가질 수 있다. 관리자는 이 둘을 초기에 이해하여 전략적 마케팅 계획에 반영하여야 한다. 관리자는 제품 설계, 포장, 브랜드, 유통 그리고 촉진과 같은 다른 마케팅 의사결정 관점에서 가격책정 목표를 설정하여야 한다. 이 모든 마케팅 결정들은 밀접하게 연결되어 있다.

사람들은 직관적으로 한 제품에 대해 책정된 가격은 그 제품을 생산하는 원가와 관련이 있다고 본다. 가격은 대개 원가보다 높은 수준에서 책정된다.[28] 그러나 우리가 보듯이 가격과 원가가 항상 관련되어 있는 것은 아니다. 실제로 가격책정에는 세 가지 주요한 접근 방법, 즉 원가기반, 수요기반(목표원가 설정), 경쟁기반 접근 방법이 있다.

원가기반 가격책정(Cost-Based Pricing)

생산자들은 가격을 책정할 때 종종 원가를 주요 기반으로 이용한다. 생산자들은 (재료비, 인건비, 간접비를 포함한) 생산원가를 측정하기 위해 정교한 원가 회계 시스템을 개발하고 이익을 더하여 가격을 정한다. 자동차를 생산하는 것으로 이 과정을 설명해 보자. 여러 가지 구성 요소–엔진 부품, 몸체, 타이어, 라디오, 카메라, 차문잠금장치와 차 유리창, 페인트 그리고 노동–를 모두 더하고 여기에 이익을 더하여 가격을 정한다. 문제는 이렇게 정해진 가격이 시장에도 만족스러운지의 여부이다.[29] 장기적으로 시장이–생산자가 아니라–가격을 정한다(2장을 참조). 가격책정은 원가도 고려해야 하지만, 제품 개선의 기대 비용, 각 제품에 대한 마케팅 목표, 경쟁자의 가격도 고려해야 한다.

수요기반 가격책정(Demand-Based Pricing)

목표원가 설정
소비자를 만족시키고 기업이 원하는 이익을 충족시키도록 제품을 디자인하는 것

원가기반 가격책정과는 달리 **목표원가 설정**(target costing)은 수요에 기반을 두고 있다.[30] 이것은 소비자를 만족시킬 뿐만 아니라 기업이 원하는 이익을 충족시키도록 제품을 디자인하는 것을 의미한다. 목표원가 설정은 최종 가격을 제품개발과정의 결과물이 아닌 투입물로 하는 것이다. 여러분은 사람들이 한 제품에 대해 기꺼이 지불하고자 하는 판매가격을 추정하고 여기서 원하는 이익을 차감한다. 이 결과가 생산의 목표원가, 즉 여러분이 그 제품을 수익을 내면서 생산하기 위해 지출할 수 있는 원가이다.

경쟁기반 가격책정

경생기반 가격책정
다른 모든 경쟁자들이 무엇을 하는지에 기반을 둔 가격책정 전략. 가격은 경쟁자 가격이거나 경쟁자 가격보다 높거나 낮은 수준에서 결정될 수 있음

경쟁기반 가격책정(competition-based pricing)은 다른 모든 경쟁자들이 무엇을 하는지에 기반을 둔 가격책정 전략이다. 가격은 경쟁자 가격이거나 경쟁자 가격보다 높거나

낮은 수준에서 결정될 수 있다. 가격책정은 고객 충성도, 지각된 차이, 경쟁 환경에 바탕을 둔다. **가격 주도권**(price leadership)은 하나 이상의 지배기업이 해당 산업에서의 모든 경쟁자들이 따라올 가격을 책정하는 전략이다. 석유 기업과 패스트푸드 기업에서 이런 예를 볼 수 있다.[31]

가격 주도권
하나 이상의 지배기업이 해당 산업에서의 모든 경쟁자들이 따라올 가격을 책정하는 전략

손익분기점 분석

하비스트 골드에서 새로운 샌드위치 판매를 시작하기 전에 이익을 얻기 위해서는 여러분이 얼마나 많은 샌드위치를 팔아야 하는지를 결정하는 것이 현명하다. 그 다음 여러분이 판매 목표를 달성할 수 있는지를 결정하여야 한다. **손익분기점 분석**(break-even analysis)은 여러 판매 수준에서의 수익성을 결정하기 위해 사용되는 프로세스이다. 손익분기점이란 판매로부터의 수익과 모든 비용이 같게 되는 점이다. 손익분기점을 계산하는 공식은 다음과 같다.

손익분기점 분석
여러 판매 수준에서의 수익성을 결정하기 위해 사용되는 프로세스

$$\text{손익분기점(BEP)} = \frac{\text{총 고정비(FC)}}{[\text{제품 단위당 가격(P)} - \text{제품 단위당 변동비(VC)}]}$$

총 고정비(total fixed cost)란 얼마나 많은 제품을 생산하거나 판매하는지의 여부와 관련 없이 똑같은 비용을 의미한다. 고정비를 구성하는 비용들에는 공장이나 창고를 소유 또는 임대하는 데 지불되는 비용과 보험료가 있다. **변동비**(variable cost)란 생산수준에 따라 변한다. 제품 생산에 사용되는 원자재 비용과 이 제품 생산을 위한 직접 인건비 등이 포함된다. 특정 제품을 생산하기 위해 (임대 이자, 부동산 세금, 장비 등에 대한) 20만 달러의 고정비가 든다고 하자. 개당 변동비(예를 들어, 인건비와 재료비)가 2달러라 하자. 만일 제품을 한 개당 4달러에 판다면 손익분기점은 10만 개가 된다. 달리 말하면 10만 개보다 더 팔 수 없다면 이 제품을 팔아 이익을 볼 수 없다.

총 고정비
얼마나 많은 제품을 생산하거나 판매하는지의 여부와 관련 없이 똑같은 비용

변동비
생산 수준에 따라 변하는 비용

$$\text{손익분기점(BEP)} = \frac{\text{20만 달러}}{[\text{4달러} - \text{2달러}]} = \frac{\text{20만 달러}}{\text{2달러}} = \text{10만 개}$$

기타 가격책정 전략

어떤 기업이 UR 헤드셋 같은 새로운 제품라인을 개발했다고 하자. 이 기업은 제품수명주기의 도입 단계에서 이 제품의 가격을 얼마로 해야 할지 결정해야 한다. **스키밍 가격 전략**(skimming price strategy)은 경쟁이 거의 없는 동안 R&D 비용을 회수하고 가능한 많은 이익을 얻기 위하여 신제품 가격을 높게 책정하는 전략이다. 물론 이러한 큰 이익은 결국 새로운 경쟁자들을 끌어들이게 될 것이다.

스키밍 가격 전략
경쟁이 거의 없는 동안 최적 이익을 얻기 위하여 신제품 가격을 높게 책정하는 전략

두 번째 전략은 새로운 제품의 가격을 낮게 책정하는 것이다. 이는 더 많은 고객을 끌어들이고 이익이 아주 적기 때문에 다른 기업이 유사한 제품을 만들지 않도록 해준다. **침투 전략**(penetration strategy)은 기업이 더 큰 시장점유율을 빠르게 얻도록 해준다.

침투 전략
많은 고객을 끌어들이고 경쟁을 단념하도록 제품 가격을 낮게 책정하는 전략

소매상들은 여러 가격책정 전략을 사용한다. **항시저가책정**(Every Day Low Pricing; EDLP)은 홈데포(Home Depot)와 월마트가 사용하는 전략이다. 이들은 제품의 가격을

항시저가책정
경쟁사들보다 가격을 낮게 책정하여 특별 세일을 하지 않는 전략

경쟁사들보다 낮게 책정하여 특별 세일을 하지 않는다. 여기서의 아이디어는 소비자들이 세일을 기다리기보다 제품이 필요할 때 언제든지 점포를 방문하도록 하는 것이다.

고-저 가격책정 전략
EDLP를 사용하는 점포들보다 더 높은 가격을 책정하지만, 경쟁자들의 가격보다 더 낮은 특별 세일을 많이 갖는 전략

백화점이나 다른 소매상들은 종종 **고-저 가격책정 전략**(high-low pricing strategy)을 사용한다. 정가는 EDLP를 사용하는 점포들보다 더 높지만, 특별세일 기간 동안은 가격이 더 낮다. 이러한 가격책정의 문제는 소비자들이 세일을 기다리도록 하여 결국 이익이 줄어든다는 것이다. 이러한 전략을 시도하는 한 점포는 JCPenny이다. 이 점포가 이 전략을 사용하지 않았을 때 매출은 엄청나게 감소하였고 심지어 이 전략을 다시 사용하였을 때도 매출은 회복되지 않았다. 온라인 쇼핑이 계속 증가함에 따라 소비자들이 온라인으로 더 나은 가격을 찾을 수 있기 때문에 고-저 가격책정전략을 갖는 점포들을 찾기가 어렵다.

소매상들은 자신들이 취급하는 상품의 주요 결정요소로 가격을 사용할 수 있다. 몇몇 소매상들은 단지 99센트로, 몇몇 소매상들은 5달러 미만으로 제품을 홍보하고 있다. 99센트 상점 중의 몇몇은 원가의 인상으로 파는 가격을 1달러보다 더 올렸다. 반면 Family Dollar Store는 저소득 구매자에게는 심지어 1달러도 너무 비싸다는 것을 알고 있다.

심리적 가격책정
생각보다 덜 비싸게 보이도록 제품이나 서비스의 가격을 책정하는 것

심리적 가격책정(psychological pricing)은 생각보다 덜 비싸게 보이도록 제품이나 서비스의 가격을 책정하는 것을 의미한다. 주택 가격을 300,000달러보다 훨씬 더 적게 보일 생각으로 299,000달러로 책정하는 것이다. 주유소는 거의 항상 심리적 가격책정을 사용한다.

시장의 힘이 어떻게 가격책정에 영향을 주는가?

서로 다른 소비자들이 서로 다른 가격을 지불하고자 한다는 것을 인식하여 마케터들은 때때로 원가나 몇몇 다른 계산보다는 소비자 수요를 바탕으로 가격을 정한다. 이것은 수요 지향적인 가격책정(demand-oriented pricing)이라 부르고 노인층을 위한 약국의 가격 할인과 어린이를 위한 극장의 저가 정책에서 볼 수 있다.

오늘날 마케터들은 가격책정 문제에 직면해 있다. 대부분의 고객들이 상품과 서비스의 가격을 온라인으로 비교한다. Priceline.com은 소비자들에게 수요 수집 시스템(demand collection system)을 선보였는데, 이 시스템 상에서 구매자들은 자신들이 지불하고자 하는 가격을 제시하고 판매자들이 이 제시된 가격을 택하거나 거절하도록 한다. 소비자들은 자신들이 지불하고자 하는 가격을 제시함으로써 항공기, 호텔과 다른 제품들을 아주 좋은 가격으로 구할 수 있다. 이들은 또한 Craigslist 같은 곳에서 중고품을 온라인으로 구할 수 있다. 소비자들이 전 세계의 가격 정보에 더 쉽게 접근할 수 있음에 따라 가격 경쟁은 더욱 치열해지고 있다. 그 결과, 비가격 경쟁이 늘어날 전망이다.

어떤 제품들은 고급스러움과 바람직함(desirability)이라는 고급 이미지를 만들기 위해 가격이 높게 책정된다. 지미 츄(Jimmy Choo) 구두는 이 범주에 들어간다. 이러한 제품에 대한 총 제품제안은 무엇인가?

비가격 경쟁

마케터들은 종종 가격보다는 제품의 속성으로 경쟁을 한다. 여러분은 휘발유, 사탕 심지어 소형차와 사립대학 같은 주요 제품에 대한 가격 차이가 작다는 것을 알고 있다.

여러분은 일반적으로 TV의 주요 홍보 광고로서 가격을 알 수 없다. 대신에 마케터들은 안락함, 스타일, 편의성, 내구성과 같은 제품의 이미지와 소비자의 편익을 강조하는 경향이 있다.

많은 소규모 기업들은 규모가 큰 기업들과 경쟁하기 위하여 가격보다는 기본 제품에 수반되는 서비스를 홍보한다. 좋은 서비스는 비교적 동질적인 제품을 돋보이게 한다. 예를 들어, 대니 오닐(Danny O'Neill)은 고급 레스토랑에 고급 커피를 판매하는 소규모 도매상이다. 대니는 경쟁자의 가격을 살피고 경쟁자들이 어떤 서비스를 제공하는지를 알고 자신이 원하는 프리미엄 가격을 부과할 수 있다. 더 높은 가격을 부과하기 위해 우수한 서비스를 제공해야 한다. 큰 기업들도 종종 이렇게 한다. 몇몇 항공사들은 친절함, 더 넓은 수면용 좌석, 신속성, 풍부한 항공편 등을 강조한다. 많은 호텔들도 당연한 비즈니스 서비스, 헬스클럽과 다른 부가 서비스를 강조한다.

시험 준비

- 두 가지 단기적 가격책정 목표와 두 가지 장기적 가격책정 목표를 나열할 수 있는가? 이 둘은 양립할 수 있는가?
- 원가기반의 가격책정 전략의 한계는 무엇인가?
- 심리적 가격책정은 무엇인가?

요약하기

학습목표 13-1 총 제품제안(total product offer)을 설명할 수 있다.

- **총 제품제안에는 어떤 것들이 포함되는가?**

  총 제품제안은 소비자가 무엇을 구매할지를 결정할 때 평가하는 모든 것들로 구성된다. 총 제품제안에는 가격, 브랜드명, 사용 만족도 등이 포함된다.

- **제품라인과 제품믹스의 차이는 무엇인가?**

  제품라인은 유사한 경쟁자를 갖는 물리적으로 유사한 제품들의 그룹이다. 껌의 제품라인은 풍선껌과 무설탕껌을 포함한다. 제품믹스는 회사 제품라인들의 조합이다. 제조업자는 제품믹스에 껌, 초콜릿바, 박하사탕 라인들을 제공할 수 있다.

- **마케터들은 어떻게 제품과 서비스에 대한 제품차별화를 만들어내는가?**

  마케터들은 자신들의 상품이 독특하고 매력적으로 보이도록 가격, 광고, 포장의 조합을 활용한다.

학습목표 13-2 여러 다양한 종류의 소비재와 산업재를 설명할 수 있다.

- **소비재는 무엇인가?**

  소비재는 개인적인 용도로 여러분과 나 같은 최종 소비자에게 판매된다.

- **소비재 제품과 서비스의 네 가지 분류는 무엇이며, 이들은 어떻게 마케팅되는가?**

  (최소한의 구매 노력을 요하는) 편의성 제품과 서비스, (사람들이 탐색하여 가격과 품질을 비교하는) 쇼핑 제품과 서비스, (소비자들이 얻기 위해 엄청난 노력을 하고 종종 특정한 브랜드를 요구하는) 명품 제품과 서비스, (소비자들이 눈치채지 못하고, 꼭 사려고 생각하지 않거나 예기치 못한 문제를 해결할 필요가 있는) 미탐색 제품과 서비스가 있다. 편의성 제품과 서비스는 입지를 통한 촉진이 최선이고, 쇼핑 제품과 서비스는 가격과 품질에 의한 촉진이 좋고, 명품 제품과 서비스는 명품 잡지나 양방향 웹 사이트를 통한 촉진이 좋다.

- **산업재란 무엇이며, 소비재와 달리 어떻게 마케팅되어야 하는가?**

  산업재란 기업 대 기업(B2B)시장에서 팔리는 제품으로 다른 제품의 생산을 위해 사용된다. 이러한 제품은 주로 영업사원을 통해 판매되며, 광고에 덜 의존한다.

학습목표 13-3 포장(packaging)의 기능을 요약할 수 있다.

- **포장의 7가지 기능은 무엇인가?**

  포장은 (1) 구매자의 관심을 끌어야 하고 (2) 내용물을 보호해야 하고, 취급 및 저장에도 견뎌야 하며, 내용물이 부정 조작되지 않고, 도난방지가 되면서도 (3) 쉽게 열어 사용할 수 있고 (4) 내용물이 무엇인지 알려주고 (5) 내용물의 이점을 설명하고 (6) 보증, 유의 사항, 다른 소비자가 중요시하는 것에 대한 정보를 제공하고 (7) 가격, 가치, 사용에 대해 표시해주어야 한다. 일괄판매(bundling)는 포장을 통해 둘 이상의 제품을 한 단위로 묶어 이 둘에 대해 하나의 가격을 부과하는 것을 의미한다.

학습목표 13-4 브랜드, 브랜드명과 상표를 비교하고 브랜드 자산 가치를 파악할 수 있다.

- **브랜드, 브랜드명, 상표를 정의할 수 있는가?**
  브랜드(brand)는 한 판매자나 판매자 그룹의 상품이나 서비스를 확인해주고 이를 경쟁사의 상품이나 서비스와 구별해주는 이름, 상징 또는 디자인(또는 이들의 조합)을 말한다. 브랜드라는 말은 제품을 확인해주는 모든 수단을 포함한다. 브랜드명은 한 판매자의 제품과 서비스를 경쟁자의 것과 구별해주는 단어, 글자 또는 단어들과 글자들의 그룹으로 구성된다. 상표(trademark)는 브랜드명과 디자인 모두에 대해 독점적인 법적 보호를 받는 브랜드이다.
- **브랜드 자산이란 무엇이며, 관리자는 어떻게 브랜드 연상을 만들어 내는가?**
  브랜드 자산은 브랜드명과 관련된 상징의 가치이다. 브랜드 연상은 브랜드를 제품 사용자, 유명인사 또는 지역과 같은 호의적인 이미지와 연결시키는 것이다.
- **브랜드 관리자는 무엇을 하는가?**
  브랜드 관리자는 특정 제품에 대한 제품, 가격, 유통, 촉진 결정을 조정한다.

학습목표 13-5 신제품 개발 과정의 단계를 설명할 수 있다.

- **제품 개발 과정의 6단계는 무엇인가?**
  제품 개발 단계는 (1) 새로운 제품 아이디어의 도출, (2) 제품 선별, (3) 제품 분석, (4) 개발, (5) 테스트, (6) 상업화이다.

학습목표 13-6 제품수명주기를 설명할 수 있다.

- **제품수명주기는 무엇인가?**
  제품수명주기는 시간에 따라 한 제품에 대한 매출과 이익에 어떤 변화가 있는지를 보여주는 이론적 모델이다.
- **제품수명주기의 네 단계는 무엇인가?**
  제품수명주기의 네 단계는 도입, 성장, 성숙, 쇠퇴이다.

학습목표 13-7 여러 다양한 가격책정의 목표와 전략을 설명할 수 있다.

- **가격책정의 목적은 무엇인가?**
  가격책정의 목적에는 목표 이익 달성, 고객 끌어모으기, 시장점유율 증대, 이미지 창출, 사회적 목적 충족이 포함된다.
- **제품의 가격을 정할 때 마케터는 어떤 전략을 사용할 수 있는가?**
  스키밍 가격전략은 경쟁이 거의 없는 동안 큰 이익을 얻기 위하여 제품 가격을 높게 책정하는 전략이다. 침투전략은 더 많은 소비자를 끌어들이고 경쟁자들이 단념하도록 가격을 낮게 책정하는 전략이다. 수요지향적 가격책정은 원가보다는 소비자 수요로 시작된다. 경쟁지향적 가격책정은 모든 경쟁자의 가격을 기초로 한다. 가격 주도권은 모든 경쟁자들이 하나 이상의 지배기업의 가격책정을 따를 때 나타난다.
- **손익분기점 분석이란 무엇인가?**
  손익분기점 분석은 여러 판매 수준에서의 수익성을 결정하기 위해 사용되는 프로세스이다. 손익분기점은 판매로부터의 수익과 모든 비용이 같게 되는 점이다.

- **회사들은 왜 비가격 전략을 사용하는가?**

  가격책정은 모방하기 가장 쉬운 마케팅 전략 중 하나이다. 이는 종종 좋은 장기적인 경쟁 도구가 아니다.

주요 용어 정리

가격주도권(price leadership)
가치(value)
경쟁기반 가격책정(competition–based pricing)
고–저 가격책정 전략(high–low pricing strategy)
명품 제품과 서비스(specialty goods and services)
목표원가 설정(target costing)
무상표 상품(generic goods)
미탐색 제품 및 서비스(unsought goods and services)
변동비(variable cost)
브랜드(brand)
브랜드 관리자(brand manager)
브랜드 연상(brand association)
브랜드 인식(brand awareness)
브랜드 자산(brand equity)
브랜드 충성도(brand loyalty)
분산된 제품개발(distributed product development)
산업재(industrial goods)
상업화(commercialization)
상표(trademark)
생산자의 브랜드명(manufacturer's brand names)
손익분기점 분석(break–even analysis)
쇼핑 제품과 서비스(shopping goods and services)
스키밍 가격 전략(skimming price strategy)
심리적 가격책정(psychological pricing)
일괄판매(bundling)
제품라인(product line)
제품믹스(product mix)
제품 분석
제품 선별(product screening)
제품수명주기(product life cycle)
제품 차별화(product differentiation)
짝퉁 브랜드(knockoff brand)
총 고정비(total fixed cost)
총 제품제안(total product offer)
침투 전략(penetration strategy)
콘셉트 테스팅(concept testing)
판매자(고유상표) 브랜드(dealer(private–label) brands)
편의성 제품과 서비스(convenience goods and services)
항시저가책정(Every Day Low Pricing; EDLP)

사고력 문제

1. 어떤 가치증진 요소가 여러분이 다닐 학교 선택에 영향을 주었는가? 여러분은 규모, 장소, 수업료, 명성, WIFI 서비스, 도서관과 연구 서비스, 스포츠, 개설 과목을 고려했는가? 어떤 요소가 가장 중요했던가? 왜 그랬던가? 어떤 학교들이 여러분의 대안이었던가? 여러분은 왜 이들 학교들을 선택하지 않았던가?
2. 수시로 메뉴를 바꾸는 것보다 하비스트 골드의 제품제안을 증진시키기 위해 여러분은 무엇을 할 수 있는 가?
3. 하비스트 골드에서 메뉴를 구성할 때 심리적 가격책정을 어떻게 사용할 수 있는가?
4. 제품 광고에 있어서 여러분은 유명인사의 활용에 의해 감명을 받는가? 여러분은 하비스트 골드를 광고하기 위해서 어떤 유명인사를 활용할 수 있는가?

원리의 적용

목적

소비자들이 온라인으로 다양한 상품의 특가품을 어떻게 구매하는지 평가

연습

숍봇(Shopbot, shopping robot의 줄임말)은 여러분이 필요로 하는 상품에 대한 최선의 가격을 찾기 위한 온라인 사이트이다. 숍봇이 전체 인터넷을 검색해주지는 않으므로 최선의 거래를 하기 위해서는 둘 이상의 사이트를 이용하는 것이 좋다. 더욱이 모든 숍봇이 배송과 취급 비용의 견적을 내주지 않는다. 여러분이 새로운 헤드셋을 사고 싶고 Beats를 고려한다고 하자. 리뷰와 가격을 알아보기 위해 온라인에 접속해보라. 여러분이 시도해볼 수 있는 MySimon.com, PriceGrabber.com, Shopping.com과 Shopzilla.com과 같은 숍봇이 있다.

1. 어떤 숍봇이 가장 많은 정보를 제공하는가? 소비자의 리뷰는 얼마나 도움이 되는가? 제품 설명은?
2. 어떤 숍봇이 사용하기 가장 쉬운가? 가장 어려운 것은? 왜 그런가?
3. 여러분이 온라인으로 찾은 가격들 몇몇을 적고 나서 월마트나 타깃과 같은 지역 상점에 가서 가격들을 비교해보라. 온라인이나 소매점 중 어느 것이 일관되게 최선의 가격을 제공하는가?
4. 온라인 쇼핑과 상점에서의 쇼핑을 비교해보라. 각각의 장점과 단점은 무엇인가? 어느 곳이 최고의 총 제품제안을 가지고 있는가?

직업기술의 개발

핵심: ● 팀 ★ 분석 ▲ 의사소통 ◘ 기술

★ ▲ 1. 교안을 둘러보면서 학생들이 신고 있는 다양한 종류의 신발을 주목해보자. 그들이 신발을 선택할 때 어떤 제품 품질을 찾고 있었던가? 가격, 스타일, 브랜드명, 색상이 얼마나 중요했던가? 대학생들 마음에 들도록 디자인된 새로운 신발가게에서 여러분이 선보일 제품제안을 설명해보라.

● ★ ▲ 2. 총 제품제안은 가격, 포장, 서비스와 명성을 포함하여 소비자가 제품을 선택할 때 평가하는 모든 것들로 구성된다. 팀으로 함께 작업을 하여 휴양지, 스마트폰 그리고 임대아파트에 대한 총 제품제안을 평가할 때 소비자들이 고려하는 요소의 목록을 작성해보라.

★ 3. 옷, 우유, 컴퓨터, 이발, 렌트카 같은 제품을 구매할 때 가격이 여러분에게 얼마나 중요한가? 또는 어떤 비가격 요인들이 가격보다 더 중요한가? 이러한 구매를 할 때 가격 외의 요인들을 평가하는 데 여러분은 얼마나 많은 시간을 보내는가?

★ ▲ 4. 다른 형태의 몇몇 지역 상점을 돌아보고 이들이 얼마나 자주 심리적 가격책정을 사용하는지를 주목해보라. 심리적 가격책정이 학생들에게 미치는 영향을 학생들이 인식하고 있는지를 알기 위해 이러한 관행(practice)을 학생들과 토론해보라.

진로 탐색

여러분이 제품개발과 가격책정에서의 일자리에 관심이 있다면 고려할 몇 가지 일자리가 있다. Bls.gov에서 직업전망서(Occupational Outlook Handbook(OOH))의 관련 분야에서 수행할 일자리, 필요한 기술, 월급과 직업 전망을 찾아보라.

- **마케팅 관리자** – 제품에 대한 수요를 추정하고 시장을 확인하며, 가격책정 전략을 개발한다.

- **브랜드 관리자** – 기업과 제품에 대한 브랜드 자산을 만들고 관리한다.
- **산업 디자이너** – 일상용 공산품의 개념을 개발한다.
- **원가 추정자** – 제품을 제조하는 데 필요한 시간, 비용, 원재료와 노동을 추정하기 위해 데이터를 수집하고 분석한다.

비디오 사례

도미노에서의 신제품 개발

도미노는 세계에서 두 번째로 큰 피자 체인이다. 오늘날 이 회사는 오하이오주의 콜럼버스로부터 인도의 봄베이에 이르기까지 어디서든 배고픈 고객들에게 갓 구운 따끈한 피자를 배달한다. 도미노는 소비자의 의견을 경청하고 편리하며, 고객의 시간을 절약하며, 온 가족이 즐길 수 있는 식사를 제공하는 가치 제안을 창출함으로써 경쟁이 치열한 피자 시장에서 그 명성을 키워왔다. 새로운 제품과 서비스를 개발하는 것이 비즈니스의 핵심이다. 이것이 도미노가 식단, 식품 및 기술에서의 트렌드를 주의 깊게 살펴보는 이유이다. 회사는 포커스 그룹을 활용하여 피자 토핑, 샌드위치 및 애피타이저에서 고객이 좋아하는 것과 싫어하는 것을 알게 된다. 또한 경쟁자들이 무엇을 하고 있는지 예의주시한다.

도미노가 메뉴에 샐러드를 추가하기로 결정했을 때 이것이 쉽지 않은 확장이 될 것임을 알았다. 회사는 샐러드를 추가하기 전에 몇 가지 질문에 답을 해야 했다. 한 가지 중요한 문제는 회사가 자체 매장에서 샐러드를 만들어야 하는지 아니면 이 일을 할 수 있는 샐러드 비즈니스에서의 경험이 있는 파트너를 찾아야 하는지였다. 도미노는 샐러드 시장에서 평판이 좋은 회사인 레디 팩 푸드(Ready Pac Foods)의 파트너를 찾았다. 다음으로 회사는 어떤 종류의 샐러드가 도미노 메뉴의 일부가 될 것인지 결정해야 했다. 포커스 그룹의 오랜 맛 테스트와 연구 끝에 이 회사는 Classic Garden, Chicken Caesar와 Chicken Apple Pecan의 세 가지 변형을 결정했다.

도미노는 신제품을 출시할 때마다 신제품을 시장에 천천히 내놓기 위해 신중을 기한다. 이 회사는 전국의 넓은 지역(대도시, 소도시, 북부, 남부 등)을 사용하여 13,000개 매장 중 약 1/5의 매장에 샐러드 제품을 도입했다. 신제품의 마케팅은 일반적으로 성공의 열쇠이다. 도미노는 새로운 메뉴 확장에 대한 소비자 인지도를 높이기 위해 광고, 소셜 미디어 및 매장 내 프로모션을 광범위하게 사용하였는데 이는 선택한 테스트 시장에 제품을 소개하는 데 도움이 되었다. 회사가 제품을 완전히 상용화하기로 결정하기 전에 테스트 시장에서 신제품을 수용하는 것이 중요하다. 때때로 도미노는 상품 및 서비스에 대한 고객 피드백에 놀란다. 예를 들어, 많은 고객들이 결혼식 날 도미노가 그들에게 얼마나 중요한지 회사에 이야기하였다. 도미노는 이 피드백을 이용하여 Domino's Wedding Registry를 만들었다. 이 회사는 신부, 신랑 그리고 물론 피자의 매력적인 사진으로 완벽한 마케팅 캠페인을 벌였다.

고객은 제품에서 기대하는 편익과 해당 제품을 받는 데 드는 비용을 비교하여 제품의 가치를 인식한다. 고객의 소리에 귀를 기울이는 것의 중요성은 오늘날 경쟁이 치열한 시장에서 성공하는 데 있어 중요하다. 도미노는 신제품에 관한 고객의 제안에 항상 기꺼이 귀를 기울이면서도 모든 제품 혁신이 시장에서 성공할 수는 없다는 것을 알고 있다. 사실 회사는 신제품을 평가할 때 '실패는 선택'이라는 기준에 따라 살아간다. 모든 성공적인 회사와 마찬가지로 도미노는 고객의 변화하는 요구 사항을 충족하는 제품을 제공하는 것이 장기적인 성장과 성공의 길이라는 것을 이해하고 있다.

다시 생각해보기

1. 여러분은 도미노 피자를 어떤 범주의 소비재로 고려하는가? 그 이유는?
2. 신제품 개발 프로세스에서의 단계는 무엇인가?
3. 오늘날 샐러드는 제품수명주기의 어떤 단계에 있는가? 그 이유는 무엇인가? 도미노는 샐러드로 확장하는 현명한 결정을 하였는가?

참조

1. Rajesh Kalidindi, "How You Can Improve Your Company's New Product Introduction Process," January 10, 2020.
2. Michelle Greenwald, "5 Key Trends Changing New Product and Service Development," September 24, 2019.
3. Seren Morris, "Dunkin' Donuts Launches 'Snackin' Bacon' after Adding Matcha Latte to Menu," February 27, 2020.
4. Sophia Waterfield, "Meat-Free Fast Food: McDonald's, KFC, Starbucks and More Restaurants Are Selling Plant-Based Foods-but Are They Vegan?," February 19, 2020; Jeanette Settembre, "Taco Bell Considers Beyond Meat, Impossible Foods Plant-Based Menu Items," February 26, 2020.
5. Zippo, zippo.com accessed February 2020.
6. Jade Scipioni, "K-Cups for Booze? Budweiser Owner, Keurig's Single-Serve Cocktail Machines Officially Roll Out," March 19, 2019; Scott Kramer, "Experiencing Keurig's Cocktail Maker," January 15, 2020.
7. "Thinsulate," 3M, 3m.com accessed February 2020.
8. Suzanne Shelton, "How to Shape Your Sustainability Story," February 4, 2020.
9. Danielle Wiener-Bronner, "Cherry Vanilla Coke Has Been a Stealth Hit for Years. Now You Can Officially Get It at the Store," February 7, 2020.
10. "Personal Services," Bank of America, bankofamerica.com, accessed February 2020.
11. "The Most Innovative Companies of 2019," fastcompany.com, accessed February 2020.
12. Seb Joseph, "As Brand Concerns over Search Algorithm Escalate, Amazon Is Testing 'Stores' Results in Search," February 19, 2020.
13. Sean Ross, "Capital vs. Consumer Goods: What's the Difference?," investopedia.com, accessed February 2020.
14. Peggy Jean's Pies, peggyjeanspies.com, accessed February 2020.
15. School of Packaging, Michigan State University, canr.msu.edu, accessed February 2020.
16. "What Is the Importance of RFID in Packaging and Shipping?," February 12, 2020.
17. "New Nutrition Labels Designed to Promote Healthier Food Choices," February 18, 2020; "New Nutrition Labeling Regulations Help Fight Fat, Sugar and Deceptive Serving Sizes," February 10, 2020.

18. Pamela Vachon, "A Bite-Size Stop in Reykjavik, Iceland," December 21, 2019; Rivan V. Stinson, "22 Secrets to Save Money on Travel," February 28, 2020.
19. "The World's Most Valuable Brands," forbes.com, accessed February 2020.
20. Aaron Hall, "Your Brand Is More Than a Name: 5 Overlooked Brand Elements to Invest In," February 27, 2020; "Psychology behind Developing Brand Loyalty," University of Southern California, usc.edu, accessed February 2020.
21. Lauren Thomas, "Macy's Says It Will Grow 4 of Its Private Brands to $1 Billion," February 5, 2020.
22. "The World's Most Valuable Brands," forbes.com, accessed February 2020.
23. Suzanne Shelton, "How to Shape Your Sustainability Story," February 4, 2020; Eliza Erskine, "Social Media as a Sustainability Tool," February 11, 2020.
24. Teresa Spangler, "How to Drive Innovation in 2020," February 26, 2020.
25. Chris Furnari, "Chasing Michelob Ultra: Craft Brewers Unleash Wave of Low-Calorie Challenger Brands," February 28, 2020.
26. Johanna Brunneder, Oguz A. Acar, Dirk Diechmann, et al., "A New Model for Crowdsourcing Innovation," January 31, 2020.
27. Natalie Sherman, "Is Barbie's Makeover Working?," December 21, 2019; Monica Chon, "Barbie Just Got a Makeover for Black History Month," February 18, 2020.
28. "Huawei Learned Its Pricing Model from the IBM of Old," February 28, 2020.
29. Nora Naughton, "High Car Prices Are Locking Out Younger Shoppers," February 18, 2020.
30. Neil Kokemuller, "What Are the Benefits of Target Costing?," chron.com accessed February 2020.
31. Rita Gunther McGrath, "The New Disrupters," February 17, 2020.

14 제품의 유통

학 습 목 표 

이 장을 학습한 후에 다음 질문에 답할 수 있어야 한다.

14-1 마케팅 채널의 개념과 가치를 설명할 수 있다.

14-2 중간상이 여섯 가지 마케팅 효용을 수행하는 방법을 설명할 수 있다.

14-3 유통 시스템에서의 다양한 도매 중간상을 설명할 수 있다.

14-4 소매상이 이용하는 유통 전략을 비교할 수 있다.

14-5 다양한 무점포 소매 유형을 설명할 수 있다.

14-6 채널 시스템에서의 협업을 구축하는 다양한 방법을 설명할 수 있다.

14-7 로지스틱스를 설명하고 중간상이 상품의 운송과 저장을 관리하는 방법을 설명할 수 있다.

프리토-레이(Frito-Lay)의 판매 운영 담당 부사장인 토비 존슨(Toby Johnson)에 대하여 알아보자

미군에서 근무한 용감한 남성과 여성들은 그들이 군에서 근무하는 동안 배운 기술로 그들의 경력 내내 계속해서 성과를 내고 있다. 미국의 거대 청량음료 제조업체인 PepsiCo의 자회사인 프리토-레이의 판매 운영 담당 현 부사장인 퇴역 군인 토비 존슨에게 물어보자.

존슨은 뉴욕주의 시러큐스에서 태어났으며, 세 자매 중 가장 나이가 많았다. 어린 나이 때부터 존슨의 부모는 그녀에게 다른 사람을 돕는 것에 대한 중요한 교훈을 주었다. 그녀의 아버지는 의사였고 그녀의 어머니는 수술실에서 간호사로 일하고 있었는데 둘 다 힘든 일과 인내를 요하는 직업이다. 존슨은 의욕적인 부모로부터 영감을 얻어 운동은 물론이고 학업에도 신경을 썼다. 뛰어난 학생이면서 운동선수인 그녀는 여러 아이비리그 학교의 입학을 거절하고 대신 웨스트포인트에 있는 미국 육군사관학교의 입학을 수락하기로 했다. 그녀는 엄격한 교육과 높은 교육수준의 조합이 그녀를 더 멋진 사람으로 만들 것이라 생각했기 때문에 육군사관학교에 입학했다. 존슨은 사관학교에 다니는 동안 여러 차례 지도부에 임명되었고 졸업하자마자 미국 육군항공대에 소위로 임관했다. 그녀는 롱보우(Longbow) 아파치 공격 헬기를 조종하길 원한다고 결정했고 훈련받기 위해 알라바마주에 있는 포트 러커(Fort Rucker)로 발령받았다.

기지에 도착했을 때 존슨은 자신이 30명의 훈련생 중 유일한 여성이라는 것을 바로 알게 되었다. 이것으로 그녀는 자신이 있을 자리가 아니라고 느꼈지만, 성공하려는 의욕은 있었다. "처음에는 자신이 모든 여성을 대표해야 한다고 생각했다"고 존슨은 말했다. "그리고 나서는 남성들과 어울리고 눈에 띄지 않으려고 하는 나의 성향이 있었다. 결국에는 나는 모든 여성을 대표하지 않는다는 사실을 받아들여야만 했다. 나는 단지 나 자신을 나타낼 뿐이다." 비행 학교에서의 2년 후, 존슨은 제18 공수군단 신속배치부대에 조종사로 배속되었는데 그녀를 훈련시킨 교관들은 그녀를 훌륭한 조종사인 동시에 효과적인 지휘자로 언급했다.

2003년 존슨은 이라크 침공 초기부대로 배정된 제3 보병사단에 배치되었다. 그녀는 바그다드국제공항의 운영기지를 마련하기 위해 쿠웨이트에서 사막을 가로질러 400마일을 비행하는 착륙 임무의 일부를 맡았다. 존슨은 이라크에서 거의 1년을 복무하고 나서 미국에서의 군복무를 마쳤는데 미군에서 7년을 복무한 것이다. 그녀는 제대하자마자 하버드 대학에서 MBA를 받으려고 했다. 그녀는 PepsiCo에서 여름 인턴십을 얻었는데, 이는 그녀가 군에서 민간부문으로 전환하는 데 도움이 되었다. MBA를 취득 후, 존슨은 펜실베니아주의 윌리암스포트(Williamsport)에 있는 PepsiCo의 프리토-레이 자회사에서 하나의 공장을 관리하는 역할을 맡게 되었다.

프리토-레이에 취업한 후 존슨은 스낵 사업과 군에서 보낸 시간 사이에 몇몇 놀랄만한 유사성을 발견하였는데 특히 작업자들 간에 있어서는 더욱 그러하였다. 그녀는 동료들의 일터에 대한 관심이 군에서의 부대에 대한 관심과 아주 유사하다는 것을 발견하였다. 윌리엄스포트에서의 성공으로 다음 12년 동안 많은 새로운 책임 있는 자리를 맡게 되었다. 존슨은 여러 부서에서 일하였는데 이를 통해 기업의 가치사슬 전반에 걸쳐 팀들을 관리하는 폭넓은 경험을 하게 되었다. 과거에 맡은 일에는 생산운영의 관리, 글로벌 생산성 향상과 아시아 공급망 분배, 소비자 통찰력의 분석, 공급사슬의 효율성과 관계 개발 그리고 다른 책임감 있는 업무 수행이 포함된다.

존슨은 또한 PepsiCo의 퇴역 군인들로 구성된 종업원들의 모임인 Valor의 창립멤버들 중 한 명이었다. 10년 전에 설립된 Valor은 퇴역 군인들이 군복무에서 민간 생활로 전환됨에 따라 이들 퇴역 군인들과 군인 가족들에게 도움을 주고 있다. 이 조직의 노력 덕분에, RecruitMilitary와 Military Friendly 같은 퇴역 군인 고용 그룹은 PepsiCo가 퇴역 군인들을 적극적으로 고용하는 것을 높이 평가하였다. 오늘날 이 회사는 회사의 다방면에서 근무하는 4,500명의 퇴역 군인들을 자랑한다. Valor 프로그램에 주요 도움을 주면서 존슨은 또한 뉴욕의 USO 연사와 이사로서 그녀의 동료인 퇴역 군인의 개선을 위해 일하고 있다. "퇴역 군인들은 동물원의 동물로 보이길 원하지 않아요"라고 존슨은 말했다. "그들은 단지 일반인처럼 보이길 원해요."

마케팅의 4P는 제품(Product), 가격(Price), 장소(Place) 및 촉진(Promotion)이다. 이 장은 모두 장소에 관한 것이다. 장소 기능은 선적, 창고, 유통, 물류와 공급사슬 관리를 포함하는 많은 다른 이름들로도 통한다. 대체적으로 Pepsi와 프리토-레이 같은 소비재 기업들은 제품을 소비자들에게 적시에 적절한 장소에 가져다주는 것이 중요하다. 우리는 이 모든 개념들을 이 장에서 살펴볼 것이다. 끝에 가서는 여러분도 제품을 생산자로부터 소비자에게 가져다주는데 필요한 많은 단계들을 이해하게 될 것이다.

출처: Sources: Dieter Holger, "PepsiCo Puts Military Veterans to Work," October 28, 2019; "Toby Johnson," Team Red, White, and Blue, teamrwb.org, accessed March 2020; "A Legacy of Veteran Hiring," PepsiCo, pepsico.com, accessed March 2020.

공급 사슬을 다루는 것은 제조업체에 있어서 중요한 과제이다. 이 기업의 제품은 조지아주의 조립공장에서 전 세계로부터 조달된 3만 개의 부품들로 조립된다. 이 회사의 이름은 무엇인가? (이 장에서 답을 찾아라.)

학습목표 14-1 마케팅 채널의 개념과 가치를 설명할 수 있다.

중간상의 출현

중간상
생산자에서 기업(B2B)까지 그리고 기업에서 소비자(B2C)까지 제품과 서비스의 이동을 돕는 조직

유통채널
생산자부터 소비자까지의 경로(또는 채널)에서 상품을 운송하고 저장하기 위해 함께하는 대리인, 중개인, 도매상, 소매상과 같은 중간상 전체를 말함

마케팅에서 유통과 저장은 간과되기 쉽다. 마케팅에서는 광고, 판매, 마케팅 조사와 다른 기능들에 종종 초점이 주어진다. 그러나 곧 유통이 얼마나 중요한지를 깨닫게 된다. 원재료들을 모으고 수백만 켤레의 신발을 만들어 전 세계의 매장으로 유통하는 아디다스가 직면한 문제를 생각해보자. 이 문제는 자동차에서부터 가구 그리고 장난감에 이르기까지 모든 것을 생산하는 수천 개의 제조업체가 매일 다루어야 하는 문제이다. 제품의 공급 중단을 초래하는 심각한 화산 폭발이나 팬데믹이 있었다고 생각해보자. 이러한 일은 유통관리자에게는 흔히 있는 일이다.[1)]

운 좋게도 원재료 상태에서 생산자 그리고 소비자에 이르기까지 상품의 이동을 돕는 일을 하는 수십만의 기업과 개인이 있다.

상품의 흐름을 관리하는 것은 많은 조직들에 있어서 가장 중요한 관리 기능들 중 하나이다.[2)] 이러한 기능이 어떻게 수행되는지 살펴보자.

아마존의 풀필먼트 센터(fufillment center)와 같은 유통창고는 상품이 필요할 때까지 이들을 보관한다. 여러분은 음식, 가구, 의류 그리고 다른 필요 제품을 가까운 곳에 두는 이점은 무엇이라고 생각하는가?

중간상(marketing intermediaries: 한때는 middlemen으로 불림)은 생산자에서 기업까지(B2B) 그리고 기업에서 소비자까지(B2C) 제품과 서비스를 이동하는 것을 돕는 조직이다. 생산자에서 소비자까지 상품 유통을 도와주기 위해 함께하는 일련의 조직들의 중간에 있기 때문에 중간상이라 부른다. **유통채널**(channel of distribution)은 생산자부터 소비자까지의 경로(또는 채널)에서 상품을 이동하여 저장하기 위해 함께하는 대리인, 중개인, 도매상, 소매상과 같은 전체 중간상으로 이루어져 있다. **대리인/중개인**(agents/brokers)은 구매자와 판매자를 모아 교역 협

그림 14.1 소비재, 산업재와 서비스에 대한 선택된 유통채널

소비재 채널						산업재 채널	
이 채널은 장인과 소규모 농부들에 의해 이용된다.	이 채널은 자동차, 가구, 의류에 이용된다.	이 채널은 식품, 의약품, 화장품과 같은 소비재를 위한 가장 일반적인 채널이다.	이 채널은 농산물과 같은 식품에 대한 일반적인 채널이다.	이 채널은 부동산, 주식과 채권, 보험, 비영리 극장과 같은 소비자 서비스에 대한 일반적인 채널이다.	이 채널은 기금을 모으려는 비영리 조직에 대한 일반적인 채널이다. 여기에는 박물관, 정부 서비스, 동물원이 포함된다.	이 채널은 자동차용 유리, 타이어, 페인트와 같은 산업재에 대한 일반적인 채널이다.	이 채널은 물품과 같은 저비용 품목이 유통되는 방법이다. 도매상은 산업재 유통업자로 불린다.
생산자	생산자	생산자	농부	서비스 조직	비영리 조직	생산자	생산자
	소매상	도매상	브로커	브로커	상점		도매상
		소매상	도매상				
			소매상				
소비자	소비자	소비자	소비자	소비자	소비자	산업재 사용자	산업재 사용자

상을 도와주지만, 상품을 직접 소유하지는 않는 중간상이다-즉 어떤 시점에서도 그들은 상품을 소유하지 않는다. 예로서 부동산 중개인을 생각해 보라.

도매상(wholesaler)은 소매상, 생산자, 병원과 같은 조직에 판매하는 중간상이다. 도매상은 B2B 시스템의 한 부분이다. 높은 유통 비용 때문에 월마트는 자사의 시스템으로부터 독립적인 도매상들을 없애고 이를 직접 하고 있다. 즉, 월마트는 자체 창고와 자체 트럭을 보유하고 있다. 월마트는 수천 개의 상점과 매주 2억 6천만 명 이상의 고객들에게 상품을 유통하기 위해 150개가 넘는 유통센터와 61,000대의 트럭을 보유하고 있다.[3] 마지막으로 **소매상**(retailer)은 최종 소비자(즉, 여러분과 나 같은 사람)들에게 판매하는

대리인/중개인
구매자와 판매자를 모아 교역 협상을 도와주지만, 상품을 직접 소유하지는 않는 중간상

도매상
다른 조직에 판매하는 중간상

소매상
최종 소비자에게 판매하는 중간상

조직이다.

유통채널은 의사소통의 흐름과 상품에 대한 돈과 소유의 흐름을 확실히 해준다. 유통채널은 또한 필요한 때와 필요한 장소에 상품의 적절한 수량과 구색이 확보되도록 해준다. 그림 14.1은 소비재와 산업재 모두에 대한 선택된 유통채널을 보여준다.

고속도로를 차로 지나면서 여기저기 재화를 운반하는 수천 개의 트럭과 기차를 볼 때 여러분은 미국에서 유통 시스템이 작동되는 것을 볼 수 있다. 눈에는 덜 띄지만, 제품이 필요할 때까지 제품을 저장하는 많은 유통창고들이 있다. 식품, 가구 그리고 다른 필요한 제품을 가까이 두는 이점에 대해 여러분은 생각해 본 적이 있는가? 여러분은 도시에서 도시로 운전해 가면서 도로 곁에 있는 유통창고를 본 적이 있는가?

마케팅은 왜 중간상을 필요로 하는가?

그림 14.1은 몇몇 생산자가 소비자들에게 직접 판매하는 것을 보여준다. 그렇다면 중간상은 왜 있는 것일까?

해답은 중간상이 특정한 마케팅 업무인 수송, 저장, 판매, 광고, 관계 형성과 같은 업무를 대부분의 생산자보다 더 빨리, 더 저렴하게 수행하기 때문이다. 여기에 간단한 비유가 있다. 여러분은 개인적으로 세상 어디에 있는 사람에게 소포를 배달할 수 있지만, 보통 그렇게 하지는 않는다. 왜 그렇게 하지 않는가? 왜냐하면 여러분이 미국 우체국(U.S. Postal Service)이나 UPS 같은 사기업에 배달을 시키는 것이 대개 더 저렴하고

그림 14.2 중간상은 어떻게 교환 효율성을 창출하는가?

이 그림은 유통채널에 하나의 도매상을 추가하여 교환의 수를 25개에서 10개로 줄이는 것을 보여준다. 이것은 유통의 효율성을 향상시킨다.

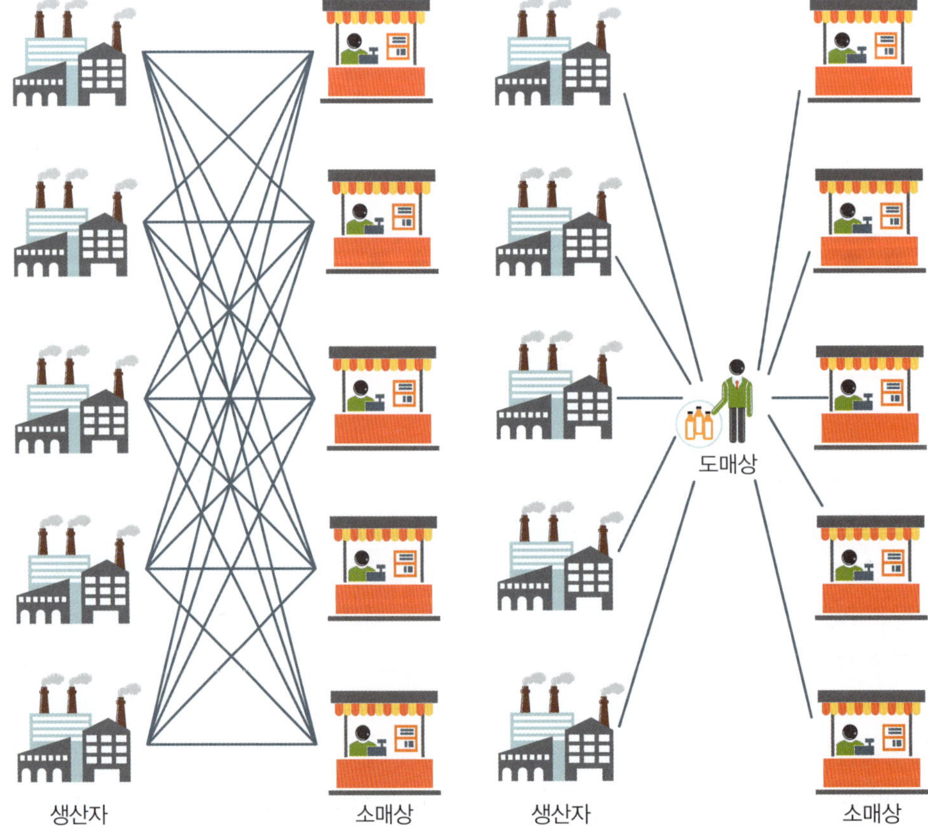

더 빠르기 때문이다.

마찬가지로 여러분은 스스로 여러분의 집을 팔거나 개별 기업들로부터 직접 주식을 살 수 있지만, 아마도 그렇게 하지 않을 것이다. 왜 그럴까? 대리인과 중개인은 교환 과정을 더 효율적이며, 더 쉽게 이익이 나도록 처리해주는 중간상이기 때문이다. 다음 절에서는 중간상이 나양한 거래의 효율성을 향상시키는 방법들을 살펴볼 것이다.

중간상은 어떻게 교환 효율성을 창출하는가?

여기 중간상을 활용하는 데 대한 편익을 알 수 있는 쉬운 방법이 있다. 다양한 식료품을 생산하는 다섯 개의 생산자 각각이 다섯 개의 소매상에 직접 판매하려 한다고 가정해보자. 이 시장을 만들기 위해 필요한 교환 관계의 숫자는 5 곱하기 5, 즉 25개이다.

이제 하나의 도매상이 이 시스템에 있는 경우 어떻게 될지 생각해보자. 다섯 개의 생산자 각각은 도매상과 접촉해 다섯 개의 교환 관계를 형성한다. 도매상은 다시 다섯 개의 소매상들과 접촉하여 다섯 개의 추가 교환 관계를 만들어낸다. 도매상의 존재로 교환의 숫자가 25개에서 10개로 줄어든다. 그림 14.2는 이러한 과정을 보여준다.

몇몇 경제학자들은 중간상이 비용을 추가시키므로 이들이 배제될 필요가 있다고 말한다. 마케터들은 중간상이 가치를 추가시키고 이 가치가 비용을 훨씬 능가한다고 말한다. 이러한 논의를 살펴보고 중간상이 제공하는 가치를 알아보자.

중간상의 가치 대 비용

일반 대중들은 종종 중간상을 어느 정도 의심스런 시각으로 보고 있다. 몇몇 조사에 따르면 우리가 구매하는 물품 비용의 약 절반이 대부분 중간상이 하는 일에 대해 지불하는 마케팅 비용으로 나타났다. 사람들은 만약 우리가 중간상을 배제할 수 있다면 우리가 구매하는 모든 것의 비용을 크게 줄일 수 있을 것으로 판단한다. 그럴 듯해 보이긴 하지만, 실제 해결책이 이렇게 간단할까?

4달러에 판매되는 시리얼(cereal) 한 박스를 생각해보자. 우리는 소비자로서 어떻게 이 시리얼을 좀 더 저렴하게 구할 수 있을까? 우리 모두 몇몇 시리얼이 생산되는 미시간 주로 운전해 가서 운송비용을 절약할 수 있을 것이다. 그러나 수백만의 사람들이 그들의 차를 타고 단지 시리얼을 구매하기 위해 미시간 주로 운전해 가는 것을 상상해보라. 이것은 전혀 의미 없는 일이다. 중간상이 주요 도시에 시리얼을 가져다놓는 것이 훨씬 더 저렴하다. 이는 도매상에 의한 수송과 저장을 필요로 한다. 이러한 단계는 비용을 증가시키지 않을까? 그렇다. 하지만 이들 단계들은 미시간 주로 운전해 갈 필요가 없는 가치 또한 증가시킨다.

시리얼은 지금 도시 외곽 어딘가의 창고에 있다. 우리 모두 도매상으로 운전해 가서 직접 사올 수 있다. 그러나 이것이 여전히 시리얼을 구매하는 가장 경제적인 방법은 아니다. 만약 우리가 휘발유와 시간의 비용을 고려한다면 시리얼은 역시 너무 비쌀 수 있다. 대신에 우리는 누군가가 창고로부터 한 대의 트럭으로 시리얼을 동네의 슈퍼마켓으로 운반하여 하역한 후 포장을 풀어 가격을 매기고 진열하여 우리가 사러 오기를 기다리

그림 14.3 식료품 1달러에 대한 유통의 영향

농부는 여러분이 지출한 식료품 1달러에 대해 단지 10.4센트만을 얻는 것에 주목하자. 여러분 돈의 상당 부분은 중간상에게 주어진다.

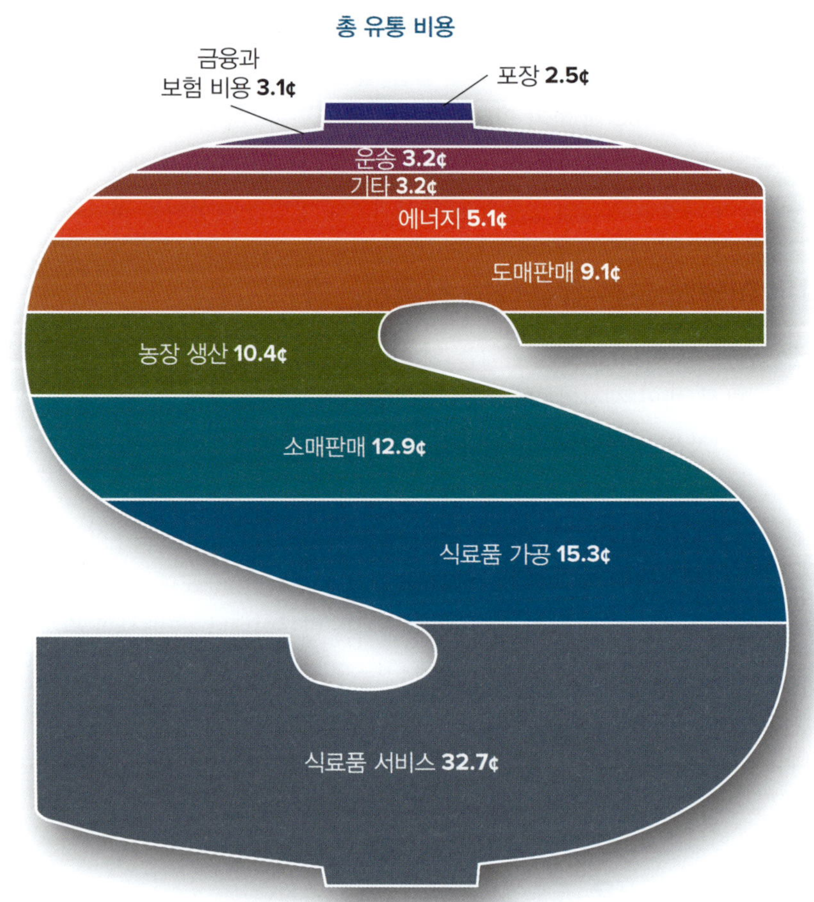

는 것을 선호한다. 훨씬 더 편리하게 하기 위해 슈퍼마켓은 일주일 내내 하루 24시간 열 수도 있다. 비용을 고려해보자. 또한 가치를 고려해보자. 4달러로 우리가 원할 때 적은 노력으로 시리얼 한 박스를 구할 수 있다.

우리가 소매상을 배제한다면 우리는 시리얼 한 박스를 약간 더 저렴하게 살 수 있지만, 훨씬 더 멀리 운전해 가서 도매상의 시리얼들이 진열된 칸에서 원하는 시리얼을 찾기 위해 시간을 보내야 한다. 만약 우리가 도매상을 배제한다면, 미시간주까지 운전해 가는 것을 고려하지 않을 때 좀 더 돈을 절약할 수 있다. 여기저기의 비용을 더하면 생산 비용 25센트당 유통(마케팅)에는 총 75센트의 비용이 더해지게 된다.

그림 14.3은 여러분의 돈이 식료품 유통 과정에서 어떻게 사용되는지를 보여준다. 단지 3.5센트만이 이윤으로 나타남을 주목하라.

여기 중간상에 관한 세 가지 기본적인 관점이 있다.

1. 중간상은 배제될 수 있지만, 이들의 활동은 배제될 수 없다. 즉, 여러분이 몇몇 도매상과 소매상을 배제할 수 있지만, 그러면 소비자 또는 다른 누군가가 상품의 수송과 저장, 공급자의 파악, 공급자와의 의사소통을 포함하는 중간상의 임무를 수행해야만 할 것이다. 모든 조직이 모든 중간상을 활용하지 않는다. 이는 조직이 소매상 같은 중간상을 활용하지 않는다는 것을 의미하지는 않는다. 이는 몇몇 중간상

기능이 내부적으로 행해질 수 있다는 것을 의미한다.

2. 중간 조직들은 마케팅 기능을 다른 조직보다 더 빠르고 더 저렴하게 수행하기 때문에 존재해왔다. 채널에서 경쟁적 지위를 유지하기 위해 중간상들은 오늘날 최신 기술을 도입해야 한다. 이것은 검색엔진 최적화, 소셜 미디어 사이트의 확인과 그들 고객들을 더 잘 이해하기 위해 웹 사이트 통계를 분석하는 것을 포함한다.
3. 중간상은 제품에 비용을 추가시키지만, 이러한 비용은 대개 이 중간상이 만들어내는 가치보다 작다.

학습목표 14-2 중간상이 여섯 가지 마케팅 효용을 수행하는 방법을 설명할 수 있다.

중간상이 창출한 효용

경제학에서 **효용**(utility)은 제품과 서비스를 이전보다 소비자에게 더 유용하게 하거나 접근하기 쉽게 함으로써 조직이 제품과 서비스에 부가하는 욕구 충족 능력이나 가치를 말한다. 6가지 효용은 형태, 시간, 장소, 소유, 정보, 서비스 효용이다. 비록 몇몇 효용은 생산자가 제공함에도 불구하고 대부분의 효용은 중간상이 제공한다. 어떻게 수행하는지를 살펴보자.

효용
경제학에서 조직이 상품이나 서비스에 추가하는 욕구 충족 능력이나 가치를 말한다. 이전에 비해 제품을 더 유용하게 하거나 소비자에게 더 접근이 쉽도록 함으로써 생긴다.

형태 효용

전통적으로 중간상보다는 생산자가 원재료를 유용한 제품으로 변화시킴으로써 형태 효용(form utility, 9장 참조)을 제공해 왔다. 따라서 왕겨로부터 밀을 분리하는 농부와 밀을 밀가루로 변화시키는 가공업자는 형태 효용을 만들어낸다. 소매상과 다른 마케터도 때때로 형태 효용을 만들어낸다. 예를 들면, 소매 정육점 주인은 커다란 고기 덩어리에서 돼지 갈비살을 잘라내고 지방을 제거한다. 스타벅스의 바리스타는 커피를 여러분이 원하는 대로 만들어준다.

시간 효용
제품이 필요할 때 제공하여 제품에 가치를 더하는 것

얼마나 많은 매장들이 일주일 내내 하루 종일 여러분에게 상품과 서비스를 이용 가능하게 함으로써 시간 효용을 제공하는지 생각해보라. 여러분은 영업시간이 지나 처방전을 갱신해야 할 필요가 있었거나, 늦은 밤에 야식이 필요했던 적이 있었는가? 여러분은 시간 효용이 부가된 가치를 어떻게 제공하는지 알 수 있는가?

시간 효용

소매상과 같은 중간상은 소비자들이 제품을 필요로 할 때 제품이 있도록 함으로써 제품에 **시간 효용**(time utility)을 더해준다. 데바 테넌트(Devar Tennent)는 보스톤에 살고 있다. 어느 겨울 저녁, 형과 TV를 보는 동안 테넌트는 갑자기 버거와 콜라가 먹고 싶어졌다. 문제는 집에 고기와 콜라가 없다는 것이었다.

테넌트는 모퉁이의 상점에 달려가서 고기, 둥근 빵, 콜라 그리고 감자칩을 샀다. 그는 또한 냉동딸기와 아이스크림을 샀다. 테넌트는 상점이 24시간 열려 있었기 때문에 자정에 이러한 식료품을 구할 수 있었다. 이것이 시간 효용이다. 여러분은 온라인으로 언제든 상품을 살 수 있지만, 그것을 원할 때 집 근처에서 이것을 가지고 있는 상점을 이길 수는 없

중소기업 스포트라이트

의사와 환자를 연결하는 일, 우리가 합니다

heal.com

기존 헬스케어 O2O(온 · 오프라인 연계) 서비스는 환자와 병 · 의원을 연결하는 데 초점을 맞췄다. 사용자가 있는 곳에서 가장 가까운 병 · 의원을 알려주고 스마트폰으로 예약도 할 수 있다. 2016년 10월 설립된 헬스케어 스타트업(신생 벤처기업) 메디히어는 여기서 한 걸음 더 들어갔다. 환자에게 병원 정보가 아니라 의사 정보를 제공하는 앱(응용프로그램)을 만들기로 한 것이다.

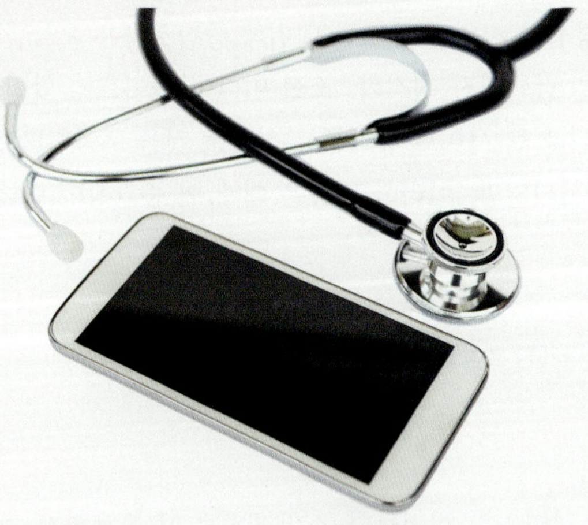

메디히어는 '의사와 환자를 잇다'를 모토로 삼고 있다. 김기환 대표는 "환자가 알고 싶은 것은 병의원 정보보다 의사 정보"라며, "환자와 의사 간 심각한 정보의 비대칭성 문제를 완화해 환자가 실력 있는 의사를 판단할 수 있게 돕는 것이 목표"라고 말했다. 메디히어는 안드로이드용 앱을 1년 동안 개발한 끝에 지난 2월 출시했다. iOS용 앱은 5월에 출시했다.

이 사업을 구상하게 된 계기는 10여 년 전으로 거슬러 올라간다. 그는 류머티즘 관절염을 심하게 앓던 어머니를 위해 실력 있는 전문의를 찾으려 동분서주했던 경험이 있다. 김 대표는 "당시 한양대를 다니고 있었는데 명의가 한양대병원에 있다는 사실을 알고 허탈했다"고 했다. 국내 유수의 반도체 기업에 다니던 그는 사업을 하고 싶다는 열정이 커 부모님 반대를 무릅쓰고 회사를 나와 메디히어를 세웠다.

메디히어는 환자에게 의사에 관한 정보를 충분히 제공하기 위해 4단계 검증 시스템을 도입했다. 4단계 검증 시스템은 1차 웹 크롤링, 2차 경력 · 이력 점수화, 3차 정성 정보 수집, 4차 소비자 평가로 구성된다.

1차는 온라인 커뮤니티, 사회관계망서비스(SNS) 등에 올라오는 의사 정보를 수집한다. 2차는 의사의 수상 경력, 참가 학회, 발표 논문 등을 정량화하는 단계로 일정 수준을 넘어야 앱에 등록할 수 있다. 등록이 결정된 의사는 3차에서 자기 전문 분야를 1~5위까지, 대표 시술을 1~10위까지 직접 설정할 수 있다.

김 대표는 이 과정을 매우 강조했다. 17개의 전문 분야 가운데 5개를 고른 뒤 퍼센트를 책정하게 해 이 의사는 어떤 분야에 뛰어난지 환자가 직관적으로 파악할 수 있다. 또 72개로 분류한 시술 중 10개를 고르게 해 의사의 전문성을 구체화했다. 그는 "같은 의사라도 잘 하는 분야는 제각각"이라며, "환자는 유용한 정보를 얻을 수 있고 의사는 다른 의사와 차별화할 수 있는 능력을 알릴 수 있다"고 설명했다.

또 의사 간 평가, 앱에 누적된 소비자 평가 등을 접목해 환자가 의사를 종합적으로 판단할 수 있도록 했다. 원래 출시했던 앱은 환자의 후기 작성 기능이 없었지만, 소비자를 대상으로 설문한 결과, 후기를 보고 싶다는 요청이 많아 이달 중 기능을 추가하기로 했다.

사업 초기에는 의사를 평가하는 시스템에 대해 비판하는 목소리가 컸다. 전문적인 의학 지식이 없는데 어떻게 객관적으로 의사 실력을 검증하느냐는 얘기였다. 김 대표는 "환자와 의사 둘 다 만족할 수 있는 평가 방법을 찾는 게 가장 힘들었다"며, "스스로 전문 분야와 대표 시술을 선택할 수 있게 해 효율적인 홍보가 가능하다는 점을 의사들이 좋게 보고 있다"고 했다. 대한성형외과의사회와 대한피부과의사회 임원 일부가 메디히어 서비스에 참여하고 있다.

메디히어 서비스는 현재 성형외과와 피부과 전문의를 대상으로 이뤄지고 있다. 병원 20여 곳과 의사 70여 명이 등록했다. 김 대표는 "약 36조 원의 비급여 의료 시장에서 성형외과와 피부과가 5조 원가량을 차지한다"며, "비전문의나 비의료인이 수술 · 시술을 하거나 과대 광고가 많은 등 매우 혼탁한 시장인데 여기서 성과를 얻으면 다른 영역에서도 좋은 결과를 얻을 수 있겠다는 생각에 먼저 도전한 것"이라고 말했다.

메디히어는 강남 소재 성형외과와 피부과 각각 50곳을 앱에 등록시키면 유능한 성형외과와 피부과 의사는 어느 정도 포괄한 것으로 보고 다른 진료과로 서비스를 확대할 계획이다. 그는 "올해까지는 비급여 시장에서 사업성을 입증하는 게 중요하다"며, "다운로드 수 50만, 매출액 10억 원이 목표"라고 밝혔다.

수익모델은 환자가 특정 의사에게 1대1 상담 신청을 할 때마다 병 · 의원에서 비용을 지불하는 방식이다. 김 대표는 "환자 1인당 약 20만 원의 홍보비가 드는데 우리 앱을 활용하면 더 효율적인 홍보가 가능할 것"이라고 했다.

해외시장도 겨냥하고 있다. 성형수술을 하러 한국에 오는 외국인 환자가 많은 만큼 환자와 의사의 1대1 상담 시 영어와 중국어 통번역이 가능한 외국인용 앱을 다음 달 출시할 예정이다.

출처: https://www.hankyung.com/it/article/201806046924f

다. '중소기업 스포트라이트' 글상자에서는 고객이 의사를 원할 때 어떻게 의사를 고객에게 연결해 주는지를 보여주고 있다.

장소 효용

판매 후 서비스는 애플의 성공에 기여한 요소 중에 하나이다. 고객들은 자신의 컴퓨터, 아이폰 또는 아이팟 사용 방법을 도울 애플 지니어스(Apple Genius)와 약속을 잡기 위해 전화할 수 있다. 이 서비스가 어떻게 애플의 제품에 가치를 더하는가?

중간상은 사람들이 원하는 장소에 제품을 둠으로써 제품에 **장소 효용**(place utility)을 더한다. 사우스 다코타주의 황무지를 여행하는 동안 로사 레이스(Rosa Reyes)는 배가 고프고 갈증이 났다. 이 지역에는 몇 마일을 가도 상점이 없지만, 로사는 세븐일레븐(7-Eleven)이 앞에 있다는 표지판을 길에서 보았다. 표지판을 따라 그녀는 그 상점에 들려 음료수를 샀다. 또한 그곳에서 몇 개의 선글라스와 기념품들을 샀다. 세븐일레븐에서 제공하는 제품과 서비스는 여행객들을 위한 편리한 위치에 있다.

미국 전역에 있는 세븐일레븐 상점은 접근이 용이한 장소에 있기 때문에 인기가 있다. 이들은 장소 효용을 제공한다. 판매가 점점 더 글로벌화되면서 장소 효용은 더 중요해질 것이다. 식료품점은 픽업 및 배송 서비스를 제공하고 따라서 고객들은 온라인으로 주문을 하고 편리한 시간과 장소에서 자신의 식료품을 찾아가거나 받을 것이다.[4] 이것은 장소 효용에 대한 또 하나의 예이다.[7]

장소 효용
사람들이 제품을 원하는 장소에 둠으로써 제품에 가치를 더하는 것

소유 효용
신용 제공, 배달, 설치, 보증과 사후 서비스를 포함하여 한 쪽에서 다른 쪽으로 소유권을 이전하는 데 필요한 모든 것을 하는 것

소유 효용

중간상은 신용을 제공하는 것을 포함하여 한 쪽에서 다른 쪽으로 소유권을 이전하는 데에 필요한 일을 해 **소유 효용**(possession utility)을 추가한다. 소유 효용과 관련된 활동들에는 배달, 설치, 보증, 사후 서비스가 포함된다. 래리 로젠버그(Larry Rosenberg)는 도시 외곽에 좋은 집을 사고 싶었다. 맘에 드는 집을 찾았지만, 필요한 만큼의 돈을 가지고 있지 않았다. 그래서 그는 부동산 중개인과 함께 지역의 은행에 가서 그 집을 살 돈을 빌렸다. 부동산 중개인과 지역 은행 둘 다 소유 효용을 제공하는 중간상이다. 소유하기를 원하지 않는 사람들에겐 소유 효용이 월세나 전세를 통해 이들이 집을 사용할 수 있도록 해준다.

정보 효용

중간상은 마케팅 참여자들 사이에 정보에 대한 쌍방향 흐름을 개설하여 **정보 효용**(information utility)을 추가한다. 제롬 워싱턴(Jerome Washington)은 어떤 종류의 TV를 살지 결정할 수 없었다. 그는 온라인으로 다양한 광고와 리뷰를 보았고 몇몇 매장에서 판매사원들과 이야기를 나누었다. 신문, 판매사원, 도서관, 웹 사이트와 정부 출판물들은 모두 중간상이 제공하는 정보 소스(source)들이다. 이들은 정보 효용을 제공한다.

정보 효용
마케팅 참가자들 사이에 정보에 대한 쌍방향 흐름을 개설하여 제품에 가치를 더하는 것

서비스 효용

중간상은 판매 중과 판매 후에 빠르고 친절한 서비스를 제공하고 소비자들에게 시간에 따라 제품을 가장 잘 사용하는 방법을 가르쳐줌으로써 **서비스 효용**(service utility)을 추가한다. 스제 룽(Sze Leung)은 자신의 재택근무 사무실에서 사용할 맥 컴퓨터를 애플

서비스 효용
판매 중과 판매 후에 빠르고 친절한 서비스를 제공하고 소비자들에게 시간에 따라 제품을 가장 잘 사용하는 방법을 가르침으로써 가치를 더하는 것

상점에서 샀다. 그가 이용한 애플 상점은 그가 필요로 할 때마다 계속해서 도움을 주고 있다. 그는 또한 컴퓨터를 최신 상태로 유지하기 위해 소프트웨어 업데이트 서비스를 받고 있다. 릉이 처음 애플 상점에 매력을 느낀 것은 그가 매장의 판매사원으로부터 받은 도움이 되면서도 친절한 서비스와 지니어스 바(Genius Bar, 역자 주: 애플에서 직영으로 운영하는 A/S 센터)의 전문가들로부터의 서비스였다. 서비스 효용 없이는 소매상들이 다이렉트 마케팅(예를 들면, 카탈로그나 온라인 마케팅)에 거래를 놓칠 수 있기 때문에 서비스 효용은 많은 소매상들에 있어서 빠르게 가장 중요한 효용이 되고 있다. 인터넷이 어떻게 몇 가지 형태의 서비스 효용을 제공하는지를 알 수 있는가?

시험 준비

- 유통채널이란 무엇인가? 그리고 어떤 중간상이 참여하는가?
- 왜 우리는 중간상을 필요로 하는가? 중간상이 교환 효율성을 창출하는 방법을 설명하라.
- 여러분은 중간상을 배제함으로써 소비자들에게 수백만 달러를 절약해 준다고 말하는 사람들에 대해 중간상을 어떻게 옹호해 줄 것인가?
- 여러분은 중간상이 창출하는 효용과 중간상이 이들 효용을 제공하는 방법에 대한 예들을 제시할 수 있는가?

학습목표 14-3 유통 시스템에서의 다양한 도매 중간상을 설명할 수 있다.

도매 중간상들(wholesale intermediaries)

도매와 소매를 구별하고 각각이 수행하는 기능을 명확히 정의해보자. 어떤 생산자들은 단지 도매상들하고만 거래를 하고 소매상들 또는 최종 사용자(소비자)에게 직접 판매하지 않는다. 어떤 생산자들은 도매상들과 소매상들 모두 거래하지만, 소매상들보다 도매상들에 더 큰 할인을 제공한다. 어떤 도매상들은 소매상들과 소비자들 모두에게 판매를 한다. 사무실용품 대형매장인 스테이플즈(Staples)가 좋은 예이다. 스테이플즈는 소기업과 소비자에게 사무용 물품을 판매한다. 샘스클럽(Sam's club)과 코스트코(Costco) 같은 회원제 대형할인점들도 도매와 소매 기능을 모두 갖춘 기업들이다.

차이는 다음과 같다. 소매 판매는 개인적인 용도를 위해 제품과 서비스를 소비자에게 판매하는 것이다. 도매 판매는 사업에서의 사용을 위해 기업이나 학교, 병원과 같은 기관 또는 재판매를 위해 도매상들이나 소매상들에게 제품과 서비스를 판매하는 것이다.

도매상은 B2B 판매를 한다. 대부분의 사람들은 자신이 소매상에 익숙한 만큼 다양한 유형의 도매상에 익숙하지 않다. 이제 도움이 되는 도매 중간상 중 몇몇을 살펴보기로 하자. 많은 도매 중간상은 많은 마케팅 일자리를 제공하고 여러분에게 좋은 취업 기회를 제공해 줄 것이다.

상인 도매상

상인 도매상
자신이 취급하는 상품을 소유하는 독립적인 기업

상인 도매상(merchant wholesalers)은 자신이 취급하는 상품을 소유하는 독립적으로 소유된 기업이다. 도매상의 약 80%가 이 유형에 포함된다.[5] 두 가지 형태의 상인 도매상, 즉 완전 서비스(full-service) 도매상과 한정 기능(limited-function) 도매상이 있다. 완전 서비스 도매상은 유통 기능의 모든 부분을 수행한다. 상품을 판매하기 위한 판매 인력을 제공하고, 재고를 유지하고, 광고 거래를 하고, 상품의 수송을 책임지고, 자본과 시장 정보를 제공하고, 상품에 대한 위험을 감수한다. 한정 기능 도매상은 선택된 기능만을 수행하지만, 그것을 특별히 잘하려고 노력한다. 한정 기능 도매상의 세 가지 흔한 형태는 도매업자(rack jobber), 현찰무배달 도매상(cash-and-carry wholesaler), 낙하 선적인(drop shipper)이다.

대리인들과 중개인들은 중개상의 익숙한 형태이다. 일반적으로 이들은 팔 제품들을 소유하지 않는다. 예를 들어, 부동산 중개인은 판매자와 구매자 사이에서 거래를 가능하게 하지만, 결코 집을 소유하지는 않는다. 부동산 중개인은 집의 판매 과정에서 어떤 기능을 하는가?

도매업자(rack jobbers)들은 소매상들에게 음악, 장난감, 악세사리 그리고 헬스와 미용 보조품 같은 상품들로 가득한 선반을 제공한다. 도매업자들은 제품을 진열하며, 위탁판매를 한다. 이것은 제품이 판매될 때까지 도매업자가 제품의 소유권을 유지하고 판매되고 나서 소매상과 수익을 나누는 것을 의미한다. 슈퍼마켓에서 잡지와 관련 품목들로 가득 찬 선반들을 본적이 있는가? 도매업자들이 그것들을 거기에 놓아두었을 것이다.

현찰무배달 도매상(cash-and-carry wholesalers)들은 제한된 상품 구색으로 대개 작은 규모의 소매상을 상대한다. 전통적으로 소매상은 이러한 도매상에 가서 현금으로 지불한 다음, 자신의 상점으로 상품을 가져온다. 따라서 현찰무배달이란 용어가 생겼다. 오늘날 스테이플즈와 같은 상점들은 소매상이 도매 구매를 위해 신용카드를 사용하게 해준다. 따라서 현찰무배달이란 용어는 도매상에 대해서는 진부한 용어가 되고 있다.

낙하 선적인(drop shippers)들은 소매상과 다른 도매상으로부터 주문을 받아 상품이 생산자에서 구매자에게 직접 선적되도록 한다. 이들은 상품을 소유하지만, 상품을 취급하거나 재고로 쌓아두거나 배달하지 않는다. 이러한 일은 생산자에 의해 행해진다. 낙하 선적인들은 석탄, 목재, 화학물질과 같은 부피가 큰 제품을 취급하는 경향이 있다.

도매업자
소매상에 상품이 가득한 선반들을 제공하고 제품을 진열하며 위탁판매를 하는 도매상

현찰무배달 도매상
제한된 상품 구색으로 대개 작은 규모의 소매상을 응대하는 도매상

낙하 선적인
소매상과 다른 도매상으로부터 주문을 받아 상품이 생산자에서 구매자에게 직접 선적되도록 하는 도매상

대리인과 중개인

대리인과 중개인(agents and brokers)은 구매자와 판매자를 모아 교환 협상을 도와준다. 그렇지만 상인 도매상과 달리 대리인과 중개인은 제품을 결코 소유하지 않는다. 보통 이들은 재고를 가지고 있지 않고 신용을 제공하지 않으며, 위험을 떠맡지 않는다. 상인 도매상이 상품의 판매에서 이익을 얻는 반면 대리인과 중개인은 판매 수입의 비율에 따라 수수료를 받는다. 대리인은 자신이 대표하는 사람들과 장기적인 관계를 유지하는 반면 중개인은 대개 일시적으로 고용된다.

생산자들을 대표하는 대리인들은 생산자의 대리인들이거나 판매 대리인들이다. 이들이 경쟁 제품들을 취급하지 않는 한 생산자의 대리인은 특정 지역에서 여러 생산자를 대표할 수도 있다. 생산자의 대리인들은 자동차 공급, 신발, 조립식 철강 산업에서 주로 일한다. 판매 대리인은 일반적으로 더 넓은 지역에서의 단일 생산자를 대표한다.

중개인은 구매자나 판매자와 지속적인 관계를 가지고 있지 않다. 일단 구매자와 판매

자 사이에 계약 협상이 이루어지면 이들의 관계는 끝난다. 과일과 야채와 같은 계절상품의 생산자는 부동산 산업에서 그러하듯이 종종 중개인을 활용한다.

학습목표 14-4 소매상이 이용하는 유통 전략을 비교할 수 있다.

소매 중간상들(Retail intermediaries)

소매상은 최종소비자에게 판매하는 슈퍼마켓이나 신발 매장 같은 중간상이라는 것을 기억하자. 미국은 미국은 3백7십만 개 이상의 많은 소매점들이 있다. 소매 조직은 4천2백만 명 이상의 많은 사람들을 고용해 마케팅 전공 졸업생들의 주요 고용주 중 하나이다.[6] 아마 여러분은 소매점과 아마존 사이의 치열한 경쟁을 알 것이다. 소매점들과 쇼핑몰들은 실내 스포츠를 포함한 더 많은 오락거리들을 제공하고 상점들을 대대적으로 개조해 반격하고 있다.[7] 그렇지만 결국에는 아마존이 이길 것이라고 말하는 사람이 있다. 그렇다면 이 경우 아마존의 성공은 소매업에서의 일자리 수에 어떤 영향을 미칠 것인가?

그림 14.4는 다양한 종류의 소매점들에 대한 설명과 예를 보여주고 있다. 여러분은 각 종류의 소매점에서 쇼핑해본 적이 있는가? 무엇이 각각의 이점처럼 보이는가? 여러분은 어떤 종류의 소매점에서 일하고 싶은가? 몇몇 소매점들은 주로 가격으로 경쟁하는 것처럼 보이지만, 전문점과 같은 소매점들은 다양함을 경쟁 도구로 사용한다. 마케터들은 소매 유통을 위해 여러 가지 전략을 사용한다. 이제 이를 설명하려고 한다.

그림 14.4 소매점의 유형

유형	설명	예
백화점	구별된 매장에서 광범위한 제품(의류, 가구, 가정용품)을 판매한다.	메이시스(Macy's), 제이시페니(JCPenney), 노드스트롬(Nordstrom)
할인점	보통 백화점에서 판매되는 가격보다 저렴하게 다양한 제품들을 판매한다.	월마트(Walmart), 타겟(Target)
슈퍼마켓	세제와 종이 제품 같은 비식료품과 식료품을 판매한다.	세이프웨이(Safeway), 크로거(Kroger), 알버슨스(Albertson's)
회원제 대형 할인점 (Warehouse club)	대개 슈퍼마켓보다는 크고 가격을 할인해주는 시설로 식료품과 잡화를 판매한다. 멤버십이 필요하다.	코스트코(Costco), 샘스클럽(Sam's Club)
편의점	이용하기 편리한 장소에서 식료품과 다른 생필품들을 판매한다. 밤새 영업할 수도 있다.	세븐일레븐(7-Eleven)
전문 할인점 (Category killer)	특정 범주의 다양한 형태의 한 제품을 대량으로 판매한다.	바스 프로숍스(Bass Pro Shops), 오피스 데포(Office Depot) 오피스 맥스(Office Max)
아울렛	할인된 가격으로 생산자로부터 직접 잡화를 판매한다. 품목들은 단종되었거나 약간의 결함이 있을 수도 있다.	노드스트롬 랙(Nordstrom Rack), 리즈 클레이본(Liz Claiborne), 나이키(Nike), 티제이맥스(TJ Maxx)
전문점	한 범주 내의 다양한 상품을 판매한다.	보석 매장, 신발 매장, 자전거 매장

소매유통 전략(Retail Distribution Strategy)

서로 다른 제품들은 서로 다른 소매유통 전략을 필요로 하기 때문에 마케터들이 결정해야 할 중요한 사항은 그들의 제품을 판매할 적절한 소매점을 찾는 것이다. 소매유통의 세 가지 범주인 개방적 유통, 선택적 유통, 전속적 유통이 있다.

개방적 유통(intensive distribution)은 자판기를 포함하여 가능한 한 많은 소매점에 제품을 둔다. 개방적 유통을 필요로 하는 제품은 청량음료, 사탕, 껌, 유명 잡지와 같은 편의상품을 포함한다.

개방적 유통
가능한 한 많은 소매 아울렛에 제품을 보내는 유통

선택적 유통(selective distribution)은 어느 지역에서 선호되는 이용 가능한 소매상 그룹을 이용하는 것이다. 이러한 선택은 생산자가 질 좋은 판매와 서비스를 확보하도록 해준다. 가전, 가구, 의류(쇼핑상품)의 생산자는 선택적 유통을 사용한다.

선택적 유통
어느 지역에서 선호되는 소매상 집단에만 제품을 보내는 유통

전속적 유통(exclusive distribution)은 주어진 지리적 지역에서 단 하나의 소매점을 이용하는 것이다. 이 소매점은 이 제품을 판매할 독점권을 소유해 다량의 재고와 특별한 서비스를 제공하며, 다른 제품보다 이 브랜드에 더 많은 관심을 쏟는다. 스카이다이빙 장비와 같은 전문 상품의 생산자들처럼 고급 자동차 생산자도 종종 전속적 유통을 활용한다.

전속적 유통
주어진 지리적 지역에서 단 하나의 소매 아울렛에만 제품을 보내는 유통

시험 준비

- 도매업자와 낙하 선적인의 활동을 설명하라.
- 어떤 종류의 제품들이 서로 다른 유통 전략(개방적 유통, 선택적 유통, 전속적 유통)을 요구하는가?

학습목표 14-5 다양한 무점포 소매 유형을 설명할 수 있다.

온라인 소매와 무점포 소매(Nonstore Retailing)

소매에서 온라인 소매보다 더 많은 관심을 받은 것은 없다.[8] 온라인 소매(예를 들면, 아마존, 자포스(Zappos) 등)는 무점포 소매의 한 형태일 뿐이다. 다른 부류로는 텔레마케팅, 자판기, 가판대, 카트와 임시매장, 다이렉트 판매, 다단계 마케팅 그리고 다이렉트 마케팅이 있다. 중소기업들은 자신의 제품에 대한 새로운 유통채널을 개발하기 위해 무점포 소매를 이용할 수 있다.

온라인 소매

온라인 소매(online retailing)는 온라인으로 최종 소비자에게 제품과 서비스를 판매하는 것이다. **소셜 커머스**(social commerce)는 소셜 미디어, 사회적 상호작용을 지원하는 온라인 미디어 그리고 제품과 서비스의 온라인 구매와 판매의 지원에 있어서의 사용자 기여를 포함하는 전자상거래의 한 형태이다(여러 다른 형태의 소셜 커머스에 대해서는 그림 14.5를 보라).

온라인 소매
인터넷을 통해(예를 들면, 여러분과 나 같은) 최종 소비자에게 상품과 서비스를 판매하는 것

소셜 커머스
소셜 미디어, 사회적 상호작용을 지원하는 온라인 미디어 그리고 제품과 서비스의 온라인 구매와 판매의 지원에 있어서의 사용자 기여를 포함하는 전자상거래의 한 형태

웹 사이트의 개선과 할인으로 온라인 소매 판매는 엄청나게 성장했다.[9] 고객을 얻는 것으로 모두 끝나는 것은 아니다. 제품을 배달하고 유용한 서비스를 제공하여 고객을 유

그림 14.5 소셜 커머스의 종류

소셜 커머스는 넓은 범위의 쇼핑, 추천 그리고 판매행위를 의미한다. 이러한 모형들이 판매와 고객만족을 증가시키는 것으로 입증되면 더 많은 것들이 소개될 것이다.

1. 개인 간(peer-to-peer) 판매 플랫폼(이는 또한 C2C(Consumer-to-Consumer) 마케팅이라 알려져 있다. 이 예로는 이베이, 엣시(Etsy), 아마존 마켓플레이스, 겟어라운드(Getaround)가 포함된다): 개인들이 상호 소통하고 다른 개인에게 직접 판매하는 공동체 기반의 장터
2. 소셜 네트워크 상점과 쇼핑 앱(페이스북 마켓플레이스, 트위터, 인스타그램, 핀트레스트(Pintrest)): 확실히 자리 잡은 소셜 플랫폼으로부터의 추천에 의한 판매
3. 공동 구매(group buying)와 일일 거래(그루폰, 리빙소셜(LivingSocial), 스카우트몹(Scoutmob)): 충분히 많은 사람들이 사려고 하면 할인된 가격으로 제공되는 제품과 서비스
4. 동료 추천(아마존, 옐프(Yelp)): 제품 또는 서비스의 리뷰를 통합하고 다른 사람의 구매 이력을 바탕으로 제품을 추천하는 사이트
5. 사용자 맞춤형 쇼핑(팬시(Fancy), 리스트(Lyst)): 사용자들이 다른 사람들이 쇼핑할 수 있는 제품과 서비스의 리스트를 만들어 공유하는 쇼핑 중심의 사이트
6. 크라우드펀딩/크라우드소싱(쓰레들리스(Threadless), 킥스타터(Kickstarter), 인디고고(Indiegogo)): 소비자들이 제품에 대한 투표, 자금 조성과 협력적 설계를 통한 생산과정에 직접 참여한다.
7. 소셜 쇼핑(모드클로쓰(ModCloth), 팹(Fab), 팬시(Fancy)): 조언과 의견을 나누는 채팅과 포럼 특징을 포함하는 쇼핑 사이트

출처: Lauren Indvik, "The Seven Species of Social Commerce," Mashable, www.mashable.com, accessed April 2014.

지하는 것 역시 그에 못지않게 중요하다. 온라인 소매가 충분한 재고를 가지고 있지 않거나 제때(특히 휴일이나 다른 바쁜 기간)에 배달하지 못할 때 고객들은 포기하고 오프라인 매장으로 다시 간다.

온라인 소매상들은 이메일 주문 확인을 제공한다. 그러나 때때로 이것들은 고객의 불만을 다루고 반품을 받고 개인적인 도움을 제공하는 데 있어 점포처럼 능숙하지는 않다. 일부 온라인 판매자는 고객들이 담당 직원으로부터 실시간으로 온라인 도움을 받을 수 있도록 하기 위해 도움 버튼을 추가하고 이들의 소셜 미디어 계정을 확인함으로써 고객서비스를 개선하고 있다.

온라인 매장을 추가한 오프라인 매장들은 때때로 온-오프라인 결합(brick-and-click) 매장이라 불린다. 이들은 고객들로 하여금 어떤 쇼핑 기법이 그들에게 가장 적합한지를 선택하도록 해준다. 미래에 경쟁하려는 대부분의 기업들은 소비자들에게 그들이 원하는 모든 사양을 제공하는 실제 상점과 온라인 상점 둘 다 필요로 할 것이다.[10)]

시어스(Sears)와 같은 전통적인 소매상은 온라인 판매가 새로운 형태의 유통을 필요로 한다는 것을 알았다.[11)] 시어스의 창고들은 이 기업의 소매 점포들로 한 트럭 분량의 상품을 배달하는 데 익숙해 있다. 그러나 이들은 가구나 가전 같은 큰 주문 외에는 개별 소비자들에 대한 배달 준비가 되어 있지 않았다. 따라서 전통적인 소매상과 온라인 소매상 모두 오늘날 쇼핑객들의 요구를 만족시키기 위해 새로운 유통 시스템을 개발해야 한다. 이베이상에서 상품을 판매하는 것이 종종 쉽지만, 이들 제품을 유통할 필요성이 항상 있는 것이다. 대부분의 사람들은 이러한 기능을 필요한 전문지식을 갖춘 페덱스나 UPS에 아웃소싱한다. 몇몇 온·오프라인 결합매장은 고객들이 온라인으로 구매한 것

을 매장에서 받게 함으로써 운송비용을 절약하는 옵션을 고객에게 제공한다. 물론 고객들이 매장에 왔을 때 더 사기를 바란다.

코로나 이후 항공기로 여행하는 것은 탑승객들이 마스크와 손 소독제 같은 개인 보호 물품을 준비해야 하기 때문에 이전과는 많이 다를 것이다. 다행히 그림과 같은 자판기가 탑승자가 탑승 전 이런 필수품을 빠르고 안전하게 준비하도록 해준나. 사판기에서 팔 수 있는 다른 유용한 제품들을 여러분은 생각할 수 있는가?

텔레마케팅

텔레마케팅(telemarketing)은 전화로 제품과 서비스를 판매하는 것이다. 많은 기업들은 매장 내의 판매를 보충하거나 대체하고 온라인 판매를 보완하기 위하여 텔레마케팅을 활용한다. 많은 기업들은 소비자들에게 카탈로그를 보내고 그들은 무료로 전화해 주문을 한다. 많은 전자소매점은 동일한 기능을 수행하는 도움말 기능을 온라인으로 제공한다.

텔레마케팅
전화로 상품과 서비스를 판매하는 것

자판기, 무인단말기(kiosks), 카트(carts)와 임시매장(Pop-ups)

자판기에서는 소비자가 충분한 돈을 넣으면 편의품이 제공된다. 자판기는 장소의 혜택을 보는데, 공항, 사무실용 빌딩, 학교, 휴게소와 사람들이 편의품을 원하는 다른 지역에서 볼 수 있다. 일본에서의 자판기는 반창고와 수건으로부터 샐러드와 양념된 해산물까지 모든 것을 판다. 자판기는 많은 혁신이 미국에서 소개됨에 따라 지켜보기에 흥미로운 분야이다. 미국 자판기는 이미 아이팟(iPod), 보스 헤드폰(Bose headphone), 신발, 디지털 카메라 그리고 DVD 영화를 판매하고 있다. 여러분은 심지어 몇몇 자판기에서 자동차와 트럭을 볼 수 있다.[12] 아부다비에 있는 ATM에서는 금을 판매한다.

카트와 무인단말기는 상점보다 관리비가 더 적어 티셔츠, 지갑, 시계 그리고 휴대폰과 같은 품목들이 더 저렴한 가격에 팔린다. 여러분은 종종 판매 카트를 상점 밖이나 쇼핑몰의 통로를 따라 보게 된다. 몇몇 쇼핑몰의 소유자는 판매 카트들의 색상이 화려하여 시장 분위기를 만들어내기 때문에 이것들을 좋아한다. 무인단말기 관련 직원들은 종종 쿠폰과 유용한 제품 정보를 제공한다. 항공사도 탑승 과정을 신속히 하기 위해 무인단말기를 사용하는 것을 볼 수 있다. 대부분의 무인단말기는 탑승권을 제공하고 여러분이 좌석을 변경하도록 해준다. 임시매장은 미국 전역에서 빠르게 인기를 끌고 있다. 임시매장은 좁은 장소에서 짧은 기간 동안 여는 일시적 매장으로 전통 상점에서 볼 수 없는 물품을 판매한다. 온라인 사업 소유자들에 대해 임시매장들은 새로운 사업을 추진하고 고객들이 직접 물품을 볼 수 있도록 해서 운송비용을 절약해주고 오프라인 매장을 시험적으로 운영하게 해준다. 건물 소유주들 또한 임시매장으로부터 혜택을 보는데 이는 임시매장들이 현재 비어 있는 공간에 임대를 가능하게 해주기 때문이다.[13]

다이렉트 판매

다이렉트 판매
소비자들의 가정이나 직장에서 판매하는 것

다이렉트 판매(direct selling)는 소비자들의 집이나 소비자들이 일하는 장소에서 소비자들에게 판매한다. 많은 기업들이 그들이 지원하는 하우스 파티(house party)에서 화장품, 가정용품, 란제리, 의류와 양초를 판매하기 위해 다이렉트 판매를 이용한다. 아주 많은 남성과 여성들이 집 밖에서 일하고 낮에는 집에 있지 않기 때문에 다이렉트 판매를 이용하는 기업들은 일터나 저녁과 주말에 집에서 있는 파티를 지원하고 있다. 그렇지만 몇몇 기업들은 온라인 판매를 위해 다이렉트 판매 노력의 대부분을 포기하고 있다.

다단계 마케팅

많은 기업들은 다단계 마케팅(MultiLevel Marketing; MLM)과 독립적인 계약자로서 일하는 판매원을 활용하여 성공을 거두었다. 가장 잘 알려진 MLM 기업 중에는 에이본(Avon), 써티원(Thirty-One)과 아본(Arbonne)이 있다.[14] 판매원은 자신의 판매에서 수수료를 얻고, 자신들을 모집한 '자신 위 라인의 사람(upliner)들'에 대한 수수료를 만들어내고 판매하기 위해 자신들이 모집한 '자신 아래 라인의 사람(downliner)들'로부터 수수료를 받는다. 여러분이 수백 명의 자신 아래 라인의 사람들—여러분이 모집한 사람들에 의해 모집된 사람들—을 보유하게 되면 여러분의 수수료는 상당히 많아진다. 몇몇 사람들은 이러한 방식으로 한 달에 수만 달러의 돈을 번다. 돈을 버는 가능성 말고도 직원들에 있어 다단계 마케팅의 주된 매력은 진입에 대한 비용이 적다는 것이다. 작은 투자로도 보통 사람이 사업을 시작하여 다른 사람들의 모집을 시작할 수 있다.

이것은 여러분들도 이러한 일에 관련되어야 한다는 것을 의미하는 것은 아니다.[15] MLM을 사용하는 몇몇 기업들이 비윤리적으로 행동하기 때문에 많은 사람들은 MLM에 의문을 가진다. 종종 최하위 단계의 사람들은 스스로 제품을 사서 최소한으로 다른 사람들에게 판다. 다시 말해서 판매자와 구매자로서의 다단계 방식에 대해 주의해야 한다. 잠재적인 직원(potential employee)들은 이러한 기업들의 관행을 조사하는 데 있어 아주 신중해야 한다.

다이렉트 마케팅

다이렉트 마케팅
생산자나 중간상을 최종 소비자와 직접 연결하는 모든 활동

다이렉트 마케팅(direct marketing)은 생산자나 중간상을 최종 소비자와 직접 연결하는 활동을 포함한다. 다이렉트 마케팅은 온라인 마케팅뿐만 아니라 다이렉트 메일, 카탈로그 판매 그리고 텔레마케팅을 포함한다. 다이렉트 마케팅을 이용하는 인기 있는 소비자 카탈로그 기업에는 L. L. 빈(L.L. Bean)과 랜즈 엔드(Lands' End)가 포함된다. 다이렉트 마케팅은 몇몇 하이테크 분야에서도 엄청난 경쟁을 만들어내고 있다.

상점에 가는 것보다 집이나 직장에서 쇼핑하는 것이 소비자에게 훨씬 더 편리하기 때문에 다이렉트 마케팅은 인기를 얻고 있다. 쇼핑몰로 차로 가는 대신 사람들은 온라인으로 쇼핑할 수 있다. 이들은 카탈로그와 신문과 잡지에서의 광고면을 보고 나서 전화, 메일 또는 온라인으로 구매를 한다. 쌍방향 온라인 판매는 소매점에 대한 경쟁을 증가시킨다. 예를 들어, L. L. 빈은 운송비용을 없앰으로써 경쟁자들을 압박한다. 이는 L. L. 빈을 카탈

로그나 온라인으로 쇼핑하기를 좋아하는 사람들에게는 더욱 매력적으로 만들어준다.

쌍방향 비디오로 다이렉트 마케팅은 새로운 차원에 접어들었다. 쌍방향 비디오를 이용하는 기업들은 정적인 종이 카탈로그로 마케팅하는 기업들에 대한 주요 경쟁자들이 되고 있다. 예를 들면, 옷을 입고 움직이거나 돌아서보는 모델의 비디오를 보는 고객들은 인쇄된 사진에서 단순히 모델을 보는 것보다 표정과 복장에 대한 느낌에 대해 훨씬 더 좋은 아이디어를 얻게 된다.

소비자들에게 최대의 이익을 제공하기 위해 중간상들은 제품과 서비스의 원활한 흐름을 위해 협력하여야만 한다. 유통채널에 전체적인 조화가 항상 있었던 것은 아니다. 결과적으로 채널 구성원들은 흐름을 더 효율적으로 만들 시스템들을 만들어내었다. 우리는 다음 절에서 이들을 논의할 것이다.

학습목표 14-6 채널 시스템에서의 협업을 구축하는 다양한 방법을 설명할 수 있다.

채널 시스템에서의 협력 구축

전통적인 소매점이 온라인 소매점과 경쟁할 수 있는 하나의 방법은 아주 효율적이 되어 소비자들이 배송료를 지불해야 하는 경우, 비용 측면에서 온라인 소매점이 전통적인 소매점을 이길 수 없도록 하는 것이다. 이는 생산자들, 도매상들 그리고 소매상들이 통합된 시스템을 만들기 위해 긴밀하게 협력해야 함을 의미한다.[16] 생산자들이 이러한 시스템에서 도매상들 및 소매상들이 어떻게 협력하도록 할 수 있을까? 한 가지 방법은 공식적인 관계로 이들 기업들을 연결하는 것이다. 기업들을 연결하기 위해 네 가지 시스템, 즉 기업 시스템, 계약 시스템, 관리 시스템 그리고 공급사슬이 있다.

기업 유통 시스템

기업 유통 시스템(corporate distribution system)에서는 하나의 기업이 유통채널에 있는 모든 조직을 소유한다. 만일 제조업체가 소매기업을 소유하고 있다면 생산자는 소매상의 운영에 큰 영향력을 유지할 수 있다. 페인트 기업인 셔윈 윌리엄스(Sherwin Williams)는 제조, 유통 그리고 제품 판매에 관여하고 있다. 이는 자사 소유의 소매점을 소유하고 있어 전시, 가격책정, 홍보, 재고 조절 등의 모든 것을 조정한다.

기업 유통 시스템
유통채널에 있는 모든 조직을 한 기업이 소유한 유통 시스템

계약 유통 시스템

제조업체가 소매점을 살 수 없다면 소매점들이 자사와 협력하도록 계약할 수 있다. **계약 유통 시스템**(contractual distribution system)에서는 구성원들은 계약 협정을 통해 협력할 의무가 있다. 세 가지 형태의 계약 시스템이 있다.

계약 유통 시스템
구성원들이 계약 조항들을 통해 협력하도록 되어 있는 유통 시스템

1. 맥도날드, 플래닛 피트니스(Planet Fitness), 배스킨라빈스와 던킨(Dunkin') 같은 프랜차이즈 시스템(franchise system) – 독점판매업자(franchisee)는 총판권을 주는 사람(franchisor)이 만든 규칙, 규제, 절차 모두에 동의한다. 이는 대부분의 프랜차이즈 조직에 일관된 품질과 서비스 수준을 가져다준다.

2. 에이스 하드웨어(Ace Hardware)와 IGA 식료품점 같은 도매상 지원의 체인(wholesaler-sponsored chain) – 각 상점은 비록 독립적으로 소유되고 관리되지만, 같은 이름을 사용하고 체인의 홍보에 참여하며, 통합된 상점 시스템으로 협력하기로 계약을 한다.
3. 어소시에이티드 그로서스(Associated Grocers) 같은 소매점 협동조합(Retail cooperative) – 이러한 협정은 소매상들에 의해 주도되었다는 것을 제외하고는 도매상 지원의 체인과 유사하다. 동일한 정도의 협력이 존재하고 상점들은 독립적으로 유지된다. 보통 이러한 시스템에서는 소매상들이 자신들이 구매를 하나의 도매상에 집중하기로 동의하지만, 협력적인 소매상들은 더 나은 서비스를 위해 하나의 도매상 조직을 살 수도 있다.

관리 유통 시스템

관리 유통 시스템
생산자들이 모든 마케팅 기능들을 소매상 수준에서 관리하는 유통 시스템

공급사슬(가치사슬)
원재료의 조달부터 최종 소비자까지 상품을 이동시키는 여러 다양한 조직들이 수행하는 연결된 활동의 순서

공급사슬 관리
공급사슬에 포함된 모든 조직을 통하여 원재료, 부품, 재공품, 완제품과 관련된 정보의 이동을 관리하고, 필요 시 이러한 제품들의 반품을 관리하며, 적절한 경우 원재료를 재활용하는 프로세스

만약 여러분이 생산자라면 여러분이 소매상들로 하여금 협력에 동의하도록 계약할 수 없는 경우 무엇을 할 것인가? 여러분은 진열, 재고 통제, 가격 책정 그리고 홍보를 포함하여 모든 마케팅 기능을 여러분 스스로 관리하는 것이다. 생산자들이 모든 마케팅 기능들을 소매상 수준에서 관리하는 시스템을 **관리 유통 시스템**(administered distribution system)이라 부른다. 크래프트(Kraft)는 자사의 치즈를 위해 이렇게 하고 스콧스(Scotts)는 자사의 종자(seed)와 다른 잔디 관리 제품들을 위해 이렇게 한다. 상당한 도움을 무상으로 얻기 때문에 이러한 시스템에서는 소매상들이 생산자들과 협력을 한다. 소매상이 해야 하는 일은 판매금액을 입력하는 것이다.

공급사슬

공급사슬(supply chain **또는 가치사슬**(value chain))은 원재료의 조달부터 최종 소비자까지 제품과 서비스를 이동시키기 위해 여러 다양한 조직들이 수행하는 모든 연결된 활동들로 구성된다. 공급사슬은 공급업체부터 제조업체까지의 연결을 포함하는 반면 유통채널은 제조업체부터 시작하기 때문에 공급사슬은 유통채널보다 더 길다. 유통채널은 전체 공급사슬의 일부이다(그림 14.6 참조).

공급사슬에는 농부들, 광부들, 모든 유형(부품, 장비, 물품)의 공급업체들, 제조업체들, 도매상들, 소매상들이 포함된다. **공급사슬 관리**(supply-chain management)는 공급 사슬에 있는 모든 조직을 통하여 원재료, 부품, 재공품, 완제품과 관련 정보의 이동을 관리하고, 필요 시 이러한 완제품들의 반품을 관리하며, 적절한 경우 원재료를 재활용하는 프로세스이다. 오늘날 주요 이슈는 환경에 영향을 주는 상당수가 유통에서 야기되기 때문에 공급사슬을 지속 가능하도록 만드는 것이다.[17]

Edible Arrangement 같은 프랜차이저(franchisor)는 독점판매업자(franchisee)들이 프랜차이저의 규칙과 절차를 따르도록 요구하는 계약 유통 시스템을 사용한다. 이러한 시스템이 어떻게 일관된 품질과 서비스 수준을 유지하는가?

복잡한 공급사슬의 한 예는 자동차 제조업체인 기아(Kia)의 소렌토(Sorento) 모델에서 볼 수 있다. 소렌토는 조지아주의 웨스트 포인트(West Point)에서 조립되고 전 세계에서 조달되어 온 30,000개가 넘는 부품들로 만들어진다.[18] 충격 흡수장치와 선년 적재 시스템(front-loading system)은 AF 삭스 AG(AF Sachs AG)에서, 전륜구동은 보그워너(BorgWarner)에서, 그리고 타이어는 미쉐린에서 제공된다. 에어백은 때때로 스웨덴

그림 14.6 **공급사슬**

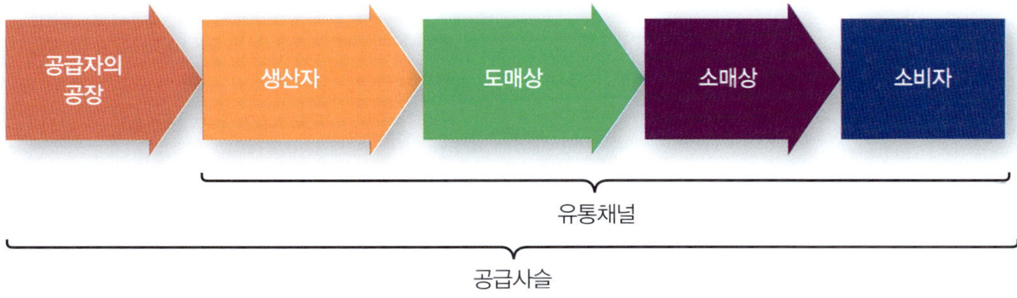

기업인 오토리브(Autoliv Inc.)에서 공수되는데 이 기업은 에어백을 미국의 유타주에서 만든다. 보다시피 공급사슬 관리는 기업 간은 물론이고 국제적이다.

SAP, i2와 오라클 같은 기업들은 제품과 정보의 이동을 조정하는 소프트웨어를 개발하여, 생산자가 최소량의 원재료, 재고, 시간으로 소비자의 요구를 제품으로 변환할 수 있도록 해준다. 기업들은 제품과 정보를 아주 원활하게 이동시켜 이들 기업들이 하나의 기업처럼 보인다. 물론 소프트웨어 시스템들은 아주 복잡하고 비싸지만, 재고의 감소, 고객 서비스의 개선, 시장 변화에 대한 대응성으로 인해 장기적으로는 이 비용을 감당할 수 있다. 이러한 시스템들이 아주 효과적이고 효율적이어서 이들은 때때로 공급사슬 대신 가치사슬로 불린다. 스타벅스는 생산과정의 모든 단계에서 가치를 부가하는 일련의 활동을 포함하는 가치사슬을 가지고 있다.[19]

모든 공급사슬이 효율적인 것은 아니다. 몇몇 기업들은 두절(disruption) 비용, 비효율적인 트럭 경로 그리고 지나친 재고를 포함한 높은 유통비용으로 어려움을 겪고 있다. 공급사슬 관리의 복잡성으로 인해 기업들은 종종 전체 프로세스를 통합하는 방법을 아는 전문가들에게 아웃소싱하기도 한다. 37개의 서로 다른 통화로 125개 국가에서 사업을 하는 한 기업을 생각해 보라. 이 기업은 오라클의 피플소프트(PeopleSoft) 공급사슬 관리와 재무관리 솔루션 같은 서비스를 사용할 수 있다. 피플소프트는 재무적인 도움을 제공하는데 세상의 어느 곳이든 제품을 선적하고 지불을 확인하는 것을 쉽고 비용이 적게 들게 해준다.

얼마나 유통이 복잡한지를 더 많은 기업들이 인식함에 따라 공급사슬 관리의 아웃소싱이 증가하고 있다. 기업들이 장난감에서 납(lead) 페인트와, 약물 헤퍼린(heparin)에서 오염물질을 발견했을 때 이 기능을 아웃소싱하는 것이 심각한 결과를 가져올 수 있다는 것을 알게 되었다.

학습목표 14-7 로지스틱스를 설명하고 중간상이 상품의 운송과 저장을 관리하는 방법을 설명할 수 있다.

로지스틱스: 상품을 소비자들에게 효율적으로 가져다주는 것

선적비용은 최근 엄청나게 증가하였다. 유통은 GDP의 거의 8%를 차지하는 것으로 추

변화에 적응하기

카트부터 매장까지, 유통업계 비대면 무인판매 가속

비대면 무인판매가 유통업계 전반으로 확산된다. 대면 접객에 부담을 느끼는 MZ세대(1981~2010년생)가 소비 주축으로 떠오른 것과 코로나 19 장기화가 맞물리면서 유통업계 무인화를 가속시키고 있다는 분석이 나온다.

유통업계는 오프라인 매장 중 MZ세대 이용률이 높은 곳으로 '편의점'을 꼽는다. 최근 편의점은 무인결제를 넘어 무인매장으로 변신이 한창이다. 편의점 이마트24는 최근 심야 영업을 하지 않는 전체 중의 80% 매장을 '무인 하이브리드' 매장으로 바꾸겠다는 계획을 밝혔다. 무인결제 시스템을 통해 심야 시간 운영을 하지 않았던 매장의 추가 매출을 끌어올리겠다는 복안이다. 현재 무인 셀프 결제 시스템을 도입한 매장은 150여 개다. 전년 대비 36% 늘었다.

편의점 GS25도 무인 · 하이브리드 점포를 월 30개씩 늘리는 것으로 올해 총 600개의 비대면 무인결제 매장을 운영할 계획이다. 세븐일레븐도 하이브리드 매장인 시그니처를 1월 46곳에서 3월 기준 100여 곳으로 크게 늘렸다.

직원 없이 운영되는 무인매장도 증가 추세다. 비트코퍼레이션은 4월 판교 테크노밸리에 자사 1호 무인매장 '비트박스'를 오픈했다. 로봇카페 '비트3X', 계산대 없이 필요한 물건만 골라가는 '비트투고' 스마트 선반 등으로 매장을 채웠다. 비트박스 무인매장은 상주 인력 없이 매장을 관리 · 제어한다. 인공지능(AI)이 딥러닝 과정을 거쳐 스스로 매출 수요를 예측하고 매장 내 재고를 파악해 필요한 물품을 자동으로 발주한다. 회사는 올해 무인매장 수를 100곳으로 늘린다는 목표를 세웠다.

AI 무인 스마트 매장 기술을 갖춘 도시 공유 플랫폼도 최근 경기 성남시 현대지식산업센터에 무인매장을 선보였다. 해당 무인매장에는 14대의 AI 자판기가 설치됐다. AI 딥러닝 기술을 통해 상품 인식과 결제까지 모든 과정이 자동으로 처리되는 것이 특징이다.

유통업계 한 관계자는 "젊은 세대 소비자일수록 비대면 결제 선호도가 뚜렷하다"며, "최근 가전 · 자동차 · 통신 등 업계 선두 기업들이 앞다퉈 비대면 무인매장을 확대하는 것도 같은 맥락이다"라고 분석했다.

정부의 규제 샌드박스 특례 승인도 비대면 무인판매를 확산시키고 있다. 그간 비대면 판매가 불가능하다고 평가받았던 '주류'와 '담배'의 무인 판매 시스템을 등장시켰다. 신세계아이앤씨는 최근 산업통상자원부의 'ICT 규제 샌드박스 심의위원회'를 통해 비대면 주류 판매 실증 규제 특례 승인을 받았다. 회사는 올해 전국 편의점과 슈퍼마켓을 중심으로 50개 점을 확보한다는 계획이다. 세븐일레븐은 하이브리드 시그니처 매장 8곳에 담배 자판기를 도입했다. 손 정맥 결제 시스템인 '핸드페이'를 통해 성인 인증을 거친 뒤 판매한다.

자판기 형태 비대면 무인판매도 증가세다. 식품기업 아워홈은 최근 스마트 무인 도시락 서비스 '헬로잇박스' 입점 확대에 나섰다. 냉장 · 냉동 도시락을 포함해 신선식품 · 음료 · 스낵 등을 비대면 방식으로 판매한다. 올해 전체 중 10%에 달하는 아워홈 관련 점포에 비대면 무인 플랫폼을 도입한다는 계획이다. 신선식품 스마트 무인 자판기 '프레시고24'도 최근 점포 수를 50여 곳으로 확대했다. 운영사 프레시고는 5월 부대찌개 밀키트 전문점 땅스부대찌개와 스마트 자판기 공급 계약을 체결하고 매월 10개 이상 점포에 무인 자판기를 공급하는 등 프랜차이즈 본사 대상 B2B 영업 강화에 나섰다. CJ프레시웨이도 위탁운영 점포를 중심으로 '반찬박스'라 부르는 비대면 신선식품 자판기 사업을 추진 중이다. CJ제일제당점 등 현재 8곳에 비대면 자판기를 배치했다. 에치와이(hy, 옛 한국야쿠르트)도 '야쿠르트 아줌마 카트'로 불리는 코코 냉장전동카트의 비대면 무인판매 기능을 확대하고 있다. 회사는 AI와 각종 센서 기술을 통해 비대면 무인판매 기능을 실현한 3세대 이동형 냉장카트 '코코 3.0'을 6월 기준 361대에서 향후 1만 대 규모로 늘린다는 계획이다.

출처: http://it.chosun.com/site/data/html_dir/2021/07/08/2021070802040.html

정된다.[20] 국가에서 국가로 선적할 때 상품은 수상으로 이동해야 하기 때문에 트럭이나 기차를 이용하는 것은 불가능하다. 항공에 의한 선적은 엄청나게 비용이 많이 들어 이는 선박으로 제품을 운송하는 것으로 선택을 좁혀준다. 그러나 여러분은 어떻게 제품을 선박에서 구매자로 운반할 것인가? 교환이 여러분과 여러분의 고객들에 대해 도움이 되기에 충분할 만큼 비용들을 어떻게 낮출 것인가? 그리고 여러분은 외국의 무역 관세와 세금을 어떻게 다룰 것인가? 제품을 국제적으로 유통하는 것은 복잡하다. 수송과 유통이 더 복잡해짐에 따라 마케터들은 더 정교한 시스템을 개발하여 대응하고 있다.

관세 문제를 더 잘 다루기 위해 많은 기업들은 웹 기반의 무역준수 시스템에 의존한다. 트레이드포인트(TradePoint)나 엑스포타(Xporta)와 같은 기업들은 해외의 무역 관세와 세금, 미국의 노동법 규정, 식품의약국(Food and Drug Administration)이나 주류 · 담배 · 화기 및 폭발물 단속국(Bureau of Alcohol, Tobacco, Firearms and Explosives)의 연방규정에 대한 정보 데이터베이스를 대조 검토함으로써 어떤 서류작업이 필요한지를 결정해준다. 다시 말해 이 기업들은 로지스틱스를 관리해 준다.

로지스틱스(logistics)는 이익을 내면서 고객의 요구를 충족시키기 위해 원산지부터 소비지까지 원재료, 완제품 그리고 관련 정보의 물리적 흐름을 계획하고 실행하며 통제하는 것이다. 로지스틱스는 기업이 어떻게 7개의 R, 즉 적절한 제품(right product)을 적절한 시간(right time)에, 적절한 양(right quantity), 적절한 상태(right condition), 적절한 가격(right price)으로 적절한 장소(right place)의 적절한 고객(right customer)에게 가져다주는지를 설명한다.[21] '변화에 적응하기' 글상자에서는 신선 식료품을 소비자에게 배달하기 위해 월마트가 직면한 로지스틱스 이슈를 다루고 있다. **유입 로지스틱스(inbound logistics)**는 공급자들로부터 원재료, 포장재, 다른 제품들과 서비스와 정보를 생산자들에게 가져온다.

로지스틱스
이익을 내면서 고객의 요구를 충족시키기 위해 원산지부터 소비지까지 원재료, 완제품과 관련된 정보의 흐름을 계획하고 실행하며 통제하는 마케팅 활동

유입 로지스틱스
공급자들로부터 원재료, 포장, 제품과 서비스와 정보를 생산자에게 가져오는 것을 포함하는 로지스틱스 영역

자재 취급(materials handling)은 한 창고 안의, 창고에서 공장 현장까지 그리고 공장 현장에서 여러 작업장까지의 상품 이동이다. 공장 프로세스(factory process)는 원재료와 부품과 다른 투입물을 신발, 자동차와 의류와 같은 완제품 같은 산출물로 변화시킨다.

자재 취급
한 창고 안의 창고에서 공장 현장까지, 공장 현장에서 여러 작업장까지의 상품 이동

유출 로지스틱스(outbound logistics)는 기업 구매자들에서 궁극적으로 여러분과 나 같은 소비자까지의 완제품과 정보의 흐름을 관리한다. 제품을 여러분의 집으로 배달하기 위해 드론을 사용하는 아마존의 아이디어에 대해 여러분은 무엇을 생각하는가? 비록 이 기업이 드론을 끝까지 사용한다 해도 배달 드론의 광범위한 사용은 아마도 아직은 미래 이야기일 것이다.[22] **역 로지스틱스(reverse logistics)**는 결함이나 원재료의 재활용을 위해 상품을 제조업체에 다시 가져다주는 것이다.[23]

유출 로지스틱스
기업 구매자들과 최종 소비자(여러분과 나 같은 사람)까지의 완제품과 정보의 흐름을 관리하는 것을 포함하는 로지스틱스 영역

역 로지스틱스
결함이나 원재료의 재활용을 위해 상품을 제조업체에 다시 가져다 주는 것을 포함하는 로지스틱스 영역

그림 14.7 **운송수단 비교**

트럭과 기차를 결합하면 비용이 줄어들고 도달할 수 있는 장소의 수가 증가한다. 이는 트럭과 선박을 결합하는 경우에도 마찬가지이다. 트럭과 항공을 결합하면 원거리에 대한 상품 배달속도를 단축시키고 거의 모든 장소에 상품을 배달할 수 있다.

수단	비용	속도	정시배달	제품 처리 유연성	수송 빈도	도달 범위
기차	중간	느림	중간	높음	낮음	높음
트럭	높음	빠름	높음	중간	높음	가장 높음
파이프라인	낮음	중간	가장 높음	가장 낮음	가장 높음	가장 낮음
선박	가장 낮음	가장 느림	가장 낮음	가장 높음	가장 낮음	낮음
항공	가장 높음	가장 빠름	낮음	낮음	중간	중간

로지스틱스는 상품의 이동에 관여된 만큼 정보의 이동에도 관련된다. 소비자의 욕구와 필요는 시스템을 통해 공급자들까지 흘러가야 하며, 이는 실시간으로 행해져야 한다. 정보 또한 지연 없이 시스템을 통해 흘러 내려가야 한다. 물론 이는 정교한 하드웨어와 소프트웨어를 필요로 한다.

제3자 로지스틱스(third-party logistics)는 여기저기 상품 이동을 돕는 외부기업을 활용하는 것이다. 여러분의 기업이 외부기업들보다 더 효율적으로 할 수 없는 기능들을 아웃소싱하는 것이 현재의 추세이다. 비즈니스 인텔리전스(business intelligence)에서 뛰어난 능력을 갖추고 이 지식을 선제적으로 공유하려는 3PL(제3자 로지스틱스 제공자)은 미래에 성장할 기업이다.

여러분은 판매 후에 전 세계의 사람들에게 제품을 어떻게 가져다줄 것인가? 무엇이 여러분의 선택인가? 여러분은 트럭, 기차, 선박 또는 파이프라인을 통해 상품을 보낼 수 있다. 여러분은 UPS, 페덱스 또는 미국 우체국(U. S. Postal Service) 같은 운송 전문 기업을 이용할 수 있지만, 이는 종종 특히 큰 품목들을 보내려면 비싸다. 그럼에도 불구하고 가장 전문적인 마케터들 중 몇몇은 유통 프로세스를 이런 전문 기업들에게 아웃소싱한다. 모든 운송수단은 기본적인 서비스 기준, 즉 비용, 속도, 의존성, 유연성, 빈도와 도달범위에 바탕을 따라 평가될 수 있다. 그림 14.7은 이러한 기준에 있어서 여러 다양한 운송수단을 비교하고 있다.

기차는 큰 규모의 수송에 적합하다

미국에서는 (부피로 볼 때) 기차로 상품을 수송하는 비율이 가장 크다.[24] 기차로 수송하는 것은 석탄, 밀, 자동차, 중장비와 같은 부피가 큰 품목들에 최적이다.

기차는 다른 운송수단과의 경쟁에서 자신의 역할을 계속 유지해야 한다.[25] 기차는 제품을 수송하는 상대적으로 에너지 효율적인 방법을 제공하고 연료비가 오르면 상당한 이득을 얻을 수 있다. 심지어 단선의 기차(선로의 지선을 더 큰 선로인 간선으로 연결하는 기차)도 성장할 것이다.

화물운송업자
최종 목적지까지 비용 효율적으로 수송될 수 있는 하나의 큰 화물을 만들기 위해 많은 작은 화물들을 모으는 조직

어떤 기업은 기차 이용을 생각할 만큼 충분한 상품을 선적하지 못할 수도 있다. 그러한 작은 제조업체나 마케터들도 **화물운송업자(freight forwarder)**를 이용함으로써 좋은 가격과 서비스를 받을 수 있는데 화물운송업자는 트럭이나 기차로 비용 효율적으로 수송될 수 있는 큰 단일 화물을 만들기 위해 많은 작은 화물들을 모은다. 이러한 수송은 LCL(Less-than-CarLoad, 철도소량화물) 수송으로 알려져 있다. 몇몇 화물운송업자들은 또한 저장, 고객 지원, 픽업과 배달을 포함한 다른 서비스들을 제공한다. 여러분은 한 소규모 판매자에 대한 이러한 기업의 이점을 볼 수 있다. 화물운송업자는 마케터들이 한 장소에서 다른 장소로 상품을 운송하는 것을 도와주기 위해 나타난 많은 유통전문기업들 중의 하나일 뿐이다.

트럭은 먼 장소로의 소규모 수송에 적합하다

두 번째로 큰 육상 운송수단은 자동차(트럭과 밴)이다. 그림 14.7에서 보듯이 트럭은 기차보다 더 많은 장소에 도달하고 거의 모든 상품을 택배로 배달할 수 있다.

기차는 미국 내에서 선적되는 모든 상품의 1/3 이상을 운송하는데, 계속해서 지배적인 운송수단으로 남을 것으로 기대된다. 크고 작은 모든 생산자들에 대해 기차로 운송하는 것의 장점은 무엇인가?

여러분은 배달을 위해 여러분 자신의 트럭을 살 수도 있지만, 넓은 지역 배달에 있어서는 트럭 전문업체들을 당할 수 없다. 화물운송업자처럼 트럭 전문업체들은 하나의 중요한 마케팅 기능인 상품 운송을 제공하기 위해 나타났다.

유류비가 오를 때 트럭 운송 기업은 비용을 절감하는 방법을 찾는다. 농장에서 소비자로의 수송에 있어서 가장 새로운 척도는 탄소비용(carbon cost)이다. 몇몇 사람은 식료품이 더 적게 이동할수록 환경에 더 좋다고 주장한다.

수상 운송은 저렴하지만 느리다

상품을 해외로 보낼 때 가장 저렴한 방법은 선박을 이용하는 것이다. 분명히 선박은 육상이나 항공 운송보다 느려서 수상 운송은 신속히 운송될 필요가 있는 상품들에는 적합하지 않다. 수상 운송은 국제적일 뿐만 아니라 지역적이다. 여러분이 미시시피강 근처에 살고 있다면 한번에 4만 5,000톤까지이 화물을 실은 30척의 바지선을 끄는 견인선(towboat)을 보았을 것이다. 더 작은 강에서는 20,000톤—이는 100개의 칸이 있는 기차 4대에 해당—까지를 실은 약 8척의 바지선을 견인선이 끌 수 있다. 오대호 수송, 해안 사이와 해안을 따른 수송, 그리고 국제적인 수송까지 포함하면 수상 수송이 하나의 중요 운송수단으로서 새로운 역할을 맡고 있다.

파이프라인은 빠르고 효율적이다

우리가 흔히 볼 수 없는 하나의 운송수단은 파이프라인이다. 파이프라인에서는 주로 물, 석유, 석유 제품이 운송되지만, 여러분이 상상하는 것보다 훨씬 더 많은 제품들이 파이프라인을 통해 운송된다. 예를 들면, 석탄은 먼저 잘게 부수어 물과 섞인 후 파이프라인을 통해 보내질 수 있다. 오늘날 천연가스를 파이프라인으로 보내는 것에 대해 많은 논

목재와 같은 무거운 원재료를 한 나라에서 다른 나라로 운송하기 위해 기차와 트럭 운송기업은 통나무들을 부두로 가져오고 여기서 거대한 크레인으로 통나무들을 들어 선박 내로 싣는다. 화물이 목적지에 도착하면 선박에서 통나무들을 내려 가공 공장으로 보낸다. 왜 로지스틱스 프로세스를 관리하는 것이 몇몇의 산업에서는 생존을 위해 중요한가?

의가 있다. 많은 셰일 석유(shale oil)가 지금은 철도로 수송되고 있지만, 최근의 사고가 기업들이 파이프라인으로 운송하게 만들고 있다.[26] 철도와 파이프라인 사이의 경쟁이 엄청 커지고 있다.

항공 운송은 빠르지만 비싸다

오늘날 운송의 아주 작은 부분만이 항공으로 이루어진다. 그럼에도 불구하고 많은 산업에서 항공 운송은 매우 중요해 작은 소포부터 고급 자동차와 코끼리까지 모든 것을 운송할 수 있다. 항공 운송의 주요 이점은 속도이다. 이에 대해 페덱스나 UPS보다 더 잘 아는 기업은 없다. 긴급 배송 시장에서 경쟁하는 여러 경쟁자들 중 페덱스와 UPS만이 글로벌 시장으로 확장하기 위해 항공 수송을 사용해왔다.

항공화물산업은 글로벌 유통에 집중하기 시작했다. 이제 UPS의 일원인 에머리(Emery)는 특정 산업의 유통 필요성을 지원할 목적으로 전문화된 판매와 운영 팀을 만들어 산업의 개척자가 되었다. KLM 로열 더취 항공사(KLM Royal Dutch Airlines)는 외교행낭과 의료물품 같은 큰 이익이 나는 품목들을 다루는 화물/승객용 비행기를 보유하고 있다. 이러한 화물에 전문화함으로써 KLM은 페덱스와 DHL과 경쟁할 수 있다.

복합운송

복합운송
장거리 단일 화물의 운송을 완수하기 위해 여러 운송 수단을 사용하는 것

복합운송(intermodal shipping)은 장거리 단일 화물의 운송을 완수하기 위해 고속도로, 항공, 수상, 철도 등 여러 운송 수단을 사용한다. 복합운송에 전문화된 서비스는 복합운송 마케팅 기업으로 알려져 있다. 오늘날 기차는 복합유통을 제공하기 위해 기차끼리 그리고 다른 운송기업들과 협력하고 있다.[27]

기차는 TOFC(Trailer On Flat Car, 역자 주: 컨테이너를 실은 트레일러 채로 화차 위에 적재) 또는 피기백(Piggyback)이라 불리는 수송 프로세스를 만들어내기 위해 트럭회사와 손을 잡았다. 화물 트레일러는 트럭 운전 칸에서 분리되어 기차의 무개화차(flatcar)에 적재되어 목적지까지 보내진 후 목적지에서 하역되어 트럭에 부착된 후 고객의 공장으로 운전되어 간다. 오늘날 화물 트레일러로부터 분리되는 복합운송 컨테이너는 화물 트레일러 대신 널리 사용되고 더블 스택(double stack)이라 불리는 특별히 제작된 궤도차 위에 두 개의 화물 트레일러가 올려질 수도 있다. 두 층으로 쌓여진다. 이러한 운송 프로세스는 COFC(Container On Flat Car)라 부른다. 화물 트레일러를 먼 거리를 이동시키기 위해 선박에 실려질 때 이를 피시백(fishyback)이라 부른다.

미국에서 판매할 목적으로 일본에서 만들어진 자동차를 상상해보사. 자동차는 트럭으로 적재 부두까지 운반되고, 거기서 선박으로 미국에 있는 한 항구로 운송된다. 그리고 나서 자동차는 미국을 횡단하는 기차에 적재되기 위해 다른 트럭에 실려 철도역까지

운송된다. 자동차는 다시 지역의 한 딜러에게 배달되기 위해 트럭에 적재된다. 이제 이러한 모든 이동을 다루는 한 통합운송 기업을 생각해보자. 이것이 복합운송에 관한 모든 것이다.

저장 기능

앞 절에서는 기업이 일단 제품을 판매했을 때 제품을 신적하는 다양한 방법들을 자세히 다루었다. 그러나 이는 한 지점에서 다른 지점으로 상품을 이동시키는 시스템을 이해하는 데 있어 첫 단계일 뿐이다. 복잡한 로지스틱스 시스템의 또 다른 중요한 부분은 저장이다.

구매자들은 상품이 신속히 배달되기를 원한다. 이것은 마케터들이 주문이 들어왔을 때 지역으로 배송될 수 있도록 미국의 여러 지역에서 상품이 이용 가능하도록 하여야 함을 의미한다. 메이시(Macy's)는 제품이 소비자에게 더 빨리 전달되도록 전국 각지에 창고를 짓고 있다.[28] 로지스틱스의 총 비용에 대한 상당한 부분이 저장에 대한 것이다. 여기에는 저장 창고(유통시설)와 운영 그리고 창고 내에서의 상품의 이동에 대한 비용이 포함된다.

상품의 추적

두 가지 주된 종류의 창고로 저장과 유통이 있다. 저장 창고(storage warehouses)는 비교적 오랜 기간 동안 제품을 보관한다. 잔디 깎는 기계와 같은 계절상품들은 이러한 창고에 보관된다. 유통 창고(distribution warehouses)는 제품을 취합하여 재분배하는 데 이용되는 시설이다. 여러분은 아주 짧은 시간에 수천 개의 소포를 다루는 페덱스나 UPS의 유통창고를 생각해볼 수 있다. 소포들은 미국 내의 여러 장소에서 취합된 후, 이러한 유통센터에서 재선적을 위한 처리가 이루어진다. 조지아주의 사반나(Savannah)에 있는 타겟(Target)의 수입창고가 여러분에게 이러한 건물이 얼마나 큰지에 대한 감을 준다. 이것은 거의 풋볼 경기장 30개에 해당하는 2백만 평방피트에 달한다.[29]

생산자들은 주어진 어떤 시점에 그들의 제품이 어디에 있는지를 어떻게 추적하는가? 13장에서 언급했듯이 기업들은 재고를 추적하기 위해 범용상품코드(Universal Product Code)—익숙한 흑백의 바코드와 미리 설정된 번호—를 사용한다. 바코드는 스마트폰 앱이 서로 다른 공급자로부터의 제품에 대한 가격을 비교하고 리뷰를 읽는 것이 가능하도록 할 때 큰 관심을 끌었다.

또한 앞에서 언급했던 RFID(Radio Frequency IDentification)는 상품에 태그를 붙여 그 상품이 공급자의 화물적재 플랫폼 도착에서부터 소매점의 문을 통해 빠져나갈 때까지 추적할 수 있다.[30] 월마트, 타겟 그리고 다른 조직들이 모두 공급자들로 하여금 RFID를 이용하도록 요구할 계획이다. 미군은 군수장비를 추적하기 위해 RFID 코드를 사용한다.

탤리(Tally)라 불리는 소매점 로봇은 근처의 옷걸이에 있는 RFID 태그들을 스캔하여 재고를 관리하고 소매점이 재고로 보유한 품목들을 추적한다. 여러분은 RFID 태그의 어떤 다른 용도를 생각할 수 있는가?

UPS보다 품목 추적에 더 관심을 갖는 기업은 거의 없는데 UPS는 상품을 추적하기 위해 블루투스의 단거리 무선 능력(short-range radio capability)과 무선 수신기들을 결합한 것을 사용한다. UPS는 이 시스템이 RFID보다 훨씬 더 낫다고 주장한다. 미 국무부(The U.S. State Department)는 캐나다, 멕시코 그리고 카리브해 지역으로 종종 여행하는 미국 시민권자들에 의해 사용되는 여권수첩(passport book) 대신 전자여권카드를 제공한다. 미 국무부는 비록 일부 사람들이 전자여권카드가 쉽게 변경될 수 있다고 믿고 있음에도 불구하고 사용자에 관한 데이터를 제공하기 위해 RFID 칩을 이용하고 이는 여권수첩보다 더 편리하고 비용이 적게 든다.

이 모든 것이 여러분의 진로에 있어 의미하는 것

기업의 생사는 종종 주문 접수, 주문처리, 주문의 진행에 대한 소비자 고지, 소비자로의 신속한 상품 전달, 반품 취급과 재활용 이슈에 대한 관리 능력에 달려 있다. 시장에서 가장 흥미 있는 기업들 중 몇몇은 공급사슬 관리의 어떤 부분에 도움을 준 기업들이다.

이 모든 것이 여러분에게 의미하는 것은 공급사슬 관리의 흥미로운 분야에서 많은 새로운 일자리들이 등장한다는 것이다.[31] 여기에는 기차, 항공, 트럭, 선박, 파이프라인 같은 유통에서의 일자리가 포함된다. 이것은 또한 웹 사이트 개발을 포함하는 기업들 간의 정보 흐름을 다루는 일자리를 의미한다. 다른 일자리들은 주문을 처리하고, 재고를 추적하며, 판매자에서 구매자 그리고 다시 생산자로 이동하는 제품의 경로를 따라가고 상품을 재활용하는 것과 다른 많은 것을 포함한다. 여러분은 진로탐색의 절에서 유통의 다른 진로에 대해 살펴볼 수 있다.

시험 준비

- 유통채널의 구성원들을 결속시키기 위해 어떤 4가지 시스템이 나타났는가?
- 로지스틱스는 유통과 어떻게 다른가?
- 유입 로지스틱스, 유출 로지스틱스, 역 로지스틱스는 무엇인가?

요약하기

학습목표 14-1 마케팅 채널의 개념과 가치를 설명할 수 있다.

- **유통채널은 무엇인가?**
  유통채널은 생산자들로부터 소비자들까지의 경로(또는 채널)에서 상품 수송과 저장에 함께 참여하는 대리인, 중개인, 도매상, 소매상과 같은 중간상으로 구성되어 있다.
- **중간상은 어떻게 가치를 증가시키는가?**
  중간상은 수송, 저장, 판매, 광고, 관계 구축과 같은 마케팅 업무를 대부분의 생산자들보다 더 빠르고 저렴하게 수행한다. 유통채널은 의사소통과 상품에 대한 돈과 소유권의 흐름을 확실히 해준다. 유통채널은 또한 적절한 수량과 상품 구색이 필요한 시간과 장소에 확실히 있도록 해준다.
- **이러한 중간상의 활용 이면의 원칙들은 무엇인가?**
  중간상은 배제될 수 있지만, 이들의 활동은 배제될 수 없다. 도매상들과 소매상들이 없으면 소비자들은 상품의 수송과 저장, 공급자 파악, 공급자들과의 의사소통과 같은 업무를 수행해야 한다. 중간상은 상품에 비용을 추가시키지만, 이러한 비용은 대개 이들이 만들어내는 가치보다 작다.

학습목표 14-2 중간상이 여섯 가지 마케팅 효용을 수행하는 방법을 설명할 수 있다.

- **중간상은 어떻게 여섯 가지 마케팅 효용을 수행하는가?**
  소매식료품점은 고기를 자르거나 손질해 형태 효용을 제공한다. 그러나 마케터는 자주 다섯 가지 다른 효용에 대해 책임을 진다. 마케터는 사람들이 상품들을 원할 때 상품들을 이용 가능하도록 함으로써 시간 효용을 제공하고, 사람들이 상품들을 원하는 곳에 상품들을 가지고 있음으로써 장소 효용을 제공한다. 소유 효용은 사람들이 물건을 소유하는 것을 가능하도록 해주는데, 여기에는 판매를 완료하는 신용거래, 배달, 설치, 보증과 그 밖에 다른 것들이 포함된다. 마케터들은 또한 소비자들에게 광고, 홍보, 다른 수단으로 제품과 서비스의 이용 가능성을 알려준다. 이것이 정보 효용을 제공한다. 마지막으로 마케터들은 판매 중과 판매 후 빠르고 친절하면서 효율적인 서비스를 제공한다(서비스 효용).

학습목표 14-3 유통 시스템에서의 다양한 도매 중간상을 설명할 수 있다.

- **도매상은 무엇인가?**
  도매상은 최종 소비자가 아니라 조직들이나 개인들에게 판매하는 중간상이다.
- **제조업체들에서 소비자들까지 상품의 이동을 도와주는 몇몇 도매 조직들은 무엇인가?**
  상인 도매상들은 그들이 취급하는 상품의 소유권을 갖는 독립적으로 소유하고 있는 기업이다. 도매업자는 소매상들에 상품으로 가득한 선반들을 제공해 제품을 진열하고, 위탁 판매한다. 현찰무배달 도매상은 제한된 제품 구색으로 대부분 작은 소매점들을 지원한다. 낙하 선적인은 소매점과 다른 도매상으로부터의 주문을 요청하고 생산자로부터 구매자에게 상품이 직접 운송되도록 한다.

학습목표 14-4 소매상이 이용하는 유통 전략을 비교할 수 있다.

- **소매상은 무엇인가?**

  소매상은 최종 소비자에게 판매하는 조직이다. 마케터들은 소매업에 근거한 여러 가지 전략들을 개발한다.

- **마케터들이 사용하는 세 가지 유통 전략은 무엇인가?**

  마케터들은 세 가지 기본적인 유통 전략, 즉 개방적(가능한 한 많은 장소에 제품을 두는 것), 선택적(선택된 시장에 단지 몇 개의 상점을 선택하는 것), 전속적(각각의 시장 영역에서 단 하나의 상점만을 이용하는 것) 유통 전략을 사용한다.

학습목표 14-5 다양한 무점포 소매 유형을 설명할 수 있다.

- **무점포 소매의 몇몇 형태는 무엇인가?**

  무점포 소매에는 온라인 소매, 텔레마케팅(전화 마케팅), 자판기, 무인단말기, 카트와 임시 매장(쇼핑센터의 통로와 같은 편리한 장소에 상품을 두고 마케팅), 다이렉트 판매(소비자의 집이나 직장에서 소비자들에게 접근하여 마케팅), 다단계 마케팅(다른 판매 사원을 모집하고 이들이 소비자들에게 직접 물건을 판매하도록 돕는 판매원 시스템을 마련하여 마케팅), 다이렉트 마케팅(다이렉트 메일과 카탈로그 판매)이 포함된다. 텔레마케팅과 온라인 마케팅 또한 다이렉트 마케팅의 형태이다.

학습목표 14-6 채널 시스템에서의 협업을 구축하는 다양한 방법을 설명할 수 있다.

- **유통 시스템의 네 가지 형태는 무엇인가?**

  기업들을 묶어주는 네 가지 유통 시스템은 (1) 채널에서의 모든 조직이 한 기업에 의해 소유된 기업 유통 시스템, (2) 계약협정을 통하여 구성원들이 협력할 의무가 있는 계약 유통 시스템, (3) 소매 수준에서의 모든 마케팅 기능들이 제조업체들에 의해 관리되는 관리 유통 시스템, (4) 여러 다양한 기업들이 정보와 상품의 흐름을 가능한 가장 효율적으로 제공하도록 전자적으로 연결된 공급사슬이다.

학습목표 14-7 로지스틱스를 설명하고 중간상이 상품의 운송과 저장을 관리하는 방법을 설명할 수 있다.

- **로지스틱스는 무엇인가?**

  로지스틱스는 이익을 내면서 고객의 요구를 충족시키기 위해 원산지부터 소비지까지 원재료, 최종 제품 그리고 관련 정보의 물리적 흐름을 계획하고 실행하고 통제하는 것을 포함한다.

- **로지스틱스와 유통의 차이점은 무엇인가?**

  유통은 일반적으로 수송을 의미한다. 로지스틱스는 더 복잡하다. 유입 로지스틱스는 공급자들로부터 생산자들에게 원재료, 포장재, 다른 제품과 서비스, 정보를 가져다준다. 자재 취급은 창고에서 공장 현장 그리고 여러 작업장으로의 상품 이동이다. 유출 로지스틱스는 기업 구매자와 최종 소비자(여러분과 나 같은 사람)로의 완제품과 정보의 흐름을 관리한다. 역 로지스틱스는 결함이나 원재료를 재활용하기 위해 상품을 제조업체에 도로 가져다준다.

- **다양한 운송수단은 무엇인가?**
  운송수단은 (국가 내에서 또는 인접한 국가 사이의 무거운 수송을 위한) 기차, (소비자에게 직접 상품을 전달하기 위한) 트럭, (종종 국제적으로 상품의 느리고 저렴한 이동을 위한) 선박, (물과 석유 그리고 그러한 다른 상품의 이동을 위한) 파이프라인, (상품을 신속히 운송하기 위한) 항공을 포함한다.
- **복합운송이란 무엇인가?**
  복합운송은 장거리 단일 화물의 운송을 완수하기 위해 여러 운송 수단–트럭, 항공, 수상, 기차–을 사용한다.
- **창고의 서로 다른 유형은 무엇인가?**
  저장창고는 비교적 긴 시간 동안 제품을 저장한다. 유통창고는 제품을 취합하여 재분배하는 데 이용된다.

주요 용어 정리

개방적 유통(intensive distribution)
계약 유통 시스템(contractual distribution system)
공급사슬(또는 가치사슬)(supply chain or value chain)
공급사슬 관리(supply–chain management)
관리 유통 시스템(administered distribution system)
기업 유통 시스템(corporate distribution system)
낙하 선적인
다이렉트 마케팅(direct marketing)
다이렉트 판매(direct selling)
대리인/중개인(agents/brokers)
도매상(wholesaler)
도매업자
로지스틱스(logistics)
복합운송(intermodal shipping)
상인 도매상(merchant wholesalers)
서비스 효용(service utility)
선택적 유통(selective distribution)
소매상(retailer)
소셜 커머스
소유 효용(possession utility)
시간 효용(time utility)
역 로지스틱스(reverse logistics)
유입 로지스틱스(inbound logistics)
유출 로지스틱스(outbound logistics)
유통채널(channel of distribution)
자재 취급(materials handling)
장소 효용(place utility)
전속적 유통(exclusive distribution)
전자 소매(electronic retailing)
정보 효용(information utility)
중간상(marketing intermediaries)
텔레마케팅(telemarketing)
현찰무배달 도매상
화물운송업자(freight forwarder)
효용(utility)

사고력 문제

1. 우리가 중간상을 배제하고 여러분이 식료품과 신발이 필요하다고 상상해보자. 여러분은 신발과 식료품이 어디에 있는지 어떻게 찾을 수 있는가? 여러분은 이것들을 구하러 얼마나 멀리 이동해야 하는가? 여러분은 여러분의 시간과 노력으로 얼마나 많은 돈을 절약할 수 있다고 생각하는가?
2. 여러분은 오늘날 어떤 중간상이 가장 중요하다고 생각하며, 그 이유는 무엇인가? 이 분야에서의 기업들에 어떤 변화가 일어나고 있는가?
3. 미래에 하나의 부족품은 물일 것이라고 생각한다. 만일 여러분이 물이 풍부한 장소에서 식수, 농업용수, 셰일가스 시추와 같은 다른 용도로 물을 필요로 하는 장소에 가져다주

는 값싼 방법을 생각할 수 있다면 여러분은 부유한 중간상이 될 수 있다. 파이프라인이 대안일 수 있지만, 물을 얼려서 기차나 트럭으로 운반할 수도 있다. 더 따뜻한 기후지역으로 빙산을 예인하기 위해 선박을 이용할 수 있는가? 물을 운반할 수 있는 다른 어떤 방법들이 있는가?

원리의 적용

목적

중소기업이 제품을 소비자에게 온라인으로 직접 유통하는 법 조사하기

연습

몇몇 중소기업 사장들은 어떻게 자신의 상품들을 온라인으로 판매를 시작할지에 대해 아이디어가 없다. How to Sell Online? guide(ecommerceguide.com/sell-online) 같은 온라인 자료가 이들이 어떤 옵션이 있는지를 아는 데 도움을 준다. 이 사이트에 가서 다음 질문들에 답해 보라.

1. 호스팅과 자체 호스팅 전자상거래 플랫폼의 차이는 무엇인가?
2. 두 가지 형태의 전자상거래 플랫폼을 갖는 이점과 단점은 무엇인가?
3. 하비스트 골드(Harvest Gold)가 큰 성공을 거두어 여러분이 이제 건강식에 대한 재료를 온라인으로 팔아 여러분의 사업을 확장하려고 한다고 생각해보자. 여러분은 어떤 플랫폼을 사용할 것인가? 그 이유는 무엇인가?

직업기술의 개발

핵심: ● 팀 ★ 분석 ▲ 의사소통 ◘ 기술

★ 1. 마케팅의 여섯 가지 효용은 형태, 시간, 장소, 소유, 정보, 서비스이다. 이러한 기능들의 각각을 수행하고 있는 여러분 분야에서 조직의 예를 들어보자.

▲★● 2. 소그룹을 만들어서 돌(Dole)이 어떻게 태국의 한 농장에서 캘리포니아 주의 통조림 생산 공장으로, 다시 여러분의 대학 근처의 상점으로 파인애플을 운반하는지 그려보자. 중간상과 각각이 쓰고 있는 운송수단을 포함하라.

★ 3. 오프라인 매장과 온라인에서 상품을 사고파는 이점을 비교해보자. 상점은 어떠한 이점을 지니고 있는가? 교실에서 누군가가 온라인으로 무언가를 판매하려고 시도해 보았는가? 이 제품을 어떻게 운송했는가?

▲★ 4. 수업에서 도매와 소매 사이의 차이점과 왜 소매가 일자리를 고려하는 학생들에게 더 매력적인지 토론해보자. 소매에서보다 도매에서 일자리를 찾으려는 학생이 적기 때문에 여러분은 도매에서 일자리를 얻기가 더 쉽다고 생각하는가?

▲★● 5. 소매의 한 분야는 신상품이나 중고 상품을 팔기 위해 이베이와 같은 경매 사이트를 이용하는 것이다. 소그룹을 만들고 그룹 구성원들의 이베이를 이용한 경험을 토론해보자. 어떤 비결을 이들은 알고 있는가? 이베이 이용자들은 수송과 관련된 문제들을 어떻게 최소화하는가?

진로 탐색

여러분이 생산유통에서의 일자리에 관심이 있다면 고려할 몇 가지 일자리가 있다. Bls.gov에서 직업전망서(Occupational Outlook Handbook(OOH))의 관련 분야에서 수행할 일자리, 필요한 기술, 월급과 직업전망을 찾아보라.

- **구매관리자** – 도매상, 소매상 또는 조직에 대한 원재료, 제품 또는 서비스의 구매를 계획하고 지휘하고 조정한다.
- **로지스틱스 전문가** – 하나의 제품을 획득하여 유통하고 분배하여 배달하는 방법을 포함하여 조직의 공급사슬을 분석하고 조정한다.
- **도매상과 제조판매의 대리인** – 도매상이나 제조업체를 위해 상품을 기업, 정부기관과 다른 조직에 판매한다.
- **철도 직원** – 승객과 화물열차가 정시에 안전하게 운행되도록 한다.

비디오 사례

터프 앤 니들(Turf & Needle)

인터넷은 일상생활과 비즈니스에 엄청난 영향을 주고 있다. D2C(Direct-to-Consumer) 비즈니스는 인터넷 시대에 폭발적으로 증가했으며, 기존 유통 채널에 큰 변화를 가져왔다. 인터넷이 만들어낸 효율성으로 D2C 기업은 거의 모든 산업에서 중개자의 활용을 줄이거나 건너뛰고 있다. 도매업자, 소매업자, 중개인과 대리인 같은 중개자는 가장 효율적인 방식으로 제품을 소비자에게 제공하기 위해 생산자가 의존하는 마케팅 효용을 만들어낼 책임이 있다. 이러한 중개자를 없앰으로써 D2C 기업은 스스로 일상적으로 다루는 효용 기능을 맡을 방법을 찾을 필요가 있다.

인터넷은 하루 중 거의 모든 시간에 제품을 구매할 수 있도록 함으로써 시간 효용을 제공한다. 그러나 일부 효용은 기업이 수행하기엔 아주 어렵다. 로지스틱스(원재료 및 상품을 한 장소에서 다른 장소로 계획하여 이동하는 것)는 종종 D2C 기업 자체적으로 책임져야만 한다.

매트리스 회사인 터프 앤 니들은 매트리스 산업에 혁명을 일으키려고 한 2012년에 이를 알았다. J. T. 마리노(Marino)와 박대희는 소프트웨어 엔지니어로 일하던 실리콘밸리를 떠나 자신들의 사업을 시작하기로 했다. 마리노가 매트리스를 구매하면서 나쁜 경험을 한 후 마리노와 박은 이것이 자신들이 해결할 수 있는 하나의 문제가 될 수 있다고 생각했다. 불행하게도 그들은 매트리스 산업이 본질적으로 새로운 신생 기업에는 폐쇄된 네트워크라는 것을 알았다. 마침내 그들은 자신들의 전문화된 매트리스를 생산해주기로 한 중소기업을 찾았다. 자신들이 사업을 시작할 때 터프 앤 니들은 주문과 결제가 이루어진 후 매트리스를 만들어 고객에게 배송했다. 사업이 성장함에 따라 회사는 재고를 보유하기에 충분한 현금을 갖게 되었다. 회사는 또한 제품과 관련된 형태(form) 효용을 개선하기를 원했다. 터프 앤 니들은 자사의 매트리스용 자체 발포 고무(foam)를 디자인한 다음 이를 공장으로 직접 배송함으로써 이를 이루었다. 이렇게 함으로써 매트리스 제작자의 역할과 비용을 줄일 수 있었다.

직접 마케터로서 터프 앤 니들은 고객에게 가능한 최대의 효용을 제공할 필요가 있다는 것을 깨달았다. 이 회사는 훌륭한 고객 서비스, 빠른 배송과 무료 반품이라는 세 가지 주요 범주에 목표를 집중하였다. 회사는 훌륭한 정보 효용을 제공하기 위해 훌륭한 웹 사이트가 필요하다는 것을 알았다. 터프 앤 니들은 전용 지원 페이지, 라이브 채팅, 유튜브 채널과 고객 서비스 라인을 구축하였다. 제품이 신속하게 도착할 수 있도록 FedEx를 통해 배송을 처리하여 시간 효용을 제공하였다. 무료 반품 정책은 FedEx가 매트리스를 회사에 반품하는 데 600달러 이상을 청구한 이후 가장 어려운 문제로 나타났다. 회사는 고객이 반환한 매트리스를 자선단체에 기부하기로 결정하였다.

터프 앤 니들은 고객에게 훌륭한 서비스 효용을 제공했음에도 불구하고 많은 고객이 매트리스를 구매하기 전에 매트리스를 테스트해보고 싶어 한다는 것을 알았다. 터프 앤 니들은 2016년에 첫 번째 소매점을 열었고 현재 전국에 6개 매장으로 확장하였다. 회사는 또한 로우스(Lowe's), 월마트와 크레이트 앤 배럴(Crate & Barrel)과 같은 주요 소매업체와 계약을 맺어 고객은 이 소매업체에서 제품을 시도해 볼 수 있게 되었다. 또한 아마존에서 매트리스를 판매하기로 결정했다. 이 결정은 주로 회사가 제품 및 서비스에 대한 고객의 리뷰를 받을 수 있도록 내려졌다. 오늘날 회사에 대한 8,000개 이상의 리뷰 중 75%가 가능한 최고 등급인 별 5개 등급이었다.

소비자가 온라인으로 이동하여 더 많은 제품을 계속 구매함에 따라 더 많은 기업이 D2C에 노력을 기울일 것이다. 중개인의 역할은 소비자에게 수용 가능한 가격으로 기대하는 효용을 제공하기 위해 변화하고 발전해 나갈 것이다.

참조

1. "Coronavirus Outbreak Deepens Its Toll on Global Business," February 21, 2020; Avi Salzman, "Coronavirus Is Disrupting Supply Chains. These Industries Are Most Vulnerable," February 29, 2020; Pierre Haren and David Simchi-Levi, "How Coronavirus Could Impact the Global Supply Chain by Mid-March," February 28, 2020.
2. Ronald Kleijwegt, "Protect against Disruption by Becoming a Better Partner," March 1, 2020; Premsai Sainathan and Ana Maria Gimenez, "Monitoring Supply Chain Returnable Packaging Made Simple," February 22, 2020.
3. Walmart, walmart.com, accessed March 2020.
4. Korin Miller, "Walmart Is Reportedly Launching a New Grocery Delivery Service with Some Big Perks," March 2, 2020.
5. U.S. Census Bureau, "Monthly Wholesale Trade: Sales and Inventories," census.gov, accessed March 2020.
6. National Retail Federation, nrf.com, accessed March 2020.
7. Patrick Sisson, "Dying Malls Seek Second Life as Entertainment Destinations," February 18, 2020.
8. Greg Sterling, "Amazon and Digital Commerce Top Traditional Retailers in Satisfaction Scores," March 2, 2020; Sarah George, "How Online Retailing Is Allowing Fast Fashion to Thrive," February 26, 2020; Lance Lambert, "Target and Walmart Gain (a Little) Ground in the E-commerce War with Amazon," February 3, 2020.
9. Samantha Ickes, "The Future of Groceries? Online Shopping on the Rise," February 22, 2020.
10. Ben Fox Rubin, "Amazon Now Operates Seven Different Kinds of Physical Stores. Here's Why," February 28, 2020.

11. Jason Schreiber, "Plan Would Bring 800,000-Square-Foot Distribution Center to Kingston," February 24, 2020.
12. "Enabling Retail Convenience with Vending Machines and Kiosks," March 2, 2020.
13. Chris Walton, "The Strategy behind Amazon Getting Back into Mall Pop-Up Stores," February 3, 2020.
14. Casey Bond, "9 Signs That Exciting New Job Opportunity Is Really an MLM Scam," February 4, 2020.
15. Stephanie Asymkos, "How 'MLM' Schemes Turn RegularLives Upside Down," February 29, 2020.
16. Jayson Derrick, "Walmart Pros Aren't Convinced It Can Beat Amazon at Its Own Game," March 2, 2020.
17. Marie Hugo, "Make Your Supply Chain a Sustainability Champion," February 13, 2020; Peter Cook, "Redefining the Supply-Chain Approach to Sustainability," February 12, 2020.
18. "Kia's New Sorento to Be Manufactured at KMMG," February 21, 2020.
19. Sean Galea-Pace, "Starbucks: Driving Big Data to Boost Business," February 21, 2020.
20. International Trade Administration, selectusa.gov, accessed March 2020.
21. C. Shane Hunt, John E. Mello, and George Deitz, (New York: McGraw-Hill Education, 2017).
22. Andy Pasztor, "FAA Moves toward Certifying Specific Drones for Package Deliveries," February 3, 2020.
23. Patrick Burnson, "Reverse Logistics Rides High on the Wave of E-commerce," March 2, 2020.
24. "The Freight Transportation System," U.S. Department of Transportation, rita.dot.gov, accessed March 2020.
25. Jim Blaze, "Why HAL Freight Matters," February 27, 2020.
26. Andrew Baker, "Epic Crude Oil Pipeline Enters Service, Connecting Permian, Eagle Ford Supply with Gulf Coast Demand," February 26, 2020.
27. Laurence Gross, "Will US Intermodal Escape Another 'Annus Horribilis' in 2020?," January 2, 2020.
28. Jeffrey Dastin, "Amazon Adds Warehouse Network Closer to Cities to Speed Up Same-Day Delivery," March 3, 2020.
29. "Distribution Center," Target, target.com, accessed March 2020.
30. Bob Trebilcock, "GE Appliance: Pulling the Digital Thread," March 2, 2020.
31. Rich Weissman, "How to Attract and Retain Supply Management Talent," February 6, 2020.

효과적인 촉진기법의 사용

학 습 목 표

이 장을 학습한 후에 다음 질문에 답할 수 있어야 한다.

15-1 촉진믹스(promotion mix)를 구성하는 새로운 방식과 전통적인 방식을 구별할 수 있다.

15-2 인터넷과 소셜 미디어를 포함한 다양한 광고 매체의 장단점을 비교할 수 있다.

15-3 B2B와 B2C 판매절차 단계에 대해 설명할 수 있다.

15-4 홍보부(public relations department)의 역할과 공공성(publicity)이 어떻게 연관되는지에 관하여 설명할 수 있다.

15-5 샘플링(sampling)을 포함한 다양한 형태의 판매촉진(sales promotion)의 효과에 대하여 설명할 수 있다.

15-6 구전(word of mouth), 바이럴 마케팅(viral marketing), 소셜 네트워킹(Social networking), 블로그(blogging), 팟캐스트(podcasting), 모바일 마케팅(mobile marketing)이 어떻게 활용되는지 제시할 수 있다.

닐 패리크(Neil Parikh), 캐스퍼의 공동 설립자이자 최고 전략 책임자에 대해 알아보자

인간은 인생의 약 3분의 1을 잠자는 데 보내지만, 모든 사람이 밤새도록 푹 쉬는 것은 아니다. 미국질병통제예방센터(Centers for Disease Control and Prevention)는 수면 부족을 공중보건 문제로 분류하고 있으며, 수천만 명의 미국인들이 적절한 휴식을 취하지 못하는 것으로 추산하고 있다. 이것이 기업가 닐 파리크가 4명의 파트너와 함께 '수면의 나이키(the Nike of sleep)'를 지향하는 매트리스 스타트업 캐스퍼(Casper)를 출시하면서 변화를 꾀한 상황이다. 그러나 그러기 위해서는 템퍼 실리(Tempur Sealy)와 세르타(Serta)와 같은 유명 브랜드들이 주도하는 390억 달러 규모의 글로벌 매트리스 산업을 상대해야 한다.

비록 그것은 분명 힘든 일이지만, 패리크는 고객들과 강한 연결을 만들기 위한 캐스퍼의 헌신이 거물들과 경쟁할 수 있게 해줄 것이라고 믿는다. "그 회사들은 장기적으로 소비자들이 더 큰 무언가에 투자하고 있다는 것을 이해하지 못합니다"라고 패리크는 말했다. "우리는 사람들이 캐스퍼를 고를 때 단순히 메모리 폼 조각이 아닌 무언가 훨씬 더 큰 것을 구매하고 있다는 문화적 규범을 만들려고 노력하고 있습니다." 캐스퍼는 기존 브랜드와 달리 냉장고 크기의 미니 박스에 매트리스를 담아 고객에게 직접 배송할 수 있다. 소셜 미디어에서 여러 번 공유된 매혹적인 영상처럼 포장을 뜯으면 매트리스가 펼쳐지고 늘어난다. 몇몇 유명 인사의 깜짝 추천과 함께 지속되는 노이즈 마케팅은 캐스퍼를 미래에 대한 주요 계획을 가진 수십억 달러 규모의 회사로 성장하게 했다.

어떤 면에서 캐스퍼는 패리크가 평생 과학과 수면에 매료된 결과물이다. 뉴저지에서 자라면서, 그는 수면 연구를 전문으로 하는 의사였던 아버지로부터 많은 것을 배웠다. 패리크는 또한 뛰어난 지능을 보여주었고 학교에서 뛰어났다. 어린 나이에 브라운 대학에 입학한 그는 학부 시절에 국제 비영리 단체를 설립했고 고작 17살에 의대에 입학했다. 대학 졸업 후, 패리크는 나사에서 몇 년 동안 박테리아를 연구했고 3개의 특허를 공동 집필했다. 그러나 실험실에서 유망한 미래를 추구하기보다는, 패리크는 의학을 계속 공부했고 그의 아버지처럼 의사가 되기로 계획했다. 그리고 브라운 출신의 오랜 학교 친구들과 다시 연락한 후 그의 삶은 영원히 바뀌었다.

갑자기 패리크는 그의 친구 필립 크림(Philip Crim), 제프 채핀(Jeff Chapin), 루크 셔윈(Luke Sherwin), 게이브리얼 플래트먼(Gabriel Flateman)과 함께 사업을 시작하기 위해 의대를 떠나 뉴욕으로 이사했다. "그것은 진부한 이야기였습니다"라고 패리크는 말했다. "뉴욕으로 이사하고, 돈도 없고, 방도 같이 쓰고, 뭐 그런 것들" 비록 그룹의 모든 사람이 과거 벤처 사업을 성공적으로 이끌었던 기업가적 배경을 가진 사람들이었지만, 그들은 그들의 집단 기술을 최대한 활용할 수 있는 아이디어를 내는 데 어려움을 겪었다. 그러나 어느 날 패리크가 누군가가 농담으로 친구 크림을 '매트리스 거물'이라고 부르는 것을 우연히 들었을 때 영감이 떠올랐다. 그들이 그에게 이것이 무슨 말이냐고 묻자, 그는 온라인으로 침대를 팔던 방법에 대한 이야기를 우리에게 해주었고, 업계는 완전히 부정직하다고 말했다. 패리크는 고객들이 구매를 강요하는 판매원들과 불쾌한 쇼핑 경험을 견뎌내야 하고, 매트리스 마진이 100퍼센트까지 될 수 있다는 것을 알게 되었고 충격을 받았다. 마침내, 이들은 그들 모두에게 최고의 것을 갖다 줄 개념을 우연히 발견했다는 것을 알았다. 크림, 플래트먼, 셔윈은 온라인으로 매트리스를 판매하는 사업적인 측면을 알고 있었고, 채핀은 산업디자인 기술을 가진 엔지니어였고, 패리크는 그의 아버지로부터 많은 전문가 연락처를 받았다. 곧 그들은 '박스 안의 매트리스(mattress-in-a-box)' 시제품을 개발했고, 트윈 사이즈 침대 위에서 잠을 자야 했던 불쌍한 6피트 6인치의 독일 남성인 셔윈의 당시 룸메이트 캐스퍼(Kasper)를 기리기 위해 그의 이름을 붙였다. 물론 이 그룹은 2014년 캐스퍼를 출시하면서 몇년 전 와비 파커(Warby Parker)가 아이웨어를 업그레이드했던 것과 같은 방식으로 수면 산업을 교란시키기를 희망하면서 K를 C로 바꿨다. 캐스퍼는 잠재적 투자자들로부터 많은 거절을 받았음에도 불구하고, 첫 60일 동안 180만 달러어치의 매트리스를 판매함으로써 의심하는 사람들이 틀렸다는 것을 증명했다. 창업자들은 1년 내 그 정도의 판매를 할 거라고 예상하지 못했고, 밀려드는 주문량을 충족시키기 위해 앞다투어 움직였다.

바이럴 언박싱 비디오는 캐스퍼의 광범위한 소셜 미디어 촉진의 토대가 되었다. 사실, 그 회사의 가장 큰 성공 중 하나는 2015년 1억 4천만 명 이상의 팔로워를 가진 카일리 제너(Kylie Jenner)가 그녀의 구독자들에게 그녀의 새로운 캐스퍼 매트리스의 사진을 게시했을 때 발생했다.

이 장에서는 촉진의 모든 기존 요소와 새로운 요소를 살펴본다. 우리는 마케터들이 촉진을 위해 서로 다른 매체를 사용하는 방법과 각각의 장단점을 설명할 것이다. B2C와 B2B 홍보의 차이점뿐만 아니라 홍보의 역할도 알아볼 것이다. 마지막으로, 이 장을 통해 우리는 소셜 미디어를 촉진에 사용하는 것에 특히 주목할 것이다.

출처: Daniel Rodic, "CEO of 'Bed in a Box' Start-Up Casper on Going from Zero to a $500 Million+ Company in 4 Years," CNBC, cnbc.com, June 14, 2017; Jonathan Ringen, "Why Casper Is the $750 Million Startup That Just Can't Rest," Fast Company, fastcompany.com, August 7, 2017; Tom Huddleston Jr., "How Casper's Founders Went from $100,000 in Debt to Building a Billion-Dollar Mattress Start-Up," CNBC, cnbc.com, April 5, 2019; Sheila Marikar, "Casper Dreams of Being Bigger Than Mattresses," The New York Times, September 13, 2019; "Most Creative People: Neil Parikh," Fast Company, fastcompany.com, accessed March 2020.

Let's talk business!
bit.ly/LetsTalkBusiness15

이 회사는 소셜 미디어 게시물을 세심하게 제작한다. 이 회사는 메시지가 게시되는 시간을 세심히 맞춘다. 그래서 사람들이 아침이나 저녁으로 이 회사 제품을 원하도록, 특정한 시간에 핸드폰을 확인하도록 메시지를 게시한다. 이 회사의 이름은 무엇인가? (이 장 안에서 답을 찾으라.)

학습목표 15-1 촉진믹스(promotion mix)를 구성하는 새로운 방식과 전통적인 방식을 구별할 수 있다.

촉진과 촉진믹스

촉진(Promotion)은 마케팅의 4P 중의 하나이다. 12장에서 살펴본 바와 같이, 촉진은 판매자들이 사람들로 하여금 자사의 제품과 서비스를 구매하도록 동기를 부여하는 모든 기법들을 말한다. 영리조직이건 비영리조직이건 타깃 시장에서 사람들과 소통하고, 마케팅 교환에 참여하도록 설득한다.[1] 마케터들은 제품과 서비스를 촉진하기 위해 다양한 기법을 활용한다. 전통적인 촉진기법은 광고, 인적 판매, 홍보, 판매촉진(sales promotion) 등을 포함한다. 오늘날에는 이메일, 휴대폰을 활용한 모바일 촉진(mobile promotion), 소셜 미디어 판촉과 광고, 블로그, 팟캐스트 등을 포함할 정도로 성장했다.[2]

조직에서 사용하는 프로모션 도구의 조합을 촉진믹스(promotion mix)라고 한다. 그림 15.1의 중앙에 배치된 제품은 제품디자인 그 자체가 촉진기법이 될 수 있다는 사실을 반영한다(예: 무료 샘플 배부 등).

통합 마케팅 커뮤니케이션
종합적이고 통일된 촉진 전략을 수행하기 위하여 모든 촉진 방법(광고, 인적 판매, 홍보, 판매촉진)을 조합하는 기법

통합 마케팅 커뮤니케이션(IMC: Integrated Marketing Communication)은 모든 촉진기법을 종합적이고 통일된 촉진 전략으로 통합시킨다.[3] 마케터들은 통합 마케팅 커뮤니케이션을 통해 기업의 긍정적 브랜드 이미지를 창출하고, 소비자의 필요를 충족시키

그림 15.1 **전통적 촉진믹스**

그림 15.2 **촉진 운동의 단계**

1. 타깃 시장을 정한다(세분화와 타깃 시장에 대하여는 12장을 참조).
2. 촉진믹스의 각 요소별 목적을 정한다. 목적은 명확하고 측정 가능해야 한다.
3. 촉진 예산을 정한다. 예산 집행 과정은 광고, 인적 판매, 홍보, 기타 촉진 활동에 각각 얼마만큼의 예산을 지출할 것인지 명확하게 정하는 것이다.
4. 통일된 메시지를 개발한다. 통합된 촉진 프로그램의 목적은 광고, 홍보, 인적 판매, 다방면의 촉진 활동을 전개할 때 분명하게 전달되어야 하는 메시지를 만드는 것이다.
5. 계획을 실행한다. 광고, 블로그 등의 촉진 방법은 홍보와 판매촉진에 들이는 노력을 보완할 수 있도록 스케줄을 잡아야 한다. 영업사원들은 촉진 운동을 극대화하기 위하여 모든 자료에 접근할 수 있어야 한다.
6. 효과를 평가한다. 결과 측정은 명확히 세워둔 목표에 얼마나 접근했는지에 크게 좌우된다. 촉진믹스의 각 구성 요소는 분명한 목적에 맞게 개별적으로 평가되어야 하며, 총괄적인 측정을 병행해야 한다. 어떤 것이 효과가 있고 어떤 것이 효과가 없는지 아는 것이 매우 중요하다.

고, 기업의 전략적 마케팅과 촉진 목표를 달성할 수 있다. 오늘날에는 TV와 같은 전통적인 매체와 소셜 미디어 또는 웹 사이트와 인쇄매체의 통합이 강조된다.[4)]

그림 15.2는 전형적인 촉진 운동의 6단계 과정이다. 우선 가장 보편적으로 사용되고 있는 촉진기법인 광고(advertising)에 대하여 살펴보자.

학습목표 15-2 인터넷과 소셜 미디어를 포함한 다양한 매체의 장단점을 비교할 수 있다.

광고: 정보제공, 설득 그리고 상기(reminding)

광고(advertising)란 광고 메시지 속에 어떤 식으로든 신분을 밝힌 식별된 조직이나 개인이 다양한 매체에 비용을 지불하는 비개인적(nonpersonal) 커뮤니케이션이다. 광

광고
조직이나 개인이 다양한 미디어 매체에 비용을 지불한 비개인적 커뮤니케이션(nonpersonal communication: 광고 커뮤니케이션에서 판매원을 매체로 하지 않는 커뮤니케이션)

그림 15.3 **주요 광고의 종류**

서로 다른 타깃 시장에 영향을 미치기 위하여 여러 조직들이 다양한 종류의 광고를 사용하고 있다. 주요 광고의 종류는 다음과 같다.

- **소매 광고**(Retail Advertising): 슈퍼마켓이나 신발 가게 등 다양한 소매상들이 고객들에게 하는 광고
- **유통 광고**(Trade Advertising): 제조업자가 소매상이나 도매상에게 자신의 제품을 상점에 놓고 판매하도록 하는 광고
- **기업 대 기업 광고**(Business to Business Advertising): 제조업자가 다른 제조업자에게 하는 광고. 자동차 제조업체에 모터를 판매하는 업체가 기업 대 기업 광고를 활용할 수 있다.
- **기관 광고**(Institutional Advertising): 제품보다는 조직의 이미지가 매력적으로 보이도록 고안된 광고. 자이언트 푸드(Giant Food)의 '우리는 여러분을 생각합니다(We Care about You)' 또는 정부기관의 캠페인인 '연인들을 위한 버지니아(Virginia is for Lovers)', 'I ♥ New York' 등이 그 예이다.
- **제품 광고**(Product Advertising): 소비자, 소매상, 산업 구매자들 사이에서 제품이나 서비스에 대한 관심을 일으키는 광고
- **주장 광고**(Advocacy Advertising): 하나의 이슈에 대한 특정한 견해를 지지하는 광고(예를 들어, 총기 규제 찬성, 핵무기 반대 광고 등). 주장 광고는 대의 광고(Cause Advertising)라고도 한다.
- **비교 광고**(Comparison Advertising): 경쟁 제품을 비교하는 광고. 예를 들어, 두 개의 다른 감기약의 효능과 빠른 회복력을 비교하는 광고는 경쟁 광고이다.
- **쌍방향 광고**(Interactive Advertising): 고객이 직접 자신이 받는 정보를 선택하여 고객 중심의 커뮤니케이션을 할 수 있는 광고. 고객이 보고 싶은 아이템을 고를 수 있게 하는 쌍방향 비디오 카탈로그 등이 속한다.
- **온라인 광고**(Online Advertising): 고객들이 웹 사이트를 방문할 때 컴퓨터에 나타나는 광고 메시지
- **모바일 광고**(Mobile Advertising): 고객들의 휴대폰에 내보내는 광고

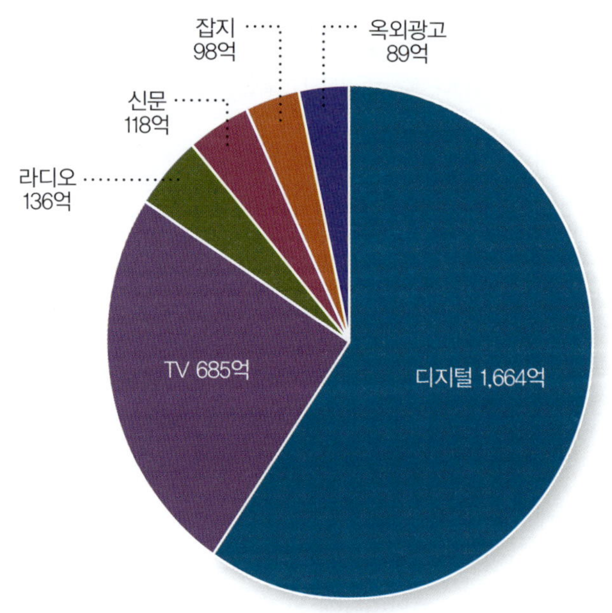

그림 15.4 2020년 미국 광고 지출의 예상 비율(수십억 달러)

(출처: Erik Oster, "U.S. Advertising and Marketing Spend to Grow to Nearly $390 Billion in 2020," Adweek, January 17, 2020.)

고 메시지를 전달하고자 하는 조직이나 개인의 신분을 밝히는지(identification of the sender)의 여부는 광고와 선전(propaganda)을 구분해준다. 그림 15.3은 다양한 카테고리의 광고를 나열한 것이다. 시간을 갖고 표를 잘 살펴보기 바란다. 인쇄 광고 및 TV 광고 외에도 많은 종류의 광고가 있음을 알게 될 것이다.

미국 경제에서 광고비 지출이 미치는 영향을 보면 쉽게 알 수 있다. 그림 15.4에 나온 숫자들을 참조하기 바란다. 2020년의 총 광고 규모는 연간 3,900억 달러에 달한다. 디지털 미디어는 1,660억 달러의 규모로 이제 1위 광고 매체이다.[5] TV 광고는 2018년까지 1위였다.

소비자로서 일반 대중은 이렇게 막대한 광고비 지출로부터 어떠한 이득을 볼까? 광고는 정보를 제공한다. 다이렉트 메일은 제품, 가격, 형태 등에 관한 정보로 가득하다. 신문 광고도 마찬가지이다.[6] 점점 적은 사람들이 신문을 구매하기 때문에 신문 광고는 감소하고 있다.[7] 대신, 사람들은 모바일 기기에서 뉴스를 보는 것을 선택하고 있다. 모바일 광고는 매우 빠르게 성장하고 있다.[8]

광고는 우리 일상에서 어디를 가나 있는 것처럼 보인다. 이 사진에서 얼마나 많은 광고를 찾을 수 있는가? 너무 많은 광고가 만들어내는 잡음은 본래 광고가 의사소통하려는 메시지를 방해할 수 있는가?

광고는 제품에 대한 정보를 제공할 뿐만 아니라 광고주가 상업광고 시간대에 지불하는 광고비는 우리가 시청하는 프로그램의 제작비가 된다. 또한 광고는 신문이나 잡지 제작비용의 일부를 부담한다. 우리가 잡지를 구매할 때에는 대부분 우편비나 판촉비를 지불하는 것이다. 그림 15.5는 마케터의 입장에서 다양한 광고 매체의 장단점을 비교한 것이다. 신문, 라디오, 전화번호부는 특히 지역 광고주들에게 매력적인 광고

그림 15.5 다양한 광고 매체의 장점과 단점

가장 효과적인 매체는 가격이 매우 비싸다. 비싸지 않은 매체는 원하는 시장에 도달하지 못할 수도 있다. 목표는 희망하는 시장에 가장 효과적이고 효율적으로 도달할 수 있는 매체를 이용하는 것이다.

매체	장점	단점
신문	지역 시장 커버율이 좋음. 빠른 시간 내에 광고 지면 확보 가능. 높은 소비자 인지도. 광고를 클립하여 저장할 수 있음	신문의 다른 기사들과 경쟁해야 함. 색감이 빈약함. 신문과 함께 광고도 버려짐(광고 수명이 짧음)
텔레비전	시청각 동영상을 활용. 모든 시청자에게 도달 가능. 다른 매체와의 경쟁 없이 높은 관심을 유도할 수 있음	비용이 많이 듦. 짧은 노출 시간. 광고 준비 시간이 깁. 디지털 비디오 레코더(DVR)는 광고를 건너 뛰게 함
라디오	저비용. 특정 청취자에게 타깃을 맞출 수 있음. 융통성 있음. 지역 마케팅에 좋음	사람들이 광고를 듣지 않을 수 있음. 청각에만 의존함. 짧은 노출 시간. 청취자가 광고를 보관할 수 없음
잡지	분명한 타깃 그룹을 정할 수 있음. 적극적인 색상의 사용. 광고의 오랜 수명. 광고를 클립하여 저장할 수 있음	융통성이 없음. 광고는 최소한 발행 일주일 전에 포스팅되어야 함. 비용이 비교적 많이 듦
옥외 광고	높은 가시성과 반복적 노출. 저비용. 지역 시장에 중점	한정된 메시지. 타깃 그룹 선택 권한이 낮음
DM 발송	특정 시장을 겨냥하기에 최적. 매우 융통성 있음. 광고를 저장할 수 있음	높은 비용. 소비자들이 광고를 정크 메일로 생각하여 거절할 수 있음. 우체국 규정을 준수해야 함
전화번호부 광고	지역 시장 커버율이 대단히 높음. 소비자들이 폭넓게 사용함. 구매 시 사용 가능	다른 광고들과 함께 경쟁. 아주 영세한 기업에는 비용이 너무 많이 들 수 있음
인터넷	비싸지 않은 국제적 커버리지. 항시 사용 가능. 쌍방향	고객들이 구매 전에 사이트에서 나갈 수 있음
모바일 광고	젊은 쇼핑객에게 도달하기에 아주 적합함	무시하거나 피하기 쉬움

매체들이다. 전국광고와 마찬가지로 지역광고의 트렌드가 디지털 쪽으로 더 나아가고 있다.

마케터들은 자신이 추구하는 타깃에 가장 큰 영향을 미칠 수 있는 매체를 선택해야만 한다. 라디오 광고는 TV 광고보다 비용이 덜 들고 자동차를 운전할 때와 같이 주의가 산만하지 않을 때 사람들에게 큰 영향을 줄 수 있는 이점이 있다. 연구에 따르면 전통적인 매체로서의 라디오가 효과적임이 밝혀졌다. 따라서 라디오 광고는 보통 은행, 모기지, 평생교육, 중개 서비스 등의 서비스 내역에 관한 인쇄물을 읽지 않는 사람들에게 효과적이다. 반면에 라디오가 광고에 너무 편중됨으로써, 어떤 사람들은 광고 없는 프리미엄 서비스나 다른 기기의 인터넷 방송으로 바꿔 듣기도 한다. 또한 마케터들은 주유펌프에 부착된 모니터 스크린과 같은 광고할 곳들을 찾는다. 여러분은 공원 벤치나 식품매장 카트에 부착되어 있는 광고를 본 적이 있는가? 아마 여러분이 좋아하는 웹 사이트에서는 틀림없이 광고를 본 적이 있을 것이다.

모바일 마케팅은 대부분 문자 메시지로 시작되었지만, 이제 스타벅스와 같은 상점들

변화에 적응하기 전통적인 TV 광고를 넘어서다

수십 년 동안, 마케팅 담당자들은 텔레비전을 인지도와 전파 광고를 구축하기 위한 수단으로 사용해 왔다. 그것은 오랫동안 광고주들에게 우세한 매체였고, 많은 사람들은 그것이 영원히 유지될 것이라고 생각했다. 그러나 최근 광고주들은 그들의 전략을 재고하고 로쿠(Roku), 훌루(Hulu), 슬링(Sling)과 같은 스트리밍 서비스의 광고 공간으로 이동하고 있다.

이러한 서비스들은 때때로 '첨단 TV'라고 불린다. 무엇이 전통적인 텔레비전 광고보다 훨씬 더 '첨단'으로 만드는가? 그것은 마케터들이 각 사용자에 맞는 광고를 할 수 있는 방법이다. 전통적인 텔레비전 광고에서 마케터들은 프로그램의 시청자와 지리적 위치의 전형적인 인구 통계에 기초하여 광고 슬롯을 구매한다. 그러나 첨단 TV를 통해 광고주들은 검색 및 구매 내역, 소득 수준, 추가 시청자 데이터와 같은 더 많은 정보에 접근할 수 있다. 같은 시간에 같은 동네에서 같은 프로그램을 시청하는 시청자들은 프로그램을 시청하는 동안 각각 다른 광고를 보게 될 것이다. 한 사람은 자동차 광고를 볼 수 있고 다른 사람은 최신 고급 시계들에 대해 알 수 있다.

전통적인 텔레비전 광고는 캠벨 수프와 같은 전체적인 브랜드를 홍보하는 데 여전히 매우 효과적이다. 소비자들은 이미 그 브랜드에 익숙하고 그들이 기억할 수 있는 한 오랫동안 그들의 수프를 사 왔을 것이다. 이 경우 마케팅 담당자는 특정 고객에게 접근하는 것이 주된 목표가 아니다. 하지만 만약 마케터들이 더 고급 슬로우 케틀 조리법을 푸시 판매하고 싶다면, 그 광고들이 훌루에 나온다고 해도 놀라지 말라.

출처: Jon Lafayette, "49% of Viewers Say Streaming Ads Are More Relevant: Study," Broadcasting + Cable, March 5, 2020; Alexandra Bruell, "TV Advertising Directed at You," The Wall Street Journal, June 18, 2019; Hannah Blackiston, "90% of Media Buyers Placing Ads in Streaming Services, according to a New IAB Report," Mumbrella, February 28, 2020; Sahil Patel, "NBC Universal Opens New Local Ads Business for Streaming TV," The Wall Street Journal, February 26, 2020.

은 당신이 가게에 접근할 때 당신의 휴대폰으로 신호를 보낼 수 있다. 여러분이 스타벅스에 가까이 있을 때 스타벅스 카드가 전화기 홈 스크린에 나타날 것이다. '라떼 한 잔 마시는 건 어때?'라고. 식료품 체인점에서는 고객이 식사 계획을 수립하고 쇼핑 리스트를 준비할 수 있도록 지원하는 앱을 출시했으며, 이 중 다수는 점포의 선반 통로별 지원을 제공하고 있다. 대부분 소매업자는 이메일 광고를 사용하여 브랜드 인지도를 높이고 사람들을 점포나 웹 사이트로 이동시킨다. 일반적으로 소셜 미디어 사이트는 너무 빠르게 성장하여 일부 마케터들은 거의 따라잡을 수 없다. 다음 절에서는 다양한 광고 매체에 대해 더 자세히 알아보자.

TV 광고

TV 광고는 전국적인 규모의 광고주들에게 유익하지만 비싸다는 단점이 있다. 슈퍼볼(Super Bowl) 방송 중에 30초 광고 비용은 약 560만 달러 정도였다.[9] 이것은 광고 제작비는 포함되지 않은 금액이다. 그만한 광고비를 지불하기 위해서는 얼마나 많은 맥주나 자동차를 팔아야 하는 것일까? 모든 광고가 똑같이 효과적이지는 않지만, 텔레비전만큼 수많은 사람들에게 영향을 줄 수 있는 매체는 드물다.[10] 물론 광고주들은 다른 TV 프로그램에 더 싼 가격으로 광고할 수 있다. 예를 들어, 미국 CW의 리버데일(Riverdale)은 30초 광고가 33,000달러에 불과하며, NBC의 디스 이즈 어스(This Is Us)에 광고하는 것은 350,000달러밖에 들지 않는다.[11]

이 장면의 코카콜라 자판기처럼 PPL은 종종 여러분이 그 제품을 스스로 원하도록 영향을 주는 데 목적이 있다. 여러분이 좋아하는 TV 프로그램과 영화에서 주목한 PPL은 무엇인가?

비록 디지털광고가 광고비 기준으로 1위이지만, TV는 여전히 주요한 광고 매체이다.[12] 물론 사람들이 TV에서 본 것을 게시하고, 소셜 미디어는 TV의 힘을 증가시킴으로써 TV가 도움을 받기도 한다. 디지털 비디오 레코더(DVR)와 온디맨드 서비스로 인해 소비자들이 더 이상 TV에서 방영되는 광고를 매력적으로 받아들이지 않고 있다. 따라서 광고는 시청자들이 건너뛰지 않고 시청하려고 할 정도가 되지 않는 한, TV는 예전만큼 매력적인 매체가 되지 못할 것이다. 마케터들은 TV 광고의 효과에 대한 보다 나은 정확한 측정을 요구하고 있으며, 그 결과 소셜 미디어로 많이 옮겨가고 있다. 결국 미국 소비자의 72%가 소셜 미디어에서 활동하고 있다.[13] 스트리밍 서비스 광고가 기존 TV 광고에 어떤 영향을 미치고 있는지 확인하려면 '변화에 적응하기' 글상자를 확인하라.

PPL(Product Placement) 광고

TV 광고는 TV 프로그램 중간에 제품 광고를 하던 종래 방식에만 국한되지는 않는다. 때때로 제품 그 자체가 프로그램에 등장하기도 한다. **PPL(product placement) 광고**는 TV 쇼 프로그램이나 영화 속에서 제품이 나오도록 협찬하거나 비용을 지불하는 간접 광고이다. PPL의 고전적 사례는 영화 'E.T.'에서의 리즈 피스(Reese's Pieces) 흔적이다. 요즘 우리는 올리브 가든에 대한 소닉 더 헤지호그의 집착을 볼 수 있다.[14] 마블의 히트 영화 어벤져스에서 슈퍼히어로들은 많은 다른 차들을 운전한다. 닥터 스트레인지(Doctor Strange)는 람보르기니 우라칸(Lamborghini Huracan), 블랙 위도우(Black Widow)는 쉐보레 콜벳(Chevrolet Corvette)을 타고 다니고, 아이언맨(Iron Man)이 날지 않을 때는 아우디 R8을 모는 것을 볼 수 있다.[15]

PPL 광고
TV 프로그램이나 영화에 제품이 보여지도록 협찬하거나 비용을 지불하는 것

TV와 영화에 추가하여 PPL은 비디오 게임에도 사용된다. 여러분이 게이머라면, 농구 게임에서 코트 둘레의 광고판과 같은 광고를 게임 내에서도 보았을 것이다. 기술은 레이싱 게임의 자판기에 코카콜라, 펩시콜라, 엑손, 셸슨과 같은 광고주의 광고시간 구매 여부에 따라 특정 브랜드를 넣거나, 시간이 지나서 다른 브랜드로 바꾸는 것을 가능하게 한다. 여러분은 사람들이 이러한 노출에 영향을 받는다고 생각하는가?

정보 광고

정보 광고
제품이나 서비스를 촉진하는 데만 전체 프로그램을 할애하는 TV 프로그램

정보 광고(informercial)는 TV 프로그램 전체가 제품이나 서비스를 촉진하는 데 할애되는 것을 말한다. 정보 광고는 제품에 대하여 아주 상세하게 보여주기 때문에 성공적이다. 정보 광고는 최고의 영업사원이 가정 방문을 하여 제품 판매를 위해 가능한 모든 것(시연, 설명, 시제품, 그래픽 등)을 총동원하여 영업을 하는 것과 같다.

정보 광고를 통해 10억 달러 이상의 매출을 기록한 제품들에는 프로액티브(Proactive), 마이필로우(MyPillow), P90X, 조지 포먼 그릴(George Foreman Grill) 쇼타임 프로 로티세리(Showtime Pro Rotisserie) 등이 있다.[16] 인적개발 세미나, 부동산 프로그램, 운동 비디오테이프 등의 제품들은 콘텐츠의 일부를 보여주거나 시제품을 사용하게 하지 않고서는 판매하기 힘든 제품들이다. 여러분은 정보 광고에서 보았던 제품들을 구매한 적이 있는가?

온라인 광고

마케터들이 구글(Google)이나 빙(Bing) 같은 검색엔진에 광고를 할 경우, 그들이 가장 마음을 움직이기를 원하는 고객들–특정 제품에 대한 정보를 찾는 고객들–에게 도달할 수 있다. 온라인 광고의 목표 하나는 고객을 확보하여, 잠재 고객들이 기업과 기업의 제품에 대해서 더 많이 알 수 있는 자사의 웹사이트에 방문하게 만드는 것이다.[17] 만약 온라인 사용자들이 광고를 클릭하고 웹 사이트에 방문할 경우 기업은 자사 제품에 대한 정보를 제공할 뿐만 아니라 고객과 상호작용을 할 수 있게 된다(예: 이름, 주소, 의견, 선호하는 것 등에 대한 정보를 수집하는 것). 따라서 온라인 광고는 기업과 고객의 상호작용 수단이 된다. 온라인 광고의 또 다른 장점은 얼마나 많은 사람들이 광고를 클릭했고 그 중 얼마나 많은 잠재고객들이 웹 사이트를 방문하고 정보를 읽거나 보았는지 확인할 수 있다는 것이다.

이메일 마케팅은 온라인 광고에서 가장 큰 비중을 차지한다. 하지만 광고주들은 이를 너무 남용하지 않도록 주의해야 한다. 왜냐하면 고객들은 너무 많은 촉진 메일이 그들의 메일박스에 들어와 있는 것을 좋아하지 않기 때문이다. 따라서 기업들은 이메일을 보내는 것을 경계하고 페이스북(Facebook)과 트위터(Twitter)와 같은 소셜 미디어를 사용하기 시작하였다.

상호 촉진
마케터들이 판매자가 제품을 팔기 위해 설득하던 독백에서 판매자와 구매자가 상호 유익한 거래 관계를 맺기 위해 함께 노력하는 대화를 가능하게 하는 촉진 과정

상호 촉진(interactive promotion)은 마케터들이 판매자가 제품을 팔기 위해 설득하던 독백(monologue)에서 판매자와 구매자가 상호 유익한 거래 관계를 맺기 위해 함께 노력하는 대화(dialogue)를 가능하게 만들었다. 기술의 발전은 인터넷 대화의 속도를 급속히 향상시켰고, 마케터가 고객들과 협력하는 방식을 변화시켰다. '촉진(promoting to)'이 아니라 '협력(working with)'으로 언급했음을 주목하자. 마케팅 담당자들은 이제 시간이 지남에 따라 고객들과 관계를 구축하는 것(build relationship)을 원한다. 이것은 고객들이 원하는 것을 주의 깊게 듣고 구매 내역을 조회하고 훌륭한 서비스를 제공하며, 모든 종류의 정보를 제공하는 것을 의미한다. 여러분은 소셜 미디어 사용자들에게 타코벨(Taco Bell)의 메시지가 주의 깊게 게시되는 시간을 알고 있었는가? 아침 식사로 타코벨을 선택하도록 사람들을 동요하기 위해, 마케팅 팀은 늦은 밤에 아침 식사 품목의

사진을 게시할 것이다. 그리고 나면 사람들은 잠에서 깨서 핸드폰을 볼 때 타코벨의 메시지를 보게 된다.

소셜 미디어 광고

오레오(Oreo)는 페이스북에 수백만 개의 '좋아요'을 가지고 있다. 이 회사는 '우유와 가장 잘 맞는 쿠키'에 팔로우를 하는 사용자들을 추적하고 테스트할 수 있다. 즉, 게시물을 얼마나 많이 봤는지, 얼마나 여러 번 공유되었는지, 사용자가 무엇에 반응하는지를 측정할 수 있다. 소셜 미디어는 TV와 같은 전통적 매체에 방송하기 전에 광고를 테스트하고, 사람들이 어떤 메시지를 좋아하고 싫어하는지와 그 이유를 들을 수 있게 해 주었다.

만약 기업이 고객 기반을 원한다면 최고경영진이 대화에 참여하는 것이 최선이다. 예를 들면, 베터 홈즈 앤 가든 부동산(Better Homes & Gardens Real Estate LLC)의 셰리 크리스(Sherry Chris)는 트위터(Twitter), 페이스북(Facebook), 링크드인(LinkedIn), 포스퀘어(Foursquare)를 읽고 기여하는 데 매일 두 시간씩 쓴다. 이러한 고객 관여는 많은 기업들의 경청전략 중 중요한 부분이 되었다. 비록 시간은 걸리지만, 고객이 무슨 생각을 하고 기업에 대해 무슨 말을 하는지 알기 위해선 이보다 더 나은 방법이 없다. 예를 들어, 맥도날드는 소셜 미디어에서 1~2초마다 언급된다. 이 회사는 3개 대륙에 글로벌 커뮤니케이션 팀을 두고 있으며, 잠재 고객과 지속적으로 소통하고 있다.[17] 소셜 미디어와 촉진에 대해서는 이 장 후반부에서 자세히 알아보기로 한다.

미국의 맥주 애호가들은 파브스트 블루 리본(Pabst Blue Ribbon)을 비싸지 않은 양조맥주로 알고 있다. 그러나 회사가 고급화 버전의 맥주를 한 병에 44달러에 파는 중국에서는 상황이 다르다. 왜 몇몇의 회사들은 전 세계에 하나의 통일된 브랜드에 의존하지 않고 나라별로 유니크한 촉진전략을 개발하는 것일까?

글로벌 광고(Global Advertising)

글로벌 광고는 전 세계적으로 효과가 있는 제품과 통합된 촉진 전략을 개발하는 것을 수반한다. 글로벌 광고는 확실히 기업의 리서치와 디자인 비용을 절감해준다.[18] 하지만 어떤 경우에는 각 지역마다 서로 다른 문화, 언어, 구매 습관 등을 지니고 있기 때문에 특정 국가나 지역을 목표로 한 촉진이 국제 광고보다 더 성공적일 수도 있다고 말한다.

마케팅 담당자들이 한 가지 캠페인을 모든 국가에서 사용하면 야기되는 문제점들이 있다. 예를 들어, 한 일본 기업은 인기 있는 음료 제품에 포카리 스웨트(Pocari Sweat)라는 영어 이름을 붙였는데 대부분의 영어 사용권 사람들에게 음료제품으로서 좋은 이미지를 주지는 못하였다. 영국에서는 포드 프로우브(Ford Probe)가 호응을 얻지 못했는데, 그 이유는 프로우브가 영국인들에게 의사의 진료 대기실이나 의료 검진을 생각나게 했기 때문이다. 미국인들은 스웨덴 제품인 크랩(Krapp) 화장지에 대해 왜 그런 이름을 지었는지 이해하지 못할지도 모른다. 하지만 그것은 쿠어스(Coors)의 슬로건 'Turn it loose(여유롭게 천천히 마셔요)'의 뜻에 비하면 덜할지도 모른다. 미국인들에게는 이것이 'Suffer from diarrhea(설사로 고생하세요)'라는 의미로 해석되기 때문이다. 클레어

롤(Clairol)은 'Mist Stick(안개 스틱)'이라는 헤어아이론(curling iron)을 독일 시장에 출시하였다. 하지만 독일에서 미스트(mist)가 머뉴어(manure: 거름, 비료, 똥)를 의미할 수도 있다는 것을 미처 알지 못했다. 보다시피, 국제 광고에서 적절한 어휘를 쓰는 것은 솜씨가 필요한 정교한 작업이다. 문화를 이해하는 것 또한 마찬가지이다. 각 국가별로 조사를 하고, 적절한 광고를 제작하고, 테스트해보는 작업이 필요하다.

간단히 말해서 오늘날의 대부분의 광고는 국제주의(전 세계를 대상으로 광고하는 것)에서 지역주의(개별 국가나 국가 내 특정 집단을 타깃으로 구체적인 광고를 하는 것)로 옮겨가고 있다. 미래에는 마케터들이 더 작은 규모의 청중–한 사람으로까지 구체화되는–에게 도달하기 위해 고객맞춤식(custom–designed) 촉진을 준비할 것이다.

학습목표 15–3 B2B와 B2C 판매절차 단계에 대해 설명할 수 있다.

인적 판매: 개인적인 배려를 제공하는 것

인적 판매
제품과 서비스의 촉진을 위해 일대일 대면 프레젠테이션(face–to face presentation)을 제공하는 것

인적 판매(personal selling)는 일대일 대면 프레젠테이션(face–to–face presentation)을 통하여 제품과 서비스를 촉진하는 것을 말한다. 인적 판매는 새로운 가망고객을 찾고 제품과 서비스의 판매 후 애프터서비스까지 제공하는 것을 포함한다. 효과적인 판매는 단순히 제품을 구매하라고 사람들을 설득하는 것만을 의미하지는 않는다. 오늘날 인적 판매의 더 정확한 의미는 사람들이 욕구와 필요를 충족시킬 수 있도록 도와주는 것을 의미한다(다시 말하지만, 구매자의 구매활동을 돕는 것이다).

이러한 관점에서, 여러분은 왜 영업사원들이 스마트폰, 태블릿 및 기타 기술들을 사용함으로써, 정보를 검색하고 맞춤 제품을 설계하고, 가격을 검토하고 주문을 완벽히 이행하기 위한 전반적인 업무를 처리하는지 이해할 수 있을 것이다. 인적 판매의 이점은 여러분의 거래를 완성할 수 있도록 도와주는 사람이 있다는 것이다. 영업사원들은 고객들의 필요에 귀를 기울이고, 해결책을 찾도록 도와주며, 그 해결책을 더 수월하게 수행할 수 있도록 가능한 한 모든 일을 해낼 수 있어야 한다.

기업이 고객에게 개인적인 관심과 배려를 제공하는 것은 비용이 든다. 따라서 영업사원들을 유지하는 기업들은 그들을 특별히 효과적이고, 효율적이며, 확실히 도움이 될 수 있게 훈련을 시켜야만 한다.[19] 많은 기업들이 새 영업사원들을 영입하기 위해 상당히 많은 임금을 지불하며, 필요한 훈련을 시키고 있다.

판매 과정 단계

인적 판매를 이해하는 최선의 방법은 제품 및 제품 관련 사항과 함께 판매 과정을 두루 살펴보는 것이다. 여러분이 비즈니스 종사자들에게 '다양한 제품을 사용할 때의 이점'을 보여주는 소프트웨어 세일즈맨이라고 가정해보자. 요즘 정말 뜨거운 반응을 보이고 있는 한 가지 제품, 고객들괴의 장기적인 관계를 확립하는 데 대단히 중요한 이 제품은 바로 고객관계 관리(customer relationship management: CRM) 소프트웨어이다. 특히 고객과 커뮤니티 기반관계를 창출할 수 있는 소셜 미디어를 통합하는 것이 소셜 CRM이다. 소셜 CRM 소프트웨어를 판매하기 위해 무엇을 할 수 있는지 판매 프로세스의 7단

우리의 경계를 넘어 우유와 가장 어울리는 쿠키를 넘어

나이와 상관없이, 우리는 모두 오레오(Oreo)를 알고 있고 함께 자랐다. 크림 바닐라 중심에 바삭바삭한 쿠키 두 겹을 얹은 것은 고전이다. 여러 해 동안, 오레오 제조사인 나비스코(Nabisco)는 "고장 나지 않았으면 고치지 말라"는 옛 속담을 따랐다. 하지만 오늘날, 만약 여러분이 지역 슈퍼마켓의 쿠키 코너를 방문한다면, 여러분은 애플파이, 초콜릿 베리, 그리고 심지어 핍스와 글리터 크림과 같은 수많은 변형된 오레오를 발견할 수 있을 것이다. 만약 그것으로 충분하지 않다면, 여러분은 또한 그들에게 초콜릿을 발랐거나, 이중으로 속을 채우고, 아주 얇거나, 심지어 캔디바로 만들어진 오레오를 살 수 있다. 나비스코는 브랜드를 활력 있게 유지하고 시장의 여러 부문에 진출하기 위해서는 제품을 확장하는 것이 좋은 선택이라는 것을 알았다.

오레오를 글로벌 시장으로 확장한 것도 잘한 결정이라고 봤다. 오늘날, 여러분은 전 세계 100개 이상의 나라에서 오레오를 찾을 수 있다. 그러나 나비스코는 세계적인 우방 소비자 취향은 미국처럼 다양하다는 것을 이해했다. 한 나라에서 군침 돌게 하는 것은 다른 곳에서 눈살을 찌푸리게 할 것이다. 그래서 오레오가 전 세계에 걸쳐서 한, 원래의 쿠키-앤-크림 공식에 대한 추가적인 변형들은 훨씬 더 극단적이 되었다. 예를 들어, 중국은 과일과 고소한 오레오가 혼합되어 있다. 인기 있는 와사비와 핫윙 중 어떤 것을 먹겠는가? 두바이에서는 오렌지 맛의 오레오로 소비자들이 쏠리고 있다. 아르헨티나 사람들은 바나나와 설탕에 절인 우유인 둘세 드 레체로 속을 채운 오레오를 좋아한다. 해외에서 먹히는 것이 미국에서도 팔릴 수 있다. 인기 있는 오레오 틴은 중국에서 처음 소개되었다.

출처: Caitlyn Fitzpatrick, "Oreo Just Released a Trolls Cookie That Has a Glittery Pink Creme," March 2, 2020; Sophie Caraan, "Oreo Introduces Orange Tang-Flavored Cookies in Dubai," September 2, 2019; Sarah Poirier, "10 Awesome Oreo Flavors You Can Only Get in China," July 19, 2019; "Products," Oreo, oreo.com, accessed March 2020.

계를 살펴보자.

비록 기업 대 기업(B2B)의 예이기는 하나 과정은 유사하며, 덜 복잡한 것이 소비자 판매 과정이다. 기업 대 기업 판매와 소비자 판매 모두 영업사원이 제품에 대하여 제대로 알고 경쟁사의 제품과 비교한 자사 제품의 특징을 잘 아는 것이 대단히 중요하다.

1. 가망고객 탐사 및 고객자격 파악(Prospect and Qualify) 판매 과정의 1단계는 **가망고객 탐사**(prospecting)이다. 가망고객 탐사는 잠재 구매자에 대한 연구 조사와 가장 유망한 구매자 선택을 포함한다. 이 과정을 **고객자격 파악**(qualifying)이라고 한다. 고객자격을 파악하는 것은 상대방이 제품에 대한 필요를 느끼고, 구매할 수 있는 권한이 있으며, 세일즈 메시지를 들으려는 의지가 있는지를 확실히 하는 것을 의미한다. 어떤 사람들은 이 과정을 고객 리스트 작성(lead generation)이라고 부른다.

> **가망고객 탐사**
> 가망고객 탐사는 잠재 구매자에 대한 연구 조사와 가장 유망한 구매자를 선택하는 것
>
> **고객자격 파악**
> 상대방이 제품에 대한 필요를 느끼고, 구매할 수 있는 권한이 있으며, 세일즈 메시지를 들으려는 의지가 있는지를 확실히 아는 것
>
> **가망고객**
> 제품에 대해 필요를 느끼고, 구매할 수 있는 권한이 있으며, 세일즈 메시지를 들으려는 의지가 확실한 잠재 고객

이러한 기준에 적합한 사람을 **가망고객**(prospect)이라고 한다. 영업사원은 주로 제조업체들이 스폰서하는 부스에 와서, 질문을 하는 전시회에서 가망고객을 만날 수 있다. 다른 가망고객은 정보를 얻기 위해 여러분의 웹 사이트를 방문할지도 모른다. 하지만 종종 최고의 가망고객은 제품에 대하여 모든 것을 알고 사용하는 사람들이 추천한 기업 사람들이다. 영업사원들은 공식 방문을 하기에 앞서 관심이 있는지 보기 위해 가망고객들에게 제안서를 이메일로 자주 보낸다.

2. 사전 접근(Preapproach) 판매 과정은 오랜 시간이 걸릴 수 있고 고객에게 접근하

여러분은 사람들이 인적판매를 하는 모든 상황에 친숙하다. 영업사원은 지역의 백화점에서 근무하며, 자동차, 보험, 부동산 등과 같은 모든 종류의 상품 및 서비스를 판다. 고객인 여러분에게 도움이 되려면 그들이 무엇을 할 수 있는가?

기 전에 정보를 수집하는 것이 결정적이다. 판매 전화를 걸기에 앞서 사전 조사를 해야 한다. 사전 접근 단계에서는 고객들과 그들의 욕구와 필요에 대하여 가능한 한 많이 알아야 한다.[20] 소셜 CRM 소프트웨어의 판매 시도에 앞서, 기업 내의 어떠한 사람들이 구매하거나 사용할 가능성이 높은지 알아야 한다. 그들은 어떤 부류의 고객들과 거래하고 있는가? 현재 어떤 종류의 관계 전략을 사용하고 있는가? 그들의 시스템은 어떻게 셋업되었으며, 어떠한 종류의 개선 작업이 필요한가? 그러한 모든 정보는 데이터베이스에 입력되어 있어야 하며, 한 영업사원이 기업을 떠나는 경우에도 기업이 새로운 영업 사원에게 고객관련 정보를 주고 일을 진행시킬 수 있도록 해야 한다.

3. 관계 개설(Approach) 오랜 속담에 "좋은 첫 인상을 만드는 데 두 번째 기회는 없다"라는 말이 있다. 이것이 바로 관계 개설이 중요한 이유이다. 고객에게 처음 전화를 걸 때, 여러분의 첫 오프닝 코멘트가 중요하다. 친절한 전문가다운 인상을 주고, 친밀한 관계를 만들어내며, 신뢰를 쌓고, 관계를 시작하는 것이 그 목적이다. 소프트웨어를 사용할지의 여부에 대한 결정은 영업사원의 믿을 만한 서비스에 좌우되는 경우가 자주 있다. 소셜 CRM 제품을 판매하는 데 있어서, 처음부터 가망고객 기업에 고객 기업의 직원들이 소프트웨어를 사용할 수 있도록 훈련시키고 필요할 때 패키지 업그레이드를 도와준다고 알려준다.

4. 판매 설명(Make a Presentation) 소프트웨어에 대한 실제 프레젠테이션에서는 고객의 필요를 충족시켜줄 수 있을 만한 가치가 있는 패키지의 유익성에 대한 설명을 해야 한다. 해야 할 사전조사를 했고 가망고객의 필요와 욕구를 파악하고 있었기 때문에 이에 맞게 프레젠테이션을 준비할 수 있었다. 프레젠테이션 도중에 잠재고객에게 제품을 사용한 사람들로부터 받은 추천이나 서신을 노출시켜 이 새로운 소프트웨어를 사용하여 다른 기업의 리더들과 같은 위치에 설 수 있음을 보여주는 것은 매우 좋다.

5. 거절 처리(Answer Objections) 영업사원은 가망고객이 제기할 반대 의견이나 질문을 예상하고 이에 대한 적절한 대답을 준비해야 한다.[21] 그들은 고객이 제기한 질문을 영업사원이 하는 말에 대한 도전으로 여기기보다 더 나은 관계를 만들기 위한 기회로 생각한다. 고객들은 합리적인 의심을 할지도 모른다. 그리고 영업사원은 그 의심을 풀어주기 위해 거기에 있는 것이다. 관계는 신뢰를 바탕으로 형성된다. 그리고 그 신뢰는 다른 사람들과 성공적으로 정직하게 일하는 데서 나온다. 영업사원은 고객의 질문에 대답해줄 수 있는 기업 내 다른 직원들을 소개시켜줄 수도 있고 고객이 필요한 것들을 제공해줄 수도 있다. 영업사원은 노트북이나 다른 모바일 기기를 사용하여 고객이 기업의 다른 직원들과 대화할 수 있는 가상회의를 가질 수도 있고 관계 구축을 시작할 수도 있을 것이다.

6. 판매종결(Close the Sale) 영업사원은 잠재고객을 위한 질문과 반대 의견에 대답한 후에는, 실제 판매종결을 유도하기 위한 질문이나 말로 **판매종결 시도**(trial close)를 한다. 예를 들어 "귀하의 직원들이 이 새로운 소프트웨어를 사용할 수 있도록 트레이닝을 받기에 가장 적합한 시간은 언제쯤일까요?" 등의 판매종결을 이끌어내는 질문들이 포함된다. 주문 요청의 마지막 단계는 고객이 어디에 서명해야 하는지를 보여주는 것이다. 일단 관계가 확립되면 세일즈 전화를 거는 목적은 고객의 추천을 받는 것이 될 것이다.

판매종결은 영업사원과 고객과의 관계의 끝이 아니다. 영업사원은 고객이 만족하고 구매한 것을 보완할 수 있는 것을 제안하기 위해 후속조치를 해야 한다. 영업사원이 효과적인 후속과정에서 여러분에게 더 판매한 적이 있는가? 그렇다면 그들은 무엇을 했는가?

7. 사후 고객서비스(Follow Up) 판매 과정은 주문이 승인되고 고객이 행복하기 전까지는 끝난 것이 아니다. 영업사원은 진정으로 자신의 고객들에게 해결책을 제공해주고 판매 후에 생길 수 있는 일에 대하여 생각해야 한다. 판매 후 점검의 첫 단계는 고객의 불만을 처리하고 고객이 제기한 질문에 응답하며, 고객이 원하는 것을 신속히 전달하는 일이다. 종종 고객서비스는 그 자체가 제품이 되어 판매에 중요한 역할을 한다. 따라서 대부분의 제조업자들은 정보를 얻고 질문에 대한 답변을 정확하고 빠르게 얻을 수 있는 웹 사이트를 운영한다. 왜 판매가 단순히 제품과 서비스의 거래에만 그치지 않고, '관계를 구축해가는 과정'이라고 말하는지 알 수 있는 대목이다. 세일즈 관계는 새로운 정보에 대한 요구에 응답하고 새로운 서비스를 제공하면서 수년간 지속될 수 있다.

판매 과정은 제품과 서비스의 종류에 따라 다양하게 변할 수도 있으나 전반적인 아이디어는 같다. 영업사원으로서 목표는 구매자의 구매 과정을 돕고 판매 후 구매자가 확실히 만족할 수 있도록 하는 것이다.

판매종결 시도
실제 판매 종결을 유도하기 위한 질문이나 말로 판매 과정을 종결하려는 시도

기업 대 소비자(B2C) 간 판매 과정

소비자에 대한 대부분의 대인판매는 소매점에서 이루어지며, 영업사원의 역할은 기업간(B2B) 판매일 때와 어느 정도 다르다. 두 경우 모두 제품에 대하여 잘 알고 있는 것이 우선이다. 하지만 기업 대 소비자(B2C) 간 판매에서는 영업사원은 가망고객 탐사 및 고객 자격에 대한 파악을 많이 하지 않아도 된다. 가망고객에게 너무 많은 시간을 보내기 전에 고객으로서의 자격을 판단하기 위해 질문을 하는 자동차나 가구와 같은 고가의 품목들에 대한 판매 과정은 예외이지만, 매장 안으로 들어오는 대부분의 사람들은 상품을 구매하기에 적격으로 본다.

소매 영업사원들은 사전접근 단계(preappraoch step)를 꼭 거쳐야 할 필요는 없지만, 매장에서 물건을 구매하는 사람들에 대하여 가능한 한 많이 이해하고 있는 것이 중요하다. 매장에 오는 사람들의 82%는 온라인 조사를 이미 했고, 그들이 원하는 것을 정확히 알고 있다.[22] 그러나 한 가지 확실한 것은 영업사원들은 고객에게 집중해야 하며, 고객이 매장 안을

그림 15.6 기업 대 소비자(B2C) 간 판매 과정

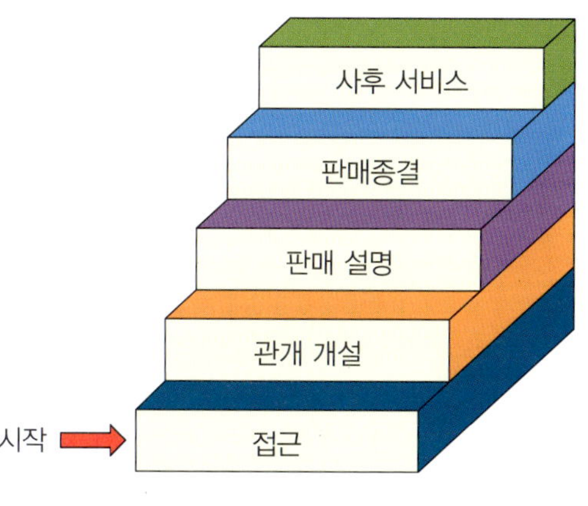

구경할 때 동료 영업사원들과 잡담을 하거나 친구와 전화 통화를 하는 것은 삼가야 한다. 여러분은 영업사원이 그처럼 무례한 행동을 하는 것을 경험해 본 적이 있는가? 당신은 구매를 했는가?

그렇다면 B2C 판매 과정의 첫 번째 공식 단계는 관계 개설(approach)인 셈이다. 아주 많은 영업사원들이 "도와드릴까요?"라는 상투적인 질문으로 접근하고 대답은 "아니오"이다. 하지만 "무엇을 도와드릴까요?" 또는 "우리 매장에 오신 것을 환영합니다"라는 질문이 더 좋다. 이 질문의 목적은 고객들에게 영업사원이 그들을 돕기 위해 존재하고 있으며, 친절하고 지식이 있다는 것을 알려주기 위함이다.

먼저 고객이 무엇을 원하는지 알아낸 후, 고객이 어떠한 말을 하느냐에 따라 영업사원은 판매 설명을 한다. 영업사원은 제품이 고객들의 필요를 어떻게 충족할 수 있는지를 보여준다. 질문에 답할 때는 고객들에 맞는 제품을 선택할 수 있도록 도와준다. 고객들의 욕구를 더 많이 알면 알수록, 그들의 욕구를 충족시킬 수 있는 제품의 선택을 도와주기가 쉽다.

B2B 판매에서와 같이, 판매종결을 시도하는 것도 중요하다. "이 물건을 예약해 드릴까요?", "신용카드로 하실 건가요?" 등이 바로 판매종결을 위한 시도이다. 판매는 예술(art)로, 판매원은 도움이 되는 것과 강요하는 것 사이의 아슬아슬한 선을 걷는 법을 배워야 한다. 개인 구매자들은 물건을 구매하기에 앞서 종종 혼자서 생각할 시간을 필요로 한다. 영업사원은 반드시 이 점을 존중하고 그러한 시간을 주어야 하지만, 언제까지인지를 분명히 해야 한다.

판매 후 점검 서비스(after-sale follow-up)는 중요하지만, B2C 판매에서는 자주 무시되는 부분이다. 제품이 배달되면, 영업사원은 제품이 제시간에 도착하였는지 꼭 확인해야 한다. 제품을 설치해야 하는 경우도 마찬가지이다. 판매 후 확인 점검 및 서비스를 제공했을 때 종종 더 많은 제품을 판매할 수 있다. 그림 15.6은 B2C 판매 과정을 보여준다. 이 그림과 B2B의 7단계 판매 과정을 비교해보라.

시험 준비

- 4대 촉진믹스에는 어떠한 것들이 포함되는가?
- 비용지출면에서 가장 중요한 광고 매체 세 가지는 무엇인가?
- B2B 판매 과정의 7단계는 어떻게 진행되는가? B2C 판매 과정과는 어떻게 다른가?

학습목표 15-4 홍보부(public relations department)의 역할과 공공성(publicity)이 어떻게 연관되는지에 관하여 설명할 수 있다.

PR: 관계 구축하기

PR
공중의 태도를 평가하고, 공중의 요청을 수렴하여 정책과 절차를 수정하고, 공중의 이해와 지지를 얻기 위한 정보와 실행 프로그램을 수행하는 관리 기능

공중관계(public relations; PR)는 공중의 태도를 평가하고, 공중의 요청을 수렴하여 정책과 절차를 수정하고, 대중의 이해와 지지를 얻기 위한 정보와 실행 프로그램을 수행하는 기능으로 정의된다. 즉, 좋은 PR 프로그램은 다음과 같은 3단계를 가진다.

1. 공중의 의견 경청하기(Listen to the public): PR은 공중의 태도를 평가(evaluates public attitudes)하는 훌륭한 마케팅 조사에서 시작된다. 공중이 원하는 것을 학습하는 가장 좋은 방법은 종종 소셜 미디어를 포함한 다른 포럼들에서 사람들이 하는 말을 듣는 것이다. 예를 들어, 웬디스(Wendy's)는 소비자들이 더 많은 패스트푸드 아침식사 옵션을 찾고 있다는 것을 알게 되었다. 웬디스는 새로운 아침식사 메뉴를 만들었을 뿐만 아니라 식물성 옵션도 제공하기 시작했다.[23)]
2. 정책과 절차 수정하기(Change policies and procedures): 비즈니스에서의 공중의 이해는 선전 공세를 퍼붓는다고 해서 얻어지는 것이 아니라, 일반 공중이 관심 있어 하는 프로그램과 활동을 통하여 얻는 것이다. 예를 들어, 파네라는 '클린'으로 가겠다고 결정하고는 더 이상 사용하지 않을 성분과 첨가물의 '노-노리스트(No-No List)'를 만들고 이에 맞추어 100가지 이상의 성분을 재구성했다.
3. 공중의 필요에 반응하고 있다는 것을 알리기(Inform people that you're being responsive to their needs): 단순히 공중이 관심 있어 하는 프로그램을 개발하는 것만으로는 부족하다. 공중에게 이러한 프로그램을 가지고 있고 그들의 요구에 반응하고 있다고 말해야만 한다. PR은 더 신뢰성 있는 매체를 통하여 메시지를 전달하기 때문에 소비자들에게 더욱더 많은 영향을 미친다.

최근의 사건들은 좋은 홍보의 필요성을 강조한다. 페이스북의 사용자 사생활 스캔들, 보잉의 737 맥스(Boeing 737 Max) 항공기 문제들, 몇몇 정치인, 인기 배우들, 그리고 스포츠 명사들을 둘러싼 문제들이 포함된다.[24)]

홍보부서는 기업의 이해당사자들(고객, 미디어, 지역사회 리더, 정부 관료, 기업의 기타 이해관계자들)과 긴밀한 관계를 유지한다. 마케터들은 광고의 대안을 찾는다. PR은 좋은 대안이다. 신문사들이 기자 수를 줄이면서 보도자료를 포함한 다른 뉴스 정보 출처를 찾고 있다. 인플루언서, 팟캐스터, 블로그들에 링크되어 있는 것 또한 뉴스 상에 기업의 이름을 유지하는 중요한 방법이 되었다. PR은 어떤 기업에선 매우 중요해서 PR부서 이외의 다른 부서 직원들도 참여하고 있다.[25)]

홍보(Publicity): PR의 강력한 무기

홍보는 PR의 가장 강력한 무기이다. 원리는 다음과 같다. 하비스트 골드라는 식당을 소비자들에게 소개하고 싶지만, 홍보할 돈이 부족하다고 가정하자. 어느 정도는 초기 판매를 통해 자금을 마련해야 할 것이다. 대중에게 다가가는 효과적인 방법 중의 하나는 홍보를 통하는 것이다.

홍보(publicity)란 미디어를 통해 대중에게 배포되고 판매자가 비용을 지불하거나 통제하지 않고 개인, 제품, 조직에 대한 모든 정보이다. 매체가 기사를 내보내고 싶도록 하는 데에는 많은 기술이 요구된다. 매체에 따라 다른 내용의 기사를 작성하는 것이 필요할지도 모른다.[26)] 어떤 기사에는 새로운 주인에 대하여 다루고 다른 기사에는 특별한 제품 제공에 관하여 글을 쓸 수도 있다. 만약 이러한 기사가 보도된다면 여러분의 식당에 대한 뉴스가 수많은 잠재 고객(투자자, 유통업자, 딜러 등)에게 전달될 것이고, 여러

홍보
판매자가 비용을 지불하거나 통제하지 않고 개인, 제품, 조직에 대한 어떠한 정보를 언론 매체가 일반 보도로 다루도록 함으로써 무료로 광고 효과를 얻는 것

수만 명의 사람들이 ALS에 대한 인식을 고취시키기 위해 차가운 물에 몸을 담갔다. 운동선수와 배우에서 일반인에 이르기까지, 아이스 버킷 챌린지의 비디오는 몇 달 동안 입소문이 났고, ALS 연구에 1억 1천5백만 달러의 기부로 이어졌다. 무엇이 이 촉진을 성공시켰다고 생각하는가?

분은 이미 성공적인 마케터가 되어가는 길목에 서 있을 수도 있다. 존 록펠러(John D. Rockefeller)는 "올바른 일을 행하는 것보다 더 중요한 것은 여러분이 올바른 일을 행하고 있다는 것을 사람들에게 알리는 것이다"라고 말하였다. 하비스트 골드가 지역사회에 일조해서 더 많은 홍보의 기회를 만들어낼 수 있는 방법은 무엇인가?

무료라는 점 이외에도, 홍보는 광고와 같은 다른 촉진 도구들을 뛰어넘는 또 다른 장점을 가지고 있다. 예를 들어, 언론에 보도된 기사는 광고를 읽지 않는 사람들에게까지 도달될 수 있다. 또한 신문의 1면이나 주요 기사로 보도될 수도 있고, TV 뉴스에 방영될 수도 있다. 기사 제공의 가장 큰 장점은 신뢰성에 있을 것이다. 신문이나 잡지에서 기사가 뉴스로 보도할 경우, 독자들은 그 기사를 사실로 받아들인다. 그리고 뉴스는 광고보다는 더 믿음직스럽고 신뢰가 간다.

홍보 또한 단점이 있다. 마케터는 매체들이 기사를 어떻게 언제 사용할지에 대하여 통제할 수 없다. 매체는 제공된 기사를 다루어야 할 책임이 없으며, 대부분의 기사들은 버려지게 된다. 더욱이 제공한 기사가 변경되어 더 이상 긍정적인 내용이 아닐 가능성도 있다. 기사 제공의 결과 또한 좋은 홍보(고객들이 제품을 사러 밤새 줄 서있다)와 나쁜 홍보(문제 있는 제품이 리콜된다)가 있다. 그리고 기사가 한 번 보도된 후에는 반복되지 않을 가능성이 있다. 이와는 대조적으로 광고는 필요한 만큼 자주 반복할 수 있다. 매체들이 기사를 잘 다루어줄 수 있도록 하는 방법 중의 하나는 정보를 공개하고 각 매체의 담당자들과 우호적인 관계를 유지하는 것이다.

학습목표 15-5 샘플링(sampling)을 포함한 다양한 형태의 판매촉진(sales promotion)의 효과에 대하여 설명할 수 있다.

판매촉진: 구매자에게 인센티브 주기

판매촉진
단기간의 활동으로 소비자의 구매 행위와 딜러들의 관심을 자극하는 촉진 수단

판매촉진(sales promotion)은 단기간의 활동으로 소비자의 구매 행위와 딜러들의 관심을 자극하는 촉진 수단이다. 이러한 활동에는 진열, 전시회와 박람회, 이벤트 스폰서십, 경연대회(contest) 등이 포함된다. 그림 15.7은 B2B 판매촉진 기법들을 나열한 것이다.

소비자 판매촉진 활동으로는 우편으로 받아보는 제품 무료샘플, 어플에서 얻게 된 할인 쿠폰, 다양한 소매상점들이 후원하는 경연대회, 과자 상자 안에 들어 있는 상품 등(그림 15.7 참조)이 포함된다. 몇몇 전문가들은 촉진 중 너무 많은 것을 주지 말라고 경고한다. 하비스트 골드로 학교 신문이나 가정 우편물에 반 가격 쿠폰을 동봉하여 판매를 증진시킬 수 있다. 여러분은 고객을 불러오기 위해 그루폰(Groupon)을 사용하는 것이 야기할 문제가 있다고 보는가?

판매촉진 프로그램은 인적 판매, 광고, 홍보, 주류 판매 등의 전반적인 촉진 프로그램

그림 15.7 판매촉진 기법

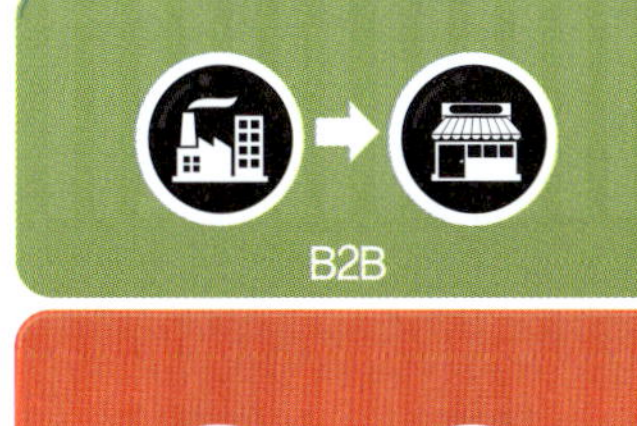 B2B	• 전시회(Trade shows) • 판매원을 위한 포트폴리오 (Portfolios for salespeople) • 거래(Price Deals)	• 카탈로그(Catalogs) • 컨벤션(Conventions)
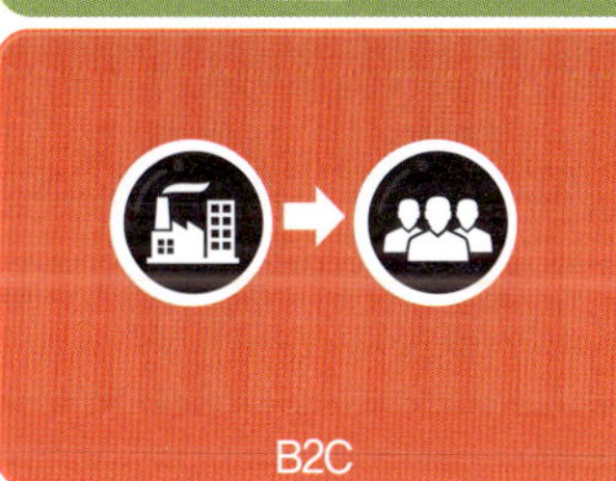 B2C	• 쿠폰(Coupons) • 센트 할인 촉진(Cents–off promotions) • 샘플링(Sampling) • 프리미엄(Premiums) • 경품행사(Sweepstakes) • 경연(Contests)	• 보너스(하나를 사면 하나를 넘으로 주기): (buy one, get one free) • 카탈로그(Catalogs) • 제품 시연(Demonstrations) • 특별 행사(Special events) • 당첨자 뽑기(Lotteries) • 상점 내 상품 진열(In–store displays)

에 활기를 불어넣기 위해 고안된 것이다. 판매촉진은 내부(기업 내부)에서 그리고 외부(기업 외부)에서 일어날 수 있다. 가장 중요한 내부 판매 촉진 노력은 영업 사원과 고객 서비스 담당자 및 점원과 같은 다른 고객을 대면하는 직원을 대상으로 한다. 내부 판매 촉진 노력에는 (1) 세일즈 트레이닝, (2) 시청각 자료, 비디오테이프 등과 같은 판매 보조자료 개발, (3) 영업사원이 행동을 개시할 수 있는 전시회 참가 등이 있다. 대중을 다루는 다른 직원들에게도 기업이 제공하는 것에 대하여 정확히 인지할 수 있도록 특별한 트레이닝 기회를 제공한다.

샘플링
기업이 소비자들에게 제품의 샘플을 무료로 나누어주는 판매촉진 기법

모든 사람이 무료샘플을 좋아한다. 샘플링은 사람들이 맘에 들면 살 수 있는 상황에서 신제품을 시용하도록 하는 촉진전략이다. 광고가 복제할 수 없는 음식제품을 샘플링하는 장점은 무엇인가?

내부적으로 열정을 불러일으킨 후에 중요한 일은, 유통업자와 상인들 간의 관계를 긴밀하게 연관시켜서 기꺼이 제품을 촉진하는 것을 돕도록 하는 일이다. 전시회는 마케팅 중개상들에게 수많은 다양한 판매자가 전시하는 제품들을 보고 비교해볼 수 있는 기회를 제공해준다. 오늘날, 웨비나(Webinar: Web+ Seminar)로 불리는 인터넷 상에서의 가상전시회는 구매자들이 사무실을 떠나지 않고도 많은 제품들을 볼 수 있는 기회를 제공한다. 게다가, 하루 24시간 일주일 내내 정보 이용이 가능하다.

판매촉진 노력으로 기업 내부 직원과 중개상들을 움직였으면 다음 단계는 샘플, 구폰, 힐인, 진시회, 매장 시연, 프리미엄, 경연, 리베이트 등을 활용하여 최종 소비자를 촉진하는 일이다. 판매촉진은 열정을 유지하려는 지속적인 노력이다. 따라서 시간이 지나도 신선한 아이디어를 계속 유지하려면 다른 전략들을 사용해야 한다. 하비스트 골드의 음식들이 얼마나 매력적인지 고객들에게 보여주기 위해 가게에 전시해 놓을 수도 있고 새로운 채식주의자들의 관심을 끌기 위해 가게 안에서 요리 시연을 해보일 수도 있다.

인기 있는 판매촉진 기법 중의 하나는 **샘플링(sampling)**이다. 즉, 소비자들은 제품의 샘플을 무료로 받을 수 있다. 많은 소비자들이 직접 보거나 사용 전에 신제품을 구입하지는 않기 때문에, 식료품점 통로에서 식품이나 음료의 샘플을 나누어주는 사람을 두기도 한다. 샘플링은 소비자들이

구매 의사결정을 내릴 때 제품의 우수성을 보여줄 수 있는 빠르고 효과적인 방법이다. 베리 베지테리언 앞에서 샘플을 나누어준다면 확실히 소비자의 관심을 끌 수 있을 것이다.

이벤트 마케팅(event marketing)은 록 콘서트(rock concert) 같은 행사를 후원하거나, 제품을 홍보하기 위하여 다양한 이벤트에 참여하는 것을 포함한다. 펩시가 소베(SoBe: 허브 보강 음료) 제품라인을 도입했을 때 펩시는 샘플링과 이벤트 마케팅, 그리고 웹 사이트를 복합적으로 사용하였다. 펩시는 먼저 봄방학 기간 동안 학생들이 샘플 음료를 받을 수 있도록 해변도시에 샘플을 보냈다. 샘플링과 이벤트 마케팅은 신제품을 도입할 때 매우 효과적인 촉진수단이 될 수 있다.

시험 준비

- 홍보 프로그램을 만드는 데 관련된 3단계는 무엇인가?
- 소비자의 마음을 움직이기 위한 판매촉진 기법에는 무엇이 있는가?
- 기업에 다가가기 위한 판매촉진 기법에는 무엇이 있는가?

학습목표 15-6 구전(word of mouth), 바이럴 마케팅(viral marketing), 소셜 네트워킹(Social networking), 블로그(blogging), 팟캐스트(podcasting), 모바일 마케팅(mobile marketing)이 어떻게 활용되는지 제시할 수 있다.

구전(입소문) 촉진

구전 촉진
사람들이 자신이 구매한 제품에 대해 다른 사람들에게 이야기하는 촉진 기법

비록 전통적으로는 구전이 주요 촉진기법의 하나로 열거되지는 않지만(구전은 관리할 수 있는 대상이 아니었다), 이제는 온라인상에서 구전은 가장 효과적인 촉진기법 중 하나이다.[27] **구전 촉진(word-of-mouth promotion)**은 사람들이 자신이 구매한 제품에 대하여 다른 사람들에게 이야기하는 것을 말한다. 우리는 구전 확산에 있어서 소셜 미디어의 역할을 이미 논한 바 있다. 구전 이상으로 효과가 있는 것은 고객 참여인데, 이것은 고객들이 건설적인 제안을 하도록 하고 제품과 서비스를 어떻게 만들 것인지에 대한 아이디어를 공유하는 것이다.[28]

어떤 식으로든 기업에 대하여 우호적으로 말하는 사람들을 격려하는 것은 효과적인 구전 판매촉진이다. 예를 들어, 상점들이 어떻게 연예인, 현수막(banner) 그리고 다른 주의를 끄는 장치들을 사용하여 입소문을 내는지 주목하라. 영리한 광고도 입소문을 낼 수 있다. 사람들이 당신의 제품과 브랜드에 대해 더 많이 이야기할수록 고객들은 쇼핑할 때 그것들을 더 쉽게 기억한다.

긍정적 입소문을 퍼뜨리는 데 가장 효과적인 전략은 현재의 고객들에게 추천장(testimonial: 소비자들이 제품에 대하여 칭찬하는 편지나 문구)을 보내는 것이다. 대부분의 기업들은 추천 문구를 새로운 고객들에게 촉진할 때 사용하지만, 추천장은 고객들이 제대로 된 기업을 선택했다는 믿음에 확신을 주는 데에도 효과적이다. 따라서 어떤 기업들은 고객에게 추천을 받는 것을 습관화하고 있다.

또한 부정적인 입소문은 기업에 심각한 타격을 줄 수도 있음을 유념해야 한다. 기업이나 제품에 대한 부정적 입소문은 온라인 포럼(online forum), 소셜 미디어, 웹 사이트를 통해 퍼질 수 있다. 고객의 불만을 빠르고 효과적으로 처리하는 것은 부정적 입소문을 줄이는 최선의 방법 중 하나이다.

하비스트 골드에 대한 입소문을 만들기 위한 전략을 브레인스토밍(brainstorming)하는 것을 즐길 수 있다.[29] 여러분의 노력이 대단하다면 여러분의 메시지는 바이러스처럼 퍼지고 수백만 명이 보게 될 것이다. **바이럴 마케팅**(Viral marketing)이란 인터넷에서 마케팅 메시지가 수많은 사람들에게 도달함으로써 메시지의 영향력을 기하급수적으로 증대시키는 사람들을 격려하는 모든 전략을 포함한다. 많은 바이럴 마케팅 프로그램은 가치 있는 소셜 미디어 프로필과 이메일 주소와 교환해서 제품이나 서비스를 무료로 준다. 공짜는 주의를 끌며, 일단 여러분이 고객의 주의를 끌기만 한다면 그들은 여러분이 제공하는 제품이나 서비스를 볼 수 있고 구매할 수 있다.

바이럴 마케팅
제품에 대하여 다단계 판매 체계를 조성하기 위하여 인터넷상에서 제품에 대하여 긍정적인 말을 하는 사람들에게 돈을 지불하는 것을 포함한 모든 것

소셜 네트워킹

우리는 이 장의 앞부분에서 소셜 미디어와 광고의 중요성에 대해 간략히 언급했다. 하지만 소셜 미디어는 광고보다 홍보에 훨씬 더 큰 역할을 한다. 결국, 대부분의 미국인들은 페이스북, 트위터 또는 인스타그램과 같은 적어도 하나의 소셜 미디어 플랫폼에서 활동하고 있다. 마케터들은 소셜 미디어가 비즈니스 환경을 어떻게 변화시키고 있는지 빠르게 알아챘다. 기업들은 제품이나 서비스에 대한 노출을 높이고, 고객들 사이에 충성도를 높이고, 회사 웹 사이트로의 트래픽을 유도하고, 심지어 새로운 아이디어를 도출하기 위해 이 사이트들을 활용한다.[30]

소셜 미디어 플랫폼의 장점 중 하나는 기업과 고객 간의 양방향 소통이 쉽다는 것이다. 예를 들어, 나비스코(Nabisco)나 트래블로시티(Travelocity)와 같은 회사들은 고객들과 지속적으로 접촉할 수 있고, 그 과정에서 그들을 즐겁게 할 수 있다. 왕좌의 게임의 마지막 회에 나비스코는 팬들의 흥분을 이용하여 피날레를 장식했다. 그것은 쇼의 오프닝 크레딧을 반영하지만, 완전히 쿠키로 만들어진 50초짜리 비디오인 #GameOfCookies를 출시했다. 이 비디오는 또한 새로운 왕좌의 게임 팩 에이징을 홍보하는 더 작은 15초짜리 디지털 광고로 쪼개졌다. 이 비디오는 많은 소셜 미디어 플랫폼에서 수백만 번 공유되었다.[31] 사람들이 이러한 소셜 미디어 활동에 참여할 때, 그들은 회사와 자주 교류하고, 더 중요한 것은 브랜드 콘텐츠를 공유할 가능성이 높다. 인스타그램과 페이스북에서 입소문 프로모션이 어떤 장단점을 가졌는지 알아보려면 '소셜 미디어를 통한 연결' 글상자를 확인해 보라.

모든 '좋아요'와 '공유'는 모으기 쉬워 보일 수 있지만, 그것들은 종종 세밀한 소셜 미디어 계획의 결과물이다. 성공적인 소셜 미디어 홍보 캠페인을 시작하기 위해 자주 사용하는 단계는 다음과 같다.[32]

1. 고객층을 파악한다.
2. 고객이 보고 싶어 할 이미지를 만들고 매일 새로운 내용을 게시한다.

소셜 미디어를 통한 연결

인스타 인플루언서들의 흥망성쇠

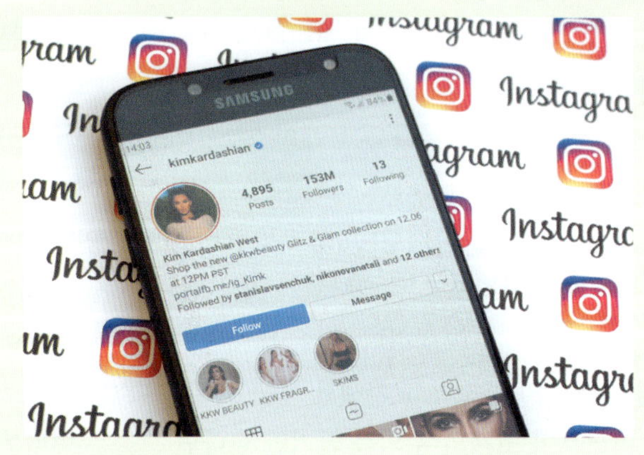

슈가베어헤어 젤리(Sugar BearHari), 바이트 얼라이너(Byte aligner), 팹핏펀(FabFitFun) 박스 등 우리는 모두 많이 봐왔다. 사실, 인스타그램이나 페이스북 피드를 스크롤하고 유명 인사들과 소셜 미디어 인플루언서들이 이러한 제품들과 다른 많은 것들을 게시하는 것을 보지 못하는 것은 거의 불가능하다. 올해 미국 광고주들은 디지털 광고에 1,600억 달러 이상을 투자할 예정이다. 그 예산의 절반 이상이 소셜 미디어 광고에 쓰일 것 같다.

지난 몇 년 동안 인플루언서를 활용하는 것은 믿을 수 없을 정도로 성공적인 마케팅이었다. 이들의 보증은 더 진실한 것처럼 보였고, 소비자들은 이 광고를 더 신뢰하게 되었고, 순식간에 수많은 사용자들에게 도달했다. 입소문 촉진이 가진 힘을 이 인플루언서들이 매일 입증했다. 그러나 사용자가 점점 더 익숙해짐에 따라 인플루언서의 참여율은 감소하고 있다. 2019년에는 인플루언서 활용이 거의 10% 감소했다.

여기서 무슨 일이 벌어지고 있는가? 우선, 소셜 미디어 사용자들은 이러한 메시지들에 대한 신뢰를 잃었다. 사람들은 이것이 광고이고 아마도 그 제품을 홍보하는 인플루언서는 심지어 그것을 사용하지도 않으리라는 것을 안다. 게다가, 알림 피드는 이러한 광고들로 너무 포화 상태여서 사용자들은 주요 인플루언서들을 팔로우하는 것을 멈추거나 이러한 게시물들을 건너뛰는 데 단련되었다. 그렇다고 인플루언서 마케팅이 죽은 것은 아니다. 마케터들은 여전히 인플루언서를 사용하여 브랜드 인지도를 높이고 매출을 높일 수 있다. 콘텐츠를 좀 더 창의적으로 만들고 이용자의 참여도를 높이면 된다. 이것은 사용자들의 신뢰를 다시 얻는 데 도움을 줄 수 있고, 그 수입을 계속 올리는 데 도움을 줄 수 있다.

출처: Nikki Carlson, "Why Your 2020 Marketing Strategy Should Include Influencers," February 12, 2020; Suzanne Kapner and Sharon Terlep, "Advertisers Sour on Online Influencers," October 21, 2019; Barb Mosher Zinck, "Social Spending in 2020 Is Increasing, but Is It the Right Move?," February 5, 2020; Sean Hargrave, "Has Influencer Marketing Just Been Busted?," February 20, 2020.

3. 새로운 사용자가 콘텐츠를 검색할 수 있도록 재미있지만 적합한 해시태그를 개발하되 너무 많이 사용하지 않는다.
4. 게시의 일관성을 보장하기 위해 게시 캘린더를 설정한다.
5. 고객과의 관계—컨테스트 및 엔터테인먼트를 제공한다.
6. 팔로우백하고 코멘터들에게 답장한다.
7. 사이트에서 제공할 수 있는 새로운 기능을 숙지한다.
8. 게시한 내용의 효과를 측정하고 학습한 내용을 미래를 위해 사용한다.

블로그(Blogging)

온라인상에는 수 억 개의 블로그가 존재한다. 블로그는 마케팅에 얼마나 효과적일까? 블로그를 운영하는 것은 고객과 상호작용하는 훌륭한 방법이다. 비즈니스 블로그는 소셜 미디어 프로필과 잘 어울릴 때 신규 고객을 유인할 수 있다. 사람들이 소셜 미디어 프로필을 통해 회사의 블로그를 클릭할 때 그 회사의 웹 사이트 순위는 올라간다. 사람들은 그들이 관련 있다고 여기는 내용을 공유하는 것을 좋아한다. 블로그가 성공하기 위해서는 시간을 내서 포스트를 하고 고객들이 남기는 코멘트에 답해야 한다. 고객들의 코멘트는 새로운 포스트를 개설하는 데 사용할 수 있다. 검색엔진에 인식되고 새로운 정보를 위해 고객이 재방문하게 하기 위해서는 끊임없이 포스트 해야 한다. 블로그가 업데이트되지 않으면 트래픽이 줄어들 것이며, 촉진도구로서의 파워도 잃을 것이다.

팟캐스팅

팟캐스팅(podcasting)은 휴대용 미디어 플레이어에 다운 받을 수 있는 인터넷상의 멀티미디어 파일을 유통시키는 수단이다. 팟캐스트는 여러분의 기존 및 가망고객들이 이해하기 쉬운 가치 있는 무언가를 제공함으로써 그들의 주의를 상당 기간 동안 끌 수 있기 때문에 중요하다.[33] 물론 많은 기업들이 유튜브(YouTube)에 비디오를 올리면서 성공적인 촉진 활동을 하고 있다.

모바일 미디어는 마케터가 문자를 통해 고객에게 도달하도록 한다. 여러분은 그러한 촉진 메시지를 받아 본 적이 있는가? 어떤 제품의 경우 모바일 미디어가 가장 효과적인가?

팟캐스팅
인터넷을 통하여 시청하려는 사용자들이 오디오나 비디오 프로그램을 선택하여 정기적 또는 새로운 내용이 올라올 때마다 자동으로 구독할 수 있도록 함으로써 방송을 전달하는 방법

이메일 촉진

우버(Uber)는 브랜드 인지도를 높이고 가입자들에게 다양한 거래나 프로모션을 업데이트하기 위해 고안된 이메일 마케팅 프로그램을 가지고 있다. 그 이메일들은 밝은 색상으로 되어 있지만, 간단하며 요점이 있다. 사람은 이메일을 쉽게 훑어볼 수 있고 필요한 대부분의 정보를 얻을 수 있다. 메인 메시지에 나타나는 정보보다 더 많은 정보가 필요한 경우, 가입자는 하단에 있는 쉬운 클릭으로 확장된 삽화로 된 지침을 사용할 수 있다. 2020년 리프트(Lyft)는 다양한 단체와 제휴하여 이메일 가입자 명단을 이용하여 운전기사와 라이더들이 투표 등록을 하도록 하고 새로 등록된 유권자들을 선거일에 투표하도록 도왔다.[34]

모바일 마케팅

대부분의 마케터들은 그들의 미디어가 태블릿이나 휴대폰과 같은 모바일 기기에서 볼 수 있도록 하고자 한다. 성공의 열쇠 중 하나는 메시지를 간략히 하는 것이다. 왜냐하면 모바일 사용자들은 긴 문장을 읽고 싶어하지 않기 때문이다. 미디어를 활용하여 경쟁을 촉진하거나, 고객들에게 뉴스나 스포츠 경기 알림메일을 보내거나, 기업의 정보를 주는 등의 문자메시지를 보낸다. 최근에는 기업들이 여러분의 위치를 파악하여 인근의 레스토랑이나 기타 서비스 업체에 관한 메시지를 보낸다.

촉진믹스 관리하기: 모든 것을 통합하기

각각의 타깃 그룹은 개별적인 촉진믹스를 필요로 한다. 광고는 비슷한 특성을 지닌 대규모의 소비자 그룹에게 다가갈 수 있는 가장 효과적인 방법이다. 인적 판매는 대규모 조직에 가장 적합하다. 나중보다 지금 구매하려는 사람들에게는 샘플링(sampling), 쿠폰(coupon), 할인(discount), 특별 진열(special display), 프리미엄(premium) 등이 효과적이다. 홍보는 다른 노력들을 지원해서 모든 소비자들에게 좋은 인상을 심어줄 수 있다. 입소문은 종종 가장 강력한 촉진기법이며, 이는 소비자들의 의견을 경청하고 응답하며, 다른 사람들에게 전달할 만한 가치가 있다는 인상을 심어주었을 때 긍정적으로 형성된다. 소셜 미디어, 블로그, 팟캐스트를 알면 입소문을 퍼뜨리는 데 훨씬 더 효과적

버스 정류장의 광고는 전혀 새로운 것이 아니지만, 이 광고는 사람들이 앉아서 잭슨홀(Jackson Hole)로 스키 여행을 가는 것에 대해 생각할 수 있는 장소를 제공한다. 이러한 경험을 제공하는 것이 소비자들에게 제품이나 서비스를 알리는 효과적인 방법이라고 생각하는가?

이다.

촉진 전략

푸시 전략
생산자가 도매업자나 소매업자가 상품 재고를 맡아서 판매하는 데 확신이 설 수 있도록 광고, 인적 판매, 판매촉진 등의 모든 방법을 동원하는 촉진 전략

풀 전략
대량 광고와 판매촉진 노력이 소비자들을 향해 있으며, 소비자들이 소매업자들에게 상품을 요청하도록 하는 촉진 전략

생산자들은 어떻게 제품을 소비자에게 순조롭게 이동시킬까? 생산자는 도매상이나 소매상이 상품 재고를 맡아서 판매하는 데 확신이 설 수 있도록 광고, 인적 판매, 판매촉진, 기타 모든 촉진 방법을 동원하여 도매업자와 소매업자가 상품을 재고하고 판매하도록 설득하고 유통 시스템을 통해 상점으로 보낸다. **푸시 전략(push strategy)**이 효과적이면, 소비자들은 상점 안으로 들어가 제품을 보고 구매할 것이다.

풀 전략(pull strategy)에서는 대량 광고와 판매촉진 노력이 해당된다. 풀 전략이 효과가 있으면 소비자들은 상점으로 가서 제품을 주문할 것이다. 제품에 대한 수요를 보고, 상점 주인은 도매상에게 제품을 주문할 것이고, 도매상은 생산자에게 주문할 것이다. 따라서 제품을 유통시스템을 통해 당겨온다(pull).

촉진을 마케팅에 이르는 총체적 시스템의 일환으로 만드는 것이 중요하다. 이는 촉진이 공급사슬 관리(supply-chain management)의 부분이 되어야 함을 의미한다. 이와 같은 경우, 소매상들은 공급사슬이 가능한 한 효율적일 수 있도록 생산자와 판매상들과 협력할 것이다. 그러면 촉진 계획은 전체적인 시스템을 위하여 개발될 것이다. 즉, 모두(생산자, 유통업자, 소매상, 소비자)의 마음에 들 수 있는 총체적인 상품 제공을 개발해야 한다.

시험 준비

- 바이럴 마케팅은 무엇인가?
- 블로그와 팟캐스팅은 무엇인가?
- 푸시 전략과 풀 전략에 대하여 설명하라.

요약하기

학습목표 15-1 촉진믹스(promotion mix)를 구성하는 새로운 방식과 전통적인 방식을 구별할 수 있다.

- **촉진은 무엇인가?**

  촉진은 마케터들에게 정보를 제공하고 타깃 시장에서 사람들에게 제품에 대하여 연상시켜 그들을 거래에 참여하도록 설득하는 것을 의미한다.

- **촉진믹스의 전통적인 네 가지 구성 요소는 무엇인가?**

  전통적인 촉진믹스의 4요소는 광고(advertising), 인적 판매(personal selling), 홍보(public relations), 판매촉진(sales promotion)이다. 제품 그 자체도 촉진 수단이 될 수 있다. 이것이 그림 15.1의 한가운데에 제품이 들어간 이유이다.

학습목표 15-2 인터넷과 소셜 미디어를 포함한 다양한 광고 매체의 장단점을 비교할 수 있다.

- **광고란 무엇인가?**

  광고란 광고 메시지 속에 어떤 식으로든 신분을 밝힌 조직이나 개인이 다양한 매체에 비용을 지불하는 비개인적(nonpersonal: 일대일 대면 방식이 아닌) 커뮤니케이션이다.

- **다양한 매체를 사용하는 장점은 무엇인가?**

  다양한 매체를 사용하는 장점과 단점은 그림 15.5를 참조하라.

- **왜 정보광고, 온라인 광고, 소셜 미디어 광고의 사용이 증가하고 있는가?**

  정보광고는 제품의 사용법을 보여주고 상품과 서비스 판매에 도움이 되는 추천 문구를 제시하기 때문에 그 중요성이 커지고 있다. 온라인 광고는 고객들이 회사와 회사의 제품에 대해 더 많이 배울 수 있는 웹 사이트로 들어오게 한다. 기업들은 소셜 미디어 광고와 함께 광고와 다른 촉진들을 TV와 같은 전통적 매체를 사용하기 전에 테스트할 수 있다.

학습목표 15-3 B2B와 B2C 판매절차 단계에 대해 설명할 수 있다.

- **인적 판매는 무엇인가?**

  인적 판매는 일대일 대면 프레젠테이션(face-to-face presentation)을 통하여 제품과 서비스를 촉진하는 것을 말한다. 새로운 가망고객을 찾거나 판매 후 애프터서비스를 제공하는 것도 여기에 포함된다.

- **기업 대 기업 간 판매 과정(B2B selling process)의 7단계는 무엇인가?**

  판매 과정의 7단계는 (1) 가망고객 탐사 및 고객자격 파악(prospect and qualify), (2) 사전 접근(preapproach), (3) 관계 개설(Approach), (4) 판매 설명(make Presentation), (5) 거절 처리(answer objections), (6) 판매 종결(close sale), (7) 사후 고객서비스(follow up)이다.

- **기업 대 소비자 간 판매 과정(B2C selling process)의 단계는 무엇인가?**

  기업 대 소비자 간 판매 과정 단계는 관계 개설(approach), 질문(asking questions)과 판매 설명(presentation), 질의응답(answering questions)을 포함, 판매종결(closing), 사후 서비스(follow-up)이다.

학습목표 15-4 홍보부(public relations department)의 역할과 공공성(publicity)이 어떻게 연관되는지에 관하여 설명할 수 있다.

- **PR이란 무엇인가?**
  PR은 공공의 태도를 평가하고, 공공의 요청을 수렴하여 정책과 절차를 수정하고, 공중의 이해와 지지를 얻기 위한 정보와 실행 프로그램을 수행하는 관리 기능이다.
- **좋은 PR 프로그램의 주요 3단계는 어떻게 구성되는가?**
  (1) 공공 의견 경청
  (2) 공공의 이익을 위한 정책과 절차 개발(develop policies and procedures in the public interests)
  (3) 사람들에게 그들의 요구에 반응하고 있다고 말하기
- **홍보는 무엇인가?**
  홍보는 말하는 무기이다. 판매자가 비용을 지불하거나 통제하지 않고 매체에 의해 배포되는 정보이다. 홍보의 가장 큰 이점은 신뢰성에 있다.

학습목표 15-5 샘플링(sampling)을 포함한 다양한 형태의 판매촉진(sales promotion)의 효과에 대하여 설명할 수 있다.

- **판매촉진 활동은 기업 내부와 외부에서 어떻게 활용되는가?**
  내부 판매촉진(internal sales promotion)은 영업사원과 고객과 직접 접촉하는 직원들에게 노력을 기울이는 것이다. 내부 판매촉진 노력에는 판매 훈련, 판매 보조, 시청각 자료, 전시회 등이 있다. 외부 판매촉진(external sales promotion: 고객에 대한 판촉)에는 샘플, 쿠폰, 세트 할인가, 진열, 상점 시연, 프리미엄 등 다른 인센티브 등을 사용하는 것이 포함된다.

학습목표 15-6 구전(word of mouth), 바이럴 마케팅(viral marketing), 소셜 네트워킹(Social networking), 블로그(blogging), 팟캐스트(podcasting), 모바일 마케팅(mobile marketing)이 어떻게 활용되는지 제시할 수 있다.

- **구전은 주요 촉진 방법인가?**
  구전은 관리 가능한 대상이 아니라고 여겨졌기 때문에 전통적인 촉진 방법의 하나로 간주되지는 않았다. 하지만 제품과 서비스를 촉진하는 데 있어 언제나 효과적인 방법이다.
- **오늘날 구전이 촉진에 어떻게 활용되는가?**
  구전의 목적은 가능한 한 많은 사람들이 회사의 메시지를 접하도록 하는 것이다. 바이럴 마케팅은 사람들이 마케팅 메시지를 다른 사람들에게 전달하도록 장려하는 모든 전략을 포함하며, 메시지가 수천에서 수백만에 도달할수록 메시지의 영향력이 기하급수적으로 증가한다. 많은 바이럴 마케팅 프로그램들은 종종 귀중한 이메일 주소를 받는 대가로 무료 제품이나 서비스를 제공한다.
- **제품 촉진을 위해 마케터들이 사용할 수 있는 다른 촉진 수단은 무엇인가?**
  다른 촉진수단에는 소셜 네트워크, 블로그, 팟캐스팅, 이메일 촉진, 그리고 모바일 마케

팅이 있다.

- **주요 촉진 전략에는 어떠한 것들이 있는가?**

  푸시 전략에서는 제조업자가 광고(advertising), 인적 판매(personal selling), 판매촉진(sales promotion), 도매업자와 소매업자들이 상품을 저장해 놓고 판매할 만큼 확신을 줄 수 있는 다른 모든 촉진 도구들을 사용한다. 풀 전략에서는 대량 광고와 판매촉진 노력이 소비자를 향해 있어서 소비자들이 소매업자에게 제품을 요청하도록 하는 데 초점을 맞춘다.

주요 용어 정리

PPL(product placement) 광고
가망고객(prospect)
가망고객 탐사(prospecting)
고객자격 파악(qualifying)
광고(advertising)
구전 촉진(word-of-mouth promotion)
바이럴 마케팅(Viral marketing)
상호 촉진(interactive promotion)
샘플링(sampling)
인적 판매(personal selling)
정보 광고(informercial)
촉진믹스(promotion mix)
통합 마케팅 커뮤니케이션(IMC: Integrated Marketing Communication)
판매종결 시도(trial close)
판매촉진
팟캐스팅(podcasting)
홍보(Publicity)
푸시 전략(push strategy)
풀 전략(pull strategy)
공중관계(Public Relations; PR)

사고력 문제

1. 만약 기업이 환경운동가, 뉴스 미디어, 지역사회와 커뮤니케이션을 하지 않는다면 어떠한 문제가 발생할 수 있는가? 여러분 주변에서 지역사회에 반응하지 않는 기업들의 사례를 본 적이 있는가? 그 결과는 어떠하였는가?
2. 여러분은 얼마나 자주 온라인에서 구매하는가? 만약 인터넷에서 실제 구매를 하지 않는다면, 상품이나 가격을 비교하는 데 사용하는가? 여러분이나 여러분의 친구들은 이베이(eBay)나 크레이그스 리스트(Graigslist)와 같은 다른 온라인 사이트에서 중고 상품을 저가에 구매하는가? 인터넷 광고를 보는가? 인터넷 광고가 효과적인 것 같은가?
3. 기업과 잠재고객 사이의 상호 의사소통 가능성이 훨씬 더 증가하고 있는 요즘에 여러분은 전통적인 광고의 중요성이 증가할 것이라고 생각하는가, 감소할 것이라고 생각하는가? 우리 소비자들이 TV 프로그램, 신문, 잡지에 지불해야 하는 비용(만약 비용이 있다면)에는 어떠한 영향을 미칠 것인가?
4. 블로그(blogging)와 팟캐스트(podcasting) 및 소셜 미디어는 여러분이 사용하는 신문 혹은 TV와 같은 다른 매체에 어떠한 영향을 미치는가? 여러분은 지금 신문을 읽고 있는가? 혹은 뉴스를 다른 방법으로 얻고 있는가? 여러분은 프로그램을 TV에서 보는가, 혹은 다른 기기를 통해서 보는가? 인쇄매체나 TV 네트워크로부터 멀어지는 것이 광고에는 어떤 영향을 미쳤는가?

원리의 적용

목적

기업이 라이브 웹 사이트 채팅을 사용하여 제품 및 서비스를 홍보하고 고객과의 관계를 구축하는 방법에 대해 알아보자.

연습

blog.hubspot.com에서 허브스팟(HubSpot)으로 이동해서 '라이브 웹 사이트 채팅을 창의적인 방식으로 사용하는 9개 회사'라는 게시물을 검색하라.

1. 펫플랜(Petplan)은 어떤 웹 사이트에서 라이브 채팅을 제공하는가? 자체 사이트가 아닌 다른 웹 사이트에서 라이브 채팅을 하는 것이 회사와 고객들에게 어떻게 도움이 되는가?
2. 스냅인게이지(SnapEngage)는 사람들이 더 많은 회사가 그러기를 바라는 방식으로 라이브 채팅을 제공한다. 그것은 무엇이며, 시청자들이 다른 곳으로 이동하지 않고 그 사이트에 머무르게 하는 것이 얼마나 효과적이라고 생각하는가?
3. 각 회사의 웹 사이트 채팅이 고객과의 관계를 더욱 돈독하게 발전시키는 데 어떻게 도움이 되는가?

직업기술의 개발

핵심: ● 팀 ★ 분석 ▲ 의사소통 ◘ 기술

★▲ 1. 신문, 잡지, 텔레비전, 라디오, 온라인 등 두 개 이상의 매체를 사용하여 효과적이라고 생각되는 두 개의 광고와 효과가 없다고 생각되는 두 개의 광고를 선택하라. 이 장에서 배운 것을 바탕으로 선택한 이유를 설명하라.

▲★◘ 2. 홍보(신상품에 대한 이야기)와 판매촉진(쿠폰, 콘테스트, 경품 행사)의 예를 지역 신문을 훑어보거나 온라인에서 검색하라. 여러분의 사례를 공유하고 그러한 촉진 노력의 효과에 대해 학우들과 토론하라.

▲★ 3. 많은 학생들이 판매직에 종사하는 것을 부끄럽게 여기고, 종종 영업사원들을 부정직하거나, 너무 밀어붙이거나, 사교성이 충분하지 않다고 생각한다. 영업사원들과의 경험과 판매직을 경력으로서 어떻게 생각하는지에 대하여 논하는 한 페이지의 발표 자료를 준비하라.

▲★● 4. 작은 그룹을 만들어 카탈로그를 활용하여 더 많은 물건을 쇼핑하는지 아니면 인터넷을 통하여 더 많은 구매를 하는지 토론하라. 여러분은 제품이나 서비스를 구매하기 전에 온라인에서 정보를 찾는가? 그러한 검색이 얼마나 도움이 되는가? 강의시간에 여러분의 생각을 발표해보자.

▲★● 5. 작은 그룹을 만들어서 또는 개별적으로 대부분의 학생들이 소유하고 있거나 사용하고 있는 6개 제품(제품이나 서비스)의 리스트를 만들고 어떠한 촉진기법(광고, 인적판매, 홍보, 판매촉진, 구전)이 여러분이 이러한 제품과 서비스를 구매하도록 만들었는지에 대하여 토론해보자. 어떠한 기법이 여러분에게 가장 효과적인가? 그 이유가 무엇이라고 생각하는가?

진로 탐색

촉진에 관심이 있는 경우 고려해야 할 몇 가지 직업이 있다. bls.gov의 직업전망서(OOH(Occupational Outlook Handbook))의 이러한 분야에서 수행한 작업, 필요한 기술, 급여 및 기회전망에 대해 알아보시오.

- **광고판매 대리인** – 기업과 개인에게 광고 공간을 판매하고, 잠재 고객에게 연락하고, 판매 프레젠테이션을 하고, 고객 계정을 유지한다.
- **PR 전문가** – 그들이 대표하는 조직에 대해 호의적인 대중 이미지를 만들고 유지하며, 조직에 대한 대중의 인식을 형성하고 조직의 업무와 목표에 대한 인식을 높이기 위해 미

디어 보도를 설계한다.

- **기금 모금 관리자** – 기금을 유치하는 캠페인을 설계하고 조정한다.
- **웹 개발자** – 웹 사이트를 설계하고 만든다.

비디오 사례

촉진에 지치다

1999년, 닉 스윈먼(Nick Swinmurn)은 어느 신발 가게에서도 원하는 신발을 찾을 수 없었을 때, 다음 단계가 온라인에서 검색하는 것이라고 생각했다. 놀랍게도, 그는 신발 판매를 전문으로 하는 주요 온라인 소매점이 없다는 것을 발견했다. 이전의 많은 성공한 기업가들처럼 그도 기회를 보았고 자포스(Zappos.com)가 탄생했다. 온라인으로 신발을 산다는 생각은 분명 어려웠지만, 그 회사는 무료 배송을 제공했던 최초의 온라인 소매업체가 됨으로써 성공을 거두었다. 다행히도, 스윈먼은 이러한 배송 혜택을 제공하는 최초의 온라인 소매업체가 장기적인 성공을 보장하는 것은 아니라는 것을 알고 있었다. 그는 혁신적이고 고객 서비스에 뛰어난 기업 문화를 만드는 것이 필수적이라는 것을 알고 있었다.

그는 또한 회사의 많은 초기 고객들이 웹 사이트에 걸려 우연히 회사를 찾았다는 것을 알고 있었다. 고객 기반을 구축하기 위해 주로 입소문에 의존했다. 입소문이 매우 효과적인 홍보 형태이지만, 회사는 효과적인 추가 촉진 수단을 확대하고 개발해야 한다는 것을 깨달았다. 자포스는 성장함에 따라 광고, 소셜 미디어, 홍보, 판매 프로모션, 그리고 인적 판매를 포함하도록 촉진믹스를 확장했다.

자포스의 광고 메시지는 일반적으로 절제되었으며, 전통적인 인쇄물이나 방송 광고를 포함하지 않는다. 대신 회사 제품을 강조하기 위해 흥미로운 사진과 비디오 콘텐츠를 사용하여 소셜 미디어 광고를 광범위하게 활용한다. 이 회사는 또한 고객들에게 특별한 프로모션, 판매, 그리고 특별 이벤트와 관련하여 무슨 일이 일어나고 있는지 알리기 위해 소셜 미디어를 사용한다. Zappos.com은 또한 사이트와의 연관성에 기초하여 소비자를 개인적인 목표로 하는 흥미 기반 광고라고 부르는 것을 사용한다.

PR 활동에는 행사, 스폰서 등 개인적인 참여가 포함되어 있어 회사에서 제공되는 제품과 서비스에 대한 인식을 높일 수 있다. PR은 회사의 이미지를 개선하고 새로운 고객을 유치할 뿐만 아니라 현재 고객과 연결 상태를 유지하도록 지원한다. 예를 들어, 뉴욕의 JFK 공항에서 젯블루 에어웨이(JetBlue Airways)와 파트너십을 맺고 수화물 벨트를 보드게임으로 바꾸었다. 벨트의 특정 사각형에 착지한 승객 가방은 신발, 배낭, 여행과 같은 상품을 받았다. 회사는 항상 바쁘고 답답한 여행의 날에 여행자들에게 작은 즐거움을 주기 위해 노력했다.

이 회사가 채용하고 있는 새로운 홍보 기법은 자포스(Zappos) 로열티 프로그램이다. 로열티 프로그램은 고객에게 자신의 가치를 회사에 전달하는 광범위한 판매촉진 노력의 일환이다. 4단계 로열티 프로그램은 고객이 현장에서 쇼핑할 수 있는 포인트를 주며, 독점 상품과 할인에 대한 접근성을 제공한다. 또한, 모든 주문에 대해 무료 신속 배송을 제공한다. 그리고 특별한 쿠폰 코드를 사용하여 쿠폰과 할인 혜택을 혁신적인 방법으로 활용한다. 경품도 판매촉진 노력의 일환이다.

Zappos.com은 전통적인 방식으로 인적판매를 사용하지 않는다. 그러나 라스베이거스에 고객 만족 교육을 받은 직원 500명을 고용한 콜센터를 운영하고 있다. 콜센터 팀원들은 고객과 소통할 때 고정된 스크립트를 사용하지 않는다. 대신 소비자와 허심탄회하게 대화를 나누며, 고객 만족을 위해 최선을 다하는 것으로 알려져 있다. 토탈 고객 서비스는 Zappos.com 회사 문화 및 마케팅 계획의 필수적인 부분이다. 그것은 그 회사가 누리고 있는 강력하고 호의적인 입소문의 주요한 촉진제였다. 그리고 오늘날 소셜 미디어가 주도하는 세계에서는 신뢰할 수 있는 입소문 추천이 가장 중요한 홍보 유형일 수 있다.

오늘날, Zappos.com 문화는 그 자체로 홍보 수단이 되었다. 이 회사가 고객들을 만족시키기 위해 얼마나 멀리 가려는 지에 관한 이야기는 온라인 커머스 세계에서 전례 없는 것이 되었다. 회사의 기업 문화와 세심하게 관리되는 홍보 프로그램은 Zappos.com이 오랫동안 '만족하는 정보(shoes that fits)'를 제공할 것을 약속한다.

다시 생각해보기

1. 홍보와 광고의 차이점은 무엇인가?
2. 로열티 프로그램과 같은 판매 프로모션 활동이 고객 지원을 지속하는 데 어떻게 도움이 되는가?
3. 소셜 미디어 플랫폼은 자포스의 홍보 요소가 혼합되면서 성장할 것 같은가, 감소할 것 같은가? 그 이유는 무엇인가?

참조

1. Igor Sorokin, "How Marketing Agencies Can Help Not-for-Profits Thrive in 2020," February 13, 2020.
2. Evan Varsamis, "How to Use Social Media to Promote Your Product," February 12, 2020.
3. Laura Lake, "Why Integrated Marketing Communications Matters," thebalancesmb.com, accessed March 2020.
4. Amy Gesenhues, "How Agencies Are Helping CMOs Break Down Barriers to Digital Transformation," March 5, 2020.
5. Erik Oster, "U.S. Advertising and Marketing Spend to Grow to Nearly $390 Billion in 2020," January 17, 2020.
6. Meghan King, "Why Direct Mail Still Matters in the Digital Age," February 13, 2020.
7. Sarah Fischer, "National Newspapers Thrive While Local Outlets Struggle to Survive," February 18, 2020; Elizabeth Grieco, "Fast Facts about the Newspaper Industry's Financial Struggles as McClatchy Files for Bankruptcy," Pew Research Center, February 14, 2020.
8. "What Do the Roaring 20s Have in Store for Mobile Advertising?," February 24, 2020.
9. James Crabtree-Hannigan, "Super Bowl Commercials 2020: How Much Does an Ad Cost for Super Bowl 54?," sportingnews.com, February 2, 2020; Nick Swartz, "How Much Does a 2020 Super Bowl Commercial Cost?," usatoday.com, February 2, 2020.
10. "Celebrity Saturation Fails in Super Bowl Ads," February 17, 2020.
11. Jeanine Poggi, "TV'S Most Expensive Commercials for the 2019-'20 Season,"

adage.com, accessed March 2020.

12. Brad Adgate, "TV Attribution: Keeping Ad Dollars in Television," February 19, 2020.
13. "Social Media Fact Sheet," Pew Research Center, pewresearch.org, accessed March 2020.
14. Shane O'Neill, "Sonic the Hedgehog's Movie Is Obsessed with Olive Garden," February 16, 2020.
15. Chris Flynn, "14 Epic Cars Hiding in These Superheroes' Garages," February 23, 2020.
16. Lia Sestric, "The Most Profitable 'As Seen on TV' Products of All Time," finance.yahoo.com, accessed March 2020.
17. "How McDonald's Handles Thousands of Social Mentions per Day," convinceandconvert.com, accessed March 2020.
18. Geoff De Weaver, "10 Steps to Global Advertising Success," February 22, 2020.
19. Shep Hyken, "A PSA for Sales Leaders: Ditch Your Sales Scripts," March 1, 2020.
20. Andris A. Zoltners, Prabhakant Sinha, and Sally E. Lorimer, "How Sales Teams Can Thrive in a Digital World," February 18, 2020.
21. Steli Efti, "Tired of Sales Rejections? Here's What You Need to Know," December 3, 2019; Craig Wortman, "How to Turn Objections into a Powerful Sales Tool," inc.com, February 26, 2020.
22. Erica Turner and Lee Raine, "Most Americans Rely on Their Own Research to Make Big Decisions, and That Often Means Online Searches," Pew Research Center, March 5, 2020.
23. Robert Williams, "Wendy's Cooks Up Social Media Buzz with New Breakfast Menu Campaign," March 3, 2020.
24. Daney Parker, "The Biggest PR Disasters of 2019," December 5, 2019; Chris Isadore, "Boeing's Got Bigger Problems Than the 737 Max," cnn.com, February 11, 2020.
25. Anastasiya Golovatenko, "Six PR Trends That Will Impact Businesses in 2020," February 11, 2020; Seth Arenstein, "PR and Legal Are Collaborating on Regulatory Issues," February 21, 2020.
26. Donna St. Jean Conti, "The Press Release Is Alive and Well," March 5, 2020.
27. Amity Kapadia, "The Secrets of Word of Mouth Marketing Revealed," business2community.com, January 20, 2020.
28. Dianna Christie, "Jeep Leans on Fans, Multichannel Campaign to Build Off-Road Community," marketingdive.com, March 6, 2020.
29. Jessica Wong, "How to Get the Most Out of Your Brand's Social Media Campaign," February 11, 2020.
30. Ralph DiBugnara, "Social Media Is the Biggest Factor in the New Real Estate Market," March 5, 2020; Eric Peckham, "The Companies That Will Shape the

Upcoming Multi-verse Era of Social Media," March 2, 2020.
31. Brian Peters, "Top Social Media Campaigns of 2019," December 29, 2019.
32. "10 Fun, Competitive Ways Marketing Teams Can Promote Customer Engagement," February 7, 2020; Ismael El Qudsi, "What to Expect for Influencer Marketing in 2020," February 6, 2020.
33. Lynne Golodner, "How to Decide if a Podcast Is the Right Marketing Tool for You," March 3, 2020.
34. Chris Burns, "Lyft Shows How to Get a Free Ride to Vote in 2020 Elections," February 18, 2020.

PART 6
재무 자원 관리

16

회계와 재무정보의 이해

학습목표 »

이 장을 학습한 후에 다음 질문에 답할 수 있어야 한다.

16-1 기업이나 이익 관계자들에게 회계와 재무정보가 하는 역할에 대해 기술할 수 있다.

16-2 회계순환과정을 나열하고, 회계와 부기의 차이점과 컴퓨터가 회계에 어떻게 이용되는지를 설명할 수 있다.

16-3 주요 재무제표가 서로 어떻게 다른지를 설명할 수 있다.

16-4 재무정보를 보고할 때 비율분석을 적용하는 방법을 설명할 수 있다.

16-5 여러 가지 회계 전문 분야에 대해 기술할 수 있다.

BrightStar Care의 최고경영자(CEO) 셸리 선(Shelly Sun)에 대해 알아보자

셸리 신은 자신이 회사를 설립할 것이라고는 전혀 예상하지 못했다. 콜로라도 대학교에서 회계학 석사 학위를 받은 공인회계사(CPA)로서, 그녀는 29살에 이미 주요 보험사의 부사장이었다. 그녀의 가족이 병든 할머니를 위한 양질의 가정 방문 의료 서비스를 찾으려고 노력했지만 성공하지 못했고, 이때 그녀의 삶은 바뀌었다. 일련의 가정 방문 의료 서비스 회사들을 시도해 보았지만, 어떤 회사도 가족이 추구하는 품질과 기준을 만족하지 못했다. 가족들은 탐색을 계속하면서, 의료 분야에서 큰 격차, 즉 더 나은 가정 방문 의료 서비스의 필요성에 대해 명백히 알게 되었다. 이때 그녀는 자신의 회사인 브라이트스타 케어를 설립하기로 결심했다.

선은 CPA로 오랫동안 기업 세계에서 일하면서, 새로운 사업에 있어서 필수적인 재무 측면에 필요한 기술을 갖추었다. 알기까지 오랜 시간이 걸렸지만, 그녀는 다른 가족들에게 그들이 원했던 서비스를 제공한다면, 그 비용은 지불할 가치가 있다는 것을 알았다. 3년 후, 브라이트스타 케어는 세 개의 성공적인 회사 소유의 지점을 갖게 되었다. 하지만 선은 브라이트스타 케어의 장기적인 성공은 가맹점(franchising)을 통해 이루어질 것이라고 믿었다. 오늘날 브라이트스타는 15,000호 이상의 가정에 서비스를 제공하고 있고 2019년 현재 5억 달러의 매출을 창출하는 340개 이상의 가맹점들을 보유하고 있다. 브라이트스타는 포브스 지가 선정한 15만 달러 이하의 투자로 가맹점을 창업할 수 있는 기업 상위 10위 안에 지속적으로 이름을 올리고 있다.

브라이트스타의 성공에도 불구하고 선은 멈추지 않았다. 그녀는 공인 프랜차이즈 임원으로서 명성을 얻었고 2009년에는 IFA(국제프랜차이즈협회)에 의해 올해의 기업가로 선정되었다. 2017년에는 IFA 이사회의 의장을 맡았다. 그녀는 CBS 프로그램 'Undercover Boss'에 출연하였으며, 성공적인 프랜차이즈를 구축한 자신의 교훈과 경험을 담은 첫 번째 책 《Grow Smart, Risk Less》를 출간했다.

셸리 선은 2008년에 시작되었던 경제위기의 힘든 시기에도 브라이트스타 케어가 살아남은 것은 회계지식 덕분이라고 믿는다. 회사의 재정 문제를 직접 해결하고 프랜차이즈 업체들과 긴밀히 협력하여 효율성과 통제력을 발휘함으로써, 회사는 프랜차이즈 자금 조달이 거의 고갈되었던 어려운 시기를 견뎌냈다. 선은 회계와 같은 핵심역량 개발은 사업이나 프랜차이즈 성공의 핵심 요소라고 굳게 믿는다. 그녀는 "회사를 운영하면서 회계지식의 일부를 활용하지 않는 날이 하루도 없다"라고 강조했다. 그녀의 리더십 아래, 브라이트스타는 곧 10만 가정에 서비스를 제공하는 것을 목표로 하고 있다.

비용 통제, 현금흐름 관리, 순이익과 세금에 대한 이해, 그리고 재무보고는 브라이트스타 케어와 같은 성공한 기업들과 소기업 및 중소기업의 생존을 위한 핵심 요소이다. 이 장에서는 또한 대형 또는 소형 비즈니스의 사업성과 측정에 필수적인 재무비율에 대해서도 간략히 살펴볼 것이다.

출처: Kevin Kruse, "The Entrepreneur's Guide to Success with BrightStar Care CEO Shelly Sun," Forbes, January 17, 2018; Andrew Donlan, "BrightStar CEO, Shelly Sun Built a $500 Million Company—and She's Not Done Yet," Home Health Care News, January 8, 2020; BrightStar Care, brightstarcare.com, accessed March 2020; "Shelly Sun, CEO and Co-founder of BrightStar Care," International Franchise Association, franchising.org, accessed March 2020.

Let's talk business!
bit.ly/LetsTalkBusiness12

이 스포츠의류 메이커는 미국 사법부(Department of Justice)와 증권거래위원회(SEC)의 범죄 수사를 받게 되었다. 연방당국은 이 회사가 회계기준에서 허용하지 않는 방법을 이용해 분기별 매출 자료의 인식 시기를 조작함으로써 회사의 재무상태가 더 건전하게 보이도록 만들었는지 조사하였다. 이 회사의 이름은 무엇인가? (이 장에서 답을 찾으라.)

학습목표 16-1 기업이나 이익 관계자들에게 회계와 재무정보가 하는 역할에 대해 기술할 수 있다.

회계정보의 역할

작은 기업들과 대기업들은 재무절차를 어떻게 다루느냐에 따라 성공하기로 하고 망하기도 한다. 재무관리는 경쟁력 있는 기업의 심장과도 같고, 회계정보는 그 심장 박동이 안정적이 되도록 유지시켜 준다.

여러분은 회계가 영리조직만을 위한 것으로 생각할 수 있다. 하지만 이것은 완전히 잘못된 생각이다. 기업의 언어로 불리는 회계는 교회, 학교, 병원, 사교 모임, 정부기관과 같은 비영리조직의 재무정보를 보고하기 위한 것이기도 하다. 맥박과 혈압이 사람의 건강 상태를 말해주듯, 회계보고서와 재무제표는 기업의 건전성을 말해준다. 따라서 사업에 성공하기 위해서는 회계에 대한 이해가 필수적이다. 회계보고서나 재무제표에 대한 해독, 이해, 분석 없이는 기업 운영에 대해 이해하는 것은 불가능하다.

이 장을 공부한 후에 여러분은 회계가 무엇인지, 회계 업무는 어떻게 진행되는지, 회계가 제공하는 가치는 무엇인지를 알게 될 것이다. 또한 기초적인 회계용어를 알게 되고, 회계보고서의 목적을 이해할 것이며, 회계직군에 대해서도 알게 될 것이다. 회계보고서가 어떻게 작성되는지를 이해하는 것도 중요하지만, 회계보고서가 기업 운영에서 어떤 의미를 갖는지를 이해하는 것은 더욱 중요하다. 이 장에 대한 이해는 기업과 금융 전반에 걸친 이해는 물론, 추후 사업에 깊이 관여하게 될 때도 큰 도움이 될 것이다.

회계란 무엇인가?

회계
경영진이나 그 외 기업의 이해관계자들이 올바른 의사결정을 내릴 수 있는 정보를 제공해주기 위한 재무적 사건이나 거래에 대한 기록, 분류, 정리, 해석

회계(accounting)란 관리자나 이해관계자들이 올바른 의사결정을 내리는 데 필요한 재무적 사건이나 거래를 기록, 분류, 요약, 해석하는 일련의 과정을 의미한다. 재무적 거래는 재화와 용역의 구매나 판매, 보험의 구매, 급여 지급, 자재의 사용 등을 포함한다. 일단 사업과 관련된 거래가 기록되면, 공통적인 특성을 가진 거래들끼리 분류된다. 예를 들어, 모든 매출이 같은 그룹으로 합산되듯이 모든 구매도 같은 그룹으로 합산된다. 이처럼 회계적 데이터를 기록하고 분류하는데 사용되는 방법을 회계시스템(accounting system)이라고 부른다(그림 16.1 참조).

그림 16.1 회계시스템(accounting system)

매출 관련 자료와 같은 다양한 자료들이 회계시스템의 입력 자료들이 되며, 이 자료들은 재분류되고 요약되어 손익 계산서, 대차대조표(재무상태표), 현금흐름표 등의 재무제표에 반영이 된다.

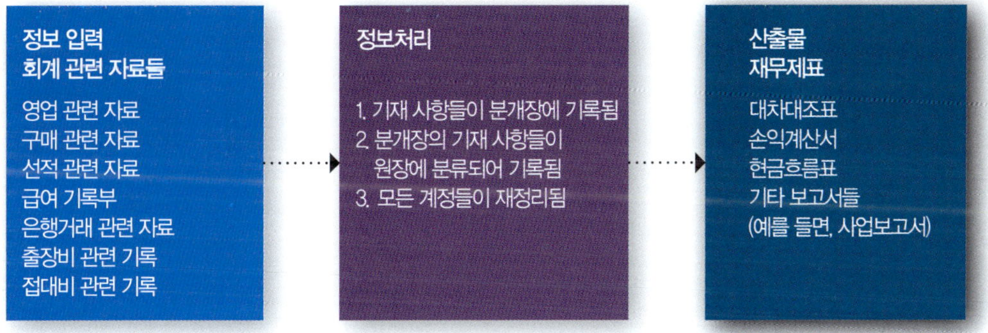

그림 16.2 회계 관련 자료의 이용자들

여러 유형의 조직들은 의사결정을 하기 위해 회계 관련 보고서들을 이용한다. 이용자들이 필요로 하는 보고서들이 각각 다르기 때문에 회계사는 그들의 필요 목적에 맞는 보고서를 제공해야 한다.

이용자	보고서의 유형
• 국세청	• 과세표준확정신고
• 금융감독기관	• 제출이 요구되는 정기 사업보고서
• 기업의 이익과 재무 상태에 이해관계가 얽히는 이용자들(주주, 금융 애널리스트, 채권자, 부품 납품 회사 등)	• 재무제표(손익계산서, 대차대조표, 현금흐름표 등)
• 기업의 관리자	• 재무제표 및 다양한 내부용 재무보고서

회계의 한 가지 중요한 목적은, 관리자들이 올바른 의사결정을 내리기 위해, 기업의 재무상태와 운영성과를 올바로 평가하도록 관리자를 도와주는 것이다. 또 다른 목적은 직원, 소유주, 채권자, 공급자, 노동조합, 지역사회의 활동가, 투자자, 정부를 포함하는 이해관계자들에게 기업의 경제 활동과 관련된 재무 및 세무정보를 보여주는 것이다(그림 16.2 참조).

기업의 재무정보를 나타내는 데 있어 그 정보의 정확성은 매우 중요한 사항이다. 미국의 재무회계기준위원회(Financial Accounting Standards Board)는 회계사들이 반드시 지켜야 하는 기업회계기준(GAAP: Generally Accepted Accounting Principles)을 정의하고 있다. 우리나라에서는 미국회계기준(GAAP)과는 다르게 2011년부터 국제회계기준(International Financial Reporting Standards: IFRS)을 채택하고 있다.[1] 재무제표가 기업회계기준(GAAP) 또는 국제회계기준(IFRS)에 맞게 작성되었다면, 정보 이용자들은 그 정보가 회계 전문가들이 합의한 표준기준에 맞게 작성되었음을 기대할 수 있을 것이다.[2]

그림 16.3 **회계 순환 과정**

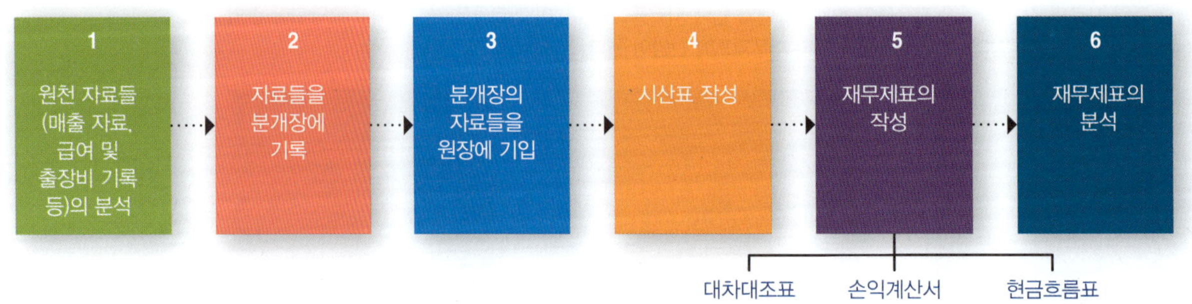

학습목표 16-2 회계순환과정을 나열하고, 회계와 부기의 차이점과 컴퓨터가 회계에 어떻게 이용되는지를 설명할 수 있다.

회계순환과정

회계순환과정
주요 재무제표의 작성과 분석에 적용되는 여섯 가지 절차

부기
사업 거래 내역을 기록하는 것

회계순환과정(accounting cycle)은 주요 재무제표의 작성과 분석에 적용되는 여섯 가지 절차이다(그림 16.3 참조). 이와 같은 절차는 부기계원과 회계사의 업무를 모두 포함한다. **부기**(bookkeeping)는 사업 거래 내역을 기록하는 것을 뜻하는 것으로, 재무보고에 있어서 기초적인 부분이다. 하지만 회계는 단순한 재무적인 정보의 기록을 넘어 더 큰 의미를 갖는다. 회계사는 부기계원이 기록한 재무정보를 분류하고 요약한 후, 데이터를 분석하여 경영진에게 보고한다. 그들은 기업의 재무조건을 개선시키기 위한 전략을 제안하기도 하며, 재무분석과 소득세 납부와 관련된 업무도 수행한다.

분개장
회계정보가 최초로 기록되는 책 또는 컴퓨터 프로그램

부기계원의 첫 번째 업무는 기업의 모든 거래를 매출서류, 구매 영수증, 배송관련서류 등과 같이 의미 있는 카테고리로 분류하는 것이다. 그들은 모든 정보가 잘 정리되어 있고 관리될 수 있도록 세심한 주의를 기울인다. 부기계원은 그 다음으로 원거래 서류에 적힌 재무정보를 거래장부나 **분개장**(journal)이라는 컴퓨터 프로그램에 기록한다. 분개장이란 단어는 프랑스어 'jour'에서 유래했다. 'jour'는 '날(day)'이라는 뜻으로 'journal'은 '그날'의 거래가 기록되는 곳이다.

복식부기
모든 사업 거래를 두 공간에 분리해서 적는 개념

부기계원이 재무거래를 기록할 때 실수하는 경우도 발생할 수 있다. 예를 들어서, 10.98달러를 10.89달러로 잘못 기록할 수 있다. 이와 같은 실수를 찾아내 수정하기 위해 부기계원들은 모든 거래를 두 곳에 정리하여 한쪽에 작성한 거래기록의 합계와 다른 쪽에 작성한 거래기록의 합계가 동일한지 비교할 수 있게 한다. 만약 양쪽의 합계가 동일하지 않다면 재무기록에 오류가 있는 것이다. 모든 거래를 두 곳에 동시에 정리하는 것을 **복식부기**(double-entry bookkeeping)라고 한다. 복식부기에서는 각 거래내역을 분개장과 이후 설명할 원장 두 곳에 기입할 필요가 있다.

원장
분개장에 적힌 거래를 동질 그룹/계정으로 분류하여 기재하는 특별한 회계장부 또는 컴퓨터 프로그램

이 시스템이 어떻게 작동하는지 알아보기 위해 한 기업이 1분기에 사무용 비품에 얼마의 비용을 사용했는지 알고 싶어한다고 가정하자. 이와 같은 비용의 산출은 특별한 부기 방법 없이는 아무리 정확한 회계분개장이 있다고 해도 쉽게 알아보기 어려운 일이다. 따라서 부기계원은 **원장**(ledger)이라는 회계장부 또는 컴퓨터 프로그램을 사용한다. 원

장에는 날짜별로 작성된 회계분개장의 정보가 각각 특정한 카테고리(계정과목)별로 분류되어 기록되기 때문에 관리자가 알고자 하는 특정 계정(예를 들어, 사무용 비품, 현금 등)에 대한 정보를 한눈에 확인할 수 있다.

다음 과정은 시산표를 작성하는 것이다. **시산표(trial balance)**는 계정원장의 모든 재무정보의 요약본으로서, 숫자들이 정확하게 기입되어 있고 복식부기에 따라 양쪽의 합계가 일치하는지 확인하기 위해 작성한다. 계정원장에 부정확한 정보가 있다면, 이는 재무제표를 작성하기 전에 수정되어야 한다. 이와 같이 수정된 정확한 금액을 이용해 회계사는 일반회계기준(GAAP) 또는 국제회계기준(IFRS)에 따라 대차대조표(또는 국제회계기준(IFRS)에 따를 경우 재무상태표), 손익계산서, 현금흐름표 등 재무제표를 작성한다.

시산표
원장에 기입된 모든 재무자료들을 정리하는 표로 값들이 정확히 기재되었는지 여부를 확인할 수 있다.

컴퓨터를 이용한 회계

예전에 회계사와 부기계원들은 모든 재무정보를 직접 손으로 기록하였다. 전자기기와 계산기의 등장으로 이러한 작업은 좀 더 간단해졌지만, 여전히 수작업을 이용한 분개가 필요할 때가 많았다. 2000년대로 접근하면서 전산기술의 발달은 수작업을 이용해왔던 회계절차를 상당히 간소화시켰다. 현재는 컴퓨터화된 회계 프로그램을 통해 기록된 분개를 노트북이나 휴대폰으로 즉시 전송해 기업이 회계정보를 필요로 할 때 언제든지 사용할 수 있게 되었다. 이와 같이 전산화된 회계절차를 통해 회사의 민감한 재무정보가 안전하게 보호될 수 있고, 회계사는 필요할 때 회계정보를 언제든지 이용할 수 있게 되었다. 또한 회계사들이 시간을 절약할 수 있게 되어, 보다 중요한 재무분석과 예측 업무에 더 많은 시간을 사용할 수 있게 되었다.

전산회계 프로그램은 회계부서에 대한 지원이 부족한 영세업자들에게 많은 도움을 주고 있다. 일반적으로 대기업과 중소기업이 필요로 하는 사항이 다른데, 인튜이트사의 퀵북스(Intuit's QuickBooks)와 같은 회계 소프트웨어들은 이런 중소기업 고유의 필요를 충족시키도록 고안되었다.[3] 하지만 기업 운영자들은 정확히 어떤 컴퓨터 시스템과 프로그램이 자기 기업에 맞는지 알아야 한다.[4] 따라서 기업을 설립하는 사업가들은 회사 목적에 따라 어떤 특정 기능이 필요한지에 대해 회계사와 상담하거나 회계사를 고용한다. 이러한 절차를 통해 선정한 회계 소프트웨어를 이용해 자기 기업에 맞는 회계 시스템을 구축하게 되는 것이다.

여러분들은 전산회계 소프트웨어와 관련 기술이 발전을 거듭하고 있는데 왜 회계절차를 공부하고 이해해야 하는지에 대해 의문을 가질 수도 있을 것이다. 컴퓨터는 사업가들이 부기와 회계의 단조로움에서 벗어날 수 있게 해주는 훌륭한 도구이다. 하지만 한 가지 기억해야 하는 사실은 아직 스스로 재정적인 의사결정을 내릴 수 있게 설계된 컴퓨터는 없다는 것이다. 회계사의 업무는 컴퓨터가 수행할 수 없는 교육과 특별한 역량을 요구한다. 따라서 기술과 회계사 지식의 조화가 정확한 재무의사결정을 내리는 데 무엇보다 중요하다고 할 수 있다. 다음에 나오는 시험 준비 이후에 대차대조표(또는 재무상태표), 손익계산서, 현금흐름표에 대해 살펴볼 것이다. 그리고 재무의사결정에 이용되는 각 재무제표가 제공하는 중요한 재무정보에 대해서 살펴볼 것이다.

시험 준비

- 부기계원의 업무와 회계사 업무의 차이점은 무엇인가?
- 분개장과 회계원장의 차이점은 무엇인가?
- 왜 부기계원은 시산표를 작성하는가?
- 컴퓨터가 회계정보를 관리하고 분류하는 데 어떻게 도움을 주는가?

학습목표 16-3 주요 재무제표가 서로 어떻게 다른지를 설명할 수 있다.

주요 재무제표 이해하기

재무제표
일정기간 동안 일어난 거래에 대한 총 정리

재무제표가 작성되는 기간인 회계연도(accounting year)는 1월 1일부터 12월 31일까지 달력과 같은 연도(calendar year)를 사용하거나 또는 회사가 임의로 정한 재무회계연도(fiscal year)를 사용한다. **재무제표(financial statements)**는 일정 기간 동안 일어난 거래에 대한 총정리이다. 기업의 재무 건전성과 안정성을 나타내 주는 재무제표는 기업 운영의 의사결정 과정에서 빠져서는 안 되는 중요한 요소이다.[5] 따라서 주주(기업의 소유주), 채권자, 은행(회사에 자금을 대여해준 사람과 기관), 노동조합, 직원, 국세청(Internal Revenue Service) 모두 기업의 재무제표에 관심을 가진다. 다음은 주요 재무제표이다.

1. 대차대조표(또는 재무상태표) – '특정 시점'에서 기업의 재무상태를 나타내 주는 보고서. 미국회계기준에서는 대차대조표(Balance Sheet)라고 부르고, 우리나라가 채택한 국제회계기준(International Financial Reporting Standards: IFRS)에서는 일반적으로 재무상태표(Statement of Financial Position)라고 부른다. 용어의 차이일 뿐 대차대조표와 재무상태표가 나타내는 기본적인 사항은 같다.
2. 손익계산서 – '일정 기간' 동안의 수익, 비용, 지출을 모두 나타낸 보고서로서 해당 기간 동안의 총이익 또는 총손실을 나타내 주는 보고서. IFRS에서는 포괄손익계산서라고 부르며, 약간의 내용이 추가되어 보고되지만 기본적인 사항은 같다.
3. 현금흐름표 – 기업으로 들어오고 나가는 현금에 대한 요약. 현금흐름표를 통해 기업의 현금수취와 지급내역을 추적할 수 있다. 미국회계기준과 IFRS가 기본적으로 동일하다.

재무제표 간의 차이는 이렇게 요약될 수 있다. 대차대조표(재무상태표)는 특정 시점을 기준으로 기업이 무엇을 소유하고 있는지, 얼마를 빚지고 있는지 알려주는 보고서이고, 손익계산서는 일정 기간 동안의 판매수익과 판매비용을 비교하여 기업의 이익이나 손실이 얼마인지 나타내 준다. 현금흐름표는 기업으로 들어오고 나가는 현금의 차이를 보여준다. 재무정보를 완벽하게 이해하기 위해서는 기업의 재무제표 작성 목적을 알아야 한다. 이를 위해 각 재무제표에 대해 더 자세히 살펴보도록 하자.

기본 회계방정식

여러분이 현재 빚이 없다고 가정해보자. 즉, 부채가 없는 상황이다. 이 경우, 여러분의 자산(현금 등)은 여러분이 소유한 것(자본)과 같다. 하지만 친구에게 돈을 빌리면 여러분에게는 부채가 생긴다. 이제 여러분의 자산은 여러분이 빚지고 있는 것과 여러분이 소유하고 있는 것의 합과 같다. 사업용어로 나타내자면 '자산 = 부채 + 자본'이다.

회계에서는 회계방정식(Accounting Equation)이라고 부르는 이 공식이 항상 균형을 이루어야 한다. 예를 들어, 여러분이 5만 달러의 현금을 가지고 있는데, 그 돈으로 작은 커피숍을 개업하기로 결정했다고 하자. 여러분은 5만 달러의 자산이 있고 부채는 없다. 이때 회계공식은 이렇게 된다.

애견미용업과 같은 서비스 기업도 포드(Ford)와 같은 제조사나 메이시즈(Macy's)와 같은 소매판매기업과 동일한 종류의 재무제표를 사용한다. 일반적으로 서비스 기업들의 대차대조표(재무상태표)에 나타나는 자산과 부채에는 어떤 것들이 있을까?

자산 = 부채 + 자본

$50,000 = $0 + $50,000

즉, 여러분은 현금이 5만 달러 있고 5만 달러의 자기자본이 있다(여러분이 사업에 투자한 금액으로 경우에 따라서는 순자산으로도 부른다). 하지만 개업하기 전에 여러분이 3만 달러를 은행으로부터 빌렸다고 하자. 여기서 공식은 바뀐다. 여러분은 3만 달러의 추가적인 현금이 생겼지만, 동시에 30,000달러의 부채도 가지게 되었다. 모든 사업거래는 회계방정식의 왼쪽과 오른쪽에 동시에 기록된다는 사실을 명심하라(이것이 앞서 이야기했던 복식부기의 원리이다).

여러분의 재무상태는 이제 바뀌었다. 변화가 적용되었지만, 공식은 여전히 균형을 이루고 있다.

자산 = 부채 + 자본

$80,000 = $30,000 + $50,000

이 공식이 **대차대조표(재무상태표)**의 기초가 되는 **기본회계방정식**(fundamental accounting equation)이다.

대차대조표(재무상태표)

대차대조표(Balance sheet) 또는 재무상태표(Statement of Financial Position)는 일정 시점에서의 기업의 재무상태를 나타내 주는 보고서이다. 그림 16.4(13장에서 소개한 가상레스토랑 'Harvest Gold')에서 보는 바와 같이 자산은 부채나 자본과 다른 칸에 기입한다. 자산은 부채와 자본의 합과 같아진다. 즉, 균형(balance)을 이루게 된다.[6] **대차대조표(재무상태표)**는 이렇게 간단한 것이다.

기본회계방정식
자산 = 부채 + 자본; 대차대조표(재무상태표)의 기초가 된다.

대차대조표(재무상태표)
특정 시점의 기업의 재무상태를 나타내는 재무제표. 자산, 부채, 자본으로 구성되어 있다.

여러분이 일정 시점에 여러분의 재무상태에 대해 알고 싶다고 하자. 여러분은 집이나 차를 새로 구입하기 위해 사용 가능한 자금이 얼마나 있는지 계산하고 싶어할지도 모른다. 이것을 확인할 수 있는 가장 좋은 방법은 여러분의 대차대조표(재무상태표)를 살펴보는 것이다. 우선 여러분이 소유한 모든 것(현금, 부동산, 대여금 등의 자산)을 더한다. 이것이 여러분의 자산이다. 자산의 합계에서 여러분이 갚아야 하는 부분(신용카드 부채, 차용증, 자동차 할부금, 학자금 대출 등의 부채)인 부채의 합계를 차감하면 여러분의 순자산(자본)이 얼마인지 알 수 있다. 기초 회계 공식의 절차를 따르는 것이 기업들이 대차대조표(재무상태표)를 작성할 때 하는 기본적인 일이다. 그리고 모든 기업은 대차대조표(재무상태표)를 작성할 때 일반회계기준(GAAP) 또는 국제회계기준(IFRS)을 따르도록 미국 증권거래위원회(Securities and Exchange Commission) 또는 한국의 경우 금융위원회에서 강제하고 있다.

다음으로는 대차대조표(재무상태표)의 항목인 자산, 부채 및 자본을 조금 더 자세히 살펴보기로 한다.

자산 분류하기

자산
기업이 소유하고 있는 경제적인 자원

자산(assets)은 기업이 가진 경제적 자원(가치 있는 것)이다. 자산에는 수익 창출에 도움을 주는 유형자산(장비, 건물, 토지, 가구, 자동차 등)과 무형자산(특허권, 상표, 저작권, 영업권 등)이 있다. 영업권이란 기업의 평판, 위치, 주력 상품 등으로부터 얻을 수 있는 가치를 뜻한다. 인수기업이 피인수기업의 유형자산가치보다 더 높은 가격을 지불하고 인수하게 되는 경우에만 이러한 무형자산의 가치가 대차대조표(재무상태표)에 포함된다. 코카콜라와 스타벅스 등의 상표권과 같이 무형자산이 기업의 가장 가치 있는 자산인 경우라도, 기업이 자체적으로 이와 같은 무형자산을 개발했다면 대차대조표(재무상태표)에 포함시키지 않는다.[7)]

유동성
자산을 얼마나 빨리 현금화할 수 있는지의 정도

자산은 유동성이 높은 순서대로 대차대조표(재무상태표)에 나열된다(국제회계기준을 따를 경우 반드시 유동성에 따라 나열할 필요는 없다). **유동성(liquidity)**은 얼마나 빨리 자산을 현금화할 수 있는지를 뜻한다. 즉, 더 빨리 현금화를 할 수 있다면 유동성이 더 높은 것이다. 예를 들어, 외상매출금은 일반적으로 1년 이내에 기업이 받을 것으로 예상되는 자금이다. 따라서 외상매출금은 빨리 현금화될 수 있으므로 유동자산으로 간주된다. 반면 토지는 현금화하기 어려우므로 유동적이지 않다고 보며 고정 또는 장기자산으로 간주된다. 자산은 얼마나 빨리 현금화될 수 있는지 여부에 따라 다음 세 가지로 분류된다.

유동자산
1년 안에 현금화될 수 있는 자산

고정자산
토지, 건물, 장비와 같이 비교적 영속적인 자산

무형자산
특허권, 상표권, 저작권 등과 같이 물리적 실체는 없지만 가치가 있는 장기자산

1. **유동자산(current assets)**: 1년 이내에 현금화될 수 있는 것들로 현금, 매출 채권, 재고자산 등이 포함된다.
2. **고정자산(fixed assets)**: 상대적으로 영구적인 토지, 건물, 장비와 같은 장기자산이다(이런 자산들은 대차대조표(재무상태표)에 부동산, 공장, 장비 등으로 기재된다).
3. **무형자산(intangible assets)**: 실물은 없지만 가치가 있는 장기자산[8)]으로 특허권, 상표, 저작권, 영업권 등이 포함된다.

Harvest Gold 대차대조표(재무상태표) 2020년 12월 31일			
자산			
① 유동자산			
현금		$ 15,000	
매출채권		200,000	
받을 어음		50,000	
재고자산		335,000	
유동자산 합계			$600,000
② 고정자산			
토지		$ 40,000	
건물	$200,000		
감가상각 누계액	−90,000		
		110,000	
차량 및 운반구	$ 120,000		
감가상각 누계액	−80,000		
		40,000	
집기비품	$ 26,000		
감가상각 누계액	−10,000		
		16,000	
고정자산 합계			206,000
③ 무형자산			
영업권		$ 20,000	
무형자산 합계			20,000
총자산			$826,000
부채와 자본			
④ 유동부채			
매입채무		$ 40,000	
미지급 어음(2022년 6월 만기)		8,000	
미지급 세금		150,000	
미지급 급여		90,000	
유동부채 합계			$288,000
⑤ 비유동부채			
미지급 어음(2024년 3월 만기)		$ 35,000	
사채(2029년 12월 만기)		290,000	
비유동부채 합계			325,000
총부채			$ 613,000
⑥ 자본			
일반주식(1,000,000 주)		$100,000	
이익잉여금		113,000	
총자본			213,000
부채와 자본의 합계			$826,000

그림 16.4 **Harvest Gold 견본 대차대조표(재무상태표)**

① 유동자산: 1년 이내에 현금화될 수있는 자산
② 고정자산: 토지, 건물과 같이 현금화가 상대적으로 느린 자산
③ 부형자산: 특허나 저작권과 같이 물리적 유형을 띠지 않는 자산
④ 유동부채: 1년 이내에 만기가 도래하는 부채
⑤ 비유동부채: 1년 이후에 만기가 도래하는 부채
⑥ 자본: 기업 내에 주주들이 보유하고 있는 자산

부채와 자기자본

부채(liabilities)는 상환해야 할 의무가 있는 채무이다. 유동부채는 만기가 1년 이내인 부채이고, 장기부채는 만기가 1년 이상인 부채이다. 다음은 대차대조표(재무상태표)에 기록되는 일반적인 부채 계정이다(그림 16.4 참조).

부채
기업이 다른 곳(사람)에 빚진 것

외상매입금(매입채무)
상품이나 서비스 등을 신용으로 거래하고 아직 지불하지 않아서 부채로 남아 있는 자금

지급어음
단기 또는 장기 부채로, 기업이 특정일에 상환하기로 약속한 대금

회사채
기업이 상환해야 할 장기부채

1. **외상매입금** 또는 **매입채무**(accounts payable): 상품이나 서비스를 신용으로 구매하고 아직 모두 지불하지 못한 잔금과 관계된 유동성 부채이다. 아직 지불하지 못한 청구서가 있다면 이는 외상매입금 또는 매입채무로 책정된다.
2. **지급어음**(notes payable): 기업이 특정일에 상환하기로 약속한 단기 또는 장기부채(은행대출 등)이다.
3. **회사채**(bonds payable): 자금을 대여해준 사람에게 기업이 반드시 상환해야 하는 장기부채이다.

자기자본
기업 소유자들에게 속하는 자산에서 부채를 뺀 값

앞서 이야기했던 기본 회계방정식에서도 강조했듯이, 자산에서 부채를 차감한 것을 자본이라고 한다. 주주들이 소유한 기업의 가치(부채를 차감한)를 주주자본(stockholder's equity, shareholder's equity)이라고 한다. 주주들은 기업의 소유주이기 때문에 주주자본을 **자기자본**(owner's equity)이라고 부르기도 하며, 이는 주주들에게 속한 것에서 기업이 지불할 의무가 있는 부채를 뺀 금액이다. 자기자본의 공식은 '자산 − 부채'이다.

기업의 유형에 따라 자기자본 계정에는 차이가 있을 수 있다. 독점소유자기업(sole proprietors) 또는 합자회사(partners)에서 자기자본이라는 의미는 기업에 속한 모든 것들의 가치에서 소유자들의 부채(은행대출금 등)를 차감한 금액이다. 이와 같은 기업의 자기자본을 자본금계정(capital account)이라고 부른다.

이익잉여금
기업의 이익 중에서 주주들에게 배당으로 지급하지 않고 재투자를 위해 남겨둔 금액

주식회사의 경우, 자기자본계정에는 주주들이 기업에 투자한 자금(자본금 등)과 이익잉여금이 포함된다. **이익잉여금**(retained earnings)은 기업의 수익성 사업에서 발생한 이익 중 주주들에게 배당으로 지급되지 않고 남겨둔 금액을 의미한다(이익의 분배인 배

그림 16.5 여러분의 기업
여러분 기업의 재무상태는 어떠할까? 시간을 들여서 살펴보자. 여러분은 미래 재무계획을 세우면서 많은 고심을 해야 한다는 사실을 깨달을 수도 있고 이에 뜻밖에 놀랄 수도 있다. 여러분의 자기자본(순자산)은 자산과 부채의 차이라는 것을 기억하라. 여러분 기업의 가치를 산출하는데 공정하고 정직하게 평가하자.

자산		부채	
현금	$ ____	할부대출과 이자	$ ____
보통 예금	____	다른 대출과 이자	____
당좌 예금 계좌	____	신용카드 거래	____
집	____	융자금	____
유가 증권	____	세금	____
자동차	____	휴대전화 서비스	____
개인연금 또는 퇴직연금	____		
동산	____		
다른 자산	____		
총자산	$ ____	총부채	$ ____
순재산액을 결정			
총자산	$ ____		
총부채	− ____		
순재산액	$ ____		

당은 19장에서 자세히 설명한다). 그림 16.4의 대차대조표(재무상태표)를 보고 여러분이 Harvest Gold 식당에 대해 어떤 사실을 알 수 있는지 알아보자. 시험준비 후에, 그림 16.5의 설명에 따라 여러분 기업의 순이익이 얼마인지 계산해 보라.

시험 준비

- 대차대조표(재무상태표)의 공식을 무엇이라 부르는가? 이 공식에 포함되는 세 가지 계정은 무엇인가?
- 여러가지 자산을 유동성에 따라 나열한다는 것은 무슨 의미인가?
- 대차대조표(재무상태표)에서 장기부채와 단기부채의 차이는 무엇인가?
- 자기자본은 무엇이며, 그것은 어떻게 결정되는가?

손익계산서

기업의 총결산(bottom line: 기업의 비용, 지출, 세금 이후의 이익)을 보여주는 재무제표가 **손익계산서(Income Statement)**이다. 손익계산서는 기업의 경영활동을 통해 발생한 모든 자원(수익), 사용된 자금, 사업 활동을 영위하는 데 발생한 비용, 세금을 포함한 모든 비용과 지출을 차감하고 남은 자원에 대한 사항들을 요약한다. 마지막에 남은 자원(수익)을 **순이익** 또는 **순손실**(net income or net loss)이라고 부른다(그림 16.6 참조).

손익계산서
원가, 비용, 세금을 차감한 후 이익을 나타내는 재무제표. 손익계산서는 기업의 모든 수익과 비용, 그리고 수익에서 비용을 차감한 결과인 순이익 또는 순손실을 요약한다.

순이익/순손실
수익에서 세금을 포함한 모든 비용과 지출을 차감한 값

손익계산서는 보통 1년, 한 분기, 한 달을 기준으로 기업의 일정 기간 동안의 영업성과를 보여준다. 손익계산서는 사업이 실제로 이익을 내고 있는지 또는 손실이 나고 있는지를 보여준다. 손익계산서는 주주, 채권자, 투자자, 직원, 정부 등이 필요로 하는 가치있는 재무정보를 포함하고 있다. 손익계산서는 매우 중요하기 때문에 먼저 전체적인 형식을 주의 깊게 보고, 다음으로 각 단계가 무엇을 의미하는지 자세히 공부할 필요가 있다.

수익(Revenue)
− 매출원가(Cost of goods sold)
= 매출총이익(gross profit; gross margin)
− 영업비용(Operating expenses)
= 세전순이익(Net income before taxes)
− 세금(Taxes)
= 순이익 또는 순손실(Net income or loss)

수익

수익(revenue)은 상품의 판매, 서비스 제공 또는 기타 수입(예를 들어, 임대수익, 특허비용, 이자수익) 등을 통해 기업이 얻은 가치이다. 수익(revenue)과 매출(sales)은 다른 개념이므로 동의어로 사용하지 않도록 유의해야 한다. 수익은 매출을 포함하는 개념이다.[8] 즉, 대부분의 수익은 상품의 판매 또는 서비스의 제공을 통한 매출에서 나오지만, 수익의 일부는 기타 수입원에서 발생할 수도 있다. 총매출(gross sales)은 기업이 완료

그림 16.6 Harvest Gold의 견본 손익계산서

① 수익: 제품을 팔거나 서비스를 제공해서 얻은 대가
② 매출원가: 판매한 제품을 생산하거나 구입하는 데 들어간 비용
③ 총이익: 제품을 구입하거나 판매하면서 얻은 이익
④ 영업비용: 기업을 운영하면서 발생한 비용
⑤ 당기순이익: 한 기간 동안 총매출에서 모든 비용과 세금을 제한 후의 순익

Harvest Gold 손익계산서 2021년 1월1일~12월31일			
① 수익			
총 매출		$ 720,000	
매출환입	$ 12,000		
매출할인	8,000	−20,000	
순매출			$ 700,000
② 매출원가			
기초 재고, 1월 1일		$ 200,000	
당기 매입	$ 400,000		
운송료	40,000		
순매입		440,000	
매출 가능 재고자산 원가	$ 640,000		
기말재고자산, 12월 31일		−230,000	$ 290,000
당기 매출원가			−410,000
③ 무형자산			
④ 영업비용			
판매비용			
영업사원 급여	$ 90,000		
광고비	18,000		
소모품	2,000		
총 판매비용		$ 110,000	
일반관리비			
급여	$ 67,000		
감각상각비	1,500		
보험	28,000		
임차료	12,000		
전열비	2,000		
기타 비용		112,000	
총 영업비용			222,000
세전이익			$ 68,000
법인세			19,000
⑤ 당기순이익			$ 49,000

한 모든 판매를 뜻한다. 순매출(net sales)은 총매출에서 매출환입, 할인, 에누리를 뺀 값이다.

매출원가

매출원가
판매된 상품의 원가 또는 판매제품 생산에 사용된 원자재나 기타 비용의 합계

매출원가(cost of goods sold or cost of goods manufactured)는 판매된 상품의 비용 또는 제품 생산에 쓰인 원자재나 물품 비용을 의미한다. 기업이 일정 기간 동안 제품 판매를 통해 얻은 이익과 그 기간 동안 제품을 생산하기 위해 사용한 비용을 비교해볼 필요가 있다. 매출원가는 매입가격, 모든 운송료, 저장비용을 포함한다.

재무보고를 하는 데 있어서 어느 특정한 제품이 실제로 어느 날짜에 재고로 책정되었는지는 중요하지 않다. 중요한 것은 회계담당자가 매출이 발생했을 때 판매된 재고자산

OPEN **중소기업 스포트라이트** 재고자산의 입고와 출고

미국에서 사용되는 일반회계기준(GAAP)에서는 기업의 재고자산 평가를 위해 서로 다른 회계방법을 기업이 사용할 수도 있도록 허용하고 있다. 가장 많이 사용되는 두 가지 재고자산의 평가 방법인 선입선출법(FIFO)과 후입선출법(LIFO)을 비교해 보자. (한편, 우리나라에서 채택하고 있는 국제회계기준(IFRS)에서는 미국회계기준과 다르게 후입선출법(LIFO)이 허용되지 않는다. 따라서 우리나라에서는 선입선출법과 평균법이 주로 사용되고 있다.)

예를 들어, 대학 서점에서 7월에 100권의 특정 교재를 권당 150달러로 구입하였다고 하자. 8월 중순에 학기가 시작되어 50권의 교재가 권당 175달러의 가격으로 판매되었고, 다음 학기에도 동일한 교재가 채택될 예정이므로 서점은 판매되지 않은 나머지 50권을 재고로 보유하게 된다.

12월 말에 이르러서 서점은 봄학기용으로 추가로 50권을 주문하였으나 출판사에서 물가 상승 등의 이유로 권당 175달러의 가격을 요구하였고, 서점은 이를 수락하고 구매하였다. 이제 서점은 서로 다른 시점에 구입한 100권의 교재를 보유하고 있다. 봄학기 초에 교재를 권당 200달러에 판매할 경우, 회계장부상으로 교재 한 권당 서점의 원가는 얼마인가?

비록 교재는 동일함에도 불구하고 재고자산 평가방법에 따라 원가는 다르게 계산된다. 만일 서점이 선입선출법(FIFO)을 적용한다고 가정하면, 교재 한 권당 매출원가는 150달러가 된다. 즉, 먼저 입고된 책이 먼저 출고된다는 가정 때문이다. 하지만 서점이 후입선출법(LIFO)을 적용한다면, 교재 한 권당 매출원가는 175달러가 된다. 즉, 나중에 입고된 책이 먼저 출고된다는 가정 때문이다. 서점이 교재 한 권을 200달러에 판매하였을 경우에, 선입선출법과 후입선출법에 의한 매출총이익의 차이는 얼마가 되겠는가? 이와 같이 재고자산의 평가방법에 따라 매출원가가 달라지고, 이는 매출총이익의 차이를 가져온다.

원가를 어떻게 기록하느냐 하는 것이다. 그 이유를 알아보기 위해서 LIFO와 FIFO라는 두 가지 서로 다른 재고자산 평가 방법을 비교한 '중소기업 스포트라이트' 글상자를 참조하라.

순매출에서 매출원가를 차감하면 **매출총이익**(gross profit or gross margin)이 산출된다. 매출총이익이란 기업이 상품의 매매를 통해 얼마나 벌었는가를 나타낸다. 서비스업체의 경우 매출원가가 존재하지 않을 수도 있다. 이런 경우 총이익과 순수익은 같다. 총수익이 기업의 영업성과에 대해서 여러분이 알아야 할 모든 것을 말해 주지는 않는다. 손익계산서는 기업이 실현한 순이익이나 순손실도 나타내야 한다. 이것을 얻기 위해서는 기업이 지출한 각종 비용을 차감해 주어야 한다.

매출총이익
상품의 구매(또는 생산) 후 판매로 기업이 얻은 이익. 매출에서 매출원가를 차감해서 계산한다.

대부분의 기업에서는 임차료, 급여, 전기세, 소모품비, 보험료 등의 영업비용이 발생한다. 스타벅스와 같은 기업의 영업비용에는 어떤 것들이 있을까?

영업비용

제품이나 서비스의 판매 과정에서 사업상 임차료, 급여, 소모품비, 전기료, 보험료 등의 **영업비용**(operating expenses)이 발생한다. 감가상각과 같은 영업비용은 조금 더 복잡하다. 예를 들어, 새 차의 시가는 자동차 판매점 주차장에서 몰고 나오는 순간 감소한다는 말을 들어본 적이 있을 것이다. 장비와 기계설비도 마찬가지이다. **감가상각**(depreciation)은 유형자산의 취득원가를 추정내용연수

Lonnie McQuirter가 소유한 주유소에서는 전형적인 편의점에서 파는 일반 제품이 아니라 지역공급업자들로부터 유기농 건강식품을 제공받아서 판매하고 있다. 그는 2007년에 $875,000를 차입해서 주유소와 편의점 사업을 시작했다. 현재 이 사업은 연간 $11,000,000의 총수익(gross revenue)을 거두고 있다. 수익(revenue)과 이익(profit)의 차이는 무엇인가?

(estimated useful life) 동안 체계적으로 배분해서 상각(write-off)하는 방법이다. 일반회계기준(GAAP)과 미국 국세청(IRS: Internal Revenue Service)은 감가상각비용을 영업비용에 포함시킴으로써 기업들이 상각된 자산의 가치를 매 회계기간에 다시 산정할 수 있도록 허용하고 있다.

영업비는 크게 판매비와 일반관리비의 두 가지로 나뉜다. 판매비(selling expenses)는 기업의 제품이나 서비스를 홍보하고 배포 · 유통하는 데 발생하는 비용(영업사원의 급여, 광고비, 물품비 등)이다. 일반관리비(general expenses)는 기업의 관리비(사무실 직원의 급여, 감가상각비, 보험료, 임차료 등)이다. 회계사는 적용 가능한 모든 비용을 책정하고, 사업과 관련해 과세대상에서 공제 가능한 다른 비용들도 찾아낼 수 있게 도와준다.

영업비용
사업의 운영과 관련된 비용으로 임차료, 전기세, 직원 급여 등을 포함

감가상각
유형자산의 취득원가를 추정내용연수 동안 체계적으로 상각하는 방법

순이익 또는 순손실

모든 비용을 차감하면 기업의 세전순이익이 계산된다(그림 16.6 참조). 그 다음에 세금을 차감하면 총결산(bottom line)에 도달한다. 총결산은 수익에서 매출환입, 비용, 지출, 세금을 빼고 얻게 되는 것으로 순이익(또는 순손실)이다. 총결산은 기업이 일정 기간 동안 얼마만큼의 이익 또는 손실을 기록했는지에 대한 답이다.

실제로 여러분은 대차대조표(재무상태표)와 손익계산서에서 사용되는 것과 비슷한 회계적인 개념들을 일상생활에서 사용하고 있다. 예를 들어, 여러분은 생활비를 계산할 때 각종 비용과 지출내역을 기억하는 것이 중요하다는 것을 알고 있을 것이다. 지출이 수익보다 많아지면 문제가 발생한다. 돈이 더 필요하다면 여러분이 가지고 있는 것 중 일부를 팔아서 초과 비용을 충당할 수 있다. 사업도 마찬가지이다. 기업들은 얼마만큼의 돈을 벌었고 사용하고 있는지, 현재 현금을 얼마나 보유하고 있는지 등을 기록해야 한다. 차이점은 기업은 일반 사람들의 생활비보다 복잡하고 기록해야 할 정보가 더 많다는 것뿐이다.

재무제표의 정보를 이용하는 사람들은 기업이 현금흐름을 어떻게 관리하는지에 관심이 많다. 현금흐름과 관련된 문제는 개인은 물론 기업에도 골칫거리가 될 수 있다. 이러한 사실을 염두에 두고 현금흐름표를 살펴보자.

현금흐름표

현금흐름표
기업의 주요 활동(영업, 투자, 자금조달)과 관련된 현금의 유입 및 유출을 기록한 재무제표

현금흐름표(Statement of Cash Flows)는 아래와 같이 기업의 세 가지 주요 활동과 관련된 현금의 유입과 유출을 보여준다.

- 영업: 사업을 운영하는 것과 관련된 현금 거래들
- 투자: 기업의 투자 활동을 통해 사용되거나 유입되는 현금
- 재무: 새로운 채권이나 주식을 발행하여 유입된 현금, 운영비용, 과거 발행 채권의 상환, 배당 지급 등에 사용된 현금

Harvest Gold 현금흐름표 2021년 1월 1일~12월 31일		
① 영업활동 현금흐름		
고객에게 받은 현금	$ 700,000	
직원과 납품업체에 지급한 현금	(567,000)	
이자비용	(64,000)	
법인세	(19,000)	
이자수익과 배당금	2,000	
순영업활동 현금흐름		$ 52,000
② 투자활동 현금흐름		
공장 매각을 통한 현금 유입	$ 4,000	
설비 구입에 따른 현금 지출	(23,000)	
순투자활동 현금흐름		(19,000)
③ 재무활동 현금흐름		
단기사채의 발행을 통한 현금 유입	$ 2,000	
당기 부채의 상환	(8,000)	
배당금 지급	(15,000)	
순재무활동 현금흐름		(21,000)
단기 현금 증감		$ 12,000
기초 현금 잔고		3,000
기말 현금 잔고		$ 15,000

그림 16.7 Harvest Gold의 견본 현금흐름표

① 매출, 수수료, 이자수익, 배당금 등을 통한 현금 유입과 급여 지급, 재고자산, 영업비용, 이자비용, 법인세 등의 현금 지출과 관련된 내용
② 장기 영업용 자산이나 다른 기업에 대한 투자 또는 자금 대여 활동과 관련된 현금 흐름
③ 기업의 주식거래나 차입거래와 관련된 현금의 유입 및 유출

회계사들은 기업의 순현금 현황을 알기 위해 기업이 영업, 투자, 재무활동을 하는 동안의 모든 현금흐름의 변화를 분석한다.[9] 현금흐름표는 (비용을 지급해야 하는데 손에 쥔 현금이 하나도 없는 것과 같은) 현금흐름 문제가 발생하지 않게 하기 위해 어떻게 현금을 다루어야 하는지를 알려준다.

그림 16.7은 Harvest Gold의 현금흐름표 예이다. 현금흐름표를 보면 최근 사업을 통해 현금이 얼마나 들어왔는지, 즉 제품과 서비스의 판매로부터 얼마만큼의 현금이 유입되었는지, 주식, 채권, 또는 다른 투자 대상의 매입에 현금이 얼마나 사용되었는지, 투자대상의 매도를 통해 현금이 얼마나 유입되었는지, 주식 발행을 통해 현금이 얼마나 유입되었는지 등을 알 수 있다.

위에 거론된 사항들과 기타 재무거래들이 기업의 현금 보유량에 어떤 영향을 주었는지가 현금흐름표를 통해 분석된다. 현금흐름에 대한 이해가 사업의 성공 여부를 결정지을 수도 있기 때문에, 다음 절에서 현금흐름에 대해 더 자세히 살펴보기로 한다.

현금흐름은 기업에 들어오고 나가는 현금액의 차이이다. 철저한 현금흐름관리는 어떤 규모의 기업에서든 중요하지만, 특히 중소기업이나 스키리조트와 같은 계절성 기업에서 중요하다. 현금흐름 문제로 인해 파산할 수밖에 없었던 기업을 생각할 수 있는가?

현금흐름 분석의 중요성

현금흐름을 올바르게 관리하지 않으면 사업상 많은 문제가 발생할 수 있다. 현금흐름 분석은 사실 이해하기 쉽다. 친구에게 100달러를 빌려 중고 자전거를 샀다고 가정하자. 그리고 여러분은 그 친구에게 일주일 후에 돈을 갚기로 약속했다. 그리고 여러분은 또

윤리적 의사결정 완전하지 않은 회계

대학에서 회계학 학위를 취득한 후, 온라인상에서 고급 고양이 사료를 판매하는 Top Cat이라는 중소기업에 취직했다. 2년 전의 물류 문제 때문에 많은 고객들이 경쟁 브랜드로 이동하였다. 다행히 지난 해 이 회사의 오랜 고객들 중 상당수가 돌아오면서 상황이 호전되고 있다. 문제는 지난 몇 년 동안 회사의 현금흐름이 심각하게 악화되었고, 회사가 비용을 계속 지불하기 위해서는 즉각적인 자금조달이 필요하다는 것이다. 회사 경영진은 회사의 파산을 막기 위해 국내은행에 대출을 요청하는 제안서를 준비했다. 유감스럽게도, 당신은 Top Cat의 지난 2년간 재무제표가 좋은 결과를 보이지 않을 것임을 알고 있으며, 회사의 사정이 호전될 것이라는 예상에도 불구하고, 은행이 현재의 재무정보를 기반으로는 대출을 승인하지 않을 것이라고 예상한다.

당신이 결산 후 작년도 장부를 마감하기 전에, CEO는 당신에게 올해 1월 초에 이루어진 매출을 작년 12월에 이루어진 것처럼 처리함으로써 회사의 작년 재무제표를 '개선'하라고 제안한다.

당신은 이것이 재무회계기준위원회(FASB)의 규정에 위배된다는 것을 알고 있으며, 정보의 변경을 거부한다. CEO는 은행 대출이 없으면 폐업할 가능성이 높고 모두가 실직할 것이라고 경고한다. 당신도 그가 맞다는 것을 알고 있고, 이 회사의 많은 직원들이 새로운 일자리를 구하는데 어려움을 겪을 것이라는 것을 알고 있다. 당신의 다른 대안은 무엇인가? 각각의 결과는 무엇인가? 당신은 무엇을 할 것인가?

다른 사람에게 150달러에 그 자전거를 팔기로 했고, 이 사람 역시 일주일 후에 돈을 지불하겠다고 약속했다. 하지만 일주일 후 중고 자전거를 산 사람이 돈이 없다며 다음 달에 돈을 갚겠다고 한다. 한편, 자전거를 판 여러분의 친구는 여러분이 지불하기로 한 100달러를 일주일 후에 반드시 받기를 원한다.

손쉽게 50달러를 벌 수 있는 기회라고 생각했던 것이 이제 여러분에게 고민거리가 되었다. 이제 여러분은 갚아야 하는 돈이 100달러이고 현금은 하나도 없다. 이와 같은 경우 여러분은 어떻게 하겠는가? 여러분이 기업이었다면 채무불이행을 할 수밖에 없을 것이며, 잠재적으로 이익을 창출할 수 있음에도 불구하고, 이로 인해 파산을 하게 될 수도 있다.

현금흐름
기업에 들어오고 나가는 현금의 차이

기업은 매출과 이익의 규모가 커져 감에도 불구하고, 현금흐름의 문제가 발생할 수 있다. **현금흐름(cash flow)**은 간단히 말해 기업에 들어오고 나가는 현금의 차이이다. 원활하지 못한 현금흐름으로 인해 많은 기업들이 심각한 영업위험에 직면할 수 있다. 예를 들어보자. 지난 몇 년 동안 급속히 성장해온 혁신적인 자동차 회사인 테슬라는 영업을 확장함에 따라 심각한 현금 유동성 위기를 몇 차례 겪어 왔다.[10] 현금흐름의 문제는 자본조달의 통로가 제한적인 중소기업들과 계절적 경기변화에 민감한 기업들에게는 특히 더 큰 문제로 다가온다.[11] 회계사들은 현금흐름을 보고할 때 윤리적인 문제에 직면하기도 한다. '윤리적 의사결정' 글상자를 참고하여 윤리적 딜레마가 어떻게 발생할 수 있는지 살펴보라.

현금흐름 문제는 어떻게 시작될까? 기업은 소비자의 수요를 충족시키기 위해, 점점 더 많은 상품을 신용(현금을 지불하지 않고)으로 구매한다. 이와 마찬가지로, 점점 더 많은 물건들을 신용(현금을 받지 않고)으로 판매한다. 이 경우 기업은 보유하고 있는 현금이 부족하기 때문에 즉시 처리해야 하는 비용을 지불하기 위해 더 많은 자금을 은행 등으로부터 빌리게 된다. 만약 기업의 신용한도가 더 이상 남아 있지 않아 은행이 추가적인 대출을 거절하게 될 경우 기업은 심각한 현금흐름위기를 겪게 된다. 청구서의 비용을 지불하지 않으면, 기업은 파산위기에 처한다. 불행히도 많은 기업들이 매출이 잘 이루어지고 있음에도 불구하고 가장 현금이 필요할 때 현금이 없어서 파산한다. 현금흐름 분석은 기업과 자금대여자의 관계가 기업의 현금흐름문제를 예방하는 데 매우 중요함을 보여준다.

회계사들은 기업에 현금이 필요한지 여부와 필요하다면 얼마나 필요한지에 관한 조언 등 기업이 현금을 어떻게 관리해야 하는지에 대한 조언을 해준다. 회계사들은 또한 기업의 재무제표(대차대조표, 손익계산서, 현금흐름표)가 적절히 작성되었는지를 검증하여 기업 재무분석의 토대를 마련해준다. 회계오류나 재무제표작성오류는 회사에 값비싼 대가를 치르게 할 수 있다. 스포츠의류메이커 Under Armour는 연방당국으로부터 회계 행위와 관련된 범죄 수사를 받게 되었다. 미국 사법부(Department of Justice)와 증권거래위원회(SEC)는 이 회사가 회계 기준에서 허용하지 않는 수익인식기준을 이용해 분기별 매출 자료의 인식시기를 조작함으로써, 회사의 재무상태가 더 건전하게 보이도록 만들었는지 조사하였다.[12] 시험 준비 후에 회계사들이 재무제표 비율 분석을 통해 회사에 어떤 조언을 하고 있는지 살펴보자.

시험 준비

- 손익계산서를 작성하는 데 필요한 단계는 무엇인가?
- 손익계산서에 나타난 수익(revenue)과 이익(income)의 차이점은 무엇인가?
- 기업의 운영상태를 평가하는 데 현금흐름표가 왜 중요한가?

학습목표 16-4 재무정보를 보고할 때 비율분석을 적용하는 방법을 설명할 수 있다.

비율분석을 이용해 재무성과를 분석하기

기업의 재무제표를 통해 얻은 정확한 재무정보는 내·외적으로 회계사들이 실행하는 재무분석의 기초가 된다. **비율분석**(ratio analysis)은 재무제표로부터 구한 재무 비율들을 계산하고 해석함으로써 기업의 재무상태와 성과를 평가하는 것이다. 재무 비율들을 통해 기업의 실제 성과가 재무 목표 대비, 같은 업종 내의 경쟁사들 대비 어느 정도 수준인지 분석하는 데 도움이 된다.[13] 우리는 스포츠 분석 등 일상생활에서 이미 비율을 많이 사용하고 있다. 예를 들어, 농구에서 자유투 성공률이 비율로 표현된다. 일반적으로 한 선수가 85퍼센트 이상 자유투 성공률을 보인다면 훌륭한 선수라고 할 수 있다. 긴박한 상황에서는 이 선수에게 파울을 범하지 말라는 지시가 있을 것이다. 또한, 3할7푼5리의 타율을 보이는 상대팀 타자에게는 실점 위기 시 정면 승부를 하지 않도록 지시를 내릴 것이다.

비율분석
기업의 재무제표에서 얻은 재무 비율들을 통해 기업의 재무건전성과 성과를 분석하는 것

비율이 운동선수의 성과를 측정하든지, 기업의 재무건전성을 측정하든지 그것은 가치 있는 정보를 제공해준다. 재무 비율은 중요한 정보들을 알려주는데, 기업이 유동성, 부채 수준, 수익성, 전반적인 경영 활동 등에서 같은 업종 내의 경쟁사 대비 어느 정도 수준인지를 알려준다. 경영 비율들을 분석하고 이해하는 것은 좋은 재무분석의 핵심이다. 재무성과를 측정하는 4가지 종류의 비율들에 대해서 간단히 살펴보자.

유동성 비율

앞에서 설명했듯이, 유동성(liquidity)은 자산을 얼마나 빨리 현금화할 수 있는지를 의미한다. 유동성 비율(liquidity ratios)은 1년 이내에 만기가 돌아오는 단기 부채 상환을 위해 자산을 현금화시킬 수 있는 기업의 능력을 측정한다. 단기 부채는 정해진 시점에 돈을 돌려받기 원하는 대여자들에게 특별히 중요하다. 유동성 비율에는 유동비율과 당좌비율이 있다.

유동비율(current ratio)은 기업의 유동자산/유동부채의 비율이다. 이 정보는 기업의 대차대조표(재무상태표)에서 찾아볼 수 있다. 그림 16.4의 하비스트 골드는 60만 달러의 유동자산을 가지고 있고 28만 8,000달러의 유동부채를 가지고 있으므로 유동비율은 2.08이 된다. 즉, 하비스트 골드는 유동부채 1달러마다 2.08달러의 유동자산을 가지고 있는 셈이다. 아래 계산을 보자.

$$\text{유동비율} = \frac{\text{유동자산}}{\text{유동부채}} = \frac{\$600,000}{\$288,000} = \$2.08$$

그렇다면 단기적으로 볼 때, 이 기업이 재정적으로 안정적인가에 대한 질문이 생길 것이다. 이에 대한 답은 상황에 따라 다르다. 유동비율이 2이거나 그보다 높은 경우, 일반적으로 안전한 수준으로 판단되며, 시장 기대치와 부합하는 정도의 성과를 나타내고 있는 것으로 간주되어, 단기 신용 대출도 받을 수 있다. 하지만 이 기업의 유동비율을 같은 업종 내의 경쟁사들의 유동비율과 비교해보는 것이 중요하다. 또한 기업의 작년 유동비율 수준과 비교해보는 것도 중요하다.

또 다른 중요한 유동성 비율은 당좌비율(quick ratio) 혹은 산성시험비율(acid-test ratio)이라고도 부른다. 당좌비율은 현금, 유가 증권(주식 또는 채권), 외상매출금을 기업의 유동부채와 비교해서 측정한다. 이 정보 또한 기업의 대차대조표(재무상태표)에서 찾아볼 수 있다.

$$\begin{aligned}\text{당좌비율} &= \frac{\text{현금 + 외상매출금(매출채권) + 유가증권}}{\text{유동부채}} \\ &= \frac{\$265,000}{\$288,000} = 0.92\end{aligned}$$

이 비율은 재고를 빠르게 현금화하기 어려운 기업들에 특별히 중요하다. 당좌비율은 매출이 감소하고 재고를 판매할 수 없다면 어떻게 해야 하며, 이 경우 여전히 단기 부채를 상환할 능력이 있는지 등에 대한 질문들에 답이 된다. 각 산업마다 비율에 차이가 있지만, 일반적으로 당좌비율이 0.50~1.0인 경우, 적당한 수준이지만 현금흐름의 문제가 생길 수도 있는 경계수준에 있는 것으로 본다. 따라서 하비스트 골드의 당좌비율이 0.92라는 것은 기업이 단기 부채를 상환하지 못하게 되어 고금리 대여자에게 도움을 받아야 할지도 모른다는 우려를 낳을 수도 있다.

레버리지(부채) 비율

레버리지 비율(leverage(debt) ratios)은 한 기업이 영업 활동을 할 때 타인 자본에 얼마만큼 의존하고 있는지를 측정한다. 너무 많은 부채를 가지고 있는 기업은 대여자들에게 자금을 상환할 때나 주주들에게 약속한 것들을 지키지 못하는 문제가 발생할 수 있다. 부채비율(debt to owners' equity ratio)은 반드시 상환해야 하는 타인 자본에 어느 정도 의존하고 있는지를 나타내준다. 이번에도 그림 16.4의 하비스트 골드의 예를 보자.

라스베가스에 최고급 호텔을 건설해서 최초의 수익이 발생하기 전까지는 많은 부채를 차입할 필요가 있다. 그리고 일단 개관을 하면 매일 엄청난 운영비가 발생한다. 네 가지 주요 회계비율을 지속적으로 모니터링하는 것이 신규 개관한 호텔의 회계사가 수행해야 할 주요한 업무인지 생각해보라.

$$\text{부채비율} = \frac{\text{총부채}}{\text{자기자본}} = \frac{\$613,000}{\$213,000} = 288\%$$

이 비율이 100% 이상이면 기업에 자본보다 부채가 많다는 뜻이다. 하비스트 골드의 경우 288%이므로 자본에 비해 꽤 많은 부채를 가지고 있다고 볼 수 있다. 대여자와 투자자는 이를 제법 위험하다고 생각할 수 있다. 하지만 기업의 부채비율은 같은 업종 내의 다른 기업들과 비교해볼 필요가 있다. 왜냐하면 어떤 산업들은 다른 산업들에 비해 채권 금융을 더 선호하는 경우도 있기 때문이다. 또한 과거의 부채비율들을 통해 기업 또는 산업의 추세를 파악할 수 있다.

수익성(영업성과) 비율

수익성(영업성과) 비율(profitability(performance) ratios)은 한 기업이 이익을 얻기 위해 다양한 자원들을 얼마나 효율적으로 사용하는지를 측정한다. 중요한 비율로는 주당순이익(EPS: Earnings Per Share), 매출이익률(return on sales), 자기자본 이익률(ROE: Return On Equity)이 있다.

이익은 성장을 주도하고, 주주의 배당도 가능하게 하기 때문에 주당순이익(EPS)은 기업에 매우 중요한 비율이다. 재무회계기준위원회(FASB)는 기업들이 분기마다 기본(basic)과 희석(diluted)의 두 가지 방식으로 주당순이익을 보고하도록 규정한다. 기본 주당순이익(basic EPS)은 유통(outstanding) 보통주식 한 주당 기업의 이익을 나타낸 것이다. 희석 주당순이익(diluted EPS)도 유통 보통주 한 주당 기업의 이익을 나타낸 것이지만, 이 경우 스톡옵션(stock options), 워런트(warrant), 우선주와 보통주로 전환될 수 있는 전환사채(19장 참조)까지 고려한다. 간단하게 이해하기 위해서 기본 주당순이익(basic EPS)에 대해서만 살펴보기로 한다. 하비스트 골드의 기본 주당순이익은 다음과 같다.

$$\text{기본 주당순이익} = \frac{\text{순이익}}{\text{보통주의 유통주식수}} = \frac{\$49,000}{\$1,000,000} = \$0.049\ /\text{주}$$

기업의 영업성과를 나타내는 또 다른 신뢰성 있는 지표는 매출이익률(return on

sales)이다. 기업이 경쟁사들만큼 이익을 잘 창출하고 있는지 알아보기 위해 이 비율을 사용한다. 매출이익률은 기업의 순이익을 순매출과 비교하여 계산한다. 하비스트 골드의 매출이익률은 7%이다. 이 수치를 경쟁사들과 비교해볼 필요가 있다.

$$\text{매출이익률} = \frac{\text{순이익}}{\text{순매출}} = \frac{\$49,000}{\$700,000} = 7\%$$

위험이 높으면 높을수록 투자자는 자신들의 투자에 대해서 더 높은 수익을 기대한다. 자기자본 이익률(ROE: Return On Equity)은 주주들이 투자한 1달러마다 얼마의 이익이 있었는지를 보여줌으로써 위험을 간접적으로 측정한다. ROE는 기업의 세후순이익을 자기자본과 비교하여 계산한다. 보통 15%를 초과하는 ROE를 양호한 수준으로 보기 때문에, 하비스트 골드의 ROE는 적정 수준인 것으로 보인다.

$$\text{자기자본 이익률} = \frac{\text{세후순이익}}{\text{자기자본}} = \frac{\$49,000}{\$213,000} = 23\%$$

이익이 기업의 성장을 주도한다. 따라서 기업의 성장과 경영 성과 평가에 있어 수익성 비율은 필수적인 측정 도구로 인식된다.

활동성 비율

기업의 재고자산을 수익으로 전환하는 것은 경영의 중요한 기능이다. 활동성 비율(activity ratios)은 기업이 재고자산을 얼마나 효율적으로 사용했는지를 측정한다.

재고자산회전율(inventory turnover ratio)은 기업의 재고가 매출로 전환되는 속도를 측정한다. 판매되지 않는 재고는 비용을 초래한다. 재고를 창고에 보관하는 데 따른 고정비를 생각해보라. 반대로 기업이 그것을 판매(회전)할 수 있을 때는 수익이 발생한다. 기업이 더 효율적으로 재고를 관리하여 재고 판매 회전수를 높일수록 수익은 증가한다. 하비스트 골드의 재고자산회전율은 다음과 같이 계산된다.

$$\text{재고자산회전율} = \frac{\text{매출원가}}{\text{평균재고}} = \frac{\$410,000}{\$215,000} = 1.9\text{배}$$

재고자산회전율이 산업평균보다 낮은 경우, 판매가 부진한 제품이 있거나 기업의 매입 행태가 좋지 않은 것으로 간주된다. 적정 수준의 성과를 이루기 위해서 경영진은 적절한 재고 관리를 해야 하며, 기대재고자산회전율이 어느 정도 수준인지 알고 있어야 한다. 식당 직원으로 일한 적이 있는가? 여러분의 고용주는 여러분이 하루에 한 테이블당 몇 명의 손님을 받을 것으로 예상하는가? 한 테이블당 바뀌는 손님이 많을수록 주인이 얻는 수익은 많아진다. 물론 다른 여러 비율들과 마찬가지로 재고자산회전율도 산업별로 다르다.

기업의 재무상태를 파악하기 위해 회계사들과 재무전문가들은 우리가 알아본 것 이외에도 여러 가지 비율들을 사용한다. 비율 분석에 사용되는 회계 정보를 어디서 얻을

그림 16.8 **대차대조표(재무상태표)와 손익계산서에 있는 계정**

대차대조표 계정			손익계산서 계정			
자산	부채	자본	수익	매출원가	비용	
현금(cash)	외상매입금(매입채무) (accounts payable)	자본금 (capital stock)	매출수익 (sales revenue)	매출원가 (cost of buying goods)	급여(wages)	이자(interest)
외상매출금(매출채권) (accounts receivable)	지급어음 (notes payable)	이익잉여금 (retained earnings)	임대수익 (rental revenue)	저장원가 (cost of storing goods)	임대료(rent)	기부금 (donations)
재고자산 (inventory)	장기차입금(회사채) (bonds payable)	보통주 (common stock)	수수료수익 (commissions revenue)		수선비 (repairs)	라이선스 수수료 (licenses fees)
투자자산 (investments)	미지급법인세 (taxes payable)	자기주식 (treasury stock)	로열티수익 (royalty revenue)		여행경비(travel) 보험료(insurance)	소모품비 (supplies)
유형자산 (equipment)					수도광열비 (utilities)	광고선전비 (advertising)
토지(land)					접대비 (entertainment)	법인세(taxes)
건물(buildings)						
차량 (motor vehicles)					보관비(storage)	
영업권(goodwill)						

수 있는지 참고하고자 한다면 그림 16.8을 참고하라. 재무 분석은 재무제표가 완성되는 시점에서 시작된다는 중요한 사실도 기억해두기 바란다.

시험 준비

- 재무제표에 기초한 비율분석의 주된 목적은 무엇인가?
- 네 부류로 구분하는 재무비율은 어떤 것들이 있는가?

학습목표 16-5 여러 가지 회계 전문 분야에 대해 기술할 수 있다.

회계의 여러 분야

회계직은 크게 재무회계, 관리회계, 회계감사, 세무회계, 정부 및 비영리회계의 다섯 가지 분야로 분류된다. 이 다섯 가지 분야 모두 중요하며, 각 분야에서는 직업 기회를 제공한다. 다섯 가지 분야에 대해 간단하게 살펴보자.

재무회계

재무회계(financial accounting)는 조직의 내부 경영자가 아니라 주로 외부 이해관계자를 위한 재무정보나 분석을 제공한다. 이 정보는 기업의 주주, 경영진, 직원뿐만 아니라 채권자와 채무자, 노동조합원, 고객, 공급자, 정부기관, 일반 대중에게도 제공된다. 즉,

재무회계 기업의 외부 이해관계자들에게 정보 및 분석을 제공하기 위한 회계

사업보고서
기업의 재무여건, 절차, 기대치가 담긴 연단위 보고서

개인회계사
특정 기업, 정부기관, 비영리단체를 위해 일하는 회계사

회계사
수수료를 받고 개인이나 기업에 회계 서비스를 제공해주는 회계사

공인회계사(CPA)
미국공인회계사협회(AICPA)에서 주관하는 일련의 시험들을 합격한 회계사(우리나라에서는 금융감독원에서 공인회계사 시험을 주관하고 있다)

해당 기업에 관심이 있는 거의 모든 기업 외부의 경제주체들이 이용하는 회계정보가 재무회계정보이다. 외부 정보이용자는 기업이 수익성이 있는지, 각종 비용을 부담할 능력이 있는지, 부채규모는 얼마나 되는 지와 같은 재정 사항들에 관심이 있다. 이러한 질문에 대한 답은 일반적으로 기업의 **사업보고서**(annual report)에서 찾을 수 있다. 사업보고서는 연 1회 발표되는 기업의 종합적인 재무정보 보고서로서, 기업의 재무상태, 발전정도, 목표치 등을 보여준다.

재무정보를 정확하게 관리하는 것은 기업에 매우 중요한 사안이다. 따라서 많은 기업들이 **개인회계사**(private accountant)를 고용한다. 개인회계사는 단 하나의 기업, 정부기관, 비영리조직을 위해 일한다. 하지만 모든 조직이 상근 개인회계사를 필요로 하는 것은 아니다. 다행히도 미국에는 수천 개의 회계법인들이 있고, 이들 법인들은 공인회계사를 통해 기업이 필요로 하는 회계 관련 서비스를 제공한다.

회계사(public accountant)는 개인 또는 기업으로부터 수수료를 받고 회계 관련 서비스를 제공한다. 예를 들어, 기업을 위해 회계시스템을 설계해줄 수도 있고, 그런 시스템에 맞는 소프트웨어 선정에도 도움을 줄 수 있으며, 기업의 재무성과를 분석해줄 수도 있다. 미국 공인회계사협회(American Institute Certified Public Accountant: AICPA)에서 주최하는 시험에 합격하고, 주에서 요구하는 교육과정을 이수하고 경력을 갖추게 되면 **공인회계사**(CPA: certified public accountant)로 인정받게 된다. CPA는 개인회계사 또는 공인회계사로서 활동할 수 있으며, 때로는 기관의 재무 관련 직종에 종사할 수도 있다. 오늘날 미국에만 66만 5천명 이상의 CPA가 있으며, 그 중 AICPA 회원 수는 40만 명이다.[14)]

2000년 초는 회계직군에 암흑기라고 할 수 있다. 월드콤(WorldCom), 엔론(Enron), 타이코(Tyco)가 연루된 회계 부정스캔들은 회계사들과 기업들에 대한 전반적인 불신을 불러일으켰다. 미국의 대형 회계법인 아서 앤더슨(Arthur Andersen)은 엔론 사건과 관련해 관련 기록을 고의로 파기한 혐의로 유죄 판결(이후 대법원에서 유죄 판결이 번복됨)을 받으면서 해체되었다.

재고자산의 회전은 어떤 산업에나 매우 중요하다. 재고자산의 원활한 회전은 상하기 쉬운 음식을 취급하고 테이블 회전수(테이블당 바뀌는 손님 수)를 높여 음식의 흐름을 유지하며 이익을 창출해야 하는 식당 산업에서는 특히 중요하다. 여러분은 재고자산 특히 회전율이 중요한 또 다른 산업을 생각해낼 수 있는가?

회계업계에 대한 비판이 심화되면서 미 의회는 사베인스-옥슬리 법안(Sarbanes-Oxley Act: Sarbox 법안이라고도 부름)을 통과시켰다. 사베인스-옥슬리 법안은 상장기업들에 새로운 정부보고기준을 적용했다. 사베인스-옥슬리 법안이 통과되기 이전에 회계업계는 자율적인 규제에 의존하였지만, 법안이 통과되면서 미국공인회계사협회(AICPA)를 감시하는 상장기업 회계감독위원회(PCAOB: Public Company Accounting Oversight Board)가 신설되었다. 최근에는 중소기업의 부담을 경감시키기 위해 PCAOB의 권한을 축소하자는 주장에 대한 논쟁이 계속되고 있다.[15)] 다른 한편에서는 PCAOB의 권한을 제한하는 것은 심각한 실수라고 믿고 있다. 그림 16.9에는 사베인스-옥슬리 법안의 몇 가지 핵심 조항이 나열되어 있다.

2008년에 시작된 금융위기는 의회가 도드-프랭크 금

- 회계 법인이 자사의 고객 기업에 회계감사 이외의 서비스(예로 컨설팅 서비스)를 제공하는 것을 금지한다.
- 기업의 비리에 대한 정보를 밝힌 내부 고발자에 대한 보호를 더욱더 강화한다.
- 기업의 CEO나 CFO가 자사의 재무제표의 정확성에 대한 책임을 지며, 재무 관련 보고서 작성법을 위반할 경우 제재를 가한다.
- 기업이 자금을 관리자 및 임원에게 대여해주는 것을 금지한다.
- 증권거래위원회 산하의 5명으로 이루어진 상장기업 회계감독위원회(PCAOB; Public Company Accounting Oversight Board)를 창설하여 회계 산업을 감독한다.
- 핵심적인 회계감사 관련 자료들을 조작하거나 파기시킬 경우 법적인 책임을 물으며, 심각한 제재를 받는다.

그림 16.9 **사베인스-옥슬리 법안의 핵심 조항**

융개혁법(Dodd-Frank Wall Street Reform)과 소비자보호법(Consumer Protection Act)을 통과시키도록 만들었다. 도드-프랭크(Dodd-Frank)법은 금융업 중개인과 딜러들에 대한 PCAOB의 감독권한을 강화함으로써 회계업계에 대한 재무규제를 강화하였다. 그러나 2018년 도드-프랭크(Dodd-Frank)법의 여러 조항들에 대한 의문이 제기되었고, 많은 규제들이 완화되었다.[16] 도드-프랭크(Dodd-Frank)법은 19장에서 보다 자세히 논의될 것이다.

효과적이기 위해서, 회계사들은 의사나 변호사만큼 전문적이어야 한다. 미국의 경우 150시간의 대학교육과 엄격한 자격시험 외에도, CPA들은 매년 평균 20~40시간의 교육을 받는다. 또한 교육을 통해 자격증을 갱신하고, 필수 윤리교육을 수강한 후, 윤리시험을 통과해야 한다.[17]

관리회계

관리회계(managerial accounting)는 특정 기업의 내부경영자의 의사결정에 도움을 줄 수 있는 정보와 분석을 제공한다. 관리회계는 생산, 마케팅, 그 외의 다양한 기능들을 수행하는 데 필요한 비용을 책정하고 보고하며, 예산을 편성하고, 주어진 예산 안에서 잘 통제되고 있는지 여부를 확인하고, 세금을 최소화하기 위한 전략을 모색한다. 여러분이 경영학을 전공하고 있다면, 관리회계를 필수과목으로 수강하여야 할 것이다.

관리회계
경영자의 조직 내부 자원관리에 대한 의사결정에 도움을 줄 수 있는 정보와 분석을 제공하기 위한 회계

회계감사

기업의 재무제표 작성에 사용된 자료를 재검토하고 평가하는 일을 **회계감사**(auditing)라고 한다. 기업 내부에 있는 개인회계사는 적합한 회계절차와 재무보고가 이루어지고 있음을 확인하기 위해 내부감사를 실시한다. 공인회계사들도 회계정보 및 그와 관련된 보고서에 대한 독립감사를 실시한다. **독립감사**(independent audit)란 회사 재무제표의 정확성에 대한 공정한 평가와 의견이다. 사업보고서에는 일반적으로 공인회계사의 감사의견이 포함된다.

회계감사
기업의 재무제표 작성에 적용된 자료를 재검토하고 평가하는 일

독립감사
기업 재무제표의 정확성에 대한 공정한 평가와 견해

변화에 적응하기 회계: 범죄현장조사(CSI)

부정은 크고 작은 기업들에 부정적인 영향을 준다. 공인 부정조사관협회(Association of Certified Fraud Examiners)에 따르면 많은 대기업들이 부정으로 인해 매년 수익의 5%에 가까운 돈을 잃고 있으며, 전체 중소기업의 절반 정도가 사업을 하면서 금융부정을 경험하며, 종종 매우 심각한 결과를 맞이한다고 한다.

미국 증권거래위원회(SEC)가 금융부정에 맞서 싸우는데 주력하고 있으며, 사베인즈–옥슬리법(Sarbanes–Oxley Act)과 같은 법률이 강력한 처벌을 약속하고 있는 가운데에서도 금융부정은 계속되고 있다. 문제는 정부와 기업의 감사인들이 금융부정을 적발하는 훈련을 특별히 받지 않았다는 점이다. 이들의 전문지식은 주로 회계기준이 올바르게 적용되고 기업의 재무제표가 공정하게 작성되어 있는지 확인하는 것이다. 만약 감사인과 공인회계사가 금융부정의 징후를 탐색하고 식별할 준비가 되어 있지 않다면, 매년 5%의 수익을 회계부정으로 인해 잃는 것을 기업경영의 비용으로 인식해야 할 것인가? 다행히도 그럴 필요는 없다. 부정 적발 회계사(Forensic Accountant)가 회계의 이상 징후를 감지하기 위해 대기하고 있기 때문이다. 회계업계의 셜록 홈즈라고 불리는 부정 적발 회계사는 부정에 책임이 있는 회사의 범죄자들을 가려내기 위해 문서 증거들을 취합하면서 산더미 같은 회사정보들을 샅샅이 살피며 회계오류를 찾아낸다. 이들의 작업은 길고 고되며, 부풀려진 판매 수치, 돈세탁, 재고부정 등에 대한 조사가 포함될 수 있다. 부정 적발 회계사는 주로 사법기관에 고용되거나 독립적인 부정조사관으로 활동한다. 부정 적발 회계사가 되기 위해서는 조사기법과 회계감사에 대한 고등실무교육이 필요하다. 만약 여러분이 부정 적발 회계에 관심이 있다면, 많은 대학들이 부정 적발 회계에 대한 고급학위와 전문성을 제공하고 있다는 것을 알아두자.

출처: Association of Certified Fraud Examiners, acfe.com, accessed March 2020; "How to Spot the Red Flags for Employee Fraud," Business News Daily, businessnewsdaily.com, February 6, 2020; "How to Become a Forensic Accountant," Accounting.com, accounting.com, accessed March 2020.

앞서 언급한 2000년대 초반의 회계 부정 스캔들 이후, 회계감사 과정이 정직하게 잘 이루어졌음을 보장하기 위해 사베인스–옥슬리 법안은 감사와 컨설팅에 관련된 새로운 규정들을 제정했다. 그러나 2008년에 발생한 Lehman Brothers의 파산과 그에 따른 금융위기에 대한 분석이 완료된 2011년에는 회계감사절차에 대한 논란이 다시 제기되었다. 많은 이들이 회계감사절차에 대한 더욱 철저한 감시, 감독을 요구하게 되었다.[18]

회계감사자들은 기업의 재무 건전성 조사는 물론 경영 효율성과 유효성도 확인한다. '변화에 적응하기' 글상자에서는 조직 내부의 회계 부정을 적발하는 데 특화된 부정 적발 전문 회계사(forensic accountant)들에 대해 설명하고 있다.

세무회계

세무회계사
세법 및 세무회계를 공부했으며, 소득신고서를 작성하거나 세금전략을 개발하는 회계사

세금은 도로, 공원, 학교, 경찰, 군대 등 정부가 수행하는 기능들을 가능하게 한다. 미국에서 개인과 기업들은 특정 시기에 정확한 서식에 맞추어 작성한 세금 환급신청서를 연방정부, 주정부, 지방정부에 제출한다. **세무회계사**(tax accountant)는 세법 관련 교육을 받은 사람이며, 세금환급 신청서 준비와 세금전략 개발업무를 맡고 있다. 정부가 특정 필요나 목적에 의해서 세금정책을 자주 변경하기 때문에 세무회계사는 지속적으로 변화하는 정책을 공부해야 한다. 또한 세금에 대한 부담이 점점 커지고 있는 상황에서 조직과 개인이나 사업가에게 세무회계사의 역할은 점점 더 중요해지고 있다.

정부 및 비영리회계

정부 및 비영리회계
한정된 예산 안에서 지방세 납부자, 국세 납부자들을 돕지만, 수익 창출을 목적으로 하지 않는 기관들을 위한 회계시스템

정부 및 비영리회계(government and not-for-profit accounting)는 수익 창출을 목적

우리의 경계를 넘어

세계화된 회계 언어로 말하기

지금까지 여러분은 본문을 통해서 글로벌 시장이 미칠 수 있는 커다란 영향력에 대해서 이해했다. 코카콜라와 같은 미국 기업들은 글로벌 시장에서 대부분의 매출수익을 거두고 있다. 그러나 이는 다른 한편으로는 상당한 회계적 문제점들을 야기하고 있다. 현재 국제적으로 통용되는 회계시스템이 존재하지 않기 때문에, 다국적기업들은 국가마다 요구하는 회계기준에 부합하는 회계처리 과정을 거쳐야 한다. 다행히도, 해결방안이 마련되고 있다. 미국 재무회계기준위원회(FASB: The Financial Accounting Standard Board)와 런던에 기반을 둔 국제회계기준위원회(IASB; International Accounting Standards Board)가 국제적인 단일 회계기준에 대한 합의를 이루고자 노력하고 있기 때문이다.

국제회계기준(IFRS: International Financial Reporting Standards)을 채택하고 있는 110여 개의 국가들과 함께 FASB는 미국의 회계기준을 전 세계적으로 채택하고 있는 국제회계기준(IFRS)으로 통합하는 방안을 제안한 바 있다. 미국 증권거래위원회(SEC: Securities and Exchange Commission)도 이러한 변화를 지지하는 것으로 보였으며, 심지어 국제회계기준(IFRS)이 오랜 기간 채택되어 온 미국회계기준(Generally Accepted Accounting Principles)을 대체할 수 있을 것이라고 제안하기도 했다. 그러나 2008년 금융위기가 도래하면서, IFRS가 아닌 도드-프랭크법(Dodd-Frank Act)이 요구하는 재무기준을 제정하는 것으로 SEC의 우선순위가 옮겨지게 되었다.

현재 미국 증권거래위원회의 전략적 계획안은 단일한 국제 공통의 회계기준으로 통합해가는 것에 대해 강한 지지를 표명하고 있지는 않다. 또한 미국 내에서도 국제회계기준(IFRS) 채택에 대한 강한 지지가 아직까지는 미비하다는 것에 주목했다.

그럼에도 불구하고, 많은 회계사들은 글로벌 단일 회계기준 제정에 대한 지지를 지속적으로 보내고 있으며, FASB와 IASB가 추진하고 있는 미국회계기준과 국제회계기준의 통합 노력에 지지를 보내고 있다. 그러나 아직까지도 국제회계기준(IFRS)이 미국 내 회계부서와 대학의 강의에 도입되기까지는 적지 않은 시간이 걸릴 것으로 예상된다.

출처: Yasmine Misuraca, "My Journey as a Forensic Accountant," The CPA Journal, cpajournal.com, June 2018; Association of Fraud Examiners, acfe.com, accessed October 2019; "Forensic Auditing: Three Trends to Watch," Forbes, July 16, 2018; David Trainer, "Hidden Items Understate Growth in This Chemical Company," Forbes, February 21, 2019. Barclay Palmer, "International Financial Reporting Standards (IFRS)," Investopedia, investopedia.com, January 29, 2020; "IFRS in the U.S.: The Importance of Being Financially Bilingual," PricewaterhouseCoopers, pwc.com, accessed February 2020; U.S. Securities and Exchange Commission, sec.gov, accessed March 2020; Danielle Smith, "What Are the Differences between IFRS and U.S. GAAP for Revenue Recognition?," BizFluent, bizfluent.com, January 21, 2020.

으로 하지 않고 국민들을 위해 봉사하는 비영리기관들을 위한 회계시스템이다. 연방정부, 주정부 그리고 지방정부는 정부가 의무를 다하며, 세금을 정직하게 사용하고 있다는 것을 납세자, 특정 이익단체, 입법기구, 채권자들이 알 수 있도록 정확한 양식으로 작성된 회계보고를 해야 한다. 이와 같이 정부가 회계보고를 해야 할 때 준수해야 하는 회계기준은 정부회계기준위원회(GASB: Governmental Accounting Standards Board)가 결정한다.[20] 연방수사국(The Federal Bureau of Investigation: FBI), 미국국세청(Internal Revenue Service: IRS), 미주리주의 자원부(Missouri Department of Natural Resources), 쿡 카운티의 조세과(Cook County Department of Revenue) 등 많은 정부기관들은 회계사들에게 정부회계 분야에서 일할 수 있는 기회를 제공하고 있다.

22,000명이 넘는 직원이 일하고 있는 국립공원관리청은 러쉬모어산(Mount Rushmore)의 대통령 조각상과 같은 역사적 상징물을 유지하는 역할을 수행한다. 이런 정부기관들은 회계사, 회계감사관 그리고 재무관리사를 고용한다.

비영리조직도 정확한 재정보고와 건전한 재정운영을 위해 전문 회계사가 필요하다. 기부자들은 자신이 기부한 자금이 적절히 올바른 곳에 사용되는지 알고 싶어하기 때문에 비영리조직에서도 훈련받은 회계사들에 대한 수요가 커지고 있다. 구세군 및 적십자와 같은 자선단체, 박물관, 병원 등에서도 이와 같은 이유로 회계사를 고용하고 있다. 2008년 금융위기와 같은 경기침체 때문에 기업 및 개인 기부가 줄어들면서 기부한 금액에 대한 세밀한 회계가 더욱 중요해지고 있다.

재무회계, 관리회계, 회계감사, 세무회계, 정부비영리회계 모두 특정한 교육과정의 이수와 능력을 필요로 한다. 이와 같은 회계의 여러 분야들은 여러분들에게 좋은 직업의 기회를 제공할 것이다. 최근에 회계 관련 직업들도 세계시장의 영향과 도전을 받고 있다. '우리의 경계를 넘어' 글상자에서는 회계절차의 글로벌화에 대해 언급한다. 이는 회계담당자들이 숙지하고 있어야 하는 사항이다. 끝으로 이 장을 마무리하기 전에 다시 한번 강조하고자 한다. 경영의 언어로서 회계는 배울 가치가 충분히 있는 언어이다.

시험 준비

- 관리회계와 재무회계의 차이점은 무엇인가?
- 개인회계사와 공인회계사의 차이점은 무엇인가?
- 회계감사인이 수행하는 일은 무엇인가? 독립감사란 무엇인가?

요약하기

학습목표 16-1 기업이나 이해관계자들에게 회계와 재무정보가 수행하는 역할에 대해 기술할 수 있다.

- **회계란 무엇인가?**

  회계는 기업에 영향을 줄 수 있는 재무적 사건과 거래에 대한 기록, 분류, 정리, 해석이다. 회계 정보를 보고서 형식으로 작성하고 정리하는 방법들을 회계시스템이라고 한다.

학습목표 16-2 회계순환과정을 나열하고, 회계와 부기의 차이점과 컴퓨터가 회계에 어떻게 이용되는지를 설명할 수 있다.

- **회계 순환과정의 여섯 단계는 무엇인가?**

  (1) 서류 분석, (2) 정보를 분개장에 기록, (3) 정보를 원장에 기록, (4) 시산표 작성, (5) 재무제표 준비(대차대조표 또는 재무상태표, 손익계산서, 현금흐름표), (6) 재무제표 분석

- **부기와 회계의 차이점은 무엇인가?**

  부기는 회계의 한 부분으로서 정보의 체계적인 기록을 포함한다. 회계는 보다 폭넓은 개념이며, 정보의 분류, 정리, 해석, 경영진 보고를 포함한다.

- **분개장과 원장은 무엇인가?**

  분개장은 모든 거래가 최초로 기록되는 곳이다. 분개장의 요약 내용은 원장에 기록(posting)된다. 원장은 거래를 동질 그룹/계정으로 분류하여 기록하는 특별한 회계장부이다.

- **컴퓨터가 회계에 어떻게 쓰이는가?**

  컴퓨터는 정보를 기록 · 분석하고 재무제표를 제공해준다. 올바르게 작동하는지 여부를 지속적으로 분석하고 회계시스템을 점검하는 소프트웨어도 있다. 컴퓨터는 적합한 정보를 제공해 의사결정에 도움을 줄 수 있다.

학습목표 16-3 주요 재무제표가 서로 어떻게 다른지를 설명할 수 있다.

- **대차대조표(재무상태표)란 무엇인가?**

  대차대조표(재무상태표)는 특정 시점에서의 기업의 재무상태를 나타낸다. 대차대조표(재무상태표)를 구성하는 기본적인 회계 공식은 '자산 = 부채 + 자본'이다.

- **대차대조표(재무상태표)의 주요 계정에는 어떤 것들이 있는가?**

  자산이란 기업이 소유하고 있는 경제적 원천으로 건물, 기계 등이 포함된다. 부채는 기업이 채권자 및 회사채소유자와 같이 다른 사람에게 지불해야 할 의무가 있는 금액의 합이다. 자본은 기업이 소유하고 있는 것들의 가치(자산)에서 부채를 차감한 것이다. 즉, 자본은 자산에서 부채를 뺀 값이다.

- **손익계산서란 무엇인가?**

  손익계산서는 일정 기간(예를 들어 2021년 12월 31일을 마지막으로 하는 한 해) 동안의

매출액, 비용, 지출을 모두 나타낸 보고서이다. 공식은 다음과 같다.

- 수익(Revenue) − 매출원가(Cost of Goods) = 매출총이익(Gross margin)
- 매출총이익(Gross margin) − 영업비용(Operating expenses) = 세전순이익(Net income before taxes)
- 세전순이익(Net income before taxes) − 세금(Taxes) = 순이익 또는 순손실(Net income or net loss)

- **현금흐름표란 무엇인가?**

현금흐름이란 현금유입과 현금유출의 차이를 나타낸다. 현금흐름표는 기업의 주요 활동(운영, 투자, 자금조달)과 관련된 현금의 유입 및 유출을 기록한 보고서이다.

학습목표 16-4 재무정보를 보고할 때 비율분석을 적용하는 방법을 설명할 수 있다.

- **재무 비율의 네 가지 주요 카테고리에는 어떤 것이 있는가?**

유동성 비율, 부채 비율, 수익성 비율, 활동성 비율의 네 가지로 분류한다.

- **재무 비율 분석의 가장 중요한 가치는 무엇인가?**

비율분석을 통해 기업의 재무 상태를 확인할 수 있는 주요 분야에 대한 정보를 얻을 수 있으며, 이를 같은 산업군 내의 다른 기업 또는 해당 기업의 과거 성과와 비교해볼 수 있다.

학습목표 16-5 여러 가지 회계 전문 분야에 대해 기술할 수 있다.

- **재무회계와 관리회계의 차이점은 무엇인가?**

재무회계는 채권자와 같은 기업의 외부 이해관계자들에게 정보를 제공하기 위한 것이다. 관리회계는 기업 내부 경영진의 의사결정에 도움을 줄 수 있는 정보와 분석을 제공한다.

- **감사인의 역할은 무엇인가?**

감사인은 기업의 재무제표 작성에 적용된 기준들을 검토하고 평가한다. 독립감사는 공인회계사에 의해 이루어지며, 기업 재무제표가 회계기준에 따라 적정하게 작성되었는지 여부에 대한 편중되지 않은 공정한 평가이다.

- **개인회계사와 공인회계사의 차이점은 무엇인가?**

공인회계사는 수수료를 받고 다양한 기업에 서비스를 제공하고, 개인회계사는 특정 기업을 위해서만 일한다. 독립감사를 제외하고 개인회계사와 공인회계사는 본질적으로 같은 일을 한다. 개인회계사는 내부감사를 수행하기도 한다. 독립감사는 공인회계사에 의해서만 이루어질 수 있다.

주요 용어 정리

감가상각(depreciation)
개인회계사(private accountant)
고정자산(fixed assets)
공인관리회계사(CMA; certified management accountant)
공인내부감사자(CIA; Certified Internal Auditor)
공인회계사(CPA; certifies public accountant)
관리회계(managerial accounting)
기본회계방정식(fundamental accounting equation)
대차대조표(balance sheet), 재무상태표(Statement of Financial Position)
독립감사(independent audit)
매출원가(cost of goods sold or cost of goods manufactured)

매출총이익(gross profit or gross margin)
무형자산(intangible assets)
복식부기(double-entry bookkeeping)
부기(bookkeeping)
부채(liabilities)
분개장(journal)
비율분석(ratio analysis)
사업보고서(annual report)
회사채(bonds payable)
세무회계사(tax accountant)
손익계산서(income statement)
순이익/순손실(net income or net loss)
시산표(trial balance)
영업비용(operating expenses)
외상매입금, 매입채무(accounts payable)
원장(ledger)
유동성(liquidity)
유동자산(current assets)
이익잉여금(retained earnings)
자기자본(owner's equity)
자산(assets)
재무제표(financial statements)
재무회계(financial accounting)
정부비영리회계(government and not-for-profit accounting)
지급어음(notes payable)
현금흐름(cash flow)
현금흐름표(statement of cash flows)
회계(accounting)
회계감사(auditing)
회계사(public accountant)
회계순환과정(accounting cycle)

사고력 문제

1. 기업의 잠재투자자로서 또는 기업구매자로서 기업의 재무제표를 평가하는데 관심을 갖겠는가? 왜 그런지 설명하라. 기업의 재무제표에서 어떤 주요 정보를 참고하겠는가?
2. 회계보고서들이 특정 절차(일반회계기준(GAAP) 또는 국제회계기준(IFRS))에 적합하게 작성되어야 하는 이유는 무엇인가? 재무제표 작성에서 기업들이 일정 부분 창의성이나 융통성을 발휘할 수 있게 허용하는 것이 합당한가? 왜 그런지 설명하라.
3. 현금흐름 분석이 왜 대기업보다 중소기업에서 더 중요한가?
4. 비영리조직의 최고경영진이 재무와 회계지식을 갖추는 것이 왜 중요한가?

원리의 적용

목적

여러분의 개인 선호 및 미래 기대직업과 관련 있는 잠재적인 회계직군에 대해 평가해보기

연습

회계와 관련된 직업군은 대기업 및 중소기업, 공기업 및 사기업, 다양한 산업과 특수직업군에 걸쳐 존재한다. 사실 회계와 관련된 직업은 매우 다양하기 때문에 어디서부터 식업 탐색을 시작해야 할지 몰라서 당황스러울 수도 있다. Aicpa.org 웹 사이트에서 여러분의 선호와 관련이 있는 회계직군에 대해 아이디어를 얻을 수도 있을 것이다. 'Career Guidance' 링크를 선택한 후 'Choosing a career in accounting'을 선택해서 여러분에게 가장 알맞은 회계직군에 대해 탐색해보자.

1. 일반기업, 산업체 및 정부에서 일하는 것과 회계법인에서 일하는 것의 가장 큰 차이점은 무엇인가?
2. 대형국제회계법인에서 일하고 싶은가? 대형국제회계법인에서 일하게 될 경우의 장점과 단점에 대해 생각해보자.
3. 여러분의 장래 직업계획에 대해 요약하고 각각의 선택에 대한 이유를 간단히 기술해보자.

직업기술 개발하기

핵심: ● 팀 ★ 분석 ▲ 의사소통 ◘ 기술

▲★ 1. 지역기업의 CPA를 접촉해보거나 대학교 경영학과의 CPA와 이야기해보라. 향후 5년 안에 회계직이 어떤 문제에 직면할 것이며, 어떤 변화를 맞을 것인지, 어떤 기회가 있을 것으로 전망하는지 문의해보라. CPA가 전망하는 것의 목록을 종이에 적고, 이 장에 나와 있는 정보와 비교해보라.

◘★ 2. 미국 공인회계사협회(aicpa.org) 또는 한국 공인회계사협회(kicpa.or.kr)의 웹 사이트를 방문해보라. 공인회계사(CPA)가 되기 위해 필요한 조건을 찾아보라.

★▲ 3. 여러분이 새롭게 출범하는 비영리단체의 임원으로서 새로운 기부자들을 모집할 계획이라고 생각해보자. 기부자들은 비영리단체가 기부자금을 얼마나 효율적으로 운용하는지 알고 싶어한다. 불행히도, 여러분의 동료 임원들은 재무제표와 그 분석에 큰 의미를 두고 있지 않다. 그들은 좋은 일은 그 일 자체가 모든 것을 설명해 준다고 믿고 있다. 동료 임원들에게 효과적인 재무제표의 필요성을 피력할 수 있는 간단한 보고서를 준비하고, 이것이 어떻게 단체의 자금 모집에 도움이 될 수 있는지에 대한 근거를 제시하라.

◘★ 4. 원하는 기업의 사업보고서를 찾아보라(월스트리트 저널에서 무료 연차보고서를 볼 수 있다. 우리나라의 경우 전자공시(DART) 시스템에서 검색이 가능하다. 또한 많은 기업들이 당사 웹 사이트에 연차보고서를 게시하고 있다). 기업의 재무제표를 살펴보고 이 장에서 설명된 내용과 부합하는지 살펴보라. 공인회계사의 감사 의견(주로 보고서 끝에 있다)을 읽어보고 여러분이 가장 중요하다고 생각하는 기업 재무제표에 대한 공인회계사의 결론을 평가해보라.

◘★ 5. 2002년 사베인스-옥슬리법안(Sarbanes-Oxley Act)을 통과하도록 만든 회계부정사건에 대해 살펴보라. 그리고 Dodd-Frank 금융개혁법(Dodd-Frank Wall Street Reform)과 소비자보호법(Consumer Protection Act)을 통과시키도록 만든 2008년 금융위기에 대해 살펴보라. 이러한 법안들이 회계부정과 금융위기를 앞으로 방지할 수 있을 것인지의 여부에 대한 짧은 보고서를 작성해보라.

진로 탐색

만약 여러분이 회계 분야와 관련된 직업에 관심이 있다면, 고려해볼 만한 몇 가지 직업들이 아래에 나타나 있다. 이러한 직업들의 업무, 필요한 지식과 기술, 급여수준, 미래전망 등에 관해서는 bls.gov 웹 사이트의 직업전망서(Occupational Outlook Handbook)를 살펴보라.

- **공인관리회계사(Certified management accountant)** – 학업과 경력 조건을 만족한 후 자격시험에 통과하고 공인관리회계사협회(the Institute of Certified Management Accountant)의 인증을 받은 회계사
- **공인내부감사(Certified internal auditor)** – 학업과 경력 조건을 만족한 후 자격시험에 통과하고 공인내부감사협회(the Institute of Certified Internal Auditor)의 인증을 받은 회계사
- **조세심사관(Tax examiner)** – 연방, 주, 지방정부가 기업과 개인으로부터 징수할 세금액을 결정하는 회계담당관. 소득세신고서를 검토하고 감사를 수행하며, 세금징수액을 확인한다.

비디오 사례

Goodwill Industries의 회계 기능

Goodwill industries는 주로 금전적 혹은 비금전적 기부와 보조금을 바탕으로 운영되는 유명한 자선단체이다. 이 기업은 소매업 운영을 통해 재정운영을 원활히 하여, 사회 취약계층에 있는 사람들과 장애인들을 교육시키고 지원하며, 직접 고용함으로써 기업의 사명을 달성할 수 있도록 하고 있다.

비디오에서는 회계의 기능과 회계순환과정에 관련된 구체적인 단계들을 살펴본다. 영리 목적단체와 비영리단체 간의 유사점과 차이점들에 대해 자세히 논의한다. 재무정보 및 분석에서 회계의 중요성을 집중적으로 다룬다. 또한 조직의 재무건전성을 측정할 때 재무제표 및 비율분석의 중요성에 대해서도 강조하고 있다.

회계는 조직의 규모가 작건 크건, 정부단체 혹은 비영리단체이건 간에 상관없이 모든 조직들에 있어서 매우 중요하다. 따라서 다음으로 재무, 관리, 세무, 회계감사, 정부 및 비영리를 포함한 회계의 다양한 세부 분야를 논한다. 대차대조표(재무상태표), 손익계산서 및 현금흐름표는 조직 내 경영자와 다른 이해관계자들에게 조직의 예산을 정하거나 책정된 매출액과 실제 매출액 사이에 차이가 존재하는지를 검증할 수 있는 중요한 정보를 제공한다. 원가와 비용은 예산대로 유지되어야 하며, 회계의 기능에 따라 주의 깊게 살펴보고 분석해야 한다. 특히, Goodwill과 같은 비영리단체에 있어 충분한 현금흐름 확보는 기업의 지속 가능성 측면에서 매우 중요하다. 따라서 비영리조직들은 종합적인 재무성과를 이해할 수 있도록 성과비율분석(Performance ratio analysis)을 수행하고 있다. 분석 결과들을 토대로 경영진들은 조직의 현재 성과가 예산 및 수립된 계획에 얼마나 부합하는지를 평가할 수 있다. 또한 분석결과들은 유사 기업들에 대한 벤치마크를 설정하고 향후 전략적 계획을 수립할 수 있도록 도움을 준다.

다시 생각해보기

1. 자산과 부채의 차이점은 무엇인가? 주요 재무제표 중 자산과 부채를 주요하게 다루는 재무제표는 무엇인가?
2. 회계순환과정의 6단계에 대해 설명하라.
3. 기업이 비율분석을 수행하는 이유는 무엇인가?

참조

1. Sean Ross, "When and Why Were GAAP First Established?," Investopedia, investopedia.com, January 23, 2020; "About the Financial Accounting Standards Board," Financial Accounting Standards Board, fasb.com, accessed March 2020.
2. Stephanie Morrow, "Generally Accepted Accounting Principles or GAAP, What Does It Mean?," LegalZoom, legalzoom.com,accessed March 2020; Lauren Silva Laughlin, "Creative Accounting Measures Come at a Price," The Wall Street Journal, October 8, 2019; Justin Walton, "4 Must-Watch Movies for Accountants," Investopedia, investopedia.com, January 27, 2020.
3. Intuit QuickBooks, quickbooks.com, accessed March 2020; Shelley Elmblad, "Tips for Choosing Small Business Accounting Software," The Balance Small Business, thebalancesmb.com, February 1, 2020.

4. Crystalynn Shelton, "Intuit Quick Books Self-Employed: Cost and Features," FitSmallBusiness, fitsmallbusiness.com, March 8, 2019; Miriam Reimer, "Top 11 Small Business Accounting Tips to Save You Time and Money," Fundera, fundera.com, February 18, 2020; Kathy Yakal, "The Best Small Business Accounting Software for 2020," PC Magazine, pcmag.com, January 21, 2020.
5. "Preparing Financial Statements," U.S. Small Business Administration, sba.gov, accessed March 2020; "Beginners Guide to Financial Statements," U.S. Securities and Exchange Commission, sec.gov, accessed March 2020.
6. "The Critical Importance of an Accurate Balance Sheet," AccountingHelper, accountinghelper.org, accessed March 2020; "How to Prepare a Balance Sheet," QuickBooks, quickbooks.com, accessed March 2020; Derek Silva, "What Is a Balance Sheet, and How Do You Read One?," Smart Asset, smartasset.com, February 4, 2020.
7. Joshua Kennon, "Intangible Assets on the Balance Sheet," Investopedia, investopedia.com, January 28, 2020; "When Do Intangible Assets Appear on the Balance Sheet?," Accounting Tools, accountingtools.com, October 8, 2019; Jean Eaglesham, "Goodwill Sparks Deep Divisions, at Least on Balance Sheets," The Wall Street Journal, January 21, 2020; Jonathan Ford, "The U.S. Should Embrace Reform of Goodwill Accounting," Financial Times, January 26, 2020.
8. Joshua Kennon, "Analyzing Revenue and Sales on Your Income Statement," The Balance, thebalance.com, February 10, 2019; "The Difference between Gross Sales and Net Sales," Accounting Tools, accountingtools.com, January 7, 2019.
9. "Cash Flow Management: Techniques and Tools," Business News Daily, businessnewsdaily.com, February 4, 2020; Rosemary Carlson, "Is Cash Flow the Same as Profit?," The Balance Small Business, thebalancesmb.com, January 25, 2020; Nick Chandi, "Know the Difference between Cash Flow and Profit," Forbes, January 28, 2020; "How to Prepare a Cash Flow Statement," QuickBooks, quickbooks.intuit.com, accessed March 2020.
10. Al Root, "Tesla Just Solved Its Biggest Problem by Selling More Stock," Barron's, February 13, 2020; Emily Bary, "Tesla's Earnings Win Praise Even from Doubters: 'We Fully Admit Things Are Better, Than We Expected,'" MarketWatch, marketwatch.com, February 1, 2020; Shawn Tully, "Tesla's Growth Problem—By the Numbers," Fortune, February 6, 2020; Jaime Powell, "Tesla's Shares Defy Skeptics, ShortSellers, and Reason," Financial Times, February 7, 2020.
11. Sean Peek, "Cash Flow Problems and How to Solve Them," Business.com, February 7, 2020; "Cash Flow Financing: A Must-Read Guide for Business Owners," Funding Circle, fundingcircle.com, February 10, 2020.
12. Arwana Viswanatha and Khadeeja Safdar, "Under Armour Is Subject to Federal Accounting Probes," The Wall Street Journal, November 4, 2019; Steve Symington, "Buy Under Armour before North America Growth Turns for the

Better," The Motley Fool, fool.com, January 23, 2020; Julie Dreswell and Kevin Draper, "How Under Armour Lost Its Edge," The Wall Street Journal, January 26, 2020; Michael Larkin, "Under Armour Dives on Weak Sales, Guidance, Coronavirus Warning," Investor's Business Daily, investors.com, February 11, 2020.

13. "Financial Ratios Explanation," Accounting Coach, accountingcoach.com, accessed October 2017.
14. National Association of State Boards of Accountancy, nasba.com, accessed March 2020; American Institute of Certified Public Accountants, aicpa.org, accessed March 2020.
15. "White House Proposal for SEC to Absorb Audit Watchdog Raises Concerns," Paycor, paycor.com, February 14, 2020; Francine McKenna, "Weakening the Oversight of U.S. Auditing Is a Very Bad Idea," Financial Times, February 17, 2020; Arthur Levitt, "Without an Independent Watchdog, Who Will Audit the Auditors?," The Wall Street Journal, February 19, 2020.
16. Kimberly Amadeo, "Dodd Frank Wall Street Reform Act, 8 Ways a Repeal Hurts You," Investopedia, investopedia.com, accessed March 2020; Gary Guthrie, "The Federal Reserve Wants to Relax Investment Rules for Banks," Consumer Affairs, consumeraffairs.com, January 31, 2020; Lara Crigger "Barney Frank: 'Forget Rhetoric, Look at Results'," Yahoo! Finance, finance.yahoo.com, January 24, 2020; Jesse Hamilton and Ben Bain, "Wall Street Venture-Fund Curbs to Be Eased in Volcker Revamp," Boston Globe, January 27, 2020.
17. "Maintaining a License," National Association of State Boards of Accountancy, nasba.org, accessed March 2020; "Overview of AICPA Membership Requirements," American Institute of Certified Public Accountants, aicpa.org, accessed March 2020.
18. Francine McKenna, "Weakening the Oversight of U.S. Auditing Is a Very Bad Idea," Financial Times, February 17, 2020; Nick K. Lioudis, "The Collapse of Lehman Brothers: A Case Study," Investopedia, investopedia.com, accessed March 2020; Gabrielle Olya, "Enron and the 24 Other Most Epic Corporate Downfalls of All Time," Yahoo! Finance, finance.yahoo.com, January 22, 2020.
19. Matt Danielson, "What Internal Auditors Do and How Much They Make," Investopedia, investopedia.com, January 28, 2020; Jean Eaglesham, "Auditor Sentenced in KPMG Case," The Wall Street Journal, September 12, 2019.
20. U.S. Governmental Accounting Standards Board, gasb.gov, accessed March 2020.

17 재무관리

학 습 목 표  이 장을 학습한 후에 다음 질문에 답할 수 있어야 한다.

17-1 재무관리자의 역할과 책임에 대해 설명할 수 있다.

17-2 재무계획 과정의 기술과 재무계획에서의 세 가지 중요한 예산을 설명할 수 있다.

17-3 기업이 운영자금을 필요로 하는 이유를 설명할 수 있다.

17-4 단기 자금조달의 원천을 규명하고 설명할 수 있다.

17-5 장기 자금조달의 원천을 규명하고 설명할 수 있다.

제너럴 모터스의 부사장이자 최고재무책임자(CFO) 디브야 수랴데바라(Dhivya Suryadevara)에 대해 알아보자

지난 110년 동안 제너럴 모터스(General Motors)는 쉐보레(Chevrolet), 뷰익(Buick), 캐딜락(Cadillac)과 같은 인지도 높은 브랜드 덕택에 세계적인 자동차 회사로 성장했다. 물론 회사가 지금까지 거대한 사업을 지탱하고 번창할 수 있었던 이유는 우수한 인적 자원을 갖추고 있었기 때문이다. GM은 현재 수십억 달러의 기업 자산을 총괄하는 수랴데바라 디브야를 최근에 부사장 겸 최고재무책임자(Chief Financial Officer)로 영입하였다.

수랴데바라 디브야는 인도 남부 도시인 '첸나이'에서 태어나고 자랐으며, 어린 나이에 아버지를 여의고 어머니와 두 자매와 함께 살았다. 어머니는 수랴데바라를 포함한 세 딸들을 올바르게 키우려고 노력했으며, 그들에게 노동의 가치를 가르치고자 했다. "저희 어머니는 두 부모가 있는 다른 가정에 못지않게 저희들을 지원해 주셨어요. 물론 저희에게 많은 기대를 하셨고 저흰 그만큼 더 노력을 했어요." 그녀는 말했다. "저희 어머니 덕분에 이 세상엔 쉬운 것이 없다는 것을 배웠고, 내가 원하는 것을 위해 열심히 일해야 한다는 것을 깨달았습니다."

든든한 버팀목이 된 어머니의 지원으로 그녀는 마드라스 대학교에 진학하여 경영학 학사, 석사 학위까지 취득하게 되었다.

그녀는 거기서 멈추지 않고 22세의 나이로 하버드대학교 경영대학원에 입학하게 되었다. 이는 평생을 인도에서 살았던 그녀에게 있어서는 큰 변화였다. "저에게는 정말 힘든 경험이었어요. 본국에서 멀리 떨어져 있으면서 문화 충격도 많이 겪었어요." 하지만 그녀는 포기하지 않았고 결국 하버드 경영대학원에서 MBA를 취득하고 세계은행(World Bank)에서 인턴으로 일하게 되었다. 그 후에 수랴데바라는 투자은행 UBS에서 일하기 시작했다. 그러던 중, 25세의 나이에 운명적인 기회를 만나 제너럴 모터스 재무분석 선임직으로 이직했다. "그 일이 크게 저의 관심을 끌었습니다. 제가 들인 노력과 시간에 따라 성과가 결정됨을 깨달았고 이러한 깨달음으로 인해 저는 제 업무에 최선을 다하게 되었습니다." GM으로의 이직은 앞으로 그녀의 인생에 있어서 매우 중대한 결정이 되었다.

GM에 입사한 지 8년 만에 그녀의 피나는 노력이 빛을 발했다. 그녀는 GM의 자산운용을 책임지는 최고투자책임자(CIO) 자리에 오르며 860억 달러 이상의 투자금 운용을 감독하게 되었다. 4년 후에는 GM의 기업금융 부사장 자리에 올랐고, 더 많은 대규모 거래를 주도하였다. 또한, 그녀는 GM의 자율주행차 업체 '크루즈(Cruise)'의 인수를 이끌었고 승차 공유 서비스인 'Lyft'에 대한 기업 투자에도 직접 관여하였다.

2018년에 수랴데바라는 여성으로서 최초로 GM의 최고 재무 책임자(Chief Financial Officer)가 되었다. 최고 재무 책임자가 된 그녀는 GM의 국제금융 조직을 대표하여 회사의 투자자들, 대출 기관, 금융 평가 기관들을 상대한다. 또한 복합적인 금전적 요인들을 고려하여 적절한 재정 계획을 세우고 자본자산, 브랜드, 그리고 타 사업 기회에 투자할 수 있는 충분한 자금을 확보하는 업무를 맡고 있다. 만만치 않은 직무이지만, 그녀는 훌륭하게 업무를 수행해내고 있다.

재무관리는 리스크가 크고 불확실성이 상존하는 업무이다. 이 장에서는 금융업무의 역할과 중요성에 대해 살펴보고 수랴데바라와 같은 기업의 최고경영자들이 기업의 재정적 안정과 성장을 위해 사용하는 수단에 대해 살펴볼 것이다.

출처: Joann Muller, "Another Woman at the Top of GM: 39-Year-Old Finance Whiz Dhivya Suryadevara Is New CFO," Forbes, forbes.com, June 13, 2018; Maria Thomas, "A Chennai Girl's Rise from Madras University to General Motors's First Female CFO," Quartz India, qz.com, June 14, 2018; Lexi Churchill, "GM's New 39-Year-Old CFO Dhivya Suryadevara Is Making History," CNBC, cnbc.com, June 15, 2018; Matthew DeBord, "GM's First Female CFO Explains How She's Made It Her Mission to 'Slay Complexity' at the Largest US Automaker," Business Insider, businessinsider.com, November 1, 2019; General Motors, gm.com, accessed February 2020.

Let's talk business!
bit.ly/LetsTalkBusiness18

전 세계 경제를 침체에 빠트린 2020년 코로나 팬데믹 때문에 거대한 테크 회사조차도 예상 매출액을 낮추고 재무 계획을 조정할 수밖에 없었다. 이 회사의 이름은 무엇인가? (이 장 안에서 답을 찾으라.)

학습목표 17-1 재무관리자의 역할과 책임에 대해 설명할 수 있다.

재무와 재무관리자의 역할

재무
기업을 위해 자금을 조달하고 그 자금을 관리하는 사업의 기능

재무관리
기업의 목표와 목적을 달성하기 위해 기업의 재원을 관리하는 일

이 장의 핵심 목표는 '재무란 무엇인가?'와 '재무관리자는 무엇을 하는가?'라는 두 가지 중요한 질문에 답하는 것이다. **재무(finance)**는 기업을 위해 자금을 조달하고 그 자금을 관리하는 사업의 기능이다. 재무 활동은 예산안을 준비하고, 현금흐름을 분석하고, 공장, 설비, 기계 등에 대한 자금 지출을 계획하는 일을 포함한다. **재무관리(financial management)**는 기업의 목표와 목적을 달성하기 위해 기업의 재원을 관리하는 일이다. 상품이나 마케팅의 효율성에도 불구하고, 신중하게 계산된 재무 계획 없이는 기업이 살아남기 힘들다. 회계사의 역할에 대해 간략히 복습해보고, 재무관리자의 역할과 비교해 보도록 하자.

재무관리자
고위 임원들에게 기업의 재무 성과를 개선할 전략을 조언하는 관리자

회계사는 혈액 샘플이나 그 외 개인의 건강을 측정하고, 건강보고서(기업의 재무제표에 해당)에 기록하는 일을 하는 실험실의 능숙한 기술자들에 비유될 수 있다. 재무관리자는 의료차트를 해석하고, 환자들의 건강을 증진시켜줄 수 있는 변화에 대해 조언을 하는 의사에 비유된다. 간단하게 말하자면 **재무관리자(financial managers)**는 회계사들에 의해 준비된 재무 데이터를 검토하고, 고위 임원들에게 기업의 재무 성과를 개선할 전략을 조언한다.

분명한 것은, 재무관리자들이 회계정보를 이해해야만 그들은 분명히 올바른 재무 의사결정을 내릴 수 있을 것이다. 그것이 우리가 16장에서 회계를 살펴본 이유이다. 마찬가지로 훌륭한 회계사는 재무를 이해해야 한다. 재무와 회계는 실과 바늘처럼 밀접한 관계라 할 수 있다. 대기업과 중견기업에서 회계부서와 재무부

마이클 밀러(Michael Miller)는 운영에 어려움을 겪고 있는 오리건주의 포틀랜드 시에 소재를 둔 굿윌 사업(Goodwill Industries; 장애인에게 일자리를 제공하는 사회적 기업)을 개편하였다. 그는 굿윌의 비영리적인 사업을 마치 영리를 추구하는 사업처럼 바꾸었다. 점포 간 매출을 비교하여 매출이 낮은 점포는 문을 닫거나 더 나은 지역에 점포를 개설함으로써 유통 비용 및 운영 비용을 절감하였다. 그 덕에 매출은 400만 달러에서 1억 3천 5백만 달러로 치솟았고 외부 자금 지원으로부터 자유로워질 수 있었다.

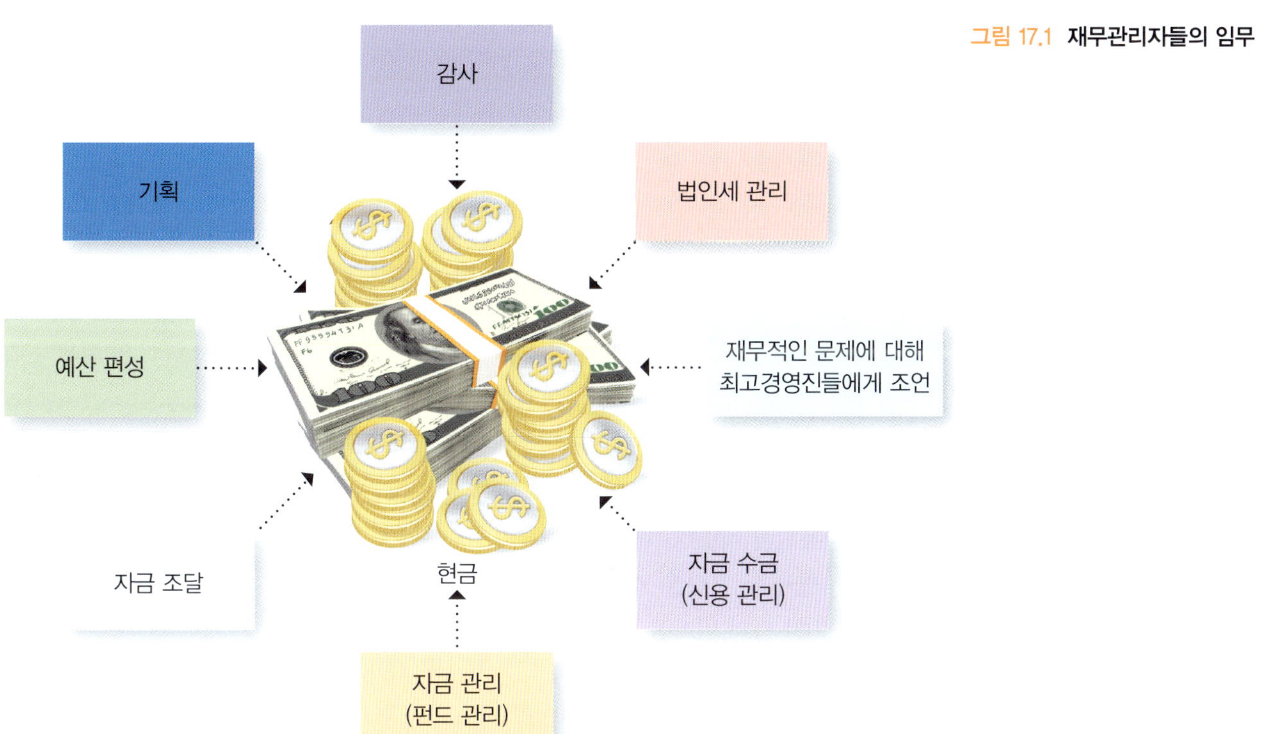

그림 17.1 **재무관리자들의 임무**

서는 일반적으로 최고재무책임자(CFO: Chief Financial Officer)의 관할 하에 있다. 최고재무책임자는 일반적으로 조직에서 두 번째로 높은 연봉을 받는 사람이며, 종종 최고경영책임자(CEO)직까지 승진하기도 한다.[1] 하지만 재무관리는 재무담당이사나 재무담당부사장의 관할 업무에 둘 수도 있다. 회계담당이사는 최고회계관리자(CAO: Chief Accounting Officer)이다.

그림 17.1은 재무관리자의 업무를 강조한다. 여러분이 알고 있듯이, 두 핵심 업무는 자금을 조달하고 그 자금을 효과적으로 통제하는 것이다. 자금을 통제하는 것은 기업의 현금, 채권(매출채권), 그리고 재고를 관리하는 것을 포함한다. 재무는 영리조직이나 비영리조직에 매우 중요한 활동이다.[2]

재무관리는 기업의 규모와 관계없이 중요하다. 6장에서 보았듯이, 작은 기업이 설립 초기 5년 동안 생존의 고비를 넘기는 데 자금조달과 같은 재무 활동은 필수적이다. 그러나 신중한 재무관리는 규모에 상관없이 어떠한 기업체에라도 도전으로 남으며, 기업이 존속하는 내내 마주하게 되는 활동이다.[3] 이는 미국의 많은 기업들이 경제에 심각한 영향을 미친 2008년의 금융위기를 온몸으로 겪으며 얻은 교훈이기도 하다.[4]

재무 이해의 가치

다음은 기업이 재무적으로 실패하는 이유로 들 수 있는 대표적인 3가지 예이다.

1. 자금 부족(사업을 시작하기에 부족한 자금)

2. 서툰 현금흐름 관리
3. 부적절한 지출 관리

파슬리 패치(Parsely Patch)라 불리는 조그만 기업이 몇 년 전에 겪은 재무적 문제를 살펴보면 자본화, 현금흐름의 통제, 지출 통제와 관련된 문제점을 파악할 수 있을 것이다. 엘리자베스 버타니(Elizabeth Bertani)와 그의 친구인 팻 셔우드(Pat Sherwood)는 적은 돈으로 가능한 사업을 시작하였고, 그들의 기업을 파슬리 패치(Parsley Patch)라고 명명하였다. 그 사업은 버타니가 소금을 먹지 않는 식단을 따르는 남편을 위해 소금이 첨가되지 않은 조미료를 준비하면서부터 시작됐다. 그녀의 친구 셔우드는 그 조미료가 상품화될수 있는 제품이라고 생각했다. 버타니는 동의했고 그리하여 파슬리 패치가 탄생하였다. 사업은 5,000달러로 시작되었다. 5,000달러는 로고와 라벨을 디자인하는 데 바로 사용되어 버렸다. 버타니와 셔우드는 사업을 계속 운영하는 데 자본이 중요함을 깨달았다. 결국 두 사람은 기업이 심각한 자금 부족을 겪지 않도록 하기 위하여 각각 개별적으로 10만 달러 이상을 투자했다.

모든 것이 순조롭게 시작되었고, 수백 개의 미식가를 위한 가게가 이 제품을 받아 판매하기 시작했다. 하지만 매출이 기대에 미치지 못하자, 소금이 첨가되지 않은 조미료는 제한된 식이요법을 하는 사람에게 자연스러운 것으로 생각되어 건강식품 시장을 공략하기로 결정하였다. 결정은 옳았다. 매출은 신장하여 월 3만 달러에 이르렀으나 기업은 여전히 이익을 내지 못했다.

버타니와 셔우드는 현금흐름을 감시하거나 지출을 통제하는 데 능숙하지 못했다. 사실 그들은 비용에 대해서는 걱정하지 말라는 이야기를 들었고, 따라서 비용을 신경쓰지 않았다. 결국 그들은 생산제품에 소요되는 다양한 제품들의 비용을 어떻게 계산하고 지출을 어떻게 조절할 것인가에 대해 조언을 해줄 공인회계사와 경험 있는 재무관리자를 고용했다. 재무 전문가들은 현금의 유입과 유출(현금흐름)에 대한 전문 의견을 제공하였다. 얼마 되지 않아 파슬리 패치는 연간 100만 달러에 가까운 이익을 냈다. 운 좋게도 두 동업자는 늦기 전에 모든 것을 정상으로 되돌릴 수 있었다.

많은 다른 사업가들처럼, 만약 버타니와 셔우드가 사업을 시작하기 전에 재무에 대해 충분히 이해했더라면, 그들이 직면한 문제를 피할 수 있었을 것이다. 여기서 가장 중요한 것은 '이해했더라면'이다. 재무적인 이해는 조그마한 사업을 시작하려는 사람, 주식이나 채권에 투자하려는 사람, 은퇴 계획을 짜는 사람 등 누구에게나 중요하다. 한마디로 말하면 재무와 회계는 경영에 관련된 모든 이들이 공부하고 이해해야 하는 영역이다. 회계는 이미 16장에서 논의하였으므로 재무관리가 무엇인지에 대해 더 자세하게 살펴보도록 하자.

재무관리란 무엇인가?

재무관리자는 기업의 대금을 제때 지불하는 데 책임이 있다. 또한 체불금을 회수하고 대손금(개인 또는 기업이 체납을 하지 않음) 때문에 돈을 지나치게 많이 잃지 않도록 하는 데도 책임이 있다. 따라서 상품을 신용으로 구매하거나(매입채무) 고객으로부터 받아야 할 금액을 회수하는(매출채권) 등의 재무 관련 직무도 재무관리자의 책임이다. 이러한 일은 모든 형태의 기업에 매우 중요하지만, 대기업보다 더 적은 현금이나 신용 제한이 있는 중소기업에 특히 더 중요하다.

대부분의 기업들은 일상적인 운영을 위해 필요한 요소들을 예측할 수 있다. 예를 들면, 얼마의 소모품을 구입해야 하는지, 기름과 직원 급여를 얼마를 지불해야 하는지는 예측 가능한 일이다. 재무관리란 회사가 필요로 하는 요소를 구입할 수 있도록 자금을 확보하는 기능이다. 위의 사진에 나타난 트럭에 필요한 기름을 구매하지 못한다면 어떤 일이 벌어질 것인가?

재무관리자가 재무의 변화와 기회에 대해 적절한 대처를 하고, 그것에 순응하기 위해 준비를 하는 것은 매우 중요하다. 예를 들어, 세금 납부는 현금 지출을 나타내기 때문에 재무관리자는 세금을 잘 관리해야 하고, 세법의 변화 내용을 파악하고 있어야 한다. 주로 기업 재무팀의 일원인 내부감사인이 회계팀이 작성하는 장부, 원장 그리고 재무제표를 감사하여 모든 거래가 일반회계원칙(Generally accepted accounting principles(GAAP))과 일치하는지 확인한다. 이러한 감사가 이루어지지 않는다면, 재무제표의 신뢰성은 떨어지게 된다.[5] 그러므로 감사 과정에서 드러나는 부적절한 회계처리 또는 누락사항에 대하여 내부감사인이 객관적이고 날카로워야 하는 것이 중요하다. 정기적이고 철저하게 이루어지는 내부감사는 다음에 살펴볼 기업의 재무적인 계획 수립에 중요한 역할을 한다.

학습목표 17-2 재무계획 과정의 기술과 재무계획에서의 세 가지 중요한 예산을 설명할 수 있다.

재무계획

재무계획은 기업으로부터 유출되고 유입되는 장기와 단기 현금흐름을 분석하는 것을 포함한다. 재무계획의 전반적인 목표는 기업의 수익성을 극대화하고 자금을 효율적으로 이용하는 것이다. 재무계획은

(1) 단기와 장기의 재무적인 수요를 예측, (2) 그러한 수요를 만족시키기 위해 예산을 수립, (3) 기업이 재무 활동을 잘 수행하고 있는지를 검증할 수 있게 해주는 재무통제 시스템 수립의 3단계로 이루어진다(그림 17.2 참조). 이제 각 단계를 살펴보고, 각 단계가 조직의 재무 건전성 증진에 어떠한 역할을 하는지 알아보자.

금융(재무) 수요의 예측

미래의 예측은 모든 기업의 재무계획에 있어 중요한 부분을 차지한다. 단기예측(short-term forecast)이란 일 년 또는 그보다 짧은 기간 동안의 수익, 원가, 비용을 예측하는 것이다. 단기예측의 일부는 미래 현금의 유입과 유출을 월 또는 분기 단위로 예측한 **추정현금흐름(cash flow forecast)**의 형식으로 나타낼 수 있다. 추정현금흐름에 기록된 현금의 유입과 유출은 예상 판매수익, 이미 발생한 다양한 원가와 비용과 그 발생 시기가 모두 고려된 것이다. 기업의 추정 판매량이란 해당 기업의 특정 기간 동안의 판매량을 예측한 것이다. 기업들은 종종 기대판매량, 각종 비용 및 지출을 예측하기 위해 자사의 과거 재무제표들을 참고한다.

추정현금흐름
일반적으로 미래의 월 단위 또는 분기 단위의 현금 유입과 유출을 예측하는 것

그림 17.2 재무계획
재무계획과 예산 편성의 밀접한 관계에 유의하라.

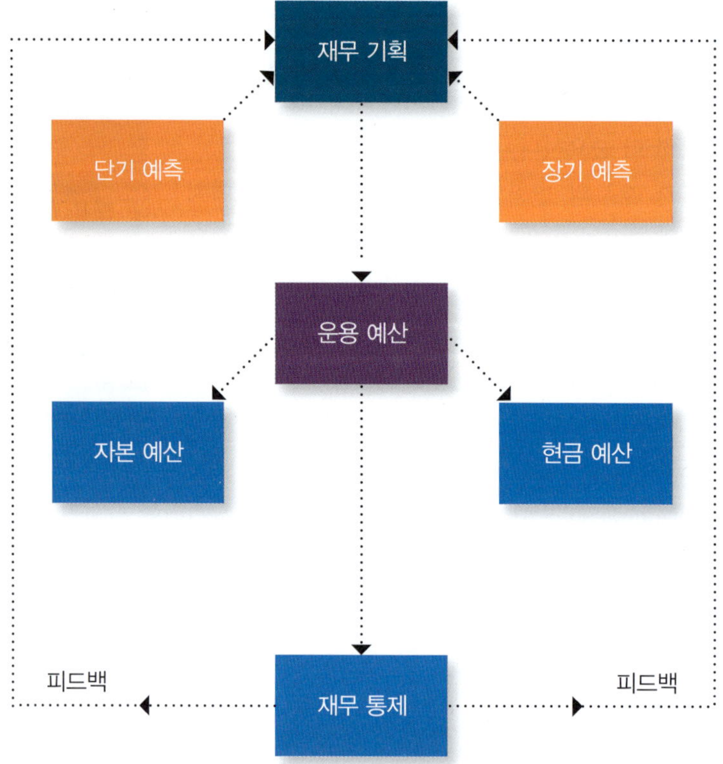

장기예측(long-term forecast)이란 1년 이상, 때때로 길게는 5년 동안 발생할 수익, 원가 및 비용을 예측하는 것이다. 이러한 예측은 기업의 장기 전략적 계획 수립에 중요한 역할을 하는 다음과 같은 질문을 다루고 있다. 현재 어떤 사업에 참여하고 있는가? 5년 후에도 이 사업을 계속하고 있어야 하는가? 다음 10년 동안 기술 개발과 공장 및 설비에 얼마나 투자를 해야 하는가? 장기적인 계약 이행에 충분한 현금을 보유하고 있는가? 웹에 기반을 둔 소프트웨어 기술의 혁신으로 재무관리자들이 이러한 장기적인 예측을 하는 데 훨씬 수월해졌다.[6]

장기적인 재무 예측은 운영관리자는 물론 최고관리자에게 각 전략계획이 어떠한 잠재적인 수입 또는 수익을 가져다줄 수 있는지 알 수 있게 도와준다. 또한 장기적인 예측은 재무관리자가 기업의 예산을 준비하는 데도 도움을 준다.

예산책정 과정

예산책정
경영관리자의 기대 수입을 예상하고, 그 예상에 따라 다시 특정 자원들을 기업 내의 여러 곳으로 배분하는 과정

예산책정(budget)이란 경영관리자의 기대 수입을 예상하고, 그 예상에 따라 다시 특정 자원들을 기업 내 곳곳으로 배분하는 과정이다. 기업의 예산 책정계획은 대차대조표, 손익계산서, 현금흐름표 및 장단기 재무 예측치의 정확도에 크게 의존한다. 이러한 이유에서 이들 예측은 최대한 정확할 필요가 있다. 예산을 효과적으로 책정하기 위해서 재무관리자들은 미래 예측에 대한 책임을 심각하게 받아들여야 한다. 한 기업의 예산은 그 기업의 재무거래(활동)와 재무수요의 주요 지침이 된다.

기업의 재무계획 부문에서는 보통 다음과 같은 몇 가지 예산안이 수립된다. 가장 흔

하비스트 골드	1월	2월	3월
추정매출	$50,000	$45,000	$40,000
수금			
현금 판매(20%)		$9,000	$8,000
신용 판매(지난달의 80%)		$40,000	$36,000
월 현금 수금		$49,000	$44,000
지급 현황			
필요 물품과 재료비		$11,000	$10,000
임금		12,000	12,000
직접 노무비		9,000	9,000
법인세		3,000	3,000
그 외 추가 비용		7,000	5,000
월 현금 지출		$42,000	$39,000
현금 예산안			
현금 흐름		$7,000	$5,000
기초 현금		−1,000	6,000
총 현금		$6,000	$11,000
최소 현금 잔액		−6,000	−6,000
유가 증권에 투자될 잉여 현금		$ 0	$ 5,000
최소 잔액 유지에 필요한 대출		0	0

그림 17.3 하비스트 골드의 현금예산안 예

한 3가지 예산은 다음과 같다.

- 자본예산
- 현금예산
- 운영(종합)예산

각각을 살펴보자. **자본예산**(capital budget)이란 보통 기업에서 큰 규모의 비용이 소요되는 주요 자산 구입 계획을 명시한 것이다. 자본예산은 부동산, 건물, 장비들의 구입 사실을 주로 다룬다.

자본예산
보통 기업에서 큰 규모의 비용이 드는 주요 자산 구입 계획을 명시한 것이다. 자본예산은 부동산, 건물, 장비들의 구입 사실을 주로 다룸

현금예산(cash budget)이란 기업이 일정 기간(월 또는 분기) 동안 현금 부족분 또는 잉여분을 해결하기 위해 사용할 수 있는 기업의 예상 현금 유입 및 유출량을 가늠한 것이다. 현금예산은 (재무)관리자들이 미래에 발생할 차입, 상환, 영업비용, 단기 투자 등을 미리 예상할 수 있게 해주는 주요 지침 역할을 한다. 현금예산은 보통 가장 나중에 준비되는 것으로, 그림 17.3에 하비스트 골드의 현금예산안 예가 주어져 있다.

현금예산
기업이 일정 기간(월 또는 분기) 동안 현금 부족분 또는 잉여분을 해결하기 위해 사용할 수 있는 기업의 예상 현금 유입 및 유출량을 가늠한 것

운영(종합)예산(operating budget or master budget)은 기업의 예산들을 묶어서 기업이 계획하고 있는 모든 재무 활동을 요약해준다. 좀 더 공식적으로 정의하자면, 운영예산은 기업에 기대치만큼의 수입이 발생한다고 예상했을 때, 기업이 운영되는 데 필요한 각 비용 및 지출에 대한 현금 분배의 추정치라고 할 수 있다. 기업이 소모품, 출장비, 임대료, 광고, 봉급으로 얼마를 지출할 것인가는 바로 이 운영예산에서 결정된다. 운영

운영예산
기업의 예산들을 묶은 예산안. 기업에 기대치만큼 수입이 발생한다고 예상했을 때, 기업이 돌아가는 데 필요한 각 비용 및 지출에 대한 현금 분배의 추정치

그림 17.4 '여러분 기업(You Incorporated)'의 월별 예산

이제 '여러분 기업'의 월 예산을 작성해 보자. '여러분 기업'의 월 예산에 포함되어야 할 모든 사항을 정직하게 고려해 보자.

	예상금액	실제금액	차이
월 수입			
급여(세후 순지급액)			
저축예금에서 인출			
가족으로부터 받은 돈			
대출			
기타 수입			
월 수입 총계			
월 비용			
고정비용			
임대료 또는 모기지			
자동차 할부금			
건강보험료			
학교 등록금			
기타 고정 비용			
소계			
변동비용			
식비			
의복비			
문화지출비			
교통비			
전화요금			
전기료			
인터넷 사용료			
케이블 TV 시청료			
기타 비용			
소계			
총 비용			
총 수입 − 총 비용 = 현금 잔액(현금 부족)			

예산은 보통 기업에서 만드는 예산안 중 가장 자세하게 기술되어 있고 유용하게 쓰이는 예산안이다.

재무계획의 수립은 분명히 기업의 운영에 있어 가장 중요한 것 중 하나이다. 종종 이러한 계획 수립 과정에서 어떠한 장기 투자가 이루어질 것인지, 언제 특정 자금을 필요로 할 것인지, 이러한 자금을 어떻게 마련할 것인지가 정해진다. 재무계획 수립의 순서는 먼저 기업의 단기 및 장기 재무적 수요를 파악하고 자금이 어떻게 분배될 것인가에 대한 예산안을 완성한 후 마지막으로 재무통제를 수립하는 것이다. 이러한 통제에 대해 읽기 전, 그림 17.4에서 '여러분 기업'의 월별 예산을 작성해보는 것으로 자신의 재무계획 능력을 점검해볼 수 있다.

재무통제의 수립

재무통제(financial control)란 기업의 실제 수입과 비용 및 지출을 예산안과 주기적으로 비교하는 과정이다. 대부분의 기업들은 재무통제를 확실히 하기 위해서 적어도 매달 재무 검토를 실시한다. 이러한 통제 과정은 관리자들로 하여금 재무계획에서 어긋난 부분을 식별하고 필요 시에 시정 조치를 취할 수 있도록 해준다. 재무통제는 또한 어떠한 계정, 부서, 개인이 재무계획과 어긋나 있는지를 알게 해준다. 재무관리자들은 이 어긋나는 사항들이 정당한 것인지 판단하여 재무계획의 수정을 돕는다. 경제 변동, 자연재해 또는 글로벌 시장에서의 변동성 또한 재무계획에 영향을 줄 수 있다. 예를 들어, 미국 주택 시장의 침체 또는 세계경제의 예상치 못한 사건으로 인해 많은 기업이 재무계획의 조정을 고려할 수 있다. 2020년에 코로나 팬데믹은 세계경제에 부정적인 영향을 미치고 경제를 위축시켰다. 이로 인해 애플과 같은 회사는 재무 기대치를 낮추었다.[7] 시험 준비를 한 후 기업이 왜 항상 사용 가능한 자금을 준비해 놓아야 하는지에 대해 알아보자.

재무통제
기업의 실제 수입과 비용 및 지출을 예산안과 주기적으로 비교하는 과정

시험 준비

- 기업의 전반적인 운영과 성과에 중요한 재무의 기능을 세 가지 말하라.
- 기업이 실패하는 세 가지 주요한 재무적 문제는 무엇인가?
- 단기와 장기재무예측은 어떠한 방식에서 차이가 나는가?
- 기업이 예산안을 준비하는 목적은 무엇인가? 세 가지 다른 형태의 예산안의 차이를 알 수 있는가?

학습목표 17-3 기업이 운영자금을 필요로 하는 이유를 설명할 수 있다.

운영자금의 필요성

기업 활동에 있어 운영자금에 대한 수요는 끊임없이 발생한다. 이 때문에 어떤 기업이든 재무관리 능력을 중요하게 여긴다. 기업의 소요 자금은 개인의 경우와 마찬가지로 시간의 흐름에 따라 그 양이 변한다. 예를 들어, 작은 기업이 성장해나가는 경우 소요 자금이 급격히 변할 수 있다. 파슬리 패치(Parsley Patch)의 고전적인 예를 기억해보라. 페이스북(Facebook), 존슨앤드존슨(Johnson & Johnson), 나이키(Nike) 같은 거대 기업들도 마찬가지이다. 새로운 제품이나 시장에 뛰어들기 위해서는 소요 자금이 증가할 것이며, 다양한 용도에 쓰일 자금이 필요하게 될 것이다. 사실상 모든 조직은 운영에 일정량의 자금이 필요하게 되어 있다. 자금이 필요한 주요 부문은 다음과 같다.

- 일일 사업활동 관리
- 신용활동 통제
- 필요량의 재고 확보
- 자본지출

고객에게 신용매출을 제공해주지 않는 기업은 드물다. 하지만 매출채권을 회수하는 데는 시간이 오래 걸리고 비용이 발생한다는 단점이 있다. 비자(Visa), 마스터카드(MasterCard), 아메리칸 익스프레스(American Express)와 같은 신용카드사를 통하면 판매자 입장에서는 거래를 간소화할 수 있고, 지불이 보장된다. 여러분은 평소에 신용카드로 무엇을 정기적으로 구매하는가?

이제 이러한 자금 수요를 자세히 살펴보고, 이 중 어떠한 것들이 기업에 있어 가장 작은 또는 가장 큰 영향을 미치는지 알아보자.

사업의 일일 소요 관리

만일 직원들의 월급날이 금요일이라면, 지급이 늦어져 월요일까지 기다리고 싶어하는 사람은 아무도 없을 것이다. 세금 납입일이 매달 15일까지라면 정부에서는 시간에 맞춰 납부할 것을 원할 것이고, 대출이자 지급일이 매달 30일이라면 대금업자가 그 다음달 1일까지 기다려주지는 않을 것이다. 이렇듯 일일 사업운영비를 해결하기 위해서는 자금이 필요하다.

재무관리자의 책임은 기업이 미래에 투자할 기회를 박탈하지 않는 동시에 매일매일 필요한 현금을 조달하는 것이다. 돈에는 시간가치라는 것이 있다.[8] 다시 말해, 누군가가 오늘이나 내년에 200달러를 주겠다고 한다면, 여러분은 오늘 200달러를 받는 것이 훨씬 이득일 것이다. 그 이유는 간단하다. 단순히 예금을 통해 이자를 받거나 그 돈을 투자해서 일 년이라는 시간 동안 그 자금을 불릴 수 있기 때문이다. 기업 활동에서도 마찬가지이다. 기업의 투자 활동에서 얻은 이윤은 기업의 가치를 최대화시키는 데 중요하게 쓰인다. 이 때문에 재무관리자들은 기업의 현금지출을 최소화하고 이를 통해 수익성이 있는 계정에 투자할 자금을 확보하려고 하는 것이다. 또한 재무관리자들이 기업의 각종 지급금은 최대한 늦게 지불하도록 하면서(현금 할인이 가능한 경우를 제외하고) 자신들이 받을 것은 최대한 빨리 받으려고 하는 것도 그다지 놀랄 일은 아니다. 이렇게 함으로써 기업 자금의 투자 잠재력을 최대화하는 것이 가능하기 때문이다. 불행히도 자금을 최대한 빨리 회수하는 것은 특별히 어려울 수 있다. 경제가 어려운 시기에는 더욱더 그러하다. 소규모 기업들은 대기업들에 비해 자금조달 능력이 제한적이기 때문에 효율적인 현금관리가 특히 중요하다.[9]

외상매출 관리

재무관리자는 오늘날처럼 경쟁이 심한 사업 환경에서, 외상으로 판매함으로써 기존 고객에게 기쁨을 주고, 새로운 고객을 끌어들인다는 것을 안다. 2008년의 금융위기 기간 동안에 은행들이 신규 자금대출에 소극적이었던 경우처럼, 경제가 어려울 때 고객들에게 신용은 아주 중요하다.

신용판매의 가장 큰 문제점은 25퍼센트 또는 그 이상의 사업자산이 신용매출채권(credit account)에 묶일 수 있다는 것이다. 이것은 기업이 고객에게 외상으로 제품이나 서비스를 판매할 때 이용 가능한 자금의 일부를 사용해야 할 필요가 있다는 것을 의미한다. 이러한 기업의 재무관리자는 효율적인 자금 회수 절차를 개발해야 한다. 예를 들어, 기업들은 약속한 시점에 대금 지불을 한 고객에게는 현금 할인이나 수량 할인을 해주곤 한다. 또한 재무관리자들은 기존 신용판매 고객과 신규 신용판매 고객들이 신용 의무를 제때에 이행한 내역을 가지고 있는지 신중하게 살펴본다.

매출채권을 회수하는 데 걸리는 시간과 비용을 줄이는 한 가지 방법은 마스터카드(MasterCard)나 비자(Visa) 같은 신용카드를 받아들이는 것이다. 이것은 기업이나 소비자에게 모두 편리하다. 기업이 위험을 줄일 수 있도록, 이러한 신용카드를 발행한 은행은 고객의 신용등급을 이미 정해 놓았다. 기업들은 신용매출에 대해 신용카드 수수료를 반드시 지불해야 한다. 그러나 일반적으로 수수료는 신용카드가 제공하는 편익(benefits)을 초과하지는 않는다. 신용카드 수수료를 낮추고 상거래 속도를 높이기 위하여 오늘날 기업들은 애플 페이나 안드로이드 페이와 같은 모바일 결제 시스템을 채택한다.[10] 예를 들어, 식당, 슈퍼마켓, 호텔체인점들은 모바일 결제 시스템에 많은 투자를 하고 있다.[11]

모바일 결제 시스템이 거래를 가속화시키고 간단하게 할 뿐만 아니라 전통적인 신용카드 회사들보다 더 낮은 수수료를 부과하기도 한다.

필요한 재고의 확보

12장에서 강조했듯이 효과적인 마케팅은 철저히 고객 지향적이어야 한다. 고객 지향적이라 함은 기업이 오늘날 살아남고 번창하기 위해서는 고객에게 높은 수준의 서비스를 제공하고 상품이 고객의 수요에 맞춰 적시에 제공될 수 있도록 해야 한다는 뜻이다. 정교하게 고안된 재고정책은 기업의 자금을 운용하고 수익률을 최대화하는 데 도움이 된다. 미주리주의 세인트루이스 시에 소재한 두즐스(Doozle's)라는 동네 아이스크림 가게는 의도적으로 겨울에는 아이스크림의 재고를 낮은 수준으로 유지하여 자금이 재고에 묶이는 것을 피하고자 한다. 이는 당연히 겨울에는 아이스크림의 수요가 적기 때문이다.

적시재고 관리 시스템(JIT; just-in-time, 9장 참조)과 같은 혁신적인 관리 시스템은 기업의 자금이 필요 이상으로 재고자산의 유지에 묶이는 것을 방지해준다. 또한 재고자산회전율(16장 참조) 분석을 통해 불필요한 비용을 최대한 줄여 기업의 재무건전성을 확고히 한다. 기업의 크기와 상관없이 어떤 기업이든 재고자산 관리를 잘못할 경우 자금고갈 현상이 생길 수 있다. '윤리적 의사결정' 글상자를 읽고 건전한 재무관리와 재고관리에 대한 질문에 답해보자.

자본지출

자본지출(capital expenditures)은 토지나 건물, 설비와 같은 유형자산과 특허나 저작권과 같은 무형자산에 대한 주요한 투자이다. 거의 대부분의 기업에 있어 확장을 위하여 토지를 구입하는 것, 생산량을 늘리기 위하여 설비를 늘리는 것, 새로운 제품을 위한 연구에 투자하는 것, 그리고 현 생산량 수준을 높이거나 유지하기 위하여 설비를 구축하는 것이 주요한 투자에 속한다. 새로운 시장으로의 진출은 성공을 보장해주지 않지만, 동시에 많은 비용이 소모될 수 있다. 따라서 기업은 자사의 자원을 어떤 투자에 어떻게 배분하며 그 투자의 다양한 결과를 예측하는 데 노력을 기울여야 한다.

자본지출
토지, 건물, 장비와 같은 유형자산이나 특허, 상표, 지적재산권 같은 무형자산에 대한 주요한 투자

한 예로, 재무관리자는 고객 수요의 증가에 따라 기업이 생산을 늘리기로 결정했을 때, 그것을 위하여 새로이 토지를 구매하고 설비를 지을지, 또는 현존하는 다른 곳의 공

윤리적 의사결정

환자를 위해 약을 주문할 것인가, 환자를 희생시킬 것인가?

당신이 경영학 학위를 취득한 후에 작은 병원에서 병원 관리자로 취직하게 되었다고 가정해보자. 당신은 경영학 학위 취득을 위해 재무 공부를 열심히 했을 것이고 산업의 종류를 막론하고 모든 기업에 있어서 효율적인 현금 관리가 중요하다는 사실을 잘 알고 있다. 현금 관리의 효율성을 높일 수 있는 한 가지 방법은 재고에 묶인 현금의 양을 줄이는, 계획적인 재고통제 시스템을 도입하는 것이다. 재고 관리 비용을 최소화하기 위해 JIT(Just-In-Time) 재고 시스템이 유용하다는 것을 알고 있기 때문이다. 임원 회의에서 당신은 JIT 재고 시스템을 도입하여 약 공급을 관리함으로써 비용을 줄일 수 있으며, 병원의 자금을 대규모로 묶어 두는 고가의 암 치료 약물의 재고를 줄이고 필요할 때마다 주문하자고 제안한다. 회의에 참석한 몇몇 임원들은 이 제안을 긍정적으로 받아들이지만, 병원 암 센터 의사들은 병원의 재정 상황에 집착하다 보면 환자들의 생명과 건강을 망칠 수 있다며 반대한다. 회의 후에, 위원회는 당신에게 결정권을 주겠다고 말한다. 이 상황에서 당신은 어떠한 결론을 낼 것이며, 그 결정이 어떠한 상황을 초래하게 될지 생각해보자.

장을 구입하여 생산에 들어갈지, 아니면 설비를 렌트할 수 있다. 이 상황에서 당신은 어떠한 재무적 및 회계적 고려를 할 수 있을까?

재무관리자들은 운영자금의 필요성에 대하여 몇 가지 질문을 제기한다. 운영자금이나 다른 사업에서 필요로 하는 자금을 어떻게 얻을 수 있을까? 장기나 단기적 차원에서 기업이 특정한 자금을 필요로 할 것인가? 이러한 필요한 자금을 얻는 데에 얼마의 비용(i.e., 이자비용)이 소요될 것인가? 이러한 자금을 내부에서 조달할 것인가, 외부에서 조달할 것인가? 우리는 이러한 질문을 다음에서 살펴볼 것이다.

자금조달의 원천

부채 자금조달
다시 갚아야 하는 모든 빌리는 형태로 조달된 자금

자기자본 자금조달
기업의 소유권을 매각(예를 들어, 주식 매각)하거나 기업 내부적으로(운영을 통해서) 조달된 자금

단기 자금조달
1년 이내에 상환될 대출 자금

장기 자금조달
1년 이상의 특정 기간을 넘어 상환될 대출 자금(보통 2년에서 10년)

이 장의 앞부분에서 재무는 기업에 있어 자금을 조달하고 또 그 자금을 관리하는 기능이라고 정의했다. 철저한 재무관리는 얼마만큼의 자금이 필요한지, 그 자금을 어디서 어떤 방식으로 모을 것인지에 대한 결정을 내린다. 기업은 필요한 자금을 모으기 위해 돈을 빌리거나(debt) 자사의 소유권을 팔거나(equity), 또는 영업활동을 통해 이익잉여금(retained earnings)을 늘림으로써 그 목적을 달성할 수 있다. **부채 자금조달(debt financing)**은 필요한 자금을 여러 가지 방법으로 빌려와 자금을 모으는 방법이며, **자기자본 자금조달(equity financing)**은 기업 내에서 스스로 자본을 조달하거나 주식을 발행하고 판매함으로써 자금을 모으는 방법이다. 기업이 자금을 빌릴 때는 **단기 자금조달(short term financing)** 또는 **장기 자금조달(long term financing)**의 형태로 빌린다. 단기 자금조달이란 1년 이내에 만기가 도래하는 자금을 빌리는 것이며, 장기 자금조달이

그림 17.5 **기업이 자금이 필요한 이유**

단기 자금	장기 자금
월별 비용 지급	신상품 개발
긴급 상황 대비	장비 및 시설 교체
현금흐름의 문제	인수 또는 합병
현재 재고 수준의 증가	새로운 시장 진출(국내 또는 해외)
임시 홍보 프로그램	새로운 시설 건축

란 1년 이후에(보통 2~10년) 만기가 도래하는 자금을 빌리는 것이다. 그림 17.5는 기업이 단기 자금과 장기 자금을 필요로 하는 이유를 보여준다.

우리는 다음 절에서 단기와 장기 자금의 조달 원천에 대해 살펴볼 것이다. 시험 준비를 통해 여러분의 이해도를 점검해보자.

시험 준비

- 화폐는 시간가치를 갖고 있다. 이것이 의미하는 바는 무엇인가?
- 왜 매출채권이 기업에 재무적으로 중요한가?
- 기업이 재고와 자본지출에 상당량의 자금을 지출하는 주요한 이유는 무엇인가?
- 부채자금조달과 자기자본 자금조달의 차이는 무엇인가?

학습목표 17-4 단기 자금조달의 원천을 규명하고 설명할 수 있다.

단기 자금조달

재무관리자의 업무 중 대부분은 자금의 단기조달에 관한 것이다. 특히 중소기업 같은 경우 장기조달은 주요 고려 대상이 아니다. 따라서 추가적인 재고 확보를 위하여 또는 예정에 없이 일찍 만기가 도래하는 단기 채무를 변제하는 데 소요될 자금을 마련하기 위하여 일상 업무에서의 단기 자금조달을 관리하는 것이 재무관리자의 주업무이다. 그밖에도 흔히 그러하듯이 현금 보유고가 적을 때에도 기업은 단기차입을 한다. 특히 개인과 마찬가지로 중소기업은 현금 보유액이 적을 때 단기 자금을 가지고 있으려 한다. 이것이 어떠한 방법으로 이루어지는지 살펴보자.

신용거래

신용거래(trade credit)는 지금 재화나 서비스를 구매하고 나중에 지불하는 관행이다. 단기 자금조달의 방법으로 가장 널리 쓰이는 신용거래(매입채무)는 가장 싸면서 동시에 가장 편리한 형태이다. 중소기업뿐만 아니라 타겟(Target)이나 메이시스(Macy's) 같은 대기업들 역시 UPS(United Parcel Service)와 같은 기업과의 신용거래에 크게 의존한다. 이렇게 기업이 신용거래를 하고 나면 마치 우리가 신용카드를 쓰고 받는 영수증과 비슷한 청구서를 발급받게 되는데, 기업이 수령하는 청구서의 지급 기한은 일상생활에서 우리가 접하는 것과는 많이 다르다.

신용거래
지금 재화나 서비스를 구매하고 나중에 지불하는 행위

기업이 발급받는 송장(invoice)에는 2/10, net 30 형식의 조건이 적혀 있다. 이는 어음의 만기가 30일이나 첫 10일 이내에 어음을 지급하면 2퍼센트를 할인받을 수 있다는 뜻이다. 재무관리자들은 기업의 비용을 감소할 기회를 잡기 위하여 이러한 할인에 주목한다. 생각해보자. 조건이 2/10, net 30일 경우 10일 이내에 지급하여 2%를 할인 받을 수 있음에도 불구하고, 10일이 지난 후 추가적인 20일을 소모함으로써 결국 2%를 추가로 지불하는 셈이 되어 쓸데없이 비용을 늘리는 것이 된다.

보통 공급업자들은 신용이 불량하거나 신용거래를 해본 적이 없거나 대금 지불을 늦

많이 가지고 있더라도 더 갖고 싶은 것 중 하나가 현금이다. 재무관리자는 기업의 일일 재무적 수요를 충족시킬 만큼의 충분한 현금이 있는지, 또한 미래의 투자에 쓰일 현금이 충분히 있는지를 확실하게 해야 한다. 돈에도 시간가치가 있다는 말은 무슨 뜻일까?

약속어음
한정된 시간 안에 특정한 금액의 돈을 자금공급자에게 지불할 것을 약속하는 계약

게 한 전례가 있는 기업들과의 신용거래는 피하려 한다. 그래도 신용거래를 할 경우에 공급업자는 거래 상대방에게 약속어음의 발행을 요구할 수 있다. **약속어음**(promissory note)이란 특정 기일 내에 약속된 금액을 지불하겠다는 문서화된 협약으로서, 공식적인 대출계약만큼 엄격하지는 않으며, 협상이 가능하다. 이 약속어음을 공급업자는 은행에 할인된 금액으로(은행에 지불되는 수수료) 판매해 대금을 미리 수령할 수도 있다.

가족과 친구들

16장에서 살펴본 바와 같이, 기업은 때로 별다른 자금조달의 원천이 없는 상태에서도 거래처에 대금을 지급해야 하는 상황에 처하기도 한다. 중소기업에 있어 가족이나 친구는 단기자금의 조달에 있어 주요한 원천이 된다. 하지만 기업이 자사의 현금흐름을 잘 파악하지 못할 경우 이렇게 여러 사람에게 빌린 자금은 기업에 여러 문제들을 야기할 수 있다. 따라서 주위의 사람들보다는 사업의 위험을 이해하고 또 기업의 미래 자금수요를 분석하는 데 도움을 줄 수 있는 은행에서 자금을 조달받는 것이 더 현명하다.[12]

기업인들은 이 조언을 경청하고 있는 것으로 보인다. 전국독립기업협회(National Federation of Independent Business)에 의하면, 이러한 사실 때문에 최근 들어 대부분의 기업가들은 자금을 조달하는 데 가족이나 친구에게 과거보다는 덜 의존하고 있다고 한다.[13] 만일 기업인이 가족이나 친구에게 자금적 도움을 요청할 경우, 양자가 (1) 구체적인 대출 조건에 대해 합의하고, (2) 이를 문서로 남기며, (3) 은행에서 빌렸을 경우에 적용될 상환방식을 도입하는 것이 중요하다. 이는 가족 관계와 우정을 지키는 데 도움이 될 것이다.

상업은행

은행은 위험에 민감하기 때문에 규모가 크고 사업의 기틀이 잡힌 기업에 대출해 주는 것을 선호한다. 여러 유형의 사업자들이 은행에서 자금을 대출받는 것에 대하여 생각해보면, 재무관리의 역할에 대해 더 많이 이해할 수 있을 것이다. 한 예로 농부가 작물을 키우는 데 필요한 씨앗과 농기구 등을 사기 위하여 은행에서 자금을 차입할 경우 봄에 차입하여 농사를 짓고 농작물을 수확한 가을에 은행에 돈을 상환할 것이다. 반면에 크리스마스가 대목인 장난감 가게는 여름이나 가을쯤에 은행으로부터 자금을 차입하여 상품들을 구입한 후 크리스마스 때 판매하고 생긴 자금으로 은행에 차입금을 상환할 것이다. 음식점의 경우 월초에 대출을 하고 월말에 상환한다.

여러분이 기념일에 어마하게 소비하는 선물들을 판매하기 위해 소매점들이 어떻게 이 모든 재고들을 쌓아두는지 생각해본 적이 있는가? 백화점이나 많은 대형 소매점들은 재고를 선반을 채워놓기 위해서 상업은행과 다른 대출기관으로부터 자금을 차입한다. 이러한 자금조달 방법을 통해서 소매점들은 어떠한 이점을 갖는가?

기업이 얼마동안 얼마를 대출하는지, 그리고 대출로 구매한 상품을 얼마나 빨리 재판매할지 또는 자금을 확보할지는 기업이 어떤 사업을 하느냐에 따라 다르다. 대기업의 경우 재무와 회계 부서의 관리자가 현금흐름을 분석하고 전망한다. 하지만 소규모의 기업은 이러한 전문가를 둘만한 여력이 없기에 경영자가 직접 이것을 해야 하는 경우가 많다.

어려운 경제위기의 시기에는 튼튼한 중소기업이라 할지라도 사실상 은행 대출을 받기가 어려울 수 있다. 이것은 은행 대출이 거의 사라졌던 2008년 금융위기 시기에 확인된 사례였다. 경기 침체가 끝난 후에도 중소기업 대출은 미미하게 개선되었지만, 소폭에 그쳤다.[14] 중소기업이 중요하게 지켜야 할 사항은 경영자 또는 재무관리자가 은행과 긴밀하게 소통하고 항상 최신의 재무제표를 은행에 송부하는 것이다. 은행은 기업의 현금흐름의 문제점을 초기에 알려줄 수도 있으며, 어려움이 낙쳤을 때 그 경영자가 신뢰와 건전한 경영에 기초하여 긴밀한 관계를 유지하여 왔다면 은행은 추가 자금을 기꺼이 빌려주려고 할 것이기 때문이다.

단기대출의 다른 형태

상업은행은 고객들에게 다양한 형태의 자금을 대여해준다. **담보대출**(secured loan)이란 부동산 같은 시중에서 가치가 있는 자산을 담보(collateral)로 잡은 대출금이다. 채무자가 대출금을 제때에 갚지 못할 경우 은행은 그 담보를 대가로 가져간다. 한 예로 자동차 대출을 들 수 있다. 채무자가 돈을 제때에 상환하지 못할 경우 은행은 그 자동차를 압류한다. 석탄, 구리 그리고 철광석 같은 원자재 재고는 대출 시 담보가 되기도 한다. 결국 담보는 대출을 해준 은행의 일부 위험 손실을 줄인다.

담보대출
부동산 같은 값어치 있는 것에 의해 보증된 대출

담보부공채는 가치가 있는 유형물을 담보로 한다. 자동차 구입 자금 대출은 자동차를 담보물로 하는 일종의 담보부공채이다. 그렇다면 주택 담보대출의 담보물은 무엇일까?

외상매출채권(accounts receivable)은 대여금의 담보로 자주 쓰이며, 이러한 절차를 담보잡기(pledging)라 부른다. 외상매출채권이 생기면 외상매출채권의 대부분(주로 75%)에 대한 자금을 사업자가 미리 은행에서 받으며, 매출채권에 대한 회수가 일어나면 그 돈은 바로 은행에서 미리 받은 돈에 대해 변상이 이루어진다.

은행으로부터 지급받기 다소 어려운 대여금의 형태는 **무담보대출**(unsecured loan)이다. 이것은 대출기관으로부터 그 어떤 담보도 요구되지 않으므로 주로 신용도가 높고 오랜 기간 거래를 한 사업자에게만 제공이 된다.

무담보대출
어떠한 특정 자산에 의해 보증되지 않은 대출

신용공여한도
언제든지 이용 가능한, 은행이 기업에 대출해줄 무담보 단기 자금의 정해진 금액

회전신용약정
은행으로부터 보증된 신용공여한도

상업금융기업
유형자산을 담보로 제공하는 대출자에게 단기 대출을 해주는 기업

한 사업체가 은행과 탄탄한 신용 관계를 쌓았을 경우 은행은 그 기업에 **신용공여한도**(line of credit)를 제공하기도 한다. 신용공여한도란 은행이 충분한 자금을 보유하고 있을 때 사업체에 특정 한도까지의 무담보대출을 해준다는 뜻이다. 신용공여한도가 반드시 보장되는 것은 아니다. 따라서 신용공여한도는 특정 기업이 은행으로부터 대출받는 복잡한 절차를 단순히 하여 그에 따른 시간과 비용을 줄여주며, 또 보통은 은행이 설정해준 한도 내에서 기업이 대출을 요구할 경우 대부분 받아들여진다.[15] 사업이 성장하고 규모가 커지면서 신용공여한도는 증가한다. 그에 따라 어떤 기업들은 신용공여한도가 보장된 형태인 **회전신용약정**(revolving credit agreement)을 적용받기도 한다. 하지만 은행은 보통 회전신용약정에 대해 수수료를 부과한다. 신용공여한도와 회전신용약정은 뜻하지 않게 자금이 필요한 경우 매우 유용하다.

사업자들이 은행으로부터 단기대여금을 지급받을 수 없을 때는 불가피하게 유형자산을 담보로 요구하는 **상업금융기업**(commercial finance companies)으로부터 단기대여금을 지급받는다. 예금 기능이 없는 상업금융기업은 건물이나 설비와 같은 유형자산을 담보로 제공하는 고객들에게 자금을 빌려주면서 시중 은행보다 높은 이자율을 부과한다. 그 이유는 상업금융기업이 은행보다 더 높은 위험을 감수하기 때문이다. '중소기업 스포트라이트' 글상자에서 중소 규모 기업이 단기 자금 조달을 확보하고 비즈니스에 가장 적합한 옵션을 선택하면서 직면하게 되는 문제를 살펴보자.

외상매출채권의 팩토링(Factoring Accounts Receivable)

팩토링
매출채권을 현금으로 매각하는 과정

기업에 있어 상대적으로 조달비용이 비싼 단기 자금조달의 원천으로 **팩토링**(factoring)을 들 수 있는데 이는 기업이 보유하고 있는 매출채권을 매도하는 것이다. 팩토링의 기원은 4,000년 전인 고대 바빌론 시대로까지 거슬러 올라간다. 팩토링이 어떻게 이루어지는지를 알아보자. 기업이 제조한 제품을 외상으로 소비자나 다른 기업에 판매하게 되면 외상매출금이 생기게 된다. 어떤 구매자들은 외상대금을 늦게 상환하여 회사에 큰 금액의 빚을 지기도 한다. 이때 팩터(factor)란 기업의 외상매출금을 할인하여 현금으로 구매하는 데 동의하는 시장 중개기관(보통 금융기관 또는 상업은행)을 말한다.[16] 할인의 조건은 외상으로 판매한 시점부터 현재까지의 기간, 사업의 특성과 경제 상황 등에 따라 달라진다. 결국 시장 중개기관은 구매자로부터 외상 대금 전액을 지급받거나 또는 수수

중소기업 스포트라이트

회사를 살릴 것인가, 무덤을 팔 것인가?

ondeck.com

자본을 확보하는 것은 중소기업을 시작하고 확장하는 데 있어 생명을 유지하는 데 필요한 피와 같은 존재이다. 기업가는 수백만 달러의 아이디어를 현실로 만들기 위해 돈이 필요하다.

불행히도, 많은 중소기업이 전통적인 은행 또는 중소기업 특별 대출을 받을 자격이 없기 때문에 중소기업은 생존을 위해 종종 고군분투한다. 이에 따라 많은 기업가는 팩터링이나 신용카드와 같은 고비용을 지불하는 자원을 통해 자금 조달을 모색해야 한다. 또한, 미용실, 제과점 및 기타 소규모 사업체의 많은 소유자가 자금 조달 창구로 온라인 대출 기관을 찾고 있다.

이러한 자금 제공자는 손쉬운 대출을 약속하지만, 엄청나게 높은 대출 이자율에 대해서는 먼저 명확한 정보를 제공하지는 않는다.

온라인 대출의 가장 큰 업체로는 우리에게 잘 알려진 페이팔 홀딩스(PayPal Holdings), 아마존(Amazon.com Inc.), 그리고 스퀘어(Square Inc.)가 있다.

이러한 회사는 전자상거래 또는 지불 플랫폼을 통해 수집된 데이터를 사용하여 중소기업 대출을 제공할지와 대출의 조건을 결정한다.

상위 5개 디지털 플랫폼 대출 기관의 대출은 2019년에 135억 달러로 성장했으며, 거의 1/3의 중소기업이 대출을 신청했다. 많은 대출 기관들이 수수료를 공개하지 않지만, OnDeck Capital은 예외적으로 9%에서 98.3%까지의 연간 수수료를 공개하였다. 이는 미국 중소기업청이 차입 기업에 제공하는 연 7%의 장기 대출과 비교된다.

온라인 대출 기관은 신용 확인 없이도 바로 현금 대출이 가능하다고 약속하면서 중소기업에 적극적으로 접근한다. 하지만 문제는 대출의 대부분이 복잡한 구조라는 점이다. 예를 들어, 상인 현금 서비스를 통해 대출 기관은 때때로 매일 차입자의 은행 계좌에서 선이자를 떼어 내는 방식이다.

이 방법으로 Johnathon Bush는 시카고에 있던 그의 베이커리샵을 날려 먹었다. 그의 대출 기관은 그의 은행 계좌에서 하루 450달러를 인출했는데, 이는 그의 일 매출 600달러의 대부분이었다.

연방공정거래위원회는 온라인 대출 기관의 기만적인 관행을 조사하겠다고 약속했지만, 현재까지 차입자들을 보호하기 위한 규정은 아직 마련되지 않았다. 온라인 대출이 중소기업의 자금 수요를 악용하며 챙기는 기만적인 행태에 대해 가장 좋은 조언은 조심하는 것이다. 어떤 것이 사실이라고 믿기에 너무 좋게 들린다면 그것은 아마도 기만적인 대출일 것이다.

출처: Yuka Hayashi, "Small Firms Rush to Online Loans,"The Wall Street Journal, December 31, 2019; Becky Yerak, "Online Lenders Offer Quick Funds Source," The Wall Street Journal, May 15, 2019; Brock Blake, "It's Time for Online Lending to Live Up to Its Name," Forbes, forbes.com, January 28, 2020; Neer Varshney, "Amazon Testing Online Platform to Let Merchants Shop for Loans," Yahoo! Finance, finance.yahoo.com, February 3, 2020.

료를 받게 된다.

팩토링의 할인율은 일반적으로 은행의 대출이자율보다 높다. 그러므로 팩토링은 중소기업에 비싼 자금조달의 방안이기는 하나, 중소기업의 경우 은행으로부터 대출을 받기가 쉽지가 않다는 점을 감안하면 팩토링은 중소기업이 자주 활용하는 자금조달법이다. 외상매출대금을 기한보다 늦게 시장 중개기관에 갚음으로써 발생하는 비용이나, 구매자의 부도와 관련하여 발생하는 비용을 기업이 부담하겠다고 약정함으로써 팩토링의 비용을 낮추기도 한다. 팩토링은 대출이 아닌 기업의 자산(외상매출금)을 판매하는 것임을 기억해야 한다. 팩토링은 미국의 기업들 간의 또는 다국적 기업의 벤처에서도 그 활용이 확대되는 추세이다.

기업어음

기업 어음은 몇 개월 동안 자금이 필요한 대기업이 은행과 결제 조건에 대해 특별히 협상할 필요가 없이 이용할 수 있는 일종의 단기 자금 조달 방법이다. **기업어음(commercial paper)**은 무담보 약속어음으로서 보통 그 만기 기간이 270일 이하이며, 액면금액은 10만 달러 이상이다. 어음 지불 날짜와 이자율은 계약 과정에서 정해진다. 하지만 기업어음은 무담보 어음이기에 규모가 크고 재무 상태가 매우 건전한 기업들만

기업어음
액면금액이 10만 달러 이상이고, 만기가 270일 이하인 무담보 약속어음

발행할 수 있다.

기업어음은 시중은행이 적용하는 금리보다 낮은 이자에 단기자본을 확보할 수 있는 지름길이 될 수 있다. 대부분의 기업어음의 만기일은 30일에서 90일 사이이기 때문에 단기간에 자신이 투자한 자금에 대한 이자 수익을 올리고 싶은 투자자들에게 기업어음은 좋은 투자 대상이 된다.

신용카드

연방준비제도이사회(Fed)의 설문에 따르면 전통적인 기업 대출을 신청하는 대부분의 기업이 거부된다. 소기업의 80%가 거부되는 것으로 추정된다.[17] 이것이 많은 기업이 신용카드를 통한 단기 자금 조달에 눈을 돌리는 이유이다. 신용카드는 즉시 사용 가능한 신용한도를 제공함으로써 시간을 절약하고 은행 대출이 거부되는 당혹감을 피할 수 있다.[18] 미국 중소기업협회(National Small Business Association)에 따르면, 3분의 1가량의 중소기업은 신용카드를 통하여 자금을 조달한다. 많은 기업이 자금 조달을 위해 신용카드로 눈을 돌리고 있지만, 신용카드는 매우 위험하고 비용이 많이 들 수 있다.[19] 신용카드개혁법(The Credit Card Responsibility Accountability and Disclosure Act)이 제정된 이후로, 소비자가 부담하는 이자율이 낮아지고 신용카드사의 횡포로부터 소비자를 보호할 수 있게 되었다. 그러나 불행하게도 소기업 및 법인카드의 이자율은 해당 법의 적용을 받지 못했다. 그렇기 때문에 여러 신용카드가 제공하는 위약금과 특전을 이해하는 것이 중요하다.[20] 일부 신용카드 특전은 중소기업을 계속 운영하는 데 도움이 될 수 있다. 예를 들어, 크리스티나 스템벨(Christina Stembel)은 전자상거래 회사인 팜걸 플라워즈(Farmgirl Flowers)에 달러를 다시 넣어 주는 캐시백 카드를 사용했다. 그녀는 캐쉬백 자금을 사용하여 마케팅 예산을 늘렸다.[21] 현재 그녀는 3천만 달러 규모의 사업을 운영하고 있다. 하지만 여전히, 신용카드 거래로 자금을 확보하는 것은 높은 자금조달 비용의 방안이므로 매우 신중하게 사용되어야 할 것이다. 시험 준비 이후에 장기 자금조달 방법에 대하여 알아보자.

시험 준비

- 2/10, net 30은 무엇을 의미하는가?
- 신용거래와 은행의 신용공여한도의 차이점은 무엇인가?
- 보증된 대출과 보증되지 않은 대출의 차이점은 무엇인가?
- 팩토링이란 무엇인가? 팩토링에서 할인율을 정할 때 고려 사항은 무엇인가?

학습목표 17-5 장기 자금조달의 원천을 규명하고 설명할 수 있다.

장기 자금조달

예측은 기업의 재무계획 수립에 도움을 준다. 이러한 계획은 오랜 기간에 걸쳐 기업에 필요한 자금의 양과 그러한 자금을 조달할 수 있는 가장 적절한 원천을 결정해준다. 장기 자금조달 목표를 세울 때, 일반적으로 재무관리자는 다음 세 가지를 염두에 둔다.

1. 조직의 장기 목표와 목적이 무엇인가?
2. 장기 목표와 목적을 달성하는 데 있어 재무적으로 어떠한 것들이 필요한가?
3. 장기 자본의 원천으로 가능한 것으로는 어떤 것들이 있으며, 어느 것이 우리에게 가장 적합한가?

장기 자본은 설비나 장비 같은 값비싼 자산을 구매하거나, 신상품을 개발하거나, 조직의 자본을 확충할 때 사용된다. 대기업에서 장기 자금조달과 관련된 의사결정을 할 때 이사회와 최고경영자는 물론 재무관리자와 회계관리사들도 참여한다. 대규모 제약 기업인 머크(Merck)를 예로 들어보자. 머크는 신상품 연구와 개발에 매년 98억 달러 넘게 사용한다.[22] 실제로 혁신적인 약품이 개발되어 시장에 소개되기까지 10년이라는 기간이 소요되고, 약 20억 달러가 지출된다.[23] 더불어 머크가 의약품에 대하여 인증받은 특허는 20년이 지나야 만료된다. 이를 통해 머크의 장기 자금조달 의사결정에 왜 높은 직급의 사람들이 포함되는지를 쉽게 알 수 있다. 그래서 중소기업 소유자들도 기업에 영향을 미칠 수 있는 장기 자금조달 기회를 분석하는 데 항상 적극적이다.

앞에서 언급했듯이, 장기 자금조달은 채권금융과 자기자본조달의 두 가지 주요한 형태로 이루어진다. 이제 이 두 가지 장기 자금조달의 원천에 대해서 살펴보도록 하자.

차관 계약
차입자가 특정 조건의 분할납입 형태로 상환해야 하는 약속어음

위험과 수익의 절충 관계
차입자가 고위험일수록 고금리를 받는 원리

채권금융

채권금융(debt financing)은 기업이 법적으로 상환할 의무를 가지고 돈을 빌리는 것을 뜻한다. 기업은 여신기관으로부터 대출을 받거나 채권을 발행함으로써 자금을 조달할 수 있다.

메이저리그 야구(Major League Baseball)는 매우 큰 사업이다. 새로운 경기장을 지으려면 많은 돈이 필요하다. 세인트 루이스(St. Louis)에 근거지를 두고 있는 카디널스(Cardinals) 야구팀은 낡은 경기장을 최신식으로 다시 짓기 위해 지역사회에 도움을 요청했다. 이에 세인트 루이스시는 채권을 발행해 카디널스의 새로운 경기장 건축자금을 후원했다. 여러분의 지역사회에서 채권을 발행한 단체가 있는가? 있다면 그 발행 목적은 무엇이었는가?

여신기관에 의한 채권금융 장기대출은 3년에서 7년 사이에 상환되기도 하고 15년이나 20년까지 확장되기도 한다. **차관 계약**(term-loan agreement)이란 차입자가 특정 조건의 분할납입 형태로 상환할 것을 요구하는 약속어음이다. 이러한 형태의 자금조달의 주요 이점은 장기대출에 지불된 이자는 세금 감면 혜택을 받는다는 것이다.

장기대출은 단기대출보다 더 많은 금액을 조달할 수 있기 때문에 일반적으로 단기대출보다 대출금리가 더 높다. 또한 상환 기간이 길기 때문에 대부자가 빌려준 자금을 모두 상환받을 수 있는지에 대한 불확실성이 존재한다. 따라서 대부분의 장기대출은 부동산, 기계, 장비, 기업 주식 등 가치 있는 것을 담보로 요구한다. 또한 대금업자는 기업의 사업 수행에 대해 책임을 이행할 것을 강요하는 특정한 제재들을 가하기도 한다. 장기대출의 이자율은 담보의 타당성, 기업의 신용등급, 시장 이자율 수준에 따라 정해진다. 위험이 크다고 판단되는 대출일수록 대부자는 더 높은 이자율을 요구한다. 이러한 원리를 **위험과 수익의 절충(risk/return trade-off) 관계**라 한다.

계약 조건
채권 발행조건

채권 발행에 의한 채권금융 은행과 같은 여신기관으로부터 장기대출을 받지 못한 기업은 채권을 발행하려 할 것이다. 간단히 말해서, 채권은 특정 날짜에 빌린 만큼의 돈과 이자를 상환하겠다고 약속하는 약식 차용증서(IOU)라고 할 수 있다. 채권 발행에 합의하는 특정 조건들을 **계약 조건**(indenture terms)이라고 한다(18장에서 상세하게 다룰 것이다). 채권을 발행할 수 있는 기관은 연방정부, 주정부, 지방정부, 연방정부기관, 외국정부, 기업 등이다.

여러분은 채권에 대해 알고 있을지도 모른다. 예를 들어, 여러분은 미국 정부가 발행한 저축 채권을 소유하고 있거나 지역 학교 학군이 채권 발행의 인가를 받을 수 있도록 자원봉사를 했을 수도 있다. 지역사회가 새로운 경기장이나 문화센터를 짓기 위해 채권을 발행할 수도 있다.[24] 채권 발행 시 기업과 정부는 자금조달을 위한 경쟁을 한다. 채권의 잠재적인 투자자(개인과 기관)는 기업이 지불하기로 한 수익(이자) 대비 채권 구매에 따른 위험이 어느 정도인지 확인하고, 기업의 상환 능력을 측정한다.

보증 채권
담보가 존재하는 채권

무보증 채권
발행자의 신용에 전적으로 의지해 발행되는 채권

다른 장기 부채와 마찬가지로 채권 또한 보증일 수 있고, 무보증일 수 있다. **보증 채권**(secured bond)은 부동산, 장비 등 자산을 담보로 발행된다. 만약 채권의 계약 조건이 위반되면(예를 들어, 이자를 상환하지 않는다면) 채권자는 담보에 대한 소유권을 주장할 수 있다. **무보증 채권**(unsecured bond)은 발행자의 신용에만 의존해서 발행되는 채권이다. 이러한 채권의 투자자들은 채권을 발행한 기업이 상환 조건을 잘 이행할 것이라고 믿는다.

채권은 많은 정부와 기업들이 장기자금을 조달할 수 있는 핵심 수단이다. 채권은 또한 개인 투자자나 기관에 가치 있는 투자 수단이 될 수 있다. 채권에 대해서는 18장에서 더 자세히 알아보기로 하자.

자기자본 조달

기업이 대출기관으로부터 장기대출을 받을 수 없거나 채권을 발행할 수 없을 때, 기업은 자기자본 조달을 통해 장기자금을 조달하는 방안을 고려할 수 있다. 자기자본 조달은 주식의 형태로 기업의 소유권을 판매하거나 사업에 재투자하기 위해 유보한 이익금(유보이익)을 사용하는 것을 포함한다. 기업은 또한 벤처 투자자들에게 기업의 소유권을 판매하여 자기자본을 조달할 수 있다.

주식 판매를 통한 자기자본 조달 주식에 대하여 기억해야 할 중요한 점은 주식 구매자들이 기업의 소유자가 된다는 것이다. 구매 가능한 주식의 수량은 일반적으로 기업의 이사회에 의해 결정된다. 기업의 주식을 공모로 판매하기 위해 기업이 처음으로 주식을 판매하기로 하는 것을 기업공개(IPO)라고 한다. 자금을 얻기 위해 대중에게 주식을 판매하는 것은 결코 쉽지 않으며, 자동으로 이루어지지도 않는다. 미국 기업들은 증권거래위원회(SEC)뿐만 아니라 다양한 주 기관들이 정해놓은 요구 조건을 충족시킬 때만 공모를 통해 주식을 발행할 수 있다. 기업들은 보통주와 우선주의 서로 다른 종류 주식을 발행할 수 있다. 기업공개와 보통주 및 우선주에 대해서는 18장에서 좀 더 깊이 다룰 것이다.

넬슨(Nelson)과 리사 네이어(Lisa Neyer)는 강아지 훈련 회사인 바크 버스터즈(Bark Bursters)로부터 프랜차이즈를 구입하기 위해 은퇴 저축금으로 85,500달러를 현금화했다. 리사는 사업이 잘 되어가고 있을 때인 4년이 지나서야 그녀의 아버지에게 그 거래에 대해 말했다. 이 재무전략은 왜 위험한가?

유보 이익을 통한 자기자본 조달 16장에서 기업이 재투자에 사용하기 위해 보관하는 수익을 유보이익이라고 배웠다. 유보 이익(retained earnings)은 대기업들과 달리 채권 및 주식 발행 등의 제한된 자금조달 방안만을 지닌 중소기업들이 장기자금을 조달할 수 있는 주요 원천이다. 그러나 대기업들도 필요한 장기 자금조달을 위해 유보 이익에 의존하기도 한다. 실제로 유보 이익을 이용하면 이자 지급, 배당금(주식 투자에 대한 보상), 채권 및 주식 발행 비용 등을 절약할 수 있기 때문에 장기 자금조달 시 가장 선호된다. 유보 이익을 사용하면 주식을 발행할 때와 같이 새로운 소유권이 생성되지도 않는다.

만약 여러분이 자동차와 같이 비싼 개인 자산을 사고 싶은 경우에 어떻게 할까? 가장 이상적인 방법은 여러분의 개인 저축 계좌에서 필요한 현금을 인출하는 것이다. 어려움도 이자도 없다. 하지만 불행히도 그렇게 큰 현금을 가지고 있는 사람은 많지 않다. 기업도 마찬가지이다. 기업 운영을 통해서 장기자금을 조달하고 싶지만, 그렇게 할 수 있는 자원을 지닌 기업은 많지 않다.

벤처 자본을 통한 자기자본 조달 사업의 초창기나 확장의 초기 단계는 기업이 자금을 조달하기 가장 어려운 시기이다. 막 사업을 시작한 기업은 일반적으로 적은 자산을 가지고 있으며, 시장 성과 기록도 없다. 그러므로 은행이나 다른 대출기관에서 충분한 자금을 빌릴 수 있는 가능성은 매우 낮다. **벤처 자본(venture capital)**은 성장 가능성이 높다고 판단되는 신생 기업에 일부 투자자들(벤처 투자자들)이 투자하는 자본이다. 벤처 자본은 인텔(Intel), 애플, 시스코 시스템즈(Cisco Systems), 우버(Uber)와 같은 기업들이 사업을 시작할 수 있게 도와주었고, 페이스북과 구글이 확장 및 성장을 하는 것을 도왔다. 벤처 투자자들은 기업에 대한 소유권 일부와 경영권의 일부를 대가로 받고 투자를 한다. 그들은 평균 이상의 수익률을 기대하며, 그들의 투자에 대한 유능한 운용 성과를 원한다.[25)]

벤처 자본
성장 가능성이 높다고 판단되는 신생 기업에 투자하는 자본

벤처 자본 산업은 처음에는 부유한 집안들의 대안 투자 수단으로 시작되었다. 예를 들면, 록펠러(Rockefeller) 집안(이 막대한 부는 19세기에 창업한 존 록펠러 스탠더드 오일기업으로부터 이루어졌다)은 샌포드 맥도넬(Sanford McDonnell)의 비행격납고 운영사업에 자금을 지원했다. 이 작은 벤처가 항공과 국방 부문 하청업체인 맥도넬 더글러스(McDonnell Douglas) 사로 이어졌고, 이 회사는 1997년 보잉(Boeing Corporation)사와 합병했다. 벤처 자본 산업은 1990년대에 캘리포니아의 실리콘 밸리와 같이 최첨단 기술센터들이 집중되어 있는 곳을 중심으로 급속도로 성장했으며, 벤처 자본가들은 인터넷 관련 업체들에 우선적으로 투자했다. 그러나 2000년대 초기에 기술 산업의 문제점과 경제의 둔화로 벤처 자본 지출이 큰 폭으로 감소하였다. 2008년 금융위기로 인해 벤처 캐피털의 투자가 최저 수준으로 떨어졌고 2013년까지 회복되지 않았다. 오늘날 벤처

중소기업 스포트라이트 창업자 어깨 위의 천사

Angel.co

아무리 잠재력이 뛰어난 아이디어라도, 사업을 시작할 종잣돈이 없다면, 사업은 수포가 되기 십상이다. 이처럼 뛰어난 사업 아이템들이 수포가 되지 않기 위해 벤처 투자가인 나발 라비칸트(Naval Ravikant)가 앤젤리스트(AngelList)를 설립하였다. 엔젤리스트는 본래 스타트업 기업가들에게 엔젤 투자에 대해 가르치기 위해 설립되었다(6장 참고).

하지만, 머지않아 스타트업 기업가들이 기업의 성장과 관련하여 벤처 투자자들의 도움을 받을 수 있는 네트워크로 성장하였다. 초기에 엔젤리스트는 스타트업 기업들이 일반적으로 필요로 하는 대규모 투자자본이 아닌 소액 대출을 제공했다. 이에 라비칸트는 엔젤리스트의 거액 투자자가 자금을 하나의 '신디케이트'에 모으자는 혁신적인 방법을 제안하였다. 이로써 새로운 창업에 거액 투자자들의 관심을 조직적으로 측정하여 선정된 스타트업에 더 많은 초기 투자금을 제공할 수 있게 되었다.

아블로크 콜리(Avlok Kohli) 신임 CEO는 엔젤리스트가 현재 수천 명의 개인 투자자들을 관리하고 있으며, 200개 이상의 벤처기업들을 유치하고 있다고 말했다. 현재 엔젤리스트는 18억 달러의 경영권을 보유하고 있으며, 3,600개의 기업에 11억 달러 이상의 투자금을 분배하였다고 보도되었다. 엔젤리스트가 성장하면서 최고경영자인 콜리는 회사가 10년 전에 선포했던 임무를 수행하면서 신생 기업이 훌륭한 회사가 되는 데 방해가 되는 문제를 줄여 나갈 것이라고 약속했다.

출처: Debroop Roy, "Having Invested in over 30 Startups, This Is What Keeps This Angel Investor on His Toes," Entrepreneur, entrepreneur.com, January 17, 2020; Alex Conrad, "Angel List Launches 'Rolling Venture Fund' in Bid to Make Fundraising Easier for New VCs," Forbes, forbes.com, February 5, 2020; Avlok Kohli, "Introducing Rolling Venture Funds," Angel List, angel.co, February 5, 2020.

캐피털은 2020년 현재 1,000억 달러 이상을 투자하여 다시 증가하고 있다.[27] '중소기업 스포트라이트' 글상자에서는 새로운 투자 유치를 지원하는 혁신적인 벤처 캐피털 회사에 대해 이야기한다.

타인자본 조달과 자기자본 조달 비교하기

레버리지
기업의 수익성을 높이기 위해 돈을 빌려 자금을 조달하는 것

자본비용
대부자의 수요와 자본 소유자(주주 또는 벤처 투자가)의 기대를 만족시키기 위해 기업이 반드시 얻어야 하는 이익률

그림 17.6은 타인자본 조달과 자기자본 조달 선택지를 비교한 것이다. 기업의 이익률을 높이기 위해 돈을 빌려 필요한 자금을 조달하는 것을 **레버리지**(leverage)라 한다. 부채를 늘리는 것이 기업의 위험을 늘리는 것은 사실이지만, 그것은 동시에 기업의 수익을 증가시킨다. 재무관리자나 최고재무책임자(CFO)의 주요한 두 가지 업무는 빌려야 하는 필요 자금이 얼마인지 예측하고, 구한 자금을 어떻게 관리할 것인지 계획하는 것이다.

기업은 **자본비용**(cost of capital)에 대한 걱정이 매우 크다. 자본비용은 대부자의 수요와 자본 소유자(주주 또는 벤처 투자가)의 기대를 만족시키기 위해 기업이 반드시 얻어야 하는 이익률이다. 만약 기업의 이익이 자금조달에 사용된 이자 비용보다 크면, 기업 소유자들은 자기자본 조달을 사용했을 때보다 더 높은 이익률을 얻을 수 있다. 그림 17.7은 레스토랑인 하비스트 골드(12장 참조)의 예를 들어 두 가지 자금조달을 비교한 것이다. 하비스트 골드가 20만 달러의 자금이 필요하다면 채권(부채)이나 주식(자본)을 매각하는 방안을 고려해볼 수 있다. 두 경우를 비교해보면, 기업의 이익이 빌린 자금(채권)에 대한 이자 비용보다 더 많기 때문에 채권을 매각하는 것이 더 이익이라는 것을 알 수 있다. 그러나 기업의 이익이 빌린 자금(채권)에 대한 이자 비용보다 적다면 소유자는 손실이 날 것이다. 모든 부채와 같이 채권은 특정 시점에 반드시 상환되어야 한다는 것을 기억해야 한다. 개별 기업은 비용과 이익을 비교하여 채권 금융과 자기자본 조달을 어떻게 분배할 것인지 결정한다. 레버리지 비율(16장 참조)은 같은 산업에 속해 있는 기

자금조달 방법		
옵션	타인자본	자기자본
관리 영향	대개 영향이 없다.	보통 주주들이 투표권을 갖는다.
상환	부채에는 만기일이 있다.	주식은 만기일이 없다.
	원금을 상황해야 한다.	기업은 자기자본을 상환할 필요가 없다.
연간 의무	이자 지급은 계약상 의무이다.	기업은 배당금을 지급할 법적 의무를 지지 않는다.
세금 효과	이자는 세금 공제가 된다.	배당금은 세후 수익으로부터 지급되며, 공제가 되지 않는다.

그림 17.6 부채 자금조달과 자기자본 자금조달의 차이점

추가 부채		추가 자본	
주주 지분	$500,000	주주 지분	$500,000
추가 자기자본	—	추가 자기자본	$200,000
총 자기자본	$500,000	총 자기자본	$700,000
채권(8% 이자율)	200,000	채권 이자	—
총 주주지분	$500,000	총 주주지분	$700,000
연말 수입			
총 이익	$100,000	총 이익	$100,000
(채권 이자)	−16,000	이자	—
영업 이익	$ 84,000	영업 이익	$100,000
자기자본 이익률(ROE)	16.8%	자기자본 이익률(ROE)	14.3%
($84,000 ÷ $500,000 = 16.8%)		($100,000 ÷ $700,000 = 14.3%)	

그림 17.7 타인자본과 자기자본의 사용

하비스트 골드는 새로운 자금으로 20만 달러를 조달하려고 한다. 타인자본과 자기자본으로 조달하는 두 가지의 방안을 비교해보라.

업들과의 상대적인 레버리지를 비교할 수 있는 기준이 된다. 각 산업 및 기업 간 채권 보유현황은 현저하게 다르다. 예를 들어, 소셜 미디어 리더급 회사인 페이스북은 장기 부채가 거의 없고 보유한 현금이 500억 달러가 넘는다. 마찬가지로 마이크로소프트, 애플 및 Alphabet과 같은 기술 회사는 부채가 거의 없고 현금을 많이 보유하고 있다. 반면, Exxon은 450억 달러 이상의 부채가 있다.[28] 소규모 석유 및 가스 회사들도 850억 달러 이상의 부채가 있다.[29] 스탠더드 앤 푸어스(Standard & Poors)나 무디스 인베스터 서비스(Moodys Investor Services)에 따르면 대규모 산업기업들의 부채 규모는 보통 총자산의 30퍼센트에서 35퍼센트에 달한다. 기업마다 또는 산업마다 부채 수준이 매우 다르다.

최근 금융위기로부터의 교훈

2008년에 시작된 금융위기는 1920년대와 1930년대의 대공황 이후로 금융시장의 최대

위기였다. 뒤이은 금융위기는 미국의 많은 지역에 부정적인 영향을 미치고 경제를 악화시켰다.[30] 특히, 밀레니얼 및 X세대 노동자들이 금융위기로 인하여 큰 타격을 받았다.[31] 금융시장의 붕괴는 재무관리자들의 업무 소홀로 인한 것이라고 여겨졌다. 잘못된 투자 결정과 위험한 재무 거래는 (특히 부동산 분야에서) 리먼 브라더스(Lehman Brothers) 같은 유서 깊은 금융기관의 붕괴를 야기하였다.

이 금융위기로 인하여 미국의회는 다소 지나치게 광범위한 금융개혁안을 통과시켰다. 도드-프랭크법(The Dodd-Frank Wall Street Reform and Consumer Protection Act)은 미국 금융서비스 산업의 거의 모든 요소에 영향을 미치게 되었다. 정부는 금융시장에 대한 개입과 간섭을 확대하고 금융기관과 금융관리자의 역할을 더욱 엄격하게 요구하고 있다. 오늘날 도드-프랭크 법이 과도하게 금융을 규제하고 있다고 지적하고 법 개정을 권고하는 사람들이 있다.[32] 그러나 법이 개정되건 말건, 재무관리자의 직무와 책임은 앞으로 더욱 어려워질 것으로 예상된다. 재무관리자는 점진적으로 대중으로부터 신뢰를 회복해왔다. 2000년대 초반 회계산업에 대한 많은 의문이 있었던 것처럼(16장 참고), 2000년대 후반에 발생한 이러한 일련의 사건들은 재무관리자의 진실성과 판단력에 대한 의문을 자아내게 하였다.

18장에서는 기업의 자금조달 수단으로서, 또 개인 투자자들의 대안 투자 수단으로서 채권(부채)과 주식(자본)에 대해 더 자세히 살펴볼 것이다. 채권과 주식의 발행에 대해 배우고, 증권거래소는 무엇인지, 어떻게 주식을 사고파는지, 어떻게 올바른 투자 전략을 세우는지, 주식과 채권 시세표는 어떻게 읽는지 등에 대해 배울 것이다. 금융시장에 스스로 참여할 수 있는 방법을 알게 됨으로써, 금융에 대한 새로운 시각을 지니게 될 것이다.

시험 준비

- 기업이 사용 가능한 채권금융의 두 가지 주요 형태는 무엇인가?
- 채권금융은 자기자본금융과 어떻게 다른가?
- 기업이 사용 가능한 자기자본 조달의 주요한 형태 세 가지는 무엇인가?
- 레버리지는 무엇이며, 기업이 이런 수단을 선택하는 이유는 무엇인가?

요약하기

학습목표 17-1 재무관리자의 역할과 책임에 대해 설명할 수 있다.

- **기업들이 재정적으로 실패하는 가장 흔한 경우에는 어떤 것이 있는가?**
  (1) 부족한 출자, (2) 현금 유출입 관리 미흡, (3) 부적절한 비용 관리
- **재무관리사들이 하는 일은 무엇인가?**
  재무관리사들은 계획, 예산, 관리, 자금 모집, 감사, 세금 관리를 하며, 경영진에 재정과 관련된 문제들에 대해 조언을 한다.

학습목표 17-2 재무계획 과정의 기술과 재무계획에서의 세 가지 중요한 예산을 설명할 수 있다.

- **재무의 세 가지 예산에는 어떤 것들이 있는가?**
  자본예산은 부동산, 공장 설비, 장비 등과 같이 값비싼 자산에 대한 지출 계획이다. 현금예산은 일정 기간 후 현금 잔고에 대한 예측이다. 운영(종합)예산은 앞서 언급한 두 가지 예산에 대한 총정리로, 다양한 비용에 대한 수익금의 분배 계획이다.

학습목표 17-3 기업이 운영자금을 필요로 하는 이유를 설명할 수 있다.

- **기업이 필요로 하는 주요 재정에는 어떤 것들이 있는가?**
  크게 네 가지 분야로 나눌 수 있다.
  (1) 매일매일 필요로 하는 자금의 관리, (2) 부채 운용의 관리, (3) 필요 비품 관리,
  (4) 자본 지출
- **타인자본 조달과 자기자본 조달의 차이점은 무엇인가?**
  타인자본 조달은 차입을 통해 자금을 조달하는 것을 말하고, 자기자본 조달은 기업 내에서 모집하거나 증권 발행을 통해 기업 소유권을 매도하거나 벤처 자본가에게 기업 소유권을 매도함으로써 자금을 조달하는 방법이다.
- **단기 자금조달과 장기 자금조달의 차이점은 무엇인가?**
  단기 자금조달은 1년 안에 갚아야 하는 자금이며, 장기 자금조달은 1년 이상의 특정 시점에 갚아야 하는 자금이다.

학습목표 17-4 단기 자금조달의 원천을 규명하고 설명할 수 있다.

- **기업 간 신용을 이용해야 하는 이유는 무엇인가?**
  기업 간 신용은 가장 비용이 적게 들고, 가장 편리한 단기 자금조달의 형태이다. 기업은 오늘 물건을 구매하고 미래의 일정 시점에 구매 대금을 지불할 수 있다.
- **여신 한도와 회전신용약정이란 무엇인가?**
  은행이 언제든 해당 기업에 대출해주기로 한 특정 금액을 의미한다. 회전신용약정은 특정 수수료를 지불하면 신용 한도만큼의 대출을 보장해주는 것이다.
- **무담보대출과 담보대출의 차이점은 무엇인가?**
  무담보대출은 담보 없이 대출해주는 것이다. 담보대출은 외상매출채권, 재고 등의 자산

을 담보로 대출해주는 것이다.

- **팩토링은 담보대출의 한 형태인가?**
  아니다. 팩토링은 외상매출채권을 할인하여 팩토링 기업(해당 계정에 대해 현금을 지불해주는 중개자)에 판매하는 것이다.
- **기업어음이란 무엇인가?**
  기업어음이란 270일 이내에 만기가 도래하는 기업의 무담보 약속어음이다.

학습목표 17-5 장기 자금조달의 원천을 규명하고 설명할 수 있다.

- **장기 자금조달의 주 조달원으로는 어떤 것이 있는가?**
  채권금융은 채권 발행, 은행이나 금융기관으로부터의 장기대출을 포함한다. 자기자본은 기업의 주식 발행, 유보 이익, 벤처 자본 기업을 통해 조달된다.
- **대표적인 채권금융의 두 가지 형태에는 어떤 것이 있는가?**
  채권금융은 크게 채권 발행과 개인, 은행, 금융기관으로부터의 차입이라는 두 가지 형태가 있다. 채권은 담보를 바탕으로 발행될 수도 있고, 무담보로 발행될 수도 있다. 차입도 마찬가지이다.
- **레버리지란 무엇이며, 기업들은 이를 어떻게 활용하는가?**
  레버리지란 차입을 통해 자금을 조달하는 것이다. 차입 자금을 이용하여 사업 확장, 주요 자산 매입, R&D 등에 투자하는 행위를 포함한다. 기업은 잠재적인 수익창출 대비 자금 차입(레버리지)에 따르는 위험 정도를 측정한다.

주요 용어 정리

계약 조건(indenture terms)
기업어음(commercial paper)
단기예측(short-term forecast)
단기 자금조달(short term financing)
담보대출(secured loan)
레버리지(leverage)
무담보대출(unsecured loan)
무보증 채권(unsecuredbond)
벤처 자본(venture capital)
보증 채권(secured bond)
부채 자금조달(debt financing)
상업금융기업(commercial finance companies)
신용거래(trade credit)
신용공여한도(line of credit)
약속어음(promissory note)
예산책정(budget)
운영(종합)예산(operating budget or master budget)
위험과 수익의 절충(risk/return trade-off) 관계
자기자본 자금조달(equity financing)
자본비용(cost of capital)
자본예산(capital budget)
자본지출(capital expenditures)
장기예측(long-term forecast)
장기 자금조달(long term financing)
재무(finance)
재무관리(financial management)
재무관리자(financial managers)
재무통제(financial control)
차관 계약(term-loan agreement)
추정현금흐름(cash flow forecast)
팩토링(factoring)
현금예산(cash budget)
회전신용약정(revolving credit agreement)

사고력 문제

1. 새로 사업을 시작하는 사람이 사업을 확장하기 위해 가장 의지할 만한 단기 자금조달원으로는 무엇이 있는가? 장기 자금조달원에는 어떤 것이 있는가?

2. 기업에서 고용하는 전문 회계사가 있음에도 재무관리자가 회계정보에 대해 이해하는 것이 왜 중요한가?
3. 기업이 장기자금을 조달할 때 주식 발행보다 자금 차입을 선호하는 이유는 무엇인가?

원리의 적용

목적

중소기업청(Small Business Administration)의 대출요건에 어떠한 기업이 부합하는지 찾아보기

연습

자기자본을 조달할 때 많은 영세업자들이 투자자를 찾는 데 어려움을 겪는다. 중소기업청은 다양한 종류의 영세상인들이 자금을 조달할 수 있는 출처 중 하나인데, 몇몇 영세업자들은 이 중소기업청 대출조건에 부합하지 않기도 한다. www.sba.gov/content/businesses-eligible-ineligible-sba-assistance로 가서 다음의 기업들이 중소기업청의 대출 조건에 부합하는지 확인해보라.

1. 잔디 관리 서비스업체인 그로잉 라이크 어 위드(Growing Like a Weed) 사는 사업 확장을 위하여 추가 설비 구입에 투입할 자금조달이 필요하다. 당사는 중소기업청의 요건을 충족하는가? 그 이유는 무엇인가?
2. 글래머 갈로어(Glamour Galore)는 다단계 영업방식을 기반으로 한 화장품 회사이다. 당사는 마케팅 캠페인을 하기 위한 자금이 필요하다. 당사는 중소기업청의 요건을 충족하는가? 그 이유는 무엇인가?
3. 글로리 데이즈(Glory Days)는 복고풍 핀볼 및 쥬크박스를 개조하는 기업이다. 당사의 설립자는 재고를 확보하기 위하여 자금을 필요로 한다. 당사는 중소기업청의 요건을 충족하는가? 그 이유는 무엇인가?
4. 레터스 엔터테인 유(Lettuce Entertain U)는 최근 개업한 채식주의자를 위한 음식점의 오래된 창고를 리모델링하는 데 자금이 필요하다. 당사는 중소기업청의 요건을 충족하는가? 그 이유는 무엇인가?

직업기술의 개발

핵심: ● 팀 ★ 분석 ▲ 의사소통 ◘ 기술

◘ ★ 1. 대학교 웹 사이트에서 학교 운영예산이 게시되어 있는지 찾아보자. 만약 없다면 학교 도서관에 가서 현 회계년도에 대한 운영예산이 있는지 찾아보자. 대학의 미래 주요 자본지출 계획을 찾아보자.

★ ▲ ● 2. 영세업자에게는 가능한 한 모든 기업 간 신용을 활용하도록 이해시키는 것이 가장 어렵다. 예를 들어, 2/10, net 30의 신용 조건은 처음 10일 안에 대금을 지불하게 되면 절약할 수 있다는 것을 의미한다. 이 개념을 이용하는 것이 이익이 된다는 설득력 있는 보고를 준비해보라.

◘ ★ 3. 여러분이 원하는 프랜차이즈 가맹점(맥도날드, 서브웨이 등)을 시작하기 위해 필요한 자금을 인터넷에서 확인해보라. 프랜차이즈를 위해 필요한 자본금을 확인하고 프랜차이즈 업체가 장래 판매업자에게 어떤 자금을 지원해 주는지도 알아보라. 프랜차이즈 가맹점을 시작하는 비용과 위험과 수익의 절충 관계를 이

용하여 사업 가능성을 따져보라.

◘ ★ 4. 지역 은행의 대출상담원을 방문하거나 은행의 웹 사이트에서 기업에 제공해 줄 수 있는 여신 한도와 회전신용약정에 대해 알아보라. 영세업자가 두 가지 형태의 단기 융자를 받을 수 있는 가능성에 대해 생각해보라.

◘ ★ ▲ 5. 외상매출채권의 팩토링은 4,000년 전 바빌로니아의 왕 함무라비 때부터 사용되어온 자금조달 방법이다. 현재에도 중소기업들이 단기 자금조달을 위해 사용하는 방법이기도 하다. www.21stfinancialsolutions.com에서 팩토링에 대한 자세한 정보를 알아내고 팩토링의 장단점을 기술해보라.

진로 탐색

만약 여러분이 재무와 관련된 직업에 관심이 있다면 고려해 볼만한 몇 가지 직업들이 아래에 나타나 있다. 이러한 직업들의 업무, 필요한 지식과 기술, 급여수준, 미래전망 등에 관해서는 bls.gov 웹 사이트의 작업전망서(Occupational Outlook Handbook)를 살펴보라.

- **재무조사관** – 금융기관과 거래를 감독하는 법령의 준수를 확인하고, 재무상태표를 점검하고, 대출의 위험수준을 가늠하고 은행 경영을 평가하는 직업
- **세무대리인** – 개인이나 중소기업의 세금 정산이나 절세를 도와주는 직업
- **재무관리자** – 재무제표를 작성하고, 투자활동을 감독하고 기업의 장기 재무 목표를 달성하기 위한 전략을 수립하는 직업
- **원가측정사** – 제품 생산, 건물 건축 또는 용역 제공에 소요되는 시간, 자금, 원재료, 노동력을 측정하기 위하여 관련 자료를 수집하고 분석하는 직업

비디오 사례

스레드리스의 재무 관리

"지금 입은 티셔츠가 당신의 개성과 타인에게 보내고 싶은 메시지를 충분히 대변하고 있나요? 여러분의 그러한 목적에 부합하는 티셔츠를 찾기가 어려울 수 있습니다. 하지만 이제는 원하는 티셔츠를 직접 제작할 수 있기 때문에 더 이상 온라인 쇼핑에 많은 시간을 낭비하지 않아도 됩니다. 원하는 티셔츠 디자인을 Threadless.com으로 제출하면 구독자들의 투표를 거쳐 선정된 디자인이 티셔츠에 인쇄되어 스레드리스(Threadless) 사이트에서 판매될 것입니다."

스레드리스(Threadless)는 제이크 니켈이 2002년 시카고에서 설립한 이커머스 웹 사이트이다. 니켈은 대학 재학 중 티셔츠 디자인 공모전에 참가하여 상을 받았으며, 이로 인해 니켈에 대한 인지도가 상승하였다. 그는 다른 참여자들에게도 디자인을 제출할 동등한 기회를 제공하기 위해 자신만의 온라인 티셔츠 공모전을 개최하였다. 제출된 디자인의 우수성을 확인한 니켈과 그의 친구 제이콥 디하트는 각각 500달러를 투자하고 낙찰된 디자인을 인쇄하고 판매하기 시작했다. 오늘날, 스레드리스는 티셔츠뿐만 아니라 모자, 토트백, 아이폰 케이스, 샤워 커튼 등 예술가들의 디자인으로 제작된 여러 가지 제품을 판매한다.

개인이 직접 디자인하고 시청자가 좋아하는 것에 투표하도록 하는 스레드리스 비즈니스 모델은 초기 형태의 크라우드 소싱이다. 크라우드 소싱 방식을 사업에 활용함으로써 회사는 재무 현황이 양호한 상황을 유지했다. 니켈은 당첨된 디자인을 게시하고 셔츠의 주문을 선불로 받았다. 셔츠에 대한 주문이 충분히 들어올 때만 셔츠를 프린트할 수 있도록 대량 주문을 넣었다. 또한, 대량 생산된 셔츠들은 니켈의 아파트로 배송되었고 니켈, 디하트 그리

고 그의 여자친구가 포장과 배달 업무를 담당하였기 때문에 직원을 고용할 필요도 없었다. 하지만 점점 수익이 증가하기 시작하면서, 파트너들은 셔츠 주문량이 충족되기 전에 프린트를 시작하기로 결정했다. 이를 위해 회사는 완성된 셔츠를 보관할 창고가 필요하기 시작했고 이는 다 스레드리스의 첫 고정비용이었다. 다행히도, 기업의 임대주가 여러 창고를 소유하고 있었기 때문에 스레드리스는 큰 어려움 없이 사업을 확장할 수 있었다. 하지만 저장 공간이 확장될 때 비용이 증가하여 재정적인 부담이 될 수 있었다. 2011년 말, 스레드리스는 더 나은 재정 계획 구축을 위해 '제이슨 매켄타게이(Jason Macantangay)'를 금융 부사장으로 임명했다.

입사 전, 매켄타게이는 대형 제조기업에서 일했다. 그래서 그런지 스레드리스와 같은 소규모 온라인 회사에 적응하는 것이 초기에는 힘든 일이었다. 그에게 주어진 업무는 재무계획을 모니터링하고 회사의 창의성을 유지하는 선에서 기업이 효율적으로 운영되고 있는지 감독하는 것이었다. 그는 자금이 충분치 않은 소규모 기업의 특성상 제시된 모든 아이디어를 실행으로 옮길 수는 없음을 알고 있었다. 또한 매출과 시장 점유율이 확대되면서 지출이 크게 계획을 벗어나지 않도록 하기 위해 스레드리스와 같은 소규모 기업에 있어서 철저한 계획과 예산 관리는 필수적이었다.

매켄타게이의 지침에 따라 스레드리스는 주문형 인쇄 프로세스로 전환하여 재고 입고 비용을 없앴다. 이로 인해 스레드리스는 대량의 주문량이 있어야만 진행이 가능했던 기존의 실크스크린 과정과 달리 각 셔츠 디자인을 하나씩 인쇄할 수 있게 되었다. 실크스크린이란 비단이나 나일론 따위의 고운 천에 판막을 놓고 그 위로 잉크를 정착시키는 인쇄법이다. 기존 실크스크린 과정에서는, 대량 생산된 제품이 입고되고 선적되기 전에 해당 디자인의 실크스크린을 제작하여 한 번에 많은 양의 셔츠를 인쇄했다. 하지만 현재는 각 주문이 여러 공급업체의 집단에 위탁되어 제품이 생산된 후에 고객에게 직접 배송하는 방식이다. 새로 구축된 이 과정으로 인해 고객만족도가 향상되었고 더불어 회사의 현금흐름도 개선되었으며, 회사가 재고관리보다 온라인 사업에 집중할 수 있게 되었다.

현재 스레드리스 수익의 95%가 온라인 사업에서 발생한다. 또한, 디자인의 라이선스를 통해서도 추가적인 수익을 얻는다. 스레드리스는 지출이 매출 수입으로 전부 충당되었기 때문에 외부 투자자에게 의존할 필요가 없었다. 오늘날 스레드리스의 주요 지출은 의류 디자이너들과 기업 웹 사이트를 관리하고 마케팅 하는 회사 직원들의 인건비이다. 스레드리스는 지속적인 온라인 사업 기능들의 개선으로 기업 고객들의 온라인 유저 경험을 개선하고 있다.

스레드리스의 이야기를 통해 한 기업의 혁신과 성장에 대해 배울 수 있었다. 이처럼 재무관리는 목표 달성과 기업 운영을 성공적으로 이끄는 비결이다. 2002년에 기업이 설립된 후 스레드리스는 합리적인 지출 비용을 유지하는 데 주력을 다했다. 재무 계획을 통해 회사는 주요 서비스나 제품에 자원을 할당하고 신제품을 출시할 수 있게 되었다. 기업의 창의력을 해치지 않는 선에서 기업을 재정적으로 보호하는 직무는 굉장히 중요하다.

다시 생각해보기

1. 제이슨 매켄타게이가 스레드리스의 재무 담당 부사장이 되었을 때 직면하였던 가장 큰 재무적인 어려움은 무엇이었는가?

참조

1. "How to Become a CFO," indeed.com, February 4, 2020; "Financial Managers," U.S. Bureau of Labor Statistics, bls.gov, accessed March 2020; Laura Palmeiro and Delphine Gibassier, "Your Company's Next Leader on Climate . . . Is the CFO," hbr.org, January 28, 2020.
2. Jennifer A. Barnes, "Four Best Practices for Helping Nonprofits Approach Profitability," forbes.com, January 31, 2020; Nancy Master, "A Nonprofit's Success Story to Inspire You," sageintacct.com, February 5, 2020; Jeff Thomson, "Secrets of the Startup CFO: How to Be a High-Growth Company's First Finance Leader," forbes.com, January 24, 2020.
3. Mark Maurer, "Company Finance Chiefs Fret over Geopolitical, Digital Risks," January 2, 2020; Richard F. Fischer, "Challenges Facing CFOs in 2020," bizjournals.com, February 1, 2020; "Middle Market CFOs Pursue Aggressive Agendas in 2020," cfo.com, accessed March 2020.
4. "CFOs' Biggest Challenges in 2020," Paycor, paycor.com, February 11, 2020; Kimberly Amadeo, "2008 Financial Crisis: The Causes and Costs of the Worst Crisis since the Great Depression," thebalance.com, January 22, 2020.
5. Matt Danielsson, "What Internal Auditors Do—and How Much They Make," investopedia.com, January 28, 2020; Janelle Maregmen, "What Are the Top Risk Areas Internal Audits Should be Targeting in 2020?," AuditBoard auditboard.com, January 29, 2020; David Lehmann and Michael Thor, "The Next Generation of Internal Audit," cpajournal.com, February 2020.
6. "Best Business Plan Software for Financial Forecasting," businessnewsdaily.com, February 19,2020; "Budgeting and Forecasting Software Market Forecast 2020–2025, Latest Trends and Opportunities," aeresearch.com, January 22, 2020; Meredith Wood, "10 Sales Forecasting Methods for Your Business," fundera.com, January 31, 2020.
7. Peter Goodman, "China's Coronavirus Has Revived Global Economic Fears," January 27, 2020; Ben Winck, "China May Cut 2020 Growth Forecast amid Coronavirus Fallout," markets.businessinsider.com, February 3, 2020; Arjun Kharpal, "Apple Shares Slide after Coronavirus Guidance Warning as Its Global Suppliers Are Hammered," cnbc.com, February 18, 2020; Tripp Mickle, "Apple to Fall Short of Projected Revenue Due to Coronavirus," February 17, 2020; Richard Waters, Patrick McGee, and Tim Bradshaw, "Coronavirus Forces Apple to Warn over iPhone Sales," February 17, 2020.
8. Rosemary Carlson, "How to Calculate the Present Value of a Single Amount," thebalancesmb.com, February 6, 2020; James Chen, "Time Value of Money," investopedia.com, January 24, 2020.
9. Geri Stengal, "Closing the Small Business Financing Gap: The ABCs of Merchant Cash Advance," forbes.com, January 29, 2020.
10. Julia Kagan, "Digital Wallet," investopedia.com, February 13, 2020; "Proximity

Mobile Payment Transaction Value in the United States from 2018–2023," Statista, statista.com, accessed March 2020; Geoffrey Morrison, "A Case for Paying with Your Phone," February 5, 2020.

11. Aaron Klein, "Is Cash Still King? Reviewing the Rise of Mobile Payments," Brookings Institution, brookings.edu, January 30, 2020; Hayden Field, "How to Find the Right Payment System," entrepreneur.com, July 29, 2019; "'Dinc and Dash' Redefined with New Clover Scan to Pay Feature," finance.yahoo.com, February 17, 2020.
12. Justin Pritchard, "How to Handle Lending and Borrowing Money with Family," thebalance.com, February 18, 2020; Joyce Walsack, "Choosing the Best Lending Strategy for Your Business," U.S. Chamber of Commerce, uschamber.com, January 23, 2020.
13. National Federation of Independent Business, nfib.com, accessed March 2020.
14. Braden McCarthy, "Why Bank Lending to Small Business Isn't Recovering," fundera.com, January 28, 2020; "Small Business Lending and the Great Recession," U.S. Consumer Financial Protection Bureau, consumerfinance.gov, accessed March 2020.
15. Christina Majaski, "Loan vs. Line of Credit: What's the Difference?," investopedia.com, February 18, 2020.
16. Meredith Wood, "Factoring Receivables: Everything You Need to Know," fundera.com, February 12, 2020; Geri Stengel, "Closing the Small Business Financing Gap: Invoice Factoring Basics," forbes.com, January 20, 2020.
17. Braydon McCarthy, "Why Bank Lending to Small Business Isn't Recovering," fundera.com, January 28, 2020; Rohit Arora, "3 Things to Do before Applying for a Small Business Loan in 2020," forbes.com, February 17, 2020.
18. Alexandra White, "5 Benefits of Small Business Credit Cards," cnbc.com, February 10, 2020; "The Basics of Using Credit Cards to Fund Your New Business," accessed March 2020; Sally French, "The Best Way to Use a Credit Card? Use It Like Cash," February 11, 2020.
19. "Credit Card Reform," National Small Business Association, nsba.biz, accessed March 2020.
20. Yvette Glover, "When Is Using Credit Cards to Fund Your Business Right?," fitsmallbusiness.com,February 3, 2020; Levi King, "How I Built $500 of Credit into $500,000," entrepreneur.com, March 24, 2019; Beverly Harzog, "Best Business Credit Cards," creditcards.usnews.com, February 13, 2020; Jared Hecht, "The 4 Things That Help Small Businesses Get More Financing," forbes.com, January 31, 2020.
21. Brittany Galla, "Christina Stembel's Company Farmgirl Flowers Made $30M Last Year–Here's Her Success Secrets," parade.com, February 18, 2020; Emily McCormick, "Farmgirl Flowers Became a Multi–Million Dollar E–Commerce Startup without a Dime of Venture Capital," finance.yahoo.com, February 14,

2020.

22. "Merck Investing for Life," merck.com, accessed March 2020.
23. Sally Pipes, "Pelosi's Drug Price Controls Are Dangerous–but So Are Trump's," forbes.com, January 29, 2020; "How Does Government Regulation Impact the Drug Sector?," investopedia.com, February 1, 2020.
24. Rochelle Olson, "Vikings, Charities, Lawmakers, Eye Growing Gambling Revenue Earmarked for U.S. Bank Stadium Debt," startribune.com, February 14, 2020; Marq Burnett, "John Ingram's Soccer Team, MLS Blast Cooper over Stadium Delays," bizjournals.com, January 30, 2020; Michael McCann, "Nashville S.C., MLS's Legal and Political Battle Intensifies over Stadium Dispute with Mayor," si.com, February 11, 2020.
25. Alex Gold, "Telltale Signs That You Should't Be Raising Venture Capital," entrepreneur.com, January 24, 2020.
26. Nathan Heller, "Is Venture Capital Worth the Risk?," newyorker.com, January 20, 2020.
27. Anne Spraders, "Private Equity Firms Are Sitting on $1.5 Trillion in Unspent Cash, and Looking to Raise More," fortune.com, January 25, 2020.
28. Lawrence C. Strauss, "Exxon Has Raised Its Dividend for 37 Straight Years. Will That End?," February 6, 2020; Rekha Khandelwal, "What Makes ExxonMobil Attractive," finance.yahoo.com, February 5, 2020.
29. Julia–Ambra Verlaine, "Energy Companies Face Looming Debt Burden," February 19, 2020; Joe Rennison, "Debt–Laden Energy Companies Are Taking Whatever Cash They Can Get," January 27, 2020; Robert Rapier, "Oil Bankruptcies Are Piling Up," forbes.com, January 27, 2020; Laura Hurst, "BP Bucks Oil Industry Gloom," finance.yahoo.com, February 4, 2020.
30. Annie Lowery, "The Great Affordability Crisis Breaking America," theatlantic.com, February 6, 2020; Lee DeVito, "The Recession Never Ended in These Michigan Communities," metrotimes.com, February 20, 2020.
31. Jessica Dickler, "Is Co–Living the New Craigslist?," cnbc.com, February 2, 2020; Hillary Hoffower, "How the American Millennial Is Overcoming Debt, the Dollar, and the Economy They Were Handed," businessinsider.com, accessed March 2020; Jeanna Smialek, "How Millennials Could Make the Fed's Job Harder," February 17, 2020; Christopher Ingraham, "Millennials' Share of Housing Market Is Small and Shrinking," January 26, 2020.
32. Jeanna Smialek and Emily Flitter, "The Fed Wants to Loosen Rules around Big Banks and Venture Capital," January 30, 2020; William Sprouse, "Fed Proposes Paring Back Volcker Rule," cfo.com, January 31, 2020; Greg Iacurci, "New Rules Are Gutting Consumer Watchdog Group from the Inside, Legal Experts Say," cnbc.com, January 28, 2020.

18

증권시장을 활용한 파이낸싱과 투자 옵션

학 습 목 표

이 장을 학습한 후에 다음 질문에 답할 수 있어야 한다.

18-1 증권 시장의 기능과 투자은행의 역할을 설명할 수 있다.

18-2 증권이 거래되는 다양한 거래소를 설명할 수 있다.

18-3 주식발행을 통한 자기자본 조달의 장단점을 비교하고 보통주와 우선주의 차이점을 설명할 수 있다.

18-4 타인자본 조달의 장단점을 비교하고 채권의 종류와 특징을 설명할 수 있다.

18-5 장기 성장성, 소득, 현금, 인플레이션(inflation)으로부터의 보호 등과 같은 투자 목표의 설정과 증권시장에 투자하는 방법을 설명할 수 있다.

18-6 투자 대상으로서의 주식이 주는 기회를 설명할 수 있다.

18-7 투자 대상으로서의 채권이 주는 기회를 설명할 수 있다.

18-8 투자 대안으로서 뮤추얼 펀드(mutual funds)나 상장지수펀드(ETFs)가 제공하는 기회를 설명할 수 있다.

18-9 다우지수(Dow Jones Industrial Average)와 같은 주식시장 지표들이 시장에 미치는 영향을 설명할 수 있다.

버크셔 해서웨이의 최고경영자 워런 버핏에 대하여 알아보자

'오마하의 현인(권위자 또는 대가)'으로 알려진 워런 버핏은 세계 역사상 가장 성공적인 투자자 중 한 명이다. 그의 회사 버크셔 해서웨이(Berkshire Hathaway)는 게이코(Geico), 후르츠 오브 더 룸(Fruit of the Loom), 듀라셀(Duracell) 등을 포함하여 주요 브랜드 회사들을 소유하고 있으며, 동시에 다수의 다른 기업에 대해 지배 지분을 보유하고 있다.

버핏은 전설적인 경력을 쌓는 동안 막대한 부를 축적했지만, 1950년대에 구입한 집에서 소박하게 살고 있으며, 2000년부터 자선단체에 460억 달러를 기부하였다. 버핏은 미국 네브래스카주 오마하에서 성장하면서 숫자와 돈에 매료되었다. 미국 의회에서 근무한 경력을 가진 증권 중개인의 아들로, 8세에 처음으로 주식시장에 관한 책을 읽고 11세에 처음으로 주식(Cities Service Preferred)을 매수하였다.

어릴 적부터 돈을 관리하고 13세에 첫 번째 연말 세금신고서를 제출했으며, 이 신고서에는 자신이 35달러를 지급하고 구입한 자전거에 대한 세금 공제도 포함되었다. 16세에 펜실베니아 대학교에 등록하여 경영학을 공부한 후 고향으로 돌아가 링컨 시에 있는 네브래스카 대학교에서 경영학 학위를 취득하였다. 그는 컬럼비아 대학에서 경제학 석사 학위를 취득했으며, 그곳에서 유명한 경제학자이자 베스트셀러 《현명한 투자자(The Intelligent Investor)》의 저자인 벤저민 그레이엄(Benjamin Graham)에게 배웠다. 그 교수는 버핏의 멘토가 되었고 그의 삶에 지대한 영향을 미쳤다.

버핏은 그레이엄의 투자 유한회사에서 몇 년 동안 일한 후에 오마하로 돌아와 자신의 투자 회사인 버핏 파트너십(Buffett Partnership)을 설립하였다. 버핏이 자신의 투자 규칙을 만든 것은 그레이엄의 책과 가르침에서 비롯되었다. 첫 번째 규칙은 잃지 않는 것이고, 두 번째는 첫 번째 규칙을 잊지 않는 것이었다. 그의 경력에서의 전환점은 버크셔 해서웨이라는 섬유 회사에 대대적으로 투자하기 시작했을 때였다.

불과 몇 년 만에 그는 회사를 완전히 장악하고, 투자의 초점을 직물에서 벗어나 워싱턴 포스트와 같은 미디어, 게이코와 같은 보험회사 및 기타 지주회사로 옮기기 시작하였다. 버핏 유한회사를 설립하여 큰 성공을 거두었음에도 그는 유한회사를 해산하고 투자의 관심을 버크셔 해서웨이로 돌리기로 결정하였다.

회사의 투자 가치가 수십 년에 걸쳐 엄청나게 증가하여 버핏뿐만 아니라 운 좋게 회사의 주식을 구입한 사람들이 상당한 부를 축적하였기 때문에 이는 올바른 결정으로 판명되었다. 1965년에 버크셔에 1,000달러를 투자했다면 오늘 현재 2,640만 달러가 되었다. 버핏은 강력한 경영진이 포진해 있는 저평가된 기업에 투자함으로써 버크셔를 엄청난 성공으로 이끌었다. 현재는 어려움을 겪고 있지만 미래에는 현금을 창출할 가능성이 큰 기업에 자금을 투입함으로써 그 기업은 강력한 재정적 회복을 이룰 수 있다고 그는 믿었다.

이러한 벤처 투자로 번 돈으로 버핏은 코카콜라와 같은 브랜드 가치를 가진 기업의 지분을 많이 사들일 수 있었다. 버크셔는 이제 청량음료 대기업인 코카콜라의 지분 10%를 보유하고 있으며, 이는 회사의 핵심 지분 중 하나가 되었다.

최근 몇 년 동안 버핏은 떠오르는 신흥 기업에 작은 지분을 투자하는 것 이상으로 발전했다. 대신에 그는 저명한 브랜드를 가진 기업을 매수하여 버크셔 제국에 추가하는 데 중점을 두고 있다. 게이코는 현재 미국에서 두 번째로 큰 자동차보험 제공업체로서 버크셔가 보유 중인 자산 포트폴리오에서 최고의 보석일 것이다. 버크셔가 인수한 다른 주요 회사로는 배터리 제조업체 듀라셀(Duracell), 식료품 슈퍼마켓 체인 크로거(Kroger) 및 데어리 퀸(Dairy Queen)이 있다. 이 회사는 또한 많은 기술 벤처의 지분을 보유하고 있으며, 애플(Apple)의 단일 최대 주주이다. 이 글을 쓰는 시점에서 버크셔는 새로운 기업 매수 또는 투자에 사용할 수 있는 현금으로 1,200억 달러를 보유하고 있다.

800억 달러 이상의 순자산을 가진 버핏은 지난 수십 년 동안 지구상에서 가장 부유한 사람 중 한 명이었고 그의 재산을 전 세계의 선한 뜻을 가진사업에 투자할 계획을 갖고 있다. 그래서 버핏은 자기 재산의 99%를 자선 사업, 주로 빌 & 멜린다 게이츠 재단(Bill & Melinda Gates Foundation)에 기부하겠다고 약속했다. 2010년에 그는 억만장자들이 사망과 동시에 자신들의 재산 대부분을 자선단체에 기부하겠다고 약속하는 기빙 플레지(Giving Pledge)를 공동 설립했다. 지금까지 200명이 넘는 억만장자가 기부 서약에 서명했다. 거의 90세인 버핏은 자신이 '긴급 구역'이라고 부르는 상황에 들어섰다. 그는 버크셔에 영원히 남을 수 없다는 사실도 인정하지만, 조만간 떠날 계획도 없다고 한다. 그는 또 "내가 떠난다 하더라도 회사는 아무런 문제가 없을 만큼 100% 준비가 돼 있다"고 주주들에게 확신을 심어주기도 했다. 그때까지 버핏은 자신이 세운 세 가지 필수 기준을 충족시키는 기업을 계속 매수해 갈 것이다. 그러한 기업들은 투입된 자본에 대해 좋은 수익을 제공하여야 하고, 유능하고 정직한 관리자가 운영해야 하며, 합리적인 가격에 매수 가능하여야 한다.

금융을 완전히 이해하려면 증권시장의 두 가지 기본 역할, 즉 기업이 필요한 자금을 확보하는 데 증권시장이 어떤 도움을 주는지, 투자자가 워런 버핏과 같은 재정적 미래를 어떻게 구축할 수 있는지 알아야 한다. 이 장에서는 증권시장이 두 가지 목표를 모두 달성하는 방법에 대해 배울 것이다.

출처: Hillary Hoffower and Taylor Nicole Rogers, "How Frugal Billionaire Warren Buffett Spends $87.3 Billion Net Worth," businessinsider.com, July 1, 2019; Adam Sessell, "Valuation: How Warren Buffett Built Berkshire Hathaway—and What Might Happen When He Leaves," February 21, 2020; "Berkshire Hathaway Is the World's Second Most Profitable Firm," February 26, 2020; Taylor Locke, "The Advice from Warren Buffett That Inspired Bill and Melinda Gates," cnbc.com, February 10, 2020; Bernhard Warner, "Warren Buffett Lays Out a Succession Plan for His Berkshire Shares," February 22, 2020.

만약 당신이 투자자라면 당신이 주식을 소유하고 있는 회사가 주식 분할을 선언하면 아마 기쁠 것이다. 불행히도 회사는 주식을 분할할 필요가 없다. 실제로 이 회사는 주가가 1주당 31만 2,000달러에 이르렀음에도 주식 분할을 선언한 적이 여태 없었다. 그 회사의 이름은 무엇인가? (이 장 안에서 답을 찾으라.)

학습목표 18-1 증권시장의 기능과 투자은행의 역할을 설명할 수 있다.

증권시장의 기능

증권시장은 두 가지의 중요한 기능을 수행한다. 첫째는 초기 사업의 운영, 기존 사업의 확장, 주요 재화와 서비스의 구입 등 필요한 자본의 장기적인 조달을 필요로 하는 기업들을 도와준다. 둘째는 개인투자자들이 미래 재무설계를 할 수 있도록 주식, 채권, 뮤추얼펀드 등과 같은 증권을 개인투자자들이 사고팔 수 있는 장소를 제공해준다. 이 장에서는 자원조달을 하는 기업(기관투자자)과 투자상품을 매수하거나 거래하는 개인투자자들의 관점에서 증권시장을 살펴볼 것이다.

기업공개(IPO)
기업의 주식 공모. 기업이 처음으로 대중을 상대로 주식을 판매하는 것

증권시장은 크게 일차 발행시장(primary market)과 이차 유통시장(secondary market)으로 나누어져 있다. 발행시장은 새로운 주식 판매를 취급하는데, 이 부분은 반드시 이해해야 할 만큼 중요하다. 기업들은 발행시장에서 증권을 판매함으로써만 자금을 조달할 수 있다.[1] 이처럼 기업이 처음으로 대중을 상대로 주식을 판매하는 것을 **기업공개(IPO; Initial Public Offering)**라고 한다. 기업공개 이후에는 유통시장에서 투자자들 간의 거래가 이루어지며, 거래대금은 해당 기업으로 가는 것이 아니라 주식을 매각한 투자자에게로 간다. 예를 들어, 여러분이 하베스트 골드(Harvest Gold)라는 식당을 개업해서, 전국적인 체인 음식점으로 성장시키고, 기업의 제품이 전국의 소매점에서도 판매된다고 가정해보자. 여러분은 사업을 더 확장시키기 위해 자금을 조달하고자 한다. 만약에 여러분이 이 기업의 소유주이고 100만 주의 주식을 주당 10달러에 제시하면 1,000만 달러의 자금을 기업공개를 통하여 조달할 수 있다. 하지만 기업공개 후

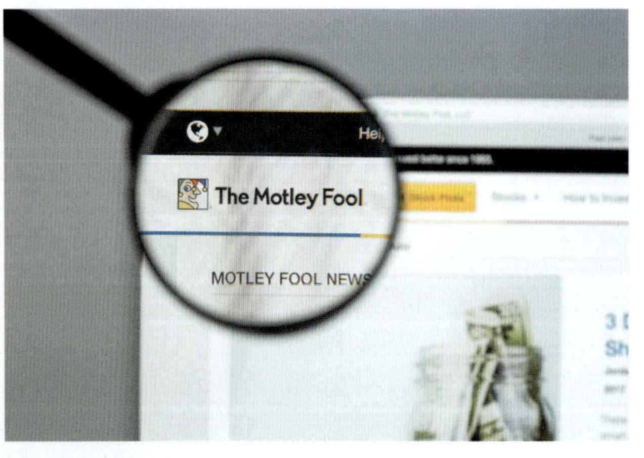

모틀리 풀즈(the Motley Fools) 사의 데이비드와 톰 가드너(David and Tom Gardner) 형제는 증권시장이 투자자들에게 투자 기회를 제공할 수 있다는 메시지를 열성적으로 전파한다. 형제는 투자자들의 교육 정도나 소득 수준에 관계없이 투자자들에게 질 좋은 금융 정보를 제공하면서 경력을 쌓고 있다. 더 많은 정보를 얻기 원하면 홈페이지(www.fool.com)를 방문해보라.

에, 존스(Jones)라는 어느 한 주주가 이 기업의 주식 100주를 스미스(Smith)라는 투자자에게 매각한다면 하비스트 골드라는 기업은 이러한 투자자들 간의 거래로부터 아무런 자금을 얻어내지 못한다. 스미스는 하비스트 골드라는 기업이 아닌 존스로부터 주식을 매입하였다. 하지만 하비스트 골드와 같은 기업들은 추가적인 자금조달을 위해 추가로 주식을 발행할 수도 있다.

17장에서 설명하였듯이, 기업에 장기 자금조달은 매우 중요한 일이다. 만약 선택할 수 있다면 기업들은 사내유보금이나 은행, 연금펀드, 보험회사와 같은 대출기관으로부터의 차입금을 이용하여 장기 재무의 필요를 충족시키고자 한다. 하지만 그런 형태의 장기자금조달이 불가능하다면, 기업은 채권이나 주식 발행을 통하여 자금을 조달할 수 있다(앞서 17장에서 언급하였듯이 채권 발행은 타인자본 발행(debt financing)의 한 형태이고, 주식 발행은 자기자본 발행(equity financing)의 한 형태이다). 2014년에 알리바바가 210억 달러 규모의 기업공개를 하기 이전까지는 2008년에 180억 달러의 기업공개를 했던 비자가 과거 25년 동안 가장 큰 규모였다. 이러한 타인자본 또는 자기자본 발행이 모든 기업들에, 특히 소규모 기업들은 가능하지 않다.

만약 여러분의 하비스트 골드에서 영업 확장을 위한 장기적인 자금조달이 필요하다면 어떻게 할 것인가? 여러분의 최고재무책임자(CFO)가 기업의 이익잉여금이 충분하지 않고 대출기관으로부터 대출을 받기도 어렵다고 한다. 그리하여 최고재무책임자는 개인투자자들을 대상으로 한 채권이나 주식의 발행을 권유할 것이다. 하지만 채권이나 주식을 발행하는 것은 그리 간단한 일이 아니다. 채권이나 주식 발행을 승인 받기 위해서는 포괄적인 재무정보의 공개와 미국증권거래위원회(SEC: Securities and Exchange Commission)로부터 정밀한 조사가 요구된다. 이러한 복잡한 요구 조건 때문에, 여러분의 최고재무책임자는 투자은행(Investment banker)의 도움을 받을 것을 권고하였다. 그 이유에 대해 알아보기로 하자.

투자은행의 역할

투자은행가(investment bankers)는 새로운 주식의 발행과 매각을 도와주는 전문가이다. 대형 금융기관들은 '하비스트 골드'와 같은 기업이 증권거래위원회(SEC)이 승인을 받아 채권이나 주식을 발행할 수 있도록 광범위한 재무분석을 도와준다. 투자은행들은 새로이 발행되는 주식이나 채권을 인수(underwrite)하기도 한다.[2] 즉, 투자은행은 특정 기업이 발행한 주식이나 채권을 서로 협의한 할인 가격(agreed-on discount)에 전체를 매입한 후에 개인투자자들이나 기관투자자들에게 이익을 붙인 가격(full price)으로 매각하는 것이다.

투자은행가
신규 주식의 발행과 판매를 도와주는 전문가

기관투자자(institutional investors)는 연기금펀드, 뮤추얼펀드, 보험회사, 은행과 같이 기관 고유 자금이나 다른 사람의 자금을 운용하는 대규모 투자기관이다. 기관투자자들은 막강한 구매력으로 증권시장에서 막강한 힘을 행사한다.

기관투자자
연기금펀드, 뮤추얼펀드, 보험회사, 은행과 같이 기관 고유 자금이나 다른 사람의 자금을 운용하는 대규모 투자기관

장기 자금조달의 방안과 투자 기회로서의 주식과 채권에 대해 구체적으로 알아보기 전에, 주식과 채권이 거래되는 장소인 주식거래소와 누가 산업을 규제하고 있는지를 살펴보자.

NYSE는 과거에 거래소의 밀집된 현장에서 주식거래가 이루어졌던 최대의 객장 중심의 거래소였다. 현재 주식들은 전자 네트워크 상에서 거래되고 있다. 사진에서 보듯이, 오늘날(오른쪽 사진)의 거래소 객장은 과거(왼쪽 사진)에 비해 사람이 없는 것을 볼 수 있다.

학습목표 18-2 증권이 거래되는 다양한 거래소를 설명할 수 있다.

증권거래소

증권거래소
기업이나 개인투자자들이 증권을 사고팔 수 있는 기관

이름이 말해주듯이, **증권거래소(stock exchange)**란 기업이나 개인투자자들이 증권을 사고팔 수 있는 기관이다. 뉴욕증권거래소(NYSE: New York Stock Exchange)는 1792년에 설립되었으며, 그 당시에는 현장 중심(floor-based)의 거래소였다. 현장 중심의 거래소라고 하는 것은 증권거래소의 현장에서 거래가 이루어진다는 의미이다. 2005년에 뉴욕증권거래소는 전자상 주식 거래를 주로 하던 회사인 아키펠라고(Archipelago)와 합병하면서 변화했다. 2년 뒤에는 유럽의 유로넥스트(Euronext) 거래소와 합병하면서, NYSE 유로넥스트(NYSE Euronext)로 운영되었다. 2013년에는 아틀란타에 소재한 대륙 간 거래소(ICE: InterContinental Exchange)가 NYSE 유로넥스트를 82억 달러에 인수하였다.

오늘날 활발했던 NYSE 거래소의 현장 거래는 옛말이 되었다. 대부분의 주식은 컴퓨터를 통해 단 몇초 사이에도 수천 건의 거래가 이루어지고 있다. 실제로 증권 거래가 이루어지는 장소인 거래소 플로어(floor)에는 사람들이 적어 보일 수 있지만, 실제로도 한적한 것은 아니다. 2017년에 NYSE는 거래소 규칙을 변경하여 과거에 상장되었던 거래소와 상관없이 모든 미국 주식의 거래를 허용했다. 변경 이전에는 NYSE에 상장된 증권만 거래할 수 있었다. 그럼에도 불구하고 회사 수익의 대부분은 복잡한 금융 계약(파생상품 등)을 판매하거나 웹 사이트에서 서비스로 주가를 제공하는 야후!(Yahoo!) 또는 구글(Google)과 같은 회사에 시장 데이터 서비스를 판매하는 데서 나온다.[3]

장외거래시장(OTC)
상장되지 않은 주식들을 거래할 수 있는 거래소

모든 주식들이 증권거래소에서 거래되는 것은 아니다. **장외거래시장**(OTC: Over-The Counter market)은 국가적인 증권거래소에 상장되어 있지 않은 주식을 기업이나 투자자들이 거래할 수 있도록 도와준다. 장외거래시장에는 수천 명의 중개인들이 존재하며, 이들은 전자상으로 전국적인 주식 거래를 한다. 주식 거래는 뉴욕증권거래소와 같은 거래소를 거치지 않고, 거래 당사자 쌍방 간에 직접 이루어지고 있다.

나스닥(NASDAQ)
미국 전역에 걸쳐 딜러들이 증권을 전자 시스템상에서 거래할 수 있도록 연결해 주는 전자 거래 시스템

나스닥(NASDAQ: National Association of Securities Dealers Automated Quotations)은 세계 최초 전자상 주식 거래소이다. 나스닥은 장외거래시장에서 비롯되

었지만, 이제는 그것의 일부가 아니다. 나스닥은 전자 네트워크 기반으로 운영됨으로써 거래 당사자들이 직접 만나지 않고 전자상에서 주식을 사고팔 수 있게 해준다. 2007년에는 나스닥이 스웨덴의 OMX 그룹을 인수함으로써 나스닥 OMX 그룹(NASDAQ OMX Group)이 되었다. 그럼으로써, 미국 최대의 주식 전자 거래 시장이 되었으며, 세계에서 최대의 주식 거래 규모를 자랑하게 되었다. 나스닥은 본래 소기업들의 주식을 주로 거래하는 시장이었지만, 현재는 페이스북, 마이크로소프트, 인텔, 구글, 스타벅스와 같이 잘 알려진 기업들의 주식이 거래되고 있다.

특정 기업을 자기 거래소에 상장시키기 위한 거래소 간 경쟁은 매우 치열하다. 현재는 씨보 글로벌 마켓(CBOE Global Markets)이 소유한 배츠 글로벌 마켓(Bats Global Market)이나 IEX 거래소와 같은 신규 거래소의 진입으로 경쟁은 더 치열해지고 있다. NYSE와 나스닥의 상장 요건에 대해 알아보려면 www.nyx.com과 www.nasdaqomx.com을 방문해보라. 한편, 거래소의 최소 요구 사항을 충족시키지 못할 경우 상장폐지가 될 수 있다는 점도 알아두어야 한다.[4)]

증권거래법과 증권거래위원회(SEC)

증권거래위원회(SEC: Securities and Exchange Commission)는 다양한 증권거래소들의 규제를 담당하는 연방 기관이다. 1933년의 증권거래법(The Securities Act)은 채권이나 주식을 파는 기업들의 재무정보를 모두 공개해 투자자 보호에 힘썼다. 미 국회는 광란의 1920년대와 1930년대 초반 대공황의 원인이 되고 당시 시장에 팽배해 있던 '누구나 참여할 수 있는 환경'에 대처하기 위해 이 법안을 통과시켰다. 1934년의 증권거래위원회법에 의해 다양한 거래소에서 이루어지는 활동을 규제하는 역할을 하는 증권거래위원회(SEC: Securities and Exchange Commission)가 탄생되었다.

증권거래위원회
거래소들의 규제를 담당하는 연방 기관

국가적인 거래소에서 거래가 되고 있는 기업들은 반드시 증권거래위원회에 등록을 해야 하며, 매년 갱신되는 기업 정보를 보고하여야만 한다. 1934년에 제정된 법은 주식이나 채권을 발행할 경우에 기업이 지켜야 하는 뚜렷한 가이드라인을 제시하기도 하였다. 예를 들어, 기업은 공개적으로 주식이나 채권을 대중에게 발행 및 판매하기에 앞서, 기업과 관련된 포괄적인 경제정보와 재무정보를 기술한 발행등록 서류를 제출하여야만 한다. 요약된 발행등록 서류를 **투자설명서**(prospectus)라고 하며, 이를 투자 희망자에게 반드시 보내야 한다.

투자설명서
주식 발행에 앞서 기업이 미국증권거래소(SEC)에 반드시 제출해야 하는 기업의 경제와 재정정보를 함축해 놓은 보고서로 투자 희망자들에게 반드시 교부되어야 함

1934년에 제정된 법은 기업 내부자들이 내부정보를 이용해 특권을 갖는 것을 방지하기 위한 지침을 제시하였다. 내부자 거래(insider trading)는 특정 개인이 기업의 내부적 지위를 바탕으로 획득한 정보와 주가 변동성을 틈타 부당한 이익을 얻는 것을 말한다. 여기서 명심할 점은 이 거래는 부당한 이익(benefit unfairly)이라는 것이다. 내부자들은 대중에게 알려지지 않은 내부자 정보를 부당하게 악용하지 않는 이상, 본인이 근무하고 있는 기업의 주식을 사고팔 수 있다.

증권거래위원회는 내부자(insider)를 처음에는 기업의 이사, 직원, 친척으로 상당히 좁은 범위로 정의하였다. 그러나 요즈음에는 대중에게 알려지지 않은 정보를 알고 있는 모든 사람을 내부자로 규정하고 있다.[5)] 예를 들어, 하비스트 골드의 재무이사(CFO)가

그림 18.1 이것은 내부자 거래인가 아닌가?

내부자 거래는 일반 투자 대중이 접근할 수 없는 정보에 기초하여 주식을 사고파는 행위를 말한다. 때때로 내부자 거래를 규정하기는 쉽지 않다. 다음의 가상 예제는 무엇이 합법이고 무엇이 불법인지에 대한 아이디어를 제공할 것이다. 여러분은 몇 문제를 맞힐 수 있을지 알아보기 바란다. 정답은 질문 끝 부분에 있다.

1. 대형 기업의 연구개발부서에서 일하는 여러분은 시장에서 대성공을 거둘 것으로 예상되는 신제품 개발에 관여하고 있다. 아직 이 정보는 공개된 것이 아니며, 기업 내부에서조차도 아주 소수의 사람만이 이 내용을 알고 있다. 여러분은 여러분 기업의 주식을 매입할 수 있는가?

2. 위에서 언급한 상황과 관련하여, 시내의 한 커피점에서 여러분의 친구를 만나, 기업 내부에서 일어나고 있는 일들을 친구에게 알려주었다. 커피점의 옆 테이블에 앉아 있던 손님이 이 대화 내용을 듣게 되었다. 기업의 공식적인 발표 이전에 이 손님이 주식을 매입하는 것은 합법적인가?

3. 여러분은 투자은행의 임원 비서로 일하고 있다. 임원이 복사해오라고 지시한 서류에는 피인수 기업에 큰 혜택을 줄 정보가 기록되어 있다. 여러분은 기업의 공식적인 발표 이전에 피인수 기업의 주식을 매입할 수 있는가?

4. 주식중개인이 잘 알려지지 않은 특정 기업의 주식을 여러분에게 매수하라고 추천하였다. 주식중개인이 내부자 정보를 가지고 있는 듯이 보였으나 구체적으로 정보의 출처(source)에 대해 여러분은 질문을 하지 않았다. 여러분은 이 특정 기업의 주식을 매수할 수 있는가?

5. 여러분은 어느 한 유명한 증권 기업의 청소부로 일하고 있다. 청소 도중에 이 증권사에서 취급하고 있는 기업 간의 대형 거래에 대한 정보를 담고 있는 서류를 쓰레기통과 프린터에서 발견했다. 여러분은 이 관련 기업들의 주식을 살 수 있는가?

답: 1. 아니오 2. 예 3. 아니오 4. 예 5. 아니오

옆집에 사는 이웃에게 자기 기업을 매각하기 위한 문서 작업을 마무리하는 중이라는 이야기를 누설했다고 가정하자. 그 후 이웃은 이 정보를 이용해 해당 주식을 매입한다. 법원이 이 매입에 관해 내부자 거래로 판정하는 것은 당연하다. 내부자 거래에 대한 처벌로 벌금형 또는 구속으로 이어지기까지 한다. SAC Capital 사의 자산관리자였던 매튜 마토마(Matthew Martoma)는 2014년에 역사상 최대 내부자 거래를 꾀했다가 징역 9년형을 선고받았다. 해당 회사는 18억 달러 벌금형을 선고받았다.[6] 그림 18.1을 보고 내부자 거래로 간주될 수 있는 상황을 스스로 테스트해 보아라.

글로벌 증권거래소

발달된 통신망과 허물어진 법적인 장벽 덕분에 투자자들은 세계 어디서든 증권을 살 수 있게 되었다. 예를 들어, 성장 잠재력이 있는 한 해외 기업에 여러분이 관심을 갖게 되었다면, 여러분은 해외 증권거래소에 접근성을 가진 미국 중개인을 통해서 큰 어려움 없이 해당 회사의 주식을 매입할 수 있다. 해외 투자자들도 미국 증권에 쉽게 투자할 수 있다. 런던이나 도쿄 증권거래소 같이 큰 거래소에서 상당한 양의 미국 주식들이 매일 거래되고 있다. 런던, 도쿄 증권거래소에서 더 나아가, 대표적인 증권거래소들이 상하이, 시드니, 홍콩, 상파울루, 토론토에 있다. 글로벌 시장이 확대됨에 따라 아프리카에서도 증권거래소가 활기를 띠고 있다.[7]

자기자본(주식)을 통한 장기자본의 조달은 많은 기업들이 추구하는 자금조달 방안이다. 다음의 시험 준비를 마친 후에 기업들이 주식을 발행함으로써 어떻게 자금을 조달하는 좀더 상세히 알아보기로 하자.

시험 준비

- 증권거래소의 주된 목적은 무엇인가?
- NASDAQ은 무엇의 약자인가? 이 거래소는 어떻게 운영되고 있는가?
- 어떤 정부기관들이 증권산업을 감독하고 있는가? 그 기관들의 설립 취지는 무엇인가?

학습목표 18-3 주식발행을 통한 자기자본 조달의 장단점을 비교하고 보통주와 우선주의 차이점을 설명할 수 있다.

주식발행을 통한 자기자본 조달

주식(stocks)이란 기업의 지분 소유권이다. **주권**(stock certificate)은 기업 이름, 주식 수, 발행주식 종류 등이 명기되어 있는 증서(다음 섹션에서 좀 더 자세히 논의될 것이다)이다. 요즘 기업들은 소유주에게 종이 주권을 별도로 발행할 필요가 없는데, 이는 대부분의 주식 거래가 전산상으로 이루어지기 때문이다.

때때로 주권에는 기업의 설립 허가서에 주당 할당된 가격, 즉 액면가격(par value)이 명시되어 있기도 한다. 하지만 요즘에는 액면가가 주식의 시장가(주식이 실제로 가지는 가치)를 반영하지 않기 때문에 대부분의 기업들은 액면가가 없거나 매우 낮은 액면가의 주식을 발행한다. **배당금**(dividends)은 주주들에게 현금이나 추가적인 주식의 형태로 배분되는 기업 수익의 일부분이다. 배당금은 기업 이사회(board of directors)에서 공표하며, 보통 매 분기마다 지급된다.[8]

주식
기업의 지분 소유권

주권
기업 이름, 주식 수, 주식의 종류 등을 명시해놓은 증서

배당금
주주들에게 현금 또는 추가적인 주식의 형태로 교부되는 기업 수익의 일부

주식발행의 장단점

주식발행은 다음과 같은 장점을 가지고 있다.

- 주주는 기업의 주인으로서 주주들에게는 원금을 갚지 않아도 된다.

- 주주들에게 배당금을 지불해야 된다는 법적인 의무가 없기 때문에 기업의 수익(이익잉여금)이 향후 재무적인 필요에 따라 재투자될 수 있다.
- 주식발행은 부채를 늘리는 것이 아니기 때문에 기업 대차대조표의 상태를 더 향상시킬 수 있다. (기업이 대차대조표의 개선과 재무 상태를 향상시키기 위하여 자사주를 되살 수 있다.)[9]

주식발행은 다음과 같은 단점을 가지고 있다.

- 기업의 주인으로서 주주들(일반적으로 보통주 소유자)은 이사진(board of directors)을 선출하는 의결권이 있다. 일반적으로 의결권은 한 주당 하나씩이다. 그러므로 추가적인 주식발행으로 회사 경영이 변화될 수 있다.
- 배당금은 세후에 지급되기 때문에 세금 감면 효과가 없다.
- 주주들의 요구를 만족시키려는 필요에 의해 경영진들의 의사결정이 영향을 받을 수 있다.

기업들은 우선주와 보통주의 두 가지 주식을 발행할 수 있다. 이 두 가지의 자기자본 조달 방식이 어떻게 다른지 살펴보자.

보통주 발행

보통주
기업 소유권의 가장 일반적인 형태로 의결권을 지니고 있으며, 이사회 결의 통과 시 배당을 받을 권리를 지닌다.

보통주(common stock)는 기업의 소유권을 나타내는 가장 기본적인 형태이다. 만약 기업이 한 가지 주식만 발행한다면 반드시 보통주여야 한다. 보통주를 소유하고 있는 주주들은 (1) 이사진과 기업에 영향을 미치는 사안에 대해 의결권을 행사할 수 있고, (2) 이사회에서 승인된 배당금을 통해 기업의 수익을 나눠 갖는다. 기업에 대한 의결권을 갖고 있는 보통주 소유자들은 기업 정책에 영향을 줄 수 있다. 왜냐하면 이들에 의해 선출된 이사진들은 최고경영진들을 선정하고 여러 가지 중요한 정책에 대한 결정권을 갖기 때문이다. 또 보통주 소유자들은 신주인수권(preemptive right), 즉 기업이 신주발행 시 우선으로 매입할 수 있는 권리를 갖는다. 이 권리로 인하여 보통주주들이 기업의 일정 부분의 소유권을 유지할 수 있다.[10]

우선주 발행

우선주
배당이나 기업 파산 시 자산 분배에 있어서 보통주보다 우선권을 갖는 주식

우선주(preferred stock) 소유자들은 배당금 수령에 있어서 우선권을 누린다. 즉, 보통주 소유자들에게 배당금을 지급하기 이전에 우선주 소유자들의 배당금을 모두 지급해야만 한다. 또 우선주 소유자들은 기업이 파산되어 자산을 청산할 경우 청구권을 우선적으로 갖는다. 하지만 일반적으로 우선주에는 기업에 대한 의결권이 없다.[11]

우선주는 액면가와 함께 발행되는데, 이 액면가는 기업이 지급하고자 하는 고정배당금의 산출 근거가 된다.[12] 예를 들어, 우선주의 주당 액면가가 50달러이고 배당률이 4퍼센트이면, 기업은 우선주 한 주당 2달러(50달러의 4퍼센트)의 배당금을 지불한다는 것이다. 이 우선주를 100주 소유하고 있는 투자자는, 매년마다 이사회에 의해 배당금 지

금이 확정되었을 경우, 고정적인 200달러의 배당금을 받게 된다.

우선주는 보통주와 다른 특징을 더 가지고 있다. 예를 들어, 우선주는 채권처럼 조기에 상환될(callable) 수도 있다. 즉, 기업이 우선주를 매입할 수도 있다. 우선주는 또한 보통주로 전환(convert)될 수도 있다(그러나 보통주가 우선주로 전환될 수는 없다). 우선주의 또 다른 중요한 특징은 배당금이 누적될 수 있다는 점이다. 즉, 약정과 달리 배당금이 지급되지 않았을 경우 지급되지 못한 배당금은 축적(cumulative)되어 향후 모두 지급되어야 한다. 기업은, 보통주 소유자들이 배당금을 지급받기 이전에, 우선주 소유자들이 과거에 받지 못했던 배당금을 포함한 모든 배당금을 먼저 지급해야만 한다.

핀터레스트(Pinterest)가 주식공개(IPO)를 했을 때, 14억 달러 이상의 자금을 조달할 수 있었다. 여러분은 주식발행이 왜 성장하려 하는 기업이 자금을 조달하는 데 있어서 매력적인 선택인지 알겠는가?

기업들은 종종 타인자본 조달을 통해서 자금을 확보하는 것을 선호하기도 한다. 대기업에서는 회사채(corporate bonds)를 발행함으로써 타인자본을 조달하곤 한다. 다음에서는 회사채 발행에 대해서 배우고, 회사채 발행이 주식발행과 어떻게 다른지 살펴보자.

시험 준비

- 자기자본 조달의 형태로서 주식발행이 가지는 장점과 단점을 적어도 2개 이상 나열해보라.
- 우선주와 보통주의 주요한 차이점은 무엇인가?

학습목표 18-4 타인자본 조달의 장단점을 비교하고 채권의 종류와 특징을 설명할 수 있다.

채권발행을 통한 타인자본 조달

채권(bond)은 특정인이 기업에 돈을 빌려주었음을 입증하는 증서이다. 채권을 발행한 기업이나 정부는 규정된 기간 인에 정기적인 이지 지급과 전체 원금을 투자자에게 돌려줄 법적인 의무가 있다. 발행이 어떻게 이루어지는지를 정확히 이해하기 위하여 채권의 용어를 좀 더 자세히 살펴보자.

채권
특정인이 기업(이나 정부)에 자금을 대부해주었나는 증서

채권 용어 이해하기

회사채(corporate bonds)는 주로 1,000달러 단위로 발행된다(국채는 더 큰 단위로 발행되기도 한다). 채권의 원금(principal)은 채권의 액면가(달러 단위)라고 한다. 발행 기업은 법적으로 채권의 원금 전액을 **만기일(maturity date)**에 채권자에게 갚아야 한다. **이자(interest)**는 채권 발행 기업이 채권투자자들의 자금을 빌린 것에 대한 보상으로 그들에게 지급하는 금액이다. 만약 하비스트 골드가 2028년 만기가 되는 1,000달러짜리 채권을 5퍼센트의 액면이자율로 발행하면, 이 기업은 1,000달러 전액을 갚기로 한 2028

만기일
채권 발행자가 채권 보유자에게 원금을 상환해야 하는 날

이자
채권 발행자가 채권자에게 자금을 빌린 대가로 지불하는 금액

년의 명시된 날짜까지 매년 50달러의 이자를 지급하기로 약정을 한 것이 된다. 만기일도 채권마다 다를 수 있다. 예를 들어, 디즈니, IBM, 코카콜라의 경우 만기가 100년인 채권(century bonds)을 발행한 적도 있다.[13)]

채권의 이자율(interest)은 채권의 액면이자율(coupon rate)이라고도 한다. 이 용어는 채권이 무기명채권(bearer bonds)으로 발행됐을 때 기인했다. 당시에는 채권을 실제로 보유한 사람(holder or bearer)이 법적인 소유자였으며, 채권을 발행하는 기업은 채권 양도의 기록을 갖고 있지 않았다. 따라서 채권 이자는 채권을 실제로 보유한 사람이 채권에 붙어 있던 쿠폰(coupon)을 채권을 발행한 기업에 보냈을 때 지급되었다. 하지만 오늘날에는 채권의 소유권은 등록부에 기재되어 있고, 소유권의 변경 역시 전산으로 기록되고 있다.

국채의 이자율은 기업의 이자율에 영향을 미친다. 국채는 안전한 투자 대상으로 간주되기 때문에 이자율이 낮다. 그림 18.2에는 증권시장에서 거래되는 미국 회사채들과 경쟁하는 몇 가지 종류의 국채가 나열되어 있다. 채권의 이자율은 경제 현황, 발행 기업의 평판, 유사한 기업의 이자율과 같은 요인들에 따라서 변한다. 채권의 이자율은 연이자율로 명시되나, 보통 2번에 나눠서 6개월마다 지급된다. 채권의 이자율은 일반적으로 변화할 수 없다.

채권등급 평가기관들은 기업이 발행한 채권의 신용도를 평가한다. 독립적인 신용평가기관인 스탠다드앤드 푸어스(S&P), 무디스(Moody's), 피치(Fitch Ratings)는 채권의 위험 정도에 따라서 신용등급을 매긴다.[14)] 채권 신용등급의 범위는 우량 등급에서부터 비우량 등급(junk)이라고 간주되는 채권까지 다양하다(이에 대해서는 뒤에서 더 다루기로 하자). 그림 18.3에는 이 신용평가기관들이 채권에 부여하는 평가 범위가 나타나 있다.

채권발행의 장단점

채권은 장기 자금조달의 이익을 기업에 가져다 준다. 채권발행의 유리한 점은 다음과 같다.

- 채권 소유자는 기업의 주주가 아닌 채권자이기 때문에 기업의 중요한 사안에 대해 투표권이 없다. 그래서 경영진이 기업 운영에 대한 통제권을 유지한다.
- 채권에 대한 이자 지급은 사업비용이기 때문에 발행한 기업에 법인세 감면 효과를 가져다준다(특정한 이자 비용이 법인세를 줄일 수 있다는 점에 대해서는 16장에서 이미 설명하였다).
- 채권은 기업의 일시적인 자금조달의 방법이다. 결국엔 상환함으로써 채무 의무는 없어진다.
- 수의상환채(callable bond)는 명시된 만기일 전에 원금을 조기 상환할 수 있다. 보통주로 전환될 수 있는 채권도 있다(다음에 두 채권의 특징이 설명되어 있다).

국채(U.S. government bond)
연방정부가 발행, 가장 안전한 채권

단기 국채(T-bill: Treasury bill)
만기가 1년 이하, 최소 액면가 $1,000

중기 국채(Treasury note)
만기가 10년 이하, 액면가 $1,000에서 $1,000,000까지

장기 국채(Treasury bond)
만기가 25년 이상, 액면가 $1,000에서 $1,000,000까지

지방 채권(Municipal bond)
주정부, 시, 군 정부가 발행, 주로 연방 세금 면제

양키 채권(Yankee bond)
미국의 금융시장에서 달러 표시로 발행되는 외국 정부나 기업의 채권

그림 18.2 **회사채와 대비되는 국채의 종류**

채권 자금조달에 있어 불리한 점은 다음과 같다.

- 채권은 기업의 부채를 높여주기 때문에 시장이 기업을 인식하는 데 있어서 나쁜 영향을 줄 수 있다.
- 채권의 이자 지급은 법적인 의무이다. 만약 이자가 지급되지 않을 경우 채권자가 법적인 조치를 통해서 이자 지급을 강제할 수 있다.
- 채권의 액면가는 반드시 만기일에 상환되어야 한다. 사전에 세밀한 상환 계획을 세우지 않았을 경우, 만기 상환 시에 현금흐름의 문제를 야기할 수도 있다.

다양한 종류의 채권

기업은 두 가지 종류의 회사채를 발행할 수 있다. 첫 번째 종류는 담보(토지나 설비)가 잡히지 않은 무담보사채(unsecured bond)이다. 이런 채권을 보통 **무보증채권**(debenture bond)이라고 부른다. 일반적으로 우수한 신용평가와 명성이 높은 기업들만이 무담보사채를 발행할 수 있다. 왜냐하면 채권 소유자가 유일하게 믿을 수 있는 것이 담보 없이 그 기업의 명성과 신용 내역뿐이기 때문이다. 두 번째 종류는 발행 기업이 약속된 채권의 이자나 원금을 갚지 못할 경우, 기업의 유형자산이 채권자에게 담보로 잡혀 있는 담보사채(secured bond)이다. 예를 들어, 모기지 채권(mortgage bonds)은 기업의 토지나 건축물로 담보가 잡혀있는 채권이다. 채권을 발행할 때, 기업은 다양한 특징이나 조항을 채권에 포함시킬 수 있다. 채권이 가지고 있는 다양하고 특별한 특징들을 살펴보자.

무보증채권
담보 설정 없이 발행한 채권

그림 18.3 **채권의 평가: 무디스, 스탠다드앤드푸어스, 피치의 채권 평가 기준**

등급			
무디스	스탠다드앤드푸어스	피치	설명
Aaa	AAA	AAA	최상위 등급(가장 낮은 디폴트 위험)
Aa	AA	AA	상위 등급
A	A	A	중상위 등급
Baa	BBB	BBB	중간 등급
Ba	BB	BB	중하위 등급
B	B	B	투기적 등급
Caa	CCC, CC	CCC	하위 등급
Ca	C	DDD	높은 투기적 등급
C	D	D	최하위 등급

채권의 특별한 특징

감채기금
채권발행자가 만기일에 채권 상환을 하기 위한 충분한 자금을 확보하기 위해 채권 원리금의 일부를 회수하는 자금 계정

이제 여러분은 채권에 액면이자율이 명시되어 발행되고, 담보의 존재 여부에 따라 담보사채와 무담보사채로 분류되고, 만기일에 반드시 상환되어야 한다는 사실을 이해했을 것이다. 원금의 지급은 기업이 채권소유자들에게 만기 시 부채 전액을 갚을 수 있게 하는 **감채기금**(sinking fund)이라는 충당금 계정을 만듦으로써 가능하다. 감채기금 채권을 발행하는 기업들은 주기적으로 채권 원금의 일부를 이 계정에 축적시켜 만기 이전에 채권의 일부를 상환하기도 하여 만기 시에 충분히 축적된 자금으로 남은 채권을 상환한다. 감채기금은 발행 기업과 잠재적인 투자자들에게 몇 가지 이유로 매력적일 수 있다.

- 감채기금 채권은 정기적으로 채권을 상환하게 해준다.
- 감채기금 채권은 채권 원금이 미상환될 위험을 줄여준다.
- 감채기금 채권은 만기 시에 채권의 원금이 미상환되는 위험을 줄여주기 때문에 채권의 시장가를 높이는 효과가 있다.

채권의 또 하나의 특징은 수의상환 조항이다. 수의상환 사채(callable bond)에는 채권발행자가 만기 전에 원금을 상환할 수 있는 권리가 있다. 이러한 특징은 기업의 장기 예측에 대해 어느 정도의 재량권을 부여할 수 있게 한다. 예를 들어, 하비스트 골드가 액면이자율이 10퍼센트이고 만기가 20년인 채권을 1,000만 달러 발행했다고 가정하자. 매년 연간 이자 비용은 100만 달러가 된다(천만 달러의 10퍼센트). 만약 몇 년 안에 시장 상황이 변하여, 비슷한 신용등급을 지닌 채권이 7퍼센트의 이자를 지불할 때, 하비스트 골드는 3퍼센트(매년 30만 달러)의 이자 비용을 추가로 내게 되는 셈이다. 당연히 기업 입장에서는 기존 채권들을 조기상환(call)하고 낮은 액면이자율로 새로운 채권들을 발행하면 이득이다. 만약 기업이 만기 전에 채권을 조기상환하게 되면 투자자들은 채권의 액면가 이상의 원금을 받게 된다.

채권에 포함될 수 있는 또 다른 특징은 전환 가능성이다. 전환사채(convertible bond)는 채권을 발행한 기업의 보통주로 전환이 가능한 채권을 말한다. 보통주의 가치가 채권

의 가치보다 더 빨리 상승한다는 점을 감안하면, 이 특징은 투자자들이 채권을 매수하고자 하는 동기가 되기도 한다. 그러므로 만약 어느 특정 기업의 보통주 가치가 시간이 지남에 따라 크게 오른다면, 채권 소유자들은 전환하지 않았을 때 지속적으로 얻어지는 채권의 이자 금액과 특정 수의 주식으로 전환할 경우 얻게 될 이익을 서로 비교할 것이다.[15]

이제 기업의 관섬에서 자금조달 방법으로서의 주식과 채권의 장단점을 이해하였으므로, 투자자의 입장에서 주식, 채권, 그리고 다른 증권에 투자함으로써 얻을 수 있는 투자 기회에 대해 알아보자. 그 이전에 먼저 시험 준비를 해보도록 하자.

시험 준비

- 왜 채권은 타인자본 조달의 한 형태로 간주되는가?
- 기업이 만기가 2028년이고 액면이자율이 9퍼센트인 무담보채권을 발행한다는 의미는 무엇인가?
- 담보사채와 무담보사채의 차이를 설명하라.
- 전환사채는 왜 투자자들에게 인기가 있을까?

학습목표 18-5 장기 성장성, 소득, 현금, 인플레이션(inflation)으로부터의 보호 등과 같은 투자 목표의 설정과 증권시장에 투자하는 방법을 설명할 수 있다.

증권에 투자하는 방법

주식과 채권에 투자하는 것은 어렵지 않다. 첫 번째, 어떠한 채권과 주식을 살 것인지 결정한다. 그 다음에 여러분은 주문을 하기 위해서 거래소에서의 주식과 채권을 거래하도록 공인된 등록 대리인을 찾아야 한다. **증권 브로커**(stockbroker)는 시장 중개자이자 등록된 대리인으로서 고객을 위해 주식을 사고파는 사람이다. 증권 브로커가 주식거래소의 회원에게 주문을 하면 그 회원은 주식이나 채권이 거래되는 거래소에 가서 가격을 흥정한다. 거래가 성사된 후 그 거래는 여러분의 브로커에게 보고되고, 브로커는 여러분에게 매입이 성사되었음을 알려준다. 오늘날의 큰 중개기관들은 자동화된 주문 시스템을 이용하여, 투자자들이 브로커들에게 주문하는 즉시 거래소에 주문을 할 수 있도록 해준다. 단 몇 초 만에 주문이 확정된다.

증권 브로커
고객 대신 증권 거래를 중개하는 등록된 대리인

투자자의 재무적인 목적을 달성하기 위하여 어떤 주식과 채권을 매입해야 되는지에 대해서 브로커는 아주 중요한 정보의 원천이 될 수 있다. 하지만 주식거래 중개인들의 조언이 항상 투자자의 구체적인 기대와 필요를 충족시키지 못할 수 있기 때문에, 투자자들 자신이 직접 주식과 채권에 대해 알고 눈여겨보는 것도 매우 중요하다.

오늘날 일부 투자자들은 독립적인 자문인이 투자 결정을 하도록 함으로써 얻는 이점을 활용하고 있다. 그러나 '중소기업 스포트라이트' 글상자에서는 독립적인 투자자문인의 독립성에 대한 질문을 제기하고 있다.

온라인으로 투자하기

투자자는 다수의 온라인 거래 중개 서비스를 통해 주식과 채권을 사고팔 수 있다. 찰스

중소기업 스포트라이트

독립 재무 자문가는 얼마나 독립적인가?

consumerfed.org

독립적인 재무 자문 산업이 붐을 일으키고 있다. 점점 더 많은 투자자들이 재무 설계의 도움을 받기 위해 독립적인 재무 자문사에 의지하고 있다. 특히, 미래의 노후 소득, 자녀 교육자금 마련, 학자금 부채 관리 등을 추구하는 투자자들의 경우 더욱 그렇다. 월가의 대기업들이 고객의 이익을 위해 최선을 다하지 않는다는 의혹 때문에 수많은 투자자들이 완전히 독립적이라고 느끼는 작은 회사들로부터 투자 조언을 얻는 상황이 발생하게 되었다. 결국, '독립적'이라는 단어는 투자자들이 편견 없는 조언을 받는다는 것을 의미한다. 하지만 실제는 그럴 수도 있고 아닐 수도 있다.

불행하게도, 독립이라는 단어는 오용될 수 있다. 미국소비자연맹(Consumer Federation of America)의 미카 하우프트만(Micah Hauptman)은 "기업이 독립적이라고 해서 다른 회사들이 가지고 있는 편견으로부터 자유롭다는 것을 의미하지는 않는다"라고 말한다. 일부 투자자들이 발견했듯이, 독립 자문회사의 자문인들은 고액 수수료나 위험한 투자를 추천하는 데 있어 월가의 대기업에서 일하는 자문인들과 마찬가지로 갈등이 있을 수 있다. 가장 중요한 문제는 최선의 이익이라는 용어인 것 같다. 이 용어는 다소 왜곡된 표현이다. 만약 자문인이 등록된 독립투자자문인(RIA)이라면 고객의 이해관계가 자문인의 이해관계보다 항상 선행되어야 한다는 '수탁자' 조언 기준을 따라야 한다. 자문인이 브로커와 RIA로 이중 등록을 했을 때 혼란이 시작된다. 이중 등록을 통해 자문인은 높은 수수료를 받는 상품을 추천할 수 있으며, 다른 기능에서는 동시에 수탁자 역할을 할 수도 있다.

가장 좋은 조언은 충분한 시간을 갖고서 자문인, 활용 가능한 다양한 투자 방법, 그리고 구체적으로 재무 계획에 적합한 방법에 대해 알아보는 것이다. 관계를 맺으면서 지속적으로 질문을 하는 것은 필수이다. 생각해 보라. 여러분은 의사에게 육체적 건강에 대해 질문하는 것은 주저하지 않는데, 왜 여러분의 재무적 건강은 달라야 할까? 재무 자문인은 여러분의 재무 목표를 달성하는 데 도움이 되는 귀중한 정보원이 될 수 있다. 올바른 선택을 했는지 확인해보라.

출처: Daren Fonda, "How Independent Is Your Independent Advisor?," Barron's, January 6, 2020; "How to Choose a Financial Advisor," Sun Trust, suntrust.com, accessed March 2020; Greg Iacurci, "Financial Advisors Must Find Their Niche to Survive over Next 5 to 10 Years," CNBC, cnbc. com, February 24, 2020; Coryanne Hicks, "What Is a Fiduciary Financial Advisor?," U.S. News & World Report, money. usnews.com, February 24, 2020; Jason Zweig, "The Puzzle of Your Adviser's Pay," The Wall Street Journal, March 7, 2020.

슈왑(Charles Schwab), 인터액티브 브로커스(Interactive Brokers), 그리고 피델리티(Fidelity)는 온라인 주식거래 서비스를 제공하는 대표적인 기업들이다.[16] 온라인 거래에 관심이 있는 투자자들은 브로커의 도움 없이 자신이 직접 주식에 대해 연구를 하고 스스로 투자 결정을 하려는 투자자들이다. 따라서 온라인 거래 중개 서비스 기업들은 일반 거래 중개 기업보다 훨씬 더 적은 수수료를 청구한다. 선도적인 거래 중개 서비스 기업들은 기업 재무정보, 과거 주가변동의 추이와 애널리스트 리포트 등을 제공하기도 한다. 투자자 증권계좌의 액수와 거래량에 따라서 온라인 브로커들이 제공하는 정보들의 수준이 다소 다를 수 있다.

로보 어드바이저(Robo-advisors)는 고급 알고리즘을 활용하여 투자 제안을 하고, 자금을 관리하고, 고객 포트폴리오의 투자 비중을 재조정하고, 세금을 절약하기 위해 심지어 투자방안을 전환하는 자동화된 온라인 도구이다. 로보 투자를 통해 로봇에게 투사 위험의 허용 범위와 재무 목표를 인지시키면 나머지는 로보 어드바이저의 알고리즘에 의해 처리된다. 일반적으로 여러분의 투자는 보수적인 상장지수펀드(ETF)와 높은 등급의 우량채권에 투자된다. 그러나 로보 어드바이저는 여러분 투자 계좌 내의 포트폴리오

윤리적 의사결정

투자결정을 내가 할 것인가, 다른 사람에게 넘길 것인가?

여러분은 여러분의 삼촌 알렉스가 오랫동안 싸워온 폐암으로 돌아가셨다는 소식을 들었다고 하자. 놀랍게도, 삼촌은 사랑하는 조카인 여러분을 위해 25,000달러를 상속해 주었다. 삼촌은 야구를 좋아하고, 여러분이 학교 야구팀을 위해 뛰는 것을 좋아했다고 하자. 안타깝게도, 여러분의 삼촌은 이른 나이에 흡연을 시작했고, 심한 흡연사였다. 의사는 흡연이 삼촌의 폐암 발병의 주요 요인이라고 했다.

상속 후에 여러분은 상속받은 재산을 어디에 투자할지 고심 중이다. 여러분의 오랜 친구이자 투자 자문가인 잭은 잘 알려진 한 다국적기업의 주식을 살 것을 조언해주었다. 잭이 추천해준 해당 기업은 배당금을 지급하기도 하고 글로벌 성장 가능성이 높다. 해당 기업의 주력 제품은 담배이며, 그밖에도 다양한 제품을 판매한다. 여러분은 잭이 여러분을 위해서 마음을 써주었다는 것을 안다. 그리고 삼촌 알렉스가 자신이 상속해준 재산이 잘 관리되기를 바란다는 것도 안다. 하지만 삼촌 알렉스가 상속해준 자산으로 담배를 주로 판매하는 기업에 투자하는 것이 바람직한 선택인지 여러분은 고심 중이다. 이러한 경우, 바람직한 대안으로는 어떤 것이 있을까? 그 대안의 결과는 무엇인가? 여러분은 어떠한 선택을 할 것인가?

의 투자 비중을 재조정하고 세금을 최소화하는 데 도움이 되는 방향으로 거래를 할 것이다.[17] 웰스프론트(Wealthfront)에서 로보 어드바이저는 여러분의 투자자금 $10,000에 대해서는 수수료를 부과하지 않고 이를 초과하는 투자 금액에 대해 0.25%의 수수료를 부과한다. 전통적인 투자자문사는 투자 금액에 대해 연간 1% 이상을 청구한다. 로보 어드바이저는 금융전문가가 할 수 있는 모든 일을 똑같이 할 수는 없다. 재무관리자, 특히 공인재무설계사(CFP)는 부동산 계획, 모기지 재융자, 신탁 투자는 물론 자녀교육 계획과 같은 개인적인 문제에 대해 특별한 교육을 받은 전문가들이다.

온라인 거래 중개 서비스 기업을 통하든 전통적인 브로커를 통하든 주식을 거래하든 반드시 기억해야 할 점은 투자라는 것은 기대수익의 창출을 위해서는 위험을 감수해야 한다는 것이다. 2000년대 초 닷컴버블(dot-com bubble)과 2008년에 시작된 주식시장 침체기에 확실하게 볼 수 있었듯이, 투자는 확실히 위험을 내포하고 있다.[20] 그러므로 투자에 필요한 첫 번째 단계는 여러분의 투자 위험 감수도를 평가하는 것이다. 덧붙여, 여러분의 요구수익률, 현금 보유 필요액, 성장 잠재성, 리스크, 인플레이션에 대한 헤징(hedging)과 같은 요소들을 분석하는 것도 필요하다. '윤리적 의사결정' 글상자에서는 흥미로운 주식투자 결정 사례를 다룬다.

투자를 하는 데 있어 나이는 중요치 않다. 그러나 여러분은 투자에 앞서, 투자 대안들에 대해 고려해 보아야만 한다. 몇 가지 투자 전략을 살펴보자.

올바른 투자 전략 선택하기

시간이 지남에 따라 투자자의 투자 목적은 변한다. 투자 결정은 연령과 소득과 같은 개인적인 목적에 좌우된다. 예를 들어, 젊은 투자자는 은퇴가 임박한 투자자보다 리스크가 높은 주식에 투자할 여유가 있다. 때때로 젊은 투자자들은 엄청난 성장성을 지닌 투자 대상을 찾아다닌다. 젊은 사람들은 만약 주식이 2008년도와 같이 일시적으로 폭락(20%)할 경우 다시 반등할 때까지(2017년에 그랬던 것처럼) 기다릴 수 있는 시간 여력이 있다. 하지만 고정적 수입을 가진 고령의 투자자들은 주가가 다시 회복될 때까지 기다릴 수 있는 여유가 없으며, 고정적인 수익을 선호하고 인플레이션에 대한 보호 장치로서 채권에 투자할 경향이 더욱 크다.

투자자들은 투자 옵션을 선택하는 데 있어서 다음의 주요 5가지 기준을 고려해야 한다.

1. 투자 위험(Investment risk): 투자의 현재가치보다 미래가치가 떨어질 수 있는 위험
2. 수익률(Yield): 보통 1년 동안 이자나 배당금과 같은 투자 대상의 기대수익률
3. 만기(Duration): 투자자의 돈이 투자 대상에 귀속되어 있는 기간
4. 유동성(Liquidity): 필요 시 투자 자금을 얼마나 빨리 회수할 수 있는가?
5. 세금(Tax consequences): 투자가 투자자의 소득세에 어떠한 영향을 미치는가?

모든 투자 전략에 내재된 특징은 바로 위험과 수익에 대한 절충 관계(trade-off)이다. 투자자들은 투자 목적을 정한 후 그에 맞는 투자 전략을 수립해야 한다. 투자 목적은 성장성(가격이 상승할 것으로 예상되는 주식에 투자)이 될 수도 있고 소득(지속적으로 이자를 지급하는 채권이나 배당을 많이 주는 주식에 투자)이 될 수도 있다.

분산투자를 통한 위험 감소

분산투자
위험을 분산시키기 위해 여러 다양한 투자 대상을 찾는 투자행위

분산투자(diversification)란 여러 다른 투자 대안들을 혼합함으로써 투자의 위험을 분산시키는 것이다. 예를 들어, 어느 한 투자자가 투자자금의 25퍼센트를 상대적으로 위험이 큰 성장주에 투자한다. 다른 25퍼센트는 보수적인 국채에 투자를 하고, 25퍼센트는 배당금을 지급하는 수익주식, 10퍼센트는 국제적 뮤추얼펀드(나중에 다룬다), 나머지는 비상 시 또는 다른 투자 기회를 위해 은행에 입금해두는 것이다. 분산투자를 함으로써 투자자들은 전체 투자자금을 잃을 수 있는 확률이 줄어든다. 이러한 투자 전략은 포트폴리오 전략(portfolio strategy) 또는 배분 모델(allocation model)이라고 한다.[18]

주식브로커와 공인재무설계사(CFPs;Certified Financial Planners)는 각 고객의 투자 목적에 따라 가장 좋은 포트폴리오를 구성해줄 수 있도록 단련되어 있다. 하지만 투자자 스스로가 시장에 대해 더 많이 공부하고 지식을 쌓음으로써 더 높은 잠재적 이익을 기대할 수 있다. 투자에 대한 단기 특강 수업을 수강하는 것도 도움이 된다. 주식과 채권은 투자자가 금전적으로 안정적인 미래를 확보할 수 있는 기회를 제공한다. '우리의 경계를 넘어' 글상자에서는 글로벌 주식 투자를 통해 투자자들이 가질 수 있는 기회를 다룬다. 주식과 채권에 대해 깊이 살펴보기 전에 시험 준비를 통하여 여러분의 이해 정도를 확인해 보도록 하자.

시험 준비

- 온라인을 통하여 투자할 경우, 장점과 단점은 무엇인가?
- 투자전략을 수립하는 데 있어서 명심해야 할 주요 요인은 무엇인가?
- 분산투자를 하는 궁극적인 목적은 무엇인가?

학습목표 18-6 투자 대상으로서의 주식이 주는 기회를 설명할 수 있다.

주식투자

주식을 매수함으로써 투자자는 기업의 일부를 소유하게 된다. 이는 투자자들이 해당 기업의 주식 소유자들로서 기업의 성과에 관여할 수 있다는 것을 의미한다. 빈대로, 기업의 성과가 저조했거나, 전반적인 증권시장이 침체할 경우 투자자들 역시 손실을 볼 수도 있다.

투자자들은 시장을 보는 인식에 따라 황소투자자(bull) 또는 곰투자자(bear)라고 불린다. 황소투자자는 향후 주가가 오를 것이라고 예상하고 주식을 매입하는 투자자들이다. 전체 주식시장이 상승 추세일 경우 황소시장(bull market)이라고 부른다. 곰투자자는 향후 주가가 내릴 것이라고 예상하고 주식을 매도하는 투자자들이다. 전체 주식시장이 하락 추세일 경우 곰시장(bear market)이라고 부른다.

주식의 시장가격과 성장성은 해당 기업이 사업 목표를 얼마나 달성했는지에 좌우된다. 만약 기업이 정해진 사업 목표를 달성하게 되면, **자본이익(capital gains)**에 대한 기회가 더 크다고 할 수 있다. 자본이익이란 투자자가 주식을 매입한 가격과 매도한 가격의 차이로 양의 값을 지니는 값을 말한다. 예를 들어, 만약 1965년에 맥도날드가 처음 기업공개를 했을 때 2,250달러를 투자하여 100주를 샀더라면, 2020년 3월 2일 기준으로 그 투자는 (12번의 주식분할을 한 후에) 74,360주로 늘어나고 1천5백만 달러 이상의 가치로 커져 있을 것이다. 정말 엄청난 빅 맥(Big Mac)이 된 것이다.

자본이익(자본이득)
주식의 매입가와 매도가 사이의 차이로 양의 값을 지니는 값

투자자들은 자신의 투자 전략에 따라서 주식투자 기회를 선택할 것이다. 코카콜라, 존슨앤드존슨, IBM과 같은 우량기업들은 블루칩 우량주식(블루칩 주식(bluechip stock)이라는 포커게임에서 가장 높은 가치를 가진 칩이 블루칩이라는 데서 비롯되었다)으로 알려져 있다. 이 주식들은 정기적으로 배당금을 지급하고 일반적으로 주가도 지속적으로 성장해왔다.

기술주, 바이오기술주, 인터넷 관련주와 같이 해당 주식의 기업이 다른 주식의 기업들보다 더 빨리 성장할 것으로 기대되는 주식은 성장주(growth stock)라 불린다. 위험은 큰 것으로 간주되지만, 이러한 주식들은 투자자에게 높은 수익을 가져다줄 잠재력이 있다. 또 하나의 투자 대안은 배당주식(income stock)이다. 이러한 주식들은 투자자에게 높은 배당을 가져다주는 주식이다. 공공사업체(public utility) 주식은 대개 배당주식으로 여겨지는데, 높은 배당을 가져다주기 때문에 물가상승률(inflation)과 보조를 맞출 수 있다. 투자자들은 투기적 저가주(penny stock)로 알려져 있는 주식에 투자할 수도 있다. 이는, 석유 탐사와 같이 고위험이 수반되는 사업의 주식에 투자하는 것을 말한다. 투기적 저가주는 보통 2달러 이하(일부 애널리스트들은 5달러 이하)에 팔리는 주식을 말한다.[19]

주식을 사는 투자자들의 경우 거래 주문을 하는데 있어서 더 다양한 선택권이 있다. 예를 들어, 주식투자자들은 현재 가능한 최적의 가격으로 즉시 사거나 팔 수 있는 시장가 주문(market order)을 낼 수 있다. 지정가 주문(limit order)은 특정한 가격을 지정하여, 그 가격이 가능해질 때 사거나 팔 것을 브로커에게 주문하는 것이다. 예를 들어,

현재 어느 특정 주식이 주당 460달러에 팔리고 있다고 가정하자. 여러분은 주식 가격이 궁극적으로 올라갈 것이지만, 일시적으로 52달러까지 내려갈 것이라고 예상을 한다. 그러면 여러분은 52달러에 지정가 매수주문(limit buy order)을 걸어놓을 수 있다. 브로커는 가격이 52달러로 내려갈 경우 주식을 매입할 것이다. 만약 주식이 52달러까지 내려가지 않는다면 브로커는 그 주식을 매입하지 못할 것이다.

주식분할

주식분할
주주들에게 현재 보유하는 주식 수의 두 배 또는 그 이상을 주는 기업 행위

기업이나 브로커들은 주식매입의 최소거래단위(round lots)를 100주로 하는 것을 선호한다. 하지만 투자자들은 한번에 100주를 거래할 자금 여유가 없을 경우도 있기 때문에, 단주(odd lots)나 100주 미만을 매입하는 경우도 있다. 이와 같이 높은 주가를 가진 해당 기업은 **주식분할(stock splits)**을 한다. 주식분할이란 현재 유통되고 있는 기업의 주식 1주를 2주나 그 이상으로 분할하는 것을 말한다. 만약 하비스트 골드 주식이 주당 100달러에 팔리고 있다면 하비스트 골드는 현재 1주당 2주로 주식 분할을 선언할 수 있다. 현재 하비스트 골드 주식을 1주 보유하고 있는 투자자는 주식분할 선언 후로는 2주를 보유하게 된다. 하지만 주당 가격이 절반인 50달러가 된다.

주식분할 후에도 기업의 소유구조와 투자가치는 변함이 없다. 하지만 투자자들이 주식분할을 승인하는 이유는 주당 100달러 때의 수요보다 50달러 때의 수요가 더 많기 때문이다. 그러므로 주식분할 후에 50달러의 주가는 추후 상승할 기대를 가지게 된다. 하지만 기업들은 주식분할을 강요당할 수 없으며, 요즘에는 주식분할이 덜 흔히 발생하고 있다.[20] 예를 들어, 워런 버핏의 버크셔 헤서웨이(Berkshire Hathaway)의 경우 A급(Class A) 주식에 대한 주식분할을 단 한 번도 하지 않았고 한때 1주당 가격은 31만 2천달러까지 치솟았다.[21]

신용(증거금) 매입

증거금 매입
증권사로부터 주식 매입자금의 일부를 대여해 주식을 매입하는 것

증거금 매입(buying stock on margin)은 주식 브로커 업체에서 주식 매입 비용의 일부를 빌리는 것을 말한다. 증거금(margin)은 투자자가 반드시 투자를 해야 되는 금액이다. 미연방준비은행의 이사회는 미국 시장의 증거금비율(margin rate)을 결정한다. 간단히 말하자면 증거금비율이 50퍼센트일 경우, 증거금 계정이 허가가 되는 투자자는 주식 매입액의 50퍼센트를 거래중개기업으로부터 빌릴 수 있다.

신용(증거금) 매입을 통해 더 많은 주식을 사는 것이 쉽고 유리하게 느껴질 수도 있지만, 불리한 점 역시 존재한다. 투자자는 반드시 거래중개기업에서 빌린 원금에 이자를 덧붙여 갚아야 한다는 것이다. 또한 투자자의 보유 계정의 시장가치가 하락할 경우 브로커는 포트폴리오의 손실을 면하기 위해 손실금액을 계정에 추가로 입금할 것을 요구하는 추가증거금 청구(margin call)를 할 것이다. 만약 투자자가 추가증거금을 입금하지 못하면 거래중개기업은 더 큰 손실을 예방하기 위해 합법적으로 투자자의 주식을 처분할 수 있다. 추가증거금 청구를 받게 되면 투자자는 단 몇 시간 또는 며칠 안에 보유계정의 손실 부분을 보충하여야 한다. 따라서 신용(증거금) 매입은 주식에 투자하는 위험한 방법이다.

주식시세(stock quotations)의 이해

여러분은 뉴욕 시 타임스퀘어(Times Square)를 거닐다 보면, 나스닥(NASDAQ)에 상장된 주식들의 가격이 어떻게 변화하고 있는지를 알 수 있을 것이다. 나스닥 가격 벽(The NASDAQ price wall)이 계속해서 최신 주식 가격과 주식 거래량을 보여주기 때문이다. 주로 소규모 기업들만 취급했던 나스닥은 최근 들어 새로운 주식들의 상장을 유도하기 위해 NYSE 유로넥스트와 경쟁하고 있다.

〈월스트리트저널(Wall Street Journal)〉이나 〈바론즈(Barron's)〉 혹은 〈인베스터즈 비즈니스 데일리(Investor's Business Daily)〉를 살펴보면 주식과 다른 투자에 대한 풍부한 정보를 얻을 수 있다. 여러분 지역의 지방 신문 또한 유사한 정보를 제공할 것이다. 엠에스엔머니(MSN Money)나 야후(Yahoo!)와 같은 인터넷 포털에서도 쉽게 최신 기업 관련 정보를 얻을 수 있다. 그림 18.4에서는 엠에스엔머니(MSN Money)에 나온 마이크로소프트(Microsoft)의 주식 시세 내역이 예제로 나타나 있다. 마이크로소프트(Microsoft) 주식은 MSFT라는 종목코드로 나스닥 거래소에서 거래되고 있다. 우선주는 종목코드 뒤에 pf라는 글씨가 붙어 있음으로써 우선주임을 나타낸다. 기업은 여러 가지 다른 우선주를 가질 수 있다.

주식시세표에 제공된 정보는 이해하기 쉽게 되어있다. 주식시세표에는 해당 주식의 당일 최고 거래가와 당일 최저 거래가, 지난 52주 동안의 최고 거래가와 최저 거래가, 배당금, 배당수익률(연간 배당금을 주가로 나눈 비율), 주가수익률(price/earnings ratio: 주가를 주당이익금으로 나눈 비율), 주당순이익(earnings per share) 등이 포함되어 있다. 또한 해당 기업의 주식 거래량과 시가총액 등도 포함되어 있다. 보다 기술적인 요소인 주식의 베타(기업의 체계적 위험을 나타내는 지수) 등이 포함될 수도 있다. 그림 18.4에는 일중(거래 당일 동안 발생한) 거래 내역이 나타나 있다. 또한 특정 기간 동안의 주가의 움직임을 나타내는 그래프를 볼 수도 있다. 채권, 펀드 등 다른 투자에 대한 유사한 정보를 온라인으로 확인할 수 있다.

그림 18.4 주식시세표 이해하기

Microsoft Corporation (MSFT)
NasdaqGS - NasdaqGS Real Time Price. Currency in USD

71.74 −0.74 (−1.01%)
As of 3:24PM EDT. Market open.

Previous Close	72.4700	Market Cap	552.559B
Open	71.90	Beta	1.44
Bid	71.94 × 100	PE Ratio (TTM)	31.66
Ask	71.94 × 3900	EPS (TTM)	2.27
Day's Range	71.56 – 72.19	Earnings Date	Oct 30, 2017
52 Week Range	55.6100 – 74.4200	Dividend & Yield	1.56 (2.14%)
Volume	15,191,793	Ex-Dividend Date	2017-08-15
Avg. Volume	25,006,690	1y Target Est	80.19

Trade prices are not sourced from all markets.

여러분은 여러분의 관심을 끄는 특정 주식을 투자하는 데 시장의 움직임을 따르고 싶어할 것이다. 여러분에게 투자할 충분한 자금이 없음에도 말이다. 많은 성공한 투자자들은 가상적 포트폴리오를 짜고 그 주식들의 추이를 분석함으로써 투자에 성공할 수 있었다. 투자하기에 앞서서 투자에 대해 더 많이 알수록 좋다(단원 끝부분에 있는 '직업기술의 개발'과 '원리의 적용'을 통해 여러분은 투자 실전을 위한 연습을 할 수 있다).

학습목표 18-7 투자 대상으로서의 채권이 주는 기회를 설명할 수 있다.

채권 투자

낮은 위험과 보장된 소득을 원하는 투자자들에게는 미국 국채(U.S. government bonds)가 안정적인 투자 대상이다. 왜냐하면 국채는 미국 연방정부의 전반적인 신용과 신의를 근거로 발행되는 채권이기 때문이다. 지방정부가 발행하는 지방채(Municipal bonds)도 안전한 채권으로서, 연방 세금의 면제같은 혜택이 주어진다. 일부 지방채의 경우, 지급보험까지 가입되어 있어 더욱 안전하다. 회사채는 약간 더 위험하고 도전적이다.

회사채에 처음 투자하는 투자자에게는 두 가지 이슈가 떠오르게 된다. 첫째는 '만약 회사채를 매입하면 만기까지 보유해야만 하나?'이고 이에 대한 대답은 '아니다'이다. 즉, 만기까지 회사채를 보유하지 않아도 된다. 채권은 대부분의 증권거래소에서 매일 거래가 이루어지고 있다(이전에 유통시장(secondary market)을 다룰 때 배웠다). 하지만 만약 만기 이전에 다른 투자자에게 채권을 팔게 될 경우 채권의 액면가(보통 1,000달러) 전액을 받지 못할 수도 있다. 예를 들어, 만약 소유하고 있는 채권이 투자자들에 매력적인 특징(높은 액면이자율, 짧은 만기 등)을 가지고 있지 않은 경우, 채권을 액면가보다 낮은 가격에 할인(discount)해서 팔아야 할 수 있다. 하지만 여러분이 소유하고 있는 채권을 다른 투자자들이 높게 평가한다면 액면가보다 높은 가격에 할증(premium)하여 팔 수도 있다. 채권 가격은 보통 현재의 시장 이자율과 반대 방향으로 움직인다. 이자율이 올라갈수록 채권 가격은 떨어지고, 이자율이 내려갈수록 채권 가격은 올라간다. 그러므로 다른 투자 대상들과 마찬가지로 채권도 위험이 있다는 사실을 알고 있어야만 한다.

둘째는 '어떻게 특정 채권의 위험을 평가할 수 있을까?'이다.[22] S&P나 무디스(Moody's), 피치(Fitch Ratings)와 같은 기관들은 많은 회사채나 국채의 신용도를 평가한다(그림 18.3 참조). 신용 등급을 평가할 때, 위험과 수익의 상충 관계를 떠올리자. 시장 위험률이 큰 채권일수록 투자자에게 높은 액면이자율을 제공할 것이다. 투자자들은 기대수익이 충분히 높아야만 위험이 있는 채권에도 투자하게 된다. 사실 일부 투자자들은 투자 부적격 채권, 일명 정크 본드(junk bond)에 투자하기도 한다(다음 섹션에서 추가로 설명한다). '변화에 적응하기' 글상자에서는 수익 창출과 동시에 환경보존에도 기여하는 목적으로 최근에 발행되고 있는 녹색채권에 대해 기술하고 있다.

고위험 채권(정크 본드)에 투자하기

일반적으로 채권이 안전자산이라고 간주되지만, 어떤 투자자들은 위험이 더 큰 투자 부

변화에 적응하기 달러가 아닌 녹색채권에 투자하기

채권은 기업의 사업 확장에 소요되는 장기 자금을 제공한다. 회사는 빌린 돈에 대해 투자자에게 고정된 이율을 지불하기로 약속한다. 투자자들은 자신의 새정적 목표를 달성하는 데 도움이 되는 '돈'의 흐름을 얻기 위해 채권에 투자된 자금의 위험을 감수한다.

녹색채권이란 무엇일까? 녹색채권은 기후 및 환경 목표를 위한 기금 마련을 위해 발생한 고정수익 이자증권이다. 최초의 녹색채권은 2009년 세계은행에 의해 발행되었다(19장 참조). 이 채권은 지난 10년 동안 놀라운 성장을 보였다. 2010년 시장 규모는 50억 달러 남짓이었으나 2020년에는 그 규모가 2,500억 달러가 넘었다. 녹색채권은 깨끗한 물, 에너지 효율성, 서식지 복원, 대중교통 및 기후 변화 영향과 같은 환경 문제에 자금을 조달한다. 채권은 두 가지 면에서 투자자에게 매력적이다. 투자자들은 자신의 투자 수익금이 사회적 책임을 다하는 방식으로 사용되고 있다는 사실에 만족한다. 이 채권은 또한 비과세 소득을 얻는 방법이다.

녹색채권 발행자도 주요 혜택을 누리고 있다. 이 채권의 투자자는 발행 회사와 장기적으로 재정 관계를 공고히 할 수 있는 젊은 투자자인 경향이 있다. 또한, 이러한 채권에 대한 수요가 증가함에 따라 발행 회사의 차입 비용이 낮아진다. 녹색채권의 성공으로 투자 은행은 녹색채권을 넘어 상품을 확대하는 방안을 모색하고 있다. 그들은 의료 문제, 식량 안보, 평등한 고용 및 기타 사회적 문제를 다루는 사회채권 기금 프로그램을 검토하기 시작했다.

출처: William Sokol, "Red Hot Year for Green Bonds," ETF Trends, etftrends.com, February 2, 2020; Thomas Kenny, "How Green Bonds Are aCornerstoneofResponsibleInvesting,"The Balance, thebalance.com, February 4, 2020; Matt Wirz, "Green Bonds Branch Out with Record Sale," The Wall Street Journal, February 10, 2020; Nellie S. Huang and John Waggoner, "Investing in the Planet," Kiplinger's Personal Finance, April 2020.

적격 채권, **정크 본드**(junk bonds)들을 통해 높은 수익률을 찾아다닌다. S&P, 무디스, 피치는 투자 부적격 채권(BB 이하로 평가된 채권)들을 그 채권이 가지는 고위험과 높은 채무 불이행성(default rate) 때문에 정크 본드(junk bonds)로 평가한다. 확실한 현금흐름이 지속되고 기업의 자산이 높게 평가되는 한, 투자부적격 채권은 투자자들에게 이자를 지급한다.[23] 정크본드가 주는 높은 이자율은 매혹적이기는 하나, 기업이 채권을 상환하지 못할 시에 투자자에게 그 채권은 단지 휴지 조각으로만 남게 된다.

정크 본드
고위험, 고이자 채권

학습목표 18-8 투자 대안으로서 뮤추얼펀드(mutual funds)나 상장지수펀드(ETFs)가 제공하는 기회를 설명할 수 있다.

뮤추얼펀드와 상장지수펀드에 투자하기

뮤추얼펀드(mutual fund)는 주식과 채권 등을 매입한 다음, 그 증권에 대한 지분을 대중에게 판매하는 것이다. 뮤추얼펀드는 투자 기업처럼 다수의 투자자들로부터 돈을 모아 펀드의 목적에 따라 여러 주식과 펀드를 매입하는 것이다. 뮤추얼펀드 매니저는 가장 좋은 주식과 채권을 골라내는 전문가이며, 투자자들로 하여금 투자를 분산할 수 있게 해준다.

뮤추얼펀드
투자자들의 자금을 모아 주식이나 채권 등을 매입하고, 그 증권(뮤추얼펀드 지분)을 공개적으로 판매하는 기관

뮤추얼펀드의 종류는 아주 보수적인 국채로 구성된 펀드부터 새로이 떠오르는 바이오테크놀로지 기업, 인터넷 기업, 해외 기업, 귀금속과 같이 높은 위험을 지닌 기업에 투자하는 펀드의 투자 목적에 따라 다양하다. 일부 뮤추얼펀드의 경우에는 주식과 채권

그림 18.5 뮤추얼펀드의 투자 목적

뮤추얼펀드는 여러 종류의 광범위한 투자 범주를 제공한다. 저위험의 보수적인 펀드로부터 고위험 산업에 투자하는 펀드까지 다양하게 존재한다. 다음은 펀드의 축약자와 의미이다.

AB	투자등급회사채 펀드(Investment-grade corporate bonds)	MP	주식 혼합형 펀드(Stock and bond fund)
AU	금 펀드(Gold oriented)	MT	모기지증권 펀드(Mortgage securities)
BL	균형 펀드(Balanced)	MV	중형 가치주 펀드(Mid-cap value)
EI	주식수익형 펀드(Equity income)	NM	보험 지방채 펀드(Insured municipal bonds)
EM	신흥시장 펀드(Emerging markets)	NR	자원 펀드(Natural resources)
EU	유럽 펀드(European region)	PR	태평양지역 펀드(Pacific region)
GL	글로벌 펀드(Global)	SB	단기 회사채 펀드(Short-term corporate bonds)
GM	일반 지방채 펀드(General municipal bond)	SC	소형 중심주 펀드(Small-cap core)
GT	일반 과세 펀드(General taxable bonds)	SE	섹터 펀드(Sector funds)
HB	건강/바이오 펀드(Health/Biotech)	SG	소형 성장주 펀드(Small-cap growth)
HC	고수익 펀드(High-yield bonds)	SM	단기 지방채 펀드(Short-term municipal bonds)
HM	고수익 지방채 펀드(High-yield municipal bonds)	SP	S&P 500 펀드(S&P 500)
IB	중기 회사채 펀드(Intermediate-term corporate bonds)	SQ	특별 펀드(Specialty)
IG	중기 국채 펀드(Intermediate-term government bonds)	SS	단일 주 지방채 펀드(Single-state municipal bonds)
IL	국제 펀드(International)	SU	단기 국채 펀드(Short-term government bonds)
IM	중기 지방채 펀드(Intermediate-term municipal bonds)	SV	소형 가치주 펀드(Small-cap value)
LC	대형주 중심 펀드(Large-cap core)	TK	과학 기술 펀드(Science & technology)
LG	대형 성장주 펀드(Large-cap growth)	UN	미할당 펀드(Unassigned)
LT	라틴 아메리카 펀드(Latin America)	UT	공공사업체 펀드(Utility)
LU	장기 미국 채권 펀드(Long-term U. S. bonds)	WB	국제 채권 펀드(World bonds)
LV	대형 가치주 펀드(Large-cap value)	XC	혼합 중심 펀드(Multi-cap core)
MC	중형주 중심 펀드(Mid-cap core)	XG	혼합 성장 펀드(Multi-cap growth)
MG	중형 성장주 펀드(Mid-cap growth)	XV	혼합 가치 펀드(Multi-cap value)

출처: Transparency International, 2014.

을 고루 구성하기도 한다. 오늘날 뮤추얼펀드 산업의 규모는 상당히 크다. 예를 들어, 2019년 미국에서는 뮤추얼펀드의 수가 9,599개를 넘어섰고, 그 규모도 19조 9천억 달러를 넘어섰다.[24] 그림 18.5에서는 몇 가지 뮤추얼펀드의 옵션을 제시한다.

젊은 층이나 신규 투자자들은 인덱스펀드라고 하는 일종의 뮤추얼 펀드를 매수하라는 조언을 과거 한때에 받았다.[25] 인덱스펀드는 Standard & Poor's 500(S&P 500)과 같은 시장지수를 구성하는 주식들을 추종하도록 구성된다. S&P 500에는 500개의 주요 기업이 포함되어 있으며, 대형주의 성과를 나타내는 최고의 시장지표로 간주된다. 인덱스펀드로의 투자는 비용이 매우 저렴하고 쉽게 매수할 수 있으며, 투자자가 장기간 보유할 수 있다. 인덱스펀드는 또한 전문 펀드 매니저가 관리하는 고가 펀드의 성과와 일치하거나 또는 능가하기도 한다. 오늘날 인덱스펀드는 모든 수준의 투자자에게 권장된다. 투자자는 우량기업을 중심으로 한 인덱스펀드에 투자할 수 있고, 중소기업을 중심으로 한 인덱스펀드에 투자할 수 있으며, 신흥국가 위주의 인덱스펀드에도 투자할 수

투자 수단	위험도	예상 수익	성장성 (자본이익)
채권	낮음	보장됨	적음
우선주	중간	일정함	적음
보통주	높음	가변적임	양호
뮤추얼펀드	중간	가변적임	양호
원자재	매우 높음	매우 변동적임	매우 변동적임

그림 18.6 **투자 수단의 비교**

있고, 또 부동산을 중심으로 한 펀드(REITs: real estate investment trusts)에 투자할 수 있다. 다양한 종류의 인덱스펀드에 투자함으로써 분산투자를 할 수 있다. 주식거래중개인, 공인재무설계사(CFP), 은행원이 투자자의 투자 목적에 가장 잘 맞는 뮤추얼펀드를 선정하는 데 도움을 줄 수 있다. 추가적으로 〈모닝스타 인베스터(Morningstar Investor)〉와 같은 투자 월보(newsletter)는 뮤추얼펀드를 평가하는 데 매우 좋은 원천이 될 수 있고, 또 〈블룸버그 비즈니스 위크(Bloomberg Businessweek)〉, 〈포춘(Fortune)〉, 〈월스트리트 저널〉, 〈머니(Money)〉, 〈포브스(Forbes)〉, 〈배런스(Barron's)〉, 〈인베스터스 비즈니스 데일리(Investor's Business Daily)〉와 같은 경영 간행물도 도움이 될 수 있다.

뮤추얼펀드를 이용하여 투자를 할 경우에는 재무적 목적이 바뀔 경우에 손쉽게 투자 목적을 변경할 수 있다는 장점이 있다. 채권형 뮤추얼펀드에서 주식형 뮤추얼펀드로 자금을 이동하는 것은 전화를 걸거나 마우스를 클릭하는 것만큼이나 쉬운 일이다. 뮤추얼펀드의 또다른 장점은 펀드를 직접적으로 매입하면서도 수수료나 커미션을 절약할 수 있다는 점이다. 그러나 뮤추얼펀드에 따라 수수료나 관리 비용이 상당히 다를 수 있기 때문에 관련 비용을 확인하는 것이 중요하다. 수수료와 요금도 펀드마다 상당히 다르기 때문에 확인할 필요가 있다. 로드펀드(load fund)의 경우 투자자가 펀드의 지분을 사고 팔 경우에 수수료를 청구한다. 노로드펀드(no-load fund)의 경우 투자자가 펀드의 지분을 사거나 팔 때 전혀 커미션을 청구하지 않는다.

펀드매니저의 장기간 실적을 확인하는 것은 중요하다. 펀드매니저의 펀드 운용이 일관될수록 좋다. 뮤추얼펀드 중 개방형 펀드(open- end fund)는 모든 투자자들의 추가적인 투자를 수용한다. 하지만 폐쇄형 펀드(closed-end fund)는 정해 놓은 일정한 수의 주식이 발행된 이후에는 추가적인 투자를 받지 않는다.

상장지수펀드(ETF: exchange-traded funds)는 주식과 뮤추얼펀드와 유사하다. 상장지수펀드는 거래소에서 거래되는 주식과 채권 등의 집합체이며, 뮤추얼펀드보다는 개별 주식처럼 증권거래소에서 거래된다. 예를 들어, 뮤추얼펀드는 거래일의 종료 시점에만 거래가 가능하지만, 상장지수펀드는 개별 주식처럼 거래일 중에 어느 시점에서도 사고팔 수 있다. 과거 12년 동안 전 세계의 상장지수펀드의 숫자는 350개에서 6,970개로

상장지수펀드(ETF)
거래소에서 거래되는 주식, 채권 등 묶음이지만, 뮤추얼펀드보다는 개별 주식과 같은 형태로 거래됨

급속도로 증가하였다.[26] 투자자들이 상장지수펀드에 투자한 자금이 6조 1천억 달러를 넘어섰다.[27]

뮤추얼펀드와 상장지수펀드에 대해 기억하고 있어야 할 가장 중요한 점은 소액 투자자들에게 주식과 채권 소유에 대한 위험을 분산시켜 주고 아주 적은 비용으로 전문가에게 투자 대상을 관리받을 수 있다는 점이다. 대부분의 투자 자문사들은 소액 투자자나 미숙한 투자자들에게 상장지수펀드나 뮤추얼펀드를 유망한 투자 대안으로 추천한다. 그림 18.6에서는 위험, 수익, 투자성장(자본수익)의 정도에 따라서 채권, 주식, 뮤추얼펀드 그리고 로고 상장지수펀드를 나열하고 있다.

시험 준비

- 주식분할은 무엇인가? 기업은 왜 가끔 주식분할을 하는가?
- 주식의 신용매입은 무슨 뜻인가?
- 뮤추얼펀드와 상장지수펀드는 무엇인가? 그들은 어떻게 서로 다른가?
- 뮤추얼펀드와 상장지수펀드에 투자함으로써 얻게 되는 투자자의 편익은 무엇인가?

학습목표 18-9 다우지수(Dow Jones Industrial Average)와 같은 주식시장 지표들이 시장에 미치는 영향을 설명할 수 있다.

주식시장의 지표 이해하기

오늘날의 투자자들은 신문, 잡지, TV와 인터넷을 통해 풍부한 투자 정보를 얻을 수 있다. 〈월스트리트 저널(The Wall Street Journal)〉, 〈배런스(Barron's)〉, 〈인베스터스 비즈니스 데일리(Investor's Business Daily)〉와 같은 신문들은 기업과 글로벌 시장에 대한 많은 정보를 제공한다. MSNBC와 CNBC와 같은 방송사들도 매일 투자 분석을 제공하거나 다양한 투자 관점을 제시하곤 한다. 상당한 수수료를 받고 브로커들에게만 제공하던 재무적 정보도 MSN 머니(MSN Money)와 야후 파이넌스(Yahoo! Finance)와 같은 포털을 통해 투자자들에게 무료로 제공되곤 한다. 하지만 투자라는 것은 정확한 답이 없다는 것을 명심하자. 누군가가 주가가 떨어질 것을 예상하고 매도하는 순간, 또 다른 누군가는 가격이 오를 것이라고 예상하고 그 주식을 매입한다.

다우존스지수
주식시장의 방향성(상승 또는 하락)을 나타내는 데 사용된 특정 30종목의 평균

TV나 라디오 뉴스에서 아나운서가 "오늘 다우존스지수가 활발한 거래로 인해 90포인트나 올랐습니다"라고 말하는 것을 자주 들을 수 있다. 무슨 일이 일어나고 있는지 궁금한가? **다우존스지수**(DJIA: Dow Jones Industrial Average(the Dow))는 선택된 30개 주식종목의 평균가격을 산출한 것이다. 이 지수는 주식시장의 방향(상승 또는 하락)을 나타내는 지표로 오랫동안 이용되어 왔다. 1884년 찰스 다우(Charles Dow)라는 사람이 가장 중요한 12개의 주식종목을 이용하여 주식의 평균가격을 매기기 시작하였다.[28] 1982년부터는 30개의 주식종목을 이용하여 주식의 평균 가격을 매기게 되었다. 다우지수의 최초 12개의 주식종목들과 현재 30개의 주식종목들이 그림 18.7에 나열되어 있다. 최초 포함된 12개의 기업들을 알아볼 수 있는가?

예전의 12개 DOW 회사들	현재의 30개 DOW 회사들	
American Cotton Oil	American Express	JPMorgan Chase
American Sugar Refining Co.	Amgen	McDonald's
American Tobacco	Apple	Merck
Chicago Gas	Boeing	Microsoft
Distilling & Cattle Feeding Co.	Caterpillar	3M
General Electric Co.	Chevron	Nike
Laclede Gas Light Co.	Cisco	Procter & Gamble
National Lead	Coca-Cola	Salesforce
North American Co.	Dow	Travelers
Tennessee Coal, Iron & Railroad Co.	Goldman Sachs	United Health Group
U.S. Leather	Home Depot	Verizon
U.S. Rubber Co.	Honeywell	Visa
	IBM	Walmart Inc.
	Intel	Walt Disney
	Johnson & Johnson	Walgreens Boots Alliance

그림 18.7 **예전의 DOW와 현재의 DOW**

다우존스 앤 컴퍼니(Dow Jones & Company)는 적절하다고 생각되는 새로운 주식들을 다우지수에 편입시켰다. 1991년에는 서비스업의 중요성을 반영하기 위하여 다우지수에 디즈니(Disney)가 추가되었다. 1999년에는 홈 데포(Home Depot)와 SBC 커뮤니케이션(SBC Communication)이 다우지수에 추가되었고, 처음으로 나스닥 주식인 인텔(Intel)과 마이크로소프트(Microsoft) 주식이 새로이 포함되었다. 2013년에는 비자(Visa), 골드만삭스(Goldman Sachs), 나이키(Nike)가 알코아(Alcoa), 뱅크오브아메리카(Bank of America), 휴렛팩커드(Hewlett-Packard)를 대체하였다.

2015년에는 애플(Apple)이 에이티앤티(AT&T)를, 2018년에는 월그린 부즈(Walgreens Boots Alliance)가 제네랄 일렉트릭(General Electric)을 대체하였다.

비평가들은 다우지수의 30개 주식종목은 전체적인 주식시장 움직임을 나타내는 지표로는 표본이 너무 작다고 주장한다. 따라서 많은 투자자들과 시장 애널리스트들은 400개의 산업주식, 40개의 금융주, 40개의 공공기업, 20개의 운송주를 포함하고 있는 S&P 500지수를 선호한다. 이들은 또 나스닥과 같이 중요한 거래소들의 가격 추이를 보여주는 주가지수를 주의 깊게 관찰한다.

주식시장에서 무슨 일이 일어나는지 항상 알고 있으면, 어떠한 투자 대상이 투자자의 필요와 투자 목표에 가장 적합한지 도움을 줄 수 있다. 하지만 항상 두 가지 현실을 기억하는 것이 중요하다. 첫째는 투자자의 재무적인 투자 목표와 필요는 시간이 흐르면 변하기 마련이다. 둘째는 시장이 변덕스러울 수 있다. 시장 변동성의 간략한 역사와 함께 증권산업이 이러한 도전에 어떻게 반응하였는지를 살펴보자.

시장의 급등락 장세

1900년대에는 여러 주요 변동요소로 인해 주식 시장이 오르락내리락 하였다. 첫 번째 폭락은 하루 만에 주식시장이 거의 13퍼센트가 떨어진 1929년 10월 29일 화요일에 일어났다. 블랙 튜즈데이(Black Tuesday)라고 알려진 그날은 투자자들에게, 특히 증거금(margin)을 많이 쓴 투자자들에게 주식시장의 가격변동성의 현실을 깨닫게 하였다. 1987년 10월 19일은 하루 만에 주식시장이 22퍼센트 떨어졌는데, 이는 역사상 주가가 최고로 많이 떨어진 날이었다. 1997년 10월 27일, 투자자들은 시장에 대해 또 한 번 분노할 수밖에 없었다. 위태롭던 아시아의 경기침체로 인해 주식시장 역시 큰 손실을 보게 되었다. 다행히도 잠시 동안의 침체기 후 주식시장은 곧 회복 기세를 보였다.

1990년 후반에 시장이 회복된 지 얼마되지 않아, 2000년대 초반에 주식시장은 다시 침체기에 빠지게 되었다. 기술 주식 버블(tech stock bubble)이 터지면서, 2000년부터 2002년 사이 투자자들은 통틀어 7조 달러의 시가총액을 날려버렸다. 2000년 중반에 다시 회복하는 듯했던 주식시장은 2008년에 또 다시 침체기를 맞이하였다. 금융위기는 주식시장에서의 거대한 자금이탈을 초래했고, 이로 인해 주식시장은 상당한 손실을 기록하게 되었다.

프로그램 트레이딩
잠재적인 손실을 막기 위해 주가가 일정 수준 이하로 떨어지면 자동으로 주식을 매도하게 컴퓨터에 정보를 입력한 것

무엇이 1987년, 1997년과 2000년부터 2002년, 2008년도의 주식시장의 혼란을 가져왔는가? 대부분의 애널리스트들은 1987년의 대폭락은 **프로그램 트레이딩**(program trading)이 큰 원인이라고 한다. 프로그램 트레이딩은 투자자들이 컴퓨터에 주식 가격이 어느 한 지점까지 떨어질 경우 더 큰 손실을 방지하기 위하여 매도 주문을 걸도록 지시를 하는 것이다. 1987년 10월 19일, 컴퓨터를 이용한 프로그램 투자자들은 아주 공격적이었다. 매도 주문이 여러 주식들을 믿을 수 없을 정도로 폭락시켰다. 1987년의 주식시장 폭락은 주식시장이 크게 떨어지거나 오를 시에 미국 거래소들이 프로그램 트레이

주식시장에 투자하는 것은 겁쟁이에게는 맞지 않는다. 주식시장은 끊임없는 가파른 상승과 하락을 반복하기 때문이다. 여러분은 주식시장 변동성의 위험을 감수할 수 있는가?

주식시장의 큰 흔들림은 월가 사람들뿐만 아니라 대부분의 사람들을 비통하게 만들었다. 기술과 주택 시장 버블을 통해서 우리는 무엇을 배워야 하는가?

딩을 제한하는 방법을 만들게 된 계기가 되었다. 두 가지 주요 규정은 거래통제(curb)와 서킷브레이커(circuit breaker)이다. 주식시장이 과열되어 규정이 적용된다면, 주 컴퓨터가 꺼짐으로써 트레이딩이 중단된다. CNBC나 MSNBC 시청 도중 이 규정이 적용된다면, 스크린 상에서 거래통제(curbs in)라는 표현을 볼 수 있을 것이다. 다우지수가 10퍼센트, 20퍼센트 또는 30퍼센트가 떨어질 때 발동되는 서킷브레이커는 거래통제보다 더욱 강력한 규정이다.

서킷브레이커는 1997년 10월 27일 작동하였다. 그날 다우지수는 대략 7퍼센트 하락하였고, 주식시장은 장 마감시간인 4시보다 30분 앞당긴 3시 30분에 조기 마감하게 되었다. 많은 시장 참여자들은 만약 이와 같은 새로운 규정이 없었다면 1997년 폭락(아시아발 금융위기)은 더 심했을 것이라고 말한다. 당일 가격 하락의 정도 또는 시간에 따라서 서킷브레이커는 30분에서 2시간 동안 거래자들이 상황 파악을 할 수 있는 시간을 갖도록 하기 위해 주식 거래를 중지시킨다.

1990년대 후반에 유래 없는 상승을 기록하였던 증권시장은 2000년과 2002년 사이에 붕괴에 가까운 급락을 경험하였다. 증권시장의 급락은 닷컴 거품(dot-com bubble)이 꺼지면서 비롯되었다. 거품은 수많은 투자자들이 비현실적으로 일부 주식(이를 dot-com stocks라고 한다)의 가격을 끌어올림으로써 야기되었다.

닷컴 버블에 이어 금융사기라는 악재까지 밝혀지면서 주식시장은 더 불안정해졌다. 투자자들은 기업의 실제 가치가 재무제표에 공정하게 반영되었다고 믿어왔다. 하지만 월드콤(WorldCom), 엔론(Enron), 타이코(Tyco) 같은 기업들이 회계분식을 자행하였음이 밝혀지면서 시장에 혼란이 초래되었다. 투자 분석가들도 고객들에게 기업의 주가가 본질적인 가치보다 부풀려져 있다는 것을 알았음에도 불구하고, 기업에 대해 장밋빛 평가와 매수 추천 의견을 제시했던 것이 밝혀지면서 투자자들의 믿음은 산산조각났다.

닷컴 거품(dot-com bubble)이 꺼지면서 야기된 주식시장의 침체는 2000년대 중반에 이르러서야 비로소 반등을 하였다. 시장의 반등은 상당히 급진직이었으며, 부동산 분야에서는 더욱 두드러졌다. 2000년에서 2006년 사이에 걸쳐 주택 가격은 50퍼센트 상승하였다. 하지만 2006년에서 2011년 사이 주택 가격은 6조 3천억 원 떨어졌다. 부동산버블은 닷컴버블과 유사했다. 투자자들은 주택 가격이 영원히 상승할 것으로 믿었다. 금융기관들은 주택자금 대출을 늘리기 위해 대출자격 요건을 완화시켰고, 주택 건설업자들은 마구 주택 건설을 늘렸으며, 소비자들은 과소비를 하게 되었다. 정부도 개인 신용도가 낮은 저소득 계층 또는 중간소득 계층에게 소득이나 자산의 규모에 대한 검증 절차 없이 주택자금 대출을 늘릴 수 있도록 허용함으로써 문제를 키우는 데 일조하였다. 이러한 비우량대출금(subprime loans)들은 증권화 과정을 거쳐 모기지 담보 증권(mortgage-backed securities)으로 발행되어 투자자들에게 판매되었다(이는 19장에서 다룬다). 이로 인해, 상당한 담보권 행사(foreclosure) 조치가 취해졌고, 정부 보증 대출의 실패는 미국의 양대 주택담보금융업체인 패니메이(Fannie Mae)와 프레디맥(Freddie

그림 18.8 도로를 깨끗이 치우기
도드-프랭크 금융 개혁 및 소비자 보호 법안의 주요 조항

도드-프랭크 금융 개혁 및 소비자 보호 법안의 주요 조항

- 중요 부실 금융회사에 대한 정부의 규제 강화
- 파생금융상품(서브프라임 모기지 관련 상품도 포함)에 대한 정부 감독 강화
- 헤지펀드도 증권거래위원회에 등록해야 하며, 거래와 보유 종목 포트폴리오에 대한 정보를 보고해야 한다.
- 소비자 금융보호국(Consumer Financial Protection Bureau)을 신설하여 소비자 감독 강화 및 금융법 강화

Mac), 그리고 350개 이상의 은행의 실패를 야기했다.

주택시장 붕괴는 주택 및 상업용지 통틀어서 8조 달러 규모의 손실을 야기했다. 리먼 브라더스(Lehman Brothers)와 같은 금융기관들은 파산하였고, 월스트리트의 대표주자였던 메릴린치(Merrill Lynch)는 뱅크오브아메리카(Bank of America)에 인수되었다. 경제대공황(the Great Depression) 때부터 시작되어, 경기침체기를 반복해오면서 금융시장들이 극심한 상태에 빠지자, 연방정부는 조치를 취하기 시작했다. 의회는 7,000억 달러의 부실 자산 구제 프로그램(TARP: Troubled Asset Relief Program)을 통과시켰다. 이는 재무부가 부실 자산을 매입하거나 보험을 들어줌으로써 은행권을 살리고, 자동차 산업과 AIG(American International Group)와 같은 보험회사를 되살리고자 했다. 불행히도 2009년에 경제는 다시 침체되었고, 실업률은 두 자릿수를 기록하게 되었다. 오바마 대통령은 8,000억 달러 규모의 경기 부양 종합대책을 내세우게 되었다. 세금을 감면하고 정부 지출을 늘림으로써 실업률을 낮추고 침체된 경제를 되살리고자 하였다.

2009년부터 경제는 서서히 회복해왔다. 하지만 불행히도, 실업률은 여전히 높았고, 결국 미국 의회는 8천억 달러의 경기부양 종합 대책을 통과시켰다. 이는 세금을 감면해주고 정부지출을 증대시킴으로써 어려워진 경제를 부양하고 실업률을 내리기 위한 방안이었다. 2010년에 정부는 증권업계에 상당한 금융시장 규제를 가져온 Dodd-Frank 월스트리트 개혁 및 소비자보호법을 통과시켰다. 그림 18.8은 금융위기로 인해 야기된 몇 가지 문제를 해결하기 위해 고안된 Dodd-Frank의 여러 규정을 강조하여 나타내고 있다.

2009년 이후 경제는 꾸준히 회복되었고 주식시장은 성장하여 다시 최고치를 경신했다. 다우존스 산업평균지수는 2020년 초에 처음으로 거의 30,000선에서 마감했다.[29] 하지만 증권시장을 뒤흔들었던 COVID-19(코로나 바이러스) 세계적 대유행의 발발로 인해 최고점은 오래가지 못했다.[30]

앞의 섹션을 읽은 후 분명히 이해해야 하는 것은 시장은 투자자들에게 빈번한 도전과 동시에 극적인 성장기간을 가져다준다는 점이다. 미래에도 금융시장은 잠재적인 보상은 물론 투자자의 위험을 계속해서 고조시키는 추가적인 변화를 겪을 것이라고 가정하는 것이 타당해 보인다.

투자를 분산해야 한다는 사실을 명심하는 것이 중요하다. 그리고 투자의 위험을 항상 인지하라. 장기적인 관점에서 투자를 하는 것은 현명한 생각이다. 돈을 손쉽게 혹은 확실하게 벌 수 있는 법은 어디에도 없다. 기업이나 산업을 분석하면서 항상 뉴스에 귀를

기울이며, 투자에 필요한 정보의 원천인 신문, 잡지, 뉴스레터, 인터넷, TV 프로그램, 학교 수업을 잘 활용하라. 노력한 시간만큼 보상이 따를 것이다.

시험 준비

- 다우지수는 무엇을 측정하는가? 왜 중요한가?
- 다우지수에 속하는 30개의 기업이 왜 정기적으로 바뀌는가?
- 프로그램 트레이딩을 설명하라. 이것은 어떠한 문제들을 일으킬 수 있는가?

요약하기

학습목표 18-1 증권시장의 기능과 투자은행의 역할을 설명할 수 있다.

- **증권시장이 기업과 개인투자자들에게 제공하는 기회로는 어떤 것들이 있는가?**
  기업은 필요로 하는 대규모 자금을 조달할 수 있다. 개인투자자는 기업에 투자함으로써 기업의 성장과 성공을 함께 누릴 수 있다.
- **증권시장에서 투자은행가들의 역할은 무엇인가?**
  투자은행가들은 새로운 증권을 발행하고 판매하는 데 도움을 주는 전문가이다.

학습목표 18-2 증권이 거래되는 다양한 거래소를 설명할 수 있다.

- **증권거래소란 무엇인가?**
  증권거래소는 증권시장으로서 회원들이 주식이나 채권과 같은 증권을 사고팔 수 있다.
- **어떤 거래소들이 있는가?**
  뉴욕증권거래소는 가장 오래되고 규모가 큰 객장 거래소(floor exchange)이지만, 최근에는 객장에서는 거래가 거의 이뤄지지 않는다. NASDAQ은 전국적인 중개인들을 연결해주어 증권을 사고팔 수 있도록 해주는 전기 통신망이다. 이것은 가장 큰 미국의 전자 주식거래시장이다. 전 세계에 많은 주식거래소가 있다.
- **장외(OTC) 시장은 무엇인가?**
  장외 시장은 국가 거래소에 상장되지 않은 주식들을 거래할 수 있는 시스템이다.
- **증권거래소는 어떻게 규제되는가?**
  증권거래위원회(SEC)가 증권거래소의 규제를 담당하고 있다. 증건거래위원회 규율에 따르면 공모로 주식이나 채권을 발행하고 싶은 기업은 사전에 투자자들에게 투자설명서를 교부해야 한다.
- **내부자 거래란 무엇인가?**
  내부자 거래는 자신이 특정 지위에서 얻은 정보나 지식을 이용해 주식에 투자하여 불공정한 이익을 얻는 것을 의미한다.

학습목표 18-3 주식발행을 통한 자기자본 조달의 장단점을 비교하고 보통주와 우선주의 차이점을 설명할 수 있다.

- **주식발행의 장단점은 무엇인가?**
  주식발행의 장점은 (1) 주주들은 기업의 소유주이기 때문에 주가만큼 상환하지 않아도 된다, (2) 배당을 해야 하는 법적인 의무가 없다, (3) 부채가 증가하지 않기 때문에 기업이 재정적으로 안정적으로 보일 수 있다는 점이다. 주식 발행의 단점은 (1) 주주들이 기업의 소유주가 되기 때문에 이사회 선임에 있어 의결권을 행사함으로써 기업 경영에 관여할 수 있다, (2) 배당이 세후에 지불되기 때문에 비용이 많이 든다, (3) 경영진이 장기적으로 생각하고 계획하기보다 당장에 주주에게 이익을 줄 수 있는 방향으로 의사결정을 할 수도 있다는 점이다.

- **보통주와 우선주의 차이점은 무엇인가?**

  보통주를 보유한 주주는 의결권을 지니고 있고, 우선주를 보유한 주주는 의결권이 없다. 의결권이 없는 대신 우선주들은 보통주 주주들이 배당을 받기 이전에 고정된 배당을 받을 수 있다. 또한 기업이 파산하게 될 경우, 우선주 주주들은 보통주 주주들보다 먼저 자금을 받게 된다.

학습목표 18-4 타인자본 조달의 장단점을 비교하고 채권의 종류와 특징을 설명할 수 있다.

- **채권발행의 장단점은 무엇인가?**

  채권발행의 장점은 (1) 채권자들은 의결권이 없기 때문에 기업 경영권을 유지할 수 있다, (2) 채권에 지불하는 이자는 세금 공제를 받을 수 있다, (3) 채권은 일시적으로 자금을 조달할 수 있는 방법으로 채권을 상환하면 부채가 사라진다, (4) 조기상환조건을 지닌 채권을 발행하면 조기 상환할 수 있다, (5) 채권의 보통주로의 전환도 가능하다는 점이다. 채권 발행의 단점은 (1) 채권은 부채의 증가를 의미하므로 기업에 대한 사람들의 인식이 부정적으로 바뀔 수 있다, (2) 채권의 이자를 반드시 지불해야 한다, (3) 만기에 채권의 액면금액을 상환해야 한다는 점이다.

- **채권의 종류에는 무엇이 있는가?**

  채권에는 무보증 채권(unsecured (debenture) bonds)과 보증 채권(secured bonds)이 있다. 무보증 채권은 어떠한 담보도 없이 발행되는 것이고, 보증 채권은 모기지, 건물, 장비와 같은 유형자산이 담보되어야 한다.

학습목표 18-5 장기 성장성, 소득, 현금, 인플레이션(inflation)으로부터의 보호 등과 같은 투자 목표의 설정과 증권시장에 투자하는 방법을 설명할 수 있다.

- **증권시장에서 투자자들은 일반적으로 어떤 방법으로 매입을 하는가?**

  투자자들은 일반적으로 증권브로커라고 불리는 시장 중개기관을 통해 증권을 매입한다. 이들은 많은 서비스를 제공해준다. 온라인 투자도 최근 인기를 얻고 있다.

- **투자 대상을 선정하는 기준은 무엇인가?**

  투자자들은 전반적인 투자 목적을 결정해야 한다. 투자 대안들은 (1) 위험 정도, (2) 수익률, (3) 만기일, (4) 유동성, (5) 세금 등을 고려해서 평가해야 한다.

- **분산투자란 무엇인가?**

  분산투자란 서로 다른 위험도를 지닌 서로 다른 종류의 투자 대상(국채, 회사채, 우선주, 보통주, 해외 주식) 여러 가지를 매입하는 것을 의미한다. 한 가지 종목에 투자하는 것보다 전체적인 투자 위험도를 낮추기 위해 분산투자를 한다.

학습목표 18-6 투자 대상으로서의 주식이 주는 기회를 설명할 수 있다.

- **시장가 주문(market order)이란 무엇인가?**

  시장가 주문이란 증권을 현재 상황의 시장에서 가능한 한 좋은 가격에 최대한 빨리 거래하는 것이다.

- **지정가 주문(limit order)이란 무엇인가?**

  지정가 주문이란 주가가 특정 가격에 도달하면 그 가격에 거래하는 것이다.

- **주식분할이라는 것은 무엇을 의미하는가?**

  주식분할이 이루어지면 주주들은 보유 종목의 주식을 주당 둘 또는 그 이상을 받게 된다. 주가는 기존 주가의 반이나 그 이하로 하락한다. 따라서 해당 종목의 보유 주식 수는 증가하지만, 보유 주식의 총 가치는 변하지 않는다. 주식분할로 주가가 낮아지게 되면 해당 종목에 대한 수요가 증가할 수도 있다.

- **증거금매입(buying on margin)이란 무엇을 의미하는가?**

  투자자가 주식을 매입할 때 브로커로부터 매입 자금의 일부(연방준비제도이사회가 최대 증거금비율을 설정한다)를 빌려 전체 매입 자금을 지불하지 않고 주식을 매입하는 것을 의미한다.

- **주식시세표를 통해 무엇을 알 수 있는가?**

  주식시세표를 통해 52주간의 최고가, 최저가, 배당률, 주가수익비율(PER: Price Earnings Ratio), 거래량, 종가, 일일 주가 변동률 등을 알 수 있다.

학습목표 18-7 투자 대상으로서의 채권이 주는 기회를 설명할 수 있다.

- **채권을 할인(discount)해서 거래하는 것과 프리미엄(premium)을 받고 거래하는 것의 차이는 무엇인가?**

  유통시장(secondary market)에서 프리미엄을 얹어서 거래되는 채권은 액면가보다 높은 가격에 거래될 수 있는 채권이다. 할인된 가격에 거래되는 채권은 액면가보다 낮은 가격에 거래될 수 있는 채권이다.

- **투자부적격 채권(정크 본드)이란 무엇인가?**

  정크 본드는 고위험(BB 등급 이하), 고이자 채권으로, 투기자들이 종종 매력적으로 느끼는 무담보 사채이다.

- **채권시세표를 통해 무엇을 알 수 있는가?**

  채권시세표는 채권의 이자율, 만기일, 등급, 현재 가격, 수의상환 가능 여부에 대한 정보를 알려준다.

학습목표 18-8 투자 대안으로서 뮤추얼펀드(mutual funds)나 상장지수펀드(ETFs)가 제공하는 기회를 설명할 수 있다.

- **뮤추얼펀드를 통해 개인투자자들은 어떻게 분산투자를 하게 되는가?**

  뮤추얼펀드는 주식과 채권을 매입하고, 해당 증권들에 대한 주식을 대중에게 판매하는 기관이다. 뮤추얼펀드의 주식을 사게 되는 사람은 일반적으로는 투자할 수 없는 다양한 기업들에 투자할 수 있다. 인덱스펀드는 투자자들 사이에서 점점 큰 인기를 얻고 있다.

- **상장지수펀드(ETFs)는 무엇인가?**

  상장지수펀드는 거래소에서 거래되는 종목들의 집합이라는 점에서는 뮤추얼펀드와 비슷하지만, 개별 종목처럼 거래된다.

학습목표 18-9 다우지수(Dow Jones Industrial Average)와 같은 주식시장 지표들이 시장에 미치는 영향을 설명할 수 있다.

- **다우존스지수는 무엇인가?**

  다우존스지수는 특정 30종목의 평균이며, 주식시장의 방향성(상승 혹은 하락)을 나타내는 데 사용된다.

주요 용어 정리

감채기금(sinking fund)
기관투자자(institutional investors)
기업공개(IPO; Initial Public Offering)
나스닥(NASDAQ)
나우존스지수(DJIA; Dow Jones Industrial Average(the Dow))
만기일(maturity date)
무보증채권(debenture bond)
뮤추얼펀드(mutual fund)
배당금(dividends)
보통주(common stock)
분산투자(diversification)
상장지수펀드(ETF; exchange-traded funds)
우선주(preferred stock)
이자(interest)
자본이익(capital gains)
장외거래시장(OTC; Over-the counter market)
정크 본드(junk bonds)
주권(stock certificate)
주식(stocks)
주식분할(stock splits)
증거금 매입(buying stock on margin)
증권거래소(stock exchange)
증권거래위원회(SEC; Securities and Exchange Commission)
증권 브로커(stockbroker)
채권(bond)
투자설명서(prospectus)
투자은행가(investment bankers)
프로그램 트레이딩(program trading)

사고력 문제

1. 여러분은 5만 달러를 상속받았고 다음과 같은 두 가지 투자 목적을 가지고 있다. (1) 2년 뒤 있을 결혼 비용을 모으고 (2) 몇십 년 뒤 은퇴에 대비해 자금을 모을 목적이다. 돈을 어디에 투자할 것이며, 왜 그런지 이유를 설명하라.
2. 여러분이 채권 시장에 투자하는 것을 고려한다면, S&P와 무디스(Moody's) 그리고 피치(Fitch Ratings)에서 제공해주는 정보가 여러분에게 어떻게 도움이 될 것인가?
3. 기업들은 왜 수의상환 채권(callable bonds)을 선호할까? 반면 투자자들은 대개 상환 채권을 선호하지 않을까?
4. 여러분이 주식에 투자하려고 한다면, 개별 주식, 뮤추얼펀드, 상장지수펀드(ETFs) 중에 어느 것에 투자하겠는가? 각 대상은 어떤 장단점을 지니고 있는가?

원리의 적용

목적

온라인 도구를 활용하여 주식 정보를 수집하는 경험해 보기

연습

주식 정보를 조사하기 위해 주식중개인에게 비용을 지불하던 시대는 지났다. 이제 온라인에서 필요한 모든 정보를 쉽게 찾을 수 있다. finance.yahoo.com에서 화면 상단의 'Screeners'를 클릭한 다음 'Equity Screener'를 클릭한다. 배당 수익률을 기준으로 미국 주식을 간추려 내는 주식 종목선별기(Screener)를 만든다. (힌트: '다른 필터 추가'를 클릭한 다음 '배당금 및 분할' 섹션으로 스크롤하여 '배당수익률 %'를 선택하면 된다.)

1. 5% 이상의 배당금을 지급하는 주식 3개를 찾아내라. 각 주식에 대해 자세히 알아보려면 해당 종목 기호를 클릭하라. 각각의 배당률(배당수익률)은 얼마인가?
2. 분석 탭을 클릭하여 재무분석가가 이러한 각 주식에 대해 추천하는 내용을 찾으라. 분석가는 여러분이 선택한 각 주식을 매수, 보유 또는 매도할 것을 권장하는가?
3. 5년 전에 이 주식을 각각 100주씩 샀다면 얼마의 돈을 투자했는가? 오늘날 그 주식들의

가치는 얼마인가(배당금을 재투자하지 않았다면)? (힌트: '과거 데이터', '기간', '5년'을 차례로 클릭하라. 월별 빈도를 선택한다. 첫 번째 날과 마지막 날의 종가를 기준으로 계산한다.)

직업기술의 개발

핵심: ● 팀 ★ 분석 ▲ 의사소통 ◘ 기술

◘★▲ 1. 찰스 슈왑(Charles Schwab, www.schwab.com), 이트레이드(www.etrade.com), TD 아메리트레이드(TD Ameritrade, www.tdamertitrade.com)를 방문해보라. 각 증권사들에 대해 조사하고, 어떤 리서치와 서비스를 제공해주고 수수료를 어떻게 매기는지 등을 비교해보라. 자신의 투자 성향과 가장 적합한 곳이 어디인지 생각해보라. 그 이유도 생각해보라.

◘★▲ 2. 엠에스엔 머니(MSN Money) 혹은 야후 파이낸스(Yahoo! Finance)를 보고 NYSE에서 세 종목, NASDAQ에서 세 종목을 선정해 포트폴리오를 위해 총 여섯 개의 종목을 선정하라. 포트폴리오 내 종목들의 주가 변동을 웹 사이트의 그래프를 보고 2주간 관찰하여 시장 동향과 정보가 각 종목에 어떤 영향을 미치는지 알아보라. 관찰 결과를 기록하라.

◘★▲ 3. 미국 국채는 다른 회사채들과 비교된다. 연방정부가 발행하는 채권에는 어떤 것이 있는지 알아보고, 가장 매력적이라고 판단되는 것들의 목록을 작성해보라(www.treasurydirect.gov를 방문해보라).

●◘★▲ 4. 교실에 있는 사람들 중 투자 그룹을 형성하는 것에 관심 있는 사람이 있는지 알아보라. 만약 있다면, 그룹을 형성하고자 하는 학생들은 주식 한 종목과 뮤추얼펀드 혹은 상장지수펀드 중에서 한 가지씩을 선택해야 한다. 각 학생들이 선택한 종목들의 가격을 표로 작성하라. 2주 후, 가격을 다시 확인해보고, 변동률을 살펴보라.

◘★▲ 5. 찰스 슈왑(Charles Schwab, www.schwab.com), 이트레이드(www.etrade.com), TD 아메리트레이드(TD Ameritrade, www.tdamertitrade.com)를 방문해보라. 지난 12개월 안에 기업공개를 한 기업 두 곳을 조사하라. 최초 기업공개 때부터 현재까지의 주가 변동을 살펴보라.

진로 탐색

만약 여러분이 증권산업의 직업에 관심이 있다면, 고려해볼 만한 몇 가지 직업들이 아래에 나타나 있다. 이러한 직업들의 업무, 필요한 지식과 기술, 급여수준, 미래전망 등에 관해서는 bls.gov 웹 사이트의 직업전망서(Occupational Outlook Handbook)를 살펴보라.

- **개인 재무 조언자** – 고객의 재무관리를 도와주기 위하여 투자, 주택담보대출, 보험, 학자금, 부동산 투자, 세금, 은퇴 자금 등에 대해 조언을 제공하는 사람
- **투자 은행** – 기업 운영 자금을 필요로 하는 사업가와 자금을 제공하고자 하는 투자자를 연결해주거나 또는 기업의 인수와 합병을 도와주는 사람
- **주식 거래 중개인** – 증권이나 상품을 개인 고객에게 직접 팔거나 고객의 필요와 재무 지식의 이해에 따라 적절한 투자 방안에 대해 조언해 주는 사람
- **재무 분석사** – 투자 결정을 내리기 위해 개인이나 기업에 조언을 제공하거나 주식, 채권 또는 다른 형태의 투자에 대한 성과를 평가해 주는 사람

비디오 사례

내 돈이 다 어디로 갔을까?

여러분들은 투자의 중요성을 자주 들어왔다. 그러나 무엇이 최적의 투자인지 어떻게 알 수 있는가? 투자 조언을 얻기 위한 객관적인 정보 원천이 있는가? 정답은 '있다'이다. 여러분은 모닝스타(Morningstar)라는 회사로부터 도움이 되는 객관적인 정보를 얻을 수 있다.

많은 사람들은 주식과 채권 사이에서 투자 선택을 한다. 주식을 사는 것은 곧 기업의 소유권의 일부를 사는 것과 같다. AT&T나 마이크로소프트(Microsoft)와 같은 대기업에서부터 중소기업의 주식까지 선택할 수 있다. 모닝스타는 몇천 개의 기업 중에서 투자 대상을 선택하는 데 도움을 줄 수 있다.

주식에 투자하는 위험을 분산시키기 위해서 분산투자(diversify)를 할 수 있다. 즉, 다양한 분야의 여러 개의 기업에 대한 주식을 사는 것이다. 예를 들어, 해외 기업, 서비스 기업, 제조업체, 의료 서비스 기업 등 다양하게 주식을 매입할 수 있다. 뮤추얼펀드를 이용해 쉽게 분산투자를 할 수 있다. 이런 펀드는 다양하게 주식을 산 다음 그 일부를 투자자들에게 판매하는 것이다. 상장지수펀드(ETFs)는 뮤추얼펀드와 비슷하지만, 주식거래소에서 주식을 사는 것처럼 사고팔 수 있다.

대부분의 투자 조언자들은 장기적으로 주식에 투자하는 것을 권한다. 주가는 변동하지만 장기적으로는 대개 상승한다고 한다. 젊은 사람들은 몇 년씩 기다려서 주식을 팔 수 있으므로 모닝스타와 같은 투자 조언자들은 주식(혹은 뮤추얼펀드)에 투자하라고 조언한다.

그렇다면 모닝스타는 채권도 권유할까? 그렇다. 채권을 매입하면 기업에 돈을 빌려주는 것과 같다(국채를 매입하면 정부에 돈을 빌려주는 것이다). 기업(혹은 정부)은 당신에게 이자와 함께 원금을 상환하기로 약속한다. 이자율이 높다면 이런 투자는 합리적이다. 물론 기업마다 투자 위험이 다르기 때문에 채권에 대한 이자율 또한 상이하다. 모닝스타는 투자자에게 적합한 채권을 선택하는 데 도움을 준다.

거의 모든 사람들은 투자 조언을 필요로 한다. 모닝스타는 객관적이며 도움이 되기로 유명하다. 이 비디오는 투자의 장단점을 보여준다. 올바르게 한다면, 주식과 채권은 높은 수익을 가져다줄 수 있다. 그러나 잘못한다면 자금을 비교적 빨리 잃게 될 수도 있다. 모닝스타는 하나의 정보 원천에 불과하다. 투자를 하려면 투자에 대해 최대한 많은 정보를 여러 곳에서 찾아야 한다. 교과서, 신문, 머니(Money)나 퍼스널 파이낸스(Personal Finance)와 같은 잡시 그리고 금융 뉴스와 같은 TV 프로그램이 이런 정보를 제공해준다.

누구나 비상 시를 대비한 자금(은행 저축)을 준비해둘 필요가 있다. 또한 수입이나 위험 회피도에 따라서 주식, 채권, 부동산 등 분산투자를 해야 한다.

모닝스타와 투자 조언을 줄 수 있는 다른 정보는 투자자들의 재정에 매우 중요한 역할을 한다. 여러분들은 부동산 가격이 무조건 상승할 것이라고 믿었던 사람들이 어떻게 되었는지 보았을 것이다. 최근 부동산 가격 하락이 그들의 생각이 틀렸다는 것을 증명해주었다. 주식, 채권, 금, 석유도 마찬가지이다. 이것들도 다 위험을 동반하며, 전문가의 조언이 틀릴 때도 많다. 따라서 모닝스타에서 최고의 객관적인 정보를 얻는 것은 현명한 선택이다. 또한 투자자 자신의 축적된 지식을 포함한 여러 가지 정보를 얻는 것도 도움이 된다.

다시 생각해보기

1. 주식, 채권, 뮤추얼펀드, 상장지수펀드 그리고 다른 투자에 대해 정확히 알고 있는가? 투자를 결정하는 데 있어서 여러분은 어떤 정보 원천을 이용할 것인가?

2. 모닝스타나 다른 투자 조언 서비스에 온전히 의존해야 하는가? 아니면 여러분이 직접 여러 가지 정보를 찾아내야 하는가? 어떤 정보가 가장 적합한 조언인지 어떻게 판단할 수 있는가?
3. 이 글에서 읽은 정보와 다른 정보를 바탕으로 여러분은 동료 학생들에게 주식, 채권, 뮤추얼펀드, ETF, 부동산 혹은 다른 것에 투자할 것을 권유하겠는가? 그 이유는 무엇인가?

참조

1. Eric Reed, "What Is a Capital Market?," finance.yahoo.com, February 19, 2020; Roger Wohlner, "How Are Stock Prices Determined?," thestreet.com, January 30, 2020.
2. Liz Smith, "Investment Banking Defined," SmartAsset, smartasset.com, February 6, 2020; Joshua Kennon, "What Are Market Makers and How Do They Make Money?," thebalance.com, February 10, 2020; Laura Noonan, "Investment Banking Revenues Fall to the Lowest since 2008," ft.com, February 21, 2020; Matt Egan, "Ouch. Investment Banking Revenue Hasn't Been This Weak since 2008," cnn.com, February 25, 2020.
3. David R. Harper, "Getting to Know the Stock Exchanges," investopedia.com, February 6, 2020; Cara Lombardo and Carrie Driebusch, "NYSE Owner Intercontinental Exchange Makes Takeover Offer for eBay," February 4, 2020.
4. Maria Halkias, "J.C. Penney's under $1 Dollar Stock Price Has Put It Back at Risk for NYSE Delisting," January 31, 2020.
5. Dori Zinn, "What Constitutes Insider Trading?," finance.yahoo.com, February 26, 2020; Matt Levine, "Everything Might Be Considered Insider Trading," bloomberg.com, January 27, 2020; The Editorial Board, "U.S. Law Covering Insider Trading Is Ripe for Reform," ft.com, January 30, 2020; Russell G. Ryan, "Insider Trading Law Is Irreparably Broken," January 27, 2020.
6. Bob Van Voris, "Analyst Who Tipped Off SAC Capital Wins Dismissal of Charges," bloomberg.com, February 14, 2020; Jared Diamond and Gregory Zuckerman, "Hedge-Fund Billionaire's Deal for Mets Collapses," February 6, 2020.
7. Prableen Bajpai, "Interested in Investing in Africa? Here's How," investopedia.com, accessed March 2020.
8. Joshua Kennon, "What Is a Dividend?," thebalance.com, February 17, 2020; J. D. Maverick, "What Causes Dividends per Share to Increase?," investopedia.com, February 16, 2020.
9. Brian O'Connell, "What Are Stock Buybacks and How Do They Work?," thestreet.com, February 12, 2020; Elvis Picardo, "Dividend vs. Buyback: What's the Difference?," investopedia.com, February 19, 2020; Mark Hulbert, "How to Use Stock Buybacks to Time the Market," January 29, 2020; Shawn Tully, "3 Reasons Ballooning Stock Buybacks Are Worrisome," February 12, 2020.
10. Joshua Kennon, "What Is the Preemptive Right?," thebalance.com, accessed

March 2020.

11. Adam Hayes, "Preferred versus Common Stock: What's the Difference?," investopedia.com, February 25, 2020; Dan Caplinger, "Beginner's Guide to Brokerages," fool.com, February 13, 2020.
12. "What Is Par Value?," Fincash, fincash.com, February 22, 2020.
13. Albert Phung, "Why Do Companies Issue 100-Year Bonds?," investopedia.com, June 25, 2019.
14. Cezary Podkul, "SEC Rethinks Approach to Conflicts among Bond-Rating Firms," February 24, 2020; Nellie S. Huang, "Is a Debt Bomb Ticking?," kiplinger.com, January 30, 2020; Brian Chappatta, "The Credit-Ratings Business May Never Get Fixed," bloomberg.com, February 6, 2020.
15. Sean Ross, "How Is Convertible Bond Valuation Different Than Traditional Bond Valuation?," investopedia.com, February 18, 2020; Eric Reed, "Hybrid Securities: Definitions and Examples," finance.yahoo.com, February 7, 2020; Andrew Bary, "Tesla Stock Is Powering the Convertible Bond Market," February 5, 2020.
16. Eric Rosenberg, "The Best Online Stock Broker of 2020," thebalance.com, accessed March 2020; Paul Katzeff, "Fidelity Brokerage Reclaims Top Rank in IBD Best Online Brokers Survey," investors.com, January 31, 2020; Matt Miller, "The Best Online Brokers Right Now-for Almost Every Kind of Investor," www.barrons.com, February 21, 2020.
17. Bailey McCann, "Robo Advisers Keep Adding On Services," March 9, 2020.
18. Patrick B. Healey, "How a Multi-Asset Portfolio Investing Strategy Can Mitigate Risk," kiplinger.com, February 27, 2020; Peter Tanous, "Here's Why Diversification Can Be an Investor's Worst Enemy," cnbc.com, February 2, 2020.
19. Selena Maranjian, "Why You Should Avoid Penny Stocks Like the Plague," fool.com, February 24, 2020; David Saito-Chung, "Apple and Growth Stock: Why Most Penny Stocks Fail to Make Investor's Rich," investors.com, August 8, 2019; Joshua Kennon, "Investing in Penny Stocks Is Almost Always a Bad Idea," thebalance.com, January 27, 2020.
20. "Are Stock Splits a Thing of the Past?," Charles Schwab, schwab.com, February 16, 2018; Brett Owens, "How to Play Stock Splits for 3X Dividends and 200% Upside," forbes.com, February 19, 2020.
21. Michael Larkin, "The Ultimate Warren Buffett Stock Is in the Buy Zone, but Should You Buy It?," investors.com, February 19, 2020; Andrew Bary, "Warren Buffett Made a Great Bet on Apple. Why Hasn't Berkshire Hathaway Stock Benefited?," barrons.com, January 29, 2020; Adam Seessel, "Valuation: How Warren Buffett Built Berkshire Hathaway-and What Might Happen When He Leaves," fortune.com, February 21, 2020.
22. Daniel Jark, "Don't Invest in Bonds without Asking These 7 Questions,"

investopedia.com, February 12, 2020.

23. Jeff Cox, "Junk Bond Scare Is Rising: No One Cares. People Are Buying Everything," cnbc.com, February 7, 2020; Nir Kaissar, "If Value Stocks Are Toxic, Why Aren't Junk Bonds?," finance.yahoo.com, January 30, 2020; Karen Hube, "How to Build a Bond Portfolio for Stability in Uncertain Times," January 30, 2020; Annalisa Esposito, "3 Questions to Ask before Buying High Yield Bonds," Morningstar, morningstar.com, February 25, 2020.
24. "Number of Mutual Funds in the United States from 1997 to 2018," Statista, statista.com, accessed March 2020; Sean Ross, "The 3 Biggest Mutual Fund Companies in the U.S.," investopedia.com, November 5, 2019; Nick Ravo, "The Buzz vs. the Beast," October 7, 2019.
25. Ty Bernicke, "Index Fund Pitfalls: What Investors Need to Know," forbes.com, February 13, 2020; "What Is an Index Fund?," fool.com, accessed March 2020.
26. "Number of Exchange-Traded Funds (ETFs) Worldwide for 2003 to 2019," Statista, statista.com, accessed March 2020.
27. M. Szmigiera, "Worldwide ETF Assets under Management 2003 to 2019," Statista, statista.com, accessed March 2020.
28. "Dow Jones Industrial Average Fast Facts," cnn.com, accessed February 2020; "Dow Jones Today: Dow Stocks and Stock Market News," investors.com, accessed February 2020.
29. Kimberly Amadeo, "Dow Highest Closing Records," thebalance.com, February 18, 2020.
30. David J. Lynch, Rachel Siegal, and Thomas Heath, "U.S. Markets Drop to Correction Territory, Extending Brutal Week of Losses," February 27, 2020; Fred Imbert and Eustance Huang, "Dow Plunges 1,000 Points on Coronavirus Fears, 3.5% Drop Is Worst in Two Years," cnbc.com, February 23, 2020; Jessica Menton, "Dow Plunges over 1,000 Points as Coronavirus Cases outside China Jump," February 24, 2020; Karen Langley, Caitlin Ostroff, and Chong Koh Ping, "U.S. Stocks Slide into Correction as Virus Fears Show No Sign of Easing," February 27, 2020.

화폐, 금융기관 그리고 연방준비은행의 이해

학 습 목 표

이 장을 학습한 후에 다음 질문에 답할 수 있어야 한다.

19-1 통화와 통화의 가치가 결정되는 방법을 설명할 수 있다.

19-2 연방준비은행이 화폐 공급을 조절하는 방법을 설명할 수 있다.

19-3 은행과 연방준비은행 시스템(Federal Reserve System)의 역사를 이해할 수 있다.

19-4 미국 은행 시스템의 다양한 기관들을 분류할 수 있다.

19-5 2008년에서 2009년 사이에 발생한 은행 위기의 원인과 이 당시 정부가 개인 자금을 보호한 방법에 대해 이해할 수 있다.

19-6 기술이 은행업의 효율성에 미치는 영향에 대해 설명할 수 있다.

19-7 국제 은행업의 역할 및 중요성, 세계은행과 국제통화기금의 역할을 평가할 수 있다.

연방준비제도의 의장 제롬 파월에 대하여 알아보자

'연방준비제도(The Federal Reserve)'는 미국의 중앙은행 시스템이다. 연방준비제도는 국가의 통화 정책, 통화 공급, 그리고 금리를 담당하는 기관이며, 최근 엄청난 주목을 받고 있다. 2018년에 제롬 파월(Jerome Powell)은 연방준비제도의 100년 역사상 최초로 여성으로서 의장이 된 재닛 옐런(Janet Yellen)의 뒤를 이어 연방준비제도이사회 의장이 되었다. 파월은 연방준비제도이사회(FRB) 임원 중 가장 부유하기로 알려져 있고, 40여 년 만에 경제학 학위 출신이 아닌 연방준비제도 의장이기도 하다.

파월은 고향인 워싱턴 DC에서 변호사인 아버지 아래 6명의 남매 사이에서 컸다. 프린스턴 대학에서 정치학 학사 졸업 후, 조지타운 대학교에서 자신의 아버지처럼 법학 공부를 하기로 결심하였다. 그는 조지타운 대학교에서 법학 저널의 편집장 자리까지 올랐고, 머지않아 법학 학위를 취득하였다. 그 후 그는 연방항소법원 판사의 사무원으로 일한 후, 뉴욕의 한 대형 로펌에 입사하였다. 하지만 1984년에 그는 커리어 경로를 바꾸기로 결심하고 투자은행에 입사한다.

파월은 1990년에 조지 H.W. 부시 대통령의 재무부에서 국내 금융 차관으로 임명되며, 다시 고향인 워싱턴 DC로 복귀하게 된다. 그는 금융기관과 재무부 부채 시장에 대한 정책을 감독하고 은행 부실 사태의 연속성을 해소하는 임무를 맡았다. 이후 1993년 부시 대통령의 재선 패배로 인해 파월은 뉴욕으로 다시 돌아가 전에 맡았던 은행 업무를 재개하였고, 2007년 다시 워싱턴 DC로 돌아와 사모펀드인 칼라일 그룹(The Carlyle Group)에 입사하였다. 그는 칼라일 그룹에서 일하며 개인적으로 많은 금전적 이득을 보았다. 훗날 금융공시에서의 그의 순자산은 1억 1,200만 달러 이상으로 추정되었다.

몇 년 동안 은행업계에서 일한 파월은 2005년 워싱턴 DC로 다시 복귀하여 공공 업계에서 일하기 시작했다. 그는 초당적 정책 센터 학자로서 연봉을 받지 않았고, 공공정책에 집중하며 연방과 주 재정 문제를 연구하였다. 그리고 2011년에 재무장관인 티머시 가이트너의 인정을 받고 오바마 대통령에게 연방준비제도이사회의 임원으로 임명 추천되었다. 그의 임명은 2012년 미합중국 국회에서 승인되었고 6년 뒤 트럼프 대통령은 그를 연방준비제도 의장으로 임명하였다. 그와 같이 일해 본 동료들에 따르면 파월은 유능하고 협력심이 강한 지도자였고 대중적 인지도를 원하지 않았다고 한다. 비록 그는 도드-프랭크 개혁으로 도입된 많은 규제를 지지했지만, 은행 시스템에 대한 불필요한 부담이 경제에 해를 끼친다고 믿는다. 앞으로 연방준비제도이사회에서 파월의 리더십은 미국 경제에 큰 영향을 미칠 것으로 전망된다.

이 장은 돈, 연방준비제도 그리고 은행 시스템을 다룰 것이다. 통화 정책, 금리, 실업, 그리고 관련된 결정과 진행에 대한 이해도가 생길 것이다. 이 장에 나온 내용, 여러 비즈니스 출판물 그리고 비즈니스 보고서들을 숙지하면 연방준비제도의 정책이 미국의 경제에 어떤 영향을 미치는지 이해할 수 있을 것이다.

출처: Andrew Soergel, "Fed Chairman Jerome Powell Dismisses Negative Rates Despite Pressure from Trump," U.S. News & World Report, usnews.com, February 11, 2020; Federal Reserve, federalreserve.gov, accessed March 2020; Nick Timiraos, "Fed Chairman Heads to Capital Hill Facing New Questions over Growth Risks," The Wall Street Journal, February 10, 2020; Lisa Beilfuss, "Fed's Powell Opens the Door to a Cut in Interest Rates," Barron's, February 28, 2020.

Let's talk business!
bit.ly/LetsTalkBusiness19

이 조직은 자국의 돈을 외국의 돈으로 자유롭게 환전을 허용하는 189명의 회원으로 구성되어 있으며, 모든 국가에 적용되는 글로벌 통화 정책을 유지하기 위해 다른 회원이 통화 정책의 변화에 뒤처지지 않도록 하는 데 동의한다. 이 조직의 이름은 무엇인가? (이 장 안에서 답을 찾으라.)

학습목표 19-1 통화와 통화의 가치가 결정되는 방법을 설명할 수 있다.

왜 통화가 중요한가?

연방준비제도이사회(the Fed; The Federal Reserve)는 미국에서 금융을 담당하는 조직이다. 향후 몇 년간 이 조직과 이 조직의 수장인 제이 파월(Jay Powell)에 대해 많은 정보를 접할 수 있을 것이다. 이것이 바로 이 장의 첫 부분에서 그를 다룬 이유이다. 이 단원의 목표는 뱅킹에 대한 전반적인 내용과 연방준비제도이사회의 역할에 대해 설명하는 것이다.[1]

미국에게 있어 가장 중요한 두 가지 문제는 경제 성장과 일자리 창출로, 이는 통화에 의해 결정된다. 통화의 중요성으로 인해 많은 기관들이 통화를 운용하고 필요로 하는 사람들에게 제공해주기도 한다. 전 세계 어느 곳에서든 현금자동지급기(ATM)로 쉽게 현금을 인출할 수 있다. 하지만 지불의 수단으로 현금만을 사용하지는 않는다. 대부분의 곳에서 수표, 신용카드, 직불카드, 스마트카드를 결제의 수단으로 사용할 수 있다. 어떤 경우에는 온라인 상의 화폐인 비트코인(Bitcoin)을 사용하기도 한다. 이 장의 후반부에서는 비트코인에 대하여 다룰 것이다. 이면에는 복잡한 은행 시스템이 존재하는데, 이것이 바로 통화의 자유로운 유출입을 가능케 하는 것이다. 매일 5조 달러가 넘는 돈이 세계 통화시장에서 거래된다.[2] 따라서 주요 국가의 경제에 발생하는 어떤 사건은 미국 경제에도

새롭게 도안된 지폐는 위조가 훨씬 어렵도록 만들어졌다. 이 지폐는 이전의 지폐들과 약간 다르게 보이고 색깔도 다르다. 여러분이 상점을 소유하고 있다면, 직원들이 위조지폐를 받지 않게 하기 위해서 어떠한 조치를 취할 것인가?

큰 영향을 미치고, 미국 경제의 이슈 또한 다른 국가 경제에 큰 영향을 미치게 된다.

우선 사람들이 '통화'라고 말할 때 그것이 정확히 무엇을 의미하는지에 대해 알아보기로 하자. 그리고 화폐의 공급이 제품과 서비스의 가격에 미치는 영향에 대해서도 알아보자.

통화란 무엇인가?

통화(money)란 재화나 서비스 결제의 수단으로 받아들여지는 모든 것을 의미한다. 과거에는 소금, 깃털, 돌, 조개껍데기, 차(tea), 말(horse) 등과 같이 다양한 사물들이 통화로 사용되었다. 1880년대에 이르기까지 카우리(cowrie) 껍데기가 세계에서 가장 널리 통용되는 통화였다.

통화
제품이나 서비스 결제의 수단으로 받아들여지는 모든 것

물물교환(barter)은 어떤 제품이나 서비스를 위해 다른 제품이나 서비스와 직접적으로 거래하는 것을 의미한다. 물물교환이 과거의 일이라고만 느껴질 수도 있겠지만, 많은 사람들이 이미 온라인 물물교환의 장점을 발견하고 있다.[3] 한 기업가는 그의 물물교환 경험을 이렇게 설명한다. "작년에 우리는 풀컬러 그래픽 소설의 창작과 신규 웹 사이트 디자인을 교환하였습니다. 이 물물교환의 가치는 5만 달러였습니다. 우리는 앞서 말한 소설의 스토리라인을 제공하기 위해서 3개월의 작문 서비스를 제공하였고, 5개월의 일러스트레이션을 제공하였습니다. 대가로, 그들은 우리의 신규 웹 사이트를 다듬고, 디자인하고, 프로그래밍하는 것을 도와주었습니다."[4]

물물교환
어떤 물건이나 서비스를 위해 다른 물건이나 서비스와 직접적으로 거래하는 것

어떤 사람들은 재화와 서비스를 옛날 방식으로 교환한다. 예를 들어, 시베리아에서는 영화표 한 장의 가격은 계란 두 알이고, 우크라이나 사람들은 전기료를 소시지와 우유로 지불한다. 오늘날에는 물물교환 거래소(Barter Exchange)라는 곳에 가서 시스템에 재화와 서비스를 등록할 수 있고, 당신이 필요한 재화와 서비스를 구매할 수 있는 무역 신용을 획득한다.[5] 물물교환 거래소에서는 물물교환 대상을 직접 물색하지 않아도 되기 때문에 물물교환이 더욱 용이하다. 거래소가 이를 대행하기 때문이다.

문제는 계란과 우유는 운반하기 어렵다는 점이다. 사람들은 운송이 편리하고, 나눌 수 있으며, 오래 가고 안정적이어서 실제 물건을 들고 다니지 않아도 제품과 서비스를 거래할 수 있는 무언가가 필요했다. 이러한 문제를 해결하기 위해 동전과 지폐가 고안되었다. 화폐로서의 유용한 형태를 갖추려면 다음 다섯 가지를 만족시켜야 한다.

- 휴대성(portability): 돼지나 다른 무거운 물건들에 비해 동전은 시장에 가지고 가기 쉽다.
- 분할 가능성(divisibility): 서로 다른 크기의 동전은 서로 다른 가치를 나타낼 수 있다. 1963년 이전, 미국 25센트에는 미국 50센트의 은 함유량의 절반이 포함되어 있었고, 1달러에는 25센트짜리의 은 함유량의 4배가 포함되어 있었다. 은 가격의 상승으로 요즘은 다른 금속을 이용하여 동전을 제작하지만, 그 가치는 여전히 수용된다.
- 안정성(stability): 모든 사람이 동전의 가치에 동의하면, 그 돈의 가치는 비교적 안정적이다. 실제로 미국 돈은 매우 안정적이어서 세계 많은 곳에서 미국 달러

사람들이 오랜 기간 동안 돈 없이 물물교환을 해왔을지라도 물고기는 10달러 지폐보다 운반하기 어렵다는 문제가 있다. 물물교환을 할 때 또 다른 문제점은 무엇인가?

변화에 적응하기

잘 가라! 100달러짜리 지폐여

당신의 지갑에 100달러짜리 지폐가 잔뜩 들어 있을 가능성은 희박하다. 100달러짜리 지폐는 1969년에 500달러, 1,000달러, 5,000달러 지폐가 폐지된 이후 가장 큰 미국 지폐가 되었다. 이상한 점은 100달러짜리 지폐의 숫자가 미국에서 가장 널리 유통되는 통화로 1달러 지폐를 능가했다는 점이다. 10년 전에는 그렇지 않았다. 2008년 금융위기 이후, 또 다른 금융 침체를 걱정하는 회의론자들을 위한 가계 저축 수단으로 100달러짜리 지폐가 사용되고 있다고 일부 경제학자들은 추측하고 있다. 다른 사람들은 100달러 지폐 사용의 급증이 세계 지하 경제의 수요에 의해 주도되고 있다는 더 무서운 추측을 하고 있다. 일부에서는 대부분의 100달러짜리 지폐가 미국 경제에서 유통되고 있지 않기 때문에 미국 재무부가 이 지폐의 유통을 금지해야 한다고 제안했다.

하버드 대학교의 비즈니스 및 정부 센터(Centre for Business and Government)에서 발표한 논문에 따르면 100달러 지폐와 같은 고액권 지폐는 거래 기록을 파악할 수 없고 운반 및 이동이 용이하기 때문에 범죄자가 '선호하는 지불 방식'이라고 주장했다. 예를 들어, 20달러 지폐로 100만 달러는 부피가 크고 무게는 거의 70파운드이다. 하지만 100달러 지폐로 100만 달러는 무게가 약 20파운드이며, 작은 케이스나 쇼핑백에 쉽게 휴대할 수 있다. 법 집행 기관들도 이러한 제안에 동의하고 있다. 지폐, 특히 액면 단위가 큰 지폐는 공갈, 갈취, 자금세탁, 마약 및 인신매매, 공무원의 부패, 심지어 테러와 같은 범죄를 조장할 수 있다. 액면 단위가 큰 화폐는 또한 연방, 주 및 지방 정부에 수십억 달러의 손실을 끼치는 탈세를 촉진한다. 하버드 대학교의 케네스 로고프(Rogoff) 교수는 100달러 지폐의 폐지를 지지했으며, 50달러 지폐도 폐지되기를 원한다. 그는 '현금 없는 경제'를 제안하는 것은 아니지만, 현금이 주로 소액 거래에 사용되는 '현금 사용이 적은' 사회로 이동하는 것이 경제에 활력을 줄 것이라고 믿고 있다. 그는 구매 수준이 높아짐에 따라 소비자가 현금보다 신용카드, 직불카드 또는 수표를 더 많이 사용하는 경향이 있다고 지적한다. 당분간 그는 50달러 지폐가 유통되도록 하는 데 동의한다. 그러나 100달러짜리 지폐의 유통을 금지해야 한다는 그의 주장에도 많은 사람이 동의하고 있다.

출처: Taylor Telford and Jeanne Whalen, "$100 Bill Is Surging: Why So Many Benjamins?," Chicago Tribune, March 5, 2019; Aarthri Swaminathan, "There Are Now More $100 Bills Than $1 Bills in Circulation (and We're Not Sure Why)," Yahoo! Finance, finance.yahoo.com, February 27, 2019; Kate Rooney, "There's Been a Mysterious Surge in $100 Bills in Circulation, Possibly Linked to Global Corruption," CNBC, cnbc.com, February 27, 2019.

가 가치의 수단으로 사용된다. 만일 달러 가치가 지나치게 급변한다면, 세계는 유로와 같은 다른 형태의 화폐를 가치의 수단으로 사용할 것이다.

- 내구성(durability): 동전은 수천 년이 지나도 변하지 않는다. 잠수부들이 침몰한 배 속에서 옛날 로마 동전을 발견하듯이, 동전은 바다 깊은 곳에 가라앉아도 그 형태가 유지된다.
- 유일성(uniqueness): 정교하게 디자인되고 주조된 동전은 위조하거나 복사하기 어렵다. 하지만 최근 컬러복사기를 이용해 비교적 쉽게 지폐를 복사하곤 한다. 이 때문에 정부는 실제 달러를 눈으로 식별하기 쉽게 만들어야 했고, 새로 제작된 지폐들을 보면 그림이 중심에서 살짝 벗어나 있으며, 은행이나 가게에서 검토했을 때 나타나는 눈에 보이지 않는 선이 새롭게 추가된 것을 확인할 수 있다. 새로 제작된 100달러짜리 지폐에는 벤자민 프랭클린(Ben Franklin)과 다양한 색채의 그림, 숨겨진 문자, 그리고 그림 문자들이 숨겨져 있는데, 이는 자외선을 비출 때만 나타난다. 동전과 지폐가 가치의 단위로 쓰이기 시작하면서 거래가 간단해졌다. 대부분의 국가들이 자국의 동전과 지폐를 지니고 있는데, 그것들은 거의 같은 수준으로 휴대 가능하고, 분할 가능하며, 내구성을 지니고 있다. 하지만 화폐의 안정성은 국가마다 다르다.

전자화폐(e-cash)가 가장 최근에 나타난 통화의 형태이다. 전자화폐(e-money)는 새로운 형태의 화폐이다. 페이팔(PayPal), 구글(Google) 지갑 또는 은행 웹 사이트나 앱을 사용하여 온라인 결제를 할 수 있다. 그리고 스마트폰에서 애플 페이(Apple Pay)를 사용하여 오프라인 매장에서 결제할 수 있다. 비트코인과 같은 암호화폐는 보안을 위해 암호화를 사용하는 디지털 버전의 화폐로서, 위조가 더 어려워지고 더 쉽게 국경을 넘을 수 있으며, 은행 대신 하드디스크 드라이브에 저장할 수 있다. 그러나 2009년에 출시된 비트코인은 아직 일반적으로 받아들여지지 않고 있으며, 2019년에만 45억 달러가 넘는 금액이 도난의 대상이 되었다.[6] 그런데도 우리가 현재 사용하는 지폐와 동전이 아닌 다른 형태의 암호화폐를 사용하여 현금 없는 사회를 만들기 위한 노력은 계속될 것이다.[7] 언제 어떤 암호화폐가 성공할지 아무도 모르지만, 우리는 코인과 통화의 미래도 확신할 수 없다. 미국 조폐국(the U.S. Mint)은 5센트, 1센트, 10센트 동전의 생산단가를 낮추기 위하여 다른 금속 및 합금을 알아보고 있다. 1센트짜리 동전을 만드는 데 1.99센트가 들고 5센트짜리 동전을 만드는 데 7.62센트의 비용이 든다.[8] 언젠가 여러분의 동전이 다른 색깔로 변하고 더 가벼워질지도 모르는 일이다.

'변화에 적응하기' 글상자에서는 왜 가장 큰 액면 화폐 단위인 100달러짜리가 가장 많이 유통되는 화폐인지에 대한 질문에 대해 논의한다.

학습목표 19-2 연방준비은행이 화폐 공급을 조절하는 방법을 설명할 수 있다.

화폐 공급은 무엇인가?

연방준비은행은 화폐 공급의 조절을 책임지고 있다. 이 간단한 문장에서 두 가지 질문을 할 수 있다. (1) 화폐 공급이란 무엇인가? (2) 화폐 공급은 왜 조절되어야 하는가?

화폐 공급(money supply)은 사람들이 제품과 서비스를 이용할 수 있게 연방준비제도이사회가 제공하는 통화의 양이다. 필요한 경우에는 미국 재무부와 밀접한 관계에 있는 연방준비제도이사회에서 화폐를 찍어낼 수 있다. 예를 들어, 향후 몇 년간 경제를 활성화시키는 데 필요한 몇 조 달러는 연방준비제도이사회의 권한으로 찍어낸 것이었다.

> **화폐 공급**
> 사람들이 물건과 서비스를 구입하는 데 이용할 수 있게 연방준비제도이사회가 제공하는 통화의 양

양적완화라는 용어가 꽤 자주 사용되었다. 양적완화(QE)는 연방준비은행이 경제를 다시 움직이기 위해 돈이 필요하다고 생각할 때 더 많은 돈을 시중에 푸는 것을 의미한다.[9] 2008년 금융위기 이후 경제가 성장하게 되자 연준은 양적완화를 축소했다. 세계 경제가 2020년대로 접어들면서 연방준비은행이 어떤 조치를 취하게 될지 지켜볼 일이다.[10]

화폐 공급을 나타내는 몇 가지 기준이 있는데, 이들은 M-1, M-2, M-3 등으로 불린다. M은 머니(money)를 나타내고, 1, 2, 3은 화폐 공급의 서로 다른 정의를 뜻한다. **M-1**은 동전, 지폐, 수표를 써서 사용할 수 있는 돈(요구불예금과 당좌예금), 여행자 수표처럼 유동성이 높은 자금을 의미한다. **M-2**는 M-1에 포함되는 모든 것들과 보통예금, MMA(Money Market Accounts), 뮤추얼펀드(mutual funds), CD(Certificates of Deposit)와 같이 동전이나 지폐보다 유동성을 확보하는 데 조금 더 시간이 걸리는 자금

> **M-1**
> 쉽고 빠르게 이용 가능한 자금(주화, 지폐, 수표, 여행자수표 등)

> **M-2**
> M-1에 속하는 모든 것들과 이들보다 유동성을 확보하는 데 조금 더 시간이 걸리는 자금(보통예금, MMA, 뮤추얼펀드, 예금증서 등)

M-3
M-2와 은행 간 계약과 같이 규모가 큰 예금을 포함한다.

들을 포함한다. M-2가 가장 일반적으로 적용되는 통화의 정의이다. **M-3**는 M-2와 기관의 MMF, 은행 간 계약과 같이 규모가 큰 예금을 포함한다.

인플레이션 관리와 화폐 공급

정부(미국의 경우, 연방준비은행)가 지금보다 두 배 많은 양의 통화를 발행한다고 상상해보자(연방준비제도이사회가 계속해서 월 750억 달러를 방출하는 것과 비슷한 경우이다). 돈은 두 배 더 많은데, 제품과 서비스의 양은 그대로일 것이다. 이 경우 가격에 어떤 변화가 있을까? (2장의 수요와 공급의 법칙을 떠올려 보라.) 답은 사람들은 자신이 가진 돈으로 제품과 서비스를 사려고 할 것이고, 원하는 것을 얻기 위해 더 높은 가격을 부르게 되어 가격이 상승하게 된다는 것이다. 이것을 인플레이션이라고 한다. 그래서 일부 사람들은 이것을 '아주 적은 재화를 아주 많은 돈이 쫓는 것'이라고 정의하기도 한다.

이제 그 반대의 경우를 생각해보자. 연방준비은행이 경제에 풀린 돈의 일부를 회수해 가면 어떤 일이 생기겠는가? 가격은 어떻게 변할 것인가? 사용할 수 있는 돈에 비해 제품과 서비스가 초과 공급되어 가격이 하락할 것이고, 이를 디플레이션이라고 한다.

이제 화폐 공급의 두 번째 질문 '화폐 공급은 왜 조절되어야 하는가?'에 대해 생각해보자. 화폐 공급 조절을 통해 제품과 서비스의 가격을 어느 정도 조절할 수 있기 때문이다. 또한 화폐 공급은 고용과 경제 성장 또는 하락에 영향을 미친다. 이것이 미국 경제에서 실업률을 낮추고 물가를 안정시키는 연방준비은행의 역할이 중요한 이유이다.[11] 여기서 여러분은 글로벌 통화 공급은 연방준비제도이사회와 같은 중앙은행에 의해 통제된다는 사실을 알아야 한다. 중앙은행이 하는 일은 분명히 세계 경제에 영향을 미친다. 예를 들어, 유럽중앙은행(ECB)은 유럽을 괴롭히는 부진한 성장, 낮은 인플레이션, 정치적 불확실성에 맞서기 위해 양적완화(통화 공급 증가)를 시행했다.[12]

글로벌 통화 교환

달러 가치의 하락은 1달러로 글로벌 시장에서 구매할 수 있는 제품과 서비스 양의 감소를 의미한다. 달러 가치의 상승은 1달러로 구매할 수 있는 제품과 서비스 양의 증가를 의미한다. 실제 물건으로 예를 들면, 미국 달러화의 가치가 유로화에 비해 상승하게 되면 독일 자동차의 가격이 하락한다. 하지만 유로화가 강세를 나타내고 그 가치가 미국 달러화보다 상승하게 되면, 독일 자동차의 가격은 올라가게 된다.

달러 약세(달러 가치의 하락) 또는 달러 강세(달러 가치의 상승)는 미국 경제가 다른 나라 경제에 비해 상대적으로 어떤 위치에 있는지에 따라 결정된다. 경제가 호황일 때는 달러에 대한 수요가 증가하여 달러 가치가 상승하게 되고, 경제가 불황기에 있다고 판단되면 달러에 대한 수요가 감소하여 달러 가치가 하락하게 된다. 따라서 달러의 가치는 경제의 강약 정도에 따라 결정된다(통화 가치 혹은 환율의 변화가 미치는 영향에 대해서는 3장을 참조하라). 다음 절에서는 화폐 공급이 어떻게 조절되는지에 대해 알아보자. 그리고 미국 은행 시스템과 이 시스템이 기업과 개인에게 어떻게 자금을 대출해 주는지에 대해서도 알아보자.

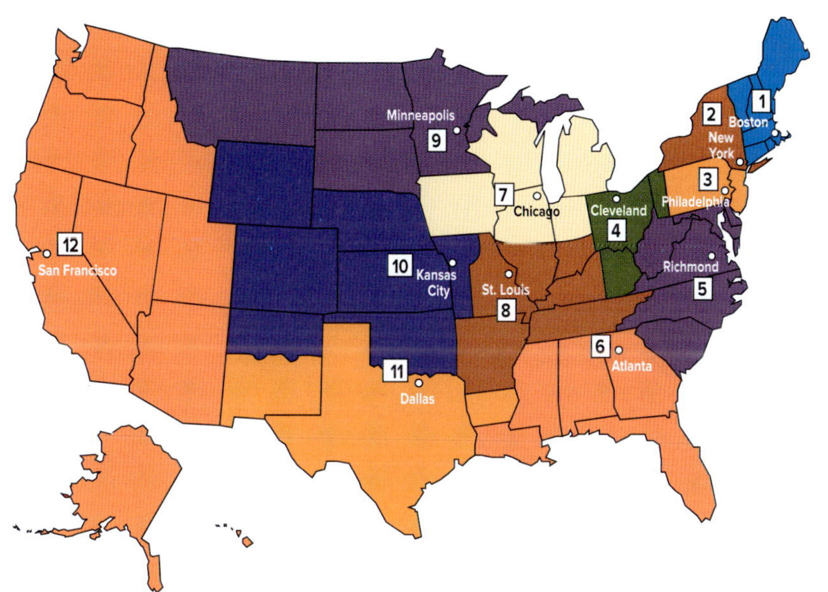

그림 19.1 **12개 지역의 연방준비은행**

1. 보스턴
2. 뉴욕
3. 필라델피아
4. 클리블랜드
5. 리치몬드
6. 애틀랜타
7. 시카고
8. 세인트루이스
9. 미네아폴리스
10. 캔자스시티
11. 댈러스
12. 샌프란시스코

화폐 공급의 조절

이론적으로, 적절한 통화정책을 통해 인플레이션 없이 경제가 지속적으로 성장하도록 유지할 수 있다(2장의 통화정책 참조). 바로 통화정책을 책임지고 있는 이 기관이 연방준비은행(Federal Reserve)이다.

연방준비은행에 대해

연방준비은행 시스템은 크게 다섯 가지 부문으로 구성되어 있다. (1) 이사회(board of governors), (2) 연방공개시장위원회(FOMC: Federal Open Market Committee), (3) 12개의 연방준비은행(Federal Reserve Banks), (4) 3개의 자문위원회(three advisory councils), (5) 시스템의 회원 은행들이다. 그림 19.1은 12개의 연방준비은행이 어디에 있는지 보여주고 있다. (여기서 주의할 점은 연방준비은행은 그 이름에도 불구하고 미국 정부 산하기관이 아니라는 점이다. 연방준비은행은 세금으로 운영되지 않는 민간 기업이다.)[13]

이사회는 12개의 연방준비은행들을 관리하고 감독한다. 이사회의 일곱 회원은 대통령이 지명하고 상원의 승인을 받는다. 위원회의 주요 기능은 통화정책을 수립하는 것이다. 연방공개시장위원회는 투표권을 가진 12회원으로 구성되고 정책을 입안하는 주체이다. 연방공개시장위원회는 위원회의 7회원 은행과 뉴욕준비은행(New York reserve bank)의 회장들로 구성된다. 나머지 네 명의 회원은 다른 준비은행들에서 돌아가면서 하게 된다. 자문위원회는 위원회와 연방공개시장위원회에 제안을 하게 된다. 자문위원회는 다양한 은행가와 소비자, 은행, 저축과 대출 기관, 신용협회를 포함하는 기관 회원들을 대표한다. 연방준비은행은 외화를 사고 팔며, 다양한 종류의 신용을 규제하고, 은행을 감독하고, 화폐 공급을 비롯한 경제 활동과 관련된 자료를 수집한다. 연방준비은행은 통화정책의 일환으로 지급준비율을 결정한다. 지급준비율(reserve requirement)

그림 19.2 **연방준비은행이 화폐를 공급하는 방법**

지급 준비율

조절 수단	즉각적인 효과	장기적인 효과
A. 인상	은행들이 더 많은 자금을 연방준비은행에 맡겨 화폐 공급 감소, 고객들에게 대출해줄 수 있는 자금의 감소	경제성장 둔화
B. 인하	은행들이 더 적은 자금을 연방준비은행에 맡겨 화폐 공급 증가, 고객들에게 대출해줄 수 있는 자금의 증가	경제성장 가속화

공개시장조작

조절 수단	즉각적인 효과	장기적인 효과
A. 연방준비은행의 채권 매도	자금이 경제에서 연방준비은행으로 이동	경제성장 둔화
B. 연방준비은행의 채권 매수	자금이 연방준비은행에서 경제로 유입	경제성장 가속화

재할인율

조절 수단	즉각적인 효과	장기적인 효과
A. 인상	은행들이 연방준비은행으로부터 적게 빌림, 대출해줄 수 있는 자금의 감소	경제성장 둔화
B. 인하	은행들이 연방준비은행으로부터 더 많이 빌림, 대출해줄 수 있는 자금의 증가	경제성장 가속화

이란 12개의 연방준비은행이 모든 금융기관으로부터 받아서 반드시 가지고 있어야 하는 보유액 수준이다.

연방준비은행은 공개시장조작(open-market operations)으로 알려져 있는 정부 발행 증권들을 사고파는 일을 한다. 마지막으로 연방준비은행은 회원 은행들에 돈을 빌려주고 재할인율(discount rate)이라고 부르는 대출 이자율을 결정하기도 한다. 연방준비은행이 화폐 공급을 조절하기 위해 사용하는 기본적인 세 가지 방식은 지급준비금 제도, 공개시장조작, 재할인율이다(그림 19.2를 참조하라). 이들 각각이 어떻게 관리되는지 알아보자. 각각의 방식이 경제에 어떠한 영향을 미치는지 알아보자.

지급준비율

지급준비율
상업은행들이 반드시 현물로 보유하고 있거나 지역 연방준비은행에 예치하고 있어야 하는 당좌예금 및 저축예금의 일정 비율

지급준비율(reserve requirement)이란 상업은행들이 반드시 현물로 보유하고 있거나 지역 연방준비은행에 무이자 예금으로 예치하고 있어야 하는 당좌예금 및 저축예금의 일정 비율을 의미한다(예를 들어, 은행 금고의 현금). 지급준비율은 연방준비은행의 가장 강력한 도구이다. 연방준비은행이 지급준비율을 인상하면 은행은 대출해줄 수 있는 자금이 줄어들게 되고 실제로 대출이 줄어든다. 돈이 희귀해지고, 장기적으로는 인플레이션을 축소시킨다. 예를 들어, 오마하 시큐리티 뱅크(Omaha Security bank)가 1억 달러의 예금을 지니고 있고, 지급준비율이 10퍼센트라고 하면 은행은 반드시 1,000만 달러를 보유하고 있어야 한다. 만약 연방준비은행이 지급준비율을 11퍼센트로 인상하면 은행은 추가적으로 100만 달러를 더 보유하고 있어야 하며, 그만큼 대출해줄 수 있는 자

금이 줄어들게 된다. 지급준비율의 인상은 모든 은행에 영향을 미치게 되어서 화폐 공급은 감소하고, 가격은 하락하게 된다.

반대로 지급준비율의 인하는 은행이 대출해줄 수 있는 자금을 증가시켜 은행이 더 많은 대출을 하게 되고, 더 많은 돈을 이용할 수 있다. 더 높은 경제성장률을 달성하기 위해 화폐 공급을 증가시키는 것은 경기부양책이 될 수 있지만, 동시에 인플레이션의 압력을 가할 수도 있다. 즉, 이로 인해 재화와 서비스의 가격이 상승할 수도 있다. 여러분은 불경기 때 연방준비은행이 왜 지급준비율을 낮추는지 알겠는가? 여러분은 인플레이션의 위험 또한 파악할 수 있겠는가?

공개시장조작

공개시장조작(open-market operations)은 연방준비은행이 가장 빈번하게 사용하는 방법으로, 국채의 매수와 매도로 이루어진다. 화폐 공급을 감소시키기 위해서 연방정부는 미국 국채를 시장에서 매도한다. 결제 자금으로 받은 돈은 더 이상 유통되지 않게 되고, 화폐 공급을 감소시킨다. 연방준비은행이 화폐 공급을 증가시키고 싶을 때는 개인, 기업, 단체로부터 국채를 매입한다. 연방준비은행이 증권 매입을 통해 지불하게 되는 금액은 다시 시장에서 유통되며, 화폐 공급을 증가시킨다. 그렇기 때문에 2008년 금융위기 때처럼 어려운 시기에 연방준비은행은 경제를 다시 성장시키기 위해 채권을 매입했다.[14)]

공개시장조작
통화 공급을 조절하기 위해 연방준비은행이 행하는 국채의 매수와 매도

재할인율

연방준비은행은 종종 은행들의 은행으로 불린다. 그 이유 중 하나는 회원 은행들이 연방준비은행에서 자금을 빌리고, 그 빌린 자금을 대출의 형식으로 고객에게 넘겨주기 때문이다. **재할인율(discount rate)**은 연방준비은행이 회원 은행들에 자금을 빌려주는 대가로 받는 이자율이다. 재할인율의 인상은 은행들이 연방준비은행으로부터 자금을 빌리는 것을 꺼리게 만들고, 그 결과 대출 가능한 자금이 줄어들게 되며, 화폐 공급을 감소시킨다. 이와 반대로 재할인율을 인하하면 회원 은행들이 자금을 빌리는 것을 독려하게 되어 대출 가능한 자금이 늘어나며, 화폐 공급을 증가시킨다. 7년 동안(2008년부터 2015년까지) 연방준비은행은 은행 대출을 늘리기 위해 할인율을 거의 0%로 낮췄다. 연준은 2015년부터 경기 변동에 따라 점진적으로 금리를 인상했다가 인하했다.[15)] 할인율은 연방준비은행이 통제하는 두 가지 이자율 중 하나이다. 다른 하나는 은행이 서로에게 부과하는 이율로 연방기금금리라고 하며, 이는 금융기관이 하루 동안 다른 금융기관에 대출할 때 부과하는 이자율이다.[16)]

재할인율
연방준비은행이 회원 은행들에 자금을 빌려주는 대가로 받는 이자율

할인율은 연방준비제도이사회에서 관리하는 두 가지 이자율 중의 하나이다. 나머지 하나는 은행들 간의 대출에 부과되는 미국연방자금금리(federal funds rate)다.

연방준비은행의 수표 청산 기능

여러분이 지역 가게에서 수표를 사용할 때, 여러분과 소매상이 이용하는 은행이 같다면

수표에 적힌 금액만큼 여러분 계좌의 잔고를 줄이고, 소매상 계좌의 잔고를 늘리면 되는 간단한 문제이다. 하지만 여러분이 다른 주에 거주하는 소매상에게 수표를 줄 경우는 어떻게 되겠는가? 이 때 연방준비은행 시스템의 기능 중의 하나로 수표 처리를 돕는 것이 있다.

소매상은 자신의 은행에 수표를 가져갈 것이다. 은행은 그 수표를 우선 가까운 연방준비은행에 신용으로 예치하고, 수표를 해당 지역 연방준비은행으로 보낸다. 그 수표는 다시 여러분의 은행으로 보내지고, 수표에 적힌 금액만큼 여러분의 계좌에서 인출될 것이다. 여러분의 은행은 여러분 지역의 연방준비은행에 수표 금액만큼의 지불을 승인하고, 여러분 지역의 연방준비은행은 처음 프로세스를 시작했던 연방준비은행에 이 금액을 지불하게 된다. 그러면 소매상 은행의 예금계좌에 해당 금액을 예치하고, 은행이 소매상의 계좌에 예치하게 된다(그림 19.3 참조). 이러한 긴 과정은 많은 비용을 필요로 한다. 따라서 은행들은 수표 사용을 줄이기 위해 다양한 수단을 동원하고 있으며, 신용카드, 직불카드, 자금의 전자이체 등과 같은 수단이 사용되고 있다.

앞에서도 알 수 있듯이, 경제 전체가 연방준비은행 시스템의 행동에 영향을 받게 된다. 다음 절들에서는 연방준비은행이 약 100년 전 출범하게 된 이유의 이해를 돕고자 은행의 역사에 대해 간략하게 소개하도록 한다. 그리고 오늘날 은행시스템에서 일어나고 있는 일에 대해 알아보자.

시험 준비

- 통화란 무엇인가?
- 유용한 통화의 다섯 가지 특징은 무엇인가?
- 화폐 공급이란 무엇이며, 이것이 왜 중요한가?
- 연방준비은행이 화폐 공급을 조절하는 다양한 방법에는 어떤 것들이 있으며, 이 방법들은 어떻게 작용하는가?
- 연방준비은행의 주요 기능은 무엇인가? 그 외에 어떤 다른 기능들을 수행하는가?

학습목표 19-3 은행과 연방준비은행 시스템(Federal Reserve System)의 역사를 이해할 수 있다.

은행의 역사와 연방준비은행의 필요성

처음에는 미국에 은행이라는 것이 존재하지 않았다. 유럽의 강력한 법규에 의해 신대륙의 식민 지역에 가져갈 수 있는 동전의 수가 제한되어 있었고, 식민지 이주자들은 물물교환을 할 수밖에 없었다. 예를 들면, 솜과 담배는 신발과 재목으로 교환이 가능했을 것이다.

강력한 화폐 수요로 인해 매사추세츠(Massachusetts)주는 1690년에 자체적으로 지폐를 발행했고, 다른 지역들도 지폐를 발행하기 시작했다. 하지만 미국에서 처음으로 발행되었던 지폐는 사람들이 그 가치를 믿지 못해 몇 년 만에 가치 없는 종이쪼가리가 되어버렸다.

농민들에게 돈을 빌려주기 위해 랜드 뱅크스(Land Banks)가 설립되었다. 하지만 그

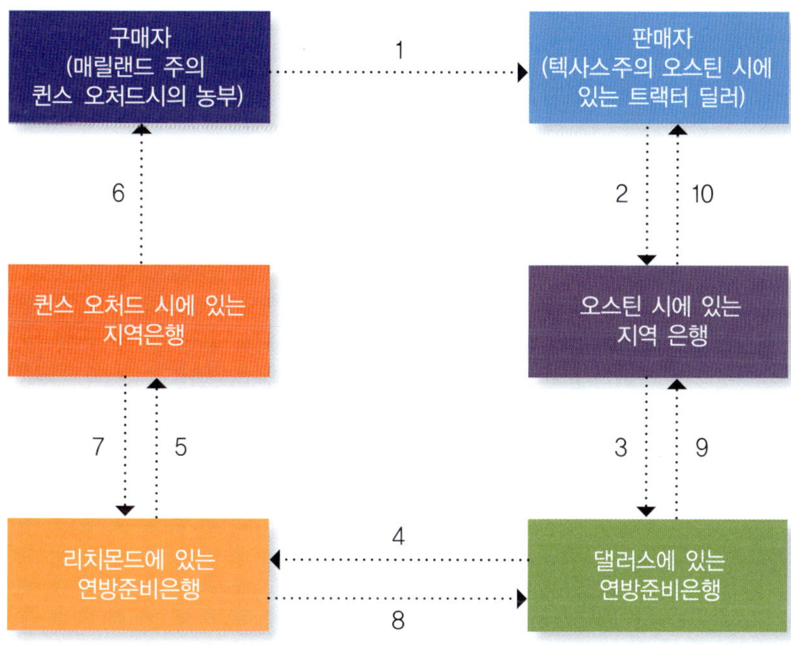

그림 19.3 **연방준비은행 시스템을 통한 수표 청산 과정**

1. 브라운은 트랙터 딜러에게 수표를 보낸다.
2. 딜러가 오스틴 지역 은행의 자기 계좌에 수표를 입금한다.
3. 오스틴 지역 은행은 댈러스(Dallas)의 연방준비은행에 신용으로 수표를 입금한다.
4. 댈러스의 연방준비은행은 수표를 리치몬드(Richmond)의 연방준비은행에 보낸다.
5. 리치몬드의 연방준비은행은 브라운의 계좌가 개설되어 있는 퀸스 오처드 시의 지역 은행으로 수표를 보낸다.
6. 퀸스 오처드 시의 지역 은행은 브라운의 계좌에서 금액을 차감한다.
7. 퀸스 오처드 시의 지역 은행은 리치몬드의 연방준비은행에 인출을 승인한다.
8. 리치몬드의 연방준비은행이 댈러스의 연방준비은행에 금액을 지급한다.
9. 댈러스의 연방준비은행은 오스틴 지역 은행의 계좌에 금액을 입금한다.
10. 오스틴 지역 은행은 트랙터 딜러의 계좌에 금액을 입금한다.

당시 식민지 지배국이었던 영국은 1741년 랜드 뱅크스의 영업을 정지시켰다. 식민 지역의 주민들은 그들의 자유를 억압하는 규제들에 저항했고, 미국혁명 중에 영국과의 전쟁 비용을 충당하기 위해 펜실베이니아주에 새로운 은행이 설립되었다.

미국이 독립하고 난 이후, 1791년 알렉산더 해밀턴(Alexander Hamilton)은 의회를 설득해 중앙은행(다른 은행들이 자금을 맡기고 필요할 때 빌릴 수 있는 은행) 설립 승인을 받아내는 데 성공했다. 연방은행(Federal bank)의 첫 형태였던 이 은행은 1811년 문을 닫았으나, 시중 은행들이 1812년 전쟁 자금을 지원할 수 없게 되자, 1816년에 다시 설립되었다. 두 번째 중앙은행과 시중 은행들 사이의 불화는 1830년대에 심화되었다. 테네시주의 일부 은행들이 중앙은행의 압력으로 손해를 입게 되었고, 중앙은행과 주 은행들 사이의 싸움은 1836년 중앙은행의 폐쇄와 함께 막을 내렸다. 미국 역사를 돌이켜 보면 중앙은행에 대한 반대가 매우 심했음을 알 수 있다.

연방준비은행 시스템은 1907년에 일어났던 대량 예금 인출 사태를 예방하기 위해 1913년에 고안되었다. 그러나 1929년에 주식시장이 붕괴하였고, 또 다시 예금자들은 은행으로 달려가 예금을 인출하였다. 연방예금보험제도는 예금자들의 자금을 보호하기 위해 1933년에 제정되었다. 여러분은 이러한 보호책이 충분하다고 생각하는가?

미국 남북전쟁 무렵 미국의 은행 시스템은 엉망이었다. 서로 다른 은행들이 서로 다른 종류의 통화를 발행했다. 남북전쟁 중에 동전은 동전의 가치보다는 금과 은의 가치로 더 인정받아 비축의 대상이 되었다. 이 현상은 오늘날에도 발생할 수 있다. 이런 무질서는 남북전쟁이 끝난 이후에도 한동안 지속되다가 1907년에 많은 은행들이 파산하면서 극에 달했다. 사람들은 은행의 안정성에 대해 걱정하기 시작했고, 은행에서 자금을 인출하려고 했다. 이러한 현상은 '은행에서의 인출 쇄도'라고 알려져 있다. 곧 현금은 고갈되었고 일부 은행들은 예금자들의 인출 요구를 거절할 수밖에 없었다. 이로 인해 사람들은 은행 시스템 전반을 불신하게 되었다.

중앙은행 설립에 대한 오랜 기간 동안의 반대에도 불구하고, 1907년 현금 부족 사태 이후 은행들에 자금을 빌려줄 수 있는 기관(연방준비은행 시스템)이 설립되었다. 이 기관은 긴급 상황에 자금을 빌릴 수 있는 '최후의 수단'으로 설립되었다. 1913년의 연방준비은행법(Federal Reserve Act)에 의해 정부의 승인을 받은 은행들은 모두 연방준비은행에 가입해야 했고, 주 은행(state bank)들도 가입할 수 있었다. 연방준비은행은 은행들의 은행이 되었다. 은행들이 초과 자금이 있을 때는 연방준비은행에 예치할 수 있었고, 추가 자금을 필요로 할 경우에는 연방은행으로부터 자금을 빌릴 수 있었다. 이후 연방준비은행 시스템은 오늘날까지 은행들과 긴밀한 관계를 유지해왔다.[19]

은행과 세계대공황

1907년에 발생한 공황 상황의 재연을 방지하기 위해 연방준비은행 시스템이 설계되었다. 그러나 1929년 증권시장의 폭락은 1930년 초 은행의 실패로 나타났다. 증권시장이 하락하기 시작하면서 사람들은 예금을 인출하기 위해 서둘러 은행으로 달려갔다. 연방준비은행 시스템이 있었음에도 불구하고, 은행들이 보유하고 있는 현금은 바닥났고, 은행들은 주(state)에 의해 강제로 문을 닫을 수밖에 없었다. 프랭클린 루즈벨트(Franklin D. Roosevelt) 대통령은 해결 방안을 모색할 시간을 벌기 위해 은행 정지기간을 1933년까지 연장했다. 1933년과 1935년, 상원은 은행 시스템 강화를 위한 법안을 통과시켰다. 연방예금보험제도(federal deposit insurance)를 제정하는 것이 가장 중요한 임무였다. 여러분도 알 수 있듯이, 은행의 위기는 새로운 것이 아니다. 은행의 위기는 경기 불황 때 종종 발생한다. 1945년부터 2009년까지 미국은 11번의 불황을 겪었다. 불황의 평균 지속 기간은 10개월이었으며, 최장기간(2008년부터 2009년까지)은 금융위기 기간 동안인 18개월이었다. 이제 연방은행에 대한 이해를 마쳤으면, 다음으로 미국의 은행에 대하여 알아보자.

학습목표 19-4 미국 은행 시스템의 다양한 기관들을 분류할 수 있다.

미국의 은행 시스템

미국의 은행 시스템은 상업은행, 저축대부조합, 신용조합, 상호저축은행으로 구성된다. 거기에 다양한 비은행계 금융기관들도 포함되는데, 이들 비은행계 금융기관들은 일반 은행들과 같은 서비스를 제공하지만, 예금을 받지는 않는다. 이들 기관들이 하는 활동과 제공하는 서비스에 대해 알아보자.

상업은행

여러분이 가장 익숙한 은행은 **상업은행**(commercial bank)일 것이다. 상업은행은 이윤을 추구하는 기관으로 개인과 기업들로부터 당좌예금 또는 보통예금의 형태로 예금을 받고 그 자금의 일부를 대출해준다. 상업은행에는 예금자와 차용자의 두 부류의 고객이 있다. 상업은행은 두 부류의 고객 모두에게 동일한 책임을 지고 있다. 상업은행들은 예금자가 예치한 자금을 효율적으로 사용해 이윤을 얻으려고 노력한다. 기본적으로 상업은행들은 고객의 예치금에 지급하는 이자를 투입으로 계산하고 이렇게 받은 예치금을 다른 고객(대개 기업)에게 이자부 대출의 형태로 투자한다. 상업은행들은 대출에서 생기는 수익이 예금자들에게 지급되는 이자와 여타 운영 비용의 합을 초과하면 이윤을 창출하게 된다.

상업은행
개인과 기업들로부터 당좌예금 또는 보통예금의 형태로 예금을 받고 그 자금의 일부를 대출해주는 이윤 추구 기관

상업은행이 제공하는 서비스

당좌예금에 자금을 예치하는 개인과 기업들은 개인 수표를 사용하여 거의 모든 구매와 거래를 체결할 수 있는 혜택을 누린다. 당좌예금의 정식 명칭은 **요구불예금**(demand deposit)이다. 이는 예금자가 요구할 때 자금을 사용할 수 있기 때문이다. 일반적으로 은행들은 수표 사용 신청 시 서비스료를 부과하거나 계좌의 최소 유지 예금 금액을 정해 두고 있다. 수표를 사용할 때마다 소정의 수수료를 부과하는 은행들도 있다. 기업 고객들의 경우 서비스 수수료는 계좌 내 일평균 예금액, 수표 사용 횟수, 기업의 신용등급과

요구불예금
당좌예금의 기술적인 명칭. 요구불예금에 예치된 자금은 예금자들이 원할 때 언제든지 인출할 수 있다.

우리의 경계를 넘어

돼지저금통이 은행보다 더 나을 수 있다

여러분이 새 직장을 얻어 돈을 모은 후에, 동네 은행에 예금계좌를 개설할 생각을 하고 있다. 아마도 첫 번째 질문은 '예금으로 얼마의 이자를 받을 수 있을까?' 일 것이다. 놀랍게도 이자를 받는 사람은 당신이 아니라 은행이라는 사실을 알게 될 것이다. 말 그대로 돈을 보관하려면 은행에 돈을 지불해야 한다. 미친 소리? 세계경제의 많은 부분을 장악하는 거꾸로 된 마이너스 금리의 세계에 온 것을 환영한다. 펜실베이니아 대학교 와튼 비즈니스 스쿨의 경제학자 올리비아 미첼은 마이너스 금리가 앞으로 몇 년 동안 세계경제의 특징이 될 수 있으며, 사람들이 저축하고 투자하는 방식을 바꿀 것이라고 믿고 있다.

미국 은행들은 2008년 금융위기에서 강하게 반등했지만, 유럽과 일본의 은행은 경기 침체로 어려움을 겪고 있다. 따라서 특히 일본과 독일의 중앙은행이 침체된 경제를 회복시키려고 함에 따라 일부 은행 예금에 대한 이자율이 0% 이하로 떨어졌다. 은행의 전반적인 계획은 돈을 저축할지 투자할지에 대해 사람들에게 영향을 미치는 것이다. 투자자들은 금리가 높을 때 저축하고 대출이 저렴할 때 투자하고 소비하는 경향이 있다. 지출은 그들의 경제에 도움이 될 것이다. 독일에서는 예금자들이 예금에 대해 이자를 받는 대신에 규정된 이자율을 은행에 지불해야 한다는 통보를 받았다. 현재 이 수수료는 50만 달러 이상의 예금을 보유한 대규모 예금자에게만 적용된다. 지금까지 소규모 투자자들은 예금에 대해 수수료 비용이 청구되지 않았다. 그러나 저금리 환경은 소규모 투자자들 사이에서 우려를 불러일으켰고 독일인들은 이에 대해 매우 시큰둥하였다. 특히, 은퇴를 위해 저축하거나 이미 은퇴한 사람들이 재산을 보존하는 것에 대해 은퇴자들의 우려를 불러일으켰다. 다행스럽게도 미국 은행은 일본과 유럽 은행의 길을 따를 생각이 없다고 말했다.

출처: David McHugh and Christopher Rugaber, "Negative Interest Rates Turn Saving, Borrowing Upside Down," Yahoo! Finance, finance.yahoo.com, February 14, 2020; Richa Rebello, "ECB Negative Rates Not Harmful, but Inflation Rise to Stay Elusive," Bloomberg, bloomberg.com, February 16, 2020.

신용 내력에 따라 결정된다.

통지예금
보통예금의 기술적인 명칭. 정기예금의 주인이 자금을 인출하기 전에 사전에 은행에 통지하도록 요구할 수 있음

과거에는 당좌예금 계좌는 이자를 지급하지 않았다. 하지만 최근에는 특정 조건을 만족하면 이자를 지급하는 당좌예금도 생겨나고 있다.[17] 상업은행는 다양한 저축예금을 제공하고 있다. 보통예금은 실질적으로 **통지예금**(time deposit)이다. 이는 예금 인출에 앞서 예금자가 사전에 은행에 통지하도록 은행이 요구할 수 있기 때문이다. 온라인 및 지점 은행을 비교하여 가장 높은 이자를 받을 수 있는지 알아보는 것이 좋다. 불행하게도, 지난 몇 년 동안 당신은 어떤 은행에서도 정기예금 이자를 많이 얻지 못했다. 그러나 미국에서 받는 낮은 이자는 유럽의 일부 예금자들이 받은 이자보다는 그래도 낫다. '우리의 경계를 넘어' 글상자에서 마이너스 금리가 전통적인 예금을 어떻게 뒤집어 놓았는지를 살펴보자.

양도성예금증서(CD)
증서의 만기일에 이자를 받는 정기예금 계좌

양도성예금증서(CD: Certificate of Deposit)는 증서의 만기일에 이자를 받는 정기예금계좌이다. 예금자는 일정 기간 예금을 인출하지 않겠다는 전제하에 계좌를 개설한다. CD 기간은 최소 몇 개월에서 수년까지 가능하며, 기간이 길면 길수록 금리가 높아진다. 금리는 경제 여건에 따라 달라진다. 요즘 들어 이자율이 약간 상승하긴 하였으나 아직 낮은 상황이다.

상업은행들은 신용도가 높은 고객들에게는 신용카드를 발급하기도 하고, 생명보험, 저비용 증권서비스, 금융 상담, 통신 비용 자동이체, 대여금고, 개인 퇴직금 적립 계정(IRA), 여행자수표, 신탁부, 당좌 대월 수표 계정 서비스 등을 제공한다. 당좌 대월 수표

윤리적 의사결정 선택의 여지가 없는 상황

당신은 신규 고객 계좌 개설을 담당하는 큰 규모의 은행 회계팀에서 근무 중이다. 은행에서 지급하는 급여와 보너스는 신규 계좌 개설 건수에 따라 달라진다. 보통 개설되는 신규 계좌들은 소액 예금자들을 위한 것이 대부분이다. 하지만 팀장이 신규계좌를 개설할 때 고객이 모르게 신용카드 등 다른 계좌를 추가하는 방안을 제시한다. 고객의 승인 없이 고객의 이름으로 계좌를 추가로 개설하는 것은 적절하지 않다는 것을 알고 있지만, 해당 고객이 누가 계좌를 개설했는지 모른다는 사실 또한 알고 있다. 팀장의 제안을 뿌리치기도 어렵고 급여 인상도 매력적으로 다가온다. 이러한 상황에서 어떤 결정을 할 것인가? 그 결정이 윤리적인 선택인지도 생각해보자.

계정 서비스란 고객이 계좌 잔액을 초과하는 금액의 수표를 발행했을 경우, 자동적으로 일정 금리의 대출을 받을 수 있는 서비스이다.

대출자들에게 제공하는 서비스

상업은행은 대출을 필요로 하는 개인과 기업들에 다양한 서비스를 제공한다. 은행은 자금을 효율적으로 관리하기 때문에 대출 신청자가 대출 원금과 이자를 제때 상환할 수 있도록 신중하게 심사한다. 일반적으로 대출은 차입자의 신용도에 따라 결정되어 실행된다. 분명히 은행은 2008년 금융위기가 발생하기 전까지는 그렇게 하지 못했다. 왜 그런 일이 일어났는지 이 장의 뒷부분에서 논의할 것이다. '윤리적 의사결정' 글상자에서 은행 업무에서 문제가 될 수 있는 활동을 살펴보자.

오늘날 은행은 모바일 사용자, 특히 밀레니얼 세대에 대한 서비스를 개선하기 위해 지속적으로 노력하고 있다. 평생 온라인 세상에서 살아온 밀레니얼 세대는 모바일 뱅킹에 매우 능숙하다. 그들은 기술을 사용하여 가계수표를 예금하고, 청구서를 지불하고, 비용을 추적하고, 돈을 이체하며, 2/3 이상이 가계수표를 사진으로 찍어 예금을 한다.[18]

저축대부조합

저축대부조합(S&L: Savings and Loan Association)은 보통예금과 당좌예금을 모두 취급하고 모기지론을 제공하는 금융기관이다. S&L은 종종 저축기관으로도 알려져 있는데, 1831년 처음 출범했을 당시 소비자 저축과 주택 소유를 장려하기 위한 목적으로 설립되었기 때문이다. 주택 소유와 저축을 장려하기 위해 일반은행보다 높은 보통예금 금리를 지급하기도 했다. 높은 금리로 많은 자금이 몰렸고, 이 자금은 다시 장기 고정금리 모기지로 제공되었다.

저축대부조합
보통예금과 당좌예금을 모두 취급하고 모기지론을 제공하는 금융기관

최악의 기간인 1986년과 1995년 사이에 1,300개의 S&L이 실패로 돌아갔다. 실패의 원인은 1970년대의 인플레이션, 규제 완화, 규제 실패(규제당국은 상황이 악화되고 있음에도 불구하고 파산 상태의 저축계좌를 방치하였다)와 사기 행위였다.[19] 오늘날 정부 정책의 변화로 인하여 S&L은 더 이상 은행보다 좋은 이자율을 제공하지 않으며, 다수의 S&L이 은행이 되었다. 1980년에 미국에는 4천 5백여 개의 저축대부조합이 있었다. FDIC에 의하면 미국에는 현재 754개의 저축은행과 대출회사가 있다고 한다.[20]

신용조합

신용조합
회원들에게 다양한 은행 서비스를 제공하는 회원 소유의 비영리 금융기관

신용조합(credit unions)은 회원 소유의 비영리 금융기관으로 회원들에게 다양한 은행 서비스를 제공한다. 신용조합은 회원들에게 이자부 당좌예금은 상대적으로 높은 금리에, 단기 융자는 상대적으로 낮은 금리에 제공하고, 금융 상담, 생명보험, 제한된 숫자의 모기지론을 제공한다. 신용조합은 정부기관, 기업, 조합, 전문협회에 의해 조직된 금융조합이라고 볼 수 있다. 오늘날 신용조합의 인기는 높아지고 있다.

비영리기구로서 신용조합은 연방 소득세 면제 혜택을 누린다. 지역의 신용조합을 방문해서 가입 여부를 알아보고 지역 은행과의 금리를 비교해보라. 신용조합은 은행보다 지점이 적고 현금 자동지급기 수가 적다. 여러분이 어떤 서비스들을 필요로 하는지 알아보고, 같은 서비스를 은행과 신용조합에서 비교해보길 바란다. 오늘날, 신용조합은 대출에 적극적이며, 자산 규모나 조합 수에서 새로운 성장을 기록하고 있다.[21] 또한 신용조합 계좌는 시중 은행처럼 25만 달러의 보험에 들어있다는 것을 알아두길 바란다.

기타 금융기관(비은행계)

비은행계
예금을 받지 않지만, 그외 많은 은행 서비스들을 제공하는 금융기관(연기금, 보험회사, 상업금융회사, 소비자금융회사, 증권회사)

앞에서도 언급하였듯이, 비은행계 금융기관들은 예금을 받지 않지만, 그 외 많은 은행 서비스들을 제공한다. **비은행계**(nonbanks)는 보험회사, 연기금, 증권회사, 상업금융회사, 기업금융서비스를 포함한다.

은행과 이들 비은행계 기관들 사이의 경쟁으로 두 기관 사이의 경계가 점차 모호해지고 있다. 미국의 기업들이 유럽 은행들과 경쟁하면서 유럽에서도 그 경계가 모호해지고 있다. 비은행계 금융기관들이 제공하는 다양한 금융 서비스와 대안 투자 방법들로 인해 은행들이 제공하는 서비스도 확장되었다. 실제로 많은 은행들이 포괄적인 금융 서비스를 제공하기 위해 증권회사와 합병하기도 했다.

보험회사들은 보험계약자의 재정을 보호해주고, 보험계약자는 주기적으로 프리미엄을 지불한다. 또한 보험회사들은 보험계약자로부터 받은 돈을 사채와 국채에 투자한다. 최근에는 많은 보험회사들이 부동산 개발 프로젝트를 위해 장기융자 서비스를 제공하기도 한다. 여러분은 이것이 현명한 선택이라고 보는가?

연기금
직원의 은퇴 시 필요한 자금을 위해 기업, 비영리기관, 조합들이 따로 자금을 모아놓은 것

연기금(pension funds)은 직원의 은퇴 시 필요한 자금을 위해 기업, 비영리기관, 조합들이 따로 자금을 떼어놓은 것이다. 연기금은 고용주나 피고용자, 또는 양측이 모두 납입하기도 한다. 추가 소득을 창출해내기 위해서 연기금은 수익성은 낮으나 안전한 주식이나 정부 발행 증권이나 사채와 같이 다른 보수적인 투자 방식을 택하고 있다.

티아-크레프(TIAA-CREF)와 같은 퇴직과 의료 서비스를 제공해주는 많은 금융기관들이 미국 금융시장에서 중요한 기관으로 자리 잡고 있다. 이런 기관들은 기업들에 직접 대출해주기도 한다.

불행하게도 지난 몇 년 동안 장기간으로 저금리가 지속되면서, 많은 공적 및 사적 연기금이 조합원의 기대치를 충족시키는 데 어려움을 겪고 있다.[22]

증권회사는 오래 전부터 국내와 해외 증권투자 거래와 관련된 서비스를 제공한다. 하지만 증권회사가 고수익 보통예금 및 당좌예금 계좌를 제공하기 시작하면서 일반 은행

의 영역에 들어서기 시작했다. 또한 증권회사는 MMA 계좌에서 수표 서비스를 제공하고 있다. 또한 보유 증권을 담보로 증권회사로부터 대출을 받을 수도 있다.

상업금융회사와 소비자금융회사는 일반 은행에서 요구하는 신용 조건을 만족시키지 못하거나 신용한도를 초과한 사업자와 개인에게 단기 융자 서비스를 제공해주고 있다. 하지만 이런 기관들의 금리는 꽤 높은 편이기 때문에 대출받을 때 주의해야 한다.

시험 준비

- 미국은 왜 연방준비은행이 필요했는가?
- 은행, S&L, 신용협회의 차이점은 무엇인가?
- 소비자금융회사란 무엇인가?

학습목표 19-5 2008년과 2009년 사이에 발생한 은행 위기의 원인과 이 위기 당시 정부가 개인 자금을 보호한 방법에 대해 이해할 수 있다.

2008년 금융위기와 정부가 여러분의 자금을 보호하는 방법

2007~2008년에 미국은 경제가 붕괴될 뻔한 금융위기를 맞았다. 금융위기의 책임은 누구에게 있었던 것일까? 이에 대한 답을 찾는 것은 그리 간단하지 않다. 몇몇 사람들은 상환 능력이 없는 사람들도 대출받을 수 있게 대출 비용을 낮게 책정한 연방준비은행도 부분적으로 책임이 있다고 생각한다. 일부 사람들은 위험 회피 성향이 강한 은행이 위험한 대출을 해주도록 압박한 미국 의회를 비난한다. 지역사회 재투자법(Community Reinvestment Act)은 상환 능력이 의심되는 가족에게도 대출을 해주도록 하였다. 더 많은 '저렴한 주택'을 만들어 은행이 최소한의 자산을 가진 사람들에게도 대출을 유도하려는 의도였다.

은행들은 모기지 포트폴리오를 나누어 모기지담보증권(MBSs: Morgage-backed Securities)을 전 세계적으로 은행들에 팔아서 위험을 회피할 수 있다는 사실을 알게 되었다. 이 증권들은 주택을 담보로 하고 있기 때문에 마치 안전한 것처럼 보였다. 정부 공인 기관인 패니 메이(Fannie Mae)와 프레디 맥(Freddie Mac)은 모기지담보증권의 가치를 보장해주는 듯했다. 은행들은 많은 수익을 창출하기 위해 안전해 보이는 증권을 지속적으로 팔았다. 은행원들은 이에 대한 전문적인 지식이 부족한 수요자들에게 대출을 강요했다는 지적을 받기도 했다.

한편, 연방준비은행과 증권거래위원회는 충분한 경고를 하지 못했다. 즉, 그들의 본래 의무를 다하지 못한 것이다. 주택 가격이 하락하기 시작했을 때 사람들은 대출을 상환하지 않고 소유권을 다시 은행으로 넘겨주었다. 그리고 2008년에 부동산 버블이 터지면서 약 500만에 육박하는 가구가

2008년에 부동산 거품이 터지면서 주택 가격이 급락하였다. 집을 소유한 사람들은 자신의 부채가 자신이 소유한 주택의 가치를 상회하는 것을 알았을 때, 많은 사람들은 대출 상환을 멈추었고 은행은 그들의 집을 압류하였다. 그 이후로 많은 지역의 주택 가격은 상승하였지만, 일부 지역에서의 가격 회복은 아직도 더디게 진행되고 있다. 여러분 고향의 현재 주택시장의 움직임은 어떠한가?

주택을 압류당하는 고통을 겪게 된다. 은행들이 집에 대한 모기지를 소유하고 있었으므로 그들의 수익은 급격하게 하락했으며, 그 결과 2008년에서 2009년의 금융위기로 이어진 것이다. 이러한 사태는 정부의 도움이 필요했고, 경제가 전반적으로 흔들릴 위기였기 때문에 정부가 개입할 수밖에 없는 상황이었다. 그 과정의 장기적 효과는 여전히 경제, 특히 밀레니얼 세대에 영향을 미치고 있다. 밀레니얼 세대의 주택 구입률은 부모가 비슷한 나이였을 때보다 8% 낮다.[23] 일부에서는 미국이 세입자의 나라가 되고 있다고 주장하기도 한다. 그렇다면 은행 위기의 원인은 무엇일까? 연방준비은행이 대출 이자율을 낮게 책정하고, 의회가 위험한 대출을 장려하며, 은행들이 그러한 대출을 실행하고 홍보하는 만큼의 안전성이 보장되지 않은 모기지 담보증권을 팔며, 정부규제기관이 의무를 소홀히 하고, 상환 능력이 없는데도 대출을 한 사람들 모두가 원인이라고 할 수 있다. 정확히 누구의 잘못인지 단정 지을 수는 없어도 확실한 것은, 이 시기는 모두에게 경제적으로 고통스러운 시기였고 그 영향은 앞으로도 계속될 것이다.

자금의 보호

2007~2008년에 발생한 금융위기는 미국이 직면한 첫 번째 경제 위기는 아니다. 미국 경제는 1930년대의 대공황 동안 많은 투자자들이 가진 것을 모두 잃었을 때에도 비슷한 문제를 겪었다. 경기 침체 속에서 투자자들이 완전히 파산하는 것을 막기 위해 자산을 보호하기 위한 세 개의 큰 기관이 나타났다. 연방예금보험공사(FDIC), 저축협회보험펀드(SAIF), 국가신용조합관리국(NCUA)이다. 세 기관 모두 개인의 계좌에 있는 예금을 특정 금액까지 보호해준다. 이 기관들이 자금의 안전을 책임지므로 자세히 알아보도록 하자.

연방예금보험공사

연방예금보험공사
은행 예금을 보호하는 미국 정부의 독립 기관

연방예금보험공사(FDIC: Federal Deposit Insurance Corporation)는 미국 정부의 독립 기관으로 은행 예금을 보호해준다. 은행이 파산하게 될 경우, 연방예금보험공사는 해당 은행의 계좌들을 다른 은행으로 전환하거나 각 예금자들에게 최대 25만 달러를 지급할 수 있도록 해준다. FDIC는 대부분의 상업은행을 포함한 다양한 금융기관을 보호해준다. 물론 지나치게 많은 은행들이 파산한다면 이를 보호할 자금이 정부에 충분히 없다는 것이 문제이다.

저축협회보험펀드

저축협회보험펀드
저축대부조합의 계좌 보유자들을 보호하는 연방예금보험공사의 소속 기관

저축협회보험펀드(SAIF: Savings Association Insurance Fund)는 저축대부조합(S&L)의 계좌 보유자들을 보호한다. 이 기관이 왜 생겨났는지는 간략한 역사적 배경을 통해 알 수 있다. 1930년대 초에 약 1,700개의 은행과 저축 금융 기관들이 파산했고, 이들 기관들은 사람들에게 점점 신뢰를 잃어갔다. 연방예금보험공사와 연방대부보험공사는 (각각 1933년과 1934년에) 사람들의 예금을 손실로부터 보호함으로써 은행기관에 대한 신뢰를 구축하기 위해 계획되었다. 최근, 전반적인 은행 시스템에 대한 통제력을 강화하기 위해 정부는 연방대부보험공사를 연방예금보험공사의 산하 기관으로 지정하고 저축협

회보험펀드로 개명하였다.

국가신용조합관리국

국가신용조합관리국(NCUA: National Credit Union Administration)은 각 기관별, 예금자별 최대 25만 달러를 보호해준다. 당좌예금 및 보통예금 계좌, MMA, CD를 포함하는 모든 계좌가 보호 대상이다. 공동 계좌나 신탁 계좌를 이용하면 추가적인 보호를 받을 수 있다. 개인 퇴직금 적립계정(IRA) 또한 25만 달러를 한도로 보호된다. 신용조합 또한 은행과 같이 은행위기를 겪었으며, 더 많은 대출을 위해 연방정부로부터 자금을 수혈받았다.

학습목표 19-6 기술이 은행업의 효율성에 미치는 영향에 대해 설명할 수 있다.

과학 기술을 이용하여 은행 시스템을 더 효율적으로 만들기

수표를 승인하고, 은행 시스템에 등록하는 절차를 거쳐, 다시 우편으로 보내주는 데 드는 비용을 상상해보라. 이 비용은 매우 비싸기 때문에 은행가들은 오랫동안 이런 시스템을 더 효율적으로 할 수 있는 방안을 모색해왔다.

한 가지 방법으로 신용카드의 발급을 활용하였다. 신용카드는 수표의 사용을 감소시켰다. 하지만 여전히 처리해야 할 문서가 있기 때문에 이 또한 비용이 만만치 않다. 신용카드를 사용할 경우 소매상들은 2%의 비용을 지불해야 한다. 미래에는 물리적 거래보다 더 효율적으로 송금할 수 있는 전자 거래가 활성화될 것이다. 이는 전자 거래가 자금을 이체하는 데 더욱 효율적인 방법이기 때문이다.

반드시 신용카드를 써야만 한다면 가장 좋은 조건의 신용카드를 찾아보라. 캐시백 서비스, 무료 여행 등 다양한 조건들이 있다. 캠퍼스에서 티셔츠 한 장 나누어주는 마케팅에 신용카드를 신청하지 말고 반드시 조사해보아야 한다.

온라인 자금이체(EFT: Electronic Funds Transfer) 시스템에서는 거래에 대한 메시지가 한 컴퓨터에서 다른 컴퓨터로 전송된다. 따라서 돈은 더 빨리 이체될 수 있으며, 종이 수표를 사용하는 것보다 더 경제적이다. 전자수표 변환, 직불카드, 스마트카드, 자동 입금, 자동납부 등이 온라인 자금이체에 포함된다.

온라인 자금이체 시스템
물품 구매, 요금 지불, 대금 수수와 같은 금융 거래들이 온라인에서 이행되도록 전산화된 시스템

직불카드(debit card)는 계좌 잔액을 차감하여 수표와 같은 기능을 한다. 판매가 기록되면 전자 신호가 은행으로 전송되고, 자동적으로 여러분의 계좌에서 판매업자의 계좌로 돈이 전송된다. 거래 정보는 즉시 온라인상에 나타난다. 직불카드를 통한 거래 건수는 이미 수년 전에 신용카드 거래 건수를 상회하였으며, 현재도 증가하고 있다.

직불카드
수표와 같은 기능을 수행하는 전자자금 이체 수단으로 예금계좌에서 자금을 인출할 때 쓰는 것

급료 지급 직불카드(payroll debit cards)는 직원들에게 급료를 지급하는 효율적인 방법이며, 신용카드나 직불카드를 발급받을 수 없는 사람들(소위 말하는 unbanked)에게 현금의 대체 수단으로 이용될 수 있다. 급료가 지급되는 순간 직원들은 계좌에 있는 돈을 사용할 수 있다. 현금자동지급기에서 돈을 인출할 수도 있고, 온라인으로 청구서를 납부할 수도 있으며, 다른 카드 사용자에게 송금할 수도 있다. 기업 입장에서 수표를 발

행하는 것보다 이 시스템이 저렴하며, 직원들에게는 더욱 편리하다.[24] 반면, 직불카드는 신용카드처럼 보호되지 않는다. 신용카드를 도난당할 경우 일정 금액만 개인적으로 책임져야 하지만, 직불카드의 경우에는 모든 금액을 개인적으로 책임져야 한다.

스마트카드
신용카드, 직불카드, 전화카드, 운전면허증을 모두 통합해놓은 전자자금 이체 수단

스마트카드(smart card)는 신용카드, 직불카드, 전화카드, 운전면허증 등을 모두 통합해놓은 전자자금 이체 수단이다. 스마트카드는 신용카드나 직불카드의 마그네틱 대신 마이크로프로세서를 사용한다. 스마트카드는 카드 사용자의 은행 정보 등의 다양한 정보를 저장할 수 있다. 판매자들은 이 정보를 이용해 카드가 유효한지의 여부와 지출 한도 등을 조회할 수 있고, 거래 금액은 카드에서 차감된다.

어떤 스마트카드들은 무선주파수 안테나(RFID: Radio Frequency IDentification)를 내장하고 있어 건물이나 건물의 보안 지역 출입을 가능하게 해주고, 휘발유나 다른 물건을 구매할 때 카드를 사용할 수 있게 해준다. 생물 측정 기능은 지문 인식으로 컴퓨터를 부팅할 수 있게 해준다. 스마트카드를 사용하는 학생들은 기숙사의 잠긴 문을 열거나 학교 근처 가게나 인터넷상에서 자신들의 신분 인증을 위해 사용한다. 스마트카드는 현금자동지급기 카드로도 사용할 수 있다.

RFID 칩이 내장된 신용카드를 한 번 흔들면 결재가 완료되므로 소비자들은 물건을 쉽게 구입할 수 있다. 하지만 이러한 편리한 기능은 해커가 쉽게 접근할 수 있게 만들었다. 그래서 어떤 사람들은 해커의 접근을 막아주는 위와 같은 카드지갑을 사용하기도 한다. 어떻게 당신의 개인 신상 및 재무 정보가 안전하다고 확신할 수 있는가?

은행을 이용하는 많은 사람들은 자동이체와 자동납부 같은 자동 거래를 최고의 편리한 기능으로 꼽는다. 자동이체는 당좌예금이나 보통예금 계좌로 직접 입금되는 경우를 말한다. 자동이체 기능을 이용하는 직원들은 급료지불수표를 받지 않는다. 고용주들이 은행과 연락해서 고용주의 계좌에서 직원의 계좌로 돈이 송금될 수 있게 주문한다. 개인들도 자동이체 기능을 이용해 다른 계좌로 송금할 수 있다. 예를 들면, 당좌예금 계좌에서 보통예금 계좌 또는 퇴직연금 계좌로 송금할 수 있다.

자동납부 기능은 사전에 승인된 전자 납입 방식이다. 고객들은 자동납부를 하고 싶은 기업별로 별도의 승인서를 작성한다. 이 승인서는 명시된 기업이 특정일에 고객의 계좌에서 청구에 명시된 금액만큼 인출하는 것을 승인한다. 고객의 은행은 각 거래를 체결하며, 고객의 월차 계산서에 이를 명시한다.

온라인 금융거래

대부분의 미국 톱 시중은행은 모두 온라인으로 계좌에 접속할 수 있으며, 대부분이 온라인으로 청구서를 납부할 수 있게 해준다. 따라서 전화나 컴퓨터, 모바일 기기를 통해 모든 금융거래를 집에서 할 수 있다. 한 계좌에서 다른 계좌로 송금하는 은행거래, 청구서 납부, 계좌 잔액 조회 등의 금융거래가 모두 가능하다. 자동차나 모기지 관련 대출 신청을 온라인으로 할 수 있고, 그에 대한 대답을 거의 즉시 받을 수 있다. 주식이나 채권의 거래 또한 이처럼 간단하게 이루어질 수 있다.

알리 은행(Ally Bank)과 같은 인터넷 은행들은 실제 지점 없이 온라인 서비스만 제공한다. 이런 은행들은 전통 은행들과 달리 실질 경비가 필요하지 않기 때문에 고객들에게 높은 금리를 주고 낮은 수수료를 부과할 수 있다. 많은 사람들이 비용 절감과 편리함 때문에 인터넷 은행을 좋아하지만, 이런 인터넷 은행으로부터 받는 서비스를 모두가 좋

아하는 것은 아니다. 왜 만족하지 못할까? 우선, 보안상의 문제로 불안해하는 경우가 있다. 자신의 금융정보를 다른 사람이 접속할 수도 있는 사이버 공간에 기재하는 것을 꺼려하는 사람들이 있다. 개인정보 보호에 대한 보증에도 불구하고 개인정보 유출을 우려하는 사람들이 있다.

학습목표 19-7 국제 은행업의 역할 및 중요성, 세계은행과 국제통화기금의 역할을 평가할 수 있다.

국제 은행업과 은행 서비스

은행들은 기업이 해외에서 사업할 수 있도록 신용장, 은행인수어음, 외환의 세 가지 서비스를 제공한다. 미국 기업이 독일에서 제품을 구매하고자 하면, 기업은 은행이 신용장을 발급하도록 비용을 지불할 수 있다. **신용장**(letter of credit)은 특정 요건이 만족될 경우 은행이 판매자에게 지정된 금액을 지불하겠다는 약속이다. 예를 들어, 독일 기업은 제품이 미국 기업의 창고에 도착할 때까지 돈을 받지 못할 수도 있다. **은행인수어음**(banker's acceptance)은 특정 시점에 특정 금액을 은행이 지불하겠다는 약속이다. 이에는 어떤 조건도 내재되어 있지 않다. 마지막으로 미국 기업은 은행에 가서 미국 달러를 독일에서 사용할 유로로 전환할 수 있다. 이는 외환 또는 통화 거래로 불린다.

신용장
특정 요건이 만족될 경우 은행이 판매자에게 지정된 금액을 지불하겠다는 약속

은행인수어음
특정 시점에 특정 금액을 은행이 지불하겠다는 약속

은행들은 여행자와 기업인들이 해외에서 재화나 서비스를 구매하는 것을 더 용이하게 해준다. 예를 들어, 오늘날 자동화기기는 비자, 마스터카드, 시러스 또는 아메리칸 익스프레스 카드를 통하여 옌, 유로 그리고 여타 외환을 제공한다.

국제 은행업의 리더

요즘과 같은 금융 환경에서 미국 경제를 세계 경제와 떼어놓고 이야기하는 것은 어리석은 일이다. 연방준비은행이 금리를 인하하기로 결정하면, 당장 외국인 투자자들이 미국에 투자했던 자금을 빼서 이자율이 높은 다른 국가에 투자할 것이다. 반대로 연방준비은행이 금리를 인상하기로 결정했다면 자금이 빠르게 미국으로 유입될 것이다.

그러므로 오늘날의 금융시장은 글로벌 시장 시스템을 형성한다. 미국은 그 시스템의 일부일 뿐이다. 국제 은행들은 적절한 위험 수준에서 최대의 수익을 얻을 수 있는 국가에 투자한다. 일일 5조 달러 규모의 자금이 움직인다.[25] 이 결과로, 국제 은행업을 통해 전 세계경제는 규제 없는 하나의 시스템으로 연결된다. 자금을 확보하기 위해 미국 기업들은 전 세계 기업들과 경쟁해야 한다. 런던이나 도쿄에 있는 효율적인 기업은 디트로이트나 시카고에 있는 비효율적인 기업보다 국제 자금 조달에 더 유리하다. 세계 금융시장의 형성으로 인하여 은행들은 자금을 자국에만 묶어두지 않는다. 은행들은 최대의 수익률을 얻을 수 있는 곳에 투자한다.

이 모든 것은 은행업이 더 이상 국내 수준에 머무르는 것이 아니라 국제적인 수준의 문제라는 것을 나타낸다. 미국의 금융 시스템을 이해하기 위해서는 외국의 중앙은행을 포함한 글로벌 금융 시스템에 대해 알아야 한다. 또한 미국의 경제 상황을 이해하기 위해서는 전 세계 국가들의 경제 상황에 대해 알아야 한다. 세계경제는 국제 은행들로부터

세계은행과 IMF는 세계적으로 은행들을 보조해주는 정부 간 조직이다. 두 조직을 상대로 대중들은 시위를 하기도 한다. 그 이유가 무엇일까?

자금을 조달한다. 미국은 이 게임에서 한 명의 선수에 불과하다. 계속해서 글로벌 리더가 되기 위해 미국은 재정적으로 안정을 유지해야 하고 여러 사업 영역의 세계시장에서의 경쟁력을 유지해야 한다.

세계은행과 국제통화기금(IMF)

세계은행(World Bank, 국제부흥개발은행)은 경제개발을 위한 자금 지원에 대한 주된 책임을 가지고 있다. 예를 들어, 세계은행은 제2차 세계대전 이후 서유럽 국가들의 재건을 위해 자금을 빌려주었다. 오늘날 세계은행은 자금의 대부분을 상대적으로 개발되지 못한 국가들이 생산성을 개선하고 삶의 질을 향상시키는 데 사용할 수 있도록 지원하고 있다.[26] 여기에는 한 해에도 몇백만 명을 죽이는 질병을 퇴치하는 것도 포함된다.

세계은행은 전 세계로부터 상당한 비판을 받아왔으며, 세계은행을 비판하는 시위가 일어났다. 환경운동가들은 세계은행이 생태계를 파괴하는 프로젝트에 자금을 지원하고 있다고 비난한다. 인권운동가들과 노동조합원들은 세계은행이 종교의 자유를 탄압하고 노동착취업소를 눈감아주는 국가들을 지원해주고 있다고 비난한다. AIDS 운동가들은 세계은행이 개발도상국들이 저렴한 AIDS 의약품을 공급받을 만큼 충분히 지원해주지 않고 있다고 비난한다.

세계은행은 개선을 위해 노력하고 있지만, 여전히 많은 비판을 받고 있다.[27] 어떤 이들은 세계은행이 저개발 국가들의 빚을 탕감해주길 바라고, 어떤 이들은 해당 국가들이 자유시장과 사유재산제도를 확립할 때까지 그 국가들에 더 이상 자금을 지원해주어서는 안 된다고 주장한다. 세계은행의 정책 변경이 필요할 수 있다.

국제통화기금(IMF)
국가들 간의 안정적인 자금 흐름을 돕는 기관

세계은행과 달리 **국제통화기금**(IMF: International Monetary Fund)은 국가 간 통화 정책을 협력시킴으로써 환율을 안정시키기 위해 설립되었다. 약 188개의 국제통화기금 회원국은 자국의 통화가 외국 통화와 자유롭게 거래되는 것을 허용하고, 통화 정책에 변화가 있을 때마다 국제통화기금에 통보해야 하며, 다른 회원국들의 편의를 도모하기 위해 국제통화기금이 권하는 권고를 수용해 정책을 수정해야 한다.[28]

국제통화기금은 회원국들의 통화와 환율정책의 감독 역할을 하도록 설계되었다.[29] 국제통화기금의 목표는 국제통화제도가 모든 국가들에 최선으로 작용되어 세계무역이 활성화될 수 있도록 유지하는 것이다. 국제통화기금은 세계은행처럼 대출 기관은 아니지만, 회원국들은 능력에 따라 자금을 기부하며, 이 자금은 재정적 어려움을 겪고 있는 국가에 제공된다.

시험 준비

- 2008~2009년의 은행 위기의 원인은 무엇인가?
- 연방예금보험공사의 역할은 무엇인가?
- 직불카드와 신용카드의 차이점은 무엇인가?
- 세계은행은 무엇이며, 이것의 역할은 무엇인가?
- 국제통화기금은 무엇이며, 이것의 역할은 무엇인가?

요약하기

학습목표 19-1 통화와 통화의 가치가 결정되는 방법을 설명할 수 있다.

- **통화란 무엇인가?**
  '통화'란 제품이나 서비스 결제의 수단으로 받아들여지는 모든 것을 의미한다.
- **유용한 형태의 화폐에 대한 다섯 가지 기준은 무엇인가?**
  유용한 형태의 화폐에 대한 다섯 가지 기준은 휴대성, 분할 가능성, 안정성, 내구성, 유일성이다.
- **비트코인이란 무엇인가? 온라인 상에서 비트코인으로 재화를 구매할 수 있는가?**
  비트코인은 온라인 화폐의 일종이다. 비트코인을 취급하는 온라인 스토어가 존재한다.

학습목표 19-2 연방준비은행이 화폐 공급을 조절하는 방법을 설명할 수 있다.

- **연방준비은행은 화폐 공급을 어떻게 조절하는가?**
  연방준비은행은 금융기관들이 자금을 연방준비은행 시스템에 예탁(지급준비율)하도록 하고, 국채를 매매(공개시장조작)하며, 은행들에 자금을 대여(재할인율)해준다. 화폐 공급을 증가시키기 위해 연방준비은행은 지급준비율을 인하하고, 국채를 매입하고, 재할인율을 인하할 수 있다.

학습목표 19-3 은행과 연방준비은행 시스템(Federal Reserve System)의 역사를 이해할 수 있다.

- **미국에서 은행은 어떻게 진화하였나?**
  1690년 매사추세츠주에서 자체적으로 지폐를 발행했고, 다른 지역들도 따라서 발행하기 시작했다. 영국은 랜드 뱅크스(land banks)를 설립해 농부들에게 대출해주었으나, 1741년 은행 영업을 중지했다. 미국혁명 이후, 은행의 역할에 대한 의견이 분분했고, 중앙은행과 미국 주 은행들(state banks) 사이의 갈등이 심화되었다. 마침내 연방과 주 공인 시스템이 형성되었지만, 1907년 많은 은행들이 파산할 때까지 혼동은 계속되었다. 연방준비은행이 시스템을 재정립했지만, 세계 대공황 때 다시 한 번 실패로 돌아갔다. 그 이후로 최근의 경제위기를 포함하여 11번의 경제불황이 있었다.

학습목표 19-4 미국 은행 시스템의 다양한 기관들을 분류할 수 있다.

- **은행 시스템에 속한 기관들에는 어떤 것이 있는가?**
  S&L, 상업은행, 신용협회는 모두 은행 시스템의 일부이다.
- **이 기관들은 서로 어떤 차이점이 있는가?**
  1980년의 규제 철폐 이전까지 상업은행들이 유일하게 보통예금과 당좌예금 계좌를 모두 다루는 기관이었다. 그 당시 S&L은 당좌예금 서비스를 제공할 수 없었고, S&L의 주 기능은 보통예금에 높은 금리를 지급하고 모기지론을 제공하여 저축과 주택 소유를 장려하는 일이었다. 규제 철폐는 은행과 S&L의 차이를 축소시켰고, 지금은 두 기관이 비슷한 서비스를 제공하고 있다.

- **어떤 서비스를 제공하는가?**
  은행과 저축금융기관은 보통예금 계좌, CD, 대출, 개인연금 적금, 퇴직연금, 대여금고, 온라인뱅킹, 보험, 주식, 여행자수표 서비스를 제공한다.
- **신용협회란 무엇인가?**
  신용협회는 회원 소유의 비영리 금융기관으로 회원들에게 은행이 제공하는 모든 서비스를 제공한다. 예금을 받고, 수표를 발행할 수 있게 해주고, 대출을 해준다. 생명보험을 판매하거나 주택대출을 해주기도 한다. 회원 소유의 기관으로서 은행들처럼 이윤 추구가 목적이 아니기 때문에 은행보다 예금 금리가 높고, 대출 금리가 낮다.
- **대출을 하고 은행과 같은 업무를 수행하는 기타 금융기관에는 어떤 것들이 있는가?**
  비은행계 금융기관에는 자금을 대여해주는 보험회사, 주식이나 채권에 투자하고 대출을 해주는 연기금, 투자 서비스를 제공해주는 증권회사, 상업금융회사가 있다.

학습목표 19-5 2008년과 2009년 사이에 발생한 은행 위기의 원인과 이 위기 당시 정부가 개인 자금을 보호한 방법에 대해 이해할 수 있다.

- **2008년에서 2009년 사이의 금융위기의 원인은 무엇인가?**
  저렴한 집 마련을 목표로 정부는 상환 능력이 없는 사람들에게도 은행이 대출해주도록 했다. 은행들은 위험을 최소화하기 위해 모기지 담보증권을 만들어 전 세계적으로 다른 은행과 조직에 제공했다. 정부는 이러한 거래를 규제하지 못했고, 많은 은행들은 주택 가격이 하락하고 사람들이 채무를 불이행함에 따라 부도가 났다. 연방준비은행, 의회, 은행 지점장, 패니 메이(Fannie Mae), 프레디 맥(Freddie Mac)은 이러한 손실을 야기한 책임자로 비난을 받았다.
- **은행, S&L, 신용협회에 예탁한 예금을 보호해주는 기관에는 어떤 것들이 있는가?**
  은행에 예금되어 있는 돈은 정부 독립 기관인 연방예금보험공사에서 보호해준다. S&L에 예금되어 있는 돈은 연방예금보험공사와 연계되어 있는 저축협회보험펀드에서 보호해준다. 신용협회의 예금은 국가신용조합관리국에서 25만 달러 한도로 보호해준다.

학습목표 19-6 기술이 은행업의 효율성에 미치는 영향에 대해 설명할 수 있다.

- **직불카드와 스마트카드는 무엇인가?**
  직불카드는 신용카드와 같지만, 기존에 계좌 잔고에 한해서 자금을 인출한다. 판매가 기록되면 전자 신호가 은행으로 전송되고, 자동적으로 여러분의 계좌에서 판매업자의 계좌로 돈이 전송된다. 스마트카드(smart card)는 신용카드, 직불카드, 전화카드, 운전면허증 등을 모두 통합해놓은 전자자금 이체 수단이다. 스마트카드는 신용카드나 직불카드의 마그네틱 대신 마이크로프로세서를 사용한다.
- **자동화 거래와 온라인 뱅킹의 장점은 무엇인가?**
  자동이체는 당좌예금이나 보통예금 계좌로 직접 입금되는 경우를 말한다. 자동납부 기능은 사전에 승인된 전자 납입 방식이다. 고객들은 자동납부를 하고 싶은 기업별로 별도의 승인서를 작성한다. 이 승인서는 명시된 기업이 특정일에 고객의 계좌에서 청구에 명시된 금액만큼 인출하는 것을 승인한다. 고객의 금융기관은 거래와 관련된 정보를 매달 제공한다. 미국 톱 은행은 모두 온라인으로 계좌에 접속할 수 있으며, 대부분이 온라인으로 청구서를 납부할 수 있게 해준다.

학습목표 19-7 국제 은행업의 역할 및 중요성, 세계은행과 국제통화기금의 역할을 평가할 수 있다.

- **세계 시장이란 무엇을 의미하는가?**
  세계 시장이란 은행들이 돈을 자국에만 묶어두지 않는다는 것이다. 은행들은 최대한의 수익률을 얻을 수 있는 곳에 돈을 투자한다. 현재의 금융시장은 국가에 국한되어 있는 것이 아니라 글로벌 금융시장이다.
- **세계은행과 국제통화기금의 역할은 무엇인가?**
  국제부흥개발은행(International Bank for Reconstruction and Development)이라고도 알려진 세계은행의 주 임무는 경제개발을 위해 지원하는 일이다. 반면, 국제통화기금은 국가들 간의 안정적인 자금의 흐름을 돕는 것이 주 임무이다. 국제통화기금은 자발적으로 가입한 회원국들에 자국 통화가 외국 통화와 자유롭게 거래되는 것을 허용하는데, 회원국들은 통화 정책에 변화가 있을 때는 국제통화기금에 통보하며, 다른 회원국들의 편의를 도모하기 위해 국제통화기금이 하는 권고를 수용해 정책을 수정할 것을 요구한다.

주요 용어 정리

M-1
M-2
M-3
공개시장조작(open-market operations)
국제통화기금(IMF; International Monetary Fund)
물물교환(barter)
비은행계(nonbanks)
상업은행(commercial bank)
세계은행(World Bank, 국제부흥개발은행)
스마트카드(smart card)
신용장(letter of credit)
신용조합(credit unions)
양도성예금증서(CD; certificate of deposit)
연기금(pension funds)
연방예금보험공사(FDIC: Federal Deposit Insurance Corporation)
온라인 자금이체(EFT; electronic funds transfer) 시스템
요구불예금(demand deposit)
은행인수어음(banker's acceptance)
재할인율(discount rate)
저축대부조합(S&L; savings and loan association)
저축협회보험펀드(SAIF: Savings Association Insurance Fund)
정기예금(time deposit)
지급준비율(reserve requirement)
직불카드(debit card)
통화(money)
화폐 공급(money supply)

사고력 문제

1. 여러분이 연방준비은행 의장이라면 여러분의 성과를 측정하는 경제지표로 어떤 것을 사용하겠는가? 연방준비제도이사회는 2008~2009년의 금융위기에서 어떤 역할을 했는가?
2. 보통 현금을 얼마 정도 가지고 다니는가? 가게나 인터넷에서 물건을 구매할 때 지불 수단으로 어떤 것들을 사용하는가? 이런 지불 수단들에서 어떤 추세를 발견하였는가? 이런 추세가 여러분에게 어떤 이점으로 작용하는가?
3. 달러의 가치가 유로 대비 하락한다면 미국에서 판매되는 프랑스 와인 가격은 어떻게 변하겠는가? 프랑스에 있는 사람들은 미국의 자동차를 더 많이 구매하겠는가? 아니면 더 적게 구매하겠는가? 그 이유를 설명하라.
4. 여러분은 재산을 은행, 저축대부조합, 신용협회 중 어떤 곳에 예탁하는가? 각 기관에서 여러분이 받을 수 있는 혜택을 비교해보았는가? 여러분이라면 어떤 곳에서 가장 좋은 조건으로 대출을 받을 수 있겠는가?

원리의 적용

목적

2008~2009년의 금융위기와 그 이후의 상황에 대해 알기

연습

1. 인터넷 조사를 통해 세계 금융위기에 대한 기사를 찾아보라. 2009년 이후로 미국을 비롯하여 전 세계적으로 은행 업무가 어떻게 되었는가? 미국 내에서 이 위기를 종식하기 위해 연방준비은행은 어떠한 역할을 맡았는가?
2. 조사한 것 중에 이 문제에 대한 자료가 얼마나 있었는가? 조사한 기사의 개수가 이 사건의 중요도에 대해 어떠한 사실을 알려주는가?
3. 금융위기의 원인에 대해 스스로 생각해보라. 다른 사람들과 논의하고 비교해 보아라. 어떤 조직이 위기의 원인인가?

직업기술의 개발

핵심: ● 팀 ★ 분석 ▲ 의사소통 ◘ 기술

▲★ 1. 최소의 인원으로 조를 짜서 다음에 대해 토론하라. 은행과 S&L에서 어떤 서비스를 이용하는가? 인터넷뱅킹을 사용하는 사람이 있는가? 온라인 뱅킹의 장점과 단점에는 어떤 것이 있는가? 다양한 지역 은행들과 S&L들이 제공하는 서비스와 금리를 비교해보라.

▲★ 2. 수업을 듣는 학생 중에서 누가 은행을 이용하고 누가 신용협회를 이용하는지 조사해보라. 학생들끼리 두 기관의 서비스(예금금리, 대출금리, 이용 가능한 서비스)를 비교해보라. 온라인 은행을 이용하는 학생이 있다면, 온라인 은행 금리와도 비교해보라. 신용협회나 온라인 은행을 이용하는 학생이 없다면 그 이유가 무엇인지 의논해보라.

●▲★ 3. 연방준비은행은 수표를 변환하는 역할을 한다. 조원들끼리 어디서 수표를 사용하고 어디서 신용카드나 현금을 사용하는지 이야기해보라. 적은 금액에도 수표를 자주 사용하는가? 수표를 변환하는 데 드는 비용을 계산해본다면 적은 금액에도 수표를 사용하겠는가? 각자 알게 된 내용을 수업을 듣는 모든 학생들과 의논해보라.

●▲★ 4. 최근 금융위기에 대해 논의하라. 수강하는 반 학생들에게 미친 영향은 무엇인가? 금융위기의 시작 이래로 전반적인 경제 상황과 은행에 끼친 영향은 무엇인가? 최근 경제 변화가 정치에 어떤 영향을 주었는가?

▲★ 5. 국가들에 자금을 지원하는 기관으로서의 세계은행과 국제통화기금의 역할에 대해 적어보라. 다른 국가의 사람들에게 이런 기관을 통해 자금을 지원해주는 것이 미국 시민들에 있어 중요한 일인가? 그 이유에 대해 설명하라. 이들 기관의 가치에 대해 토론해보자.

진로 탐색

만약 당신이 은행업계에서 경력을 쌓는 것에 관심이 있다면, 여기 고려해야 할 몇 가지 직업이 있다. bls.gov의 직업전망서(Occupational Outlook Handbook)에서 수행한 작업, 필요한 기술, 급여 및 기회에 대해 알아보라.

- **대출담당자** – 개인과 기업에 대한 대출 신청의 승인 또는 승인을 권장한다.

- **외환거래자** – 외환시장에 대한 분석으로 현지 환율에 영향을 미치는 다양한 요소를 검토하고 외환시장에서 어떤 통화를 사고팔지를 결정한다.
- **신용상담사** – 대출, 재무 목표 및 부채에 대해 개인과 기업에 설명하고, 채무 상환에 도움이 되는 다양한 유형의 대출 및 지급 계획을 추천한다.

비디오 사례

연방준비제도의 이해

연방준비제도이사회(Fed, 연준)는 미국의 중앙은행이다. 연준은 통화와 통화 공급을 감독한다. 연방준비제도(Fed)는 (1) 이사회, (2) 연방공개시장위원회, (3) 연방준비제도(Fed) 12개 은행, (4) 3개 자문위원회, (3) 3,000개 회원 은행으로 구성된다. 이사회는 12개의 연방준비은행을 관리하고 감독한다. 이사진 7명은 미국 대통령이 임명하고 미 상원에서 인준한다. 연방공개시장위원회(FOMC)는 12명의 투표위원을 두고 있으며, 정책 결정 기구이다. 연방준비제도이사회는 납세자 달러 지원을 받지 않는 민간 기업이다.

연준은 외화를 사고팔고, 다양한 형태의 신용을 규제하며, 은행을 감독하고, 통화 공급 및 기타 경제 활동에 대한 데이터를 수집한다. 연준의 조치는 신용카드 금리, 소비자 물가, 학자금 대출금리 측면에서 모두에게 직접적인 영향을 미친다. 연준은 경제에 영향을 미치는 통화 공급을 통제하기 위해 세 가지 과정을 사용한다. 준비금 요건, 공개 시장 운영, 그리고 할인율이다.

적립금 요건은 시중은행의 당좌 예금 및 저축 계좌에 있는 돈의 백분율이며, 은행에 보관해야 하거나 지방 연방준비은행의 무이자 예금에 보관해야 한다. 은행에 예금이 1억 달러이고 적립금 요건이 10%라면 1,000만 달러를 준비금으로 적립해야 한다.

연준은 국채 매입과 매각이 수반되는 공개시장 운영도 수행한다. 경제에서 이용할 수 있는 채권의 양은 한정되어 있다. 연준이 채권을 팔면 이들에 대해 받은 돈이 유통되지 않아 통화 공급이 줄어든다. 그 연방준비제도이사회가 채권을 사들인다면 그 반대 현상이 발생한다. 연준이 채권을 사들이기 위해 지불하는 돈이 다시 유통되고 있어 통화 공급이 늘어난다.

연준은 회원 은행들이 연준으로부터 돈을 빌려 대출 형태로 고객에게 빌려줄 수 있기 때문에 흔히 '은행의 은행'으로 불린다. 할인율은 연준이 회원은행에 대출할 때 부과하는 금리이다. 금리가 오르면 은행은 대출하지 않기 때문에 기업과 소비자에게 대출할 수 있는 돈이 줄어든다.

연준은 은행 업무 시스템에서 청산소의 역할도 한다. 연준은 수표를 현금화시키는 청산 거래의 역할도 수행한다. 연준은 자동 청산결제 네트워크의 대표로서 은행들 간에 지급을 주고받는다. 연준은 또한 인플레이션을 수용할 수 있다고 생각하는 수준으로 유지함으로써 실업률을 관리하는 중요한 역할을 맡는다. 실업률이 가속화됐던 대공황과 같은 어려운 경제시기에 연준은 은행 대출을 장려하기 위해 금리를 거의 0으로 낮췄다. 전체 경제는 연준의 조치에 영향을 받는다. 간단한 조언은 연준을 주시하고 연준이 하는 일을 따르라는 것이다.

다시 생각해보기

1. 연준이 경제를 부양하기 위해 어떤 권한을 사용할 수 있는지 설명하라.
2. 연준이 준비금 요건을 높인다면 기업이 사업자금의 대출을 받을 가능성은 어떤 영향을 받게 되는가?
3. 통화정책이 연준의 임무에서 왜 중요한가?

참조

1. "About the Fed," Federal Reserve System, federalreserve.gov, accessed March 2020; Kimberly Amadeo, "The Federal Reserve and What It Does," thebalance.com, January 27, 2020.
2. John Russell, "What Is a Forex Currency Trader?," thebalance.com, February 5, 2020.
3. Hannah Wallace, "How to Barter Anything," realsimple.com, accessed March 2020; Victoria Fryer, "The History of Commerce: From the Silk Road to Modern Economics," bigcommerce.com, accessed March 2020; James Chen, "Medium of Exchange Definition," investopedia.com, February 17, 2020.
4. J. D. Harrison, "Bartering Secrets," March 6, 2013.
5. Jean Murray, "Barter Exchanges and How They Work," thebalancesmb.com, August 2, 2019; Andrea Blackwell, "How to Barter for Goods & Services–Tips and Methods to Trade," moneycrashers.com, accessed March 2020.
6. Gertrude Chavez–Dreyfuss, "Cryptocurrency Crime Losses More Than Double to $4.5 Billion in 2019, Report Finds," usnews.com, February 11, 2020.
7. "Cryptocurrency Opinion & Analysis," Investing.com, investing.com, accessed March 2020; Josh Nadeau, "Telegram, Facebook, and the Furious Fight over the Future of Cryptocurrency," fastcompany.com, February 21, 2020.
8. Mike Unser, "Penny Costs 1.99 Cents to Make in 2019, Nickel Costs 7.62 Cents," coinnews.net, February 7, 2020.
9. Jeff Cox, "Market Pressure Heats Up on the Fed with at Least Three Price Cuts Now Priced in for 2020," finance.yahoo.com, February 27, 2020; Noah Smith, "QE Works. It's Just Not a Slam–Dunk Recession Stopper," bloomberg.com, February 10, 2020.
10. Brian Cheung, "Economists Split over Whether Fed Policy Is 'Quantitative Easing,'" finance.yahoo.com, February 24, 2020; Greg Robb, "Powell Says Fed Will Aggressively Use QE to Fight Next Recession," marketwatch.com, February 12, 2020; Howard Schneider and Ann Saphir, "In the Next Strong Downturn, Fed May Opt for Quick, Strong Action," February 21, 2020; Dominic White, "The Fed Is Not Doing QE., Here's Why That Matters," ft.com, February 5, 2020.
11. "Who's behind the Federal Reserve's Interest Rate Decisions?," foxbusiness.com, February 12, 2020; "What Are the Federal Reserve's Objectives in Conducting Monetary Policy?," Federal Reserve, federalreserve.com, accessed March 2020.
12. "The Culture Wars between Economists and Practitioners," theeconomist.com, February 6, 2020; Dominic O'Neill, "ECB: Helicopter Money Could Lift the Mood in Europe," euromoney.com, February 13, 2020; Stephen Pope, "The ECB Wants to Hear from the Public; Will LaGarde Listen?," forbes.com, February 24, 2020; John Ainger and Fergal O'Brien, "LaGarde Says ECB Running Out of Room to Fight Global Threats," February 6, 2020.

13. "Making Sense of the Federal Reserve. Who Owns Reserve Banks?," Federal Reserve Bank of St. Louis, stlouisfed.org, accessed March 2020; "Is the Federal Reserve a Privately-Owned Corporation?," Federal Reserve Bank of San Francisco, frbsf.org, accessed March 2020; James Chen, "Federal Reserve System," investopedia.com, February 4, 2020; Joshua Kennon, "The Federal Reserve and Interest Rates," thebalance.com, February 11, 2020; "Who Owns the Federal Reserve?," Federal Reserve, federalreserve.gov, accessed March 2020.
14. Jeanna Smialek, "'Now Is the Time:' A Fed Official Urges Congress to Plan for Recessions," February 21, 2020; Stan Choe and Christopher Rugaber, "Markets Want Fed to Save Them. Why Its Tools Might Not Work," March 1, 2020; Larry Light, "A Fed Rate Cut Won't Cure What's Ailing the Stock Market," March 2, 2020.
15. Jacob Sonenshine, "The Fed Is Ready to Cut Rates. But Debt Exceeds the Level of the Great Recession," thestreet.com, February 11, 2020; "Federal Reserve Makes Emergency Rate Cut to Offset Coronavirus Impact," March 3, 2020; Nick Timiraos, "Federal Reserve Cuts Interest Rates by Half Percentage Point," March 3, 2020.
16. "Fed Facts: Understanding the Federal Funds Rate," Federal Reserve, federalreserve.gov, February 18, 2020; Jeff Cox, "Fed Cuts Rates by Half a Percentage Point to Combat Coronavirus Slowdown," cnbc.com, March 3, 2020; Heather Long, "Fed Cuts Interest Rate a Half Percentage Point, Largest Emergency Cut since the Financial Crisis," March 3, 2020.
17. Dustin Clendenen, "What Is a High Yield Checking Account? Here's What You Need to Know," businessinsider.com, February 13, 2020; Rebecca Lake, "Checking vs. Savings Accounts," investopedia.com, February 11, 2020; "Best Checking Accounts of 2020," bankrate.com, accessed March 2020.
18. Mary Wisniewski, "Best Banks and Credit Unions for Mobile Banking," bankrate.com, February 5, 2020; Kate Ashford, "Best Online Banks of 2020-and How to Choose One," forbes.com, February 28, 2020.
19. Federal Deposit Insurance Corporation, fdic.gov, accessed March 2020.
20. Priti Dhanuka, "Near-Term Prospects Look Gloomy for Savings & Loan Industry," finance.yahoo.com, February 28, 2020.
21. Ben Eisen, "Credit Unions Get More Ambitious," December 3, 2019; Ken McCarthy and Zain Tariq, "Credit Unions Growing Memberships but Challenges Still Abound," spglobal.com, accessed March 2020.
22. "Public Pension Debt Burden Needs Reboot," February 4, 2020; Heather Gillers, "Is Your City's Pension Fund a Little Short? Marijuana Might Help," February 4, 2020; Rick Wayman, "The Investing Risk of Underfunded Pension Funds," investopedia.com, February 28, 2020.
23. Annie Lowrey, "The Great Affordability Crisis Breaking America," February

7, 2020; Maurie Backman, "Here's Why Ownership Might Be More Expensive for 70% of Millennial Buyers," fool.com, February 4, 2020; Daniel Bortz, "Here's How to Buy a Home If You Can't Save for a Down Payment," money.com, February 17, 2020; Christopher Ingraham, "Millennials' Share of the U.S. Housing Market: Small and Shrinking," February 18, 2020.

24. Scott Thompson, "How Does a Payroll Debit Card Work?," smallbusiness.chron.com, accessed March 2020; Justin Pritchard, "How to Set Up Direct Deposit," thebalance.com, February 27, 2020.
25. John Russell, "What Is a Forex Currency Trader?," thebalance.com, February 5, 2020; "Forex Market Overview," NASDAQ, nasdaq.com, accessed March 2020; Basia Hellwig, "How to Spot a Forex Scam," investopedia.com, February 21, 2020.
26. World Bank, worldbank.com, accessed March 2020.
27. Noah Smith, "When Development Aid Goes Awry," bloomberg.com, February 24, 2020.
28. "List of Members," International Monetary Fund, imf.org, accessed March 2020.
29. "Structural Adjustment," economist.com, February 15, 2020.

찾아보기

ㅇ

ㅈ

역자 소개

권구혁

미국 텍사스 오스틴대 박사(전략경영 전공)
현) 연세대학교 경영대학 명예교수
전) 연세대학교 경영대학 교수
전) 전략경영학회 이사, 국가경쟁력 분석협의회 위원
전략경영과 경쟁우위 등 역서와 논문 다수

박광태

미국 버클리대 박사(산업공학/경영과학전공)
현) 고려대학교 경영대학 교수
전) 한국중소기업학회장, 한국기업경영학회장, 한국생산성학회장
경영수학, 통계학개론, 오퍼레이션스 경영, 서비스 오퍼레이션스 관리 등 저서와 논문 다수

박주영

미국 네브라스카대 경영학박사(마케팅 전공)
현) 숭실대학교 경영대학 교수
현) 숭실대학교 경영대학장, 중소기업대학원장
전) 한국유통학회 회장, 한국프랜차이즈학회 회장
창업수업, 프랜차이즈 슈퍼바이징, 마케팅의 이해와 활용 등 저서와 논문 다수

장정주

미국 위스콘신대 박사(경영정보 전공)
현) 서울대학교 경영대학 교수
전) 한국기업경영학회 부회장, 한국경영정보학회 부회장, 한국인터넷정보학회 부회장
코리아 어젠다, 한국 기업의 경영정보시스템 변천사 등 저서와 논문 다수

최우석

미국 미시간주립대 박사(회계 전공)
현) 고려대학교 경영대학 교수
현) 공인회계사
IFRS 회계원리 등 저서와 논문 다수

최진남

미국 미시간대 박사(조직심리 전공)
현) 서울대학교 경영대학 교수
현) Journal of Organizational Behavior 부편집장
스마트 경영학, 스마트 조직행동 등 저서와 100여 편의 SSCI 논문 출간

홍광헌

미국 위스콘신대 박사(재무관리 전공)
현) 서강대학교 경영대학 교수
현) Asia-Pacific Journal of Financial Studies 재무연구, 경영학연구 편집위원
전) 서강대학교 경영대학장, 경영전문대학원장
기업재무 관리 및 투자론 관련 논문 다수